한국어 낱말 조합 사전

A DICTIONARY OF KOREAN WORD COMBINATIONS

韩语词搭配词典

노용균 편저

신아사

동과 동사 **구른다**가 유난히 자주 함께 쓰이고 **모락모락**과 **핀다**가 그리고 **풀풀**과 **날린다**가 또한 그렇다.

크나큰, **막대한**, **막심한**, **지대한**은 모두 규모의 방대함을 뜻하는 관계절이다. 그런데 수식 받는 핵어 명사가 어느 어휘소냐에 따라 이들 사이의 선택은 운명을 달리 한다. **막대한 비용**은 귀에 익은 구지만, **막심한 비용**이나 **지대한 비용**은 거슬린다. **크나큰 비용**도 아주 자연스럽지는 않다. **비용**과는 달리 **은혜**의 경우에는 **크나큰**의 수식을, **폐해**의 경우에는 **막심한**의 수식을, 그리고 **관심**의 경우에는 **지대한**의 수식을 받는 것이 가장 무난하다.

우리는 ??**막연한 사이**, ??**자만심 상해서 못살겠네**, ??**법에 접촉되는 행위**, ??**염두해 둬야** 등의 말 실수를 마주칠 때에 실소를 금치 못한다. 이런 실수는 말 하는 이에 대한 듣는 이들의 존경심을 훼손할 가능성이 있다. 그리고 태생적 한국어 사용자들과 대조적으로 한국어 학습자들의 경우에는 **막역한 사이**, **자존심 상해서 못살겠네**, **법에 저촉되는 행위**, **염두에 둬야** 등의 쉽지 않은 탑배를 심심찮게 구사하면 토박이 한국인한테서 찬탄을 유발하기 십상이다.

이 사전은 현대 한국어의 탑배들을 망라적으로 선별해서 등재하는 것을 목표로 한다. 탑배 선정 작업을 자동화하려는 노력이 지난 20여년 동안 전산언어학 연구계에서 있어 왔다. 방대한 코퍼스에서 각 낱말의 빈도와 각 n-그램의 빈도를 알아 내어서 각 n-그램의 확률이 그 구성원인 낱말들이 우연히 인접해서 등장할 확률의 몇 배인가를 알아낸다. 그 n-그램의 확률이 구성원들의 우연한 인접 등장의 확률의 수천배에 달하면 그 n-그램이 탑배를 이룬다고 보는 것이 대체로 받아들여지는 견해이다. (Church and Hanks 1990을 보라.) 이 기법은 동음이의어의 구분이 잘 되어 있는 대규모의 코퍼스가 있을 경우에 꽤 만족스러운 결과를 낸다. 그러나 현실에서는 규모 면에서나 동음이의어 구분면에서 만족스러운 코퍼스가 존재하지 않기 때문에 이 기법에 의한 탑배들의 자동 발견은 달성할 수 없는 목표이다. 소위 정확율(precision)과 재현율(recall)이 함께 높은 코퍼스와 자동 발견의 방법의 쌍이 존재하지 않는 것이다.

이 사전의 편찬 작업에는 재현율이 높은 탑배 자동 발견의 알고리듬이 사용되었고, 정확율을 높이는 데에는 편찬자의 육안 작업이 크게 이바지 했다. 자동 채집된 탑배 후보들 중에서 상당 수의 연쇄체들이 제거 되었다. 재현율이 높은 알고리듬을 사용했지만 컴퓨터의 용량의 한계 등으로 인해 사용된 코퍼스의 규모가 한정 될 수밖에 없었기에 그 재현율 또한 100 퍼센트에 못미칠 수밖에 없었다. 궁극적으로는 재현율을 높이기 위해 편찬자의 직관에 의한 탑배들의 추가 작업도 행해 졌다. 물론 이 사전에 실린 탑배들 중에 더 나은 자원에 바탕을 둘 때에는 탑배가 아닌 것으로 판명될 것들이 더러 있을 가능성이 있고, 거꾸로 이 사전에 포함되었어야 마땅한데 편찬자의 관심이 미치지 못한 바람에 (그리고 애당초에 자동 발견 과정에서 발견되지 않는 통에) 빠져 버린 것들이 있을 가능성이 있다. 사전 개정의 기회가 있으면 이들에 대한 보완 작업이 꼭 행해 져야 할 것이다.

한국어의 문법 기술이나 사전 편찬에서 근간이 되는 질문은 "낱말"이라는 지위에 관한 것이다. 어떤 것들이 한국어 낱말들인가? 이 질문에 대한 답은 임의의 의미 있는 연쇄체가 낱말인가, 낱말 두 개 이상의 연쇄체인가, 아니면 낱말 미만의 단위인가에 대한 답과 밀접히 연관되어 있다. 이 사전에서는 몇 개의 중요한 단위들이 딴 사전들에서와 달리 낱말이라는 지위를 갖는다고 여긴다. 이 "새로운" 낱말들 중에서 특기할 만한 것으로 소위 사이 시옷이라고 불리는 낱말과 **히**라는 낱말이 있다. 사이 시옷은 명사구가 자신을 뒤 따르는 명사류를 수식하는 구성에서 이 두 구성 성분 사이에 등장한다. **히**라는 단위를 낱말로 간주하는 것은 **건강 하다**나 **행복 하다**의 상태 동사 **하**를 낱말로 간주하는 것의 필연적 귀결이다. 상태 명사구를 보충어로 (자신의 앞에) 갖는 부사다. 그런 점에서 **건강히**는 **누나 몰래 돌을 던지자**의 **누나 몰래**와 동일한 구성이다.

또 한 가지 이 사전의 특징으로 꼽을 수 있는 것은 탑배 관계를 어휘소들 사이의 관계라고 여기지 않고 문법적 낱말들 사이의 관계로 간주한다는 점이다. (Matthews 1991을 참고 하라.) 그래서 **--을/ㄹ 작정이다**나 **--기 전에**, **--고 나서** 등을 비롯한 굴절 접사가 참여하는 많은 구성들이 탑배로 식별되어 이 사전에 등재 될 수 있었다.

이 사전의 발간으로 인해 글 쓰는 이들은 더 쉽게 자신의 글을 감수하거나 정정할 수 있고 한국어 문법을 탐구하는 이들은 많은 의미 있는 단위들의 사용 사례들을 쉽게 구할 수 있을 것이다. 높은 수준에서의 문화와 과학의 지속적 발전은 태생적 언어로 하는 의사 소통이 효율적일 때에만 가능하고, 태생적 언어의 적확한 구사는 대체로 탑배들의 성공적인 사용을 그 출발점으로 한다. 이 사전이 한국어 사용자 공동체의 문화적-학문적 번영에 일정한 역할을 할 것으로 기대 한다.

차례

ㄱ ~자 형 구들

가 가세 ~ 기운다, 각오 ~ 되어 있다, 갈대 ~ 무성하다, 갈매기 ~ 난다, 갈비 뼈 ~ 부러지는 중상, 개 팔자 ~ 상팔자다, 거처 ~ 일정치 않다, 격차 ~ 커 진다, 격차 ~ 해소 된다, 경비 ~ 삼엄하다, 경사 ~ 가파르다, 경사 ~ 급하다, 경사 ~ 완만하다, 경사 ~ 진다, 고지서 ~ 날아온다, 고추 ~ 맵다, 곰팡이 ~ 슨다, 곰팡이 ~ 핀다, 공기 ~ 탁하다, 공수 ~ 전환 된다, □과/와 거리 ~ 멀다, □과/와 거리 ~ 있다, □과/와 관계 ~ 있다, □과/와 차이 ~ 난다, 광대 뼈 ~ 툭 튀어나왔, 광대 뼈 ~ 튀어 나온다, 구미 ~ 당긴다, 국제 회의 ~ 개최 된다, 굴레 ~ 씌워 진다, 궁짜 ~ 낀다, 궂은 비 ~ 갠다, 권위 주의 ~ 퇴조 한다, 궤도 ~ 타원형이다, 귀 ~ 멍멍하다, 귀 ~ 솔깃하다, 귀기 ~ 서린다, 귀추 ~ 주목 된다, 그림자 ~ 드리운다, 그림자 ~ 어른거린다, 글귀 ~ 새겨 진다, --기 ~ 영 면구스럽다, 기 ~ 세다, 기 ~ 약하다, 기 ~ 찰 노릇이다, 기도 ~ 막힌다, 기본기 ~ 탄탄하다, 기세 ~ 꺾인다, 기세 ~ 등등하다, 기저귀 ~ 젖는다, 기후 ~ 온화하다, 긴장미 ~ 흘러 넘친다, 까치 ~ 짖는다, 꼴찌 ~ 일 등이 된다, 꽃 향내 ~ 날아 온다, 꽈리 ~ 일도록 찧는다, 꿈 자리 ~ 사납다, 나이 ~ 든다, 나이 ~ 무색한 미모, 나이 ~ 어리다, 낙오자 ~ 속출 한다, 낙찰가 ~ 낮다, 낙찰가 ~ 높다, 낙타 ~ 바늘 귀로 들어 간다, 난이도 ~ 적정하다, 난자 ~ 수정 한다, 날씨 ~ 궂다, 날씨 ~ 덥다, 날씨 ~ 쌀쌀하다, 날씨 ~ 춥다, 날씨 ~ 흐리다, 날짜 ~ 다가온다, 내 코 ~ 석 자다, 냄새 ~ 물컥 난다, 냄새 ~ 물큰 스친다, 냄새 ~ 코를 찌른다, 냉기 ~ 감돈다, 냉전 체제 ~ 붕괴 된다, 넌더리 ~ 난다, 노망기 ~ 있다, 누구 ~ 먼저이랄 것 없이, 누구 ~ 뭐래도, 눈보라 ~ 친다, --느냐는/냐는 우려 ~ 나온다, --는 재미 ~ 쏠쏠하다, 늦더위 ~ 기승을 부린다, --다는/라는 보고서 ~ 나온다, 다리 ~ 저리다, 다리 ~ 후들거린다, 단내 ~ 난다, 대머리 ~ 까진다, 대인 관계 ~ 원만하다, 대한민국 정부 ~ 수립 된다, 더 말할 나위 ~ 없다, 덜미 ~ 잡힌다, 덩어리 ~ 곤두선다, 덩치 ~ 좋다, □도 일리 ~ 있다, 도 ~ 지나치다, 도리 ~ 없다, 동점으로 경기 ~ 끝 난다, 두께 ~ 얇다, 두런두런 말 소리 ~ 들린다, 뒤 ~ 구리다, 뒤 ~ 켕긴다, 땅 거미 ~ 깔린다, 땅거미 ~ 몰려 온다, 라디에이터에 에어 ~ 찬다, 레이더 ~ 가동 된다, 로고 ~ 새겨 진다, 마음씨 ~ 착하다, 마크 ~ 찍힌다, □만이 능사 ~ 아니다, 만사 ~ 귀찮다, 말 수 ~ 적어 진다, 매수세 ~ 유입된다, 맹아 ~ 싹 튼다, 머리 ~ 띵하다, 머리 ~ 하얗게 센다, 먼지 ~ 뽀얗다, 면허 ~ 취소 된다, 명부 ~ 유출 된다, 명치 ~ 빼근하다, 목 뼈 ~ 부러진다, 몸서리 ~ 쳐 진다, 무게 ~ 많이 나간다, 무더위 ~ 기승을 부린다, 무드 ~ 조성 된다, 무죄 ~ 선고 된다, 문제 ~ 불거진다, 문호 ~ 개방 된다, 물기 ~ 어린다, 물꼬 ~ 트인다, 물체 ~ 낙하 한다, 미꾸라지 ~ 용 된다, 미소 공위 ~ 결렬 된다, 민의 ~ 반영 된다, 민주 주의 ~ 위기에 처한다, 바깥 공기 ~ 차갑다, 박자 ~ 맞는다, 뱃속에서 쪼르륵 소리 ~ 난다, 배 ~ 고프다, 배 ~ 부르다, 배에서 쪼르륵 소리 ~ 난다, 뱁새 ~ 황새 따라 가다가 가랑이 찢어 진다, 번개 ~ 친다, 벌이 ~ 괜찮다, 벌이 ~ 시원 찮다, 별 문제 ~ 없다, 보조개 ~ 쏘옥 패인다, 봄비 ~ 내린다, 부사 구 ~ 온다, 비 ~ 억수 같이 퍼 붓는다, 비 ~ 잦아든다, 비디오 ~ 상영 된다, 비상 사태 ~ 선포 된다, 비위 ~ 상한다, 비위 ~ 약하다, 비행기 ~ 이륙 한다, 비행기 ~ 착륙 한다, 비행기 ~ 추락 한다, 뼈 ~ 으스러진다, 뼈 마디 ~ 쑤신다, 삐이걱 소리 ~ 난다, 사개 ~ 맞는다, 사기 ~ 떨어진다, 사조 ~ 쇠퇴 한다, 사지 ~ 멀쩡하다, 사지 ~ 절단 된다, 사표 ~ 수리 된다, 산세 ~ 험하다, 살기 ~ 등등하다, 삼 색 기 ~ 찬연하다, 삼 색 기 ~ 펄럭인다, 삽 자루 ~ 껍신껍신 뜬다, 상 다리 ~ 휜다, 상가 ~ 자리 잡는다, 상소권자 ~ 상소 한다, 상처 ~ 아문다, 색채 ~ 농후하다, 색채 ~ 탁하다, 생계 ~ 막막하다, 생활비 ~ 많이 든다, 서두 ~ 긴 연설, 설사 ~ 멎는다, 설왕설래 ~ 한창이다, 성패 ~ 좌우 된다, 세계적으로도 유례 ~ 없다, 세로 무늬 ~ 있다, 소나기 ~ 퍼 붓는다, 소쩍이 ~ 운다, 손 때 ~ 묻는다, 손해 ~ 막심하다, 솜씨 ~ 서툴다, 솜씨 ~ 있다, 솜씨 ~ 좋다, 수술비 ~ 모자란다, 술 내 ~ 물컥 물컥 난다, 술 배 ~ 따로 있다, 술 자리 ~ 무르익는다, 스탬프 ~ 찍힌다, 스토리 ~ 탄탄하다, 습기 ~ 스며 든다, 승려 ~ 입산 한다, 시야 ~ 가린다, 시체 ~ 부패 한다, 시트 ~ 깔린다, 신장세 ~ 둔화 한다, 신진대사 ~ 촉진 된다, 심기 ~ 불편하다, 심지 ~ 굳다, 썩는 냄새 ~ 진동 한다, 씀씀이 ~ 헤프다, 아지랑이 ~ 핀다, 악재 ~ 겹친다, 악취 ~ 진동 한다, 악화 ~ 양화를 구축 한다, 안개 ~ 걷힌다, 안부 ~ 궁금하다, 알자 ~ 초헌관을 인도 한다, 알지 ~ 헌관을 인도 한다, 야마 ~ 돈다, 양도 소득세 ~ 부과 된다, 양탄자 ~ 깔린다, 애기 ~ 곁 길로 샌다, 애기 ~ 곁 길로 흐른다, 애기 ~ 나온 김에, 어류 ~ 서식 한다, 어이 ~ 없다, 어처구니 ~ 없다, 어페 ~ 있다, □에는 의심의 여지 ~ 없다, □에도 조예 ~ 깊다, □에 도 ~ 튼다, □에 도 ~ 트인다, □에 방해 ~ 된다, □에 조예 ~ 깊다, □에 켜켜이 먼지 ~ 쌓인다, □에 특효 ~ 있다, □에 효과 ~ 있다, □에서 잔 뼈 ~ 굵는다, 엘리베이터 ~ 멎는다, 여야 ~ 합의 한다, 열기 ~ 달아오른다, 열의 ~ 대단하다, 엽서 ~ 그려진다, 영주 ~ 착취 한다, 영채 ~ 돈다, 옆구리 ~ 결린다, 예보 ~ 맞다, 오름세 ~ 둔화 한다, 오소리 궁뎅이 ~ 시리다, 오슬오슬 한기 ~ 느껴 진다, 오히려 역효과 ~ 난다, 온갖 기화 요초 ~ 만발 한다, 옷 가게 ~ 몰려 있다, 옷 매무새 ~ 단정하다, 와그르르 웃음 보 ~ 터진다, 왈칵 울화 ~ 치민다, 왕래 ~ 잦아 진다, 외모 ~ 빼어나다, 용 빼는 재주 ~ 있다, 용의 ~ 있다, 운두 ~ 낮다, 유두화 나무 ~ 우거진다, 유언비어 ~ 난무 한다, 유죄 ~ 확정 된다, 유해 ~ 봉환 된다, □은/는 두 말 할 나위 ~ 없다, □은/는 의심 할 여지 ~ 없다, 은근히 부아 ~ 치민다, --을/ㄹ 리 ~ 만무하다, --을/ㄹ 소지 ~ 다분하다, --을/ㄹ 여지 ~ 없다, --을/ㄹ 우려 ~ 있다, --을/ㄹ 처지 ~ 못된다, --을/ㄹ 필요 ~ 없다, --을/ㄹ 필요 ~ 있다, --음/ㅁ은 의심의 여지 ~ 없다, 의존도 ~ 지나치게 높다, 이 ~ 악물린다, 이기 주의 ~ 팽배 해 있다, 이런 소행머리 ~ 어디 있나, 이야기 ~ 나온 김에, 이해 관계 ~ 얽힌다, 인파 ~ 몰린다, 인파 ~ 운집 한다, 인프라 ~ 구축 된다, 임기 ~ 만료 된다, 입 가에 미소 ~ 번진다, 입귀 ~ 처진다, 자동 차 ~ 내 뿜는 오염, 자타 ~ 공인 한다, 잡초 ~ 무성하다, 잡초 ~ 우거진다, 장래 ~ 밝다, 장래 ~ 촉망 된다, 장마 ~ 갠다, 재주 ~ 뛰어난다, 재지 ~ 유력하다, 적반하장도 분수 ~ 있어야지, 적신호 ~ 켠다, 전기 ~ 나간다, 절기 ~ 뒤틀린다, 정나미 ~ 떨어진다, 젖 냄새 ~ 난다, 제국 주의 ~ 패망 한다, 제재 ~ 가해 진다, 종다리 ~ 지저귄다, 주가 ~ 급등 한다, 주가 ~ 폭등 한다, 주가 ~ 폭락 한다, 주의보 ~ 내려 진다, 줄거리 ~ 탄탄하다, 증가세 ~ 둔화 된다, 증가세 ~ 둔화 한다, 증가세 ~ 크게 둔화 한다, 증거 인멸의 우려 ~ 있다, 지기 ~ 흩어 진다, 지위 ~ 향상 된다, 진저리 ~ 난다, 진저리 ~ 친다, 진절머리 ~ 난다, 집에 비 ~ 샌다, 집행 유예 ~ 선고 된다, 찌개 ~ 끓는다, 창자 ~ 당긴다, 천지 ~ 개벽 한다, 총재 ~ 취임 한다, 취지 ~ 무색하다, 치 ~ 떨린다, 치누크 헬기 ~ 격추 된다, 치덩굴 잎사귀 ~ 누렇다, 커서 ~ 깜빡거린다, 코 ~ 땅에 닿도록 절을 한다, 코 ~ 맹맹하다, 코 ~ 오똑하다, 코허리 ~ 시큰거린다, 코 허리 ~ 찡하다, 콩트 ~ 실린다, 키 ~ 멀쑥하다, 키 ~ 작달막하다, 키 ~ 크다, 키 ~ 후리후리하다, 탐사기 ~ 작동 한다, 태극 기 ~ 휘날린다, 태열 기 ~ 있다, 파도 ~ 밀려온다, 팔자 ~ 사납다, 팡파르 ~ 울린다, 폐해 ~ 막심하다, 포즈 ~ 강렬하다, 폭풍우 ~ 몰아 친다, 표정의 변화 ~ 없다, 풍채 ~ 역연하다, 풍채 ~ 좋다, 핏기 ~ 가신다, 핏기 ~ 싹 가신다, 피로 ~ 누적된다, 피해 ~ 막심하다, 항의 ~ 빗발 친다, 항체 ~ 생성 된다, 해 ~ 저문다, 행세 ~ 깎인다, 허리 ~ 구부정하다, 허리 ~ 쑤신다, 허리 ~ 잘록하다, 혀 ~ 꼬부라진다, 호수 ~ 내려다 보인다, 화 ~ 난다, 화 ~ 치받친다, 화 ~ 풀린다, 회오리 ~ 몰아 친다, 후회 ~ 막심하다, 흰머리 ~ 성성하다, 희비 ~ 엇갈린다

가 강 ~나 습지대, 귓~를 맴 돈다, 귓~에 맴 돈다, 귓~에서 맴 돈다, 길 ~ 배수로, 길 ~의 코스모스, 길 ~ 전봇대, 냇~에서 낚시 한다, 냇~ 조약돌, 눈 ~에 이슬이 맺힌다, 바닷~, 반도 서 쪽 해안 ~, 옹달샘 ~, 우물 ~ 앵두 나무에 조롱조롱 열린다, 입 ~에 미소가 번진다, 입 ~에 미소를 띤다, 입 ~에 싸늘한 미소를 짓는다, 입 ~에 잔잔한 미소를 짓는다, 입 ~에 흘린다, 해변 ~, 해안 ~ 방책

가 경찰 국가 ~ 된다, 계제 ~ 못된다, 계제 ~ 아니다, 고주망태 ~ 된다, 곤드레만드레 ~ 된다, 기삿거리 ~ 된다, 기폭제 ~ 된다, 녹초 ~ 된다, 놀림 거리 ~ 된다, 누 ~ 된다, 능사 ~ 아니다, 떼 부자 ~ 된다, 만신창이 ~ 된다, 메아리 ~ 되어 울린다, 물 바다 ~ 된다, 반신 불수 ~ 된다, 벼락 부자 ~ 된다, 보통내기 ~ 아니다, 상전이 벽해 ~ 된다, 소화 ~ 잘 된다, 알 거지 ~ 된다, 외톨이 ~ 된다, 울음 바다 ~ 된다, 웃음 거리 ~ 된다, 웃음 바다 ~ 된다, 자극제 ~ 된다, 잿더

미 ~ 된다, 파 김치 ~ 된다, 혼연일체 ~ 된다, 화젯거리 ~ 된다, 활력소 ~ 된다

가 미성년자 관람 ~, 연소자 관람 ~, 전체 관람 ~

가가대소 ~ 한다

가가호호 ~ 방문 한다, ~ 보급 한다

가감 □을/를 ~ 한다

가갸 ~ 거겨

가게 골동품 ~, 꼬치 ~, 담뱃~, 레코드 ~, 배터리 ~, 쌀 ~ 주인, 야채 ~, 옷 ~가 몰려 있다, 테이크 아웃 커피 ~

가격 ~ 결정권이 없다, ~ 담합, ~ 제한폭까지; 매수 청구 ~, 상품 ~ 지수, 실거래 ~, 원자재 ~ 상승, 원자재 ~ 하락, 저렴한 ~, 참조 ~ 제, 최저 경매 ~, 할인 된 ~으로, 휘발유 공장도 ~

가결 □을/를 ~ 한다

가계 ~ 경제 연구소, ~ 금전 신탁, ~ 대출, ~ 부문 신용, ~ 신용 잔액, ~ 신용 통계, ~ 우대 정기 예금, ~ 일반 자금; 만기의 ~

가계부 알뜰 ~ 쓴다

가계비 ~ 지출 계획, ~ 충족도

가곡 신작 ~, 유절 ~, 통절 ~

가공 선염 ~ 공정, 수산물 ~업, □을/를 ~ 한다, 조립 ~ 업종, 조립 ~ 제품, 콩 ~ 식품, 후염 ~ 공정

가공 ~ 할

가공유 저지방 ~, 지방 ~

가공품 농산 ~의 관세율, 수산 ~

가관 ~ 이다

가구 ~ 및 인구 추이; 일 인 ~

가구 ~ 식 기단, ~ 식 석축; 목조 ~ 식, 삼량 ~, 일 고주 오량 ~

가극 ~ 과 발레, ~ 및 연구; 소녀 ~난

가금 ~ 류

가급적 ~ 이면

가긍 ~ 하다

가까이 ~ 다가간다

가깝다[가까와 가까운] □과/와 가까운 사이다, 급속도로 가까와 진다, □에 ~

가꾼다 □을/를 ~, 화초를 ~

가난 ~ 에 찌든다; 지지리도 ~하다, 찢어 지게 ~하다

가내 ~ 노예, ~ 수공업

가냘프다[가냘파] 가냘픈 몸매

가녘 굿 판 ~, 뱃전 ~

가눈다 □을/를 ~

가느스름 ~ 하다

가늘다[가는 가늘] 가는 철사; 손 끝이 가늘게 떨린다, 잔 물 결처럼 ~

가늠 성쇠를 ~ 한다, □을/를 ~ 한다, 향방을 ~ 한다

가능 ~ 하다; 무한 분할 ~, 지속 ~한 개발

가능성 ~ 을 타진 한다, ~ 이 희박하다; 타살 ~

가다듬는다 목청을 ~, 옷 매무새를 ~, □을/를 ~, 전열을 ~

가다랭이 ~ 국 물

가닥 한 ~

가담 진영에 ~ 한다

가당 ~ 하지 않다

가도 무패 ~를 달린다, 출세 ~

가동 레이더가 ~ 된다, 레이더를 ~ 한다, □을/를 ~ 한다, 풀 ~ 한다, 화력 발전소 ~

가두 ~ 살포, ~ 서명, ~ 시위, ~ 행진; 직접 우편 또는 ~ 배포

가두리 ~ 양식장

가둑 ~ 잎

가둔다 가둬 기른다; □을/를 □에 ~

가득 외화 ~률

가득 ~ 찬다, ~ 하다; □까지 ~ 메운다, □을/를 ~ 메운다, 짐을 ~ 실은 리어카, 화면 ~히 넘실거린다

가등기 ~ 한다

가뜬 ~ 하다

가라앉는다 착 ~

가라앉힌다 □을/를 ~

가락 구성진 ~, 구슬픈 ~, 자진 ~으로 넘어 간다, 풍물 ~

가락지 옥 ~, 은 ~, 은제 쌍 ~

가람 단탑 식 ~, 무탑 식 ~, 산지 ~, 삼 금당 일 탑 식 ~, 이 탑 식 ~, 일 금당 쌍 탑 식 ~ 배치, 일 금당 일 탑 식 ~ 배치, 일 탑 삼 금당 식 ~ 배치, 일 탑 일 금당 식 ~ 배치, 평지 ~

가랑 ~ 바지

가랑가랑 ~ 한다

가랑머리 ~ 소녀

가랑이 ~를 벌린다; 바지 ~, 뱁새가 황새 따라 가다가 ~ 찢어 진다

가랑잎 ~ 흩날린다

가래 ~ 끓는다, ~ 를 끌어 올린다, ~ 를 뱉는다, ~ 침을 뱉는다; 바각바각 ~ 질 한다

가량 백 미터 ~, 십 센티 미터 ~, 오 초 ~

가련 청순 ~하다

가렴주구 ~ 에 시달린다

가로 ~ 놓여 있다, ~ 막는 장애물, ~ 채어서 혼자 처먹는다; 고개를 ~ 젓는다, 뜰을 ~ 지른다, 백만 원을 받아 ~ 챈다, □에 ~ 놓인다, □에 ~ 막힌다, □을/를 ~ 막는다, □을/를 ~ 지른다, □을/를 ~ 챈다, 중간에서 ~ 챈다

가로 ~ 등 불 빛; 규칙적 ~ 망

가로 ~ 세로, ~ 와 세로

가로수 ~ 로 심는다; 동백 나무 ~, 플라타너스 ~

가루 ~ 로 빻는다; 강냉이 ~, 계피 ~, 곱게 ~를 낸다, 누룩 ~, 누룩과 밀 ~, 담뱃~를 쟁인다, 당귀 ~, 당귀 잎 ~, 들깨 ~, 메줏~와 고춧~, 밀 ~를 반죽 한다, 밀 ~ 반죽, 밀 ~ 푸대, 밤 ~와 쌀 ~, 볶은 콩 ~, 비지 ~, 빵 ~ 5 큰 술, 빻아서 ~를 낸다, 석이 ~, 석탄 ~, 소금과 후춧~, 소금 후춧~ 약간, 송화 ~, 승검초 ~, 쌀 ~에 섞는다, 엿 기름 ~, 우윳~ 같다, 율무 ~, 이끼와 탄 ~, 잣 ~를 묻힌다, 찹쌀 ~ 반죽, 카레 ~, 콩 ~를 묻힌다, 콩 ~를 혼합 한다, 크래커 ~, 통 밀 ~, 튀김 ~, 파슬리 ~, 허연 ~, 후춧~로 간 한다, 흑연 ~

가르릉거린다 가르릉거리는 물 소리

가르친다 가르쳐 달라고 조른다; 선현의 가르침, □을/를 ~

가른다[갈라] 갈라 지고 어우러진다; 네트를 ~, 두 갈래로 갈라 진다, 성패를 가름 한다, 세로로 ~, 승패를 가름 한다, 윷짝 가르듯이, □을/를 가름 한다, □을/를 갈라 낸다, □을/를 갈라 놓는다, 쫙 쫙 갈라 진다, 판 가름 난다, 판 가름 한다

가리개 햇빛 ~

가리운다 가리워 진다; □에 ~

가리킨다 □을/를 ~

가린다 눈 가리고 아웅 한다, □에 가려진다, □을/를 ~

가린다 때와 장소를 ~, 물 불 가리지 않는다, 밤 낮 가리지 않는다, 수단과 방법을 가리지 않는다, 옥석을 ~, □을/를 가려 낸다, 진위를 ~

가린다 시야가 ~

가마 석회 ~

가마니 볍씨 ~, 쌀 한 ~

가만 ~ 놓아 둔다, ~ 안둔다, ~ 있는다; □을/를 ~ 둔다

가만히 ~ 있는다

가망 살아 날 ~

가맹 사로청에 ~ 한다

가맹점 패스트푸드 ~

가명 ~ 계좌, ~ 통장

가무 연일 음주 ~

가무스름 ~ 하다

가무잡잡 ~ 하다

가문 당대 제일의 ~

가문다[가물고 가물어] 가뭄과 홍수, 가뭄에 콩 나듯, 가뭄에 콩 나듯이; 곡우에 ~, 홍수나 가뭄, 홍수와 가뭄

가문비나무 ~ 와 전나무

가물가물 ~ 한다

가물치 붕어 ~

가뭇없다 가뭇없어 진다

가뭇없이 ~ 사라진다

가미 ~ 된다; □을/를 ~ 한다

가방 ~ 및 신발, ~ 을 어깨에 멘다; 반투명 비닐 ~, 여행용 ~, 왕진 ~, 책 ~ 과 숙제물

가버넌스 글로벌 개발 ~, 글로벌 경제 ~, 글로벌 무역 ~

가변 ~ 조합 방식, ~ 주파 수, ~ 콘덴서; 고정 선과 ~ 선

가볍다[가벼워 가벼운] 가벼운 목례, 가벼운 미열, 가볍게 여긴다, 가벼운 처신, 가벼운 통증

가부장 ~ 제 가족

가부좌 ~ 를 튼다, ~ 한다

가불 □을/를 ~ 한다

가뿐 몸이 ~하다

가쁘다[가빠] 가쁜 숨을 몰아 쉰다; 숨 ~, 호흡이 가빠 진다

가사 유행가 ~, 음에다 ~를 붙인다, 한이 서린 ~

가사 장삼에 ~를 두른다

가사 ~ 노동, ~ 와 양육

가산 미납부 ~세율

ㄱ

가산 ~을 억탈 한다, ~을 탕진 한다, ~ 탕진

가산금 환급 ~의 이율

가산점 ~특전

가상 ~상황, ~ 적국, ~ 적기, ~ 현실 기술

가상 ~히 여긴다

가상환 ~한다

가석방 ~자, ~한다

가설 빗천장을 ~ 한다, 우물 천장을 ~ 한다

가세 □에 ~ 한다

가세 ~가 기운다

가소성 열 ~ 분자 복합체

가속 ~ 페달을 밟는다

가속기 ~구동; 양성자 ~ 사업, 입자 ~

가속화 ~ 된다

가솔린 ~ 기관

가수 전분질 ~ 분해 효소, 최적 ~율

가수 ~나 탤런트, ~와 합창단, ~의 매니저; 신인 ~, 통 기타 ~

가수면 ~상태

가스 ~ 누출 사고, ~ 레인지, ~ 렌지, ~를 연소 한다, ~ 저장 탱크, ~ 총을 쏜다, ~ 충전소, ~ 터빈 엔진; 도시 ~ 요금, 메탄 ~, 부탄 ~ 통, 석유와 ~, 석유와 천연 ~, 세라믹 ~ 터빈, 아황산 ~, 액화 석유 ~, 액화 천연 ~, 온실 ~ 배출량, 유독 ~, 자동 차 배기 ~, 전기 ~ 업, 지역 도시 ~ 정압기, 최루 ~, 최루탄 ~, 탄산 ~, 프레온 ~, 프로판 ~, 학교 부지 내 ~ 정압기 설치, 헬륨 ~, 휴대용 ~ 버너

가슬가슬 ~하다

가슴 ~ 까지 차 오른다, ~ 속의 응어리, ~에 못을 박는다, ~에 손을 얹는다, ~ 위에 손을 얹는다, ~을 도려 내는 아픔, ~을 쓸어 내린다, ~이 두근거린다, ~이 두근두근 한다, ~이 뜨끔하다, ~이 뭉클하다, ~이 미어진다, ~이 선뜩하다, ~이 설렌다, ~이 섬찍하다, ~이 오빈다, ~이 울렁거린다, ~이 울울하다, ~이 저며 온다, ~이 철렁 내려 앉는다, ~이 콩닥거린다, ~이 콩닥콩닥 뛴다, ~이 휑 뚫린다, ~한 귀퉁이, ~한 켠, ~한복판; 닭 ~ 살, 떨리는 ~을 진정 시킨다, 떨리는 ~을 진정한다, 런닝 샤쓰 앞 ~을 움킨다, □에 ~이 설랜다

가시 ~ 광선

가시 ~ 덤불과 엉겅퀴, ~ 돋힌다, ~에 찔린다, ~처럼 걸린다; 선인장의 ~, 아주 ~ 돋친다

가신다 말끔히 ~, □이/가 싹 ~, 채 가시지 않았다, 핏기가 ~, 핏기가 싹 ~

가십 ~ 거리

가압 고온 ~

가압류 ~조처; 손배 ~, □을/를 ~ 한다

가액 부채의 원화 환산 ~, 실지 거래 ~, 액면 ~, 양도 ~, 취득 ~, 환산 ~ 증가

가야금 ~ 병창의 인간 문화재, ~ 산조; 둥기둥 둥기둥 ~ 소리

가약 백 년 ~을 맺는다, 백 년 해로의 ~을 맺는다

가열 ~ 살균 공정, ~ 살균 무균 포장, ~ 조리; □에 ~ 한다

가옥 ~ 의 안 채; 전통 ~

가외 후생이 ~이다

가요 ~ 메들리; 영상 ~ 반주기, 최신 ~

가요사 우리 ~

가요제 대학 ~

가운 연두색 ~, 환자용 ~

가운데 ~ 꼬리 깃; 군웅 할거 ~, 뒤 덮은 ~, 부처 님 ~ 토막

가웃 한 나절 ~

가위 ~ , 바위 , 보, ~ 바위 보, ~ 질 소리; 엿 장수의 ~, □을/를 ~로 오린다, □을/를 ~로 자른다, 판금 ~

가위 ~ 에 눌린다

가위탁 ~ 한다

가을 ~ 걷이, ~ 맞이 집 단장, ~ 정기 국회, ~ 철 환절기, ~ 프로 개편; 봄 · 여름 · ~, 여름 · ~ · 겨울, 올 ~ 유행

가임 ~ 여성

가입 ~ 신청서 사본; 재형 저축 ~자, 주택 청약 예금 ~자, 청약 저축 ~자, 평교사회에 ~ 한다, 회원 사로 ~ 한다, 후원회에 ~ 한다

가입국 협약 ~

가입비 어촌 계 ~

가자미 ~ 식해

가작 ~ 당선

가장 소녀 ~ 돕는다, 소년 소녀 ~

가장 □을/를 ~ 한다, 태연을 ~ 한다

가장 ~ 세련 되다; --으면/면 ~ 무난하다

가장이 진달래 꽃 ~

가재 ~ 도구

가전 ~ 3 사, ~ 제품 회사; 백 색 ~, 최고급 ~

가정 --는다고/ㄴ다고/다고/라고 ~ 한다, --는다는/ㄴ다는/다는/라는 ~, □을/를 ~ 한다

가정 ~ 법률 상담소, ~ 복지 과, ~ 의례 준칙, ~ 통신문, ~ 파괴범, ~ 파탄, ~ 폭력, ~ 환경 조사서; 결손 ~, 입주 ~ 교사, 중산 층 ~, 편부 편모 ~

가정부 시간 제 ~

가족 ~ 및 친족, ~ 운영 업체 종사자, ~ 주의와 연고 주의; 가부장 제 ~, 가부장적 ~, 건치 ~, 민법 상의 ~, 사별 ~, 소규모 ~, 월북자의 이산 ~, 이 차 이산 ~ 방문단, 이 차 이산 ~ 상봉, 이산 ~ 면회소 설치, 이산 ~ 방문단 교환 사업, 이산 ~ 상봉 정례화, 이산 ~ 재회, 이산 ~ 찾기 생방송, 일 차 이산 ~ 방문단, 일 천 만 이산 ~, 추석 이산 ~ 상봉, 현대 판 이산 ~

가족력 ~ 이 있다

가죽 ~ 나무, ~ 벨트, ~ 장갑, ~ 재킷, ~ 점퍼; 담비 ~, 악어 ~ 무늬, 연어 ~

가죽제 ~ 의류

가중 ~ 시킨다; 누범 ~ 사유, □을/를 ~ 한다, 특정 범죄 ~ 처벌 법 위반, 혼란만 ~ 된다

가중치 ~ 부여, ~ 적용, ~ 평가법; 항목별 ~

가지 나무 ~와 풀 숲, 버드나무 ~, 석남꽃 ~

가지 네 ~ 식이 요법, □도 ~ ~이다, 반찬 ~수, 세 ~ 기초 식품군, 여러 ~ 일처리, 오만 ~, 팔만 사천 ~

가지런 ~ 히 놓인다, ~ 히 정돈 한다; 볏도 ~하다

가진다 개교 식을 ~, 사택에 가져 간다, 사회 구원관을 ~, 유레일 패스를 가지고, □으로/로 가져 간다, □을/를 가져 온다, □을/를 가져다 준다, 전복력을 ~, 집어 입으로 가져 간다

가진다 --어/아 가지고

가짜 ~ 로 판명 된다, ~ 약 장수, ~ 웅담, ~ 주민증; 진짜와 ~

가차 ~ 없다

가책 양심에 ~을 느낀다, 양심의 ~

가처분 ~ 소득, ~ 제도, ~ 한다; 효력 정지 ~ 신청

가축 ~ 사육

가출 ~ 한다; 무단 ~

가출옥 ~ 한다

가출원 ~ 한다

가치 노동 ~ 설, 부가 ~ 산업, 부가 ~ 상품, 부가 ~세 간이 과세 제도, 부가 ~ 유발 계수, 부가 ~ 유발액, 부가 ~율, 부가 ~ 제품, 부가 ~ 창출, 원화 ~ 상승, 원화 ~ 하락, 일고의 ~도 없다, 희소 ~

가치관 ~ 과 생활 양식; 인생관이나 ~, 학력 중심 주의 ~, 흥미나 ~

가탁 □을/를 ~ 한다

가택 ~ 수색, ~ 연금

가톨릭 ~ 교회, ~ 농민회, ~ 실업인회

가파르다[가팔라] 가파른 경사, 가파른 계단, 가파른 벼랑, 가파른 산등성이, 가파른 상승세, 가파른 언덕 길; 경사가 ~

가판 신문 ~대

가필 ~ 된다

가한다[가해] 개발에 박차를 ~, □에 더욱 박차를 ~, □에 압박을 ~, □에 제재를 ~, 위해를 ~, □을/를 ~, 인공을 ~, 인공이 가해 진다, 일침을 ~, 제재가 가해 진다, 총격을 ~

가합 ~ 한다

가해 ~ 자와 피해자; 피해자와 ~자

가향 약용 ~ 곡주, 약재나 ~ 재료

가현 ~ 운동

가혹 ~ 하다; 구타와 ~ 행위

가황 ~ 촉진제로 쓰인다; 고무의 ~ 촉진제

가히 --는지 ~ 짐작 할 만하다, □을/를 ~ 짐작 할 만하다

각 ~ 목적 항목, ~ 시 도 교육청, ~ 정부 부처; 당내 ~ 계파, 정부 ~ 부처

각 ~ 뿔의 꼭지 점, ~ 의 이등분 선; □과/와 ~을 세운다, □과/와 대립 ~을 세운다, 육 ~ 형, 팔 ~ 석주, 팔 ~ 형 목탑지, 팔 ~ 형 중대석

각개 ~ 약진, ~ 전투

각결막염 유행성 ~

각계 ~ 각층을 망라 한다

각고 ~ 의 노력

각광 ~ 받는다, ~ 을 받는다

각국 세계 ~

각급 ~ 학교

각다분 ~ 하다

각론 ~ 과 총론; 총론과 ~

각료 ~ 회의

각막 ~ 반사

각박 ~ 하다

각별 ~ 하다, ~ 히 유념 한다

각본 아카데미 ~ 상

각부 행정 ~

각색 각양 ~이다

각색 □을/를 ~ 한다

각서 양해 ~, 탈퇴 ~

각설 ~ 한다

각설이 ~ 타령

각성 대오 ~, 생리적 ~

각양 ~ 각색이다

각연초 ~ 제조 공장, ~ 제조업, ~ 제조업자

각오 ~ 가 되어 있다; 불퇴전의 ~, 옥쇄를 ~ 한다, □을/를 ~ 한다

각인 ~ 된다; 상온 ~ 기술, 상온 ~ 인쇄 공정

각종 ~ 이권

각주 ~ 란; 출처를 굳이 ~ 란에다 밝힌다

각지 전국 ~

각처 원근 ~

각축전 ~ 을 벌인다; 세력 ~

각층 각계 ~을 망라 한다

각파 야권 ~

각하 신청을 ~ 한다

간 강온 파 ~, 계열 사 ~ 업무, --고 자시고 ~에, 고부 ~의 갈등, 골 ~ 근, 교호 ~ 커뮤니케이션, 내부 ~ 커뮤니케이션, 내외종 ~, 노사 ~ 합의, 다자 ~ 무역 협상, 당국자 ~ 회담, 대륙 ~ 탄도 미사일, 동기 ~의 우애, 동기 ~이나 진배 없다, 동료 ~, 매도 매수 ~, 발작 ~ 뇌파, 본국과 식민지 ~, 부부 ~의 성 생활, 부부 ~이나 부자 ~, 부처 ~ 이견, 부처 ~ 협의, 사제 ~, 산학연 ~ 인력 유동, 삼 년 ~, 서로 ~에, 선후진국 ~, 수년 ~, 양국 ~ 교역, 이업종 ~, 이웃 ~, 자매 ~, 창졸 ~에, 타행 ~ 계좌 이체 서비스, 편집 기자 ~, 학제 ~ 연구, 핵 ~ 안근 마비, 형제 ~의 우애

간 정면 13 ~

간 ~ 장 , 된 장 , 고추 장, ~ 장과 된 장, ~ 장 단지, ~ 장으로~ 을 한다, ~ 장 종지; 새우 젓으로 ~을 한다, 소금으로 ~을 한다, 소금으로 ~ 한다, 와사비 ~ 장, 우스터 소스나 ~ 장, □으로/로 ~ 한다, 한식 ~ 장, 후춧가루로 ~ 한다, 후추로 ~ 한다

간 ~ 이 두 근 반 서 근 반 한다, ~ 이 크다, ~ 이나 콩팥, ~ 장을 도려 내는 아픔; 벼룩의 ~을 빼 먹는다, 애 ~ 장을 태운다, 애 ~ 장이 녹는다

간간 ~ 하다

간간히 ~ 눈발이 날린다

간격 배차 ~

간결 ~ 하다; 되도록 ~하게

간고 ~ 하다

간곡 ~ 하다, ~ 히 부탁 드린다, ~ 히 부탁 한다, ~ 히 타이른다

간과 □을/를 ~ 한다

간교 ~ 하다

간구 □을/를 ~ 한다

간나 반동 ~ 새끼

간나희 요 ~ 새끼

간다 돌을 놓아 ~, --어/아 ~

간다 갈 짓자 걸음, 갈라 칸다, 갈수록 태산이다, 가 닿는다; 359 명의 목숨을 앗아 ~, 감방 ~, 경찰서로 끌어 ~, 곁시로 따라 ~, 계단을 밟고 올라 ~, 군대 ~, 귀양 ~, 균열이 ~, 그리로 ~, 기어 들어 ~, 기어 올라 갈 엄두, □까지 쫓아 ~, 꺽꺽 숨 넘어 ~, 꼴떡 넘어 ~, 나들목으로 들어 ~, 나찌에게 끌려 ~, 낙타가 바늘 귀로 들어 ~, 넘나들면서 지나 ~, 농간에 넘어 ~, --느라 시간 가는 줄 모른다, 늙고 한 물 갔다, 데굴데굴 굴러 ~, 데리고 ~, 되어 가고 있다, 둘 째 가라면 서러워한다, 둘 째 가라면 서러워 한다, 둘둘둘 굴러 ~, 둥둥 떠 ~, 둥둥 떠 내려 ~, 뒤뚱거리며 걸어 ~, 등성이를 넘어 ~, 땅 한 뙈기 없이 살아 ~, 뛰어 가며 소리 친다, 마중 ~, 멀리 멀리 떠나 ~, 면회 ~, 물어 물어 찾아 ~, 물밀듯 지나 ~, 밀려 오고 밀려 ~, 뱁새가 황새 따라 가다가 가랑이 찢어 진다, 번갈아 가며, 번갈아 가면서, 벌겋게 타 들어 ~, 부르릉 달려 ~, 붓 가는 대로 쓴다, 비탈 길을 올라 ~, 비틀거리며 걸어 ~, 빨려 들어 ~, 빼딱 빼딱 따라 ~, 뼈에 금이 ~, 뽈뽈 겨 ~, 뽕 ~, 사다리를 올라 ~, 사람들 틈을 비집고 들어 ~, 사택에 가져 ~, 산 모퉁이를 돌아 ~, 산수갑산을 가도, 성큼 성큼 걸어 ~, 세 살 버릇 여든까지 ~, 소풍 ~, 속아 넘어 ~, 수용소로 끌려 ~, 수포로 돌아 ~, 스쳐 ~, 썩 물러 ~, 써 내려 ~, 안녕히 ~, 어물쩍 넘어 ~, 어물쩡 넘어 ~, 얼밋얼밋 미끄러져 ~, 엉금엉금 겨 ~, □에 놀러 ~, □에 버금 ~, □에 사신으로 ~, □에게 시선이 옮겨 ~, □에게 질질 끌려 ~, □에서 제일 ~, 엠티를 ~, 여기 다녀 ~, 염부로 달려 ~, 옛 날 간 날, 옛 날로 거슬러 올라 ~, 온 데 간 데 없다, 온 데 간 데 없이 사라져 버린다, 오도 가도 못 한다, 오락 가락 노닌다, 오락 가락 한다, 우우 몰려 ~, 움푹 들어 ~, 워디루 가나, 원족 ~, 으뜸 가는 도덕, --으러 ~, --으러/러 ~, --으러/러 기어 올라 ~, □으로/로 가져 ~, □으로/로 건너 ~, □으로/로 달려 ~, □으로/로 돌아 ~, □으로/로 되돌아 ~, □으로/로 몰아 ~, □으로/로 몰려 ~, □으로/로 옮아 ~, □으로/로 옮겨 ~, □으로/로 우르르 몰려 ~, □으로/로 전출 ~, □을/를 내 ~, □을/를 놓아 ~, □을/를 데려 ~, □을/를 따라 ~, □을/를 비껴 ~, □을/를 앗아 ~, □을/를 잡아 ~, □을/를 질러 ~, □을/를 찾아 ~, 응급실로 실려 ~, □이/가 되어 ~, □이/가 바작바작 타 들어 ~, 이만 물러 ~, 자진 가락으로 넘어 ~, 장가 ~, 정신대에 끌려 ~, 지렝이 겨 ~, 질질질 끌려 ~, 집어 입으로 가져 ~, 천당 ~, 첨벙 첨벙 뛰어 ~, 초 읽기에 들어 ~, 초심으로 돌아 ~, 출장을 ~, 친구 따라 강남 ~, 침이 꼴깍 넘어 ~, 터벅터벅 걸어 ~, 통일 신라기까지 소급 해 올라 ~, 파멸로 몰아 ~,

팔딱 팔딱 뛰어 ~, 피난 ~, 하룻밤 묵어 ~, 하루 하루를 살아 ~, 하류로 하류로 흘러 ~, 학병으로 끌려 ~, 한 물 ~, 한 바퀴 굴러 ~, 한길을 건너 ~, 한달음에 달려 ~, 허청허청 걸어 ~, 헝크러뜨리며 지나 ~, 헤엄 쳐 건너 ~, 후처로 시집 ~, 훨훨 날아 ~, 힘 차게 날아 ~

간다[갈고 갈아] 간 돌 화살 촉, 간 돼지 고기, 간 쇠 고기, 갈고 닦는다; 강판에 ~, 맷돌에 ~, 먹을 ~, 믹서로 ~, 바득바득 ~, 뽀드득 뽀드득 이를 ~, 숫돌에 ~, □을/를 ~, 이를 바드득 ~

간다[갈고 갈아] 갈아 끼운다, 갈아 엎는다; 기저귀를 갈아 준다, 새 옷으로 갈아 입는다, 성을 ~, 옷을 갈아 입는다, 외출복으로 갈아 입는다, □으로/로 갈아 입는다, □을/를 갈아 입는다, □을/를 갈아 입힌다, □을/를 갈아 준다, □을/를 갈아 탄다

간단 ~ 명료하다, ~ 하다

간단 ~ 없이 변화 한다

간담 ~ 을 서늘하게 한다, ~ 이 서늘하다

간담 ~ 회를 자청 한다; 경제 장관 ~회, 국방위 ~회, 기자 ~회, 방산 ~회, 오찬 ~회, 조찬 ~회, 중소 기업인 초청 ~회

간대 근 ~

간드랑거린다 간드랑거리고 있다; □을/를 ~

간략 ~ 하다

간만 ~ 의 차; 조수 ~

간명 ~ 하다

간부 ~ 학습회; 경영 진과 ~, 경영 진이나 ~, 국정원 고위 ~, 사주나 ~, 학생회 ~, 현직 검찰 ~

간빙기 빙하기와 ~

간사 상근 ~

간사 ~ 하다

간색 정색과 ~

간선 ~ 도로, ~ 파발로

간섭 ~ 이나 통제; 감 놓아라 대추 놓아라 ~ 한다, 내정 ~, □에 ~ 한다, 이래라 저래라 ~ 한다

간성 ~ 뇌병증, ~ 혼수

간소 ~ 하다

간소화 대폭 ~ 한다

간수 늙은 ~, □을/를 ~ 한다

간신히 □을/를 ~ 이긴다

간악 ~ 하다

간여 □에 ~ 한다

간염 B 형 ~ 백신, B 형 ~ 보균자, B 형 ~ 예방 백신, 급성 ~, 만성 ~

간이 ~ 공판 절차, ~ 옷 걸이, ~ 정류장, ~ 진술서, ~ 화덕, ~ 휴식소; 부가 가치세 ~ 과세 제도, 일반 과세자와 ~ 과세자

간작 ~ 한다

간절 ~ 하다, ~ 히 바란다, ~ 히 빈다, ~ 히 소망 한다

간접 ~ 유통 경로, ~ 자본 시설, ~ 자본 투자, ~ 자본 확충, ~ 증명법, ~ 투자 펀드, ~ 프리 킥; 직접 또는 ~

간접적 ~ 으로, ~ 인; □을/를 ~으로 시사 한다

ㄱ

간주 □으로/로 ~ 된다, □을/를 □으로/로 ~ 한다

간지 ~ 달력, ~ 와 역법; 음력 ~

간지럼 ~ 을 태운다

간지럽힌다 □을/를 ~

간직 고이 고이 ~ 한다, 소중히 ~ 한다, □을/를 ~ 한다, □을/를 소중하게 ~ 한다

간질 ~ 발작, ~ 중첩, ~ 중첩증; 간대성 ~, 결신 ~, 난치성 ~, 전두엽 ~, 증후성 ~, 측두엽 ~, 특발성 ~, 후두엽 ~

간질간질 ~ 한다

간질거린다 발 바닥이 ~

간질인다 □을/를 ~

간채 솟을 대문 ~

간척 ~ 사업

간척지 연안의 ~

간첩 ~ 단 사건, ~ 으로 오인 한다; 무장 ~ 침투 사건

간청 □을/를 ~ 한다

간추린다 □을/를 ~

간택 세자빈으로 ~ 된다

간특 ~ 하다

간파 □을/를 ~ 한다

간판 ~ 스트라이커, ~ 을 내 건다, ~ 이 내 걸린다, ~ 장이; 네온 ~, 아크릴 ~

간편 ~ 하다

간행 ~ 된다; □을/를 ~ 한다

간행물 불온 ~ 도서 목록, 정기 ~

간호 군의관과 ~ 장교, 극진히 ~ 한다, □을/를 ~ 한다

간호사 보건소 ~

갇힌다 갇혀 있다; 궁궐 깊숙히 ~, 새장에 ~

갈가리 ~ 찢어 발긴다, ~ 찢어 진다, ~ 찢긴다; □을/를 ~ 찢는다

갈갈이 ~ 찢어 진다

갈고리 ~ 고지, ~ 이랑

갈구 □을/를 ~ 한다

갈기갈기 ~ 찢어 진다, ~ 찢긴다; □을/를 ~ 찢는다

갈긴다 따귀를 ~, 모지락스럽게 ~, 뺨을 후려 ~, 뺨다귀를 연거푸 후려 ~, 오줌을 ~, □을/를 ~, □을/를 후려 ~, 철썩 ~, 회초리로 ~

갈꽃 ~ 을 휜다

갈대 ~ 가 무성하다

갈등 ~ 예시문, ~ 을 부추긴다, ~ 이 생긴다; 고부 간의 ~, 두 ~ 당사자, 부부 ~ 상담

갈래 두 ~로 갈라 진다, 세 ~로 땋는다, 위 팔 두 ~ 근, 천 ~ 만 ~

갈래갈래 ~ 찢어 진다, ~ 찢긴다

갈린다 짝 ~

갈망 □을/를 ~ 한다

갈매기 ~ 가 난다, ~ 를 좇는다; 날아 다니는 ~

갈무리 □을/를 ~ 한다

갈비 ~ 뼈가 부러지는 중상; 소 ~ 살 구이점, 숯 불 ~, 찜 ~

갈색 ~ 반점, ~ 삼림토, ~ 스텐실; 연한 ~, 엷은 ~, 올리브 ~

갈음 □에 ~ 한다, □을/를 ~ 한다

갈증 ~ 해소; 기아나 ~

갈채 ~를 받는다; 박수 ~를 보낸다, 아낌 없는 ~

갈취 금품 ~, □을/를 ~ 한다

갈파 □을/를 ~ 한다

갈팡질팡 ~ 한다

갈피 ~를 잡는다; 버선 ~, 책 ~에 끼운다

갉는다 □을/를 갉아 먹는다

감 거부 ~ 없이 받아 들인다, 공멸의 위기 ~, 공포 ~에 사로잡힌다, 국수의 조직 ~, 긴장 ~이 감돈다, 대리석의 질 ~, 대리석 질 ~, 두 지점 식별 ~, 두려움이나 경외 ~, 리듬 ~과 음률 감각을 익힌다, 만복 ~을 느낀다, 매사에 자신 ~이 있다, 면구스러운 ~, 모욕 ~을 느낀다, 박진 ~ 넘친다, 박진 ~ 있다, 변화 ~을 준다, 불균형 ~, 불신과 적대 ~, 불쾌 ~과 불안 ~, 불평등 ~, 비장 ~과 엄숙, 사명 ~에 불 탄다, 사실 ~ 넘친다, 산자의 조직 ~, 상대적 박탈 ~, 생동 ~ 있다, 성적 극치 ~, 속도 ~ 있다, 신비 ~의 체험, 심리적 부담 ~, □에 대한 불신 ~, □에게 친밀 ~을 느낀다, 오 ~ 발달 놀이, 일말의 책임 ~, 자기 존중 ~, 자부심과 책임 ~, 좀 아쉬운 ~이 있다, 투철한 사명 ~, 투철한 책임 ~, 해방 ~을 만끽 한다, 행복 ~에 젖는다, 행복 ~을 부풀린다, 현실 ~ 있다

감 놀림 ~이 된다, 뜨개 질 ~, 먹이 ~, 물 ~을 칠 한다, 물 ~ 칠, 부잣집 맏며느리 ~, 생선 횟~, 수채 물 ~, 신부 ~, 안 ~과 겉 ~, 자동 식 장난 ~, 장난 ~을 갖고 논다, 치마 저고리 ~, 해외 토픽 ~, 혼수 ~ 목록, 흰 색 아크릴 물 ~

감 ~ 꽃 향기, ~ 나무나 대추 나무, ~ 놓아라 대추 놓아라 간섭 한다, ~ 색 모자, ~ 색 싱글, ~ 색 양복, ~ 색 투피스; 녹차나 ~ 잎 차, 떫은 ~, 또아리 ~ 나무

감각 ~ 등록기, ~ 신경 섬유; 구심성 ~, 리듬감과 음률 ~을 익힌다, 심미적 ~, 음률 ~ 익힌다, 일 차성 ~, 체성 ~ 유발, 평형 ~ 장애, 풍취를 ~ 한다

감각증 이상 ~

감감 ~ 무소식이다, ~ 하다

감개무량 ~ 하다

감격 ~ 에 겹다; 벅찬 ~, □에 ~ 한다, 환희와 ~

감금 ~ 된다, ~ 죄에 해당 한다; 불법 ~ 죄, 불법 ~ 중지, □을/를 ~ 한다

감기 ~ 균, ~ 몸살, ~ 후 후각 장애; 유행성 ~

감긴다 스르르 ~, 얼레에 ~, □에 감겨 든다, 착 착 ~, 친친 ~, 칭칭 ~

감내 □을/를 ~ 한다

감는다 꾹 ~, 눈 감아 준다, 눈 딱 ~, 눈을 ~, 눈을 질끈 ~, 눈 질끈 ~, □을/를 질끈 ~, 지그시 ~

감는다 멱 ~, 멱도 ~, 창포 물에 머리 ~

감는다 붕대로 ~, 붕대를 ~, □을/를 감아 쥔다, □을/를 칭칭 ~, 친친 ~, 태엽을 ~, 휘어 ~

감당 □을/를 ~ 한다

감독 ~ 및 감시; 고재욱 ~, 금융 ~ 원, 무대 ~, 박종환 ~, 밸런타인 ~, 영화 ~,

은행 ~ 원 분쟁 조정실, 조명 ~, 중립국 ~ 위원회 회의실, 증권 ~ 원, 증권 ~ 원장, 한국 축구 대표 팀 ~

감돈다[감돌고 감돌아] 긴장감이 ~, 냉기가 ~

감동 ~ 의 순증가량

감득 □을/를 ~ 한다

감량 ~ 경영

감리 시공 사와 ~단

감면 ~ 세액, ~ 조치, ~ 혜택; 세금 ~, 조세 ~ 규제 법, 조세 및 임대료 ~, 특별 ~ 조처

감명 ~ 깊다, ~ 을 받는다

감미료 인공 ~

감발 짚 신 ~

감방 ~ 간다, ~ 살이; 대용 ~, 비좁은 ~

감벽 ~ 빛

감별 □을/를 ~ 한다, 체질 ~

감별법 체질 ~

감복 위덕에 ~ 한다

감사 ~ 또는 조사, ~ 피감; 감사원의 ~, 국정 ~ 대상, 국정 ~ 자료, 국정 ~ 피감 기관

감사 ~ 를 표한다, ~ 편지, ~ 히 여긴다; □에 ~ 한다, 진심으로 ~ 한다

감사권 국정 ~

감사원 ~ 의 감사

감사절 추수 ~

감살 과장 또는 ~, □을/를 과장 또는 ~ 한다

감상 ~ 을 피력 한다; 영화 ~회, □을/를 ~ 한다, 포르노 ~, 해설 및 ~

감상문 독서 ~

감상실 음악 ~

감상적 ~ 으로, ~ 인

감색 짙은 ~

감성 스무 살 ~, 이성과 ~

감성적 ~ 으로, ~ 인

감소 ~ 세로 돌아 선다, ~ 한다; 삼 개월 연속 ~세, 설비 투자 ~

감소증 백혈구 ~

감수 수모를 ~ 한다, □을/를 ~ 한다

감수성 ~ 분열, ~ 예민, ~ 이 예민하다

감숭 ~ 하다

감시 ~ 와 규제, ~ 자 역할; 감독 및 ~, 상수도 수질 ~, 상시 ~ 차원, 열차 후부 ~ 장치, □을/를 ~ 한다, 포로 ~ 병

감시원 환경 ~

감식 유전자 ~

감식 ~ 의 처분; 금치 또는 ~

감싸인다 □에 ~

감싼다 감싸 안는다; □을/를 ~, 이불로 ~, 포근히 ~

감안 □을/를 ~ 한다

감액 근로 시간 단축에 따른 임금 ~

감언이설 거짓 말이나 ~

감염 광우 병 ~, 바이러스에 ~ 된다, 사스 ~, 상기도 ~, 성 병 ~, 세균에 ~ 된다, 에이즈 ~자, 에이즈에 ~ 된다, 조류 독감 ~

감염증 바이러스 ~

감옥 ~ 살이를 한다

감읍 □에 ~ 한다

감응 □에 ~ 한다

감자 ~ 국 백반, ~ 와 옥수수, ~ 캔다; 삶은 ~, 식은 ~, 인공 씨 ~

감전 ~ 된다

감정 ~ 노동, ~ 을 해소 한다, ~ 이입

감정 ~ 평가사; 보석 ~

감정서 시가 ~

감정인 사설 ~

감제 ~ 고지; □을/를 ~ 한다

감지 무동작 ~ 센서, □을/를 ~ 한다

감지기 적외선 ~, 화재 ~

감질 ~ 난다

감쪽 ~ 같다, ~ 같이 사라져 버린다, ~ 같이 속인다, ~ 같이 없어 진다, ~ 같이 자취를 감춘다, ~ 같이 훔친다

감찰 대검 ~ 부, 직무 ~

감천 지성이면 ~이다

감초 약 방의 ~

감촉 밥의 ~, 비의 ~

감축 무기 ~ 협상, 산유량 ~, 인력 ~, 인원 ~, 재래 식 군비 ~ 문제, 전략 무기 ~ 협정

감춘다 감쪽 같이 자취를 ~, 맛파람에 게 눈 감추듯, □을/를 ~, 종적을 ~

감친다 감칠 맛 난다

감탄 ~ 을 금하지 못한다; □에 ~ 한다, □에 대한 ~

감탄사 ~ 를 연발 한다

감퇴 성욕 ~ 주사까지 맞는다, 성욕 ~ 주사를 맞힌다, 식욕 ~, 의욕의 ~

감퇴증 후각 ~

감투 도깨비 ~

감표 ~ 요인

감한다[감해] □을/를 ~

감행 도발을 ~ 한다, □을/를 ~ 한다

감호 보호 ~

감회 ~ 를 내 비친다, ~ 에 젖는다; 색 다른 ~

감히 ~ 엄두도 못낸다

갑 한 ~, 호주머니에서 담뱃~을 꺼낸다

갑각 ~ 류

갑갑 ~ 하다

갑골 ~ 문자

갑상선 ~ 기능 저하증, ~ 기능 항진증, ~ 질환, ~ 호르몬

갑석 ~ 으로 마무리 한다; 구배 진 ~, 장 대석 ~

갑오징어 ~ 샐러드

갑옷 ~ 과 투구, ~ 투구

갑자 ~ 을축

갑절 몇 ~

갑충 ~ 류

갑판 ~ 위에 붙박힌다, ~ 장

값 ~ 싼 노동력, ~ 싼 슈퍼, ~ 싸게 식사 한다, ~ 싸고 질 좋다, ~ 이 똥 금이다; 같은 ~이면 다홍치마이다, 꼴 ~ 한다, 말토즈 ~, 몸 ~, 방 ~ 홍정, 비싼 ~으로 팔린다, 산지 쌀 ~, 소 ~ 폭락, 시중 드는 ~, 신부 ~ 문화, 쌓은 죄 ~, □에

~ 한다, 이름 ~을 한다, 절대 ~, 집 ~ 폭등, 최고 ~ 및 평균 ~, 평균 ~ 그리고 최저 ~

갓 ~ 김치

갓 ~과 옷, ~ 끈을 끊긴다, ~ 대신 삿갓, ~을 씌운다

강 ~ 가나 습지대, ~ 건너 불 구경 한다, ~ 물이 붇는다, ~ 어귀의 삼각주, ~ 하구; 레테 ~, 얼어 붙은 ~ 물, 중원에서부터 ~까지

강간 ~ 죄, ~ 피해 여성

강건 ~ 하다

강경 ~ 대응 방침, ~ 일변도, ~ 진압, ~ 하다; 극우 ~ 파

강고 ~ 하다

강구 계곡 ~

강구 대응책을 ~ 한다, □을/를 ~ 한다

강국 ~ 으로 부상 한다

강권적 ~ 으로, ~ 인

강냉이 ~ 가루

강대 ~ 세력, ~ 하다

강대국 ~ 으로 행세 한다, ~ 의 흥망; 중소국과 ~

강도 불편의 ~, □을/를 ~ 높게 비판 한다

강도 ~ 죄, ~ 행각

강독 ~ 모임; 한문 ~

강등 □을/를 ~ 한다

강력 ~ 범죄 소탕, ~ 사건 피해자, ~ 하다, ~ 히 반발 한다; 지검 ~ 부

강렬 죽음만큼 ~하다, 포즈가 ~하다

강령 신문 윤리 ~, 언론인 협회 윤리 ~, 여성 행동 ~, 의원 윤리 ~, 직업 윤리 ~

강매 □을/를 ~ 한다

강목 윤리 ~

강박 ~ 관념화; --는다는/ㄴ다는 ~ 관념에 사로잡힌다, --는다는/ㄴ다는/다는/라는 ~ 관념

강변 ~ 을 거닌다

강병 부국 ~ 사상

강병책 부국 ~

강보 ~ 에 싸인다

강사 ~ 초빙; 상근 ~, 외국어 학원 한문 ~, 전업 ~, 전임 ~, 학원 ~

강산 무궁화 삼천 리 화려 ~, 삼천 리 ~, 우리 ~ 푸르다, 푸른 ~

강성 ~ 하다

강세 ~ 를 보인다, ~ 종목; 엔화 ~, 프랑화의 ~

강수 연 ~량, 연 평균 ~량

강슛 오른 발 ~, 왼 발 ~, 중거리 ~

강습 수영 ~, 퉁소 무료 ~

강신 ~ 무녀

강신무 ~ 의 굿

강심장 여간 ~이 아니다

강아지 ~ 똥; 발 탄 ~

강약 ~ 을 조절 한다

강연 기조 ~, 연사의 ~, 조찬 ~회

강열 □을/를 ~ 한다

강온 ~ 파 간

강요 □을/를 ~ 받는다, □을/를 ~ 한다

강우 인공 ~

강의 ~ 설문 제, ~ 식 수업; 쌍 방향 원격 ~, □을/를 ~ 하는 교수, 화상 ~ 시스템, 휴강 없이 ~ 한다

강의록 중학 ~

강인 ~ 하다

강자 ~ 에게 불리하다, ~ 에게 유리하다, ~ 와 약자

강재 고급 ~, 저급 ~

강점 식민지로 ~ 한다, 일제 ~

강점 ~ 과 약점

강점기 일제 ~

강정 ~ 과 산자, ~ 및 산자; 속 빈 ~

강제 ~ 구인 한다, ~ 노역, ~ 로 퇴원 시킨다, ~ 연행, ~ 이주 당한다, ~ 이주 된다, ~ 징용자, ~ 징집, ~ 퇴거 명령; □으로/로 ~ 이주 시킨다

강제력 물리적 ~

강조 누누이 ~ 한다, 누차 ~ 한다, 아무리 ~ 해도 지나치지 않다, □을/를 ~ 한다

강좌 수지 침 ~

강직 ~ 하다

강철 ~ 처럼 단단하다; 스테인레스 ~

강타 □을/를 ~ 한다

강탈 문화재 ~ 전문가, □을/를 ~ 당한다, □을/를 ~ 한다

강판 ~ 에 간다; 냉연 ~

강퍅 ~ 하다

강하 국기 ~ 식, 콜레스테롤 ~ 작용과 항산화 작용, 혈압 ~

강하다[강해] 강한 군대, 강한 성격, 강한 압력, 강한 의지, 강한 체력, 강한 충격, 강한 핵력; 개성이 강한 캐릭터, □을/를 강하게 띤다

강하제 혈압 ~

강학 ~ 공간

강행 □을/를 ~ 한다

강화 경쟁력을 ~ 한다, □을/를 ~ 한다, 조직 ~ 특위, 헤게모니를 ~ 한다

갖는다 --어/아 갖고

갖는다 갖다 드린다; 기득권을 ~, --는 소원을 갖고 있다, 성 관계를 ~, 숭앙심을 ~, 애정을 갖고, 완만한 경사를 ~, □을/를 ~, 장난 감을 갖고 논다, 제 자리에 갖다 놓는다

갖은 ~ 고생, ~ 양념

갖춘다 --을/ㄹ 채비를 ~, --을/ㄹ 태세를 ~, □을/를 ~

같다 같은 값이면 다홍치마이다, 같은 어족의 언어들, 같은 체제; 감쪽 ~, 개 뼉다구 ~, 걱정이 태산 ~, 게딱지 ~, 고래 등 같은 기와 집, 고얀 놈 같으니라고, □과/와 ~, 구슬 같은 앵두, 금쪽 같은 1 승, 금쪽 같은 승리, 금쪽 같은 시간, 금쪽 같은 아들, 금쪽 같은 자식, 기라성 같은 대가, 기라성 같은 인물들, 깨 알 같은 글씨로, 느르지논 ~, --는 것 ~, --는다는/ㄴ다는/다는/라는 실낱 같은 기대, 닭 똥 같은 눈 물, 대쪽 같은 공정 의식, 대쪽 같은 과단성, 대쪽 같은 기질, 대쪽 같은 발언, 대쪽 같은 삶, 대쪽 같은 선비, 대쪽 같은 성품, 대쪽 같은 원칙 주의, 대쪽 같은 정신, 두

억시니 ~, 떡 두꺼비 ~, 똑 ~, 뚱딴지 같은 말, 뚱딴지 같은 소리, 마음이 굴뚝 ~, 머저리 ~, 무슨 뚱딴지 같은 소리니, 박 속 ~, 밥 알 같은 구더기, 버러지 ~, 분화구 같은 구덩이, 산더미 ~, 서릿발 ~, 송곳 같은 아이언샷, 송곳 같은 지적, 송곳 같은 통찰, 실낱 같은 희망, 씨름 선수 ~, 아사리 판 ~, 알 토란 ~, 여느 때 같으면, 여우 같은 마누라, 여우 같은 여자, 열화 ~, 열화와 같은 성원, 우레와 ~, 우윳가루 ~, --은/ㄴ 것 ~, --을/ㄹ 것 ~, 이 개 같은 년, 좆 ~, 주옥 같은 그림, 주옥 같은 글, 주옥 같은 단편, 주옥 같은 수필, 주옥 같은 시, 주옥 같은 작품, 창 날 ~, 천금 ~, 천사 같은 마음씨, 철 통 같은 경계, 철석 같은 믿음, 칠흑 같은 밤, 칠흑 같은 어둠, 태산 같은 걱정, 한 패 ~, 한가위만 같아라, 한결 같은 지적, 호랑말 코 ~

같이 감쪽 ~ 사라져 버린다, 감쪽 ~ 속인다, 감쪽 ~ 없어 진다, 감쪽 ~ 자취를 감춘다, 감쪽 ~ 훔친다, 개 떡 ~ 말 해도 찰떡 ~ 알아 듣는다, 구름 ~ 몰린다, 궤를 ~ 한다, 깨 알 ~ 적는다, 깨 알 ~ 적힌다, 낮과 ~ 밝다, 득달 ~, 매일 ~, 면도 날 ~ 얇다, 반석 ~ 다진다, 벽력 ~ 소리 지른다, 비가 억수 ~ 퍼 붓는다, 산 ~ 쌓인다, 산더미 ~ 쌓인다, 수정 ~ 맑다, 억수 ~ 쏟아 진다, 천리 ~ 트인다, 철석 ~ 믿는다, 철석 ~ 약속을 믿는다, 초개 ~ 버린다, 칠흑 ~ 어둡다, 태산 ~ 믿는다, 톱 밥 ~ 거칠다, 한결 ~, 향기 ~ 애잔하다

같이 □과/와 ~, --는다는/ㄴ다는 데 인식을 ~ 한다, □하구 ~ 내뺀다

갚는다 말 한 마디로 천 냥 빚을 ~, 빚 ~, 원수를 ~, 웬수 ~, □을/를 ~, 차입금을 ~

개 구 ~ 동리 증치, 두 ~, 수 십 ~, 억 ~ 염기, 육 ~ 항 결의 안, 일 ~ 서생, 일 ~ 소대, 일 ~ 평교사, 천부인 세 ~

개 ~ 꼬리 상모, ~ 놈의 새끼, ~ 떡 같이 말 해도 찰떡 같이 알아 듣는다, ~ 똥 밭에 구른다, ~ 똥 소쿠리, ~ 똥 철학, ~ 띠 동기, ~ 발에 다갈, ~ 보름 쇠듯, ~ 뼉다구 같다, ~ 뼉다귀, ~ 쌍놈, ~ 오줌 나무, ~ 와 고양이, ~ 짖는다, ~ 처럼 번다, ~ 팔자가 상팔자다, ~ 한테 물린다; 멍텅구리 사냥 ~, 보리 ~ 떡, 복날 ~ 패듯, 빛 좋은 ~ 살구다, 애완용 ~, 이 ~ 같은 년, 이 놈우 ~ 새끼

개가 ~ 한다; 과부의 ~

개가 ~를 올린다

개각 ~을 단행 한다; 조기 ~ 설

개간 농지 ~, □을/를 ~ 한다

개강 ~ 총회, ~ 한다

개걸 유리 ~ 한다

개골창 ~ 에 처박는다

개과 ~ 천선

개관 □을/를 ~ 한다

개관 ~ 기념전, ~ 한다

개괄 □을/를 ~ 한다

개교 ~ 기념 행사, ~ 식을 가진다, ~ 이래 처음, ~ 한다

개구리 우물 안 ~, 황소 ~ 잡기 경연

개국 선진 7 ~, 자유국 68 ~

개국 ~ 공신

개근 삼 개년 ~, 삼 년 ~ 상

개기 ~ 일식

개나리 진달래와 ~

개년 1 차 7 ~ 계획, 삼 ~ 개근, 오 ~ 계획 기간, 오 ~ 계획 안

개념 등위 ~, 토지 공 ~

개도국 대 ~ 협력, 후발 ~

개략 □을/를 ~ 한다

개량 ~ 김치 독, ~ 식 된 장 제조, ~ 한복; 농지 ~ 조합, 농지 ~ 조합비, 민족 ~ 주의, 품종 ~

개론 국어학 ~, 나비학 ~, 전산 ~

개막 ~ 된다, ~ 식과 개막전; 월드컵 ~ 일

개막전 ~ 을 관람 한다, ~ 징크스; 개막식과 ~

개명 창씨 ~

개미 ~ 의 행렬, ~ 한 마리도 얼씬거리지 않는다; 구더기와 불 ~들, 꿀 벌이나 ~, 매미와 ~, 벌과 ~

개발 ~ 도상 국가, ~ 도상 국가군, ~ 도상국으로 분류 된다, ~ 도상국으로 분류 한다, ~ 비리 의혹, ~ 에 박차를 가한다, ~ 제한 구역; 공영 ~ 원칙, 교육 ~ 원, 국토 종합 ~, 글로벌 ~ 가버넌스, 디자인 ~ 원, 디자인 포장 ~ 원, 부동산 ~업, 세계 ~ 보고서, 소프트웨어 ~자, 여대생 커리어 ~ 센터, 여성 ~ 원, 연구 ~, 유전 ~, □을/를 ~ 한다, 인력 ~ 부, 자원 ~, 정주권 ~, 제품 ~ 과, 지속 가능한 ~, 탐사 및 ~, 택지 ~ 예정, 택지 ~ 지구, 포트란 컴파일러 ~, 폴리머 배터리 ~, 핵 무기 ~

개발력 연구 ~

개발비 매출액 대비 연구 ~ 비율, 매출액 대비 연구 ~ 지출, 연구 ~

개발지 택지 ~

개방 ~ 농정, ~ 유예 론; 문호가 ~ 된다, 성 ~ 풍조, □에 문호를 ~ 한다

개벽 ~ 의 조짐; 천지가 ~ 한다, 천지 ~ 한다, 후천 ~ 시대

개별 ~ 면담, ~ 주식 옵션

개별적 ~ 으로, ~ 인

개복 ~ 수술

개복청 ~ 으로 퇴청 한다

개봉 ~ 된다, ~ 첫 주, ~ 첫 주말; □을/를 ~ 한다

개봉관 시내 ~

개비 담배 한 ~, 장작 30 ~

개사 □을/를 ~ 한다

개서 명의 ~

개선 ~ 혹은 역발상; 경영 ~ 계획서, 농어촌 구조 ~, 대기 질 ~, 대기 질 ~ 특별 법 시안, 미백과 주름 ~, □을/를 ~ 한다, 전공의 처우 ~, 체질 ~, 환경 ~ 부담금, 획기적으로 ~ 한다

개설 신용장 ~, 여객 항로 ~, □을/를 ~ 한다, 직항로 ~, 포교당을 ~ 한다, 항로를 ~ 한다

개설서 동양사 ~

개성 ~ 의 향취, ~ 이 강한 캐릭터

개소 ~ 된다

개수 □을/를 ~ 한다

개시 상속 ~ 일, □을/를 ~ 한다, 임기 ~, 전면 지상전 ~, 지상전이 ~ 된다, 진격 ~

개신 ~ 교회

개업 변호사 ~, 신장 ~ 한다

개요 ~ 작성

개운 뒷맛이 ~하다

개울 ~ 물 소리; 거꾸로 ~ 물에다 처박는다

개웃 ~ 한다

개원 □을/를 ~ 한다

개월 삼 ~ 무이자 할부, 삼 ~ 연속 감소세, 삼 ~ 짜리 어음, 생후 15 ~, 육 ~, 일 ~로 단축 한다

개의 □을/를 개의치 않는다

개인 ~ 교습, ~ 순매수, ~ 시청률 측정기, ~ 연금 신탁, ~ 주의와 공동체 주의, ~ 주의적 사회관, ~ 택시 운전자, ~ 파산, ~ 회생, ~ 휴대 단말기; 퇴직 신탁 및 ~ 연금, 확정 금리형 ~ 연금 저축

개인적 ~ 으로, ~ 인

개입 이권에 ~ 한다

개작 □으로/로 ~ 한다, □을/를 ~ 한다

개장 ~ 초; □을/를 ~ 한다

개재 □에 ~ 한다

개전 ~ 의 정

개절 수절과 ~

개점 ~ 휴업 상태; □을/를 ~ 한다

개정 ~ 령 안, ~ 법률 안, ~ 안을 입법 한다, ~ 약사 법, ~ 합의서; 교육 공무원 임용 령 ~ 안, 국회 법 ~ 안, 긴급 조치 법 ~ 안, 노동 관계 법 ~, 노동 법 ~, 민법 ~ 안, 법규를 ~ 한다, 변호사 법 ~ 안, 사립 학교 법 ~, 시행 규칙 ~ 안, 시행 령을 ~ 한다, 약사 법 ~, 유가 증권 상장 규정 ~ 안, 조례 ~, 주요 ~ 내용

개조 베란다를 ~ 한다, □을/를 ~ 한다

개종 기독교로 ~ 한다, □에 ~ 한다, □으로/로 ~ 한다, 이슬람으로 ~ 한다

개중 ~ 에

개진 □을/를 ~ 한다

개짐 ~ 빤다

개찰 ~ 한다

개찰구 ~ 를 빠져 나간다

개창 □을/를 ~ 한다

개척 서부 ~ 시대, 시장 ~단, □을/를 ~ 한다, 판로 ~

개천 ~ 에서 용 난다

개체 ~ 와 전체, ~ 와 집단; 서식 ~ 수

개최 경협 추진위 ~, 국제 회의가 ~ 된다, 리틀 야구 대회 ~, 번갈아 ~ 한다, 세미나를 ~ 한다, 심포지엄을 ~ 한다, □을/를 ~ 한다, □을/를 성대하게 ~ 한다

개최국 공동 ~

개최지 ~ 결정

개축 □을/를 ~ 한다

개칭 ~ 된다; □으로/로 ~ 한다, □을/를 ~ 한다

개킨다 □을/를 ~

개탄 ~ 을 금하지 못한다; □을/를 ~ 한다

개통 ~ 된다

개편 ~ 을 단행 한다; 가을 프로 ~, 교과 과정 ~, 당정 ~, 당직 ~, 세제 ~ 안, 신탁 제도 ~, 안보리 ~ 문제, 정계 ~, 지구 당 ~ 대회

개폐 자동 ~ 식

개표기 전자 ~

개피 쑥 ~ 떡

개학 ~ 한다

개헌 내각 제 ~, 발췌 ~ 안, 삼 선 ~, 직선 제 ~

개혁 ~ 관련 법 안, ~ 시민 연대, ~ 입법; 경찰 법 ~, 교육 ~과 교육 자치, 교육 ~ 종합 구상 안, 국무 조정실 규제 ~ 조정관, 민주 ~ 정치 모임, □을/를 근본적으로 ~ 한다, 종교 ~자, 화폐 ~ 설

개화 ~ 주의자

객 도선 ~, 불귀의 ~이 된다

객관 ~ 과 주관, ~ 식 답안지, ~ 식 문항, ~ 식 택일

객관적 ~ 으로, ~ 인

객리 ~ 행상

객사 동헌과 ~

객석 ~ 점유율; 무대와 ~, 오백 석의 ~

객원 ~ 기자, ~ 부교수

객장 증권 사 ~

객주 노들목 ~ 집, 여각이나 ~

객차 ~ 승강구 계단

객체 ~ 로 전락 한다; 주체와 ~

객체적 ~ 으로, ~ 인

갠다 궂은 비가 ~, 맑게 ~, 장마가 ~, 환히 개어 파아랗다

갠다 기름에 ~

갠다 이불을 ~, 착착 ~

갯것 ~ 새끼

갯벌 ~ 매립, ~ 밭, ~ 을 매립 한다; 십 킬로 미터의 ~

갱 굴진 ~

갱년기 ~ 장해

갱도 지하 ~

갱생 민족 ~, 자력 ~

갱스터 밀리터리룩과 ~ 빈티지 룩

갱신 면허 ~ 허가, 면허증 ~ 기간, 운전면허증 ~, □을/를 ~ 한다

갱유 분서 ~

갸륵 ~ 하다

갸름 군살 없이 ~하다

갸우뚱 고개를 ~ 한다

갸우뚱거린다 고개를 ~, □을/를 ~

갸웃 고개를 ~ 한다

갸웃거린다 고개를 ~, □을/를 ~

갹출 □을/를 ~ 한다

거 그 ~ 땜에, 그 ~야 모르지, 별 ~ 아니다, 이 ~ 왜 이러슈, 이 ~ 정말 죄송 합니다, 좋은 ~ 어떡해

거 까짓 ~

거겨 가갸 ~

거구 ~ 의 남자

거국 ~ 중립 내각

거기 ~ 사방 삼천 리

거꾸러뜨린다 □을/를 ~

거꾸러진다 푹 ~

거꾸로 ~ 개울 물에다 처박는다, ~ 물구 나무 선다; 고무 신 ~ 신는다

거나 ~ 하게 취한다

거느린다 계열 사를 ~, 봉토를 ~, □을/를 ~, 종탑을 ~

거닌다[거닐고 거닐어] 강변을 ~, □을/를 ~, □을/를 그저 ~

거대 ~ 한

거덜 ~ 난다

거두 남인의 ~, 동학 ~

거두절미 ~ 하고

거둔다 곡식을 거둬 들인다, 소기의 성과를 ~, 실효를 ~, 역전승을 ~, □을/를 거둬 들인다, 큰 성공을 ~

거둥 ~ 길 노정; □에 ~ 한다

거드름 ~ 을 피운다

거든다[거들고 거들어] □을/를 ~, 한 몫 ~

거들뜬다[거들떠] 거들떠도 안본다, 거들떠 보지도 않는다

거듭 등락을 ~ 한다, 생각에 생각을 ~ 한다, 악순환이 ~ 된다, □으로/로 ~ 난다, □을/를 ~ 한다, 이합 집산을 ~ 한다, 퇴적을 ~ 한다

거뜬 ~ 하다

거래 ~ 규모, ~ 기본 약관, ~ 상대자, ~ 정지 처분; 고액 ~자 명단, 공정 ~ 법 시행 령, 금융 ~ 명세서, 내부자 ~, 당좌 대월 ~ 기간, 당좌 대월 ~ 약정, 당좌 대월 ~ 약정서, 당좌 대월 ~ 추가 약정, 당좌 대월 ~ 추가 약정서, 대출 ~ 약정서, 배출권 ~, 배출권 ~ 제, 본건 당좌 대월 ~, 부당 내부 ~, 선물 환 ~, 신용장 ~, 실지 ~ 가액, 장외 ~ 시장, 증권 ~세, 통장 ~자, 평균 ~ 대금, 현물 환 ~, 현행 공정 ~ 법, 현행 증권 ~ 법

거래가 ~ 상환

거래가액 실지 ~으로

거래사 기술 ~

거래상 무기 ~

거래소 ~ 상장, ~ 에 상장 한다, ~ 와 코스닥; 증권 ~에 상장 된다

거래점 ~ 취급률

거론 □으로/로 ~ 된다, □을/를 ~ 한다, 일각에서 ~ 된다

거룩 ~ 하다

거룻배 ~ 한 척

거류 재일 ~ 민단

거른다[걸러] 거름 종이; 끼니를 ~, 체로 ~, 체에 ~

거름 마늘 밭에 웃~ 준다, 밑 ~이 된다, □에 웃~을 준다

거리 가십 ~, 군것질 ~, 기삿~가 된다, 논쟁 ~로 남는다, 놀림 ~가 된다, 상당한 논쟁 ~, 소일 ~, 완롱 ~, 웃음 ~가 된다, 저녁 찬 ~, 주부들의 부업 ~, 취미와 일 ~, 화젯~가 된다

거리 두 ~ 굿

거리 □과/와 ~가 멀다, □과/와 ~가 있다, □과/와 ~를 둔다, 발원지까지의 직

선 ~, 사흘 ~로 친다, 운동 ~ 조절 이상, 지밀 ~, 최단 ~, 통근 ~

거리 ~를 활보 한다; 길 ~로 나 앉는다, 길 ~에 나 앉는다, 길 ~ 응원, 길 ~의 포스터, 길 ~ 카 레이싱, 심 ~ 보퉁이 골짜기, 육조 ~, 지나 다니던 ~, 한산한 ~

거리낀다 거리낌 없이 말 한다; □에 거리끼지 않는다

거만 ~ 하다

거머잡는다 □을/를 ~

거머쥔다 □을/를 ~, 타이틀을 ~, 티켓을 ~

거명 ~ 된다; □을/를 ~ 한다

거무스레 ~ 하다

거무스름 ~ 하다

거무죽죽 ~ 하다

거무튀튀 ~ 하다

거무티티 ~ 하다

거문고 ~ 산조, ~ 의 달인

거물 ~ 급 필진

거뭇거뭇 ~ 하다

거미 ~ 막 하 공간, ~ 줄처럼 얽힌다, ~ 줄처럼 연결 된다, ~ 줄처럼 퍼진다; 검은 독 ~, 독 ~에게 물린다, 땅 ~가 깔린다, 땅 ~가 몰려 온다, 벌이나 ~, 산 입에 ~ 줄 치랴, 어둑 어둑 땅 ~

거보 ~를 내 디딘다, ~를 내디딘다

거봉 ~ 아가씨 선발 대회; 입장 ~ 포도 축제

거부 ~ 감 없이 받아 들인다; 단호히 ~ 한다, 면역 ~ 반응, 시청료 납부 ~, 양심에 따른 병역 ~자, 양심적 병역 ~자, □을/를 ~ 한다, 인준이 ~ 된다, 입촌 ~, 증언 ~ 및 직권 남용

거부권 진술 ~

거북 양철 ~

거북 □을/를 ~해 한다

거북이 ~ 와 토끼; 토끼와 ~

거분거분 ~ 하다

거뿐 ~ 하다

거성 적색 ~

거세 ~ 된다

거세다 거센 폭풍, 거세게 몰아 친다, 거세게 인다, 거세게 항의 한다; 된 소리와 거센 소리

거소 ~ 투표 제

거수 ~ 경례

거스른다[거슬러] 옛 날로 거슬러 올라 간다, □을/를 ~

거슬린다 귀에 ~, 비위를 ~, 비위에 ~, 신경에 ~

거슴츠레 ~ 하다

거시 ~ 경제 지표, ~ 경제 팀장

거시적 ~ 으로, ~ 인

거실 ~ 이나 침실; 현관에서 ~까지

거액 ~ 의 뒷돈, ~ 의 헌금

거역 □을/를 ~ 한다, 천명을 ~ 한다

거우러나진다 맞다 ~

거울 ~ 상 단계, ~ 아~ 아; 실패담을 ~ 삼는다, □을/를 ~ 삼는다, 전신 ~

거위 ~ 한 쌍; 황금 알을 나는 ~

거유 고승 ~

거의 □과/와 ~ 동의어이다

거인 ~ 풍뎅이; 세계사적 ~, 외눈박이 ~

거인증 ~ 환자

거적 □에 ~을 씌운다

거절 단호히 ~ 한다, □을/를 ~ 한다, 일언지하에 ~ 한다

거조 행패 ~

거주 □에 ~ 한다

거주민 ~ 부양

거주증 임시 ~

거즈 생리 ~

거증 ~ 책임

거지 알 ~가 된다

거짓 ~ 과 불의, ~ 말이나 감언이설, ~ 말 좀 작작 해라, ~ 말 탐지기; 새빨간 ~ 말, 선의의 ~ 말, 참과 ~

거창 ~ 하다

거처 ~ 가 일정치 않다; □에 ~ 한다, 임시 ~

거취 ~ 문제

거치 삼 년 ~

거친다 요직을 두루 ~, 위원회의 심의를 ~, □을/를 ~, 적응기를 ~

거칠거칠 ~ 하다

거칠다[거친 거칠] 거친 숨 소리; 톱 밥 같이 ~

거침 ~ 없는 상상력, ~ 없이 내 쏟는다

거칫 ~ 하다

거택 ~ 보호 대상자

거품 ~ 이 꺼진다, ~ 이 낀다; 비누 ~, 입에 게 ~을 문다, 제 ~을 문다, 하루아침에 물 ~이 된다, 허연 ~

거품기 ~ 로 젓는다

거피 ~ 팥 고물 시루 떡

거한다[거해] □에 ~

거행 ~ 된다; 선언식을 ~ 한다, □을/를 ~ 한다, 의례를 ~ 한다, 작헌례를 ~ 한다, 전배를 ~ 한다

걱정 ~ 이 태산 같다, ~ 이 태산이다; 공연한 ~, 괜한 ~, 어떡하나 ~이다, --어서/아서 ~이다, □을/를 ~ 한다, 태산 같은 ~

걱정스레 ~ 묻는다

건 발신 ~ 수, 분쟁 처리 ~ 수, 특허 출원 ~ 수

건강 ~ 염려증, ~ 하다, ~ 혹사자; 국민 ~ 보험 법

건강법 자연 ~

건건 ~ 하다

건계 ~ 와 우계

건국 ~ 동맹, ~ 신화, ~ 준비 위원회, ~ 훈장 애국장

건기 ~ 의 막바지; 우기와 ~

건너 강 ~ 불 구경 한다, 저 ~ 잔솔밭, 활주로 ~ 편, 횡단 보도 ~ 편

건넌다 건넌 방으로 건너 온다; 멀거니 건너다 본다, 안 방과 건넌 방, □으로/로 건너 간다, □을/를 건너 뛴다, □을/를 건너 본다, □을/를 건너다 본다, 징

검다리를 ~, 한길을 건너 간다, 헤엄 쳐 건너 간다, 횡단 보도를 ~

건널목 철도 ~

건넨다 건네어 준다; □을/를 건네어 받는다, □을/를 건네어 준다

건다[걸고 걸어] 간판을 내 ~, 경품으로 내 ~, 공약으로 내 ~, 꼭 꼭 닫아 ~, 달아 ~, 판죽을 ~, 목 숨 걸듯이 해 치운다, 목 숨까지 ~, 방 문을 걸어 잠근다, 상금을 내 ~, 소송을 ~, 시동을 ~, 시비를 ~, □에 기대를 ~, □에 목 숨 ~, □에 사운을 ~, □에 사활을 ~, □에 제동을 ~, □을/를 걸고 넘어진다, □을/를 내 ~, 편액을 ~, 포스터만 ~

건드린다 비위를 ~, 심기를 ~, □으로/로 툭 툭 ~, □을/를 ~

건류 고온 ~

건립 ~ 된다, ~ 연대 미상; 노래 비 ~, 동상 ~, 백혈 병 센터 ~, 성당 ~, □을/를 ~ 한다, 추모 비 ~

건립비 시설 ~

건망 ~ 증후군

건면 증자 ~

건물 ~ 외벽, ~ 을 통 째로 빌린다, ~ 입구; 고층 ~, 대사관 영사부 ~, 문리대 ~, 상가 ~ 임대차 보호 법, 역 ~과 승차장, 주거용 ~, 총독부 ~ 철거, 토지 및 ~

건반 ~ 악기, ~ 을 두드린다, ~ 친다; 피아노 ~

건반사 심부 ~

건배 ~ 를 제의 한다, ~ 한다

건빵 급식 ~

건사 □을/를 ~ 한다

건설 ~ 과와 도시 과, ~ 교통 부, ~ 폐기물; 고속 도로 ~, 백만 호 ~, 송유 관 ~, 수도 및 ~업, 쓰레기 소각장 및 쓰레기 매립장 ~, 우량 ~ 사, 저유소 ~ 사업, 주택 ~ 촉진 법, 중견 ~ 사, 해외 ~ 수주, 핵 폐기물 처리장 ~

건설비 경기장 ~

건성 ~ 으로 대꾸 한다, ~ 으로 대답 한다

건실 ~ 하다

건양다경 입춘대길 ~

건의 군사 당국에 ~ 한다, 법무 부 장관 해임 ~ 안 처리, 애로 및 ~ 사항, □을/를 ~ 한다, 장관 해임 ~ 안

건장 김 ~

건장 ~ 하다

건재 ~ 약 방

건재 ~ 한다

건전 ~ 하다

건전지 ~ 수집 함; 망간 ~, 수은 ~, 폐수은 ~

건조 ~ 단열; 냉동 ~ 공법, 냉동 ~ 된다, 냉동 ~ 커피, 무미 ~하다, 분무 ~ 커피, 빨래 ~대

건조기 상압 ~와 진공 ~, 식기 ~

건조물 ~ 의 외부

건조법 냉동 ~

건조실 해태 ~

건진다 삶아 ~, 소쿠리에 ~, □을/를 ~, 튀겨서 ~, 헹궈 ~

건천 마른 ~

건초 ~ 더미

건축 ~ 공학 과, ~ 배관 기능사, ~ 자재, ~ 조형; 누정 ~, 다세대 주택 ~ 허가, 다포 식 ~, 목조 ~, 악덕 ~ 업자, 주심 포 ~, 주심 포 식 ~

건축물 ~ 부설 주차장

건축사 ~ 에 빛 난다; 종합 ~ 사무소

건축학 ~ 과

건치 ~ 가족

건투 여러 분의 ~를 빈다

건포도 ~ 곽

걷는다 발 길로 걷어 찬다, 세금을 ~, 소매를 걷어 붙인다, 소매를 걷어 올린다, □을/를 걷어 붙인다, □을/를 걷어 올린다, □을/를 걷어 찬다, □을/를 걷어 치운다, 팔을 걷어 붙인다

걷는다[걸어 걸은] 달리기와 걷기, 뒤뚱거리며 걸어 간다, 뒤뚱뒤뚱 ~, 뚜벅뚜벅 걸어 온다, 밤 새도록 ~, 비틀거리며 걸어 간다, 삐딱 삐딱 ~, 선명 노선을 ~, 성큼 성큼 걸어 간다, 아장아장 ~, 악화 일로를 ~, 앞만 보고 ~, 어정어정 ~, 외 길을 걸어 온, □을/를 걸어 온다, 정처 없이 길을 ~, 철둑 길을 ~, 타박타박 ~, 터벅터벅 걸어 간다, 터벅터벅 걸어 온다, 허청허청 걸어 간다, 힘 없이 터덜 터덜 ~

걷이 가을 ~

걷잡는다 걷잡을 수 없다

걷힌다 안개가 ~

걸 ~ 스카우트 연맹; 마마 보이나 마마 ~

걸개 대형 ~ 그림

걸걸 ~ 하다

걸레 ~ 로 닦는다; 대 ~ 자루

걸레짝 ~ 처럼 지저분

걸리적거린다 □에 ~

걸린다 걸림 돌이 된다; 가시처럼 ~, 간판이 내 ~, 그물에 걸려 든다, --는 데 시간이 오래 ~, 도보로 십 분 ~, 런다운에 ~, 무좀 걸린 발, 벽에 걸린 괘종 시계, 병에 ~, □에 내 ~, 협살에 ~

걸맞다 명성에 ~

걸상 안락 의자와 ~, 책 상과 ~, 판자 ~

걸식 문전 ~ 한다, 유리 ~ 한다

걸음 갈 짓자 ~, 관람객의 발 ~, 대여섯 ~ 정도, 두어 발짝 뒷~ 질 친다, 뒷~ 질 한다, 몇 ~ 앞 선다, 무릎 ~으로, 스무 ~ 쯤, 슬금슬금 뒷~ 친다, 앙감질 ~, 잰 ~, 한 ~ 두 ~, 휘청거리는 ~

걸음걸이 □의 ~를 흉내 낸다

걸이 간이 옷 ~, 금 반지 금 목 ~, 다이아몬드 목 ~, 돼지 목에 진주 목 ~, 상아 목 ~, 십자가 목 ~, 열쇠 ~, 윈 귀 ~

걸작 ~ 으로 꼽힌다

걸직 ~ 하다

걸쭉 ~ 하다

걸찍 ~ 하다

걸출 ~ 하다

걸친다 누차에 걸쳐, 브라자도 ~, 실오라기 하나 걸치지 않는다, 양 다리를 ~, □에 ~, 팬티만 ~

걸터앉는다 라디에이터에 ~, 마루 턱에 ~, 문지방에 ~, 툇마루에 ~

검거 ~ 된다, ~ 령이 내려 진다, ~ 선풍; 범인 ~, 유괴범 ~

검다 검게 그을린다, 검은 나비, 검은 독거미, 검은 머리 털, 검은 모루, 검은 박쥐, 검은 베일, 검은 비 옷, 검은 비닐 봉지, 검은 비로드, 검은 사마귀, 검은 색과 흰 색, 검은 색의 브라운 관, 검은 색 터틀넥 원피스, 검은 색 하이힐, 검은 세단, 검은 차도르

검댕 ~ 이 묻는다; 숯 ~

검도 ~ 동호회

검문 불심 ~이나 소지품 검사

검문소 국경 ~

검박 ~ 하다

검사 ~ 또는 사법 경찰관, ~ 에게 송부 한다, ~ 장 급, ~ 측 토론자; 검찰청 ~, 대검찰청 형사 부 부장 ~, 판사와 ~

검사 ~ 자와 피검자; 근전도 ~, 뇌 파 ~, 눈 떨림 ~, 대장 내시경 ~, 방사선학적 ~, 불심 검문이나 소지품 ~, 세침 흡인 ~, 수시 적성 ~, 신경학적 ~, 안저 ~, 요당 ~, 이학적 ~, 적외선 체열 ~, 체지방 ~, 초음파 ~, 태아 심음 ~, 한랭 혈압 반응 ~, 혈액학적 ~, 회계 ~ 원

검사법 뇌 파 ~, 수면 다원 ~, 신경학적 ~, 초음파 ~

검사보 특별 ~ 후보

검사지 학력 ~

검산 ~ 한다

검색 ~ 포털; 데이터 베이스를 ~ 한다, □을/를 ~ 한다, 정보 ~

검색어 추천 ~

검소 ~ 하다; 근검 절약과 ~ 청빈

검속 예비 ~, □을/를 ~ 한다

검수 ~ 기간

검시 ~ 한다; 검찰 측 ~

검시의 검찰 측 ~

검신 ~ 담당

검안 ~ 소견; 사체 ~

검열 위생 ~

검인정 ~ 교과서

검정 ~ 고무 신, ~ 과 흰 색, ~ 색, ~ 통치마

검정 ~ 고시 야학, ~ 에 합격 한다; 근현대사 ~ 교과서

검증 □을/를 ~ 한다, 추후 ~, 평균 차이 ~

검지 ~ 손가락, ~ 와 중지 사이; 오른 손 엄지와 ~

검진 정기 ~

검찰 ~ 로 송치 한다, ~ 측 검시, ~ 측 검시의; 국방 부 ~단, 법무 부 ~ 국장, 법무 부와 ~, □으로/로 ~에 고발 한다, 전 ~ 총장, 현직 ~ 간부

검찰관 군 ~

검찰청 ~ 검사, ~ 대기실, ~ 취조실; 법원과 ~

ㄱ

검출 □을/를 ~ 한다, 이산화 황이 ~ 된다, 중성미자를 ~ 한다, 호르몬이 ~ 된다

검출기 ~ 에서 포착 된다

검토 ~ 에 착수 한다; 다각도로 ~ 한다, 면밀히 ~ 한다, 신중히 ~ 한다, □에 대한 ~, 연구사 ~, 연구사적 ~, □을/를 ~ 한다

검파기 광석 ~

겁 ~ 에 질린다, ~ 을 집어 먹는다, ~ 이 더럭 난다, ~ 쟁이; 더럭 ~이 난다, □에 지레 ~을 먹는다, □을/를 ~ 낸다, 지레 ~ 먹고

겁간 ~ 당한다; □을/를 ~ 한다

겁탈 ~ 당한다; □을/를 ~ 한다

것 가이사의 ~은 가이사에게 바쳐라, --고 자시고 할 ~ 없이, 누가 먼저이랄 ~ 없이, 느즈막히 오는 ~, --는 ~ 같다, --는 ~이 고작이다, --는 ~이 급선무다, --는 ~이 상책이다, --는 ~이 인지상정이다, --는 ~이 통례다, --는다는/ㄴ다는/다는/라는 ~을 눈치 챈다, --는다는/ㄴ다는/다는/라는 ~이 중론이다, 두 말 할 ~ 없다, 버릴 ~은 버린다, 별 ~ 아니다, 보잘 ~ 없다, --은/ㄴ ~ 같다, --은/ㄴ ~이 화근이다, --을/ㄹ ~ 같다, --을/ㄹ ~이 뻔하다, 인정사정 볼 ~ 없다, 제 까짓 ~, 짚이는 ~, 크단한 ~, 탈 ~을 탄다

것 --는 ~이 소원이다, □에 비하면 아무 ~도 아니다

겅정겅정 ~ 뛴다

겅중겅중 ~ 뛰어 나온다

겉 ~ 과 속, ~ 으로 내색 하지 않는다, ~ 치레; 내리닫이 ~ 옷, 수박 ~ 핥기, 안감과 ~ 감

겉봉 서류 봉투 ~

겉장 공책 ~

겉질 전두엽 앞 ~

게 별 ~ 아니다

게 ~ 살과 찐 밤; 꽃 ~ 잡이 어선, 맛파람에 ~ 눈 감추듯, --으려니까/려니까 여간 힘 든 ~ 아니다, 입에 ~ 거품을 문다

게놈 ~ 의 염기; 인간 ~ 프로젝트

게딱지 ~ 같다

게슈탈트 ~ 심리학

게스트 ~ 하우스

게슴츠레 ~ 하다

게시 동호회 ~ 판, □에 ~ 한다, □을/를 ~ 한다

게양 국기 ~대, □을/를 ~ 한다, 인공 기 ~, 인공 기를 ~ 한다

게운다 게워 낸다

게으름 바보 멍청이 ~ 쟁이

게으름뱅이 천하의 ~

게을리 □을/를 ~ 한다

게이머 프로 ~

게임 ~ 중독, ~ 중독증; □과/와 시소 ~을 벌인다, 논제로섬 ~의 영역, 비행 시뮬레이션 ~, 빙고 ~, 시소 ~, 아시안 ~ 조직위, 진실 ~, 프로 야구 ~, 핀볼 ~ 기계

게임기 비디오 ~

게재 ~ 된다; □에 ~ 한다, □을/를 ~ 한다, 학술지 ~ 논문

게트림 ~ 한다

겔 ~ 상태

겨 ~ 비누

겨냥 □을/를 ~ 한다

겨눈다 □을/를 ~, 총 부리를 ~, 총구를 ~

겨드랑 ~ 밑

겨드랑이 ~ 와 사타구니

겨레 우리 ~

겨룬다 승부를 ~, □을/를 ~

겨를 숨 돌릴 ~도 없다, □에 신경 쓸 ~이 없다, --을/ㄹ ~이 없다

겨울 ~ 잠을 잔다, ~ 잠을 재운다; 긴 ~ 잠에서 깨어 난다, 늦가을이나 ~, 여름 · 가을 · ~, 추운 ~ 날, 흔한 ~ 새

겨자 양념 ~ 소스, 울며 ~ 먹기 식

격 목적 ~ 토씨

격 --는 ~, 맹주 ~, 아전인수 ~으로, 엎친 데 덮친 ~으로, 엎친 데 덮친 ~이다, 용두사미 ~, 제 ~이다, 좌장 ~, 주마간산 ~으로

격감 ~ 한다

격군 사공과 ~

격년 ~ 제로

격노 ~ 한다

격돌 ~ 한다

격려 □을/를 ~ 한다

격렬 ~ 하다

격리 ~ 된다, ~ 시킨다

격멸 □을/를 ~ 한다

격무 ~ 에 시달린다

격물 ~ 치지

격분 □에 ~ 한다

격상 ~ 시킨다; □으로/로 ~ 된다, □으로/로 ~ 한다

격심 ~ 하다

격앙 ~ 된다

격의 ~ 없다

격일 ~ 제로

격조 ~ 높다

격주간 ~ 교민 신문, ~ 잡지

격증 ~ 한다

격차 ~ 가 커 진다, ~ 가 해소 된다; 빈부 ~, 정보 ~

격찬 □을/를 ~ 한다

격추 여객기 ~ 행위, 치누크 헬기가 ~ 된다

격침 경비정을 ~ 한다, □을/를 ~ 시킨다, □을/를 ~ 한다

격퇴 □을/를 ~ 한다

격파 □을/를 ~ 한다

격하 ~ 된다, ~ 시킨다; □으로/로 ~ 한다

격한다[격해] □을/를 ~ 한다

격화 ~ 된다

겪는다 고초를 ~, 난항을 ~, 뼈 저리게 ~, 산전 수전 다 ~, □을/를 ~, 좌절을 ~

견강부회 ~ 한다

견결 ~ 히 투쟁 한다

견고 ~ 하다, ~ 히 한다

견과 ~ 류

견딘다 진득이 ~, 참고 ~

견문 ~ 을 넓힌다

견성 ~ 오도 한다

견습 ~ 사관

견습공 양복점 ~

견실 ~ 하다

견인 ~ 차 역할; □을/를 ~ 한다

견적서 계약의 ~, 임대 계약의 ~ 발급

견제 ~ 와 균형; 권력에 대한 ~, □을/를 ~ 한다

견조 ~ 하다

견준다 □에 ~

견지 □을/를 ~ 한다

견학 □을/를 ~ 한다

견해 ~ 를 피력 한다

결 꿈 ~처럼 흐른다, 무심 ~에, 물 ~에 휩쓸린다, 물 ~이 출렁인다, 물 ~ 친다, 살 ~이 희다, 잔 물 ~처럼 가늘다

결가부좌 ~ 를 튼다

결격 ~ 사유

결곡 ~ 하다

결과 ~ 통보; 산출물 또는 ~, 원인이자 ~이다

결구 납도리로 ~ 한다, 보로 ~ 한다, 보 머리와 ~, □으로/로 ~ 한다, 이 익공으로 ~ 한다

결근 ~ 한다

결단 머리를 싸 매고 사생 ~ 한다, 부왕의 ~

결당 □을/를 ~ 한다

결딴 ~ 이 난다

결렬 미소 공위가 ~ 된다

결론 ~ 에 도달 한다; 서론 · 본론 · ~, 서론과 ~, □에 대한 ~

결린다 뜨끔 뜨끔 ~, 옆구리가 ~

결막 ~ 낭

결막염 급성 출혈성 ~

결명자 ~ 차

결백 청렴 ~하다

결별 □과/와 ~ 한다

결부 ~ 시킨다; □과/와 ~ 된다, □과/와 ~ 한다

결사 비밀 ~, 정혜 ~

결사 ~ 항전

결사대 노인 구국 ~

결사체 영리 ~, 자발적 ~

결산 반기 ~, 신탁 ~ 일과 수익자 ~ 일, 이 월 ~ 법인, 이 월 말 ~ 법인

결석증 반고리관 ~

결선 ~ 투표

결성 ~ 된다; 동우회를 ~ 한다, □을/를 ~ 한다, 평교사회 ~

결손 ~ 가정; 시야 ~

결승 ~ 4 국, ~ 진출, ~ 토너먼트, ~ 포를 명중 시킨다; 남고부 단체전 ~, 선

제 ~ 골, 연속 ~ 포를 작렬 시킨다, 장사 급 ~, 프리 킥 ~ 골

결승전 ~ 및 폐막 식; 미식 축구 ~, 월드컵 ~ 및 폐막 행사

결식 ~ 아동

결신 ~ 간질; 소아 ~ 발작

결실 ~ 을 맺는다; 알 찬 ~

결심 굳게 ~ 한다, 굳은 ~, 사퇴를 ~ 한다, □을/를 ~ 한다, 중대 ~

결여 ~ 된다; □을/를 ~ 한다

결연 □과/와의 자매 ~, 자매 ~을 맺는다

결연 ~ 하다, ~ 히 투쟁 한다

결의 ~ 안이 통과 된다; 굳은 ~, 불퇴전의 ~, 안보리 ~ 안, 육 개 항 ~ 안, □을/를 ~ 한다, 항전 ~

결의문 ~ 을 채택 한다

결장 부상으로 ~ 한다, □에 ~ 한다

결재 ~ 서류

결전 최후의 ~

결절 굴심방 ~, 방실 ~

결점 단점이나 ~

결정 개최지 ~, 고위 정책 ~자, 기소 중지 ~, 문체를 ~ 짓는다, □을/를 ~ 짓는다, □을/를 ~ 한다, 일생 일 대의 ~, 재산 보전 처분 ~, 최고 의사 ~ 기관, 최종 ~, 합헌 ~, 향방을 ~ 한다, 헌법 불합치 ~, 헌법 재판소 ~

결정권 가격 ~이 없다

결정권자 의사 ~

결정력 골 ~

결정적 ~ 으로, ~ 인

결정전 리그 챔피언 ~

결제 금융 ~ 망, 대금 ~, 대금을 ~ 한다, 신용 카드로 ~ 한다, 어음 교환 차액 ~, 차액 ~ 불이행, 휴대 전화 ~

결제원 금융 ~

결집 경전 ~, □을/를 ~ 한다

결체 ~ 조직

결코 □과/와 ~ 무관하지 않다

결탁 □과/와 ~ 한다, 권력과 ~ 한다

결투 목장의 ~, 황야의 ~

결판 ~ 을 낸다

결핍 ~ 된다; 면역 ~, 사회적 약자나 ~ 자, □을/를 ~ 한다

결핍증 비타민 ~, 선천성 면역 ~, 후천성 면역 ~

결한다[결해] □을/를 ~

결함 기체 ~, □에 ~이 있다, 체계의 기능적 ~

결합 ~ 재무 제표; □과/와 ~ 한다, 괴기의 ~, 동포애적 ~, 민주 민중 민족 ~회, 약력 ~ 상수

결항 ~ 한다

결핵 ~ 요양원

결행 □을/를 ~ 한다

결혼 ~ 기념 일 축하 이메일, ~ 식을 올린다, ~ 식 피로연, ~ 이나 출산, ~ 적령기, ~ 행진 곡; □과/와 ~ 한다, 약혼 반지나 ~ 반지

겸 대주주 ~ 최고 경영자, 부총리 ~ 경제 기획 원 장관, 부총리 ~ 통일 원 장관, 소유자 ~ 채무자, 코치 ~ 선수, 통역 ~ 안내자, 트레이너 ~ 선수

겸농 소작 ~

겸병 토지 ~

겸비 문무 ~, □을/를 ~ 한다

겸상 ~ 적혈구 빈혈증

겸손 ~ 하다

겸임 □을/를 ~ 한다

겸자 ~ 이용 분만

겸전 충효 ~

겸직 연구관 ~, □을/를 ~ 한다

겸한다[겸해] □을/를 ~, 팬시점을 ~

겸허 ~ 하다

겹 ~ 집 구조, ~ 처마 맞배 지붕, ~ 처마 맞배 집, ~ 처마 우진각 지붕, ~ 처마 팔작 지붕; 단층 ~ 처마 맞배 집, 단층 ~ 처마 팔작 집, 삼 ~ 살을 굽는다, 여러 ~으로 접는다

겹겹이 ~ 껴 입는다

겹다[겨워 겨운] 감격에 ~, 슬픔에 ~, □에 겨워 한다, 제 멋에 ~, 졸음에 ~, 행복에 ~, 흥에 ~

겹처마 팔작 지붕의 ~

겹친다 겹치기 출연, 겹쳐 진다; 악재가 ~

경 소 귀에 ~ 읽기, 쇠 귀에 ~ 읽기

경각 목 숨이 ~에 달려 있다, 목 숨이 ~에 달렸다

경감 ~ 시킨다; 사교육비 ~, □을/를 ~ 한다

경거망동 함부로 ~ 한다

경건 ~ 하다

경결 ~ 이 생긴다; □에 ~ 한다

경계 ~ 선을 넘나든다, ~ 태세; 극도로 ~ 한다, 부단한 ~, 비상 ~ 령, □을/를 ~ 한다, 철 통 같은 ~, 해상 ~ 선

경계심 ~ 을 늦춘다

경고 --는다고/ㄴ다고/다고/라고 ~ 한다, □을/를 ~ 한다

경골 ~ 근

경과 ~ 한다; 법정 신고 기한 ~ 후

경관 천혜의 ~

경구 ~ 완하제, ~ 투여; 괜한 ~, 선인의 ~

경극 ~ 배우

경기 ~ 부양책, ~ 침체; 수입 ~ 확산 지수

경기 ~ 종료 휘슬; 동점으로 ~가 끝 난다, 야구 ~ 관람, 원정 ~, 필드 하키 ~, 한 ~ 최다 삼진, 한 ~ 최다 탈삼진

경기력 ~ 향상

경기장 ~ 건설비, ~ 관람석; 역도 ~, 올림픽 승마 ~, 원형 ~, 월드컵 ~, 펜싱 ~

경내 사찰의 ~

경단 ~ 과 부꾸미, ~ 반죽; 찹쌀 ~

경단련 ~ 회장

경대 ~ 서랍

경도 ~ 된다; □으로/로 조금 ~ 되었다

경돌 ~ 인두 근

경동맥동 ~ 과민

경량 ~ 비행기

경력 ~ 요율; 교직 ~, --은/ㄴ ~의 소유자, 재조 ~

경련 ~ 발작; 간대성 ~, 근 ~, 열성 ~

경례 ~ 를 한다; 거수 ~, □에 대한 ~

경로 간접 유통 ~, 구심성 ~, 원심성 ~, 태풍 ~, 투여 ~

경루 ~ 와 종루

경루지 ~ 와 종루지

경리 교비 ~

경막 ~ 외 공간, ~ 하 혈종

경매 ~ 정보지; 인터넷 ~ 업체, 최저 ~ 가격

경멸 □을/를 ~ 한다

경미 ~ 하다

경박 ~ 한 처신

경배 ~ 한다

경범죄 ~ 처벌 법

경보 ~ 음이 울린다, ~ 장치; 테러 ~ 수위, 폭풍 ~, 호우 ~, 화생방 ~

경보기 단독형 ~, 도난 ~

경부 ~ 척수; 방광 ~, 자궁 ~

경비 ~ 절감; 경직성 ~

경비 ~ 가 삼엄하다, ~ 교도 대원, ~ 와 관리자; 공관 ~ 병, 공동 ~ 구역, 무인 ~ 시스템, 물 샐 틈 없는 ~ 망

경비대 국방 ~, 해안 ~

경비인 아파트 ~

경비정 ~ 2 척, ~ 을 격침 한다; 해경 ~

경비함 해군 ~

경사 ~ 가 가파르다, ~ 가 급하다, ~ 가 완만하다, ~ 가 진다, ~ 진 언덕, ~ 진 터; 가파른 ~, 압착 ~도, 완만한 ~를 갖는다

경사 ~ 나 애사, ~ 난다

경상 ~ 수지 적자 비율, ~ 수지 적자 폭, ~ 수지 흑자 지속; 매출액 ~ 이익률, 연간 ~ 수지

경상비 인건비 ~

경색 ~ 된다; 다발 ~, 신용 ~, 심근 ~, 자금 시장 ~, 정국 ~

경색증 대뇌 동맥 ~, 소뇌 ~, 협심증이나 심근 ~

경선 ~ 불복; 대선 후보 ~, 범진보 진영 ~, 완전 국민 ~

경세 ~ 치용

경솔 ~ 한 처신

경수 ~ 신경 분지

경수로 ~ 핵 연료

경숙 □에서 ~ 한다

경시 생명 ~ 풍조, □을/를 ~ 한다, 인명 ~ 풍조

경신 연중 최저치를 ~ 한다, □을/를 ~ 한다, 최고치를 ~ 한다

경실련 ~ 의 조정 안

경악 ~ 을 금할 수 없다, ~ 을 금하지 못한다, ~ 한다; 공포와 ~

경애 □을/를 ~ 한다

ㄱ

경양식 ~ 집

경어 깍듯이 ~를 쓴다, 엄격히 ~를 쓴다

경연 ~ 실황; 디스코 ~ 대회, 쪽배 ~ 대회, 황소 개구리 잡기 ~

경영 ~ 개선 계획서, ~ 기관 선정, ~ 기획 실장, ~ 목표 달성도, ~ 자원력, ~ 진과 간부, ~ 진과 편집 진, ~ 진이나 간부, ~ 최고 책임자; 감량 ~, 계량 ~ 이론, 기업 최고 ~자, 대주주 겸 최고 ~자, 문어 발 ~, 사주와 ~ 진, 소농민 ~, 소유와 ~의 분리, 소유와 ~이 분리 된다, 소유주나 ~ 진, 소유주와 ~ 진, 언론 사의 ~ 진, 언론 사주나 ~ 진, 외식 산업 ~자, 위탁 ~ 기관, 임·부점장 ~, 족벌 ~, 핵심 역량 ~

경영력 전략 ~

경영인 전문 ~

경영학 ~ 과, ~ 기말 고사 시험 문제, ~ 박사 학위, ~ 석사 과정

경외 두려움이나 ~감, □을/를 ~ 한다

경우 --는 ~는 극히 드물다

경원 □을/를 ~ 한다

경유 □을/를 ~ 한다

경유 ~ 벙커, ~ 차

경의 □에 ~를 표한다

경일 세 번 째 ~

경자 ~ 유전의 원칙

경작 연초 ~, 연초를 ~ 한다, □을/를 ~ 한다, 토지 소유자와 ~자

경쟁 ~ 대비기, ~ 자와 도전자; 공개 ~ 입찰, 과당 ~, 군비 ~, 무한 ~ 시대, 시청률 ~, 주도권 ~, 증권 사 별 ~, 증면 ~

경쟁기 과점적 ~, 화학 조미료 ~

경쟁력 ~ 을 강화 한다, ~ 제고

경적 빵빵 ~을 울린다

경전 ~ 결집, ~ 을 풀이 한다

경제 ~ · 사회 · 문화, ~ 기획 원 조사 통계국, ~ 기획청, ~ 대공황, ~ 성장률 전망치, ~ 수석 비서관, ~ 의 복구기, ~ 자유 구역, ~ 장관 간담회, ~ 종합 대책, ~ 통제 법, ~ 특구로 지정 된다, ~ 특구로 지정 한다, ~ 협력체; 가계 ~ 연구소, 거시 ~ 지표, 거시 ~ 팀장, 규모의 ~, 글로벌 ~ 가버넌스, 다보스 세계 ~ 포럼, 목축 농경 혼합 ~, 버블 ~, 부총리 겸 ~ 기획 원 장관, 북 쪽 ~ 시찰단, 사회 ~ 사학, 재정 ~ 부, 재정 ~ 원 장관, 전후 ~ 부흥, 정통 ~ 관료

경제국 선진 ~

경제력 ~ 과 군사력, ~ 집중 억제, ~ 집중 완화

경제사 사회 ~

경제인 ~ 연합회; 정치인과 ~

경제적 ~ 으로, ~ 인

경제지 유력 ~

경제학 ~ 과, ~ 박사 학위; 고전 파 ~

경종 □에 ~을 울린다

경주 노력을 ~ 한다

경주 단거리 ~, 벤허의 마차 ~

경주장 자동 차 전용 ~

경중 죄의 ~

경지 극치의 ~, 몰아의 ~, 무아의 ~, 불퇴전의 ~

경지 ~ 면적, ~ 정리 사업

경직 ~ 된다

경진 ~ 대회

경질 비서 실장 ~, 전격 ~

경찰 ~ 국가가 된다, ~ 법 개혁, ~ 서장, ~ 청장 기 전국 대회; 인근 ~ 관서, 자치 ~ 제, 해양 ~

경찰관 ~ 직무 집행 법; 검사 또는 사법 ~

경찰력 ~ 이 투입 된다

경찰복 ~ 을 입는다

경찰서 ~ 로 끌어 간다, ~ 무기고, ~ 와 파출소, ~ 조사계; 둔산 ~ 소관 업무

경찰청 ~ 사이버 수사대, ~ 특수 수사 과, ~ 특수대

경청 ~ 한다

경추 ~ 6 번, ~ 골절, ~ 신경, ~ 신경절; 전방 ~ 융합 수술, 전방 ~ 융합 시술

경축 □을/를 ~ 한다

경축사 ~ 를 대독 한다

경쾌 ~ 하다

경탄 ~ 한다

경품 ~ 으로 내 건다; 푸짐한 ~ 증정, 해외 여행 ~ 추첨

경품류 ~ 제공

경하 □을/를 ~ 한다

경합 □과/와 ~ 한다

경향 출제 ~

경험 ~ 주의; □을/를 ~ 한다, 첫 ~, 혼전 성 ~

경험담 ~ 을 들려 준다

경험적 ~ 으로, ~ 인

경호 ~ 실장

경화 관상 동맥 ~, 뇌 동맥의 ~

경화증 관상 동맥 ~, 근 위축성 측색 ~, 다발성 ~, 해마 ~

곁 ~ 들여 진다, ~ 으로 다가앉는다; 실버 타운 ~, 얘기가 ~ 길로 샌다, 얘기가 ~ 길로 흐른다, □을/를 ~ 들인다, 커피와 ~ 들인다, 흘금 흘금 ~ 눈 질 한다, 힐끔 힐끔 ~ 눈 질 한다, 힐끗 ~ 눈 질 한다

곁시 ~ 로 따라 간다; 신 어미의 ~

계 ~ 를 파한다; 어촌 ~ 가입비

계고장 철거 ~

계곡 ~ 강구, ~ 과 등산로, ~ 과 산록, ~ 에서 발원 한다; 고지 남동 ~, 고지 남서 쪽 ~, 남동 쪽 ~, 왕가의 ~

계급 노농 ~, 무산 ~, 변혁 주체 ~, 일 ~ 특진 한다, 진골 ~, 피지배 ~

계급장 ~ 을 단다; 소령 ~, 일병 ~

계급적 ~ 으로, ~ 인

계기 --는 ~, □을/를 ~로

계기적 ~ 으로, ~ 인

계단 ~ 식 피라미드, ~ 을 뛰어 오른다, ~ 을 밟고 올라 간다, ~ 이나 엘리베이터; 3 단의 돌 ~, 가파른 ~, 객차 승강구 ~, 돌 ~을 딛는다, 방단 ~, 비상구 ~, 삐걱거리는 목조 ~, 석축 돌 ~, 승강

구의 맨 아랫~, 아랫~ 위, 엘리베이터 나 ~, 이 층 ~, 좁다란 ~

계도 □을/를 ~ 한다, 의약 분업 ~ 기간

계란 ~ 노른자, ~ 반숙, ~ 프라이; 고기와 ~, 삶은 ~, 쌀 ~ 빵

계량 ~ 경영 이론; 리스크의 ~, 신용 리스크 ~

계량화 신용 리스크 ~

계류 산간 ~

계류 □에 ~ 된다, □에 ~ 한다

계면 ~ 공학 연구소, ~ 활성제

계모 ~ 시하, ~ 와 의붓 딸, ~ 와 의붓 자매

계몽 ~ 사상가, ~ 사조, ~ 사조기, ~ 운동기, ~ 주의 시대; 애국 ~ 운동

계발 소질을 ~ 한다, □을/를 ~ 한다, 자기 ~

계산 손익 ~, □을/를 ~ 한다, 필치 하나 하나를 면밀히 ~ 한다

계산기 기계 식 ~, 마이크로프로세서와 전자 식 ~, 복소수 ~, 탁상용 ~

계산서 손익 ~

계상 과다 ~, □을/를 ~ 한다

계속 ~ 된다; □을/를 ~ 한다, 줄기 차게 ~ 한다

계수 미분 ~, 부가 가치 유발 ~, 생산 유발 ~, 수입 유발 ~, 신뢰도 ~, 중다 상관 ~, 지니 ~

계승 김일성 주의를 ~ 한다, 보존과 ~, 왕위 ~자, □을/를 ~ 한다, □의 법통을 ~ 한다, 전통을 ~ 한다, 직계 ~

계승권 왕위 ~

계신다 고국에 계신 동포 여러 분, 몸 편히 ~, 안녕히 계십시오, □에 ~

계신다 --고 ~, --어/아 ~

계약 ~ 을 해지 한다, ~ 의 견적서, ~ 직 교사; 낙성 ~ 설, 상가 임대차 ~, 수의 ~, 요물 ~, 임대 ~의 견적서 발급

계약금 ~ 과 연봉; 전속 ~

계약서 ~ 에 사인 한다, ~ 에 서명 한다; 임대차 ~

계약액 적금 ~

계엄 ~ 령을 발동 한다, ~ 령이 내려 진다, ~ 법 위반, ~ 사령관, ~ 사령부; 비상 ~ 령, □에 ~ 령을 선포 한다

계열 ~ 기업군, ~ 대행 사, ~ 사 간 업무, ~ 사로 편입 된다, ~ 사로 편입 한다, ~ 사를 거느린다; 민족 주의 사학 ~, 이공 ~, 인문 사회 ~, 학과나 ~, 학문 ~ 단위

계원 공출 ~, 영선 ~, 향약 ~

계자 ~ 난간을 두른다

계장 어촌 ~, 영선 ~, 영선계 ~

계절 ~ 변동 조정치; 내출혈의 ~, 신록의 ~

계정 신탁 ~

계제 ~ 가 못된다, ~ 가 아니다; --을/ㄹ ~

계좌 ~ 에 입금 한다, ~ 의 실명, ~ 추적; 가명 ~, 도명 ~, 예금 ~, 입금 ~, 집금 ~, 차명 ~, 타행 간 ~ 이체 서비스, 휴면 ~ 예금주

계지 ~ 차

계집 고 놈의 ~ 애, 논다니 ~, 천한 ~

계체 ~ 패

계측 센서 ~ 기술자

계층 기득 권익 ~, 상류 ~, 소외 ~, 피지배 ~, 하위 ~

계통 ~ 발생학, ~ 발생학적; 대명란 ~, 비뇨기 ~, 소화기 ~, 순환기 ~, 이과 ~, 지휘 ~, 호흡기 ~

계통적 ~ 으로, ~ 인

계투 중간 ~

계파 당내 각 ~

계피 ~ 가루; 꿀과 ~

계호 ~ 담당

계획 1 차 7 개년 ~, 가계비 지출 ~, 국토 이용 ~, 민영화 ~, 방학 ~ 표, 산미 증식 ~, 세균전 ~, 세부 ~, 오 개년 ~ 기간, 오 개년 ~ 안, 일 일 ~ 표, 장래 ~, 중장기 발전 ~, 추진 ~, 출산 ~, 행사 ~ 표

계획서 경영 개선 ~, 사업 ~, 집필 ~

계획적 ~ 으로, ~ 인

계획학 도시 ~

고 ~ 1 때, ~ 1 학생, ~ 2 때, ~ 2 짜리, ~ 3 때

고 ~ 놈의 계집 애

고가 ~ 도로, ~ 사다리 차

고갈 ~ 된다

고감도 ~ 샷, ~ 섹스

고개 남목 ~, 육십의 ~마루, 카라멜 ~

고개 ~ ㄹ 끄덕거린다, ~ 를 가로 젓는다, ~ 를 갸우뚱 한다, ~ 를 갸우뚱거린다, ~ 를 갸웃 한다, ~ 를 갸웃거린다, ~ 를 끄덕거린다, ~ 를 끄덕끄덕 한다, ~ 를 끄덕인다, ~ 를 끄떡끄떡 한다, ~ 를 내 젓는다, ~ 를 뒤로 젖힌다, ~ 를 떨군다, ~ 를를 외로 꼰다, ~ 를 살래살래 흔든다, ~ 를 설레설레 젓는다, ~ 를 설레설레 흔든다, ~ 를 숙인다, ~ 를 절래절래 흔든다, ~ 를 절레절레 젓는다, ~ 를 절레절레 흔든다, ~ 를 젓는다, ~ 를 주억거린다

고객 ~ 예탁금; 도둑형 ~

고결 ~ 하다

고고 ~ 미술 사학 과 교수, ~ 인류학 과, ~ 인류학적

고고 ~ 하다

고과 인사 ~

고관 자위대 ~

고교 ~ 내신 성적; 금 배 전국 ~ 축구 대회, 대통령 금 배 ~ 축구 대회, 봉황대기 ~ 야구, 실업계 ~, 인문계 ~

고교생 ~ 동아리

고구마 ~ 앙금, ~ 전분, ~ 줄기; 떡 찌고 ~ 삶는다, 삶은 ~

고국 ~ 에 계신 동포 여러 분

고군 ~ 분투 한다

고궁 ~ 이나 문화재

고귀 ~ 하다

고금 동서 ~을 막론 하고, 인류 ~ 동서의 역사 전체

고급 ~ 강재, ~ 빌라 촌, ~ 주택가, ~ 천연 조미료 감치미; 해외 ~ 과학 두뇌 초빙

ㄱ

고기 ~ 나 생선, ~ 와 계란, ~ 집 불 판; 간 돼지 ~, 간 쇠 ~, 날고기와 구운 ~, 로스 구이 오리 ~, 맛 있는 불 ~, 물 ~ 나 조개, 물 ~ 잡이 그물 상자, 불 ~ 백반, 불 ~ 양념, 불 ~ 전골, 생선 또는 ~, 소 ~ 통 조림, 쇠 ~ 국 물 맛, 쇠 ~ 장 조림, □에 딸린 바닷물 ~, 튀긴 닭 ~

고깔 ~ 모자를 쓴다

고꾸라진다 □으로/로 ~, □으로/로 푹 ~, 폭삭 ~

고냉지 ~ 채소

고농축 ~ 우라늄

고뇌 ~ 와 고통; 실존적 ~

고누 우물 ~ 판

고능률 ~ 설계사

고단 ~ 하다

고단백 ~ 식품

고대 ~ 그리스인, ~ 로마 군, ~ 와 중세, ~ 의 성학서, ~ 이래 중세, ~ 이집트인

고대광실 ~ 높은 집

고도 ~ 기술 수반 사업, ~ 로 전문적인, ~ 로 훈련 된; 일남중 ~

고도화 산업 구조의 ~

고독 ~ 하다

고동 뱃~ 소리, 심장의 ~

고되다 고된 훈련

고두밥 찹쌀 ~으로 덧술을 담는다

고득점 ~ 자

고등 ~ 고시, ~ 공민 학교, ~ 교육 시스템, ~ 문관, ~ 보통 학교, ~ 학교 국어 교과서; 난민 ~ 판무관실, 실업계 ~ 학교, 여자 상업 ~ 학교, 연방 ~ 법원, 인문계 ~ 학교

고등어 ~ 자반, ~ 한 손

고딕 명조와 ~

고라니 ~ 새끼

고란초 ~ 이파리

고랑탱이 산 ~

고래 구들 ~

고래 ~ 등 같은 기와 집, ~ 싸움에 새우 등 터진다; 돌 ~ 떼의 폐사, 술 ~

고래고래 ~ 소리 지른다

고랭지 ~ 채소

고려 변수로 ~ 한다, 신중히 ~ 한다, □을/를 ~ 한다

고려사 ~ 연구

고령자 ~ 고용 촉진 법

고로쇠 ~ 물

고루 ~ 배도록 조몰락 조몰락 주무른다, ~ 섞는다

고루 ~ 하다; 완미 ~

고르다[골라] 고른 치아, 고르게 순환 한다

고른다[골라] □을/를 골라 낸다

고름 옷 ~으로 눈 물을 닦는다, 자주 색 ~, 저고리 ~

고름 피 ~이 찔꺽거리도록 두들긴다

고리 악순환의 ~, 인과의 ~

고리 ~ 대금업, ~ 대금 업자

고리타분 ~ 하다

고릴라 ~ 나 침팬지; 침팬지나 ~

고립 ~ 을 자초 한다; 국민으로부터 ~ 된다

고립로 ~ 핵

고만 ~ ~ 하다

고맙다[고마와 고마운] 고맙게 여긴다, 고마와 한다

고매 ~ 하다

고명 ~ 하다

고모 삼촌이랑 ~랑, 할머니랑 삼촌이랑 ~

고목 느티나무 ~

고무 ~ 발포 보온재, ~ 밴드, ~ 신 거꾸로 신는다, ~ 신 한 켤레, ~ 의 가황 촉진제, ~ 장화, ~ 줄 놀이를 한다, ~ 줄 바지, ~ 줄처럼 늘어 난다, ~ 지우개, ~ 판화, ~ 패킹, ~ 풍선, ~ 호스; 검정 ~ 신, 기다란 ~, 꺼먹 ~ 신, 입출국 ~ 도장, 헐렁헐렁 ~ 줄

고무 ~ 찬양

고문 모진 ~, 박종철 군 ~ 치사 사건, 전기 ~과 물 ~

고문 ~ 단을 파견 한다; 군사 ~단, 상임 ~ 연석 회의

고문헌 ~ 에 기술 되어 있다

고물 거피 팥 ~ 시루 떡, 팥 ~을 묻힌다

고물고물 ~ 긴다

고민 □을/를 ~ 한다, □의 ~이 불끈거린다, 현실자로서의 ~

고밀도 ~ 폴리에틸렌

고발 고소 또는 ~, 고소와 ~, □으로/로 검찰에 ~ 한다, □을/를 ~ 한다

고발인 고소 ~, 고소인 또는 ~

고방 ~ 마루

고배 ~ 를 마신다

고백 솔직히 ~ 한다, □을/를 ~ 한다, 한 사춘기 소녀의 숨김 없는 자기 ~

고부 ~ 간의 갈등

고분 ~ 벽화

고분고분 ~ 순종 한다, ~ 하다

고삐 ~ 를 늦춘다, ~ 를 바짝 당긴다; 말 ~를 잡는다

고사 경영학 기말 ~ 시험 문제, 고입 연합 ~, 기말 ~ 시험, 기말 ~ 제도, 논술 ~, 배치 ~, 수능 온라인 모의 ~, 연합 ~ 성적, 월례 ~, 학기 말 ~

고사 대동 ~

고사 □을/를 ~ 한다

고사 ~ 성어 사전; 서양 ~ 성어

고사포 ~ 부대; 육군 ~ 병 여단

고사한다[고사해] □은/는 고사하고

고산 ~ 준령, ~ 지대

고상 ~ 주거

고상 ~ 하다

고색 ~ 신경

고색 ~ 창연하다

고생 ~ 을 사서 한다, ~ 이 이만저만이 아니다, ~ 한다; 갖은 ~

고생물 분자 ~ 학자

고성 ~이 오간다

고성능 ~반도체, ~스피커, ~컴퓨터, ~폭탄

고소 ~고발인, ~또는 고발, ~와 고발; 사기 혐의로 ~한다, □을/를 ~한다

고소 ~공포증

고소 ~하다

고소원 불감청이언정 ~이다

고소인 ~또는 고발인

고속 ~도로 건설, ~도로와 국도, ~도로 톨게이트, ~도로 통행료 인상, ~도로 휴게소, ~버스 승차권 카드 예약 서비스, ~버스 터미널, ~순항, ~전철 사업, ~전철 차량 수주, ~정보 통신망, ~철도 관통, ~철도 입찰; 경부 ~철도, 서울 외곽 순환 ~도로, 서울 행 ~버스, 종합 ~증식로 프로그램, 중부 ~도로 하행 선, 한산한 ~도로

고속정 ~의 조타실, ~인양 작업 현장, ~침몰 해역; 우리 ~편대, 우리 해군 ~, 참수리 ~, 해군 ~초계 함

고수 □을/를 ~한다

고슬고슬 ~하다

고승 ~거유

고시 핵 폐기장 지정 ~

고시 ~16 회, ~에 합격 한다; 검정 ~야학, 고등 ~, 사법 ~, 학사 ~교재

고실 ~끈 신경

고심 ~한다

고아 ~입양; 천애 ~, 천애의 ~

고아 ~하다

고안 ~된다; □을/를 ~한다

고압 ~전류; 고온 ~

고액 ~거래자 명단, ~과외, ~상품권

고액권 ~발행

고약 성미 ~하다

고얀 ~놈 같으니라고

고양 ~된다, ~시킨다; 극도로 ~된

고양이 ~목에 방울 단다; 개와 ~, 젤리클 ~

고연 ~놈

고엽제 ~피해자, ~후유증

고온 ~가압, ~건류, ~고압, ~다습하다, ~살균, ~으로 굽는다, ~초전도, ~초전도체

고요 월색만 ~히, 쥐 죽은 듯이 ~하다

고용 ~관행, ~안정 센터, ~자와 피고용자, ~정보 관리소, ~창출 효과, ~한파; 고령자 ~촉진 법, 남녀 ~평등 법 위반, 미성년자 ~, 수입 및 ~, □을/를 ~한다, 접대부를 ~한다, 종신 ~제, 종신 ~제도

고용인 하급 ~

고원 ~지대

고위 ~공직자 비리 조사처 설치, ~공직자 비리 조사처 신설, ~관계자, ~당국자, ~당정 회의, ~당직자, ~소식통, ~정무 직, ~정책 결정자, ~직 임원; 국정원 ~간부, 삼 차 ~급 회담, 현직 ~공직자

고유 ~하다; --라는 ~명사

고유가 ~시대, ~추세

고율 ~ 소작료

고을 ~ 의 관장

고이 ~ ~ 간직 한다

고이안 ~ 놈

고이연 ~ 놈

고인다 눈에 눈 물이 ~, 턱을 ~, 흥건히 ~

고입 ~ 연합 고사, ~ 탈락자

고자 ~ 질 한다

고자누룩 ~ 하다

고작 --는 것이 ~이다

고장 ~ 이 난다; □을/를 ~ 낸다, 프린터 ~

고적 명승 ~

고적 ~ 하다

고적대 ~ 와 농악대

고전 ~ 기타 부, ~ 문학과 현대 문학, ~ 물리학, ~ 주의적으로, ~ 주의적인, ~ 중의 ~ 이다, ~ 파 경제학, ~ 파와 낭만파; 리얼리즘과 ~ 주의

고정 ~ 불변 한다, ~ 선과 가변 선, ~ 식 텐트; --는다는/ㄴ다는 ~ 관념, 성 역할 ~ 관념, 유형 ~ 자산, □을/를 ~ 시킨다, 한 곳에 ~ 된다

고정 ~ 한다; 제발 ~ 하십시오

고조 ~ 에 달한다; 한껏 ~ 된다

고졸 ~ 여사원, ~ 학력

고졸 ~ 하다

고종 ~ 사 촌

고주 1 ~ 5 량, 일 ~ 오량 가구

고주망태 ~ 가 된다

고주파 ~ 전류

고준위 ~ 폐기물, ~ 핵 폐기물

고즈넉 ~ 하다

고지 ~ 남동 계곡, ~ 남서 쪽 계곡, ~ 를 점령 한다; 갈고리 ~, 감제 ~, 필승의 ~

고지기 ~ 할멈

고지서 ~ 가 날아 온다; 납입 ~, 등록금 ~, 지로 ~

고지식 ~ 하다

고집 ~ 불통, ~ 이 세다, ~ 쟁이; 괜한 ~, □을/를 ~ 한다

고차 ~ 방정식, ~ 언어와 대상 언어

고착 ~ 된다; 분단을 ~ 시킨다

고찰 □을/를 ~ 한다

고참 ~ 사무관

고창 만세를 ~ 한다, □을/를 ~ 한다

고체 ~ 로켓, ~ 연료

고초 ~ 를 겪는다; 모진 ~

고추 ~ 가 맵다, ~ 모상 하우스, ~ 묘 심는다, ~ 잠자리; 간장 , 된 장 , ~ 장, 김치와 ~ 장, 당화 식 ~ 장, 메줏가루와 ~가루, 삭힌 ~, 상추 나물에다 ~ 장 된 장, 숙성 식 ~ 장, 아기 ~ 나무, 저민 ~, 청홍 ~ 실 채

고취 ~ 시킨다; 근무 의욕 ~, 민족 의식을 ~ 한다, 민족 정신의 ~, 애국심을 ~ 한다, □을/를 ~ 한다

고층 ~ 건물, ~ 빌딩, ~ 아파트, ~ 주상 복합 아파트

ㄱ

고친다 마음을 고쳐 먹는다, 신들메를 고쳐 맨다, 신세 ~, 옷 매무새를 ~, □을/를 ~, □을/를 뜯어 ~

고칼슘 ~ 혈증

고토 ~ 이별

고통 ~을 호소 한다; 고뇌와 ~, 기아 선상에서 ~ 받는다, 창작의 ~

고패 ~를 떨어뜨린다

고폭 ~ 실험

고품격 ~ 인테리어

고품질 ~ 이미지

고프다[고파] 배가 ~, 추위와 배 고픔, 춥고 배 ~

고하 지위 ~를 막론 하고

고한다[고해] 고해 바친다; □을/를 ~, 이별을 ~, 작별을 ~, 종말을 ~, 종언을 ~

고함 ~ 소리, ~ 을 꽥 지른다, ~ 을 빽 지른다; 내지르는 ~, 버럭 버럭 ~을 지른다, 버럭 버럭 ~을 친다, 버럭 버럭 ~ 친다, 빽 빽 ~ 친다

고해 ~ 성사

고향 ~ 에 대한 그리움; 안태 ~

고혈압 ~ 위험도, ~ 이나 당뇨병, ~ 증세, ~ 치료제, ~ 환자

고형 ~ 폐기물

고혼 ~ 천도

고화질 ~ 텔레비전

고환 ~ 에 탈장이 있다, ~ 이나 난소; 난소나 ~

곡 결혼 행진 ~, 귀신이 ~ 할 노릇이다, 기악 합주 ~, 노래 한 ~, 민요 ~ 풍의 방아 타령, 민요 풍 ~, 바이올린 협주 ~, 시에 ~을 붙인다, 음반 수록 ~, 전주 ~ 과 푸가, 첼로 협주 ~, 타이틀 ~, 트럼펫 연주 ~, 피아노 협주 ~ 전곡, 히트 ~ 퍼레이드

곡곡 국토의 방방 ~, 삼천 리 방방 ~, 전국 방방 ~

곡괭이 ~ 와 망치, ~ 자루

곡마 ~ 단 단장, ~ 단 패

곡면 굽면이 ~이다, 마이너스 ~, 플러스 ~

곡물 ~ 과 두류, ~ 을 발효 시킨다

곡분 원료 ~

곡선 ~ 으로 휜다; 생잔 ~, 완만한 ~을 그린다, 직선과 ~, 타원 ~ 이론, 하강 ~, 희비의 쌍 ~

곡식 ~ 과 과일, ~ 백 석, ~ 을 거둬 들인다, ~ 을 빻는다, ~ 한 톨; 창고의 ~

곡예 공중 ~

곡우 ~ 철

곡주 약용 가향 ~, 양조 ~

곡직 불문 ~ 한다, 시비와 ~

곡진 ~ 하다

곡집 평균율 클라비어 ~

곡차 ~ 향

곡창 ~ 지대

곡해 □을/를 ~ 한다

곡획작명법 ~ 으로 풀이 한다

곤경 ~ 에 처한다

곤고 ~ 하다

곤궁 ~ 하다

곤다 푹 ~

곤다[골고 골아] 코 골며 잔다, 코까지 ~, 코를 ~

곤두박질 ~ 한다

곤두선다 덩어리가 ~, 머리 털이 ~

곤두세운다 신경을 ~, □을/를 곤두세우고 있다, 촉각을 ~

곤드레 ~ 돌 솥 밥

곤드레만드레 ~ 가 된다

곤란 몹시 ~하다, 연하 ~, 처치 ~, 호흡 ~ 증세, 호흡 ~ 환자

곤란자 생계 ~

곤란증 급성 호흡 ~

곤로 석유 ~

곤복 ~ 의 상의

곤봉 ~ 을 휘두른다

곤색 ~ 양복 조끼, ~ 유니폼, ~ 잠바를 입는다, ~ 잠바 주머니, ~ 잠바 차림

곤욕 ~ 을 치른다

곤죽 ~ 이 된다

곤지 연지와 ~

곤충 ~ 채집

곤핍 ~ 하다

곤하다[곤해] 곤하게 잔다

곤히 ~ 잔다, ~ 잠 든다, ~ 잠 잔다

곧다 곧게 편다, 곧은 근; 쪽 ~

곧대로 곧이 ~ 듣는다, 곧이 ~ 믿는다

곧선 ~ 사람

곧이 ~ 곧대로 듣는다, ~ 곧대로 믿는다

곧추 □을/를 ~ 세운다

골 두메 산 ~, 뒷~ 산 속 토굴, 산 ~ 농투성이, 산 ~ 외딴 집, 산 ~의 폐광 촌

골 ~ 간 근, ~ 대사, ~ 머리를 썩인다, ~ 머리를 앓는다, ~ 병이 든다; 요추 ~ 사이의 추간 부위, 전경 ~ 근

골 ~ 결정력, ~ 네트를 흔든다, ~ 대, ~ 득실 차, ~ 에어리어 정면, ~ 을 명중 시킨다, ~ 을 어시스트 한다, ~ 을 작렬 시킨다, ~ 키퍼; 1 ~ 1 어시스트, 1 ~ 3 어시스트, 동점 ~을 성공 시킨다, 백호 ~, 선제 결승 ~, 선제 ~, 선취 ~, 특급 ~ 잡이, 프리 킥 결승 ~

골격 ~ 측량; 구분법 ~

골고루 ~ 분포 한다

골골 ~ 소리, ~ 한다

골덴 ~ 바지

골동품 ~ 가게

골동품상 서화 및 ~

골똘 ~ 하다, ~ 히 생각 한다

골린다 골려 준다; □을/를 ~

골목 ~ 어귀; 대문 밖 ~ 길, 뒷~ 대폿집, 막다른 ~, 비좁은 ~, 비탈 진 ~ 길, 샛 ~, 이 ~ 저 ~

골몰 □에 ~ 한다

골반 ~ 수축, ~ 의 신축

골방 ~ 에 처박힌다, ~ 에 틀어 박힌다

골뱅이 ~ 무침

골수 ~ 에 사무친다, ~ 이식

ㄱ

골수종 다발성 ~

골육 ~의 정

골인 ~ 지점; □에 ~ 한다

골자 □을/를 ~로 한다

골재 ~를 채취 한다, ~ 채취 법, ~ 채취 인부, ~ 채취선 한 척

골절 경추 ~, 근위부 ~, 기저 부 ~, 중수 ~, 함몰 ~

골절상 ~을 입는다

골짜기 삼 거리 모퉁이 ~, 외딴 산 ~

골치 ~를 썩인다, ~를 앓는다, ~ 아프다

골탕 □을/를 ~ 먹인다

골판 두 짝 ~ 문

골프 ~ 공, ~ 라운드, ~ 연습장, ~ 장갑, ~ 채, ~ 코스, ~ 클럽, ~ 퍼팅장, ~ 회원권

골프장 ~ 캐디, ~ 회원권

곪는다 곪아 터진다; 퉁퉁 ~

곬 생각의 ~

곯는다 곯아 떨어진다

곯린다 □을/를 ~

곰 ~과 호랑이, ~ 인형; 재주는 ~이 부리고, 호랑이와 ~

곰곰 ~ 되씹는다, ~ 생각 해 본다

곰곰이 ~ 되씹는다, ~ 되짚는다, ~ 생각 해 본다

곰곰히 ~ 생각 한다

곰살궂다 곰살궂게 군다

곰실곰실 ~ 움직인다

곰팡이 ~가 슨다, ~가 핀다, ~ 포자

곱다[고와 고운] 고운 맘씨, 고운 자형, 고운 체, 곱게 가루를 낸다, 곱게 눈을 흘긴다, 곱게 찧는다, 곱게 차려 입는다, 곱지 않은 시각, 곱지 않은 시선; 미우나 고우나

곱상 ~하다

곱셈 ~과 나눗셈

곱슬곱슬 ~하다

곱씹는다 □을/를 ~

곱절 ~로 뛴다, ~이나 더

곱창 ~ 구이; 돼지 ~, 양 ~

곱한다[곱해] □을/를 ~

곳 구석 진 ~, 깊숙한 ~, 멀찌막한 ~, 엎드러지면 코 닿을 ~, 외진 ~, 이 ~ 저 ~을 기웃거린다, 짚이는 ~이 있다, 한 ~에 고정 된다, 한 ~을 판다, 후미 진 ~

곳간 ~ 열쇠

곳곳 ~을 누빈다; 지구 촌 ~

공 ~ 놀이를 한다, ~을 던진다, ~을 차 올린다, ~을 친다; 골프 ~, 농구 ~, 축구 ~, 테니스 ~

공 ~ 돈이 생긴다, ~ 병 보증금 제도, ~ 염불이 된다, ~ 치는 날; 뒷편 ~ 터

공 ~든 탑, ~을 들인다, ~을 세운다

공 ~과 사, ~ 사 혼합 기업; 토지 ~ 개념

공간 ~ 지각력; 3 차원 유클리드 ~, 4 차원 유클리드 ~, n 차원 유클리드 ~, 강학 ~, 거미 막 하 ~, 경막 외 ~, --려는

~ 배치도, 사 차원 유클리드 ~, 수상 · 수변 ~, 존현 ~, 친수 ~, 포장 ~ 비율

공간적 ~ 으로, ~ 인

공갈 ~ 미수 혐의, ~ 협박; 자해 ~단

공감 □에 ~ 한다, 전적으로 ~ 한다

공강 ~ 시간

공개 ~ 경쟁 입찰, ~ 시장 조작, ~ 예정 기업, ~ 자료실, ~ 채용, ~ 처형; 등록 및 ~, □을/를 ~ 한다, 재산 ~, 정보 ~ 법, 정보 ~ 조례

공격 기습 ~, 대공포 ~을 받는다, 북한 군의 선제 ~, 선제 ~ 독트린, □을/를 ~ 한다, 자살 폭탄 ~, 자폭 ~

공격수 장신 ~, 주전 ~, 최전방 ~

공격적 ~ 으로, ~ 이다

공경 □을/를 ~ 한다

공고 공채 ~, 모집 ~, 선거 일 ~

공고 기계 ~ 서무 과장

공고 ~ 하다; □을/를 ~히 한다

공공 ~ 벤처 캐피털, ~ 부문과 민간 부문, ~ 선과 부합 된다, ~ 선과 부합 한다, ~ 선의 증대, ~ 시설 용지, ~ 요금의 할인, ~ 임대 주택, ~ 자금 관리 기본 법, ~ 저널리즘 론자, ~ 질서 준수; 글로벌 ~ 재화

공공연 ~ 한 비밀이다

공과 ~ 대학

공과금 ~ 납부

공관 ~ 경비 병, ~ 무단 진입, ~ 진입; 연안국 ~, 외교 ~, 재외 ~장 회의

공교롭다[공교로와 공교로운] 공교롭게

공구 절삭 ~

공구강 탄소 ~

공군 ~ 기지, ~ 사관 학교, ~ 조종사, ~ 중령, ~ 참모 총장; 예비역 ~, 육군 , 해군 , ~

공군기 다국적 ~

공권력 ~ 폭력 규탄 대회

공금 ~ 유용, ~ 횡령

공급 ~ 자와 수요자; 수액 ~, 수요와 ~, 영양 ~량, □을/를 ~ 한다, 평균 열량 ~량

공급원 영양 ~

공급지 원료 ~

공기 초 밥 두 ~

공기 ~ 가 탁하다, ~ 정화기, ~ 청정기, ~ 환풍구; 바깥 ~가 차갑다, 산소 부화 ~, 신선한 ~

공노 천인 ~ 한다

공단 건보 ~, 근로 복지 ~, 법률 구조 ~, 보험 관리 ~, 연금 관리 ~, 중소 기업 진흥 ~, 체육 진흥 ~

공대 ~ 말을 쓴다

공대 ~ 학장

공대지 ~ 미사일

공덕 보시 ~

공동 ~ 개최국, ~ 경비 구역, ~ 기자 회견, ~ 발표문, ~ 보도문, ~ 보조를 취한다, ~ 생활체, ~ 성명, ~ 어로 구역, ~ 운명체, ~ 의 목적을 달성 한다, ~ 핵 폐기장; 1 차 미소 ~ 위원회, 남북 공유 하천 ~ 이용, 민 관 ~ 출자

공동납 ~ 체제

공동증 연수 ~, 척수 ~ 혹은 척수 종양

공동체 개인 주의와 ~ 주의, 소규모 ~, 한민족 ~

공동체적 ~ 으로, ~ 인

공동화 □을/를 ~ 한다

공략 □을/를 ~ 한다

공력 ~ 을 들인다

공로 ~ 를 인정 받는다

공론 ~ 영역; 공리 ~

공론장 부르주아 ~

공론화 □을/를 ~ 한다

공룡 홀로세의 ~

공리 평행 선 ~

공리 ~ 공론

공리 ~ 주의적 정의; 의료재의 ~

공립 ~ 과 사립, ~ 대학, ~ 초등 학교

공매도 ~ 주문

공멸 ~ 의 위기감, ~ 한다; 인류적 ~

공명 자기 ~ 영상 장치, 자기 ~ 영상법, 핵 자기 ~

공명 ~ 선거 분위기, ~ 정대하다

공모 ~ 에 당선 된다, ~ 에 당선 한다, ~ 주 청약 예치금; □을/를 ~ 한다

공모 ~ 자; 범죄 ~ 혐의, □을/를 ~ 한다

공모가 희망 ~

공무 ~ 상 비밀 누설, ~ 여권, ~ 집행 방해 죄

공무원 ~ 교육 원장, ~ 연금 법, ~ 인사 기록; 교육 ~ 법, 교육 ~ 임용 령 개정안, 기능직 ~, 별정 직 ~, 비리 세무 ~, 일반 직 ~, 정치가나 ~

공무원증 ~ 을 제시 한다

공문 ~ 을 발송 한다; 명의의 ~

공문서 ~ 위조 혐의로 수배 한다

공민 고등 ~ 학교

공박 □을/를 ~ 한다

공방 ~ 을 벌인다; 법정 ~, 한약 조제권 ~

공배수 최소 ~

공백 ~ 을 메운다; 국정 ~, 총리 직 ~

공법 냉동 건조 ~

공법 만국 ~ 질서

공병 ~ 대대

공보 ~ 수석 보좌관, ~ 수석실; 총리실 ~ 수석, 총리실 ~ 실장

공보실 문화 ~

공복 ~ 시 혈당, ~ 시 혈당치

공부 성경 ~, 아동 센터 ~ 방, □을/를 ~ 한다

공불이색 색불이공 ~

공비 ~ 토벌; 무장 ~

공사 광업 진흥 ~, 농어촌 진흥 ~, 농업 기반 ~, 자산 관리 ~, 전 한국 방송 ~ 장, 전기 통신 ~, 조폐 ~

공사 ~ 판 막일 꾼, ~ 판 인부; 관급 ~ 수주, 광물 찌꺼기 유실 방지 ~, 리비아 대수로 ~, 모래 유실 방지 ~, 물 막이

~, 방수로 ~, 철도 이설 ~, 토목 ~, 토사 유실 방지 ~, 토양 유실 방지 ~

공사채 단기 ~, 장기 ~ 형 수익 증권, 투신 사의 ~

공산 ~ 군 지역, ~ 당 선언, ~ 당 재건 운동, ~ 당 지도 부, ~ 주의 운동사; 굴라시 ~ 주의, 원시 ~ 사회, 원시 ~ 제

공상 ~ 과학 소설, ~ 과학 영화, ~ 과학물; 부질없는 ~

공상 ~ 총국

공생 ~ 관계

공설 ~ 운동장

공세 구정 ~, 물량 ~, 육탄 ~, 파상 ~

공소 ~ 기각 판결, ~ 를 기각 한다, ~ 시효 기간, ~ 의 제기

공소 ~ 한 논쟁

공소권 ~ 소멸, ~ 없다

공소장 ~ 낭독, ~ 부본, ~ 에 기재 된다, ~ 에 기재 한다

공손 ~ 하다, ~ 히 인사 한다

공수 ~ 부대, ~ 부대원, ~ 여단

공수 ~ 가 전환 된다

공수거 공수래 ~

공수래 ~ 공수거

공순 ~ 하다

공순이 ~ 년

공습 다국적군의 ~

공시 ~ 지가; 스톡 옵션 ~

공식 ~ 석상에서, ~ 후원 사

공식적 ~ 으로, ~ 인

공신 개국 ~, 일 등 ~

공신력 ~ 있다

공안 ~ 부장의 발언, ~ 사범, ~ 정국 조성; 대검 ~ 부장, 지검 ~ 부

공약 ~ 으로 내 건다; 선심성 ~

공약수 최대 ~

공양 발우 ~, 소신 ~ 하오리다, □을/를 ~ 한다

공양주 ~ 보살

공언 ~ 한다

공업 ~ 단지, ~ 원구, ~ 이 성하다, ~ 진흥 청; 서구식 ~ 문명, 선진 ~ 국가군, 신흥 ~ 도시, 자동 차 ~ 사, 전자 ~ 진흥회, 중화학 ~ 부문

공업국 선진 ~, 신흥 ~, 후발 ~

공업적 ~ 으로, ~ 인

공여 뇌물 ~, 신용 ~ 기관, □에 대한 신용 ~

공연 ~ 기획자, ~ 예술제, ~ 을 한다; 내한 ~, 라이브 ~, 순회 ~단, 아동 청소년 ~, 원어로 ~ 한다, 이십 주년 기념 ~, 퍼포먼스 ~

공연 ~ 한 걱정, ~ 한 짓

공연장 야외 ~

공영 ~ 개발 원칙, ~ 방송 체제

공예 금속 ~, 종이 ~

공예실 민속 ~

공용 ~ 호칭

공원 ~ 의 벤치; 국립 ~으로 지정 된다, 국립 ~으로 지정 한다, 국립 ~ 입장료,

ㄱ

도립 ~, 마로니에 ~, 보라매 ~, 엑스포 과학 ~, 쥬라 기 ~, 추모 ~

공유 ~ 수면 매립; 남북 ~ 하천 공동 이용, □을/를 ~ 한다, 직무 ~자, 직무 ~제, 집합체로서 ~ 한다

공이 절구 ~

공익 ~ 과 사익; 사익과 ~, 이익 즉 ~

공인 ~ 된다, ~ 중개사, ~ 회계사나 세무사 자격증; 자타가 ~ 한다

공일 요 다음 ~

공자 왕손 ~

공작 ~ 깃 찌

공작소 쪽배 ~

공장 ~ 밀집 지역, ~ 살이를 한다, ~ 설립 승인, ~ 제 수공업; 각연초 제조 ~, 방적 ~, 방직 ~, 봉제 ~, 수도권 ~, 요꼬 ~, 우라늄 농축 ~, 유기질 비료 ~, 정유 ~, 제혁 ~, 탄 박스 ~, 태창 나염 ~, 편물 ~, 합섬 ~

공장도 휘발유 ~ 가격

공적 ~ 을 기린다

공전 ~ 궤도; 태양 둘레를 ~ 한다

공전 ~ 의 히트

공정 가열 살균 ~, 노광 ~, 살균 무균 포장 ~, 상온 각인 인쇄 ~, 선염 가공 ~, 제균 ~, 후염 가공 ~

공정 ~ 거래 법 시행 령, ~ 거래위, ~ 하다; 대쪽 같은 ~ 의식, 현행 ~ 거래 법

공정도 제조 ~

공제 군인 ~회, 기부금 소득 ~, 세금 ~ 혜택, 신고 납부 세액 ~, □에 대한 소득 ~, 일 할 ~, 임시 투자 세액 ~

공제액 기초 ~

공조 ~ 체제; 야권 ~

공조 ~ 판서

공존 ~ 과 상생, ~ 한다

공주 ~ 나 옹주; 백설 ~, 완두콩 ~, 왕자와 ~, 인어 ~, 잠 자는 ~

공중 ~ 곡예, ~ 분해 된다, ~ 트라피즈; 환상의 ~ 누각

공중 ~ 보건의, ~ 에게 대여 한다, ~ 위생 관리 법, ~ 위생 업소, ~ 전화 박스, ~ 전화 카드, ~ 파 방송; 무선 ~ 전화 부스

공즉시색 색즉시공 ~의 도리

공지 ~ 사항

공직 ~ 기강 비서관, ~ 에서 물러 난다, ~ 에서 추방 한다, ~ 적격성 테스트; 모든 ~에서 사퇴 한다

공직자 ~ 들의 재산액, ~ 윤리 법, ~ 재산 등록, ~ 재산 신고; 고위 ~ 비리 조사처 설치, 고위 ~ 비리 조사처 신설, 현직 고위 ~

공짜 ~ 로 얻는다

공채 ~ 공고, ~ 기 수 제도; 신입 사원 ~

공책 ~ 겉장, ~ 과 연필, ~ 이나 연필, ~ 한 권

공천 ~ 탈락자; 상향 식 ~, 전국구 ~ 헌금

공청회 대국민 ~

공출 ~ 계원

공탁 □을/를 ~ 한다

공통 ~ 된다, ~ 분모, ~ 점과 차이 점, ~ 필수 과목

공통어 만국 ~

공판 ~ 기일 전 증인 신문, ~ 기일 통지서; 간이 ~ 절차, 항소심 선고 ~

공평 ~ 무사하다, ~ 하다

공포 ~ 식 구조; 익공 식 ~, 출목 다포 식 ~, 헌함 ~

공포 ~ 감에 사로잡힌다, ~ 에 질린다, ~ 영화, ~ 와 경악

공포증 고소 ~, 대인 ~ 환자, 폐쇄 ~

공포탄 권총 ~

공표 ~ 된다, ~ 전 매매; 단체 명의로 ~ 한다, □을/를 ~ 한다, 최초 ~ 년월일

공표전 자료 ~

공학 ~ 박사 학위; 건축 ~ 과, 계면 ~ 연구소, 교육 ~ 매체, 생명 ~, 시스템 ~ 연구소, 우주 ~, 유전 ~, 토목 ~ 부

공학자 생명 ~

공항 ~ 귀빈실, ~ 대합실, ~ 에 마중 나간다, ~ 에 마중 나온다, ~ 을 이륙 한다, ~ 이용권, ~ 청사, ~ 출영, ~ 폐쇄 조치; 인천 ~, 히드로우 ~

공해 ~ 방지 시설, ~ 에 찌든다, ~ 의 주범, ~ 추방

공허 ~ 와 허무, ~ 하다

공헌 □에 ~ 한다, □에 지대한 ~을 한다

공화 ~ 주의와 민족 자결 주의, ~ 주의 운동

공화국 ~ 수비대 병력; 민주 주의 인민 ~ 창건, 정예 ~ 수비대, 중화 인민 ~

공활 ~ 하다

공휴일 임시 ~

공히 명실 ~

곶감 ~ 수정과

과/와 □~ 가까운 사이다, □~ 각을 세운다, □~ 같다, □~ 같이, □~ 거리가 멀다, □~ 거리가 있다, □~ 거리를 둔다, □~ 거의 동의어이다, □~ 결별한다, □~ 결부 된다, □~ 결부 한다, □~ 결코 무관하지 않다, □~ 결탁 한다, □~ 결합 한다, □~ 결혼 한다, □~ 경합 한다, □~ 관계가 있다, □~ 관계없이, □~ 관계 있다, □~ 관련 짓는다, □~ 관련 해서, □~ 교신 한다, □~ 교유 한다, □~ 교접 한다, □~ 교차 한다, □~ 근사하다, □~ 기술 제휴를 한다, □~ 깊은 관련을 맺는다, □~ 내통한다, □~ 다르다, □~ 단결 한다, □~ 단교 한다, □~ 달리, □~ 닮았다, □~ 담소 한다, □~ 담합 한다, □~ 대립 각을 세운다, □~ 대면 한다, □~ 대비 한다, □~ 대치 한다, □~ 더불어, □~ 독대 한다, □~ 동갑이다, □~ 동거 한다, □~ 동격이다, □~ 동등하다, □~ 동떨어진다, □~ 동렬이다, □~ 동석 한다, □~ 동승 한다, □~ 동일하다, □~ 동조 한다, □~ 동창이다, □~ 동침 한다, □~ 동행 한다, □~ 딴 판이다, □~ 마주 본다, □~ 맞겨룬다, □~ 맞닿는다, □~ 맞대면 한다, □~ 맞대응 한다, □~ 맞먹는다, □~ 맞물린다, □~ 맞바꾼다, □~ 면담 한다, □~ 면한다, □~ 무관하다, □~ 밀애 한다, □~ 밀접하다, □~ 반비례 한다, □~ 불가분의 관계에 있다, □~ 비교 해도 손색이 없다,

□~ 비등하다, □~ 비슷하다, □~ 사별 한다, □~ 사통 한다, □~ 상종 한다, □~ 상충 된다, □~ 상통 한다, □~ 서로 맞술 한다, □~ 서로 상통 한다, □~ 손 잡는다, □~ 시소 게임을 벌인다, □~ 쌍 벽을 이룬다, □~ 악수를 한다, □~ 어깨를 나란히 한다, □~ 업무 협약을 맺는다, □~ 연계 한다, □~ 염문 설이 있다, □~ 유사하다, □~ 의 자매 결연, □~ 의 전쟁을 선포 한다, □~ 의 혼교, □~ 이야기 한다, □~ 일맥 상통 한다, □~ 일치 한다, □~ 작반 한다, □~ 재회 한다, □~ 접경 한다, □~ 접촉 한다, □~ 정반대이다, □~ 정확히 일치 한다, □~ 좋은 대조를 이룬다, □~ 주례 회동을 한다, □~ 직결 된다, □~ 차이가 난다, □~ 충돌 한다, □~ 통모 한다, □~ 통화 한다, □~ 한 통 속이다, □~ 한 패다, □~ 합병 한다, □~ 흡사하다

과 가극 ~ 발레, 가뭄 ~ 홍수, 가시 덤불 ~ 엉겅퀴, 가치관 ~ 생활 양식, 각론 ~ 총론, 간장 ~ 된 장, 갑옷 ~ 투구, 갓 ~ 옷, 강점 ~ 약점, 강정 ~ 산자, 개막식 ~ 개막전, 객관 ~ 주관, 거짓 ~ 불의, 검은 색 ~ 흰 색, 검정 ~ 흰 색, 겉 ~ 속, 게 살 ~ 찐 밤, 경단 ~ 부꾸미, 경영 진 ~ 간부, 경영 진 ~ 편집 진, 경제력 ~ 군사력, 계곡 ~ 등산로, 계곡 ~ 산록, 계약금 ~ 연봉, 고전 문학 ~ 현대 문학, 고정 선 ~ 가변 선, 곡물 ~ 두류, 곡식 ~ 과일, 곰 ~ 호랑이, 곱셈 ~ 나눗셈, 공 ~ 사, 공공 부문 ~ 민간 부문, 공립 ~ 사립, 공익 ~ 사익, 공존 ~ 상생, 공책 ~ 연필, 공통 점 ~ 차이 점, 과식 ~ 편식, 관 ~ 민, 관광객 ~ 외부인, 관등 ~ 관직, 관절 ~ 근육, 교각 ~ 상판, 교무실 ~ 서무실, 교육 개혁 ~ 교육 자치, 교장 ~ 교감, 교종 ~ 선종, 구럭 ~ 지팡이, 구름 ~ 안개, 구상 ~ 추상, 국군 ~ 인민 군, 국내 법 ~ 국제 법, 국어학 ~ 국문학, 국학 ~ 양학, 군의관 ~ 간호 장교, 군함 ~ 총포, 궁중 ~ 반가, 귀납법 ~ 연역법, 극 ~ 극, 근검 절약 ~ 검소 청빈, 근면 ~ 절약, 글 틀 ~ 자료, 금 ~ 은, 금당 ~ 탑, 금력 ~ 권력, 금성 ~ 수성, 금품 ~ 향응, 기록 ~ 증거물, 기본 재산 ~ 교지, 기온 ~ 습도, 기획전 ~ 대관전, 깃 ~ 섶, 꿀 ~ 계피, 꿀 ~ 참 기름, 낙관 론 ~ 비관 론, 날줄 ~ 씨줄, 남용 ~ 오용, 남한 군 ~ 유엔 군, 낫 ~ 망치, 낮 ~ 밤, 내국인 ~ 외국인, 내면 ~ 외면, 내신 ~ 수능, 냉증 ~ 대하증, 노반 ~ 복발, 노안 ~ 백발, 노정 ~ 행궁, 논 ~ 밭, 논고문 낭독 ~ 최후 변론, 논리력 ~ 분석력, 논문 ~ 저서, 농경 ~ 목축, 농산물 ~ 식품, 농약 ~ 비료, 농약 ~ 화학 비료, 농업 ~ 목축, 누룩 ~ 밀가루, 눈 ~ 손의 협응력, 눈 길 ~ 빙판 길에서의 운전, 다관 ~ 다기, 다방 ~ 술집, 당근 ~ 채찍, 대공 ~ 솟을 합장, 덕망 ~ 인품, 덧셈 ~ 뺄셈, 덧칠 ~ 수정, 도넛 ~ 양과자, 도덕 의식 ~ 보편 주의, 동 쪽 ~ 서 쪽, 동식물 ~ 무기물, 동양 ~ 서양, 동해 물 ~ 백두 산, 동헌 ~ 객사, 두 벌 ~ 세 벌, 두골 ~ 하악골, 뒷목 ~ 어깨, 등기부 등본 ~ 논 문서, 디자인 ~ 색상, 떡 ~ 전복, 리듬감 ~ 음률 감각을 익힌다, 리얼리즘 ~ 고전 주의, 리얼리즘 ~ 모더니즘, 마늘 ~ 생강, 마르크시즘 ~ 사회 주의, 마술 ~ 연금술, 막

내 딸 ~ 작은 오빠, 만남 ~ 헤어짐, 망발 ~ 오발, 망원경 ~ 현미경, 매출액 ~ 순이익, 머리 말 ~ 맺음 말, 면담 ~ 질문, 명분 ~ 실리, 모더니즘 ~ 포스트모더니즘, 모방 ~ 동화, 모험 ~ 도전, 목축 ~ 양잠, 목탁 ~ 염불, 무당 ~ 상산, 무릎 ~ 팔꿈치, 무한 ~ 영원, 문명 ~ 야만, 미각 ~ 후각, 미백 ~ 주름 개선, 미분 ~ 적분, 미술관 ~ 성당, 민족 통일관 ~ 대북한관, 밀 ~ 옥수수, 밀리터리룩 ~ 갱스터 빈티지 룩, 밀물 ~ 썰물, 밀실 ~ 광장, 바늘 ~ 실, 박물관 ~ 미술관, 반성 ~ 성찰, 발 목 ~ 무릎, 발레단 ~ 오페라단, 배경 ~ 윤곽, 백화점 ~ 슈퍼, 백화점 ~ 슈퍼마켓, 뱃전 ~ 뱃바닥, 벌 ~ 개미, 법당 ~ 승방, 법원 ~ 검찰청, 베트남인 ~ 모잠비크인, 병사들 ~ 백성들, 보리 밥 ~ 된 장, 보병 ~ 포 병, 보존 ~ 계승, 보좌 진 ~ 사정 기관, 보편성 ~ 특수성, 복 ~ 덕, 복습 ~ 예습, 복종심 ~ 인내심, 본관 ~ 별관, 본국 ~ 식민지 간, 부뚜막 ~ 아궁이, 부월 ~ 도검, 북 자기 극 ~ 남 자기 극, 북방 식 ~ 남방 식, 분별 ~ 타협, 불상 ~ 불경, 불신 ~ 적대감, 불치 병 ~ 난치 병, 불쾌감 ~ 불안감, 불평 ~ 불만, 불평 ~ 찬탄, 붓 ~ 터치, 비장감 ~ 엄숙, 비장 ~ 위장, 비타민 ~ 무기질, 비타민 ~ 미네랄, 빨강 ~ 노랑, 빨강 ~ 파랑, 빨간 색 ~ 흰 색, 사공 ~ 격군, 사설 ~ 칼럼, 사슴 뿔 ~ 인삼, 사익 ~ 공익, 산록 ~ 산악, 삼제공 ~ 사제공, 삽 ~ 괭이, 상상력 ~ 오성, 상승 ~ 하강, 상장 ~ 상품, 생 ~ 사, 생략 ~ 비약, 생명 ~ 재산을 보호 한다, 생산력 ~ 생산 관계, 생성 ~ 소멸, 생존 ~ 번식, 생존 중 ~ 사후, 샤 ~ 퍼팅, 서론 ~ 결론, 서민 ~ 중산 층, 서술 ~ 묘사, 서정 ~ 교술, 석영 ~ 장석, 선거 법 ~ 정치 자금 법, 선전 ~ 선동, 선종 ~ 교종, 선진 ~ 후진, 선진국 ~ 후진국, 설 ~ 추석, 설명 ~ 논증, 설탕 ~ 프림, 설탕 시럽 ~ 샐러드유, 설움 ~ 한, 성당 ~ 박물관, 성악 ~ 기악, 성인 ~ 순교자, 세금 ~ 봉사료, 세무 당국 ~ 사업자, 소국 ~ 대국, 소금 ~ 후춧가루, 소음 ~ 먼지, 속현 ~ 부곡, 손가락 ~ 발가락, 솔 방울 ~ 조개 탄, 솔비톨 ~ 아스파탐, 솟을 합장 ~ 대공, 송장 ~ 주문서, 송편 ~ 토란 국, 쇳조각 ~ 구슬, 쇼비니즘 ~ 엄숙 주의, 수 식 ~ 기호, 수공업 ~ 상업, 수단 ~ 방법을 가리지 않는다, 수도원 ~ 수녀원, 수렵 ~ 채집, 수박 ~ 참외, 수사학 ~ 시학, 수수깡 ~ 짚 풀, 수수깡 ~ 짚북데기, 수절 ~ 개절, 수지 침 ~ 지압, 수질 ~ 대기, 수출 ~ 내수, 수컷 ~ 암컷, 수필 ~ 에세이, 수학 ~ 물리학, 순기능 ~ 역기능, 술 밥 ~ 누룩, 술 집 ~ 다방, 술 집 ~ 음식점, 스릴 ~ 서스펜스, 스승 ~ 제자, 스키복 ~ 스키모, 승객 ~ 승무원, 승무원 ~ 기내식, 시 침 ~ 분 침, 시립 교향악단 ~ 시립 합창단, 식량 ~ 물품, 신랑 ~ 신부, 신임 ~ 배려, 신장 ~ 방광, 신탁 결산 일 ~ 수익자 결산 일, 실 ~ 바늘, 실리콘 ~ 쇳덩어리, 실망 ~ 좌절, 실업 ~ 범죄, 심장 ~ 폐, 심판 ~ 투수, 쑥 ~ 마늘, 씨줄 ~ 날줄, 아군 ~ 적군, 아이라인 ~ 아이섀도, 안 감 ~ 겉 감, 안 방 ~ 건넌 방, 알코올 중독 ~ 약물 중독, 암놈 ~ 숫놈, 암 놈 ~ 수 놈, 암술 ~ 수술, 암컷 ~ 수컷, 앞 문 ~ 뒷문, 야만 ~ 욕망, 약력 ~ 전자기력, 약탈 ~ 방화, 양반 ~ 상놈, 양복 ~ 넥타이, 양학 ~ 국학, 억압 ~ 착취, 업적 ~ 덕망, 업종 ~ 업태, □에게 꿈 ~ 희망을 준다, 여관 ~ 대중 탕, 여관 ~ 여인숙, 여당 ~ 야당, 여성성 ~ 남성성, 여왕봉 ~ 미망인, 역 건물 ~ 승차장, 역경 ~ 시련, 연금술 ~ 마술, 연속 ~ 단절, 연필 ~ 종이, 염산 ~ 수산화 나트륨 수용액, 염산 ~ 펩신, 예금 ~ 적금, 오른 손 ~ 왼 손, 오물 ~ 쓰레기, 온라인 ~ 오프라인, 왕실 ~ 귀족, 왕족 ~ 귀족, 왜란 ~ 호란, 외롭 ~ 그립, 외연 ~ 내포, 왼 쪽 ~ 오른 쪽, 욕설 ~ 폭언, 우라늄 ~ 플루토늄, 우연 ~ 필연, 우주석 ~ 면석, 울분 ~ 분노, 워크숍 ~ 세미나, 원금 ~ 이자, 원한 ~ 증오, 위 궤양 ~ 십이지장 궤양, 유물 ~ 유적, 유부남 ~ 처녀, 유분 ~ 수분, 유사 점 ~ 차이 점, 유엔 군 ~ 국군, 유입 ~ 유출, 은행 ~ 차주 사, 은행업 ~ 증권업, 음 ~ 양, 음색 ~ 음상, 음정 ~ 박자, 의료인 ~ 환자, 의사당 ~ 궁전, 이름 ~ 주민 등록 번호, 이불 ~ 요, 이빨 ~ 발톱, 이성 ~ 감성, 이승 ~ 저승, 이제공 ~ 삼제공, 인 ~ 의, 인물 됨 ~ 치적, 인성 ~ 물성, 일식 ~ 월식, 일탈 ~ 전횡, 임금 ~ 급료, 임시 직 ~ 일용 직 근로자, 임신 ~ 낙태, 임신 ~ 출산, 입술 ~ 혀, 입학금 ~ 수업료, 잎 ~ 줄기, 자갈 ~ 모래, 자궁 ~ 난소, 자발성 ~ 창의성, 자부심 ~ 긍지, 자부심 ~ 책임감, 자색 ~ 홍색, 자생 식물 ~ 귀화 식물, 자율성 ~ 독립성, 자음 ~ 모음, 자재난 ~ 인력난, 작용 ~ 반작용, 잔업 ~ 특근, 장남 ~ 차남, 장점 ~ 단점, 재킷 ~ 바지, 잼 ~ 치즈, 저승 ~ 이승, 적 ~ 동지, 적 ~ 흑, 적성 ~ 소질, 전경 ~ 백골단, 전경 ~ 배경, 전기 고문 ~ 물 고문, 전주곡 ~ 푸가, 전형 ~ 면접, 젓가락 ~ 숟가락, 정경 유착 ~ 부정 부패, 정면 ~ 측면, 정문 ~ 후문, 정부 군 ~ 반군, 정삼각형 ~ 정사각형, 정색 ~ 간색, 정치 권력 ~ 재벌, 정치인 ~ 경제인, 젖 ~ 꿀, 젖 산 ~ 초 산, 제관 ~ 대축, 조명 ~ 음향, 조합장 ~ 영농 회장, 존립 ~ 번영, 좁힘 ~ 넓힘, 좌식 ~ 의자 식, 좌익 ~ 우익, 좌절 ~ 실망, 좌절 ~ 실의, 주 말 ~ 휴일, 주방 ~ 식당, 주실 ~ 전실, 죽엽군 ~ 만파식적, 중 ~ 궁주, 중국의 과학 ~ 문명, 중소국 ~ 강대국, 중의원 ~ 참의원, 지능 ~ 창의력, 지대석 ~ 면석, 지성 ~ 미모, 지연 ~ 학연, 지형 ~ 기후, 직선 ~ 곡선, 진단 ~ 처방, 진동 ~ 수구, 질그릇 ~ 오지그릇, 질량 ~ 속도, 질량 ~ 에너지, 집 사람 ~ 바깥 양반, 징 ~ 꽹과리, 차안 ~ 피안, 착수금 ~ 성공보수, 착수금 ~ 성공 사례비, 찬성 ~ 반대, 참 ~ 거짓, 참 기름 ~ 깨 소금, 참모총장 ~ 기무 사령관, 찹쌀 ~ 멥쌀, 창 ~ 방패, 창의력 ~ 지능, 채찍 ~ 당근, 책가방 ~ 숙제물, 책 상 ~ 걸상, 처마 선 ~ 용 마루, 천국 ~ 지옥, 천당 ~ 지옥, 천둥 ~ 번개, 천륜 ~ 인륜, 천문학 ~ 역학, 천신 ~ 지신, 천왕 ~ 지신, 천장 ~ 벽 면, 천하 대장군 ~ 지하 여장군, 철근 ~ 시멘트, 철인 ~ 사상가, 청년들 ~ 장정들, 청룡 ~ 백호, 체력 ~ 끈기, 체력 ~ 정신력, 총론 ~ 각론, 최루 탄 ~ 돌멩이, 최루 탄 ~ 화염 병, 추석 ~ 설날, 출산 ~ 양육, 출산 ~ 육아, 취재원 ~ 미디어 관계, 친정 ~ 시댁, 캄보디아인 ~ 베트남인, 케밥 ~ 코르사, 케익 ~ 맥주, 콜레스테롤 강하 작용 ~ 항산화 작용, 콩 ~ 옥수수, 크로아티아인 ~ 세르비아인, 타일 ~ 석고 보드, 타일 ~ 싱크대, 탄성 ~ 박수, 탑 ~ 금당, 탑신 ~ 옥개, 탑신 ~ 옥개석, 탑신석 ~ 옥개석, 탯줄 ~ 태반, 턱 밑 ~ 멱, 토 요일 ~ 일요일, 토성분정 ~ 본관, 톱 날 ~ 도끼 날, 통장 ~ 도장, 투표율 ~ 득표율, 파우더 룸 ~ 드레스 룸, 파출소 소장 ~ 동회 직원, 팽창 ~ 수축, 편견 ~ 아집, 포트란 ~ 코볼, 폭 ~ 깊이를 더한다, 폭행 ~ 상해, 풀 ~ 씨, 하절용 ~ 동절용, 학교장 ~ 교사, 학연 ~ 지연, 합성 ~ 탄성, 합병 ~ 인수, 해물 전 ~ 보리 국수, 해방 ~ 자아 실현, 해방절 ~ 노동절, 해삼 ~ 전복, 해학 ~ 풍자, 햇과일 ~ 햇곡식, 행성 ~ 태양, 향합 ~ 향로, 헤비급 ~ 플라이 급, 헬레니즘 ~ 헤브라이즘, 현군 ~ 폭군, 현금 ~ 수표, 현금 ~ 예금, 혈연 ~ 지연, 협간 ~ 측간, 협상 ~ 타협, 형상 ~ 질료, 화염 병 ~ 돌, 화염 병 ~ 돌멩이, 화염 병 ~ 최루 탄, 효율 ~ 형평, 후각 ~ 미각, 후진국 ~ 후진국, 흑 ~ 백, 흑 색 선전 ~ 비방, 흑인 ~ 백인, 흔적 ~ 대학생

과 가정 복지 ~, 건설 ~와 도시 ~, 경찰청 특수 수사 ~, 대검 과학 수사 ~, 대공 ~ 형사, 사회 복지 ~, 소득세 ~, 소득 세제 ~, 양천 구청 민방위 ~, 요금 ~로 문의 한다, 정보 ~ 형사, 정책 ~ 사무관, 제품 개발 ~, 품질 보증 ~, 학생 ~장, 학생 ~ 장님, 환경 보호 ~

과 건축 공학 ~, 건축학 ~, 경영학 ~, 경제학 ~, 고고 미술 사학 ~ 교수, 고고 인류학 ~, 관광학 ~, 교육학 ~, 국문 ~, 국사학 ~, 국어 국문학 ~, 국화 ~ 식물, 국화 ~에 딸린다, 기독교학 ~, 난 ~ 식물, 내과 소아 ~, 대학 법학 ~, 대학 영문 ~, 망둑어 ~에 속한다, 무용학 ~, 문예 창작 ~, 미꾸리 ~, 미더덕 ~에 딸린, 미술 사학 ~, 방송학 ~ 학생, 법 ~ 대학원, 법학 ~ 졸, 벼 ~ 식물, 벼 ~에 딸린다, 불문 ~ 출신, 비뇨기 ~ 전문의, 사회학 ~, 산림 자원학 ~, 서양화 ~, 소나무 ~에 딸린다, 소아 ~ 전문의, 소아 ~ 학회, 소아 정신 ~, 수의학 ~, 시각 디자인 ~, 식품 영양학 ~, 신경 정신 ~, 신문 방송학 ~, 어문학 ~, 엉거시 ~, 연극 영화학 ~, 연극학 ~, 영문학 ~, 영어 교육 ~, 예술학 ~, 외교학 ~, 재활 의학 ~, 정보 처리학 ~ 부교수, 정신 ~ 의사, 정신 ~ 전문의, 중문학 ~, 진단 방사선 ~, 처리학 ~, 콩 ~ 식물, 피부 ~ 전문의, 한국학 ~에 입학 한다, 한의 ~ 대학, 행정학 ~, 회계학 ~

과 공공 선 ~ 부합 된다, 공공 선 ~ 부합 한다, 권력 ~ 결탁 한다, 그 무엇 ~도 바꿀 수 없다, 남성 ~ 동등하다, 낮 ~ 같이 밝다, 눈 길 ~ 마주친다, 범인 ~ 한 패, 부정 ~ 맞겨룬다, 생존 ~ 직결 된다, 소득 ~ 합산 한다, 시선 ~ 마주친다, 약물 ~ 혼합 한다, 정부 군 ~ 교전 한다

과감 ~ 한 베팅을 한다; □에서 ~히 탈피 한다

과거 ~ , 현재 , 미래, ~ 와 현재와 미래, ~ 현재 미래

과격 ~ 시위, ~ 하다

과남풀 보랏빛 ~ 꽃

과년 ~ 한 딸, ~ 한 처녀

과다 ~ 계상, ~ 섭취, ~ 수임료, ~ 하다; 수임료 ~ 수수, 수탈의 ~, 위 산 ~

과다증 위 산 ~

과단성 ~ 있다; 대쪽 같은 ~

과당 액상 ~

과당 ~ 경쟁

과대 ~ 망상증, ~ 성장 국가, ~ 평가와 과소 평가, ~ 평가 한다, ~ 포장

과도 ~ 주간 기면증, ~ 하다

과도 ~ 통치위

과도기 --는 ~

과도기적 ~ 으로, ~ 인

과두 정당의 ~

과람 ~ 하다

과량 ~ 섭취

과로 ~ 로 쓰러진다

과료 구류 또는 ~

과목 ~ 별 평점; 공통 필수 ~, 교양 ~, 전공 ~

과묵 ~ 하다

과문 ~ 한 탓이다

과민 ~ 반응, ~ 하다; 경동맥동 ~

과민증 청각 ~

과밀 ~ 학급

과반 ~ 수의 찬성, ~ 수 의석, ~ 의석; 원내 ~ 수, 재적 ~ 수

과부 ~ 의 개가, ~ 의 재혼; 청상 ~, 흑 ~ 배척, 흑 ~ 아줌마

과부하 ~ 발생; 노동 ~

과분 ~ 한 사랑, ~ 한 찬사, ~ 한 칭찬

과산화 ~ 물질

과세 ~ 납부 세액 조회 서비스, ~ 년도, ~ 특례, ~ 특례자; 부가 가치세 간이 ~ 제도, 부부 자산 소득 합산 ~, 세 법 상 증여세 ~, 소득세를 ~ 한다, 소득 종합 ~, 일반 ~자와 간이 ~자, 종합 ~ 납부 세액, 취득 당시 ~ 시가 표준액

과소 과대 평가와 ~ 평가, □을/를 ~ 평가 한다

과소비 ~ 억제, ~ 조장, ~ 추방 캠페인, ~ 풍조

과수 ~ 농장, ~ 밭

과수원 배 나무 ~

과시 노익장을 ~ 한다, 만방에 ~ 한다, 위용을 ~ 한다, □을/를 ~ 한다, 재력을 ~ 한다

과식 ~ 과 편식, ~ 한다; 과음 ~

과신 □을/를 ~ 한다

과실 ~ 책임 원칙, ~ 치사; 상식적 ~, 업무 상 ~ 치상

과암모니아 ~ 혈증

과언 --는다고/ㄴ다고/다고/라고 해도 ~이 아니다

과업 세계사적 ~

과열 ~ 과외; 투기 ~ 지구

과오 ~ 를 범한다

과외 ~ 수업비, ~ 활동; 고액 ~, 과열 ~

과음 ~ 과식

과일 ~ 바구니, ~ 섞은 칵테일, ~ 이나 야채, ~ 재배, ~ 주스; 곡식과 ~, 삼 색 ~, 야채와 ~, 열대성 ~, 잘 익은 ~

과잉 ~ 보호, ~ 충성; □에 ~ 적응 한다, 영양 ~으로, 중복 ~ 투자

과자 ~ 나 사탕, ~ 봉지, ~ 부스러기, ~와 사탕, ~ 한 봉지; 사탕이나 ~

과장 기계 공고 서무 ~, 성장현 ~, 철학과의 ~, 초등 교육 ~, 학무 ~

과장 ~ 된, ~ 또는 감살; □을/를 ~ 또는 감살 한다, 허위 ~ 광고

과적 ~ 차량

과점 ~ 주주

과정 경영학 석사 ~, 교과 ~ 개편, 교양 ~ 부, 덧술 ~, 밑 술 ~, 박사 ~ 수료, 박사 ~을 밟는다, 박사 ~ 이수, 박사 후 연수 ~, 비학위 ~, 석사 ~에 재학 중이다, 석사 ~을 이수 한다, 속성 ~, 실버 이야기 지도사 ~, 아포토시스 ~, 전처리 ~, 진행 ~, 초급 ~, 큐레이터십 ~

과제 ~ 수행; 당면 ~, 선결 ~, 최우선 ~

과중 ~ 하다

과즙 ~ 이나 벌 꿀

과징금 ~ 부과 처분, ~ 을 부과 한다

과채 ~ 류

과책 ~ 원칙

과태료 ~ 나 범칙금, ~ 를 부과 한다, ~ 부과; 백만 원 이하의 ~, 범칙금이나 ~

과표 ~ 현실화

과학 ~ 기술 부, ~ 기술사; 공상 ~ 소설, 공상 ~ 영화, 국립 ~ 재단, 대검 ~ 수사과, 메타 ~, 엑스포 ~ 공원, 왕립 ~ 아카데미, 인문 ~, 인지 ~, 중국의 ~과 문명, 축산 ~ 부, 해외 고급 ~ 두뇌 초빙

과학물 공상 ~

과학사 맑스 주의 ~ 학자, 사회 ~에 빛나는 대작

과학자 ~ 와 기술자; 인문 사회 ~

곽 건포도 ~, 돌무지 나무 ~ 무덤, 비누 ~, 초콜릿 ~

관 ㄷ 자 형 유리 ~, 검은 색의 브라운 ~, 송유 ~ 건설, 수도 ~이 언다, 시험 ~ 아기 시술, 시험 ~에서 배양 한다, 싱크대 배수 ~, 외이도 ~, 위장 ~ 연동 운동 항진제, 위장 ~ 운동

관 ~ 과 민; 민 ~ 공동 출자, 민 ~ 합동 법인, 민 ~ 협동

관개 치수 ~

관계 ~ 로비

관계 ~ 부처; 고위 ~자, 공생 ~, □과/와 ~가 있다, □과/와 ~ 없이, □과/와 ~ 있다, □과/와 불가분의 ~에 있다, 교우 ~, 기업 ~ 망, 노동 ~ 법 개정, 대외 ~ 부, 대인 ~가 원만하다, 밀월 ~, 밀접한 ~, 부작위의 인간 ~, 생산력과 생산 ~, 선후 ~, 성 ~를 갖는다, 역상 ~, 외교 ~ 수립, 원만한 대인 ~, 이해 ~가 얽힌다, 인과 ~를 밝힌다, 인척 ~, 정치 ~ 법, 취재원과 미디어 ~, 친족 ~, 토지 소유 ~, 통상 ~ 국장, 피지배 ~, 한일 ~ 파탄, 혈맹 ~, 혼외 성 ~

관계사 대외 ~ 연구

관계인 대주주나 특수 ~

관광 ~ 교역전, ~ 명소, ~ 의 비수기, ~ 자원; 낚시 ~ 안내 소장, 낚시 ~ 안내선, 낚시 ~ 안내소, 단체 ~, 문화 ~ 부

장관, 부동산업이나 대형 ~업, 종합 ~ 휴양지

관광객 ~ 과 외부인, ~ 유치; 언제나 ~ 으로 북적거린다, 일본인 부녀 ~

관광선 ~ 을 몬다; 낚시 꾼 안내 ~, 낚시 안내 ~

관광족 보신 ~

관광지 ~ 답게 친절하다, ~ 를 섭렵 한다

관광학 ~ 과

관구 ~ 주임

관권 ~ 부정 선거, ~ 선거

관급 ~ 공사 수주

관기 ~ 확립

관념 균세 ~, --는다는/ㄴ다는 강박 ~에 사로잡힌다, --는다는/ㄴ다는 고정 ~, --는다는/ㄴ다는/다는/라는 강박 ~, 성 역할 고정 ~

관능 탁주의 ~

관능적 ~ 으로, ~ 인, ~ 품질

관대 ~ 하다

관등 ~ 과 관직, ~ 성명

관람 개막전을 ~ 한다, 뮤지컬 ~, 미성년자 ~ 가, 미성년자 ~ 불가, 야구 경기 ~, 연소자 ~ 가, 영화 ~, □을/를 ~ 한다, 전체 ~ 가

관람객 ~ 의 발 걸음

관람권 무료 ~

관람료 문화재 ~

관람석 경기장 ~

관련 ~ 기술공; □ ~ 자료, 개혁 ~ 법 안, □과/와 ~ 짓는다, □과/와 ~ 해서, □과/와 깊은 ~을 맺는다, 농업 ~ 직, 밀접히 ~ 된다, 사과와 ~자 문책, 산학 협력 ~, 스톡 옵션 ~, 재산 ~세, 지수 ~ 대형 주, 통일 ~ 민간 단체, 통일 ~ 칼럼

관료 봉건 ~ 통치배, 정통 경제 ~, 정통 내무 ~

관료적 ~ 으로, ~ 인, ~ 형식 주의

관료전 문무 ~

관류 □을/를 ~ 한다

관류압 뇌 ~

관리 경비와 ~자, 공공 자금 ~ 기본 법, 공중 위생 ~ 법, 교통 안전 ~자, 그린벨트 ~, 기술 직 및 ~ 직, 노무 ~, 농림부 기획 ~ 실장, 문화재 ~ 국장, 법무 부 출입국 ~ 사무소, 보험 ~ 공단, 순외채 ~, 신용 ~ 기금, 양곡 ~ 법, 양곡 ~ 특별 회계, 여신 ~ 부, 연금 ~ 공단, 영업 ~자, 외국환 ~ 규정, 외채 ~ 방식, 외환 ~ 법 시행 령, 외환 ~ 법 위반, 위기 ~ 능력, 인맥 ~, 자산 ~ 공사, 장애 ~ 시스템, 체중 ~, 출입국 ~ 법 위반, 폐기물 ~ 시설, 폐기물 ~ 정책, 피부 ~

관리관 국방 부 법무 ~

관리국 문화재 ~

관리소 ~ 관리원; 고용 정보 ~, 왕 릉 ~, 출입국 ~

관리실 ~ 여 직원

관리원 관리소 ~

관리청 하천 ~

관망 □을/를 ~ 한다

관목 낙엽 활엽 ~, 상록 활엽 ~

관방 ~ 장관

관변 ~ 단체

관부 행정 ~

관상 ~ 동맥 경화, ~ 동맥 경화증, ~ 동맥 질환

관서 인근 경찰 ~

관성 직선 ~ 운동

관세 ~를 부과 한다, ~ 무역 일반 협정, ~ 및 비관세 장벽, ~ 환급; 내국세와 ~, 농산 가공품의 ~율, 반덤핑 ~ 부과, 잠정 반덤핑 ~

관세자 ~ 주권

관속 지방 ~

관솔 ~ 옹이를 딴다, ~ 을 딴다

관습 ~에 얽매인다; 낡은 ~

관심 ~ 병사, ~ 을 기울인다; □에 ~이 쏠린다, □에 ~이 있다, □에 대한 ~도

관심사 초미의 ~

관여 □에 ~ 한다

관엽 ~ 식물

관영 ~ 수공업, ~ 통신 사

관왕 삼 ~에 오른다

관외 ~ 대출 서비스, ~ 대출 회원

관용 ~을 베푼다

관자놀이 ~를 지그시 누른다

관장 고을의 ~

관장 □을/를 ~ 한다

관저 대사 ~

관전 □을/를 ~ 한다, 흥미로운 ~ 포인트

관전기 바둑 ~

관절 ~ 과 근육, ~ 마디 마디; 근육 및 ~, 무릎 ~, 발 목 ~

관절염 류머티스 ~

관점 일 인칭 관찰자 서술 ~

관제 조선 총독부 ~

관제사 항공 ~

관제소 항공 교통 ~

관조 ~ 한다

관중 ~ 의 함성

관중석 ~ 으로 돌진 한다

관직 ~에서 물러 난다; 관등과 ~

관찰 능동적 ~자, 면밀히 ~ 한다, 보안 ~ 법, 사상범 보호 ~ 법, 유심히 ~ 한다, □을/를 ~ 한다, 일 인칭 ~자 서술 관점, 피상적 ~, 피상적인 ~

관철 ~ 된다, ~ 시킨다; □을/를 ~ 한다

관청 ~ 수공업

관측 ~ 데이타; 기상 ~자, 기상대 ~ 이래, --는다는/ㄴ다는/다는/라는 ~이 돈다, --는다는/ㄴ다는/다는/라는 ~이 우세하다, --는다는/ㄴ다는/다는/라는 ~이 확산 된다

관측소 기상 ~

관치 ~ 금융

관통 고속 철도 ~, □을/를 ~ 한다, 하곡지 ~

관통상 □에 ~을 입는다

관한다[관해] □에 관한 임시 조치 법, □에 관한 토론집, □에 관한 특별 조치 법, □에 관해

관할 ~ 구역, ~ 세무서, ~ 한다; 자치 주 ~, 형사 재판 ~

관할권 ~ 포기

관행 고용 ~

관현악 시립 국악 ~단, 중앙 국악 ~단, 필하모니 ~단

괄괄 ~ 하다

괄약근 외부 ~

괄목 ~ 할 만하다

괄세 ~ 받는다; □을/를 ~ 한다

괄시 □을/를 ~ 한다

괄약 항문 ~ 근의 긴장도, 홍채 ~ 근

괄호 ~ 속, ~ 안

광 땅 속 ~, 탄 ~ 막장

광 ~ 자극법; 레이저 ~ 응고술

광각 ~ 렌즈

광경 일몰 ~, 참담한 ~

광고 ~ 및 판촉, ~ 선전비, ~ 선전술, ~ 소구점; 구인 ~, 국내 ~ 사, 독립 ~ 대행 사, 성적 소구 ~, 움직이는 ~ 탑, 허위 과장 ~

광고비 ~ 를 지출 한다, ~ 지출 규모

광고실 판촉 ~

광고주 소유주와 ~

광공 ~ 업체

광공업 ~ 출하액

광구 해저 ~

광기 ~ 와 야만

광년 몇 억 ~, 수 십억 ~, 수억 ~, 수천 ~, 십 억 ~

광대 ~ 무변하다, ~ 뼈가 툭 튀어 나왔, ~ 뼈가 튀어 나온다; 무궁 ~하다, 무변 ~한 우주

광대역 ~ 종합 정보 통신 망

광란 ~ 의 밤

광막 ~ 하다

광목 ~ 전폭

광무 연호를 ~이라 한다

광물 ~ 을 캔다, ~ 찌꺼기 유실 방지 공사; 규산염 ~, 비금속 ~, 심해저 ~ 자원

광범 ~ 하다

광범위 ~ 하다

광복 ~ 46 주년, ~ 70 주년을 기해, ~ 직후; 조국 ~회, 참된 ~

광부 백수 ~

광분 ~ 한다

광산 중석 ~

광석 ~ 검파기

광선 ~ 의 파장; 가시 ~, 레이저 ~, 직사 ~, 태양 ~

광업 ~ 및 농축수산업, ~ 진흥 공사; 캐는 ~

광역 ~ 교통 망, ~ 단체장, ~ 의회 선거, ~ 지방 자치; 수도권 ~

광엽 ~ 잡초; 낙엽성 ~ 수림 지대

광영 ~ 되다

광우리 ~ 장수

광장 밀실과 ~, 분수대 ~, 산마르코 ~, 시청 앞 ~, 토요 문화 ~

광주리 ~를 인다; 귤 ~

광케이블 ~망; 해저 ~

광태 조근성 ~

광포 ~하다

광폭 ~하다

광학 ~문자 판독기, ~현미경

광화학 ~스모그

광활 ~하다

괘념 ~하지 않는다

괘씸 □을/를 ~해 한다, □이/가 ~하다

괘종 벽에 걸린 ~시계

괜찮다 괜찮은 흥행; 벌이가 ~

괜하다[괜해] 괜한 걱정, 괜한 경구, 괜한 고집, 괜한 참견

괭이 ~를 멘다; 삽과 ~

괴괴 ~하다

괴기 ~의 결합

괴롭힌다 □을/를 ~

괴뢰 ~정권, ~통치배

괴멸 ~된다

괴물 ~서커스단, ~을 퇴치 한다; 외눈박이 ~

괴불 ~마당

괴상 ~망측하다, ~야릇하다, ~한

괴석 기암 ~

괴성 ~을 지른다

괴소문 ~을 퍼뜨린다

괴수 폭력배의 ~

괴이 ~하다

괴춤 ~에서 비수를 꺼낸다, ~에서 쌈지를 꺼낸다

괴팍 ~한 성격

괴한 무장 ~, 정체불명의 ~

괸다 손으로 턱을 ~, 아랫돌 빼어서 윗돌 ~

굉대 ~하다

굉장 ~하다

교 삭발 ~교주, 자이나 ~사제, 자이나 ~의 성경, 천주 ~박해, 천주 ~신자, 카톨릭 ~, 크리스트 ~

교각 ~과 상판; 뇌 ~신경 핵, 소뇌 뇌 ~종양

교각부 소뇌 ~종양

교감 교장과 ~, 교장이나 ~, 신경절 후 ~

교과 ~과정 개편, ~교육학, ~진도 표

교과서 검인정 ~, 고등 학교 국어 ~, 국사 ~, 근 현대사 검정 ~, 작문 ~, 한국 근현대사 ~

교교 ~한 달 빛

교구 교재 및 ~

교권 ~침해

교내 ~백일장, ~보컬 그룹

교단 장로 ~

교도 천주 ~탄압, 카톨릭 ~, 크리스트 ~

교도 ~소장 또는 구치 소장; 경비 ~대원

교도관 호송 ~

ㄱ

교도대 ~ 훈련

교도소 ~ 또는 구치소, ~ 에 수감 된다

교두 3 ~ 형

교란 내분비 ~ 물질, 생태계 ~, □을/를 ~ 한다, 후방을 ~ 한다

교량 ~ 상판

교련 ~ 실기 대회, ~ 제식 훈련; 제식 ~

교류 영호남 ~, 유청소년 축구 ~, 통일부 ~ 협력 국장, 한국 국제 ~ 재단, 화해와 불가침 및 ~, 활발한 ~

교류 ~ 발전기; 삼상 ~

교만 ~ 하다

교목 낙엽 활엽 ~, 상록 ~

교묘 ~ 하다; □을/를 ~하게 이용 한다

교무 ~ 수첩; 본교 ~ 주임, 원불교 ~

교무과 ~ 상담실

교무실 ~ 과 서무실

교민 격주간 ~ 신문, 잔류 ~

교배 잡종 ~

교복 ~ 차림, ~ 착용

교본 한글 붓 글씨 ~

교부 등·초본의 ~, 원천 징수 영수증을 ~ 한다, □을/를 ~ 한다, 출고증을 ~ 한다, 합격증 ~

교부금 지방 교육 재정 ~, 학교 별 운영 ~

교분 ~ 이 자별하다

교비 ~ 경리

교사 살인 ~, 상해 치사 ~, □을/를 ~ 한다

교사 ~ 일 인당 학생 수, ~ 휴양원; 계약 직 ~, 방문 ~, 방문 학습지 ~, 수석 ~ 제, 수습 ~ 제, 원어민 ~, 원어민 보조 ~, 입주 가정 ~, 좌경 의식화 ~, 학교장과 ~, 학부모와 ~, 해직 ~ 복직, 해직 ~ 원상 복직

교살 □을/를 ~ 한다

교생 ~ 실습

교서 연두 ~ 연설

교선 ~ 일치

교섭 ~ 위원; 국교 정상화 ~ 재개, 노조 측 ~, 산별 ~ 도입, 산별 중앙 ~, 수교 ~, 외교 부 통상 ~ 본부 장5, 원내 ~ 단체, 통상 ~ 본부장

교세 ~ 를 확장 한다, ~ 확장

교수 □을/를 ~ 형에 처한다

교수 ~ 재임용, ~ 직 사퇴, ~ 확보율, ~ 회 의장; 고고 미술 사학 과 ~, 바이츠 재커 ~, 석좌 ~, 연극원 ~, □을/를 강의 하는 ~, 이보연 ~, 초빙 ~, 총장이나 ~

교술 서정과 ~

교습 개인 ~

교습소 운전 ~

교시 목 요일 3 ~

교신 □과/와 ~ 한다

교실 ~ 환경 꾸민다; 방과 후 ~, 색 종이 접기 ~, 콩 나물 ~

교양 ~ 과목, ~ 과정 부; 미모와 ~

교양실 선전 ~

교역 ~ 상대국; 양국 간 ~

교역전 관광 ~

교외 ~ 선 열차; 군용 시설 ~ 이전

교우 ~ 관계, ~ 장학회

교원 ~ 노조, ~ 양성 기관, ~ 임용, ~ 징계 의결 제정, ~ 징계 재심 위원회, ~ 휴양소; 멀티미디어 ~ 연수실, 정년 보장 ~ 정수, 중등 ~

교유 □과/와 ~ 한다

교육 ~ 개발 원, ~ 개혁과~ 자치, ~ 개혁 종합 구상 안, ~ 공무원 법, ~ 공무원 임용 령 개정 안, ~ 공학 매체, ~ 인적 자원 부, ~ 재정 확충, ~ 정책실, ~ 지원국, ~ 칙어, ~ 행정가, ~ 환경비, ~ 훈련비; 고등 ~ 시스템, 공무원 ~ 원장, 국립 ~ 평가 원, 국민 ~ 헌장, 대학 부설 평생 ~ 원, 시민 대상 ~자, 신입 사원 ~, 신입생 ~, 애국 애족 ~, 영어 ~ 과, 영재 ~, 원격 ~, 원격 하이터치 ~ 시스템, 입시 위주 ~, 전인 ~, 조계종 ~ 원, 주입 식 ~, 지방 ~ 양여금, 지방 ~ 재정 교부금, 참 ~, 초등 ~ 과장, 초중등 ~ 법, 하이터치 ~, 현행 ~ 법

교육감 도 ~

교육비 양육비와 ~

교육서 아동 ~

교육청 ~ 영선계; 각 시 도 ~

교육학 ~ 과; 교과 ~

교장 ~ 과 교감, ~ 선생, ~ 이나 교감

교재 ~ 및 교구, ~ 연구실; 학사 고시 ~

교전 ~ 의 여파로; 정부 군과 ~ 한다, 해군 ~ 규칙

교접 □과/와 ~ 한다

교정 ~ 부호; □을/를 ~ 한다, 척추 ~ 요법

교정지 ~ 더미

교조 ~ 주의 또는 반혁명, ~ 수의와 형식 주의

교종 ~ 과 선종, ~ 도회소; 선종과 ~

교좌 ~ 장치

교주 사이비 ~, 삭발 교 ~

교지 ~ 편집 부, ~ 편집실; 기본 재산과 ~

교직 ~ 경력, ~ 에 몸 담는다

교직원 ~ 봉급; 사학 ~

교질 ~ 물질

교차 □과/와 ~ 한다, 만감이 ~ 한다, 시각 신경 ~, 시신경 ~

교착 ~ 상태

교창 꽃 살 ~

교체 수사 진을 ~ 한다, □을/를 ~ 한다

교체기 정권 ~

교통 ~ 법규를 위반 한다, ~ 법규 위반자, ~ 사고로 숨 진다, ~ 사고 처리 특례법, ~ 사고 특례 법, ~ 상해 보험 증서, ~ 안전 관리자, ~ 의 요지, ~ 의 요충지, ~ 이 혼잡하다, ~ 정체, ~ 체증, ~ 혼잡; 건설 ~ 부, 광역 ~ 망, 대중 ~ 수단, 도로 ~ 법 위반자 벌점, 불의의 ~ 사고, 일 요일 휴무 ~ 편, 항공 ~ 관제소

교통권 접견 ~

교통난 ~ 해소

교통비 왕복 ~

교편 중학교에서 ~을 잡는다

ㄱ

교포 재미 ~, 재일 ~

교향곡 ~ 9 번, ~ 을 작곡 한다; 미완성 ~, 전원 ~

교향악 시립 ~단과 시립 합창단, 에네스쿠 ~단

교호 ~ 간 커뮤니케이션; 문화 ~

교화 □을/를 ~ 한다

교환 물물 ~, 방문단 ~, 부등가 ~, 사설 전화 ~ 시스템, 서신 ~, 알뜰 도서 ~, 어음 ~ 차액 결제, □을/를 ~ 한다, 이산 가족 방문단 ~ 사업, 전자 문서 ~, 전화 ~대, 합의서 ~, 화폐 ~ 설

교환권 생필품 ~

교환기 사설 ~, 열 ~

교환소 어음 ~

교환원 전화 ~

교활 ~ 하다

교황 ~ 을 영접 한다, ~ 이 미사를 집전 한다

교회 ~ 나 성당; 가톨릭 ~, 개신 ~, 카톨릭 ~

교회당 ~ 의 첨탑; 천주 ~

구 긴 부사 ~, 부사 ~가 온다, 종장 첫 ~, 후렴 ~

구 소수 민족 자치 ~

구 시 · 군 · ~, 시 군 ~

구 십삼 ~의 시체, 유해 11 ~

구가 성장세를 ~ 한다, □을/를 ~ 한다

구각염 구순 ~

구간 사장교 ~, 요금소 ~, 정체 ~, 지하철 잔여 ~, 지하철 환승 ~

구강 ~ 보건 주간, ~ 청정제

구개 ~ 파열; 접형 ~ 동맥, 접형 ~ 신경절

구걸 □을/를 ~ 한다

구경 38 ~ 리볼버

구경 강 건너 불 ~ 한다, 달 ~을 한다, 둘러 서서 ~ 한다, 심심 찮게 ~ 한다, □을/를 ~ 한다, 저승 ~

구관 ~ 이 명관이다

구구 ~ 셈, ~ 셈, ~ 한 변명, ~ 한 억측, ~ 한 해석; 설이 ~하다

구국 ~ 여성 봉사단, ~ 의 일념; 노인 ~ 결사대, 민주 ~ 선언

구권 ~ 화폐

구근 ~ 식물

구금 미결 ~ 시설, 미결 ~ 일수, 미결 ~ 자

구급 ~ 대원

구긴다 구김 살 없이 자란다, 구겨 박힌다, 구겨 진 자존심, 구겨 질 대로 구겨 진다; 꼬깃꼬깃 구겨 진다, □을/를 ~, 체면 ~, 형편 없이 구겨 진다

구내 ~ 매점, ~ 식당; 역 ~

구녕 다섯 ~

구더기 ~ 와 불 개미들; 밥 알 같은 ~

구덩이 ~ 를 판다; 분화구 같은 ~

구도 대결 ~, 대권 후계 ~, 색조와 ~, 후계 ~ 확립

구독 □을/를 ~ 한다, 잡지 ~, 정기 ~자

구동 가속기 ~, 사 륜 ~

구두 ~ㅅ 끈을 맨다, ~ㅅ 발 소리, ~끈을 맨다, ~ 닦이나 신문 팔이, ~ 뒤 축, ~ 밑 창, ~ 수선공, ~ 수선점, ~ 코, ~ 한 짝, ~ 한 켤레; 또그닥거리는 ~ 소리, 에나멜 ~, 한 켤레의 ~

구두쇠 ~ 심보

구들 ~ 고래; ㄱ 자 형 ~

구라 ~ 앵별이

구럭 ~과 지팡이

구렁텅이 ~로 몰아 넣는다; 절망의 ~

구루마 ~ 바퀴 굴리듯, ~ 발통

구류 ~ 또는 과료; 미결 ~

구른다[굴러] 발까지 ~, 발만 동동 ~, --으며/며 발을 동동 ~, --으면서/면서 발을 동동 ~, □을/를 동동 ~

구른다[굴러] 굴러 떨어진다; 개 똥 밭에 ~, 넝쿨 째 굴러 든다, 대굴대굴 ~, 데굴데굴 굴러 간다, 데굴데굴 굴러 다닌다, 둘둘둘 굴러 간다, 떼굴떼굴 ~, 또르르 ~, 솔 방울처럼 굴러 다닌다, □에 굴러 다닌다, 한 바퀴 굴러 간다, 호박이 넝쿨 째 굴러 들어 온다

구름 ~ 같이 몰린다, ~과 안개, ~처럼 몰려 든다; 한 조각 뜬 ~

구릉 ~ 정상부, ~ 지대와 평지

구리 ~ 반지

구리다 구린 내 난다; 뒤가 ~

구매 ~자와 판매자; 싸게 ~ 한다, □을/를 ~ 한다

구매권 ~ 할당

구멍 ~이 송송 뚫린다; 뒷~으로 호박씨 깐다, 말 ~이 막힌다, 목 ~까지 올라온다, 목 ~에 풀 칠 한다, 목 ~이 포도청이다, 솟아 날 ~, 수탉 똥 ~처럼 비쭉거린다, 작은 ~이 뚫린다, 쥐 ~에도 볕 들 날이 있다, 하늘이 무너져도 솟아 날 ~이 있다

구멍증 척수 ~

구메 ~ 도적

구명 ~ 부환, ~ 운동, ~ 조끼나 튜브

구문 양보 ~

구미 ~가 당긴다, ~를 돋운다; 미식가들의 ~를 당긴다

구민 ~의 단합, ~ 회관; 선진 ~ 모범 ~

구박 □을/를 ~ 한다

구배 ~ 진 갑석

구변 ~이 좋다

구별 □을/를 ~ 한다, 판연히 ~ 된다, 판연히 ~ 한다, 확연히 ~ 된다

구보 ~ 대열

구부러진다 휘익 왼 편으로 ~

구부린다 □을/를 ~

구부정 ~ 휘어 진다; 허리가 ~하다

구분 ~ 된다; □을/를 ~ 한다, □을/를 명확하게 ~ 한다

구분법 ~ 골격; 수선 ~

구불구불 ~ 하다

구비 ~ 된다; □을/를 ~ 한다

구비 ~ 문학, ~ 전승

구사 영어를 유창하게 ~ 한다, □을/를 ~ 한다, 자유 자재로 ~ 한다

구사 ~ 운동에 참여 한다

구사력 어휘 ~, 언어 ~

ㄱ

구상 교육 개혁 종합 ~ 안, 머릿속에서 ~ 한다, □을/를 ~ 한다, 전략 방위 ~

구상 ~ 과 추상

구석 ~ 진 곳; 방 ~에 틀어 박힌다, 윗목 ~에서 퍼드러진다, 이 ~ 저 ~, 이 놈의 집 ~, 전시장 한 ~, 집 ~에 처박힌다, 한 ~이 허전하다

구석기 ~ 말, ~ 유적; 전기 ~, 중기 ~ 시대, 후기 ~

구설 ~ 에 오른다

구설수 ~ 에 오른다

구성 ~ 된다; 단계 식 ~, 단일 팀 ~, 빈틈 없는 ~, 산만 ~, 상해 죄의 ~ 요건, 연립 정부 ~, □을/를 ~ 한다, 중립 내각 ~, 칠 첩 반상 ~, 후반기 원 ~

구성비 열량 ~

구성원 ~ 에게 배분 한다; 보험자의 ~

구성지다 구성진 가락

구성체 ~ 논쟁; 사회 ~

구속 ~ 기소, ~ 된다, ~ 입건, ~ 자 석방, ~ 적부 심사 청구, ~ 집행 정지; 사전 ~ 영장이 발부 된다, □에 대해 ~ 영장을 청구 한다, □으로/로 ~ 영장을 신청 한다, □으로/로 ~ 영장을 청구 한다, --은/ㄴ 혐의로 ~ 기소 된다, 인신 ~, 정자법 위반 혐의로 ~ 한다, 체포 또는 ~

구속장 긴급 ~

구수 ~ 하다

구순 ~ 구각염

구순 ~ 하다

구술 서면 또는 ~

구슬 ~ 같은 앵두, ~ 꿰미, ~ 땀을 흘린다, ~ 이 서 말이라도 꿰어야 보배다; 쇳조각과 ~

구슬린다 슬슬 ~

구슬프다[구슬퍼] 구슬픈 가락, 구슬픈 염불

구습 ~ 타파

구식 ~ 한옥

구실 ~ 을 한다

구안 □을/를 ~ 한다

구애 ~ 받는다; □에 ~ 한다

구애 ~ 받지 않는다; □에 ~ 된다, □에 ~ 받는다

구어 속어와 ~

구역 개발 제한 ~, 경제 자유 ~, 공동 경비 ~, 공동 어로 ~, 관할 ~, 군사 보호 ~, 금녀 ~, 벌칙 ~, 보세 ~ 출입, 비행 금지 ~, 상설 전시 ~, 습지 보호 ~, 시설 보호 ~, 외인 출입 금지 ~, 잡거 ~, 주차 금지 ~, 집수 ~

구역질 ~ 난다

구연 동화 ~

구완 해산 ~

구원 ~ 등판; 넋의 ~자, 영혼의 ~자, □을/를 ~ 한다

구원관 사회 ~을 가진다

구음 ~ 장애

구이 곱창 ~, 꽁치 ~, 느타리 버섯 꼬치 ~, 등심 ~, 로스 ~ 오리 고기, 석회 ~ 장이, 숯 불 ~, 장작 ~, 조개 ~ 전문점, 조기 ~, 주먹 ~, 진 흙 ~, 초벌 ~

구이점 소 갈비 살 ~

구인 ~ 광고; 강제 ~ 한다

구입 내구 소비재 ~, 농지 ~ 자금, □을/를 ~ 한다, 할부로 ~ 한다

구입비 기자재 ~, 도서 ~, 생필품 ~

구장 전용 ~, 키다리 ~

구저분 ~ 하다

구전 ~ 된다

구절 일기의 한 ~

구정 ~ 공세, ~ 쇤다, ~ 연휴

구제 기생충 ~ 협회

구제 ~ 불능이다; IMF에 ~ 금융을 신청한다, 산업 피해 ~ 법, □을/를 ~ 한다

구제역 ~ 유사 증세

구조 ~ 조정, ~ 주의적 사회관; 겹 집 ~, 공포 식 ~, 기득권 ~, 기업 지배 ~, 농어촌 ~ 개선, 도로 ~ 령, 민도리 집 ~, 산업 ~의 고도화, 상부 ~ 론, 세율 ~, 이중 나선 ~, 익공 식 ~, 자료 ~, 조적 식 ~, 짝 별 ~, 포집 ~, 하부 ~, 하앙 식 ~

구조 ~ 함; 법률 ~ 공단

구조물 콘크리트 ~, 통증 민감성 ~, 피질 하 ~, 하상 ~ 증설

구존 양친께서 ~ 하시

구좌 깡통 ~, 온라인 ~

구주 ~ 취득

구직 ~ 사이트, ~ 희망자

구직난 ~ 에 허덕인다

구질구질 ~ 하다

구찌 ~ 잠근다

구차 ~ 한 변명

구처 □을/를 ~ 한다

구천 ~ 에 사무친다, ~ 을 떠 돈다

구청 동 사무소와 ~, 양천 ~ 민방위 과

구청장 중랑 ~ 날인

구체 십 ~ 향가

구체적 ~ 으로, ~ 인

구축 방어 진을 ~ 한다, □을/를 ~ 한다, 인프라가 ~ 된다, 인프라 ~, 전역 미사일 방어 망 ~

구축 악화가 양화를 ~ 한다, □을/를 ~ 한다, 차기 ~ 함

구축기 기반 ~

구출 ~ 작전; □을/를 ~ 한다, 인질 ~, 피랍자 ~회

구치 교도 소장 또는 ~ 소장

구치소 ~ 에 수감 된다; 교도소 또는 ~

구타 ~ 와 가혹 행위; □을/를 ~ 한다

구태 ~ 의연하다

구한다[구해] 생명을 ~, 애인을 ~, 양해를 ~, 용서를 ~, □을/를 ~

구현 □을/를 ~ 한다, 정의 사회 ~

구형 금고 형이 ~ 된다

구형 ~ 기계 식 엔진

구형낭 난형낭 및 ~

구호 --으라는/자는 ~의 현수막, 현수막의 ~

구호 ~ 물자를 노린다, ~ 장비; 인도적 ~

구호금 재해 ~

ㄱ

구호품 ~ 수송

구황 ~ 식물, ~ 식품

구획 주차 ~, 토지 ~ 정리 사업

구휼 빈민 ~

국 결승 4 ~

국 납세 지원 ~장, 문화재 관리 ~장, 법무 부 검찰 ~장, 수자원 ~장, 시경 ~장, 외무 부 아주 ~장, 외무성 ~장 급 회담, 지구 당 사무 ~장, 통상 관계 ~장, 통상 진흥 ~장, 통일 부 교류 협력 ~장, 편수 ~장

국 ~ 물이 담백하다, ~ 물이라도 좀 마셔라, ~ 밥 집; 가다랭이 ~ 물, 감자 ~ 백반, 김칫~부터 마신다, 김치 ~ 물, 끓는 ~, 덮밥 ~ 물, 동아 ~, 동치미 ~ 물, 땟~ 전다, 멸치 장 ~, 멸치 젓 ~, 무우 ~, 박 속 밀 ~ 낙지 탕, 보리 나물 ~, 새우 젓 ~ 물, 송편과 토란 ~, 쇠 고기 ~ 물 맛, 순대 ~ 집, 시래기 ~, 쑥 된 장 ~, 어묵 ~ 물, 오뎅 ~ 물, 오미자 ~에 녹두 녹말, 조랭이 떡 ~, 짬뽕 ~ 물, 콩 나물 ~, 해장 ~ 집, 휘장 친 술 ~ 집

국가 ~ 기간 산업, ~ 기밀 누설, ~ 기술 혁신, ~ 모독 죄, ~ 배상 법, ~ 보안 법, ~ 보위 원로원 의장, ~ 보훈 처, ~ 보훈 처장, ~ 수조지, ~ 신용 등급, ~ 안전 기획 부, ~ 안전국, ~ 원수 자격, ~ 유공자, ~ 정보 원장, ~ 총동원 법, ~ 통계 국, ~ 평의회 의장, ~ 형성기; 개발 도상 ~, 경찰 ~가 된다, 공산권 ~, 과대 성장 ~, 다민족 ~, 백악관 ~ 안보 보좌관, 법치 ~, 북 반구 ~들, 비즈니스 중심 ~ 실현, 상담사 ~ 자격증, 성읍 ~ 론, 심리 상담사 ~ 자격증 제도, 약소 ~ 신세, □을/를 ~에 헌납 한다, 의사 ~ 시험원, 저개발 ~, 저소득 ~, 주권 ~, 청소년 상담사 ~ 자격증 제도, 해양 세력 ~

국가관 투철한 ~

국가군 개발 도상 ~, 선진 공업 ~

국가적 ~ 으로, ~ 인

국경 ~ 검문소, ~ 수비 대원, ~ 수비대, ~ 통과세

국고 ~ 보조금

국공립 ~ 학교

국공채 소액 ~, 환매 조건부 ~ 매매

국교 ~ 를 정상화 한다, ~ 재개, ~ 정상화 교섭 재개

국군 ~ 과 인민 군, ~ 기무 사령부, ~ 보병, ~ 의무 사령관, ~ 장병, ~ 조직 법; 유엔 군과 ~

국권 ~ 침탈, ~ 회복 운동

국기 ~ 강하 식, ~ 게양대, ~ 를 도안 한다, ~ 하강 식

국내 ~ 광고 사, ~ 굴지, ~ 로 압송 한다, ~ 법과 국제 법, ~ 선 여객기, ~ 선 탑승, ~ 선 항공 편, ~ 선 항공권, ~ 와 국외, ~ 유수 콘도미니엄, ~ 조선업, ~ 총생산의 순위, ~ 학위 취득자; 당 ~ 총생산, 일 인당 ~ 총생산

국내외 ~ 를 막론 하고, ~ 정세

국도 4 번 ~, 고속 도로와 ~, 삼 번 ~

국력 체력이 ~이다

국록 ~ 을 먹는다

국론 ~ 분열, ~ 이 분열 된다

국립 ~ 공원으로 지정 된다, ~ 공원으로 지정 한다, ~ 공원 입장료, ~ 과학 재

단, ~ 교육 평가 원, ~ 국악 원 우면당, ~ 극장, ~ 대학교 배지, ~ 묘지에 안장된다, ~ 무용단, ~ 박물관, ~ 발레단, ~ 보건 원, ~ 오페라단, ~ 의료원, ~ 중앙 박물관

국면 ~ 으로 접어 든다; 침체 ~, 하강 ~

국모 ~ 시해의 원수

국무 ~ 부 대변인, ~ 부 부장관, ~ 위원, ~ 장관, ~ 조정 실장, ~ 조정실 규제 개혁 조정관, ~ 조정실 총괄 조정관, ~ 총리 서리, ~ 총리 직무 대행, ~ 총리 표창, ~ 총리실 산하 청소년 보호 위원회, ~ 회의 의결

국문 ~ 과, ~ 이력서, ~ 초록

국문학 국어 ~ 과, 국어학과 ~

국민 ~ 건강 보험 법, ~ 교육 헌장, ~ 대축제, ~ 대표회, ~ 방위 군, ~ 운동 본부, ~ 으로부터 고립 된다, ~ 정신을 바로 잡는다, ~ 주권, ~ 참여 재판, ~ 체육 진흥 법, ~ 총생산액, ~ 투자 기금 법, ~ 혈세, ~ 회의 파, ~ 훈장; 1 억 ~ 전원 옥쇄, 완전 ~ 경선, 일 인당 ~ 소득, 재외 ~

국민역 ~ 편입

국방 ~ 경비대, ~ 국정, ~ 부 검찰단, ~ 부 법무 관리관, ~ 부와 합참, ~ 색 담요, ~ 위원장, ~ 을 튼튼히 한다, ~ 의 의무, ~ 장관 표창, ~ 장관 회담; 회계 연도 ~ 예산 안

국방력 자주 ~

국방성 ~ 기밀 문서

국법 ~ 을 어긴다

국부 ~ 발진 회로

국사 ~ 교과서, ~ 책 연대 표, ~ 편찬 위원회

국사학 ~ 과

국산 ~ 수출품, ~ 양주, ~ 중간재

국산품 ~ 애용, ~ 을 애용 한다

국선 ~ 변호인 제도

국세 ~ 기본 법, ~ 징수 규모, ~ 청 조사국, ~ 청 차장, ~ 청장

국세청 ~ 기준 시가, ~ 의 세무; 전 ~ 차장

국소 ~ 도포, ~ 마취, ~ 마취제, ~ 스테로이드; 병변의 ~

국수 ~ 를 만다, ~ 를 삶는다, ~ 의 조직감, ~ 틀에 넣는다, ~ 한 그릇; 메밀 ~, 삶은 ~, 통 밀 ~, 해물 전과 보리 ~

국수점 우리 밀 ~

국시 반공 ~, 반공을 ~로 삼는다

국악 ~ 콩쿠르; 국립 ~ 원 우면당, 시립 ~ 관현악단, 중앙 ~ 관현악단

국어 ~ 국문학 과, ~ 대사전, ~ 로 출판된다, ~ 순화 운동, ~ 심의회, ~ 작문; 고등 학교 ~ 교과서, 현행 ~ 정서법

국어학 ~ 개론, ~ 과 국문학

국영 ~ 기업, ~ 농장, ~ 석유 회사

국외 ~ 로 망명 한다, ~ 로 추방 된다, ~ 로 추방 한다, ~ 반출; 국내와 ~

국운 ~ 융성

국원 중앙 당 정치 ~

국위 ~ 를 선양 한다, ~ 선양

국유 토지 ~ 론

국유화 토지를 ~ 한다

국자 북두칠성의 ~

국적 ~ 기업, ~ 불명

국적자 이중 ~

국전 ~ 의 특선

국정 ~ 감사 대상, ~ 감사 자료, ~ 감사 피감 기관, ~ 감사권, ~ 공백, ~ 쇄신, ~ 수행 능력, ~ 장악력, ~ 조사권, ~ 홍보 처장, ~ 홍보처; 국방 ~, 임기 말 ~

국제 ~ 기구와~ 법, ~ 디지털 아트 페스티벌, ~ 법 상 난민, ~ 부 기자, ~ 선 항공 사, ~ 수학 올림피아드, ~ 양궁 연맹, ~ 연극제, ~ 연맹, ~ 연합 군, ~ 운전 면허증, ~ 원유가, ~ 원자력 기구, ~ 원자재, ~ 정치학회, ~ 축구 연맹, ~ 판타스틱 영화제, ~ 펜 클럽, ~ 핵 사찰을 받아 들인다, ~ 회의가 개최 된다; 국내 법과 ~ 법, 들 새 모임 ~ 센터, 질병 ~ 분류법, 프롤레타리아 ~ 주의, 한국 ~ 교류 재단, 한국학 ~ 학술 회의

국제적 ~ 으로, ~ 인

국제항 ~ 기능

국지성 ~ 집중 호우

국채 ~ 매입세, ~ 발행, ~ 보상 운동

국책 ~ 사업

국철 ~ 을 탄다

국토 ~ 대장정, ~ 안보 부 장관, ~ 의 방방 곡곡, ~ 이용 계획, ~ 종합 개발

국학 ~ 과 양학; 양학과 ~

국한 □에 ~ 된다, □에 ~ 한다

국한문 ~ 혼용, ~ 혼용체

국호 ~ 와 연호

국화 ~ 과 식물, ~ 과에 딸린다; 토종 ~

국회 ~ 건설위, ~ 국방위, ~ 농림 수산위, ~ 농림 해양 수산 위원회, ~ 대정부 질의, ~ 동의 제, ~ 법 개정 안, ~ 법사위, ~ 보건 사회 위원회, ~ 본회의, ~ 의사 일정, ~ 의사당, ~ 인사 청문 특위, ~ 정무위, ~ 통외통위, ~ 행정위; 6 월 임시 ~, 가을 정기 ~, 방탄 ~, 임시 ~ 소집 요구서, 전 ~ 부의장, 전 ~ 의장, 정기 ~ 폐회

군 박종철 ~ 고문 치사 사건

군 ~ 검찰관, ~ 법 회의, ~ 법무관, ~ 복무, ~ 부재자 투표 부정 시비, ~ 입대, ~ 자금 모집; 고대 로마 ~, 공산 ~ 지역, 국군과 인민 ~, 국민 방위 ~, 국제 연합 ~, 남한 ~과 유엔 ~, 미 주둔 ~ 지위 협정, 미국 ~ 중심 유엔 ~, 북한 ~의 선제 공격, 소련 ~ 병력, 양 ~의 분할, 양 ~이 분할 된다, 연합 ~의 북진, 예비 ~ 훈련 통지서, 예비 ~ 훈련장 입구, 유엔 ~과 국군, 유엔 ~ 사령부, 유엔 ~의 참전, 인민 해방 ~, 일본 ~ 성 노예, 일본 ~에서 탈출 한다, 일본 ~ 위안부 문제, 일본 ~의 항복, 일본 ~ 장교 출신, 점령 ~ 사령관, 점령 ~ 사령부, 정부 ~과 반군, 정부 ~과 교전 한다, 주둔 ~ 사령관, 중공 ~ 및 북한 ~, 중공 ~의 참전, 중국 인민 지원 ~이 참전 한다, 지상 ~ 투입, 침략 ~의 무도한 폭행, 토벌 ~ 사령관, 한국 ~ 의료 지원단, 향토 방위 ~

군 ~ 농민회; 시 · ~ · 구, 시 ~ 구

군것질 ~ 거리, ~ 한다

군고구마 ~ 수레

군관 ~ 나으리

군국 ~ 파시즘

군다[굴고 굴어] 곰살궂게 ~, 귀찮게 ~, 까다롭게 ~, 버릇 없이 ~, 성가시게 ~, 어른 앞에서 방자히 ~, □을/를 못살게 ~, 철 없이 ~

군단 ~ 보안 부대장, ~ 영장; 해적 ~

군대 ~ 간다, ~ 를 제대 한다, ~ 를 주둔 시킨다, ~ 생활; 강한 ~

군데 한 ~로 모은다

군때 ~ 묻는다

군락 산호 ~

군량미 ~ 조달

군력 ~ 정치

군림 □에 ~ 한다, 황제처럼 ~ 한다

군민 ~ 회관

군밤 ~ 타령

군병 일선 ~

군복 ~ 차림

군부 ~ 권위 주의, ~ 대신을 지낸다, ~ 독재

군불 ~ 을 지핀다

군비 ~ 경쟁, ~ 증강 론자; 재래 식 ~ 감축 문제

군사 ~ 고문단, ~ 기밀, ~ 당국에 건의 한다, ~ 보호 구역, ~ 분계선 월경, ~ 정전위 비서장, ~ 쿠데타; 쌍방 ~ 당국자, 합동 ~ 훈련

군사력 ~ 증강; 경제력과 ~

군사비 ~ 지출

군사적 ~ 으로, ~ 인

군산 ~ 복합체

군살 ~ 없이 갸름하다

군색 ~ 하다

군생 ~ 한다

군소 ~ 정당

군속 한국인 ~, 해군 ~

군수 ~ 물자, ~ 참모

군수 ~ 와 면장

군웅 ~ 할거 가운데

군의관 ~ 과 간호 장교

군인 ~ 공제회; 성 문지기 ~, 재향 ~회, 제대 ~, 참전 ~, 퇴역 ~, 해산 ~ 출신 의병장, 현역 ~

군자국 동방 ~

군장 ~ 사회 단계, ~ 사회 설

군정 ~ 통치

군주 입헌 ~ 제, 전제 ~

군주국 입헌 ~

군중 시위 ~

군청 ~ 서기, ~ 소재지, ~ 재해 대책 반

군총 수영의 ~

군침 ~ 만 삼킨다, ~ 을 삼킨다

군함 ~ 과 총포

군화 ~ 발 자국

굳건 ~ 하다, ~ 히 지킨다

굳는다 굳어 진다; 딱딱히 ~

굳다 굳게 결심 한다, 굳게 다짐 한다, 굳게 닫힌다, 굳게 입을 다문다, 굳게 잠긴다, 굳은 결심, 굳은 결의, 굳은 맹세, 굳은 악수, 굳은 의지, 굳은가 묽은가; 심지가 ~, 입을 굳게 다문다

굳이 출처를 ~ 각주 란에다 밝힌다

굳힌다 --기로 마음을 ~, 심증을 ~, □을/를 ~

굴 ~ 다리를 지난다, ~ 서낭; 기찻길 ~ 다리, 산 토끼 네 ~ 속, 채탄 ~, 철둑 밑 ~ 다리

굴건 ~ 제복

굴곡 족저 ~, 해안 선의 ~

굴근 요 측 수근 ~, 척 측 수근 ~

굴뚝 ~ 을 청소 한다; 마음이 ~ 같다

굴렁쇠 ~ 를 굴린다

굴레 ~ 가 씌워 진다

굴린다 구루마 바퀴 굴리듯, 굴렁쇠를 ~, 단주를 ~, □을/를 ~, 통밥을 ~, 휘둥그레 ~

굴복 □에 ~ 한다

굴비 ~ 두름

굴설 비트 ~

굴심방 ~ 결절

굴절 ~ 된다

굴종 □에 ~ 한다

굴지 ~ 의 재벌; 국내 ~

굴진 ~ 갱

굴한다[굴해] 굴하지 않는다; □에 ~

굵기 이 ~로 썬다

굵는다 □에서 잔 뼈가 ~

굵다 굵게 채 썬다, 굵은 빗방울, 굵은 빗줄기, 굵은 소금, 굵은 쇠 창 살, 굵은 실선; 밤 알 굵기, 콩 알 굵기로 썬다

굵직 ~ ~ 하다

굶긴다 굶겨 죽인다; □을/를 ~

굶는다 굶든 먹든, 굶어 죽는다; 끼니를 ~, 사흘 굶은 시어미 상, 쫄쫄 ~, 한 끼씩 ~

굶주린다 추위와 굶주림, 피에 ~, 헐벗고 ~

굽 ~ 받침

굽는다 굽은 등, 굽은 어깨; □을/를 굽어 본다, 팔이 안으로 ~

굽는다[구워 구운] 굽는 화로; 고온으로 ~, 날고기와 구운 고기, 번갯불에 콩 구워 먹는다, 삼 겹 살을 ~, 숯 불에 ~

굽면 ~ 이 곡면이다, ~ 이 사면이다; 소로의 ~

굽신 ~ 한다

굽실 ~ 한다

굽어본다 발 끝만 ~

굽이굽이 ~ 산 길이다

굽힌다 굽힘 근; □을/를 ~, 팔 굽혀 펴기를 한다, 허리를 ~

굿 ~ 이나 보고 떡이나 먹는다, ~ 판 가녁; 강신무의 ~, 대동 ~, 두 거리 ~, 두레와 ~, 민족 통일 대동 장승 ~, 세습무의 ~, 용 왕 ~의 기능, 진오귀 ~, 진오기 ~, 진혼 ~

굿거리 ~ 장단

굿막 ~ 퇴장

굿중 ~ 패의 뜬쇠, ~ 패 행중, ~ 패거리

궁구 □을/를 ~ 한다

궁궐 ~ 깊숙히 갇힌다

궁극적 ~ 으로, ~ 인

궁금 --ㄹ지 자못 ~하다, 안부가 ~하다, □을/를 ~해 한다, □을/를 ~히 여긴다, □이/가 ~하다

궁뎅이 오소리 ~가 시리다

궁둥 ~ 신경; □에 ~ 빙아를 찧는다

궁리 ~ 한다; 이 ~ 저 ~

궁벽 ~ 하다

궁색 ~ 한 변명

궁성 ~ 의 정문

궁장 동 쪽 ~

궁전 의사당과 ~

궁정 ~ 식 사랑, ~ 악사

궁주 중과 ~

궁중 ~ 과 반가, ~ 무복, ~ 무용, ~ 보쌈김치, ~ 음식, ~ 전골, ~ 정재

궁지 ~ 에 몰아 넣는다, ~ 에 몰린다

궁짜 ~ 가 낀다, ~ 낀다

궁체 한글 ~

궁핍 ~ 한 생활

궁하다[궁해] 용돈이 ~

궁합 양념의 ~, 찰떡 ~

궂다 궂은 날씨, 궂은 비가 갠다, 궂은 일을 도맡아 한다; 날씨가 ~

권 공책 한 ~, 책 두 ~, 책 몇 ~

권 천 원 ~ 지폐

권고 분양가 인하 ~, 유상 증자 ~, □을/를 ~ 한다, 인권위 ~

권두언 기명 ~

권력 ~ 과 결탁 한다, ~ 분립, ~ 에 대한 견제, ~ 의 시녀; 금력과 ~, 금력이나 ~, 무소불위의 ~, 정치 ~과 재벌, 정치 ~ 또는 정부, 정치 ~ 면

권력자 최고 ~

권리 등기부 ~ 분식, 아농 ~ 협약, 헌법상 ~

권리자 ~ 명의 등기

권리증 등기 ~

권모 ~ 술수

권문 ~ 세가와 사원, ~ 세족

권선 ~ 징악

권속 부모 형제 처자 ~

권언 ~ 복합체, ~ 유착의 폐습

권위 ~ 와 압제, ~ 주의가 퇴조 한다, ~ 주의의 쇠퇴; 군부 ~ 주의

권유 □을/를 ~ 한다

권익 ~ 옹호, ~ 주창; 기득 ~ 계층, 약자의 ~, 장애우 ~ 문제 연구소

권장 섭취 ~량, □을/를 ~ 한다, 한국인 영양 ~량

권장비 대출 ~

권총 ~ 공포탄; 쌍 ~

권태 끝 없는 ~, 피로와 ~

권투 ~ 글러브, ~ 나 레슬링, ~ 선수, ~ 시합, ~ 중계

권한 ~ 및 책임, ~ 분배 모델, ~ 위양, ~ 의 형평; 원장 ~ 대행으로 임명 한다, 전지적 ~, 총재 ~ 대행

권한다[권해] 민박을 ~, □을/를 ~

궐기 ~ 대회, ~ 한다

궐석 ~ 재판

ㄱ

궤 ~를 같이 한다; 화약 ~

궤도 ~가 타원형이다, ~를 이탈 한다, ~를 휜다, ~에서 이탈 한다; 공전 ~, 극 ~ 위성, 떠돌이 별의 ~, 원 ~의 중심, 정지 ~ 위성, 타원 ~

궤멸 ~ 시킨다; □을/를 ~ 한다

궤변 ~을 늘어 놓는다

궤양 소화성 ~, 십 이 지장 ~, 악성 ~, 위 ~과 십이지장 ~, 위 ~이나 십이지장 ~, 위 ~ 치료제

궤짝 김 ~, 반닫이 ~, 사과 ~

귀 ~ㅅ 가를 맴 돈다, ~ㅅ 가에 맴 돈다, ~ㅅ 가에서 맴 돈다, ~ㅅ 속 말로 속삭인다, ~ㅅ 속을 파고 든다, ~가 멍멍하다, ~가 솔깃하다, ~ 대상 포진, ~를 기울인다, ~를 쫑그린다, ~를 판다, ~ 밑까지 빨개 진다, ~에 거슬린다, ~에 못이 박히게 듣는다, ~에 이어폰을 꽂는다; 낙타가 바늘 ~로 들어 간다, 말 ~를 알아 듣는다, 말 ~를 알아 먹는다, 소 ~에 경 읽기, 소문이나 ~ 동냥, 쇠 ~에 경 읽기, 왼 ~ 걸이, □을/를 ~ 담아 듣는다, 이어폰을 ~에 꽂는다

귀가 밤 늦게 ~ 한다, 서둘러 ~ 한다

귀감 ~이 된다

귀결 □으로/로 ~ 된다, □으로/로 ~ 한다

귀경 ~ 한다

귀고리 진주 ~ 소녀

귀공자 ~ 풍

귀국 급거 ~ 한다

귀금속 ~ 세공

귀기 ~가 서린다

귀납법 ~과 연역법

귀납적 ~ 논거, ~ 추론

귀대 ~ 한다

귀뚜라미 ~와 꼽등이; 모르몬 ~

귀뜸 ~해 준다

귀띔 ~ 한다

귀면 ~상

귀빈실 공항 ~

귀성객 추석 ~

귀소 ~ 본능

귀속 ~ 재산 불하; 위임인에게 ~ 된다

귀순 ~ 병사, ~ 한다; 월남 ~자

귀신 ~ 씨 나락 까 먹는 소리, ~에 홀린다, ~이 곡 할 노릇이다, ~ 처럼 쏘다닌다; 동자 ~, 뚱보 찐 빵 ~, 무슨 ~ 씨 나락 까 먹는 소리냐, 새앙쥐 ~, 생쥐 ~, 오메 ~

귀애 ~ 한다

귀양 ~ 간다, ~ 길에 오른다

귀엽다[귀여워 귀여운] 귀여운 재롱, 귀여움 받는다, 귀여움을 독차지 한다, 귀여움을 받는다; □을/를 귀여워 한다

귀의 불교에 ~ 한다

귀일 ~ 한다

귀족 ~ 연립 체제, ~ 합의 체제, ~ 회의체; 기성 ~, 문벌 ~ 체제, 부르주아와 ~, 세습 ~, 신진 ~ 세력, 신진 ~ 출신, 왕실과 ~, 왕족과 ~, 진골 ~, 집권적 ~

귀중 ~하다, ~히 여긴다

귀착 □에 ~ 한다, □으로/로 ~ 된다, □으로/로 ~ 한다

귀찮다 귀찮게 군다, 귀찮고 번거롭다, 귀찮은 짐; 만사가 ~, 번거롭고 ~, 에그 에그 ~

귀책 ~ 사유

귀천 상하 ~

귀청 ~ 을 찢는다

귀추 ~ 가 주목 된다

귀퉁이 ~ 로 내밀린; 가슴 한 ~, 성당 한 ~, 잠바 한 ~, 한 ~로 내 밀린다

귀항 ~ 한다

귀향 ~ 한다

귀화 □에 ~ 한다, 자생 식물과 ~ 식물

귀환 ~ 한다

귀히 ~ 여긴다

귓결 ~ 로 흘린다

귓불 ~ 을 스친다

규격 ~ 기준 주의

규명 □에 대한 진상 ~, □을/를 ~ 한다, 의문사 진상 ~ 위원회, 진상 ~ 특위

규모 ~ 의 경제; 거래 ~, 광고비 지출 ~, 국세 징수 ~, 소프트웨어 수출 ~, 주식 순매수 ~, 중대형 ~, 중소 ~ 택지, 지진 ~, 평방 피트 ~

규방 ~ 문학

규산염 ~ 광물

규산질 ~ 비료

규약 통신 ~, 편집 ~

규율 ~ 메커니즘, ~ 부원

규정 ~ 에 따라, ~ 위반; 동성 동본 금혼 ~, 외국환 관리 ~, 유가 증권 상장 ~ 개정 안, □을/를 ~ 한다, 일 차 ~자, 정부 조직 법에 ~ 되어 있다, 증권 상장 ~, 최초 ~자, 학교 생활 ~ 예시 안

규정력 현실 ~

규제 ~ 완화; 감시와 ~, 국무 조정실 ~ 개혁 조정관, 일 회 용품 사용 ~, 조세 감면 ~ 법, 중유 보일러 ~ 법

규조토 점토나 ~

규찰대 꼬마 ~

규칙 ~ 용언; 시행 ~ 개정 안, 약사 법 시행 ~, 음운 ~, 해군 교전 ~

규칙적 ~ 가로 망, ~ 으로, ~ 인

규탄 공권력 폭력 ~ 대회, □을/를 ~ 한다

규합 □을/를 ~ 한다

균 감기 ~, 매독 ~, 무좀 ~, 병 ~이 침입한다, 암 세포나 에이즈 ~, 주발효 ~, 충치 ~, 파일로리 ~, 폐 탄저 ~, 화락 ~

균등 기회 ~하다, 원리금 ~ 상환

균분 ~ 상속

균세 ~ 관념

균열 ~ 이 간다; 미세 ~

균일 ~ 하다

균일가 ~ 판매

균제 비례나 ~

균질 ~ 하다

균형 ~ 감, ~ 유지; 견제와 ~, 좌우 대칭 ~

귤 ~ 광주리; 사과와 ~

ㄱ

그 ~ 거 땜에, ~ 거야 모르지, ~ 날 따라, ~ 날을 손 꼽아 기다린다, ~ 달치, ~ 무엇과도 바꿀 수 없다, ~ 이상도~ 이하도 아니다, ~ 이상도 이하도 아니다, ~ 자리에 털썩 주저앉는다; --려는 데 ~ 목적이 있다, 이튿날도 ~ 이튿날도

그 ~ 다음 날, ~ 대로 내 버린다, ~ 대로 답습 한다, ~ 의 품에 안긴다; 액면 ~ 대로 믿는다, 액면 ~ 대로 받아 들인다, 원래 있 었던 ~ 대로

그냥 우물쭈물 ~ 일어 난다

그네 ~ 를 뛴다; 단옷날 ~

그늘 ~ 을 드리운다; 반야 나무 ~, 플라타너스 ~

그닥 ~ 기억 나지 않는다, ~ 비싸지 않다

그대 ~ 품 안

그득 ~ 하다

그들먹 ~ 한다

그라운드 ~ 를 누빈다; 홈 ~의 이점

그랑프리 ~ 수상작; 영화제 ~

그래픽 컴퓨터 ~

그래픽스 ~ 단말기; 컴퓨터 ~

그램 사 킬로 ~ 들이, 체중 1 킬로 ~, 포도당 75 ~

그러 ~ 하다

그러그러 ~ 하다

그러모은다[그러모아] □을/를 ~

그런다 그러거나 말거나; --ㄹ라구 ~, --ㄹ려구 ~, --는다니까 그러시네

그럴싸 ~ 하다

그렁 눈 물이 ~하다

그렁거린다 눈 물이 ~

그렁그렁 눈 물이 ~하다

그렇다 꼭이 그렇다고는 할 수 없다, 딴은 ~, 언제 그랬냐는 듯, 워째 그래

그렇잖다 그렇잖아도

그레이 핑크 ~

그려 --ㄹ세 ~, --니다/습니다 ~, --디다/습디다 ~, --쇼 ~, □이외다 ~, --네 ~, --소이다 ~, 아니외다 ~, 한 잔 먹세 ~

그로기 ~ 상태

그로테스크 ~ 하다

그루 나무 몇 ~, 대추 나무 한 ~, 소나무 한 ~, 자두 나무 두 ~, 한 ~의 사과 나무, 한 ~의 야자 나무

그룹 ~ 토의 식 면접; 교내 보컬 ~

그르다[글러] 글러 먹었다, 글러 먹은; 옳고 그름을 판단 한다, 옳든 그르든, 옳으냐 그르냐를 떠나서, 옳은지 그른지

그르친다 □을/를 ~

그릇 국수 한 ~, 깡통 물 ~, 밥 ~, 알미늄 ~이나 플라스틱 ~, 양은 ~, 조롱박 모이 ~, 짜장면 한 ~, 짬뽕 ~, 팥 죽 한 ~, 흙 ~이나 사기 ~

그리 ~ 한다; □보다 ~ 대단치 않다

그리 ~ 로 간다

그리고 금생 ~ 내생, 오늘 ~ 내일, 평균 값 ~ 최저 값

그리메 산 ~

그리스인 고대 ~

그리움 ~ 만 쌓이네; 고향에 대한 ~

그린 ~ 벨트 관리, ~ 벨트 내, ~ 벨트로 묶인다, ~ 벨트 전면 해제 무효화, ~ 벨트 훼손; 열여덟 번 째 ~

그린다 그려 져 있다; 약도를 ~, 엽서가 그려 진다, 완만한 곡선을 ~, □을/를 ~, 포물선을 ~

그릴 ~ 이나 오븐 토스터

그림 대형 걸개 ~, 주옥 같은 ~

그림자 ~ 가 드리운다, ~ 가 어른거린다; 알 대가리 ~

그립다[그리워 그리운] 그리운 양지, 그립을 참는다; 사무치게 ~, 외롭과 그립, □을/를 그리워 한다, □이/가 ~

그만 ~ 두고서라도; 동작 ~

그만 ~ ~ 하다

그맘 ~ 때

그물 ~ 에 걸려 든다; 물 고기 잡이 ~ 상자, 왜곡의 ~

그믐 ~ 께; 섣달 ~ 날, 섣달 ~ 밤, 유월 ~

그믐께 섣달 ~, 유월 ~

그믐달 ~ 동인

그슬린다 불에 ~

그윽 ~ 하다

그은다[그을고 그을어] 그을음을 입힌다; 볕에 ~

그을린다 검게 ~, 시커멓게 ~, 햇볕에 ~

그저 □을/를 ~ 거닌다

그제 어제와 ~

그지 --기 ~ 없다

그지없다 안타깝기 ~

그친다 미증에 ~, 울음을 ~, 최소한에 ~, 형식에 ~

극 ~ 예술 연구회, ~ 중~ 형식, ~ 중 비중이 높다, ~ 중 이름, ~ 중 인물; 인질 ~을 벌인다, 일 일 연속 ~, 주 말 연속 ~, 창사 특집 ~

극 ~ 과~ , ~ 궤도 위성, ~ 에 달한다; 남 ~ 대륙, 남 ~ 탐험, 북 자기 ~과 남 자기 ~

극구 ~ 만류 한다, ~ 사양 한다

극기 ~ 훈련

극기심 □에 대한 ~

극대화 □을/를 ~ 한다, 이윤의 ~, 효용을 ~ 한다

극도 ~ 로 경계 한다, ~ 로 고양 된, ~ 로 긴장 된다, ~ 로 꺼린다, ~ 로 나쁘다, ~ 로 불안하다, ~ 로 쇠약하다, ~ 로 악화 된다, ~ 로 위축 한다, ~ 로 증오 한다, ~ 로 흥분 한다, ~ 에 달한다

극락 ~ 왕생, ~ 정토

극력 □에 ~ 반대 한다

극렬 ~ 하다

극명 ~ 하게

극복 분단 ~ 사론, 분단 ~ 역사학, 악조건을 ~ 한다, □을/를 ~ 한다

극서파 ~ 복합체; 다발성 ~, 삼 헤르츠 ~

극소수 ~ 의 예외

극심 ~ 한 통증

극악 ~ 무도하다, ~ 하다

극약 ~ 처방

극우 ~ 강경 파, ~ 나찌즘, ~ 민족 주의자, ~ 반공, ~ 보수 세력, ~ 정객, ~ 파와 보수 파; 극좌와 ~

극장 ~ 표를 위조 한다; 경보 ~, 국립 ~, 삼류 ~, 쌍 칼 심야 ~, 오페라 ~, 원형 ~, 톱 스타 인생 ~

극좌 ~ 와 극우

극진 ~ 하다, ~ 히 간호 한다, ~ 히 대접 한다, ~ 히 예우 한다

극찬 □을/를 ~ 한다

극치 ~ 의 경지; 성적 ~감

극파 ~ 및 예파

극한 ~ 상황

극형 ~ 에 처한다

극화 ~ 된 보도

극히 ~ 어렵다, ~ 예외적인; --는 경우는 ~ 드물다

근 간이 두 ~ 반 서 ~ 반 한다, 오매육 한 ~

근 원위부 ~ 쇠약

근 ~ 간대, ~ 간대성, ~ 경련, ~ 골격계, ~ 긴장성 이영양증, ~ 방추체, ~ 수축, ~ 위축, ~ 위축성 측색 경화증, ~ 이영양증, ~ 이완제, ~ 현대사 검정 교과서; 간대성 ~, 경골 ~, 경돌 인두 ~, 곧은 ~, 골 간 ~, 굽힘 ~, 길항 ~, 넙다리 네모 ~, 등자 ~, 방광 배뇨 ~, 볼기 ~, 비골 ~, 상완 요골 ~, 손 목 폄 ~, 손가락 폄 ~, 신경 ~ 신경절 신경원, 신경 ~ 접합부, 안면 ~ 쇠약, 안면 ~ 연축, 엄지 외전 ~, 연소성 ~, 위 팔 두 갈래 ~, 일 차성 ~ 긴장 이상증, 전경 골 ~, 주동 ~, 중증 ~ 무력증, 항문 괄약 ~의 긴장도, 협골 ~, 홍채 괄약 ~, 흉유돌 ~

근·현대사 우리 ~

근거 ~ 없는 소문; □에 ~ 한다

근거리 ~ 통신 망

근검 ~ 절약과 검소 청빈

근교 ~ 에 자리 잡는다

근대 ~ 로의 이행기; 전근대와 ~

근래 요 ~

근로 ~ 기준 법, ~ 복지 공단, ~ 소득세, ~ 시간 단축에 따른 임금 감액, ~ 의욕, ~ 자 우대 신탁, ~ 자 우대 저축, ~ 정신대, ~ 조건; 무산 대중 ~ 대중, 부랑 ~자, 사내 ~ 복지, 임시 직과 일용 직 ~자, 진폐 ~자

근로자 파견 ~

근린 ~ 분구, ~ 주거 단위 상업 시설, ~ 주구

근막통 ~ 증후군

근면 ~ 과 절약; 성실하고 ~하다

근무 ~ 의욕 고취, ~ 중 이상무, ~ 태만; 법무관으로 ~ 한다, 보초 ~, 비상 ~ 령, □에 ~ 한다, 유치장 ~자, 재택 ~, 초과 ~ 수당

근무대 ~ 출납관

근무지 ~ 이탈

근보증 한정 ~

근보증서 한정 ~

근본적 □을/를 ~으로 개혁 한다

근사 □과/와 ~하다

근사 ~ 하다

근성 ~ 이 있다; 사대 ~, 속물 ~

근소 ~ 한 차이, ~ 한 표 차로 부결 된다

근속 ~ 연 수; 장기 ~자, 현재 ~ 년 수

근신 ~ 한다

근엄 ~ 하다

근위 ~ 학교

근위부 ~ 골절

근육 ~ 및 관절, ~ 병증; 관절과 ~, 눈 ~ 마비, 안면 ~, 원위부 ~, 장딴지 ~

근육통 어깨의 ~

근저당 ~ 설정

근전도 ~ 검사

근절 병역 비리 ~, 부패 ~ 대책위, 비리 ~ 운동 본부 발대 식, □을/를 ~ 한다, 정치 부패 ~

근접 □에 ~ 한다

근정 ~ 훈장

근질근질 ~ 하다

근처 조회대 ~

근친 ~ 상간

근해 ~ 어업

근현대사 한국 ~ 교과서

글 ~ 솜씨, ~ 짓기 지도회, ~ 틀과 자료; 도내 ~ 짓기 대회, 윗~, 이 따위 ~ 나부랭이, 주옥 같은 ~, 창조적 ~ 쓰기, 통합 ~ 꼴, 학술 논저 ~ 쓰기, 한글 ~ 꼴

글귀 ~ 가 새겨 진다

글라이더 모형 ~

글러브 권투 ~

글로벌 ~ 개발 가버넌스, ~ 경제 가버넌스, ~ 공공 재화, ~ 무역 가버넌스, ~ 불평등, ~ 스탠더드

글로부린 면역 ~

글루온 쿼크와 ~

글리세린 ~ 좌약

글썽 눈 물이 ~ ~ 한다, 눈 물이 ~ 한다

글썽 ~ ~ 하다

글썽거린다 눈 물을 ~, 눈 물이 ~

글썽인다 눈 물까지 ~, 눈 물을 ~, □을/를 ~

글씨 고딕 체 ~, 깨 알 같은 ~로, 꼬부랑 ~, 주홍 ~, 편액 ~, 한글 붓 ~ 교본

글자 네 모 꼴 ~, 주홍 ~

긁는다 긁어 부스럼이다; 뒷머리를 ~, 득득 ~, 맛 있게 긁어 먹는다, 머리를 슥슥 ~, 박박 ~, 벅적벅적 ~, 손톱으로 ~, □을/를 긁어 낸다, □을/를 긁어 모은다, □을/를 벅벅 ~, □을/를 슥슥 ~

긁적거린다 뒷머리를 ~, □을/를 ~

긁적인다 머리를 ~, □을/를 ~

긁힌다 긁힌 자국

금 도매 ~으로

금 손 ~을 본다

금 ~ 과 은, ~ 동 불상, ~ 반지~ 목 걸이, ~ 배 전국 고교 축구 대회, ~ 본위 제, ~ 불상, ~ 붕어와 수초, ~ 빛으로 빛 난다, ~ 빛 찬란하다, ~ 상을 받는다, ~ 시계 줄, ~ 싸라기 참외, ~ 탑 산업 훈장, ~ 테 안경; 값이 똥 ~이다, 대통령 ~ 배 고교 축구 대회, 뼈에 ~이 간다, 올림픽 ~ 메달리스트, 잣대의 눈 ~

금감위 재경부와 ~

금계 ~ 포란, ~ 포란형

금고 대여 ~, 상호 신용 ~, 일 년 이상의 징역이나 ~

금고 ~ 형이 구형 된다; 징역 또는 ~, 징역이나 ~, 징역 형 또는 ~ 형

금관 ~ 악기

금권 ~ 선거

금기 수유부의 ~ 음식

금기시 □을/를 ~ 한다

금녀 ~ 구역

금년 ~ 상반기

금단 ~ 의 열매

금당 ~ 과 탑; 삼 ~ 일 탑 식 가람, 삼 ~ 일 탑 식 배치, 일 ~ 쌍 탑 식 가람 배치, 일 ~ 일 탑 식 가람 배치, 일 탑 삼 ~ 식 가람 배치, 일 탑 일 ~ 식 가람 배치, 탑과 ~

금력 ~ 과 권력, ~ 이나 권력

금리 ~ 인상 조치, ~ 인하; 시중 실세 ~, 우대 ~, 장단기 ~, 콜 ~, 통화 ~ 스왑

금리부 변동 ~ 외화 채권, 변동 ~ 채권, 시장 ~ 수시 입출 식 예금

금메달 올림픽에서 ~을 딴다

금물 욕심은 ~이다

금박 ~ 이나 수; □에 ~을 한다

금발 ~ 의 미녀

금방 □을/를 ~ 알아 챈다

금산 ~ 댁

금생 ~ 그리고 내생

금서 ~ 베스트 셀러

금성 ~ 과 수성

금세기 ~ 초, ~ 초엽

금속 ~ 공예, ~ 광물, ~ 탐지기, ~ 활자; 비철 ~, 알칼리 ~, 조립 ~ 제품

금속편 은박 ~

금수 ~ 조치

금수강산 삼천 리 ~

금슬 부부 ~

금시 ~ 초면, ~ 초문이다

금식 ~ 기도

금압 □을/를 ~ 한다

금연 ~ 열풍, ~ 조례

금융 ~ 감독 원, ~ 거래 명세서, ~ 결제망, ~ 결제원, ~ 기관 수납장 장표, ~ 실명 제, ~ 이용자; IMF에 구제 ~을 신청 한다, 관치 ~, 기관 및 할부 ~ 사 차입, 선진 ~ 기법, 연불 ~, 주택 ~ 신용 보증서, 최신 ~ 기법, 파생 ~ 상품

금융업 여신 전문 ~ 법

금은 ~ 보석, ~ 보화

금의환향 ~ 한다

금전 ~ 의 수수, ~ 출납부; 가계 ~ 신탁, 기업 ~ 신탁 수탁고, 특정 ~ 신탁

금지 ~ 된다, ~ 명령; 대인 지뢰 ~, 독점 ~ 법 위반, 비행 ~ 구역, 수입 ~ 조처, 실험 ~ 조약, 여성 출입 ~, 예비적 ~, 외인 출입 ~ 구역, □을/를 ~ 한다, □을/를 출국 ~ 조처 한다, □을/를 출국 ~ 한다, 임의 조제 ~, 입욕 ~, 주차 ~ 구역, 출국 ~자, 출국 ~ 조처, 출국 ~

조치, 취사 ~, 통행 ~ 시간, 핵 실험 ~, 핵 확산 ~ 조약 탈퇴

금쪽 ~ 같은 1 승, ~ 같은 승리, ~ 같은 시간, ~ 같은 아들, ~ 같은 자식

금치 ~ 또는 감식

금칙 마을의 ~

금품 ~ 갈취, ~ 과 향응, ~ 살포, ~ 수수, ~ 이나 향응 또는 뇌물; 기부 ~ 모집, 억대 ~ 수수 혐의

금한다[금해] 감탄을 금하지 못한다, 개탄을 금하지 못한다, 경악을 금할 수 없다, 경악을 금하지 못한다, 놀라움을 ~, 살생을 ~, 실소를 금할 수 없다, 실소를 금하지 못한다, □을/를 ~

금혼 동성 동본 ~ 규정, 동성 동본 ~ 조항

급 거물 ~ 필진, 검사장 ~, 기가 ~ 통신 장비, 대어 ~ 연기자, 대학 부 장사 ~, 만 킬로 리터 ~, 만 킬로 와트 ~, 메가톤 ~, 삼 차 고위 ~ 회담, 세계 정상 ~, 시니어 ~ 전문의, 역대 ~ 미모, 역대 ~ 오심, 역대 ~ 흥행, 영관 ~ 장교, 외무성 국장 ~ 회담, 위관 ~ 장교, 일 ~ 살인, 장 ~ 여관, 장군 ~ 장교, 장사 ~ 결승, 장성 ~ 인사, 장성 ~ 장교, 장성 ~ 회담, 정상 ~ 성악가, 주연 ~ 조연, 지도 ~ 인사, 차관 ~ 인사, 천 톤 ~, 최고위 ~ 접촉, 펜티엄 ~ 컴퓨터, 프로 축구 갑 ~, 프리미엄 ~ 발효유, 헤비 ~과 플라이 ~

급감 ~ 한다

급강하 기온이 ~ 한다

급거 ~ 귀국 한다

급격 ~ 한 유가 상승

급급 --기에만 ~하다, □에 ~하다

급냉 ~ 한다

급등 원화 환율 ~, 주가가 ~ 한다, 주가 ~

급등기 주가 ~

급락 달러 환율 ~세, 주가 ~, 환율이 ~ 한다

급료 임금과 ~

급류 ~ 에 휩쓸린다

급무 최대 ~

급물살 ~ 을 탄다

급박 ~ 하다

급변 ~ 한다

급부 반대 ~

급부상 □으로/로 ~ 한다

급살 ~ 맞는다, ~ 옘병이나 맞는다

급상승 ~ 한다

급선무 --는 것이 ~이다

급선회 ~ 한다

급성 ~ 간염, ~ 맹장염, ~ 수두증, ~ 알코올 중독, ~ 위장염, ~ 출혈성 결막염, ~ 췌장염, ~ 호흡 곤란증, ~ 혹은 아급; 중증 ~ 호흡기 증후군

급성장 ~ 한다

급소 ~를 찔린다

급속 ~ 하다

급속도 ~ 로 가까와 진다, ~ 로 확산 된다, ~ 로 확산 한다

급수 등차 ~, 진폐 ~

급수 ~ 조례

급습 □을/를 ~ 한다

급식 ~ 건빵; 무료 ~

급식소 무료 ~

급신장 ~ 한다

급여 ~ 이체 서비스; 성과에 따른 ~, 요양 ~ 기관, 요양 ~ 비용, 요양 ~ 일수 산정, 월 ~

급여금 입원 ~

급원 단백질 ~

급정거 ~ 한다

급제 무과에 ~ 한다, 문과에 ~ 한다, 승과에 ~ 한다, 장원 ~

급제동 □에 ~ 한다

급조 ~ 된다; □을/를 ~ 한다

급증 ~ 한다

급진 ~ 변혁 세력, ~ 분파

급진전 ~ 된다

급파 ~ 된다; □에 ~ 한다, □을/를 ~ 한다

급팽창 ~ 한다

급하다[급해] 급한 볼 일, 급한 용무; 경사가 ~

급행 ~ 열차

긋는다[그어 그은] 밑 줄을 ~, 밑 줄 쫙 ~, 빗금을 ~, 성냥 불을 ~, 성냥을 ~, 성호를 ~, 세로로 ~, □을/를 ~, 죽죽 ~, 획을 ~

긍정적 ~ 으로, ~ 인

긍지 ~ 와 자부심; 자부심과 ~

긍휼 ~ 히 여긴다

기 3 대 혁명 붉은 ~ 쟁취 운동, 경찰 청장 ~ 전국 대회, 삼 색 ~가 찬연하다, 삼 색 ~가 펄럭인다, 응원단의 인공 ~, 인공 ~ 게양, 인공 ~를 게양 한다, 인공 ~ 사용, 태극 ~가 휘날린다, 태극 ~ 와 성조기

기 공채 ~ 수 제도, 민선 3 ~

기 기름 ~를 뺀다, 기름 ~ 있는 음식, 노망 ~가 있다, 백 ~를 든다, 장난 ~, 태열 ~가 있다, 핏~가 가신다, 핏~가 싹 가신다, 핏~ 없다, 화냥 ~, 화장 ~ 없다

기 보잉 747 ~

기 쥬라 ~ 공원

기 ~ 가 세다, ~ 가 약하다, ~ 가 찰 노릇이다, ~ 막힌다, ~ 맥힐 일; □을/를 ~ 죽인다

기가 ~ 급 통신 장비

기각 공소 ~ 판결, 공소를 ~ 한다, 상고를 ~ 한다, 영장을 ~ 한다, □을/를 ~ 한다, 청구를 ~ 한다, 항소를 ~ 한다

기간 검수 ~, 공소 시효 ~, 국가 ~ 산업, 당좌 대월 거래 ~, 면허증 갱신 ~, 무상 보증 수리 ~, 상당 ~ 지속, 상소 제기 ~, 승공 사상 앙양 ~, 오 개년 계획 ~, 육추 ~, 의약 분업 계도 ~, 자격증 유효 ~ 제, 체류 ~, 회임 ~

기강 ~ 을 바로 잡는다, ~ 해이, ~ 확립; 공직 ~ 비서관

기거 □에 ~ 한다

기겁 ~ 을 한다

기계 ~ 공고 서무 과장, ~ 및 장비, ~ 식 계산기, ~ 식 타자기; 구형 ~ 식 엔진,

자동화 ~, 핀볼 게임 ~, 활판 ~, 회계용 ~

기고 □에 ~ 한다, □을/를 ~ 한다

기고가 자유 ~

기고민장 ~ 하다

기골 ~ 이 장대하다

기공 ~ 식 법회; 야구장 ~ 식 참가

기관 가솔린 ~, 내연 ~, 디젤 ~ 차, 증기 ~ 차

기관 ~ 단총; 이석 ~

기관 ~ 및 할부 금융 사 차입, ~ 부실 채권 누증, ~ 순매수, ~ 의 도덕적 해이, ~ 장 회식, ~ 투자가; 경영 ~ 선정, 교원 양성 ~, 국정 감사 피감 ~, 금융 ~ 수납장 장표, 말초성 ~, 보좌 진과 사정 ~, 사정 ~ 책임자, 신용 공여 ~, 요양 급여 ~, 위탁 경영 ~, 유관 ~, 정보 ~, 정부 투자 ~장, 최고 의사 결정 ~

기관지 ~ 천식, ~ 폐렴, ~ 확장제, ~ 확장증

기관지염 만성 ~

기관차 ~ 처럼 앞 세운다

기괴 ~ 하다

기교 수사와 ~

기구 국제 ~와 국제 법, 국제 원자력 ~, 보선 특별 ~, 석유 수출국 ~, 식량 농업 ~, 준정부적 ~, 직속 자문 ~

기구 ~ 하다

기권 □에서 ~ 한다

기금 ~ 으로 적립 된다, ~ 으로 적립 한다; 국민 투자 ~ 법, 대외 협력 ~, 문예 진흥 ~, 석유 사업 ~, 신용 관리 ~, 연금 ~, 외국환 평형 ~ 채권, 증시 안정 ~, 채권 정리 ~, 학교 발전 ~

기기 음향 ~, 자동 복제 ~, 자동화 ~, 전기 전자 ~, 정밀 ~, 정보 ~업, 첨단 ~를 활용 한다

기기묘묘 ~ 하다

기꺼이 □에 ~ 응한다

기껏 ~ 오백만

기내식 승무원과 ~

기념 ~ 비적 작품, ~ 사진 촬영장, ~ 주화, ~ 표석; 개교 ~ 행사, 결혼 ~ 일 축하 이메일, 도산 안창호 선생 ~ 사업회, 돌 ~ 메달, 돌 ~ 식, 백범 김구 선생 ~ 사업회, 부활절 ~ 미사, 시집 출판 ~회, 십 주년 ~ 리셉션, 십 주년 ~ 사업, 십 주년 ~ 식, 십 주년 ~ 일, 십 주년 ~ 행사, □을/를 ~ 한다, 이십 주년 ~ 공연, 전승 ~ 탑, 참전 ~ 탑, 창군 ~ 일, 창립 ~ 식, 친선 ~ 탑

기념관 독립 ~ 전시관

기념물 천연 ~로 지정 한다

기념작 십 주년 ~

기념전 개관 ~, 십 주년 ~

기뇌 ~ 조영술

기능 갑상선 ~ 저하증, 갑상선 ~ 항진증, 국제항 ~, 대뇌 반구 ~, 되먹임 ~, 면역 ~ 장애, 미백 ~, 베드 타운 ~, 심폐 ~, 양치 질 ~, 언론의 여론 형성 ~, 용 왕 굿의 ~, 음이온 방출 ~, 중요 무형 문화재 ~ 보유자, 최종 대부자 ~, 환정적 ~

기능사 ~ 자격 시험; 건축 배관 ~, 용접 ~

기능성 미백 ~ 인증 화장품

기능적 ~ 으로, ~ 인; 체계의 ~ 결합

기능직 ~ 공무원

기다랗다 기다란 고무

기다린다 그 날을 손 꼽아 ~, 기약 없이 ~, □을/를 ~, □을/를 손 꼽아 ~, □을/를 초조하게 ~, 하회를 ~

기단 ~ 상면, ~ 위; 가구 식 ~, 막돌 허튼 층 쌓기 ~, 막돌 허튼 층 쌓기의 ~, 장대석 ~, 한벌대 ~, 한벌대의 ~, 허튼 층 쌓기 ~, 허튼 층 쌓기의 ~

기대 ~ 에 못미친다, ~ 에 찬 물을 끼얹는다, ~ 여명; --는다는/ㄴ다는/다는/라는 실낱 같은 ~, □에 ~를 건다, --으리라는/리라는 막연한 ~, --으리라던 ~, □을/를 ~ 한다, 인플레 ~ 심리, 일말의 ~

기대감 ~ 에 부푼다

기대치 ~ 이하

기댄다 기댈 언덕; 벽에 등을 ~, 비스듬히 기대어 앉는다, 어깨에 머리를 ~, □에 기대어 선다, □에 기대어 앉는다

기도 금식 ~, 묵주 ~, 백 일 ~, 안수 ~, 참회 ~, 철야 ~, 통성 ~, 하느님께 ~ 한다, 합심 ~

기도 □을/를 ~ 한다

기도 ~ 가 막힌다, ~ 폐쇄

기독 ~ 여성 상담소

기독교 ~ 로 개종 한다, ~ 신학, ~ 와 천주교, ~ 장로회, ~ 청년회; 독실한 ~ 신자

기독교학 ~ 과

기동 ~ 수사대, ~ 타격대; 차단 ~

기둥 ~ 서방; 네 모 ~을 세운다, 동자 ~을 세운다, 두리 ~을 세운다, 솟대 ~, 집 ~ 뿌리

기득 ~ 권익 계층

기득권 ~ 구조, ~ 세력, ~ 에 안주 한다, ~ 을 갖는다, ~ 을 내려 놓는다, ~ 을 버린다, ~ 층

기라성 ~ 같은 대가, ~ 같은 인물들

기로 ~ 에 선다; 생사의 ~

기록 ~ 과 증거물, ~ 의 송부, ~ 조회; 공무원 인사 ~, 독서 ~ 표, 문헌 상 ~, 병적 ~ 표, 사상 최고치를 ~ 한다, 상한가를 ~ 한다, 선발 타자 전원 탈삼진 ~, 송금 ~, 용돈 기입장 ~, □을/를 ~ 한다, 정부 ~ 보존소, 천만 달러의 흑자를 ~ 한다, 해트트릭을 ~ 한다

기록부 병적 ~, 조제 ~, 진료 ~, 학교 생활 ~

기롱 □을/를 ~ 한다

기뢰 ~ 제거

기류 제트 ~

기른다[길러] 가둬 ~, □을/를 ~, 콩 나물 ~, 화초를 ~

기름 ~ 기를 뺀다, ~ 기 있는 음식, ~ 때 묻는다, ~ 때에 전다, ~ 떨켜, ~ 에 갠다, ~ 에 지진다, ~ 에 튀긴다, ~ 진 평야, ~ 칠 한다, ~ 한 방울; 꿀과 참 ~, 끓는 ~, 번철에 ~을 두른다, 보리 엿 ~, 상어 ~ 병, 식물성 ~, 엘리베이터와 ~ 보일러, 엿 ~ 가루, 참 ~과 깨 소금, 청자 상감 모란 꽃 무늬 ~ 병, 코 ~ 바른다, 프라이팬에 ~을 두른다

기름 ~ 하다

기린다 공적을 ~, □을/를 ~

기마 ~ 동작, ~ 민족, ~ 자세

기말 ~ 고사 시험, ~ 고사 제도, ~ 시험; 경영학 ~ 고사 시험 문제

기망 □을/를 ~ 한다

기맥 비장 ~

기면증 과도 주간 ~

기명 ~ 권두언, ~ 날인 또는 서명, ~ 채권

기묘 ~ 하다

기무 국군 ~ 사령부, 참모 총장과 ~ 사령관

기물 ~ 파손

기미 --을/ㄹ ~조차 보인다

기미 ~ 와 주근깨

기민 ~ 하다

기밀 ~ 을 누설 한다; 국가 ~ 누설, 국방성 ~ 문서, 군사 ~, 수사 ~ 누설

기박 팔자 ~하다

기반 ~ 구축기; 농업 ~ 공사, 성장 ~ 확충, 존립 ~, 주요 세력 ~

기발 ~ 하다

기방 ~ 출입

기법 선진 금융 ~, 음렬 ~, 중점 주의 ~, 최신 금융 ~, 판축 ~

기본 ~ 에 충실하다, ~ 재산과 교지, ~ 합의서; 거래 ~ 약관, 공공 자금 관리 ~ 법, 국세 ~ 법, 민방위 ~ 법

기본기 ~ 가 탄탄하다

기본적 ~ 으로, ~ 인

기부 ~ 금품 모집, ~ 재산 처리 위원회, ~ 접대비, ~ 채납 한다; □에 ~ 한다, □을/를 ~ 한다

기부금 ~ 소득 공제, ~ 으로 충당 한다; 회비와 ~

기분 ~ 이 처진다; --는 ~

기브스 ~ 한다

기뻐한다[기뻐해] 진심으로 ~

기쁘다[기뻐] 기쁜 소식, 기뻐 날뛴다, 기뻐 하고 슬프어 한다; 얼싸안고 기뻐 한다, □을/를 기뻐 한다, □이/가 ~, 큰 기쁨을 선사 한다

기쁨 ~ 이나 슬픔

기사 영선계 ~

기사 프로 바둑 ~로 입단 한다

기사 ~ ㅅ 거리가 된다, ~ 송고, ~ 한 토막; 2 단 짜리 ~, 르포 ~, 사회 면 머리 ~, 일 면 머릿~, 일 면 톱 ~, 택배 ~

기상 ~ 관측자, ~ 관측소, ~ 나팔 소리, ~ 악조건, ~ 예보, ~ 이변, ~ 캐스터

기상 ~ 천외

기상대 ~ 관측 이래

기상천외 ~ 하다

기상청 ~ 예보

기상학 천문 ~

기색 놀란 ~, 뉘우치는 ~, 언짢은 ~, --은/ㄴ ~이 역력하다, --은/ㄴ ~이 완연하다

기생 ~ 방 출입; 천한 ~

기생 ~ 화산

기생충 ~ 구제 협회

기서 십 대 ~

기선 ~ 을 제압 한다, ~ 저인망, ~ 제압

기성 ~ 귀족, ~ 세대, ~ 신사복

기세 ~ 가 꺾인다, ~ 가 등등하다, ~ 등등하다, ~ 에 눌린다; 맹렬한 ~로

기소 ~ 유예 처분, ~ 중지 결정, ~ 중지된다, ~ 중지자, ~ 처분; 불구속 ~, 약식 ~ 한다, □으로/로 불구속 ~ 된다, □으로/로 불구속 ~ 한다, --은/ㄴ 혐의로 구속 ~ 된다, □을/를 불구속 ~ 한다

기숙 □에 ~ 한다

기술 ~ 거래사, ~ 시험원, ~ 신용 보증 제도, ~ 우대 보증, ~ 지원대, ~ 직 및 관리 직, ~ 집약형 중소 기업, ~ 창업 보육, ~ 평가서; 가상 현실 ~, 고도 ~ 수반 사업, 고문헌에 ~ 되어 있다, □과/와 ~ 제휴를 한다, 과학 ~ 부, 국가 ~ 혁신, 램 양산 ~, 리튬 폴리머 배터리 생산 ~, 상온 각인 ~, 수산 발효 ~, 에너지 절약 ~, 유전자 조작 ~, 음성 인식 ~, 이야기체로 ~ 한다, 정보 통신 ~, 첨단 ~ 기업, 첨단 ~ 제품, 촉매 고정화 ~, 최첨단 ~, 축산 ~ 연구소, 핵심 ~, 협회 ~ 위원, 형질 전환 ~

기술공 관련 ~

기술사 과학 ~

기술원 원자력 안전 ~

기술자 과학자와 ~, 센서 계측 ~, 오바로꾸 ~

기술적 ~ 으로, ~ 인

기습 ~ 공격, ~ 남침

기승 늦더위가 ~을 부린다, 무더위가 ~을 부린다

기식 □에 ~ 한다

기아 ~ 나 갈증, ~ 선 상에 있다, ~ 선 상에서 고통 받는다, ~ 선 상에서 허덕인다, ~ 선 상에서 헤맨다, ~ 선 상을 헤맨다, ~ 에 허덕인다, ~ 와 빈곤

기악 ~ 합주 곡; 성악과 ~

기안 □을/를 ~ 한다

기암 ~ 괴석, ~ 절벽 위

기압법 지속성 양성 ~

기약 ~ 없이 기다린다; 다음을 ~ 한다, □을/를 ~ 한다, 후일을 ~ 한다

기어 삼 단 ~

기억 ~ 속에 오래 남는다; 그닥 ~ 나지 않는다, 보조 ~ 장치, 아리는 ~, □을/를 ~ 한다

기억력 ~ 장애

기업 ~ 관계 망, ~ 금전 신탁 수탁고, ~ 이미지 실추, ~ 이윤의 사회 환원, ~ 인사 담당자, ~ 지배 구조, ~ 최고 경영자, ~ 축산가; 공 사 혼합 ~, 공개 예정 ~, 국영 ~, 기술 집약형 중소 ~, 다국적 ~, 닷컴 ~, 문어 발 식 ~ 확장, 미공개 ~, 벤처 ~, 부실 ~ 퇴출, 사영 ~, 중견 ~, 중소 ~의 애로, 중소 ~ 진흥 공단, 중소 ~ 창업 지원, 중소 ~ 협동 조합 중앙회, 지방 중소 ~ 청장, 첨단 기술 ~, 초국적 ~, 초일류 ~, 최우수 ~, 코스닥 등록 ~

기업군 계열 ~

기업인 중견 ~, 중소 ~ 성공학, 중소 ~ 초청 간담회

기업주 ~ 일부 부담; 사영 ~, 악덕 ~

기업체 ~ 정보 분석실; 중소 ~ 사장

기여 ~ 자 역할; □에 ~ 한다

기역 ~ 자; 낫 놓고 ~ 자도 모른다

기연가미연가 ~ 하다

기염 --는 ~을 토한다

기온 ~ 과 습도, ~ 을 되찾는다, ~ 이 급강하 한다; 낮 최고 ~, 아침 최저 ~, 연 평균 ~, 월 평균 ~

기와 ~ 지붕 처마; 고래 등 같은 ~ 집, 녹유를 바른 ~, 단층 팔작 ~ 집, 조선식 ~ 집, 팔작 ~ 지붕, 홑처마 맞배 ~ 집, 홑처마 팔작 ~ 집

기왓장 깨진 ~

기왕 ~ 내친 김에

기왕 ~ 의

기용 ~ 된다; □을/를 ~ 한다

기우뚱 ~ 기울어 진다, ~ 한다

기우제 ~를 지낸다

기운 온 몸에서 ~이 빠진다

기운다[기울고 기울어] 기울던 햇살; 가세가 ~, 기우뚱 기울어 진다, □으로/로 기울어 진다

기울인다 관심을 ~, 귀를 ~, 소줏잔을 ~, 어깨를 ~, □에 심혈을 ~, □에 총력을 ~, 온 힘을 ~, 통을 ~

기웃 ~ ~ 한다; 이리 ~ 저리 ~

기웃거린다 □을/를 ~, 이 곳 저 곳을 ~, 이 집 저 집 ~

기웃이 ~ 들여다 본다

기원 ~ 전 10000 년, ~ 전 2 세기, ~ 전 5 세기, ~ 전 5000 년, ~ 후 475 년; □을/를 ~ 한다, 풍어를 ~ 한다

기이 ~ 하다

기인 --는/은/ㄴ 데 주로 ~ 한다, □에 ~ 한다, □에서 ~ 한다

기일 공판 ~ 전 증인 신문, 공판 ~ 통지서

기입 □을/를 ~ 한다, 차변에 ~ 한다

기입장 용돈 ~ 기록

기자 ~ 간담회, ~ 와 취재원이 유착 한다, ~ 협회보, ~ 회견장; 객원 ~, 공동 ~ 회견, 국제 부 ~, 내외신 ~, 연예 담당 ~, 연예계 ~, 외신 ~ 회견, 정치 부 ~, 종군 ~, 주간 부 ~, 중앙청 출입 ~, 첫 ~ 회견, 출입 ~단, 편집 ~ 간, 합동 ~ 회견

기자재 ~ 구입비; 시청각 ~, 실험 실습 ~

기재 ~ 대를 이용 한다; 공소장에 ~ 된다, 공소장에 ~ 한다, 양도 담보 사실 ~ 의무, □을/를 ~ 한다, 입찰 표 ~대, 장부에 ~ 한다, 조서에 ~ 한다, 학력 허위 ~ 논란, 학력 허위 ~ 의혹, 허위로 ~ 한다

기저 ~ 부 골절, ~ 부하, ~ 핵 병변; 두개골 ~ 부

기저귀 ~ 가 젖는다, ~ 를 갈아 준다

기전 생리적 ~

기전력 유도 ~

기절 ~ 초풍 한다, ~ 한다

기점 □을/를 ~으로

기정 ~ 사실, ~ 사실화; □을/를 ~ 사실화 한다

기제 방어 ~

ㄱ

기조 ~ 강연, ~ 연설; 긴축 ~, 흑자 ~

기종 ~ 변경; 전투기의 ~, 차세대 전투기 ~, 호환 ~

기준 국세청 ~ 시가, 규격 ~ 주의, 근로 ~ 법, 말잔 ~, 배출 허용 ~, 시설 ~ 령, 아파트 ~ 시가, 연율 ~, 외환 수급 ~, 음용수 수질 ~, 입학 적격자 선발 ~, 통관 ~, 평잔 ~, 회계 처리 ~

기준치 허용 ~

기증 신장 ~자, □에 ~ 한다, □을/를 ~ 한다, 장기 ~ 운동

기지 ~ 촌 매매춘; 공군 ~, 레이더 ~, 미 공군 ~, 미군 ~, 병참 ~, 실용적 ~, 원양 어업 ~, 자유 세계의 전초 ~, 전진 ~

기지개 ~ 를 켠다; 꿈틀 꿈틀 ~ 켠다

기지국 무선 ~

기진 ~ 맥진 한다, ~ 한다

기질 대륙적 ~, 대쪽 같은 ~, 말괄량이 ~, 반골 ~, 보헤미안 ~

기차 ~ ㅅ 길 굴 다리, ~ 에 몸을 싣는다; 남행의 ~, 모슬 행 ~, 산악용 ~, 시꺼먼 ~, 왕복 ~ 표, 추석 ~ 표

기착지 여행의 첫 ~, 중간 ~

기채 ~ 승인

기척 --는 ~

기체 ~ 결함

기체 ~ 의 분자; 비활성 ~

기초 ~ 공제액, ~ 생활 보장 법, ~ 생활 보장 수급자, ~ 소재 업종, ~ 행정 단위; 세 가지 ~ 식품군, 지역 ~ 단체장

기총 ~ 소사

기축 ~ 통화

기출 ~ 문제

기층 ~ 농민 층

기치 ~ 를 내건다, ~ 를 높이 든다; □을/를 ~로 내건다

기침 ~ 이나 재채기; 잔 ~을 한다, 잦은 ~, 콩콩 밭은 ~, 쿨럭 쿨럭 ~ 한다, 쿨룩 쿨룩 ~ 한다, 큰 ~을 한다

기타 ~ 를 킨다, ~ 와 콘트라베이스; 고전 ~ 부, 통 ~ 가수

기탁 성금 ~자, □에 ~ 한다, □을/를 ~ 한다

기탁금 후보 ~

기탄 ~ 없이 말씀 한다

기통 4 ~ 엔진, 6 ~ 엔진

기특 □을/를 ~해 한다, □이/가 ~하다

기판 ~ 위; 다층 ~

기폭 ~ 장치

기폭제 ~ 가 된다

기표 ~ 한다

기품 ~ 있다

기피 병역 ~ 의혹, 병역 ~자, 병역을 ~ 한다, □을/를 ~ 한다

기피증 대인 ~

기하 벡터 ~, 변환 ~, 위상 ~, 직관 ~, 해석 ~

기한 법정 신고 ~ 경과 후, 유통 ~, 제출 ~

기한다[기해] 25 일 0 시를 기해, 광복 70 주년을 기해, 내실을 ~, 신중에 신중을

~, □에 만전을 ~, 자정을 기해, 추석 명절을 기해

기항 □에 ~ 한다

기행 ~ 수필; 토종 ~

기현상 --는 ~

기형 동정맥 ~, 선천성 ~, 후천성 ~

기형아 ~를 출산 한다, ~ 출산

기호 수 식과 ~

기혼 ~ 여성

기화 내유 신령 외유 ~, 온갖 ~ 요초가 만발 한다

기화 ~ 신령

기회 ~ 균등하다, ~ 주의와 편의 주의; --는 절호의 ~이다, 절호의 ~, 호시탐탐 ~를 엿본다

기획 ~ 망명, ~ 예산처 장관, ~ 원 재무부 상공 부, ~ 조정 실장, ~ 조정실; 경영 ~ 실장, 경제 ~ 원 조사 통계국, 공연 ~자, 국가 안전 ~ 부, 농림부 ~ 관리 실장, 부총리 겸 경제 ~ 원 장관, 연예 ~ 사, 전시 ~자, 종합 ~ 실장

기획관 대검 수사 ~

기획력 ~ 창조력

기획실 당무 ~

기획전 ~ 과 대관전; 상설전이나 ~, 이십 주년 특별 ~

기획청 경제 ~

기후 ~ 가 온화하다, ~ 변화 협약, ~ 와 토양, ~ 와 풍토; 대륙성 ~, 사바나 ~, 스텝 ~, 열대 우림 ~, 이상 ~, 지형과 ~, 한랭 ~, 해양성 ~

긴가민가 ~ 하다

긴급 ~ 구속장, ~ 명령권, ~ 소집, ~ 수입 제한, ~ 조치 법 개정 안, ~ 조치 위반, ~ 증간 호, ~ 체포, ~ 출동, ~ 출항, ~ 피난, ~ 히 소집 한다; 대통령 ~ 명령

긴다 기어 들어 간다, 기어 올라 갈 엄두; 고물고물 ~, 꼬물꼬물 ~, 꾸물꾸물 ~, 난다 긴다 한다, 뭉그적거리며 ~, 빽빽 ~, 뽈뽈 기어 간다, 설설 ~, 스물스물 ~, 쑥 기어 든다, 엉금엉금 기어 간다, --으러/러 기어 올라 간다, □으로/로 기어 들어 온다, 지렁이 기어 간다

긴밀 ~ 하다, ~ 히 협의 한다, ~ 히 협조 한다

긴박 ~ 하다

긴요 ~ 하다

긴장 ~ 감이 감돈다, ~ 상태 완화, ~ 에 싸인다; 극도로 ~ 된다, 독자를 ~ 시킨다, 삽화성 ~, 일 차성 근 ~ 이상증, 전신성 ~, 항문 괄약 근의 ~도

긴장미 ~ 가 흘러 넘친다

긴축 ~ 기조; 통화 및 재정 ~

긴히 ~ 여쭌다

긷는다[길어 길은] 두레박으로 물을 ~, 물 ~, 샘 물을 ~, 약수를 ~, □을/를 ~

길 열 ~ 물, 천 ~ 낭떠러지, 천 ~ 만 길, 천 ~ 벼랑 위, 한 ~ 사람 속

길 ~ 가 배수로, ~ 가의 코스모스, ~ 가 전봇대, ~ 거리로 나 앉는다, ~ 거리에 나 앉는다, ~ 거리 응원, ~ 거리의 포스터, ~ 거리 카 레이싱, ~ 눈이 어둡다, ~ 들여 진다, ~ 바닥에 나앉는다, ~ 옆

둔덕, ~ 옆 풀 밭, ~ 을 따른다, ~ 한복판; 가파른 언덕 ~, 거둥 ~ 노정, 굽이굽이 산 ~이다, 귀양 ~에 오른다, 기찻 ~ 굴 다리, 내리막 ~, 눈 ~과 마주친다, 눈 ~을 끈다, 눈 ~과 빙판 ~에서의 운전, --는 ~, --는 지름 ~, 대문 밖 골목 ~, 도움의 손 ~, 말괄량이 ~ 들인다, 목젖으로 콧~을 막는다, 바른 ~로 인도한다, 발 ~로 걷어 찬다, 발 ~이 뜸하다, 방죽 ~, 불 ~에 휩싸인다, 불 ~이 치솟는다, 불 ~처럼 번진다, 빗~에 미끄러진다, 비탈 ~을 올라 간다, 비탈 ~을 올라 온다, 비탈 진 골목 ~, 비포장 ~, 빙판 ~에 미끄러진다, 사양 ~에 접어 든다, 산 ~로 접어 든다, 산 모퉁잇 ~, 십 자 ~ 어귀, 얘기가 곁 ~로 샌다, 얘기가 곁 ~로 흐른다, □에 ~ 든다, □에 ~ 들인다, 요원의 불 ~, 유혹의 손 ~, 자기 인생 ~, 전찻~, 젊음의 뒤안 ~, 정처 없이 ~을 걷는다, 주변인의 ~, 천 길 만 ~, 철둑 ~을 걷는다, 충효 양전의 ~, 타 오르는 불 ~, 퇴근 ~, 피난 ~에서 폭격을 당한다, 하교 ~, 형극의 ~, 황톳 ~, 훨씬 윗~

길길이 ~ 날뛴다, ~ 뛴다

길다[긴 길] 긴 겨울 잠에서 깨어 난다, 긴 담배 대, 긴 부사 구, 긴 숨을 내 쉰다, 긴 팔 셔츠, 긴 팔 옷, 긴 한숨을 내 쉰다, 길게 연기를 내 뿜는다; 남북으로 길게 뻗는다, 동선을 길게 만든다, 동선을 길게 뽑는다, 동선을 길게 한다, 동짓달 긴 긴 밤, 머리를 길게 늘어뜨린다, 서두가 긴 연설, □으로/로의 긴 여로

길목 --는 ~

길목버선 ~ 두어 켤레

길상 ~ 문자, ~ 어구

길이 ~ 남는다

길이 ~ 로 썬다, ~ 조절 손 잡이; 깃 ~ 와 수구

길일 ~ 을 택한다

길지 풍수 ~

길쭉 ~ 하다

길항 ~ 근, ~ 운동 반복 불능증

김 기왕 내친 ~에, 내킨 ~에, --는 ~에, 말이 나온 ~에, 쇠 뿔도 단 ~에 뺀다, 얘기가 나온 ~에, --은/ㄴ ~에, 이야기가 나온 ~에, 홧~에

김 ~ 건장, ~ 궤짝, ~ 상회, ~ 양식이나 미역 양식

김 ~ 을 맨다

김 ~ 이 모락모락 난다, ~ 이 무럭무럭 난다; 허연 입 ~

김장 ~ 김치, ~ 독 냉장고, ~ 배추

김치 ~ ㅅ 국부터 마신다, ~ 국 물, ~ 꽁다리, ~ 를 담근다, ~ 에 젓갈을 넣는다, ~ 와 고추 장, ~ 와 깍두기, ~ 의 부재료, ~ 의 주재료, ~ 종주국, ~ 찌개; 갓 ~, 개량 ~ 독, 궁중 보쌈 ~, 김장 ~, 동아 ~, 무우 ~, 묵은 ~, 파 ~가 된다, 포기 ~

깁는다[기워 기운] 누덕누덕 ~, 뒤 축 ~, 버선 ~, 짜 깁기 한다

깁스 ~ 를 한다

깃 ~ 과 섶, ~ 길이와 수구, ~ 넓이와 동정; 가운데 꼬리 ~, 공작 ~ 찌, 당코 ~ 저고리, 옷 ~을 여민다, 외투 ~

깃대 빨간 ~

깃든다[깃들고 깃들어] 깃들어 있다

깃들인다 □에 ~

깃발 ~ 이 나부낀다; 나부끼는 ~, 붉은 ~

깃털 ~ 이 돋아 난다

깅이 ~ 죽

깊다 깊게 파인다, 깊은 통찰, 깊은 한숨을 내 쉰다; 감명 ~, □과/와 깊은 관련을 맺는다, 사려 ~, 샘이 깊은 물, □에도 조예가 ~, □에 조예가 ~, 유서 ~

깊숙 ~ 한 곳; 궁궐 ~히 갇힌다

깊숙이 ~ 침투 한다; 폐부 ~ 파고 든다

깊이 움의 ~, 폭과 ~를 더한다

깊이 ~ 뿌리 박는다, ~ 뿌리 박힌다; 뿌리 ~ 박힌다

까까 ~ 중 따먹는다; 원숭이 ~

까꿍 ~ 놀이 판

까다롭다[까다로와 까다로운] 까다로운 입국, 까다롭게 군다; 예상보다 ~

까닥 ~ 하다가는

까닥인다 눈썹 하나 ~

까닭 --는 ~

까딱 ~ 하면; 눈썹 하나 ~ 않는다, 눈썹 한 번 ~ 안한다, 손 끝 하나 ~ 않는다, 손 하나 ~ 않는다, 손가락 하나 ~ 않는다

까딱거린다 □으로/로 ~

까라진다 나른하게 ~

까르르 ~ 웃는다

까르륵 ~ 웃는다

까마귀 ~ 날자 배 떨어진다, ~ 떼처럼 우짖는다, ~ 의 보금자리

까마득 ~ 하다

까맣다 까만 선글리스, 까맣게 잊어 버린다

까무룩 ~ 잠이 든다

까무룩이 ~ 잦아든다

까무잡잡 ~ 한 얼굴; 까진 ~

까분다[까불고 까불어] 찧고 ~, 턱을 ~

까스 도시 ~

까슬까슬 ~ 하다

까악 ~ ~ 짖는다, ~ ~ 한다

까욱 ~ ~

까지 가격 제한 폭 ~, 귀 밑 ~ 빨개 진다, 눈 물 ~ 글썽인다, 머릿속 ~ 지끈지끈 아프다, 목 숨 ~ 건다, 발 ~ 구른다, 발원지 ~의 직선 거리, 성욕 감퇴 주사 ~ 맞는다, 세 살 버릇 여든 ~ 간다, 속옷 ~ 벗는다, 젖 먹던 힘 ~ 다 해서, 코 ~ 곤다, 한라에서 백두 ~, 해 질 녘 ~

까지 □~ 가득 메운다, □~ 바래다 준다, □~ 쫓아 간다; 가슴 ~ 차 오른다, --는다고/ㄴ다고/다고/라고 끝 ~ 우긴다, 늦여름에서 초가을 ~, 머리 끝에서 발 끝 ~, 목 구멍 ~ 올라 온다, 엉덩이 밑 ~ 훌렁 벗어 진다, 역 ~ 마중 나온다, 요람에서 무덤 ~, 중원에서부터 강 ~, 통일 신라기 ~ 소급 해 올라 간다, 하나부터 열 ~, 현관에서 거실 ~, 힘 다는 데 ~

까진다 까진 까무잡잡; 대머리가 ~, 발랑 ~, 훌렁 ~

까짓 ~ 거; 제 ~ 것

까치 ~ 가 짖는다

까칠 ~ ~ 하다

까페 ~ 의 여급; 노천 ~

깍두기 김치와 ~

깍듯 ~ 하다

깍듯이 ~ 존댓말 한다

깍정이 ~ 패거리; 꿀 밤 ~, 조산 ~

깍지 □을/를 ~ 낀다

깎는다 깎듯이 경어를 쓴다, 깎아 지른 듯; 머리를 짧게 ~, 박박 ~, 빡빡 ~, 뼈를 깎는 아픔, □을/를 ~

깎이 연필 ~ 칼

깎인다 체면이 ~, 행세가 ~

깎지 손을 ~ 낀다, □을/를 ~ 낀다

깐깐 ~ 하다

깐다 깔래면 까아; 귀신 씨 나락 까 먹는 소리, 노가리 ~, 뒷구멍으로 호박 씨 ~, 레슝을 ~, 무슨 귀신 씨 나락 까 먹는 소리냐, 바지 춤을 ~, 병아리를 ~, 설레방 ~, 설레방을 ~, 씨 나락 까 먹는다, 알 까기 술래 잡기, 요리 ~, □을/를 까 뒤집는다, □을/를 까 뭉갠다, □을/를 까 본다, 촛대 뼈 ~, 하이방 ~, 호두 까기 인형

깐다[깔고 깔아] 깔아 뭉갠다; 돗자리를 ~, 배때기다가 철 판 ~, 우물 마루를 ~, □을/를 ~

깔긴다 오줌을 ~, □을/를 ~

깔깔 ~ 껄껄 호호 웃는다, ~ 웃는다

깔깔 ~ 하다

깔깔깔 ~ 웃는다

깔끔 ~ 한 디자인, ~ 한 쇼윈도우

깔대기 ~ 모양

깔린다 땅 거미가 ~, 산야에 지천으로 깔려 있다, 시트가 ~, 양탄자가 ~, 어둠이 짙게 ~, □에 ~, 지천으로 ~

깔축 ~ 없이 짓밟힌다

깜깜 ~ 하다

깜박 ~ ~ 존다, ~ 잊는다, ~ 잠 든다; 눈 ~ 할 사이

깜박거린다 눈을 ~, □을/를 ~

깜박인다 눈을 ~, □을/를 ~

깜빡 ~ 잊는다, ~ 잠 든다

깜빡거린다 □을/를 ~, 커서가 ~

깜빡인다 별 빛이 드문드문 ~

깜장 ~ 병아리

깜짝 ~ ~ 놀란다, ~ 파티; 눈 ~ 할 사이, 눈 ~ 할 새, 눈 하나 ~ 않는다

깜찍 ~ 하다

깝깝 ~ 하다

깡 카드 ~

깡그리 ~ 뭉갠다

깡똥 ~ 하다

깡마르다[깡말라] 깡마르고 창백하다

깡촌 보리 ~

깡총 ~ ~ 뛴다

깡충 ~ ~ 뛰어 다닌다, ~ 뛴다

깡통 ~ 구좌, ~ 따개, ~ 물 그릇

깡패 ~ 나 소매 치기들, ~ 두목; 노랭이 ~

깨 ~ 알 같은 글씨로, ~ 알 같이 적는다, ~ 알 같이 적힌다; 열려라 참 ~, 참 기름과 ~ 소금, 통 ~를 뿌린다

깨끗 ~ 하다

깨끗이 ~ 씻는다, ~ 치운다

깨나 돈푼 ~ 있다, 방귀 ~ 뀐다는, 성깔 ~ 부린다, 성깔 ~ 사납다, 성깔 ~ 있다, 행세 ~ 한다, 힘 ~ 쓴다

깨닫는다[깨달아 깨달은] 뒤 늦게 ~, 어렴풋이나마 ~, □을/를 ~, □을/를 뼈저리게 ~, □을/를 절절이 ~, --음/ㅁ을 절절이 ~, 절절이 깨닫게 한다

깨뜨린다 □을/를 ~, 정적을 ~

깨문다[깨물고 깨물어] 독 약 앰플을 ~, 아랫입술을 ~, 아작아작 ~, 어금니를 꽉 ~, 어금니를 지그시 ~, □을/를 ~, □을/를 지그시 ~, 잘근잘근 ~, 혀를 ~, 힘 주어 ~

깨스 마술 ~ 통

깨우친다 □을/를 ~

깨운다 단 잠을 ~, □을/를 ~, 잠에서 ~, 흔들어 ~

깨진다 깨진 기왓장; 허벌나게 ~

깨트린다 □을/를 ~

깬다 긴 겨울 잠에서 깨어 난다, 꿈에서 깨어 난다

깬다 동면에서 깨어 난다, 마취에서 깨어 난다, 선 잠에서 깨어 난다, □을/를 깨어 부순다, 자나 깨나, 형편 없이 깨어 진다

깻묵 콩 ~ 밥

꺼끌 ~ ~ 하다

꺼낸다 괴춤에서 비수를 ~, 괴춤에서 쌈지를 ~, 서두를 ~, □을/를 ~, 주머니에서 동전을 ~, 주머니에서 손 수건을 ~, 호주머니에서 담뱃갑을 ~

꺼뜨린다 □을/를 ~

꺼린다 극도로 ~, 노출을 ~, □에 나 서기를 ~, □을/를 ~

꺼림칙 □이/가 ~하다

꺼먹 ~ 고무 신

꺼벙 ~ 하다

꺼뻑 ~ 죽는다

꺼이꺼이 ~ 울어 댄다

꺼진다 거품이 ~

꺼칠 ~ ~ 하다

꺼풀 ~ 한~ ; 속 쌍 ~ 진다, 쌍 ~ 수술, 외눈 쌍 ~, 한 ~ 벗긴다, 한 ~ 한 ~ 벗어 던진다

꺽꺽 ~ 숨 넘어 간다

꺾는다 꽃을 꺾어 바친다, 어음 꺾기, 오른 편으로 ~, 왼 편으로 ~, □으로/로 꺾어 진다, □을/를 ~, 철쭉 꽃을 ~

꺾인다 기세가 ~, 한 풀 ~

껄끄름 ~ 하다

껄껄 ~ 웃는다, ~ 호호; 깔깔 ~ 호호 웃는다

껄껄껄 ~ 웃는다

껄렁 ~ 하다

껌 ~ 을 질겅질겅 씹는다

껌껌 ~ 하다

껌벅거린다 □을/를 ~

껌벅껌벅 ~ 한다

껌벅인다 눈을 ~, □을/를 ~

껌뻑거린다 □을/를 ~

껌뻑인다 눈을 ~, □을/를 ~

껍데기 바게트의 ~, 빈 ~, 소라 ~, 조가비 ~, 조개 ~

껍신껍신 ~ 떠 내려 온다; 삽 자루가 ~ 뜬다

껍진껍진 ~ 하다

껍질 바나나 ~, 석회질 ~, 양파 ~을 벗긴다, 오렌지 ~, 조개 ~

껑충 ~ ~ 뛰어 오른다

껑충 ~ 하다

께 그믐 ~, 중순 ~

께 □~ 사과 드린다, □~ 여쭌다; 하느님 ~ 기도 한다

께름칙 ~ 하다

께서 양친 ~ 구존 하신다

껴안는다 껴안고 키스 한다; □을/를 ~, 화로를 ~

껴입는다 □을/를 ~

꼬깃꼬깃 ~ 구겨 진다, ~ 접는다, ~ 하다

꼬꼬댁 ~ ~

꼬꾸라진다 □으로/로 ~

꼬나든다[꼬나들고 꼬나들어] □을/를 ~

꼬나문다[꼬나물고 꼬나물어] 담배를 ~, □을/를 ~

꼬드긴다 □을/를 ~

꼬들꼬들 ~ 하다

꼬락서니 --는 ~

꼬랑지 쥐 ~

꼬리 ~ 를 사린다, ~ 에~ 를 문다, ~ 쪽 프로펠러; 가운데 ~ 깃, 개 ~ 상모, --라는 ~ 표, 말 ~를 흐린다, 아래 ~ 덮깃, 쥐 ~ 만한, 한 쪽 입 ~

꼬마 ~ 규찰대, ~ 병정, ~ 야~ 야; 땅 ~ 벌레

꼬물꼬물 ~ 긴다

꼬박 ~ 뜬 눈으로 새운다; □을/를 ~ 새운다

꼬부라진다 혀가 ~, 혀 ~

꼬부랑 ~ 글씨, ~ 봉선화

꼬부린다 꼬부려 쳐 든다

꼬부장 ~ 하다

꼬불꼬불 ~ 하다

꼬신다 □을/를 ~

꼬옥 ~ 껴 안는다, ~ 쥔다

꼬인다 배배 ~, 비비 꼬인 벽, 새끼 줄이 ~, 어지러울 정도로 비비 ~, 얼기설기 ~, --을/ㄹ 정도로 비비 ~

꼬장 ~ ~ 하다, ~ 을 부린다, ~ 을 죽인다

꼬지른다[꼬질러] 냅다 ~

꼬질꼬질 ~ 하다

꼬집는다 허벅지를 ~

꼬치 ~ 가게, ~ 에 꿴다; 느타리 버섯 ~ 구이, 어묵 ~

꼬치꼬치 ~ 묻는다; --느냐고 ~ 캐어 묻는다

꼬투리 등나무의 ~, 등나무의 ~ 열매

꼭 ~ ~ 누른다, ~ ~ 닫아 건다, ~ ~ 여민다

꼭대기 맨 ~, 산 동네 ~집

꼭두각시 ~ 놀이

꼭둑각시 놀아나는 ~

꼭이 ~ 그렇다고는 할 수 없다

꼭지 각 뿔의 ~ 점, 수도 ~를 잠근다, 수도 ~를 튼다, 젖 ~를 물린다

꼰다 고개를를 외로 ~, 몸을 비비 ~, 왼새끼를 ~, □을/를 ~, □을/를 비비 ~, □을/를 외로 ~

꼴 세모 ~

꼴 ~ 값 한다; 네 모 ~ 글자, 눈 ~ 사납다, 눈 ~ 시리다, --는 ~, 닮은 ~ 연기자, 닮은 ~ 연예인, 마름모 ~, 별 ~ 다 본다, 부채 ~ 모양, 요 모양 요 ~, 이 모양 이 ~이다, 통합 글 ~, 한글 글 ~

꼴깍 □을/를 ~ 삼킨다, 침을 ~ 삼킨다, 침이 ~ 넘어 간다

꼴딱 ~ 새운다; □을/를 ~ 삼킨다

꼴라리 알라리 ~

꼴린다 꼴리는 대로; 니 좆 꼴리는 대루, 밸이 ~, 좆 ~

꼴불견 ~ 이다

꼴찌 ~ 가 일 등이 된다

꼼꼼 매사에 ~하다

꼼지락 □을/를 ~ 한다

꼽는다 그 날을 손 꼽아 기다린다, □을/를 ~, □을/를 손 꼽아 기다린다

꼽등이 귀뚜라미와 ~

꼽힌다 걸작으로 ~, 손 꼽히는, □으로/로 ~, □으로/로 손 ~, 첫 손 ~, 첫 손가락에 ~, 필독서로 ~

꼿꼿 ~ 하다

꼿꼿이 ~ 선다, ~ 세운다

꽁꽁 ~ 얼어 붙는다; □에 ~ 묶인다, □을/를 ~ 묶는다

꽁다리 김치 ~

꽁초 담배 ~

꽁치 ~ 구이

꽂는다 귀에 이어폰을 ~, 메다 ~, 비녀를 ~, 시침 핀을 ~, □을/를 ~, 이어폰을 귀에 ~, 허리에 꽂은 총, 화병에 ~

꽂이 꽃 ~ 연구가, 책 ~에 꽂힌다

꽂힌다 꽂혀 있다; 서가에 ~, 책 꽂이에 ~, 책장에 ~

꽃 ~ 게 잡이 어선, ~ 꽂이 연구가, ~ 다발을 증정 한다, ~ 다발 증정, ~ 망울 솟는다, ~ 살 교창, ~ 살 창호, ~ 샘 추위, ~ 신을 신는다, ~ 을 꺾어 바친다, ~ 판지름, ~ 향내가 날아 온다; 감 ~ 향기, 남색 도라지 ~ 무늬, 망초 ~, 메밀 ~ 핀다, 모란 ~ 소대, 모란 ~ 소대원, 목단 ~, 무궁화 ~ 물, 무궁화 ~이 피었다, 민들레 ~ 씨, 백 도라지 ~, 백일홍 ~ 밭, 베고니아 ~ 잎, 보랏빛 과남풀 ~, 보라색 ~ 무늬 원피스, 보라 색 나팔 ~, 복숭아 ~ 배 ~, 봉숭아 ~ 물, 봉숭아 ~ 잎, 불 ~을 튀긴다, 불 ~이 타 오른다, 불 ~처럼 타 오른다, 불 ~ 축제, 불 ~ 투혼, 붉은 장미 ~, 붉은 색 연 ~ 무늬, 사르비아 ~, 산수소 불 ~, 석남 ~ 가지, 싸리 ~, 아기 진달래 ~, 아카시아 ~ 냄새, 아카시아 ~ 잎, 아카시아 ~ 향내, 안개 ~ 다발, 양티나무 ~, 애기 ~을 피운다, 연 ~의 호수, 연 ~ 한 송이, 와당의 ~ 무늬, 우담바라 ~ 비 온다, 웃음 ~이 핀

다, 유도화의 ~ 잎, 유채 ~ 밭, □을/를 ~ 피운다, 이야기 ~을 피운다, 이질 풀 ~, 자줏빛 등나무 ~, 자주 색 ~ 봉오리, 작약 ~, 장미 ~ 다발, 장미 ~ 한 송이, 진달래 ~ 가장이, 짚 신 나물 ~, 참 ~이 핀다, 철쭉 ~을 꺾는다, 청자 상감 모란 ~ 무늬 기름 병, 타 오르는 불 ~, 파란 불 ~, 한 떨기 ~

꽃망울 ~ 을 터뜨린다; 진달래 아기 ~

꽃술 노란 ~

꽃향기 만다라화의 ~

꽈당 ~ 넘어진다

꽈르릉 ~ ~ , ~ 번쩍번쩍

꽈리 ~ 가 일도록 찧는다

꽈배기 ~ 무늬

꽉 ~ ~ 들어 찬다, ~ ~ 채운다, ~ 다문다, ~ 움켜 쥔다, ~ 조인다, ~ 짜인다, ~ 차 있다; 어금니를 ~ 깨문다

꽐꽐 ~ 쏟아 진다

꽝 --으면/면 말짱 ~이다

꽝 ~ 닫는다; □을/를 ~ 닫는다

꽝꽝 ~ 얼어 붙는다

꽤 ~ 나 복잡하다, ~ 나 엉뚱하다, ~ 좋은 환율

꽥 ~ ~ 소리 지른다; 고함을 ~ 지른다

꽹과리 징과 ~

꾀죄죄 ~ 하다

꾀한다[꾀해] 상리를 ~, □을/를 ~

꾄다 꾐에 빠진다; □을/를 ~

꾸덕꾸덕 ~ 하다

꾸득꾸득 ~ 하다

꾸러기 지천 ~

꾸러미 떨이 반찬 ~, 선물 ~, 열쇠 ~

꾸린다 바자위게 ~, 생계를 ~, □을/를 ~

꾸물꾸물 ~ 긴다

꾸미개 허리 띠 ~

꾸민다 꾸밈 없이 토로 한다; 교실 환경 ~, 음모를 ~

꾸벅 ~ ~ 존다, ~ 인사 한다, ~ 절 한다

꾸부정 ~ 하다

꾸불꾸불 ~ 하다

꾸뻑 ~ 한다

꾸역꾸역 ~ 몰려 든다

꾸욱 ~ 참는다

꾸적꾸적 ~ 하다

꾸준 ~ 하다

꾸중 호된 ~

꾸지람 호되게 ~을 한다

꾸짖는다 엄하게 ~, □을/를 ~, 호되게 ~

꾹 ~ 감는다, ~ ~ 누른다, ~ 눌러 쓴다, ~ 참는다; 옆구리를 ~ 찌른다, □을/를 ~ 다문다, □을/를 ~ 찌른다

꾹꾹 쇠 죽 여물을 ~ 뒤진다

꾼 공사 판 막일 ~, 낚시 ~ 안내 관광선, 막일 ~ 일, 막일 ~ 일당, 면세품 밀매 ~, 밀수 ~ 범죄자, 바다 낚시 ~, 사기 ~ 목사, 소 몰이 ~, 쇠 이까리 ~, 쇠전 ~, 스리 ~ 대장, 역시 ~이다, 잉어 낚시 ~, 지게 ~, 천재 씨름 ~, 파수 ~, 프로 낚시 ~, 호객 ~

꾼다 무서운 꿈을 ~, 용 꿈 ~, 용 꿈을 ~, □을/를 꿈 ~

꾼다 꾸어다 놓은 보릿자루; □을/를 ~

꿀 ~ 과 계피, ~ 과 참 기름, ~ 로 반주한다, ~ 먹은 벙어리다, ~ 밤 깍정이, ~ 밤 도장, ~ 벌이나 개미, ~ 에 재운다, ~ 에 졸인다, ~ 을 탄다, ~ 의 발견지, ~ 이나 설탕; 과즙이나 벌 ~, 설탕이나 ~, 인삼 차나 ~, 젖과 ~

꿀꺽 ~ ~ 마신다, ~ ~ 삼킨다; □을/를 ~ 삼킨다, 침을 ~ 삼킨다

꿀떡 ~ 넘어 간다, ~ 삼킨다

꿀림방 허가 ~

꿀풀과 ~ 에 딸린다

꿇는다 꿇고 빈다, 꿇어 앉아 빈다, 꿇어 엎드린다; 단정히 꿇어 앉는다, 무릎 ~, 바닥에 무릎을 ~, □에 꿇어 앉는다, □에 꿇어 앉힌다, □을/를 ~

꿇린다 무릎 ~, 무릎을 ~, □을/를 ~

꿈 ~ 결처럼 흐른다, ~ 보다 해몽이 낫다, ~ 속에서, ~ 속을 헤맨다, ~ 에서 깨어 난다, ~ 인가 생시인가, ~ 자리가 사납다, ~ 처럼 몽롱; 무서운 ~을 꾼다, □에게 ~과 희망을 준다, 용 ~ 꾼다, 용 ~을 꾼다, □을/를 ~ 꾼다, 청운의 ~, 푸른 ~ 나무

꿈벅거린다 눈을 ~, □을/를 ~

꿈벅인다 □을/를 ~

꿈쩍 바위처럼 ~ 않는다

꿈칠 ~ 놀란다

꿈틀 ~ ~ 기지개 켠다, ~ 한다

꿈틀거린다 지렁이도 밟으면 ~

꿉꿉 ~ 하다

꿋꿋 ~ 하다

꿩 ~ 대신 닭, ~ 먹고 알 먹는다

꿰뚫는다 □을/를 꿰뚫어 본다

꿰맨다 꿰맨 헌 누덕; 실로 ~, 양말을 ~

꿰멘다 □을/를 ~

꿰미 ~ 돈; 구슬 ~, 명태 ~, 한 ~

꿰인다 □에 ~

꿴다 꿰어 맞춘다, 꿰어 신는다; 구슬이 서 말이라도 꿰어야 보배다, 꼬치에 ~, 끈에 ~, 바늘에 ~, 빠안히 꿰어 뚫는다, 옆구리에 꿰어 찬다, □을/를 꿰어 뚫는다, □을/를 꿰어 찬다, 훤히 꿰어 뚫는다

뀐다 방귀깨나 뀐다는, 방귀 통통 ~, 알랑방구를 ~, 연속 해서 줄 방귀를 ~, 콧방귀만 ~, 코 방귀를 ~, 콧방귀를 ~

끄덕 ~ ~ 한다

끄덕거린다 고갤 ~, 고개를 ~

끄덕끄덕 ~ 존다; 고개를 ~ 한다

끄덕인다 고개를 ~

끄떡끄떡 고개를 ~ 한다

끄른다[끌러] 단추를 ~, 앞 섶을 ~, □을/를 ~, 허리 띠를 ~

끄먹거린다 눈을 ~, □을/를 ~

끄집는다 □을/를 끄집어 낸다

끈 ~ 에 꿴다; 갓 ~을 끊긴다, 고실 ~ 신경, 구둣~을 맨다, 구두 ~을 맨다, 나일론 ~, 붉은 ~, 운동화 ~

끈기 ~ 있다; 체력과 ~

끈끈 추적거리고 ~하다

끈다[꺼] 꺼 진다; 담배를 비벼 ~, 등잔 불을 ~, 발 등에 떨어진 불을 ~, 부벼 ~, 불부터 ~, 스위치를 ~, 시동을 ~, □을/를 ~, 재 떨이에 비벼 ~

끈다[끌고 끌어] 끌고 달음질 친다, 끌고 달음질 한다; 가래를 끌어 올린다, 경찰서로 끌어 간다, 눈 길을 ~, 세계인의 이목을 ~, 세인의 이목을 ~, 소 달구지 ~, 소 달구지를 ~, □을/를 끌어 낸다, □을/를 끌어 내린다, □을/를 끌어 당긴다, □을/를 끌어 들인다, □을/를 끌어 모은다, □을/를 끌어 안는다, □을/를 와락 끌어 안는다, □을/를 잡아 ~, □의 다리 통을 끌어 안는다, 인기를 ~, 잡아 끄는 매력, 질질 ~, 팔 목을 잡아 ~

끈적 ~ ~ 하다

끈질기다 끈질기게 나돈다, 끈질기게 추적 한다

끊긴다 갓 끈을 ~, 도막 도막 ~, 뚝 ~, 명맥이 ~

끊는다 딱 딱 끊어 진다, 뚝 끊어 진다, 반출증 ~, □을/를 ~, 토막 토막 끊어 지는 단음

끊인다 끊이지 않는다

끌끌 혀를 ~ 찬다

끌끌끌 ~ 혀를 찬다

끌른다[끌러] □을/를 ~

끌린다 나찌에게 끌려 간다, 수용소로 끌려 간다, □에 ~, □에 질질 ~, □에게 질질 끌려 간다, □으로/로 끌려 온다, 정신대에 끌려 간다, 질질질 끌려 간다, 학병으로 끌려 간다

끓는다 끓는 국, 끓는 기름, 끓어 넘친다; 가래 ~, 변덕이 죽 끓듯 한다, 보글보글 ~, 부글부글 끓어 오른다, 설설 ~, □을/를 끓는 물에 데친다, 잘잘 ~, 절절 ~, 죽 ~, 지글지글 끓어 오른다, 찌개가 ~, 팔팔 ~, 펄펄 ~, 한 소끔 끓어 오른다

끓인다 끓여 식힌다, 끓여서 식힌다; 매운 탕을 ~, 쇠 죽을 ~, □을/를 ~, 팔팔 ~, 풀죽풀죽 죽을 ~, 한 소끔 ~

끔벅거린다 □을/를 ~

끔뻑끔뻑 눈을 ~ 한다, □을/를 ~ 한다

끔찍 ~ 하다

끙 ~ 한다

끙끙 --으면서/면서 ~ 앓는다, 혼자 ~ 앓는다

끝 ~ 말 잇기 놀이, ~ 없는 권태, ~ 없는 벌 판, ~ 없는 사막, ~ 없는 연민, ~ 없는 지평 선, ~ 없이 서로 아우러 진다, ~ 없이 중음 천도 한다, ~ 없이 펼쳐 진다; --는다고/ㄴ다고/다고/라고 ~까지 우긴다, 동점으로 경기가 ~ 난다, 등심 또는 채 ~ 살, 똥 ~이 탄다, 말 ~을 흐린다, 망설임 ~에, 머리 ~에서 발 ~까지, 머리 ~이 쭈뼛 한다, 명치 ~, 발 ~만 굽어본다, 번호 ~ 자리, 벼랑 ~에 몰린다, 손 ~이 가늘게 떨린다, 손 ~이 파르르 떨린다, 손 ~ 하나 까딱 않는다, 용 마루 양 ~, 우여곡절 ~에, □을/를 ~ 낸다, □을/를 ~ 마친다, □을/를 득점 없이 ~ 낸다, 장고 ~의 악수, 저 쪽 ~ 문, 전반전이 ~ 난다, 점호 준

비 ~, 천신만고 ~, 추녀 ~, 코 ~이 시큰하다, 코 ~이 찡하다, 털 ~만치도, 털 ~ 한 올, 풀 카운트 접전 ~에

끝단 양 ~

끝장 ~ 난다; □을/를 ~ 낸다

끼 밥 한 ~, 삼시 세 ~, 세 ~ 밥, 점심 한 ~, 하루 세 ~, 하루 한 ~

끼 신 ~

끼 한 ~ 씩 굶는다

끼니 ~를 거른다, ~를 굶는다, ~를 때운다

끼룩끼룩 ~ 난다

끼리 시누이 올케 ~, 시뉘 올케 ~, 오누이 ~ 싸운다, 저희들 ~ 수근댄다

끼리끼리 ~ 둘러 앉는다

끼얹는다 기대에 찬 물을 ~, 분위기에 찬 물을 ~, 소스를 ~, □을/를 ~, 찬 물을 끼얹은 듯 조용하다

끼우개 전지 ~

끼운다 갈아 ~, 책 갈피에 ~, 퍼즐처럼 끼워 맞춘다

끼인다 사람들 틈에 ~

끼친다 남에게 폐를 ~, 누를 ~, 심려를 ~, □에 영향을 ~, □에 지대한 영향을 ~, □에 해악을 ~, □을/를 ~, 폐를 ~, 훅 훅 ~

끼친다 소름이 ~, 소름이 쫙 ~, 소름이 쭉 ~, 오싹 ~, 오싹 오싹 소름 ~

끽 ~ 해야

낀다 거품이 ~, 겹겹이 껴 입는다, 꼬옥 껴 안는다, 선글라스를 ~, 손을 깎지 ~, □에 껴 든다, 은 테 안경을 ~, □을/를 깍지 ~, □을/를 깍지 ~, □을/를 ~, 전기 스토브를 껴 안는다, 팔짱을 ~

낀다 궁짜가 ~, 궁짜 ~, 안개 ~, 역마살이 ~, 이끼 ~

낄낄 ~ 웃는다

낌새 ~를 눈치 챈다, ~를 알아 차린다

나 가수 ~ 탤런트, 감 나무 ~ 대추 나무, 강 가 ~ 습지대, 경사 ~ 애사, 고기 ~ 생선, 고릴라 ~ 침팬지, 공인 회계사 ~ 세무사 자격증, 공주 ~ 옹주, 과자 ~ 사탕, 과태료 ~ 범칙금, 교회 ~ 성당, 구두 닦이 ~ 신문 팔이, 구명 조끼 ~ 튜브, 권투 ~ 레슬링, 기아 ~ 갈증, 깡패 ~ 소매 치기들, 나이 ~ 성 별, 난소 ~ 고환, 냉이 ~ 쑥, 냉장고 ~ 세탁기, 녹차 ~ 감 잎 차, 답호 ~ 철릭, 대주주 ~ 특수 관계인, 더위 ~ 추위, 도교 ~ 불교, 도시 ~ 촌락, 도주 ~ 증거 인멸, 독수리 ~ 사자, 독자 ~ 시청자, 마마 보이 ~ 마마 걸, 막걸리 ~ 소주, 말 투 ~ 표정, 머스터드 소스 ~ 토마토 케첩, 메뚜기 ~ 방아깨비, 문자 ~ 숫자, 물 고기 ~ 조개, 물 오리 ~ 청둥 오리, 미싱 보조 ~ 파출부, 밍크 ~ 무스탕, 바이러스 ~ 세균, 발레 ~ 오페라, 방송 사 ~ 신문 사, 배추 ~ 무, 버터 ~ 마요네즈 소스, 벌레 ~ 이물질, 변비 ~ 설사, 부모 ~ 조부모, 비누 ~ 폼 클렌저, 비례 ~ 균제, 비료 ~ 농약, 뿌리 ~ 줄기, 사자 ~ 호랑이, 사주 ~ 간부, 사회적 약자 ~ 결핍자, 삼배초 ~ 해물 드레싱, 상사 ~ 동료, 상업 주의 ~ 선정 주의, 석유 ~ 석탄, 설화 ~ 유물, 섭씨 ~ 화씨, 성악가 ~ 악기 연주자, 소비자 ~ 소유자, 소유주 ~ 경영 진, 쇄골와 ~ 흉추,

수렵무 ~ 전쟁무, 신화 ~ 전설, 실무자 ~ 회원, 실수 ~ 방심, 실수 ~ 오류, 실수 ~ 잘못, 아파트 ~ 연립, 암 세포 ~ 에이즈 균, 압수 ~ 정간 처분, 앰프 ~ 턴테이블, 약재 ~ 가향 재료, 약혼 반지 ~ 결혼 반지, 양성애자 ~ 성 전환자, 양성자 ~ 중성자, 억새 ~ 대, 언론 사 ~ 언론인, 언론 사주 ~ 경영 진, 엘리베이터 ~ 계단, 연모 ~ 세석기, 영업소 ~ 지점, 오답 노트 ~ 요약집, 오디오 ~ 비디오, 오자 ~ 탈자, 왕 모래 ~ 톱 밥, 왕자 ~ 신하, 외국어 ~ 외래어, 우스터 소스 ~ 간장, 유행어 ~ 은어, 육허기 ~ 채운다, 은어 ~ 속어, 은하 ~ 별, 이제 ~ 저제 ~, 인삼 차 ~ 꿀, 입장료 ~ 시청료, 재단사 ~ 요리사, 재화 ~ 용역, 저서 ~ 논문, 저자 ~ 출판 사, 저자 ~ 필자, 저장소 ~ 펌프, 전화 ~ 팩스, 점토 ~ 규조토, 정치가 ~ 공무원, 중세 ~ 르네상스, 중앙 아시아 ~ 남부 시베리아, 지주 ~ 자본가, 질소 ~ 인산, 참고서 ~ 문제집, 청자 ~ 백자, 침팬지 ~ 고릴라, 카드 ~ 연하장, 코주부 ~ 축농증, 탁자 ~ 의자, 탈자 ~ 오자, 택시 ~ 트럭, 토끼 ~ 다람쥐, 패러디 ~ 모방, 패러디 ~ 패스티쉬, 품 앗이 ~ 두레, 피의자 ~ 피고인, 하드웨어 ~ 소프트웨어, 하루 ~ 이틀 쯤, 학과 ~ 계열, 향신료 ~ 조미료, 호랑이 ~ 사자, 호수 ~ 바다, 홍수 ~ 가뭄, 회계사 ~ 세무사, 회교도 ~ 유태인, 회화 ~ 조각, 흥미 ~ 가치관, 히피 ~ 마약 중독자, 힌트 ~ 영감

나 꽤 ~ 복잡하다, 꽤 ~ 엉뚱하다, --는다고/ㄴ다고/다고/라고 ~ 할까, 시체 ~ 다름 없다, 아무렇게 ~, 언제 ~ 관광객으로 북적거린다, 창녀 ~ 진배 없다, 혹시 ~ 한다

나 너 죽고 ~ 죽자

나간다 개찰구를 빠져 ~, 공항에 마중 ~, 두둥실 떠 ~, 무게가 많이 ~, 박차고 뛰어 ~, 방사상으로 뻗어 ~, 병실을 뛰쳐 ~, 삼 회전에서 나가 떨어진다, 썰물처럼 빠져 ~, --어/아 ~, 엇길로 ~, 왕진을 ~, □으로/로 뛰어 ~, □으로/로 뛰쳐 ~, □으로/로 벌렁 나가 떨어진다, □을/를 뛰쳐 ~, 전기가 ~, 좋아도 나가 떨어진다, 진도를 ~, 퉁겨 져 ~, 튕겨 ~, 휑 ~

나그네 천국의 ~, 흔한 ~ 새

나긋 ~ 하다

나긋나긋 ~ 하다

나꿔챈다 □을/를 ~

나날 ~ 을 보낸다; 실의의 ~

나노 ~ 미터 수준

나눈다 쏘어 ~, 우정 나누기 헌혈, □을/를 ~, 정담을 ~, 환담을 ~

나눗셈 곱셈과 ~

나뉜다 □으로/로 ~

나다 네모 난 연 못, 모 난 돌이 정 맞는다, 엄청 난 새 떼, 특출 ~

나달 ~ ~ 한다

나돈다[나돌고 나돌아] 끈질기게 ~, 시중에 ~, 출마설이 ~

나동그라진다 □에 ~

나들목 ~ 으로 들어 간다

나라 선진 자본 주의 ~, 섬 ~ 도적 떼, 섬 ~ 말씨, 우리 ~, 하늘 ~ 선녀

나락 ~ 닷 섬, ~ 더미, ~ 일모작; 귀신 씨 ~ 까 먹는 소리, 무슨 귀신 씨 ~ 까 먹는 소리냐, 씨 ~ 까 먹는다

나란 ~ 하다, ~ 히 두 줄로 선다; □과/와 어깨를 ~히 한다

나래 상상의 ~

나른 ~ 하게 까라진다

나른다[날라] 날라다 준다; □을/를 ~, □을/를 실어 ~, 여 ~, 짐을 실어 ~

나름 ~ 대로

나리 주인 ~

나마 다소 ~, 어렴풋이 ~ 깨닫는다

나막신 ~ 을 신는다; 쇠 ~

나무 ~ 가지와 풀 숲, ~ 둥치, ~ 등걸, ~ 몇 그루, ~ 주걱, ~ 패찰; 가죽 ~, 감 ~나 대추 ~, 개 오줌 ~, 늙은 대추 ~, 대 ~ 젓가락, 대추 ~ 한 그루, 돌무지 ~ 곽 무덤, 동백 ~ 가로수, 동백 ~와 유두화 ~, 땔 ~ 장수, 떡갈 ~ 잎사귀, 또아리 감 ~, 린덴 ~, 바늘 잎 ~, 반야 ~ 그늘, 밤 ~의 생육, 배 ~ 과수원, 백양 ~ 숲, 사시 ~ 떨듯이, 소나무와 참 ~, 아기 고추 ~, 아름드리 ~, 아름드리 회화 ~, 암 ~와 숫~, 앵두 ~, 앵두 ~ 막대, 우물 가 앵두 ~에 조롱조롱 열린다, 유두화 ~가 우거진다, 은 사시 ~, 자두 ~ 두 그루, 정자 ~ 아래, 조그만 통 ~ 배 한 척, 철쭉 ~ 즙, 카바리아 ~, 탱자 ~ 울타리, 통 ~ 동발 ~, 통 ~와 판자, 편도 ~, 포도 ~ 밭, 포도 ~ 이파리, 포플러 ~ 숲, 푸른 꿈 ~, 피스타치오 ~, 한 그루의 사과 ~, 한 그루의 야자 ~

나무란다 점잖게 ~

나물 ~ 먹고 물 마신다, ~ 캔다; 도라지 ~, 보리 ~ 국, 산 ~ 무친다, 산 ~을 캔다, 상추 ~에다 고추 장 된 장, 짚 신 ~ 꽃, 콩 ~ 교실, 콩 ~ 국, 콩 ~ 기른다, 콩 ~ 다듬는다, 콩 ~ 대가리, 콩 ~ 두주먹, 콩 ~ 무침, 콩 ~ 밥, 콩 ~ 시루, 콩 ~이 익는다

나박나박 ~ 썬다

나발 종이 ~, 좆 ~

나병 ~ 수용소, ~ 환자

나부낀다 나부끼는 깃발; 깃발이 ~, 바람에 ~

나부랭이 이 따위 글 ~

나비 ~ 넥타이를 맨다, ~ 처럼 난다; 검은 ~, 불 ~ 예술단

나비학 ~ 개론

나쁘다[나빠] 나쁘아 진다; 극도로 ~, 술 버릇이 ~, 운이 ~

나사 톱니 바퀴와 ~

나선 ~ 형; 삼중 ~, 이중 ~ 구조

나선다 어기적어기적 따라 ~, □에 ~, □에 발 벗고 ~, □을/를 따라 ~

나아간다 나아가야 할 방향; 더 ~

나앉는다 길 바닥에 ~

나약 ~ 하다

나열 □을/를 ~ 한다

나염 태창 ~ 공장

나온다 겅중겅중 뛰어 ~, 공항에 마중 ~, 광대 뼈가 툭 튀어 나왔, 광대 뼈가 튀어 ~, --느냐는/냐는 우려가 ~, --다는/라는 보고서가 ~, 말이 나온 김에, 불쑥

튀어 ~, 삐져 ~, 소변에 당이 섞여 ~, 수화기에서 흘러 ~, 쐬러 ~, 얘기가 나온 김에, --어/아 ~, 역까지 마중 ~, 우르르 몰려 ~, 워키토키에서 흘러 ~, □을/를 뛰쳐 ~, □을/를 빠져 ~, 이야기가 나온 김에, 줄줄 흘러 ~, 총구를 빠져 ~, 터져 ~, 톡 튀어 ~, 툭 튀어 ~

나위 더 말 할 ~가 없다, 더할 ~ 없이, 더할 ~ 없다, 더 할 ~ 없이 좋다, 두 말 할 ~ 없이, □은/는 두 말 할 ~가 없다

나위 두 말 할 ~도 없다, --을/ㄹ ~ 없이

나으리 군관 ~, 원숭이 ~

나이 ~ 가 든다, ~ 가 무색한 미모, ~ 가 어리다, ~ 나 성 별, ~ 를 먹는다, ~ 지긋하다, ~ 테; 불혹의 ~, 서른을 바라보는 ~

나이롱 ~ 신자, ~ 환자

나이트 ~ 클럽; 시네 록 ~

나이프 ~ 와 포크; 포크와 ~

나인 내소주방 ~

나일론 ~ 끈, ~ 버선, ~ 빨랫줄

나자빠진다 □에 벌렁 ~, □으로/로 벌렁 ~

나전 ~ 칠기

나절 아침 ~, 저녁 ~

나절 한 ~ 가웃

나중 ~ 에; 너희 ~

나즈막 ~ 하다

나즉 ~ 하다

나지막 ~ 하다

나직 ~ ~ 하다

나직이 ~ 말 한다, ~ 속삭인다

나찌즘 ~ 에 정면으로 맞선다, ~ 의 잔악성; 극우 ~

나타난다 돌연히 ~, 또렷또렷이 ~, 리얼하게 ~, 혜성처럼 ~

나타낸다 높은 불만도를 ~, 두각을 ~, □을/를 ~

나태 ~ 하다

나트륨 ~ 함량, ~ 혈증; 염산과 수산화 ~ 수용액

나팔 기상 ~ 소리, 취침 ~

나프타 ~ 분해 설비

나흘 열 ~ 날, 정월 열 ~

낙관 ~ 론과 비관 론; □을/를 ~ 한다

낙관적 ~ 으로, ~ 인

낙농 ~ 제품

낙담 ~ 한다

낙맥 ~ 을 한다

낙반 ~ 사고

낙방 □에 ~ 한다

낙선 ~ 운동; □에 ~ 한다

낙성 ~ 계약 설, ~ 한다

낙심 ~ 한다

낙엽 ~ 을 쓴다, ~ 이 뒹군다, ~ 이 떨어진다, ~ 진다, ~ 활엽 관목, ~ 활엽 교목, ~ 활엽수; 추풍 ~

낙오 ~ 된다, ~ 자가 속출 한다; □에서 ~ 한다

낙원 지상 ~

낙인 ~ 이 찍힌다; 반혁명으로 ~ 된다, 반혁명으로 ~ 찍는다, 반혁명으로 ~ 찍힌다, □으로/로 ~ 찍는다, □으로/로 ~ 찍힌다

낙제 ~ 섬수, ~ 한다

낙지 ~ 덮밥; 박 속 밀 국 ~ 탕

낙착 ~ 된다; □으로/로 ~ 한다

낙찰 ~ 된다

낙찰가 ~ 가 낮다, ~ 가 높다

낙타 ~ 가 바늘 귀로 들어 간다

낙태 ~ 의 허용; 임신과 ~

낙하 물체가 ~ 한다, 물체의 ~, 빠른 속도로 ~ 한다

낙하산 ~ 에 매 달린다

낙향 ~ 한다

낙화 ~ 진다

낙후 ~ 된다

낚는다 뒷덜미를 낚아 챈다, 요행을 ~, □을/를 낚아 챈다, 잉어를 ~, 홱 낚아 챈다

낚시 ~ ㅅ 대, ~ 관광 안내 소장, ~ 관광 안내선, ~ 관광 안내소, ~ 꾼 안내 관광선, ~ 안내 관광선; 냇가에서 ~ 한다, 등산이나 ~, 바다 ~ 꾼, 바닥 ~, 은어 ~, 잉어 ~ 꾼, 전층 ~, 중층 ~, 프로 ~ 꾼

낚싯대 ~ 를 드리운다

난 임병 양 ~

난 ~ 과 식물, ~ 병풍; 참고 문헌 ~

난간 계자 ~을 두른다, 돌 ~을 두른다, 베란다 ~

난감 ~ 하다

난관 ~ 에 봉착 한다, ~ 에 부닥친다

난구 ~ 세포

난국 ~ 을 타개 한다, ~ 타개, ~ 타개책; 총체적 ~

난다 틈만 나면

난다 난 데 없는 소낙비; 가뭄에 콩 나듯, 가뭄에 콩 나듯이, 감질 ~, 감칠 맛 ~, 개천에서 용 ~, 거덜 ~, 건축사에 빛 ~, 겁이 더럭 ~, 결딴이 ~, 경사 ~, --고 나서, 고무 줄처럼 늘어 ~, 고장이 ~, 공직에서 물러 ~, □과/와 차이가 ~, 관직에서 물러 ~, 구린 내 ~, 구역질 ~, 그닥 기억 나지 않는다, 금 빛으로 빛 ~, 길 거리로 나 앉는다, 길 거리에 나 앉는다, 긴 겨울 잠에서 깨어 ~, 김이 모락모락 ~, 김이 무럭무럭 ~, 깃털이 돋아 ~, 꿈에서 깨어 ~, 끝장 ~, 냄새가 물컥 ~, 넌더리가 ~, 농간에 놀아 ~, 눈 덩이처럼 불어 ~, --느라구 혼 ~, 단내가 ~, 더럭 겁이 ~, 동 ~, 동강 ~, 동면에서 깨어 ~, 동점으로 경기가 끝 ~, 되살아 ~, 뒷전으로 물러 ~, 뒷전으로 밀려 ~, 들통 ~, 들통이 ~, 등 허리에서 땀이 ~, 땀이 뻘뻘 ~, --라면 자다가도 벌떡 일어 ~, 마중 나 온다, 마취에서 깨어 ~, 무럭무럭 자라 ~, 문득 생각 나 았다는 듯이, 묻어 ~, 바닥 ~, 박살 ~, 박살이 ~, 반들반들 윤이 ~, 반짝 반짝 빛 ~, 반짝 반짝 윤이 ~, 발딱 일어 ~, 뱃속에서 쪼르륵 소리가 ~, 배에서 쪼르륵 소리가 ~, 배 탈이 ~, 배어 나는 땀, 번쩍 번쩍 빛 ~, 벌떡 벌떡 일어 ~, 벌컥 일어 ~, 벗어 나려고 발버둥 친다, 벗어 나 있다, 벼슬에서 물러 ~, 보석처럼 빛 ~, 본전 생각 ~, 부스스 일어 ~, 부시시

일어 ~, 부장으로 발령 ~, 불 난 집, 불이 ~, 불 티 나게 팔린다, 빛 나는 명작, 삐이걱 소리가 ~, 사회 과학사에 빛 나는 대작, 산산 조각이 ~, 살 맛 ~, 살아 날 가망, 새 싹이 돋아 ~, 새 잎이 돋아 ~, 새록새록 솟아 ~, 선 잠에서 깨어 ~, 성 난 사자, 성 난 파도, 소리 나는 대로 적는다, 소장으로 발령이 ~, 솟아 날 구멍, 술 내가 물컥 물컥 ~, 신 물이 ~, 신바람이 ~, 신경질 ~, 신경질이 ~, 신접 ~, 실감 ~, 싫증이 ~, 썩 비켜 ~, 어긋맞게 ~, □에 나 뒹군다, □에 나 서기를 꺼린다, □에 뿔 ~, □에 이골이 ~, □에서 풀려 ~, □에서 한 치도 벗어 나지 않는다, 영업 소장으로 발령 ~, 오히려 역효과가 ~, 와와 피어 ~, 왕위에서 쫓겨 ~, 외착 ~, 우물쭈물 그냥 일어 ~, 우후죽순처럼 생겨 ~, □으로/로 거듭 ~, □으로/로 밀려 ~, □으로/로 발령 ~, □으로/로 비켜 ~, □으로/로 소문 ~, □으로/로 정평 ~, □으로/로 정평이 ~, □이/가 탐 ~, 일제히 들고 일어 ~, 입에서 단 내 ~, 자연 발생적으로 생겨 ~, 장난에 놀아 ~, 재력가로 소문 ~, 전반전이 끝 ~, 전쟁이 ~, 정말 큰 일 날 뻔 했다, 정평이 나 있다, 젖 냄새가 ~, 젖 비린 내 ~, 주춤 주춤 밀려 ~, 지레 병 ~, 지진이 ~, 진력이 ~, 진저리가 ~, 진절머리가 ~, 진절머리 ~, 집행 유예로 풀려 ~, 짜증 ~, 짜증이 ~, 찬연히 빛 ~, 천장에서부터 ~, 초롱 초롱 빛 ~, 초상 난 집, 촘촘히 돋아 ~, 출마 설이 나 돈다, 콤플렉스에서 벗어 ~, 콩 심은 데 콩 나고 팥 심은 데 팥 ~, 쾌지나 칭칭 나네, 큰 일 ~, 큰 일이 ~, 타고 난 소질, 탄로 ~, 틈 나는 대로, 파릇 파릇 돋아 ~, 판 가름 ~, 팔자를 타고 ~, 풀썩 풀썩 일어 ~, 피 나는 노력, 피 나는 투쟁, 피 비린 내 ~, 하늘이 무너져도 솟아 날 구멍이 있다, 하마터면 큰 일 날 뻔 했다, 한 발 정도 물러 ~, 혼쭐이 ~, 홍수이 ~, 화가 ~, 흥이 ~

난다[날고 날아] 난다 긴다 한다, 날아 다니는 갈매기, 날아 든다, 날아 와 박힌다; 갈매기가 ~, 고지서가 날아 온다, 까마귀 날자 배 떨어진다, 꽃 향내가 날아 온다, 끼륵끼륵 ~, 나비처럼 ~, 다연발 최루 탄이 날아 온다, 붕 붕 ~, 창공을 ~, 펄펄 ~, 푸드덕 ~, 훨훨 날아 간다, 훨훨 날아 다닌다, 힘 차게 날아 간다

난대성 ~ 상록 활엽수림

난도질 ~ 당한다, ~ 한다

난로 조개 탄 ~

난리 ~ 법석이다, ~ 통에; 울고 불고 ~ 이다

난립 ~ 한다

난마 ~ 처럼 얽힌다

난만 ~ 하다

난망 ~ 하다

난모 ~ 세포 단계

난무 온갖 억측이 ~ 한다, 유언비어가 ~ 한다, 최루 탄이 ~ 한다, 폭력이 ~ 한다

난민 ~ 고등 판무관실; 국제 법 상 ~, 탈북자 ~ 촌

난방 보일러로 ~ 한다

난방법 덥히는 ~

난봉꾼 ~ 남편, ~ 서방, ~ 에 호색한

난사 소총 ~ 사건, □을/를 ~ 한다, 총기 ~ 사건

난삽 ~ 하다

난상 ~ 토론을 벌인다

난색 ~ 을 표한다

난생 ~ 처음이다

난센스 --는 ~

난소 ~ 나 고환, ~ 호르몬; 고환이나 ~, 자궁과 ~

난숙 ~ 한다

난시청 ~ 해소

난연 ~ 하다

난이도 ~ 가 적정하다

난입 □에 ~ 한다

난자 ~ 가 수정 한다, ~ 와 정자; 미성숙 ~, 정자와 ~, 정자 핵이나 ~ 핵

난잡 ~ 하다

난장이 ~ 시리즈

난적 사문 ~, □을/를 사문 ~으로 몬다

난조 컨트롤 ~

난처 ~ 한 입장에 처한다

난치 ~ 병 치료; 불치 병과 ~ 병, 불치 병이나 ~ 병

난타 □을/를 ~ 한다

난파 ~ 된다

난폭 ~ 하다

난항 ~ 을 겪는다

난해 ~ 하다

난형낭 ~ 및 구형낭

낟가리 벼 ~

날 면도 ~ 같이 얇다, 무딘 칼 ~, 시퍼렇게 ~이 선다, 창 ~ 같다, 콧~이 시큰하다, 톱 ~과 도끼 ~

날 ~ 품 팔이를 한다; 공 치는 ~, 그 ~ 따라, 그 ~을 손 꼽아 기다린다, 그 다음 ~, --기 하루 전 ~, 단옷~ 그네, 대보름 ~ 달 맞이, 동짓~ 팥 죽, 둘 째 ~의 일정, 무더운 여름 ~, 민속 씨름 설 ~ 장사 대회, 사흘 째 되던 ~, 살 ~이 얼마 안남았다, 새 해 첫 ~, 생신 ~, 생일 ~ 케이크, 섣달 그믐 ~, 설 ~ 아침, 설 명절 ~, 신혼 첫 ~ 밤, 심판의 ~, 아나바다 장 ~, 앞 ~이 창창하다, 양 ~의 칼, 어슴푸레 ~이 밝는다, 연맹전 첫 ~, 열 나흘 ~, 옛 ~ 간 ~, 옛 ~로 거슬러 올라 간다, 옛 ~ 번성기, 옛 ~ 옛 적에 훠이 훠이, 옛 ~을 회상 한다, 이 ~ 입 때, 이 월 초하룻~, 일곱 째 ~, 잔칫~의 청첩장, 정월 대보름 ~, 정월 보름 ~, 정월 초하룻~, 제삿~도 모른다, 쥐 구멍에도 볕 들 ~이 있다, 증조모 님 제삿~, 추석과 설 ~, 추운 겨울 ~, 하고한 ~, 한 ~ 한 시, 허구한 ~

날개 ~ 돋친 듯 팔린다, ~ 를 퍼덕인다, ~ 없는 추락; 상상의 ~를 편다, 상상의 ~를 펼친다, 은 빛 ~

날개짝 독수리 ~

날것 □을/를 ~으로 먹는다

날고기 ~ 와 구운 고기

날뛴다 기뻐 ~, 길길이 ~, 미쳐 ~

날렵 ~ 하다

날름거린다 □을/를 ~, 혀를 ~

날린다 간간히 눈발이 ~, 먼지 풀풀 ~, 연을 ~, 연기만 풀풀 ~, □을/를 ~

날린다 눈발이 ~, 풀풀 ~

날벼락 ~ 이다; --다가 ~을 맞는다, 마른 하늘에 ~을 맞는다, 웬 ~, 이런 ~

날쌔다 사납고 ~

날씨 ~ 가 궂다, ~ 가 덥다, ~ 가 쌀쌀하다, ~ 가 춥다, ~ 가 흐리다, ~ 는 화창; 궂은 ~, 영하의 ~

날씬 ~ 한 몸매

날인 ~ 이 찍힌다; 기명 ~ 또는 서명, 서명 ~ 한다, □에 ~ 한다, 자서 ~ 한다, 중랑 구청장 ~, 지문 ~ 철폐

날조 □을/를 ~ 한다

날줄 ~ 과 씨줄; 씨줄과 ~

날짜 ~ 가 다가온다; 입영 ~

날치기 ~ 통과

날카롭다[날카로와 날카로운] 날카로운 모서리, 날카로운 발톱, 날카로운 송곳니, 날카로운 앙서, 날카로운 직관, 날카롭게 쏘아 본다

낡다 낡아 빠진, 낡아 빠지었다, 낡은 관습, 낡은 진공, 낡은 한옥, 낡을 대로 낡았다

남 ~ 극 대륙, ~ 극 탐험, ~ 녘 땅, ~ 측 대표단; 북 자기 극과 ~ 자기 극

남 ~ 동생 일파

남 ~ 몰래, ~ 부럽지 않다, ~ 에게 폐를 끼친다, ~ 탓 한다; 사돈 ~ 말 한다

남고부 ~ 단체전 결승

남근 ~ 선망, ~ 숭배

남긴다 악례를 ~, □에 손톱 자국을 ~, 여운을 ~, □을/를 ~, 족적을 ~, 판례를 ~

남녀 ~ 고용 평등 법 위반, ~ 노소, ~ 동권, ~ 를 불문 하고, ~ 불평등, ~ 의 생물학적 차이, ~ 차별 개선위; 알아 주는 ~ 평등 주의자

남는다 남아 돈다; 기억 속에 오래 ~, 길이 ~, 논쟁 거리로 ~, 미완성 상태로 남아 있다, 앙금이 ~

남도 ~ 민요

남루 ~ 하다

남류 ~ 한다

남매 ~ 중 막내; 사 ~, 우리 삼 ~, 이복 ~

남발 □을/를 ~ 한다

남방 ~ 루트, ~ 한계 선; 북방 식과 ~ 식

남부 ~ 에서 월동 한다, ~ 와 북부, ~ 지방, ~ 지청; 열도 ~, 중앙 아시아나 ~ 시베리아

남북국 ~ 시대 론, ~ 의 성립

남색 ~ 도라지 꽃 무늬, ~ 반 바지; 자주 색이나 ~

남서향 ~ 한다

남성 ~ 과 동등하다, ~ 우월 주의, ~ 우월 주의자

남성복 ~ 컬렉션

남성성 여성성과 ~

남성적 ~ 으로, ~ 인

남실남실 ~ 흐른다

남아 ~ 선호 사상

남용 ~ 과 오용, ~ 의 방지; □을/를 ~ 한다, 증언 거부 및 직권 ~, 직권 ~ 혐의

남우 아카데미 ~ 주연, 아카데미 ~ 조연상, 아카데미 ~ 주연 상

남인 ~ 의 거두

남자 ~ 로 환생 한다, ~ 부 무타페이, ~ 친구; 거구의 ~, 쌍둥이 ~ 애, 외간 ~

남작 허풍선이 ~

남정 뭇 ~

남조 ~ 류

남존 ~ 여비 사상

남진 ~ 정책

남짓 두 평 ~, 열 명 ~하다, 열흘 ~

남측 ~ 책임 론

남침 기습 ~, 북괴 ~

남편 ~ 내조와 자녀 양육; 난봉꾼 ~

남포 ~ 등 불 빛

남하 ~ 한다

남해 ~ 방조제; 서 ~로 유입 된다

남행 ~ 의 기차, ~ 한다

남향 ~ 으로 배치 된다, ~ 으로 배치 한다, ~ 한다

납 ~ 덩어리, ~ 독이 오른다, ~ 활자; 테트라에틸 ~

납골 ~ 묘

납도리 ~ 로 결구 한다

납득 □을/를 ~ 한다

납부 ~ 가산세율; 공과금 ~, 과세 ~ 세액 조회 서비스, 대금을 ~ 한다, 범칙금 ~, 부담금을 ~ 한다, 성실 ~자, 세금 ~, 시청료 ~ 거부, 신고 ~ 세액 공제, 예정 신고 ~ 세액, □을/를 ~ 한다, 인지세 ~ 실태, 종합 과세 ~ 세액, 텔레뱅킹 대금 ~ 서비스, 회비 ~, 회비를 ~ 한다

납북 ~ 된다, ~ 어부, ~ 자 문제

납세 ~ 의무자, ~ 지원 국장

납입 ~ 고지서, ~ 자본금; 보험료를 ~ 한다, □을/를 ~ 한다

납작 □에 ~ 엎드린다

납작 ~ ~ 하다; 동글 ~하다, 콧대를 ~ 하게 만든다

납치 ~ 사건 진상 조사위; □을/를 ~ 한다

납품 □에 ~ 한다, □을/를 ~ 한다

낫 ~ 과 망치, ~ 놓고 기역 자도 모른다; 쇠스랑이나 ~

낫다 나 진다; 꿈보다 해몽이 ~, 더 ~

낫운다 상처를 ~, □을/를 낫워 준다

낭 결막 ~

낭관 ~ 청사

낭독 ~ 식 식사; 공소장 ~, 논고문 ~과 최후 변론, 선언문을 ~ 한다, 시 ~회, □을/를 ~ 한다, 혼인 서약 ~

낭떠러지 ~ 로 추락 한다; 천 길 ~

낭랑 ~ 하다

낭만 고전 파와 ~ 파, 환멸의 ~ 주의

낭비 사치와 ~, 세비 ~, □을/를 ~ 한다, 정력의 ~

낭송 시 ~ 콩쿠르, 시 ~회, □을/를 ~ 한다

낭송가 시 ~

낭자 유혈 ~, 유혈이 ~하다

낭창 전신성 홍반성 ~, 홍반성 ~

낭창낭창 ~ 한다

낭패 어허 ~이로고

낮 ~ 과 밤, ~ 과 같이 밝다, ~ 이나 밤, ~ 잠을 늘어 지게 잔다, ~ 최고 기온; 늘어지게 ~ 잠을 잔다, 달디단 ~ 잠, 밤 ~ 가리지 않는다, 밤이고 ~이고

낮다 낙찰가가 ~, 운두가 ~

낮춘다 □을/를 ~

낯 ~ 모르는 사람, ~ 설고 물 설다, ~ 설지만은 않다, ~ 설지 않다, ~ 이 뜨거워진다, ~ 이 설다, ~ 이 익다, ~ 판때기를 쳐 든다

낯짝 ~ 두껍다

낱낱이 조목 조목 ~

낱말 ~ 이나 문장, ~ 조합 사전, ~ 퍼즐

낳는다 마굿간에서 ~, 아이를 ~, □을/를 ~, 첫 아들을 ~, 황금 알을 낳는 거위

내 구린 ~ 난다, 생선 비린 ~, 술 ~가 물컥 물컥 난다, 입에서 단 ~ 난다, 젖 비린 ~ 난다, 피 비린 ~ 난다

내 그린 벨트 ~, 뇌 실질 ~ 출혈, 단시일 ~, 두개 ~ 저혈압증, 두개 ~ 종양, 복강 ~ 장기, 빠른 시일 ~로, 상가 ~ 주차 빌딩, 세입 ~ 세출, 유역 ~ 행정, 조속한 시일 ~에, 직장 ~ 성 희롱, 최단 시일 ~, 학교 부지 ~ 가스 정압기 설치, 혈액 ~의 칼슘량, 회기 ~ 처리

내 참 ~

내 ~ ㅅ 가 조약돌, ~ ㅅ 물 한가운데 풍덩 빠진다

내 ~ ㅅ 가에서 낚시 한다

내 ~ 명의로 등기 한다, ~ 부탁을 들어준다, ~ 예상이 빗나간다, ~ 집 마련 주택 부금, ~ 코가 석 자다, ~ 탓이오; 이 ~ 신명 좋을시구

내각 ~ 의 합, ~ 제 개헌, ~ 책임 제, ~ 총사퇴; 거국 중립 ~, 중립 ~ 구성

내강 외유 ~ 형

내건다[내걸고 내걸어] 기치를 ~, □을/를 기치로 ~, 표어를 ~, 표제를 ~, 플래카드를 ~

내과 ~ 소아 과; 소화기 ~

내구 ~ 소비재 구입, ~ 연한

내국 ~ 세와 관세

내국인 ~ 과 외국인

내근 ~ 직

내기 모 ~ 전투, 모 ~ 철, 줄 모 ~를 한다

내내 오전 ~

내년 ~ 상반기

내년도 ~ 예산 안, ~ 예산 편성

내노라 ~ 한다

내달 ~ 중순

내던진다 헌신짝처럼 ~

내동댕이 수화기를 ~ 친다, □에 ~ 친다

내두른다[내둘러] 혀를 ~

내디딘다 거보를 ~, 첫 발을 ~

내딛는다[내딛어 내딛은] 첫 발을 ~

내란 ~ 음모

내려뜨린다 □을/를 ~

내력 무덤의 ~

내로라 ~ 한다

내륙 ~ 사구

내리 ~ 찌인다

내리깐다[내리깔고 내리깔아] 눈을 ~, □을/를 ~

내리꽂힌다 □에 ~

내리누른다[내리눌러] 무겁게 ~, □을/를 ~

내리닫는다[내리달아 내리달은] □으로/로 ~

내리닫이 ~ 겉 옷

내리막 ~ 길

내리쪼인다 석양이 ~

내리쬔다 내리쬐는 햇볕; 쨍쨍 ~, 포근히 ~

내리찍는다 단칼에 ~, 사정 없이 ~

내리친다 뒤통수를 빡 ~, □을/를 ~

내리훑는다 치훑고 ~

내린다 내림세로 돌아 선다; 가슴을 쓸어 ~, 가슴이 철렁 내려 앉는다, 검거 령이 내려 진다, 계엄 령이 내려 진다, 기득권을 내려 놓는다, 껍신껍신 떠 내려 온다, 녹아 ~, 단안을 ~, 닻을 ~, 대단원의 막을 ~, 덜컥 내려 앉는다, 덜컹 내려 앉는다, 둥둥 떠 내려 간다, 떠 내려 온다, 모든 업종이 내림세다, 물끄러미 내려다 본다, 봄 비가 ~, 봉당으로 내려 선다, 부슬부슬 ~, 빠안히 내려다 본다, 사뿐히 내려 앉는다, 소폭으로 ~, 수배 령을 ~, 수화기를 내려 놓는다, 써 내려 간다, 아득히 내려다 보인다, 어둑발이 ~, □에 뿌리 ~, □에 제재를 ~, □에게 대피 령을 ~, □에게 체포 령을 ~, □에서 뛰어 ~, 오르락 내리락 한다, 용단을 ~, □으로/루 내려 선다, □을/를 끌어 ~, □을/를 내려 놓는다, □을/를 내려 친다, □을/를 내려다 본다, □을/를 쓸어 ~, □을/를 탁자 위에 내려 놓는다, □이/가 철렁 내려 앉는다, 전세로 내려 앉는다, 주르르 흘러 ~, 주르륵 흘러 ~, 주의보가 내려 진다, 줄줄 흘러 ~, 차도로 내려 선다, 처벌을 ~, 체포 령이 ~, 추적추적 ~, 쿵 하고 내려 앉는다, 팽개치듯 내려 놓는다, 폭삭 내려 앉는다, 플랫폼으로 내려 선다, 하염없이 쓸어 ~, 한 눈에 내려다 본다, 한 눈에 내려다 보인다, 함박 눈이 펑펑 ~, 호수가 내려다 보인다, 훤히 내려다 보인다

내림 ~ 마루

내막 자궁 ~

내면 ~ 과 외면

내무 ~ 장관 직; 정통 ~ 관료

내무부 ~ 시가 표준액, ~ 장관, ~ 차관보

내밀 ~ 한

내밀린다 귀퉁이로 내밀린

내벽 자궁 ~

내복 메리야스 ~

내복약 ~ 요법

내부 ~ 간 커뮤니케이션, ~ 지분율, ~ 통제 메커니즘, ~ 표류민; 남북한 ~, 미공개 ~, 부당 ~ 거래, □으로/로 ~ 방침을 정한다

내부자 ~ 거래

내분비 ~ 교란 물질, ~ 질환

내빈 ~ 축사

내뺀다 □하구 같이 ~

내사 ~ 무마 청탁, ~ 에 착수 한다, ~ 종결

내색 겉으로 ~ 하지 않는다, □을/를 ~ 한다

내생 금생 그리고 ~

내성 제초제 ~, 항생제 ~

내셔널리즘 ~ 의 성립

내소주방 ~ 나인

내수 ~ 부진, ~ 와 수출, ~ 진작; 수출과 ~, 수출 및 ~, 투자 ~

내숭 ~ 떤다, ~ 을 떤다; 원단 ~

내쉰다 들이쉬고 ~

내습 ~ 한다

내시경 대장 ~ 검사, 위 ~

내신 ~ 과 수능; 고교 ~ 성적, 전근 ~

내실 ~ 을 기한다

내심 ~ 떨떠름하다

내압 두개 ~ 상승, 방광 ~ 측정법

내야 ~ 땅 볼; 이 루수 앞 ~ 안타

내역 원천 징수 ~, 통화 ~ 조회

내역서 제조 ~

내연 ~ 기관

내왕 □에 ~ 한다

내외 ~ 3 출목; 대통령 ~ 분

내외신 ~ 기자

내외종 ~ 간

내용 주요 개정 ~

내원 ~ 한다

내유 ~ 신령 외유 기화

내음 ~ 이 풍긴다

내일 ~ 모레, ~ 아침 신문, ~ 이나 모레; 오늘 그리고 ~, 오늘 ~ 한다

내일 ~ 이맘 때 쯤

내장 ~ 신경총

내재 □에 ~ 한다

내전 ~ 을 종식 한다; 국공 ~

내접 □에 ~ 한다

내정 ~ 간섭

내정 ~ 된다; 사전 ~, 왕세자 빈 ~

내조 남편 ~와 자녀 양육

내주 ~ 초

내지 사상사 ~ 지성사, 사실 주의 ~ 자연 주의

내지른다[내질러] 내지르는 고함

내출혈 ~ 의 계절

내측 ~ 융대, ~ 전정, ~ 종속, ~ 측두엽

내친다 기왕 내친 김에

내킨다 내킨 김에; 선뜻 내키지 않는다, 썩 내키지 않는다

내통 □과/와 ~ 한다

내팽개친다 내팽개쳐 둔다

내포 ~ 된다; 논제에 ~ 되어 있다, 외연과 ~, □을/를 ~ 한다

내피 ~ 세포 막; 혈관 ~ 세포

내한 ~ 공연, ~ 한다

내화 체제 ~

내화 ~ 벽 돌

낸다 잘라 ~

낸다 내 버려 둔다; 가슴을 도려 내는 아픔, 간장을 도려 내는 아픔, 간판을 내 건다, 간판이 내 걸린다, 감회를 내 비친다, 거보를 내 디딘다, 거침 없이 내 쏟는다, 게워 ~, 결판을 ~, 경품으로 내 건다, 고개를 내 젓는다, 곱게 가루를 ~, 공약으로 내 건다, 그 대로 내 버린다, 긴 숨을 내 쉰다, 긴 한숨을 내 쉰다, 길게 연기를 내 뿜는다, 깊은 한숨을 내 쉰다, 넌덜머리를 ~, 독을 빨아 ~, 매연을 내 뿜는다, 명부를 빼 ~, 명함도 내 밀지 못한다, 문제를 ~, 물고를 ~, 미련 없이 사표를 ~, 바깥을 내어다 본다, 밥만 축 ~, 버럭 성 ~, 버럭 역정을 ~, 벗겨 ~, 볼따구니에 생채기를 ~, 분가계를 ~, 빚 ~, 빻아서 가루를 ~, 뾰조록이 내 민다, 사고를 ~, 살을 도려 내는 아픔, 상금을 내 건다, 생색을 ~, 석탄을 캐어 ~, 설명도 없이 내 팽개 친다, 성명을 ~, 세금을 ~, 소음을 ~, 속력을 내 달린다, 솎아 ~, 손을 내 젓는다, 쇳소리를 ~, 신경질 ~, 신경질을 ~, 심장을 도려 내는 아픔, 쌕쌕 숨 소리 ~, 쑥 내 민다, 씨를 발라 ~, 악마를 불러 ~, 안도의 숨을 내 쉰다, 안도의 한숨을 내 쉰다, --어/아 ~, 어디 내 놓아도 손색이 없다, 어음을 부도 ~, 얼굴을 내 민다, 엄두조차 내지 못한다, 엉엉 소리 내 운다, □에 내 걸린다, □에 내 맡긴다, □에 내 몰린다, □에 도전장을 내 민다, □에 불을 ~, □에 싫증을 ~, □에 첫 발을 내 디딘다, □에 첫 발을 내 딛는다, 오리 발을 내 민다, 오물 퍼 ~, 오히려 역효과를 ~, 외야 플라이로 잡아 ~, 욕심을 ~, 우벼 ~, 울궈 ~, 울컥 내 밀친다, 유리 종 소리를 ~, 유치원비 ~, □으로/로 내 돌린다, □으로/로 내 몬다, □으로/로 내 몰린다, □으로/로 내 밀린다, □으로/로 발령 ~, □으로/로 빠끔히 내어다 보인다, □으로/로 뿌적뿌적 밀어 ~, --을/ㄹ 엄두를 ~, □을/를 갈라 ~, □을/를 가려 ~, □을/를 겁 ~, □을/를 골라 ~, □을/를 고장 ~, □을/를 긁어 ~, □을/를 끄집어 ~, □을/를 끌어 ~, □을/를 끝 ~, □을/를 끝장 ~, □을/를 내 간다, □을/를 내 건다, □을/를 내 놓는다, □을/를 내 두른다, □을/를 내 드린다, □을/를 내 디딘다, □을/를 내 딛는다, □을/를 내 맡긴다, □을/를 내 먹는다, □을/를 내 민다, □을/를 내 뱉는다, □을/를 내 본다, □을/를 내 보인다, □을/를 내 비친다, □을/를 내 뻗친다, □을/를 내 뽑는다, □을/를 내 뿜는다, □을/를 내 세운다, □을/를 내 쉰다, □을/를 내 쏟는다, □을/를 내 젓는다, □을/를 내 준다, □을/를 내 지른다, □을/를 내어다 본다, □을/를 도려 ~, □을/를 득점 없이 끝 ~, □을/를 들어 ~, □을/를 들춰 ~, □을/를 따 ~, □을/를 떨어 ~, □을/를 떠 ~, □을/를 뜯어 ~, □을/를 막아 ~, □을/를 몰아 ~, □을/를 밀어 ~, □을/를 발라 ~, □을/를 밝혀 ~, □을/를 부도 ~, □을/를 불러 ~, □을/를 빚어 ~, □을/를 빚 ~, □을/를 빨아 ~, □을/를 빼 ~, □을/를 뽐 ~, □을/를 뽑아 ~, □을/를 뿜어 ~, □을/를세 ~, □을/를 써 ~, □을/를 알아 ~, □을/를 요절 ~, □을/를 우려 ~, □을/를 입 밖에 ~, □을/를 잡아 ~, □을/를 자아 ~, □을/를 집어 ~, □을/를 지어 ~, □을/를 짜 ~, □을/를 찾아 ~, □을/를 축 ~, □을/를 캐어 ~, □을/를 타 ~, □을/를 탐 ~, □을/를 파 ~, □을/를 펴 ~, □을/를 포옥 내 쉰다, □을/를 폭 내 쉰다, □을/를 퍼 ~, □을/를 해 ~, □을/를 혼 ~, □을/를 훔쳐 ~, □을/를 흉내 ~, □의 걸음걸이를 흉내 ~, 잇새로 뿌적뿌적 밀어 ~, 입을 삐죽 내 민다, 입을 삐죽이 내 민다, 입을 삐쭉 내 민다, 입술을 삐쭉 내 민다, 자동차가 내 뿜는 오염, 자퇴원을 ~, 재물을 탐 ~, 전쟁 터로 내 몬다, 지겨움을 참아 ~, 지어 낸다니, 짜증 ~, 짜증을 ~, 짧은 한숨을 내 쉰다, 짬을 ~, 차질을 빚어 ~, 창 밖만 내어다 본다, 창 밖을 내어다 본다, 칼로 도려 ~, 토해 ~, 톡톡히 해 ~, 통계를 ~, 파열 음을 ~, 펑크 ~, 포볼로 내 보낸다, 푸욱 내 쉰다, 해 내고야 만다, 한 귀퉁이로 내 밀린다, 한 발 한 발 내 딛는다, 한 치 앞도 내어다 보지 못한다, 한 치 앞을 내어다 보지 못한다, 한 턱 ~, 한숨을 푹 푹 내 쉰다, 한숨을 후 내 쉰다, 헌 신짝처럼 내 버린다, 혀를 쏙 내 민다, 혼 내 준다, 화 ~, 환풍기를 뜯어 ~, 환호성을 내 지른다, 휘휘 내 젓는다, 휙 내 던진다, 휴학계를 ~, 흉내 내면서 놀린다, 힘 ~

낼 ~ 부텀, ~ 아침

낼름거린다 □을/를 ~, 혀를 ~

냄비 ~ 뚜껑; 양은 ~

냄새 ~ 가 물컥 난다, ~ 가 물큰 스친다, ~ 가 코를 찌른다, ~ 를 맡아 본다; 달짝한 ~, 닭 똥 ~, 산 박하 ~, 소독 약 ~, 송진 ~, 시궁 ~, 썩는 ~가 진동 한다, 아카시아 꽃 ~, 젖 ~가 난다, 퀴퀴한 ~, 크레졸 ~, 화독 ~와 쓴 맛, 화약 ~

냅다 ~ 꼬지른다, ~ 욕지거리 한다, ~ 쥐어 박는다

냉가슴 ~ 을 앓는다; 벙어리 ~ 앓듯, 벙어리 ~ 앓이

냉각 ~ 된다

냉기 ~ 가 감돈다

냉난방 ~ 설비

냉냉 ~ 하다

냉담 ~ 하다

냉동 ~ 건조 공법, ~ 건조 된다, ~ 건조 커피, ~ 건조법, ~ 보관, ~ 운반선; 잉여 ~ 배아

냉동실 ~ 에 얼린다

냉랭 ~ 하다

냉면 중화 ~, 회 ~

냉소 ~ 와 혐오

냉수 ~ 한 사발, ~ 혹은 온수

냉엄 ~ 한 현실

냉연 ~ 강판

냉온수 ~ 세척법

냉이 ~ 나 쑥

냉장 ~ 보관, ~ 창고

냉장고 ~ 나 세탁기; 김장 독 ~, 양 문형 ~

냉전 ~ 이후 시대, ~ 종식, ~ 체제가 붕괴 된다, ~ 체제 종식; 동서 ~

냉정 ~ 을 되찾는다, ~ 하다, ~ 히 따진다

냉증 ~ 과 대하증, ~ 케어, ~ 탈출 대작전; 수족 ~

냉찜질 ~ 한다

냉채 해파리 ~

냉철 ~ 하다, ~ 히 분석 한다

냉큼 ~ 되받는다

냉해 ~ 와 병충해

냉혹 ~ 하다

냠 ~ ~

냥 댓 ~, 말 한 마디로 천 ~ 빚을 갚는다, 사백 ~, 사천 ~, 오십 ~, 천 ~ 빚, 천 ~ 짜리 어음

너 ~ 죽고 나 죽자

너그러이 ~ 용서 한다

너그럽다[너그러워 너그러운] 너그럽게 보아 준다

너끈 ~ 하다

너댓 ~ 살

너더분 ~ 하다

너덜 ~ ~ 하다

너르다[널러] 너른 들, 너른 마당, 너른 벌판

너머 담 ~, 들창 ~, 서산 ~, 어깨 ~로, 유리 창 ~, 지평 선 ~ 아침 노을, 창 유리 ~

너무 ~ 멋 있다

너부러진다 너부러져 있다

너스레 ~ 를 떤다

너울너울 ~ 춤을 춘다, ~ 춤 춘다

너저분 ~ 하다

너절 ~ 하다

너털거린다 □하고 ~

너털웃음 ~ 을 웃는다

너희 ~ 나중

넉 ~ 달; 수건 ~ 장, 우표 ~ 장, 종이 ~ 장, 차 표 ~ 장

넉넉 ~ 하다

넉살 ~ 좋다

넋 ~ 의 구원자

넌다[널고 널어] 빨래를 ~, □에 널어 놓는다, □을/를 ~

넌더리 ~ 가 난다

넌덜머리 ~ 를 낸다

널리 ~ 보급 한다, ~ 알린다, ~ 유포 한다, ~ 퍼진다

널린다 널린 서점, 널려 있다; 어지러이 ~, 어지럽게 ~, 지천에 ~, 지천으로 ~, 천지에 널려 있다

널부러진다 널부러져 있다

널브러진다 널브러져 있다; □에 ~

널찍 ~ 하다

널평상 ~ 위

넓다 오지랖 ~, 오지랖이 ~, 폭 넓은 인맥

넓다듬이 ~ 를 한다

넓데데 ~ 하다

넓이 ~ 와 높이; 깃 ~와 동정, 높이와 ~

넓적 둥글 ~하다

넓적넓적 ~ 하다

넓죽 ~ 하다

넓직 ~ 하다

넓힌다 견문을 ~, 반경을 ~, 선택의 폭을 ~, □을/를 ~, 좁힘과 넓힘

넘긴다 농담으로 받아 ~, □에게 떠 ~, 역술 책을 ~, 올백으로 ~, □을/를 넘겨 받는다, □을/를 넘겨다 본다, □을/를 떠 ~, □을/를 지레 넘겨다 본다, □을/를 팔아 ~, 재치 있게 받아 ~, 즉결 심판에 ~, 한 장 한 장 ~, □한테 □로 넘겨 준다

넘나든다[넘나들고 넘나들어] 넘나들면서 지나 간다; 경계 선을 ~, 다양한 예술 사조를 ~, 운하를 ~, □을/를 ~

넘는다 넘어야 할 산; 꺽꺽 숨 넘어 간다, 꿀떡 넘어 간다, 농간에 넘어 간다, 도를 넘은 연예인 막말, 등성이를 넘어 간다, 속아 넘어 간다, 어물쩍 넘어 간다, 어물쩡 넘어 간다, 에나리 ~, □을/를 넘어 선다, □을/를 넘어 온다, □을/를 뛰어 ~, □을/를 훌쩍 뛰어 ~, □의 한계를 ~, □이/가 ~, 자진 가락으로 넘어 간다, 창 턱을 넘어 온다, 침이 꼴깍 넘어 간다

넘본다 □을/를 ~

넘사 ~ 소리

넘석 ~ 한다

넘실거린다 화면 가득히 ~

넘어진다 꽈당 ~, 땅 바닥에 ~, 설해목 ~, □을/를 걸고 ~

넘차 ~ 어와호; 어화 ~

넘친다 넘침 효과, 넘쳐 흐른다; 긴장미가 흘러 ~, 끓어 ~, 매력이 ~, 박진감 ~, 분에 ~, 사실감 ~, 철철 ~, 활기에 ~, 활력이 ~

넙다리 ~ 네모 근

넙떡수 호박소 ~

넙적 ~ 하다

넙죽 ~ 엎드린다

넝쿨 ~ 째 굴러 든다; 다래 ~, 포도 ~, 호박 ~, 호박이 ~ 째 굴러 들어 온다

넣는다 곰방 담뱃대에 엽초를 ~, 구렁텅이로 몰아 ~, 국수 틀에 ~, 궁지에 몰아 ~, 김치에 젓갈을 ~, 도가니로 몰아 ~, 메스플라스크에 ~, 생기를 불어 ~, 양편 넣기, □에 생명을 불어 ~, □에 우겨 ~, □에 집어 ~, □에 쳐 ~, 용문을 직금으로 ~, □으로/로 몰아 ~, □을/를 불어 ~, □을/를 입 안에 털어 ~, 주유소에서 휘발유를 ~, 추어탕에 산초를 ~, 통자를 ~, 파멸로 몰아 ~, 팥 소를 ~, 한 편 넣기, 혼란으로 몰아 ~, 활기를 불어 ~, 활력을 불어 ~

네 늬 ~ 아버지, 맏손자 ~, 산 토끼 ~ 굴 속, 아낙 ~, 예펜 ~, 할먼 ~, 할배 ~ 복숭아, 회장 ~ 막내 딸

네 ~ 가지 식이 요법, ~ 모 기둥을 세운다, ~ 모 꼴 글자, ~ 모 반듯하다, ~ 모 번듯하다, ~ 발 자전거, ~ 살 연하, ~ 살 터울, ~ 살바기, ~ 살박이, ~ 살배기, ~ 잎 클로버, ~ 편의 사중주; 동서남북 ~ 방향, 새우 ~ 마리, 스물 ~ 시간, 열 ~ 살

네 ~ 멋 대로 해라, ~ 분수를 알아라

네가티브 ~ 하다

네거티브 ~ 캠페인

네깐 ~ 놈

네모 ~ 난 연 못, ~ 지게 썬다; 넙디리 ~ 근

네온 ~ 간판

네월 세월아 ~아

네이스 학교 별 ~

네트 ~ 를 가른다, ~ 윈 쪽 상단, ~ 의 높이; 골 ~를 흔든다

네트워크 ~ 로 연대 한다, ~ 마케팅; 원격 학습 ~, 홈 ~ 솔루션

넥타이 ~ 맨다, ~ 핀; 나비 ~를 맨다, 양복과 ~

녁 이 ~ 안

년 2000 ~ 대 초반, 2000 ~ 대 초반기, 2007 ~ 당기 순이익, 90 ~ 대를 풍미한다, 90 ~ 대 중반 쯤, 90 ~ 대 중반기, 90 ~ 대 후반, 90 ~ 대 후반기, 구십 ~ 대, 기원 전 10000 ~, 기원 전 5000 ~, 기원 후 475 ~, 몇 십 ~, 반 만 ~ 역사, 백 ~ 가약을 맺는다, 백 ~ 대계, 백 ~ 뒷세상, 백 ~ 해로의 가약을 맺는다, 사십구 ~ 설법, 삼 ~ 간, 삼 ~ 개근 상, 삼 ~ 거치, 삼 ~ 아래, 삼 ~ 전 쯤, 삼 ~ 탈상, 삼 ~ 후 쯤, 삼 사 ~, 삼천 ~ 덕업, 서기 2047 ~, 서기 이천사십 ~, 수 ~ 간, 수 ~ 전, 십 ~ 래, 십 ~ 만에, 십 ~ 묵은 체증, 십 수 ~, 오륙 ~, --은/ㄴ 지 사 십 삼 ~ 된다, 을축 ~ 대홍수, 을해 ~, 이 ~ 우려 먹는다, 이백수십 ~, 이십 ~, 일 ~ 열 두 달, 일 ~ 이상의 징역이나 금고, 천 ~ 만 ~ 산다, 천만 ~ 뒷세상에 전한다, 천오륙백 ~, 칠 ~, 칠팔 ~, 팔십 ~ 대, 현재 근속 ~ 수

년 공순이 ~, 에끼 이 ~, 이 개 같은 ~

년 이 ~아, 이 ~ 저 ~

년 ~ 놈들

년대 1920 ~ 대공황, 1970 ~ 오일 쇼크

년도 과세 ~

년도 구십 이 ~

년월일 ~ 의 등록; 창작 ~, 최초 공표 ~, 최초 발행 ~

년차 삼 ~ 레지던트, 이 ~ 레지던트, 일 ~ 레지던트, 입단 이 ~

녘 남 ~ 땅, 북 ~ 동포, 북 ~ 땅, 어스름 ~, 해 저물 ~, 해 질 ~까지, 해 질 ~에, 황혼 ~

노 ~ 를 젓는다, ~ 젓는다

노·농 ~ 조합 운동; 혁명적 ~ 조합

노가다 ~ 판

노가리 ~ 깐다

노고 ~ 를 치하 한다, ~ 와 희생

노고지리 ~ 우짖는다

노곤 ~ 하다

노골적 ~ 으로, ~ 인; □을/를 ~으로 드러낸다

노광 ~ 공정

노구 칠십 ~

노기 ~ 띤다

노년 ~ 층을 대상으로, ~ 층의 질환; 멋진 ~

노년기 ~ 지모

노농 ~ 계급, ~ 조합 운동

노닌다[노닐고 노닐어] 오락 가락 ~, 젖소들이 ~

노동 ~ 가치 설, ~ 과부하, ~ 관계 법 개정, ~ 법 개정, ~ 복지, ~ 시간 단축, ~ 쟁의, ~ 착취; 가사 ~, 감정 ~, 단순 ~ 직, 부당 ~ 행위, 부불 ~, 사무 직 여성 ~자, 성 별 ~ 분업, 이민 여성 ~자 보호회, 일용 직 ~자, 자본가와 ~자, 정규 직 ~자, 환경 ~ 위원장

노동력 값 싼 ~

노동절 해방절과 ~

노들목 ~ 객주 집

노랑 ~ 저고리와 분홍 치마; 눈 부신 ~, 빨강과 ~

노랗다 노란 꽃술, 노란 딱지, 노란 런닝 샤쓰, 노란 색 소형 버스, 노란 색을 띤다, 노란 손 수건, 노란 웃도리, 노란 장미 한 송이, 노란 체육복, 노래 진다

노래 ~ 또는 악곡, ~ 비 건립, ~ 한 곡; 가릉빈가의 ~소리, 용신 맞이 ~, 콧~를 부른다, 흥얼흥얼 콧~ 부른다

노랭이 ~ 깡패; 빤짝이 ~

노략질 ~ 한다

노력 ~ 을 경주 한다; 각고의 ~, 백방으로 ~ 한다, 부단한 ~, 자구 ~, 재발 방지 ~, 피 나는 ~, 해고 회피 ~

노련 ~ 미, ~ 하다

노르께 ~ 하다

노르끄레 ~ 하다

노르스름 약간 ~하다

노른자 계란 ~, 달걀 ~

노름 야바위 ~

노릇 ~ 을 한다, ~ 하다; 귀신이 곡 할 ~이다, 기가 찰 ~이다, 선전원 ~ 한다, 앞잡이 ~, 홀시어머니 ~, 환장 할 ~이다

노릇노릇 ~ 하다

노리께 ~ 하다

노린다 구호 물자를 ~, 뚫어 지게 노려 본다, 번갈아 노려 본다, □을/를 노려 본다, 일확천금을 ~, 호시탐탐 ~

노마드족 잡 ~

노망 ~ 기가 있다, ~ 을 한다

노무 ~ 관리; 단순 ~ 직

노무자 징용 ~

노반 ~ 과 복발

노발대발 ~ 한다

노비 솔거 ~, 외거 ~

노사 ~ 간 합의, ~ 동수; 불법 ~ 분규

노상 ~ 방뇨 한다

노선 ~ 재검토위; 반분단 ~, 반탁 ~, 병진 ~, 선명 ~을 걷는다, 좌우 합작 ~, 지하철 ~, 찬탁 ~

노소 남녀 ~

노쇠 ~ 하다

노숙 ~ 자 대책 종교 시민, ~ 자 쉼 터, ~ 한다; 실직 ~자 대책

노숙 ~ 하다

노숙인 ~ 쉼 터

노심초사 ~ 한다

노안 ~ 과 백발

노역 강제 ~

노역장 ~ 유치

노예 ~로 부린다, ~ 소유자; 가내 ~, 일본 군 성 ~

노을 ~에 물 든다, ~이 붉다; 붉디붉은 ~, 지평 선 너머 아침 ~

노이즈 시야의 ~

노익장 ~을 과시 한다

노인 ~ 구국 결사대, ~ 복지 원, ~ 요양원; 독거 ~, 의탁 ~

노임 ~ 단가 상승; 정부 ~ 단가

노장 백전 ~, 불교와 ~ 사상

노점 헌 책 ~

노점상 ~ 단속

노정 ~과 행궁; 거둥 길 ~

노조 ~ 전임자 임금 지급, ~ 집행 부, ~ 측 교섭; 교원 ~, 보건 의료 ~, 산별 ~, 운송 하역 ~, 지역 택시 ~

노천 ~ 까페, ~ 목욕 탕, ~ 카페

노출 ~을 꺼린다, ~이 큰 영상; 무방비 상태로 ~ 된다, 성기 ~, 속 옷 ~ 사고, □에 ~ 한다, □을/를 적나라하게 ~ 한다, 팬티 ~

노출기 순간 ~

노크 ~ 소리; □을/를 ~ 한다

노트 ~ 복사본; 사생 ~, 습작 ~, 오답 ~나 요약집, 창작 ~

노파 전당포 ~

노화 ~ 방지; 전분의 ~

노회 ~ 하다

노획 ~한 물건; □을/를 ~ 한다

녹 ~ 슨다, ~이 슨다

녹는다 녹아 내린다; 눈 녹듯 ~, 눈 녹듯 사라진다, 눈 녹듯이 사라진다, 밀초처럼 ~, 봄 눈 녹듯이, 사르르 녹아 든다, 스르르 ~, 애 간장이 ~, □에 녹아 든다, 쏠딱 ~

녹두 ~ 전분, ~ 팩; 오미자 국에 ~ 녹말

녹록 ~ 하지 않다

녹말 ~ 다식; 생강 ~, 오미자 국에 녹두 ~

녹색 ~ 마케팅, ~ 운전 면허 소지자, ~ 환경 신탁 통장

녹원 ~의 천사

녹유 ~를 바른 기와

녹음 ~ 테이프, ~ 한다

녹음기 카세트 ~

녹의 ~ 홍상

녹인다 □을/를 ~

녹작지근 ~ 하다

녹지 자연 ~ 보전

녹차 ~나 감 잎 차

녹초 ~가 된다

녹취 ~ 테이프

녹화 야외 ~

녹황 ~색 채소

논 ~과 밭, ~ 닷 마지기, ~ 두렁 밭 두렁, ~ 열 마지기, ~이나 밭, ~ 임자, ~ 한 마지기; 다랑이 ~, 다랭이 ~, 두 벌 ~ 매기, 두레 ~ 일, 등기부 등본과 ~ 문서, 밭 도랑 ~ 두렁, 세 벌 ~ 매기

논거 귀납적 ~, 연역적 ~

논고문 ~ 낭독과 최후 변론

논급 □에 ~ 한다

논다[놀고 놀아] 놀새 놀새; 농간에 놀아 난다, 마음껏 뛰어 ~, 빈둥빈둥 ~, 빈들빈들 ~, 사시 장천 ~, □에 놀러 간다, 이태백이 놀던 달, 장난 감을 갖고 ~, 장난에 놀아 난다

논다니 ~ 계집, ~ 잡색; 사당 패 ~

논란 ~ 을 잠 재운다, ~ 을 종식 시킨다, ~ 의 여지, ~ 이 인다; 표절 ~, 학력 허위 기재 ~, 형평성 ~

논리 ~ 보다는 직관; 삼분법 ~, 척사 위정 ~

논리력 ~ 과 분석력

논문 ~ 과 저서, ~ 심사, ~ 작성, ~ 초안, ~ 투고; 석사 ~, 석사 학위 ~, 저서나 ~, 학술지 게재 ~

논문지 학술 ~

논박 □을/를 ~ 한다

논법 삼단 ~, 순환 ~, 유추 ~

논변 사단 칠정 ~, 인성 물성 동이 ~

논설 ~ 위원, ~ 주간; 허통스러운 ~

논술 ~ 고사; □에 대한 ~

논술문 처녀작 ~

논외 ~ 로 한다

논의 □을/를 ~ 한다

논쟁 ~ 거리로 남는다; 공소한 ~, 구성체 ~, 법리 ~, 상당한 ~ 거리, 안락사의 도덕성 ~, 인물성 동이 ~, 찬반 ~, 합법적 ~, 해 묵은 ~

논저 ~ 목록; 참고 ~, 학술 ~ 글 쓰기

논점 ~ 을 이탈 한다

논제 ~ 에 내포 되어 있다, ~ 표지

논제로섬 ~ 게임의 영역

논증 ~ 의무; 설명과 ~

논파 □을/를 ~ 한다

논평 ~ 위원; 보도와 ~

논한다[논해] □을/를 ~

놀 ~ 이 잦아든다; 붉은 ~

놀라움 ~ 을 금한다

놀란다 놀란 기색; 깜짝 깜짝 ~, 꿈칠 ~, 소스라치게 ~, 소스라쳐 ~, 화들짝 ~, 흠칫 ~

놀린다 놀림 감이 된다, 놀림 거리가 된다; 손 놀림, □을/를 ~, 입정을 ~, 주둥아리를 함부로 ~, 할미를 ~, 흉내 내면서 ~

놀아난다 놀아나는 꼭둑각시

놀이 ~ 방이나 탁아 원; 고무 줄 ~를 한다, 공 ~를 한다, 까꿍 ~ 판, 꼭두각시 ~, 끝 말 잇기 ~, 무동 ~, 무동 답교 ~, 밤 벚꽃 ~, 뱃~를 한다, 벅고 ~, 세시 ~, 세시 풍속 ~, 오감 발달 ~, 풍물 ~, 화투 ~

놈 개 ~의 새끼, 고 ~의 계집 애, 고얀 ~ 같으니라고, 고연 ~, 고이안 ~, 고이연 ~, 네깐 ~, 년 ~들, 도둑 ~ 수작, 도둑 ~ 심보, 상종 못할 ~, 암 ~과 숫~, 암 ~과 수 ~, 약아 빠진 ~, 언 ~, 에끼 무정한 ~, 웬 ~, 이 ~아, 이 ~우 개 새끼, 이 ~의 집 구석, 이마에 피도 안마른 ~, 정 칠 ~, 죄 도둑 ~이다, 촌 ~

놋 ~ 쇠 재 떨이, ~ 재 떨이, ~ 쟁반, ~ 주걱, ~ 주발

농가 ~ 및 어가, ~ 소득, ~ 주택; 양계 ~, 축산 ~

농간 ~ 에 넘어 간다, ~ 에 놀아 난다, ~ 을 부린다; 세곡 ~

농경 ~ 과 목축, ~ 사회, ~ 풍습; 목축 ~ 혼합 경제

농경지 침수 ~

농공 ~ 단지

농과 ~ 대학

농구 ~ 공

농구화 ~ 를 신는다

농기계 ~ 수리점

농기구 철제 ~

농담 ~ 반 진담 반으로, ~ 으로 받아 넘긴다; 실없는 ~

농도 식염 ~, 식염의 ~, 실내 라돈 ~, 테스토스테론 ~, 혈중 알코올 ~, 혈중 칼슘 ~

농락 ~ 당한다; □을/를 ~ 한다

농루 치조 ~, 치주 ~

농림 ~ 수산 부 장관, ~ 수산업, ~ 수산물, ~ 수산성, ~ 수산품, ~ 어업, ~ 해양 수산 부; 국회 ~ 수산위, 국회 ~ 해양 수산 위원회

농림부 ~ 기획 관리 실장

농무 ~ 부

농민 ~ 에게 분급 한다, ~ 회 분회; 가톨릭 ~회, 갑오 ~ 전쟁, 갑오 ~ 혁명, 갑오 동학 ~ 혁명, 군 ~회, 기층 ~ 층, 농노적 ~, 무전 ~, 세기 ~ 항쟁, 양인 ~ 층, 전국 ~회 총연맹

농번기 바쁜 ~

농법 유기 ~, 화전 ~

농사 ~ 의 풍흉; 닷 마지기 쌀 ~, 떡 쌀 ~, 비닐 하우스 ~, 양파 채종 ~

농산 ~ 가공품의 관세율

농산물 ~ 과 식품; 무농약 유기 ~, 우리 ~ 애용, 유기 ~ 직거래, 유전자 변형 ~, 유전자 조작 ~, 잉여 ~

농산품 유기 ~

농성 단식 ~, 밤 샘 ~, 연좌 ~, 점거 ~ 한다, 철야 ~

농수산물 ~ 시장

농악대 고적대와 ~

농약 ~ 과 비료, ~ 과 화학 비료, ~ 에 찌든다, ~ 을 뿌린다, ~ 중독, ~ 칠갑; 독한 ~, 맹독성 ~, 비료나 ~, 비료와 ~

농어 ~ 돔

농어민 ~ 부채 후계자, ~ 후계자 선정

농어촌 ~ 구조 개선, ~ 발전 특별 조치법, ~ 정주, ~ 지도자 반, ~ 진흥 공사, ~ 특별세

농업 ~ 과 목축, ~ 관련 직, ~ 기반 공사, ~ 에 종사 한다, ~ 용수, ~ 협동 조합, ~ 협동화; 농림수산부 ~ 협력 통상관, 식량 ~ 기구, 중앙의 ~ 위원회

농염 ~ 한 여인, ~ 한 자태

농외 ~ 소득

농원 자연 ~

농자금 상반기 ~

농작물 ~ 에 중금속이 있다; 유전자 변형 ~

농장 과수 ~, 국영 ~, 사탕 수수 ~, 오소리 ~, 협동 ~

농정 개방 ~, 주곡 증산 ~

농증 전도성 ~

농지 ~ 개간, ~ 개량 조합, ~ 개량 조합비, ~ 구입 자금, ~ 소유 상한, ~ 조성비; 자경 ~

농촌 ~ 지도 소장, ~ 지도소, ~ 진흥 청

농축 ~ 대두 단백, ~ 된다, ~ 우라늄; 우라늄 ~ 공장, 우라늄 ~ 시설

농축체 신경 섬유성 ~

농탕 ~ 을 친다

농투성이 산 골 ~

농후 ~ 사료와 조사료; 색채가 ~하다, --을/ㄹ 조짐이 ~하다

높다 높은 불만도를 나타낸다, 높은 불만도를 보인다, 높은 재인도; 격조 ~, 고대광실 높은 집, 극 중 비중이 ~, 낙찰가가 ~, 성공 확률이 ~, 악명 ~, 월등히 ~, □을/를 강도 높게 비판 한다, 의존도가 지나치게 ~

높다랗다 높다란 빌딩, 높다랗게 솟는다

높이 ~ 쳐 든다, ~ 치켜 든다, ~ 평가 한다, ~ 헹가래 친다; 기치를 ~ 든다

높이 ~와 넓이; 넓이와 ~, 네트의 ~, 누하주의 ~

높인다 언성을 ~, □을/를 ~, □을/를 소리 높여 외친다, 친밀도를 ~

높직 ~ 하다

놓는다 가만 놓아 둔다, 감 놓아라 대추 놓아라 간섭 한다, 궤변을 늘어 ~, 기득권을 내려 ~, 꾸어다 놓은 보릿자루, 낫 놓고 기역 자도 모른다, 다리를 ~, 다시 원상태로 돌려 ~, 돈 놓고 돈 먹는다, 돌을 놓아 간다, 동렬에 ~, 뒤 바꿔 ~, 만사 제쳐 놓고, 맞불을 ~, 바둑 포석처럼 늘어 ~, 밤 하늘을 수 ~, 밤 놓아라 대추 놓아라 한다, 변명만 늘어 ~, 빼 놓을 수 없다, 산소에 상 돌을 ~, 속내를 털어 ~, 수화기를 내려 ~, --어/아 ~, 어디 내 놓아도 손색이 없다, 엄포를 ~, □에 널어 ~, □에 놓아 둔다, □에 올려 ~, □에 절병통을 ~, 열 일 제쳐 놓고, □으로/로 돌려 ~, □으로/로 밀쳐 ~, 으름장을 ~, 으름짱을 ~, □을/를 갈라 ~, □을/를 내 ~, □을/를 내려 ~, □을/를 놓아 간다, □을/를 놓아 준다, □을/를 늘어 ~, □을/를 둘러 ~, □을/를 들여 ~, □을/를 빼 ~, □을/를 솔직하게 털어 ~, □을/를 수 ~, □을/를 올려 ~, □을/를 장황하게 늘어 ~, □을/를 탁자 위에 내려 ~, □을/를 털어 ~, □을/를 터 ~, □을/를 풀어 ~, 잡상을 늘어 ~, 장광설을 늘어 ~, 장달음을 ~, 쟁여 ~, 전세 ~, 정상으로 돌려 ~, 제 자리에 갖다 ~, 줄행랑을 ~, 짓이겨 ~, 초석을 ~, 퇴짜 ~, 팽개 치듯 내려 ~, 푸념을 늘어 ~, 한 번 발을 들여 ~, 한 시름 ~, 행짜를 ~, 헤살을 ~, 훼방 ~, 흉금을 터 ~

놓는다 따 놓은 당상이다, 차려 놓은 밥상, 파 놓은 함정

놓아둔다 놓아둔 향탁

놓여난다 □에서 ~

놓인다 가로 놓여 있다, 가지런히 ~, 느런히 ~, 덩그러니 ~, □에 가로 ~, 영향력 하에 ~

놓친다 놓칠세라; 막배를 ~, □을/를 ~, 혼기를 ~

뇌 ~ 관류압, ~ 교각 신경 핵, ~ 동맥 경화성 치매, ~ 동맥의 경화, ~ 신경 마비, ~ 실질 내 출혈, ~ 와 척수, ~ 의 추출물, ~ 저부, ~ 진탕, ~ 척수액 당분, ~ 출혈, ~ 탈출증, ~ 파 검사, ~ 파 검사법, ~ 파 소견, ~ 허혈 상태, ~ 혈관 장애, ~ 혈관 장해, ~ 혈관 질환, ~ 혈관 촬영술, ~ 혈류; 소뇌 ~ 교각 종양, 오른 ~와 왼 ~, 좌 ~, 좌우 측 ~

뇌간 ~ 망상체, ~ 병변

뇌교 ~ 망상체 형성, ~ 및 연수, ~ 병변, ~ 소뇌 변성, ~ 하부; 올리브 ~ 소뇌, 외측 ~ 피개, 중뇌 및 ~ 피개

뇌까린다 혼자 말로 ~

뇌량 ~ 절개술, ~ 절제술, ~ 팽대부

뇌리 ~ 에 생생하다; 생각이 ~를 스친다

뇌물 ~ 공여, ~ 수수 죄, ~ 수수 혐의, ~ 외유, ~ 을 받은 혐의; 금품이나 향응 또는 ~, 신종 ~ 전달법

뇌병증 간성 ~, 대사성 ~

뇌성 ~ 마비

뇌성 ~ 벽력

뇌실 ~ 부근 종양; 외측 ~

뇌압 ~ 상승

뇌졸중 허혈성 ~

뇌척수액 ~ 당분량, ~ 염소량

뇌파 발작 간 ~, 발작 시 ~

뇌하수체 ~ 전엽, ~ 종양

누 ~ 가 된다, ~ 를 끼친다

누각 중층 ~, 환상의 공중 ~

누계 적자 ~

누구 ~ 가 먼저이랄 것 없이, ~ 가 뭐래도

누그러뜨린다 □을/를 ~

누나 사 촌 ~, 소미 ~, 점박이 ~

누누이 ~ 강조 한다

누님 ~ 의 초상

누덕 꿰맨 헌 ~

누덕누덕 ~ 깁는다

누드 전신 ~

누드집 연예인 ~

누락 ~ 된다

누렁 ~ 암소

누렇다 누렇게 마른다, 누렇게 변색 한다, 누렇게 색이 바랜다, 누렇게 익는다; 얼굴 색이 ~, 치덩굴 잎사귀가 ~

누룩 ~ 가루, ~ 과 밀 가루, ~ 을 빚는다, ~ 제조법; 술 밥과 ~, 우리 밀 ~

누룽지 부순 ~

누르스름 ~ 하다

누르퉁퉁 ~ 하다

누른다[눌러] 눌러 댄다, 눌러 붙어 있다; 관자놀이를 지그시 ~, 꼭 꼭 ~, 꾹 꾹 ~, 꾹 눌러 쓴다, 버튼을 ~, 비상 벨을 ~, 셔터를 ~, □에 눌러 앉는다, □을/를 ~, 지긋이 ~, 초인 종을 ~, 푹 눌러 쓴다

누릇누릇 ~ 하다

누리 온 ~

누리끼리 ~ 하다

누린다 독점적 지위를 ~, 부귀 영화를 ~, □을/를 ~, 천수를 ~, 행복을 ~, 혜택을 ~, 호황을 ~

누명 ~ 을 쓴다, ~ 을 씌운다

누문 중층 ~

누범 ~ 가중 사유

누비 ~ 바느질

누빈다 곳곳을 ~, 그라운드를 ~, □을/를 ~, □을/를 종횡무진 ~

누설 공무 상 비밀 ~, 국가 기밀 ~, 기밀을 ~ 한다, 비밀이 ~ 된다, 수사 기밀 ~, 업무 상 비밀 ~, □을/를 ~ 한다

누에 ~ 똥 베개

누이 ~ 좋고 매부 좋다; 사 촌 ~

누인다 □에 ~, □을/를 ~

누적 피로가 ~ 된다

누전 ~ 차단기

누정 ~ 건축

누증 기관 부실 채권 ~, 재고 ~

누차 ~ 강조 한다, ~ 에 걸쳐

누추 ~ 하다

누출 ~ 된다; 가스 ~ 사고

누하 ~ 진입

누하주 ~ 의 높이

눅눅 ~ 하다

눅신 ~ 하다

눅인다 □을/를 ~

눅진 ~ 하다

눈 ~ , 코 , 입, ~ 가에 이슬이 맺힌다, ~ 가리고 아웅 한다, ~ 감아 준다, ~ 과 손의 협응력, ~ 근육 마비, ~ 길과 마주친다, ~ 길을 끈다, ~ 깜박 할 사이, ~ 깜짝 할 사이, ~ 깜짝 할 새, ~ 꼴 사납다, ~ 꼴 시리다, ~ 독 들인다, ~ 독을 들인다, ~ 두덩, ~ 딱 감는다, ~ 떨림 검사, ~ 뜬 장님, ~ 못감는다, ~ 물까지 글썽인다, ~ 물을 글썽거린다, ~ 물을 글썽인다, ~ 물을 질금거린다, ~ 물을 찔끔거린다, ~ 물이 그렁하다, ~ 물이 그렁거린다, ~ 물이 그렁그렁하다, ~ 물이 글썽 글썽 한다, ~ 물이 글썽 한다, ~ 물이 글썽거린다, ~ 물이 메마르다, ~ 물 한 방울, ~ 부신 노랑, ~ 부시게 희다, ~ 살을 잔뜩 찌푸린다, ~ 살을 찌푸린다, ~ 살이 찌푸린다, ~ 씻고 찾아 보아도 없다, ~ 앞에 어른거린다, ~ 앞에서 어른거린다, ~ 앞이 캄캄하다, ~ 에 ~ 물이 고인다, ~ 에~ 물이 핑 돈다, ~ 에 뜨인다, ~ 에 띈다, ~ 에 밟힌다, ~ 에 불을 켠다, ~ 에 설다, ~ 에 익다, ~ 에 화등잔을 켠다, ~ 요기로, ~ 을 감는다, ~ 을 깜박거린다, ~ 을 깜박인다, ~ 을 껌벅인다, ~ 을 껌뻑인다, ~ 을 꿈벅거린다, ~ 을 끄먹거린다, ~ 을 끔뻑끔뻑 한다, ~ 을 내리깐다, ~ 을 동그랗게 치뜬다, ~ 을 똥그랗게 뜬다, ~ 을 번히 뜨고, ~ 을 부라린다, ~ 을 부릅뜬다, ~ 을 섬벅거린다, ~ 을 슴벅거린다, ~ 을 지릅뜬다, ~ 을 질끈 감는다, ~ 을 찡긋 한다, ~ 을 커다랗게 치뜬다, ~ 을 홉뜬다, ~ 을 휘둥그레 뜬다, ~ 이 동그래 진다, ~ 이 둥그래 진다, ~ 이 똥그래 진

다, ~ 이 먼다, ~ 이 번쩍 뜨인다, ~ 이 부시다, ~ 이 화등잔 만하다, ~ 이 휘둥그래 진다, ~ 질끈 감는다, ~ 총을 받는다, ~ 코 뜰 새 없다, ~ 코 뜰 새 없이 바쁘다, ~ 하나 깜짝 않는다; 곱게 ~을 흘긴다, 길 ~이 어둡다, 꼬박 뜬 ~으로 새운다, 닭 똥 같은 ~ 물, 따가운 ~ 총, 뜬 ~으로 밤을 새운다, 맛파람에 게 ~ 감추듯, 맥아 잎 ~, 맹금의 붉은 ~, 모 ~ 종이, 모습이 ~에 선하다, 밤 새 뜬 ~ 으로 지새운다, 볼에 ~ 물 방울이 맺힌다, 사팔뜨기 ~, 손 등으로 ~ 물을 닦는다, 손 등으로 ~ 물을 훔친다, 쇠 방울 ~, 실 ~을 뜬다, 아직도 ~에 선하다, □에 ~ 뜬다, 옆 ~으로, 옷 고름으로 ~ 물을 닦는다, □을/를 ~ 여겨 본다, 이윽한 ~ 빛, 잣대의 ~ 금, 졸린 ~을 비빈다, 종로에서 뺨 맞고 한강에서 ~ 흘긴다, 지금도 ~에 선하다, 질금질금 ~ 물이 흐른다, 차마 ~ 뜨고 못본다, 참회의 ~ 물, 치마 폭으로 ~ 물을 훔친다, 투명모 ~ 판, 한 ~에 내려다 본다, 한 ~에 내려다 보인다, 한 ~에 알아 본다, 한 ~ 을 판다, 회갈 색 ~ 동자, 흘금 흘금 곁 ~ 질 한다, 힐끔 힐끔 곁 ~ 질 한다, 힐끗 곁 ~ 질 한다

눈 ~ 길과 빙판 길에서의 운전, ~ 녹듯 녹는다, ~ 녹듯 사라진다, ~ 녹듯이 사라진다, ~ 덩이처럼 불어 난다, ~ 덮인 산 봉우리, ~ 이 덮인다; 봄 ~ 녹듯이, 함박 ~이 펑펑 내린다

눈까풀 ~ 얇다

눈깔 명태 ~

눈꼽 ~ 만치, ~ 만큼

눈다 눈 똥; 똥 ~, 똥을 찔끔 ~, 오줌 ~, 오줌을 ~

눈동자 반짝이는 ~, 치켜뜬 ~

눈발 ~ 이 날린다, ~ 이 흩날린다; 간간히 ~이 날린다, 성긴 ~

눈보라 ~ 가 친다

눈시울 ~ 을 붉힌다, ~ 을 적신다, ~ 이 덥다, ~ 이 뜨거워진다, ~ 이 붉어 진다, ~ 이 젖는다

눈쌀 ~ 을 찌푸린다

눈썹 ~ 을 치켜올린다, ~ 하나 까닥인다, ~ 하나 까딱 않는다, ~ 한 번 까딱 안한다; 짙은 ~, 짙은 속 ~

눈요기 박물관의 ~

눈초리 매서운 ~, 사나운 ~, 의심쩍은 ~, 차가운 ~로 바라 본다

눈총 따가운 ~

눈치 ~ 못챈다, ~ 부터 살핀다; 낌새를 ~ 챈다, --는다는/ㄴ다는/다는/라는 것을 ~ 챈다, □을/를 ~ 챈다, --음/ㅁ을 ~ 챈다, 이 ~ 저 ~, 전혀 ~ 채지 못한다

눈탱이 ~ 방탱이

눈확 ~ 위

눌러쓴다[눌러써] 모자를 ~

눌린다 가위에 ~, 기세에 ~, 무게에 ~, 위세에 ~, 졸리움에 ~

눔 이 ~아

눕는다[누워 누운] 누워 있다, 누워서 떡 먹기다; 모로 ~, 벌렁 ~, 병석에 ~, 쓰러지듯 ~, 중풍으로 ~

눕힌다 □에 ~, □을/를 때려 ~, □을/를 반듯이 ~

눙친다 슬쩍 ~

뉘엿 ~ 하다

뉘우친다 뉘우치는 기색

뉜다 □을/를 ~

뉴 ~ 딜 정책, ~ 미디어 스타 선발 대회, ~ 커리어 선택 지원

뉴스 ~ 전문 채널; --라는 ~ 쇼, 주간 ~ 쇼, 프라임 타임 ~ 쇼

느그 ~ 아부지, ~ 어멍이

느글느글 ~ 한다

느긋 ~ 하다

느끼 ~ 하다

느낀다 만복감을 ~, 모욕감을 ~, 부패취로 ~, 아찔한 현기증을 ~, 양심에 가책을 ~, □에 염증을 ~, □에게 친밀감을 ~, 오슬오슬 한기가 느껴 진다, □을/를 ~, □을/를 뼈 저리게 ~, 재미를 ~, 절실히 ~, 절절히 ~, 흐득흐득 ~

느낌 물음 표랑 ~ 표

느닷없다 느닷없는 출현

느럭느럭 ~ 하다

느런히 ~ 놓인다

느르지논 ~ 같다

느리다 반 박자 쯤 ~

느릿 ~ 한 동작으로

느릿느릿 ~ 단주 한다

느물 ~ 하다

느슨 ~ 하다

느즈막 ~ 하다, ~ 히 오는 것; 오후 ~하게

느지막 ~ 하다; 오후 ~하게

느직 ~ 하다

느타리 ~ 버섯 꼬치 구이, ~ 팽이

느티나무 ~ 고목; 동구 밖 ~, 아름드리 ~

늑골 오른 쪽 ~

늑대 ~ 떼처럼 몰려 온다, ~ 떼처럼 우짖는다

늑장 ~ 을 부린다

는 까닥 하다가 ~, 꼭이 그렇다고 ~ 할 수 없다, 날씨 ~ 화창, 논리보다 ~ 직관, --는 경우 ~ 극히 드물다, 생명에 ~ 지장이 없다, 신하 ~ 신하 다와야 한다, □에 ~ 의심의 여지가 없다, □에 ~ 틀림이 없다, 여간해서 ~, 여자 팔자 ~ 뒤웅박 팔자다, 원수 ~ 외나무 다리에서 만난다, 웬간해서 ~, --을/ㄹ 리 ~ 만무하다, --을지 ~ 미지수다, 의사와 ~ 상관 없이, 자칫 하다가 ~, 장다리 ~ 한 철, 재주 ~ 곰이 부리고, 주사위 ~ 던져 졌다, --지 않고 ~ 못배긴다

는다[늘고 늘어] 늘어 붙어 있다, 늘어 서 있다; 고무 줄처럼 늘어 난다, 궤변을 늘어 놓는다, 낮 잠을 늘어 지게 잔다, 바둑 포석처럼 늘어 놓는다, 변명만 늘어 놓는다, 부쩍 ~, 실력이 ~, □에 늘어 앉는다, □으로/로 죽 늘어 선다, □을/를 늘어 놓는다, □을/를 장황하게 늘어 놓는다, 일렬로 늘어 선다, 잡상을 늘어 놓는다, 장광설을 늘어 놓는다, 주욱 늘어 선다, 줄줄이 늘어 선다, 즐비하게 늘어 선다, 찰싹 늘어 붙는다, 추욱 늘어

진다, 푸념을 늘어 놓는다, 하품을 늘어 지게 한다

늘 ~ 회사 일에 쫓긴다; 입 버릇처럼 ~ 말 한다

늘린다 □을/를 ~

늘씬 ~ 하다

늘어뜨린다 머리를 길게 ~, □을/를 축 ~, 추욱 ~, 힘 없이 ~

늘어진다 늘어지게 낮 잠을 잔다, 늘어지게 하품 한다; 물고 ~, 물구 ~, □에 축 ~, □으로/로 축 ~

늘인다 늘이거나 줄인다; 땋아 ~, □을/를 ~, 허릿단 ~

늘펀 ~ 하다

늙는다 늙고 피폐하다, 늙고 한 물 갔다, 늙은 간수, 늙은 대추 나무, 늙은 석공, 늙은 토끼, 늙은 포수, 늙은 홀어머니; 총각으로 ~

늙수구레 ~ 하다

늙수그레 ~ 한

늠름 ~ 하다

능가 □을/를 ~ 한다

능글능글 ~ 웃는다, ~ 하다

능금 ~ 이며 제석 자두

능동적 □에 ~으로 대응 한다, □에 ~으로 대처 한다

능란 ~ 하다

능력 국정 수행 ~, 수학 ~ 시험, 위기 관리 ~, 지불 ~, 추론 ~

능률 ~ 설계사

능률적 ~ 으로, ~ 인

능멸 □을/를 ~ 한다

능사 ~ 가 아니다; □만이 ~가 아니다

능선부 이어 지는 ~

능수능란 □에 ~하다

능숙 ~ 하게 다룬다

능실 대왕의 ~

능역 ~ 보수 작업

능욕 ~ 당한다

능통 □에 ~하다

능하다[능해] □에 ~

늦가을 ~ 이나 겨울

늦겨울 ~ 추위

늦는다 후산이 ~

늦다 늦게 배운 도둑이 밤 새는 줄 모른다; 뒤 늦게 깨닫는다, 뒤 늦게 후회 한다, 밤 늦게 귀가 한다, 예정 일보다 ~

늦더위 ~ 가 기승을 부린다

늦여름 ~ 에서 초가을까지

늦자란다 늦자란 벼

늦잠 ~ 을 잔다

늦춘다 경계심을 ~, 고삐를 ~, □을/를 ~

늪 침체의 ~

늬 ~ 네 아버지

니 날카로운 송곳 ~, 윗~와 아랫~

니 ~ 좇 꼴리는 대루

니꾸사꾸 방울 달린 ~

니스 ~ 칠

니켈 ~ 합금

니트 ~ 모자, ~ 상의; 빨간 ~

닉네임 --라는 ~

님 부처 ~ 가운데 토막, 사로부 장관 ~, 서방 ~, 어엿한 사장 ~, 증조모 ~ 제삿날, 한울 ~

님 우리 ~

님비 ~ 현상

닢 동전 한 ~, 저고리 한 ~

ㄷ ~ 자 형 유리 관, ~ 자 형 평면

다 배내똥을 ~ 배설 한다, 별 꼴 ~ 본다, 별 일도 ~ 많다, 별 짓을 ~ 한다, 빈대 잡으려다 초가 삼간 ~ 태운다, 사력을 ~ 한다, 산전 수전 ~ 겪는다, 샅샅이 ~ 뒤진다, 쓴 맛 단 맛 ~ 본다, 온갖 방법을 ~ 동원 한다, 이루 ~ 말 할 수 없다, 젖 먹던 힘까지 ~ 해서, 죽을 힘을 ~ 한다, 혼신의 힘을 ~ 한다, 환갑 진갑 ~ 지낸

다 얻 ~ 대고, 얻 ~ 써 먹나

다가 배때기 ~ 철 판 깐다, 얻 ~ 오줌 싸니

다가간다 가까이 ~, 라디에이터로 ~, □으로/로 ~

다가구 ~ 주택

다가선다 바투 ~, □에 성큼 ~, □으로/로 바싹 ~, 한 발 한 발 ~

다가앉는다 곁으로 ~, 바투 ~, □에 바짝 ~, □으로/로 바싹 ~, □으로/로 바짝 ~

다가온다 날짜가 ~, 성큼 ~

다각 ~ 면 원구

다각도 ~ 로 검토 한다, ~ 로 분석 한다

다각형 도수 분포 ~

다갈 개 발에 ~

다감 다정 ~하다

다관 ~ 과 다기

다구리 ~ 를 붙는다

다국적 ~ 공군기, ~ 기업, ~ 제약 사, ~ 체인 음식점

다국적군 ~ 의 공습

다급 ~ 하다

다기 다관과 ~, 복잡 ~하다

다기능 ~ 위상 배열 레이더

다난 ~ 하다

다년생 ~ 초본, ~ 풀

다능 다재 ~하다

다닌다 깡충 깡충 뛰어 ~, 날아 다니는 갈매기, 데굴데굴 굴러 ~, 데리고 ~, 동동 떠 ~, 떠들고 ~, --며 몰려 ~, 미술관만 돌아 ~, 비비며 찾아 ~, 성당에 ~, 솔 방울처럼 굴러 ~, 신혼 여행을 다녀온다, □에 굴러 ~, □에 다녀 온다, □에 둥둥 떠 ~, 여기 다녀 간다, 왕진을 ~, 우르르 몰려 ~, 유유히 떠 ~, □을/를 졸졸 따라 ~, □을/를 찾아 ~, □을/를 헤집고 ~, 전역을 헤집고 ~, 정처 없이 떠 돌아 ~, 졸졸 쫓아 ~, 지나 다니던 거리, 집 집마다 ~, 집 집마다 돌아 ~, 쫄쫄 따라 ~, 촐랑거리며 쫓아 ~, 퍼뜨리고 ~, 훨훨 날아 ~

다다른다[다달라] 임종에 ~

다닥다닥 ~ 붙어 있다

다단 ~ 편집; 복잡 ~하다

다단계 ~ 판매 방식, ~ 판매업, ~ 판매 회사

다달이 ~ 보내 온다

다대 ~ 하다

다도 ~ 의 오의

다독거린다 □을/를 ~

다독인다 □을/를 ~

다듬는다 다듬은 돌, 다듬은 초석; 콩 나물 ~

다듬이 ~ 방망이, ~ 질 소리, ~ 질 한다

다람쥐 ~ 백성, ~ 쳇바퀴 돌듯; 토끼나 ~

다랑이 ~ 논

다래 ~ 넝쿨, ~ 덩굴; 머루 ~, 머루랑 ~, 머루와 ~, 멀구 ~

다랭이 ~ 논

다량 ~ 의 이끼

다룬다 능숙하게 ~, 살살 ~, □을/를 ~

다류 유사 ~

다르다[달라] 다른 학풍, 달라 진다; □과/와 ~, 배 다른 자식, 사뭇 ~, 색 다른 감회, 시체나 다름 없다, 아 다르고 어 ~, □에 다름 아니다, □을/를 다른 데로 돌린다, □이나/나 다름 없다, 평상시와 다름 없이, 평소와 다름 없이

다리 ~ 가 저리다, ~ 가 후들거린다, ~ 를 절룩인다, ~ 를 절름거린다, ~ 좀 주무른다; 상 ~가 휜다, 소아 마비로 ~를 전다, 양 ~를 걸친다, □의 ~ 통을 끌어안는다, 책 상 ~를 하고 앉는다, 호마이카 밥 상 ~

다리 ~ 를 놓는다; 굴 ~를 지난다, 기찻길 굴 ~, 영도 ~, 외나무 ~, 원수는 외나무 ~에서 만난다, 철둑 밑 굴 ~, 한강 ~

다리미 ~ 루 다린다; 조심 조심 ~ 질 한다

다린다 다리미로 ~, 빨아 ~, 양복을 다려 입는다, 칼날처럼 ~

다마 ~ 친다

다매체 ~ 다채널 시대

다면적 ~ 으로, ~ 인

다목적 ~ 댐

다문다[다물고 다물어] 굳게 입을 ~, 꽉 ~, 벌린 입을 ~, 벌어진 입을 ~, □을/를 꾹 ~, □을/를 ~, 입을 굳게 ~, 입 좀 ~

다문다문 ~ 돈 생긴다

다민족 ~ 국가

다발 꽃 ~을 증정 한다, 꽃 ~ 증정, 안쪽 세로 ~, 안개 꽃 ~, 장미 꽃 ~, 프리지어 ~, 한 ~

다발 쑥 한 ~

다발 ~ 경색, ~ 경색성 치매, ~ 신경 병증, ~ 신경계 위축증

다방 ~ 과 술 집, ~ 레지, ~ 마담, ~ 이나 술 집; 술 집과 ~, 티켓 ~

다복 ~ 하다

다분 --을/ㄹ 소지가 ~하다

다사 다산 ~

다사다난 ~ 하다

다사다망 ~ 하다

다산 ~ 다사

다색 ~ 배색

다섯 ~ 바퀴 돈다; 열 ~ 롤

다세대 ~ 주택 건축 허가

다세포 ~ 생물

다소 ~ 나마

다소간 ~ 이나마

다소곳 ~ 하다

다소비 에너지 ~

다수 ~ 를 점한다; 불특정 ~, 압도적 ~

다수자 비창조적 ~

다수확 ~ 품종

다스 한 ~

다스린다 벌로써 ~, 엄하게 ~, 엄히 ~, □을/를 ~

다습 고온 ~하다

다승 5 판 ~ 제

다시 멸치 ~

다시 ~ 보는 명승부전, ~ 원상태로 돌려 놓는다; □에 ~ 없다

다식 녹말 ~

다식 박학 ~하다

다신다 □을/를 ~, □을/를 쩍쩍 ~, □을/를 쩝쩝 ~, 입 맛만 ~, 입 맛을 ~, 입 맛을 쩍쩍 ~, 입 맛을 쩝쩝 ~

다양 ~ 한 예술 사조를 넘나든다; 다종 ~하다

다연발 ~ 최루 탄이 날아 온다

다운 ~ 라인

다운로드 ~ 횟수; □을/를 ~ 한다

다원 수면 ~ 검사법

다원적 ~ 으로, ~ 인

다음 ~ 달, ~ 번에, ~ 을 기약 한다, ~ 주, ~ 칸에 탄다; 그 ~ 날, 요 ~ 공일

다이 팽이 ~

다이내믹 ~ 하다

다이아 ~ 반지

다이아몬드 ~ 목 걸이, ~ 반지

다이알 ~ 을 돌린다

다이어 ~ 반지

다이어트 ~ 비법, ~ 음식

다이얼 ~ 을 돌린다, ~ 패드

다이오드 발광 ~

다인승 ~ 차량

다자 ~ 간 무역 협상

다작 원체 ~이다

다잡는다 마음을 ~, □을/를 ~

다재 ~ 다능하다

다정 ~ 다감하다, ~ 하다

다종 ~ 다양하다

다중 분할 ~ 접속

다중화 주파 수 분할 ~ 방식

다즉일 일즉다 ~

다진다 다진 마늘 파, 다진 파, 다진 파슬리; 반석 같이 ~, □을/를 ~, 잘게 ~, 초석을 ~, 친목을 ~, 터 다짐 소리

다짐 -- 겠노라고 ~ 한다, 굳게 ~ 한다, □을/를 ~ 한다, 주먹 ~

다차원 ~ 인과 망

다차원적 ~ 으로, ~ 인

다채널 다매체 ~ 시대

다층 ~ 기판

다친다 --으면/면 큰 코 ~

다큐멘터리 ~ 사진 작가; 삼 부 작 ~

다툰다 말 다툼, 앞 다퉈

다포 ~ 식 건축, ~ 식 출목 익공; 출목 ~ 식 공포

다포식 출목의 ~

다품종 ~ 소량 생산 시스템, ~ 소량 생산 체제

다한다[다해] 전력을 ~, 책임을 ~, 최선을 ~

다행 불행인지 ~인지, 불행 중 ~이다, --어서/아서 ~이다, 천만 ~이다

다홍치마 같은 값이면 ~이다, 이왕이면 ~

닥친다 닥쳐 온다; 밀어 ~, 불어 ~, 시련이 ~, 코 앞에 ~

닦는다 갈고 ~, 걸레로 ~, 도를 ~, 문질러 ~, 손 등으로 눈 물을 ~, 손 수건으로 안경을 ~, 손 수건으로 이마를 ~, 수세미로 ~, 억새 풀에다 쓱쓱 ~, 옷 고름으로 눈 물을 ~, □을/를 ~, 타월로 ~, 행주로 ~

닦달 □을/를 ~ 한다

닦이 구두 ~나 신문 팔이

닦인다 닦여 진다; 잘 ~

단 2 ~ 짜리 기사, 3 ~의 돌 계단, 3 ~의 석계, 바지 아랫~, 신사 유람 ~, 양복 바지 허릿~, 일 자 바지 ~ 줄인다, 치마의 밑 ~, 허릿~ 늘인다

단 가수와 합창 ~, 간첩 ~ 사건, 고문 ~을 파견 한다, 곡마 ~ 단장, 곡마 ~ 패, 괴물 서커스 ~, 구국 여성 봉사 ~, 국립 무용 ~, 국립 발레 ~, 국립 오페라 ~, 국방 부 검찰 ~, 군사 고문 ~, 남 측 대표 ~, 단식 ~ 활동, 대공 수사 ~, 대미 통상 사절 ~, 동창 회장 ~, 무기 사찰 ~ 장, 발레 ~과 오페라 ~, 방문 ~ 교환, 법률 자문 ~, 북 쪽 경제 시찰 ~, 북 쪽 대표 ~, 북측 대표 ~, 불 나비 예술 ~, 사장 ~ 회의, 새 마을 쏘 ~, 선수 ~을 파견 한다, 성지 순례 ~, 소녀 가극 ~, 순회 공연 ~, 시공 사와 감리 ~, 시립 교향악 ~과 시립 합창 ~, 시립 국악 관현악 ~, 시민 토론 ~, 시장 개척 ~, 실무 추진 ~, 실시 준비 ~, 심사 위원 ~, 에네스쿠 교향악 ~, 연예인 축구 ~, 오케스트라 ~ 단장, 오페라 ~을 육성 한다, 원내 총무 ~, 위문 음악 ~, 유니버설 발레 ~, 응원 ~의 인공 기, 의정지기 ~ 활동, 이 차 이산 가족 방문 ~, 이산 가족 방문 ~ 교환 사업, 일 차 이산 가족 방문 ~, 자문 위원 ~, 자해 공갈 ~, 전경과 백골 ~, 전투 비행 ~, 조직 폭력 ~, 종군 작가 ~, 중앙 국악 관현악 ~, 진상 조사 ~, 채권 은행 ~, 총재 ~ 회의, 출입 기자 ~, 카드 위조 ~, 태권도 시범 ~, 특별 취재 ~, 폭력 ~의 두목, 필하모니 관현악 ~, 학도 호국 ~, 한국 군 의료 지원 ~, 해양 소년 ~, 현악 4 중주 ~, 후반기 의장 ~

단 삼 ~ 기어

단 수숫~ 속

단 한 두 ~ 씩

단 ~ 칼에

단가 노임 ~ 상승, 정부 노임 ~

단거리 ~ 경주

단결 □과/와 ~ 한다, 인화 ~, 인화와 ~, 일치 ~ 한다, 화해와 ~

단계 ~ 식 구성; 거울 상 ~, 과도적 ~, 군장 사회 ~, 난모 세포 ~, 수장 사회 ~, 초보적인 ~, 치프덤 ~

단골 ~ 로, ~ 메뉴, ~ 손님

단과 ~ 대학 별 모집

단괴 망간 ~

단교 □과/와 ~ 한다

단기 ~ 공사채, ~ 공사채형 수익 증권, ~ 금리, ~ 대여금, ~ 외채의 만기 연장

단기전 ~ 승부

단내 ~ 가 난다

단념 □을/를 ~ 한다

단다[달고 달아] 가르쳐 달라고 조른다, 살려 달라고 애원 한다

단다[달고 달아] 계급장을 ~, 고양이 목에 방울 ~, 들쇠에 매 ~, 외상 달아 둔다, □을/를 ~, □을/를 매 ~, 주렁주렁 매 ~, 지우개를 매 ~, 창호를 ~, 크레인에 매 달아서, 풍판을 ~

단다[달고 달아] 뜨겁게 달아 오른다, 발갛게 달아 오른다, 새빨갛게 달아 오른다, 쇠 뿔도 단 김에 뺀다, 시뻘겋게 ~, 애 달아 한다, 얼굴이 벌겋게 달아 오른다, 열기가 달아 오른다, 화끈 화끈 달아 오른다, 홧홧 달아 오른다, 후끈 후끈 달아 오른다

단다[달고 달아] 무게를 ~

단단 ~ 히 쥔다; 강철처럼 ~하다, 랩으로 ~히 싼다, 무쇠처럼 ~하다, 육질이 ~하다, 허리 띠를 ~히 맨다

단데라온 ~ 샐러드

단독 ~ 과제형, ~ 드리블, ~ 응찰, ~ 정부 수립, ~ 주택 지역

단독형 ~ 경보기

단돈 ~ 일 원

단란 ~ 주점, ~ 하다

단련 ~ 된다; 심신을 ~ 한다, □을/를 ~ 한다, 체력 ~

단련비 체력 ~

단립 ~ 종

단말 텔레텍스 ~ 장치

단말기 개인 휴대 ~, 그래픽스 ~

단말마 ~ 의 비명

단면 한 ~

단명 ~ 한다

단명보 ~ 를 면한다

단백 ~ 량; 농축 대두 ~

단백질 ~ 급원, ~ 함량; 양질의 ~, 퓨린 ~

단보 10 정 2 ~

단색 ~ 천

단서 단안 ~, 양안 ~

단설 ~ 대학원

단섬유 한국산 폴리에스테르 ~

단세포 ~ 생물, ~ 생물체

단속 노점상 ~, 매점 매석 ~, 부정 수표 ~ 법, 비리 합동 ~, □을/를 ~ 한다, 합동 ~ 반

단순 ~ 노동 직, ~ 노무 직, ~ 부분 발작, ~ 하다

단숨에 ~ 들이킨다, ~ 해 치운다

단시일 ~ 내

단식 ~ 농성, ~ 단 활동, ~ 투쟁

단신 ~ 월북, ~ 으로; 오 척 ~

단아 ~ 하다

단안 ~ 단서

단안 ~ 을 내린다

단어 ~ 별로 띈다

단언 ~ 한다

단역 □에 ~으로 출연 한다

단연 ~ 돋보인다, ~ 으뜸이다

단열 건조 ~

단요 ~ 측 수근 신근

단원 모범 소년 ~, 의정지기 ~, 자위 ~

단원 한 두 ~ 쯤

단위 ~ 면적당 생산량; 근린 주거 ~ 상업 시설, 기초 행정 ~, 모집 ~ 별 전형, 지역 ~ 종량 제, 학문 계열 ~

단위체 ~ 로서 행동 한다

단음 토막 토막 끊어 지는 ~

단일 ~ 연접 반사, ~ 팀 구성; 범진보 진영 ~ 후보

단일장 토 요일 ~

단자 대추 ~, 물목 ~, 색 ~, 석이 ~, 쑥 구리 ~, 은행 ~

단장 가을 맞이 집 ~, □을/를 예쁘게 ~ 한다

단장 곡마단 ~, 오케스트라단 ~, 전투 비행 ~, 주한 외교 사절 ~, 학도 호국 ~

단장여 ~ 를 받친다

단적 □을/를 ~으로 보여 준다

단전 ~ 행공, ~ 호흡, ~ 호흡법; 기해 ~

단절 ~ 된다; 연속과 ~

단점 ~ 이나 결점; 장점과 ~

단정 --다고/라고 ~ 한다

단정 ~ 히 꿇어 앉는다, ~ 히 앉는다; 옷 매무새가 ~하다, 용모 ~하다, 품행이 ~ 하다

단종 ~ 시킨다; 조기 ~

단죄 □을/를 ~ 한다

단주 ~ 를 굴린다; 느릿느릿 ~ 한다

단지 간장 ~, 신주 ~ 모시듯

단지 공업 ~, 농공 ~, 비닐 하우스 ~, 시범 ~ 아파트, 아파트 ~, 연립 주택 ~, 화훼 ~

단체 ~ 관광, ~ 로, ~ 명의로 공표 한다, ~ 회식; 관변 ~, 민간 ~와 지식인, 반관 반민 ~, 반국가 ~, 비영리 ~, 비영리 민간 ~ 지원 법, 시민 사회 ~, 신행 ~, 업종 별 ~, 외원 ~, 원내 교섭 ~, 이적 ~, 인권 ~, 자치 ~, 지역 기초 ~장, 직능 ~, 친목 ~, 통일 관련 민간 ~, 학술 ~ 협의회, 회원 이익 추구 ~

단체장 광역 ~, 자치 ~ 선거

단체전 ~ 우승; 남고부 ~ 결승, 대학 부 ~, 민속 씨름 ~

단촐 ~ 하다

단총 기관 ~

단추 ~ 를 끄른다, ~ 를 잠근다

단축 ~ 시킨다; 근로 시간 ~에 따른 임금 감액, 노동 시간 ~, 영업 시간 ~, □

을/를 ~ 한다, 일 개월로 ~ 한다, 조업 ~

단출 ~ 하다

단층 양전자 방출 전산화 ~ 촬영술, 전산화 ~ 촬영

단층 ~ 겹 처마 맞배 집, ~ 겹 처마 팔작 집, ~ 맞배 집, ~ 양옥, ~ 팔작 기와 집, ~ 팔작 집

단칸 ~ 월셋방; 지하 ~셋방

단칼 ~ 에 내리찍는다, ~ 에 자른다

단탑 ~ 식 가람

단파 ~ 라디오

단편 ~ 소설; 주옥 같은 ~

단풍 붉은 ~, 붉나무 ~ 잎

단합 구민의 ~, 정당 당원 ~ 대회

단행 개각을 ~ 한다, 개편을 ~ 한다, 쇄국을 ~ 한다, □을/를 ~ 한다

단행본 ~ 으로 출간 된다, ~ 으로 출간 한다

단호 ~ 하다, ~ 히 거부 한다, ~ 히 거절 한다, ~ 히 배격 한다

단화 ~ 를 신는다

닫는다 꼭 꼭 닫아 건다, 꽝 ~, 문을 ~, □을/를 ~, 쾅 ~

닫는다[닫아 닫은] 닫아 건다; □을/를 꽝 ~, □을/를 쾅 ~

닫힌다 굳게 ~

달 넉 ~, 두 세 ~ 씩, --은/ㄴ 지 석 ~, 한 ~

달 ~ 구경을 한다, ~ 뜬다, ~ 탐사; 교교한 ~ 빛, 다음 ~, 동짓~ 긴 긴 밤, 석 ~ 열흘, 석 ~ 째, 이 ~ 말께, 이 ~ 중순, 이르면 이 ~ 말, 이태백이 놀던 ~, 일 년 열 두 ~

달 ~ 동네~ 방; 대보름 날 ~ 맞이

달갑다[달가와 달가운] 달가워 하지 않는다, 달갑지 않다

달갑잖다 달갑잖은 역작용

달걀 ~ 노른자, ~ 지단, ~ 지단채, ~ 프라이, ~ 흰자; 삶은 ~

달관 ~ 한다

달구지 소 ~ 끈다, 소 ~를 끈다, 소 ~ 바퀴 자국

달군다 달궈 진다; 팬을 ~

달긴다 달겨 든다

달다[단 달] 단 잠을 깨운다, 단 팥 빵, 단 팥 죽; 쓴 맛 단 맛 다 본다, 입에서 단 내 난다

달달 □을/를 ~ 볶는다, □을/를 ~ 왼다, □을/를 ~ 외운다

달달 ~ 하다

달디달다[달디단 달디달] 달디단 낮 잠

달라붙는다 □에 ~, □에 찍찍 ~, □에 착 ~, □에 찰싹 ~

달랜다 무료를 ~, 무료함을 ~, 어르고 ~, □을/를 ~

달러 미화 5000 ~, 백 ~ 어치, 이천만 ~ 어치를 수출 한다, 천 ~ 어치를 수출 한다, 천만 ~의 흑자를 기록 한다, 천만 ~ 적자, 천만 ~ 흑자

달러 ~ 로 환산 한다, ~ 보유고, ~ 약세, ~ 의 위력, ~ 이자, ~ 환율 급락세, ~ 환율 하락; 원 ~ 환율, 이십 ~에 빌린다

달러화 ~ 약세

달력 간지 ~, 해 묵은 ~

달리 □과/와 ~, □을/를 ~ 한다

달린다 낙하산에 매 ~, 마음먹기에 ~, 목숨이 경각에 달려 있다, 목 숨이 경각에 달렸다, 방울 달린 니꾸사꾸, 시추봉이 달려 있다, □에 대롱대롱 매 ~, 주렁주렁 매 ~

달린다 달리기와 걷기; 남남서 방향으로 ~, 무패 가도를 ~, 부르릉 달려 간다, 속력을 내 ~, □에 말 ~, 염부로 달려 간다, 와락 달려 든다, □으로/로 달려 간다, 한달음에 달려 간다, 헐레벌떡 달려 온다, 홈 통에 매 ~

달성 경영 목표 ~도, 공동의 목적을 ~ 한다, --는 쾌거를 ~ 한다, 소기의 목적을 ~ 한다, □을/를 ~ 한다

달싹 ~ 한다

달싹거린다 □을/를 ~

달싹인다 □을/를 ~, 입술을 ~

달아난다 홀랑 ~

달음 줄 ~ 질 친다

달음질 ~ 을 친다; 끌고 ~ 친다, 끌고 ~ 한다

달인 거문고의 ~, 씨름의 ~

달인다 달여 먹인다; 매미를 ~, 부추 ~, 한약을 ~

달짝 ~ 한 냄새

달짝지근 ~ 하다

달착지근 ~ 하다

달치 그 ~

달콤 ~ 쌉싸름하다, ~ 쌉쌀하다; 새콤 ~하다

달큼 ~ 하다

달통 □에 ~ 한다

달한다[달해] 극에 ~, 극도에 ~, 최고조에 ~

닭 ~ 가슴 살, ~ 똥 같은 눈 물, ~ 똥 냄새, ~ 똥 비료, ~ 살 돋는다, ~ 살이 돋는다; 꿩 대신 ~, 새벽 ~이 운다, 속칭 ~ 장 차, 양계장의 ~, 오리와 ~, 첫 ~이 홰 친다, 튀긴 ~ 고기, 파 ~

닮는다 닮은 꼴 연기자, 닮은 꼴 연예인; □과/와 닮았다, □을/를 ~, □을/를 빼 ~, □을/를 쏙 빼 ~

닳는다 닳고~ , 닳아 빠진, 닳아 빠지었다, 닳아 없어 진다; 마르고 ~

담 이 ~에

담 ~ 너머, ~ 모퉁이; 돌각 ~, 이 ~에 커서

담근다[담가] 김치를 ~, □에 ~, □을/를 ~

담금질 □을/를 ~ 한다

담긴다 담겨 있다; 담뿍 ~, □에 ~

담는다 교직에 몸 ~, 몸 담고 있다, 새 술은 새 부대에 담아야, □에 ~, □을/를 귀 담아 듣는다, □을/를 ~, 찹쌀 고두밥으로 덧술을 ~

담담 ~ 하다; 애 써 ~한 척 한다

담당 검신 ~, 계호 ~, 기업 인사 ~자, 섭외 ~자, 아태 ~ 차관보, 안보 ~ 보좌관, 연예 ~ 기자, □을/를 ~ 한다, 일익을 ~ 한다

담당관 법무 ~

담대 ~ 하다

담박 ~ 하다

담배 ~ ㅅ 가게, ~ ㅅ 가루를 잿인다, ~ ㅅ 불을 댕긴다, ~ 꽁초, ~ 를 꼬나문다, ~ 를 비벼 끈다, ~ 를 뻐끔뻐끔 피운다, ~ 만 뻐끔거린다, ~ 만 뻑뻑 빤다, ~ 소비세, ~ 재건조장, ~ 한 개비, ~ 한 보루; 곰방 ~대에 엽초를 넣는다, 긴 ~대, 미성년자에 대한 ~ 판매, 애꿎은 ~만 피운다, 외산 ~, 음식료품 및 ~, 줄 ~를 피운다, 호랑이 ~ 먹는다, 호주머니에서 ~갑을 꺼낸다

담백 국 물이 ~하다, 솔직 ~

담벼락 앞 집 ~

담보 ~ 로 대출 한다, ~ 로 취득 한다, ~ 제공자; 보증 또는 ~ 제공, 양도 ~ 사실 기재 의무, 예금 ~ 대출, □을/를 ~ 한다, 주택 ~ 대출

담보권자 선의의 임차인 및 ~

담비 ~ 가죽

담뿍 ~ 담긴다, ~ 장

담색 ~ 채소

담세액 일 인당 지방세 ~

담소 □과/와 ~ 한다

담수어 ~ 류; 이 차 ~, 일 차 ~, 주연성 ~

담수호 ~ 의 수질

담요 국방 색 ~, 군용 ~, 보온 ~

담임 ~ 목사, ~ 선생, ~ 을 맡는다

담장이 ~ 에 열린다

담즙 ~ 산을 흡착 한다

담지 □을/를 ~ 한다

담천 ~ 일수

담합 가격 ~, □과/와 ~ 한다

담화 중앙 당 ~

담화문 대국민 ~

답 ~ 을 틀린다; --는다고/ㄴ다고/다고/라고 ~ 한다, □에 ~ 한다

답교 무동 ~ 놀이

답다[다와 다운] 관광지 답게 친절하다, 사내 ~, 신하는 신하 다와야 한다

답답 ~ 해 한다

답례 손을 흔들어 ~ 한다, □에 ~ 한다

답변 □에 ~ 한다

답변서 ~ 의 제출; 이유서 또는 ~

답보 ~ 상태

답사 ~ 사진 자료전; 문화 유산 ~, □을/를 ~ 한다, 충성 행군 ~

답습 그 대로 ~ 한다, □을/를 ~ 한다

답안 모범 ~

답안지 객관 식 ~

답한다[답해] 답한 응답자

답호 ~ 나 철릭

닷 나락 ~ 섬, 논 ~ 마지기, 열 ~ 섬 ~ 말

닷새 삼백 예순 ~

닷컴 ~ 기업, ~ 열풍

당 소변에 ~이 섞여 나온다

당 ~ 국내 총생산

당 ~ 서기장 직 사임, ~ 원로, ~ 중진, ~ 지도부, ~ 총서기; 공산 ~ 선언, 공산

~ 재건 운동, 공산 ~ 지도 부, 민족 유일 ~, 양 ~ 총무, 원외 지구 ~ 위원장, 유일 ~ 운동, 제 삼 지구 ~, 중앙 ~ 담화, 중앙 ~ 정치 국원, 지구 ~ 개편 대회, 지구 ~ 사무 국장, 지구 ~ 위원장 연석 회의, 지구 ~ 위원장이다, 지구 ~ 현판 식

당가리 ~ 연

당간 ~ 지주

당구 ~ 풍월

당구 ~ 대, ~ 를 친다

당국 군사 ~에 건의 한다, 문교 ~, 사정 ~, 세무 ~과 사업자, 행형 ~

당국자 ~ 간 회담; 고위 ~, 쌍방 군사 ~, 정부 ~

당권 ~ 파

당귀 ~ 가루, ~ 잎 가루

당규 당헌 ~

당근 ~ 과 채찍; 익힌 ~, 채찍과 ~

당기 ~ 순이익 증가율; 2007 년 ~ 순이익, 분기 ~ 순이익

당긴다 고삐를 바짝 ~, 미식가들의 구미를 ~, 밀고 ~, 방아 쇠를 ~, 버쩍 ~, □을/를 끌어 ~, □을/를 잡아 ~, 입 맛이 ~, 창자가 ~

당긴다 구미가 ~

당내 ~ 각 계파, ~ 분란, ~ 비주류, ~ 일각

당년 멸망 ~

당뇨 ~ 망막증, ~ 병 컨트롤, ~ 합병증; 성인성 ~ 병

당뇨병 ~ 의 컨트롤; 고혈압이나 ~, 연소성 ~

당당 위풍 ~하다

당대 ~ 를 풍미 한다, ~ 의 명문장가, ~ 제일의 가문

당도 □에 ~ 한다

당돌 ~ 하다

당략 당리 ~

당료 ~ 파

당리 ~ 당략

당면 ~ 과제; □에 ~ 한다

당무 ~ 기획실, ~ 위원, ~ 회의

당번 변소 청소 ~

당부 □을/를 ~ 한다

당분 뇌 척수액 ~, 뇌척수액 ~량, 혈청 ~

당비 ~ 수납

당사자 두 갈등 ~

당상 ~ 청사; 따 놓은 ~이다

당선 ~ 무효 소송, ~ 이 유력하다, ~ 자신분, ~ 축하연; 가작 ~, 공모에 ~ 된다, 공모에 ~ 한다, 무투표 ~, 신춘 문예에 ~ 된다

당세 ~ 확장

당숙 오 촌 ~

당시 취득 ~ 과세 시가 표준액

당연 ~ 하다, ~ 히; □은/는 ~한 이치다

당원 정당 ~ 단합 대회, 혈맹 ~

당월 ~ 요금

당일 ~ 신행, ~ 치기 여행; 대출금 상환 ~

당일권 ~ 판매액

당쟁 ~ 의 와중

당정 ~ 개편; 고위 ~ 회의

당제 양 ~

당좌 ~ 대월 거래 기간, ~ 대월 거래 약정, ~ 대월 거래 약정서, ~ 대월 거래 추가 약정, ~ 대월 거래 추가 약정서, ~ 대월금, ~ 대출, ~ 수표, ~ 예금; 본건 ~ 대월 거래

당주 ~ 와 제관

당직 ~ 개편, ~ 을 선다, ~ 함; 하위 ~ 인선

당직자 ~ 회의; 고위 ~, 주요 ~

당착 자가 ~

당첨 복권 ~, 복권에 ~ 된다

당최 ~ 종잡을 수 없다

당치 ~ 도 않다; --라니 ~도 않는다

당코 ~ 깃 저고리

당한다[당해] 당하기 십상이다; 강제 이주 ~, 겁간 ~, 겁탈 ~, 난도질 ~, 농락 ~, --는 수모를 ~, 능욕 ~, 도난 ~, 도적 질 ~, 따 돌림 ~, 모친 상을 ~, 무시 ~, 봉변을 ~, 부상 ~, 불계패를 ~, 비육 ~, 성 폭행 ~, 속수 무책으로 ~, 약탈 ~, □에게 망신을 ~, □을/를 강탈 ~, □을/를 ~, □을/를 박탈 ~, 잠식 ~, 조난을 ~, 처형 ~, 총살 ~, 총살 형을 집행 ~, 치패를 ~, 퇴장 ~, 퇴학 ~, 피난 길에서 폭격을 ~, 피살 ~, 피체 ~, 함거를 취탈 ~, 호되게 ~, 혹사 ~

당해 ~ 대출금, ~ 연도

당헌 ~ 당규

당혹 □에 ~ 한다

당화 ~ 식 고추 장

당황 □에 ~ 한다, 저으기 ~하다

닻 ~ 을 내린다

닿는다 닿을락 말락; 가 ~, 엎어 지면 코 ~, 엎드러지면 코 닿을 곳, □에 ~, 코가 땅에 닿도록 절을 한다, 힘 다는 데까지

대 3 ~ 혁명 붉은 기 쟁취 운동, 성공의 3 ~ 요소, 십 ~ 기서, 십 ~ 제자

대 백만 ~ 돌파, 수신기 보급 ~ 수, 자동 차 보유 ~ 수

대 사 ~ 봉사, 육 ~ 종손

대 오 ~ 영으로 대파 한다, 함 ~ 함 미사일

대 ~ 개도국 협력; 국기 게양 ~, 기재 ~를 이용 한다, 당구 ~, 뒤꼍 장 독 ~, 로켓 발사 ~, 미사일 발사 ~, 분수 ~ 광장, 빨래 건조 ~, 수술 ~ 위, 식반 운반 ~, 신문 가판 ~, 싱크 ~ 배수 관, 싱크 ~와 침대, 입국 심사 ~, 입찰 표 기재 ~, 전화 교환 ~, 조회 ~ 근처, 중앙 분리 ~, 증언 ~에 선다, 타일과 싱크 ~, 탁구 ~

대 ~ 걸레 자루; 골 ~, 곰방 담뱃~에 엽초를 넣는다, 긴 담배 ~, 낚싯~, 돌림 ~와 손 잡이, 운전 ~를 잡는다, 은 촛~, 이중 잣~, 잣~로 잰다, 잣~의 눈 금, 창 ~와 창 촉, 촛~ 뼈 깐다, 콧~를 납작하게 만든다, 핏~를 올린다, 휴지 속 ~

대 ~ 나무 젓가락; 뒤꼍 ~ 숲, 쑥 ~ 밭이 된다, 억새나 ~

대 ~ ~로 세습 된다, ~를 잇는다, ~ 물림 한다; 2000 년 ~ 초반, 2000 년 ~ 초반기, 50 ~에 호발 한다, 90 년 ~를 풍미 한다, 90 년 ~ 중반 쯤, 90 년 ~ 중반기, 90 년 ~ 후반, 90 년 ~ 후반기, 구십 년 ~, 사 십 ~, 사십 평형 ~, 선조 ~ ~로, 십 ~ 초반, 일생 일 ~의 결정, 일생 일 ~의 선택, 자손 ~ ~로 물린다, 자손 만 ~, 조상 ~ ~로, 주요 시청 시간 ~, 팔십 년 ~, 프라임 시간 ~, 황금 시간 ~

대가 기라성 같은 ~, 비리를 묵인 해 주는 ~로, 합당한 ~

대가리 ~ 짱 박는다; 돌 ~, 알 ~ 그림자, 콩 나물 ~

대감 ~ 댁; 터주 ~

대강 ~ 훑어 본다

대강 ~ 의 줄거리

대강당 회관 ~

대거 ~ 유입 된다

대검찰청 ~ 중앙 수사 부, ~ 형사 부 부장 검사

대견 □을/를 ~해 한다, □이/가 ~하다

대결 ~ 구도; 톱 타자 ~

대경실색 ~ 한다

대계 백 년 ~

대공 ~ 과 솟을 합장, ~ 과 형사, ~ 방어망, ~ 수사단; 목침형 ~, 솟을 합장과 ~, 시경 ~ 분실, 원거리 ~ 방어와 대함전

대공원 어린 이 ~

대공포 ~ 공격을 받는다

대공황 1920 년대 ~, 경제 ~, 세계 ~

대관 ~ 화랑

대관식 황후의 ~

대관전 기획전과 ~

대광 ~ 반사

대국 ~ 상대; 선상 ~, 소국과 ~

대국민 ~ 공청회, ~ 담화문, ~ 사과문

대굴대굴 ~ 구른다

대권 ~ 승계, ~ 주자, ~ 후계 구도; 차기 ~ 후보 지명

대금 ~ 결제, ~ 을 결제 한다, ~ 을 납부 한다; 고리 ~업, 고리 ~ 업자, 매각 ~, 물품 ~ 수납 업체, 분양 ~ 완납, 선납 ~, 수출 ~ 채권 매입 업무, 신용 카드 연체 ~, 위문품 ~, 지로 ~, 카드 ~ 청구서, 텔레뱅킹 ~ 납부 서비스, 평균 거래 ~

대기 ~ 오염, ~ 질 개선 특별 법 시안

대기 ~ 자 명부, ~ 질 개선; 비상 ~ 령, 수도권 ~, 수질과 ~, 신호 ~ 선

대기실 검찰청 ~

대길 ~ 하다

대꾸 건성으로 ~ 한다, □에 ~ 한다, 퉁명스레 ~ 한다

대나무 ~ 의 피리

대남 ~ 적대 행위, ~ 전통문

대납 대용 증권 ~

대낮 밝은 ~, 백주 ~, 벌건 ~

대내적 ~ 으로, ~ 인

대뇌 ~ 동맥 경색증, ~ 반구 기능, ~ 반구 우성, ~ 반구 절제술, ~ 반구 침범,

~ 피질, ~ 혈관 질환, ~ 혈류; 양측성 ~ 반구 병변, 양측성 ~ 반구 손상, 양측성 ~, 우측 ~ 반구 병변 환자, 좌측 ~ 반구 두정엽

대님 양말 ~

대단 □보다 그리 ~ 치 않다, 열의가 ~ 하다

대단결 민족 ~

대단원 ~ 의 막을 내린다

대담 ~ 하다

대답 ~ 한 마디; 건성으로 ~ 한다, 단답형 문제 ~, 망설이다가 ~ 한다, □에 ~ 한다

대대 공병 ~, 포 병 ~

대대적 ~ 으로 벌인다, ~ 인

대도 무극 ~

대독 경축사를 ~ 한다, □을/를 ~ 한다

대동 □을/를 ~ 한다

대동 ~ 고사, ~ 굿; 민족 통일 ~ 장승 굿

대동 ~ 소이하다

대두 농축 ~ 단백

대두 사회 문제로 ~ 된다

대두박 탈지 ~

대등 ~ 하다

대란 전세 ~, 천하 ~

대량 ~ 발송 문서, ~ 살상 무기 보유, ~ 생산 시대, ~ 주식 취득, ~ 파괴 무기, ~ 학살; 소품종 ~ 생산 체제

대려 ~ 경협 차관

대령 예비역 ~

대로 구겨 질 ~ 구겨 진다, 그 ~ 내 버린다, 그 ~ 답습 한다, 꼴리는 ~, 나름 ~, 낡을 ~ 낡았다, 네 멋 ~ 해라, 뜻 ~ 된다, 마음 ~ 한다, 맘 ~ 한다, 본음 ~ 적는다, 붓 가는 ~ 쓴다, 소리 나는 ~ 적는다, 수의 ~, 슬프면 슬픈 ~, 아잇적 습관 ~ 먹는다, 액면 그 ~ 믿는다, 액면 그 ~ 받아 들인다, 오를 ~ 올랐다, 원래 있 었던 그 ~, 원안 ~, □을/를 액면 ~ 믿는다, □을/를 액면 ~ 받아 들인다, 이 ~, 제 ~ 땀 흘린다, 틈 나는 ~, 행형 법 ~

대로 백주 ~에서, 백주 ~ 폭행

대로변 ~ 빌딩, ~ 아파트, ~ 에 있다, ~ 점포

대롱대롱 □에 ~ 매 달린다

대루 니 좇 꼴리는 ~

대루 맘 ~

대륙 ~ 간 탄도 미사일, ~ 을 횡단 한다, ~ 횡단기; 남 극 ~

대륙성 ~ 기후

대리 ~ 실행기, ~ 행사자; 사주를 ~ 한다

대리모 ~ 의 자궁

대리석 ~ 덩어리, ~ 의 질감, ~ 질감

대리인 법정 ~, 조종 ~

대리점 자전거포 ~

대립 ~ 이나 마찰; □과/와 ~ 각을 세운다, 이 항 ~, 첨예하게 ~ 한다

대립적 ~ 으로, ~ 인

대머리 ~ 가 까진다; 번들대는 ~

대면 □과/와 ~ 한다

대명란 ~ 계통

ㄷ

대명사 인칭 ~, 재귀 ~

대모 ~ 테 안경

대목 --는 ~

대문 ~ 밖 골목 길, ~ 이 빗장; 드나드는 ~, 솟을 ~ 간채, 찌그러진 ~

대문짝 ~ 만하다

대물 ~ 배상

대미 ~를 장식 한다, ~ 무역 흑자, ~ 수출, ~ 통상 사절단

대범 ~ 하다

대법관 전 ~

대법원 연방 ~

대법회 연등 ~

대변 소변이나 ~, 약자의 이익을 ~ 한다, □을/를 ~ 한다

대변인 국무 부 ~, 외교 부 ~

대별 □으로/로 ~ 된다, □으로/로 ~ 한다, □을/를 ~ 한다

대보름 ~ 날 달 맞이; 정월 ~ 날

대부 통정 ~

대부 ~ 업의 등록; 최종 ~자 기능

대북한관 민족 통일관과 ~

대비 □과/와 ~ 한다, 만약의 사태에 ~ 한다, 만일의 사태에 ~ 한다, 매출액 ~ 연구 개발비 비율, 매출액 ~ 연구 개발비 지출, 전년 동기 ~, 전년 동월 ~ 상승률, 전년 말 ~, 전월 ~ 연율, 총 생산 ~

대비기 경쟁 ~

대사 골 ~

대사 ~ 관저; 주미 ~, 주유엔 ~, 차석 ~, 친선 ~

대사관 ~ 영사부 건물, ~ 참사관

대사전 국어 ~

대상 고차 언어와 ~ 언어, 국감 ~, 국정 감사 ~, 귀 ~ 포진, 노년 층을 ~으로, 동경의 ~, 매각 ~ 부동산, 선망의 ~, 시민 ~ 교육자, 신용 보증 ~, 질타의 ~

대상국 우선 협상 ~ 지정, 협상 ~

대상자 거택 보호 ~, 생활 보호 ~, 심층 면접 ~, 우선 협상 ~, 원호 ~, 전업농 육성 ~

대서특필 ~ 된다; □에 ~ 한다, □을/를 ~ 한다

대선 ~ 에 출마 한다, ~ 후보 경선

대성 ~ 한다

대소 알파벳 ~ 문자

대소 ~ 경협

대손 ~ 충당금 적립

대수 무량 ~

대수 ~ 자포

대수로 리비아 ~ 공사

대수롭다[대수로와 대수로운] 대수롭지 않다

대승 ~ 불교

대시 □에 ~ 한다

대신 갓 ~ 삿갓, 군부 ~을 지낸다, 꿩 ~ 닭, 천조 ~

대안 마땅한 ~이 없다

대야 세수 ~, 양은 ~, 양철 ~, 함석 ~

대양 오 ~ 육 대주

대어 ~ 급 연기자

대여 ~ 금고; 공중에게 ~ 한다, 무료로 ~ 한다, 소프트웨어를 ~ 한다, □을/를 ~ 한다, 자전거 ~업, 컴퓨터 소프트웨어 ~ 법

대여금 단기 ~

대여점 만화 ~, 비디오 ~

대역 주파 수 ~

대연회장 빌딩 ~

대열 구보 ~, 시위 ~, 출역수 ~

대오 ~ 각성

대오 ~ 를 이탈 한다

대왕 ~ 의 능실

대외 ~ 관계 부, ~ 관계사 연구, ~ 신인도, ~ 협력 기금

대외국 ~ 무역

대용 ~ 감방, ~ 증권 대납

대우 ~ 를 받는다, ~ 를 한다; 최혜국 ~

대웅전 ~ 뜨락, ~ 앞 마당

대원 경비 교도 ~, 구급 ~, 국경 수비 ~, 민방위 ~, 유격 ~, 의용 ~, 의용 소방 ~, 친위 ~

대월 ~ 약정; 당좌 ~ 거래 기간, 당좌 ~ 거래 약정, 당좌 ~ 거래 약정서, 당좌 ~ 거래 추가 약정, 당좌 ~ 거래 추가 약정서, 본건 당좌 ~ 거래

대월금 당좌 ~

대위 ~ 로 예편 한다, ~ 로 전역 한다; 육군 ~

대응 강경 ~ 방침, □에 능동적으로 ~ 한다, □에 ~ 한다, 유연히 ~ 한다

대응책 ~ 을 강구 한다

대의 ~ 제 민주 주의

대의원 ~ 대회

대인 ~ 공포증 환자, ~ 관계가 원만하다, ~ 기피증, ~ 지뢰 금지; 원만한 ~ 관계

대일 ~ 수출, ~ 전선 통일 동맹

대입 2015 학년도 ~

대작 ~ 의 복원; 사회 과학사에 빛 나는 ~

대작전 냉증 탈출 ~

대장 ~ 내시경 검사, ~ 증후군

대장 ~ 장이; 수불 ~

대장 ~ 쥐; 빨치산 여 ~, 스리 꾼 ~, 유전성 ~ 암, 청군 ~

대장군 천하 ~과 지하 여장군

대장부 어엿한 사내 ~

대장염 과민성 ~

대장정 국토 ~

대적 □에 ~ 한다

대전 ~ 의 종결, ~ 의 패전, ~ 의 패전국; 1 차 ~, 1 차 세계 ~, 양차 ~, 이 차 ~, 이 차 세계 ~, 일 차 ~, 일 차 세계 ~

대전차 ~ 포 중대

대절 □을/를 ~ 한다, 차를 ~ 한다

대접 ~ 이 시원 찮다; 극진히 ~ 한다, 융숭히 ~ 한다, □을/를 ~ 한다, 칙사 ~, 후한 ~, 후히 ~ 한다

대정부 ~ 질문; 국회 ~ 질의

대정치권 ~ 로비

대조 ~ 언어학; □과/와 좋은 ~를 이룬다, 대차 ~ 표, 비교와 ~

대조적 ~ 으로, ~ 인

대종 ~ 을 이룬다

대주 ~ 어른; 오 대양 육 ~

대주주 ~ 겸 최고 경영자, ~ 나 특수 관계인

대중 ~ 교통 수단, ~ 문화, ~ 없이 짖는다, ~ 음악 평론가; 무산 ~ 근로 ~, 사부 ~, 여관과 ~ 탕, 피착취 ~

대중국 ~ 투자

대중부 ~ 불교

대증 ~ 요법

대지 ~ 모신, ~ 와 잡종지; 용암 ~, 임야와 ~

대질 ~ 심문, ~ 조사

대쪽 ~ 같은 공정 의식, ~ 같은 과단성, ~ 같은 기질, ~ 같은 발언, ~ 같은 삶, ~ 같은 선비, ~ 같은 성품, ~ 같은 원칙 주의, ~ 같은 정신, ~ 처럼 반듯하다, ~ 판사

대차 ~ 대조 표

대책 ~ 마련에 부심 한다, ~ 의 일환; 경제 종합 ~, 군청 재해 ~ 반, 노숙자 ~ 종교 시민, 범국민 ~, 비리 은폐 ~, 선거 ~ 본부, 수해 방지 ~, 실직 노숙자 ~, □에 대한 ~, 우산 분실 방지 ~, 자연 재해 ~ 법, 재발 방지 ~, 투기 억제 ~, 특단의 ~, 편파 방송 ~ 특위, 활성화 ~

대책비 주거 ~

대처 ~ 로 옮긴다; □에 능동적으로 ~ 한다, □에 ~ 한다, □에 유연하게 ~ 한다

대천 삼천 ~ 세계

대체 ~ 조림비, ~ 조제와 임의 조제, ~ 조제 제도; □을/를 ~ 한다, 중복 및 ~ 수요

대체적 ~ 인 윤곽

대추 ~ 나무 한 그루, ~ 단자; 감 나무나 ~ 나무, 감 놓아라 ~ 놓아라 간섭 한다, 늙은 ~ 나무, 밤 놓아라 ~ 놓아라 한다

대축 제관과 ~

대축전 민족 통일 ~

대축제 국민 ~

대출 ~ 거래 약정서, ~ 권장비, ~ 동결령, ~ 만기 일 연장, ~ 보증, ~ 조건, ~ 환원 제; 가계 ~, 관외 ~ 서비스, 관외 ~ 회원, 담보로 ~ 한다, 당좌 ~, 대환 ~, 약관 ~, 예금 담보 ~, 주택 담보 ~, 총액 ~ 한도, 통장 식 ~, 학자금 ~

대출금 ~ 상환 당일, ~ 잔액; 당해 ~

대충 ~ 의 얼개

대취 ~ 한다

대측 ~ 지각증

대치 ~ 된다; □과/와 ~ 한다

대칭 좌우 ~ 균형

대타 ~ 의식화

대통 운수 ~

대통령 ~ 금 배 고교 축구 대회, ~ 긴급 명령, ~ 내외 분, ~ 배 대회 우승, ~ 보좌 진, ~ 상을 수상 한다, ~ 외교 안보 수석, ~ 의 방일, ~ 정무 수석, ~ 직속, ~ 취임 식, ~ 후보 재경선; 전직 ~

대파 오 대 영으로 ~ 한다, □을/를 ~ 한다

대판 ~ 시비를 붙는다

대패 ~ 밥 모자; 쇠시리 ~

대포 뒷골목 ~집

대포 ~를 쏜다

대폭 ~ 간소화 한다, ~ 축소 한다

대폭 ~ 양보 한다

대표 ~ 최고 위원; 국민 ~회, 남 측 ~단, 무역 ~ 부, 미 무역 ~ 부 ~, 북 쪽 ~단, 북측 ~단, 실무 ~ 접촉, 정당 명부 식 비례 ~ 제, 주식 회사 ~ 이사, 프로모션 ~, 한국 축구 ~ 팀 감독

대표부 ~ 차석; 통상 ~

대표적 ~ 으로, ~ 인

대피 민방위 ~ 시설, 안전 지대로 ~ 한다, □에게 ~ 령을 내린다, □을/를 ~ 한다

대필 유서 ~ 사건, □을/를 ~ 한다

대하 ~ 소설

대하다[대해] 미성년자에 대한 담배 판매, □에 대한 책임

대하증 냉증과 ~

대학 ~ 가요제, ~ 법학 과, ~ 부 단체전, ~ 부 장사 급, ~ 부설 평생 교육 원, ~ 영문 과, ~ 의 정치학 조교수, ~ 입시, ~ 입시장, ~ 입학 적격자 선발, ~ 전과목 평점 평균, ~ 정책 실장, ~ 진학, ~ 출신자; 공과 ~, 공립 ~, 농과 ~, 단과 ~ 별 모집, 명문 사립 ~, 문과 ~장, 법과 ~, 사립 ~ 총장 협의회 회장, 사범 ~, 상위권 ~, 세칭 일류 ~, 예능계 ~, 의과 ~, 이공계 ~, 일류 ~ 출신, 주립 ~, 초급 ~, 추계 ~ 연맹전, 한의 과 ~

대학교 ~ 시절 오래도록 사귀었다; 국립 ~ 배지

대학생 흔적과 ~

대학원 ~ 연구력 제고, ~ 입시 반, ~ 재학, ~ 진학; 단설 ~, 법 과 ~, 법학 전문 ~, 신학 ~ 졸업, 어학원 통역 ~ 준비 반, 의학 전문 ~, 이공계 ~, 전문 법학 ~, 통역 ~ 입시

대학인 수 많은 ~

대한다[대해] 고향에 대한 그리움, 권력에 대한 견제, 마늘에 대한 세이프가드를 발동 한다, □에 대한 감탄, □에 대한 검토, □에 대한 결론, □에 대한 경례, □에 대한 관심도, □에 대한 극기심, □에 대한 논술, □에 대한 대책, □에 대한 부러움, □에 대한 분 풀이로, □에 대한 분석, □에 대한 불신감, □에 대한 생각, □에 대한 설명, □에 대한 소득 공제, □에 대한 신용 공여, □에 대한 애착심, □에 대한 임명 동의, □에 대한 점유비, □에 대한 조사, □에 대한 증오심, □에 대한 지원, □에 대한 진상 규명, □에 대한 친화 도, □에 대한 편견, □에 대한 편애, □에 대한 평가, □에 대한 해답, □에 대한 회의, □에 대해 구속 영장을 청구 한다, □에 대해 박식하다, □에 대해 빠삭하다, □에 대해 유감을 표명 한다, □에 대해 정통하다, □에 대해서, □에게 조금 딱딱하게 ~, 우리 말에 대한 애정

대함전 원거리 대공 방어와 ~

대합실 공항 ~

대항 □에 ~ 한다, 정면으로 ~ 한다

대해 망망 ~

대행 계열 ~ 사, 국무 총리 직무 ~, 독립 광고 ~ 사, 원장 권한 ~으로 임명 한다,

□을/를 ~ 한다, 입장권 판매 ~ 사, 직무 ~ 체제, 총재 권한 ~

대행진 반전 평화 촛불 ~, 평화 ~

대형 ~ 걸개 그림, ~ 상설 매장, ~ 상실 전시관, ~ 참사, ~ 폐기물, ~ 함포; 부동산업이나 ~ 관광업, 시내 ~ 서점, 지수 관련 ~ 주

대홍수 을축 년 ~

대화 물 밑 ~

대환 ~ 대출

대회 ~ 준우승, ~ 참가 차, ~ 폐막 일; 거봉 아가씨 선발 ~, 경진 ~, 경찰 청장기 전국 ~, 공권력 폭력 규탄 ~, 교련 실기 ~, 궐기 ~, 금 배 전국 고교 축구 ~, 뉴 미디어 스타 선발 ~, 대의원 ~, 대통령 금 배 고교 축구 ~, 대통령 배 ~ 우승, 도내 글 짓기 ~, 디스코 경연 ~, 리틀 야구 ~ 개최, 미스 유니버스 ~, 민속 씨름 ~, 민속 씨름 설 날 장사 ~, 범민족 ~, 사생 ~, 서키트 ~, 세계 아마 바둑 선수권 ~, 세계 탁구 선수권 ~, 실업 축구 선수권 ~ 정상, 암벽 등반 ~, 우량아 선발 ~, 유니버시아드 ~, 인민 ~, 입단 ~, 잼버리 ~, 전국 순례 스케이트 ~, 전당 ~, 전한국 선수권 ~, 정당 당원 단합 ~, 조기 전당 ~ 소집, 지구 당 개편 ~, 쪽배 경연 ~, 천하 장사 씨름 ~, 체급 별 ~, 체육 ~, 축구 선수권 ~, 콩쿨 ~, 학술 ~, 한민족 세계 지도자 ~

대회의실 구 층 ~

대회장 엑스포 ~

댁 금산 ~, 대감 ~, 복내 ~, 사모님 ~, 지왓골 ~, 큰 ~ 식구, 큰 ~ 아지머님

댄다 꺼이꺼이 울어 ~, 눌러 ~, --는다고/ㄴ다고/다고/라고 을러 ~, 떠들어 ~, 불러 ~, 심하게 을러 ~, --어/아 ~, --으라고 을러 ~, --자고 을러 ~

댄다 얻다 대고, □에다 대고 소곤거린다, 유부녀를 손 ~, □을/를 대어 본다, 이름 ~, 이름만 대면 안다, 종주먹을 ~, 찰고무로 바닥 ~, 핑계를 ~

댄스 ~를 춘다; 랩 ~

댐 ~의 수문, ~ 증축; 다목적 ~, 수력 발전 ~, 식수 ~

댓돌 ~ 위

댓새 한 ~

댕강 ~ 잘린다

댕긴다 담뱃불을 ~, □을/를 ~

더 ~ 나아간다, ~ 낫다, ~ 도 덜도 말고, ~ 말 할 나위가 없다, ~ 할 나위 없이, ~ 할 나위 없다, ~ 할 나위 없이 좋다; 곱절이나 ~, 밥 상에 숟가락 하나 ~ 얹는다, 생년월일이 ~ 빠르다, □에 비해 ~ 비싸다, □을/를 ~ 좋아 한다, 하루쯤 ~ 쉰다, 한 술 ~ 뜬다, 훨씬 ~

더듬거린다 □을/를 ~

더듬는다 발 자취를 ~, □을/를 ~

더듬이 ~ 사진사; 여치의 ~

더디다 더디고~

더럭 ~ 겁이 난다; 겁이 ~ 난다

더럽다[더러워 더러운] 더럽고 치사하다

더럽힌다 더럽혀 진다; 쓰레기로 ~, □을/를 ~

더미 건초 ~, 교정지 ~, 나락 ~, 볏짚 ~, 쓰레기 ~, 장작 ~, 잿~가 된다, 탄 ~

더부룩 속이 ~하다

더부살이 선술집 ~

더분다[더불고 더불어] □과/와 더불어

더블 ~ 클릭

더욱 □에 ~ 박차를 가한다

더위 ~ 가 기승을 부린다, ~ 나 추위, ~ 를 식힌다, ~ 를 탄다; 말복 ~, 불 볕 ~, 삼복 ~ 때, 추위와 ~의 차

더한다[더해] □을/를 ~, 폭과 깊이를 ~

덕 복과 ~, □의 ~을 본다, 조상 ~을 본다

덕망 ~ 과 인품, ~ 있다; 업적과 ~

덕분 □ ~에, □ ~이다

덕성 ~ 실기

덕업 삼천 년 ~

덕트 ~ 청소

던다[덜고 덜어] 덜어 준다; □을/를 ~, □을/를 조금이라도 ~

던진다 공을 ~, 동전 던지기, 목 숨을 초개처럼 ~, 반대 표를 ~, □에 던져 둔다, 원반 던지는 사람, □을/를 ~, □을/를 벗어 ~, □을/를 집어 ~, □을/를 훌훌 벗어 ~, 주사위는 던져 졌다, 찬성 표를 ~, 추파를 ~, 출사표를 ~, 한 꺼풀 한 꺼풀 벗어 ~, 훨훨 벗어 ~, 휙 내 ~

덜 더도 ~도 말고

덜 으른 ~

덜덜 ~ 떤다, ~ 떨린다

덜덜거린다 덜덜거리는 선풍기

덜덜덜 ~ 떨린다

덜미 ~ 가 잡힌다, ~ 를 잡힌다; 뒷~를 낚아 챈다

덜컥 ~ 내려 앉는다

덜컹 ~ 내려 앉는다

덜큰 ~ 하다

덤덤 ~ 하다

덤불 가시 ~과 엉겅퀴, 싸리 ~, 잡목 ~, 짚 ~, 찔레 ~, 풀 ~ 속

덤빈다 섣불리 ~

덤프 ~ 트럭

덤핑 ~ 관세 부과; 최종 ~ 마진율

덥다[더워 더운] 더운 여름 철; 날씨가 ~, 눈시울이 ~, 찬 밥 더운 밥 안가린다

덥석 손 목을 ~ 잡는다

덥수룩 ~ 하다

덥썩 □을/를 ~ 잡는다

덥힌다 덥히는 난방법

덧문 새끼 ~

덧보탠다 □을/를 ~

덧셈 ~ 과 뺄셈

덧술 ~ 과정, ~ 로 수수를 쓴다, ~ 의 횟수; 찹쌀 고두밥으로 ~을 담는다

덧신 ~ 양말

덧씌운다 덧씌워 진다; □을/를 ~

덧입힌다 □을/를 ~

덧창 ~ 을 연다

덧칠 ~ 과 수정, ~ 한다

덩굴 다래 ~, 찔레 ~, 호박 ~

덩그렇다 덩그러니 놓인다

덩달아 ~ 흥분 한다

덩실 ~ 하다

덩실덩실 ~ 춤을 춘다; --고 ~ 춤 춘다, --으며/며 ~ 춤 춘다, □을/를 ~ 춘다

덩어리 ~ 가 곤두 선다; 납 ~, 대리석 ~, 이 웬수 ~, 저육 한 ~

덩이 눈 ~처럼 불어 난다, 메주 ~, 찬 밥 ~, 찰흙 ~, 탄 ~

덩치 ~ 가 좋다

덫 ~ 에 찡긴다; 청춘의 ~

덮개 ~ 를 씌운다; 지석 묘의 ~ 돌

덮개돌 ~ 의 장축

덮깃 아래 꼬리 ~

덮는다 뒤 덮은 가운데, □을/를 덮어 쓴다, □을/를 덮어 씌운다, □을/를 뒤 ~

덮밥 ~ 국 물; 낙지 ~, 제육 ~

덮인다 덮여 있다; 눈 덮인 산 봉우리, 눈이 ~, 비늘로 ~, □에 ~, □으로/로 ~, □으로/로 뒤 ~, 털로 ~

덮친다 엎친 데 덮친 격으로, 엎친 데 덮친 격이다, □을/를 ~

데 난 ~ 없는 소낙비, --는 ~ 반해, --는 ~ 시간이 오래 걸린다, --는 ~ 일조 한다, --는 ~ 조금이라도 도움이 된다, --는 ~ 주안점을 둔다, --는/은/ㄴ ~ 주로 기인 한다, --는다는/ㄴ다는 ~ 인식을 같이 한다, --려는 ~ 그 목적이 있다, 쓸 ~ 없다, 쓰잘 ~ 없다, 엎친 ~ 덮친 격으로, 엎친 ~ 덮친 격이다, 온 ~ 간 ~ 없다, 온 ~ 간 ~ 없이 사라져 버린다, □을/를 다른 ~로 돌린다, 콩 심은 ~ 콩 나고 팥 심은 ~ 팥 난다, 흠 잡을 ~ 없다, 힘 다는 ~까지

데 쓸 ~ 없는 참견, 한 ~ 묶는다, 한 ~ 뭉친다, 한 ~ 어우러진다, 한 ~ 어울린다, 한 ~ 엉클어 진다

데굴데굴 ~ 굴러 간다, ~ 굴러 다닌다

데님 ~ 패션; 로맨틱 히피 풍 ~, 멜빵 ~

데데 ~ 하다

데리고 ~ 간다

데린다 데릴러 온다, 데리고 다닌다; □을/를 데리고, □을/를 데려 간다, □을/를 데려 온다

데면데면 ~ 하다

데모 ~ 한다

데뷔 ~ 첫 해; 문단에 ~ 한다

데뷰 ~ 한다

데생 석고 ~

데운다 데운 우유; 따뜻이 ~, 세숫물을 ~, □을/를 ~

데이 메이 ~ 총파업

데이타 관측 ~

데이터 ~ 뱅크, ~ 베이스를 검색 한다, ~ 입출력; 서지 ~, 온라인 ~ 베이스, 자기 증식 ~ 베이스, 종합 목록 ~ 베이스

데인다 불에 ~

데친다 데친 브로콜리; 살짝 ~, □을/를 끓는 물에 ~

데코 홈 ~

덴다 불에 ~

델타 ~ 파

도 30 ~를 웃도는 무더위, 백 팔십 ~, 북위 17 ~, 삼십 ~를 오르내린다, 삼십 ~를 웃돈다, 삼팔 ~ 선 이남, 섭씨 10 ~,

섭씨 삼천 ~, 영하 1 ~, 영하 12 ~, 영하 40 ~

도 ~ ㅅ 수 없는 안경, ~ 가 지나치다, ~를 넘은 연예인 막말; 가계비 충족 ~, 경영 목표 달성 ~, 고혈압 위험 ~, 높은 불만 ~를 나타낸다, 높은 불만 ~를 보인다, 높은 재인 ~, 미세 먼지 오염 ~, 빠른 활성 ~, 상표 애호 ~, 상표 인지 ~, 상표 충성 ~, 선호 ~와 애호 ~, 성생활 만족 ~, 수계 의존 ~, 식량 자급 ~, 신뢰 ~ 계수, 신뢰 ~와 타당 ~, 알콜 ~수, 압착 경사 ~, 애호 ~를 유지 한다, □에 대한 관심 ~, 예언 타당 ~, 의존 ~가 지나치게 높다, 이산화 질소 오염 ~, 인기 ~ 조사, 차입금 의존 ~, 친밀 ~를 높인다, 학업 성취 ~, 항문 괄약근의 긴장 ~, 화질의 선명 ~

도 ~ 교육감, ~ 의 수군, ~ 의회 의장 협의회; 각 시 ~ 교육청, 시 ~ 지부장, 신고 성실 ~, □에 대한 친화 ~

도 ~를 닦는다; □에 ~가 튼다, □에 ~가 트인다

도 □~ 가지 가지다, □~ 마찬가지다, □~ 불사 한다, □~ 서슴지 않는다, □~ 일리가 있다; --ㄹ는지 ~ 모른다, --ㄹ른지 ~ 모른다, 감히 엄두 ~ 못낸다, 개미 한 마리 ~ 얼씬거리지 않는다, 거들떠 ~ 안본다, 거들떠 보지 ~ 않는다, --고 싶은 생각은 추호 ~ 없다, 그 무엇과 ~ 바꿀 수 없다, 그 이상 ~ 그 이하 ~ 아니다, 그 이상 ~ 이하 ~ 아니다, 금강산 ~ 식후경이다, 낫 놓고 기역자 ~ 모른다, --는 재미 ~ 솔찮다, 당치 ~ 않다, 더 ~ 덜 ~ 말고, 두 말 할 나위 ~ 없다, --라니 당치 ~ 않는다, --라면 자다가 ~ 벌떡 일어 난다, 멱 ~ 감는다, 명함 ~ 내 밀지 못한다, 물 장구 ~ 친다, 미동 ~ 하지 않는다, 반론 ~ 만만치 않다, 별 일 ~ 다 많다, 볏 ~ 가지런하다, 본전 ~ 못찾는다, 브라자 ~ 걸친다, 뼈 ~ 못추린다, 삯 일 ~ 한다, 설명 ~ 없이 내 팽개 친다, 세계적으로 ~ 유례가 없다, 쇠 뿔 ~ 단 김에 뺀다, 수다 ~ 떤다, 숨 돌릴 겨를 ~ 없다, 스파게티 ~ 함께 시킨다, 습관 ~ 엿본다, 아무 짝에 ~ 못쓴다, 아무 짝에 ~ 쓸 모 없다, 아무에게 ~ 방해 받지 않는다, 아직 ~ 눈에 선하다, 악조건에 ~ 불구하고, 안중에 ~ 없다, -- 았/었으리라 짐작 ~ 못한다, 얇지 ~ 두껍지 ~ 않다, 어림 ~ 없는 수작, 어림 반 푼 어치 ~ 없다, □에 ~ 섬칫 한다, □에 ~ 조예가 깊다, □에 비하면 아무 것 ~ 아니다, □에서 한 치 ~ 벗어 나지 않는다, 울기 ~ 많이 운다, □은/는 엄두 ~ 못낸다, --을/ㄹ 리 ~ 만무하다, --을지 ~ 모른다, --음/ㅁ에 ~ 불구하고, 이마에 피 ~ 안마른 놈, 이튿날 ~ 그 이튿날 ~, 일고의 가치 ~ 없다, 일면식 ~ 없다, 입 ~ 뻥긋 않는다, 입장료 ~ 턱 없이 비싸다, 잠시 ~ 쉬지 않고, 적반하장 ~ 분수가 있어야지, 적반하장 ~ 유분수지, 전깃불 ~ 들어 온다, 절반에 ~ 못미친다, 제삿날 ~ 모른다, 쥐 구멍에 ~ 볕 들 날이 있다, 지금 ~ 눈에 선하다, 지독히 ~ 춥다, 지렁이 ~ 밟으면 꿈틀거린다, 지지리 ~ 가난하다, 지지리 ~ 못난, 지지리 ~ 못났다, 춤 ~ 춘다, 털 끝만치 ~, □하고 아무 상관 ~ 없다, 한 발짝 ~ 물러 서지 않는다, 한 치 앞 ~ 내어다 보지 못

한다, 한 치의 양보 ~ 없다, 한 치의 오차 ~ 없다, 한 푼 ~ 없다, 헤엄 ~ 친다

도가 술 ~집

도가 ~ 사상, ~ 사상가, ~ 학파

도가니 ~ 로 몰아 넣는다; 열광의 ~, 흥분의 ~

도감 조류 ~ 출판

도검 부월과 ~

도고 사상 ~

도교 ~ 나 불교, ~ 와 불교; 불교와 ~, 유교와 ~

도구 가재 ~, 취사 ~

도굴 ~ 한다, ~ 행각

도그마틱 형법 ~

도급 ~ 순위, ~ 한도액

도기 시유 ~

도깨비 ~ 감투, ~ 방망이, ~ 에 홀린다; 푸른 ~ 불

도끼 ~ 의 머릿돌; 믿는 ~에 발 등 찍힌다, 주먹 ~, 톱 날과 ~ 날

도난 ~ 경보기, ~ 당한다; 가정용 ~ 방지기, 시험지 ~, 입시 문제지 ~ 사건

도내 ~ 글 짓기 대회

도넛 ~ 과 양과자, ~ 봉지

도닥거린다 □을/를 ~

도닥인다 도닥여 준다

도달 결론에 ~ 한다, 신경 핵에 ~ 한다, 오르가슴에 ~ 한다, 합의 점에 ~ 한다

도덕 ~ 의식과 보편 주의; 으뜸 가는 ~

도덕성 안락사의 ~ 논쟁

도덕적 ~ 으로, ~ 인 딜레머; 기관의 ~ 해이

도도 ~ 하다, ~ 히 흐른다

도도록 ~ 하다; 둔부처럼 ~

도둑 ~ 놈 수작, ~ 놈 심보, ~ 맞을 염려, ~ 심보, ~ 의 접주, ~ 이 제 발 저리다더니, ~ 질 한다; 늦게 배운 ~이 밤 새는 줄 모른다, □을/를 ~ 맞는다, 죄 ~ 놈이다

도라지 ~ 나물; 남색 ~ 꽃 무늬, 백 ~ 꽃

도랑 밭 ~ 논 두렁

도래 만기 ~, □에 ~ 한다

도령 이 ~

도로 ~ 교통 법 위반자 벌점, ~ 구조 령, ~ 축간, ~ 한복판; 527 번 지방 ~, 간선 ~, 고가 ~, 고속 ~ 건설, 고속 ~와 국도, 고속 ~ 톨게이트, 고속 ~ 통행료 인상, 고속 ~ 휴게소, 고속화 ~, 비포장 ~, 사 차 선 ~, 서울 외곽 순환 고속 ~, 아스팔트 포장 ~, 이 차 선 ~, 자전거 ~, 자전거 전용 ~, 중부 고속 ~ 하행선, 한산한 고속 ~

도로꼬 ~ 를 민다

도록 ~ 에 수록 한다, ~ 이나 아트 포스터, ~ 이나 화집; 전작 ~ 발간

도료 ~ 희석제; 마이카 ~

도루 삼 루 ~, 시즌 최다 ~

도르래 ~ 신경

도리 ~ 가 없다; 색즉시공 공즉시색의 ~

도리깨 ~ 질 한다

도리우찌 ~ 를 쓴다

도린다 가슴을 도려 내는 아픔, 간장을 도려 내는 아픔, 살을 도려 내는 아픔, 심장을 도려 내는 아픔, □을/를 도려 낸다, 칼로 도려 낸다

도립 ~ 공원, ~ 병원

도마 ~ 위; 항균 ~

도막 ~ ~ 끊긴다; 한 ~

도망 ~ 한다; 애인하고 ~ 친다

도맡는다 궂은 일을 도맡아 한다, □을/를 ~

도매 ~ 금으로, ~ 로 판매 한다, ~ 물가, ~ 상가

도면 설계 ~

도명 ~ 계좌

도모 □을/를 ~ 한다, 친목 ~, 친선을 ~ 한다, 후일을 ~ 한다

도민 ~ 회 후원금

도박 ~ 중독; 사기 ~ 판

도박장 포경 ~

도발 ~ 을 감행 한다; 무력 ~, 무모한 ~

도방 ~ 풍속

도배 □을/를 ~ 한다

도병 찹쌀 ~

도보 ~ 로 십 분 걸린다, ~ 순례

도부 ~ 장수

도사 망둥이 ~, 베팅 ~

도사린다 □에 도사리고 있다

도산 ~ 한다; 연쇄 ~

도살 ~ 된다

도상 개발 ~ 국가, 개발 ~ 국가군

도상국 개발 ~으로 분류 된다, 개발 ~으로 분류 한다

도서 ~ 구입비, ~ 연구회, ~ 열독, ~ 정가 제, ~ 출판; 교과용 ~, 불온 간행물 ~ 목록, 알뜰 ~ 교환

도서관 ~ 사서, ~ 장서량; 디지털 비디오 ~, 서점이나 ~, 주부 전용 ~

도서실 자그만 ~

도선 ~ 객

도성 ~ 함락

도수 ~ 분포 다각형, ~ 분포 표; 알콜 ~

도스른다[도슬러] □을/를 ~

도시 ~ 가스 요금, ~ 계획학, ~ 까스, ~ 나 촌락, ~ 미관, ~ 산업 사회, ~ 전역을 헤집는다, ~ 한복판; 건설 과와 ~ 과, 신흥 공업 ~, 중소 ~, 지역 ~ 가스 정압기, 필견의 ~, 항구 ~, 휴양 ~

도시락 ~ 을 지참 한다

도시화 산업화와 ~

도심 ~ 포교당, ~ 한복판

도안 국기를 ~ 한다, 옷 본 ~, 지폐의 ~

도야 □을/를 ~ 한다, 인격 ~

도약 ~ 의 발 판, ~ 한다

도어 옆 면의 ~ 록, 호텔 ~ 보이

도열 ~ 해 있다; □에 ~ 한다

도외시 □을/를 ~ 한다

도요새 ~ 와 물 떼 새

도요지 ~ 터

도용 □을/를 ~ 한다

도움 ~에 힘 입는다, ~ 왕 타이틀, ~ 의 손 길; --는 데 조금이라도 ~이 된다

도읍 □에 ~을 정한다

도인 무위 ~, 양생 ~ 체조

도임 □에 ~ 한다

도입 ~선 전환; 산별 교섭 ~, 외국 ~ 브랜드, 외자 ~, □을/를 ~ 한다, 이스라엘제 무기 ~, 쿼터 제 ~, 특검 제 ~

도장 태권도 ~

도장 ~ 밥, ~ 이 찍힌다; 꿀 밤 ~, 비취 ~, 손 ~을 찍는다, 입출국 고무 ~, 통장과 ~

도적 ~ 질 당한다, ~ 질 한다; 구메 ~, 섬 나라 ~ 떼

도전 ~에 직면 한다; 경쟁자와 ~자, 모험과 ~, 무모한 ~, □에 ~ 한다, 정면으로 ~ 한다

도전장 □에 ~을 내 민다

도제 ~ 양성, ~ 제도

도조 ~ 법

도주 ~ 나 증거 인멸, ~ 및 증거 인멸; 야반 ~ 한다

도중 ~하차 한다; --는 ~, 예인 ~ 침몰

도착 □에 ~ 한다

도참 ~ 설; 풍수 ~ 사상

도청 ~ 소재지

도출 ~ 된다; □을/를 ~ 한다

도취 ~ 된다; □에 ~ 한다

도크 인간 ~

도탄 ~에 빠진다

도태 ~ 된다; 약육강식이나 ~

도토리 ~ 묵, ~ 알, ~ 키 재기

도톰 ~ 하다

도통 □에 ~ 한다

도툼 ~ 하다

도파민 ~ 분비

도포 국소 ~

도포 ~ 자락

도피 ~ 한다

도합 ~ 사 인

도해 □을/를 ~ 한다

도형 기하학적 ~, 북궐 ~, 평면 ~

도화선 ~이 된다

도화지 두꺼운 ~

도회소 교종 ~

독 개량 김치 ~, 김장 ~ 냉장고, 뒤곁 장 ~대, 밑 빠진 ~에 물 붓기

독 ~ 거미에게 물린다, ~ 약 앰플을 깨문다, ~을 빨아 낸다; 검은 ~ 거미, 납 ~이 오른다, 눈 ~ 들인다, 눈 ~을 들인다, 벌 ~ 요법

독감 ~ 바이러스; 조류 ~ 감염

독거 ~ 노인, ~ 수용자

독거실 ~에 수용 된다, ~에 수용 한다

독경 ~ 소리

독대 □과/와 ~ 한다

독려 □을/를 ~ 한다

독립 ~ 광고 대행 사, ~ 기념관 전시관, ~ 생활을 한다, ~ 선언 식, ~ 운동 지혈사, ~ 운동가, ~ 유공자, ~ 채산; 우리 ~ 운동사, 통일 ~ 촉진회

독립국 신생 ~

독립성 자율성과 ~

독본 헌장 ~

독상 ~ 문화

독서 ~ 감상문, ~ 기록 표, ~ 삼매경, ~와 사색

독설 ~ 을 퍼 붓는다

독소 ~ 조항

독수리 ~ 5 형제, ~ 나 사자, ~ 날개짝; 쌍두 ~

독식 □을/를 ~ 한다

독신 ~ 생활자, ~ 으로 지낸다

독실 ~ 한 기독교 신자; 성현을 ~히 믿는다, □을/를 ~히 믿는다

독자 ~ 나 시청자, ~ 를 긴장 시킨다, ~ 투고 란; 의견 란 또는 ~ 란

독자적 ~ 으로, ~ 인

독재 ~ 에 항거 한다, ~ 정권 하, ~ 타도; 군부 ~, 반군사 ~, 일당 ~, 프롤레타리아 ~

독전 □을/를 ~ 한다

독점 ~ 금지 법 위반, ~ 판매권; 문학적 ~ 주의, 배타적으로 ~ 한다, □을/를 ~ 한다

독점적 ~ 지위를 누린다

독종 에그 ~

독주 바이올린 ~회, 피리 ~

독차지 귀여움을 ~ 한다, □을/를 ~ 한다

독창 저술업의 ~

독촉 ~ 에 쫓긴다; 방세 ~, 빚 ~, □에게 빚 ~을 한다, 원고 ~, □을/를 ~ 한다

독트린 선제 공격 ~

독특 ~ 하다

독파 □을/를 ~ 한다

독하다[독해] 독한 농약, 독한 술

독학 ~ 한다

독해 ~ 초보자

독회 심사 ~

돈 ~ 놓고~ 먹는다, ~ 몇 푼, ~ 세탁 방지 법, ~ 안드는 선거, ~ 에 약하다, ~을 어거리로 번다, ~ 한 푼; 거액의 뒷 ~, 공 ~이 생긴다, 꽤미 ~, 다문다문 ~ 생긴다, 떼 ~을 번다, □을/를 ~으로 환산 하면, 전셋~ 뺀다, 푼푼이 모은 ~, 행하 ~

돈가스 ~ 소스

돈가스점 일식 ~

돈다[돌고 돌아] 돌아 와요 부산항에; 감소세로 돌아 선다, 구천을 떠 ~, 귓가를 맴 ~, 귓가에 맴 ~, 귓가에서 맴 ~, 남아 ~, 내림세로 돌아 선다, 눈에 눈 물이 핑 ~, --는다는/ㄴ다는/다는/라는 관측이 ~, 다람쥐 쳇바퀴 돌듯, 다섯 바퀴 ~, 맴을 ~, 모퉁이를 돌아 선다, 모퉁이를 돌아 온다, 미술관만 돌아 다닌다, 반환 점을 돌아 선다, 뱅글뱅글 ~, 뱅뱅 ~, 빙그르 돌아 본다, 빙글빙글 ~, 빙빙 ~, 뺑뺑 ~, 산 모퉁이를 돌아 간다, 섞여 맴 ~, 손익 분기 점 밑 ~, 수포로

돌아 간다, 야마가 ~, 얼굴에 화색이 ~, 얼굴에 희색이 ~, 영채가 ~, □으로/로 돌아 간다, □으로/로 돌아 든다, □을/를 돌아 본다, □을/를 돌아다 본다, □을/를 멤 ~, □을/를 빌 ~, □을/를 싸고 ~, 정처 없이 떠 돌아 다닌다, 증가세로 돌아 선다, 집 집마다 돌아 다닌다, 쳇바퀴 ~, 초심으로 돌아 간다, 출마 설이 나 ~, 태양의 주위를 ~, 핑 핑 ~, 핑그르 ~, 핑그르르 ~, 하락세로 돌아 선다, 한 바퀴 ~, 항간에 떠 ~, 회복세로 돌아 선다, 휘끈 돌아 본다, 휘휘 돌아 본다, 획 돌아 선다, 획 돌아 앉는다, 흘금 돌아 본다, 힐긋 돌아 본다

돈독 부부애를 ~히 한다, 우의를 ~히 한다, 우정을 ~히 한다, 우호를 ~히 한다, 유달리 ~하다, 친분을 ~히 한다

돈수 돈오 ~

돈오 ~ 돈수, ~ 점수

돈육 캐나다산 ~

돈푼 ~ 깨나 있다

돋군다 목청을 ~, 식욕을 ~, □을/를 ~, 흥을 ~

돋는다 깃털이 돋아 난다, 닭 살 ~, 닭 살이 ~, 살갗에 소름이 ~, 새 순이 ~, 새 싹이 돋아 난다, 새 잎이 돋아 난다, 역정이 ~, 움이 ~, 촘촘히 돋아 난다, 파릇 파릇 돋아 난다, 힘 줄이 ~

돋보기 ~ 안경

돋보인다 돋보인다는 평; 단연 ~

돋운다 구미를 ~, 목청을 ~, 부아를 ~, 스타로 발 돋움 한다, 쌍 심지를 ~, □으로/로 발 돋움 한다, □을/를 ~, 흥을 ~

돋이 해 ~ 방향

돋친다 날개 돋친 듯 팔린다, 비늘 ~, 아주 가시 ~

돋힌다 가시 ~

돌 ~ 계단을 딛는다, ~ 고래 떼의 폐사, ~ 난간을 두른다, ~ 대가리, ~ 솥 비빔밥, ~ 을 놓아 간다, ~ 직구, ~ 층층대, ~ 토끼, ~ 팔매 질 한다; 3 단의 ~ 계단, 간 ~ 화살 촉, 건축용 벽 ~, 걸림 ~이 된다, 곤드레 ~ 솥 밥, 내화 벽 ~, 다듬은 ~, 도끼의 머릿~, 디딤 ~, 모 난 ~이 정 맞는다, 바둑 ~, 봉당 디딤 ~, 붉은 벽 ~ 집, 산소에 상 ~을 놓는다, 석축 ~ 계단, 아랫~ 빼어서 윗~ 괸다, 옥개석 받침 ~, 지석 묘의 덮개 ~, 천장 ~을 받친다, 화염 병과 ~

돌 ~ 기념 메달, ~ 기념 식

돌각 ~ 담

돌기 수상 ~, 유양 ~

돌돌 ~ 만다

돌린다 돌림 대와 손 잡이, 돌림 신경; 다시 원상태로 돌려 놓는다, 다이알을 ~, 다이얼을 ~, 따 돌림 당한다, 만기에 원금을 돌려 받는다, 말 머리를 ~, 면허증을 돌려 받는다, 미행을 따 ~, 버나 돌리기, 빙글빙글 ~, 상모 돌리기, 숨 돌릴 겨를도 없다, □으로/로 내 ~, □으로/로 돌려 놓는다, □을/를 다른 데로 ~, □을/를 돌려 받는다, □을/를 돌려 세운다, □을/를 따 ~, □을/를 빼 ~, 정상으로 돌려 놓는다, 조별 ~, 쾌쾌 ~

돌림 □ 자 ~, 균 자 ~, 여름 하 자 ~

돌멩이 최루 탄과 ~, 화염 병과 ~

돌무지 ~ 나무 곽 무덤

돌발 ~ 변수

돌변 □으로/로 ~ 한다

돌본다 □을/를 ~

돌실이 ~를 한다

돌아온다 살아서 ~

돌연 ~ 하다

돌연 ~ 히 나타난다

돌이킨다 돌이켜 본다; □을/를 ~

돌입 파업에 ~ 한다

돌장 언어 벽 ~

돌증 반고리관 ~

돌진 관중석으로 ~ 한다, □에 ~ 한다

돌출 ~ 된다

돌친다 □을/를 ~

돌파 백만 대 ~, □을/를 ~ 한다, 전고점 ~, 정면 ~

돌팔이 ~ 의사, ~ 치과

돌풍 ~을 일으킨다

돔 농어 ~, 황금 ~

돔 원형 ~

돕는다[도와 도운] 돕을 청한다; 불우 이웃 돕기 성금, 소녀 가장 ~, 스스로 돕는자를 ~, □을/를 도와 준다, 이웃 돕기 성금 모금

돗자리 ~를 깐다

동 금 ~ 불상, 먼 ~이 튼다, 학생사 ~

동 요사채 한 ~

동 ~ 난다

동 ~ 사무소와 구청

동 ~ 탑 산업 훈장

동 ~ 이 튼다, ~ 트는 새벽

동·서양 ~ 의 사고

동감 □에 ~ 한다, 전적으로 ~ 한다

동갑 □과/와 ~이다, 띠 ~

동갑내기 스물 여섯 ~

동강 ~ 난다; 두 ~으로 부러뜨린다

동거 □과/와 ~ 한다

동거살이 ~를 한다

동격 □과/와 ~이다

동결 대출 ~ 령, 승급 ~, □을/를 ~ 한다

동경 ~ 의 대상; □을/를 ~ 한다

동계 ~ 올림픽

동고동락 ~ 한다

동공 ~ 부등증; 긴장성 ~

동구 ~ 밖 느티나무, ~ 불출

동굴 ~ 의 수인, ~ 의 우상, ~ 하이에나; 빨치산 ~, 석회암 ~

동권 남녀 ~

동귀 ~ 일체

동그랗다 동그란 원; 눈을 동그랗게 치뜬다, 눈이 동그래 진다

동그스럼 ~ 하다

동그스름 ~ 한 얼굴

동글 ~ 납작하다, ~ ~ 하다

동글납작 ~ 한 얼굴

동글다[동근 동글] 동글게 썬다

동기 개 띠 ~

동기 ~ 간의 우애, ~ 간이나 진배 없다

동기 ~ 부여; 범행 ~, □에 ~를 부여 한다, 전년 ~ 대비, 초등 학교 ~ 동창

동남 ~ 측, ~ 해안

동남부 ~ 에 분포 한다

동냥 소문이나 귀 ~

동네 ~ 새 소식, ~ 잔치를 한다, ~ 한 바퀴; 달 ~ 달 방, 둑방 ~, 뚝방 ~, 산 ~ 꼭대깃집, 산 ~ 자취 방, 안 ~ 사람

동대자 ~ 주거지

동댕이 ~ 를 친다; □에 ~ 친다

동도 ~ 서기

동동 ~ 떠 다닌다; 발만 ~ 구른다, --으며/며 발을 ~ 구른다, --으면서/면서 발을 ~ 구른다, □을/를 ~ 구른다

동동거린다 □을/를 ~

동등 □과/와 ~하다, 남성과 ~하다

동떨어진다 □과/와 ~

동력 ~ 분무기, ~ 자원 부, ~ 전달 장치

동렬 ~ 에 놓는다; □과/와 ~이다

동료 ~ 간; 상사나 ~

동리 구 개 ~ 증치

동맥 ~ 경화성, ~ 조영술, ~ 혈전증, ~ 협착; 관상 ~ 경화, 관상 ~ 경화증, 관상 ~ 질환, 뇌 ~ 경화성 치매, 뇌 ~의 경화, 대뇌 ~ 경색증, 목 ~ 팽대, 쇄골하 ~, 요골 ~, 접형 구개 ~, 추골 ~, 허파 ~

동맹 ~ 을 맺는다, ~ 휴학; 건국 ~, 대일 전선 통일 ~

동맹국 걸프전 ~

동면 ~ 에서 깨어 난다

동무 어깨 ~를 한다

동문 ~ 수학 한나

동물 ~ 행동 학자, ~ 행동학; 변온 ~, 애완 ~ 산업 종주국, 애완용 ~, 야생 ~ 보호, 절지 ~, 찬 피 ~, 초식 ~, 편형 ~, 포유 ~ 화석, 포유류 ~, 항온 ~, 해생 ~, 형질 전환 ~

동물원 ~ 의 우리

동물학 ~ 상 분류

동반 ~ 된다, ~ 자폭; 번개를 ~ 한다, 부부 ~ 회식, □을/를 ~ 한다, 일생의 ~자, 전조를 ~ 한다

동방 ~ 군자국

동백 ~ 나무 가로수, ~ 나무와 유두화 나무, ~ 아가씨

동백나무 묵은 ~

동법 ~ 시행 령

동병 ~ 상련의 심정

동복 솜 ~

동본 동성 ~ 금혼 규정, 동성 ~ 금혼 조항

동봉 ~ 된다; □을/를 ~ 한다

동부 ~ 여단, ~ 지청

동부인 □을/를 ~ 한다

동북 ~ 지방, ~ 측

동분서주 □을/를 위해 ~ 한다

동사 ~ 의 시제, ~ 한다

동사무소 파출소와 ~

동사섭 ~ 법회

동상 ~ 건립

동색 초록은 ~이다

동생 남 ~ 일파, 막내 여 ~, 사 촌 ~, 육촌 ~

동서 ~ 고금을 막론 하고, ~ 냉전, ~ 두탑, ~ 를 막론 하고, ~ 무역의 중개지, ~ 복랑, ~ 월랑, ~ 이념 전쟁, ~ 회랑; 인류 고금 ~의 역사 전체

동서남북 ~ 네 방향

동서양 ~ 을 막론 하고

동석 ~ 식사; □과/와 ~ 한다

동선 ~ 을 길게 만든다, ~ 을 길게 뽑는다, ~ 을 길게 한다, ~ 을 파악 한다; 진입 ~

동성 ~ 동본 금혼 규정, ~ 동본 금혼 조항

동성 ~ 부정맥

동성 ~ 연애자

동수 노사 ~

동승 □과/와 ~ 한다, 조수석 ~자

동시 ~ 에, ~ 접속자, ~ 통역 학원; 동요와 ~, 이 차 ~ 분양

동시적 ~ 으로, ~ 인

동식물 ~ 과 무기물

동아 ~ 국, ~ 김치, ~ 석박지

동아리 고교생 ~, 학교 밖 ~

동아줄 썩은 ~

동안 사나흘 ~, 사날 ~, 세 이닝 ~, 엿새 ~, 오 일 ~ 푹 퍼지른다, 올 상반기 ~, 평생 ~, 하룻~, 한 ~ 잠잠하다, 한참 ~ 생각에 잠긴다

동양 ~ 과 서양, ~ 철학

동양사 ~ 개설서

동어 ~ 반복

동업 ~ 자, ~ 타사

동요 ~ 를 부른다, ~ 와 동시; 전래 ~

동우회 ~ 를 결성 한다

동원 ~ 된다; 온갖 방법을 다 ~ 한다, □을/를 ~ 한다, 전시 ~ 령

동월 전년 ~ 대비 상승률, 전년 ~ 수준

동위 ~ 원소 생산 실험실, ~ 원소 추적자; 방사선 ~ 원소, 방사성 ~ 원소

동의 국회 ~ 제, 약관에 ~ 한다, □에 대한 임명 ~, 예보채 차환 ~, 예보채 차환 발행 ~ 안, 임명 ~ 안을 부결 한다, 임명 ~ 안이 부결 된다, 전적으로 ~ 한다, 총리 임명 ~

동의서 ~ 서식

동의어 □과/와 거의 ~이다

동이 인물성 ~ 논쟁, 인물성 ~ 론, 인성 물성 ~ 논변

동이 팥 죽 ~

동인 그믐달 ~

동인다 질끈 동여 맨다, 친친 동여 맨다

동인전 현실 ~

동일 □과/와 ~하다

동일시 □을/를 ~ 한다

동자 회갈 색 눈 ~

동자 ~ 귀신

동자 ~ 기둥을 세운다

동자주 ~ 를 세운다

동작 ~ 감지 센서, ~ 그만; 기마 ~, 느릿한 ~으로, 마상 ~, 시각 청각 신체 ~, 절도 있는 ~, 한 ~ 한 ~

동장 역대 ~

동재 ~ 와 서재

동적 ~ 할당

동전 ~ 던지기, ~ 을 모은다, ~ 의 양 면, ~ 한 닢; 백 원 짜리 ~, 주머니에서 ~ 을 꺼낸다

동점 ~ 골을 성공 시킨다, ~ 으로 경기가 끝 난다, ~ 홈 런

동점자 ~ 처리

동정 깃 넓이와 ~

동정 □을/를 ~ 한다

동정맥 ~ 기형

동조 □과/와 ~ 한다, □에 ~ 한다

동족 ~ 상잔

동종 ~ 업계

동주 자웅 ~로

동지 ~ 동포 제군, ~ 혁명 력사 연구실; 적과 ~, 친애 하는 지도자 ~

동진 ~ 한다

동질성 ~ 회복

동참 □에 ~ 한다

동창 ~ 회, ~ 회장단; □과/와 ~이다, 여고 ~, 초등 학교 동기 ~

동체 자웅 ~

동축 ~ 케이블

동치미 ~ 국 물

동침 □과/와 ~ 한다

동태 ~ 순대, ~ 식혜, ~ 찌개, ~ 처럼 푸덩푸덩 언다

동토 ~ 지대; 영구 ~ 층

동판 십 이 ~ 법

동포 고국에 계신 ~ 여러 분, 동지 ~ 제군, 북 녘 ~, 북송 재일 ~, 사천만 ~, 삼천만 ~, 재외 ~, 재일 ~ 사회, 재중 ~

동학 ~ 거두; 갑오 ~ 농민 혁명

동해안 ~ 피서객

동행 □과/와 ~ 한다, 임의 ~ 된다, 임의 ~ 요구, 임의 ~ 형식

동향 최근 연구 ~

동헌 ~ 과 객사

동형 ~ 배우자; 암 수 ~

동호 ~ 회 게시 판; 검도 ~회, 인라인 스케이트 ~회

동호인 ~ 모임

동화 ~ 구연; 모방과 ~, 전래 ~

동화집 전래 ~

동회 ~ 사무소; 파출소 소장과 ~ 직원

돼지 ~ 곱창, ~ 목에 진주 목 걸이, ~ 비계, ~ 숭배자, ~ 우리, ~ 저금 통, ~ 족발, ~ 혐오자; 간 ~ 고기, 산 ~

돼지고기 삶은 ~

되 두 ~ 5 홉, 두 ~ 들이 병, 몇 말 몇 ~, 반 ~ 짜리, 잣 한 ~, 좁쌀 서 ~, 한 ~ 들이

되가진다 되가져 온다

되감긴다 □으로/로 ~

되갚는다 □을/를 ~

되다 가장 세련 ~, 광영 ~, 만곡 ~, 편벽 ~, 한갓 ~, 허황 ~

되다 된 서리를 맞는다, 된 소리와 거센 소리, 된 장 뚝배기, 된 장 찌개; 간장 , 된 장 , 고추 장, 간장과 된 장, 개량 식 된 장 제조, 보리 밥과 된 장, 상추 나물에다 고추 장 된 장, 쑥 된 장 국, 여린 소리와 된 소리, 재래 식 된 장

되도록 ~ 간결하게

되돈다[되돌고 되돌아] □으로/로 되돌아 간다, □으로/로 되돌아 온다, □을/를 되돌아 본다

되돌린다 되돌려 막기를 한다; 승부를 원점으로 ~, □을/를 ~

되돌아간다 어린 시절로 ~

되돌아온다 휴양원으로 ~

되먹이 생체 ~ 치료법

되먹임 ~ 기능

되바라지다 되바라지게 묻는다

되받는다 냉큼 ~, □을/를 ~

되밟는다 □을/를 ~

되산다[되살고 되살아] 되살아 난다

되살린다 □을/를 ~

되새긴다 되새김 질 한다, 되새겨 본다; □을/를 ~

되생각 ~ 한다

되쏜다 □을/를 ~

되씹는다 곰곰 ~, 곰곰이 ~

되울린다 음향이 ~

되직 ~ 하다

되짚는다 되짚어 본다; 곰곰이 ~, □을/를 ~

되찾는다 되찾은 평온; 기온을 ~, 냉정을 ~, □을/를 ~, 평온을 ~

되풀이 앵무새처럼 ~ 한다, □을/를 ~ 한다

된다 되어 가고 있다, 되어 먹지 못하 았다; 17 위에 랭크 ~, 20 위에 랭크 ~, 가미 ~, 가속화 ~, 가짜로 판명 ~, 가필 ~, 각오가 되어 있다, 각인 ~, 간행 ~, 감금 ~, 감전 ~, 강제 이주 ~, 개막 ~, 개발 도상국으로 분류 ~, 개봉 ~, 개소 ~, 개칭 ~, 개통 ~, 거명 ~, 거미 줄처럼 연결 ~, 거세 ~, 거행 ~, 건립 ~, 걸림 돌이 ~, 검거 ~, 검출기에서 포착 ~, --게 ~, 게재 ~, 격리 ~, 격앙 ~, 격차가 해소 ~, 격하 ~, 격화 ~, 결성 ~, 결여 ~, 결의 안이 통과 ~, 결핍 ~, 경도 ~, 경색 ~, 경제 특구로 지정 ~, 경직 ~, 경찰 국가가 ~, 경찰력이 투입 ~, 계속 ~, 계열 사로 편입 ~, 고갈 ~, 고도로 훈련 된, 고문헌에 기술 되어 있다, 고안 ~, 고양 ~, 고주망태가 ~, 고착 ~, 곤드레만드레가 ~, 곤죽이 ~, 공 염불이 ~, 공공 선과 부합 ~, 공모에 당선 ~, 공소장에 기재 ~, 공수가 전환 ~, 공인 ~, 공중 분해 ~, 공통 ~, 공표 ~, □과/와 결부 ~, □과/와 상충 ~, □과/와 직결 ~, 과장 된, 관철 ~, 괴멸 ~, 교도소에 수감 ~, 구분 ~, 구비 ~, 구성 ~, 구소련이 붕괴 ~, 구속 ~, 구전 ~, 구치소에 수감 ~, 국론이 분열 ~, 국립 공원으로 지정 ~, 국립 묘지에 안장 ~, 국민으로부터 고립 ~, 국어로 출판 ~, 국

ㄷ

외로 추방 ~, 국제 회의가 개최 ~, 굴절 ~, 귀감이 ~, 귀추가 주목 ~, 극도로 고양 된, 극도로 긴장 ~, 극도로 악화 ~, 극화 된 보도, 근소한 표 차로 부결 ~, 금고 형이 구형 ~, 금지 ~, 급속도로 확산 ~, 급조 ~, 급진전 ~, 급파 ~, 기금으로 적립 ~, 기삿거리가 ~, 기소 중지 ~, 기용 ~, 기폭제가 ~, 꼴찌가 일등이 ~, 낙오 ~, 낙착 ~, 낙찰 ~, 낙후 ~, 난파 ~, 남향으로 배치 ~, 납북 ~, 내정 ~, 내포 ~, 냉각 ~, 냉동 건조 ~, 냉전 체제가 붕괴 ~, 녹초가 ~, 논제에 내포 되어 있다, 놀림 감이 ~, 놀림 거리가 ~, 농축 ~, 누가 ~, 누락 ~, 누출 ~, --는 데 조금이라도 도움이 ~, --는다는/ㄴ다는/다는/라는 관측이 확산 ~, --다가 직권 면직 ~, 단련 ~, 단절 ~, 단행본으로 출간 ~, 대 대로 세습 ~, 대거 유입 ~, 대서특필 ~, 대치 ~, 대한민국 정부가 수립 ~, 도살 ~, 도출 ~, 도취 ~, 도태 ~, 도화선이 ~, 독거실에 수용 ~, 돌출 ~, 동반 ~, 동봉 ~, 두고 두고 회자 ~, 두절 ~, 뒤 범벅 ~, 뒤 범벅이 ~, 뒤죽박죽이 ~, 득이 ~, 등재 ~, 땀으로 범벅이 ~, 떼 부자가 ~, 뜻 대로 ~, 레이더가 가동 ~, 마련 ~, 마모 ~, 마비 ~, 만신창이가 ~, 만연 ~, 말 벗이 ~, 말소 ~, 매설 ~, 매수세가 유입 ~, 매진 ~, 메아리가 되어 울린다, 면허가 취소 ~, 멸종 ~, 명기 ~, 명명 ~, 명부가 유출 ~, 명시 ~, 무공 수훈자로 등록 ~, 무드가 조성 ~, 무방비 상태로 노출 ~, 무산 ~, 무용지물이 ~, 무죄가 선고 ~, 문호가 개방 ~, 문화 유산으로 지정 ~, 문화재로 지정 ~, 물 바다가 ~, 물방울로 응결 ~, 물증이 확보 ~, 미꾸라지가 용 ~, 미소 공위가 결렬 ~, 미혹 ~, 민의가 반영 ~, 밀봉 ~, 밀접히 관련 ~, 밀접히 연관 ~, 밀착 ~, 밀폐 ~, 밑거름이 ~, 밑 받침 ~, 바이러스에 감염 ~, 반려 ~, 반복 ~, 반신 불수가 ~, 반주검이 ~, 반파 ~, 반포 ~, 반혁명으로 낙인 ~, 발각 ~, 발간 ~, 발굴 ~, 발매 ~, 발명 ~, 발족 ~, 발탁 ~, 발현 ~, 방목 ~, 방출 ~, 방치 ~, 배가 ~, 배출 ~, 배태 ~, 배후로 지목 ~, 백골이 진토 ~, 벌겋게 상기 ~, 벌겋게 충혈 ~, 법에 저촉 ~, 법이 제정 ~, 벼락 부자가 ~, 변색 ~, 변질 ~, 변형 ~, 보급 ~, 보물로 지정 ~, 보석으로 석방 ~, 보임 ~, 보직 해임 ~, 보호로부터 배제 ~, 복개 ~, 복권에 당첨 ~, 본말이 전도 ~, 봉인 ~, 봉헌 ~, 부착 ~, 분비 ~, 분산 ~, 분출 ~, 분화 ~, 불귀의 객이 ~, 비견 ~, 비디오가 상영 ~, 비리에 연루 ~, 비밀이 누설 ~, 비상 사태가 선포 ~, 비치 ~, 비화 ~, 빙의 ~, 빨갛게 충혈 ~, 사리함이 안치 ~, 사분 오열 ~, 사액 ~, 사전 구속 영장이 발부 ~, 사지가 절단 ~, 사체로 발견 ~, 사표가 수리 ~, 사형이 집행 ~, 사환으로 채용 ~, 사회 문제로 대두 ~, 사흘 째 되던 날, 삭제 ~, 삽입 ~, 상당 부분 반영 ~, 상반 ~, 상연 ~, 상위에 랭크 ~, 상전이 벽해가 ~, 상치 ~, 상품권 법이 폐지 ~, 새 사람이 ~, 생존과 직결 ~, 생포 ~, 서 남해로 유입 ~, 서로 밀접하게 연결 ~, 선행 ~, 설립 ~, 설치 ~, 성 터에서 출토 ~, 성립 ~, 성사 ~, 성패가 좌우 ~, 세균에 감염 ~, 세자빈으로 간택 ~, 소멸 ~, 소요 ~, 소유와 경영이 분리 ~, 소진 ~, 소집 ~, 소화가 잘 ~, 속개 ~, 손상 ~, 손자 뻘

~, 송치 ~, 송환 ~, 쇼단이 해체 ~, 수라장이 ~, 수록 ~, 수명이 연장 ~, 수몰 ~, 수반 ~, 수여 ~, 수용 ~, 숙달 ~, 숙련 ~, 순연 ~, 순조롭게 진행 ~, 순치 ~, 승화 ~, 시뻘겋게 상기 ~, 시신이 안치 ~, 시작 ~, 시중에 유통 ~, 시판 ~, 시행 ~, 신진대사가 촉진 ~, 신춘 문예에 당선 ~, 실종 ~, 실추 ~, 실현 ~, 심화 ~, 십 오 위에 랭크 ~, 십칠 세 되던 해에, 쑥 대 밭이 ~, 쑥 밭이 ~, 아젠다로 부각 ~, 악순환이 거듭 ~, 악용 ~, 알 거지가 ~, 압송 ~, 애용 ~, 애창 ~, 야기 ~, 약화 ~, 양 군이 분할 ~, 양념이 잘 ~, 양도 소득세가 부과 ~, 어찌된 영문인지, 억류 ~, □에 계류 ~, □에 구애 ~, □에 국한 ~, □에 매료 ~, □에 매몰 ~, □에 방해가 ~, □에 배속 ~, □에 배치 ~, □에 배치 ~, □에 보탬이 ~, □에 비유 ~, □에 예속 ~, □에 용해 ~, □에 위배 ~, □에 유입 ~, □에 적응 ~, □에 종속 ~, □에 침윤 ~, □에 편입 ~, □에 편중 ~, □에 현혹 ~, □에 혈안이 ~, □에 회부 ~, □에게 연행 ~, □에게 절실히 요청 ~, □에서 비롯 ~, □에서 소외 ~, □에서 유래 ~, □에서 차출 ~, 에이즈에 감염 ~, 연계 ~, 연재 ~, 열 살 되던 해에, 예거 ~, 예견 ~, 예닐고운 ~, 예상 ~, 예인 ~, 예탁 ~, 오버랩 ~, 오용 ~, 온상이 ~, 와전 ~, 와해 ~, 완간 ~, 완결 ~, 완공 ~, 완료 ~, 완비 ~, 완성 ~, 완치 ~, 완쾌 ~, 왕세자로 책봉 ~, 왜곡 ~, 외톨이가 ~, 요망 ~, 요약 ~, 용납 ~, 용의자로 지목 ~, 용인 ~, 용출 ~, 우송 ~, 우승이 확정 ~, 운위 ~, 울상이 ~, 울음 바다가 ~, 웃음 거리가 ~, 웃음 바다가 ~, 원동력이 ~, 원용 ~, 위임인에게 귀속 ~, 위촉 ~, 위축 ~, 유망민이 ~, 유물이 출토 ~, 유배 ~, 유실 ~, 유임 ~, 유죄가 확정 ~, 유찰 ~, 유폐 ~, 유포 ~, 유해가 봉환 ~, 윤리관이 확립 ~, 윤색 ~, 융해 ~, 융화 ~, □으로/로 간주 ~, □으로/로 거론 ~, □으로/로 격상 ~, □으로/로 귀결 ~, □으로/로 귀착 ~, □으로/로 대별 ~, □으로/로 반전 ~, □으로/로 불구속 기소 ~, □으로/로 상징 ~, □으로/로 승격 ~, □으로/로 양분 ~, □으로/로 자리 매김 ~, □으로/로 잠정 집계 ~, □으로/로 재편 ~, □으로/로 전출 ~, □으로/로 점철 ~, □으로/로 조금 경도 되었다, □으로/로 조직화 ~, □으로/로 지정 ~, □으로/로 집계 ~, □으로/로 책봉 ~, □으로/로 최종 판명 ~, □으로/로 추산 ~, □으로/로 추정 ~, □으로/로 판명 ~, □으로/로 풀이 ~, □으로/로 환산 ~, □으로/로 환원 ~, --으면/면 ~, --은/ㄴ 지 사 십 삼 년 ~, --은/ㄴ 혐의로 구속 기소 ~, 은멸 ~, --을지/ㄹ지 우려 ~, 음각 ~, 음용 ~, 응고 ~, 응집 ~, 의장으로 선출 ~, 이 쯤 되면, □이/가 되어 간다, □이/가 되지 못한다, 이관 ~, 이사회에서 선출 ~, 이산화 황이 검출 ~, 이송 ~, 이완 ~, 이첩 ~, 인구에 회자 ~, 인기리에 방영 ~, 인물 됨과 치적, 인사불성이 ~, 인준이 거부 ~, 인준이 부결 ~, 인프라가 구축 ~, 일각에서 거론 ~, 일관 ~, 일단락 ~, 임기가 만료 ~, 임명 동의 안이 부결 ~, 임명 ~, 임의 동행 ~, 입감 ~, 입건 ~, 입금 ~, 입력 ~, 입양 ~, 입증 ~, 자극제가 ~, 자연스럽게 클로우즈업 ~, 자행

~, 잡탕이 ~, 장래가 촉망 ~, 장래와 직결 ~, 장착 ~, 잿더미가 ~, 재개 ~, 재연 ~, 저하 ~, 적발 ~, 적용 ~, 전개 ~, 전달 ~, 전래 ~, 전소 ~, 전승 ~, 전시 ~, 전염 ~, 전이 ~, 전파 ~, 절상 ~, 절연 ~, 절제 ~, 절판 ~, 접수 ~, 정돈 ~, 정련 ~, 정립 ~, 정부 조직 법에 규정되어 있다, 정식 종목으로 채택 ~, 정전 ~, 정제 ~, 정착 ~, 정체 ~, 제기 ~, 제한 ~, 조약이 체결 ~, 조영 ~, 조타실이 명중 ~, 족히 ~, 종결 ~, 종영 ~, 좌천 ~, 좌초 ~, 주객이 전도 ~, 주검으로 발견 ~, 주동이 ~, 주축이 ~, 죽이 되든 밥이 되든, 준공 ~, 준용 ~, 중건 ~, 중단 ~, 중복 ~, 중첩 ~, 증가세가 둔화 ~, 증권 거래소에 상장 ~, 증대 ~, 증상이 호전 ~, 증시로 유입 ~, 증치 ~, 증파 ~, 증폭 ~, 지상전이 개시 ~, 지속 ~, 지연 ~, 지위가 향상 ~, 지침 안이 승인 ~, 직위 해제 ~, 진열 되어 있다, 진척 ~, 질병이 치유 ~, 집결 응축 ~, 집대성 ~, 집약 ~, 집중 ~, 집행 유예가 선고 ~, 집행이 면제 ~, 징집 ~, 차단 ~, 차질 없이 수행 ~, 착색 ~, 착착 진행 ~, 창간 ~, 창건 ~, 창립 ~, 창설 ~, 채색 ~, 채화 ~, 책정 ~, 처형 ~, 첨부 ~, 체감 ~, 체포 ~, 초 죽음이 ~, 초연 ~, 초창 ~, 초토화 ~, 촉발 ~, 총동원 ~, 총망라 ~, 추대 ~, 추측 ~, 축소 ~, 축약 ~, 축적 ~, 축조 ~, 출금 ~, 출시 ~, 출품 ~, 치누크 헬기가 격추 ~, 치부 ~, 침범 ~, 침수 ~, 침체 된, 캐스팅 ~, 커서 어른이 ~, 클로즈업 ~, 타결 ~, 타살 ~, 타전 ~, 타종수로 차출 ~, 탄화 ~, 탈색 ~, 탑재 ~, 태자로 책봉 ~, 통용 ~, 통행이 통제 ~, 퇴적 ~, 퇴출 ~, 퇴화 ~, 투과 ~, 투영 ~, 투옥 ~, 특정인에게 편중 ~, 특채 ~, 특칙이 인정 ~, 파 김치가 ~, 파괴 ~, 파급 ~, 파생 ~, 파손 ~, 파열 ~, 파직 ~, 판연히 구별 ~, 편성 ~, 편향 ~, 폐간 ~, 폐교 ~, 폐기 처분 ~, 폐막 ~, 폐사 ~, 폐인이 ~, 폐절 ~, 포박 ~, 포위 ~, 포함 ~, 폭약이 장전 ~, 표백 ~, 표출 ~, 풍지박산 ~, 피 범벅이 ~, 피격 ~, 피랍 ~, 피로가 누적 ~, 피살 ~, 피살체로 발견 ~, 피소 ~, 피스톤이 압축 ~, 피습 ~, 피체 ~, 필터링 ~, 하달 ~, 하루 아침에 물거품이 ~, 한 곳에 고정 ~, 한글이 창제 ~, 한껏 고조 ~, 한낮 쯤 ~, 한문 체로 된, 한정 ~, 할인 된 가격으로, 함락 ~, 함몰 ~, 함유 ~, 함유량이 표시 ~, 합체 ~, 합치 ~, 항체가 생성 ~, 해당 ~, 해배 ~, 해직 ~, 행방 불명 ~, 행불 ~, 헌법 상 보장 ~, 헌법에 보장 ~, 형성 ~, 호르몬이 검출 ~, 호올로 ~, 혼동 ~, 혼란만 가중 ~, 혼연일체가 ~, 혼재 ~, 혼합 ~, 화석이 출토 ~, 화재로 소실 ~, 화젯거리가 ~, 확대 ~, 확연히 구별 ~, 활력소가 ~, 횡령 및 유용 ~, 후송 ~, 훼손 ~, 휴직이 허용 ~, 흐지부지 ~, 흡수 ~, 희생물이 ~, 희석 ~

된통 ~ 얻어 맞는다

됫박 한 ~

두 사육 ~ 수

두 ~ 갈등 당사자, ~ 갈래로 갈라 진다, ~ 개, ~ 거리 굿, ~ 동강으로 부러뜨린다, ~ 되 5 홉, ~ 되 들이 병, ~ 두럭, ~ 땀 상침, ~ 말 할 것 없다, ~ 말 할 나위 없이, ~ 말 할 나위도 없다, ~ 말 하면 잔 소리다, ~ 발의 실탄, ~ 발의 총성,

~ 벌과 세 벌, ~ 벌 논 매기, ~ 벌 식 자판, ~ 살 터울로, ~ 세 달 씩, ~ 세 번, ~ 시 정각, ~ 시간 만에, ~ 시간 정도, ~ 점박이 먼지 벌레 붙이, ~ 주먹 불끈 쥔다, ~ 주먹을 불끈 쥔다, ~ 지점 식별감, ~ 짝 골판 문, ~ 톤, ~ 평 남짓, ~ 홉 들이; 간이 ~ 근 반 서 근 반 한다, 나란히 ~ 줄로 선다, 동서 ~ 탑, 두부 ~ 모, 배 ~ 척, □보다 ~ 살 아래다, 상목 ~ 필, 술 ~ 방구리, 양말 ~ 켤레, 연필 ~ 자루, 위 팔 ~ 갈래 근, □은/는 ~ 말할 나위가 없다, 일 년 열 ~ 달, 일 주일에 한 ~ 번 씩, 자두 나무 ~ 그루, 집 ~ 채, 책 ~ 권, 초 밥 ~ 공기, 초계 함 ~ 척, 총 알 ~ 발을 쏜다, 커피 ~ 잔, 콩 나물 ~ 주먹, 한 걸음 ~ 걸음, 한 ~ 단 씩, 한 ~ 단원 쯤, 한 ~ 번, 한 잎 ~ 잎, 한 푼 ~ 푼, 홈 드레스 ~ 벌

두각 ~ 을 나타낸다

두개 ~ 내 저혈압증, ~ 내 종양, ~ 내압 상승, ~ 외 원인

두개골 ~ 기저 부

두건 ~ 을 두른다

두골 ~ 과 하악골

두근거린다 가슴이 ~

두근두근 가슴이 ~ 한다

두근반서근반 ~ 한다

두꺼비 떡 ~ 같다

두껍다[두꺼워 두꺼운] 두꺼운 도화지, 두꺼운 안경; 낯짝 ~, 얇지도 두껍지도 않다

두께 ~ 가 얇다

두뇌 ~ 회전이 빠르다; 해외 고급 과학 ~ 초빙

두덩 눈 ~

두둑 배짱이 ~하다

두둔 □을/를 ~ 한다

두둥실 ~ 떠 나간다, ~ 떠 오른다

두드린다 건반을 ~, 목탁을 ~, □을/를 ~, 자다가 봉창 두드리는 소리, 자판을 ~, 쾅 쾅 ~, 키보드를 ~, 툭 툭 ~

두들긴다 두들겨 맞는다; 망치로 ~, 실컷 ~, □을/를 두들겨 팬다, □을/를 탕 탕 ~, 탕 탕 ~, 피 고름이 찔꺽거리도록 ~, 흠씬 ~

두락 몇 ~

두럭 두 ~

두런두런 ~ 말 소리가 들린다

두렁 논 ~ 밭 ~, 밭 도랑 논 ~

두레 ~ 논 일, ~ 와 굿, ~ 와 황두, ~ 집 짓기, ~ 풍장; 품 앗이나 ~

두레박 ~ 으로 물을 긷는다

두려움 ~ 이나 경외감

두렵다[두려워 두려운] 두려워 않는다; 보복이 ~, □을/를 두려워 한다, □이/가 ~

두령 보부상 ~

두루 요직을 ~ 거친다, □을/를 ~ 섭렵 한다

두루마기 ~ 자락; 동절용 ~, 모시 ~, 세루 ~

두루마리 ~ 휴지

두루뭉술 ~ 하다

두루뭉실 ~ 하다

두류 곡물과 ~

두른다[둘러] 둘러 보면서 어리둥절해 한다, 둘러 서서 구경 한다; 계자 난간을 ~, 끼리끼리 둘러 앉는다, 돌 난간을 ~, 두건을 ~, 망토를 ~, 번철에 기름을 ~, 빙 둘러 선다, 빙 둘러 싼다, 뺑 둘러 선다, 뺑 둘러 앉는다, 성 벽으로 둘러 싸인다, 쓰윽 둘러 본다, 앞 치마를 ~, 어깨 띠를 ~, □에 둘러 싸인다, □에 둘러 앉는다, □에 빙 둘러 앉는다, 옹기 종기 둘러 앉는다, □으로/로 둘러 막는다, □으로/로 둘러 싸인다, □으로/로 둘러 쌓는다, □을/를 내 ~, □을/를 둘러 놓는다, □을/를 둘러 맨다, □을/를 둘러 멘다, □을/를 둘러 본다, □을/를 둘러 싼다, □을/를 둘러 쓴다, □을/를 둘러 친다, □을/를 휘 둘러 본다, 장삼에 가사를 ~, 터번을 ~, 테를 ~, 팬에 버터를 ~, 팬에 식용유를 ~, 평난간을 ~, 프라이팬에 기름을 ~, 휘휘 둘러 본다

두름 굴비 ~

두리 ~ 기둥을 세운다

두리기둥 민흘림 ~을 세운다, 배흘림 ~을 세운다

두리두리 ~ 하다

두리뭉실 ~ 하다

두리번 ~ ~ 한다, ~ 살펴 본다

두리번거린다 두리번거리며 살핀다; 사방을 ~, □을/를 ~, 좌우를 ~

두메 ~ 산 골

두목 깡패 ~, 조폭 ~, 폭력단의 ~

두문불출 ~ 한다

두부 ~ 두 모, ~ 장수; 으깬 ~

두부 ~ 모발 이식술, ~ 외상

두서 ~ 없이 지껄인다

두어 ~ 모금, ~ 빌짝 뒷걸음 질 친다, ~ 방구리; 길목버선 ~ 켤레

두억시니 ~ 같다

두장 ~ 문화

두절 ~ 된다

두정엽 ~ 병변; 좌측 대뇌 반구 ~

두충 ~ 차

두텁다[두터워 두터운] 신망이 ~, 신임이 ~, 친분이 ~

두통 군집성 ~, 긴장형 ~, 만성적 ~

두툼 ~ 하다

둑 방천 ~ 밑, 방천 ~ 아래, 방천 ~ 잔디 밭, 밭 ~, 하구 ~

둑방 ~ 동네

둔감 □에 ~하다

둔갑 □으로/로 ~ 한다

둔다 내 버려 ~, 내팽개쳐 ~, 묵혀 ~, --어/아 ~

둔다 두고 두고 회자 된다, 두고 두고 후회 한다; 가만 놓아 ~, □과/와 거리를 ~, 그만 두고서라도, --는 데 주안점을 ~, 몸 둘 바를 모른다, 바둑을 ~, 방일을 앞 ~, 세세생생을 두고, 수확기를 앞 ~, 악수를 ~, □에 놓아 ~, □에 던져 ~, □에 역점을 ~, □에 주안점을 ~, □에 중점을 ~, 외상 달아 ~, □을/를 가만 ~, □을/를 ~, □을/를 목전에 ~, □을/를 식민 지배하에 ~, □을/를 앞 ~,

□을/를 염두에 ~, 자충 수를 ~, 한미 전을 앞 ~

둔덕 길 옆 ~

둔부 ~ 처럼 도도록

둔전 아문 ~, 영문 ~

둔중 ~ 하다

둔탁 ~ 하다

둔화 신장세가 ~ 한다, 오름세가 ~ 한다, 증가세가 ~ 된다, 증가세가 ~ 한다, 증가세가 크게 ~ 한다, 증가세 ~, 증가세의 ~

둘둘 ~ 만다

둘둘둘 ~ 굴러 간다

둘러선다 빙 ~

둘러싸인다 숲으로 ~

둘러싼다 행각으로 ~, 행랑으로 ~, 회랑으로 ~

둘레 태양 ~를 공전 한다, 흉고 ~

둘린다 둘려 있다

둥 죽을 ~ 살 ~

둥그랗다 둥그래 진다

둥그렇다 눈이 둥그래 진다

둥그스름 ~ 하다

둥글 ~ 넓적하다, ~ ~ 하다

둥글다[둥근 둥글] 둥글게 빚는다

둥기둥 ~ ~ 가야금 소리

둥둥 ~ 떠 간다, ~ 떠 내려 간다; □에 ~ 떠 다닌다

둥둥둥 ~ 저 북 소리

둥실 ~ 뜬다

둥우리 ~ 안; 짚 ~

둥지 지빠귀 ~ 속의 뻐꾸기

둥치 ~ 를 보듬는다; 소나무 ~, 전나무 ~

뒤 ~ ㅅ 걸음 질 한다, ~ ㅅ 골 산 속 토굴, ~ ㅅ 골목 대폿집, ~ ㅅ 구멍으로 호박 씨 깐다, ~ ㅅ 덜미를 낚아 챈다, ~ ㅅ 말을 흐린다, ~ ㅅ 말의 첫 소리, ~ ㅅ 말이 무성하다, ~ ㅅ 맛이 개운하다, ~ ㅅ 머리를 긁는다, ~ ㅅ 머리를 긁적거린다, ~ ㅅ 머리와~ ㅅ 목, ~ ㅅ 목과 어깨, ~ ㅅ 바라지 한다, ~ ㅅ 북을 친다, ~ ㅅ 사람, ~ ㅅ 산 뫼등, ~ ㅅ 전으로 물러 난다, ~ ㅅ 전으로 밀려 난다, ~ ㅅ 조사를 한다, ~ ㅅ 좌석, ~ ㅅ 짐을 진다, ~ ㅅ 짐 진다, ~ ㅅ 켠, ~ ㅅ 탈이 없다, ~ ㅅ 트렁크, ~ ㅅ 편 공 터, ~ ㅅ 포켓, ~ 가 구리다, ~ 가 켕긴다, ~ 늦게 깨닫는다, ~ 늦게 후회 한다, ~ 덮은 가운데, ~ 따른다, ~ 를 바짝 쫓는다, ~ 바꿔 놓는다, ~ 바뀐다, ~ 범벅 된다, ~ 범벅이 된다, ~ 섞인다, ~ 설렌다, ~ 얽힌다, ~ 엉킨다, ~ 에 몸을 숨긴다, ~ 축 깁는다; 거액의 ~돈, 고개를 ~로 젖힌다, 구두 ~ 축, 두어 발짝 ~ 걸음 질 친다, 맨 ~열, 맨 ~줄, 바지 ~ 중심, 백 년 ~세상, 법당 ~ 산죽 숲, 성적이 ~ 처진다, 술 상을 ~ 엎는다, 슬금슬금 ~걸음 친다, 앞 문과 ~문, 앞 서거니 ~ 서거니 한다, 앞 집 ~집, □에 ~ 떨어진다, 예상을 ~ 엎는다, □으로/로 ~ 덮인다, □을/를 ~받침 한다, □을/를 ~ 덮는다, □을/를 ~로 한다, □을/를 ~ 바꾼다, □을/를 ~ 엎는다, □을/

를 ~ 쫒는다, □을/를 ~ 튼다, □을/를 ~ 흔든다, 저기 ~마을, 천만 년 ~세상에 전한다, 청바지 ~주머니, 한 발 ~로 물러 선다, 한 발짝 ~로 물러 선다

뒤꼍 ~ 대 숲, ~ 장 독대

뒤덮인다 함성으로 ~

뒤뚱거린다 뒤뚱거리며 걸어 간다

뒤뚱뒤뚱 ~ 걷는다

뒤숭숭 ~ 하다

뒤안 젊음의 ~ 길

뒤웅박 ~ 팔자; 여자 팔자는 ~ 팔자다

뒤적거린다 □을/를 ~

뒤적인다 □을/를 ~

뒤죽박죽 ~ 이 된다

뒤진다 샅샅이 다 ~, 쇠 죽 여물을 꾹꾹 ~, □을/를 ~, □을/를 샅샅이 ~, 이 잡듯이 ~, 집 뒤짐을 한다

뒤집는다 뒤집어 씌운다; 막판 뒤집기, □을/를 까 ~, □을/를 뒤집어 쓴다, □을/를 뒤집어 엎는다, □을/를 발칵 ~, 함빡 뒤집어 쓴다

뒤집는다[뒤지워 뒤지운] 판례를 ~

뒤집힌다 발칵 ~, 허옇게 ~, 휘까닥 ~

뒤창 변소 ~

뒤챈다 몸을 ~, □을/를 ~

뒤척 이리 ~ 저리 ~

뒤척거린다 □을/를 ~

뒤척인다 뒤척이는 싱싱한 활어; 몸을 ~, 밤 새 ~, □을/를 ~

뒤치락 엎치락 ~ 한다

뒤친다 몸을 ~, □을/를 ~

뒤통수 ~ 를 빡 내리친다, ~ 를 얻어 맞는다, ~ 를 호되게 얻어 맞는다

뒤튼다[뒤틀고 뒤틀어] 몸을 ~

뒤틀린다 배알이 ~, 비틀리고 ~, 절기가 ~

뒤흔든다[뒤흔들고 뒤흔들어] 지축을 ~

뒹군다[뒹굴고 뒹굴어] 낙엽이 ~, □에 나 ~

드나든다[드나들고 드나들어] 드나드는 대문, 드나드는 중문; 무시로 ~, 뻔질나게 ~, 안채로 ~

드난 ~ 한다

드날린다 명성을 ~, □을/를 ~

드높인다 □을/를 ~

드라마 멜로 ~, 싸이코 ~

드라마틱 ~ 하다

드라이브 하드 ~, 하드 디스크 ~

드래프트 ~ 1 순위; 신인 ~

드러난다 --는다는/ㄴ다는/다는/라는 정황이 ~, 백일 하에 ~

드러낸다 속 흙을 ~, 여실히 ~, □을/를 노골적으로 ~, □을/를 ~

드러눕는다[드러누워 드러누운] 반듯이 ~, □에 ~, □에 벌렁 ~, □으로/로 벌렁 ~

드럼 ~ 세탁기

드레스 비로드 ~, 웨딩 ~, 파우더 룸과 ~ 룸, 파우더 룸이나 ~ 룸, 푸른 색 ~ 셔츠, 홈 ~ 두 벌

드레싱 부착성 ~, 삼배초나 해물 ~

드르릉 ~ 한다

드리블 단독 ~

드리운다 드리워 진다; 그늘을 ~, 그림자가 ~, 낚싯대를 ~, 링거 주삿줄을 ~, □을/를 ~, 음영이 ~, 장막처럼 ~, 주삿줄을 드리운 채, 주삿줄을 ~, 커튼처럼 ~

드린다 간곡히 부탁 ~, 갖다 ~, □께 사과 ~, 말씀 ~, 사죄 ~, 아까 말씀 드렸듯이, □을/를 진심으로 축하 ~, 작헌례를 ~

드린다 --어/아 ~, □을/를 내 ~

드문드문 별 빛이 ~ 깜빡인다

드물다[드문 드물] --는 경우는 극히 ~

득 ~ 보다 실이 많다, ~ 이 된다; 실보다 ~이 많다, 실보다 ~이 크다

득남 ~ 을 빈다

득달 ~ 같이; □에 ~ 한다

득도 ~ 한다

득득 ~ 긁는다

득세 ~ 한다

득실 골 ~ 차

득실득실 ~ 한다

득의 ~ 만면하다, ~ 춘풍

득의만만 ~ 하다

득의양양 ~ 하다

득점 ~ 랭킹, ~ 왕 등극, ~ 한다; □을/를 ~ 없이 끝 낸다, 최고 ~자, 최다 ~, 타점 2 ~

득죄 □에 ~ 한다

득표 ~ 율 51.6 퍼센트; 전국 최다 ~, 정당 ~율, 투표율과 ~율

든다[들고 들어] 기치를 높이 ~, 높이 치켜 ~, 백 기를 ~, 버쩍 ~, 번쩍 ~, 번쩍 치켜 ~, □에 반기를 ~, 예를 ~, □을/를 들어 낸다, □을/를 들어 준다, □을/를 번쩍 안아 ~, □을/를 빼 ~, □을/를 쳐 ~, 일제히 들고 일어 난다, 축배를 ~, 피켓을 ~

든다[들고 들어] 살 수청을 ~, 새 장가를 ~, 수청 ~, □에 물 ~, 역성을 ~, □을/를 편 ~

든다[들고 들어] 들어 차 있다; 곤히 잠 ~, 골 병이 ~, 공 든 탑, 구름처럼 몰려 ~, 국면으로 접어 ~, 귓속을 파고 ~, 그물에 걸려 ~, 기어 들어 간다, 까무룩 잠이 ~, 깜박 잠 ~, 깜빡 잠 ~, 꼬부려 쳐 ~, 꽉 꽉 들어 찬다, 꾸역꾸역 몰려 ~, 나들목으로 들어 간다, 나이가 ~, 낙타가 바늘 귀로 들어 간다, 날아 ~, 낮 판때기를 쳐 ~, 넝쿨 째 굴러 ~, 노을에 물 ~, 높이 쳐 ~, 달겨 ~, 먹혀 들지 않는다, 모여 ~, 물 밀듯이 밀려 ~, 밀려 든 토사, 배어 ~, 번쩍 쳐 ~, 벌겋게 타 들어 간다, 북안으로 흘러 ~, 붉게 물 ~, 붉은 색으로 물 ~, 블랙홀로 빨려 ~, 비용이 적게 ~, 빨려 들어 간다, 빼곡히 들어 찬다, 빽빽히 들어 찬다, 뽀작뽀작 들어 선다, 사람들 틈을 비집고 들어 간다, 사르르 녹아 ~, 사양 길에 접어 ~, 산 길로 접어 ~, 생활비가 많이 ~, 쇠퇴기에 접어 ~, 습기가 스며 ~, 시중 드는 값, 시퍼렇게 멍 ~, 시퍼렇게 멍이 ~, 신록으로 물 ~, 썩고 병 ~, 쑥 겨 ~, □에 감

겨 ~, □에 길 ~, □에 껴 ~, □에 녹아 ~, □에 들어 박힌다, □에 들어 선다, □에 들어 앉는다, □에 들어 온다, □에 딱 들어 맞는다, □에 몰려 ~, □에 빠져 ~, 오갈 ~, 올 들어, 옴팍 들어 앉는다, 와락 달려 ~, 우르르 몰려 ~, 우황 든 소, 움푹 들어 간다, □으로/로 기어 들어 온다, □으로/로 돌아 ~, □으로/로 뛰어 ~, □으로/로 빨려 ~, □으로/로 빽빽이 들어 찬다, □으로/로 숨어 ~, □으로/로 스며 들어 온다, □으로/로 접어 ~, □으로/로 흘러 ~, □을/를 찾아 ~, □을/를 파고 ~, □이/가 바작바작 타 들어 간다, 전깃불도 들어 온다, 정규 리그 들어서, 종반에 접어 ~, 죄어 ~, 주눅 ~, 주눅이 ~, 쥐 구멍에도 볕 들 날이 있다, 찔룩거리며 뛰어 ~, 차도로 뛰어 ~, 철 ~, 첨벙 뛰어 ~, 초읽기에 들어 간다, 측실로 들어 앉는다, 큰 폭으로 줄어 ~, 페이스에 말려 ~, 편안히 잠 ~, 폐부 깊숙이 파고 ~, 포스트 시즌 들어서, 풍년이 ~, 한강 물에 뛰어 ~, 호박이 넝쿨 째 굴러 들어 온다, 후장 들어, 후장 들어서, 흉년이 ~

든든 ~ 하다

든지 --다 ~

듣는다[들어 들은] 듣기 문항, 듣도 보도 못한, 들은 풍월, 듣자 듣자 하니; 개 떡 같이 말 해도 찰떡 같이 알아 ~, 곧이 곧대로 ~, 귀에 못이 박히게 ~, 내 부탁을 들어 준다, 따갑도록 ~, 말 귀를 알아 ~, □을/를 귀 담아 ~, □을/를 ~, □을/를 흘려 ~, 풍문으로 ~

들 같은 어족의 언어 ~, 공직자 ~의 재산액, 구더기와 불 개미 ~, 기라성 같은 인물 ~, 깡패나 소매 치기 ~, 나찌 친위대 병사 ~, 년 놈 ~, 무지렝이 백성 ~, 미륵 신앙자 ~, 미식가 ~의 구미를 당긴다, 병사 ~과 백성 ~, 북 반구 국가 ~, 사람 ~이 박신거린다, 사람 ~ 입에 오르내린다, 사람 ~ 틈에 끼인다, 사람 ~ 틈을 비집고 들어 간다, 사원 ~의 해외 연수, 어중이 떠중이 ~, 우글거리는 소매 치기 ~, 의사 ~의 집단 페업, 일 처리 ~이 무척 번거롭다, 자화상 연작 ~, 젖 소 ~이 노닌다, 주부 ~의 부업 거리, 지체 부자유자 ~, 청년 ~과 장정 ~, 토민 ~, 호사가 ~의 입에 오르내린다

들 ~ 새 모임 국제 센터, ~ 일, ~ 판; 너른 ~

들깨 ~ 가루

들끓는다 와글와글 ~

들다[든 들] --기 힘 ~, --으려니까/려니까 여간 힘 든 게 아니다

들들 ~ 볶는다, ~ 볶인다

들뜬다[들떠] 열에 ~, 허영에 ~

들락거린다 □을/를 ~

들락날락 ~ 한다

들러붙는다 암달러상이 ~, □에 ~

들른다[들러] □에 ~

들린다 경험담을 들려 준다, □을/를 들려 준다

들린다 신 들린 붓

들린다 들릴락 말락; 두런두런 말 소리가 ~, 마찰 음이 ~, 소란스레 들려 온다, 손 풍금 소리 들려 온다

들먹거린다 □을/를 ~

들먹인다 □을/를 ~

들소 ~ 떼

들쇠 ~ 에 매 단다

들썩 ~ ~ 한다

들썩거린다 □을/를 ~

들썩인다 □을/를 ~

들쑤신다 □을/를 ~

들쑥날쑥 ~ 하다

들이 두 되 ~ 병

들이 두 홉 ~, 사 킬로 그램 ~, 사 홉 ~ 소주 한 병, 서 말 ~, 한 되 ~

들이 속 속 ~ 안다

들이댄다 메스를 ~, 비수를 ~, □을/를 ~

들이마신다 맘껏 ~, □을/를 ~, 훌떡 ~

들이민다[들이밀고 들이밀어] □을/를 ~, 턱 밑으로 ~

들이박는다 □을/를 ~

들이받는다 □을/를 ~

들이붓는다[들이부어 들이부은] □에 ~

들이쉰다 들이쉬고 내쉰다; 숨을 ~, □을/를 ~

들이켠다 쭉 ~

들이킨다 단숨에 ~, 병 째 ~, □을/를 ~, □을/를 벌컥 벌컥 ~, 한 모금 ~

들인다 거부감 없이 받아 ~, 곁 들여 진다, 곡식을 거둬 ~, 공을 ~, 공력을 ~, 국제 핵 사찰을 받아 ~, 기웃이 들여다 본다, 길 들여 진다, 눈 독 ~, 눈 독을 ~, 뜸을 ~, 마구잡이로 사아 ~, 말괄량이 길 ~, 맛 들임 물, 벌어 들인 로열티, 붉게 물 ~, 빤히 들여다 보인다, 속 들여다 뵌다, 손 목 시계를 들여다 본다, 손톱에 물 ~, 손톱에 봉숭아 물을 ~, 액면 그 대로 받아 ~, 양자를 맞아 ~, --어/아 ~, □에 길 ~, 외화를 벌어 ~, □으로/로 맞아 ~, □을/를 거둬 ~, □을/를 곁 ~, □을/를 끌어 ~, □을/를 들여 놓는다, □을/를 들여다 본다, □을/를 맞아 ~, □을/를 모아 ~, □을/를 벌어 ~, □을/를 불러 ~, □을/를 빨아 ~, □을/를 사아 ~, □을/를 액면 대로 받아 ~, 장가 들일 때, 커피와 곁 ~, 통 째로 빨아 ~, 한 번 발을 들여 놓는다, 현미경으로 들여다 본다, 훤히 들여다 보인다

들쭉날쭉 ~ 하다

들창 ~ 너머

들척지근 ~ 하다

들춘다 □을/를 들춰 낸다

들친다 들쳐 업는다; □을/를 ~

들킨다 □에게 ~, 훔치다가 ~

들통 ~ 난다, ~ 이 난다

들판 ~ 의 풀 잎

듬직 ~ 하다

듯 깎아 지른 ~, 날개 돋친 ~ 팔린다, --는 ~하다, 무엇에인가 홀린 ~, 숨 막힐 ~ 아름답다, 언제 그랬냐는 ~, --은/ㄴ ~하다, --을/ㄹ ~하다, 쥐 죽은 ~ 조용하다, 찬 물을 끼얹은 ~ 조용하다

듯 자로 잰 ~

듯이 문득 생각 나 았다는 ~, 미친 ~ 외친다, 여 보아란 ~, 쥐 죽은 ~ 고요하다

등 꼴찌가 일 ~이 된다, 삼 ~ 차 칸, 육군 이 ~ 병, 의태어 ~의 첩어, 일 ~ 공신, 일 ~ 병, 적적한 삼 ~ 차

등 윤락 행위 ~ 방지 법

등 ~ 따시다, ~ 에 업힌다, ~ 을 떠밀린다, ~ 을 떼민다, ~ 을 떼밀린다, ~ 치고 배 문지른다, ~ 쳐 먹는다, ~ 허리에서 땀이 난다; 고래 ~ 같은 기와 집, 고래 싸움에 새우 ~ 터진다, 굽은 ~, 말 ~에 탄다, 목 ~ 뼈, 믿는 도끼에 발 ~ 찍힌다, 발 ~에 떨어진 불을 끈다, 발 ~에 불이 떨어진다, 발 ~을 찍힌다, 벽에 ~을 기댄다, 붉은 신호 ~, 세속을 ~ 진다, 손 ~으로 눈 물을 닦는다, 손 ~으로 눈물을 훔친다, 손 ~으로 문지른다, 손 ~으로 쓱 문지른다, 손 ~으로 이마를 훔친다, □을/를 ~ 진다, 의자 ~ 받이, 적삼 ~ 줄기, 좌석 ~ 받이, 콧~에 주름이 진다, 콧잔 ~

등 ~ 불; 가로 ~ 불 빛, 남포 ~ 불 빛, 방범 ~ 불 빛, 상향 ~을 킨다, 수은 ~ 불빛, 천장의 형광 ~, 형광 ~ 불 빛 아래, 형광 ~ 스위치

등·초본 ~ 의 교부

등가속도 ~ 운동

등걸 나무 ~

등골 ~ 에 식은 땀이 흐른다, ~ 이 오싹하다

등교 ~ 한다

등극 득점 왕 ~, 한라 장사에 ~ 한다

등급 ~ 분류 필증; 국가 신용 ~, 신용 ~ 상향 조정, 영상물 ~ 위원회, 제한 상영 ~ 영화, 투기 ~ 채권

등기 ~ 권리증, ~ 로 부친다, ~ 전매; 내 명의로 ~ 한다, 부동산 실권리자 명의 ~, 실명 ~ 의무

등기부 ~ 권리 분석, ~ 등본과 논 문서; 지적도와 ~ 등본

등나무 ~ 새 순, ~ 의 꼬투리, ~ 흔들의자; 보라 색 ~, 자줏빛 ~ 꽃

등단 문단에 ~ 한다, 시단에 ~ 한다

등등 기세가 ~하다, 기세 ~하다, 살기가 ~하다, 살기 ~하다

등락 ~ 을 거듭 한다

등록 ~ 등본, ~ 및 공개, ~ 수강 학점 수, ~ 원부, ~ 한다; 공직자 재산 ~, 년월일의 ~, 대부업의 ~, 무공 수훈자로 ~ 된다, 신규 ~ 종목, 실용 신안 ~, 이름과 주민 ~ 번호, 저작권 ~, 코스닥 ~ 기업, 학기당 ~ 수강 학점

등록금 ~ 고지서, ~ 의존율, ~ 인상률, ~ 책정, ~ 책정권

등록기 감각 ~

등록증 주민 ~

등반 스포츠 암벽 ~, 암벽 ~ 대회, 추모 ~

등받이 좌석의 ~

등본 등기부 ~과 논 문서, 등록 ~, 부본 또는 ~, 제적부 ~, 지적도와 등기부 ~, 호적 ~

등분 □을/를 ~ 한다

등사 ~ 판 책자; □을/를 ~ 한다

등산 ~ 용구, ~ 이나 낚시

등산로 ~ 입구; 계곡과 ~

등산복 ~ 제조 전문업, ~ 차림

등산화 ~를 신는다

등성이 ~를 넘어 간다

등속 ~ 운동, ~ 원 운동, ~ 직선 운동, ~ 타원 운동

등수 ~를 매긴다

등식 ~의 양 변; --라는 ~

등신 팔 ~ 미녀

등심 ~ 구이, ~ 또는 채 끝 살

등용 □을/를 ~ 한다, 인재 ~, 인재를 ~ 한다

등위 ~ 개념

등유 휘발유 ~, 휘발유와 ~

등자 ~ 근; 중이의 ~

등잔 ~ 불을 끈다, ~의 심지

등장 ~ 인물; 심심 찮게 ~ 한다, □에 ~ 한다

등재 ~ 된다, ~ 학술지

등정 ~ 한다

등차 ~ 급수

등천 ~ 한다

등판 구원 ~, 선발 ~, 주자 만루에서 ~ 한다

등한 ~히 한다

등한시 □을/를 ~ 한다

디끼 --은/ㄴ ~ 산다, 죽은 ~ 산다

디너 ~ 파티

디딘다 디딤 돌, 디딤 판 오르내린다; 거보를 내 ~, 땅에 발을 ~, 발 디딜 틈 없이, □에 첫 발을 내 ~, □을/를 내 ~, □을/를 ~, 첫 발을 ~

디딤 봉당 ~ 돌

디딤돌 --는 ~

디민다[디밀고 디밀어] □을/를 ~

디스코 ~ 경연 대회, ~를 춘다

디스크 ~ 환자용 침대; 외장 하드 ~, 컴팩트 ~ 형태, 컴퓨터 하드 ~, 콤팩트 ~, 플로피 ~, 하드 ~ 드라이브

디스플레이 차세대 ~, 플라스마 ~ 패널

디자이너 의상 ~, 자동 차 ~

디자인 ~ 개발 원, ~과 색상, ~ 포장 개발 원; 깔끔한 ~, 배열 및 ~, 시각 ~과

디젤 ~ 기관 차

디지털 ~ 비디오 도서관; 국제 ~ 아트 페스티벌

딛는다 악조건 딛고, 역경을 딛고 일어 선다

딛는다[딛어 딛은] 딛고 올라 선다; 돌 계단을 ~, □에 첫 발을 내 ~, □을/를 내 ~, □을/를 ~, 한 발 한 발 내 ~

딜러 외환 ~

딜레머 도덕적인 ~

따각 ~ 한다

따갑다[따가와 따가운] 따가운 눈 총, 따가운 눈총, 따가운 질책, 따갑도록 듣는다; 햇살이 ~

따개 깡통 ~, 실 ~, 캔 ~

따귀 ~를 갈긴다, ~를 얻어 맞는다

따끈 ~ ~ 하다

따끔 ~ 하다

따듯 ~ 하다

따뜻 ~ 하다

따뜻무레 ~ 하다

따뜻이 ~ 데운다

따로 술 배가 ~ 있다

따른다 따라 붙는다; 곁시로 따라 간다, 규정에 따라, 그 날 따라, 근로 시간 단축에 따른 임금 감액, 길을 ~, 뒤 ~, 뱁새가 황새 따라 가다가 가랑이 찢어 진다, 벽 선을 ~, 빼딱 빼딱 따라 간다, 성과에 따른 급여, 양심에 따른 병역 거부자, 어기적어기적 따라 나선다, □에 ~, □을/를 따라 간다, □을/를 따라 나선다, □을/를 따라 잡는다, □을/를 졸졸 따라 다닌다, 졸졸 따라 온다, 지침을 ~, 쫄쫄 따라 다닌다, 철 따라, 친구 따라 강남 간다, 회칙에 따라

따름 --을/ㄹ ~이다

따먹는다 까까 중 ~

따분 ~ 하다

따사롭다[따사로와 따사로운] 햇볕이 ~

따스 ~ 하다

따시다 등 ~

따위 이 ~ 글 나부랭이

따진다 냉정히 ~, 엄밀히 ~, □을/를 ~

딱 ~ ~ 끊어 진다, ~ ~ 맞아 떨어진다, ~ 부러진다, ~ 질색이다; 눈 ~ 감는다, --는다고/ㄴ다고/다고/라고 ~ 잡아 뗀다, □에 ~ 들어 맞는다

딱딱 □을/를 ~ 벌린다

딱딱 ~ 하다, ~ 히 군는다; □에게 조금 ~하게 대한다

딱부리 ~ 먼지 벌레

딱지 노란 ~, 붉은 ~, 코 ~ 만하다

딴 ~ 소리를 한다, ~ 전을 피운다, ~ 청을 부린다; □과/와 ~ 판이다, 영 ~ 판이다

딴다 따 놓은 당상이다, 따 돌림 당한다; 관솔 옹이를 ~, 관솔을 ~, 똑 따 먹는다, 미행을 따 돌린다, 산 딸기를 ~, 아호를 ~, 앵두를 하나 하나 정성스레 ~, 올림픽에서 금메달을 ~, □으로/로 박사 학위를 ~, □을/를 따 낸다, □을/를 따 돌린다, 이름에서 따 온다, 하늘의 별따기

딴딴 ~ 하다

딴은 ~ 그렇다

딴죽 ~ 을 건다

딸 계모와 의붓 ~, 과년한 ~, 막내 ~과 작은 오빠, 부잣집 막내 ~, 커리어 우먼이나 부잣집 ~, 회장 네 막내 ~

딸기 ~ 셰이크, ~ 잼; 산 ~를 딴다, 익은 산 ~

딸꾹질 ~ 한다

딸린다 딸린 바닷물고기, 딸린 상록, 딸린 한 해 살이, 딸린 화장실; 국화 과에 ~, 꿀풀과에 ~, 미더덕 과에 딸린, 벼 과에 ~, 소나무 과에 ~, □에 딸린 바닷물고기, □에 딸린 여러 해 살이 풀, □에 딸린 한 해 살이 풀

땀 두 ~ 상침, 세 ~ 상침

땀 ~ 방울이 맺힌다, ~ 으로 번들거린다, ~ 으로 범벅이 된다, ~ 으로 흠뻑 젖는다, ~ 으로 흥건, ~ 을 빨빨 흘린다, ~ 을 뻘뻘 흘린다, ~ 이 비 오듯 쏟아 진

다, ~ 이 뻘뻘 난다, ~ 한 방울; 구슬 ~ 을 흘린다, --느라 진 ~을 흘린다, 등허리에서 ~이 난다, 등골에 식은 ~이 흐른다, 묵묵히 ~ 흘린다, 배어 나는 ~, 보는 이로 하여금 손에 ~을 쥐게 한다, 비지 ~을 흘린다, 송글송글 ~ 방울 맺힌다, 식은 ~, 열심히 ~ 흘린다, 온 몸으로 진 ~이 흐른다, 이마에 맺힌 ~, 이마의 ~, 제 대로 ~ 흘린다, 피 ~ 어린다, 피 ~ 흘린다

땀띠 ~ 투성이

땅 ~ 거미가 깔린다, ~ 거미가 몰려 온다, ~ 꼬마 벌레, ~ 바닥에 넘어진다, ~ 볼 타구, ~ 속 광, ~ 속에 묻는다, ~ 에 발을 디딘다, ~ 을 파 먹는다, ~ 짚고 헤엄 친다, ~ 한 뙈기 없이 살아 간다, ~ 한 뼘; 남 녘 ~, 내야 ~ 볼, 북 녘 ~, 어둑 어둑 ~ 거미, 엄연한 한국 ~, 천 에 이커의 ~, 코가 ~에 닿도록 절을 한다

땅딸 ~ 하다

땅딸막 ~ 하다

땅콩 볶은 ~, 심심 풀이 ~

땋는다 땋아 늘인다; 세 갈래로 ~, □을/를 ~

때 ~ ㅅ 국 전다, ~ 를 벗긴다, ~ 를 탄다; 기름 ~ 묻는다, 기름 ~에 전다, 목욕 탕 ~ 밀이, 손 ~가 묻는다, 손 ~ 묻는다, 찌든 ~

때 ~ 와 장소를 가린다; 고 1 ~, 고 2 ~, 고 3 ~, 그맘 ~, 내일 이맘 ~ 쯤, 병인 박해 ~, 병자 호란 ~, 사육제 ~ 쓰인다, 삼 시 세 ~, 삼복 더위 ~, 성탄 미사 ~, 신유 사옥 ~, 여느 ~ 같으면, 왜정 ~, --을/ㄹ ~, 이 날 입 ~, 임진 왜란 ~ 불탄다, 임진 왜란 ~ 전소, 작년 이맘 ~, 장 중 한 ~, 장가 들일 ~, 전장 중반 한 ~, 중학생 ~, 진재 ~, 짐장 ~, 한창 ~

때기 ~ 친다

때린다 몽둥이로 ~, 세차게 ~, □을/를 때려 눕힌다, □을/를 때려 치운다, 주먹으로 ~, 찰싹 ~, 철썩 ~, 회초리로 ~

때문 --기 ~에, --기 ~이다

때운다 끼니를 ~, □으로/로 ~, □을/를 ~, 허기를 ~

때죽나무 ~ 와 소나무; 소나무와 ~

땐다 땔 나무 장수; □을/를 ~

땐스 ~ 한다

땜 그 거 ~에, 뭣 ~에

땜 ~ 장이, ~ 질 한다

땡글땡글 ~ 하다

땡땡이 ~ 친다

땡볕 ~ 아래; 오뉴월 ~

땡전 ~ 한 푼

땡초 ~ 선사 님

떠난다 멀리 멀리 떠나 간다, 미련 없이 ~, 미련 없이 훌쩍 ~, 옳으냐 그르냐를 떠나서, □을/를 떠나 보낸다, □을/를 떠나 온다

떠돌이 ~ 별의 궤도, ~ 행중

떠든다[떠들고 떠들어] 떠들고 다닌다, 떠들어 댄다; 와글와글 ~, 왁자지껄 ~, 자랑 삼아 ~

떠들썩 ~ 하다

떠밀린다 등을 ~

ㄸ

떠받친다 주가를 ~

떠억 ~ 하니

떠중이 어중이 ~들

떡 ~ 벌어진다; □에 ~ 버틴다, □을/를 ~ 벌린다

떡 ~ 과 전복, ~ 두꺼비 같다, ~ 방아를 찧는다, ~ 방아 찧는다, ~ 쌀 농사, ~ 찌고 고구마 삶는다; 개 ~ 같이 말 해도 찰떡 같이 알아 듣는다, 거피 팥 고물 시루 ~, 굿이나 보고 ~이나 먹는다, 누워서 ~ 먹기다, 보리 개 ~, 빈대 ~을 부친다, 빵 ~ 모자처럼 씌운다, 송기 ~, 수수 ~ 요기, 쑥 개피 ~, 안치는 ~, 조랭이 ~ 국, 찐 ~, 찹쌀 ~

떡니 흰 ~

떡메 ~ 로 친다

떡살 ~ 무늬

떡집 ~ 패

떤다[떨고 떨어] 내숭 ~, 너스레를 ~, 법석을 ~, 수다 ~, 아양을 ~, 야지랑을 ~, 오도방정을 ~, □을/를 ~, 치를 ~, 포달을 ~, 호들갑을 ~

떤다[떨고 떨어] 내숭을 ~, 덜덜 ~, 바들바들 ~, 바르르 ~, 발발 ~, 벌벌 벌벌 ~, 부르르 ~, 분주를 ~, 사시 나무 떨듯이, 수다도 ~, □에 벌벌 ~, 오돌오돌 ~, 오들오들 ~, 오르르 ~, 온 몸을 와들와들 ~, 요란을 ~, □을/를 벌벌 ~, □을/를 부들부들 ~, □을/를 와들와들 ~, □을/를 파르르 ~, 재 떨이에 재를 ~, 푸들푸들 ~, 혼자 부지런 ~, 후들후들 ~

떤다[떨고 떨어] □을/를 떨어 낸다

떨군다 고개를 ~, □을/를 ~

떨기 --라는 천 ~, 한 ~ 꽃

떨떠름 내심 ~하다

떨린다 떨리는 가슴을 진정 시킨다, 떨리는 가슴을 진정 한다; 눈 떨림 검사, 덜덜 ~, 바들바들 ~, 부들부들 ~, 부르르 ~, 손 끝이 가늘게 ~, 손 끝이 파르르 ~, 와들와들 ~, □이/가 바르르 ~, □이/가 파르르 ~, 입술이 파르르 ~, 치가 ~, 파들파들 ~, 푸들푸들 ~, 푸르르 ~, 후둘후둘 ~, 후들후들 ~

떨어뜨린다 고패를 ~, □을/를 ~

떨어진다 곯아 ~, 굴러 ~, 까마귀 날자 배 ~, 낙엽이 ~, 딱 딱 맞아 ~, 뚝뚝 ~, 멀찍이 ~, 발 등에 떨어진 불을 끈다, 발 등에 불이 ~, 방울방울 ~, 백 미터 쯤 ~, 빗방울이 후둑후둑 ~, 사기가 ~, 삼 회전에서 나가 ~, 성욕이 ~, 수수수 ~, 십 마일이나 떨어진, 십 마일이나 떨어져 있다, □에 뒤 ~, 외따로 ~, 우수수 ~, □으로/로 벌렁 나가 ~, 정나미가 ~, 좋아도 나가 ~, 퍼즐처럼 맞아 ~, 후드득 빗방울이 ~

떨이 ~ 반찬 꾸러미; 놋 쇠 재 ~, 놋 재 ~, 재 ~에 비벼 끈다, 재 ~에 재를 떤다, 재고 ~, 차내 재 ~

떨친다 맹위를 ~, 악명을 ~, 용맹을 ~, 위세를 ~, □을/를 ~, □을/를 만방에 ~, 훌훌 ~

떫켜 기름 ~

떫다 떫은 감; 시고 ~

떳떳 ~ 하다

떼 ~ 돈을 번다, ~ 부자가 된다; 까마귀 ~처럼 우짖는다, 늑대 ~처럼 몰려 온

다, 늑대 ~처럼 우짖는다, 도요새와 물 ~새, 돌 고래 ~의 폐사, 들소 ~, 메뚜기 ~, 물 새 ~, 물 소 ~, 비둘기 ~, 비둘기의 ~, 상어 ~, 섬 나라 도적 ~, 송사리 ~, 엄청 난 새 ~, 청둥 오리 ~, 파리 ~

떼거리 ~로 몰려 온다

떼굴떼굴 ~ 구른다

떼다민다[떼다밀고 떼다밀어] 호랑이한테 ~

떼민다[떼밀고 떼밀어] 등을 ~, 왈칵 ~, □을/를 ~

떼밀린다 등을 ~

떼인다 □을/를 ~

뗀다 뗄래야 뗄 수 없다; --는다고/ㄴ다고/다고/라고 딱 잡아 ~, --는다고/ㄴ다고/다고/라고 잡아 ~, 시치밀 ~, 시치미 ~, 시치미 뚝 ~, 시치미를 ~, 시치미를 뚝 ~, 시침 ~, 시침을 뚝 ~, 운을 ~, 운자를 ~, □을/를 떼어 먹는다, 편액을 ~

또그닥거린다 또그닥거리는 구두 소리

또는 감사 ~ 조사, 검사 ~ 사법 경찰관, 고소 ~ 고발, 고소인 ~ 고발인, 과장 ~ 감살, 교도 소장 ~ 구치 소장, 교도소 ~ 구치소, 교조 주의 ~ 반혁명, 구류 ~ 과료, 금치 ~ 감식, 기명 날인 ~ 서명, 등심 ~ 채 끝 살, 몰수 ~ 추징, 별 ~ 성좌, 부본 ~ 등본, 산출물 ~ 결과, 상고인 ~ 변호인, 상소를 포기 ~ 취하 한다, 상실 ~ 정지, 서면 ~ 구술, 서술자 ~ 화자, 소수 점 아래 셋 째 ~ 넷 째 자리, 쌀 ~ 보리, 운전 면허 취소 ~ 정지 처분, □을/를 과장 ~ 감살 한다, 의견 란 ~ 독자 란, 의사 ~ 약사, 이유서 ~ 답변서, 인사 ~ 맺음 말, 일부 ~ 전부, 자유 혼 ~ 탈신 혼, 종교 ~ 토속 신앙, 직접 ~ 간접, 직접 우편 ~ 가두 배포, 징역 ~ 금고, 징역 형 ~ 금고 형, 철야 ~ 야간, 체포 ~ 구속, 파라미터 ~ 커맨드, 포기 ~ 취하, 피고인 ~ 피의자, 학과 ~ 연구실, 학부 ~ 학과, 항소인 ~ 변호인, 환송 ~ 이송 받는다

또는 금품이나 향응 ~ 뇌물, 노래 ~ 악곡, 모방 ~ 표절, 묵살 ~ 은폐, 보증 ~ 담보 제공, 생선 ~ 고기, 정치 권력 ~ 정부, 직인 ~ 사인, 토지 ~ 식읍, 해방 ~ 변혁, 향응 ~ 편의

또랑또랑 ~ 하다

또래 ~ 상담자

또렷 ~ 하다

또렷또렷이 ~ 나타난다

또르르 ~ 구른다

또박또박 ~ 말을 한다

또아리 ~ 감 나무, ~를 튼다, ~ 튼다

똑 ~ 같다, ~ 따 먹는다, ~ ~, ~ 바로 쳐다 본다

똑똑 ~ 분지른다

똑똑 ~ 하다, ~ 히 본다

똘똘 □으로/로 ~ 뭉친다

똘똘 ~ 하다

똘똘이 ~ 목욕 시킨다

똘망똘망 ~ 하다

똥 ~ 끝이 탄다, ~ 눈다, ~ 마렵다, ~ 오줌 못가린다, ~ 을 찔끔 눈다, ~ 파리, ~ 폼, ~ 한 무더기; 값이 ~ 금이다, 강아지 ~, 개 ~ 밭에 구른다, 개 ~ 소쿠

리, 개 ~ 철학, 눈 ~, 누에 ~ 베개, 닭 ~ 같은 눈 물, 닭 ~ 냄새, 닭 ~ 비료, 말 ~ 즙장, 불 ~을 튀긴다, 불 ~이 튄다, 쇠 ~ 망태, 수탉 ~ 구멍처럼 비쭉거린다, □에 ~ 칠 한다, 체모에 ~ 칠을 한다

똥그랗다 눈을 똥그랗게 뜬다, 눈이 똥그래 진다

똥따리 ~ 붙는다

똥똥 ~ 하다

똬리 ~ 를 튼다

뙈기 땅 한 ~ 없이 살아 간다, 밭 한 ~

뙤약볕 ~ 아래

뚜 마담 ~

뚜껑 냄비 ~, 맨 홀 ~, 솥 ~에 올라 앉는다, 주발 ~, 코펠 ~

뚜닥뚜닥거린다 만들느라고 ~

뚜드린다 □을/를 ~

뚜렷 ~ 하다

뚜룩 ~ 잽이, ~ 친다

뚜름 ~ 하다

뚜벅뚜벅 ~ 걸어 온다

뚝 ~ 끊어 진다, ~ 끊긴다, ~ 떨어진다; 시치미 ~ 뗀다, 시치미를 ~ 뗀다, 시침을 ~ 뗀다

뚝뚝 ~ 떨어진다, ~ 무지른다, ~ 흘린다

뚝뚝 ~ 하다

뚝방 ~ 동네

뚝배기 된 장 ~

뚫는다 뚫어 지게 노려 본다, 뚫어 지게 쳐다 본다, 뚫어 져라 바라 본다, 뚫어 져라 쳐다 본다; 봉쇄 망을 ~, 빠안히 꿰어 ~, 운하를 ~, □을/를 꿰어 ~, □을/를 ~, 터널을 ~, 훤히 꿰어 ~

뚫린다 가슴이 휑 ~, 구멍이 송송 ~, 뻥뻥 ~, □이/가 숭숭 ~, 작은 구멍이 ~

뚱딴지 ~ 같은 말, ~ 같은 소리; 무슨 ~ 같은 소리니

뚱뚱 ~ 하다

뚱뚱이 ~ 와 홀쭉이

뚱보 ~ 찐 빵 귀신

뛰어난다 재주가 ~

뛰운다 □을/를 ~

뛰친다 병실을 뛰쳐 나간다, □으로/로 뛰쳐 나간다, □을/를 뛰쳐 나간다, □을/를 뛰쳐 나온다

뛴다 뛰 질 한다, 뛰어 가며 소리 친다; 가슴이 콩닥콩닥 ~, 겅정겅정 ~, 겅중겅중 뛰어 나온다, 계단을 뛰어 오른다, 그네를 ~, 길길이 ~, 깡총 깡총 ~, 깡충 깡충 뛰어 다닌다, 깡충 ~, 껑충 껑충 뛰어 오른다, 마음껏 뛰어 논다, 박차고 뛰어 나간다, □에서 뛰어 내린다, □으로/로 뛰어 나간다, □으로/로 뛰어 든다, □으로/로 뛰어 오른다, □을/를 건너 ~, □을/를 뛰어 넘는다, □을/를 훌쩍 뛰어 넘는다, 이리 뛰고 저리 ~, 제자리 뛰기를 한다, 줄곧 쿵덕쿵덕 ~, 쩔룩거리며 뛰어 든다, 차도로 뛰어 든다, 첨벙 뛰어 든다, 첨벙 첨벙 뛰어 간다, 투닥투닥 ~, 팔딱 팔딱 뛰어 간다, 팔짝 팔짝 ~, 펄떡 펄떡 ~, 펄쩍 펄쩍 뛰어 오른다, 펄펄 ~, 폴짝 폴짝 ~, 한강 물에 뛰어 든다, 헐레벌떡 뛰어 온다

뜀박질 ~ 한다

뜨개 ~ 질 감, ~ 질 바늘, ~ 질을 한다; 손 ~ 용품 제작, 손 ~ 질 한다

뜨거워진다 낯이 ~, 눈시울이 ~

뜨겁다[뜨거워 뜨거운] 뜨거운 사우나, 뜨겁게 달아 오른다; 엇 뜨거워라 싶다, 화끈 뜨거워 진다

뜨끈 ~ ~ 하다

뜨끔 ~ ~ 결린다; 가슴이 ~하다

뜨내기 ~ 뱃사람

뜨뜻 ~ 미지근하다, ~ 하다

뜨락 대웅전 ~

뜨물 쌀 ~

뜨악 ~ 하다

뜨인다 눈에 ~, 눈이 번쩍 ~

뜬다[떠] 껍신껍신 떠 내려 온다, 달 ~, 동동 떠 다닌다, 두둥실 떠 나간다, 두둥실 떠 오른다, 둥둥 떠 간다, 둥둥 떠 내려 간다, 둥실 ~, 방방 ~, 붕 ~, 삽 자루가 껍신껍신 ~, 선연하게 떠 오른다, 아련히 떠 오른다, □에 둥둥 떠 다닌다, 유유히 떠 다닌다, 정처 없이 떠 돌아 다닌다, 평원에 해 ~, 한 조각 뜬 구름, 항간에 떠 돈다, 해 뜨기 전

뜬다[떠] 떠 받치고 있다; 본 뜬, 슬쩍 떠 본다, 억지로 떠 맡긴다, □에 떠 밀린다, □에게 떠 넘긴다, □에게 떠 맡긴다, 왈칵 떠 민다, □을/를 떠 낸다, □을/를 떠 넘긴다, □을/를 떠 맡는다, □을/를 떠 먹는다, □을/를 떠 멘다, □을/를 떠 민다, □을/를 떠 받는다, □을/를 떠 받친다, □을/를 떠 본다, □을/를 떠 올린다, □을/를 떠다 민다, □을/를 본 ~, □의 이름을 본 떠, 파피루스를 본 ~, 한 술 더 ~

뜬다[떠] 뜬 눈으로 밤을 새운다, 떠 내려 온다; 구천을 떠 돈다, 꼬박 뜬 눈으로 새운다, 눈 뜬 장님, 눈을 똥그랗게 ~, 눈을 번히 뜨고, 눈을 휘둥그레 ~, 눈 코 뜰 새 없다, 눈 코 뜰 새 없이 바쁘다, 밤 새 뜬 눈으로 지새운다, 실 눈을 ~, □에 눈 ~, 차마 눈 뜨고 못본다, 치켜 ~, 해 ~

뜬쇠 굿중 패의 ~

뜯는다 뜯어 말린다; 머리카락을 쥐어 ~, 손톱을 물어 ~, □을/를 뜯어 고친다, □을/를 뜯어 낸다, □을/를 뜯어 먹는다, □을/를 물어 ~, □을/를 쥐어 ~, □을/를 찬찬히 뜯어 본다, 이빨로 물어 ~, 자세히 뜯어 본다, 조목 조목 뜯어 본다, 환풍기를 뜯어 낸다

뜰 ~ 을 가로 지른다; 유년의 ~

뜸 ~ 을 들인다; 서암 ~

뜸하다[뜸해] 뜸해 진다; 발 길이 ~, 인적이 ~

뜻 ~ 대로 된다; 애도의 ~을 표한다

뜻한다[뜻해] □을/를 ~

띄운다 띄운 화채; 어기여차 배 띄워라, 연잎을 ~, □을/를 ~

띈다 눈에 ~, 단어 별로 ~

띠 ~ 동갑; 개 ~ 동기

띠 ~ 살 창호, ~ ˜ 링; 남북 인간 ~ 잇기, 머리 ~를 질끈 맨다, 바지의 허리 ~, 어깨 ~를 두른다, 허리 ~ 꾸미개, 허리 ~를 끄른다, 허리 ~를 단단히 맨다, 허리 ~를 졸라 맨다

띠운다 미소를 ~

띤다 노기 ~, 노란 색을 ~, 만면에 미소를 ~, 만면에 웃음을 ~, 아연 활기를 ~, 애주 ~, 양전기를 ~, 열 띤 응원, 열 띤 응원전, 염기성을 ~, □을/를 강하게 ~, □을/를 ~, 입 가에 미소를 ~, 회갈색을 ~, 회색을 ~

띵긴다 □에 ~

띵하다[띵해] 머리가 ~

라나냐 엘리뇨와 ~

라도 □은/는 차치 하고 ~

라돈 실내 ~ 농도

라디에이터 ~ 로 다가간다, ~ 에 걸터앉는다, ~ 에 에어가 찬다

라디오 ~ 의 파, ~ 청취; 단파 ~

라면 ~ 박스; 인스턴트 ~, 컵 ~ 용기

라비냐 빨간 ~ 열매

라운드 골프 ~

라이벌 숙명의 ~

라이브 ~ 공연; 프라임 타임 ~

라이터 ~ 로 불을 붙인다

라인 다운 ~, 조립 ~, 좌타 ~

라인업 선발 ~

라일락 ~ 향

라임 ~ 주스

라커 칫솔 보관 ~

란 각주 ~, 독자 투고 ~, 의견 ~ 또는 독자 ~, 잡지 책 수기 ~, 출처를 굳이 각주 ~에다 밝힌다, 해외 토픽 ~

란 임병 양 ~

랄랄랄라 --어/아 주어요 ~

람바다 레게 풍 ~

랑 머루 ~ 다래, 물음 표 ~ 느낌 표, 사과 ~ 캐러멜, 삼춘이랑 고모 ~, 수술비 ~ 입원비, 아부지 ~ 할아부지 ~ 할머니, 엄니 ~, 잠자리 ~ 풍뎅이, 참외 ~ 사과 ~, 할머니 ~ 삼촌이랑 고모, 할아부지 ~ 할머니 ~ 삼촌

랜 무선 ~ 서비스

랜덤 ~ 하게 번쩍인다

랜턴 ~ 불 빛

램 ~ 양산 기술

램프 마술의 ~, 알코올 ~

랩 ~ 댄스

랩 ~ 으로 단단히 싼다, ~ 으로 싼다, ~ 을 씌운다

랭크 17 위에 ~ 된다, 20 위에 ~ 된다, 상위에 ~ 된다, 십 오 위에 ~ 된다

랭킹 득점 ~, 상금 ~

량 1 고주 5 ~, 무고주 5 ~

량 감동의 순증가 ~, 뇌척수액 당분 ~, 뇌척수액 염소 ~, 단백 ~, 단보당 벼 생산 ~, 단위 면적당 생산 ~, 도서관 장서 ~, 반도체 수요 ~, 방사능 함유 ~, 분비 ~, 비축 ~, 삭감 목표 ~, 산유 ~ 감축, 상반기 중 산유 ~ 쿼터, 생물 화학적 산소 요구 ~, 생물학적 산소 요구 ~, 생화학적 산소 요구 ~, 섭취 권장 ~, 소요 ~ 증명서, 수매가와 수매 ~, 수확 ~, 식량 배급 ~, 식염 첨가 ~, 심박출 ~, 심장 박출 ~, 쓰레기 발생 ~, 연 강수 ~, 연 평균 강수 ~, 연간 쌀 생산 ~, 열 ~

구성비, 영양 공급 ~, 예상 수확 ~ 상향 조정, 오염 물질 배출 ~, 온실 가스 배출 ~, 원유 수요 ~, 월경 출혈 ~, 이산화 탄소 배출 ~, 일 인당 쌀 소비 ~, 일정 ~, 일조 ~이 많다, 전력 ~ 요금, 전력 소비 ~, 정보 소통 ~, 정부 보유미 방출 ~, 조강 생산 ~, 조직 혈류 ~, 책임 ~을 지운다, 책임 ~이 지워 진다, 철분 함유 ~, 최대 산소 섭취 ~, 칼로리의 열 ~, 칼슘 섭취 ~, 칼슘 함유 ~, 통행 ~, 팔 월 절감 ~, 평균 열 ~ 공급 ~, 폐비닐 발생 ~, 하루 칼로리 섭취 ~, 한국인 영양 권장 ~, 함유 ~이 표시 된다, 혈당 ~이나 지방 함유 ~, 혈액 내의 칼슘 ~, 혼입 ~, 화학적 산소 요구 ~

러닝 ~ 차림

런 동점 홈 ~, 시즌 최다 홈 ~ 신기록, 좌월 솔로 홈 ~을 터뜨린다, 중월 1 점 홈 ~, 최다 홈 ~, 홈 ~ 포, 히트 앤드 ~ 사인, 히트 앤드 ~ 실패

런닝 ~ 샤쓰 앞 가슴을 움킨다; 노란 ~ 샤쓰

런다운 ~ 에 걸린다

레게 ~ 풍 람바다; 정통 ~ 바

레귤러 ~ 맥주

레몬 ~ 즙

레벨 추상적 ~

레슘 ~ 을 깐다

레스토랑 펍 ~

레슬러 여자 ~

레슬링 권투나 ~

레시피 초간단 ~

레이더 ~ 가 가동 된다, ~ 기지, ~ 를 가동 한다, ~ 차트; 다기능 위상 배열 ~, 미사일의 ~

레이더실 지하 ~

레이디 ~ 퍼스트 문화

레이스 ~ 한 조가리 쯤; 망사 ~, 페넌트 ~

레이싱 길 거리 카 ~

레이저 ~ 광 응고술, ~ 광선, ~ 프린터

레인지 가스 ~, 전자 ~

레저 스포츠 ~ 부

레지 다방 ~

레지던트 삼 년차 ~, 외과 ~, 이 년차 ~, 일 년차 ~

레지스탕스 ~ 운동

레코드 ~ 가게, ~ 임대점

레포츠 항공 ~

렌즈 ~ 의 안경; 광각 ~, 망원 ~, 볼록 ~, 어안 ~, 오목 ~

렌지 가스 ~

렐리기오수스 호모 ~

력 당화 ~

력사 동지 혁명 ~ 연구실

령 개정 ~ 안, 검거 ~이 내려 진다, 계엄 ~을 발동 한다, 계엄 ~이 내려 진다, 공정 거래 법 시행 ~, 교육 공무원 임용 ~ 개정 안, 대출 동결 ~, 도로 구조 ~, 동법 시행 ~, 비상 경계 ~, 비상 계엄 ~, 비상 근무 ~, 비상 대기 ~, 수배 ~을 내린다, 시설 기준 ~, 시행 ~을 개정 한다, □에 계엄 ~을 선포 한다, □에게

대피 ~을 내린다, □에게 체포 ~을 내린다, 외환 관리 법 시행 ~, 전시 동원 ~, 지방세 법 시행 ~, 체포 ~이 내린다, 토지 조사 ~, 황제의 특사 ~

로 2대 1의 비율 ~ 첨가, □ 여파 ~, □ 주최 ~ 열린다, 가로수 ~ 심는다, 가루 ~ 빻는다, 가짜 ~ 판명 된다, 가황 촉진제 ~ 쓰인다, 감소세 ~ 돌아 선다, 강제 ~ 퇴원 시킨다, 객체 ~ 전락 한다, 거품기 ~ 젓는다, 건물을 통 째 ~ 빌린다, 걸레 ~ 닦는다, 검찰 ~ 송치 한다, 격년 제 ~, 격일 제 ~, 경제 특구 ~ 지정 된다, 경제 특구 ~ 지정 한다, 경찰서 ~ 끌어 간다, 곁시 ~ 따라 간다, 계열 사 ~ 편입 된다, 계열 사 ~ 편입 한다, 고개를 뒤 ~ 젖힌다, 고도 ~ 전문적인, 고도 ~ 훈련 된, 곱절 ~ 뛴다, 공문서 위조 혐의 ~ 수배 한다, 공짜 ~ 얻는다, 과로 ~ 쓰러진다, 교전의 여파 ~, 교통사고 ~ 숨 진다, 구렁텅이 ~ 몰아 넣는다, 국내 ~ 압송 한다, 국어 ~ 출판 된다, 국외 ~ 망명 한다, 국외 ~ 추방 된다, 국외 ~ 추방 한다, 귓속 말 ~ 속삭인다, 귀퉁이 ~ 내밀린, 귓결 ~ 흘린다, 그리 ~ 간다, 그린 벨트 ~ 묶인다, 극도 ~ 경계 한다, 극도 ~ 고양 된, 극도 ~ 긴장 된다, 극도 ~ 꺼린다, 극도 ~ 나쁘다, 극도 ~ 불안하다, 극도 ~ 쇠약하다, 극도 ~ 악화 된다, 극도 ~ 위축 한다, 극도 ~ 증오 한다, 극도 ~ 흥분 한다, 근대 ~의 이행기, 근소한 표 차 ~ 부결 된다, 급속도 ~ 가까와 진다, 급속도 ~ 확산 된다, 급속도 ~ 확산 한다, --기 ~ 마음 먹는다, --기 ~ 마음을 굳힌다, 기독교 ~ 개종 한다, 길 거리 ~ 나 앉는다, 길이 ~ 썬다, 깨 알 같은 글씨 ~, 꿀 ~ 반죽 한다, 나란히 두 줄 ~ 선다, 낙타가 바늘 귀 ~ 들어 간다, 남자 ~ 환생 한다, 납도리 ~ 결구 한다, 낭떠러지 ~ 추락 한다, 내 명의 ~ 등기 한다, 내림세 ~ 돌아 선다, 네트워크 ~ 연대 한다, 노예 ~ 부린다, 논외 ~ 한다, 논쟁거리 ~ 남는다, 눈 요기 ~, 다각도 ~ 검토 한다, 다각도 ~ 분석 한다, 다리미 ~ 다린다, 다시 원상태 ~ 돌려 놓는다, 단골 ~, 단어 별 ~ 찐다, 단체 ~, 단체 명의 ~ 공표 한다, 달러 ~ 환산 한다, 담보 ~ 대출 한다, 담보 ~ 취득 한다, 대 대 ~ 세습 된다, 대위 ~ 예편 한다, 대위 ~ 전역 한다, 대처 ~ 옮긴다, 덧술 ~ 수수를 쓴다, 도가니 ~ 몰아 넣는다, 도매 ~ 판매 한다, 도보 ~ 십 분 걸린다, 돈을 어거리 ~ 번다, 두 갈래 ~ 갈라 진다, 두 살 터울 ~, 등기 ~ 부친다, 떡메 ~ 친다, 떼거리 ~ 몰려 온다, 라디에이터 ~ 다가간다, 라이터 ~ 불을 붙인다, 마구잡이 ~ 사아 들인다, 막무가내 ~ 우긴다, 만장 일치 ~, 말 한 마디 ~ 천 냥 빚을 갚는다, 망치 ~ 두들긴다, 맨발 ~, 맹렬한 기세 ~, 모 ~ 눕는다, 모르쇠 ~ 일관 한다, 몽뎅이 ~ 후린다, 몽둥이 ~ 때린다, 무공 수훈자 ~ 등록 된다, 무더기 ~ 쌓인다, 무더기 ~ 핀다, 무료 ~ 대여 한다, 무료 ~ 배포 한다, 무료 ~ 제공 한다, 무료 ~ 탑승 한다, 무방비 상태 ~ 노출 된다, 무작위 ~ 뽑는다, 무작위 ~ 추출 한다, 무죄 ~ 추정 한다, 문화재 ~ 지정 된다, 문화재 ~ 지정 한다, 물 방울 ~ 응결 된다, 미완성 상태 ~ 남아 있다, 믹서 ~ 간다, 바늘 ~ 찌른다, 바른 길 ~ 인도 한다, 반공을 국시 ~ 삼는다, 반말 투 ~, 발 길 ~ 걷어 찬다, 배후 ~ 지목 된다, 배후 ~ 지목 한다, 벽체 ~ 막는다, 변수 ~ 고려 한다, 병 채 ~ 마신다, 보는 이 ~ 하여금 손에 땀을 쥐게 한다, 보 ~ 결구 한다, 보물 ~ 지정 된다, 보물 ~ 지정 한다, 보일러 ~ 난방 한다, 보자기 ~ 싼다, 부패취 ~ 느낀다, 붕대 ~ 감는다, 블랙홀 ~ 빨려 든다, 비근한 예 ~, 비늘 ~ 덮인다, 비단보 ~ 싼다, 비리를 묵인 해 주는 대가 ~, 비수 ~ 상운다, 빠른 속도 ~ 낙하 한다, 빠른 시일 내 ~, 빨갱이 ~ 몰린다, 사기 혐의 ~ 고소 한다, 사체 ~ 발견 된다, 사회 문제 ~ 대두 된다, 사흘 거리 ~ 친다, 산 길 ~ 접어 든다, 상무 ~ 재직 한다, 상승세 ~ 반전 한다, 서 남해 ~ 유입 된다, 선 채 ~, 선도자 ~ 부상 한다, 선조 대 대 ~, 세 갈래 ~ 땋는다, 세로 ~ 가른다, 세로 ~ 긋는다, 세자 ~ 책봉 한다, 소규모 ~ 하는 사업, 소아 마비 ~ 다리를 전다, 소위 ~ 임관 한다, 소포 ~ 부친다, 속전 속결 ~, 쇠시리 ~ 음각 한다, 수세미 ~ 닦는다, 수용소 ~ 끌려 간다, 수포 ~ 돌아 간다, 숙박 업소 ~ 신고 한다, 스타 ~ 발 돋움 한다, 시멘트 ~ 바른다, 식민지 ~ 강점 한다, 식민지 ~ 전락 한다, 신문지 ~ 싼다, 신용 카드 ~ 결제 한다, 실 ~ 꿰맨다, 실물 크기 ~ 리얼하다, 실업자 ~ 전락 한다, 실제 ~, 실화를 영화 ~ 만든다, 쓰레기 ~ 더럽힌다, 아스팔트 ~ 포장 한다, 아젠다 ~ 부각 된다, 악의 ~ 한 말, 안전 지대 ~ 대피 한다, 안채 ~ 드나든다, 액면가 ~, 약간 빈정거리는 어투 ~, 약질 ~ 만든다, 얘기가 곁 길 ~ 샌다, 얘기가 곁 길 ~ 흐른다, 어깨 너머 ~, 어린 시절 ~ 되돌아간다, 어인 연유 ~, 어지러울 정도 ~ 비비 꼬인다, 억수 ~ 쏟아 진다, 억수 ~ 퍼 붓는다, 억지 ~ 떠 맡긴다, 엇길 ~ 나간다, □에 대한 분 풀이 ~, 여러 모 ~, 염부 ~ 달려 간다, 엽차 ~ 입술을 축인다, 옛 날 ~ 거슬러 올라 간다, 왕세자 ~ 책봉 된다, 외야 플라이 ~ 잡아 낸다, 요금 과 ~ 문의 한다, 용의자 ~ 지목 된다, 운영비 ~ 충당 한다, 워싱턴 발 ~ 보도 한다, 원어 ~ 공연 한다, 월부 ~ 산다, 위 아래 ~ 오르내린다, 위 아래 ~ 훑어 본다, 위 아래 ~ 흔들린다, 유창한 영어 ~, --은/ㄴ 채 ~, --은/ㄴ 혐의 ~ 구속 기소 된다, --을/ㄹ 정도 ~ 비비 꼬인다, □을/를 가위 ~ 오린다, □을/를 가위 ~ 자른다, □을/를 계기 ~, □을/를 골자 ~ 한다, □을/를 기치 ~ 내건다, □을/를 다른 데 ~ 돌린다, □을/를 뒤 ~ 한다, □을/를 목표 ~ 삼는다, □을/를 미끼 ~, □을/를 비누 ~ 씻긴다, □을/를 빌미 ~, □을/를 선물 ~ 받는다, □을/를 선물 ~ 준다, □을/를 주원료 ~ 한다, □을/를 주특기 ~ 한다, □을/를 토대 ~, □을/를 필두 ~ 한, □을/를 필두 ~ 해, □을/를 필두 ~ 해서, □을/를 필요 ~ 한다, 응급실 ~ 실려 간다, 이 굵기 ~ 썬다, 이 핑계 저 핑계 ~, 잇새 ~ 뿌적뿌적 밀어 낸다, 이 루 ~ 송구 한다, 이과에서 문과 ~ 옮긴다, 이리 ~ 온다, 이불 ~ 감싼다, 이빨 ~ 물어 뜯는다, 이사 ~ 재직 한다, 이야기체 ~ 기술 한다, 인두 ~ 지진다, 일 개월 ~ 단축 한다, 일렬 ~ 늘어 선다, 일렬 ~ 세운다, 일렬 ~ 줄 선다, 잣대 ~ 잰다, 자 ~ 잰 듯, 자물쇠 ~ 잠긴다, 자손 대 대 ~ 물린다, 자웅 동주 ~, 자유 자재 ~ 구

ㄹ

사 한다, 재력가 ~ 소문 난다, 재미 ~, 적시타 ~ 선취점을 올린다, 전세 ~ 내려 앉는다, 전쟁 터 ~ 내 몬다, 접착제 ~ 붙인다, 정말 ~, 정자법 위반 혐의 ~ 구속 한다, 제물 ~ 바친다, 조상 대 대 ~, 종대 ~, 좋은 환율 ~ 환전 한다, 죽기 아니면 살기 ~, 중개지 ~ 번창 한다, 증가세 ~ 돌아 선다, 증시 ~ 유입 된다, 지우개 ~ 지운다, 지푸라기 ~ 전락 한다, 지하 ~ 잠적 한다, 지하수를 식수 ~ 이용 한다, 집중 호우 ~, 집행 유예 ~ 풀려 난다, 짝짝이 ~ 신는다, 차가운 눈초리 ~ 바라 본다, 차도 ~ 내려 선다, 차도 ~ 뛰어 든다, 찰고무 ~ 바닥 댄다, 채 ~ 썬다, 천연 기념물 ~ 지정 한다, 천정부지 ~ 치솟는다, 체 ~ 거른다, 체외 ~ 배설 한다, 초근목피 ~ 연명 한다, 취미 ~, 측실 ~ 들어 앉는다, 칼 ~ 도려 낸다, 칼 ~ 벤다, 칼 ~ 자른다, 콩 알 굵기 ~ 썬다, 쿠데타 ~ 정권을 잡는다, 큰 소리 ~ 웃는다, 타월 ~ 닦는다, 타종수 ~ 차출 된다, 태자 ~ 책봉 된다, 태자 ~ 책봉 한다, 털 ~ 덮인다, 털 실 ~ 짠다, 톱니 바퀴 ~ 오른다, 통 째 ~ 먹는다, 통 째 ~ 빨아 들인다, 통 째 ~ 삼킨다, 통 째 ~ 암기 한다, 특보 ~ 임명 한다, 파멸 ~ 몰아 간다, 파멸 ~ 몰아 넣는다, 폐소화 ~ 지불 한다, 포볼 ~ 내보낸다, 풀어뜨린 채 ~, 프로 바둑 기사 ~ 입단 한다, 프린터 ~ 인쇄 한다, 피살체 ~ 발견 된다, 필독서 ~ 꼽힌다, 하락세 ~ 돌아 선다, 하류 ~ 하류 ~ 흘러 간다, 한 군데 ~ 모은다, 한 귀퉁이 ~ 내밀린다, 한 발 뒤 ~ 물러 선다, 한 발짝 뒤 ~ 물러 선다, 한 채를 통채 ~ 빌린다, 한문 체 ~ 된, □한테 □ ~ 넘겨 준다, 할부 ~ 구입 한다, 행수 ~ 박힌다, 행주 ~ 닦는다, 허위 ~ 기재 한다, 혀 ~ 핥는다, 형장의 이슬 ~ 사라진다, 호미 ~ 맨다, 혼잣말 ~ 중얼거린다, 혼자 말 ~ 뇌까린다, 혼자 말 ~ 중얼거린다, 화재 ~ 소실 된다, 활자 ~ 찍힌다, 회복세 ~ 돌아 선다, 회원 사 ~ 가입 한다, 회초리 ~ 갈긴다, 회초리 ~ 때린다, 후처 ~ 시집 간다, 후춧가루 ~ 간 한다, 후추 ~ 간 한다, 후추 ~ 양념 한다, 흉기 ~ 위협 한다, 흉기 ~ 찌른다

로고 ~가 새겨 진다

로드 창업 ~ 쇼, 평화 ~ 맵

로또 ~ 복권 추첨

로마네스크 ~ 성당

로마자 ~ 표기, ~ 표기법

로만스 ~ 문학

로맨티스트 세기 마지막 ~

로맨틱 ~하다, ~ 히피 풍 데님

로봇 ~ 저널리즘, ~ 청소기; 지능 ~

로부터 보호 ~ 배제 된다

로비 관계 ~, 대정치권 ~, 사업 ~ 의혹, 상납 ~, 연주장 ~

로비스트 정계 ~

로서 단위체 ~ 행동 한다, 서비스 ~의 소프트웨어, 집합체 ~ 공유 한다, 특허 ~ 보호 한다, 현실자 ~의 고민

로션 ~을 바른다

로써 벌 ~ 다스린다, 토산물 ~ 바친다

로열티 벌어 들인 ~

로켓 ~ 발사대, ~ 발사기; 고체 ~, 모형 ~ 발사, 아마추어 ~ 협회

로테이션 선발 ~

록 시네 ~ 나이트, 얼터너티브 ~, 하드 ~

록 옆 면의 도어 ~

론 낙관 론과 비관 ~

론 카드 ~

론자 공공 저널리즘 ~, 군비 증강 ~, 무신 ~, 민족 문학 ~, 생태 발전 ~, 여성 해방 ~

롤 열 다섯 ~

롤 타이틀 ~

롤러 ~ 블레이드를 탄다, ~ 스케이트장

료칸 전통 ~

료해 □을/를 ~ 한다

루 몽뎅이 ~ 후린다, 워디 ~ 가나

루 삼 ~ 도루, 삼 ~ 악송구, 삼 ~에 악송구 한다, 삼 ~ 주자, 이 ~로 송구 한다, 이 ~에 악송구 한다

루머 악성 ~

루수 삼 ~ 플라이, 이 ~ 앞 내야 안타

루타 삼 ~

루트 남방 ~

룩 밀리터리룩과 갱스터 빈티지 ~, 변형 매니시 ~

룸 써클 ~, 이 층 크리스탈 볼 ~, 파우더 ~과 드레스 ~, 파우더 ~이나 드레스 ~, 홈 ~ 시간

룸펜 ~ 문화

류 가금 ~, 갑각 ~, 갑충 ~, 견과 ~, 과채 ~, 남조 ~, 담수어 ~, 변질 수성암 ~, 병이 ~, 빙과 ~, 산자 ~, 선어개 ~, 순곡주 ~, 앙요 ~, 양서 ~, 양서 파충 ~, 어패 ~, 엄채 ~, 유공 ~, 유밀과 ~, 이끼 ~, 종실 ~, 총기 ~, 침장 저채 ~, 침채 ~, 파충 ~ 샵, 한과 ~, 해조 ~

류머티스 ~ 관절염

류트 ~ 의 윤곽

륜 사 ~ 구동, 삼 ~ 차

률 개인 시청 ~ 측정기, 거래점 취급 ~, 경제 성장 ~ 전망치, 등록금 인상 ~, 매출액 경상 이익 ~, 매출액 순이익 ~, 문맹 ~, 부적합 ~, 시청 ~ 경쟁, 시청 ~ 조사, 식량 자급 ~, 실업 ~, 여아 취학 ~, 외화 가득 ~, 용적 ~ 제한, 유병 ~, 의약품 오남용 ~, 인력 부족 ~, 전년 동월 대비 상승 ~, 조세 부담 ~, 중간 투입 ~, 지급 ~ 인하, 체지방 ~, 평균 손실 ~, 폐 암 발생 ~, 표준 소득 ~, 피시 보급 ~, 할인 할증 ~, 혼입 ~, 회사채 유통 수익 ~

르네상스 ~ 신플라톤주의; 중세나 ~

르네쌍스 ~ 이래

르뽀 현장 ~

르포 ~ 기사

를 25 일 0 시 ~ 기해, 30 도 ~ 웃도는 무더위, 90 년 대 ~ 풍미 한다, 가랑이 ~ 벌린다, 가래 ~ 끌어 올린다, 가래 ~ 뱉는다, 가스 ~ 연소 한다, 간담회 ~ 자청 한다, 갈매기 ~ 쫓는다, 갈채 ~ 받는다, 갈피 ~ 잡는다, 감사 ~ 표한다, 감옥살이 ~ 한다, 감쪽 같이 자취 ~ 감춘다, 감탄사 ~ 연발 한다, 감회 ~ 내 비친다, 강세 ~ 보인다, 개가 ~ 올린다, 개발에 박차 ~ 가한다, 개찰구 ~ 빠져 나간다, 거리 ~ 활보 한다, 거보 ~ 내 디딘다,

거보 ~ 내디딘다, 건배 ~ 제의 한다, 견해 ~ 피력 한다, 결가부좌 ~ 튼다, 결승포 ~ 명중 시킨다, 경례 ~ 한다, 경축사 ~ 대독 한다, 계 ~ 파한다, 계열 사 ~ 거느린다, 고개 ~ 가로 젓는다, 고개 ~ 갸우뚱 한다, 고개 ~ 갸우뚱거린다, 고개 ~ 갸웃 한다, 고개 ~ 갸웃거린다, 고개 ~ 끄덕거린다, 고개 ~ 끄덕끄덕 한다, 고개 ~ 끄덕인다, 고개 ~ 끄떡끄떡 한다, 고개 ~ 내 젓는다, 고개 ~ 뒤로 젖힌다, 고개 ~ 떨군다, 고개 ~ ~ 외로 꼰다, 고개 ~ 살래살래 흔든다, 고개 ~ 설레설레 젓는다, 고개 ~ 설레설레 흔든다, 고개 ~ 숙인다, 고개 ~ 절래절래 흔든다, 고개 ~ 절레절레 젓는다, 고개 ~ 절레절레 흔든다, 고개 ~ 젓는다, 고개 ~ 주억거린다, 고깔 모자 ~ 쓴다, 고무 줄 놀이 ~ 한다, 고배 ~ 마신다, 고삐 ~ 늦춘다, 고삐 ~ 바짝 당긴다, 고지 ~ 점령 한다, 고초 ~ 겪는다, 고패 ~ 떨어뜨린다, 곤색 잠바 ~ 입는다, 골 네트 ~ 흔든다, 골 머리 ~ 썩인다, 골 머리 ~ 앓는다, 골재 ~ 채취 한다, 골치 ~ 썩인다, 골치 ~ 앓는다, 곰방 담뱃대에 엽초 ~ 넣는다, 곱게 가루 ~ 낸다, 공 놀이 ~ 한다, 공동 보조 ~ 취한다, 공로 ~ 인정 받는다, 공소 ~ 기각 한다, 공장 살이 ~ 한다, □과/와 거리 ~ 둔다, □과/와 기술 제휴 ~ 한다, □과/와 악수 ~ 한다, □과/와 어깨 ~ 나란히 한다, □과/와 좋은 대조 ~ 이룬다, 과오 ~ 범한다, 과태료 ~ 부과 한다, 관광지 ~ 섭렵 한다, 관세 ~ 부과 한다, 관솔 옹이 ~ 딴다, 관자놀이 ~ 지그시 누른다, 광고비 ~ 지출 한다, 광주리 ~ 인다, 괭이 ~ 멘다, 괴춤에서 비수 ~ 꺼낸다, 괴춤에서 쌈지 ~ 꺼낸다, 교세 ~ 확장 한다, 교통 법규 ~ 위반 한다, 교황이 미사 ~ 집전 한다, 구덩이 ~ 판다, 구미 ~ 돋운다, 구호 물자 ~ 노린다, 국교 ~ 정상화 한다, 국기 ~ 도안 한다, 국내외 ~ 막론하고, 국수 ~ 만다, 국수 ~ 삶는다, 국위 ~ 선양 한다, 군대 ~ 제대 한다, 군대 ~ 주둔 시킨다, 굴 다리 ~ 지난다, 굴렁쇠 ~ 굴린다, 궤 ~ 같이 한다, 궤도 ~ 이탈 한다, 궤도 ~ 휜다, 귓가 ~ 맴 돈다, 귀 ~ 기울인다, 귀 ~ 쫑그린다, 귀 ~ 판다, 그네 ~ 뛴다, 그라운드 ~ 누빈다, 극장 표 ~ 위조 한다, 급소 ~ 찔린다, 기름 기 ~ 뺀다, 기우제 ~ 지낸다, 기재대 ~ 이용 한다, 기저귀 ~ 갈아 준다, 기지개 ~ 켠다, 기치 ~ 내건다, 기치 ~ 높이 든다, 기타 ~ 킨다, 기형아 ~ 출산 한다, 길게 연기 ~ 내 뿜는다, 김일성 주의 ~ 계승 한다, 김치 ~ 담근다, 깁스 ~ 한다, 깍듯이 경어 ~ 쓴다, 꼬리 ~ 사린다, 꼬리에 꼬리 ~ 문다, 끌끌끌혀 ~ 찬다, 끼니 ~ 거른다, 끼니 ~ 굶는다, 끼니 ~ 때운다, 낌새 ~ 눈치 챈다, 낌새 ~ 알아 차린다, 나비 넥타이 ~ 맨다, 나이 ~ 먹는다, 낚싯대 ~ 드리운다, 날 품 팔이 ~ 한다, 날개 ~ 퍼덕인다, 남에게 폐 ~ 끼친다, 남녀 ~ 불문 하고, 낯판때기 ~ 쳐 든다, 냄새가 코 ~ 찌른다, 냄새 ~ 맡아 본다, 너스레 ~ 편다, 넌덜머리 ~ 낸다, 넓다듬이 ~ 한다, 네 분수 ~ 알아라, 네트 ~ 가른다, 노 ~ 젓는다, 노고 ~ 치하 한다, 녹유 ~ 바른 기와, 농구화 ~ 신는다, 높은 불만도 ~ 나타낸다, 높은 불만도 ~ 보인다, 누 ~ 끼친다, --는 수모 ~ 당한다, --는 쾌거 ~ 달성 한다, --는 쾌거 ~ 이룬다, --는다고/ㄴ다고/다고/라고 생떼 ~ 쓴다, --는다는/ㄴ다는/다는/라는 정보 ~ 입수한다, 다구리 ~ 붙는다, 다리 ~ 절룩인다, 다리 ~ 절름거린다, 다리 ~ 놓는다, 다수 ~ 점한다, 다양한 예술 사조 ~ 넘나든다, 단명보 ~ 면한다, 단장여 ~ 받친다, 단주 ~ 굴린다, 단추 ~ 끄른다, 단추 ~ 잠근다, 단화 ~ 신는다, 담뱃가루 ~ 쟁인다, 담배 ~ 꼬나문다, 담배 ~ 비벼 끈다, 담배 ~ 뻐끔뻐끔 피운다, 당구 ~ 친다, 당대 ~ 풍미 한다, 대 ~ 잇는다, 대미 ~ 장식 한다, 대오 ~ 이탈 한다, 대우 ~ 받는다, 대우 ~ 한다, 대판시비 ~ 붙는다, 대포 ~ 쏜다, 댄스 ~ 춘다, 더위 ~ 탄다, 덜미 ~ 잡힌다, 덧술로 수수 ~ 쓴다, 덮개 ~ 씌운다, 데이터베이스 ~ 검색 한다, 도 ~ 넘은 연예인 막말, 도 ~ 닦는다, 도로꼬 ~ 민다, 도리우찌 ~ 쓴다, 독자 ~ 긴장 시킨다, 독점적 지위 ~ 누린다, 돌실이 ~ 한다, 돗자리 ~ 깐다, 동거살이 ~ 한다, 동네 잔치 ~ 한다, 동댕이 ~ 친다, 동서 ~ 막론 하고, 동요 ~ 부른다, 동우회 ~ 결성한다, 동자주 ~ 세운다, 된 서리 ~ 맞는다, 되돌려 막기 ~ 한다, 둥치 ~ 보듬는다, 뒷덜미 ~ 낚아 챈다, 뒷머리 ~ 긁는다, 뒷머리 ~ 긁적거린다, 뒷조사 ~ 한다, 뒤 ~ 바짝 좇는다, 뒤통수 ~ 빡 내리친다, 뒤통수 ~ 얻어 맞는다, 뒤통수 ~ 호되게 얻어 맞는다, 등산화 ~ 신는다, 등성이 ~ 넘어 간다, 등수 ~ 매긴다, 디스코 ~ 춘다, 따귀 ~ 갈긴다, 따귀 ~ 얻어 맞는다, 딴 소리 ~ 한다, 때와 장소 ~ 가린다, 때 ~ 벗긴다, 때 ~ 탄다, 떡방아 ~ 찧는다, 또아리 ~ 튼다, 똬리 ~ 튼다, 레이더 ~ 가동 한다, 롤러 블레이드 ~ 탄다, 마 ~ 캔다, 마늘에 대한 세이프가드 ~ 발동 한다, 마스컨 키 ~ 뽑는다, 마우스 ~ 클릭 한다, 마운드 ~ 실측 한다, 마침 표 ~ 찍는다, 막배 ~ 놓친다, 만 보 ~ 채운다, 만류 ~ 뿌리친다, 만면에 미소 ~ 띤다, 만세 ~ 고창 한다, 만세 ~ 부른다, 말 귀 ~ 알아 듣는다, 말 귀 ~ 알아 먹는다, 말 꼬리 ~ 흐린다, 말 머리 ~ 돌린다, 말 고삐 ~ 잡는다, 망명처 ~ 제공 한다, 망태 ~ 멘다, 망토 ~ 두른다, 맞장구 ~ 쳐 준다, 매니큐어 ~ 칠 한다, 매도 ~ 자제 한다, 매미 ~ 달인다, 맥주 ~ 홀짝거린다, 맹위 ~ 떨친다, 맹타 ~ 휘두른다, 머리 띠 ~ 질끈 맨다, 머리 ~ 긁적인다, 머리 ~ 길게 늘어뜨린다, 머리 ~ 빗는다, 머리 ~ 설레설레 흔든다, 머리 ~ 숙여 사죄 한다, 머리 ~ 슥슥 긁는다, 머리 ~ 싸 매고 사생 결단 한다, 머리 ~ 조아린다, 머리 ~ 짧게 깎는다, 머리채 ~ 잡힌다, 머리채 ~ 휘어 잡는다, 먼지 ~ 턴다, 멍에 ~ 씌운다, 메니큐어 ~ 칠 한다, 메스 ~ 들이댄다, 메주 ~ 빻는다, 메주 ~ 쑨다, 면모 ~ 일신 한다, 명부 ~ 빼 낸다, 모 ~ 찐다, 모가지 ~ 비튼다, 모기 ~ 쫓는다, 모자 ~ 눌러쓴다, 모퉁이 ~ 돌아 선다, 모퉁이 ~ 돌아 온다, 목례 ~ 한다, 목사안수 ~ 받는다, 목자 ~ 부라린다, 목자 ~ 부릅뜬다, 몰매 ~ 맞는다, 몸 둘 바 ~ 모른다, 몸서리 ~ 친다, 묘 ~ 쓴다, 무에서 유 ~ 창출 한다, 무게 ~ 단다, 무기고 ~ 습격 한다, 무더위 ~ 식힌다, 무료 ~ 달랜다, 무사 ~ 빈다, 무스 ~ 바른다, 무우 ~ 재배 한다, 무우 ~ 캔다, 무적 함대 ~ 무찌른다, 무진 애 ~ 쓴다, 무패 가도 ~ 달린다, 문전 성시 ~ 이룬다,

ㄹ

문제 ~ 낸다, 문제 ~ 푼다, 문체 ~ 결정짓는다, 물 지게 ~ 진다, 물고 ~ 낸다, 물꼬 ~ 튼다, 물동이 ~ 인다, 물의 ~ 빚는다, 물의 ~ 일으킨다, 물품세 ~ 면제받는다, 물품세 ~ 면제 한다, 미련 없이 사표 ~ 낸다, 미소 ~ 띠운다, 미식가들의 구미 ~ 당긴다, 미아 ~ 찾는다, 민생고 ~ 시급히 해결 한다, 밀 가루 ~ 반죽 한다, 밀어 ~ 속삭인다, 바구니 ~ 인다, 바느질 품 팔이 ~ 한다, 바지 ~ 입는다, 바포레토 ~ 탄다, 박수 갈채 ~ 보낸다, 박수 ~ 쳐 준다, 박해 ~ 받는다, 반대 표 ~ 던진다, 반디 ~ 잡는다, 반창고 ~ 붙인다, 발 자취 ~ 더듬는다, 밤 차 ~ 탄다, 방아 쇠 ~ 당긴다, 방콕 행 비행기 ~ 탄다, 뱃놀이 ~ 한다, 배움 터 ~ 만든다, 백 보 ~ 양보 해서, 백 기 ~ 든다, 백회 ~ 바른다, 밴드웨건 효과 ~ 일으킨다, 뱃지 ~ 부착 한다, 버터 ~ 얇게 바른다, 번개 ~ 동반 한다, 범죄 ~ 저지른다, 법규 ~ 개정 한다, 법학부 ~ 졸업 한다, 법회 ~ 봉행 한다, 베 ~ 짠다, 베개 ~ 치댄다, 베란다 ~ 개조 한다, 베란다 ~ 확장 한다, 벨트 ~ 채어 올린다, 별미 ~ 맛 본다, 병아리 ~ 깐다, 보물 표 ~ 찾는다, 보합세 ~ 시현 한다, 보험료 ~ 납입 한다, 복시 ~ 호소 한다, 본때 ~ 보여 준다, 볼 멘 소리 ~ 한다, 볼따구니에 생채기 ~ 낸다, 봉사자 ~ 모집 한다, 봉토 ~ 거느린다, 부 ~ 축적 한다, 부귀 영화 ~ 누린다, 부부애 ~ 돈독히 한다, 부아 ~ 돋운다, 부원료 ~ 첨가 한다, 부정 부패 ~ 척결 한다, 부채 ~ 탕감 한다, 분 풀이 ~ 한다, 분가계 ~ 낸다, 분뇨 ~ 푼다, 분비 ~ 촉진 시킨다, 분주 ~ 떤다, 불계패 ~ 당한다, 붕대 ~ 감는다, 브레이크 ~ 밟는다, 블루스 ~ 춘다, 비녀 ~ 꽂는다, 비리 ~ 묵인 해 주는 대가로, 비상 사태 ~ 선포 한다, 비수 ~ 들이댄다, 비위 ~ 거슬린다, 비위 ~ 건드린다, 비위 ~ 맞춘다, 비자 ~ 발급 한다, 빨래 ~ 넌다, 빨래 ~ 헹군다, 빻아서 가루 ~ 낸다, 뺑소니 ~ 친다, 뺨다귀 ~ 연거푸 후려 갈긴다, 뼈 ~ 깎는 아픔, 뽀드득 뽀드득 이 ~ 간다, 뽀뽀 ~ 한다, 사고 ~ 낸다, 사교육비 ~ 투자 한다, 사기 ~ 앙양 한다, 사기 ~ 진작 한다, 사다리 ~ 올라 간다, 사람의 명예 ~ 훼손 한다, 사리 ~ 분별 한다, 사리 ~ 봉안 한다, 사미계 ~ 받는다, 사사 ~ 집필 한다, 사상 최고치 ~ 기록 한다, 사의 ~ 표명 한다, 사의 ~ 표한다, 사재 ~ 턴다, 사주 ~ 대리 한다, 사지 ~ 버둥거린다, 사퇴 ~ 결심 한다, 사퇴 ~ 만류 한다, 사퇴서 ~ 제출 한다, 사표 ~ 반려 한다, 사표 ~ 수리 한다, 산 딸기 ~ 딴다, 산 모퉁이 ~ 돌아 간다, 산소 ~ 쓴다, 삼십 도 ~ 오르내린다, 삼십 도 ~ 웃돈다, 상고 ~ 기각 한다, 상리 ~ 꾀한다, 상상의 날개 ~ 편다, 상상의 날개 ~ 펼친다, 상소 ~ 포기 또는 취하 한다, 상속세 ~ 부과 한다, 상처 ~ 낫운다, 상처 ~ 아문다, 상처 ~ 치유 한다, 상추 ~ 재배 한다, 상투 ~ 잘린다, 상한가 ~ 기록 한다, 새 장가 ~ 든다, 생각이 뇌리 ~ 스친다, 생계 ~ 꾸린다, 생계 ~ 책임 진다, 생기 ~ 불어 넣는다, 생산비 ~ 절감 한다, 생활비 ~ 보탠다, 샤워 ~ 한다, 서두 ~ 꺼낸다, 서양화 ~ 전공 한다, 석사 학위 ~ 취득 한다, 선글라스 ~ 낀다, 선글라스 ~ 쓴다, 선처 ~ 호소 한다, 선풍기 ~ 튼다, 성 관계 ~ 갖는다,

성쇠 ~ 가늠 한다, 성욕 감퇴 주사 ~ 맞힌다, 성장세 ~ 구가 한다, 성적 욕구 ~ 충족 한다, 성패 ~ 가름 한다, 성패 ~ 좌우 한다, 성호 ~ 긋는다, 세례 ~ 받는다, 세미나 ~ 개최 한다, 세수 ~ 한다, 섹스 ~ 한다, 셔터 ~ 누른다, 소 달구지 ~ 끈다, 소구리 ~ 만든다, 소기의 성과 ~ 거둔다, 소나무 ~ 휘감는다, 소대 ~ 지휘 한다, 소득세 ~ 과세 한다, 소래기 ~ 지른다, 소리 ~ 빽 지른다, 소매 ~ 걷어 붙인다, 소매 ~ 걷어 올린다, 소스 ~ 끼얹는다, 소아 마비로 다리 ~ 전다, 소아 마비 ~ 앓는다, 소프트웨어 ~ 대여 한다, 소후 ~ 세운다, 속내 ~ 털어 놓는다, 손 등으로 이마 ~ 훔친다, 손 목 시계 ~ 들여다 본다, 손 목 시계 ~ 찬다, 손 수건으로 이마 ~ 닦는다, 손 잡이 ~ 비튼다, 손사래 ~ 친다, 손해 ~ 배상 한다, 손해 ~ 본다, 쇳소리 ~ 낸다, 수도 꼭지 ~ 잠근다, 수도 꼭지 ~ 튼다, 수렵무 ~ 춘다, 수면제 ~ 탄다, 수모 ~ 감수 한다, 수신호 ~ 보낸다, 수표 ~ 발행 한다, 수해 ~ 입는다, 수화기 ~ 내동댕이 친다, 수화기 ~ 내려 놓는다, 수확기 ~ 앞 둔다, 숙박비 ~ 최대한 아낀다, 스스로 돕는자 ~ 돕는다, 스위치 ~ 끈다, 스위치 ~ 킨다, 스포트라이트 ~ 받는다, 습기 ~ 머금는다, 승강이 ~ 벌인다, 승기 ~ 잡는다, 승리 ~ 자축 한다, 승부 ~ 겨룬다, 승부 ~ 원점으로 되돌린다, 승부에 쐐기 ~ 박는다, 승전가 ~ 부른다, 승패 ~ 가름 한다, 시비 ~ 건다, 시어머니 ~ 요양원에 맡긴다, 시위 ~ 진압 한다, 시체 ~ 매장 한다, 시치미 ~ 뗀다, 시치미 ~ 뚝 뗀다, 시혜 ~ 베푼다, 식민지기 ~ 통해, 신 풀이 ~ 한다, 신고서 ~ 제출 한다, 신들메 ~ 고쳐 맨다, 신세 ~ 한탄 한다, 신의 ~ 저버린다, 신주 ~ 제청 한다, 신청서 ~ 접수 한다, 실갱이 ~ 한다, 실소 ~ 금할 수 없다, 실소 ~ 금하지 못한다, 실수 ~ 저지른다, 실화 ~ 영화로 만든다, 실효 ~ 거둔다, 심기 ~ 건드린다, 심기 ~ 불편하게 한다, 심려 ~ 끼친다, 십자가 ~ 짊어진다, 쌍 심지 ~ 돋운다, 쏠쏠한 재미 ~ 본다, 쓴 소리 ~ 한다, 씨 ~ 발라 낸다, 아가리 ~ 벌린다, 아래 위 ~ 훑어 본다, 아연 활기 ~ 띤다, 아이 ~ 낳는다, 아이 ~ 밴다, 아이 ~ 키운다, 아호 ~ 딴다, 악귀 ~ 쫓는다, 악기 ~ 연주 한다, 악다구니 ~ 퍼붓는다, 악례 ~ 남긴다, 악마 ~ 불러 낸다, 악수 ~ 청한다, 악수 ~ 둔다, 악의 ~ 품는다, 악취 ~ 풍기며 썩는다, 악화일로 ~ 걷는다, 악화가 양화 ~ 구축 한다, 안대 ~ 한다, 안부 ~ 묻는다, 안부 ~ 전한다, 안전 제일 주의 ~ 취한다, 안전모 ~ 쓴다, 알랑방구 ~ 뀐다, 암호 ~ 해독 한다, 앞 치마 ~ 두른다, 애호도 ~ 유지 한다, 액셀러레이터 ~ 밟는다, 앵두 ~ 하나 하나 정성스레 딴다, 약도 ~ 그린다, 약세 ~ 시현 한다, 약수 ~ 긷는다, 약초 ~ 캔다, 양 다리 ~ 걸친다, 양자 ~ 맞아 들인다, 양전기 ~ 띤다, 양해 ~ 구한다, 어금니 ~ 꽉 깨문다, 어금니 ~ 지그시 깨문다, 어금니 ~ 힘 준다, 어깨 동무 ~ 한다, 어깨 띠 ~ 두른다, 어깨 ~ 기울인다, 어깨 ~ 으쓱 한다, 어깨에 머리 ~ 기댄다, 어버이 ~ 멸한다, 어부지리 ~ 얻는다, 어찌 할 바 ~ 모른다, 엄격히 경어 ~ 쓴다, 엄포 ~ 놓는다, 엉덩 방아 ~ 찧는다, □에 경의 ~ 표한다, □에 궁둥 방아 ~ 찧는다, □에 기대 ~

ㄹ

건다, □에 나 서기 ~ 꺼린다, □에 더욱 박차 ~ 가한다, □에 동기 ~ 부여 한다, □에 문호 ~ 개방 한다, □에 반기 ~ 든다, □에 제재 ~ 가한다, □에 제재 ~ 내린다, □에 종지부 ~ 찍는다, □에 집행 유예 ~ 선고 한다, □에 치명타 ~ 입힌다, □에 흡음재 ~ 설치 한다, □에게 사형 선고 ~ 한다, □에게 정조대 ~ 채운다, □에서 박사 학위 ~ 취득 한다, □에서 힌트 ~ 얻는다, 엘리베이터 ~ 탄다, 엠티 ~ 간다, 여러 분의 건투 ~ 빈다, 여세 ~ 몬다, 여야 ~ 막론 하고, 여야 ~ 불문 하고, 여유 ~ 부린다, 연고 ~ 환부에 바른다, 연속 결승 포 ~ 작렬 시킨다, 연속 해서 줄 방귀 ~ 뀐다, 연중 최저치 ~ 경신 한다, 연초 ~ 경작 한다, 연호 ~ 광무라 한다, 연회 ~ 베푼다, 열 마지기 ~ 소작 한다, 염의 ~ 품는다, 엽서 ~ 보낸다, 엿 장사 ~ 한다, 영어 ~ 유창하게 구사 한다, 영해 ~ 침범 한다, 옆구리 ~ 꾹 찌른다, 옆구리 ~ 쿡 찌른다, 예 ~ 든다, 예리코 행 버스 ~ 탄다, 오랑캐 ~ 물리친다, 오자미 ~ 한다, 오쟁이 ~ 지운다, 오케스트라 ~ 지휘 한다, 오해 ~ 불식 시킨다, 오해 ~ 푼다, 오히려 역효과 ~ 낸다, 옥 바라지 ~ 한다, 옥 살이 ~ 한다, 옥고 ~ 치른다, 옥쇄 ~ 각오 한다, 올가미 ~ 씌운다, 옳으냐 그르냐 ~ 떠나서, 옷 매무새 ~ 가다듬는다, 옷 매무새 ~ 고친다, 옷 매무시 ~ 수습 한다, 옹알이 ~ 한다, 와그르르 웃음 보 ~ 터뜨린다, 완만한 경사 ~ 갖는다, 완행 열차 ~ 탄다, 왈랑왈랑 소리 ~ 지른다, 왕위 ~ 찬탈 한다, 외국어 ~ 배운다, 외목도리 ~ 받친다, 외자 ~ 유치 한다, 외화 ~ 벌어 들인다, 왼 새끼 ~ 꼰다, 요기 ~ 한다, 요청서 ~ 발송 한다, 욕지거리 ~ 퍼 붓는다, 용서 ~ 구한다, 용서 ~ 빈다, 용의 ~ 표명 한다, 우 ~ 범한다, 우물 마루 ~ 깐다, 우세 ~ 유지 한다, 우위 ~ 점한다, 우의 ~ 돈독히 한다, 우호 ~ 돈독히 한다, 운동화 ~ 신는다, 운영비 ~ 절감 한다, 운자 ~ 뗀다, 운전 대 ~ 잡는다, 운하 ~ 넘나든다, 운하 ~ 뚫는다, 울음 보 ~ 터뜨린다, 웅덩이 ~ 판다, 원고 ~ 청탁 한다, 원두 ~ 볶는다, 원서 ~ 반려 한다, 원서 ~ 접수 한다, 원수 ~ 갚는다, 원유회 ~ 한다, 위세 ~ 떨친다, 위원회의 심의 ~ 거친다, 위패 ~ 봉안 한다, 위패 ~ 안치 한다, 위해 ~ 가한다, 윙크 ~ 한다, 유레일 패스 ~ 가지고, 유리 종 소리 ~ 낸다, 유부녀 ~ 손 댄다, 유언비어 ~ 퍼뜨린다, 육도 ~ 윤회 한다, 육보시 ~ 한다, 육수 ~ 붓는다, □으로/로 박사 학위 ~ 딴다, --을/ㄹ 엄두 ~ 낸다, --을/ㄹ 채비 ~ 갖춘다, --을/ㄹ 채비 ~ 한다, --을/ㄹ 태세 ~ 갖춘다, 음에다 가사 ~ 붙인다, 음모 ~ 꾸민다, □의 걸음걸이 ~ 흉내 낸다, □의 상징 체계 ~ 창조 한다, □의 한계 ~ 넘는다, 의남매 ~ 맺는다, 의례 ~ 거행 한다, 의리 ~ 저버린다, 의사 ~ 타진 한다, 의표 ~ 찌른다, 이 ~ 바드득 간다, 이 ~ 악다문다, 이 ~ 악문다, 이마 ~ 찌푸린다, 이마 ~ 찡그린다, 이유 여하 ~ 막론 하고, 이의 ~ 제기 한다, 이천만 달러 어치 ~ 수출 한다, 인공 기 ~ 게양 한다, 인과 관계 ~ 밝힌다, 인기 ~ 끈다, 인산인해 ~ 이룬다, 인재 ~ 등용 한다, 인재 ~ 양성 한다, 일기 ~ 쓴다, 일세 ~ 풍미 한다, 일억 원 어치 ~ 순매도 한다, 임기 ~ 마친다, 임무 ~ 완수 한다, 입 가에 미소 ~ 띤다, 입 가에 싸늘한 미소 ~ 짓는다, 입 가에 잔잔한 미소 ~ 짓는다, 입 방아 ~ 찧는다, 입장 차이 ~ 확인 한다, 잉어 ~ 낚는다, 자녀 ~ 양육 한다, 자리 ~ 박찬다, 자비 ~ 베푼다, 자충 수 ~ 둔다, 자판기에서 커피 ~ 뺀다, 작두 ~ 탄다, 작헌례 ~ 거행 한다, 작헌례 ~ 드린다, 잔재 ~ 청산 한다, 잡귀 ~ 쫓는다, 잣 가루 ~ 묻힌다, 장삼에 가사 ~ 두른다, 장화 ~ 신는다, 재 떨이에 재 ~ 떤다, 재미 ~ 느낀다, 재채기 ~ 한다, 재해 ~ 입는다, 적응기 ~ 거친다, 전기 스토브 ~ 껴 안는다, 전말서 ~ 쓴다, 전모 ~ 정확히 파악 한다, 전배 ~ 거행 한다, 전조 ~ 동반 한다, 전치 2 주의 상처 ~ 입힌다, 절 터 ~ 발굴 한다, 절차 ~ 밟는다, 점프 ~ 한다, 접대부 ~ 고용 한다, 정강이에 아대 ~ 착용 한다, 정계 ~ 은퇴 한다, 정서 ~ 순화 한다, 정조대 ~ 채운다, 젖 꼭지 ~ 물린다, 젖 먹이 ~ 업는다, 젖 소 ~ 키운다, 제 자리 뛰기 ~ 한다, 제수 ~ 진설 한다, 조 ~ 짠다, 조끼 ~ 입는다, 조하 ~ 받는다, 존대어 ~ 쓴다, 존칭어 ~ 사용 한다, 종기 ~ 뺀다, 종도리 ~ 받친다, 종보 ~ 받친다, 좌우 ~ 두리번거린다, 주가 ~ 떠받친다, 주둥아리 ~ 함부로 놀린다, 주례 ~ 선다, 주리 ~ 튼다, 주린 배 ~ 채운다, 주어 ~ 빠뜨린다, 주어 ~ 생략 한다, 주유소에서 휘발유 ~ 넣는다, 주의 ~ 환기 시킨다, 주재소 ~ 부순다, 죽지 ~ 편다, 준고령자 ~ 우선 채용 한다, 줄 담배 ~ 피운다, 줄 모 내기 ~ 한다, 중성미자 ~ 검출 한다, 증명서 ~ 발급 한다, 지방어 ~ 쓴다, 지서 ~ 습격 한다, 지아비 ~ 섬긴다, 지우개 ~ 매 단다, 지위 고하 ~ 막론 하고, 지하수 ~ 식수로 이용 한다, 진단서 ~ 발급 한다, 진도 ~ 나간다, 진도 ~ 맞춘다, 진료비 ~ 청구 한다, 진위 ~ 가린다, 진저리 ~ 친다, 진주 ~ 양식 한다, 질의서 ~ 보낸다, 집기 ~ 부순다, 징검다리 ~ 건넌다, 찍자 ~ 부린다, 차 ~ 대절 한다, 찬 물에 헹궈 물기 ~ 뺀다, 찬미 ~ 받으소서, 찬성 표 ~ 던진다, 참가자 ~ 모집 한다, 참호 ~ 판다, 창구 ~ 일원화 한다, 창호 ~ 단다, 책 상 다리 ~ 하고 앉는다, 책보 ~ 허리에 찬다, 책자 ~ 발간 한다, 처가 살이 ~ 한다, 천 달러 어치 ~ 수출 한다, 천만 달러의 흑자 ~ 기록 한다, 천수 ~ 누린다, 천지 ~ 진동 시킨다, 철룩철룩 소리 ~ 친다, 철저히 서로 ~ 얽는다, 첨단 기기 ~ 활용 한다, 첩리 ~ 입는다, 첩보 ~ 입수 한다, 청구 ~ 기각 한다, 청바지 ~ 찢는다, 체머리 ~ 흔든다, 총 부리 ~ 겨눈다, 총구 ~ 겨눈다, 총구 ~ 빠져 나온다, 총대 ~ 맨다, 총대 ~ 멘다, 총리 서리 ~ 지명 한다, 총애 ~ 받는다, 최고치 ~ 경신 한다, 추녀 ~ 받친다, 추어탕에 산초 ~ 넣는다, 추위 ~ 탄다, 추파 ~ 던진다, 축배 ~ 든다, 축포 ~ 터뜨린다, 출사표 ~ 던진다, 출처 ~ 굳이 각주 란에다 밝힌다, 충으로써 효 ~ 현창 한다, 취지 ~ 통지 한다, 츳츳 혀 ~ 찬다, 치 ~ 떤다, 치수 ~ 잰다, 치패 ~ 당한다, 친밀도 ~ 높인다, 카세트 ~ 튼다, 칸타타 ~ 작곡 한다, 칼 자루 ~ 쥔다, 칼로리 ~ 섭취 한다, 커버 ~ 씌운다, 콧노래 ~ 부른다, 콧대 ~ 납작하게 만든다, 코 ~ 곤다, 코 ~ 벌름거린다, 코 ~ 싸쥔다, 코 ~ 킁킁거린다, 코 ~ 팽 푼다,

코 ~ 훌쩍거린다, 코 방귀 ~ 뀐다, 콧노래 ~ 흥얼거린다, 콧방귀 ~ 뀐다, 콧잔등이 ~ 찡그린다, 콩 가루 ~ 묻힌다, 콩가루 ~ 혼합 한다, 쾌유 ~ 빈다, 쾌재 ~ 부른다, 키보드 ~ 두드린다, 탁구 ~ 친다, 탈출구 ~ 찾는다, 탈퇴 ~ 번복 한다, 탈퇴 ~ 철회 한다, 탑승대 ~ 오른다, 태양 둘레 ~ 공전 한다, 태양의 주위 ~ 돈다, 태지 ~ 씻는다, 택시 ~ 잡아 탄다, 택지 ~ 분양 한다, 테 ~ 두른다, 텐트 ~ 친다, 토너먼트 ~ 치른다, 토지 ~ 국유화 한다, 토지 ~ 차경 한다, 통 깨 ~ 뿌린다, 통계 ~ 낸다, 통계 ~ 편제 한다, 통자 ~ 넣는다, 통행세 ~ 받는다, 통행료 ~ 징수 한다, 퉁소 ~ 분다, 트위스트 ~ 춘다, 특허 ~ 출원 한다, 틈 새 ~ 비집는다, 파운드화 ~ 환전 한다, 파티 ~ 연다, 파피루스 ~ 본 뜬다, 판례 ~ 남긴다, 판례 ~ 뒤집는다, 팔 굽혀 펴기 ~ 한다, 팔 베개 ~ 한다, 팔자 ~ 타고 난다, 팔찌 ~ 찬다, 팥 소 ~ 넣는다, 패대기 ~ 친다, 팬에 버터 ~ 두른다, 팬에 식용유 ~ 두른다, 팬에 식용유 ~ 붓는다, 팬티 ~ 입는다, 페인트 ~ 칠 한다, 편의 ~ 보아 준다, 편지 ~ 받는다, 편지 ~ 보낸다, 편지 ~ 쓴다, 폐 ~ 끼친다, 폐부 ~ 찌른다, 포르노 영화 ~ 찍는다, 포즈 ~ 취한다, 폭과 깊이 ~ 더한다, 폭소 ~ 터뜨린다, 표어 ~ 내건다, 표제 ~ 내건다, 풀 뿌리 ~ 캔다, 풀 코스 ~ 완주 한다, 풍어 ~ 기원 한다, 풍취 ~ 감각 한다, 플래시 ~ 터뜨린다, 플래카드 ~ 내건다, 핏대 ~ 올린다, 피로 ~ 푼다, 피부 ~ 청결히 한다, 피해 ~ 입는다, 필치 하나 하나 ~ 면밀히 계산 한다, 핑계 ~ 댄다, 하게 ~ 한다, □하고 혓소리 ~ 한다, 하드디스크 ~ 포맷 한다, 하루 하루 ~ 살아 간다, 하회 ~ 기다린다, 학비 ~ 번다, 학위 ~ 수여 한다, 한 채 ~ 통채로 빌린다, 할미 ~ 놀린다, 함거 ~ 취탈 당한다, 함거 ~ 취탈 한다, 항로 ~ 개설 한다, 항로 ~ 이탈 한다, 항생제 ~ 복용 한다, 항소 ~ 기각 한다, 행세 ~ 한다, 행짜 ~ 놓는다, 행패 ~ 부린다, 혀 ~ 찌른다, 혀 ~ 찔린다, 허기 ~ 때운다, 허기 ~ 참는다, 허리 띠 ~ 끄른다, 허리 띠 ~ 단단히 맨다, 허리 띠 ~ 졸라 맨다, 허리 ~ 굽힌다, 허리 ~ 찔벅거린다, 허리 ~ 편다, 허벅지 ~ 꼬집는다, 헤게모니 ~ 강화 한다, 헤게모니 ~ 장악 한다, 혀 ~ 깨문다, 혀 ~ 끌끌 찬다, 혀 ~ 날름거린다, 혀 ~ 내두른다, 혀 ~ 낼름거린다, 혀 ~ 빼 문다, 혀 ~ 쏙 내 민다, 형식주의 ~ 퇴치 한다, 호되게 매 ~ 맞는다, 호루라기 ~ 분다, 호미 벼루기 ~ 한다, 호시탐탐 기회 ~ 엿본다, 혼기 ~ 놓친다, 화 ~ 푼다, 화 풀이 ~ 한다, 화 ~ 면한다, 화로 ~ 껴안는다, 화초 ~ 가꾼다, 화초 ~ 기른다, 화초 ~ 키운다, 확인서 ~ 발급 한다, 환풍기 ~ 뜯어 낸다, 활개 ~ 벌린다, 활개 ~ 친다, 활기 ~ 불어 넣는다, 홰 ~ 치며 운다, 회 벽에 안료 ~ 칠 한다, 회벽에 안료 ~ 바른다, 회복세 ~ 보인다, 회비 ~ 납부 한다, 회사채 ~ 발행 한다, 회심의 미소 ~ 짓는다, 회원사 ~ 보유 한다, 회포 ~ 푼다, 횡단 보도 ~ 건넌다, 횡재 ~ 한다, 후배 ~ 마주 친다, 훈시 ~ 한다, 휴학계 ~ 낸다, 흑자 ~ 시현 한다, 흠칠 어깨 ~ 움츠린다, 힘껏 배트 ~ 휘두른다

릉 수중 ~, 왕 ~ 관리소

리 거기 사방 삼천 ~, 구만 ~ 장천, 무궁화 삼천 ~ 화려 강산, 사방 백 ~ 안팎, 삼천 ~ 강산, 삼천 ~ 금수강산, 삼천 ~ 방방 곡곡, 삼천 ~ 수본, 시오 ~, --을/ㄹ ~가 만무하다, --을/ㄹ ~는 만무하다, --을/ㄹ ~도 만무하다, --을/ㄹ ~ 만무하다, --을/ㄹ ~ 없다, 이역 만 ~ 타국

리그 ~ 챔피언 결정전; 정규 ~ 들어서, 조별 ~, 코리안 ~ 전기 ~ 우승

리드 □을/를 ~ 한다

리드미컬 ~ 하다

리듬 ~ 감과 음률 감각을 익힌다, ~ 체조; 생체 ~

리메이크 □을/를 ~ 한다

리모컨 ~ 으로 채널을 바꾼다

리베이트 ~ 수수 혐의

리본 ~ 철사, ~ 패용; 하늘 색 ~

리볼버 38 구경 ~

리셉션 ~ 에 참석 한다; 십 주년 기념 ~

리스크 ~ 계량화, ~ 의 계량; 신용 ~ 계량, 신용 ~ 계량화, 환 ~

리스트 유망 직종 ~

리시브 □을/를 ~ 한다

리어카 짐을 가득 실은 ~

리얼 ~ 하게 나타난다; 실물 크기로 ~ 하다

리얼리즘 ~ 과 고전 주의, ~ 과 모더니즘; 사회 주의 ~, 자연 주의와 ~

리터 만 킬로 ~ 급, 이 ~ 페트 병, 칠백 ~ 짜리

리튬 ~ 폴리머 배터리 생산 기술

리트머스 ~ 종이

리틀 ~ 야구 대회 개최, ~ 야구장

리폼 헌 옷 ~

릴레이 ~ 식 전달, ~ 포

림프 ~ 부종

립스틱 오렌지색 ~

링 띠 ˜ ~

링거 ~ 주삿줄을 드리운다

마 면 한 ~

마 ~ 를 캔다

마감 상환 ~ 일, 생을 ~ 한다, 선수 생활을 ~ 한다, 실명 전환 ~ 시한, □을/를 ~ 한다

마개 우유 병 ~, 코르크 ~

마구 ~ 쿵덕쿵덕거린다

마구잡이 ~ 로 사아 들인다

마굿간 ~ 에서 낳는다

마귀 ~ 짓, ~ 할멈

마그네틱 ~ 인형

마나님 부잣집 ~

마녀 ~ 사냥, ~ 재판관; 성녀와 ~

마누라 여우 같은 ~

마는 --습니다 ~, --으랴 ~, --으리요 ~

마늘 ~ 2 작은 술, ~ 과 생강, ~ 밭에 웃거름 준다, ~ 에 대한 세이프가드를 발동 한다, ~ 장아찌, ~ 즙액; 다진 ~ 파, 쑥과 ~, 중국산 ~, 초 산 조제 ~

마님 별감의 ~, 사돈 ~

마다 저 ~의, 집 집 ~, 해 ~

마다 집 집 ~ 다닌다, 집 집 ~ 돌아 다닌다, 집 집 ~ 있다

마다 □을/를 ~ 한다

마담 ~ 뚜; 다방 ~

마당 괴불 ~, 너른 ~, 대웅전 앞 ~, 선창 ~, 손 바닥 만 한 ~, 안 ~ 해바라기, 타작 ~, 행랑 바깥 ~

마더보드 대만제 ~

마디 관절 ~ ~, 대답 한 ~, 말 몇 ~, 말 한 ~로 천 냥 빚을 갚는다, 반 박자의 못 갖춘 ~, 뼈 ~가 쑤신다, 사대육신 팔만 사천 ~, 인사 한 ~ 없다, 한 ~ 한 ~

마따나 말 ~

마땅 ~ 한 대안이 없다; 비난 받아 ~하다, --어/아 ~하다

마뜩 ~ 하지 않다; 영 마뜩치 않다

마력 활자의 ~

마련 --기 ~이다

마련 ~ 된다, ~ 이 시급하다; 내 집 ~ 주택 부금, 대책 ~에 부심 한다, 발 판을 ~ 한다, □을/를 ~ 한다, 입주금 ~, 장기 주택 ~ 저축

마렵다[마려워 마려운] 똥 ~, 소변이 ~, 오줌이 ~

마루 ~ 윗벽, ~ 턱에 걸터앉는다; 고방 ~, 내림 ~, 용 ~ 양 끝, 우물 ~를 깐다, 육십의 고갯~, 지붕의 용 ~, 처마 선과 용 ~, 툇~에 걸터앉는다, 툇~와 협실, 합각 ~와 추녀 ~

마르다[말라] 마른 하늘에 날벼락을 맞는다

마르크시즘 ~ 과 사회 주의

마른다[말라] 마른 건천, 마른 명태, 마른 삼, 마른 침을 삼킨다, 마르고 닳는다, 말라 비틀어 진다; 누렇게 ~, 바싹 ~, 바짝바짝 ~, 비쩍 ~, 빼빼 ~, 삐쩍 ~, 입에 침이 마르도록 칭찬 한다, 입이 마르도록 칭찬 한다, 자금 줄이 말라 붙는다

마름모 ~ 꼴

마리 개미 한 ~도 얼씬거리지 않는다, 새우 네 ~, 장끼 한 ~

마마 중전 ~

마마 ~ 보이나~ 걸

마모 ~ 된다

마무리 갑석으로 ~ 한다, □을/를 ~ 한다

마미 척수 압박이나 ~ 증후군

마법 ~ 의 지팡이

마비 ~ 된다; 뇌 신경 ~, 뇌성 ~, 눈 근육 ~, 사지 부전 ~ 증세, 상핵 ~, 소아 ~로 다리를 전다, 소아 ~를 앓는다, 수면 ~와 입면 환각, 외향 신경 ~, 이동 전화 망 시스템 ~, 인터넷 ~ 사태, 전신 ~, 중추성 안면 ~, 진행성 핵상 ~, 척수 압박이나 ~, 편측 부전 ~, 하반신 ~, 핵 간 안근 ~

마사지 □을/를 ~ 한다, 전신 ~

마상 ~ 동작

마쇄 □을/를 ~ 한다

마술 ~ 과 연금술, ~ 깨스 통, ~ 의 램프; 연금술과 ~

마스컨 ~ 키를 뽑는다

마스크 방독 ~, 방진 ~

마스터 웹 ~, □을/를 ~ 한다

마스트 배의 ~

마신다 고배를 ~, 국 물이라도 좀 마셔라, 김칫국부터 ~, 꿀꺽 꿀꺽 ~, 나물 먹고 물 ~, 병 채로 ~, 서로 맞술을 ~, 술이나 퍼 ~, 연거푸 몇 잔을 ~, □을/를 ~, □을/를 퍼 ~, 한 모금 ~

마약 ~ 밀매자, ~ 퇴치; 필로폰 ~, 히피나 ~ 중독자, 히피와 ~

마요네즈 버터나 ~ 소스

마우스 ~를 클릭 한다

마운드 ~를 실측 한다

마을 ~ 문고 조사, ~ 부녀회, ~ 의 금칙, ~ 축제; 고두미 ~, 새 ~ 문고 중앙회, 새 ~ 쑈단, 새 ~ 운동 중앙 협의회, 새 ~ 지도자, 섬 ~, 저기 뒷~

마음 ~ 대로 한다, ~ 만 먹으면 언제든지, ~ 으로부터 우러난다, ~ 을 고쳐 먹는다, ~ 을 다잡는다, ~ 이 굴뚝 같다, ~ 이 변한다, ~ 한 켠; --기로 ~ 먹는다, --기로 ~을 굳힌다, 섭섭한 ~에서, 초발심자의 ~, 큰 ~ 먹는다, 한 ~으로 뭉친다

마음껏 ~ 뛰어 논다

마음먹는다 마음먹기에 달린다

마음씨 ~ 가 착하다; 천사 같은 ~

마이너스 ~ 곡면

마이카 ~ 도료

마이카 ~ 족

마이크 핸드 ~

마이크로프로세서 ~ 와 전자 식 계산기

마인드 ~ 향상 운동

마일 만 평방 ~, 해상 ~

마일 서 쪽 14 ~, 십 ~이나 떨어진, 십 ~이나 떨어져 있다

마일리지 항공 ~

마장 반 ~

마저 --을/ㄹ 조짐 ~ 보인다, 할마씨 ~ 잡아 먹는다

마제 ~ 석부, ~ 석촉; 타제 석기와 ~ 석기

마주 ~ 앉는다; □과/와 ~ 본다, 서로 ~ 본다, □을/를 ~ 한다

마주친다 눈 길과 ~, 시선과 ~, 후배를 ~

마중 ~ 간다, ~ 나 온다, ~ 물을 붓는다; 공항에 ~ 나간다, 공항에 ~ 나온다, 역까지 ~ 나온다

마지기 논 닷 ~, 논 열 ~, 논 한 ~, 닷 ~ 쌀 농사, 댓 ~, 서 ~, 열 ~를 소작 한다

마지막 세기 ~ 로맨티스트, 처음이자 ~ 이다

마지않는다 --어/아 ~

마진 최종 덤핑 ~율

마차 벤허의 ~ 경주

마찬가지 □도 ~이다

마찰 ~ 음이 들린다; 대립이나 ~, 통상 ~

마취 ~ 에서 깨어 난다; 국소 ~, 전신 ~

마취제 국소 ~

마친다 □을/를 끝 ~, □을/를 ~, □을/를 성공적으로 ~, 임기를 ~

마침 ~ 표를 찍는다

마케팅 ~ 자원, ~ 전략; 네트워크 ~, 녹색 ~

마켓플레이스 온라인 ~

마크 ~가 찍힌다; 태극 ~

마킹 □을/를 ~ 한다

마후라 빨간 ~, 빨간 색 ~

막 1 ~ 3 장, 대단원의 ~을 내린다

막 거미 ~ 하 공간, 내피 세포 ~, 보호 ~ 피구, 뿌연 ~, 산소 부화 ~, 속 섬유 ~, 얇은 ~, 엷은 ~, 염장의 소금 ~, 처녀 ~ 재생 수술, 포집 ~

막간 ~ 휴식

막강 ~ 하다

막걸리 ~ 나 소주, ~ 찬가

막내 ~ 딸과 작은 오빠, ~ 시동생, ~ 여동생; 남매 중 ~, 부잣집 ~ 딸, 회장 네 ~ 딸

막는다 가로 막는 장애물, 되돌려 막기를 한다, 목젖으로 콧길을 ~, 벽체로 ~, 북풍 한설을 ~, 사전에 ~, 성큼 막아 선다, 실점으로 ~, □으로/로 둘러 ~, □을/를 가로 ~, □을/를 막아 낸다, □을/를 막아 선다, □을/를 틀어 ~, 입 막음을 한다, 입을 틀어 ~

막다르다[막달라] 막다른 골목

막대 ~ 풍선, ~ 형 세포; 쇠 ~, 앵두 나무 ~

막대 ~ 한 피해

막대기 물푸레나무 ~

막돌 ~ 초석, ~ 허튼 층 쌓기 기단, ~ 허튼 층 쌓기의 기단

막둥이 상산 ~

막론 국내외를 ~ 하고, 동서 고금을 ~ 하고, 동서를 ~ 하고, 동서양을 ~ 하고, 여야를 ~ 하고, □을/를 ~ 하고, 이유 여하를 ~ 하고, 좌우익을 ~ 하고, 지위 고하를 ~ 하고

막막 생계가 ~하다

막말 도를 넘은 연예인 ~

막무가내 ~ 로 우긴다

막바지 건기의 ~, 선거전이 ~에 이르르자

막배 ~ 를 놓친다

막번 ~ 체제

막사 해병대 ~

막심 불효 ~하다, 손해가 ~하다, 폐해가 ~하다, 피해가 ~하다, 후회가 ~하다

막역 ~ 한 사이, ~ 한 친구

막연 ~ 하다; --으리라는/리라는 ~한 기대

막이 문 ~, 물 ~ 공사

막일 ~ 꾼 일, ~ 꾼 일당, ~ 을 한다; 공사 판 ~ 꾼

막장 채탄 ~, 탄 광 ~

막중 ~ 하다

막창 숯 불 ~

막춤 ~ 을 춘다

막판 ~ 뒤집기

막후 ~ 실력자

막힌다 기 ~, 기도가 ~, 말 구멍이 ~, 선방에 ~, 숨 막힌 채, 숨 막힐 듯 아름답다, 숨 막히는 접전, □에 가로 ~, 컥컥 ~, 콱 ~, 터억 ~, 턱 ~, 틀어 ~

만 괄목 할 ~하다, 눈이 화등잔 ~하다, 대문짝 ~하다, 손 바닥 ~ 한 마당, --을/ㄹ ~하다, 이 ~하다, 저 ~하다, 쥐 꼬리 ~한, 집채 ~하다, 코 딱지 ~하다

만 두 시간 ~에, 십 년 ~에, 여드레 ~에, 오랫~에, 오래간 ~에

만 요 ~한, 좆 ~한 새끼

만 --는지 가히 짐작 할 ~하다, □을/를 가히 짐작 할 ~하다

만 ~ 15 살; 반 ~ 년 역사

만 □~ 번지르르하다, □~ 이 능사가 아니다; □ 뿐 ~ 아니다, --고 ~ 싶다, 군침 ~ 삼킨다, 그리움 ~ 쌓이네, --기에 ~ 급급하다, 낯 설지 ~은 않다, --느니 ~ 못하다, 담배 ~ 뻐끔거린다, 담배 ~ 뻑뻑 빤다, 마음 ~ 먹으면 언제든지, 미술관 ~ 돌아 다닌다, 발 끝 ~ 굽어본다, 발 ~ 동동 구른다, 밥 ~ 축 낸다, 변명 ~ 늘어 놓는다, 변죽 ~ 울린다, 뼈 ~ 앙상하다, 술 타령 ~ 일 삼는다, 앞 ~ 보고 걷는다, 애꿎은 담배 ~ 피운다, --어야/아야 ~ 한다, □에 ~ 정신이 팔린다, 연기 ~ 풀풀 날린다, 월색 ~ 고요히, □의 빌미 ~ 제공 한다, 이름 ~ 대면 안다, 입 맛 ~ 다신다, 종일 불평 ~ 투덜댄다, 창 밖 ~ 내어다 본다, 콧방귀 ~ 뀐다, 틈 ~ 나면, 팬티 ~ 걸친다, 팬티 ~ 입는다, 포스터 ~ 건다, 폼 ~ 잡는다, 한가위 ~ 같아라, 한숨 ~ 쉰다, 헛물 ~ 켠다, 혼란 ~ 가중 된다

만감 ~ 이 교차 한다

만개 ~ 한다

만고 ~ 불변의 진리다, ~ 풍상

만곡 ~ 되다

만국 ~ 공법 질서, ~ 공통어, ~ 박람회

만기 ~ 도래, ~ 에 보험금을 수령 한다, ~ 에 원금을 돌려 받는다, ~ 연장 외채, ~ 의 가계, ~ 이율, ~ 일시 지급 식, ~ 전역, ~ 제대; 단기 외채의 ~ 연장, 대출 ~ 일 연장, 외채의 ~

만끽 □을/를 ~ 한다, 해방감을 ~ 한다

만난다 만남과 헤어짐; 원수는 외나무 다리에서 ~, □을/를 ~, □을/를 비밀리에 ~, 조건 만남

만년필 ~ 후랫쉬

만능 ~ 스포츠 맨, ~ 엔터테이너, ~ 조리기; 물질 ~ 주의

만다[말고 말아] 국수를 ~

만다[말고 말아] 그러거나 말거나, --는 둥 마는둥, 닿을락 말락, 들릴락 말락, 묻지 마 투자, 본 체 만 체 한다, 보일듯 말듯, 보일락 말락, 서러워 말아라, 스칠락 말락, --지 말아

만다[말고 말아] 더도 덜도 말고, 잔 말 말고, 잔 말 말아라

만다[말고 말아] 돌돌 ~, 둘둘 ~

만다[말고 말아] --고 ~, 해 내고야 ~

만다라 불화 ~

만다라화 ~ 의 꽃향기

만두 ~ 먹기 시합, ~ 전골

만든다[만들고 만들어] 만들느라고 뚜닥 뚜닥거린다; 동선을 길게 ~, 배움 터를 ~, 살포액을 ~, 소구리를 ~, 실화를 영화로 ~, 약질로 ~, □을/를 ~, □을/를 손수 ~, □을/를 유명 무실하게 ~, 입식 부엌 ~, 작목 반을 ~, 콧대를 납작하게 ~, 탁아실을 ~

만료 ~ 시한; 시한 ~, 시효 ~, 임기가 ~ 된다, 임기 ~

만루 ~ 찬스; 무사 ~, 이 사 ~, 일 사 ~, 주자 ~에서 등판 한다

만류 ~를 뿌리친다; 극구 ~ 한다, 사퇴를 ~ 한다, □을/를 ~ 한다

만리 ~ 타향

만만 ~ 찮다, ~ 하지 않다, ~ 히 본다; 반론도 만만치 않다

만면 ~ 에 미소를 띤다, ~ 에 웃음을 띤다; 득의 ~하다, 희색이 ~하다

만무 --을/ㄹ 리가 ~하다, --을/ㄹ 리는 ~하다, --을/ㄹ 리도 ~하다, --을/ㄹ 리 ~하다

만물 ~ 의 영장, ~ 의 이치, ~ 이 소생 한다; 천지 ~, 천지와 ~

만민 ~ 공동회 운동, ~ 사해 주의

만반 ~ 의 준비

만발 벚꽃이 ~ 한다, 온갖 기화 요초가 ~ 한다

만방 ~ 에 과시 한다; 세계 ~, □을/를 ~에 떨친다, □을/를 ~에 알린다

만복 ~ 감을 느낀다

만사 ~ 가 귀찮다, ~ 제쳐 놓고; --으면/면 ~ 오케이다, 인생 ~ 새옹지마

만사지 원위대강 시천주 조화정 영세불망 ~

만상 우주 삼라 ~, 우주의 삼라 ~

만성 ~ 간염, ~ 기관지염, ~ 신부전증, ~ 알코올 중독, ~ 위염, ~ 주정 중독, ~ 췌장염, ~ 폐쇄성 폐 질환

만세 ~ 를 고창 한다, ~ 를 부른다, ~ 삼창, ~ 시위

만수 ~ 무강을 축원 한다

만수받이 ~ 한다

만신창이 ~ 가 된다

만약 ~ 의 사태에 대비 한다

만언 ~ 봉사

만연 ~ 된다; □에 ~ 한다

만원 ~ 버스 속

만유 ~ 인력

만은 --지 ~ 않다

만인 ~ 이 평등하다, ~ 환시리

만일 ~ 의 사태에 대비 한다

만장 ~ 일치로

만전 □에 ~을 기한다

만점 백 점 ~, 스릴 ~이다, 이십 점 ~

만조 ~ 수위

만족 ~ 한다; 성 생활 ~도, 자기 ~, 조건을 ~ 시킨다

만지작거린다 □을/를 ~

만진다 만져 본다; □을/를 ~

만찬 최후의 ~

만취 술에 ~ 한다

만치 눈꼽 ~, 털 끝 ~도

만큼 눈꼽 ~, 얼마 ~, 저 ~ 앞 쪽, 죽음 ~ 강렬하다

만파식적 죽엽군과 ~

만화 ~ 대여점; 순정 ~, 심야 ~ 방, 풍자 ~

만회 □을/를 ~ 한다

많다 많건 적건, 많은 지면을 할애 한다; 득보다 실이 ~, 무수히 ~, 별 일도 다 ~, 셀 수 없이 ~, 수 많은 대학인, 수 많은 사진 복사본, 수 많은 서점, 수 없이 ~, 실보다 득이 ~, 일조량이 ~, 정이 ~, 한 많은 인생

많이 무게가 ~ 나간다, 새 해 복 ~ 받아라, 새 해 복 ~ 받으세요, 생활비가 ~ 든다, 울기도 ~ 운다

맏딸 ~ 콤플렉스

맏며느리 부잣집 ~ 감

맏손자 ~ 네

말 구 회 ~ 투 아웃, 구석기 ~, 삼 회 ~ 선두 타자, 월 ~, 이 월 ~ 결산 법인, 이르면 이 달 ~, 임기 ~ 국정, 전년 ~ 대비, 주 ~과 휴일, 주 ~ 연속 극, 주 ~ 유세전, 주 ~의 명화, 주 ~이나 휴일, 주 ~ 특선 영화, 지난 주 ~, 학기 ~ 고사, 학기 ~ 시험

말 구슬이 서 ~이라도 꿰어야 보배다, 닷 ~ 지기 솥, 몇 ~ 몇 되, 서 ~ 들이, 수수 1 ~, 열 닷 섬 닷 ~

말 ~ 고삐를 잡는다, ~ 등에 탄다, ~ 똥 즙장, ~ 발굽 소리, ~ 방울 소리, ~ 자지, ~ 치기 소년; 암 ~, □에 ~ 달린다

말 ~ 구멍이 막힌다, ~ 귀를 알아 듣는다, ~ 귀를 알아 먹는다, ~ 꼬리를 흐린다, ~ 끝을 흐린다, ~ 다툼, ~ 마따나, ~ 머리를 돌린다, ~ 몇 마디, ~ 문을 연다, ~ 문이 트인다, ~ 벗이 된다, ~ 수가 적어 진다, ~ 없이 미소 짓는다, ~ 을 전한다, ~ 을 튼다, ~ 이 나온 김에, ~ 이 잘 통한다, ~ 조심 한다, ~ 투나 표정, ~ 풍선, ~ 하기 언어 상실증, ~ 한 마디로 천 냥 빚을 갚는다; --대서/는대서야 ~이 안된다, 개 떡 같이 ~ 해도 찰떡 같이 알아 듣는다, 거리낌 없이 ~ 한다, 거짓 ~이나 감언이설, 거짓 ~ 좀 작작 해라, 거짓 ~ 탐지기, 공대 ~을 쓴다, 귓속 ~로 속삭인다, 깍듯이 존댓~ 한다, 끝 ~ 잇기 놀이, 나직이 ~ 한다, --느냔 ~이다, --는다고/ㄴ다고/다고/라고 ~ 한다, --는단/ㄴ단 ~이다, --는단/ㄴ단/단 ~이다, 단답형 문제 ~ 투, 더 ~ 할 나위가 없다, --더냔 ~이다, --더란 ~이다, 두 ~ 할 것 없다, 두 ~ 할 나위 없이, 두 ~ 할 나위도 없다, 두 ~ 하면 잔 소리다, 두런두런 ~ 소리가 들린다, 뒷~을 흐린다, 뒷~의 첫 소리, 뒷~이 무성하다, 또박또박 ~을 한다, 뚱딴지 같은 ~, 머리 ~과 맺음 ~, 뭔 ~, 사돈 남 ~ 한다, 새빨간 거짓 ~, 서툰 한국 ~, 선의의 거짓 ~, 소원을 ~ 한다, 솔직히 ~ 한다, 싸르트르 식으로 ~ 하면, 악의로 한 ~, 안좋은 ~을 퍼뜨린다, 엄밀히 ~ 하면, 우리 ~에 대한 애정, 웅얼웅얼 ~ 한다, 원체 ~ 주변이 없다, 웬 잔 ~, --으란 ~이다, □은/는 두 ~ 할 나위가 없다, □의 ~을 인용 한다, 이루 다 ~ 할 수 없다, 이루 ~ 할 수 없다, 인사 또는 맺음 ~, 입 버릇처럼 늘 ~ 한다, 입에 발린 ~, 잔 ~ 말고, 잔 ~ 말아라, 존댓~을 쓴다, 존대 ~을 쓴다, 터무니 없는 ~, 토박이 ~ 사전, 토옹 ~이 없다, 통틀어 일컫는 ~, 퉁명스레 ~ 한다, 트기 ~, 한자 ~, 함부로 ~ 한다, 혼잣~로 중얼거린다, 혼잣~처럼 웅얼거린다, 혼잣~처럼 중얼거린다, 혼자 ~로 뇌까린다, 혼자 ~로 중얼거린다, 혼자 ~처럼 중얼거린다, 힘 주어 ~ 한다

말각 ~ 방형, ~ 조정

말괄량이 ~ 기질, ~ 길 들인다

말기 조선조 ~

말께 이 달 ~

말끄러미 ~ 바라 본다, ~ 쳐다 본다

말끔 ~ 하다, ~ 히 가신다, ~ 히 치운다

말단 ~ 비대증; 말초성 ~, 지엽 ~

말똥말똥 ~ 쳐다 본다

말뚝 ~ 박는다, ~ 을 박는다; 쇠 ~

말라리아 ~ 원충, ~ 퇴치

말랑 젖이 ~ ~하다

말랭이 무우 ~

말린다 뜯어 ~

말린다 페이스에 말려 든다

말미암는다 □으로/로 말미암아, 후광으로 말미암아

말법 ~ 시대

말복 ~ 더위

말살 □을/를 ~ 한다

말세 ~ 의 환난

말소 ~ 된다; 일장기 ~ 사건

말썽 ~ 의 소지

말쑥 ~ 한 정장 차림

말씀 ~ 드린다; 기탄 없이 ~ 한다, 성경 ~에, 아까 ~ 드렸듯이, 원 별 ~을, 입 버릇처럼 ~ 하시, 지당하 신 ~이다, 천만의 ~이다, 태초에 ~이 있었다

말씨 섬 나라 ~

말엽 19 세기 ~, 십구 세기 ~, 조선조 ~

말잔 ~ 기준

말짱 ~ 헛것이다, ~ 헛일이다; --으면/면 ~ 꽝이다

말짱 ~ 하다

말초 ~ 신경 병증, ~ 혈관

말큰말큰 ~ 하다

말토즈 ~ 값

맑다 맑게 갠다, 맑디 맑은 피리 소리; 수정 같이 ~, 시리도록 ~, 윗물 ~, 윗물이 맑아야, 티 없이 ~

맘 ~ 대로 한다, ~ 대루; 어쩌다 큰 ~ 먹는다

맘껏 ~ 들이마신다

맘씨 ~ 좋다; 고운 ~

맙소사 하느님 ~

맛 ~ 들임 물, ~ 이나 향, ~ 있게 굶어 먹는다, ~ 있는 불 고기; 감칠 ~ 난다, 뒷 ~이 개운하다, 별미를 ~ 본다, 삭은 ~, 살 ~ 난다, 소금의 짠 ~, 쇠 고기 국 물 ~, 쌉쌀한 ~, 쓴 ~ 단 ~ 다 본다, 쓴 입 ~, --어야/아야 제 ~이다, □을/를 ~ 본다, 입 ~만 다신다, 입 ~을 다신다, 입 ~을 쩍쩍 다신다, 입 ~을 쩝쩝 다신다, 입 ~이 당긴다, 입 ~이 쓰다, 입 ~이 씁쓸하다, 진한 ~, 화독 냄새와 쓴 ~

맛사지 □을/를 ~ 한다

맛파람 ~ 에 게 눈 감추듯

망 ~ 본다; 광대역 종합 정보 통신 ~, 광역 교통 ~, 광케이블 ~, 규칙적 가로 ~, 근거리 통신 ~, 금융 결제 ~, 기업 관계 ~, 다차원 인과 ~, 대공 방어 ~, 물 샐 틈 없는 경비 ~, 방호 ~, 봉쇄 ~을 뚫는다, 비상 연락 ~, 사회 안전 ~ 확충, 석탄 판매 ~, 신경 ~ 컴퓨터, 신경 회로

~, 온라인 ~, 외곽 방어 ~, 울 안 전산 ~, 유선 방송 ~, 이 세대 통신 ~, 이동 전화 ~ 시스템 마비, 전송 ~ 사업자, 전역 미사일 방어 ~ 구축, 점포 ~, 초고속 정보 통신 ~, 초고속 통신 ~, 컴퓨터 통신 ~, 케이블 티브이용 전송 ~

망가뜨린다 □을/를 ~

망각 □을/를 ~ 한다

망간 ~ 건전지, ~ 단괴

망국 ~ 왕

망극 성은이 ~하다

망나니 ~ 스님

망덕 배은 ~하다

망둑어 ~ 과에 속한다

망둥이 ~ 도사

망라 ~ 된다; 각계 각층을 ~ 한다, □을/를 ~ 한다

망막 ~ 에 맺힌다, ~ 의 바깥 쪽

망막증 당뇨 ~

망망 ~ 대해, ~ 하다

망명 국외로 ~ 한다, 기획 ~, □에 ~ 한다

망명처 ~ 를 제공 한다

망모 자네 ~

망발 ~ 과 오발

망사 ~ 레이스, ~ 주머니, ~ 커튼

망상 번뇌 ~, 터무니 없는 ~

망상증 과대 ~

망상체 뇌간 ~, 뇌교 ~ 형성, 상행성 ~

망설인다 망설임 끝에, 망설이다가 대답 한다

망신 □에게 ~을 당한다, 패가 ~ 한다

망실 □을/를 ~ 한다

망연 ~ 자실 한다, ~ 하다, ~ 히 바라 본다

망울 꽃 ~ 솟는다

망원 ~ 렌즈

망원경 ~ 과 현미경; 중성 미자 ~

망정 -- 았/었기에 ~이지

망초 ~ 꽃

망측 괴상 ~하다, 해괴 ~하다

망치 ~ 로 두들긴다; 곡괭이와 ~, 낫과 ~, 진찰용 ~

망친다 □을/를 ~

망태 ~ 를 멘다, ~ 할아버지; 쇠 똥 ~

망토 ~ 를 두른다

망한다[망해] 망할 자식; 쫄딱 ~, 흥하고 ~

맞겨눈다 서로 ~, □을/를 ~

맞겨룬다 □과/와 ~, 부정과 ~

맞고소 ~ 사건

맞는다 딱 딱 맞아 떨어진다, 박자가 ~, 사개가 ~, 수지 맞는 장사, □에 딱 들어 ~, 조건에 ~, 타산이 ~, 틀림 없이 맞는 추리

맞는다 반가이 ~, 양자를 맞아 들인다, □으로/로 맞아 들인다, □을/를 맞아 들인다

맞는다 맞다 거우러나진다; 급살 ~, 급살 옘병이나 ~, --다가 날벼락을 ~, 도둑 맞을 염려, 된 서리를 ~, 된통 얻어 ~, 두들겨 ~, 뒤통수를 얻어 ~, 뒤통수

를 호되게 얻어 ~, 따귀를 얻어 ~, 마른 하늘에 날벼락을 ~, 모 난 돌이 정 ~, 몰매를 ~, 밤 이슬을 ~, 뺨을 얻어 ~, 성욕 감퇴 주사까지 ~, 역풍을 ~, 유탄을 ~, □을/를 도둑 ~, 종로에서 뺨 맞고 한강에서 눈 흘긴다, 퍼즐처럼 맞아 떨어진다, □한테 야단 ~, 호되게 매를 ~, 후리가리 ~

맞다 예보가 ~

맞닿는다 □과/와 ~

맞대결 역대 장사 샅바 ~

맞대면 □과/와 ~ 한다

맞대응 □과/와 ~ 한다

맞댄다 □을/를 ~

맞든다[맞들고 맞들어] 백지장을 ~, □을/를 ~

맞먹는다 □과/와 ~

맞물린다 □과/와 ~, 시기와 ~

맞바꾼다 □과/와 ~

맞바란다 □을/를 맞바라 본다

맞받는다 □을/를 맞받아 친다

맞배 ~ 지붕의 양측 박공, ~ 집 전각; 단층 겹 처마 ~ 집, 단층 ~ 집, 홑처마 ~ 기와 집, 홑처마 ~ 지붕

맞벌이 ~ 부부

맞부빈다 □을/를 ~

맞불 ~ 을 놓는다

맞붙힌다 □을/를 ~

맞선 ~ 을 본다

맞선다 맞서 싸운다; 나찌즘에 정면으로 ~, □에 ~, 찬반 양 론이 팽팽히 ~

맞세운다 □을/를 ~

맞술 □과/와 서로 ~ 한다, 서로 ~을 마신다

맞이 가을 ~ 집 단장, 내보름 날 달 ~, 바람 ~ 언덕, 반갑게 ~ 한다, 용신 ~ 노래, □을/를 ~ 한다

맞잡는다 손을 ~, □을/를 ~

맞장구 ~ 를 쳐 준다

맞춘다 꿰어 ~, 비위를 ~, 앞 줄 옆 줄 ~, 양복을 맞춰 입는다, □에 발 ~, □에 초점을 ~, 열렬히 입 ~, 운을 ~, □을/를 ~, 음악에 맞춰 춤 춘다, 이사 철에 ~, 조렇게 ~, 진도를 ~, 짜 ~, 초점이 맞춰 진다, 퍼즐처럼 끼워 ~

맞춤 ~ 아기, ~ 한 시간

맞춤법 ~ 에 어긋난다; 한글 ~ 통일 안

맞힌다 성욕 감퇴 주사를 ~, □을/를 ~, 표적을 ~

맡 침대 ~, 침대 머리 ~

맡긴다 세탁소에 ~, 시어머니를 요양원에 ~, 억지로 떠 ~, □에 내 ~, □에게 떠 ~, □을/를 내 ~, □을/를 ~, 자율에 ~

맡는다 냄새를 맡아 본다, 담임을 ~, 역할을 ~, □을/를 떠 ~, □을/를 맡아 본다, 중책을 ~

매 만 오천 ~, 이천 오백 ~

매 호되게 ~를 맞는다

매각 ~ 대금, ~ 대상 부동산; □을/를 ~ 한다, 헐값 ~ 시비

매각손 주식 ~

매각익 주식 ~

매개 □을/를 ~ 한다

매거 □을/를 ~ 한다

매국 ~ 매족

매긴다 등수를 ~, 서열을 ~, □에 성적을 ~, □으로/로 자리 매김 된다, □으로/로 자리 매김 한다, □을/를 ~

매끈 ~ ~ 하다

매끌매끌 ~ 하다

매너 ~ 스쿨; 서양 식 테이블 ~

매너리즘 ~ 에 빠진다

매니시 변형 ~ 룩

매니저 가수의 ~, 펀드 ~

매니지먼트 연예 ~

매니큐어 ~ 를 칠 한다; 초록 색 ~

매도 ~를 자제 한다, ~ 매수 간, ~ 세; □을/를 ~ 한다, 프로그램 ~ 물량

매독 ~ 균; 수막 혈관성 ~

매듭 ~ 짓는다

매력 ~ 을 발산 한다, ~ 이 넘친다, ~ 이 있다, ~ 있다; 묘한 ~, 사이코드라마의 ~, 성적 ~, 잡아 끄는 ~

매력적 ~ 으로, ~ 인

매료 □에 ~ 된다

매립 갯벌 ~, 갯벌을 ~ 한다, 공유 수면 ~, □을/를 ~ 한다

매립장 수도권 쓰레기 ~, 쓰레기 소각장 및 쓰레기 ~ 건설

매만진다 □을/를 ~

매매 ~ 회전율; 공표 전 ~, 상품권 ~ 사이트, 인신 ~, 중고 차 ~ 업자, 청소년 성 ~, 환매 조건부 국공채 ~

매매춘 기지 촌 ~, 미성년 ~

매몰 □에 ~ 된다, 자아 ~

매무새 옷 ~가 단정하다, 옷 ~를 가다듬는다, 옷 ~를 고친다, 흐트러진 옷 ~

매무시 옷 ~를 수습 한다

매미 ~ 를 달인다, ~ 와 개미; 새끼 ~

매복 □에 ~ 한다

매부 누이 좋고 ~ 좋다, 처남 ~ 사이

매사 ~ 에 꼼꼼하다, ~ 에 자신감이 있다, ~ 조심 한다

매석 매점 ~ 단속, 매점 ~ 한다

매설 ~ 된다; □을/를 ~ 한다

매섭다[매서워 매서운] 매서운 눈초리, 매서운 추위

매수 ~ 세가 유입 된다, ~ 청구 가격; 매도 ~ 간, 부도 어음 저가 ~ 청탁, □을/를 ~ 한다, 주식 ~ 청구

매스 ~ 미디어 채널; 모든 ~ 미디어, 퍼스널 커뮤니케이션이나 ~ 커뮤니케이션

매실 ~ 장아찌

매연 ~ 을 내 뿜는다

매월 ~ 둘 째 주 월 요일

매음 ~ 행위

매인다 □에 ~

매일 ~ 같이, ~ ~

매입 국채 ~세, 수출 대금 채권 ~ 업무, □을/를 ~ 한다, 자사 주 ~, 채권 ~자, 추곡 ~

매입가 추곡 ~ 인상, 통일 벼 ~

매입금 ~ 을 처리 한다; 외상 ~

매장 대형 상설 ~, 상설 할인 ~, 시체를 ~ 한다

매점 ~ 매석 단속, ~ 매석 한다; 구내 ~

매정 ~ 하다

매족 매국 ~

매주 ~ 목 요일, ~ 일 요일 휴무, ~ 토 요일 저녁

매진 □에 ~ 한다

매진 ~ 된다

매집 □을/를 ~ 한다

매체 교육 공학 ~, 활자 ~

매춘 ~ 여성

매춘부 병사와 ~

매출 ~ 이나 이익; 제품 별 ~ 비중

매출금 외상 ~

매출액 ~ 경상 이익률, ~ 과 순이익, ~ 대비 연구 개발비 비율, ~ 대비 연구 개발비 지출, ~ 순이익률; 연간 ~, 올 해 예상 ~

매캐 ~ 하다

매케 ~ 한 연기

매콤 ~ 하다

매트 식탁용 ~

매트릭스 ~ 평가법

매판 ~ 자본가

매표구 ~ 앞

매표원 ~ 처녀

맥 ~ 을 못춘다, ~ 의 오수혈, ~ 이 탁 풀린다; 팔 목의 ~

맥고 ~ 모자

맥맥 ~ 하다

맥아 ~ 잎 눈

맥주 ~ 를 홀짝거린다, ~ 와 양주, ~ 캔; 레귤러 ~, 캔 ~, 케익과 ~, 피자와 ~

맥진 기진 ~ 한다

맥힌다 기 맥힐 일

맨 ~ 꼭대기, ~ 뒷열, ~ 뒷줄, ~ 먼저, ~ 앞 자리, ~ 앞 줄, ~ 윗줄, ~ 윗칸, ~ 처음; 승강구의 ~ 아랫계단

맨 ~ 홀 뚜껑; 만능 스포츠 ~, 울트라 ~

맨다 구둣끈을 ~, 구두 끈을 ~, 나비 넥타이를 ~, 낙하산에 매 달린다, 넥타이 ~, 들쇠에 매 단다, 머리 띠를 질끈 ~, 머리를 싸 매고 사생 결단 한다, 목을 매 숨 진다, 배낭을 탄탄히 ~, 붙들어 ~, 신들메를 고쳐 ~, □에 대롱대롱 매 달린다, □을/를 둘러 ~, □을/를 매 단다, □을/를 싸 ~, □을/를 얽어 ~, □을/를 졸라 ~, 주렁주렁 매 단다, 주렁주렁 매 달린다, 지우개를 매 단다, 질끈 동여 ~, 쩔쩔 ~, 창살에 ~, 총대를 ~, 친친 동여 ~, 크레인에 매 달아서, 허리 띠를 단단히 ~, 허리 띠를 졸라 ~, 홈 통에 매 달린다

맨다 김을 ~, 두 벌 논 매기, 세 벌 논 매기, 콩 밭 ~, 호미로 ~

맨드라미 ~ 처럼 밋밋

맨땅 ~ 에 헤딩 한다, ~ 위

맨머리 ~ ㅅ 바람으로

맨발 ~ 로

맨손 ~ 체조

맨송맨송 ~ 하다

맨숭맨숭 ~ 하다

맨투맨 ~ 수비, ~ 식

맨틀 하부 ~

맴 ~ 을 돈다; 귓가를 ~ 돈다, 귓가에 ~ 돈다, 귓가에서 ~ 돈다, 섞여 ~ 돈다, □을/를 ~ 돈다

맵 평화 로드 ~

맵다[매워 매운] 매운 탕을 끓인다, 매운 탕 집, 맵고 쓰다, 맵고 짜다; 고추가 ~, 민어 매운 탕, 버섯 매운 탕, 복 매운 탕에 미나리, 싸하게 ~, 쓰고 ~, 짜고 ~

맵시 ~ 있다

맷돌 ~ 에 간다

맹공 □을/를 ~ 한다

맹금 ~ 의 붉은 눈

맹꽁 이 ~아

맹독성 ~ 농약, ~ 물질

맹랑 ~ 하다

맹렬 ~ 한 기세로

맹맹 ~ 해 온다; 코가 ~하다

맹비난 □을/를 ~ 한다

맹세 굳은 ~, □을/를 ~ 한다, 충성을 ~ 한다, 화평을 ~ 한다, 화평의 ~

맹신 □을/를 ~ 한다

맹아 ~ 가 싹 튼다

맹원증 ~ 을 수여 받는다, ~ 을 수여 한다

맹위 ~ 를 떨친다

맹인 ~ 안내견

맹장 ~ 수술

맹장염 급성 ~

맹종 □을/를 ~ 한다

맹주 ~ 격

맹타 ~ 를 휘두른다

맹호 ~ 부대

맹호장 체육 훈장 ~

맺는다 결실을 ~, □과/와 깊은 관련을 ~, □과/와 업무 협약을 ~, 동맹을 ~, 머리 말과 맺음 말, 백 년 가약을 ~, 백 년 해로의 가약을 ~, □을/를 ~, 의남매를 ~, 의형제 ~, 자매 결연을 ~

맺음 인사 또는 ~ 말

맺힌다 눈 가에 이슬이 ~, 땀 방울이 ~, 망막에 ~, 볼에 눈 물 방울이 ~, 송골송골 ~, 송글송글 땀 방울 ~, 송알송알 ~, □에게 원한이 ~, □이/가 송글송글 ~, 이마에 맺힌 땀

머금는다 습기를 ~, □을/를 ~

머니 핫 ~ 유입, 해외 핫 ~

머루 ~ 다래, ~ 랑 다래, ~ 와 다래

머리 ~ ㅅ 살 아프다, ~ ㅅ 속까지 지끈지끈 아프다, ~ ㅅ 속에서 구상 한다, ~ ㅅ 속을 어지럽힌다, ~ 가 띵하다, ~ 가 하얗게 센다, ~ 끝에서 발 끝까지, ~ 끝이 쭈뼛 한다, ~ 띠를 질끈 맨다, ~ 를 긁적인다, ~ 를 길게 늘어뜨린다, ~ 를 빗는다, ~ 를 설레설레 흔든다, ~ 를 숙여 사죄 한다, ~ 를 긁긁 긁는다, ~ 를 싸 매고 사생 결단 한다, ~ 를 조아린다, ~ 를 짧게 깎는다, ~ 말과 맺음 말, ~ 받기 슛, ~ 빗, ~ 에 인다, ~ 털이 곤두선

다, ~ 통을 쥐어 박는다; 검은 ~ 털, 골 ~를 썩인다, 골 ~를 앓는다, 도끼의 ~ 돌, 뒷~를 긁는다, 뒷~를 긁적거린다, 뒷~와 뒷목, 말 ~를 돌린다, 보 ~와 결구, 사회 면 ~ 기사, 숏커트 ~, 어깨에 ~를 기댄다, 일 면 ~기사, 짱구 ~, 창포물에 ~ 감는다, 침대 ~ 맡, 파마 ~, 퍼머 ~, 흰 ~가 성성하다

머리채 ~ 를 잡힌다, ~ 를 휘어 잡는다

머리카락 ~ 을 쓸어 올린다, ~ 을 쥐어 뜯는다; 헝클어 진 ~

머리칼 ~ 이 헝클어 진다; 헝클어 진 ~

머무른다[머물러] 머무르면서 여유로이 보낸다; □에 ~

머문다[머물고 머물어] □에 ~

머뭇머뭇 ~ 한다

머스터드 ~ 소스나 토마토 케첩

머슬머슬 ~ 하다

머슴 ~ 살이 새경; 선 ~ 연기

머신 슬롯 ~ 업자

머쓱 ~ 해 진다

머저리 ~ 같다

머지 ~ 이론, ~ 한다

머지않다 머지않은 장래

머큐로크롬 ~ 을 바른다

먹 ~ 을 간다; □에 ~ 칠을 한다, □에 ~ 칠 한다

먹거리 미래의 ~

먹는다 글러 먹었다, 글러 먹은, 되어 먹지 못하 았다, --어/아 ~, 얻다 써 먹나, 팔아 ~

먹는다 먹느냐 먹히느냐, 먹어 치운다; 겁을 집어 ~, 국록을 ~, 굶든 먹든, 굿이나 보고 떡이나 ~, 귀신 씨 나락 까 먹는 소리, --기로 마음 ~, 꿀 먹은 벙어리다, 꿩 먹고 알 ~, 나물 먹고 물 마신다, 나이를 ~, 누워서 떡 먹기다, 돈 놓고 돈 ~, 등 쳐 ~, 땅을 파 ~, 똑 따 ~, 마음만 먹으면 언제든지, 마음을 고쳐 ~, 만두 먹기 시합, 말 귀를 알아 ~, 맛 있게 긁어 ~, 무슨 귀신 씨 나락 까 먹는 소리냐, 무질러 ~, 무진 애 ~, 배 불리 ~, 번갯불에 콩 구워 ~, 벼룩의 간을 빼 ~, 비루 ~, 식은 죽 먹기다, 쏙쏙 파 ~, 씨 나락 까 ~, 씹어 ~, 아잇적 습관 대로 ~, 아침 밥을 ~, 야금야금 ~, 약을 ~, 어쩌다 큰 맘 ~, □에 붙어 ~, □에 지레 겁을 ~, 울며 겨자 먹기 식, □을/를 갉아 ~, □을/를 날것으로 ~, □을/를 내 ~, □을/를 떼어 ~, □을/를 떠 ~, □을/를 뜯어 ~, □을/를 받아 ~, □을/를 빨아 ~, □을/를 빼 ~, □을/를 얻어 ~, □을/를 잡아 ~, □을/를 좀 ~, □을/를 집어 ~, □을/를 파 ~, □을/를 해 ~, □을/를 핥아 ~, □을/를 훔쳐 ~, 이 년 우려 ~, 정신 없이 퍼 ~, 젖 먹던 힘까지 다 해서, 지레 겁 먹고, 큰 마음 ~, 통 째로 ~, 한 솥 밥을 ~, 한 숟갈 퍼 ~, 한 잔 먹세그려, 할마씨마저 잡아 ~, 호랑이 담배 ~

먹먹 ~ 하다

먹음직 아주 ~하다

먹이 ~ 감, ~ 사슬; 젖 ~를 업는다

먹인다 먹이고 입힌다, 먹여 살린다, 먹여 주고 재워 준다; 달여 ~, 악살을 ~, □을/를 골탕 ~, □을/를 ~, 한 방 ~

먹힌다 먹혀 들지 않는다; 먹느냐 먹히느냐, 박쥐한테 잡아 ~, 벌레에 ~, □에게 잡아 ~, 쪼아 ~

먼다[멀고 멀어] 눈이 ~

먼저 ~ 번; 누가 ~이랄 것 없이, 맨 ~

먼지 ~ 가 뽀얗다, ~ 를 턴다, ~ 풀풀 날린다; 두 점박이 ~ 벌레 붙이, 딱부리 ~ 벌레, 미세 ~ 오염도, 미세 ~와 질소 산화물, 뽀얀 ~, 소음과 ~, □에 켜켜이 ~가 쌓인다, 집 ~ 진드기, 켜켜이 ~ 쌓인다, 털어서 ~ 안나는 사람 없다, 한 줌의 ~

멀거니 ~ 건너다 본다

멀구 ~ 다래

멀끔 ~ 한 얼굴

멀다[먼 멀] 먼 동이 튼다; □과/와 거리가 ~, 아득히 ~

멀뚱 ~ 하다, ~ 히 서서

멀리 ~ ~ 떠나 간다; □을/를 ~ 한다

멀쑥 키가 ~하다

멀쩡 ~ 히 살아 있다; 사대육신 ~하다, 사지가 ~하다

멀찌막 ~ 한 곳

멀찍이 ~ 떨어진다

멀칭 ~ 재배

멀티미디어 ~ 교원 연수실, ~ 제작 전문업

멈춘다 □을/를 ~

멈칫 ~ ~ 한다, ~ 선다

멋 너무 ~ 있다, 네 ~ 대로 해라, 정말 ~ 있다, 제 ~에 겹다, 중후한 ~

멋지다 멋진 노년

멍 시퍼렇게 ~ 든다, 시퍼렇게 ~이 든다

멍군 장군 ~

멍멍 귀가 ~하다

멍멍 ~ 짖는다

멍멍이 우리 집 ~

멍에 ~ 를 씌운다

멍울 ~ 진다

멍청 ~ 하다, ~ 히 서서

멍청이 바보 ~ 게으름 쟁이

멍텅구리 ~ 사냥 개

멍하니 ~ 바라 본다

멎는다 설사가 ~, 엘리베이터가 ~

메가 ~ 톤 급; 백 ~ 바이트, 오백 ~ 바이트 이상, 오백 ~ 바이트 정도

메가폰 ~ 을 잡는다

메꾼다 □을/를 ~

메뉴 단골 ~, 점심 특선 ~

메니큐어 ~ 를 칠 한다

메다 목 멘 소리, 볼 멘 소리를 한다

메달 돌 기념 ~, 순금 ~

메달리스트 올림픽 금 ~

메들리 가요 ~

메떨어진다 메떨어지는 소리

메뚜기 ~ 나 방아깨비, ~ 떼

메리야스 ~ 내복

메마르다[메말라] 눈 물이 ~

메모 ~ 한다

메모리 ~ 반도체, ~ 셀, ~ 칩, ~ 할당; 자기 코어 ~, 테라 비트 ~

메밀 ~ 국수, ~ 꽃 핀다, ~ 밭

메스 ~를 들이댄다

메스플라스크 ~에 넣는다

메시지 문자 ~ 차단, 전화 문자 ~

메아리 ~가 되어 울린다, ~ 친다

메운다 공백을 ~, □까지 가득 ~, □을/를 가득 ~, □을/를 ~, 해수욕장을 메운 피서객

메이 ~ 데이 총파업

메이커 상용 차 전문 ~

메이크업 벗는 ~

메인 ~ 프레임 컴퓨터

메인다 목이 ~

메일 ~ 주소; 스팸 ~ 차단

메주 ~ㅅ 가루와 고춧가루, ~ 덩이, ~를 빻는다, ~를 쑨다

메커니즘 규율 ~, 내부 통제 ~, 상호 통제 ~, 자율 통제 ~

메타 ~ 과학; 전방 약 이백 ~

메탄 ~ 가스

메톤 ~ 주기

메트로폴리탄 ~ 미술관

메틸셀룰로스 ~ 용액

멘다 메다 꽂는다; 가방을 어깨에 ~, 괭이를 ~, 망태를 ~, □을/를 둘러 ~, □을/를 떠 ~, □을/를 ~, 총대를 ~, 총대 ~

멘트 오프닝 ~

멜라닌 ~ 색소, ~ 세포; 모발의 ~

멜라토닌 ~의 분비

멜로 ~ 드라마, ~ 영화; 홈 ~

멜로드라마 미스터리 ~

멜론 ~ 향 비누, ~ 향료

멜빵 ~ 데님, ~ 바지 옷 본

멤버 정예 ~, 조깅 ~, 창군 ~, 창단 ~, 화요회 ~

멥쌀 찹쌀과 ~, 찹쌀이나 ~

며느리 시어머니와 ~, 시집 온 ~

며칠 ~ 못간다, ~ 묵는다, ~ 이따가, ~ 전, ~ 후

멱 ~ 감는다, ~도 감는다; 턱 밑과 ~

멱살 ~을 잡는다, ~을 잡힌다, ~을 틀어 쥔다

면 20 일자 오피니언 ~, 다각 ~ 원구, 동전의 양 ~, 몸 윗~, 물심 양 ~으로, 밑 ~은 수평 ~이다, 블랙홀의 지평 ~, 삼 ~이 바다다, 세절 ~, 신문 사회 ~, 압출 ~, 양측 박공 ~, 옆 ~의 도어 록, 옥개 지붕 ~, 정치 권력 ~, 천장과 벽 ~, 첨차 밑 ~, 첨차의 밑 ~

면 사회 ~ 머리 기사, 오피니언 ~, 인용 ~ 수, 일 ~ 머릿기사, 일 ~ 톱 기사

면 수연 ~, 우육 ~, 자장 ~ 면발, 증자 ~

면 ~ 사무소 소재지, ~ 소재지; 하서 ~

면 ~ 한 마

면구스럽다[면구스러워 면구스러운] 면구스러운 감; --기가 영 ~

면난 ~ 하다

면담 ~과 질문, ~ 신청서 용지; 개별 ~, □과/와 ~ 한다

면대 ~ 한다

면도 ~ 날 같이 얇다

면도기 전기 ~

면면 ~ 하다, ~ 히 이어 진다

면모 ~ 를 일신 한다; 로만카톨릭의 ~

면목 ~ 이 없다

면민 ~ 여러 분

면밀 ~ 하다, ~ 히 검토 한다, ~ 히 관찰 한다; 필치 하나 하나를 ~히 계산 한다

면박 ~ 을 준다

면발 자장 면 ~

면분 ~ 있다

면석 우주석과 ~, 지대석과 ~

면세 ~ 혜택

면세품 ~ 밀매 꾼

면역 ~ 거부 반응, ~ 결핍, ~ 글로부린, ~ 기능 장애, ~ 억제제; 선천성 ~ 결핍증, 후천성 ~ 결핍증

면역력 ~ 증강

면장 군수와 ~

면적 ~ 표; 경지 ~, 식부 ~, 전용 ~, 점유 ~

면접 ~ 시험장; 그룹 토의 식 ~, 심층 ~ 대상자, 전형과 ~

면제 ~ 처분 일, ~ 판정; 물품세를 ~ 받는다, 물품세를 ~ 한다, 병역 ~ 의혹, 병역 ~ 처분, 집행이 ~ 된다

면직 --다가 직권 ~ 된다, 직권 ~ 통보서

면책 ~ 특권

면학 ~ 분위기 조성

면한다[면해] □과/와 ~, 단명보를 ~, 비난을 면하기 어렵다, 재앙을 ~, 처벌을 ~, 화를 ~

면한다[면해] □에 면해 있다

면허 ~ 가 취소 된다, ~ 갱신 허가, ~ 시험장; 녹색 운전 ~ 소지자, 운전 ~ 시험, 운전 ~ 정지, 운전 ~ 취소 또는 정지 처분, 운전 ~ 취소 처분, 운전 ~ 행정 처분, 자동 차 ~세

면허증 ~ 갱신 기간, ~ 반납, ~ 없이 운전 한다, ~ 을 돌려 받는다, ~ 휴대 의무 위반; 국제 운전 ~, 운전 ~ 갱신

면회 ~ 간다

면회소 이산 가족 ~ 설치

멸공 ~ 통일

멸망 ~ 당년; 제국이 ~ 한다

멸망기 왕조 ~

멸시 □을/를 ~ 한다, 천대와 ~

멸종 ~ 된다, ~ 위기

멸치 ~ 다시, ~ 볶, ~ 액젓, ~ 장 국, ~ 젓 국; 볶음용 잔 ~, 오사리 참 ~, 조림용 중간 ~

멸한다[멸해] 어버이를 ~

명 27 ~의 승객을 태운다, 359 ~의 목숨을 앗아 간다, 너댓 ~, 수 십 ~, 수천 ~, 열 ~ 남짓하다, 열댓 ~, 칠팔 ~

명가 ~ 사상가

명감 학생 ~

명관 구관이 ~이다

명기 ~ 된다; □을/를 ~ 한다

명념 □을/를 ~ 한다

명단 고액 거래자 ~, 방북자 ~, 사망자 ~, 심사 위원 ~

명당 팔 ~

명대사 --라는 ~

명도 ~ 와 색치

명랑 ~ 하다

명령 ~ 불복종, ~ 을 하달 한다; 강제 퇴거 ~, 금지 ~, 대통령 긴급 ~, --라는 정언 ~, 약식 ~, 업무 복귀 ~ 제, 퇴각 ~

명령권 ~ 발동; 긴급 ~

명령서 출장 ~

명료 간단 ~하다

명망 ~ 있다

명맥 ~ 을 유지 한다, ~ 이 끊긴다

명멸 ~ 한다

명명 ~ 된다; □을/를 ~ 한다

명명백백 ~ 하다

명목 □을/를 ~으로, 합의금 ~으로, 회식비 ~

명문 ~ 사립 대학

명문장가 당대의 ~

명물 ~ 아이스크림

명민 ~ 하다

명백 ~ 하다

명복 ~ 을 빈다

명부 ~ 가 유출 된다, ~ 를 빼 낸다, ~ 사본, ~ 유출; 대기자 ~, 선거인 ~, 아동 ~, 정당 ~ 식 비례 대표 제, 정당 ~ 제, 학생 ~

명분 ~ 과 실리, ~ 을 쌓는다, ~ 이 없다; 의리와 ~

명사 ~ 시리즈; 여류 ~

명사 ~ 절; --라는 고유 ~, 추상 ~

명상 ~ 에 잠긴다

명석 ~ 하다

명성 ~ 에 걸맞다, ~ 을 드날린다, ~ 이 자자하다

명세 신상 ~

명세서 금융 거래 ~, 봉급 ~, 입찰 물건 ~

명소 관광 ~

명수 사격의 ~, 역전의 ~, 장고의 ~

명승 ~ 고적

명승부전 다시 보는 ~

명시 ~ 된다; □을/를 ~ 한다

명실 ~ 공히

명실상부 ~ 한

명심 ~ 해야 한다; □을/를 ~ 한다

명암 ~ 이 엇갈린다

명앵커 왕년의 ~

명약관화 ~ 하다

명예 ~ 박사 학위, ~ 시민증, ~ 실추, ~ 의 전당, ~ 퇴직, ~ 훼손이나 사생활 침해, ~ 훼손 죄, ~ 훼손 혐의, ~ 훼손적; 사람의 ~를 훼손 한다

명의 ~ 개서, ~ 수탁자, ~ 신탁 약정, ~ 신탁자, ~ 의 공문; 내 ~로 등기 한다, 단체 ~로 공표 한다, 부동산 실권리자 ~ 등기, 임직원 ~, 직계 존비속 ~, 초청장의 ~, 회사 ~의 배서

명작 불후의 ~, 빛 나는 ~

명저 불후의 ~

명절 ~ 쇤다; 설 ~ 날, 추석 ~을 기해

명조 ~ 와 고딕

명주 ~ 바지 저고리

명중 결승 포를 ~ 시킨다, 골을 ~ 시킨다, 조타실이 ~ 된다, 표적에 ~ 한다

명징 ~ 하다

명찰 붉은 ~

명창 판 소리 ~

명철 ~ 하다

명치 ~ 가 빼근하다, ~ 끝

명쾌 ~ 하다

명태 ~ 꿰미, ~ 눈깔; 마른 ~

명택 유택이 ~이다

명토 ~ 박는다

명퇴 ~ 위로금

명품 ~ 핸드백

명한다[명해] □을/를 ~

명함 ~ 도 내 밀지 못한다

명호 보살의 ~

명화 주 말의 ~

명확 ~ 하다, ~ 히 한다; 외연적 ~, □을/를 ~하게 구분 한다

몇 ~ 갑절, ~ 두락, ~ 말~ 되, ~ 십 년, ~ 십억, ~ 억 광년, ~ 해; 나무 ~ 그루, 돈 ~ 푼, 말 ~ 마디, 연거푸 ~ 잔을 마신다, 책 ~ 권

모 두부 두 ~, 한 ~

모 칫솔 ~

모 ~ 난 돌이 정 맞는다, ~ 눈 종이, ~ 로 눕는다; 네 ~ 기둥을 세운다, 네 ~ 꼴 글자, 네 ~ 반듯하다, 네 ~ 번듯하다, 쓸 ~ 있다, 아무 짝에도 쓸 ~ 없다, 여러 ~ 로, 투명 ~ 눈 판, 홑처마 사 ~ 지붕

모 ~ 내기 전투, ~ 내기 철, ~ 를 찐다, ~ 이랑; 줄 ~ 내기를 한다

모 ~ 부대 소속, ~ 씨, ~ 아나운서, ~ 여자 아나운서, ~ 월~ 일; 육군 ~ 부대

모가지 ~ 를 비튼다

모각 □을/를 ~ 한다

모계 ~ 사회, ~ 씨족

모골 ~ 이 송연하다

모공 ~ 수축

모과 ~ 차

모권 ~ 제 세상

모금 두어 ~, 물 한 ~, 한 ~ 들이킨다, 한 ~ 마신다, 한 ~ 쑥 빤다

모금 성금 ~ 방송, 이웃 돕기 성금 ~

모기 ~ 를 쫓는다, ~ 에 물린다

모니터 소비자 상담실 ~ 팀

모닥모닥 ~ 피어 있다

모더니즘 ~ 과 포스트모더니즘, ~ 예찬자; 리얼리즘과 ~, 자연 주의와 ~

모더니티 ~ 지향

모던 ~ 하다

모델 권한 분배 ~, 아파트 ~ 하우스, 전속 ~

모델링 □을/를 ~ 한다

모뎀 위성 통신용 ~ 칩

모독 국가 ~ 죄, □을/를 ~ 한다

모둔다 □을/를 ~

모둠 ~ 별 토론

모듈 ~ 이나 서브루틴

모든 ~ 공직에서 사퇴 한다, ~ 매스 미디어, ~ 업종이 내림세다

모듬 ~ 조개

모락모락 김이 ~ 난다, □이/가 ~ 피어 오른다

모래 ~ 알처럼 흩어 진다, ~ 와 자갈, ~ 유실 방지 공사; 연안의 ~ 밭, 왕 ~나톱 밥, 자갈과 ~

모략 유태인의 ~, 중상 ~

모럴 성 ~

모레 내일 ~, 내일이나 ~

모루 ~ 유적; 검은 ~

모르몬 ~ 귀뚜라미

모르쇠 ~ 로 일관 한다

모르타르 무수축 ~

모르핀 경구용 ~, 속효성 ~

모른다[몰라] --ㄹ는지도 ~, --ㄹ는지 ~, --ㄹ런지 ~, --ㄹ른지도 ~, --ㄹ지 ~, 그 거야 모르지, 나 몰라라 한다, 낫 놓고 기역 자도 ~, 낯 모르는 사람, --느라 시간 가는 줄 ~, 늦게 배운 도둑이 밤 새는 줄 ~, 몸 둘 바를 ~, 물정 ~, 생판 ~, 어찌 할 바를 ~, 에라 모르겠다, 영문을 ~, 오메 몰라라우, □을/를 몰라 준다, --을는지 ~, --을런지 ~, --을지도 ~, --을지 ~, 제삿날도 ~

모리배 악질 ~

모면 □을/를 ~ 한다

모바일 ~ 청첩장

모발 ~ 의 멜라닌; 두부 ~ 이식술

모방 ~ 과 동화, ~ 또는 표절; 소위 혼성 ~, □을/를 ~ 한다, 패러디나 ~

모범 ~ 답안, ~ 병사, ~ 소년 단원; 선진 구민 ~ 구민

모살 □을/를 ~ 한다

모상 고추 ~ 하우스

모색 암중 ~ 한다, □을/를 ~ 한다

모색기 전환의 ~

모서리 날카로운 ~

모성 ~ 컴플렉스; 억척 ~

모세 ~ 혈관

모세포 조혈 ~

모션 슬로 ~으로

모순 ~ 에 의한 증명

모순적 ~ 으로, ~ 인

모습 ~ 이 눈에 선하다; 본연의 ~, 성자적 ~, 초췌한 ~

모시 ~ 두루마기, ~ 적삼

모신 대지 ~

모신다 받들어 ~, 신주 단지 모시듯, 양친 부모 ~, □을/를 ~

모양 깔대기 ~, 바람개비 ~, 부챗살 ~, 부채 꼴 ~, 성조기 ~의 바디 페인팅, 요 ~ 요 꼴, 원 뿔 ~, 이 ~ 이 꼴이다, 줄 무늬 ~ 철광 층, 직사각형 ~, 초생달 ~

모양 --는 ~이다, --은/ㄴ ~이다, --을/ㄹ ~이다

모양체 ~ 신경절, ~ 신경통, ~ 척수

모옥 삼간 ~

모욕 ~ 감을 느낀다

모욕적 ~ 으로, ~ 인

모유 ~ 수유율

모은다[모아] 모아 준다; 동전을 ~, 성금을 ~, □을/를 긁어 ~, □을/를 끌어 ~, □을/를 모아 들인다, 폐휴지 ~, 푼푼이 모은 돈, 한 군데로 ~

모음 자음과 ~

모의 변란 ~, □을/를 ~ 한다

모의 ~ 본고사; 수능 온라인 ~ 고사, 실물 ~ 실험

모이 조롱박 ~ 그릇

모인다 모여 든다; □에 ~, 오글오글 ~, 옹기종기 ~, 헤쳐 ~

모임 강독 ~, 동호인 ~, 들 새 ~ 국제 센터, 민주 개혁 정치 ~, 정기 ~, 정기적인 ~, 조 ~, 조찬 ~, 친목 ~, 페놀 피해 임산부 ~

모자 ~ 보건 법

모자 ~ 를 눌러쓴다; 감 색 ~, 고깔 ~를 쓴다, 니트 ~, 대패 밥 ~, 맥고 ~, 밀 짚 ~, 빵 떡 ~처럼 씌운다, 카우 보이 ~

모자란다 수술비가 ~, 턱 없이 ~

모작 □을/를 ~ 한다

모전 ~ 석탑

모조 ~ 진주

모지락스럽다[모지락스러워 모지락스러운] 모지락스럽게 갈긴다

모질다[모진 모질] 모진 고문, 모진 고초, 모진 비 바람, 모진 학대

모집 ~ 공고, ~ 단위 별 전형; 군 자금 ~, 기부 금품 ~, 봉사자를 ~ 한다, 수시 ~ 원서 접수, 신입생 ~, □을/를 ~ 한다, 이 학기 수시 ~, 정시 ~, 참가자를 ~ 한다, 특차 ~, 편입학 ~ 인원

모찌 찹쌀 ~

모처 시내 ~

모체 ~ 와 태아

모친 ~ 상을 당한다

모태 ~ 신앙; 열망의 ~

모터 초정밀 소형 ~

모퉁이 ~ 를 돌아 선다, ~ 를 돌아 온다; 담 ~, 산 ~길, 산 ~를 돌아 간다, 삼 거리 ~ 골짜기

모피 ~ 의류 전문 상가, ~ 코트; 의복 및 ~

모함 항공 ~

모함 □을/를 ~ 한다

모험 ~ 과 도전, ~ 한다

모형 ~ 글라이더, ~ 로켓 발사, ~ 제작자, ~ 제작소; 축소 ~ 박물관

모호 ~ 한 태도, ~ 한 표현; 애매 ~하다

모회사 ~ 와 자회사

목 식육 ~, 식충 ~

목 ~ 구멍까지 올라 온다, ~ 구멍에 풀칠 한다, ~ 구멍이 포도청이다, ~ 동맥 팽대, ~ 등 뼈, ~ 멘 소리, ~ 뼈가 부러진다, ~ 숨 걸듯이 해 치운다, ~ 숨까지 건다, ~ 숨을 부지 한다, ~ 숨을 초개처럼 던진다, ~ 숨을 초개처럼 버린다, ~ 숨이 경각에 달려 있다, ~ 숨이 경각에 달렸다, ~ 안엣소리, ~ 안으로 삼킨다,

~ 울음 섞인다, ~ 을 매 숨 진다, ~ 을 축인다, ~ 이 메인다; 고양이 ~에 방울 단다, 금 반지 금 ~ 걸이, 금속성 ~ 소리, 다이아몬드 ~ 걸이, 돼지 ~에 진주 ~ 걸이, 뒷머리와 뒷~, 뒷~과 어깨, 발 ~과 무릎, 발 ~ 관절, 발 ~을 삔다, 발 ~을 잡힌다, 병 ~ 현상, 상아 ~ 걸이, 손 ~ 시계를 들여다 본다, 손 ~ 시계를 찬다, 손 ~을 덥석 잡는다, 손 ~ 터널 증후군, 손 ~ 폄 근, 십자가 ~ 걸이, □에 ~ 숨 건다, 오른 손 ~, 오른 쪽 발 ~ 부상, 왼 팔 ~, 우렁우렁한 ~ 소리, □을/를 ~ 숨 바친다, □의 발 ~을 잡는다, 팔 ~을 잡아 끈다, 팔 ~의 맥, 후두부와 ~

목각 ~ 신 상, ~ 인형

목격 ~ 자의 증언; □을/를 ~ 한다, 최초 ~자

목공 ~ 본드

목관 ~ 악기

목도 □을/를 ~ 한다

목도리 외출 ~, 토끼 털 ~

목례 ~ 를 한다; 가벼운 ~

목록 논저 ~, 베스트 셀러 ~, 불온 간행물 도서 ~, 종합 ~ 데이터 베이스, 참고 문헌 ~, 혼수 감 ~, 혼수품 ~

목발 ~ 을 짚는다

목본 ~ 식물

목사 ~ 안수를 받는다; 담임 ~, 사기 꾼 ~

목수 ~ 의 아들 요셉

목숨 359 명의 ~을 앗아 간다, 카나리아의 ~

목어 ~ 소리

목욕 ~ 탕 때 밀이; 노천 ~ 탕, 똘똘이 ~ 시킨다

목이 불린 ~ 버섯

목자 ~ 를 부라린다, ~ 를 부릅뜬다

목장 ~ 의 결투; 도투락 ~, 해양 ~

목적 ~ 격 토씨, ~ 세 신설; 각 ~ 항목, 공동의 ~을 달성 한다, --려는 데 그 ~ 이 있다, 보통세와 ~세, 소기의 ~을 달성 한다, 적립 식 ~ 신탁

목적고 특수 ~

목전 □을/를 ~에 둔다

목젖 ~ 으로 콧길을 막는다

목조 ~ 가구 식, ~ 건축, ~ 침대, ~ 탑 파; 삐걱거리는 ~ 계단

목차 본문의 ~

목청 ~ 을 가다듬는다, ~ 을 돋군다, ~ 을 돋운다

목청껏 ~ 외친다

목축 ~ 과 양잠, ~ 농경 혼합 경제, ~ 업 자; 농경과 ~, 농업과 ~

목탁 ~ 과 염불, ~ 소리, ~ 을 두드린다

목탄 ~ 트럭

목탑 삼 층 ~

목탑지 팔 각 형 ~

목표 경영 ~ 달성도, 삭감 ~량, □을/를 ~로 삼는다, 최우선 ~

목표치 원래 ~

목함 ~ 지뢰

목화 ~ 솜 반출항, ~ 의 씨

목회학 ~ 박사

몫 톡톡히 한 ~ 한다, 한 ~ 거든다

몬다[몰고 몰아] 몰아 부친다; 가쁜 숨을 몰아 쉰다, 거세게 몰아 친다, 관광선을 ~, 구렁텅이로 몰아 넣는다, 궁지에 몰아 넣는다, 도가니로 몰아 넣는다, 비 바람이 몰아 친다, 여세를 ~, 용공으로 ~, □으로/로 내 ~, □으로/로 몰아 간다, □으로/로 몰아 넣는다, □으로/로 몰아 붙인다, □을/를 몰아 낸다, □을/를 몰아 쉰다, □을/를 몰아 온다, □을/를 몰아 준다, □을/를 사문 난적으로 ~, 전쟁 터로 내 ~, 트럭을 ~, 파멸로 몰아 간다, 파멸로 몰아 넣는다, 폭풍우가 몰아 친다, 혼란으로 몰아 넣는다, 회오리가 몰아 친다

몬순 열대 ~

몬스터 ~ 주식 회사

몰각 □을/를 ~ 한다

몰골 초췌한 ~

몰두 □에 ~ 한다

몰락 ~ 한다

몰래 ~ 훔쳐 본다; 남 ~

몰린다 구름 같이 ~, 구름처럼 몰려 든다, 궁지에 ~, 꾸역꾸역 몰려 든다, 늑대 떼처럼 몰려 온다, 땅 거미가 몰려 온다, 떼거리로 몰려 온다, --며 몰려 다닌다, 벼랑 끝에 ~, 빨갱이로 ~, 수세에 ~, 쏠리고 ~, □에 내 ~, □에 몰려 든다, 옷 가게가 몰려 있다, 우르르 몰려 나온다, 우르르 몰려 다닌다, 우르르 몰려 든다, 우르르 몰려 온다, 우우 몰려 간다, □으로/로 내 ~, □으로/로 몰려 간다, □으로/로 우르르 몰려 간다, 이리 몰리고 저리 ~, 인파가 ~, 졸음이 몰려 온다

몰매 ~ 를 맞는다

몰방 ~ 을 친다

몰사 ~ 죽음

몰살 □을/를 ~ 한다

몰상식 ~ 하다

몰수 ~ 또는 추징; 무상 ~ 무상 분배, 안면 ~, □을/를 ~ 한다

몰아 ~ 의 경지

몰염치 ~ 하다

몰이 소 ~ 꾼, 여론 ~

몰인격화 ~ 한다

몰인정 ~ 하다

몰입 □에 ~ 한다

몰지각 ~ 하다; 일부 ~한 인사

몰취미 ~ 하다

몰핀 ~ 주사

몸 ~ 값, ~ 담고 있다, ~ 둘 바를 모른다, ~ 무게, ~ 싸움 일 보 직전, ~ 읫면, ~ 을 뒤챈다, ~ 을 뒤척인다, ~ 을 뒤친다, ~ 을 뒤튼다, ~ 을 비비 꼰다, ~ 을 빼친다, ~ 을 사린다, ~ 을 솟군다, ~ 을 외튼다, ~ 이 가뿐하다, ~ 이 약하다, ~ 조심 한다, ~ 집이 왜소하다, ~ 통 및 사지, ~ 편히 계신다; 교직에 ~ 담는다, 기차에 ~을 싣는다, 뒤에 ~을 숨긴다, 버스에 ~을 싣는다, 습관이 ~에 밴다, 온 ~에서 기운이 빠진다, 온 ~으로 진 땀이 흐른다, 온 ~을 와들와들

떤다, 운동에 ~ 바친다, 윗~ 일으키기, 지팡이에 ~을 의지 한다

몸매 가냘픈 ~, 날씬한 ~

몸부림 ~ 친다

몸살 ~ 을 앓는다; 감기 ~

몸서리 ~ 가 쳐 진다, ~ 를 친다, ~ 치는; 부르르 ~ 친다

몸소 ~ 실천 한다, ~ 체험 한다

몹시 ~ 곤란하다, ~ 언짢다

몹쓸 □에게 ~ 짓을 한다

못 네모 난 연 ~

못 ~ 뽑이 턱, ~ 이 박힌다; 가슴에 ~을 박는다, 귀에 ~이 박히게 듣는다, --는다고/ㄴ다고 ~ 박는다, --는다고/ㄴ다고/다고/라고 ~ 박는다, 십자가에 ~ 박힌다, □으로/로 ~ 박는다, □을/를 ~ 박는다

못가린다 똥 오줌 ~

못간다 며칠 ~

못감는다 눈 ~

못갖춘다 반 박자의 못갖춘 마디

못견딘다 못견딜 지경이다

못난다 못나게시리; 지지리도 못난, 지지리도 못났다, 지지리 못난, 지지리 못났다

못내 ~ 아쉬워 한다

못낸다 감히 엄두도 ~, □은/는 엄두도 ~

못다 ~ 한다

못되다 못된 소행머리, 못된 짓을 한다

못된다 계제가 ~, --을/ㄹ 처지가 ~, 잘 ~

못듣는다[못들어 못들은] 못들은 체 한다

못마땅 ~ 하다; □을/를 ~히 여긴다

못미덥다[못미더워 못미더운] 못미더워 한다

못미친다 기대에 ~, 절반에도 ~

못배긴다 --지 않고는 ~

못본다 차마 눈 뜨고 ~

못산다[못살고 못살아] □을/를 못살게 군다

못생긴다 지지리 못생긴, 지지리 못생겼다

못쓴다[못써] --라면 사족을 ~, 아무 짝에도 ~, --으면/면 ~

못이긴다 □에 ~

못이룬다 잠 못이루는 밤

못잔다 잠을 잘 ~

못지않다 못지않게 중요하다; □에 ~

못진다 책임 ~

못차린다 정신 ~

못찾는다 본전도 ~

못챈다 눈치 ~

못추린다 뼈도 ~

못춘다 맥을 ~

못하다[못해] 적절하지 못한 처신, 칠칠하지 ~

못하다[못해] 못하지 않다; --느니만 ~, 짐승보다 ~

못한다[못해] 감탄을 금하지 ~, 개탄을 금하지 ~, 경악을 금하지 ~, 되어 먹지 못하 았다, 듣도 보도 못한, 명함도 내밀지 ~, 상종 못할 놈, 실소를 금하지 ~, 안절부절 ~, -- 았/었으리라 짐작도 ~, 어두워서 지척을 분간 하지 ~, 엄두조차 내지 ~, □에서 헤어나지 ~, 오도 가도 ~, □이/가 되지 ~, 전혀 눈치 채지 ~, 피하지 못할 사정, 한 치 앞도 내어다 보지 ~, 한 치 앞을 내어다 보지 ~

몽글몽글 ~ 하다

몽당 ~ 빗자루, ~ 연필

몽당이 빗자루 ~

몽뎅이 ~ 로 후린다, ~ 루 후린다

몽돌 ~ 해수욕장

몽둥이 ~ 로 때린다, ~ 찜 질; 쇠 좆 ~

몽땅 ~ 털린다

몽땅 ~ 하다

몽롱 ~ 하다; 꿈처럼 ~

몽매 무지 ~하다

몽상 ~ 의 시학

몽유 ~ 병 환자, ~ 비행선

묏등 뒷산 ~

묘 고추 ~ 심는다

묘 ~ ㅅ 자리 하나, ~ 를 쓴다; 1 호 지석 ~, 납골 ~, 북방 식 지석 ~, 시조 ~ 제사, 지석 ~의 덮개 돌

묘사 ~ 와 서사; 서술과 ~, □을/를 ~ 한다

묘사문 ~ 을 읽는다

묘약 사랑의 ~

묘역 문중 ~

묘연 행방이 ~하다, 행적이 ~하다

묘제 시조 ~

묘지 ~ 에 안장 한다; 국립 ~에 안장 된다

묘파 □을/를 ~ 한다

묘하다[묘해] 묘한 매력, 묘한 인연

무 오 승 일 ~

무 ~ 불 습합

무 ~ 에서 유를 창출 한다

무 ~ 와 배추; 배추나 ~, 배추와 ~

무가 서사 ~

무가지 ~ 살포

무강 ~ 연구소; 만수 ~을 축원 한다

무겁다[무거워 무거운] 무겁게 내리누른다

무게 ~ 가 많이 나간다, ~ 를 단다, ~ 에 눌린다; 몸 ~

무결 완전 ~하다

무계 황당 ~하다

무고 ~ 죄; □을/를 ~ 한다

무고 ~ 하다

무고주 ~ 5 량

무공 ~ 수훈자로 등록 된다, ~ 을 세운다, ~ 훈장

무공해 ~ 비누

무과 ~ 에 급제 한다

무관 □과/와 결코 ~하지 않다, □과/와 ~하다

무관 ~ 의 제왕이다

무구 순결 ~하다, 순진 ~하다, 천진 ~하다

무궁 ~ 광대하다, ~ ~ 하다, ~ 무진하다, ~ 히 살핀다

무궁화 ~ 꽃 물, ~ 꽃이 피었다, ~ 삼천리 화려 강산

무균 가열 살균 ~ 포장, 살균 ~ 포장 공정

무균질 ~ 우유

무극 ~ 대도

무근 사실 ~이다

무급 ~ 으로 일 한다, ~ 인턴, ~ 전임의, ~ 휴가, ~ 휴직

무기 ~ 감축 협상, ~ 거래상, ~ 비확산, ~ 사찰단장, ~ 수출 통제 법, ~ 와 탄약, ~ 운반 법; 대량 살상 ~ 보유, 대량 파괴 ~, 생화학 ~, 이스라엘제 ~ 도입, 재래 식 ~, 전략 ~ 감축 협정, 핵 ~ 개발, 핵 ~ 보유국

무기 ~ 정학; □에게 ~ 징역을 선고 한다

무기고 ~를 습격 한다; 경찰서 ~

무기력 ~ 하다

무기력증 ~ 에 빠진다

무기명 ~ 비밀 투표, ~ 주식, ~ 채권, ~ 투표

무기물 동식물과 ~

무기질 비타민과 ~

무난 --으면/면 가장 ~하다

무너뜨린다 왕정을 ~, □을/를 ~, □을/를 일거에 ~

무너진다 무너지듯 주저앉는다; 억장이 ~, 와르르 ~, 하늘이 무너져도 솟아 날 구멍이 있다

무녀 강신 ~

무노동 ~ 무임금

무농약 ~ 유기 농산물

무뇌아 ~ 출산

무능 ~ 하다; 부패와 ~

무늬 기하학적 ~, 꽈배기 ~, 남색 도라지 꽃 ~, 떡살 ~, 보라 색 꽃 ~ 원피스, 붉은 색 연 꽃 ~, 빗살 ~ 문짝, 빗살 ~ 토기, 세로 ~가 있다, 세로 줄 ~, 악어 가죽 ~, 암색 줄 ~, 와당의 꽃 ~, 자개 ~, 줄 ~ 모양 철광 층, 줄 ~ 블라우스, 청자 상감 모란 꽃 ~ 기름 병, 체크 ~

무단 ~ 가출, ~ 방류 한다, ~ 횡단; 공관 ~ 진입

무당 ~ 과 상산, ~ 의 작두 춤, ~ 칼 춤 추듯이 휘두른다, ~ 칼춤 춘다

무대 ~ 감독, ~ 와 객석, ~ 지시문; 야외 특설 ~

무더기 ~ 로 쌓인다, ~ 로 핀다; 똥 한 ~

무더위 ~ 가 기승을 부린다, ~ 를 식힌다; 30 도를 웃도는 ~

무던 ~ 하다

무덤 ~ 의 내력; 돌무지 나무 곽 ~, 메사의 흙 ~, 요람에서 ~까지, 흐벅진 젖 ~

무덤덤 ~ 하다

무덥다[무더워 무더운] 무더운 여름 날, 무더운 여름 철

무도 극악 ~하다, 잔인 ~하다, 침략 군의 ~한 폭행

무동 ~ 놀이, ~ 답교 놀이

무동작 ~ 감지 센서

무두질 ~ 한다; 뱃속에서 ~을 한다

무드 ~가 조성 된다; 해빙 ~, 화해 ~

무디다 무딘 칼 날, 무뎌 진다

무뚝뚝 ~ 하다

무량 ~ 대수, ~ 하다

무럭무럭 ~ 자라 난다; 김이 ~ 난다

무력 ~ 도발, ~ 으로 침공 한다, ~ 충돌, ~ 하다; 인민 ~ 부 정찰국

무력증 중증 근 ~

무렵 해 질 ~

무례 ~ 하다

무료 ~ 관람권, ~ 급식, ~ 급식소, ~ 로 대여 한다, ~ 로 배포 한다, ~ 로 제공 한다, ~ 로 탑승 한다, ~ 변론, ~ 왕진, ~ 이용권; 통소 ~ 강습

무료 ~ 를 달랜다, ~ 함을 달랜다

무르익는다 술 자리가 ~

무르춤 ~ 해 진다

무른다[물러] 공직에서 물러 난다, 관직에서 물러 난다, 뒷전으로 물러 난다, 벼슬에서 물러 난다, 썩 물러 간다, □으로/로 물러 선다, 이만 물러 간다, 주춤주춤 물러 선다, 한 발 뒤로 물러 선다, 한 발 정도 물러 난다, 한 발짝도 물러 서지 않는다, 한 발짝 뒤로 물러 선다, 한 발짝 물러 선다

무릅쓴다[무릅써] □을/를 ~

무릎 ~ 걸음으로, ~ 과 팔꿈치, ~ 관절, ~ 꿇는다, ~ 꿇린다, ~ 을 꿇린다; 바닥에 ~을 꿇는다, 발 목과 ~, 왼 쪽 ~ 인대 파열, 팔꿈치와 ~

무마 내사 ~ 청탁, 수사 ~ 청탁, □을/를 ~ 한다

무망 ~ 하다

무면허 ~ 약사 행위, ~ 의료 행위

무명 ~ 솜 옷, ~ 옷을 입는다

무명색 ~ 하다

무모 ~ 한 도발, ~ 한 도전, ~ 한 투자

무문 원시 ~ 토기, 후기 ~ 토기

무미 ~ 건조하다, ~ 하다

무방 --는다고/ㄴ다고/다고/라고 보아도 ~하다, --어도/아도 ~하다

무방비 ~ 상태로 노출 된다, ~ 하다

무법 ~ 지대

무법자 황야의 ~

무변 ~ 광대한 우주; 광대 ~하다

무병 ~ 무탈, ~ 장수, ~ 하다

무복 궁중 ~

무분별 ~ 하다

무비판적 ~ 으로 수용 한다

무사 공평 ~하다

무사 하급 ~

무사 ~ 만루

무사 ~ 를 빈다, ~ 안일 주의, ~ 하다; 예선을 ~히 통과 한다

무산 ~ 계급, ~ 대중 근로 대중

무산 ~ 된다

무상 변전 ~

무상 ~몰수~ 분배, ~ 보증 수리 기간, ~ 원조, ~ 증자, ~ 차량 점검 서비스

무색 나이가 ~한 미모, 취지가 ~하다

무색 ~ 투명하나

무선 ~ 공중 전화 부스, ~ 기지국, ~ 랜 서비스, ~ 인터넷 서비스, ~ 전화기, ~ 청소기, ~ 충전, ~ 키보드, ~ 호출기 사업부

무섭다[무서워 무서운] 무서운 꿈을 꾼다; □을/를 무서워 한다, □이/가 ~

무성 ~ 생식

무성 ~ 영화

무성 ~ 히 자란다; 갈대가 ~하다, 뒷말이 ~하다, 잡초가 ~하다

무소불위 ~ 의 권력

무소식 ~ 이 희소식이다; 감감 ~이다

무속 세습 ~, 우리 ~ 신앙

무쇠 ~ 솥, ~ 처럼 단단하다

무수 ~ 한, ~ 히 많다

무수축 ~ 모르타르

무술 ~ 영화 배우, ~ 을 익힌다; 샤오린 ~

무스 ~ 를 바른다

무스탕 ~ 점퍼; 밍크나 ~

무슨 ~ 귀신 씨 나락 까 먹는 소리냐, ~ 뚱딴지 같은 소리니, ~ 억하심정으로, ~ 조화 속이냐; --는다면 ~ 소용이 있니, --든 ~ 상관이니, --어야/아야 ~ 소용이 있니, --은들 ~ 소용이 있니

무시 ~ 당한다; □을/를 ~ 한다

무시로 ~ 드나든다

무시무시 ~ 하다

무식 ~ 하다

무신 ~ 론자, ~ 집권기

무실 유명 ~하다, □을/를 유명 ~하게 만든다

무실점 오 안타 ~, 이 안타 ~

무심 ~ 결에, ~ 하다

무쌍 변화 ~하다, 용감 ~하다

무아 ~ 의 경지

무안 □을/를 ~해 한다, □이/가 ~하다

무안타 칠 타수 ~

무어 ~ 이니~ 이니 해도

무엄 ~ 하다

무엇 ~ 보다 탄실하다, ~ 에인가 홀린 듯; 그 ~과도 바꿀 수 없다

무역 ~ 대표 부, ~ 불균형, ~ 수지 적자, ~ 역조 시정, ~ 외 수지, ~ 적자, ~ 협회, ~ 흑자액; 관세 ~ 일반 협정, 글로벌 ~ 가버넌스, 다자 간 ~ 협상, 대미 ~ 흑자, 대외국 ~, 동서 ~의 중개지, 미 ~ 대표 부 대표, 을류 ~업, 종합 ~ 상사

무연 ~ 하다

무용 국립 ~단, 궁중 ~, 민속 ~

무용지물 ~ 이 된다

무용학 ~ 과

무우 ~ 국, ~ 김치, ~ 를 재배 한다, ~ 를 캔다, ~ 말랭이; 염장 ~

무위 ~ 도인

무위도식 ~ 한다

무이자 삼 개월 ~ 할부, 전액 ~ 융자

무익 ~ 하다

무인 ~ 경비 시스템, ~ 잠수정, ~ 포스트

무인 ~ 정변, ~ 집권기

무인지경 ~ 원시림

무임 ~ 승차; □에 ~ 승차 한다

무임금 무노동 ~

무자각 ~ 하다

무자비 ~ 하다

무작위 ~ 로 뽑는다, ~ 로 추출 한다, ~ 추출

무잡 ~ 하다

무장 ~ 간첩 침투 사건, ~ 공비, ~ 괴한, ~ 지대, ~ 한다, ~ 항쟁, ~ 해제; 완전 ~, 항일 ~ 투쟁

무적 ~ 함대를 무찌른다

무전 ~ 농민, ~ 세계 일주; 유전 무죄 ~ 유죄

무전사 햄 ~

무점포 ~ 음식 택배 전문점, ~ 음식점

무정 ~ 하다; 에끼 ~한 놈

무정부 ~ 주의자

무정위 무도성 ~ 운동, 무도성 ~ 운동증

무좀 ~ 걸린 발, ~ 균; 손 ~

무죄 ~ 가 선고 된다, ~ 로 추정 한다, ~ 판결; 유전 ~ 무전 유죄

무주상 ~ 보시

무지 ~ 몽매하다, ~ 의 소치, ~ 하다

무지 ~ ~ 재미 있다, ~ ~ 하다

무지개 오색 ~

무지근 ~ 하다

무지렝이 ~ 백성들

무지른다[무질러] 무질러 먹는다; 뚝뚝 ~

무지막지 ~ 하다

무진 무궁 ~하다

무진 ~ ~ , ~ 애를 쓴다, ~ 애 먹는다, ~ 애 쓴다

무진장 ~ 하다

무찌른다[무찔러] 무적 함대를 ~, □을/를 ~

무참 ~ 하다, ~ 히 살해 한다; □을/를 ~ 하게 짓밟는다

무책 속수 ~으로 당한다, □에 속수 ~ 이다

무척 --니 ~ 억울하다, 일 처리들이 ~ 번거롭다

무친다 골뱅이 무침, 산 나물 ~, 조물락 조물락 ~, 콩 나물 무침

무타페어 남자 부 ~

무탈 무병 ~

무탑 ~ 식 가람

무테 ~ 안경

무통 ~ 분만

무투표 ~ 당선

무패 ~ 가도를 달린다, ~ 행진; 연속 ~

무한 ~ 경쟁 시대, ~ 과 영원, ~ 분할 가능, ~ 집합, ~ 하다

무해 ~ 하다

무허가 ~ 하숙 집

무협 ~ 소설

무형 ~ 자산; 중요 ~ 문화재 기능 보유자

무호흡증 수면 ~

무효 당선 ~ 소송, 백 약이 ~이다

무효화 그린 벨트 전면 해제 ~

무휴 연중 ~

묵 도토리 ~

묵과 ~ 할 수 없다; □을/를 ~ 한다

묵는다 묵은 김치, 묵은 동백나무, 묵은 세간, 묵은 세배; 며칠 ~, 십 년 묵은 체증, 하룻밤 묵어 간다, 하룻밤을 ~, 해 묵은 논쟁, 해 묵은 달력

묵묵 ~ 하다, ~ 히 땀 흘린다, ~ 히 일 한다

묵비권 ~ 을 행사 한다

묵살 ~ 또는 은폐; □을/를 ~ 한다

묵상 ~ 에 잠긴다

묵인 비리를 ~ 해 주는 대가로, □을/를 ~ 한다

묵주 ~ 기도

묵중 ~ 하다

묵직 ~ 한 배기 음

묵힌다 묵혀 둔다

묶는다 □을/를 꽁꽁 ~, 한 데 ~

묶음 한 ~

묶인다 그린 벨트로 ~, 쇠 사슬에 ~, □에 꽁꽁 ~, 오랏줄에 ~, 줄줄이 포승 줄에 ~, 포승에 ~

문 ~ 막이, ~ 밖 출입, ~ 살 창호지, ~ 을 닫는다, ~ 을 열어 젖뜨린다, ~ 저 편, ~ 턱에서 좌절 한다; 두 짝 골판 ~, 말 ~을 연다, 말 ~이 트인다, 방 ~을 걸어 잠근다, 방탄 유리 ~, 베니어 ~, 베란다 쪽 ~, 부엌 ~, 비닐 ~, 앞 ~과 뒷~, 양 ~ 형 냉장고, 유리 ~을 밀친다, 저 쪽 끝 ~, 지옥 ~ 앞, 창 ~ 족, 포 ~을 연다, 회전 식 유리 ~

문고 마을 ~ 조사, 새 마을 ~ 중앙회, 순회 ~, 학급 ~

문과 ~ 대학장, ~ 에 급제 한다, ~ 와 이과; 이과에서 ~로 옮긴다

문관 고등 ~

문구 선전 ~

문다[물고 물어] 물고 늘어진다, 물구 늘어진다; 꼬리에 꼬리를 ~, 손톱을 물어 뜯는다, 숏을 합장으로 ~, □을/를 물어 뜯는다, □을/를 빼 ~, □을/를 사려 ~, 이빨로 물어 뜯는다, 입에 게 거품을 ~, 제 거품을 ~, 혀를 빼 ~

문단 ~ 에 데뷔 한다, ~ 에 등단 한다

문답 재치 ~

문드러진다 썩어 ~, --어/아 ~

문득 ~ 생각 나 았다는 듯이

문란 ~ 하다; 삼정의 ~, 풍기 ~

문루 중층 ~

문리대 ~ 건물

문맹 ~ 률, ~ 퇴치

문명 ~ 과 야만; 서구식 공업 ~, 중국의 과학과 ~

문명사 인류 ~

문묘 ~에 배향 한다

문무 ~ 겸비, ~ 관료전, ~ 백관

문물 서양 ~, 청조 ~

문민 ~ 시대, ~ 정권

문벌 ~ 귀족 체제

문법 변형 생성 ~, 최소 주의 ~ 이론

문법학 서양의 ~

문서 ~ 수발, ~ 편집용 워드 프로세서; 국방성 기밀 ~, 대량 발송 ~, 등기부 등본과 논 ~, 전자 ~ 교환, 첨부 ~

문양 기하학적 ~, 아라베스크 ~, 흑 색 점 ~

문어 ~발 경영, ~발 식 기업 확장, ~발 확장

문예 ~ 반월, ~ 부흥, ~ 부흥기, ~ 사조, ~ 사조사, ~ 진흥 기금, ~ 진흥 원, ~ 창작 과, ~ 콩쿨, ~ 회관; 신춘 ~에 당선 된다, 신춘 ~에 응모 한다

문의 요금 과로 ~ 한다, □을/를 ~ 한다, 휴무 ~ 전화

문인 실학기 ~, 자유 실천 ~ 협의회

문자 ~ 나 숫자, ~ 메시지 차단, ~ 식의 변환; 갑골 ~, 광학 ~ 판독기, 길상 ~, 상형 ~, 설형 ~, 알파벳 대소 ~, 전화 ~ 메시지, 표음 ~

문장 낱말이나 ~

문전 ~ 걸식 한다, ~ 박대, ~ 성시를 이룬다, ~ 쇄도 하는 이용재 선수

문제 ~ 가 불거진다, ~ 를 낸다, ~ 를 푼다, ~ 제기 식 학습, ~ 풀이, ~ 해결력; 거취 ~, 경영학 기말 고사 시험 ~, 과두화 ~, 기출 ~, 납북자 ~, 단답형 ~ 대답, 단답형 ~ 말 투, 별 ~가 없다, 사지 선다형 ~, 사회 ~로 대두 된다, 사회 병리학적인 ~, 선거구 증설 ~, 안보리 개편 ~, 일본 군 위안부 ~, 장애우 권익 ~ 연구소, 재래 식 군비 감축 ~, 주거 ~, 주관 식 ~

문제지 입시 ~ 도난 사건, 후기대 입시 ~

문제집 참고서나 ~

문중 ~ 묘역, ~ 의 야산; 일선 김씨 ~

문지기 성 ~ 군인

문지른다[문질러] 문질러 닦는다, 문질러 벗긴다, 문질러 씻는다; 등 치고 배 ~, 손 등으로 ~, 손 등으로 쓱 ~, □을/를 ~, □을/를 박박 ~, □을/를 벅벅 ~, □을/를 쓱쓱 ~

문지방 ~ 에 걸터앉는다

문집 학급 ~

문짝 빗살 무늬 ~, 석판 ~

문책 사과와 관련자 ~, 사과와 책임자 ~, 엄중 ~ 한다, □을/를 ~ 한다

문체 ~ 를 결정 짓는다

문초 □을/를 ~ 한다

문필 ~ 을업으로 한다

문학 ~ 상 수상자, ~ 상 수상 작품, ~ 상 수상 작품집, ~ 상 수상작이다, ~ 의 이식사, ~ 이론서, ~ 총서; 고전 ~과 현대 ~, 구비 ~, 규방 ~, 노벨 ~ 상을 수상 한다, 로만스 ~, 마르크스 주의 ~ 이론, 민족 ~ 론자, 신인 ~ 상, 패관 ~, 한국 ~, 해외 ~ 파

ㅁ

문학가 아동 ~

문학사 ~ 서술, ~ 와 철학사

문학인 어용 ~

문학적 ~ 독점 주의, ~ 으로, ~ 인

문항 객관 식 ~, 듣기 ~, 사 지 택일 형 ~, 택일형 ~

문헌 ~ 상 기록; 비평적 ~, 참고 ~ 난, 참고 ~ 목록

문호 ~ 가 개방 된다; □에 ~를 개방 한다

문화 ~ 공보실, ~ 관광 부 장관, ~ 교호, ~ 부 부부장, ~ 부 종무 실장, ~ 상품권, ~ 예술인, ~ 오락비, ~ 유산 답사, ~ 유산으로 지정 된다, ~ 유산으로 지정 한다, ~ 응용자, ~ 체육 부, ~ 행정통, ~ 훈장; 경제 · 사회 · ~, 대중 ~, 독상 ~, 두장 ~, 레이디 퍼스트 ~, 룸펜 ~, 본보 ~ 부, 세계 ~ 유산, 소비 ~ 및 행태, 신부 값 ~, 신세대 ~, 왜색 ~, 외래 ~, 원시 토기 ~, 이식 ~ 론, 전통 ~, 정신 ~, 중석기 ~, 직장 ~, 토기 ~ 시대, 토요 ~ 광장

문화관 조폐 ~

문화재 ~ 강탈 전문가, ~ 관람료, ~ 관리 국장, ~ 관리국, ~ 로 지정 된다, ~ 로 지정 한다, ~ 전문 위원; 가야금 병창의 인간 ~, 고궁이나 ~, 비지정 ~, 성보 ~, 중요 무형 ~ 기능 보유자

문화적 ~ 으로, ~ 인

문화제 ~ 행사

묻는다 땅 속에 ~, 엎어서 ~, □에 파 ~, □을/를 파 ~

묻는다 묻어 난다; 검댕이 ~, 군때 ~, 기름 때 ~, 손 때가 ~, 손 때 ~

묻는다[물어 물은] 물어 물어 찾아 간다, 묻지 마 투자; 걱정스레 ~, 꼬치꼬치 ~, --느냐고 꼬치꼬치 캐어 ~, --느냐고 ~, --더냐고 ~, 되바라지게 ~, 시시콜콜히 캐어 ~, 안부를 ~, --으냐고 ~

묻힌다 잣 가루를 ~, 콩 가루를 ~, 팥 고물을 ~

묻힌다 □에 파 ~, □에 푹 파 ~, 초야에 ~, 폭 파 ~

물 ~ 감을 칠 한다, ~ 감 칠, ~ 결에 휩쓸린다, ~ 결이 출렁인다, ~ 결 친다, ~ 고기나 조개, ~ 고기 잡이 그물 상자, ~ 긷는다, ~ 막이 공사, ~ 밀듯 지나 간다, ~ 밀듯이 밀려 든다, ~ 밀듯이 쏟아 진다, ~ 밀듯이 오간다, ~ 밑 대화, ~ 바다가 된다, ~ 방울로 응결 된다, ~ 봉선, ~ 불 가리지 않는다, ~ 새 떼, ~ 샐 틈 없는 경비 망, ~ 소 떼, ~ 소 우리, ~ 오리나 청둥 오리, ~ 을 자아 올린다, ~ 이 콸콸 쏟아 진다, ~ 자라 수컷, ~ 장구도 친다, ~ 지게를 진다, ~ 한 모금; 가다랭이 국 ~, 가르릉거리는 ~ 소리, 강 ~이 붇는다, 개울 ~ 소리, 거꾸로 개울 ~에다 처박는다, 고로쇠 ~, 국 ~이 담백하다, 국 ~이라도 좀 마셔라, 기대에 찬 ~을 끼얹는다, 김치 국 ~, 깡통 ~ 그릇, 나물 먹고 ~ 마신다, 낯 설고 ~ 설다, 냇~ 한가운데 풍덩 빠진다, 노을에 ~ 든다, 눈 ~까지 글썽인다, 눈 ~을 글썽거린다, 눈 ~을 글썽인다, 눈 ~을 질금거린다, 눈 ~을 찔끔거린다, 눈 ~이 그렁하다, 눈 ~이 그렁거린다, 눈 ~이 그렁그렁하다, 눈 ~이 글썽 글썽 한다,

눈 ~이 글썽 한다, 눈 ~이 글썽거린다, 눈 ~이 메마르다, 눈 ~ 한 방울, 눈에 눈 ~이 고인다, 눈에 눈 ~이 핑 돈다, 늙고 한 ~ 갔다, 닭 똥 같은 눈 ~, 덮밥 국 ~, 도요새와 ~ 떼 새, 동치미 국 ~, 동해 ~과 백두 산, 두레박으로 ~을 긷는다, 마중 ~을 붓는다, 맛 들임 ~, 무궁화 꽃 ~, 미지근한 ~, 밑 빠진 독에 ~ 붓기, 봇~처럼 터진다, 볼에 눈 ~ 방울이 맺힌다, 봉숭아 꽃 ~, 봉숭아 ~, 분위기에 찬 ~을 끼얹는다, 붉게 ~ 든다, 붉게 ~ 들인다, 붉은 색으로 ~ 든다, 빗~ 홈 통, 산 좋고 ~ 좋다, 새우 젓 국 ~, 샘 ~을 긷는다, 샘이 깊은 ~, 세숫~을 데운다, 소금 ~에 흔든다, 손 등으로 눈 ~을 닦는다, 손 등으로 눈 ~을 훔친다, 손톱에 ~ 들인다, 손톱에 봉숭아 ~을 들인다, 쇠고기 국 ~ 맛, 수돗~ 바이러스 파동, 수돗~ 불소, 수채 ~ 감, 신 ~이 난다, 신 ~이 올라 온다, 신록으로 ~ 든다, 양철 ~ 받이, 어묵 국 ~, 얼어 붙은 강 ~, 엎질러 진 ~, □에 딸린 바닷~ 고기, □에 ~ 든다, □에 ~ 집이 생긴다, 열 길 ~, 영천수 흐르는 ~, 오뎅 국 ~, 옷 고름으로 눈 ~을 닦는다, 윗~ 맑다, 윗~이 맑아야, □을/를 끓는 ~에 데친다, 잔 ~결처럼 가늘다, 잿~ 비누, 전기 고문과 ~ 고문, 질금질금 눈 ~이 흐른다, 짬뽕 국 ~, 찬 ~에 헹궈 물기를 뺀다, 찬 ~을 끼얹은 듯 조용하다, 참회의 눈 ~, 창포 ~에 머리 감는다, 치마 폭으로 눈 ~을 훔친다, 콧~ 범벅, 큰 ~ 진다, 플라스틱 ~ 통, 하루 아침에 ~ 거품이 된다, 한 ~ 간다, 한강 ~에 뛰어 든다, 흙 탕 ~ 웅덩이, 흰 색 아크릴 ~ 감

물가 ~ 상승 압력, ~ 앙등; 도매 ~, 생산자 ~ 지수 편제, 치솟는 ~

물건 노획 한 ~, 입찰 ~ 명세서

물고 ~를 낸다

물고기 딸린 바닷~

물구나무 거꾸로 ~ 선다

물권 부동산 ~

물기 ~가 어린다, ~에 젖는다; 찬 물에 헹궈 ~를 뺀다

물꼬 ~가 트인다, ~를 튼다

물끄러미 ~ 내려다 본다, ~ 바라 본다

물동이 ~를 인다

물든다[물들고 물들어] 피에 ~

물들인다 발갛게 ~

물량 ~ 공세; 미분양 ~, 미수 및 미상환 ~, 잔여 ~, 프로그램 매도 ~

물렁 ~ ~ 하다

물론 ~ 이다; □은/는 ~이고

물류 ~ 센터

물리 ~ 치료실; 천체 ~ 학자

물리친다 오랑캐를 ~, 외적을 ~, □을/를 ~

물리학 ~ 전공; 고전 ~, 노벨 ~ 상 수상자, 노벨 ~ 상을 받는다, 수학과 ~, 수학이나 ~, 천체 ~

물린다 물리거나 할퀸다, 물려 받은 유산, 물려 받은 재산; 개한테 ~, 대 물림 한다, 독 거미에게 ~, 모기에 ~, 뱀에 ~, 뱀에게 ~, □에 재갈을 ~, □을/를 물려 받는다, 자손 대 대로 ~, 젖 꼭지를 ~, 후손에게 물려 준다

물망 ~ 에 오른다

물목 ~ 단자

물물 ~ 교환

물산 ~ 장려 운동

물상 중학교 ~

물색 □을/를 ~ 한다

물성 인성과 ~, 인성 ~ 동이 논변

물신 ~ 숭배, ~ 의 폭력

물심 ~ 양 면으로

물씬 □을/를 ~ 풍긴다, □이/가 ~ 풍긴다

물아 ~ 일체

물음 ~ 표랑 느낌 표; --가라는 ~

물의 ~ 를 빚는다, ~ 를 일으킨다

물자 ~ 수송, ~ 의 이입; 구호 ~를 노린다, 군수 ~, 원조 ~

물적 ~ 으로, ~ 인; 인적 · ~

물정 ~ 모른다, ~ 에 밝다; 세상 ~에 어둡다

물증 ~ 이 확보 된다

물질 ~ 만능 주의; 과산화 ~, 교질 ~, 내분비 교란 ~, 맹독성 ~, 발암 ~, 방사성 ~, 성간 ~, 신경 전달 ~, 신경액성 전달 ~, 오염 ~ 배출량, 초전도 ~, 항생 ~, 항암 ~

물찌똥 ~ 처럼 흘린다

물체 ~ 가 낙하 한다, ~ 의 낙하; 미확인 비행 ~

물컥 냄새가 ~ 난다, 술 내가 ~ ~ 난다

물컹 ~ 하다

물큰 ~ 하다; 냄새가 ~ 스친다

물푸레나무 ~ 막대기, ~ 지팡이

물품 ~ 대금 수납 업체, ~ 및 용역, ~ 세를 면제 받는다, ~ 세를 면제 한다; 식량과 ~, 압수 ~, 유목 ~, 재산세와 ~세

묽다 묽은 염산, 묽은 황산; 굳은가 묽은가

뭇 ~ 남정, ~ 사람의 입 질

뭉갠다 깔아 ~, 깡그리 ~, □을/를 까 ~

뭉게뭉게 ~ 피어 오른다

뭉그러진다 뭉그러진 형태

뭉그적거린다 뭉그적거리며 긴다

뭉근 ~ 하다

뭉뚝 ~ 하다

뭉뚱그러진다 뭉뚱그러진 부리

뭉치 방아 틀 ~, 시커먼 ~, 원고 ~, 펨프 ~

뭉친다 □으로/로 똘똘 ~, 한 데 ~, 한 마음으로 ~, 한테 ~

뭉클 가슴이 ~하다

뭉클 ~ 하다

뭉텅이 서류 ~

뭉툭 ~ 하다

뭐 --는걸 ~, --죠 ~

뭐 ~ 이라고 왈가왈부 한다; □인지 ~인지 하는, 누가 ~이래도, --래지 ~, 사랑이 ~이길래, -- 았/었대지 ~이니, 좀 ~하다

뭔 ~ 말, ~ 소리, ~ 얘기이니, ~ 짓

뭣 ~ 땜에

뮤지션 재즈 ~

뮤지컬 ~ 관람

미 노련 ~, 세련 ~, 육체 ~

미각 ~과 후각; 촉각 ~ 후각, 후각과 ~

미간 ~을 찌푸린다

미개 ~하다

미개척 ~분야

미거 ~하다

미결 ~ 구금 시설, ~ 구금 일수, ~ 구금자, ~ 구류, ~ 수용자

미곡 ~ 통제 법

미공개 ~ 기업, ~ 내부, ~ 정보

미관 도시 ~

미광 예언적 ~

미국제 ~ 승용 차

미군 ~ 기지, ~ 병사, ~ 장갑 차, ~ 피엑스; 주한 ~ 사령관, 주한 ~ 철수

미기입 ~ 용지

미꾸라지 ~가 용 된다; 슈퍼 ~

미꾸리 ~과

미끄러뜨린다 □을/를 ~

미끄러진다 빗길에 ~, 빙판 길에 ~, 얼밋얼밋 미끄러져 간다, 쭈르르 ~

미끄럼 ~ 방지 처리, ~을 탄다

미끈 ~ ~ 하다

미끌미끌 ~하다

미끼 □을/를 ~로

미나리 복 매운 탕에 ~

미납 ~ 요금; 요금 ~

미납부 ~ 가산세율

미네랄 비타민과 ~

미녀 ~와 야수; 금발의 ~, 팔 등신 ~

미니 새 ~ 시리즈

미달 □에 ~ 한다, 하중 ~, 함량 ~

미담 ~의 주인공

미더덕 ~ 과에 딸린, ~ 찜

미동 ~도 하지 않는다

미드필더 공격형 ~

미등기 ~ 전매

미등록 ~ 이주

미디어 ~의 오디언스; 뉴 ~ 스타 선발 대회, 매스 ~ 채널, 모든 매스 ~, 인터액티브 ~ 오락, 취재원과 ~ 관계, 프린팅 ~

미래 ~의 먹거리, ~ 항공관; 과거 , 현재 , ~, 과거와 현재와 ~, 과거 현재 ~, 장미 빛 ~

미려 ~하다

미력 ~이나마

미련 ~ 없이 떠난다, ~ 없이 버린다, ~ 없이 사표를 낸다, ~ 없이 훌쩍 떠난다; □에 ~이 있다

미련 ~하다

미룬다 미뤄 짐작 한다, 미뤄 헤아린다; □으로/로 미뤄 보건대, 차일피일 ~

미륵 ~ 신앙, ~ 신앙자들

미리 81 ~ 박격포 탄

미만 7 세 ~의 소아, 십 원 ~의 소액

미망인 여왕봉과 ~, 전쟁 ~

미명 ~ 아래; --라는 ~ 하에

미모 ~와 교양; 나이가 무색한 ~, 역대급 ~, 지성과 ~

미묘 ~ 하다

미문 지나친 ~ 의식

미물 하찮은 ~

미미 ~ 하다

미백 ~ 과 주름 개선, ~ 기능, ~ 기능성 인증 화장품, ~ 치약, ~ 크림; 코직산 함유 ~ 화장품, 피부 ~

미분 ~ 계수, ~ 과 적분, ~ 방정식, ~ 적분학

미분양 ~ 물량, ~ 사태, ~ 아파트

미분화 ~ 상태, ~ 한다

미비 ~ 하다; 안전 시설 ~

미사 교황이 ~를 집전 한다, 부활절 기념 ~, 성탄 ~ 때

미사 ~ 여구

미사일 ~ 발사대, ~ 발사 실험, ~ 시험 발사, ~ 을 발사 한다, ~ 의 레이더; 공대지 ~, 대륙 간 탄도 ~, 순항 ~, 요격 ~, 전역 ~ 방어 망 구축, 중거리 ~ 최종 실험, 중거리 탄도 ~, 지대공 ~, 지대함 실크웜 ~, 하픈 ~, 함 대 함 ~

미상 건립 연대 ~, 신원 ~, 작자 ~이다

미상환 미수 및 ~ 물량

미생물 ~ 의 번식, ~ 의 생육, ~ 의 생장, ~ 접촉 여과제; 부패 ~이나 유해 ~, 유전자 변형 ~

미성년 ~ 매매춘, ~ 혼숙

미성년자 ~ 고용, ~ 관람 가, ~ 관람 불가, ~ 불가, ~ 에 대한 담배 판매, ~ 음주

미성숙 ~ 난자, ~ 하다

미세 ~ 균열, ~ 먼지 오염도, ~ 먼지와 질소 산화물, ~ 캡슐, ~ 하다

미션 ~ 스쿨

미소 ~를 띠운다, ~ 와 친절; 만면에 ~를 띤다, 말 없이 ~ 짓는다, 수줍은 ~, 엷은 ~, 염화시중의 ~, --으며/며 빙그레 ~ 짓는다, 입 가에 ~가 번진다, 입 가에 ~를 띤다, 입 가에 싸늘한 ~를 짓는다, 입 가에 잔잔한 ~를 짓는다, 회심의 ~를 짓는다

미수 공갈 ~ 혐의

미수 ~ 및 미상환 물량

미숙 ~ 하다

미술 ~ 사학 과, ~ 운동 총서, ~ 전람회, ~ 평론가, ~ 학도; 고고 ~ 사학 과 교수, 추상 ~, 한국 ~, 헬레니즘 ~

미술관 ~ 과 성당, ~ 만 돌아 다닌다, ~ 탐사; 메트로폴리탄 ~, 박물관과 ~, 알짜배기 ~

미술사가 자칭 ~

미스 ~ 유니버스 대회

미스터리 ~ 멜로드라마, ~ 주식 회사

미식 ~ 추구욕

미식 ~ 축구 결승전

미식가 ~ 들의 구미를 당긴다

미신 ~ 타파

미신고 ~ 시설

미싱 ~ 백화점, ~ 보조나 파출부

미싱사 ~ 와 시다

미아 ~ 를 찾는다, ~ 방지 용품

미아이 총각 ~

미안 □을/를 ~해 한다, □이/가 ~하다

미약 ~ 하다

미어진다 가슴이 ~

미역 김 양식이나 ~ 양식

미연 □을/를 ~에 방지 한다

미열 가벼운 ~

미완 ~ 의 장편

미완성 ~ 교향곡, ~ 상태로 남아 있다

미용 ~ 휴지; 피부 ~

미용사 전속 ~

미욱 ~ 하다

미음 ~ 수발

미자 반중성 ~, 중성 ~ 망원경

미작 ~ 중심

미적 ~ 으로, ~ 인

미적미적 ~ 한다

미적지근 ~ 하다

미전 학생 ~

미전향 ~ 장기수

미제 영구 ~

미주 ~ 신경; 혈관 ~ 신경성 실신

미증 ~ 에 그친다

미증유 ~ 의

미지 ~ 의

미지근 ~ 한 물; 뜨뜻 ~하다

미지급 잔금 ~

미지수 --을지는 ~이다

미진 ~ 하다

미천 ~ 하다

미친다 □에 악영향을 ~, □에 영향을 ~

미친다 미친 듯이 외친다, 미쳐 날뛴다

미터 나노 ~ 수준, 만 평방 킬로 ~, 백 ~ 가량, 백 ~ 쯤 떨어진다, 백칠십 센티 ~, 세 제곱 ~, 세 제곱 센티 ~, 수 백 ~, 십 센티 ~ 가량, 십 킬로 ~의 갯벌, 이백여 ~, 입방 센티 ~, 제곱 킬로 ~, 직경 10 센티 ~, 해발 1800 ~

미토콘드리아 ~ 유전자; 엽록체와 ~

미트 포수 ~

미트로프 ~ 반죽

미풍 ~ 양속을 해친다

미필 병역 ~

미행 ~ 을 따 돌린다; □을/를 ~ 한다

미혹 ~ 된다

미혼 ~ 여성

미화 ~ 5000 달러

미화원 환경 ~

미확인 ~ 비행 물체

미흡 ~ 하다

믹서 ~ 로 간다

민 ~ 관 공동 출자, ~ 관 합동 법인, ~ 관 협동; 관과 ~

민간 ~ 단체와 지식인, ~ 벤처 캐피털, ~ 소비 지출, ~ 에 이양 한다, ~ 에게 이양 한다, ~ 으로 이양 한다; 공공 부문과 ~ 부문, 비영리 ~ 단체 지원 법, 생약이나 ~ 요법, 통일 관련 ~ 단체

민간인 전후 ~ 학살

민감 ~ 하게 반응 한다, ~ 히 반응 한다; □에 ~하다

민감성 통증 ~ 구조물

민권 ~ 운동; 흑인 ~

민다[밀고 밀어] 밀고 당긴다, 밀기 전략, 밀어 닥친다; 도로꼬를 ~, 명함도 내 밀지 못한다, 물 밀듯 지나 간다, 물 밀듯이 밀려 든다, 물 밀듯이 쏟아 진다, 물 밀듯이 오간다, 빡빡 ~, 뾰조록이 내 ~, 쑥 내 ~, 얼굴을 내 ~, □에 도전장을 내 ~, 오리 발을 내 ~, 왈칵 떠 ~, □으로/로 뿌적뿌적 밀어 낸다, □을/를 내 ~, □을/를 떠 ~, □을/를 떠다 ~, □을/를 밀어 낸다, □을/를 밀어 젖힌다, 잇새로 뿌적뿌적 밀어 낸다, 입을 삐죽 내 ~, 입을 삐죽이 내 ~, 입을 삐쭉 내 ~, 입술을 삐쭉 내 ~, 혀를 쏙 내 ~

민단 재일 거류 ~

민도리 ~ 집 구조; 평면의 ~ 집

민들레 ~ 꽃 씨, ~ 홀씨

민망 □을/를 ~해 한다, □이/가 ~하다

민무늬 ~ 토기

민물 ~ 회

민박 ~ 을 권한다, ~ 을 한다, ~ 집

민방 ~ 사업자 선정

민방공 ~ 훈련

민방위 ~ 기본 법, ~ 대원, ~ 대피 시설; 양천 구청 ~ 과

민법 ~ 개정 안, ~ 상의 가족

민본 ~ 사상; 천명 ~

민사 ~ 상 손해 배상 청구, ~ 소송 법 상 화해, ~ 소송 절차, ~ 재판, ~ 지법, ~ 합의 24 부

민생 ~ 치안, ~ 현안

민생고 ~ 를 시급히 해결 한다; 헤매는 ~

민선 ~ 3 기

민속 ~ 공예실, ~ 무용, ~ 씨름 단체전, ~ 씨름 대회, ~ 씨름 설 날 장사 대회, ~ 씨름 위원회, ~ 씨름 팀, ~ 씨름 협회, ~ 씨름계, ~ 씨름위, ~ 축제 환송연

민속지 향토 ~

민심 ~ 이 흉흉하다, ~ 이반

민어 ~ 매운 탕, ~ 찜

민영화 ~ 계획

민요 ~ 곡 풍의 방아 타령, ~ 선법, ~ 의 운율, ~ 풍 곡; 남도 ~, 시조와 ~

민원 ~ 사무 처리, ~ 처리 절차; 지역구 ~

민의 ~ 가 반영 된다

민자 ~ 유치

민정 ~ 비서관, ~ 수석실, ~ 이양

민족 ~ 개량 주의, ~ 갱생, ~ 대단결, ~ 문학 론자, ~ 반역자, ~ 상잔의 비극, ~ 유일 당, ~ 의식을 고취 한다, ~ 정신의 고취, ~ 주의 사관, ~ 주의 사학 계열, ~ 주의 사학자, ~ 주의 역사학, ~ 통일 대동 장승 굿, ~ 통일 대축전, ~ 통일 전선 운동, ~ 통일관과 대북한관, ~ 해방 운동관; 공화 주의와 ~ 자결 주의, 극우 ~ 주의자, 기마 ~, 민주 민중 ~ 결합회, 소수 ~ 자치 구, 약소 ~, 유목 ~, 피압박 ~, 피지배 ~

민족학 비교 ~

민주 ~ 개혁 정치 모임, ~ 구국 선언, ~ 노총, ~ 민중 민족 결합회, ~ 언론 운동 시민, ~ 주의가 위기에 처한다, ~ 주의

의 퇴보, ~ 주의 인민 공화국 창건; 대의 제 ~ 주의, 반봉건 ~ 주의 혁명, 반제 반봉건 ~ 주의, 부르주아 ~ 주의 혁명, 연합성 ~ 주의, 오 월 ~ 항쟁, 인민 ~ 주의 제도, 통일 ~ 주의 전선, 풀 뿌리 ~ 주의

민주화 언론 ~ 운동

민중 민주 ~ 민족 결합회

민첩 ~ 하다

민틋 ~ 하다

민흘림 ~ 두리기둥을 세운다

믿긴다 믿기지 않는다

믿는다 믿는 도끼에 발 등 찍힌다; 곧이곧대로 ~, 성현을 독실히 ~, 액면 그 대로 ~, □을/를 독실히 ~, □을/를 액면대로 ~, 철석 같이 ~, 철석 같이 약속을 ~, 태산 같이 ~

믿음 철석 같은 ~

밀 ~ 가루를 반죽 한다, ~ 가루 반죽, ~ 가루 푸대, ~ 과 옥수수, ~ 밭을 밟는다, ~ 쌀 밥, ~ 짚 모자, ~ 짚 이엉; 누룩과 ~ 가루, 박 속 ~ 국 낙지 탕, 보리와 ~, 우리 ~ 국수점, 우리 ~ 누룩, 우리 ~ 살리기 운동, 통 ~ 가루, 통 ~ 국수

밀감 ~ 한 알

밀고 □을/를 ~ 한다

밀도 ~ 와 비중; 인구 ~, 임계 전류 ~

밀랍 ~ 인형

밀리그램 ~ 의 카페인

밀리터리룩 ~ 과 갱스터 빈티지 룩

밀린다 밀려 든 토사, 밀려 오고 밀려 간다; 뒷전으로 밀려 난다, 물 밀듯이 밀려 든다, □에 떠 ~, □에 ~, □으로/로 내 ~, □으로/로 밀려 난다, 이리 밀리고 저리 ~, 주춤 주춤 밀려 난다, 파도가 밀려 온다, 포만감이 밀려 온다, 한 귀퉁이로 내 ~

밀매 마약 ~자, 면세품 ~ 꾼, 아편 ~

밀매음 ~ 을 한다

밀물 ~ 과 썰물, ~ 썰물

밀반출 외화 ~

밀봉 ~ 된다; □을/를 ~ 한다

밀생 털이 ~ 한다

밀수 ~ 꾼 범죄자

밀실 ~ 과 광장, ~ 야합

밀애 □과/와 ~ 한다

밀어 ~ 를 속삭인다; 사랑의 ~

밀월 ~ 관계

밀이 목욕 탕 때 ~

밀입국 ~ 자, ~ 한다

밀입북 ~ 사건

밀접 ~ 한 관계, ~ 히 관련 된다, ~ 히 연관 된다; □과/와 ~하다, 서로 ~하게 연결 된다

밀조 □을/를 ~ 한다

밀집 ~ 수비; 공장 ~ 지역, 상가 ~ 지역, □에 ~ 한다, 외국인 ~ 지역, 인구 ~ 지역

밀착 ~ 된다, ~ 한다

밀초 ~ 처럼 녹는다, ~ 처럼 칠 한다

밀친다 울컥 내 ~, 유리 문을 ~, □으로/로 밀쳐 놓는다, □을/를 ~

밀폐 ~ 된다

밀항 □으로/로 ~ 한다

밉다[미워 미운] 미운 오리 새끼, 미운 털이 박힌다, 미우나 고우나; □을/를 미워 한다

밉보인다 □에 ~

밋밋 ~ 하다; 맨드라미처럼 ~

밍근 ~ 하다

밍밍 ~ 하다

밍크 ~ 나 무스탕

및 가구 ~ 인구 추이, 가극 ~ 연극, 가방 ~ 신발, 가족 ~ 친족, 감독 ~ 감시, 강정 ~ 산자, 결승전 ~ 폐막 식, 관세 ~ 비관세 장벽, 광고 ~ 판촉, 광업 ~ 농축수산업, 교재 ~ 교구, 권한 ~ 책임, 극파 ~ 예파, 근육 ~ 관절, 기계 ~ 장비, 기관 ~ 할부 금융 사 차입, 기술 직 ~ 관리 직, 난형낭 ~ 구형낭, 농가 ~ 어가, 뇌교 ~ 연수, 도주 ~ 증거 인멸, 등록 ~ 공개, 몸 통 ~ 사지, 물품 ~ 용역, 미수 ~ 미상환 물량, 배열 ~ 디자인, 범죄 ~ 일탈 행위, 보도 ~ 평론, 부전공 ~ 복수 전공 제, 사과 ~ 재발 방지 약속, 사업장 ~ 장비, 삼 층 석탑 ~ 석등, 상속세 ~ 증여세, 상승 ~ 하락, 서화 ~ 골동품상, 선의의 임차인 ~ 담보권자, 선택 ~ 배열, 소비 문화 ~ 행태, 수도 ~ 건설업, 수입 ~ 고용, 수출 ~ 내수, 시각 ~ 청각 변별력, 신문 ~ 신문인, 쓰레기 소각장 ~ 쓰레기 매립장 건설, 알선 수재 ~ 조세 포탈, 애로 ~ 건의 사항, 야경증 ~ 몽유 병, 영상 음향 ~ 통신 장비업, 예체능 ~ 인문, 월드컵 결승전 ~ 폐막 행사, 위치각 ~ 진동각, 유공자 ~ 유가족, 음식료품 ~ 담배, 의료 보험 수가 ~ 진찰료, 의복 ~ 모피, 인수 ~ 합병, 임금 보조 ~ 복리 후생, 자금 이체 ~ 수납 업무, 재생 화장지 ~ 빨래 비누, 적립 신탁 ~ 투자 신탁, 전정 ~ 체성, 제조법 ~ 투척법, 조달 ~ 운용, 조림 ~ 육림, 조세 ~ 임대료 감면, 조제 ~ 투약, 주주 ~ 임원, 중공 군 ~ 북한 군, 중뇌 ~ 뇌교 피개, 중복 ~ 대체 수요, 증면 ~ 판매, 증상 ~ 징후, 증언 거부 ~ 직권 남용, 진동각 ~ 위치각, 질소 ~ 아미노태, 창업 ~ 부업 상담, 최고 값 ~ 평균 값, 취재 ~ 보도, 탄저 병 ~ 천연두, 탐사 ~ 개발, 토지 ~ 건물, 통각 ~ 온도각 상실, 통각 ~ 온도각 소실, 통화 ~ 재정 긴축, 퇴직 신탁 ~ 개인 연금, 표집 오차 ~ 비표집 오차, 해설 ~ 감상, 화해와 불가침 ~ 교류, 환자 ~ 보호자, 횡령 ~ 유용 된다, 흉곽 ~ 복부

밑 ~ 거름이 된다, ~ 면은 수평 면이다, ~ 받침 된다, ~ 받침 한다, ~ 빠진 독에 물 붓기, ~ 술 과정, ~ 줄을 긋는다, ~ 줄 쫙 긋는다, ~ 지는 장사, ~ 져야 본전이다; 겨드랑 ~, 구두 ~ 창, 귀 ~까지 빨개 진다, 물 ~ 대화, 방천 둑 ~, 보득솔 ~, 손익 분기 점 ~ 돈다, 엉덩이 ~까지 훌렁 벗어 진다, 유리체 ~, □을/를 ~ 돈다, 처마 ~, 철둑 ~ 굴 다리, 첨차 ~ 면, 첨차의 ~ 면, 치마의 ~ 단, 턱 ~과 멱, 턱 ~으로 들이민다, 펜으로 ~ 줄을 친다, 혀 ~ 신경

밑동 사장나무 ~

밑천 살림 ~

바 몸 둘 ~를 모른다, 어찌 할 ~를 모른다, □에 힘 입은 ~ 크다, --은/ㄴ ~ 있다

바 이른 ~ 순종 한글 세대

바 정통 레게 ~

바가지 ~ 쓴다; 주물 ~

바각바각 ~ 가래 질 한다

바게뜨 ~ 빵

바게트 ~ 의 껍데기

바겐 ~ 세일

바구니 ~를 인다; 과일 ~, 체 ~

바구미 비단 벌레와 ~

바깥 ~ 공기가 차갑다, ~ 바람 쐰다, ~ 바람을 쐰다, ~ 을 내어다 본다, ~ 쪽 발가락, ~ 쪽 슬라이더; 망막의 ~ 쪽, 집 사람과 ~ 양반, 행랑 ~ 마당

바꾼다 그 무엇과도 바꿀 수 없다, 뒤 바꿔 놓는다, 리모컨으로 채널을 ~, □으로/로 ~, □으로/로 탈 바꿈 한다, □을/를 뒤 ~, □을/를 바꿔 치기 한다, 자리 바꿈을 한다, 자리 바꿈 한다, 쪽박 바꿔 준다

바뀐다 뒤 ~, □으로/로 ~

바나나 ~ 껍질, ~ 주스

바느질 ~ 품 팔이를 한다; 누비 ~, 퀼트 ~

바늘 ~ 과 실, ~ 로 찌른다, ~ 방석에 앉는다, ~ 에 꿴다, ~ 잎 나무; 낙타가 ~ 귀로 들어 간다, 뜨개 질 ~, 시계 ~, 실과 ~, 주사 ~ 자국

바닐라 ~ 향

바다 ~ ㅅ 가, ~ 낚시 꾼; 딸린 ~물고기, 물 ~가 된다, 삼 면이 ~이다, □에 딸린 ~물 고기, 울음 ~가 된다, 웃음 ~가 된다, 호수나 ~

바닥 ~ 난다, ~ 낚시, ~ 에 무릎을 꿇는다; 길 ~에 나앉는다, 땅 ~에 넘어진다, 발 ~이 간질거린다, 뱃전과 뱃~, 손 ~ 만 한 마당, 손 ~으로 탁 탁 친다, 시멘트 ~, 찰고무로 ~ 댄다, 타일 ~, 펄 ~

바닥재 ~ 와 벽지

바둑 ~ 관전기, ~ 돌, ~ 심판, ~ 을 둔다, ~ 판, ~ 포석처럼 늘어 놓는다; 세계 아마 ~ 선수권 대회, 아마 ~ 팬, 프로 ~ 기사로 입단 한다

바드득 이를 ~ 간다

바득바득 ~ 간다

바들바들 ~ 떤다, ~ 떨린다

바디 성조기 모양의 ~ 페인팅

바라제 아제아제 ~

바라지 뒷~ 한다, 옥 ~를 한다, 해산 ~

바란다 바람직하다, 바라 보인다, 바라다 보인다; 간절히 ~, 뚫어 져라 바라 본다, 말끄러미 바라 본다, 망연히 바라 본다, 멍하니 바라 본다, 물끄러미 바라 본다, 번갈아 바라 본다, 서른을 바라 보는 나이, 쉰을 바라 본다, □을/를 바라 본다, □을/를 바라다 본다, 이윽히 바라 본다, 진심으로 ~, 차가운 눈초리로 바라 본다, 흘금 바라 본다

바람 --는 ~에, 맨머릿~으로, 북상투 ~, 잠 옷 ~

바람 ~ 맞이 언덕, ~ 빠진 풍선처럼, ~ 에 나부낀다, ~ 이 잦아든다, ~ 이나 쐰다, ~ 좀 쐬어야지; 모진 비 ~, 바깥 ~ 쐰다, 바깥 ~을 쐰다, 밤 ~이 서늘 서늘 불어 온다, 봄 ~, 비 ~이 몰아 친다, 비 ~이 휘몰아 친다, 산들 ~, 센 ~, 세찬

~, 신 ~이 난다, □에 새 ~을 일으킨다, 찬 ~이 불어 온다

바람개비 ~ 모양

바람둥이 자칭 ~

바랜다 □까지 바래다 준다

바랜다 바랜 흑백 사진; 누렇게 색이 ~

바램 --는 ~

바랭이 ~ 풀

바로 ~ 잡힌다; 국민 정신을 ~ 잡는다, 기강을 ~ 잡는다, 똑 ~ 쳐다 본다, □을/를 ~ 잡는다

바르다[발라] 바른 길로 인도 한다, 바른 층; 양지 바른 언덕, 예의 ~, 올 바른 선택, 올 바른 자세, 입 바른 소리

바르르 ~ 떤다; □이/가 ~ 떨린다

바른다[발라] 녹유를 바른 기와, 로션을 ~, 머큐로크롬을 ~, 무스를 ~, 백회를 ~, 버터를 얇게 ~, 시멘트로 ~, 연고를 환부에 ~, □을/를 ~, 입술에 침을 ~, 잼을 ~, 코 기름 ~, 코 ~, 회벽에 안료를 ~

바른다[발라] 씨를 발라 낸다, □을/를 발라 낸다

바베큐 야외 ~

바보 ~ 멍청이 게으름 쟁이, ~ 천치; 어리석은 ~

바쁘다[바빠] 바쁜 농번기; 눈 코 뜰 새 없이 ~

바삐 하루 ~, 한 시 ~

바삭 ~ ~ 하다

바스락 ~ 소리

바스스 ~ 열린다

바싹 ~ 마른다, ~ 여윈다; □으로/로 ~ 다가선다, □으로/로 ~ 다가앉는다

바위 ~ 절벽, ~ 처럼 꿈쩍 않는다; 가위, ~, 보, 가위 ~ 보, 벼락 ~

바이러스 ~ 김염증, ~ 나 세균, ~ 보균자, ~ 에 감염 된다; 독감 ~, 메르스 ~, 사스 ~, 수돗물 ~ 파동, 에이즈 ~, 장염 ~

바이올리니스트 여류 ~, 천재 소녀 ~

바이올린 ~, 비올라, 첼로, ~ 독주회, ~ 소나타 전곡, ~ 을 연주 한다, ~ 을 킨다, ~ 협주 곡; 음악원에서 ~을 배운다, 피아노와 ~

바이트 백 메가 ~, 오백 메가 ~ 이상, 오백 메가 ~ 정도

바자위다 바자위게 꾸린다

바작바작 □이/가 ~ 타 들어 간다

바지 ~ 가랑이, ~ 뒷주머니, ~ 뒷중심, ~를 입는다, ~ 아랫단, ~ 의 허리 띠, ~ 주머니, ~ 춤을 깐다; 가랑 ~, 고무 줄 ~, 골덴 ~, 남색 반 ~, 멜빵 ~ 옷 본, 명주 ~ 저고리, 반 ~ 차림, 양복 ~ 허릿단, 일 자 ~ 단 줄인다, 재킷과 ~, 티셔츠와 반 ~, 헌 양복 ~, 회색 통 ~

바지락 ~ 을 캔다, ~ 폐사

바지런 ~ 하다

바짝 고삐를 ~ 당긴다, 뒤를 ~ 쫓는다, □에 ~ 다가앉는다, □으로/로 ~ 다가앉는다, 정신 ~ 차린다

바짝바짝 ~ 마른다

바친다 가이사의 것은 가이사에게 바쳐라, 고해 ~, 꽃을 꺾어 ~, 순정을 ~, 운동에 몸 ~, □을/를 목 숨 ~, □을/를 ~, 일러 ~, 제물로 ~, 토산물로써 ~

바퀴 ~ 벌레; 구루마 ~ 굴리듯, 다람쥐 쳇~ 돌듯, 다섯 ~ 돈다, 동네 한 ~, 소달구지 ~ 자국, 쳇~ 돈다, 톱니 ~로 오른다, 톱니 ~와 나사, 톱니 ~의 톱니, 한 ~ 굴러 간다, 한 ~ 돈다

바탕 ~ 색; □을/를 ~으로, 한 ~ 소동이 벌어진다

바통 ~ 터치

바투 ~ 다가선다, ~ 다가앉는다

박 삼 ~ 사 일, 이 ~ 삼 일

박 ~ 덩굴, ~ 속 같다, ~ 속 밀 국 낙지 탕; 함지 ~

박격포 81 미리 ~ 탄

박공 맞배 지붕의 양측 ~, 양측 ~ 면

박는다 박음 질 한다; 가슴에 못을 ~, 깊이 뿌리 ~, 냅다 쥐어 ~, --는다고/ㄴ다고 못 ~, --는다고/ㄴ다고/다고/라고 못 ~, 대가리 짱 ~, 말뚝 ~, 말뚝을 ~, 머리 통을 쥐어 ~, 명토 ~, 빼어다 ~, 승부에 쐐기를 ~, 쑤셔 ~, □에 뿌리 ~, □에 쳐 ~, 연거푸 쥐어 ~, 옆선 ~, □으로/로 못 ~, □을/를 못 ~, □을/를 ~, □을/를 쥐어 ~, 쥐어 박는 시늉, 짱 ~, 콱 쥐어 ~

박대 문전 ~, □을/를 ~ 한다

박동 심장 ~ 소리, 심장의 ~

박두 ~ 한다

박람회 ~ 조직 위원회; 만국 ~

박력 ~ 있다

박막 ~ 액정 표시 장치

박멸 □을/를 ~ 한다

박물관 ~ 과 미술관, ~ 의 눈요기; 국립 ~, 국립 중앙 ~, 성당과 ~, 축소 모형 ~

박박 ~ 긁는다, ~ 깎는다; □을/를 ~ 문지른다

박복 ~ 하다

박빙 ~ 의 승부

박사 ~ 과정 수료, ~ 과정을 밟는다, ~ 과정 이수, ~ 학위 소지자, ~ 학위 취득자, ~ 학위자, ~ 후 연수 과정; 경영학 ~ 학위, 경제학 ~ 학위, 공학 ~ 학위, 명예 ~ 학위, 목회학 ~, □에서 ~ 학위를 취득 한다, □으로/로 ~ 학위를 딴다, 이인국 ~, 지킬 ~와 하이드, 척척 ~, 쿠크 ~

박살 ~ 난다, ~ 이 난다; 초전 ~

박석 ~ 포장

박수 ~ 갈채를 보낸다, ~ 를 쳐 준다, ~ 와 환호, ~ 와 환호성; 아낌 없는 ~, 짝짝짝 ~ 친다, 탄성과 ~

박스 공중 전화 ~, 라면 ~, 탄 ~ 공장

박식 □에 대해 ~하다

박신거린다 사람들이 ~

박애 자유 · 평등 · ~

박약 ~ 하다

박약아 정신 ~

박자 ~ 가 맞는다; 반 ~의 못갖춘 마디, 반 ~ 쯤 느리다, 음정과 ~

박장대소 ~ 한다

박절 ~ 하다

박정 ~ 하다

박쥐 ~ 한테 잡아 먹힌다; 검은 ~

박진 ~ 감 넘친다, ~ 감 있다

박차 개발에 ~를 가한다, □에 더욱 ~를 가한다

박찬다 박차고 뛰어 나간다; 자리를 ~

박출 심장 ~량

박치기 ~ 어음 쪼갠다; 어음 ~

박탈 상대적 ~감, 수면 ~, □을/를 ~ 당한다, □을/를 ~ 한다

박테리아 혐기성 ~

박하 ~ 사탕 봉지; 산 ~ 냄새

박학 ~ 다식하다

박해 ~ 를 받는다; 병인 ~ 때, 천주 교 ~

박힌다 골방에 틀어 ~, 구겨 ~, 귀에 못이 박히게 듣는다, 깊이 뿌리 ~, 날아 와 ~, 못이 ~, 미운 털이 ~, 방 구석에 틀어 ~, 뿌리 깊이 ~, 십자가에 못 ~, □에 들어 ~, □에 ~, □에 쳐 ~, 짱 ~, 촘촘히 ~, 행수로 ~

밖 대문 ~ 골목 길, 동구 ~ 느티나무, 문 ~ 출입, 삽짝 ~, 쇠 창 ~, 안전 선 ~, □을/를 입 ~에 낸다, 차 창 ~, 창 ~만 내어다 본다, 창 ~을 내어다 본다, 학교 ~ 동아리

밖에 --을/ㄹ 수 ~ 없다

반 군청 재해 대책 ~, 수영 ~ 편성, 실무 작업 ~, 어학원 통역 대학원 준비 ~, 작목 ~을 만든다, 종합 진단 ~, 중학교 졸업 ~, 천리마 작업 ~ 운동, 특별 취재 ~, 합동 단속 ~

반 ~ 되 짜리, ~ 마장, ~ 만 년 역사, ~ 바지 차림, ~ 박자의 못갖춘 마디, ~ 박자 쯤 느리다, ~ ~ 씩 섞인다, ~ 벌거숭이, ~ 수 이상, ~ 올림 한다, ~ 월차, ~ 자동 소총, ~ 전세, ~ 집 패, ~ 촉성 재배, ~ 팔 셔츠, ~ 팔 와이셔츠, ~ 팔 티셔츠; 간이 두 근 ~ 서 근 ~ 한다, 남색 ~ 바지, 농담 ~ 진담 ~으로, 농어촌 지도자 ~, 대학원 입시 ~, 시사 연구 ~, 어림 ~ 푼 어치도 없다, 자의 ~ 타의 ~으로, 전신에 붉은 ~ 점이 생긴다, 티셔츠와 ~ 바지

반가 ~ 사유 상; 궁중과 ~

반가이 ~ 맞는다

반갑다[반가와 반가운] 반갑게 맞이 한다; --는다면서/ㄴ다면서/다면서/라면서 반가워 한다, □을/를 반가워 한다, □이/가 ~

반경 ~ 을 넓힌다

반고리관 ~ 결석증, ~ 돌증

반골 ~ 기질

반공 ~ 국시, ~ 법 위반 혐의, ~ 을 국시로 삼는다, ~ 이데올로기, ~ 포로 상이자; 극우 ~, 열혈 ~ 애국 청년

반공해 ~ 운동

반관 ~ 반민 단체

반구 대뇌 ~ 기능, 대뇌 ~ 우성, 대뇌 ~ 절제술, 대뇌 ~ 침범, 북 ~ 국가들, 양측성 대뇌 ~ 병변, 양측성 대뇌 ~ 손상, 우측 대뇌 ~ 병변 환자, 좌측 대뇌 ~ 두정엽, 짧디 짧은 북 ~의 해

반국가 ~ 단체

반군 정부 군과 ~

반군사 ~ 독재

반기 □에 ~를 든다

반기 ~ 결산

반긴다 □을/를 ~, 철 없이 ~

반납 면허증 ~, □을/를 ~ 한다, 자진 ~

반닫이 ~ 궤짝

반대 ~ 급부, ~ 편 차 선, ~ 표를 던진다; 산아 제한 ~, 신탁 통치 ~, 쓰레기 소각장 ~ 주민 대책위, □에 극력 ~ 한다, □에 ~ 한다, 찬성과 ~, 탁치 ~ 선언 식, 파병 ~ 여론, 핵 폐기장 ~, 혐오 시설 입지 ~

반덤핑 ~ 관세 부과; 잠정 ~ 관세

반도 ~ 서 쪽 해안 가

반도체 ~ 수요량, ~ 칩, ~ 파운드리; 고성능 ~, 메모리 ~, 주문형 ~

반독점 ~ 법

반동 ~ 간나 새끼, ~ 의~

반들반들 ~ 윤이 난다, ~ 하다

반듯 ~ ~ 하다; 네 모 ~하다, 대쪽처럼 ~하다

반듯이 ~ 드러눕는다; □을/를 ~ 눕힌다

반등 일시 ~

반디 ~ 를 잡는다

반란 ~ 을 진압 한다, ~ 진압 작전

반려 ~ 된다; 사표를 ~ 한다, 원서를 ~ 한다, □을/를 ~ 한다

반론 ~ 도 만만치 않다

반말 ~ 짓거리, ~ 투로

반면 --는 ~

반문 --느냐고 ~ 한다

반민 ~ 특위; 반관 ~ 단체

반민족 ~ 행위자, ~ 행위 처벌 법

반박 □을/를 ~ 한다

반반 ~ 하다

반발 강력히 ~ 한다, □에 ~ 한다

반발력 정전기적 ~

반복 ~ 된다; 길항 운동 ~ 불능증, 동어 ~, □을/를 ~ 한다

반봉건 ~ 민주 주의 혁명, ~ 운동, ~ 의식, ~ 투쟁; 반제 ~ 민주 주의

반분단 ~ 노선

반비례 □과/와 ~ 한다, 제곱에 ~ 한다

반사 각막 ~, 단일 연접 ~, 대광 ~, 삼두근 ~, 섬모체 척수 ~, 이두근 ~, 조건 ~, 족저 ~, 퇴행적 ~, 표재성 ~, 하악 ~, 햄스트링 ~

반상 구 첩 ~, 오 첩 ~, 칠 첩 ~ 구성

반색 ~ 을 한다, ~ 한다

반석 ~ 같이 다진다, ~ 위

반성 ~ 과 성찰; □을/를 ~ 한다

반성적 자기 ~으로, 자기 ~인

반송 □을/를 ~ 한다

반수 ~ 상태

반숙 계란 ~

반식민 ~ 사학

반식민지 ~ 종속국, ~ 투쟁

반신 ~ 불구자, ~ 불수가 된다

반신반의 ~ 한다

반역 민족 ~자

반열 □의 ~에 오른다

반영 민의가 ~ 된다, 상당 부분 ~ 된다, □을/를 ~ 한다

반왕당 왕당 파와 ~ 파

반원 문예 ~, 철거 ~

반응 과민 ~, 면역 거부 ~, 민감하게 ~ 한다, 민감히 ~ 한다, 신경질적인 ~을 보인다, 싸늘한 ~, □에 ~ 한다, 정색 ~, 한랭 혈압 ~ 검사

반입 □을/를 ~ 한다, 플루토늄 ~, 핵 폐기물 ~

반자의적 ~ 안락사

반작용 작용과 ~

반전 ~ 평화 촛불 대행진

반전 ~ 의 변곡점; 변증법적 ~, 상승세로 ~ 한다, □으로/로 ~ 된다

반점 갈색 ~, 적갈 색 ~

반제 ~ 반봉건 민주 주의

반제국 ~ 주의 연합

반종파 ~ 투쟁

반주검 ~ 이 된다

반주기 영상 가요 ~

반죽 경단 ~, 꿀로 ~ 한다, 미트로프 ~, 밀 가루를 ~ 한다, 밀 가루 ~, □을/를 ~ 한다, 제육 볼 ~, 찹쌀 가루 ~

반중성 ~ 미자

반증 □을/를 ~ 한다

반지 ~ 의 제왕; 구리 ~, 금 ~ 금 목 걸이, 다이아 ~, 다이아몬드 ~, 다이어 ~, 백금 ~, 약혼 ~나 결혼 ~

반지레 ~ 하다

반지르르 ~ 하다

반질반질 ~ 한다

반짝 ~ ~ 빛 난다, ~ ~ 윤이 난다

반짝인다 반짝이는 눈동자; 비늘을 ~

반찬 ~ 가짓수, ~ 투정; 떨이 ~ 꾸러미

반창고 ~ 를 붙인다

반체제 ~ 세력, ~ 운동, ~ 인사

반추 □을/를 ~ 한다

반출 국외 ~

반출증 ~ 끊는다, ~ 붙인다

반출항 목화 솜 ~

반칙 ~ 을 범한다

반탁 ~ 노선

반투명 ~ 비닐 가방

반트러스트 ~ 법

반파 ~ 된다

반포 ~ 된다; 율령 ~, □을/를 ~ 한다, 한글을 ~ 한다

반하다[반해] --는 데 반해, □에 반해

반한다[반해] □에 ~, □에 홀딱 ~, □에게 홀딱 ~

반항 □에 ~ 한다

반항심 적개심이나 ~

반핵 ~ 집회

반혁명 ~ 으로 낙인 된다, ~ 으로 낙인 찍는다, ~ 으로 낙인 찍힌다; 교조 주의 또는 ~

반환 ~ 점을 돌아 선다, ~ 청구 소송; □을/를 ~ 한다, 전반기 ~ 점, 주식 ~ 소송

반환경 ~ 악법

받기 머리 ~ 숏

받는다 받아 적는다; 각광 ~, 각광을 ~, 갈채를 ~, 감명을 ~, 거부감 없이 받아 들인다, 공로를 인정 ~, 괄세 ~, 구애 받지 않는다, 구애 ~, 국제 핵 사찰을 받아 들인다, 귀여움 ~, 귀여움을 ~, 금 상을 ~, 기아 선 상에서 고통 ~, 노벨 물리학 상을 ~, 노벨 생리 의학 상을 ~, 노벨 의학 상을 ~, 농담으로 받아 넘긴다, 뇌물을 받은 혐의, 눈 총을 ~, 대공포 공격을 ~, 대우를 ~, 만기에 원금을 돌려 ~, 맹원증을 수여 ~, 면허증을 돌려 ~, 목사 안수를 ~, 물려 받은 유산, 물려 받은 재산, 물품세를 면제 ~, 박해를 ~, 백만 원을 받아 가로 챈다, 버림 받은 이, 변호인의 조력을 ~, 부름을 ~, 비난 받아 마땅하다, 빼 앗듯이 ~, 사미계를 ~, 사약을 ~, 사제 서품을 ~, 상처 ~, 새 해 복 많이 받아라, 새 해 복 많이 받으세요, 세례를 ~, 손가락 질 ~, 수술을 ~, 스포트라이트를 ~, 시달림을 ~, 실형을 선고 ~, 아무에게도 방해 받지 않는다, 액면 그 대로 받아 들인다, 언도 ~, 엎드려 절 ~, □에 구애 ~, □에게 부축을 ~, 여권을 발급 ~, □을/를 강요 ~, □을/를 건네어 ~, □을/를 넘겨 ~, □을/를 돌려 ~, □을/를 떠 ~, □을/를 물려 ~, □을/를 받아 먹는다, □을/를 발급 ~, □을/를 본 ~, □을/를 선물로 ~, □을/를 액면 대로 받아 들인다, □을/를 인정 ~, □을/를 이어 ~, □을/를 자백 ~, □을/를 주고 ~, 인기 상을 ~, 임명장을 ~, 재치 있게 받아 넘긴다, 절찬을 ~, 조하를 ~, 주거니 받거니 시시덕거린다, 주거니 받거니 한다, 지탄 ~, 진찰을 ~, 찬미를 받으소서, 천대 ~, 천벌을 ~, 체포 영장을 발부 ~, 촉망 ~, 총애를 ~, 추앙 ~, 충격을 ~, 통행세를 ~, 편지를 ~, 항소심에서 유죄 판결을 ~, 항소심에서 징역 형을 선고 ~, 호평을 ~, 환송 또는 이송 ~

받는다[발아 발은] 비판 ~

받든다[받들고 받들어] 받들어 모신다; 신위 앞에 ~, 우러르어 ~, □을/를 ~, 천명을 ~

받이 양철 물 ~, 의자 등 ~, 좌석 등 ~

받친다 단장여를 ~, 떠 받치고 있다, 악에 ~, 옥개석을 ~, 외목도리를 ~, □을/를 떠 ~, □을/를 ~, 쟁반에 ~, 종도리를 ~, 종보를 ~, 천장 돌을 ~, 체에 ~, 추녀를 ~

받침 굽 ~, 밑 ~ 된다, 밑 ~ 한다, 옥개 ~, 옥개석 ~ 돌, □을/를 뒷~ 한다, 층급 ~

받힌다 □에 ~

발 두 ~의 실탄, 두 ~의 총성, 수백 ~, 열댓 ~, 총 알 두 ~을 쏜다

발 런던 ~ 파리 행, 서울 ~ 태풍, 워싱턴 ~로 보도 한다

발 ~ 길로 걷어 찬다, ~ 길이 뜸하다, ~ 까지 구른다, ~ 끝만 굽어본다, ~ 등에 떨어진 불을 끈다, ~ 등에 불이 떨어진다, ~ 등을 찍힌다, ~ 디딜 틈 없이, ~ 만 동동 구른다, ~ 목과 무릎, ~ 목 관절, ~ 목을 삔다, ~ 목을 잡힌다, ~ 바

닥이 간질거린다, ~ 뺌을 한다, ~ 뺌 한다, ~ 을 전다, ~ 을 헛디딘다, ~ 자국 소리, ~ 자취를 더듬는다, ~ 탄 강아지, ~ 판을 마련 한다, ~ 품을 판다; 개 ~에 다갈, 관람객의 ~ 걸음, 구둣~ 소리, 군화 ~ 자국, 네 ~ 자전거, 도둑이 제 ~ 저리다더니, 도약의 ~ 판, 땅에 ~을 디딘다, 머리 끝에서 ~ 끝까지, 무좀 걸린 ~, 문어 ~ 경영, 문어 ~ 식 기업 확장, 문어 ~ 확장, 믿는 도끼에 ~ 등 찍힌다, 빗~이 뿌린다, 빗~ 치는 비난, 비난이 빗~ 친다, 새 ~의 피다, 서릿~ 같다, 손 ~이 차다, 손 짓 ~ 짓 한다, 스타로 ~ 돋움 한다, 신 ~ 장, □에 ~ 맞춘다, □에 ~ 벗고 나선다, □에 첫 ~을 내 디딘다, □에 첫 ~을 내 딛는다, 역전의 ~ 판, 오른 ~ 강슛, 오른 ~ 슛, 오른 ~ 인사이드 킥, 오른 ~ 중거리 슛, 오른 쪽 ~ 목 부상, 오리 ~을 내 민다, 왼 ~ 강슛, 왼 ~ 슈팅, 왼 ~ 슛, 왼 ~ 중거리 슛, 요청이 빗~ 친다, □으로/로 ~ 돋움 한다, --으며/며 ~을 동동 구른다, --으면서/면서 ~을 동동 구른다, □의 ~ 목을 잡는다, 집게 ~, 첫 ~을 내디딘다, 첫 ~을 내딛는다, 첫 ~을 디딘다, 총 알이 빗~ 친다, 한 ~ 뒤로 물러 선다, 한 ~ 앞 선다, 한 ~ 정도 물러 난다, 한 ~ 한 ~ 내 딛는다, 한 ~ 한 ~ 다가선다, 한 번 ~을 들여 놓는다, 항의가 빗~ 친다, 현대사의 ~ 자취

발가락 바깥 쪽 ~, 손가락과 ~, 손가락이나 ~, 오므라든 ~

발각 ~ 된다

발간 ~ 된다; □을/를 ~ 한다, 자료집을 ~ 한다, 전작 도록 ~, 책자를 ~ 한다

발갛다 발갛게 달아 오른다, 발갛게 물들인다, 발갛게 익는다; 얼굴이 발개 진다

발견 사체로 ~ 된다, □을/를 ~ 한다, 주검으로 ~ 된다, 피살체로 ~ 된다

발견지 꿀의 ~

발고 □을/를 ~ 한다

발광 지랄 ~ 한다

발광 ~ 다이오드

발군 ~ 의 실력

발굴 ~ 된다; 고고학적 ~, 세원을 ~ 한다, □을/를 ~ 한다, 인재 ~, 전사자 유해 ~, 절 터를 ~ 한다

발굽 말 ~ 소리

발그레 ~ 하다

발그스름 ~ 하다

발급 비자를 ~ 한다, 사증 ~ 인정, 신속 비자 ~, 여권을 ~ 받는다, □을/를 ~ 받는다, □을/를 ~ 한다, 임대 계약의 견적서 ~, 입국 비자 ~, 입국 사증 ~ 창구, 증명서를 ~ 한다, 진단서를 ~ 한다, 처방전을 ~ 한다, 카드 ~, 통행증을 ~ 한다, 확인서를 ~ 한다

발기 ~ 부전, ~ 불능, ~ 한다

발기 ~ 총회, ~ 취지문

발기발기 ~ 찢어 발긴다

발긴다 갈가리 찢어 ~, 발기발기 찢어 ~

발끈 ~ 한다

발달 ~ 한다; 아동 ~ 백서, 오감 ~ 놀이

발대 비리 근절 운동 본부 ~ 식, 영농 ~ 식

발동 계엄 령을 ~ 한다, 마늘에 대한 세이프가드를 ~ 한다, 명령권 ~, 조사권 ~

발딱 ~ 일어 난다, ~ 일어 선다

발랄 생기 ~하다, 재기 ~

발랑 ~ 까진다

발레 ~ 나 오페라, ~ 단과 오페라단; 가극과 ~, 국립 ~단, 유니버설 ~단

발령 부장으로 ~ 난다, 소장으로 ~이 난다, 영업 소장으로 ~ 난다, 오존 주의보 ~, □으로/로 ~ 난다, □으로/로 ~ 낸다

발름거린다 코 ~

발름발름 ~ 한다

발린다 입에 발린 말, 입에 발린 소리

발매 ~ 된다; □을/를 ~ 한다

발명 ~ 된다; □을/를 ~ 한다, 인쇄술의 ~, 토기의 ~

발문 통문을 ~ 한다

발발 걸프전 ~, 한국 전쟁이 ~ 한다

발발 ~ 떤다

발버둥 벗어 나려고 ~ 친다

발병 ~ 한다; 성인 병의 ~

발부 사전 구속 영장이 ~ 된다, 영장 ~, 영장을 ~ 한다, □을/를 ~ 한다, 체포 영장을 ~ 받는다

발부 신체 ~ 수지부모

발사 로켓 ~대, 모형 로켓 ~, 미사일 ~ 대, 미사일 ~ 실험, 미사일 시험 ~, 미사일을 ~ 한다, □을/를 ~ 한다

발사기 로켓 ~

발산 매력을 ~ 한다, □을/를 ~ 한다

발상 참신한 ~

발생 ~ 한다; 과부하 ~, 소음을 ~ 시킨다, 쓰레기 ~량, 폐 암 ~률, 폐비닐 ~량, 환차손 ~

발생적 자연 ~으로 생겨 난다

발생지 ~ 처리 원칙

발생학 계통 ~

발설 □을/를 ~ 한다

발송 공문을 ~ 한다, 대량 ~ 문서, 서한을 ~ 한다, 안내문을 ~ 한다, 요청서를 ~ 한다, □을/를 ~ 한다

발신 ~ 건 수

발암 ~ 물질

발언 공안 부장의 ~, 대쪽 같은 ~

발우 ~ 공양

발원 계곡에서 ~ 한다

발원지 ~ 까지의 직선 거리

발육 ~ 부전, ~ 부진; 생식기의 ~

발육기 치아 ~

발음 영어 식 ~, □을/를 ~ 한다

발의 □을/를 ~ 한다

발자욱 ~ 소리

발작 ~ 간 뇌파, ~ 시 뇌파; 간대성 ~, 간질 ~, 경련 ~, 단순 부분 ~, 복합 부분 ~, 소아 결신 ~, 일과성 허혈 ~, 적하 ~, 탈력 ~, 특발성 전신 ~

발전 ~ 한다; 수력 ~ 댐, 열 병합 ~, 태양 열 ~, 태양광 ~, 파력 ~, 풍력 ~

발전 ~ 에 크게 이바지 한다, ~ 저해 요소, ~ 한다; 농어촌 ~ 특별 조치 법, 생

ㅂ

태 ~ 론자, 장족의 ~을 한다, 중장기 ~ 계획, 학교 ~ 기금

발전기 교류 ~

발진소 ~의 방사능; 석탄 화력 ~, 수력 ~, 양수 ~, 원자력 ~, 핵 ~, 화력 ~ 가동

발족 ~ 된다, ~ 시킨다, ~ 한다

발주 □을/를 ~ 한다

발진 국부 ~ 회로, 수포성 ~

발짝 두어 ~ 뒷걸음 질 친다, 한 ~도 물러 서지 않는다, 한 ~ 뒤로 물러 선다, 한 ~ 물러 선다, 한 ~ 한 ~

발짝 ~ 소리

발췌 ~ 개헌 안; □에서 ~ 한다, □을/를 ~ 한다

발치 침대 ~

발칙 ~ 한

발칵 ~ 뒤집힌다; □을/를 ~ 뒤집는다

발탁 ~ 된다; □을/를 ~ 한다, 전격 ~

발톱 날카로운 ~, 이빨과 ~

발통 구루마 ~

발파 폭약 ~

발포 ~ 스티롤, ~ 폴리스티렌; 고무 ~ 보온재

발표 성명을 ~ 한다, 실명 제 ~, 월례 ~ 회, □을/를 ~ 한다, 이 차 추가 합격자 ~, 제작 ~회, 주제 ~자, 합격자 ~ 일

발표문 공동 ~

발한다[발해] 빛을 ~, □을/를 ~

발행 ~ 부 수, ~ 판 수; 고액권 ~, 국채 ~, 사채 ~ 차금, 수표를 ~ 한다, 예보채 차환 ~ 동의 안, 외평채 ~ 한도, □을/를 ~ 한다, 자점 ~ 자기 앞 수표, 최초 ~ 년월일, 타행 ~ 일반 자기 앞 수표, 환어음을 ~ 한다, 회사채를 ~ 한다, 회사채 ~

발행고 은행권 ~

발행비 신문 ~

발현 ~ 된다

발호 ~ 한다

발화 수행적 ~

발효 ~ 성분 함유, ~ 스타터; 곡물을 ~ 시킨다, 수산 ~ 기술, 수산 ~ 식품, 염장 ~, 유산균 ~ 식품, 유산균 ~ 채소, 저온 장기 ~, 젖 산 ~ 시킨다, 혼성 ~ 유산균

발효유 프리미엄 급 ~

발효주 속성 ~

발휘 십분 ~ 한다, □을/를 ~ 한다, □을/를 유감 없이 ~ 한다, 창발성을 ~ 한다, 최대한으로 ~ 한다

발흥 ~ 한다

밝는다 밝아 온다; 아침이 ~, 어슴푸레 날이 ~, □이/가 훤히 ~, 희뿜하니 ~

밝다 밝디~ , 밝은 대낮; 낮과 같이 ~, 물정에 ~, 장래가 ~, 환하게 ~, 휘영청 ~

밝힌다 □을/를 밝혀 낸다, □을/를 소상히 ~, 인과 관계를 ~, 진실을 ~, 출처를 굳이 각주 란에다 ~, 화촉을 ~

밟는다 가속 페달을 ~, 계단을 밟고 올라 간다, 밀 밭을 ~, 박사 과정을 ~, 브레이크를 ~, 수순을 ~, 액셀러레이터를

~, □을/를 ~, □의 전철을 ~, 절차를 ~, 즈려 ~, 지근지근 ~, 지렁이도 밟으면 꿈틀거린다, 출국 수속을 ~, 콱 콱 ~, 페달을 힘 차게 ~, 허방을 ~

밟힌다 눈에 ~, 자욱자욱 ~

밤 ~ 가루와 쌀 가루, ~ 나무의 생육, ~ 놓아라 대추 놓아라 한다, ~ 색 뿔 테 안경, ~ 알 굵기; 게 살과 찐 ~, 꿀 ~ 깍정이, 꿀 ~ 도장

밤 ~ 낮 가리지 않는다, ~ 늦게 귀가 한다, ~ 바람이 서늘 서늘 불어 온다, ~ 벚꽃 놀이, ~ 샘 농성, ~ 샘 숙직, ~ 새도록 걷는다, ~ 새도록 일 한다, ~ 새 뒤척인다, ~ 새 뜬 눈으로 지새운다, ~ 안개 속, ~ 을 지샌다, ~ 을 지새운다, ~ 이 이슥하다, ~ 이고 낮이고, ~ 이슬을 맞는다, ~ 잠을 설친다, ~ 차를 탄다, ~ 하늘을 수 놓는다; 광란의 ~, 낮과 ~, 낮이나 ~, 늦게 배운 도둑이 ~ 새는 줄 모른다, 동짓달 긴 긴 ~, 뜬 눈으로 ~을 새운다, 섣달 그믐 ~, 신혼 첫 날 ~, 아닌 ~ 중에 홍두깨, 이튿날 ~, 잠 못이루는 ~, 잠 안오는 ~, 즈믄 ~, 청량리 행 ~ 차, 칠흑 같은 ~, 하룻~ 묵어 간다, 하룻~을 묵는다, 하룻~ 정분

밥 ~ 그릇, ~ 만 축 낸다, ~ 상에 숟가락 하나 더 얹는다, ~ 알 같은 구더기, ~ 의 감촉, ~ 의 찰기, ~ 이 질다, ~ 주걱, ~ 하고 빨래 한다, ~ 한 끼; 곤드레 돌 솥 ~, 국 ~ 집, 대패 ~ 모자, 도장 ~, 돌 솥 비빔 ~, 밀 쌀 ~, 보리 ~과 된 장, 보온 ~ 솥, 보온 ~ 통, 볶음 ~ 재료, 비빔 ~ 양재기, 산채 비빔 ~, 새벽 ~을 짓는다, 생선 초 ~, 세 끼 ~, 술 ~과 누룩, 식은 ~, 아침 ~을 먹는다, 안남미 ~, 압력 ~ 솥, 왕 모래나 톱 ~, 유부 초 ~, 잡곡 ~, 잡곡 현미 ~ 상, 잡탕 ~, 저녁 ~, 전기 ~ 솥, 죽이 되든 ~이 되든, 찬 ~ 더운 ~ 안가린다, 찬 ~ 덩이, 차려 놓은 ~ 상, 철 ~ 통, 초 ~ 두 공기, 초 ~ 전문점, 콩깻묵 ~, 콩 나물 ~, 톱 ~ 같이 거칠다, 한 솥 ~을 먹는다, 호마이카 ~ 상 다리

방 한 ~ 먹인다, 한 ~ 쏜다

방 ~ 값 흥정, ~ 구석에 틀어 박힌다, ~ 문을 걸어 잠근다, ~ 세 독촉, ~ 청소, ~ 한 칸; 건넌 ~으로 건너 온다, 건재약 ~, 기생 ~ 출입, 놀이 ~이나 탁아 원, 단칸 월셋~, 달 동네 달 ~, 부엌 ~에 숨는다, 사글세 ~, 삭월세 ~, 산 동네 자취 ~, 심야 만화 ~, 아동 센터 공부 ~, 안 ~과 건넌 ~, 안 ~ 아랫목, 약 ~의 감초, 옆 ~ 아주머니, 옥탑 ~, 전셋~ 얻는다, 지하 단칸셋~, 찜 질 ~, 헌 책 ~

방계 ~ 혈족; 직계와 ~

방과 ~ 후 교실

방관 □을/를 ~ 한다

방광 ~ 경부, ~ 내압 측정법, ~ 배뇨 근, ~ 용적, ~ 원개부; 신장과 ~

방구리 두어 ~, 술 두 ~, 한 ~

방귀 ~ 깨나 뀐다는, ~ 통통 뀐다; 연속해서 줄 ~를 뀐다, 콧~만 뀐다, 코 ~를 뀐다

방그레 ~ 웃는다

방긋 ~ ~ 웃는다

방긋이 ~ 웃는다

방기 □을/를 ~ 한다

방뇨 노상 ~ 한다

방단 ~ 계단, ~ 계단형 적석총

방담 산책 ~

방대 ~ 하다

방독 ~ 마스크

방독면 ~ 착용

방둥이 ~ 크다

방랑 ~ 시인, ~ 한다

방류 무단 ~ 한다, 오폐수 ~, □을/를 ~ 한다, 페놀 ~

방만 ~ 하다

방망이 다듬이 ~, 도깨비 ~, 알루미늄 야구 ~, 요술 ~

방목 ~ 된다

방문 사후 약 ~

방문 ~ 교사, ~ 단 교환, ~ 지도사, ~ 진료, ~ 판매, ~ 학습지 교사; 가가호호 ~ 한다, □을/를 ~ 한다, 이 차 이산 가족 ~단, 이산 가족 ~단 교환 사업, 일 차 이산 가족 ~단, 호 별 ~

방방 국토의 ~ 곡곡, 삼천 리 ~ 곡곡, 전국 ~ 곡곡

방방 ~ 뜬다

방범 ~ 등 불 빛, ~ 순찰 차, ~ 순찰대

방법 --는 ~, 소인수 분해 ~, 수단과 ~을 가리지 않는다, 암호화 ~, 온갖 ~을 다 동원 한다, 재정 충당 ~, 주관식 평가 ~

방벽 엄페호 ~

방부 ~ 처리

방부제 ~ 와 살충제

방북 ~ 자 명단; 차관보의 ~, 특사 ~, 특사의 ~

방불 □을/를 ~ 케 한다, 주차장을 ~ 케 한다

방사 원자로와 ~ 화학 실험실

방사기 화염 ~

방사능 ~ 유출 사고, ~ 함유량; 발전소의 ~

방사상 ~ 으로 뻗어 나간다

방사선 ~ 동위 원소, ~ 요법, ~ 치료; 진단 ~ 과

방사선학적 ~ 검사

방산 체열의 ~

방산 ~ 간담회

방석 바늘 ~에 앉는다, 짚 ~처럼 썩는다

방송 ~ 불가 판정, ~ 사나 신문 사; 공영 ~ 체제, 공중 파 ~, 선무 ~, 성금 모금 ~, 실황 중계 ~, 야구 중계 ~, 위성 ~ 수신기, 유선 ~ 망, 유선 ~ 법 시안, 이동 ~ 차, 전 한국 ~ 공사장, 종합 유선 ~ 법, 지상 파 ~ 사, 통신 ~ 위성, 편파 ~ 대책 특위

방송가 ~ 의 화제

방송사 ~ 상 유례 없다

방송인 일선 ~

방송학 ~ 과 학생; 신문 ~ 과

방수 ~ 텐트

방수로 ~ 공사

방식 가변 조합 ~, 다단계 판매 ~, 사고 ~, 셀프서비스 ~, 스코어링 ~, 아날로

그 ~, 외채 관리 ~, 조합형 ~, 주파 수 분할 다중화 ~, 토지 분급 ~, 표현 ~

방실 ~ 결절, ~ 전도 차단, ~ 차단

방심 ~ 한다; 실수나 ~

방아 ~ 쇠를 당긴다, ~ 쇠 점 주사 요법, ~ 틀 뭉치; 떡 ~를 찧는다, 떡 ~ 찧는다, 민요 곡 풍의 ~ 타령, 보리 ~ 찧는다, 수용체 ~ 쇠 영역, 엉덩 ~를 찧는다, □에 궁둥 ~를 찧는다, 입 ~를 찧는다, 입 ~에 오른다, 입 ~ 찧는다, 화학 수용체 ~ 쇠

방아깨비 메뚜기나 ~

방안 수용자 참여 ~, 재원 조달 ~

방약무인 ~ 하다

방어 ~ 기제, ~ 진을 구축 한다, ~ 진지; 대공 ~ 망, 외곽 ~ 망, 원거리 대공 ~ 와 대함전, 육탄 ~, □을/를 ~ 한다, 전역 미사일 ~ 망 구축, 철벽 ~, 탄도 탄 ~ 유도 탄

방언 중부 ~

방영 □을/를 ~ 한다, 인기리에 ~ 된다

방우 ~ 시설

방울 ~ 달린 니꾸사꾸; 고양이 목에 ~ 단다, 굵은 빗~, 기름 한 ~, 눈 물 한 ~, 땀 ~이 맺힌다, 땀 한 ~, 말 ~ 소리, 물 ~로 응결 된다, 볼에 눈 물 ~이 맺힌다, 빗~이 후둑후둑 떨어진다, 솔 ~과 조개 탄, 솔 ~처럼 굴러 다닌다, 송글송글 땀 ~ 맺힌다, 쇠 ~ 눈, □에 ~ 진다, 피 한 ~, 한 ~ 한 ~, 후드득 빗~이 떨어진다

방울방울 ~ 떨어진다

방위 투명 ~ 판

방위 ~ 협의 회비; 국민 ~ 군, 상호 ~ 조약, 전략 ~ 구상, 지세 ~, 지역 ~, 향토 ~ 군

방위대 ~ 병력

방위력 ~ 증강

방위비 ~ 분담

방일 ~ 을 앞 둔다; 대통령의 ~

방임 □을/를 ~ 한다, 자유 ~ 주의

방자 어른 앞에서 ~히 군다, 오만 ~하다

방장 혈기 ~하다

방적 ~ 공장, ~ 여공

방전 전기적 ~, 정전기 ~

방점 □에 ~을 찍는다

방정 ~ 하다; 품행 ~

방정식 고차 ~, 미분 ~, 연립 ~

방제 병충해 ~, 항공 ~

방조 □을/를 ~ 한다

방조제 남해 ~

방종 ~ 하다

방죽 ~ 길

방증 □을/를 ~ 한다

방지 공해 ~ 시설, 광물 찌꺼기 유실 ~ 공사, 남용의 ~, 노화 ~, 돈 세탁 ~ 법, 모래 유실 ~ 공사, 미끄럼 ~ 처리, 미아 ~ 용품, 부패 ~ 위원회, 사과 및 재발 ~ 약속, 사과와 재발 ~ 약속, 수해 ~ 대책, 수해 ~ 실무 협의회, 약물 오남용 ~, 온난화 ~, 우산 분실 ~ 대책, 윤락 행위 등 ~ 법, □을/를 미연에 ~ 한다, □을/를 ~ 한다, 재발 ~ 노력, 재발 ~

대책, 전자 파 장해 ~, 토사 유실 ~ 공사, 토양 유실 ~ 공사

방지기 가정용 도난 ~

방지제 오염 ~

방지책 부정 부패 ~

방직 ~ 공장

방진 ~ 마스크

방책 해안 가 ~

방천 ~ 둑 밑, ~ 둑 아래, ~ 둑 잔디 밭

방청 ~ 한다

방추 ~ 파

방추체 근 ~

방출 ~ 된다; 양전자 ~ 전산화 단층 촬영술, □을/를 ~ 한다, 음 이온 ~, 음이온 ~ 기능, 이산화 탄소의 ~, 정부 보유미 ~량

방치 ~ 된다; □을/를 ~ 한다

방침 강경 대응 ~, □으로/로 내부 ~을 정한다

방탄 ~ 국회, ~ 유리 문

방탕 ~ 하다; 사치와 ~

방탱이 눈탱이 ~

방패 창과 ~

방폐물 ~ 처분장

방포 ~ 소리

방학 ~ 계획 표; 여름 ~

방한 ~ 실황, ~ 한다

방해 ~ 책동; 공무 집행 ~ 죄, 아무에게도 ~ 받지 않는다, 업무 ~ 죄, □에 ~가 된다, □을/를 ~ 한다

방향 나아가야 할 ~, 남남서 ~으로 달린다, 동서남북 네 ~, 법제화 ~, 쌍 ~ 원격 강의, 장축 ~, 주공 ~, 해 돋이 ~

방형 말각 ~

방호 ~ 망

방화 약탈과 ~, 연쇄 ~ 사건, 지하철 ~ 참사

방화장 ~ 벽체

방황 ~ 한다

밭 ~ 도랑 논 두렁, ~ 둑, ~ 한 뙈기; 개똥 ~에 구른다, 갯벌 ~, 과수 ~, 길 옆 풀 ~, 논과 ~, 논 두렁 ~ 두렁, 논이나 ~, 마늘 ~에 웃거름 준다, 메밀 ~, 밀 ~을 밟는다, 방천 둑 잔디 ~, 백일홍 꽃 ~, 비탈 ~, 비탈 진 ~, 솔 ~ 사이 사이, 수수 ~, 쑥 대 ~이 된다, 쑥 ~이 된다, 연안의 모래 ~, 유채 꽃 ~, 참 억새 ~, 콩 ~ 맨다, 포도 나무 ~, 풀 ~에 털썩 주저앉는다

밭다 콩콩 밭은 기침

밭친다 체에 ~

배 금 ~ 전국 고교 축구 대회, 대통령 금 ~ 고교 축구 대회, 대통령 ~ 대회 우승

배 열 ~ 커진다, 용기 백 ~ 한다

배 ~ ㅅ 고동 소리, ~ ㅅ 놀이를 한다, ~ 와 항구, ~ 의 마스트; 뜨내기 ~사람, 뱃전과 ~바닥, 어기여차 ~ 띄워라, 제주 행 ~, 조그만 통 나무 ~ 한 척

배 ~ ㅅ 속에서 무두질을 한다, ~ ㅅ 속에서 쪼르륵 소리가 난다, ~ ㅅ 심 좋다, ~ 가 고프다, ~ 가 부르다, ~ 다른 자식, ~ 두 척, ~ 보다 배꼽이 크다, ~ 불리 먹는다, ~ 안고프다, ~ 에서 쪼르륵

소리가 난다, ~ 짼다, ~ 탈이 난다; 등치고 ~ 문지른다, 백 ~ 사죄 한다, 술 ~가 따로 있다, 주린 ~를 채운다, 첫 술에 ~ 부르랴, 추위와 ~ 고픔, 춥고 ~ 고프다, 횟배 앓는 ~속

배 ~ 나무 과수원; 까마귀 날자 ~ 떨어진다, 복숭아 꽃 ~ 꽃

배가 ~ 된다, ~ 시킨다; 전투력 ~

배격 단호히 ~ 한다, □을/를 ~ 한다

배경 ~ 과 윤곽; 우주 ~ 복사 선, 전경과 ~

배관 건축 ~ 기능사

배급 식량 ~량

배기 ~ 밸브; 묵직한 ~ 음, 자동 차 ~ 가스

배꼽 ~ 빠진다, ~ 에 탈장이 생긴다, ~ 춤을 춘다; 배보다 ~이 크다

배낭 ~ 을 탄탄히 맨다, ~ 하나 짊어진다; 피크닉 ~

배내똥 ~ 을 다 배설 한다

배뇨 방광 ~ 근

배달 우편 ~업, □을/를 ~ 한다

배달부 연애 편지 ~, 우편 ~, 중국 집 ~

배달원 신문 ~, 중국 집 ~

배당 ~ 소득; 실적 ~ 상품

배드민턴 ~ 채

배때기 ~ 다가 철 판 깐다

배란 ~ 유도제

배럴 백만 ~

배려 ~ 에 보답 한다; 세심한 ~, 신임과 ~, □을/를 ~ 한다

배례 분향 ~

배반 □을/를 ~ 한다, 이율 ~

배배 ~ 꼬인다

배부 □을/를 ~ 한다

배분 구성원에게 ~ 한다, 상임 위원장 ~, □을/를 ~ 한다, 자원의 효율적 ~

배상 ~ 책임; 국가 ~ 법, 대물 ~, 민사상 손해 ~ 청구, 백만 원의 손해 ~ 청구, 손해를 ~ 한다, 손해 ~ 소송, 손해 ~ 청구 소송, □에 손해 ~을 한다, □에게 손해 ~을 청구 한다, □으로/로 손해 ~을 청구 한다, 일억 원의 손해 ~

배상액 손해 ~

배색 다색 ~

배서 수표에 ~ 한다, 회사 명의의 ~

배석 접견석 상에 ~ 한다

배설 ~ 의 쾌감; 배내똥을 다 ~ 한다, □을/를 ~ 한다, 체외로 ~ 한다, 피부 ~

배소기 회전 식 ~

배속 □에 ~ 된다

배송 특급 ~

배수 ~ 펌프 시설; 싱크대 ~ 관

배수 ~ 의 진, ~ 진을 친다; 유수지와 ~ 펌프

배수구 ~ 세정제

배수로 길 가 ~

배시시 ~ 웃는다

배신 □을/를 ~ 한다

배아 ~ 복제 실험, ~ 줄기 세포; 소맥 ~, 인간 ~ 복제, 잉여 냉동 ~, 키메라 ~

배알 □을/를 ~ 한다

배알 ~ 이 뒤틀린다

배양 시험 관에서 ~ 한다, □을/를 ~ 한다

배역 호화 ~ 진

배열 ~ 및 디자인; 다기능 위상 ~ 레이더, 선택 및 ~, 선택이나 ~, 스크린의 ~, 연도순으로 ~ 한다, □을/를 ~ 한다

배우 경극 ~, 무술 영화 ~, 아역 ~, 연기 파 ~, 주연 ~

배우자 동형 ~, 이형 ~, 자웅 ~

배운다 늦게 배운 도둑이 밤 새는 줄 모른다, 외국어를 ~, □을/를 ~, 음악원에서 바이올린을 ~

배움 ~ 터를 만든다

배웅 □을/를 ~ 한다

배은 ~ 망덕하다

배인다 □에 ~

배임 ~ 수재; 업무 상 ~ 혐의

배점 문항당 ~, 차등 ~ 제

배정 □을/를 ~ 한다

배제 보호로부터 ~ 된다, 사회적 ~자, □을/를 ~ 한다

배제법 요인 ~

배종 □을/를 ~ 한다

배지 국립 대학교 ~

배짱 ~ 이 두둑하다

배차 ~ 간격

배척 □을/를 ~ 한다, 흑 과부 ~

배청 ~ 의리 론

배추 ~ 나 무, ~ 세 포기, ~ 와 무; 김장 ~, 무와 ~, 솎음 ~

배출 ~ 된다, ~ 부과금, ~ 자 책임, ~ 허용 기준, ~ 허용 총량 제; 오염 물질 ~량, 온실 가스 ~량, □을/를 ~ 한다, 이산화 탄소 ~량

배출권 ~ 거래

배치 □에 ~ 된다

배치 ~ 고사; 남향으로 ~ 된다, 남향으로 ~ 한다, 병렬형 ~, 삼 금당 일 탑 식 ~, 실전 ~, □에 ~ 된다, □을/를 ~ 한다, 일 금당 쌍 탑 식 가람 ~, 일 금당 일 탑 식 가람 ~, 일 탑 삼 금당 식 가람 ~, 일 탑 일 금당 식 가람 ~, 자대 ~

배치도 --려는 공간 ~

배타 ~ 제어

배타적 ~ 으로 독점 한다, ~ 인; □을/를 ~으로 지배 한다

배태 ~ 된다; □을/를 ~ 한다

배터리 ~ 가게; 리튬 폴리머 ~ 생산 기술, 폴리머 ~ 개발

배트 힘껏 ~를 휘두른다

배포 무료로 ~ 한다, □을/를 ~ 한다, 직접 우편 또는 가두 ~

배합 볼 ~, □을/를 ~ 한다

배향 문묘에 ~ 한다, □을/를 ~ 한다

배회 ~ 하고 있다; □을/를 ~ 한다

배후 ~ 로 지목 된다, ~ 로 지목 한다, ~ 조종; □을/를 ~ 조종 한다

배흘림 ~ 두리기둥을 세운다; 약한 ~

백 슬리핑 ~ 속

백 ~ 기를 든다, ~ 도라지 꽃, ~ 색 가전, ~ 색 왜성; 흑과 ~, 흑 ~ 사진

백가 제자 ~

백골 ~ 이 진토 된다; 전경과 ~단

백과 ~ 사전

백관 문무 ~

백금 ~ 반지, ~ 착체 항암제

백두 ~ 장사

백마 ~ 비마

백면 ~ 청안

백문 ~ 이 불여일견이다

백반 감자 국 ~, 보쌈 ~, 불 고기 ~, 순두부 ~

백발 ~ 이 성성하다; 노안과 ~

백방 ~ 으로 노력 한다, ~ 으로 수소문 한다

백분위 ~ 점수

백사장 부두 옆 ~

백서 아동 발달 ~

백성 다람쥐 ~, 무지렝이 ~들, 병사들과 ~들

백송 ~ 살리기

백수 ~ 광부

백신 B 형 간염 ~, B 형 간염 예방 ~

백안시 □을/를 ~ 한다

백열 ~ 전구

백인 흑인과 ~

백일 ~ 하에 드러난다

백일장 교내 ~

백일홍 ~ 꽃 밭

백자 ~ 주전자; 청자나 ~

백작 ~ 부인

백전 ~ 노장

백전백승 --으면/면 ~이다

백정 ~ 층

백조 ~ 의 호수

백주 ~ 대낮, ~ 대로에서, ~ 대로 폭행

백지장 ~ 을 맞든다

백질 이염성 ~ 이영양증

백철 ~ 주전자

백출 ~ 한다

백탄 석탄 ~ 탄다

백토 ~ 와 솜

백통 ~ 테 안경

백혈구 ~ 감소증, ~ 증가증, ~ 증다증

백혈병 ~ 을 앓는다

백호 좌 청룡 우 ~, 청룡과 ~

백화점 ~ 과 슈퍼, ~ 과 슈퍼마켓, ~ 수입품 코너, ~ 의 여점원, ~ 이나 슈퍼마켓, ~ 이나 할인점; 미싱 ~

백회 ~ 를 바른다

밴다 배어 나는 땀, 배어 든다; 고루 배도록 조몰락 조몰락 주무른다, 습관이 몸에 ~, 아이를 ~

밴드 고무 ~

밴드 ~ 의 연주; 오 인 조 ~, 하드코어 ~

밴드웨건 ~ 효과를 일으킨다

밴딩 ~ 작업

밸 ~ 이 꼴린다

밸브 배기 ~, 흡기 ~

뱀 ~ 에 물린다, ~ 에게 물린다

뱁새 ~ 가 황새 따라 가다가 가랑이 찢어 진다

뱃속 ~ 으로 스민다; 앓는 ~

뱃전 ~ 가녘, ~ 과 뱃바닥, ~ 시울

뱃지 ~ 를 부착 한다; 보안관 ~

뱅글뱅글 ~ 돈다

뱅뱅 ~ 돈다

뱅잉 헤드 ~을 한다

뱅크 데이터 ~

뱉는다 가래를 ~, 가래 침을 ~, □을/를 내 ~, □을/를 ~, □을/를 퉤 ~, □을/를 퉤 퉤 ~, 침을 찍 ~, 침을 퉤 ~, 침을 퉤 퉤 ~, 카악 ~, 퉤 퉤 침 ~, 퉤악 ~, 푸우 ~

버거 새우 ~

버글버글 ~ 한다

버금 □에 ~ 간다

버나 ~ 돌리기, ~ 잽이

버너 ~ 와 코펠; 휴대용 가스 ~

버둥거린다 사지를 ~

버드나무 ~ 가지

버라이어티 호화 ~ 쇼

버러지 ~ 같다

버럭 ~ ~ 고함을 지른다, ~ ~ 고함을 친다, ~ ~ 고함 친다, ~ 성 낸다, ~ 소리 지른다, ~ 역정을 낸다

버르장머리 ~ 없다

버르적거린다 □을/를 ~

버릇 ~ 없이 군다, ~ 은 여전하다; --는 ~, 세 살 ~ 여든까지 간다, 술 ~이 나쁘다, 입 ~처럼 늘 말 한다, 입 ~처럼 말씀 하신다, 잠 ~

버린다 감쪽 같이 사라져 ~, 싸늘히 식어 ~, --어/아 ~, 온 데 간 데 없이 사라져 ~, 잘라 ~

버린다 버릴 것은~ , 버리자니 아깝다; 그 대로 내 ~, 기득권을 ~, 까맣게 잊어 ~, 내 버려 둔다, 목 숨을 초개처럼 ~, 미련 없이 ~, 싹 쓸어 ~, □을/를 ~, □을/를 잃어 ~, 초개 같이 ~, 헌 신짝처럼 내 ~

버림 ~ 받은 이

버무린다 섞어 ~, 양념을 ~

버블 ~ 경제, ~ 붕괴

버선 ~ 갈피, ~ 깁는다; 나일론 ~, 삼베 ~

버섯 ~ 매운 탕, ~ 전골; 느타리 ~ 꼬치 구이, 불린 목이 ~, 팽이 ~ 부추 볶음

버스 ~ 안내양, ~ 에 몸을 싣는다, ~ 정류소, ~ 종점; 고속 ~ 승차권 카드 예약 서비스, 고속 ~ 터미널, 노란 색 소형 ~, 만원 ~ 속, 서울 행 고속 ~, 시외 ~ 정류장, 시외 ~ 터미널, 씨티 투어 ~, 예리코 행 ~를 탄다, 완행 ~, 좌석 ~ 표, 직행 ~, 통근 ~

버스비 통학 ~

버전 최신 ~

버젓 ~ 하다

버쩍 ~ 당긴다, ~ 든다

버터 ~ 나 마요네즈 소스, ~ 를 얇게 바른다, ~ 와 식용유; 팬에 ~를 두른다

버튼 ~ 을 누른다; 열림 ~

버틴다 □에 떡 ~

벅고 ~ 놀이

벅벅 □을/를 ~ 긁는다, □을/를 ~ 문지른다

벅적벅적 ~ 긁는다

벅차다 벅찬 감격, 벅차 오른다

번 287 ~ 지방도, 4 ~ 국도, 527 ~ 지방 도로, 경추 6 ~, 교향곡 9 ~, 삼 ~ 국도, 요추 5 ~, 육천 삼십구 ~, 이십 육 ~, 흉추 11 ~, 흉추 7 ~

번 눈썹 한 ~ 까딱 안한다, 다음 ~에, 두 세 ~, 먼저 ~, 세 ~ 째 경일, 세 ~ 째 키커, 수 십 ~, 열여덟 ~ 째 그린, 이 ~ 주초, 이 ~ 특감, 일 주일에 한 두 ~ 씩, 일곱 ~ 째 위성 보유국, 첫 ~ 째 키커, 한 두 ~, 한 ~ 발을 들여 놓는다

번갈아 ~ 가며, ~ 가면서, ~ 개최 한다, ~ 노려 본다, ~ 바라 본다, ~ 쳐다 본다

번개 ~ ㅅ 불에 콩 구워 먹는다, ~ ㅅ 불이 번쩍 한다, ~ 가 친다, ~ 를 동반 한다, ~ 빛살, ~ 와 천둥, ~ 탄; 천둥과 ~, 천둥 ~

번거롭다[번거로와 번거로운] 번거롭고 귀찮다; 귀찮고 ~, 일 처리들이 무척 ~

번뇌 ~ 망상

번다 ~ 하다

번다[벌고 벌어] 벌어 들인 로열티; 개처럼 ~, 돈을 어거리로 ~, 떼 돈을 ~, 외화를 벌어 들인다, □을/를 벌어 들인다, 학비를 ~

번데기 ~ 통 조림

번드레 ~ 하다

번드르 ~ 하다

번드르르 ~ 하다

번들거린다 땀으로 ~

번들댄다 번들대는 대머리

번들번들 ~ 하다

번듯 네 모 ~하다

번뜩인다 번뜩이는 재치; □을/를 ~

번복 □을/를 ~ 한다, 탈퇴를 ~ 한다

번성 ~ 한다

번성기 옛 날 ~

번속국 ~ 벨트

번쇄 ~ 하다

번식 미생물의 ~, 생존과 ~, 세균이 ~ 한다, 전역에서 ~ 한다

번식종 우점적 ~

번식지 ~ 의 남 쪽

번안 ~ 한다

번역 ~ 자인 김수행; □에서 ~ 출간 한다, □을/를 ~ 한다, 초벌 ~

번역가 초벌 ~

번역본 한글 ~

번연 ~ 히 안다

번영 존립과 ~, 해수욕장 ~회

번잡 ~ 하다

번지르 ~ 하다

번지르르 □만 ~하다

번진다 불 길처럼 ~, 유행처럼 ~, 의혹이 ~, 입 가에 미소가 ~

번질댄다 번질대는 얼굴

번질번질 ~ 한다

번쩍 ~ 든다, ~ ~ 빛 난다, ~ ~ 한다, ~ 쳐 든다, ~ 치켜 든다; 눈이 ~ 뜨인다, 번갯불이 ~ 한다, □을/를 ~ 안아 든다

번쩍번쩍 꽈르릉 ~

번쩍인다 랜덤하게 ~

번창 음식점이 ~ 한다, 중개지로 ~ 한다

번철 ~ 에 기름을 두른다

번트 ~ 수비, ~ 타구; 보내기 ~

번호 ~ 끝 자리; 수인 ~, 수험 ~, 원자 ~, 이름과 주민 등록 ~, 전화 ~ 수첩, 전화 ~와 주소, 점호 ~, 주소와 전화 ~

번화 ~ 하다

번히 눈을 ~ 뜨고

벌 끝 없는 ~ 판, 너른 ~ 판

벌 두 ~과 세 ~, 두 ~ 논 매기, 두 ~ 식자판, 세 ~ 논 매기, 세 ~ 식, 세 ~ 잠 잔다, 양복 한 ~, 옷 한 ~, 홈 드레스 두 ~

벌 ~ 과 개미, ~ 독 요법, ~ 에 쏘인다, ~ 이나 거미, ~ 집을 쑤신다, ~ 침 요법, ~ 한테 쏘인다; 과즙이나 ~ 꿀, 꿀 ~이나 개미

벌 ~ 로써 다스린다; 상 ~ 위원회, □을/를 ~ 준다

벌거숭이 반 ~

벌겋다 벌건 대낮, 벌건 속 흙, 벌겋게 상기 된다, 벌겋게 충혈 된다, 벌겋게 타 들어 간다, 벌겋게 타 오른다; 얼굴이 벌겋게 달아 오른다

벌금 ~ 을 부과 한다, ~ 형에 처한다; 백만 원 이하의 ~, 천만 원 이하의 ~에 처한다

벌대 장대석 세 ~, 장대석 한 ~

벌떡 ~ ~ 일어 난다, ~ 일어 선다; --라면 자다가도 ~ 일어 난다

벌떡거린다 심장이 ~

벌렁 ~ 눕는다; □에 ~ 나자빠진다, □에 ~ 드러눕는다, □으로/로 ~ 나가 떨어진다, □으로/로 ~ 나자빠진다, □으로/로 ~ 드러눕는다

벌레 ~ 나 이물질, ~ 에 먹힌다; 두 점박이 먼지 ~ 붙이, 딱부리 먼지 ~, 땅 꼬마 ~, 바퀴 ~, 비단 ~와 바구미, 풀 ~ 소리, 하잘것 없는 풀 ~

벌룽거린다 콧구멍이 ~

벌름거린다 □을/를 ~, 코를 ~

벌린다 벌린 입을 다문다; 가랑이를 ~, 아가리를 ~, □을/를 딱딱 ~, □을/를 떡 ~, □을/를 ~, □을/를 짝 ~, □을/를 쩍 ~, 입을 크게 ~, 입을 헤 ~, 활개를 ~

벌벌 ~ ~ 떤다; □에 ~ 떤다, □을/를 ~ 떤다

벌어진다 벌어진 입을 다문다; 떡 ~, 분쟁이 ~, 한 바탕 소동이 ~, 휑하니 ~

벌열 노론 ~ 층

벌이 ~ 가 괜찮다, ~ 가 시원 찮다

벌인다 각축전을 ~, 공방을 ~, □과/와 시소 게임을 ~, 난상 토론을 ~, 대대적으로 ~, 승강이를 ~, 시가전을 ~, □을/를 ~, 인질 극을 ~, □하구 활극을 ~

벌점 도로 교통 법 위반자 ~

벌채 □을/를 ~ 한다

벌초 처 삼촌 ~ 한다

벌충 □을/를 ~ 한다

벌칙 ~ 구역

벌컥 ~ 일어 난다; □을/를 ~ ~ 들이킨다

벌크 ~ 시멘트

범국민 ~ 대책; --기 ~ 운동

범람 ~ 한다

범민족 ~ 대회

범박 ~ 하다

범벅 뒤 ~ 된다, 뒤 ~이 된다, 땀으로 ~이 된다, 콧물 ~, 피 ~이 된다

범법 ~ 행위

범상 ~ 하지 않다

범속 ~ 하다

범연 ~ 하다

범용 ~ 하다

범위 재정 신청 ~

범음 가릉빈가 ~

범인 ~ 검거, ~ 과 한 패

범절 예의 ~

범접 ~ 할 수 없다; □을/를 ~ 한다

범죄 ~ 공모 혐의, ~ 를 저지른다, ~ 및 일탈 행위; 강력 ~ 소탕, 사이버 ~ 수사대, 실업과 ~, 엄연한 ~ 행위, 특정 ~ 가중 처벌 법 위반

범죄자 밀수 꾼 ~

범칙금 ~ 납부, ~ 이나 과태료; 과태료나 ~

범한다[범해] 과오를 ~, --는 어리석음을 ~, 반칙을 ~, 우를 ~, □을/를 ~, 죄악을 ~

범행 ~ 동기

법 --으란 ~

법 ~ 과 대학원, ~ 안을 통과 시킨다, ~ 에 저촉 된다, ~ 이 제정 된다; 개정 약사 ~, 개혁 관련 ~ 안, 경범죄 처벌 ~, 경제 통제 ~, 경찰 ~ 개혁, 경찰관 직무 집행 ~, 계엄 ~ 위반, 고령자 고용 촉진 ~, 골재 채취 ~, 공공 자금 관리 기본 ~, 공무원 연금 ~, 공정 거래 ~ 시행령, 공중 위생 관리 ~, 공직자 윤리 ~, 교육 공무원 ~, 교통 사고 처리 특례 ~, 교통 사고 특례 ~, 국가 배상 ~, 국가 보안 ~, 국가 총동원 ~, 국군 조직 ~, 국내 ~과 국제 ~, 국민 건강 보험 ~, 국민 체육 진흥 ~, 국민 투자 기금 ~, 국세 기본 ~, 국제 기구와 국제 ~, 국제 ~ 상 난민, 국회 ~ 개정 안, 군 ~ 회의, 근로 기준 ~, 기초 생활 보장 ~, 긴급 조치 ~ 개정 안, 남녀 고용 평등 ~ 위반, 노동 관계 ~ 개정, 노동 ~ 개정, 농어촌 발전 특별 조치 ~, 대기 질 개선 특별 ~ 시안, 도로 교통 ~ 위반자 벌점, 도조 ~, 독점 금지 ~ 위반, 돈 세탁 방지 ~, 모자 보건 ~, 무기 수출 통제 ~, 무기 운반 ~, 미곡 통제 ~, 민방위 기본 ~, 민사 소송 ~ 상 화해, 반공 ~ 위반 혐의, 반독점 ~, 반민족 행위 처벌 ~, 반트러스트 ~, 법원 조직 ~, 변호사 ~ 개정 안, 변호사 ~ 위반, 보안 관찰 ~, 보안 ~ 위반자, 보안 ~ 철폐, 보안 ~ 파

동, 부동산 실명 ~ 시행 일, 부정 수표 단속 ~, 분쟁 조정 ~ 안, 비영리 민간 단체 지원 ~, 사립 학교 ~ 개정, 사마리아인 ~, 사상범 보호 관찰 ~, 산림 ~ 위반, 산업 안전 보건 ~ 위반, 산업 육성 ~, 산업 피해 구제 ~, 상가 건물 임대차 보호 ~, 상가 임대차 보호 ~, 상품권 ~이 폐지 된다, 선거 ~과 정치 자금 ~, 선거 ~ 위반 사건, 선거 ~ 위반 혐의, 성 폭력 특별 ~ 제정, 세 ~ 상 증여세 과세, 소득세 ~, 식품 위생 ~, 신탁업 ~, 실정 ~을 위반 한다, 십 이 동판 ~, 약사 ~ 개정, 약사 ~ 시행 규칙, 약사 ~ 재개정, 양곡 관리 ~, 엄정한 ~ 집행, □에 관한 임시 조치 ~, □에 관한 특별 조치 ~, 여신 전문 금융업 ~, 연방 저작권 ~, 영유아 보육 ~, 예금자 보호 ~, 외환 관리 ~ 시행 령, 외환 관리 ~ 위반, 유선 방송 ~ 시안, 윤락 행위 등 방지 ~, 응급 의료 ~, 의료 보험 ~, 의료 분쟁 조정 ~, 이용자 보호 ~, 인민 보건 ~, 임대차 보호 ~ 시행, 자연 재해 대책 ~, 정보 공개 ~, 정부 조직 ~에 규정 되어 있다, 정치 관계 ~, 조세 감면 규제 ~, 종합 유선 방송 ~, 주택 건설 촉진 ~, 중유 보일러 규제 ~, 지방세 ~ 시행 령, 지방 재정 ~, 직업 안정 ~, 진폐 ~, 집시 ~ 위반, 창업 지원 ~, 초중등 교육 ~, 출입국 관리 ~ 위반, 치안 유지 ~, 컴퓨터 소프트웨어 대여 ~, 컴퓨터 프로그램 보호 ~, 통신 비밀 보호 ~ 위반 혐의, 특가 ~, 특별 ~을 제정 한다, 특별 ~의 제정, 특정 범죄 가중 처벌 ~ 위반, 해양 ~ 협약, 행형 ~ 대로, 헌법 재판소 ~, 현행 공정 거래 ~, 현행 교육 ~, 현행 ~ 상, 현행 사립 학교 ~, 현행세 ~, 현행 영국 ~, 현행 증권 거래 ~, 현행 프로그램 보호 ~, 현행 형사 소송 ~, 화물 자동 차 운수 사업 ~

법가 ~ 사상, ~ 사상가

법계 우주 ~

법과 ~ 대학

법관 종신 ~ 제

법권 치외 ~ 지역

법규 ~를 개정 한다; 교통 ~를 위반 한다, 교통 ~ 위반자, 현행 ~ 상

법당 ~ 과 승방, ~ 뒤 산죽 숲

법대 ~ 졸

법률 ~ 구조 공단, ~ 용어, ~ 위반, ~ 자문단; 가정 ~ 상담소, 개정 ~ 안, 합동 ~ 사무소, 헌법이나 ~

법리 ~ 논쟁; 판매의 ~

법명 --란 ~

법무 ~ 담당관, ~ 부 검찰 국장, ~ 부와 검찰, ~ 부 장관 해임 건의 안 처리, ~ 부 출입국 관리 사무소, ~ 연수 원, ~ 장관; 국방 부 ~ 관리관

법무관 ~ 으로 근무 한다, ~ 의 증언; 군 ~, 사단의 ~

법문 ~ 을 설한다

법석 ~ 을 떤다; 난리 ~이다, 야단 ~

법안 ~ 심사 소위

법원 ~ 과 검찰청, ~ 조직 법, ~ 판례, ~ 행정처; --는다는/ㄴ다는/다는/라는 지방 ~ 판결, 상고 ~, 연방 고등 ~, 연방 지방 ~, 원심 ~, 항소 ~

법인 민 관 합동 ~, 비영리 ~, 사단 ~, 이 월 결산 ~, 이 월 말 결산 ~, 재단 ~, 정기 ~세, 휴면 ~

법정 ~ 공방, ~ 대리인, ~ 소란 행위; 입찰 ~

법정 ~ 신고 기한 경과 후, ~ 최저 임금; 죄 형 ~ 주의

법정대 ~ 졸

법제 호적 ~

법조 ~ 일원화; 재야 ~

법조계 ~ 인사; 재야 ~

법조인 여성 ~, 재조 ~

법치 ~ 국가

법칙 뉴턴의 중력 ~, 무어의 ~, 음운 ~, 일정 성분비의 ~

법통 □의 ~을 계승 한다, □의 ~을 잇는다, 임정 ~ 론

법학 ~ 과 졸, ~ 을 전공 한다, ~ 전문 대학원; 대학 ~ 과, 전문 ~ 대학원

법학부 ~ 를 졸업 한다

법회 ~ 를 봉행 한다; 기공 식 ~, 동사섭 ~, 송년 ~

벗 말 ~이 된다, □을/를 ~ 삼는다

벗긴다 벗겨 낸다; 때를 ~, 문질러 ~, 베일이 벗겨 진다, 양파 껍질을 ~, □을/를 ~, 한 꺼풀 ~, 홀랑 홀랑 ~

벗는다 벗는 메이크업, 벗어 나려고 발버둥 친다, 벗어 나 있다; 속 옷까지 ~, 엉덩이 밑까지 훌렁 벗어 진다, □에 발 벗고 나선다, □에서 한 치도 벗어 나지 않는다, 웃통을 벗어 젖힌다, 웃통을 훌렁 ~, □을/를 벗어 던진다, □을/를 벗어 붙인다, □을/를 벗어 젖힌다, □을/를 훌러덩 ~, □을/를 훌훌 벗어 던진다, 콤플렉스에서 벗어 난다, 한 꺼풀 한 꺼풀 벗어 던진다, 훨훨 벗어 던진다

벙글 ~ ~ 웃는다; 싱글 ~ 웃는다

벙벙 ~ 해 진다, ~ 히 앉는다; 어안이 ~ 하다

벙어리 ~ 냉가슴 앓듯, ~ 냉가슴 앓이, ~ 장갑; 꿀 먹은 ~이다

벙커 경유 ~

벚꽃 ~ 이 만발 한다; 밤 ~ 놀이

베 ~ 를 짠다, ~ 보자기, ~ 잠뱅이, ~ 짠다

베개 ~ 를 치댄다; 누에 똥 ~, 팔 ~를 한다

베갯잇 ~ 을 적신다

베고니아 ~ 꽃 잎

베니어 ~ 문, ~ 판

베드 ~ 타운 기능

베란다 ~ 난간, ~ 를 개조 한다, ~ 를 확장 한다, ~ 쪽 문, ~ 화초

베스트 ~ 셀러 목록; 금서 ~ 셀러, -- 라는 ~ 셀러

베이비 ~ 붐 세대

베이스 데이터 ~를 검색 한다, 온라인 데이터 ~, 자기 증식 데이터 ~, 종합 목록 데이터 ~

베인다 □을/를 ~, 칼에 ~

베일 ~ 에 싸인다, ~ 이 벗겨 진다; 검은 ~

베트남인 캄보디아인과 ~

베팅 ~ 도사; 과감한 ~을 한다

베푼다[베풀고 베풀어] 관용을 ~, 선심을 ~, 시혜를 ~, 연회를 ~, □을/를 ~, 자비를 ~, 자선을 ~, 친절을 ~, 회갑연을 ~

벡터 ~ 기하

벤다 벼 ~, □을/를 ~, □을/를 한 입 ~, □을/를 한 칼에 ~, 칼로 ~

벤처 ~ 기업, ~ 집적지; 공공 ~ 캐피털, 민간 ~ 캐피털, 이 차 ~ 붐, 해외 ~ 캐피털

벤치 ~ 에 앉는다; 공원의 ~

벨 비상 ~을 누른다, 전화 ~ 소리, 전화 ~이 요란히 울린다, 전화 ~이 울린다, 징글 ~

벨칸토 ~ 창법

벨트 ~ 를 채어 올린다; 가죽 ~, 그린 ~ 관리, 그린 ~ 내, 그린 ~로 묶인다, 그린 ~ 전면 해제 무효화, 그린 ~ 훼손, 번속국 ~, 안전 ~ 사인, 좌석 ~

벼 ~ ㅅ 짚 더미, ~ ㅅ 짚 암모니아 처리, ~ ㅅ 짚 이엉, ~ 과 식물, ~ 과에 딸린다, ~ 낟가리, ~ 벤다, ~ 알, ~ 와 보리, ~ 의 조생종, ~ 이삭, ~ 포기; 늦자란 ~, 단보당 ~ 생산량, 통일 ~ 매입가

벼락 ~ 바위, ~ 부자가 된다, ~ 을 맞는다, ~ 이 친다

벼랑 ~ 끝에 몰린다; 가파른 ~, 천 길 ~ 위

벼루기 호미 ~를 한다

벼룩 ~ 의 간을 빼 먹는다

벼른다[별러] 벼르고~

벼름 ~ 한다

벼슬 ~ 에서 물러 난다

벽 ~ 선을 따른다, ~ 에 걸린 괘종 시계, ~ 에 등을 기댄다, ~ 을 쌓는다, ~ 을 튼다, ~ 을 허문다, ~ 장 서랍, ~ 장 속, ~ 장 움; 건축용 ~ 돌, □과/와 쌍 ~ 을 이룬다, 내화 ~ 돌, 마루 윗~, 붉은 ~ 돌 집, 비비 꼬인 ~, 성 ~으로 둘러 싸인다, 언어 ~ 돌장, 윗~ 선반에 얹힌다, 천장과 ~ 면, 판축 성 ~, 회 ~에 안료를 칠 한다

벽두 새 해 ~

벽력 ~ 같이 소리 지른다; 뇌성 ~, 청천 ~

벽사 ~ 진경

벽지 바닥재와 ~

벽지 산간 ~

벽체 ~ 로 막는다; 방화장 ~, 콘크리트 ~

벽해 상전이 ~가 된다

벽화 고분 ~, 프레스코 ~

변 등식의 양 ~

변개 □을/를 ~ 한다

변경 기종 ~, 보직 ~, 용도 ~, □으로/로 보직 ~을 한다, □으로/로 용도 ~을 한다, □으로/로 용도 ~ 한다, □을/를 ~ 한다, 직종 ~, 품목 허가 ~, 형질 ~

변곡점 반전의 ~

변기 화장실 ~

변덕 ~ 이 죽 끓듯 한다

변동 ~ 금리부 외화 채권, ~ 금리부 채권, ~ 금리형 저축, ~ 환율 제; 계절 ~ 조정치, 일 일 ~ 제한 폭, 일중 ~, 환율 ~

변두리 ~ 복덕방, ~ 빈촌

변란 ~ 모의

변량 ~ 분석; 설명 ~

변론 논고문 낭독과 최후 ~, 무료 ~

변명 ~ 만 늘어 놓는다, ~ 의 여지, ~ 한다; 구구한 ~, 구차한 ~, 궁색한 ~

변모 □으로/로 ~ 한다

변방 ~ 에 우짖는다

변변 ~ 하다

변별력 수능의 ~, 시각 및 청각 ~

변복 ~ 한다

변비 ~ 나 설사

변사 ~ 사건

변상 □을/를 ~ 한다

변색 ~ 된다; 누렇게 ~ 한다

변성 ~ 의 질환, ~ 질환; 뇌교 소뇌 ~, 아급성 연합성 척수 ~

변소 ~ 뒤창, ~ 봉창, ~ 청소 당번; 수세 식 ~

변속 ~ 저항증

변속기 자동 ~ 장착

변수 ~ 로 고려 한다; 돌발 ~, 외생 ~, 종속 ~

변신 □으로/로 ~ 한다

변심 ~ 한다

변액 ~ 보험

변온 ~ 동물

변이 설화 ~

변인 예언 ~, 준거 ~

변장 ~ 한다

변전 ~ 무상

변절 ~ 한다

변제 채무 ~

변제권 소액 임차인의 우선 ~

변조 진폭 ~

변죽 ~ 만 울린다

변질 ~ 된다, ~ 수성암 류

변칙 ~ 상속 증여, ~ 세일

변태 ~ 성욕, ~ 성욕자

변통 □을/를 ~ 한다

변한다[변해] 변함 없이; 마음이 ~, □으로/로 ~, 음식이 ~

변혁 ~ 주체 계급, ~ 주체 세력; 급진 ~ 세력, 일대 ~, 해방 또는 ~

변형 ~ 된다, ~ 매니시 룩, ~ 생성 문법; 생활 양식 ~ 운동, 유전자 ~ 농산물, 유전자 ~ 농작물, 유전자 ~ 미생물, 유전자 ~ 식품, 유전자 ~ 작물

변호 □을/를 ~ 한다

변호사 ~ 개업, ~ 법 개정 안, ~ 법 위반, ~ 와 상의 한다

변호인 ~ 선임, ~ 선임권, ~ 을 선임 한다, ~ 의 선임, ~ 의 접견, ~ 의 조력을 받는다, ~ 의 출석, ~ 입회, ~ 접견, ~ 접견권, ~ 측 토론자; 국선 ~ 제도, 상고인 또는 ~, 피고인이나 ~, 항소인 또는 ~

변화 ~ 감을 준다, ~ 무쌍하다, ~ 추구 욕구; 간단 없이 ~ 한다, 기후 ~ 협약, 약간 씩 ~ 한다, 패러다임의 ~, 표정의 ~가 없다

변화구 ~ 컨트롤

변환 ~ 기하; 문자 식의 ~, 원점수와 ~ 점수, 원점수와 ~ 표준 점수

별 ~ 거 아니다, ~ 것 아니다, ~ 게 아니다, ~ 꼴 다 본다, ~ 문제가 없다, ~ 볼 일 없다, ~ 볼 일 없이, ~ 생각 없이, ~ 수 없다, ~ 일도 다 많다, ~ 일 없다, ~ 짓을 다 한다, ~ 탈 없다; 원 ~ 말씀을

별 ~ 또는 성좌, ~ 빛이 드문드문 깜빡인다, ~ 이나 은하, ~ 점을 본다; 떠돌이 ~의 궤도, 성 ~ 노동 분업, 성 ~ 분업, 오각 ~, 은하나 ~, 중성자 ~, 짝 ~ 구조, 컴퓨터 ~ 점, 하늘의 ~ 따기, 행운의 ~ 점

별감 ~ 의 마님

별고 ~ 없다

별관 본관과 ~

별도 부가세 ~

별로 ~ 없다, ~ 탐탁지 않다

별루 ~ 신통치 않다

별명 --라는 ~

별미 ~ 를 맛 본다

별세 숙환으로 ~ 한다

별장 ~ 의 폐허

별정 ~ 직 공무원

별채 우 ~

별책 ~ 부록

볍씨 ~ 가마니

볏 ~ 도 가지런하다; 학 ~

병 공관 경비 ~, 보병과 포 ~, 상등 ~, 소년 ~ 출신, 육군 고사포 ~ 여단, 육군 이 등 ~, 일 등 ~, 포 ~ 대대, 포 ~ 연대, 포로 감시 ~

병 ~ 균이 침입 한다, ~ 수발, ~ 에 걸린다, ~ 을 키운다, ~ 주고 약 준다; 골 ~ 이 든다, 광우 ~ 감염, 난치 ~ 치료, 당뇨 ~ 컨트롤, 댕기 열 ~, 만 ~ 통치 약, 몽유 ~ 환자, 백혈 ~ 센터 건립, 백혈 ~ 치료제, 불치 ~과 난치 ~, 불치 ~이나 난치 ~, 불치의 ~, 성 ~ 감염, 성인 ~ 예방, 성인 ~의 발병, 성인성 당뇨 ~, 소위 월요 ~, 속 ~을 앓는다, 수인성 전염 ~, 신 ~ 치료 차, 신장 ~을 앓는다, 심장 ~으로 쓰러진다, 썩고 ~ 든다, 알츠하이머 ~, 야경증 및 몽유 ~, 열 ~을 앓는다, 외래 풍토 ~, 잎 도열 ~, 잔 ~ 치레, 전염 ~ 예방 접종, 전염 ~ 창궐, 지레 ~ 난다, 탄저 ~ 및 천연두, 파킨슨 ~ 환자, 피부 ~을 앓는다, 한국 ~ 치유, 항정신 ~ 약물, 혈우 ~ 치료제, 혈우 ~ 환자

병 ~ 목 현상, ~ 째 들이킨다, ~ 채로 마신다; 공 ~ 보증금 제도, 두 되 들이 ~, 사 홉 들이 소주 한 ~, 상어 기름 ~, 약 ~, 요구르트 ~, 우유 ~ 마개, 이 리터 페트 ~, 젖 ~ 소독, 젖 ~을 소독 한다, 청자 상감 모란 꽃 무늬 기름 ~, 최루 탄과 화염 ~, 플라스틱 음료수 ~, 화염 ~과 돌, 화염 ~과 돌멩이, 화염 ~과 최루탄, 화염 ~ 투척

병과 □을/를 ~ 한다

병기 비밀 ~

병농 ~ 일치

병동 호스피스 ~

병력 ~ 을 주둔 시킨다; 공화국 수비대 ~, 방위대 ~, 소련 군 ~, 잔여 ~

병리 ~ 생리학

병리사 임상 ~

병리학 해부 ~

병리학적 사회 ~으로, 사회 ~인 문제

병무 ~ 비리 수사, ~ 비리 의혹, ~ 상담; 전 ~ 청장

병발 □을/를 ~ 시킨다

병변 ~ 의 국소; 기저 핵 ~, 기질적 ~, 뇌간 ~, 뇌교 ~, 두정엽 ~, 수초성 ~, 양측성 대뇌 반구 ~, 우측 대뇌 반구 ~ 환자, 전두엽 ~, 종양성 ~, 추체로 ~, 파괴성 ~, 핵상 ~

병사 ~ 휴학

병사 ~ 들과 백성들, ~ 와 매춘부, ~ 와 장교; 관심 ~, 귀순 ~, 나찌 친위대 ~ 들, 모범 ~, 미군 ~, 흑인 ~

병살 ~ 플레이

병색 ~ 이 완연하다

병석 ~ 에 눕는다

병설 초등 학교 ~ 유치원

병신 ~ 육갑 한다

병실 ~ 을 뛰쳐 나간다

병아리 ~ 를 깐다; 깜장 ~

병약 ~ 하다

병역 ~ 기피 의혹, ~ 기피자, ~ 면제 의혹, ~ 면제 처분, ~ 미필, ~ 비리 근절, ~ 비리 수사, ~ 비리 은폐 의혹, ~ 비리 의혹, ~ 을 기피 한다, ~ 의 의무, ~ 의무자, ~ 특례; 아들 ~ 비리, 양심에 따른 ~ 거부자, 양심적 ~ 거부자

병영 ~ 체험

병용 □을/를 ~ 한다, 한자 ~

병원 ~ 응급실, ~ 이나 보건소, ~ 이나 호스피스, ~ 회계 지침; 도립 ~, 세브란스 ~, 야전 ~, 요양 ~, 정신 ~에 입원 한다, 한방 ~장

병이 ~ 류

병자 행려 ~

병적 ~ 기록 표, ~ 기록부

병정 ~ 원숭이; 꼬마 ~

병조 ~ 판서

병존 ~ 한다

병증 근육 ~, 다발 신경 ~, 말초 신경 ~, 말초성 전정 신경 ~

병진 ~ 노선

병참 ~ 기지, ~ 기지화, ~ 사령관

병창 가야금 ~의 인간 문화재

병충해 ~ 방제; 냉해와 ~

병치 □을/를 ~ 한다

병풍 난 ~, 열두 폭 ~, 오악 ~, 와당문의 열 폭 ~

병합 열 ~ 발전, □을/를 ~ 한다

병행 □을/를 ~ 한다

병환 ~ 이 위중하다

볕 ~ 에 그은다, ~ 을 쬔다; 불 ~ 더위, 쥐 구멍에도 ~ 들 날이 있다, 햇~이 쨍쨍 쬔다

보 가위 , 바위 , ~, 가위 바위 ~, 비단 ~로 싼다, 시접 장식 식탁 ~, 와그르르 웃음 ~가 터진다, 와그르르 웃음 ~를 터뜨린다, 울음 ~를 터뜨린다

보 --기 일 ~ 직전, 만 ~를 채운다, 몸싸움 일 ~ 직전, 백 ~를 양보 해서, 오십 ~ 백 ~이다

보 ~ㅅ 물처럼 터진다

보 ~로 결구 한다, ~ 머리와 결구

보강 □을/를 ~ 한다, 정력 ~ 음료

보개 ~ 천징

보건 ~ 복지 부, ~ 복지 위원회, ~ 사회 연구 원, ~ 의료 노조, ~ 지소, ~ 환경 연구 원; 구강 ~ 주간, 국립 ~ 원, 국회 ~ 사회 위원회, 모자 ~ 법, 산업 안전 ~ 법 위반, 인민 ~ 법

보건소 ~ 간호사; 병원이나 ~

보건의 공중 ~

보결 ~ 수업

보고 □을/를 ~ 한다

보고서 --다는/라는 ~가 나온다, 세계 개발 ~, 연례 ~

보관 냉동 ~, 냉장 ~, □을/를 ~ 한다, □을/를 창고에 ~ 한다, 칫솔 ~ 라커

보관소 자전거 ~, 칫솔 ~

보국 ~ 안민, ~ 주간

보궐 ~ 선거

보균자 B 형 간염 ~, 바이러스 ~, 에이즈 ~

보글보글 ~ 끓는다

보금자리 까마귀의 ~

보급 ~ 된다; 가가호호 ~ 한다, 널리 ~ 한다, 수신기 ~ 대 수, 피시 ~률

보낸다 보내기 번트; 나날을 ~, 다달이 보내 온다, 머무르면서 여유로이 ~, 박수 갈채를 ~, 수신호를 ~, 시간을 여유로이 ~, 엽서를 ~, □을/를 떠나 ~, □을/를 보내 온다, □을/를 시집 ~, □을/를 우편으로 ~, 전화 통지문을 ~, 질의서를 ~, 편지를 ~, 포볼로 내 ~

보너스 ~ 이율

보다 □~ 그리 대단치 않다, □~ 다섯 살 위다, □~ 두 살 아래다; 꿈 ~ 해몽이 낫다, 논리 ~는 직관, --는다기/ㄴ다기/다기/라기 ~, --다기 ~, 득 ~ 실이 많다, 무엇 ~ 탄실하다, 배 ~ 배꼽이 크다, 실 ~ 득이 많다, 실 ~ 득이 크다, 예상 ~ 까다롭다, 예정 일 ~ 늦다, 짐승 ~ 못하다

보답 배려에 ~ 한다, 성원에 ~ 한다, 은혜에 ~ 한다

보도 횡단 ~ 건너 편, 횡단 ~를 건넌다

보도 ~ 및 평론, ~ 와 논평, ~ 와 평론; 극화 된 ~, 워싱턴 발로 ~ 한다, □을/를 ~ 한다, 정정 ~ 청구, 취재 및 ~, 취재와 ~, 홍보성 ~

보도문 공동 ~

보드 타일과 석고 ~

보득솔 ~ 밑

보들보들 ~ 하다

보듬는다 보듬어 안는다; 둥치를 ~, □을/를 ~

보라 ~ㅅ 빛 과남풀 꽃; 짙은 ~빛

보람 ~ 있다

보료 비단 ~

보루 담배 한 ~

보루 최후의 ~

보류 □을/를 ~ 한다

보름 ~ 날 달 맞이, ~ 쇤다; 개 ~ 쇠듯, 음력 정월 ~, 정월 ~ 날

보리 ~ 개 떡, ~ 깡촌, ~ 나물 국, ~ 밥과 된 장, ~ 방아 찧는다, ~ 빵, ~ 엿 기름, ~ 와 밀, ~ 이삭, ~ 타작, ~ 혼식; 꾸어다 놓은 ~자루, 벼와 ~, 봄 ~ 파종, 쌀 또는 ~, 해물 전과 ~ 국수

보물 ~ 로 지정 된다, ~ 로 지정 한다, ~ 창고, ~ 표를 찾는다

보배 구슬이 서 말이라도 꿰어야 ~이다

보병 ~ 과 포 병, ~ 사단, ~ 중대장; 국군 ~

보복 ~ 운전, ~ 의 악순환, ~ 이 두렵다, ~ 한다

보부상 ~ 두령

보살 ~ 의 명호; 공양주 ~, 관세음 ~

보살핀다 살뜰히 ~, □을/를 ~, 정성으로 ~

보상 국채 ~ 운동, 금전적 ~, 정당한 ~, 합당한 ~, 휴경 ~ 제

보상금 신고 ~ 제

보상비 용지 ~

보석 ~ 감정, ~ 세공사, ~ 재생업, ~ 처럼 빛 난다, ~ 함 속; 금은 ~

보석 ~ 으로 석방 된다

보선 ~ 보이코트, ~ 출마자, ~ 특대 위원장, ~ 특대위

보세 ~ 구역 출입

보송보송 ~ 하다

보수 극우 ~ 세력, 극우 파와 ~ 파

보수 능역 ~ 작업

보수 신탁 ~율, 착수금과 성공 ~, 표준 ~ 월액, 피용자 ~

보수원 전기 ~

보슬보슬 ~ 하다

보습 ~ 에센스, ~ 학원, ~ 효과

보습제 피부 ~

보시 ~ 공덕; 무주상 ~

보신 ~ 관광족

보쌈 ~ 백반, ~ 접시; 궁중 ~ 김치

보안 ~ 관찰 법, ~ 법 위반자, ~ 법 철폐, ~ 법 파동, ~ 사령관, ~ 서원 한 사람, ~ 요원, ~ 패치, ~ 프로그램; 국가 ~ 법, 군단 ~ 부대장, 인터넷 ~ 솔루션

보안관 ~ 뱃지; 카운티 ~

보안대 ~ 지하실, ~ 짚 차

보안사 ~ 요원; 전 ~ 정보 처장, 중앙 정보 부 ~

보양식 토종 ~

보얗다 보얗게 일으킨다

보온 ~ 담요, ~ 밥 솥, ~ 밥 통; 장시간 ~

보온재 고무 발포 ~

보완 상호 ~, □을/를 ~ 한다

보우 □을/를 ~ 한다

보위 ~ 원로원; 국가 ~ 원로원 의장, 안전 ~ 부, □을/를 ~ 한다

보유 대량 살상 무기 ~, 부동산 ~ 실태, 예능 ~자, □을/를 ~ 한다, 자동 차 ~ 대 수, 중요 무형 문화재 기능 ~자, 회원 사를 ~ 한다

보유고 달러 ~, 외환 ~

보유국 인공 위성 ~, 일곱 번 째 위성 ~, 핵 무기 ~

보유미 정부 ~ 방출량

보유액 외환 ~

보육 기술 창업 ~, 아동 ~ 센터, 아동 ~ 시설, 영유아 ~ 법, 창업 ~ 사업, 창업 ~ 센터

보이 마마 ~나 마마 걸, 카우 ~ 모자, 호텔 도어 ~

보이코트 보선 ~, □을/를 ~ 한다

보인다 강세를 ~, 높은 불만도를 ~, 본때를 보여 준다, 신경질적인 반응을 ~, □을/를 내 ~, □을/를 단적으로 보여 준다, □을/를 보여 준다, □을/를 선 ~, □을/를 욕 ~, □을/를 유감 없이 ~, □을/를 일목요연하게 ~, □을/를 적나라하게 보여 준다, 첫 선을 ~, 회복세를 ~

보인다 보일듯 말듯, 보일락 말락; --는다는/ㄴ다는/다는/라는 입장을 ~, 바라 ~, 바라다 ~, 빤히 들여다 ~, 아득히 내려다 ~, 여실히 ~, □으로/로 빠끔히 내어다 ~, --을/ㄹ 기미조차 ~, --을/ㄹ 조짐마저 ~, 한 눈에 내려다 ~, 허수룩해 ~, 호수가 내려다 ~, 훤히 내려다 ~, 훤히 들여다 ~

보일러 ~ 로 난방 한다; 엘리베이터와 기름 ~, 연탄 ~ 아궁이, 중유 ~ 규제 법

보임 ~ 된다

보자기 ~ 로 싼다, ~ 에 싼다; 베 ~

보장 ~ 조처; 기초 생활 ~ 법, 기초 생활 ~ 수급자, 안전 ~ 이사회 상임 이사국, 안전 ~ 회의, 예금 부분 ~, --으리란 ~, □을/를 ~ 한다, 정년 ~ 교원 정수, 헌법 상 ~ 된다, 헌법에 ~ 된다

보장국 사회 ~

보장비 사회 ~

보전 소득 ~ 직불 제, □을/를 ~ 한다, 자리 ~ 한다, 자연 녹지 ~, 재산 ~ 처분 결정, 피해 ~ 직불, 환경 ~

보조 공동 ~를 취한다

보조 ~ 기억 장치, ~ 선산부, ~ 용언, ~ 참가인; 미싱 ~나 파출부, 원어민 ~ 교사, 웨이타 ~, 임금 ~ 및 복리 후생, 헬기 ~ 승무원

보조개 ~ 가 쏘옥 패인다

보조금 ~ 지급; 국고 ~, 학비 ~

보조원 헌병 ~

보존 ~ 과 계승; 온전히 ~ 한다, 원금 ~ 형 펀드, □을/를 ~ 한다, 종족 ~

보존소 정부 기록 ~

보존제 식품 ~

보좌 ~ 역, ~ 진과 사정 기관; 대통령 ~ 진, □을/를 ~ 한다, 지근에서 ~ 한다

보좌관 공보 수석 ~, 백악관 국가 안보 ~, 안보 담당 ~

보증 ~ 또는 담보 제공, ~ 보험 증권; 기술 신용 ~ 제도, 기술 우대 ~, 대출 ~, 무상 ~ 수리 기간, 상호 지급 ~, 신용 ~ 대상, 신청인의 ~, 지불 ~, 품질 ~ 과

보증금 공 병 ~ 제도, 임대 ~, 임차 ~, 입찰 ~, 전세 ~

보증서 인우 ~, 주택 금융 신용 ~

보증인 연대 ~

보직 ~ 변경, ~ 해임 된다, ~ 해임 한다; □으로/로 ~ 변경을 한다, 전격 ~ 해임

보초 ~ 근무; 야간 ~, 지휘소 ~

보총 자동 ~

보충 ~ 수업, ~ 수업비; 영양 ~ 식품, □을/를 ~ 한다

보컬 교내 ~ 그룹

보탠다 생활비를 ~, 식량에 ~, □에 보탬이 된다, □을/를 ~

보통 ~ 선거, ~ 세와 목적세; 고등 ~ 학교, 부속 ~ 학교

보통내기 ~ 가 아니다

보편 ~ 타당하다; 도덕 의식과 ~ 주의, 중세 ~ 주의

보편성 ~ 과 특수성

보필 □을/를 ~ 한다

보한다[보해] □을/를 ~

보합 ~ 세를 시현 한다

보행 ~ 자 우선, ~ 장애; 실조성 ~, 직립 ~, 취중 ~

보행증 수면 ~

보험 ~ 관리 공단, ~ 업에 종사 한다, ~ 업계; 교통 상해 ~ 증서, 국민 건강 ~ 법, 변액 ~, 보증 ~ 증권, 산재 ~ 지급액, 손해 ~ 협회, 의료 ~ 법, 의료 ~ 수가 및 진찰료, 저축성 ~, 종신 ~, 탈퇴형 ~, 통합 주의 의료 ~

보험금 만기에 ~을 수령 한다

보험료 ~ 를 납입 한다; 월납 ~, 책임 ~ 의 할증

보험사 손해 ~

보험자 ~ 의 구성원; 의료 ~

보험증 의료 ~

보헤미안 ~ 기질; 식도락 ~

보호 ~ 감호, ~ 로부터 배제 된다, ~ 막 피구, ~ 장구 착용; 거택 ~ 대상자, 과잉 ~, 국무 총리실 산하 청소년 ~ 위원회, 군사 ~ 구역, 사상범 ~ 관찰 법, 상가 건물 임대차 ~ 법, 상가 임대차 ~ 법, 생명과 재산을 ~ 한다, 생태계 ~, 생활 ~ 대상자, 소비자 ~ 원, 습지 ~ 구역, 시설 ~ 구역, 신상 정보 ~, 야생 동물 ~, 예금자 ~ 법, 예금자 ~ 상품, 예금자 ~ 제도, 오호츠크해 어족 자원 ~, 온천원 ~ 지구, □을/를 ~ 한다, 을사 ~ 조약, 이민 여성 노동자 ~회, 이용자 ~ 법, 인권 ~, 임대차 ~ 법 시행, 저작권 ~, 주간 ~ 시설, 주택 임대차 ~, 컴퓨터 프로그램 ~ 법, 통신 비밀 ~ 법 위반 혐의, 특허로서 ~ 한다, 핵 우산 ~, 현행 프로그램 ~ 법, 환경 ~ 과, 환자 및 ~자

보호소 아동 ~

보화 금은 ~, 은금 ~

보훈 국가 ~ 처, 국가 ~ 처장, 호국 ~

복 ~ 매운 탕에 미나리

복 ~ 과 덕; 새 해 ~ 많이 받아라, 새 해 ~ 많이 받으세요

복강 ~ 내 장기, ~ 신경총 차단

복개 ~ 된다

복걸 애걸 ~ 한다

복고 ~ 풍; 왕정 ~

복구 수해 ~ 작업, 수해 ~ 현장, 원상 ~, □을/를 ~ 한다, 전후 ~

복구기 경제의 ~

복구비 수해 ~

ㅂ

복권 ~ 당첨, ~ 에 당첨 된다; 로또 ~ 추첨

복귀 업무 ~ 명령 제, 원대 ~ 한다, 원상 ~, 일선에 ~ 하다, 현역 ~

복날 ~ 개 패듯

복달 안달 ~ 한다

복덕방 변두리 ~

복도 ~ 식 아파트; 이 층 ~

복랑 동서 ~

복리 ~ 후생비; 임금 보조 및 ~ 후생

복무 군 ~

복받친다 서러움이 ~, 설움이 ~

복발 노반과 ~

복부 ~ 산통, ~ 오른 쪽 윗부분, ~ 팽만; 흉곽 및 ~

복사 열 ~ 선, 우주 배경 ~ 선, □을/를 ~ 한다, 전자기 ~, 태양 ~ 에너지, 흑체 ~

복사본 노트 ~, 수 많은 사진 ~

복선 ~ 의 장치

복소수 ~ 계산기, ~ 함수 론

복속 ~ 시킨다

복수 ~ 지망, ~ 추천 제; 부전공 및 ~ 전공 제

복숭아 ~ 꽃 배 꽃, ~ 통 조림, ~ 화채; 할배 네 ~

복습 ~ 과 예습; 예습 ~, □을/를 ~ 한다

복시 ~ 를 호소 한다, ~ 환자; 양안 ~

복약 ~ 상담

복어 ~ 회

복역 ~ 한다

복역수 장기 ~

복용 약을 ~ 한나, 약물 ~, 약물을 ~ 한다, □을/를 ~ 한다, 항생제를 ~ 한다

복원 대작의 ~, □을/를 ~ 한다

복음 ~ 을 전파 한다, ~ 의 색채

복작복작 와글와글 ~ 한다

복잡 ~ 다기하다, ~ 다단하다; 꽤나 ~ 하다

복장 ~ 착용; 킬트 ~, 토 요일 자유 ~, 편한 ~

복제 ~ 수정란; 배아 ~ 실험, 불법 ~ 소프트웨어, 불법 ~ 프로그램, 인간 배아 ~, 자동 ~ 기기, 체세포 ~

복제물 저작물의 ~

복제품 불법 ~

복조 ~ 회로; 색 ~

복종 □에 ~ 한다

복종심 ~ 과 인내심

복지 가정 ~ 과, 근로 ~ 공단, 노동 ~, 노인 ~ 원, 보건 ~ 부, 보건 ~ 위원회, 사내 근로 ~, 사회 ~ 과, 장애인 ~ 체육회, 후생 ~ 부, 후생 ~ 사업, 후생 ~ 사업비, 후생 ~ 향상

복지가 사회 ~

복지관 송파 종합 사회 ~

복지비 ~ 의 삭감; 사회 ~

복지사 사회 ~

복지학 사회 ~

복직 해고자 ~, 해직 교사 ~, 해직 교사 원상 ~

복창 ~ 한다

복통 요절 ~

복표 ~ 사업자 선정

복학 ~ 한다

복합 ~ 부분 발작, ~ 상영관, ~ 영농, ~ 영상관, ~ 오염 시대; 연화 ~ 주두, 초고층 주상 ~ 아파트, 평균 ~ 수익

복합적 ~ 으로 작용 한다

복합체 군산 ~, 권언 ~, 극서파 ~, 열 가소성 분자 ~

볶는다 볶은 땅콩, 볶은 콩 가루, 볶음 밥 재료; 들들 ~, 멸치 볶, 부추 볶, 살짝 ~, 순대 볶음, 원두를 ~, □을/를 달달 ~, 지지고 ~, 팽이 버섯 부추 볶음

볶음 제육 ~

볶인다 들들 ~

본 ~ 뜬; 멜빵 바지 옷 ~, 옷 ~ 도안, □을/를 ~ 뜬다, □을/를 ~ 받는다, □의 이름을 ~ 떠, 파피루스를 ~ 뜬다

본건 ~ 당좌 대월 거래

본격적 ~ 으로, ~ 인

본계약 ~ 체결

본고사 모의 ~

본과 한의대 ~

본관 토성분정과 ~

본관 ~ 과 별관, ~ 집무실; 카지노 ~

본교 ~ 교무 주임; 분교와 ~

본국 ~ 과 식민지 간; 식민지와 ~

본능 귀소 ~, 원초적 ~

본능적 ~ 으로, ~ 인

본다 곰곰 생각 해 ~, 곰곰이 생각 해 ~, 냄새를 맡아 ~, 돌이켜 ~, 되새겨 ~, 되짚어 ~, 만져 ~, --어/아 보아야 아무 소용 없다, 여쭤 ~, □으로/로 미뤄 보건대, □을/를 해 ~

본다 --다나 보아, --대나 봅니다, --랠까 보아, --려나 보아

본다 본 체 만 체 한다, 보기 흉하다, 보는 이로 하여금 손에 땀을 쥐게 한다, 보잘 것 없다; 거들떠 보지도 않는다, □과/와 마주 ~, 굿이나 보고 떡이나 먹는다, 급한 볼 일, 기웃이 들여다 ~, 날카롭게 쏘아 ~, 너그럽게 보아 준다, 눈 씻고 찾아 보아도 없다, --는다고/ㄴ다고/다고/라고 보아도 무방하다, 다시 보는 명승부전, 대강 훑어 ~, 둘러 보면서 어리둥절해 한다, 두리번 살펴 ~, 듣도 보도 못한, 똑 바로 쳐다 ~, 똑똑히 ~, 뚫어 지게 노려 ~, 뚫어 지게 쳐다 ~, 뚫어 져라 바라 ~, 뚫어 져라 쳐다 ~, 만만히 ~, 말끄러미 바라 ~, 말끄러미 쳐다 ~, 말똥말똥 쳐다 ~, 망 ~, 망연히 바라 ~, 맞선을 ~, 멀거니 건너다 ~, 멍하니 바라 ~, 몰래 훔쳐 ~, 물끄러미 내려다 ~, 물끄러미 바라 ~, 바깥을 내어다 ~, 번갈아 노려 ~, 번갈아 바라 ~, 번갈아 쳐다 ~, 별 꼴 다 ~, 별 볼 일 없다, 별 볼 일 없이, 별 점을 ~, 별미를 맛 ~, 불을 보듯 뻔하다, 빙그르 돌아 ~, 빠안히 내려다 ~, 빤히 쳐다 ~, 사회 ~, 서로 마주 ~, 서른을 바라 보는 나이, 소변을 ~, 손 금을 ~, 손 목 시계를 들여다 ~, 손해를 ~, 쉰을 바라 ~,

슬쩍 떠 ~, 심판을 ~, 쏠쏠한 재미를 ~, 쓴 맛 단 맛 다 ~, 쓰윽 둘러 ~, 쓱 훑어 ~, 아래 위를 훑어 ~, 앞만 보고 걷는다, 언뜻 ~, 얼핏 보아, 여 보아란 듯이, 용변을 ~, 위 아래로 훑어 ~, □을/를 건너 ~, □을/를 건너다 ~, □을/를 굽어 ~, □을/를 까 ~, □을/를 꿰뚫어 ~, □을/를 내 ~, □을/를 내어다 ~, □을/를 내려다 ~, □을/를 넘겨다 ~, □을/를 노려 ~, □을/를 눈 여겨 ~, □을/를 대어 ~, □을/를 돌아 ~, □을/를 돌아다 ~, □을/를 되돌아 ~, □을/를 둘러 ~, □을/를 들여다 ~, □을/를 떠 ~, □을/를 맛 ~, □을/를 맞바라 ~, □을/를 맡아 ~, □을/를 바라 ~, □을/를 바라다 ~, □을/를 ~, □을/를 살펴 ~, □을/를 손 ~, □을/를 쏘아 ~, □을/를 알아 ~, □을/를 얕잡아 ~, □을/를 올려다 ~, □을/를 우러르어 ~, □을/를 원망스레 쏘아 ~, □을/를 지레 넘겨다 ~, □을/를 지켜 ~, □을/를 째려 ~, □을/를 쭉 훑어 ~, □을/를 찬찬히 뜯어 ~, □을/를 찾아 ~, □을/를 쳐다 ~, □을/를 훑어 ~, □을/를 훔쳐 ~, □을/를 휘 둘러 ~, □을/를 흉 ~, □을/를 흘겨 ~, □의 덕을 ~, 이윽히 바라 ~, 인정 사정 볼 것 없다, 일기장을 훔쳐 ~, 자세히 뜯어 ~, 자세히 ~, 조목 조목 뜯어 ~, 조상 덕을 ~, 쭈욱 훑어 ~, 차가운 눈초리로 바라 ~, 찬찬히 훑어 ~, 창 밖만 내어다 ~, 창 밖을 내어다 ~, 찾아 볼 수 없다, 척 ~, 편의를 보아 준다, 한 눈에 내려다 ~, 한 눈에 알아 ~, 한 치 앞도 내어다 보지 못한다, 한 치 앞을 내어다 보지 못한다, 합의 ~, 현미경으로 들여다 ~, 휘끈 돌아 ~, 휘휘 돌아 ~, 휘휘 둘러 ~, 흉을 ~, 흘금 돌아 ~, 흘금 바라 ~, 흘금 쳐다 ~, 흘끔 흘끔 쳐다 ~, 흘끗 쳐다 ~, 흘낏 ~, 흘낏 쳐다 ~, 힐긋 돌아 ~, 힐끔 쳐다 ~, 힐끗 힐끗 쳐다 ~

본대 자위대 ~

본드 ~ 흡입; 목공 ~

본디 ~ 성품

본때 ~를 보여 준다, ~ 있다

본래 ~ 선하다

본령 서정 시의 ~

본론 서론 · ~ · 결론

본류 ~와 지류

본말 ~이 전도 된다, ~ 전도

본문 ~의 목차

본보 ~ 문화 부

본부 계엄사 합동 수사 ~, 국민 운동 ~, 비리 근절 운동 ~ 발대 식, 사단 ~, 선거 대책 ~, 외교 부 통상 교섭 ~ 장5, 육군 ~, 치안 ~장, 통상 교섭 ~장, 합동 참모 ~, 합참 전략 ~장, 해외 여행 사업 ~

본분 ~을 지킨다; 수행자의 ~

본선 ~ 진출자; 월드컵 ~

본성 ~이 착하다

본안 ~ 소송, ~ 승소

본연 ~의 모습, ~의 역할, ~의 임무

본예산 올 해 ~

본원 ~ 통화

본위 금 ~ 제

본음 ~ 대로 적는다

본의 ~ 아니게

본적지 수형인의 ~

본전 사찰지의 ~

본전 ~ 도 못찾는다, ~ 생각 난다, ~ 이나 뽑는다; 밑 져야 ~이다

본점 ~ 영업 부

본질 실존이 ~에 선행 한다

본질적 ~ 으로, ~ 인

본체 참된 ~

본회의 ~ 회부; 국회 ~

볼 이 층 크리스탈 ~ 룸

볼 ~ 멘 소리를 한다, ~ 에 눈 물 방울이 맺힌다, ~ 에 뽀뽀 한다

볼 ~ 배합; 내야 땅 ~, 땅 ~ 타구, 제육 ~ 반죽, 포크 ~ 초구

볼기 ~ 근

볼따구니 ~ 에 생채기를 낸다

볼때기 양 쪽 ~

볼라친다 □을/를 볼라치면

볼록 ~ 렌즈, ~ 하다

볼링 수영 ~ 축구 테니스

볼썽 ~ 사납다

볼트 이만 ~ 송전 탑, 이백이십 ~ 콘센트

볼펜 ~ 한 자루

볼품 ~ 이 없다

봄 ~ · 여름 · 가을, ~ 눈 녹듯이, ~ 바람, ~ 보리 파종, ~ 비가 내린다, ~ 철 실업 연맹전 우승 팀, ~ 철 중고 연맹전

봉 한 ~

봉건 ~ 관료 통치배, ~ 영주, ~ 제후, ~ 통치배, ~ 해체기

봉건적 ~ 인 분봉

봉급 ~ 명세서, ~ 생활자; 교직원 ~

봉긋 ~ 솟아 오른다, ~ 하다

봉기 유혈 ~

봉노 행랑 ~

봉당 ~ 디딤 돌, ~ 으로 내려 선다

봉변 ~ 을 당한다

봉사 만언 ~

봉사 사 대 ~

봉사 ~ 자를 모집 한다, ~ 한다; 구국 여성 ~단, 사회 ~ 활동, 자원 ~자

봉사국 시청자 ~

봉사료 세금과 ~

봉선 ~ 핵; 물 ~

봉선화 꼬부랑 ~

봉쇄 ~ 망을 뚫는다; 원천 ~, □을/를 ~ 한다, □을/를 원천 ~ 한다, □을/를 원천적으로 ~ 한다

봉숭아 ~ 꽃 물, ~ 꽃 잎, ~ 물; 손톱에 ~ 물을 들인다

봉안 사리를 ~ 한다, 위패를 ~ 한다, □을/를 ~ 한다

봉양 시부모 ~, □을/를 ~ 한다

봉오리 자주 색 꽃 ~

봉우리 눈 덮인 산 ~

봉인 ~ 된다; □을/를 ~ 한다

봉적 ~ 한다

봉제 ~ 공장

ㅂ

봉지 검은 비닐 ~, 과자 ~, 과자 한 ~, 도넛 ~, 박하 사탕 ~, 포푸리 한 ~

봉직 ~ 한다

봉착 난관에 ~ 한다, 자금난에 ~ 한다

봉창 변소 ~, 자다가 ~ 두드리는 소리

봉토 ~를 거느린다, ~ 하부; 분구의 ~

봉투 비닐 ~, 서류 ~ 겉봉, 쓰레기 분리 수거용 ~, 편지 ~, 폐신문지 ~

봉함 ~ 서찰

봉합 서둘러 ~ 한다, □을/를 ~ 한다

봉행 법회를 ~ 한다, 분부 ~, □을/를 ~ 한다

봉헌 ~ 된다

봉환 유해가 ~ 된다, 유해 ~

뵌다 속 들여다 ~, --어/아 ~, 이래 뵈어도

뵙는다[뵈워 뵈운] □을/를 찾아 ~

부 1 ~ 24 장, 1 ~ 제 수업, 백 ~ 한정판, 삼 ~ 작 다큐멘터리

부 건설 교통 ~, 고전 기타 ~, 공산 당 지도 ~, 과학 기술 ~, 교양 과정 ~, 교육 인적 자원 ~, 교지 편집 ~, 국가 안전 기획 ~, 국무 ~ 대변인, 국무 ~ 부장관, 국방 ~ 검찰단, 국방 ~ 법무 관리관, 국방 ~와 합참, 국제 ~ 기자, 국토 안보 ~ 장관, 기저 ~ 골절, 기획 원 재무 ~ 상공 ~, 남자 ~ 무타페어, 노조 집행 ~, 농림 수산 ~ 장관, 농림 해양 수산 ~, 농무 ~, 대검 감찰 ~, 대검 중수 ~장, 대검 중앙 수사 ~, 대검찰청 중앙 수사 ~, 대검찰청 형사 ~ ~장 검사, 대외 관계 ~, 대학 ~ 단체전, 대학 ~ 장사 급, 동력 자원 ~, 두개골 기저 ~, 무역 대표 ~, 문교 ~ 장관 상, 문화 관광 ~ 장관, 문화 ~ 부부장, 문화 ~ 종무 실장, 문화 체육 ~, 미 무역 대표 ~ 대표, 민사 합의 24 ~, 발행 ~ 수, 법무 ~ 검찰 국장, 법무 ~와 검찰, 법무 ~ 장관 해임 건의 안 처리, 법무 ~ 출입국 관리 사무소, 보건 복지 ~, 본보 문화 ~, 본점 영업 ~, 산업 자원 ~, 상공 자원 ~, 선전 선동 ~, 스포츠 레저 ~, 안전 보위 ~, 엔지니어링 사업 ~, 엔진 조립 ~, 여신 관리 ~, 역사 연구 ~, 연합 선전 ~, 외교 ~ 대변인, 외교 ~ 부부장, 외교 ~ 통상 교섭 본부 장5, 외교 통상 ~ 장관, 외무 ~ 아주 국장, 응용 화학 ~, 인력 개발 ~, 인민 무력 ~ 정찰국, 재무 ~ 세제 실장, 재정 경제 ~, 정방형 탑신 ~, 정보 ~ 요원, 정보 통신 ~, 정치 ~ 기자, 주간 ~ 기자, 중앙 정보 ~ 보안사, 중앙 정보 ~ 지하실, 지검 강력 ~, 지검 공안 ~, 지도 ~ 인책, 지도 ~ 총사퇴, 지법 합의 2 ~, 총무 ~장, 축구 ~ 합숙소, 축산 과학 ~, 치과 진료 ~, 토목 공학 ~, 통상 산업 ~, 통일 ~ 교류 협력 국장, 통일 ~ 장관 주재, 학교 야구 ~, 헌법 재판소 전원 재판 ~, 헌재 전원 재판 ~, 후두 ~ 타박상, 후두 ~ 함몰, 후생 복지 ~

부 ~를 축적 한다, ~ 의식의 회복

부가 ~ 가치 산업, ~ 가치 상품, ~ 가치세 간이 과세 제도, ~ 가치 유발 계수, ~ 가치 유발액, ~ 가치율, ~ 가치 제품, ~ 가치 창출, ~ 세 별도

부각 ~ 시킨다; 아젠다로 ~ 된다

부갑상선 ~ 호르몬

부강 ~ 해 진다

부검 ~ 소견; 사체 ~

부결 근소한 표 차로 ~ 된다, □을/를 ~ 한다, 인준을 ~ 한다, 인준이 ~ 된다, 임명 동의 안을 ~ 한다, 임명 동의 안이 ~ 된다, 총리 인준 ~

부계 ~ 혈통

부곡 ~ 제 영역, ~ 제 지역민; 속현과 ~

부과 ~ 징수; 과징금 ~ 처분, 과징금을 ~ 한다, 과태료를 ~ 한다, 과태료 ~, 관세를 ~ 한다, 반덤핑 관세 ~, 벌금을 ~ 한다, 상속세를 ~ 한다, 세금 ~, 양도 소득세가 ~ 된다, □을/를 ~ 한다

부과금 배출 ~

부교감 ~ 신경 섬유

부교수 객원 ~, 정보 처리학 과 ~

부국 ~ 강병 사상, ~ 강병책

부군 학생 ~ 신위, 현고 학생 ~

부권 ~ 사회

부귀 ~ 영화를 누린다, ~ 와 영화; 세속의 ~ 영화

부근 뇌실 ~ 종양, 적도 ~, 휴전 선 ~

부글부글 ~ 끓어 오른다

부금 내 집 마련 주택 ~, 청약 ~

부꾸미 경단과 ~

부끄러움 일말의 ~

부끄럼 ~ 을 탄다

부끄럽다[부끄러워 부끄러운] □을/를 부끄러워 한다, □이/가 ~

부끄린다 □을/를 아니 ~

부녀 ~ 회원, ~ 회장; 마을 ~회, 일본인 ~ 관광객

부닥뜨린다 정면으로 ~

부닥친다 난관에 ~, 정면으로 ~

부단 ~ 한 경계, ~ 한 노력, ~ 한 자기 성찰

부담 ~ 의 형평; 기업주 일부 ~, 수익자 ~ 원칙, 심리적 ~감, 오염 원인자 ~ 원칙, 원인자 ~, □을/를 ~ 한다, 조세 ~률

부담금 ~ 을 납부 한다; 오염 유발 ~, 택지 초과 소유 ~, 환경 개선 ~

부당 ~ 내부 거래, ~ 노동 행위, ~ 이득, ~ 한 처우; 천만 ~하다

부대 고사포 ~, 공수 ~, 군단 보안 ~장, 맹호 ~, 모 ~ 소속, 예하 ~, 육군 모 ~, 정예 ~, 첩보 ~, 최전방 ~

부대 비료 한 ~, 새 술은 새 ~에 담아야

부대 □에 ~ 한다

부대원 공수 ~

부덕 ~ 의 소치

부도 ~ 어음 저가 매수 청탁, ~ 통지 취소 절차; 분기 중 어음 ~율, 어음을 ~ 낸다, 연쇄 ~, 연이은 ~, □을/를 ~ 낸다, 잇따른 ~

부도덕 ~ 하다

부동 확고 ~하다

부동산 ~ 개발업, ~ 물권, ~ 보유 실태, ~ 실권리자 명의 등기, ~ 실명 법 시행일, ~ 양도 신고 확인서, ~ 업이나 대형 관광업, ~ 중개업, ~ 중개 업소, ~ 중개 업자, ~ 중개 영업소, ~ 중개인, ~ 투기

ㅂ

억제, ~ 투기 억제책, ~ 투기 의혹; 매각 대상 ~, 상업용 ~ 투자 분석사, 신청인 소유 ~

부동항 ~ 획득

부두 ~ 옆 백사장; 연안 ~

부둥킨다 부둥켜 안고 울음을 터뜨린다; □을/를 부둥켜 안는다

부드럽다[부드러워 부드러운] 부드러운 재질

부득부득 ~ 우긴다

부득이 ~ 하다

부들부들 ~ 떨린다; □을/를 ~ 떤다

부듯 ~ 하다

부등가 ~ 교환

부등속 ~ 타원 운동

부등증 동공 ~

부디 ~ 평강하소서

부딪는다 □에 ~

부딪힌다 암초에 ~

부뚜막 ~ 과 아궁이; 부엌의 ~

부라린다 눈을 ~, 목자를 ~

부란 시신의 ~

부랑 ~ 근로자, ~ 자 취체

부러뜨린다 두 동강으로 ~, □을/를 ~

부러움 ~ 섞인다; □에 대한 ~

부러진다 갈비 뼈가 부러지는 중상, 딱 ~, 목 뼈가 ~

부럽다[부러워 부러운] 남 부럽지 않다, □을/를 부러워 한다, □이/가 ~

부록 별책 ~

부르다[불러] 배가 ~, 첫 술에 배 부르랴

부르댄다 □을/를 ~, 주먹을 ~

부르르 ~ 떤다, ~ 떨린다, ~ 몸서리 친다, ~ 진저리 친다

부르릉 ~ 달려 간다

부르주아 ~ 공론장, ~ 민주 주의 혁명, ~ 와 귀족, ~ 와 프롤레타리아; 신흥 ~

부르쥔다 □을/를 ~, 주먹을 ~

부르짖는다 □을/를 ~

부른다[불러] 불러 댄다; 동요를 ~, 만세를 ~, 승전가를 ~, 악마를 불러 낸다, □을/를 불러 낸다, □을/를 불러 들인다, □을/를 불러 온다, □을/를 불러 올린다, □을/를 불러 일으킨다, 콧노래를 ~, 쾌재를 ~, 흥얼흥얼 콧노래 ~

부름 ~ 을 받는다

부릅뜬다[부릅떠] 눈을 ~, 목자를 ~

부릉 ~ ~ ~

부리 뭉뚱그러진 ~, 총 ~를 겨눈다

부리부리 ~ 하다

부린다 꼬장을 ~, 노예로 ~, 농간을 ~, 늑장을 ~, 늦더위가 기승을 ~, 딴 청을 ~, 무더위가 기승을 ~, 성깔깨나 ~, 수족처럼 ~, 술 주정을 ~, 심통을 ~, 여유를 ~, □을/를 ~, 재주는 곰이 부리고, 찍자를 ~, 투정 ~, 행패를 ~

부모 ~ 나 조부모, ~ 형제 처자 권속; 양친 ~ 모신다

부문 가계 ~ 신용, 공공 ~과 민간 ~, 중화학 공업 ~, 화장품 ~ 우수 상

부박 ~ 하다

부복 ~ 한다

부본 ~ 또는 등본; 공소장 ~

부부 ~ 간의 성 생활, ~ 간이나 부자 간, ~ 갈등 상담, ~ 금슬, ~ 동반 회식, ~ 자산 소득 합산 과세, ~ 한 쌍, ~ 합산 신고자; 맞벌이 ~, 불임 ~, 신혼 ~

부부애 ~를 돈독히 한다

부부장 문화 부 ~, 외교 부 ~

부분 ~ 일식, ~ 자유국; 단순 ~ 발작, 복부 오른 쪽 윗~, 복합 ~ 발작, 상당 ~ 반영 된다, 예금 ~ 보장, 왼 쪽 어깨 ~, 이음 ~

부분적 ~ 으로, ~ 인

부불 ~ 노동

부빈다 부벼 끈다; □을/를 ~

부사 ~ 구가 온다; 긴 ~ 구, 양보 ~ 절, 형용사와 ~

부사관 의무 ~

부사장 ~ 에 취임 한다

부산 ~ 하다

부상 강국으로 ~ 한다, 선도자로 ~ 한다, 자기 ~ 열차관, 차세대 자기 ~ 열차

부상 ~ 당한다, ~ 으로 결장 한다, ~ 으로 신음 한다, ~ 을 입는다; 오른 쪽 발목 ~

부서 ~ 통폐합; 주무 ~, 한직 ~

부서진다 산산이 ~, 잘게 ~, 조각 조각 ~, 퍼석 ~

부석부석 ~ 붓는다, ~ 하다

부설 ~ 연구소; 건축물 ~ 주차장, 대학 ~ 평생 교육 원, 산업체 ~

부성 ~ 원리

부성애 ~ 조차 없다

부세 ~ 제도

부속 ~ 보통 학교

부속실 임원 ~

부속품 ~ 으로 전락 한다

부수수 ~ 하다

부수입 ~ 을 올린다

부순다 부순 누룽지; 여지 없이 쳐 ~, □을/를 깨어 ~, □을/를 ~, □을/를 쳐 부수고 승리 한다, 잘게 ~, 주재소를 ~, 집기를 ~, 캐비닛을 ~

부숭부숭 ~ 하다

부스 무선 공중 전화 ~

부스러기 과자 ~, 석탄 ~

부스럼 긁어 ~이다

부스스 ~ 일어 난다

부슬부슬 ~ 내린다

부시다 눈 부신 노랑, 눈 부시게 희다, 눈이 ~

부시럭거린다 부시럭거리는 소리

부시시 ~ 일어 난다, ~ 하다

부시장 정무 ~

부신 ~ 수질, ~ 피질 호르몬

부실 ~ 기업 퇴출, ~ 창투 사, ~ 하다; 기관 ~ 채권 누증

부심 ~ 하고 있다; 대책 마련에 ~ 한다

부아 ~ 를 돋운다; 은근히 ~가 치민다

부양 ~ 의무자; 거주민 ~, □을/를 ~ 한다

부양료 ~ 청구 심판

부양책 경기 ~, 증시 ~

부언 ~ 한다

부얼부얼 ~ 하다

부업 주부들의 ~ 거리, 상업 및 ~ 상담

부엌 ~ 문, ~ 방에 숨는다, ~ 의 부뚜막, ~ 찬 장; 입식 ~ 만든다

부엌간 아궁이 ~

부여 가중치 ~, 동기 ~, 선발권 ~, □에 동기를 ~ 한다, □을/를 ~ 한다

부여안는다 □을/를 ~

부여잡는다 □을/를 ~

부연 ~ 한다

부왕 ~ 의 결단, ~ 의 유골

부욱 ~ 찢는다

부원 규율 ~

부원료 ~ 를 첨가 한다

부월 ~ 과 도검

부위 T 존 ~, U 존 ~, 요추 골 사이의 추간 ~, 전천개 ~

부위원장 ~ 으로 선출 한다

부유 ~ 층, ~ 하다

부응 □에 ~ 한다

부의장 전 국회 ~, 정책위 ~

부익부 ~ 빈익빈 현상; 빈익빈 ~ 현상

부인 백작 ~, 장교 ~회, 후작 ~

부인 완강히 ~ 한다, □을/를 ~ 한다

부임 □에 ~ 한다, 지점장으로 ~ 한다

부임지 첫 ~

부자 ~ ㅅ 집 마나님, ~ ㅅ 집 막내 딸, ~ ㅅ 집 맏며느리 감, ~ 와 빈자; 떼 ~가 된다, 벼락 ~가 된다, 커리어 우먼이나 ~집 딸

부자 ~ 유친; 부부 간이나 ~ 간

부자유자 지체 ~들

부작위 ~ 의 인간 관계

부장 ~ 으로 발령 난다, ~ 진급 예정자, ~ 판사; 공안 ~의 발언, 김선민 ~, 대검 공안 ~, 전 중앙 정보 ~, 총학생회 홍보 ~, 합참 작전 ~, 형사부 ~

부장관 국무 부 ~

부재 ~ 자 신고 인명부, ~ 자 투표 용지, ~ 자 투표 함; 군 ~자 투표 부정 시비, 지도력 ~, 핵 ~ 선언

부재료 김치의 ~

부적격 투자 ~

부적절 ~ 한 처신

부적합 ~ 률, ~ 판정; □으로/로 ~하다

부전 발기 ~, 발육 ~, 사지 ~ 마비 증세, 편측 ~ 마비

부전공 ~ 및 복수 전공 제

부전부전 ~ 하다

부전증 순수 자율 신경 ~

부정 □을/를 ~ 한다

부정 ~ 과 맞겨룬다, ~ 부패를 척결 한다, ~ 부패 방지책, ~ 부패 척결, ~ 수표 단속 법, ~ 축재 환수 재산; 관권 ~ 선거, 군 부재자 투표 ~ 시비, 예체능계 ~, 정경 유착과 ~ 부패, 정치인 ~ 축재자

부정 ~ 을 탄다

부정맥 동성 ~

부정적 ~ 으로, ~ 인

부정직 ~ 하다

부제 --라는 ~

부제목 --라는 ~

부조리 사회 ~, 하도급 ~

부족 식량 ~ 시대, 유동성 ~, 인력 ~률, 턱 없이 ~하다

부족 씨족이나 ~

부존 ~ 자원

부종 림프 ~, 유두 ~

부지 목 숨을 ~ 한다

부지 방사성 폐기물 처분장 ~, 정보사 ~, 학교 ~ 내 가스 정압기 설치

부지런 ~ 하다; 혼자 ~ 떤다

부지부장 지부 ~

부지불식간 ~ 에

부지사 행정 ~

부진 ~ 하다; 내수 ~, 발육 ~, 식욕 ~

부진아 학습 ~

부질없다 부질없는 공상

부쩍 ~ 는다

부착 ~ 된다; 뱃지를 ~ 한다, □에 ~ 한다, □을/를 ~ 한다, 자체 상표 ~, 주문자 상표 ~ 생산, 포자 ~, 표찰을 ~ 한다

부찰 앙관 ~

부채 ~ ㅅ 살 모양, ~ 꼴 모양

부채 ~ 를 탕감 한다, ~ 상환액, ~ 의 원화 환산 가액, ~ 탕감; 농어민 ~ 후계자, 소비성 ~, 외화 ~의 원화 환산

부처 ~ 간 이견, ~ 간 협의; 각 정부 ~, 관계 ~, 소관 ~, 정부 각 ~, 주무 ~

부촉 □에게 ~ 한다

부총리 ~ 겸 경제 기획 원 장관, ~ 겸 통일 원 장관

부총무 수석 ~

부총장 사무 ~

부추 ~ 달인다, ~ 볶; 팽이 버섯 ~ 볶음

부추긴다 갈등을 ~, □을/를 ~

부축 □에게 ~을 받는다, □을/를 ~ 한다

부칙 ~ 제 이 조

부친 ~ 을 여윈다

부친다 등기로 ~, 몰아 ~, 빈대 떡을 ~, 소포로 ~, □에 ~

부침 쉼 없이 ~ 한다

부탁 간곡히 ~ 드린다, 간곡히 ~ 한다, 내 ~을 들어 준다, □을/를 ~ 한다

부탄 ~ 가스 통; 엘피지 ~

부터 김칫국 ~ 마신다, 눈치 ~ 살핀다, 불 ~ 끈다, 울음 ~ 터뜨린다, 하나 ~ 열까지

부텀 낼 ~

부파 오페라 ~

부패 ~ 근절 대책위, ~ 미생물이나 유해 미생물, ~ 방지 위원회, ~ 방지위, ~ 와 무능, ~ 정권 심판, ~ 정권 청산, ~ 청산 입법; 부정 ~를 척결 한다, 부정 ~ 방지책, 부정 ~ 척결, 시체가 ~ 한다, 정경 유착과 부정 ~, 정치 ~ 근절, 총체적 ~

부패취 ~ 로 느낀다

부페 ~ 식당

부표 신검 ~ 파기 시점

ㅂ

부푼다[부풀고 부풀어] 기대감에 ~, 풍선 처럼 ~

부풀린다 행복감을 ~

부품 ~ 조립; 순정 ~

부하 기저 ~, 첨두 ~

부하 ~ 직원

부합 공공 선과 ~ 된다, 공공 선과 ~ 한다, 조건에 ~ 한다

부호 교정 ~, 약식 ~, 오류 정정 ~, 주음 ~, 호출 ~

부화 산소 ~ 공기, 산소 ~ 막

부화 알을 품어 ~ 시킨다

부화뇌동 □에 ~ 한다

부환 구명 ~

부활 ~ 한다; 학사 징계 ~ 움직임

부활전 패자 ~

부활절 ~ 연합 예배, ~ 예배, ~ 전야

부회장 ~ 으로 재직 한다; 클럽의 ~

부흥 문예 ~, 전후 경제 ~

부흥기 문예 ~

북 ~ 반구 국가들; 짧디 짧은 ~ 반구의 해

북 ~ 치고 장구 친다; 둥둥둥 저 ~ 소리, 뒷~을 친다, 쇠 ~ 소리

북 ~ ~ 찢는다

북괴 ~ 남침

북궐 ~ 도형

북남 ~ 상급 회담

북돋는다 □을/를 북돋아 준다

북돋운다 □을/를 ~, 의욕을 ~

북두칠성 ~ 의 국자

북받친다 설움이 ~

북방 ~ 경협 창구, ~ 식과 남방 식, ~ 식 지석 묘, ~ 한계 신 이념, ~ 한계 선 침범; 민통선 ~ 한계 선

북벌 칭제 ~ 론

북부 남부와 ~

북상 ~ 한다

북상투 ~ 바람

북새 ~ 통을 이룬다, ~ 판을 이룬다; □으로/로 ~ 통이다

북서 ~ 해안

북서진 □으로/로 ~ 한다

북송 ~ 재일 동포

북실북실 ~ 하다

북안 ~ 으로 흘러 든다

북어 ~ 와 식혜

북위 ~ 17 도

북적거린다 언제나 관광객으로 ~

북적인다 □으로/로 ~

북진 ~ 통일, ~ 한다; 연합 군의 ~

북측 ~ 대표단

북평 ~ 층

북풍 ~ 한설을 막는다

북한 ~ 군의 선제 공격, ~ 행 티켓; 중공 군 및 ~ 군

북행 ~ 한다

북향 ~ 한다

분 고국에 계신 동포 여러 ~, 대통령 내외 ~, 면민 여러 ~, 신사 숙녀 여러 ~,

애청자 여러 ~, 여러 ~의 건투를 빈다, 저 ~ 연배

분 도보로 십 ~ 걸린다, 삼 십 ~, 세 시 이십오 ~, 시 침과 ~ 침, 십 오 ~, 후반 44 ~

분 □에 ~ 칠을 한다, □에 ~ 칠 한다

분 ~ 에 넘친다

분 ~ 을 삭인다, ~ 통을 터뜨린다, ~ 통이 터진다, ~ 풀이를 한다; □에 대한 ~ 풀이로

분가 ~ 한다

분가계 ~ 를 낸다

분간 어두워서 지척을 ~ 하지 못한다, □을/를 ~ 한다, 지척을 ~ 할 수 없다

분개 ~ 한다

분견대 헌병대의 ~

분계선 군사 ~ 월경

분과 ~ 위원장, ~ 위원회

분교 ~ 와 본교

분교장 ~ 사환

분구 ~ 의 봉토; 근린 ~, 선거구 ~

분권 자치와 ~, 지방 ~

분규 불법 노사 ~, 종단 ~

분극 ~ 현상

분급 농민에게 ~ 한다, □을/를 ~ 한다, 토지 ~ 방식, 토지 ~ 제

분기 ~ 당기 순이익, ~ 중 어음 부도율

분기 ~ 점 취락; 손익 ~ 점 밑 돈다

분기탱천 ~ 한다

분노 ~ 와 슬픔; 울분과 ~, 증오와 ~

분뇨 ~ 를 푼다, ~ 처리장

분다[불고 불어] 불어 닥친다; 밤 바람이 서늘 서늘 불어 온다, 산들 산들 ~, 살랑살랑 불어 온다, 생기를 불어 넣는다, 선들바람이 불어 온다, 설렁설렁 불어 온다, 세차게 ~, 쌩쌩 ~, □에 생명을 불어 넣는다, □에서 불어 온다, 울고 불고 난리다, 울고 불고 한다, □을/를 불어 넣는다, □을/를 후후 ~, □이/가 살랑살랑 ~, 찬 바람이 불어 온다, 퉁소를 ~, 호각을 ~, 호루라기를 ~, 활기를 불어 넣는다, 활력을 불어 넣는다, 휘파람을 ~

분단 ~ 극복 사론, ~ 극복 역사학, ~ 을 고착 시킨다

분단국 세계 유일의 ~

분담 ~ 수서; 방위비 ~, □을/를 ~ 한다

분대 ~ 초소; 정찰 ~

분란 당내 ~

분량 이십 쪽 ~

분류 개발 도상국으로 ~ 된다, 개발 도상국으로 ~ 한다, 동물학 상 ~, 등급 ~ 필증, □을/를 ~ 한다, 표준 산업 ~, 형식학적 ~

분류법 십진 ~, 질병 국제 ~

분리 ~ 수거 용기, ~ 수거 함, ~ 수거장; 소유와 경영의 ~, 소유와 경영이 ~ 된다, 쓰레기 ~ 수거, 쓰레기 ~ 수거용 봉투, 이원적 ~, 중앙 ~대

분리기 원심 ~

분리법 원심 ~

분립 권력 ~, 삼권 ~

ㅂ

분만 겸자 이용 ~, 무통 ~, □을/를 ~ 한다, 쾌감 ~ 한다

분말 ~ 소화기

분망 ~ 하다; 자유 ~의 시절

분명 ~ 하다

분모 공통 ~

분묘 호화 ~

분무 ~ 건조 커피

분무기 동력 ~

분발 ~ 을 촉구 한다, ~ 한다

분방 자유 ~하다

분배 권한 ~ 모델, 무상 몰수 무상 ~, 의료재의 ~, 형평 ~

분별 ~ 과 타협, ~ 있게 처신 한다; 사려 ~, 사리를 ~ 한다, □을/를 ~ 한다

분봉 봉건적인 ~

분부 ~ 봉행; 사또 ~

분분 의견이 ~하다, 의논이 ~하다

분비 ~ 된다, ~ 량, ~ 를 촉진 시킨다; 도파민 ~, 멜라토닌의 ~, 세로토닌의 ~, 에스트로겐 ~, 위산의 ~, 위액 ~, 인슐린 ~, 타액 ~, 피지 ~, 호르몬 ~

분사 □을/를 ~ 한다

분사 ~ 한다

분사기 압축 ~, 최루액 ~, 페인트 ~, 화염 ~ 소리

분산 ~ 된다; 위장 ~ 주식, 위장 ~ 한다, 주식 위장 ~

분서 ~ 갱유

분석 냉철히 ~ 한다, 다각도로 ~ 한다, 등기부 권리 ~, 변량 ~, □에 대한 ~, □을/를 ~ 한다, 정신 ~ 학자, 통계 ~, 해부와 ~

분석력 논리력과 ~

분석부 투자 ~

분석사 상업용 부동산 투자 ~

분석실 기업체 정보 ~

분석적 ~ 으로, ~ 인

분석학 정신 ~

분쇄 습식 ~, □을/를 ~ 한다

분수 네 ~를 알아라, 적반하장도 ~가 있어야지

분수 ~ 대 광장

분승 □에 ~ 한다

분식 ~ 쎈터, ~ 장려 정책

분식 ~ 회계

분신 ~ 자살; 잇따른 ~

분실 시경 대공 ~, 우산 ~ 방지 대책, □을/를 ~ 한다

분실물 ~ 센터

분야 미개척 ~, 역점 사업 ~, 이공계 ~, 이공학 ~, 지원 ~

분양 ~ 대금 완납; 백 실을 ~ 한다, 이차 동시 ~, 택지를 ~ 한다

분양가 ~ 인하 권고; 평당 ~

분업 성 별 노동 ~, 성 별 ~, 성 별 ~, 의약 ~ 계도 기간, 의약 ~ 분쟁, 의약 ~ 제도, 의약 ~ 체계, 한방 의약 ~

분연히 ~ 일어 선다

분열 감수성 ~, 국론 ~, 국론이 ~ 된다

분열증 ~ 을 앓는다; 정신 ~

분위기 ~에 찬 물을 끼얹는다, ~ 파악; 공명 선거 ~, 남북 탈냉전 ~, 면학 ~ 조성

분유 빈 ~ 통, 조제 ~와 이유식, 탈지 ~

분임 ~ 토의

분자 ~ 고생물 학자, ~ 생물학; 가소성 ~, 기체의 ~, 열 가소성 ~ 복합체, 용공 ~

분장 포졸 ~

분쟁 ~ 이 벌어진다, ~ 이 인다, ~ 조정 법 안, ~ 조정 제도, ~ 조정 체계, ~ 조정위, ~ 처리 건 수; 은행 감독 원 ~ 조정실, 의료 ~ 조정 법, 의약 분업 ~, 한약 ~ 해결, 한약 조제권 ~, 해상 영토 ~

분절 요추 ~, 천추 ~

분점 □을/를 ~ 한다

분주 ~를 떤다, ~ 히 오간다; --느라 ~ 하다

분지 경수 신경 ~, 상악 신경 ~, 하곡지 관통형 ~, 하악 신경 ~, 화구 ~

분지른다[분질러] 똑똑 ~

분출 ~ 된다; □을/를 ~ 한다, 충동의 ~

분투 고군 ~ 한다

분파 급진 ~

분파적 ~ 으로, ~ 인

분포 골고루 ~ 한다, 도수 ~ 다각형, 도수 ~ 표, 동남부에 ~ 한다, 수륙 ~

분하다[분해] 분하고 원통하다

분할 ~ 다중 접속, ~ 점령; 무한 ~ 가능, 양 군의 ~, 양 군이 ~ 된다, 원금 ~ 상환, 주파 수 ~ 다중화 방식, 황금 ~

분합 폐치 ~

분해 공중 ~ 된다, 나프타 ~ 설비, 소인수 ~ 방법, 열 ~ 한다, 유기물을 ~ 한다, □을/를 ~ 한다, 전분 ~ 효소, 전분질 가수 ~ 효소

분향 ~ 배례, ~ 한다

분향소 합동 ~

분헌관 ~ 을 인도 한다

분홍 ~ 색 원피스, ~ 스웨터; 노랑 저고리와 ~ 치마

분화 ~ 된다

분화구 ~ 같은 구덩이

분회 농민회 ~

분획 선의 ~

붇는다[불어 불은] 강 물이 ~, 눈 덩이처럼 불어 난다, 재산이 ~

불 무 ~ 습합, 신 ~ 습합

불 이백오십 ~, 칠십 ~

불 ~ 고기 백반, ~ 고기 양념, ~ 고기 전골, ~ 길에 휩싸인다, ~ 길이 치솟는다, ~ 길처럼 번진다, ~ 꽃을 튀긴다, ~ 꽃이 타 오른다, ~ 꽃처럼 타 오른다, ~ 꽃 축제, ~ 꽃 투혼, ~ 난 집, ~ 나비 예술단, ~ 똥을 튀긴다, ~ 똥이 튄다, ~ 볕 더위, ~ 부터 끈다, ~ 에 그슬린다, ~ 에 덴다, ~ 에 데인다, ~ 을 보듯 뻔하다, ~ 을 지른다, ~ 이 난다, ~ 조심 포스터, ~ 타는 빙벽, ~ 티 나게 팔린다, ~ 판 세척; 가로 등 ~ 빛, 강 건너 ~ 구경 한다, 고기 집 ~ 판, 구더기와 ~ 개미들, 남포 등 ~ 빛, 눈에 ~을 켠다, 담뱃~을 댕긴다, 등 ~, 등잔 ~을 끈다, 라이터로 ~을 붙인다, 랜턴 ~ 빛, 맛 있는

~ 고기, 물 ~ 가리지 않는다, 반전 평화 촛~ 대행진, 발 등에 떨어진 ~을 끈다, 발 등에 ~이 떨어진다, 방범 등 ~ 빛, 번갯~에 콩 구워 먹는다, 번갯~이 번쩍 한다, 사명감에 ~ 탄다, 산 ~ 예방, 산수소 ~ 꽃, 성냥 ~을 긋는다, 수은 등 ~ 빛, 숯 ~ 갈비, 숯 ~ 구이, 숯 ~ 막창, 숯 ~에 굽는다, □에 ~ 붙는다, □에 ~을 낸다, 요원의 ~ 길, □을/를 ~ 사른다, □을/를 ~ 태운다, 임진 왜란 때 ~ 탄다, 임진 왜란으로 ~ 탄다, 장작 ~을 지핀다, 전깃~도 들어 온다, 청춘을 ~ 사른다, 촛~ 한 자루, 칸델라 ~, 캠프 ~, 타 오르는 ~ 길, 타 오르는 ~ 꽃, 파란 ~ 꽃, 파란 ~이 켜 진다, 페치카 ~, 푸른 도깨비 ~, 형광 등 ~ 빛 아래, 활활 ~ 타 오른다

불가 미성년자 관람 ~, 미성년자 ~, 방송 ~ 판정, 회생 ~ 판정

불가결 필수 ~하다, 필요 ~

불가근 ~ 불가원하다

불가능 ~ 하다

불가분 ~ 하다; □과/와 ~의 관계에 있다

불가사의 ~ 하다

불가원 불가근 ~하다

불가침 ~ 선언, ~ 조약, ~ 합의서; 신성 ~, 외교관 신체 ~, 화해와 ~ 및 교류

불가피 ~ 하다

불가해 ~ 하다

불감청 ~ 이언정 고소원이다

불거진다 문제가 ~, 잇따라 ~, 툭 ~

불결 ~ 하다

불경 불상과 ~

불계패 ~ 를 당한다

불공평 ~ 하다

불과 □에 ~하다

불교 ~ 신도, ~ 신자, ~ 에 귀의 한다, ~ 와 노장 사상, ~ 와 도교, ~ 포교원; 그리스 식 ~, 대승 ~, 대중부 ~, 도교나 ~, 도교와 ~, 상좌부 ~, 호국 ~, 회통 ~

불교자 ~ 수

불구 악조건에도 ~하고, --음/ㅁ에도 ~하고

불구대천 ~ 의 원수

불구속 ~ 기소, ~ 입건; □으로/로 ~ 기소 된다, □으로/로 ~ 기소 한다, □을/를 ~ 기소 한다, □을/를 ~ 입건 한다

불구자 반신 ~

불굴 ~ 의 용기, ~ 의 의지, ~ 의 투지; 불요 ~

불귀 ~ 의 객이 된다

불균등 ~ 하다

불균형 ~ 감; 무역 ~, 성비 ~, 수급 ~

불그락푸르락 ~ 한다

불그레 ~ 하다

불그스레 ~ 하다

불그스름 ~ 하다

불그죽죽 ~ 하다

불기소 ~ 처분

불길 ~ 한 암영

불끈 두 주먹 ~ 쥔다, 두 주먹을 ~ 쥔다, □을/를 ~ 쥔다, □이/가 ~ 솟아 오른다

불끈거린다 불끈거리지 않는다; □의 고민이 ~

불능 구제 ~이다, 발기 ~, 재기 ~, 지불 ~

불능증 길항 운동 반복 ~, 색채 인식 ~, 시각 인식 ~, 얼굴 인식 ~, 질병 인식 ~

불덩이 푸른 ~, 황금 색 ~

불량 ~ 종자; 소화 ~

불량자 신용 ~, 신용 카드 ~

불량증 소화 ~

불령 ~ 선인

불로 ~ 소득, ~ 장생

불룩 ~ 하다

불리 강자에게 ~하다, 약자에게 ~하다, □에게 ~한 증언

불리 배 ~ 먹는다

불리운다 --는다고/ㄴ다고/다고/라고 ~, □으로/로 ~

불린다 불린 목이 버섯; 씻어서 ~, 재산을 ~

불만 높은 ~도를 나타낸다, 높은 ~도를 보인다, 불평과 ~, □에게 ~이 있다

불매 ~ 운동

불면증 ~ 에 시달린다; 수면 시작 ~

불멸 영원 ~ 한다, 영혼 ~

불명 국적 ~, 일본인 행방 ~자, 정체 ~의, 출처 ~, 행방 ~ 된다

불명료 ~ 하다

불명예 --라는 ~

불명자 행방 ~

불문 ~ 곡직 한다; 남녀를 ~ 하고, 여야를 ~ 하고, □을/를 ~ 한다

불문가지 □은/는 ~이다

불문법 ~ 전통

불문학 ~ 을 전공 한다

불민 ~ 하다

불발 ~ 쿠데타

불법 ~ 감금 죄, ~ 감금 중지, ~ 노사 분규, ~ 복제 소프트웨어, ~ 복제 프로그램, ~ 복제품, ~ 성인 오락실, ~ 어로, ~ 임의 조제, ~ 정착 촌 철거, ~ 체류 외국인, ~ 체류 유학, ~ 체류자, ~ 행위 책임

불법적 ~ 으로, ~ 인

불변 고정 ~ 한다, 만고 ~의 진리다, 영구 ~, 영원 ~

불변적 항구 ~으로, 항구 ~인

불복 경선 ~, 판결에 ~ 한다

불복종 명령 ~, 시민 ~ 운동

불사 장생 ~ 한다

불사 □도 ~ 한다, □을/를 ~ 한다

불사이군 충신은 ~ 한다

불상 ~ 과 불경; 금 동 ~, 금 ~, 에메랄드 ~

불상 ~ 하다

불상사 --는 ~

불소 ~ 함유 치약; 수돗물 ~

불손 오만 ~하다

불수 반신 ~가 된다

불순 ~ 하다

불시착 □에 ~ 한다

ㅂ

불식 오해를 ~ 시킨다, □을/를 ~ 시킨다, □을/를 ~ 한다

불신 ~과 적대감; □에 대한 ~감

불심 ~ 검문이나 소지품 검사

불쌍 ~하다, ~히 여기소서; □을/를 ~히 여긴다

불쑥 ~ 튀어 나온다

불안 극도로 ~하다, 불쾌감과 ~감, 초조와 ~

불안스럽다[불안스러워 불안스러운] 초조하고 ~

불야성 ~을 이룬다

불여일견 백문이 ~이다

불온 ~ 간행물 도서 목록, ~ 삐라 뿌린다; 사상이 ~하다

불완전 ~ 판매

불요 ~불굴

불요불급 ~하다

불우 ~ 이웃 돕기 성금, ~하다

불운 ~하다

불응 소환에 ~한다

불의 ~의 교통 사고, ~의 사고, ~의 일격; 거짓과 ~

불이행 ~자; 차액 결제 ~, 채무 ~

불임 ~ 부부, ~ 클리닉

불입 □을/를 ~ 한다

불입액 팔 월 ~

불자 재가 ~

불전 중층 ~

불참 □에 ~ 한다

불초 ~하다

불출 동구 ~

불측 ~한 일

불치 ~병과 난치 병, ~ 병이나 난치 병, ~의 병

불콰 ~하다

불쾌 ~감과 불안감, ~ 지수, ~하다

불통 고집 ~

불퇴전 ~의 각오, ~의 결의, ~의 경지, ~의 용맹

불투명 ~하다; 전망 ~

불특정 ~ 다수

불펜 ~ 투수

불편 ~의 강도, ~한 진실; 심기가 ~하다, 심기를 ~하게 한다

불편부당 ~하다

불평 ~과 불만, ~과 찬탄; 종일 ~만 투덜댄다

불평등 ~감, ~하다; 글로벌 ~, 남녀 ~, 성 ~, 소득 ~

불포화 ~ 지방 산

불하 귀속 재산 ~

불합리 ~하다

불합치 헌법 ~ 결정

불행 ~인지 다행인지, ~ 중 다행이다, ~하다; 행복이나 ~

불허 예측 ~이다, □을/를 ~ 한다, 입회 ~, 타의 추종을 ~ 한다

불협화 ~음

불혹 ~의 나이

불화 ~ 만다라; 염화 ~ 탄소

불확실 ~ 하다

불황 ~ 에 허덕인다

불효 ~ 막심하다

불후 ~ 의 명작, ~ 의 명저

붉나무 ~ 단풍 잎

붉는다 눈시울이 붉어 진다, 얼굴이 붉어 진다

붉다 붉게 물 든다, 붉게 물 들인다, 붉은 깃발, 붉은 끈, 붉은 놀, 붉은 단풍, 붉은 딱지, 붉은 명찰, 붉은 벽 돌 집, 붉은 색으로 물 든다, 붉은 신호 등, 붉은 악마, 붉은 완장, 붉은 장미 꽃, 붉은 흙덩이, 붉은 색 연 꽃 무늬; 3 대 혁명 붉은 기 쟁취 운동, 노을이 ~, 맹금의 붉은 눈, 전신에 붉은 반 점이 생긴다

붉디붉다 붉디붉은 노을

붉힌다 눈시울을 ~, 얼굴을 ~, □을/를 ~

붐 ~ 에 편승 한다; 베이비 ~ 세대, 이 차 벤처 ~

붐빈다 □으로/로 ~

붓 ~ 가는 대로 쓴다, ~ 과 터치, ~ 한 자루; 신 들린 ~, 한글 ~ 글씨 교본

붓는다[부어 부은] 독설을 퍼 ~, 마중 물을 ~, 밑 빠진 독에 물 붓기, 비가 억수같이 퍼 ~, 소나기가 퍼 ~, 쏟아 ~, 악다구니를 퍼 ~, 억수로 퍼 ~, 욕설을 퍼 ~, 욕지거리를 퍼 ~, 육수를 ~, □을/를 퍼 ~, 팬에 식용유를 ~

붓는다[부어 부은] 부석부석 ~, 빨갛게 부어 오른다, 통통 부어 오른다, 팅팅 ~

붕 ~ 뜬다, ~ ~ 난다

붕괴 구소련이 ~ 된다, 냉전 체제가 ~ 된다, 버블 ~, 양성자 ~, 축대 ~ 사고

붕대 ~ 로 감는다, ~ 를 감는다; 상아 색 ~, 석고 ~

붕알 오그라붙은 ~

붕어 ~ 가물치; 금 ~와 수초

붙는다 꽁꽁 얼어 ~, 꽝꽝 얼어 ~, 눌러 붙어 있다, 늘어 붙어 있다, 다구리를 ~, 다닥다닥 붙어 있다, 대판 시비를 ~, 따라 ~, 똥따리 ~, 얼어 붙은 강 물, 엉겨 ~, □에 불 ~, □에 붙어 먹는다, □에 붙어 산다, 옮아 ~, 자금 줄이 말라 ~, 재수 옴 ~, 지싯지싯 붙어 있다, 찰싹 늘어 ~

붙든다[붙들고 붙들어] 붙들어 맨다; □을/를 ~

붙들린다 □에 ~

붙박는다 □에 ~

붙박힌다 갑판 위에 ~, □에 붙박혀 있다

붙안는다 □을/를 ~

붙이 두 점박이 먼지 벌레 ~

붙인다 라이터로 불을 ~, 반창고를 ~, 반출증 ~, 소매를 걷어 ~, 시에 곡을 ~, □으로/로 몰아 ~, □을/를 걷어 ~, □을/를 벗어 ~, □을/를 ~, □을/를 오려 ~, 음에다 가사를 ~, 접착제로 ~, 차갑게 쏘아 ~, 톡 쏘아 ~, 퉁명스럽게 쏘아 ~, 팔을 걷어 ~, 편의 상 붙인 이름

붙임성 ~ 있다

붙잡는다 □을/를 ~

붙잡힌다 □에 ~

뷔페 ~ 식당

브라보 ~ 요새

브라우저 웹 ~

브라자 ~ 도 걸친다

브래지어 ~ 와 팬티

브랜드 외국 도입 ~

브레이크 ~ 를 밟는다

브로콜리 데친 ~

브리핑 정례 ~

블라우스 줄 무늬 ~

블랙홀 ~ 로 빨려 든다, ~ 의 지평 면

블레이드 롤러 ~를 탄다

블록 콘크리트 호안 ~

블루스 ~ 를 춘다

블루진 푸른 색 ~

비 노래 ~ 건립, 순국 위령 ~, 추모 ~ 건립

비 ~ ㅅ 길에 미끄러진다, ~ ㅅ 물 홈 통, ~ ㅅ 발이 뿌린다, ~ ㅅ 발 치는 비난, ~ ㅅ 방울이 후둑후둑 떨어진다, ~ 가 억수 같이 퍼 붓는다, ~ 가 잦아든다, ~ 바람이 몰아 친다, ~ 바람이 휘몰아 친다, ~ 의 감촉; 검은 ~ 옷, 굵은 ~방울, 굵은 ~줄기, 궂은 ~가 갠다, 땀이 ~ 오 듯 쏟아 진다, 모진 ~ 바람, 봄 ~가 내린다, 비난이 ~발 친다, 요청이 ~발 친다, 우담바라 꽃 ~ 온다, 장맛~, 집에 ~ 가 샌다, 총 알이 ~발 친다, 항의가 ~발 친다, 후드득 ~방울이 떨어진다

비 ~ ㅅ 자루 몽당이; 몽당 ~자루

비감 ~ 하다

비겁 ~ 하다

비견 ~ 된다; □에 ~ 해서

비결 --는 ~

비계 돼지 ~

비골 ~ 근

비공 비색 ~

비관 낙관 론과 ~ 론

비관세 관세 및 ~ 장벽

비교 ~ 민족학, ~ 와 대조, ~ 유전체학; □과/와 ~ 해도 손색이 없다, 역사 ~ 언어학, □을/를 ~ 한다

비구 신참 ~, 장로 ~

비굴 ~ 하다

비극 민족 상잔의 ~, 민족사적 ~

비근 ~ 한 예로

비금속 ~ 광물

비급여 임의 ~

비긴다 □에 ~, 이기거나 ~

비끄러맨다 서까래에다 ~

비낀다 □을/를 비껴 간다

비난 ~ 받아 마땅하다, ~ 을 면하기 어렵다, ~ 의 화살, ~ 이 빗발 친다; --는다고/ㄴ다고/다고/라고 ~ 한다, 빗발 치는 ~, 신랄한 ~, 싸 잡아 ~ 한다, □을/를 ~ 한다

비내구 ~ 소비재

비녀 ~ 를 꽂는다

비뇨기 ~ 계통, ~ 과 전문의

비누 ~ 거품, ~ 곽, ~ 나 폼 클렌저, ~ 칠을 한다; 겨 ~, 멜론 향 ~, 무공해 ~, 빨랫~ 한 장, □을/를 ~로 씻긴다, 잿물

~, 재생 화장지 및 빨래 ~, 저공해 ~, 폐식용유 ~, 항균 ~

비늘 ~ 돋친다, ~ 로 덮인다, ~ 을 반짝인다; 은 빛 ~

비닐 ~ 문, ~ 봉투, ~ 비료 포대, ~ 빽, ~ 장갑, ~ 장판, ~ 쪼가리, ~ 하우스 농사, ~ 하우스 단지, ~ 하우스 재배; 검은 ~ 봉지, 반투명 ~ 가방, 염화 ~, 지퍼백이나 ~

비다 빈 집 털이

비단 ~ 벌레와 바구미, ~ 보로 싼다, ~ 보료, ~ 옷을 입는다, ~ 으로 휘감는다, ~ 잉어 찜

비당권 ~ 파

비대 ~ 해 진다

비대증 말단 ~, 전립선 ~

비동맹 ~ 중립

비둘기 ~ 떼, ~ 의 떼

비등 □과/와 ~하다

비등 ~ 한다

비디오 ~ 가 상영 된다, ~ 게임기, ~ 대여점, ~ 상영실, ~ 아티스트; 디지털 ~ 도서관, 에로 ~, 오디오나 ~, 음란 ~, 음반이나 ~, 주문형 ~

비뚤다[비뚠 비뚤] 비뚤어 진다

비럭질 ~ 한다

비례 ~ 나 균제; 정당 명부 식 ~ 대표 제, 제곱에 ~ 한다, 황금 ~

비례미 황금 ~

비로드 ~ 드레스; 검은 ~

비롯 □에서 ~ 된다, □을/를 ~ 한, □을/를 ~ 해, □을/를 ~ 해서

비료 ~ 나 농약, ~ 와 농약, ~ 한 부대; 규산질 ~, 농약과 ~, 농약과 화학 ~, 닭똥 ~, 비닐 ~ 포대, 유기질 ~ 공장, 질소 ~

비루 ~ 먹는다

비루 ~ 하다

비리 ~ 근절 운동 본부 발대 식, ~ 를 묵인 해 주는 대가로, ~ 세무 공무원, ~ 수사처, ~ 에 연루 된다, ~ 은폐 대책, ~ 의 온상, ~ 의혹을 수사 중이다, ~ 정치인, ~ 조사처, ~ 척결, ~ 커넥션, ~ 합동 단속; 개발 ~ 의혹, 고위 공직자 ~ 조사처 설치, 고위 공직자 ~ 조사처 신설, 병무 ~ 수사, 병무 ~ 의혹, 병역 ~ 근절, 병역 ~ 수사, 병역 ~ 은폐 의혹, 병역 ~ 의혹, 상납 ~, 아들 병역 ~, 채택료 ~, 친인척 ~

비리다 생선 비린 내, 젖 비린 내 난다, 피 비린 내 난다

비리비리 ~ 하다

비릿 ~ 하다

비마 백마 ~

비만 ~ 클리닉

비명 졸지에 ~ 횡사 한다

비명 ~ 을 지른다; 단말마의 ~, 외마디 ~

비무장 ~ 지대

비밀 ~ 결사, ~ 병기, ~ 유지 의무, ~ 이 누설 된다, ~ 장부, ~ 조약; 공공연한 ~이다, 공무 상 ~ 누설, 무기명 ~ 투표, 업무 상 ~ 누설, 통신 ~ 보호 법 위반 혐의

비밀리 ~ 에; □을/를 ~에 만난다

ㅂ

비방 ~ 을 일 삼는다; □을/를 ~ 한다, 흑색 선전과 ~

비범 ~ 하다

비법 ~ 을 전수 한다; --는 ~, 다이어트 ~

비보유국 핵 ~

비분강개 ~ 한다

비비 ~ 꼬인 벽, ~ 튼다; 몸을 ~ 꼰다, 어지러울 정도로 ~ 꼬인다, --을/ㄹ 정도로 ~ 꼬인다, □을/를 ~ 꼰다, □을/를 ~ 친다, □을/를 썩썩 ~ 친다

비빈다 비빌 언덕, 비빔 밥 양재기, 비비며 어우러진다, 비비며 찾아 다닌다; 담배를 비벼 끈다, 돌 솥 비빔 밥, 산채 비빔 밥, 새알심을 ~, □을/를 ~, □을/를 싹싹 ~, 재 떨이에 비벼 끈다, 졸린 눈을 ~

비상 ~ 경계 령, ~ 계엄 령, ~ 근무 령, ~ 대기 령, ~ 벨을 누른다, ~ 사태가 선포 된다, ~ 사태를 선포 한다, ~ 사태 선포, ~ 연락 망

비상구 ~ 계단

비색 ~ 비공

비서 ~ 실장 경질, ~ 진용; 군사 정전위 ~장

비서관 경제 수석 ~, 공직 기강 ~, 민정 ~, 수석 ~ 실, 수석 ~ 회의, 의전 ~ 실, 정무 ~

비속 ~ 하다

비수 ~ 로 상운다, ~ 를 들이댄다; 괴춤에서 ~를 꺼낸다

비수기 관광의 ~

비스듬 ~ 하다, ~ 히 기대어 앉는다

비스테로이드성 ~ 소염 진통제

비슴 추석 ~

비슷 ~ ~ 하다; □과/와 ~하다

비시시 ~ 웃는다

비싸다 비싼 값으로 팔린다, 비싸고 실속 없다; 그닥 비싸지 않다, □에 비해 더 ~, 유달리 비싼 입장료, 입장료도 턱없이 ~

비아톨 호모 ~

비애 ~ 의 성사

비약 생략과 ~

비약물 ~ 요법

비열 ~ 하다

비염 알레르기 ~, 알레르기성 ~, 천식이나 ~

비영리 ~ 단체, ~ 민간 단체 지원 법, ~ 법인, ~ 섹터

비옥 ~ 하다

비올라 바이올린 , ~ , 첼로

비용 ~ 이 적게 든다, ~ 절감; 요양 급여 ~, 향교 중수 ~

비운 --는 ~

비운다 □을/를 ~, □을/를 텅 ~

비위 ~ 가 상한다, ~ 가 약하다, ~ 를 거슬린다, ~ 를 건드린다, ~ 를 맞춘다, ~ 에 거슬린다

비유 □에 ~ 된다, □에 ~ 한다

비육 ~ 당한다

비율 2대 1의 ~로 첨가, 경상 수지 적자 ~, 매출액 대비 연구 개발비 ~, 아메리

숨의 ~, 자기 자본 ~, 재방 ~, 포장 공간 ~

비의도적 ~ 혼입

비일비재 ~ 하다

비자 ~를 발급 한다; 성인 ~ 신청자, 신속 ~ 발급, 입국 ~ 발급

비자금 ~ 조성

비장 ~ 감과 엄숙, ~ 하다

비장 ~ 과 위장, ~ 기맥

비전 ~ 성취

비전향 ~ 장기수, ~ 좌익수

비정 ~ 하다

비정규 ~ 직

비정통 ~ 신앙

비조 이학의 ~

비좁다 비좁은 감방, 비좁은 골목, 비좁은 통로, 비좁은 홀

비주류 ~ 중진; 당내 ~

비죽거린다 □을/를 ~

비죽인다 □을/를 ~

비중 ~ 을 측정 한다; 극 중 ~이 높다, 밀도와 ~, 시가 총액 ~, 제품 별 매출 ~

비즈니스 ~ 전용기, ~ 중심 국가 실현

비지 ~ 가루, ~ 땀을 흘린다

비지정 ~ 문화재

비집는다 사람들 틈을 비집고 들어 간다, □을/를 비집고, 틈 새를 ~

비쩍 ~ 마른다

비쭉거린다 수탉 똥 구멍처럼 ~

비쭉인다 □을/를 ~

비참 ~ 하다

비창 ~ 하다

비창조적 ~ 다수자

비천 ~ 한 신분

비철 ~ 금속

비축 ~ 량; □을/를 ~ 한다

비춘다 □에 ~

비취 ~ 도장

비치 ~ 된다; □에 ~ 한다, □을/를 ~ 한다

비친다 감회를 내 ~, 서광이 ~, 언뜻 언뜻 ~, □에 ~, □을/를 내 ~

비키니 ~ 수영복, ~ 옷 장

비킨다 썩 비켜 난다, □으로/로 비켜 난다, □으로/로 비켜 선다, 저리 비켜라

비타민 ~ 결핍증, ~ 과 무기질, ~ 과 미네랄

비탈 ~ 길을 올라 간다, ~ 길을 올라 온다, ~ 밭, ~ 진 골목 길, ~ 진 밭, ~ 진 언덕; 오르막 ~

비통 ~ 하다

비트 테라 ~ 메모리

비트 ~ 굴설

비튼다[비틀고 비틀어] 비틀어 짠다; 말라 비틀어 진다, 모가지를 ~, 손 잡이를 ~, □을/를 ~

비틀 ~ ~ 한다, ~ 하다

비틀거린다 비틀거리며 걸어 간다

비틀린다 비틀리고 뒤틀린다

ㅂ

비판 ~ 받는다; --는다고/ㄴ다고/다고/라고 ~ 한다, 신랄히 ~ 한다, □을/를 강도 높게 ~ 한다, □을/를 ~ 한다, 편집광적 ~

비판적 ~ 으로, ~ 인

비평 ~ 의 해부; 주례사 ~, 탈구조 주의 ~

비포장 ~ 길, ~ 도로

비표집 표집 오차 및 ~ 오차

비하 --는다는/ㄴ다는/다는/라는 자기 ~, □을/를 ~ 한다

비학위 ~ 과정

비한다[비해] □에 비하면 아무 것도 아니다, □에 비해 더 비싸다

비행 ~ 금지 구역, ~ 시뮬레이션 게임; 미확인 ~ 물체, 야간 초계 ~, 장거리 ~, 전투 ~단, 전투 ~ 단장

비행기 ~ 가 이륙 한다, ~ 가 착륙 한다, ~ 가 추락 한다, ~ 의 착륙, ~ 탑승권; 뉴욕 행 ~, 방콕 행 ~를 탄다, 뻬쩨르부르그 행 ~, 서울 행 ~, 자가용 ~, 차세대 초음속 ~, 초경량 ~, 화 요일 파리 행 ~

비행사 우주 ~

비행선 몽유 ~

비화 ~ 된다; □으로/로 ~ 한다

비확산 무기 ~

비활성 ~ 기체

빈 왕세자 ~ 내정

빈곤 ~ 에 허덕인다, ~ 을 자초 한다, ~ 의 악순환, ~ 퇴치; 기아와 ~

빈궁 ~ 하다

빈농 ~ 층

빈다 빈 껍데기, 빈 분유 통, 빈 잔, 빈 칸, 빈 틈 없는 구성, 빈 틈 없이 짜인다, 빈 틈이 없다; 속 빈 강정, 텅 텅 비어 있다, 휑하니 ~

빈다[빌고 빌어] 간절히 ~, 꿇고 ~, 꿇어 앉아 ~, 득남을 ~, 명복을 ~, 무사를 ~, 삼신 할머니에게 ~, 싹싹 ~, 여러 분의 건투를 ~, 왕생을 ~, 용서를 ~, □을/를 ~, 쾌유를 ~, 풍년을 ~

빈대 ~ 떡을 부친다, ~ 잡으려다 초가 삼간 다 태운다

빈둥빈둥 ~ 논다

빈들빈들 ~ 논다

빈민 ~ 구휼

빈발 ~ 한다

빈번 ~ 하다

빈부 ~ 격차

빈사 ~ 상태

빈약 ~ 하다

빈익빈 ~ 부익부 현상; 부익부 ~ 현상

빈자 부자와 ~

빈정거린다 약간 빈정거리는 어투로

빈촌 변두리 ~

빈축 ~ 을 산다

빈티지 밀리터리룩과 갱스터 ~ 룩

빈한 ~ 하다

빈혈 ~ 치료제; 재생 불량성 ~

빈혈증 겸상 적혈구 ~, 판코니 ~

빌딩 ~ 대연회장; 높다란 ~, 대로변 ~, 사각형의 ~, 상가 내 주차 ~, 쌍둥이 ~ 사이, 초고층 ~

빌라 고급 ~ 촌, 호화 ~

빌린다 건물을 통 째로 ~, □을/를 ~, 이십 달러에 ~, 펜션을 ~, 한 채를 통채로 ~

빌미 □을/를 ~로, □의 ~만 제공 한다

빌붙는다 □에 ~

빌빌 ~ 싼다, ~ 쏘다닌다

빗 ~ 질 한다; 머리 ~

빗금 ~ 을 긋는다

빗긴다 □을/를 ~

빗나간다 내 예상이 ~, 예상은 ~

빗는다 머리를 ~, □을/를 ~

빗댄다 □에 ~, □을/를 빗댄, □을/를 빗대어, □을/를 빗대어서

빗맞는다 빗맞은 안타

빗살 ~ 무늬 문짝, ~ 무늬 토기, ~ 창호

빗장 ~ 수비; 대문의 ~

빗천장 ~ 을 가설 한다

빙 ~ 둘러 선다, ~ 둘러 싼다, ~ 둘러선다; □에 ~ 둘러 앉는다

빙고 ~ 게임

빙과 ~ 류

빙그레 ~ 웃는다; --으며/며 ~ 미소 짓는다

빙그르 ~ 돌아 본다

빙글빙글 ~ 돈다, ~ 돌린다

빙긋 ~ ~ 웃는다

빙긋이 ~ 웃는다

빙기 뷔름 ~

빙벽 불 타는 ~

빙빙 ~ 돈다

빙산 ~ 의 일각이다

빙의 ~ 된다

빙자 □을/를 ~ 한, □을/를 ~ 해서

빙적 ~ 평야

빙판 ~ 길에 미끄러진다; 눈 길과 ~ 길에서의 운전

빙하 ~ 시대

빙하기 ~ 와 간빙기; 뷔름 ~

빚 ~ 갚는다, ~ 낸다, ~ 독촉, ~ 진다; 말 한 마디로 천 냥 ~을 갚는다, □에게 ~ 독촉을 한다, 천 냥 ~

빚는다 빚은 송편; 누룩을 ~, 둥글게 ~, 물의를 ~, 수급에 차질을 ~, □을/를 빚어 낸다, 차질을 빚어 낸다, 차질이 빚어 진다, 체증을 ~, 큰 차질을 ~, 햇곡으로 ~, 햇곡식으로 송편을 ~, 혼선이 빚어 진다

빚더미 ~ 에 올라 앉는다

빛 ~ 나는 명작, ~ 을 발한다, ~ 좋은 개살구다; 가로 등 불 ~, 감벽 ~, 건축사에 ~ 난다, 교교한 달 ~, 금 ~으로 ~ 난다, 금 ~ 찬란하다, 남포 등 불 ~, 랜턴 불 ~, 반짝 반짝 ~ 난다, 방범 등 불 ~, 번쩍 번쩍 ~ 난다, 별 ~이 드문드문 깜빡인다, 보랏~ 과남풀 꽃, 보석처럼 ~ 난다, 사회 과학사에 ~ 나는 대작, 선홍 ~, 수은 등 불 ~, 얼굴 ~이 창백하다, 에메랄드 ~, 연보라 ~, 옥양목처럼 흰 ~, 은 ~ 날개, 은 ~ 비늘, □을/를 ~ 낸다, 이윽한 눈 ~, 자줏~ 등나무 꽃, 장미 ~ 미래, 장미 ~ 인생, 장미 ~ 청사진, 짙은 보랏~, 쪽 ~ 황혼, 찬연히 ~ 난다, 초

롱 초롱 ~ 난다, 풀 ~ 털, 핑크 ~, 한 줌의 ~, 햇~ 가리개, 형광 등 불 ~ 아래

빛깔 참 억새 ~, 칠보 ~

빛살 번개 ~

빠갠다 빠개어 진다

빠끔히 □으로/로 ~ 내어다 보인다

빠드득 ~ 소리

빠듯 ~ 하다

빠뜨린다 □을/를 ~, □을/를 함정에 ~, 주어를 ~, 혼란에 ~

빠르다[빨라] 빠른 속도로 낙하 한다, 빠른 시일 내로, 빠른 시일 안에, 빠른 활성도; 두뇌 회전이 ~, 생년월일이 더 ~

빠방 ~ 튼다

빠삭 □에 대해 ~하다, □에 ~하다

빠안히 ~ 꿰어 뚫는다, ~ 내려다 본다

빠지다 --어/아 빠진, --어/아 빠지었다

빠진다 개찰구를 빠져 나간다, 꾐에 ~, 냇물 한가운데 풍덩 ~, 도탄에 ~, 매너리즘에 ~, 무기력증에 ~, 밑 빠진 독에 물 붓기, 바람 빠진 풍선처럼, 배꼽 ~, 삼매경에 ~, 새꼽 ~, 슬럼프에 ~, 실의에 ~, 썰물처럼 빠져 나간다, □에 빠져 든다, 온 몸에서 기운이 ~, 요리 조리 ~, □을/를 빠져 나온다, 주지육림에 ~, 총구를 빠져 나온다, 푹 푹 ~, 함정에 ~, 혼수 상태에 ~

빠진다 낡아 빠진, 낡아 빠지었다, 닳아 빠진, 닳아 빠지었다, 약아 빠진 놈, 흔해 빠진, 흔해 빠지었다

빡 뒤통수를 ~ 내리친다

빡빡 스케줄이 ~하다

빡빡 ~ 깎는다, ~ 민다

빤다[빨고 빨아] 빨아 다린다; 개짐 ~, 담배만 빽빽 ~, 독을 빨아 낸다, 삶아 ~, □을/를 빨아 낸다, □을/를 빨아 들인다, □을/를 빨아 먹는다, □을/를 빨아 올린다, 종기를 ~, 쪽쪽 ~, 통 째로 빨아 들인다, 한 모금 쑥 ~

빤빤 ~ 하다

빤짝이 ~ 노랭이

빤히 ~ 들여다 보인다, ~ 쳐다 본다

빨강 ~, 파랑, 초록, ~ 과 노랑, ~ 과 파랑, ~ 색

빨갛다 빨간 깃대, 빨간 니트, 빨간 라비냐 열매, 빨간 마후라, 빨간 색과 흰 색, 빨간 색 연필, 빨간 소방 차, 빨간 앵두, 빨간 파카, 빨간 펜, 빨간 색 마후라, 빨갛게 부어 오른다, 빨갛게 충혈 된다; 귀 밑까지 빨개 진다, 얼굴이 빨개 진다

빨갱이 ~ 로 몰린다

빨래 ~ ㅅ 비누 한 장, ~ 건조대, ~ 를 넌다, ~ 를 헹군다, ~ 함지; 나일론 ~줄, 밥 하고 ~ 한다, 애벌 ~, 재생 화장지 및 ~ 비누

빨린다 젖을 ~

빨린다 빨려 들어 간다; 블랙홀로 빨려 든다, □으로/로 빨려 든다

빨빨 땀을 ~ 흘린다

빨치산 ~ 동굴, ~ 여 대장; 항일 ~ 참가자

빳빳 ~ 하다

빵 ~ 가루 5 큰 술, ~ 떡 모자처럼 씌운다, ~ 이나 음료수; 단 팥 ~, 뚱보 찐 ~ 귀신, 바게뜨 ~, 보리 ~, 쌀 계란 ~, 찐 ~

빵 ~ 살이

빵빵 ~ 경적을 울린다

빵빵 ~ 하다; 쭉 쭉 ~

빻는다 빻아서 가루를 낸다; 가루로 ~, 곡식을 ~, 메주를 ~

빼곡 ~ 하다, ~ 히 들어 찬다

빼딱 ~ ~ 따라 간다

빼빼 ~ 마른다, ~ 하다

빼어나다 외모가 ~

빼친다 몸을 ~

빽 비닐 ~

빽 ~ ~ 고함 친다; 고함을 ~ 지른다, 소리를 ~ 지른다

빽빽 ~ 하다, ~ 히 들어 찬다

빽빽이 □으로/로 ~ 들어 찬다

뺀다 빼 놓을 수 없다, 빼 앗듯이 받는다, 빼어다 박는다; 기름 기를 ~, 명부를 빼 낸다, 발 뺌을 한다, 발 뺌 한다, 벼룩의 간을 빼 먹는다, 뺏고 빼 앗긴다, 쇠 뿔도 단 김에 ~, 아랫돌 빼어서 윗돌 괸다, 용 빼는 재주가 있다, □을/를 빼 낸다, □을/를 빼 놓는다, □을/를 빼 닮는다, □을/를 빼 돌린다, □을/를 빼 든다, □을/를 빼 먹는다, □을/를 빼 문다, □을/를 빼 앗는다, □을/를 빼 앗긴다, □을/를 빼 친다, □을/를 쏙 빼 닮는다, 자판기에서 커피를 ~, 전셋돈 ~, 점잔을 ~, 점잖을 ~, 찬 물에 헹궈 물기를 ~, 혀를 빼 문다

뺄셈 덧셈과 ~

뺏긴다 뺏고 ~, □을/를 ~

뺏는다 뺏고 빼 앗긴다, 뺏고 뺏긴다; □을/를 ~

뺑뺑 ~ 돈다

뺑소니 ~ 를 친다, ~ 차에 치인다

뺨 ~ 을 얻어 맞는다, ~ 을 후려 갈긴다, ~ 을 후려 친다; 종로에서 ~ 맞고 한강에서 눈 흘긴다

뺨다귀 ~ 를 연거푸 후려 갈긴다

뻐근 명치가 ~하다

뻐금거린다 □을/를 ~, 입을 ~

뻐꾸기 지빠귀 둥지 속의 ~

뻐끔거린다 담배만 ~

뻐끔뻐끔 담배를 ~ 피운다

뻐스 시외 ~

뻑뻑 ~ 긴다; 담배만 ~ 빤다

뻑뻑 ~ 하다

뻑적지근 ~ 하다

뻔 --을/ㄹ ~하다, --을/ㄹ ~ 한다, 정말 큰 일 날 ~ 했다, 하마터면 큰 일 날 ~ 했다

뻔뻔 ~ 하다

뻔질나다 뻔질나게 드나든다

뻔하다[뻔해] 뻔한 찬사; 불을 보듯 ~, --을/ㄹ 것이 ~

뻔히 □을/를 ~ 안다

뻗는다 뻗은 행각, 뻗은 행랑; 남북으로 길게 ~, 방사상으로 뻗어 나간다, 쭉 쭉 ~

ㅃ

뻗친다 엎드려 ~, □을/를 내 ~, □을/를 ~

뻘 손자 ~ 된다

뻘 ~ 두성이

뻘겋다 뻘건 진 흙, 뻘건 황토

뻘뻘 땀을 ~ 흘린다, 땀이 ~ 난다, □을/를 ~ 흘린다

뻘쭘 ~ 하다

뻣뻣 ~ 하다

뻣뻣이 ~ 선다

뻥 ~ 뚫린다

뻥긋 입도 ~ 않는다

뻥뻥 ~ 뚫린다

뼈 ~ ㅅ 조각 제거 수술, ~ 가 으스러진다, ~ 도 못추린다, ~ 를 깎는 아픔, ~ 마디가 쑤신다, ~ 만 앙상하다, ~ 에 금이 간다, ~ 에 사무친다, ~ 연모, ~ 와 살, ~ 저리게 겪는다; 갈비 ~가 부러지는 중상, 광대 ~가 툭 튀어 나왔, 광대 ~가 튀어 나온다, 목 등 ~, 목 ~가 부러진다, 뿔이나 ~, 앞 팔 ~, 엉치 ~, □에서 잔 ~가 굵는다, □을/를 ~ 저리게 깨닫는다, □을/를 ~ 저리게 느낀다, 촛대 ~ 깐다

뼉다구 개 ~ 같다

뼉다귀 개 ~

뼘 땅 한 ~

뽀드득 ~ ~ 이를 간다, ~ 소리

뽀뽀 ~ 를 한다; 볼에 ~ 한다

뽀송뽀송 ~ 하다

뽀얗다 뽀얀 먼지, 뽀얗게 쌓인다; 먼지가 ~

뽀작뽀작 ~ 들어 선다

뽈뽈 ~ 기어 간다

뽐 □을/를 ~ 낸다

뽑는다 동선을 길게 ~, 마스컨 키를 ~, 무작위로 ~, 본전이나 ~, 양복을 뽑아 입는다, □을/를 내 ~, □을/를 뽑아 낸다, □을/를 뿌리채 ~

뽑이 못 ~ 턱

뽑힌다 뿌리 ~

뾰로통 ~ 하다

뾰루퉁 ~ 하다

뾰조록이 ~ 내 민다

뾰족 ~ ~ 하다

뾰죽 ~ ~ 하다

뽕 ~ 간다

뿌듯 □에 ~해 한다

뿌러진다 뿌러진 칼

뿌루퉁 ~ 하다

뿌리 ~ 깊이 박힌다, ~ 나 줄기, ~ 뽑힌다, ~ 째 흔들린다, ~ 채소; 깊이 ~ 박는다, 깊이 ~ 박힌다, 신경 ~, □에 ~ 내린다, □에 ~ 박는다, 집 기둥 ~, 파 1 ~, 풀 ~를 캔다, 풀 ~ 민주 주의

뿌리채 □을/를 ~ 뽑는다

뿌리친다 만류를 ~, □을/를 ~

뿌린다 농약을 ~, 불온 삐라 ~, 빗발이 ~, 삼 씨 ~, □을/를 ~, 통 깨를 ~

뿌옇다 뿌연 막, 뿌연 안개, 뿌옇게 서린다

뿌적뿌적 □으로/로 ~ 밀어 낸다, 잇새로 ~ 밀어 낸다

뿐 □ ~만 아니다, 상처 ~인 영광, -- 을/ㄹ ~ 아니라

뿔 ~ 이나 뼈; 각 ~의 꼭지 점, 밤 색 ~ 테 안경, 사슴 ~과 인삼, 쇠 ~도 단 김에 뺀다, □에 ~ 난다, 염소의 ~, 원 ~ 모양

뿔뿔이 ~ 흩어 진다

뿜는다 길게 연기를 내 ~, 매연을 내 ~, □을/를 내 ~, □을/를 뿜어 낸다, 자동차가 내 뿜는 오염, 후욱 ~

삐걱거린다 삐걱거리는 목조 계단

삐끗 ~ 한다

삐딱 ~ ~ 걷는다, ~ 하다

삐뚜름 ~ 하다

삐뚤다[삐뚠 삐뚤] 삐뚤어 진다

삐라 ~ 살포, ~ 살포법; 불온 ~ 뿌린다

삐악 ~ ~ ~

삐이걱 ~ 소리가 난다

삐익 ~ 한다

삐죽 입을 ~ 내 민다

삐죽거린다 □을/를 ~, 입을 ~

삐죽이 ~ 솟는다; 입을 ~ 내 민다

삐죽인다 □을/를 ~

삐진다 이유 없이 삐진 여자 친구

삐진다 삐져 나온다

삐쩍 ~ 마른다

삐쭉 ~ 하다; 입을 ~ 내 민다, 입술을 ~ 내 민다

삐쭉거린다 □을/를 ~, 입을 ~

삐쭘 ~ 하다

삑 ~ 한다

삔다 발 목을 ~, □을/를 ~

삥 ~ 둘러 선다, ~ 둘러 앉는다

삥땅 ~ 친다

ㅅ 갈 지 ~ 자 걸음, 가릉빈가의 노래 ~ 소리, 거액의 뒤 ~ 돈, 곰방 담배 ~ 대에 엽초를 넣는다, 구두 ~ 끈을 맨다, 구두 ~ 발 소리, 굵은 비 ~ 방울, 굵은 비 ~ 줄기, 귀 ~ 가를 맴 돈다, 귀 ~ 가에 맴 돈다, 귀 ~ 가에서 맴 돈다, 귀 ~ 속 말로 속삭인다, 귀 ~ 속을 파고 든다, 기사 ~ 거리가 된다, 기차 ~ 길 굴 다리, 김치 ~ 국부터 마신다, 깍듯이 존대 ~ 말 한다, 꾸어다 놓은 보리 ~ 자루, 나일론 빨래 ~ 줄, 낚시 ~ 대, 내 ~ 가에서 낚시 한다, 내 ~ 가 조약돌, 내 ~ 물 한가운데 풍덩 빠진다, 다람쥐 체 ~ 바퀴 돌듯, 다운로드 회 ~ 수, 단오 ~ 날 그네, 단칸 월세 ~ 방, 담배 ~ 가게, 담배 ~ 가루를 쟁인다, 담배 ~ 불을 댕긴다, 도 ~ 수 없는 안경, 도끼의 머리 ~ 돌, 동지 ~ 날 팥 죽, 동지 ~ 달 긴 긴 밤, 두어 발짝 뒤 ~ 걸음 질 친다, 뒤 ~ 걸음 질 한다, 뒤 ~ 골 산 속 토굴, 뒤 ~ 골목 대포 ~ 집, 뒤 ~ 구멍으로 호박 씨 깐다, 뒤 ~ 덜미를 낚아 챈다, 뒤 ~ 말을 흐린다, 뒤 ~ 말의 첫 소리, 뒤 ~ 말이 무성하다, 뒤 ~ 맛이 개운하다, 뒤 ~ 머리를 긁는다, 뒤 ~ 머리를 긁적거린다, 뒤 ~ 머리와 뒤 ~ 목, 뒤 ~ 목과 어깨, 뒤 ~ 바라지 한다, 뒤 ~ 북을 친다, 뒤 ~ 사람, 뒤 ~ 산 묏등, 뒤 ~ 전으로 물러 난다, 뒤 ~ 전으로 밀려 난다, 뒤 ~ 조사를 한다, 뒤 ~ 좌석, 뒤 ~ 짐을 진다, 뒤 ~ 짐 진다, 뒤 ~ 켠, 뒤 ~ 탈이 없다, 뒤

ㅃ

~ 트렁크, 뒤 ~ 편 공 터, 뒤 ~ 포켓, 딸린 바다 ~ 물고기, 때 ~ 국 전다, 뜨내기 배 ~ 사람, 링거 주사 ~ 줄을 드리운다, 마늘 밭에 우 ~ 거름 준다, 마루 위 ~ 벽, 맨 뒤 ~ 열, 맨 뒤 ~ 줄, 맨 위 ~ 줄, 맨 위 ~ 칸, 맨머리 ~ 바람으로, 머리 ~ 살 아프다, 머리 ~ 속까지 지끈지끈 아프다, 머리 ~ 속에서 구상 한다, 머리 ~ 속을 어지럽힌다, 메주 ~ 가루와 고추 ~ 가루, 목 안에 ~ 소리, 목젖으로 코 ~ 길을 막는다, 몸 위 ~ 면, 몽당비 ~ 자루, 묘 ~ 자리 하나, 바다 ~ 가, 바지 뒤 ~ 중심, 바지 아래 ~ 단, 반전 평화 초 ~ 불 대행진, 반찬 가지 ~ 수, 배 ~ 속에서 무두질을 한다, 배 ~ 속에서 쪼르륵 소리가 난다, 배 ~ 심 좋다, 배 ~ 고동 소리, 배 ~ 놀이를 한다, 백 년 뒤 ~ 세상, 뱃전과 배 ~ 바닥, 번개 ~ 불에 콩 구워 먹는다, 번개 ~ 불이 번쩍 한다, 벼 ~ 짚 더미, 벼 ~ 짚 암모니아 처리, 벼 ~ 짚 이엉, 보 ~ 물처럼 터진다, 보라 ~ 빛 과남풀 꽃, 복부 오른쪽 위 ~ 부분, 부자 ~ 집 마나님, 부자 ~ 집 막내 딸, 부자 ~ 집 맏며느리 감, 부채 ~ 살 모양, 비 ~ 길에 미끄러진다, 비 ~ 물 홈 통, 비 ~ 발이 뿌린다, 비 ~ 발 치는 비난, 비 ~ 방울이 후둑후둑 떨어진다, 비 ~ 자루 몽당이, 비난이 비 ~ 발 친다, 빨래 ~ 비누 한 장, 뼈 ~ 조각 제거 수술, 사이 ~ 소리 현상, 산 동네 꼭대기 ~ 집, 산 모퉁이 ~ 길, 새 ~ 골목, 생선 회 ~ 감, 서리 ~ 발 같다, 세수 ~ 물을 데운다, 소금과 후추 ~ 가루, 소금 후추 ~ 가루 약간, 소주 ~ 잔을 기울인다, 손 위 ~ 사람, 쇠 ~ 소리를 낸다, 쇠 ~ 조각과 구슬, 수도 ~ 물 바이러스 파동, 수도 ~ 물 불소, 수수 ~ 단속, 술 도가 ~ 집, 슬금슬금 뒤 ~ 걸음 친다, 승강구의 맨 아래 ~ 계단, 아래 ~ 계단 위, 아래 ~ 돌 빼어서 위 ~ 돌 괸다, 아래 ~ 입술을 깨문다, 아이 ~ 적 습관 대로 먹는다, 알콜도 ~ 수, 암 나무와 수 ~ 나무, 암 놈과 수 ~ 놈, 앞 문과 뒤 ~ 문, 앞 집 뒤 ~ 집, 양복 바지 허리 ~ 단, 양복 우 ~ 저고리, 어깨 ~ 숨을 쉰다, 어미의 태 ~ 속, 언제 ~ 적 얘기이니, □에 딸린 바다 ~ 물 고기, □에 우 ~ 거름을 준다, 영공 통과회 ~ 수, 예사 ~ 일이 아니다, 오라 ~ 줄에 묶인다, 오래 ~ 만에, 외가 ~ 집에 얹혀 산다, 요청이 비 ~ 발 친다, 우 ~ 통을 벗어 젖힌다, 우 ~ 통을 훌렁 벗는다, 우스개 ~ 소리, 우유 ~ 가루 같다, 위 ~ 글, 위 ~ 니와 아래 ~ 니, 위 ~ 몸 일으키기, 위 ~ 물 맑다, 위 ~ 물이 맑아야, 위 ~ 벽 선반에 얹힌다, 위 ~ 선의 지시, 육십의 고개 ~ 마루, 은 초 ~ 대, □을/를 뒤 ~ 받침 한다, 이 ~ 새로 뿌적뿌적 밀어 낸다, 이 월 초하루 ~ 날, 이마 ~ 살을 찌푸린다, 이사 ~ 짐 센터, 이중 자 ~ 대, 인삼 차 ~ 집, 일 면 머리 ~ 기사, 일 일 차 ~ 집, 자 ~ 대로 잰다, 자 ~ 대의 눈금, 자주 ~ 빛 등나무 꽃, 잔치 ~ 날의 청첩장, 잔치 ~ 집이나 초상 집, 장마 ~ 비, 재 ~ 더미가 된다, 재 ~ 물 비누, 저기 뒤 ~ 마을, 전에 ~ 사람, 전기 ~ 불도 들어 온다, 전세 ~ 돈 뺀다, 전세 ~ 방 얻는다, 전차 ~ 길, 정월 초하루 ~ 날, 제사 ~ 날도 모른다, 존대 ~ 말을 쓴다, 주사 ~ 줄을 드리운 채, 증조모 님 제사 ~ 날, 지하 단칸세 ~ 방, 질그릇 차 ~ 잔, 짙은 보라 ~ 빛, 처가 ~ 집, 천만 년

뒤 ~ 세상에 전한다, 청바지 뒤 ~ 주머니, 체 ~ 바퀴 돈다, 초 ~ 대 뼈 깐다, 초 ~ 불 한 자루, 총 알이 비 ~ 발 친다, 커리어 우먼이나 부자 ~ 집 딸, 코 ~ 날이 시큰하다, 코 ~ 노래를 부른다, 코 ~ 대를 납작하게 만든다, 코 ~ 등에 주름이 진다, 코 ~ 물 범벅, 코 ~ 방귀만 뀐다, 코 ~ 속 통로, 코 ~ 잔 등, 태 ~ 줄과 태반, 터 ~ 세, 퇴 ~ 마루에 걸터앉는다, 퇴 ~ 마루와 협실, 피 ~ 기가 가신다, 피 ~ 기가 싹 가신다, 피 ~ 기 없다, 피 ~ 대를 올린다, 피 ~ 자욱, □하고 혀 ~ 소리를 한다, 하루 ~ 동안, 하루 ~ 밤 묵어 간다, 하루 ~ 밤을 묵는다, 하루 ~ 밤 정분, 한 자리 ~ 수, 항의가 비 ~ 발 친다, 해 ~ 볕이 쨍쨍 쬔다, 해 ~ 빛 가리개, 허리 ~ 단 늘인다, 호주머니에서 담배 ~ 갑을 꺼낸다, 혼자 ~ 말로 중얼거린다, 혼자 ~ 말처럼 웅얼거린다, 혼자 ~ 말처럼 중얼거린다, 혼자 ~ 소리처럼 중얼거린다, 화 ~ 김에, 화제 ~ 거리가 된다, 황토 ~ 길, 횟배 앓는 배 ~ 속, 후드득 비 ~ 방울이 떨어진다, 후추 ~ 가루로 간 한다, 훨씬 위 ~ 길, 흔한 터 ~ 새, 흥얼흥얼 코 ~ 노래 부른다, 흰자위에 실 피 ~ 줄이 있다

사 가전 3 ~, 계열 대행 ~, 계열 ~ 간 업무, 계열 ~로 편입 된다, 계열 ~로 편입 한다, 계열 ~를 거느린다, 공식 후원 ~, 관영 통신 ~, 국내 광고 ~, 국제 선 항공 ~, 기관 및 할부 금융 ~ 차입, 다국적 제약 ~, 독립 광고 대행 ~, 방송 ~나 신문 ~, 부실 창투 ~, 상장 ~ 협의회, 시공 ~와 감리단, 신문 ~ 편집국, 신용카드 ~, 언론 ~나 언론인, 언론 ~ 사주, 언론 ~와 언론인, 언론 ~의 경영 진, 언론 ~의 사주, 연예 기획 ~, 우량 건설 ~, 은행과 차주 ~, 음반 직배 ~, 입장권 판매 대행 ~, 자동 차 공업 ~, 저자나 출판 ~, 종금 ~ 예치금, 종금 ~ 차입, 중견 건설 ~, 증권 ~ 객장, 증권 ~ 별 경쟁, 지상 파 방송 ~, 투신 ~의 공사채, 투신 ~ 퇴직 신탁, 투신 운용 ~ 사장, 합작 증권 ~, 항공 ~ 통폐합 설, 회원 ~로 가입 한다, 회원 ~를 보유 한다

사 공과 ~, 공 ~ 혼합 기업

사 생과 ~, 이 ~ 만루, 일 ~ 만루

사가 사이비 ~

사각 연두색 ~ 접시

사각모 ~ 쓴다

사각사각 ~ 잘 씹힌다

사각형 ~의 빌딩

사개 ~가 맞는다

사거 ~ 한다

사건 ~의 전말; 간첩단 ~, 강력 ~ 피해자, 납치 ~ 진상 조사위, 동백림 ~, 로커비 ~, 맞고소 ~, 무장 간첩 침투 ~, 민청학련 ~, 밀입북 ~, 박종철 군 고문 치사 ~, 변사 ~, 살인 ~, 선거 법 위반 ~, 선전물 살포 ~, 소총 난사 ~, 수뢰 ~, 양민 학살 ~, 연쇄 방화 ~, 유서 대필 ~, 인과성 ~, 일장기 말소 ~, 입시 문제지 도난 ~, 재건위 ~, 저격 ~, 중대 ~, 총기 난사 ~, 피습 ~, 필화 ~, 헌법 소원 ~

사격 ~의 명수; 선제 ~, 소총 ~을 한다, 실탄 ~ 훈련, 엄호 ~, 오인 ~, 조준 ~, 함포 ~

ㅅ

사경 ~ 을 헤맨다

사고 ~ 방식, ~ 의 전환; 동·서양의 ~, 미국 식 ~, 치밀한 ~, 편협한 ~, 합리적 ~

사고 ~ 를 낸다, ~ 예방, ~ 친다, ~ 후유증; 가스 누출 ~, 교통 ~로 숨 진다, 교통 ~ 처리 특례 법, 교통 ~ 특례 법, 낙반 ~, 방사능 유출 ~, 불의의 교통 ~, 불의의 ~, 속 옷 노출 ~, 안전 ~, 익사 ~, 자동 차 ~, 차량 전복 ~, 총기 오발 ~, 최악의 ~, 추돌 ~, 추락 ~, 축대 붕괴 ~, 충돌 ~

사공 ~ 과 격군

사과 ~ 궤짝, ~ 랑 캐러멜, ~ 와 귤; 참외랑 ~랑, 한 그루의 ~ 나무

사과 ~ 및 재발 방지 약속, ~ 와 관련자 문책, ~ 와 재발 방지 약속, ~ 와 책임자 문책; □께 ~ 드린다, 정중히 ~ 한다, 진심으로 ~ 한다

사과문 대국민 ~

사관 견습 ~, 공군 ~ 학교, 삼군 ~ 학교, 여군 ~ 후보, 여군 ~ 후보생

사관 민족 주의 ~, 수정 주의 ~, 식민 ~ 에 입각 해서, 유물 ~

사교 ~ 클럽

사교육비 ~ 경감, ~ 를 투자 한다

사구 내륙 ~, 해안 ~

사귄다 사귈수록 진국이다; 대학교 시절 오래도록 사귀었다

사근사근 ~ 하다

사글세 ~ 방

사기 ~ 꾼 목사, ~ 도박 판, ~ 죄, ~ 행각, ~ 혐의로 고소 한다

사기 ~ 접시; 흙 그릇이나 ~ 그릇

사기 ~ 가 떨어진다, ~ 를 앙양 한다, ~ 를 진작 한다, ~ 앙양, ~ 진작

사나이 의리의 ~

사나흘 ~ 동안

사날 ~ 동안; 한 ~

사납다[사나와 사나운] 사납고 날쌔다, 사나운 눈초리; 꿈 자리가 ~, 눈 꼴 ~, 볼썽 ~, 성깔깨나 ~, 팔자가 ~

사내 ~ 근로 복지

사내 ~ 답다; 어엿한 ~ 대장부

사냥 ~ 한다; 마녀 ~, 멍텅구리 ~ 개

사다리 ~ 를 올라 간다; 고가 ~ 차

사단 ~ 법인

사단 ~ 본부, ~ 의 법무관, ~ 인사처; 보병 ~

사단 ~ 이나 칠정, ~ 칠정 논변, ~ 칠정론

사당 ~ 에 참배 한다

사대 ~ 근성

사대부 신진 ~, 신흥 ~

사대육신 ~ 멀쩡하다, ~ 팔만 사천 마디

사돈 ~ 남 말 한다, ~ 마님, ~ 의 팔 촌

사또 ~ 분부

사라진다 가뭇없이 ~, 감쪽 같이 사라져 버린다, 눈 녹듯 ~, 눈 녹듯이 ~, 앙금이 ~, 온 데 간 데 없이 사라져 버린다, 형장의 이슬로 ~

사람 ~ 들이 박신거린다, ~ 들 입에 오르내린다, ~ 들 틈에 끼인다, ~ 들 틈을 비집고 들어 간다, ~ 위에~ 없다, ~ 의 명예를 훼손 한다; 곧선 ~, 낮 모르는 ~, 네안데르탈 슬기 ~, 네안델탈 슬기 ~, 뒷~, 뜨내기 뱃~, 뭇 ~의 입 질, 베두인 ~, 보안 서원 한 ~, 새 ~이 된다, 손 윗~, 슬기 슬기 ~, 안 동네 ~, 원반 던지는 ~, 전엣~, 집 ~과 바깥 양반, 촌 ~ 행색, 타지방 ~, 털어서 먼지 안나는 ~ 없다, 한 길 ~ 속, 한국 ~

사랑 ~ 채와 안 채; 안 채와 ~ 채

사랑 ~ 의 묘약, ~ 의 밀어, ~ 의 증표, ~ 이 뭐길래; 과분한 ~, 궁정 식 ~, 낭만 적 ~, □을/를 ~ 한다, 지순한 ~, 짝 ~ 한다, 참된 ~, 황태자의 첫 ~

사려 ~ 깊다, ~ 분별

사력 ~ 을 다 한다

사령관 계엄 ~, 국군 의무 ~, 병참 ~, 보안 ~, 수경 ~, 수방 ~, 점령 군 ~, 주둔 군 ~, 주한 미군 ~, 참모 총장과 기무 ~, 토벌 군 ~, 특전 ~, 함대 ~

사령부 계엄 ~, 국군 기무 ~, 삼군 ~, 여단 ~, 유엔 군 ~, 점령 군 ~, 함대 ~

사령실 종합 ~

사례 인권 유린 ~, 인권 침해 ~

사례비 착수금과 성공 ~

사로부 ~ 장관 님

사로잡는다 □을/를 ~

사로잡힌다 --고 싶은 충동에 ~, 공포감에 ~, --는다는/ㄴ다는 강박 관념에 ~, 예감에 ~, 죄 의식에 ~, 질투심에 ~

사로청 ~ 에 가맹 한다

사론 분단 극복 ~

사료 ~ 작물; 농후 ~와 조사료, 육질 ~

사료실 통치 ~

사르르 ~ 녹아 든다, ~ 스친다

사른다[살라] □을/를 불 ~, □을/를 ~, 청춘을 불 ~, 향을 ~

사리 ~ 사욕

사리 ~ 를 봉안 한다, ~ 함이 안치 된다; 진신 ~

사리 ~ 를 분별 한다

사린다 꼬리를 ~, 몸을 ~, □을/를 사려 문다

사림 재야 ~

사립 ~ 대학 총장 협의회 회장, ~ 중고교, ~ 학교 법 개정; 공립과 ~, 명문 ~ 대학, 현행 ~ 학교 법

사립고 자립형 ~

사립대 수도권 ~

사마귀 검은 ~

사마리아인 착한 ~

사막 ~ 의 화원; 끝 없는 ~

사망 ~ 자 명단, ~ 진단서, ~ 추정 시각, ~ 한다

사면 굽면이 ~이다

사멸 ~ 한다

사명 ~ 감에 불 탄다; 투철한 ~감

사모 □을/를 ~ 한다

사목 알코올 ~ 센터

사묘 ~ 에 주향 한다

ㅅ

사무 ~ 부총장, ~ 직 여성 노동자, ~ 직 직원, ~ 차장, ~ 처장, ~ 총장, ~ 회계 용; 민원 ~ 처리, 지구 당 ~ 국장

사무관 정책 과 ~, 중고참 ~

사무국 입찰 ~

사무소 동 ~와 구청, 동회 ~, 면 ~ 소재지, 법무 부 출입국 관리 ~, 종합 건축사 ~, 합동 법률 ~

사무적 ~ 으로, ~ 인

사무총장 씨름 위원회 ~

사무친다 사무친 원한, 사무치게 그립다; 골수에 ~, 구천에 ~, 뼈에 ~

사문 ~ 난적; □을/를 ~ 난적으로 몬다

사문서 ~ 위조

사물 ~ 인터넷

사물놀이 ~ 패

사뭇 ~ 다르다

사미계 ~ 를 받는다

사바 ~ 세계의 중생, ~ 세상

사바나 ~ 기후

사발 ~ 식 온더락주; 냉수 한 ~

사방 ~ 백 리 안팎, ~ 으로 흩어 진다, ~ 을 두리번거린다, ~ 이 어둑하다, ~ 팔방 시방; 거기 ~ 삼천 리

사범 공안 ~, 시국 ~

사범 ~ 대학

사범대 ~ 통폐합

사법 ~ 개혁위, ~ 고시, ~ 연수 원, ~ 처리 여부; 검사 또는 ~ 경찰관

사법부 ~ 의 수장

사법사 ~ 상 처음이다

사변형 평행 ~

사별 ~ 가족; □과/와 ~ 한다

사복 ~ 차림

사본 ~ 2 통; 가입 신청서 ~, 명부 ~, 상업 송장 ~, 카본 ~

사부 ~ 대중, ~ 학당

사분 ~ 오열 된다

사분지 ~ 일

사뿐 ~ 히 내려 앉는다

사사 □한테 ~ 한다

사사 ~ 를 집필 한다, ~ 편찬 집필, ~ 편찬실

사사건건 ~ 트집 잡는다

사살 □을/를 ~ 한다

사상 ~ 도고

사상 ~ 최고치를 기록 한다; 헌정 ~ 최초

사상 ~ 이 불온하다; 남아 선호 ~, 남존여비 ~, 도가 ~, 민본 ~, 법가 ~, 부국강병 ~, 불교와 노장 ~, 삼경 ~, 새로운 고려 ~, 승공 ~ 앙양 기간, 식의동원 ~, 실학 ~, 위정 척사 ~, 유일 ~ 체계, 유일 ~ 체제, 음양 오행 ~, 정명 ~, 정치 ~ 학습, 천의 ~, 충효 ~, 풍수 도참 ~, 화엄 ~, 화쟁 ~

사상가 계몽 ~, 도가 ~, 명가 ~, 법가 ~, 철인과 ~

사상범 ~ 보호 관찰 법

사상사 ~ 내지 지성사

사색 ~ 에 잠긴다; 독서와 ~

사생 머리를 싸 매고 ~ 결단 한다

사생 ~ 노트, ~ 대회

사생활 ~ 폭로전; 명예 훼손이나 ~ 침해

사서 도서관 ~

사서함 우체국 ~

사선 ~ 임용

사설 ~ 감정인, ~ 교환기, ~ 전화 교환 시스템, ~ 학원

사설 ~ 과 칼럼

사소 ~ 한

사수 특등 ~

사수 □을/를 ~ 한다

사숙 □을/를 ~ 한다

사슬 먹이 ~, 쇠 ~에 묶인다

사슴 ~ 뿔과 인삼, ~ 풍뎅이

사시 ~ 사철, ~ 장천 논다

사식기 수동 ~, 전산 ~ 업체

사신 ~ 을 접견 한다, ~ 을 접대 한다; □에 ~으로 간다, □을/를 ~으로 파견 한다

사실 ~ 감 넘친다, ~ 무근이다, ~ 주의 내지 자연 주의, ~ 주의적으로, ~ 주의적인; 기정 ~, 양도 담보 ~ 기재 의무, 엄연한 ~, 피의 ~

사실화 □을/를 기정 ~ 한다

사악 ~ 하다

사액 ~ 된다, ~ 서원

사약 ~ 을 받는다

사양 극구 ~ 한다, □을/를 ~ 한다

사양 ~ 길에 접어 든다, ~ 산업

사업 ~ 계획서, ~ 로비 의혹, ~ 시행자, ~ 을 접는다; 간척 ~, 경지 정리 ~, 고도 기술 수반 ~, 고속 전철 ~, 국책 ~, 도산 안창호 선생 기념 ~회, 민방 ~자 선정, 백범 김구 선생 기념 ~회, 복표 ~자 선정, 서울 택시 운송 ~ 조합, 석유 ~ 기금, 세무 당국과 ~자, 소규모로 하는 ~, 십 주년 기념 ~, 애국 애족 ~, 양성자 가속기 ~, 양전 지계 ~, 엔지니어링 ~ 부, 역점 ~ 분야, 육림 ~, 육영 ~, 이산 가족 방문단 교환 ~, 인력 양성 ~, 자영 ~자, 저유소 건설 ~, 전력 증강 ~, 전송 망 ~자, 조림 ~, 주력 ~, 직업 소개 ~자, 차세대 전투기 ~, 창업 보육 ~, 취로 ~, 택시 운송 ~ 조합 연합회, 테크노 파크 조성 ~, 토지 구획 정리 ~, 해외 여행 ~ 본부, 화물 자동 차 운수 ~ 법, 후생 복지 ~

사업가 자선 ~

사업부 무선 호출기 ~

사업비 후생 복지 ~

사업소 장묘 ~, 하수 종말 처리 ~

사업장 ~ 및 장비

사영 ~ 기업, ~ 기업주

사옥 신유 ~ 때

사외 ~ 이사 선임, ~ 이사 제

사욕 사리 ~

사용 ~ 자 인터페이스, ~ 후 핵 연료; 신용 카드 ~ 한도, □을/를 ~ 한다, 인공기 ~, 일 회 용품 ~ 규제, 존칭어를 ~ 한다, 함축적 ~

사용료 저작권 ~, 전등 ~

사용법 워드 프로세서 ~, 원고지 ~

사용액 신용 카드 ~

사우나 뜨거운 ~

사운 □에 ~을 건다

사원 권문 세가와 ~, 까오다이 ~

사원 ~들의 해외 연수; 신입 ~ 공채, 신입 ~ 교육, 신입 ~ 연수, 신입 ~ 채용, 영업 ~, 인턴 ~ 제

사유 결격 ~, 귀책 ~, 누범 가중 ~, 이혼 ~, 정당한 ~, 정상 참작 ~, 제척 ~

사유 반가 ~ 상

사유 ~ 재산 제도; 토지 ~ 론

사육 ~ 두 수; 가축 ~, □을/를 ~ 한다, 칠면조 ~

사육제 ~ 때 쓰인다

사은 ~ 회

사은품 ~ 증정

사의 ~를 표명 한다, ~를 표한다, ~ 표명

사이 ~ ㅅ 소리 현상; 검지와 중지 ~, □과/와 가까운 ~이다, 눈 깜박 할 ~, 눈 깜짝 할 ~, 막역한 ~, 솔 밭 ~ ~, 쌍둥이 빌딩 ~, 요추 골 ~의 추간 부위, 응달 쪽 소나무 숲 ~, 처남 매부 ~

사이드 오른 쪽 ~ 어태커

사이렌 ~ 소리

사이버 ~ 범죄 수사대, ~ 카지노 사이트; 경찰청 ~ 수사대

사이비 ~ 교주, ~ 사가

사이즈 킹 ~ 침대

사이코드라마 ~ 의 매력

사이트 ~ 운영자; 구직 ~, 사이버 카지노 ~, 상품권 매매 ~, 웹 ~, 인터넷 포털 ~

사익 ~ 과 공익, ~ 추구; 공익과 ~

사인 계약서에 ~ 한다, 안전 벨트 ~, 자필 ~, 직인 또는 ~, 청약서에 ~ 한다, 콜 ~, 히트 앤드 런 ~

사인 신진 ~ 층

사임 당 서기장 직 ~, □에서 ~ 한다, 직을 ~ 한다

사자 저승 ~, 저승의 ~

사자 ~ 나 호랑이; 독수리나 ~, 성 난 ~, 호랑이나 ~, 호랑이와 ~

사장 ~ 단 회의; 어엿한 ~ 님, 이해진 ~, 중소 기업체 ~, 투신 운용 사 ~

사장교 ~ 구간

사장나무 ~ 밑동

사재 ~를 턴다, ~ 출연 약속

사적 ~ 으로, ~ 인

사적지 혁명 ~

사전 ~ 구속 영장이 발부 된다, ~ 내정, ~ 에 막는다, ~ 영장 주의

사전 ~ 편찬, ~ 표제어, ~ 한 질; 고사성어 ~, 낱말 조합 ~, 백과 ~, 숙어 ~, 유의어 ~, 토박이 말 ~, 학습자 ~, 한자 ~

사전적 ~ 인 정의, ~ 정의

사절 ~ 을 파견 한다; 대미 통상 ~단, 주한 외교 ~ 단장

사정 질 외 ~

사정 ~ 기관 책임자, ~ 당국, ~ 의 칼날, ~ 한파; 보좌 진과 ~ 기관, 표적 ~

사정 ~ 없이 내리찍는다; 외환 수급 ~, 유동성 ~, 인정 ~ 볼 것 없다, 저간의 ~, 피하지 못할 ~

사정 ~ ~ 한다

사정법 질 외 ~

사정사 손해 ~

사제 ~ 간, ~ 서품을 받는다; 자이나 교 ~

사제 ~ 폭발물

사제공 삼제공과 ~

사조 ~ 가 쇠퇴 한다; 계몽 ~, 다양한 예술 ~를 넘나든다, 문예 ~, 세기말적 예술 ~의 흔적

사조기 계몽 ~

사조사 문예 ~

사족 재지 ~

사족 --라면 ~을 못쓴다

사죄 ~ 드린다; 머리를 숙여 ~ 한다, 백배 ~ 한다, 서면 ~

사주 ~ 팔자

사주 ~ 나 간부, ~ 를 대리 한다, ~ 와 경영 진; 언론 사 ~, 언론 사의 ~, 언론 ~나 경영 진

사중 삼중 ~

사중주 네 편의 ~, 한 편의 ~

사증 ~ 발급 인정; 입국 ~ 발급 창구

사지 ~ 가 멀쩡하다, ~ 가 절단 된다, ~ 를 버둥거린다, ~ 부전 마비 증세; 몸통 및 ~

사직서 일괄 ~

사진 ~ 식자기, ~ 작가의 조수; 기념 ~ 촬영장, 다큐멘터리 ~ 작가, 답사 ~ 자료전, 바랜 흑백 ~, 수 많은 ~ 복사본, 스냅 ~, 합성 ~, 항공 ~ 촬영, 흑 백 ~

사진사 ~ 아저씨; 더듬이 ~

사진전 석불 ~, 유작 ~

사질 산성의 ~ 토양, 토질이 ~이다

사찰 국제 핵 ~을 받아 들인다, 무기 ~ 단장, 세무 ~, 핵 ~ 수락

사찰 ~ 의 경내

사찰지 ~ 의 본전; 향로 출토 ~

사채 ~ 발행 차금, ~ 상환 이익, ~ 업자, ~ 중개상; 상환 ~, 신주 인수권부 ~, 해외 전환 ~

사철 사시 ~

사체 ~ 검안, ~ 로 발견 된다, ~ 부검

사춘기 ~ 소녀; 한 ~ 소녀의 숨김 없는 자기 고백

사출 ~ 성형법

사치 ~ 와 낭비, ~ 와 방탕, ~ 와 향락, ~ 와 허영, ~ 풍조

사칭 □을/를 ~ 한다

사타구니 겨드랑이와 ~

사탕 ~ 수수 농장, ~ 요정, ~ 이나 과자; 과자나 ~, 과자와 ~, 박하 ~ 봉지

사태 ~ 의 평화적 해결; 만약의 ~에 대비 한다, 만일의 ~에 대비 한다, 미분양 ~, 비상 ~가 선포 된다, 비상 ~를 선포 한다, 비상 ~ 선포, 예금 인출 ~, 유혈 ~, 인터넷 마비 ~, 정전 ~, 초유의 ~

사택 ~에 가져 간다

사통 □과/와 ~ 한다

사퇴 ~를 결심 한다, ~를 만류 한다; 교수 직 ~, 모든 공직에서 ~ 한다, 위원장 직 ~, 일괄 ~, 자진 ~, 전무의 ~, 후보 직을 ~ 한다

사퇴서 ~를 제출 한다

사팔뜨기 ~ 눈

사포닌 ~ 성분

사표 ~가 수리 된다, ~를 반려 한다, ~를 수리 한다; 미련 없이 ~를 낸다

사피엔스 호모 ~

사학 고고 미술 ~ 과 교수, 미술 ~ 과, 민족 주의 ~ 계열, 반식민 ~, 사회 경제 ~, 식민 ~ 론, 실증 ~

사학 ~ 교직원, ~ 연금, ~ 재단

사학자 민족 주의 ~, 향토 ~

사항 공지 ~, 노사정위 합의 ~ 이행, 서지 ~, 세부 ~, 애로 및 건의 ~, 애로 ~, 요구 ~, 특이 ~

사해 ~ 형제 주의; 만민 ~ 주의

사형 ~ 선고, ~ 언도, ~에 처한다, ~이 집행 된다, ~ 집행; □에게 ~ 선고를 한다

사환 ~으로 채용 된다, ~으로 채용 한다; 분교장 ~

사활 □에 ~을 건다

사회 ~ 경제 사학, ~ 경제사, ~ 과학사에 빛 나는 대작, ~ 구성체, ~ 구원관을 가진다, ~ 면 머리 기사, ~ 문제로 대두 된다, ~ 병리학적으로, ~ 병리학적인 문제, ~ 보장국, ~ 보장비, ~ 복지 과, ~ 복지가, ~ 복지비, ~ 복지사, ~ 복지학, ~ 봉사 활동, ~ 부조리, ~ 상규, ~ 안전 망 확충, ~ 정의, ~ 주의 리얼리즘, ~ 주의 완전 승리, ~ 통합자; 경제 · ~ · 문화, 국회 보건 ~ 위원회, 군장 ~ 단계, 군장 ~ 설, 기업 이윤의 ~ 환원, 농경 ~, 도시 산업 ~, 마르크시즘과 ~ 주의, 모계 ~, 보건 ~ 연구 원, 부권 ~, 송파 종합 ~ 복지관, 수장 ~ 단계, 시민 ~ 단체, 신문 ~ 면, 원시 공산 ~, □을/를 ~에 환원 한다, 인문 ~ 계열, 인문 ~ 과학자, 재산을 ~에 환원 한다, 재일 동포 ~, 저신뢰 ~, 정의 ~ 구현, 중국 식 ~ 주의, 탈식민 ~, 향촌 ~, 현대 판 신분 ~

사회 ~ 본다, ~ 자

사회관 개인 주의적 ~, 구조 주의적 ~

사회적 ~ 배제자, ~ 약자나 결핍자

사회학 ~ 과

사후 ~ 약 방문; 생존 중과 ~

사후 ~ 피임 약; □에게 ~ 통보 한다

사흘 ~ 거리로 친다, ~ 굶은 시어미 상, ~ 째 되던 날; 연 ~

삭감 ~ 목표량; 복지비의 ~, □을/를 ~ 한다, 전액 ~

삭는다 삭은 맛

삭막 ~ 하다

삭발 ~ 교 교주, ~ 염의 한다, ~ 한다

삭신 온 ~

삭연 ~ 하다

삭월세 ~ 방

삭인다 분을 ~, □을/를 ~

삭정가지 전나무 ~

삭제 ~ 된다; □을/를 ~ 한다

삭탈 □을/를 ~ 한다

삭풍 ~ 속

삭힌다 삭힌 고추

삯 ~ 일도 한다

산 ~ 같이 쌓인다, ~ 고랑탱이, ~ 골 농투성이, ~ 골 외딴 집, ~ 골의 폐광 촌, ~ 그리메, ~ 길로 접어 든다, ~ 나물 무친다, ~ 나물을 캔다, ~ 동네 꼭대깃집, ~ 동네 자취 방, ~ 돼지, ~ 딸기를 딴다, ~ 모퉁잇길, ~ 모퉁이를 돌아 간다, ~ 박하 냄새, ~ 불 예방, ~ 세가 험하다, ~ 좋고 물 좋다, ~ 중턱, ~ 토끼 네굴 속; 굽이굽이 ~ 길이다, 남산이라는 ~, 넘어야 할 ~, 눈 덮인 ~ 봉우리, 동해 물과 백두 ~, 두메 ~ 골, 뒷골 ~ 속 토굴, 뒷~ 묏등, 앞 ~, 외딴 ~ 골짜기, 익은 ~ 딸기, 테뫼 식 ~ 성, 한라 ~, 히말라야 ~ 최고봉

산 ~ 용액 추출법; 담즙 ~을 흡착 한다, 불포화 지방 ~, 오메가 3 지방 ~, 위 ~ 과다, 위 ~ 과다증, 젖 ~과 초 ~, 젖 ~ 발효 시킨다, 초 ~ 조제 마늘

산간 ~ 계류, ~ 벽지, ~ 오지

산길 험한 ~

산다 고생을 사서 한다, 마구잡이로 사아 들인다, 빈축을 ~, 월부로 ~, □을/를 사고 판다, □을/를 사아 들인다, □을/를 장당 백 원에 ~, □의 환심을 ~

산다[살고 살아] 산 입에 거미 줄 치랴, 살 날이 얼마 안남았다, 살 맛 난다, 살아 날 가망, 살아 생동 한다, 살아 생전에, 살아서 돌아온다; 땅 한 뙈기 없이 살아 간다, 멀쩡히 살아 있다, 생을 ~, 양놈하고 ~, 양심껏 ~, □에 붙어 ~, 오래 오래 ~, 오손도손 ~, 외갓집에 얹혀 ~, --은/ㄴ 디끼 ~, 있이 ~, 죽기 아니면 살기로, 죽은 디끼 ~, 죽을 둥 살 둥, 죽을 판 살 판, 천 년 만 년 ~, 평범하게 ~, 하루 하루를 살아 간다, 한 집에 ~, 홀어머니와 ~

산더미 ~ 같다, ~ 같이 쌓인다, ~ 처럼 쌓인다

산들 ~ 바람, ~ ~ 분다

산등성이 가파른 ~

산뜻 ~ 하다

산란 ~ 한다

산록 ~ 과 산악; 계곡과 ~

산림 ~ 법 위반, ~ 에 서식 한다, ~ 자원학 과

산만 ~ 구성, ~ 하다

산매 ~ 점포

산맥 습곡 ~, 양대 ~

산문 자유 시와 ~ 시

산물 피 어린 역사의 ~, 합리 주의의 ~

산미 ~ 증산, ~ 증식 계획

산발적 ~ 으로, ~ 인

산방 실학 ~

산별 ~ 교섭 도입, ~ 노조, ~ 중앙 교섭

산보 ~ 한다

산부인과 ~ 전문의

산사태 ~ 예방

산산 ~ 조각이 난다

ㅅ

산산이 ~ 부서진다, ~ 흩어 진다

산성 ~ 의 사질 토양

산소 ~ 부화 공기, ~ 부화 막, ~ 원자; 생물 화학적 ~ 요구량, 생물학적 ~ 요구량, 생화학적 ~ 요구량, 수소와 ~, 유리기 ~, 유해 ~, 최대 ~ 섭취량, 화학적 ~ 요구량

산소 ~ 를 쓴다, ~ 에 상 돌을 놓는다

산수 ~ 풍광

산수갑산 ~ 을 가도

산수소 ~ 불 꽃

산수화 진경 ~

산술적 ~ 으로, ~ 인

산아 ~ 제한 반대, ~ 제한 정책

산악 ~ 자전거, ~ 지대의 풍취, ~ 행군; 산록과 ~

산야 ~ 에 지천으로 깔려 있다

산업 ~ 구조의 고도화, ~ 안전 보건 법 위반, ~ 연관, ~ 육성 법, ~ 자본의 은행업, ~ 자원 부, ~ 재해, ~ 피해 구제 법; 국가 기간 ~, 금 탑 ~ 훈장, 다우존스 ~ 평균 지수, 도시 ~ 사회, 동 탑 ~ 훈장, 부가 가치 ~, 사양 ~, 석유 화학 ~, 애완 동물 ~ 종주국, 외식 ~ 경영자, 집약적 ~, 통상 ~ 부, 표준 ~ 분류, 항공 운수 ~

산업국 선진 ~

산업체 ~ 부설

산업화 ~ 와 도시화

산염 글루탐 ~

산원 호조의 ~

산유 ~ 량 감축; 상반기 중 ~량 쿼터

산유국 주요 ~

산입 손금 ~, 손금에 ~ 한다, □을/를 ~ 한나

산자 ~ 류, ~ 의 조직감; 강정과 ~, 강정 및 ~

산재 □에 ~ 한다

산적 ~ 하다

산전 ~ 산후 휴가, ~ 진찰

산전 ~ 수전 다 겪는다

산정 요양 급여 일수 ~, □을/를 ~ 한다

산조 가야금 ~, 거문고 ~, 해금 ~

산죽 법당 뒤 ~ 숲

산지 ~ 가람; 구릉성 ~

산지 ~ 수집상, ~ 쌀 값, ~ 직송, ~ 출회

산채 ~ 비빔 밥, ~ 시험장

산책 ~ 방담, ~ 한다

산천 ~ 초목; 타향 ~

산초 추어탕에 ~를 넣는다

산출 ~ 세액; □을/를 ~ 한다

산출물 ~ 또는 결과

산통 복부 ~

산하 국무 총리실 ~ 청소년 보호 위원회

산학 ~ 협동, ~ 협력 관련

산학연 ~ 간 인력 유동

산호 ~ 군락

산화 ~ 와 환원

산화물 미세 먼지와 질소 ~, 질소 ~ 측정

산후 ~ 우울증, ~ 조리; 산전 ~ 휴가

살 굵은 쇠 창 ~, 꽃 ~ 교창, 꽃 ~ 창호, 띠 ~ 창호, 문 ~ 창호지, 부챗~ 모양, 정 자 ~ 창호

살 너댓 ~, 네 ~ 연하, 네 ~ 터울, 두 ~ 터울로, 마흔 ~ 쯤, 만 15 ~, □보다 다섯 ~ 위다, □보다 두 ~ 아래다, 서른 ~, 세 ~ 버릇 여든까지 간다, 세 ~ 연하, 세 ~ 터울, 스무 ~ 감성, 스물 한 ~, 여덟 ~, 열 네 ~, 열 ~ 되던 해에, 열서너 ~, 예순 아홉 ~, 일흔 ~

살 ~ 결이 희다, ~ 수청을 든다, ~ 을 도려 내는 아픔, ~ 을 엔다, ~ 을 찌운다, ~ 이 찐다, ~ 이 피둥피둥 찐다, ~ 찐 젖 소; 게 ~과 찐 밤, 구김 ~ 없이 자란다, 눈 ~을 잔뜩 찌푸린다, 눈 ~을 찌푸린다, 눈 ~이 찌푸린다, 닭 가슴 ~, 닭 ~ 돋는다, 닭 ~이 돋는다, 등심 또는 채끝 ~, 머릿~ 아프다, 뼈와 ~, 삼 겹 ~ 을 굽는다, 소 갈비 ~ 구이점, 시뿌옇게 ~ 찐다, □을/를 ~ 찌운다, 이맛~을 찌푸린다, 주름 ~ 투성이, 포동포동 ~ 찐다, 허연 속 ~

살 ~ 풀이 춤

살갑다[살가와 살가운] 살가운 연풍

살갗 ~ 에 소름이 돋는다, ~ 이 푸르뎅뎅하다

살구 ~ 씨, ~ 즙; 빛 좋은 개 ~이다

살균 ~ 무균 포장 공정; 가열 ~ 공정, 가열 ~ 무균 포장, 고온 ~, 저온 ~ 한다

살균법 저온 ~

살기 ~ 가 등등하다, ~ 등등하다

살농 ~ 정책

살뜰 ~ 하다, ~ 히 보살핀다

살랑살랑 ~ 불어 온다; □이/가 ~ 분다

살래살래 고개를 ~ 흔든다, □을/를 ~ 젓는다

살린다 살려 달라고 애원 한다; 먹여 ~, 백송 살리기, 우리 밀 살리기 운동, □을/를 ~

살림 ~ 밑천; 신접 ~

살망 ~ 하다

살미첨차 삼제공의 ~

살바기 네 ~

살벌 ~ 하다

살살 ~ 다룬다

살상 대량 ~ 무기 보유

살생 ~ 을 금한다

살이 감방 ~, 감옥 ~를 한다, 공장 ~를 한다, 딸린 한 해 ~, 머슴 ~ 새경, 빵 ~, 시집 ~, □에 딸린 여러 해 ~ 풀, □에 딸린 한 해 ~ 풀, 옥 ~를 한다, 처가 ~를 한다, 타향 ~

살인 ~ 교사, ~ 사건, ~ 용의자, ~ 충동; 연쇄 ~, 일 급 ~

살인범 연쇄 ~

살짝 ~ 데친다, ~ 볶는다, ~ 윙크 한다

살충제 방부제와 ~

살포 가두 ~, 금품 ~, 무가지 ~, 삐라 ~, 선전물 ~ 사건, □을/를 ~ 한다, 흑 색 선전물 ~

살포법 삐라 ~

살포액 ~ 을 만든다

살풋 ~ 웃는다

살풍경 ~ 하다

살핀다 눈치부터 ~, 두리번 살펴 본다, 두리번거리며 ~, 무궁히 ~, 유심히 ~, □을/를 살펴 본다

살해 ~ 죄, ~ 혐의; 무참히 ~ 한다, 영아 ~, □을/를 ~ 한다

삶 ~ 의 지혜; 대쪽 같은 ~, 풍성한 ~

삶는다 삶거나 찐다, 삶아 건진다, 삶아 빤다, 삶은 감자, 삶은 계란, 삶은 고구마, 삶은 국수, 삶은 달걀, 삶은 돼지고기; 국수를 ~, 떡 찌고 고구마 ~, 창포 ~, 푹 푹 ~

삼 ~ 씨 뿌린다; 마른 ~

삼가 □을/를 ~ 한다

삼각 ~ 플라스크, ~ 함수; 이등변 ~ 형

삼각주 강 어귀의 ~

삼각형 직각 ~

삼간 ~ 모옥; 빈대 잡으려다 초가 ~ 다 태운다, 초가 ~ 집

삼간다 삼가 아뢴다; □을/를 ~, 정욕을 ~

삼강 ~ 오륜

삼경 ~ 사상

삼국 ~ 시대, ~ 형성기

삼군 ~ 사관 학교, ~ 사령부

삼권 ~ 분립

삼는다 반공을 국시로 ~, 비방을 일 ~, 술 타령만 일 ~, 실패담을 거울 ~, 약탈을 일 ~, □으로/로 ~, □을/를 거울 ~, □을/를 목표로 ~, □을/를 벗 ~, □을/를 일 ~, □을/를 자랑 ~, 자랑 삼아 떠든다, 전횡을 일 ~

삼단 ~ 논법

삼두 ~ 체제

삼두근 ~ 반사

삼라 우주 ~ 만상, 우주의 ~ 만상

삼량 ~ 가구

삼류 ~ 극장

삼림 ~ 지대

삼림토 갈색 ~

삼매경 ~ 에 빠진다; 독서 ~

삼명 ~ 육통

삼문 ~ 삼조; 솟을 ~ 형식

삼배초 ~ 나 해물 드레싱

삼베 ~ 버선; 해어진 ~ 적삼

삼복 ~ 더위 때

삼분 □을/를 ~ 한다

삼분두 ~ 형

삼분법 ~ 논리

삼삼 ~ 하다

삼삼오오 ~ 짝을 짓는다

삼상 모스크바 ~ 회담

삼상 ~ 교류

삼시 ~ 세 끼

삼엄 경비가 ~하다

삼위 ~ 일체

삼정 ~ 의 문란

삼제공 ~ 과 사제공, ~ 의 살미첨차; 이제공과 ~

삼조 삼문 ~

삼존 ~ 석굴

삼중 ~ 나선, ~ 사중; 이중 ~으로

삼중주 현악 ~

삼진 ~ 아웃, ~ 으로 솎는다; 체인지업으로 ~을 잡는다, 한 경기 최다 ~, 헛스윙 ~

삼창 만세 ~

삼천 ~ 대천 세계

삼촌 처 ~ 벌초 한다

삼춘 ~이랑 고모랑; 할머니랑 ~이랑 고모, 할아부지랑 할머니랑 ~

삼킨다 군침만 ~, 군침을 ~, 꿀꺽 꿀꺽 ~, 꿀떡 ~, 마른 침을 ~, 목 안으로 ~, 생침을 ~, 씹어 ~, □을/를 꼴깍 ~, □을/를 꼴딱 ~, □을/를 꿀꺽 ~, □을/를 ~, □을/를 집어 ~, 침을 꼴깍 ~, 침을 꿀꺽 ~, 통 째로 ~

삼회장 ~ 저고리

삽 ~ 과 괭이, ~ 자루가 껍신껍신 뜬다, ~ 질 한다

삽시간 ~ 에

삽입 ~ 된다; □을/를 ~ 한다

삽짝 ~ 밖

삽화 우울증 ~

삿갓 갓 대신 ~

삿대질 ~ 을 한다, ~ 한다

삿자리 ~ 위

상 39 위도 선 ~에 있다, 공무 ~ 비밀 누설, 국제 법 ~ 난민, 기아 선 ~에 있다, 기아 선 ~에서 고통 받는다, 기아 선 ~에서 허덕인다, 기아 선 ~에서 헤맨다, 기아 선 ~을 헤맨다, 동물학 ~ 분류, 문헌 ~ 기록, 민법 ~의 가족, 민사 ~ 손해 배상 청구, 민사 소송 법 ~ 화해, 방송사 ~ 유례 없다, 사법사 ~ 처음이다, 상도의 ~ 있을 수 없다, 상법 ~ 주식 회사, 세 법 ~ 증여세 과세, 업무 ~ 과실 치상, 업무 ~ 배임 혐의, 업무 ~ 비밀 누설, 연속 선 ~, 연장 선 ~, 외견 ~, 용의선 ~, 작전 ~ 후퇴, 접견석 ~에 배석한다, 지구 ~, 편의 ~ 붙인 이름, 헌법 ~ 권리, 헌법 ~ 보장 된다, 헌정사 ~ 첫 여성 총리, 현행 법 ~, 현행 법규 ~

상 거울 ~ 단계, 귀면 ~, 마르크스-레닌 주의적 세계 ~, 목각 신 ~, 반가 사유 ~, 붓다 ~, 사천왕 ~, 사흘 굶은 시어미 ~, 오만 ~을 찌푸린다, □의 활동 ~을 소개 한다, 인왕 ~, 자유의 여신 ~, 현모양처 ~

상 모친 ~을 당한다

상 팔 ~ 의학, 팔 ~ 체질

상 ~ 다리가 휜다; 밥 ~에 숟가락 하나 더 얹는다, 산소에 ~ 돌을 놓는다, 술 ~을 뒤 엎는다, 술 ~을 차린다, 앉은뱅이 책 ~ 하나, 잡곡 현미 밥 ~, 차려 놓은 밥 ~, 책 ~과 걸상, 책 ~ 다리를 하고 앉는다, 책 ~ 서랍, 책 ~ 위, 철제 책 ~, 호마이카 밥 ~ 다리

상 ~ 벌 위원회; 골든 글로브 ~, 금 ~을 받는다, 노벨 문학 ~을 수상 한다, 노벨 물리학 ~ 수상자, 노벨 물리학 ~을 받는다, 노벨 ~ 수상자, 노벨 생리 의학 ~을 받는다, 노벨 의학 ~을 받는다, 노벨 평화 ~ 수상자, 대통령 ~을 수상 한다, 문교 부 장관 ~, 문학 ~ 수상자, 문학

~ 수상 작품, 문학 ~ 수상 작품집, 문학 ~ 수상작이다, 삼 년 개근 ~, 생리 의학 ~, 신인 문학 ~, 아카데미 각본 ~, 아카데미 남우 조연 ~, 아카데미 남우 주연 ~, 아카데미 여우 주연 ~, 여우 주연 ~을 수상 한다, 인기 ~을 받는다, 최우수 ~, 칸 영화제 여우 주연 ~, 포토제닉 ~, 화장품 부문 우수 ~, 황금 종려 ~

상가 ~ 가 자리 잡는다, ~ 건물 임대차 보호 법, ~ 내 주차 빌딩, ~ 밀집 지역, ~ 임대차 계약, ~ 임대차 보호 법; 도매 ~, 모피 의류 전문 ~, 원단 ~

상간 근친 ~

상감 청자 ~ 모란 꽃 무늬 기름 병

상거래 직접 전자 ~

상경 ~ 한다

상계 ~ 한다

상고 ~를 기각 한다, ~ 법원, ~ 이유서; 비약적 ~

상고대 ~ 왕, ~ 왕국

상고심 ~ 판결

상고인 ~ 또는 변호인

상공 ~ 자원 부, ~ 자원위; 기획 원 재무 부 ~ 부, 미국 ~ 회의소 회장, 중소 ~ 업자

상관 --든 무슨 ~이니, --든 아무 ~이 없다, 의사와는 ~ 없이, 의지와 ~ 없이, 중다 ~ 계수, □하고 아무 ~도 없다

상권 시전 ~

상규 사회 ~

상근 ~ 간사, ~ 강사, ~ 예비역, ~ 활동가

상금 ~ 랭킹, ~ 을 내 건다

상급 북남 ~ 회담

상급 ~ 학교 진학, ~ 학부

상급생 초등 학교 ~

상긋 ~ 하다

상기 벌겋게 ~ 된다, 시뻘겋게 ~ 된다

상기 ~ 시킨다; □을/를 ~ 한다

상기도 ~ 감염

상납 ~ 로비, ~ 비리; 수세 ~, 연예인 성 ~, □을/를 ~ 한다

상냥 ~ 하다

상년 이 ~아

상놈 ~ 우 새끼; 쇠 ~, 양반과 ~

상단 네트 왼 쪽 ~, 좌측 ~

상달 ~ 초하루; 시 월 ~

상담 ~ 에 응한다; 또래 ~자, 병무 ~, 복약 ~, 부부 갈등 ~, 창구 ~, 창업 및 부업 ~

상담사 ~ 국가 자격증; 심리 ~ 국가 자격증 제도, 청소년 ~ 국가 자격증 제도

상담소 가정 법률 ~, 기독 여성 ~, 성 폭력 ~

상담실 교무과 ~, 소비자 ~ 모니터 팀

상당 ~ 기간 지속, ~ 부분 반영 된다, ~ 수, ~ 한 논쟁 거리

상대 ~ 습도; 거래 ~자, 대국 ~

상대국 교역 ~

상대성 특수 ~ 이론

상대적 ~ 박탈감

상도의 ~ 상 있을 수 없다

상동 ~ 염색체

상등 ~ 병, ~ 수레

상련 동병 ~의 심정

상례 ~ 와 제례

상록 ~ 교목, ~ 활엽 관목, ~ 활엽수; 난대성 ~ 활엽수림, 딸린 ~

상론 □을/를 ~ 한다

상류 ~ 계층, ~ 와 중류, ~ 층

상륙 ~ 작전, ~ 함; □에 ~ 한다

상리 ~ 를 꾀한다

상면 기단 ~, 옥개 ~, 옥개석 ~

상명 ~ 하복

상모 ~ 돌리기, ~ 솔새; 개 꼬리 ~

상목 ~ 두 필

상무 ~ 로 재직 한다, ~ 의 졸개; 정치국 ~ 위원회 위원

상반 ~ 된다

상반기 ~ 농자금, ~ 실적, ~ 영업 실적, ~ 중 산유량 쿼터; 금년 ~, 내년 ~, 올 ~ 동안

상법 ~ 상 주식 회사

상봉 이 차 이산 가족 ~, 이산 가족 ~ 정례화, 추석 이산 가족 ~

상부 ~ 구조 론, ~ 흉추 신경절; 중뇌 ~

상부 ~ 상조 한다

상비 □을/를 ~ 한다

상사 특무 ~

상사 ~ 주재원, ~ 중재원; 종합 무역 ~

상사 ~ 나 동료; 직장 ~

상사두야 엘넬넬 ~

상산 ~ 막둥이; 무당과 ~

상상 ~ 의 나래, ~ 의 날개를 편다, ~ 의 날개를 펼친다; □을/를 ~ 한다

상상력 ~ 과 오성; 거침 없는 ~

상생 공존과 ~

상서 아버님 전 ~

상설 ~ 전시 구역, ~ 할인 매장; 대형 ~ 매장, 대형 ~ 전시관, □을/를 ~ 전시 한다, 특검 제 ~

상설전 ~ 이나 기획전

상세 ~ 하다

상소 ~ 를 포기 또는 취하 한다, ~ 의 취하, ~ 의 포기, ~ 제기 기간; 상소권자가 ~ 한다

상소권 ~ 회복

상소권자 ~ 가 상소 한다

상속 ~ 개시 일, ~ 세를 부과 한다, ~ 세 및 증여세, ~ 세와 증여세, ~ 이나 증여, ~ 증여세; 균분 ~, 변칙 ~ 증여

상쇄 □을/를 ~ 한다

상수 약력 결합 ~, 우주 ~ 항

상수도 ~ 수질 감시

상순 팔 월 ~

상술 피라미드 ~

상술 □을/를 ~ 한다

상습 ~ 침수 피해, ~ 폭행

상승 ~ 과 하강, ~ 및 하락, ~ 세로 반전 한다, ~ 일로에 있다, ~ 한다; 가파른 ~세, 급격한 유가 ~, 노임 단가 ~, 뇌

ㅅ

압 ~, 두개 내압 ~, 물가 ~ 압력, 원유가 ~, 원자재 가격 ~, 원화 가치 ~, 원화 환율 ~, 전년 동월 대비 ~률

상시 ~ 감시 차원

상식적 ~ 과실, ~ 으로, ~ 인

상신 □을/를 ~ 한다

상실 ~ 또는 정지; □을/를 ~ 한다, 청력 ~, 통각 및 온도각 ~

상실증 말 하기 언어 ~, 쓰기 언어 ~

상심 ~ 한다

상아 ~ 목 걸이, ~ 색 붕대

상악 ~ 신경 분지

상압 ~ 건조기와 진공 건조기

상어 ~ 기름 병, ~ 떼, ~ 지느러미; 철갑 ~ 알

상업 ~ 송장 사본, ~ 어음 할인, ~ 에 종사 한다, ~ 주의나 선정 주의; 근린 주거 단위 ~ 시설, 수공업과 ~, 여자 ~ 고등 학교

상여금 인센티브 ~

상연 ~ 된다; □을/를 ~ 한다

상염색체 ~ 22 쌍, ~ 열성 유전, ~ 우성 유전

상영 비디오가 ~ 된다, □을/를 ~ 한다, 제한 ~ 등급 영화

상영관 복합 ~, 영화 ~, 제한 ~

상영실 비디오 ~

상온 ~ 각인 기술, ~ 각인 인쇄 공정, ~ 에서 천천히 식힌다

상완 ~ 요골 근, ~ 이두근

상용 ~ 약주, ~ 차 전문 메이커

상용 ~ 직 중위 임금, ~ 처방 의약품

상운다 비수로 ~

상원 ~ 의원

상위 ~ 에 랭크 된다; 시가 총액 ~ 종목

상응 □에 ~ 한다

상의 ~ 와 하의; 곤복의 ~, 니트 ~, 변호사와 ~ 한다, □을/를 ~ 한다

상이 ~ 한

상이자 반공 포로 ~

상인 악덕 ~

상임 ~ 고문 연석 회의, ~ 위원장 배분, ~ 지휘자, ~ 집행 위원장; 안보리 ~ 이사국, 안전 보장 이사회 ~ 이사국, 최고 인민 회의 ~ 위원회

상자 물 고기 잡이 그물 ~, 시렁 위 ~

상잔 동족 ~, 민족 ~의 비극

상장 ~ 사 협의회, ~ 주식 시가 총액, ~ 지수 펀드; 거래소 ~, 거래소에 ~ 한다, 유가 증권 ~ 규정 개정 안, 증권 거래소에 ~ 된다, 증권 ~ 규정

상장 ~ 과 상품

상전 ~ 이 벽해가 된다

상점 ~ 의 점원

상접 피골이 ~ 한다

상정 □을/를 ~ 한다

상조 ~ 회칙; 상부 ~ 한다

상존 ~ 하고 있다

상종 ~ 못할 놈; □과/와 ~ 한다, 유유 ~

상좌 ~ 에 앉는다

상좌부 ~ 불교

상주 □에 ~ 한다

상징 ~ 이나 알레고리, ~ 파 시인; □으로/로 ~ 된다, □을/를 ~ 한다, □의 ~ 체계를 창조 한다, □의 생장력을 ~ 한다

상책 --는 것이 ~이다

상처 ~ 가 아문다, ~ 를 낫운다, ~ 를 아문다, ~ 를 치유 한다, ~ 받는다, ~ 뿐인 영광; 전치 2 주의 ~를 입힌다

상추 ~ 나물에다 고추 장 된 장, ~ 를 재배 한다

상충 □과/와 ~ 된다

상층 ~ 식생

상치 ~ 된다

상치 ~ 쌈

상침 두 땀 ~, 세 땀 ~

상쾌 ~ 하다

상큼 ~ 하다

상태 가수면 ~, 개점 휴업 ~, 겔 ~, 교착 ~, 그로기 ~, 긴장 ~ 완화, 뇌 허혈 ~, 답보 ~, 무방비 ~로 노출 된다, 미분화 ~, 미완성 ~로 남아 있다, 반수 ~, 빈사 ~, 삼투성 ~, 소강 ~, 쇽 ~, 식물 인간 ~, 저혈압 ~, 중첩 ~, 진공 ~, 포화 ~, 혼수 ~에 빠진다

상통 □과/와 ~ 한다, □과/와 서로 ~ 한다, □과/와 일맥 ~ 한다

상투 ~ 를 잘린다

상투적 ~ 으로, ~ 인

상판 교각과 ~, 교량 ~

상팔자 개 팔자가 ~이다

상표 ~ 애호도, ~ 인지도, ~ 충성도; 외국 유명 ~, 자체 ~ 부착, 주문자 ~ 부착 생산

상품 상장과 ~

상품 ~ 가격 지수, ~ 생애 주기; 부가 가치 ~, 세금 우대 ~, 실적 배당 ~, 예금자 보호 ~, 오토리스 ~, 외국제 ~, 파생 금융 ~

상품권 ~ 매매 사이트, ~ 법이 폐지 된다; 문화 ~, 유휴 ~, 초고액 ~

상피 ~ 세포

상하 ~ 귀천

상하다[상해] 속 ~

상하수도 ~ 요금

상한 농지 소유 ~, 소유 ~ 확대, 택지 소유 ~

상한가 ~를 기록 한다, ~ 종목, ~ 행진; 연속 ~, 연일 ~

상한다[상해] 비위가 ~, 음식이 ~, 자존심이 ~

상해 ~ 죄의 구성 요건, ~ 치사 교사; 교통 ~ 보험 증서, 폭행과 ~

상핵 ~ 마비

상향 ~ 등을 킨다, ~ 식 공천, ~ 식 절충제, ~ 조정 한다; 신용 등급 ~ 조정, 예상 수확량 ~ 조정

상형 ~ 문자

상호 ~ 방위 조약, ~ 보완, ~ 신용 금고, ~ 작용, ~ 지급 보증, ~ 통제 메커니즘, ~ 호혜

상환 ~ 마감 일, ~ 사채; 대출금 ~ 당일, 사채 ~ 이익, 실거래가 ~ 제, 외채 조기

~, 원금 분할 ~, 원리금 균등 ~, 원리금 ~, 의약품 실거래가 ~

상환금 주택 융자 ~

상환액 부채 ~

상황 ~ 파악; 가상 ~, 극한 ~, 차경 ~

상회 김 ~, 어구 ~

상회 □을/를 ~ 한다

샅바 ~ 씨름; 역대 장사 ~ 맞대결

샅샅이 ~ 다 뒤진다, ~ 훑는다; □을/를 ~ 뒤진다

새 ~ ㅅ 골목; 눈 깜짝 할 ~, 눈 코 뜰 ~ 없다, 눈 코 뜰 ~ 없이 바쁘다, 밤 ~ 뒤척인다, 밤 ~ 뜬 눈으로 지새운다, 어느 ~, 잇~로 뿌적뿌적 밀어 낸다, 틈 ~를 비집는다

새 ~ 마을 문고 중앙회, ~ 마을 쑈단, ~ 마을 운동 중앙 협의회, ~ 마을 지도자, ~ 미니 시리즈, ~ 사람이 된다, ~ 색시, ~ 순~ 싹, ~ 순이 돋는다, ~ 술은~ 부대에 담아야, ~ 신랑, ~ 싹을 틔운다, ~ 싹이 돋아 난다, ~ 싹이 움 튼다, ~ 언니, ~ 옷으로 갈아 입는다, ~ 잎이 돋아 난다, ~ 장가를 든다, ~ 촉, ~ 해 벽두, ~ 해 복 많이 받아라, ~ 해 복 많이 받으세요, ~ 해 연휴, ~ 해 예산 안 심의, ~ 해 첫 날; 동네 ~ 소식, 등나무 ~ 순, □에 ~ 바람을 일으킨다

새 ~ 발의 피다, ~ 야~ 야 파랑~ 야, ~ 장 안, ~ 장에 갇힌다; 공작 ~ 수컷, 도요새와 물 떼 ~, 들 ~ 모임 국제 센터, 물 ~ 떼, 엄청 난 ~ 떼, 요상한 ~ 소리, 흔한 겨울 ~, 흔한 나그네 ~, 흔한 여름 ~, 흔한 텃~

새겨진다 □에 ~

새경 머슴 살이 ~

새긴다 새김 질을 한다; 글귀가 새겨 진다, 로고가 새겨 진다, □에 ~, □을/를 ~

새꼽 ~ 빠진다

새끼 ~ 덧문, ~ 매미, ~ 암퇘지; 개 놈의 ~, 갯것 ~, 고라니 ~, 미운 오리 ~, 반동 간나 ~, 상놈우 ~, 샹놈의 ~, 요간나희 ~, 이 놈우 개 ~, 이 썅놈의 ~, 좆 만한 ~

새끼 ~ 줄이 꼬인다, ~ 챙; 왼 ~를 꼰다

새내기 ~ 커플

새록새록 ~ 솟아 난다

새롭다[새로와 새로운] 새로운 고려 사상, 새로운 윤년법, 새로운 패러다임

새벽 ~ 닭이 운다, ~ 밥을 짓는다, ~ 예불, ~ 잠을 설친다; 동 트는 ~, 이른 ~

새빨갛다 새빨간 거짓 말, 새빨갛게 달아 오른다; 얼굴이 새빨개 진다

새삼육 콩팔이 ~

새알심 ~ 을 비빈다; 하얀 ~

새앙쥐 ~ 귀신

새옹지마 인생 만사 ~

새우 ~ 네 마리, ~ 버거, ~ 양식장, ~ 잠을 잔다, ~ 젓 국 물, ~ 젓으로 간을 한다, ~ 젓 장수; 고래 싸움에 ~ 등 터진다, 아프리카 식 ~ 샐러드

새운다 꼬박 뜬 눈으로 ~, 꼴딱 ~, 뜬 눈으로 밤을 ~, □을/를 꼬박 ~, □을/를 ~

새치름 ~ 하다

새침 ~ 하다

새침뜨기 ~ 여선생

새콤 ~ 달콤하다, ~ 하다

새파랗다 새파랗게 어리다, 새파랗게 젊다, 새파랗게 질린다

새하얗다 얼굴이 새하얗게 질린다

색 ~ 다른 감회, ~ 단자, ~ 복조, ~ 종이 접기 교실, ~ 칠 한다; 감 ~ 모자, 감 ~ 싱글, 감 ~ 양복, 감 ~ 투피스, 검은 ~과 흰 ~, 검은 ~의 브라운 관, 검은 ~ 터틀넥 원피스, 검은 ~ 하이힐, 검정과 흰 ~, 검정 ~, 국방 ~ 담요, 노란 ~ 소형 버스, 노란 ~을 띤다, 녹황 ~ 채소, 누렇게 ~이 바랜다, 바탕 ~, 밤 ~ 뿔 테 안경, 백 ~ 가전, 백 ~ 왜성, 베이지 ~ 스웨터, 보라 ~ 꽃 무늬 원피스, 보라 ~ 나팔 꽃, 보라 ~ 등나무, 분홍 ~ 원피스, 붉은 ~으로 물 든다, 붉은 ~ 연 꽃 무늬, 빨강 ~, 빨간 ~과 흰 ~, 빨간 ~ 연필, 빨간 ~ 마후라, 삼 ~ 과일, 삼 ~ 기가 찬연하다, 삼 ~ 기가 펄럭인다, 상아 ~ 붕대, 아이보리 ~, 어두운 ~, 얼굴 ~이 누렇다, 에메랄드 ~ 여름 정장, 연노랑 ~, 연보라 ~ 아이섀도, 연한 ~, 엷은 청록 ~, 옥 ~ 저고리, 옥 ~ 치마 저고리, 옥 ~ 한복, 자주 ~ 고름, 자주 ~ 꽃 봉오리, 자주 ~이나 남색, 자주 ~ 재킷, 적갈 ~ 반점, 적갈 ~ 점토, 주홍 ~ 수도원 옷, 진한 ~, 천연 ~ 텔레비전, 초록 ~ 매니큐어, 파란 ~ 유니폼, 푸른 ~ 드레스 셔츠, 푸른 ~ 블루진, 풀 ~ 작업복 차림, 핑크 ~, 하늘 ~ 리본, 하늘 ~ 우산, 형광 ~, 황금 ~ 불덩이, 황록 ~ 잎, 황토 ~ 페인트 칠, 회갈 ~ 눈 동자, 흑 ~ 선전과 비방, 흑 ~ 선전물 살포, 흑 ~ 안료, 흑 ~ 점 문양, 흰 ~ 아크릴 물 감, 흰 ~ 지프, 흰 ~ 티셔츠

색광증 ~ 환자

색동 ~ 저고리

색불이공 ~ 공불이색

색상 디자인과 ~, 의상의 ~

색색 형형 ~

색소 멜라닌 ~, 유해 ~

색시 새 ~

색전증 폐 ~

색조 ~ 와 구도, ~ 화장; 천정 전체의 ~, 파스텔 ~

색즉시공 ~ 공즉시색의 도리

색채 ~ 가 농후하다, ~ 가 탁하다, ~ 와 필치, ~ 인식 불능증; 복음의 ~

색출 □을/를 ~ 한다

색치 명도와 ~

샌다 늦게 배운 도둑이 밤 새는 줄 모른다, 물 샐 틈 없는 경비 망, 밤 샘 농성, 밤 샘 숙직, 밤 새도록 걷는다, 밤 새도록 일 한다, 애기가 곁 길로 ~, 집에 비가 ~

샌드 ~ 페이퍼와 연마석 제조업

샌들 ~ 을 신는다; 하이힐 ~

샐러드 갑오징어 ~, 단데라온 ~, 생맥주와 햄 ~ 안주, 아프리카 식 새우 ~, 야채 ~

샐러드유 설탕 시럽과 ~

샐쭉 ~ 한다

샘 꽃 ~ 추위

샘 ~ 물을 긷는다, ~ 솟는다, ~ 이 깊은 물; 젖 ~ 세포, 피지 ~

샘플 ~ 을 제출 한다

샛노랗다 샛노랗던 포플러, 샛노래 진다

생 ~ 과 사, ~ 을 마감 한다, ~ 을 산다, ~ 을 영위 한다

생각 ~ 에~ 을 거듭 한다, ~ 의 곬, ~ 이 뇌리를 스친다; --고 싶은 ~은 추호도 없다, 골똘히 ~ 한다, 곰곰 ~ 해 본다, 곰곰이 ~ 해 본다, 곰곰히 ~ 한다, --구나라는 ~, --는다고/ㄴ다고/다고/라고 혼자 짐짓 ~ 한다, 문득 ~ 나았다는 듯이, 별 ~ 없이, 본전 ~ 난다, □에 대한 ~, 온갖 잡스러운 ~, 올챙이 적 ~, --으리라 ~ 한다, --으리라고 ~ 한다, □을/를 천직으로 ~ 한다, 한참 동안 ~에 잠긴다

생강 ~ 녹말, ~ 차; 마늘과 ~

생게망게 ~ 하다

생경 ~ 하다

생계 ~ 가 막막하다, ~ 곤란자, ~ 를 꾸린다, ~ 를 책임 진다

생계비 최저 ~

생글 ~ ~ 웃는다

생긋 ~ 웃는다

생기 ~ 를 불어 넣는다, ~ 발랄하다, ~ 와 활력, ~ 진작

생긴다 갈등이 ~, 경결이 ~, 공 돈이 ~, 다문다문 돈 ~, 배꼽에 탈장이 ~, 애인이 ~, □에 물 집이 ~, □에 차질이 ~, 예쁘장스레 생긴, 예쁘장스레 생겼다, 우후죽순처럼 생겨 난다, 자연 발생적으로 생겨 난다, 전신에 붉은 반 점이 ~

생년월일 ~ 이 더 빠르다

생동 ~ 감 있다; 살아 ~ 한다

생떼 --는다고/ㄴ다고/다고/라고 ~를 쓴다

생뚱 ~ 하다

생략 ~ 과 비약; □을/를 ~ 한다, 주어를 ~ 한다

생리 ~ 거즈, ~ 식염수, ~ 의학 상, ~ 현상; 노벨 ~ 의학 상을 받는다

생리학 병리 ~

생리학적 ~ 으로, ~ 인

생맥주 ~ 와 햄 샐러드 안주, ~ 집

생명 ~ 경시 풍조, ~ 공학, ~ 공학자, ~ 과 재산을 보호 한다, ~ 에는 지장이 없다, ~ 을 구한다, ~ 의 출산자; 미쓰비시 화성 ~ 연구소, □에 ~을 불어 넣는다

생명관 자연 ~

생명체 외계 ~

생몰 ~ 연대

생물 ~ 화학적 산소 요구량; 다세포 ~, 단세포 ~, 지적 ~

생물체 단세포 ~

생물학 분자 ~

생물학적 ~ 산소 요구량, ~ 인간학; 남녀의 ~ 차이

생방송 이산 가족 찾기 ~

생사 ~ 여탈, ~ 의 기로

생산 ~ 유발 계수, ~ 유발액, ~ 자 물가지수 편제, ~ 자와 소비자, ~ 지향형 성

격, ~ 차질액; 다품종 소량 ~ 시스템, 다품종 소량 ~ 체제, 단보당 벼 ~량, 단위 면적당 ~량, 대량 ~ 시대, 동위 원소 ~ 실험실, 리튬 폴리머 배터리 ~ 기술, 생산력과 ~ 관계, 소비자와 ~자, 소품종 대량 ~ 체제, 연간 쌀 ~량, 조강 ~ 량, 주문자 상표 부착 ~, 직접 ~자, 총 ~ 대비

생산가 ~ 이하

생산력 ~ 과 생산 관계

생산물 잉여 ~

생산비 ~ 를 절감 한다; 단위당 ~

생산지 ~ 와 소비지; 아편 ~

생색 ~ 을 낸다

생생 뇌리에 ~하다

생선 ~ 또는 고기, ~ 비린 내, ~ 소보루, ~ 식해, ~ 이나 육류, ~ 장수, ~ 초 밥, ~ 횟감; 고기나 ~

생성 ~ 과 소멸; 변형 ~ 문법, □을/를 ~ 한다, 항체가 ~ 된다

생소 ~ 하다

생수 ~ 통; 애견 전용 ~

생시 꿈인가 ~인가

생식 ~ 세포; 무성 ~, 유성 ~

생식기 ~ 의 발육

생식선 원시 ~

생신 ~ 날

생쓰레기 음식물 ~ 퇴비

생애 상품 ~ 주기

생약 ~ 이나 민간 요법, ~ 제제

생업 ~ 에 종사 한다, ~ 자금 융자

생육 미생물의 ~, 밤 나무의 ~, □을/를 ~ 한다

생일 ~ 날 케이크, ~ 선물, ~ 을 축하 한다, ~ 잔치; 조촐한 ~ 파티

생잔 ~ 곡선

생장 ~ 조절제; 미생물의 ~

생장력 □의 ~을 상징 한다

생전 ~ 처음으로; 살아 ~에

생존 ~ 과 번식, ~ 과 직결 된다, ~ 중과 사후

생중계 □을/를 ~ 한다

생쥐 ~ 귀신

생채기 볼따구니에 ~를 낸다

생체 ~ 되먹이 치료법, ~ 리듬, ~ 시계, ~ 실험

생침 ~ 을 삼킨다

생크림 ~ 케이크

생태 ~ 발전 론자, ~ 여성 주의, ~ 여성론

생태계 ~ 교란, ~ 보호, ~ 오염, ~ 질서, ~ 파괴

생태학 페미니스트 정치 ~

생토 ~ 암반

생판 ~ 모른다

생포 ~ 된다; □을/를 ~ 한다

생필품 ~ 교환권, ~ 구입비

생협 ~ 운동

생화학 ~ 무기

생화학적 ~ 산소 요구량

생활 ~ 보호 대상자, ~ 수준의 향상, ~ 수준 향상, ~ 양식 변형 운동, ~ 오폐수, ~ 용품, ~ 질환, ~ 통지 표, ~ 폐기물, ~ 필수품, ~ 하수, ~ 협동 조합; 가치관과 ~ 양식, 군대 ~, 궁핍한 ~, 기초 ~ 보장 법, 기초 ~ 보장 수급자, 독립 ~을 한다, 독신 ~자, 봉급 ~자, 부부 간의 성 ~, 선수 ~을 마감 한다, 성 ~ 만족도, 수렵 채집 ~, 연금 ~자, 은둔 ~, 의자 식 ~, 좌식 ~, 직장 ~, 집단 ~을 한다, 취미 ~, 투병 ~, 피란민 ~, 학교 ~ 규정 예시 안, 학교 ~ 기록부, 화류계 ~

생활비 ~ 가 많이 든다, ~ 를 보탠다; 학비와 ~

생활상 유럽인의 ~

생활체 공동 ~

생후 ~ 15 개월

샤쓰 노란 런닝 ~, 런닝 ~ 앞 가슴을 움킨다, 와이 ~, 티 ~

샤워 ~ 를 한다; 욕실에서 ~ 한다

샤프 ~ 하다

샴페인 ~ 을 터뜨린다

샵 파충 류 ~

샷 ~ 과 퍼팅; 고감도 ~, 인증 ~

샹놈 ~ 의 새끼

서 시 ~ 화

서 여기 저기 ~ 터진다

서 혼자 ~

서 ~ 마지기, ~ 말 들이; 간이 두 근 반 ~ 근 반 한다, 구슬이 ~ 말이라도 꿰어야 보배다, 좁쌀 ~ 되

서가 ~ 에 꽂힌다

서거 ~ 일 주기, ~ 한다

서광 ~ 이 비친다

서구식 ~ 공업 문명

서글서글 ~ 웃는다, ~ 하다

서기 군청 ~, 당 ~장 직 사임

서기 동도 ~

서기 ~ 2047 년, ~ 이천사십 년

서까래 ~ 에다 비끄러맨다; 횃대 ~

서낭 굴 ~

서늘 간담을 ~하게 한다, 간담이 ~하다, 밤 바람이 ~ ~ 불어 온다

서당 ~ 아이

서두 ~ 가 긴 연설, ~ 를 꺼낸다

서두른다[서둘러] 서둘러 귀가 한다, 서둘러 봉합 한다, 서둘러 총살 형을 집행 한다

서랍 ~ 을 연다, ~ 장; 경대 ~, 벽 장 ~, 책 상 ~

서러워한다[서러워해] 둘 째 가라면 ~

서럽다[서러워 서러운] 서러움이 복받친다, 서럽게 흐느낀다, 서러워 말아라; 둘 째 가라면 서러워 한다

서력 ~ 연호

서로 ~ 간에, ~ 마주 본다, ~ 맞겨눈다, ~ 맞술을 마신다, ~ 밀접하게 연결 된다; □과/와 ~ 맞술 한다, □과/와 ~ 상통 한다, 끝 없이 ~ 아우러진다, --으며/며 ~ 얼싸안는다, 철저히 ~를 얽는다

서론 ~ · 본론 · 결론, ~ 과 결론

서류 ~ 뭉텅이, ~ 봉투 겉봉, ~ 은닉법; 결재 ~, 선적 ~, 원본 ~, 전학 ~, 제출 ~, 증빙 ~

서른 ~ 을 바라 보는 나이

서리 ~ ㅅ 발 같다; 된 ~를 맞는다, 찬 ~

서리 ~ 인사 청문회; 국무 총리 ~, 총리 ~를 지명 한다, 총리 ~ 인사 청문 특위

서린다 서려 있다; 귀기가 ~, 뿌옇게 ~, 한이 서린 가사

서먹 ~ ~ 하다

서면 ~ 또는 구술, ~ 사죄, ~ 질의

서명 ~ 날인 한다; 가두 ~, 계약서에 ~ 한다, 기명 날인 또는 ~, 안전 협정 ~, 친필 ~, 통합 ~ 파, 합의서에 ~ 한다

서무 ~ 주임, ~ 집사자; 기계 공고 ~ 과장

서무 ~ 헌관

서무실 교무실과 ~

서민 ~ 과 중산 층

서방 ~ 님; 기둥 ~, 김 ~, 난봉꾼 ~, 박 ~

서방 ~ 정토

서버 클라우드 ~

서부 ~ 개척 시대, ~ 활극

서북 ~ 지방

서브루틴 모듈이나 ~

서비스 ~ 로서의 소프트웨어, ~ 업에 종사 한다, ~ 이용 약관; 고속 버스 승차권 카드 예약 ~, 과세 납부 세액 조회 ~, 관외 대출 ~, 급여 이체 ~, 무상 차량 점검 ~, 무선 랜 ~, 무선 인터넷 ~, 신용 카드 현금 ~, 원스톱 ~, 자동 응답 ~, 재화와 ~, 타행 간 계좌 이체 ~, 텔레뱅킹 대금 납부 ~

서사 ~ 무가, ~ 시와 소설; 묘사와 ~, 무속적 ~

서산 ~ 너머

서생 일 개 ~

서성거린다 □을/를 ~

서성인다 □을/를 ~

서술 ~ 과 묘사, ~ 자 또는 화자; 문학사 ~, □을/를 ~ 한다, 일 인칭 관찰자 ~ 관점, 일 인칭 ~, 죽음관을 ~ 한다

서술어 주어와 ~

서스펜스 스릴과 ~

서슬 ~ 이 퍼렇다, ~ 이 푸르다, ~ 퍼렇다

서슴는다 □도 서슴지 않는다, □을/를 서슴지 않는다

서식 동의서 ~

서식 ~ 개체 수; 산림에 ~ 한다, 어류가 ~ 한다, 어류의 ~

서신 ~ 교환, ~ 수발

서약 순결을 ~ 한다, 혼인 ~ 낭독, 화평의 ~

서양 ~ 고사 성어, ~ 문물, ~ 식 테이블 매너, ~ 의 문법학, ~ 철학; 동양과 ~

서양화 ~ 과, ~ 를 전공 한다; 한국화와 ~

서열 ~ 에 얽매인다, ~ 을 매긴다, ~ 을 중시 한다; 유전자 염기 ~, 재계 ~

서예 ~ 학원장

ㅅ

서예가 원로 ~

서운 ~ 하다

서원 보안 ~ 한 사람

서원 사액 ~

서장 경찰 ~

서재 동재와 ~

서재 이 층 ~

서적 신간 ~

서점 ~ 안내 직원, ~ 이나 도서관; 널린 ~, 수 많은 ~, 시내 대형 ~

서정 ~ 과 교술, ~ 시의 본령; 순수 ~ 주의

서지 ~ 데이터, ~ 사항, ~ 정보

서진 ~ 한다

서찰 봉함 ~

서커스 괴물 ~단

서키트 ~ 대회

서툴다[서툰 서툴] 서툰 한국 말; 솜씨가 ~

서파 ~ 수면

서품 사제 ~을 받는다

서한 ~ 을 발송 한다; 항의 ~

서행 ~ 한다

서향 ~ 한다

서화 ~ 및 골동품상, ~ 지각

석 곡식 백 ~, 세곡의 ~ 수

석 오백 ~의 객석

석 ~ 달 열흘, ~ 달 째; 내 코가 ~ 자다, --은/ㄴ 지 ~ 달

석간 ~ 신문

석계 3 단의 ~

석고 ~ 데생, ~ 붕대; 타일과 ~ 보드, 하얀 ~

석고대죄 □에 ~ 한다

석공 늙은 ~

석곽 수혈 식 ~

석곽분 수혈 식 ~

석굴 삼존 ~

석권 □을/를 ~ 한다

석기 ~ 시대 유물, ~ 시대 유적, ~ 시대인; 타제 ~와 마제 ~

석도 반월형 ~

석등 삼 층 석탑 및 ~

석박지 동아 ~

석방 ~ 지휘서; 구속자 ~, 보석으로 ~ 된다, 양심수 ~, □을/를 ~ 한다

석부 마제 ~, 타제 ~

석불 ~ 사진전, ~ 입상

석사 ~ 과정에 재학 중이다, ~ 과정을 이수 한다, ~ 논문, ~ 학위 논문, ~ 학위를 취득 한다, ~ 학위 소지자; 경영학 ~ 과정, 영문학 ~ 학위, 정치학 ~

석상 공식 ~에서, 직원회 ~

석수 ~ 장이

석실 횡혈 식 ~

석실분 횡혈 식 ~

석양 ~ 이 내리쪼인다

석연 ~ 하지 않다

석영 ~ 과 장석

석유 ~ 곤로, ~ 나 석탄, ~ 사업 기금, ~ 석탄 제품, ~ 수출국 기구, ~ 시추, ~ 와 가스, ~ 와 천연 가스, ~ 정제품, ~ 탐사자, ~ 탐사기, ~ 파동, ~ 화학 산업, ~ 화학 업계, ~ 화학 제품; 국영 ~ 회사, 액화 ~ 가스

석유류 ~ 제품

석이 ~ 가루, ~ 단자

석조 ~ 와 전축, ~ 탑파

석좌 ~ 교수

석주 팔 각 ~

석차 전교 ~

석촉 마제 ~, 타제 ~

석축 ~ 돌 계단; 가구 식 ~

석탄 ~ 가루, ~ 백탄 탄다, ~ 부스러기, ~ 을 캐어 낸다, ~ 저장소, ~ 판매 망, ~ 판매 업자, ~ 화력 발전소; 석유나 ~, 석유 ~ 제품

석탑 감은사지 ~, 모전 ~, 삼 층 ~ 및 석등, 오 층 ~

석판 ~ 문짝

석화 ~ 양식장

석회 ~ 가마, ~ 구이 장이

석회암 ~ 동굴, ~ 용식 지형

석회질 ~ 껍질

섞는다 섞어 버무린다; 고루 ~, 과일 섞은 칵테일, 쌀 가루에 ~, □을/를 ~, □하고 ~

섞인다 섞여 맴 돈다; 뒤 ~, 목 울음 ~, 반 반 씩 ~, 부러움 ~, 소변에 당이 섞여 나온다, 자조 섞인, 장난기 ~

선 공공 ~과 부합 된다, 공공 ~과 부합 한다, 공공 ~의 증대

선 삼 ~ 개헌, 삼 ~ 이상 의원

선 □을/를 ~ 보인다, 첫 ~을 보인다

선 ~ 머슴 연기

선 ~ 의 분획; 1 호 ~ 전철, 39 위도 ~ 상에 있다, X ~ 촬영실, 각의 이등분 ~, 경계 ~을 넘나든다, 고정 ~과 가변 ~, 교외 ~ 열차, 국내 ~ 여객기, 국내 ~ 탑승, 국내 ~ 항공 편, 국내 ~ 항공권, 국제 ~ 항공 사, 기아 ~ 상에 있다, 기아 ~ 상에서 고통 받는다, 기아 ~ 상에서 허덕인다, 기아 ~ 상에서 헤맨다, 기아 ~ 상을 헤맨다, 끝 없는 지평 ~, 남방 한계 ~, 도입 ~ 전환, 민통선 북방 한계 ~, 반대 편 차 ~, 벽 ~을 따른다, 북방 한계 ~ 이남, 북방 한계 ~ 침범, 사 차 ~ 도로, 삼팔 도 ~ 이남, 수입 ~ 다변화 품목, 신호 대기 ~, 안전 ~ 밖, 어로 저지 ~, 어로 한계 ~, 엑스 ~, 연속 ~ 상, 연장 ~ 상, 열 복사 ~, 옆 ~ 박는다, 우주 배경 복사 ~, 윗~의 지시, 이 차 ~ 도로, 인중 ~, 적색 ~, 중부 고속 도로 하행 ~, 중앙 ~을 침범 한다, 중앙 ~ 침범, 지평 ~ 너머 아침 노을, 지평 ~을 헤집는다, 처마 ~과 용 마루, 평행 ~ 공리, 해상 경계 ~, 해안 ~의 굴곡, 휴전 ~ 부근, 휴전 ~ 이남

선거 ~ 대책 본부, ~ 법과 정치 자금 법, ~ 법 위반 사건, ~ 법 위반 혐의, ~ 운동원, ~ 일 공고, ~ 일 유급 휴가 쟁취, ~ 입후보자; 공명 ~ 분위기, 관권 부정 ~, 관권 ~, 광역 의회 ~, 금권 ~, 돈 안드는 ~, 보궐 ~, 보통 ~, 자치 단체장 ~, 자치 제 ~, 지자제 ~

선거구 ~ 분구, ~ 증설 문제, ~ 획정

선거인 ~ 명부

선거전 ~ 이 막바지에 이르르자

선결 ~ 과제

선고 ~ 유예, ~ 의 효력; 무죄가 ~ 된다, 사형 ~, 실형을 ~ 받는다, 실형을 ~ 한다, □에 집행 유예를 ~ 한다, □에게 무기 징역을 ~ 한다, □에게 사형 ~를 한다, □을/를 ~ 한 원심, 종신 형을 ~ 한다, 집행 유예가 ~ 된다, 징역 형을 ~ 한다, 파산 ~, 항소심 ~ 공판, 항소심에서 징역 형을 ~ 받는다

선글라스 ~ 를 낀다, ~ 를 쓴다, ~ 선풍; 까만 ~

선남 ~ 선녀

선납 ~ 대금; □을/를 ~ 한다

선녀 선남 ~

선녀 아방궁의 ~, 팔 ~, 하늘 나라 ~

선다 사 지 ~

선다 선 채로; 감소세로 돌아 ~, 거꾸로 물구나무 ~, 기로에 ~, 꼿꼿이 ~, 나란히 두 줄로 ~, 내림세로 돌아 ~, 늘어 서 있다, 당직을 ~, 둘러 서서 구경 한다, 딛고 올라 ~, 멀뚱히 서서, 멈칫 ~, 멍청히 서서, 몇 걸음 앞 ~, 모퉁이를 돌아 ~, 반환 점을 돌아 ~, 발딱 일어 ~, 벌떡 일어 ~, 봉당으로 내려 ~, 분연히 일어 ~, 빙 둘러 ~, 빳빳이 ~, 뽀작뽀작 들어 ~, 뻥 둘러 ~, 선머리에 ~, 선봉에 ~, 성큼 막아 ~, 시퍼렇게 날이 ~, 앉으나 서나, 앞 서거니 뒤 서거니 한다, 앞장을 ~, 약자의 편에 ~, 엉거주춤 일어 ~, □에 기대어 ~, □에 나 서기를 꺼린다, □에 들어 ~, □에 앞 ~, □에 앞장 ~, □에 올라 ~, 우두커니 서 있다, 우뚝우뚝 ~, 우뚝이 ~, □으로/로 내려 ~, □으로/로 물러 ~, □으로/로 비켜 ~, □으로/로 올라 ~, □으로/로 죽 늘어 ~, □을/를 넘어 ~, □을/를 막아 ~, 일렬로 늘어 ~, 일렬로 줄 ~, 전통이 ~, 주례를 ~, 주례 ~, 주욱 늘어 ~, 주춤주춤 물러 ~, 줄줄이 늘어 ~, 즐비하게 늘어 ~, 증가세로 돌아 ~, 증언대에 ~, 차도로 내려 ~, 플랫폼으로 내려 ~, 핏발 ~, 하락세로 돌아 ~, 한 발 뒤로 물러 ~, 한 발 앞 ~, 한 발짝도 물러 서지 않는다, 한 발짝 뒤로 물러 ~, 한 발짝 물러 ~, 행렬을 앞장 ~, 회복세로 돌아 ~, 획 돌아 ~

선단 ~ 의 행수; 세곡 ~

선도 ~ 자로 부상 한다; 시장 ~자, □을/를 ~ 한다

선동 선전과 ~, 선전 ~ 부, □을/를 ~ 한다

선두 ~ 주자; 삼 회 말 ~ 타자

선들바람 ~ 이 불어 온다

선뜩 가슴이 ~하다

선뜻 ~ 내키지 않는다, ~ 하다

선량 ~ 한 시민

선로 송전 ~, 전철 ~

선린 ~ 우호, ~ 협력 조약 체결

선망 ~ 의 대상; 남근 ~, □을/를 ~ 한다

선머리 ~ 에 선다

선명 ~ 노선을 걷는다; 아침이 ~하다, 화질의 ~도

선무 ~ 방송

선물 ~ 꾸러미, ~ 포장; 생일 ~, 신행 ~, □을/를 ~로 받는다, □을/를 ~로 준다

선물 ~ 중개인 자격 시험, ~ 환 거래, ~ 환 시장; 주가 지수 ~, 코스닥 50 ~, 코스피 200 ~

선미 ~ 중력

선민 ~ 의식

선박 컨테이너 ~, 항해 중인 ~

선반 ~ 위; 윗벽 ~에 얹힌다, 터릿 ~

선발 거봉 아가씨 ~ 대회, 뉴 미디어 스타 ~ 대회, 대학 입학 적격자 ~, 시험 ~ 인원, 우량아 ~ 대회, □을/를 ~ 한다, 입학 적격자 ~ 기준, 특상 ~

선발 ~ 등판, ~ 라인업, ~ 로테이션, ~ 타자 전원 탈삼진 기록; 내셔널리그 ~ 투수

선발권 ~ 부여

선발대 자위대 ~

선방 ~ 에 막힌다, ~ 한다

선법 ~ 의 전래; 민요 ~

선별 □을/를 ~ 한다

선봉 ~ 에 선다

선비 ~ 정신; 대쪽 같은 ~

선사 땡초 ~ 님

선사 □을/를 ~ 한다, 큰 기쁨을 ~ 한다

선사 ~ 시대

선산부 보조 ~

선상 ~ 대국, ~ 특강

선생 교장 ~, 담임 ~, 도산 안창호 ~ 기념 사업회, 배 ~, 백범 김구 ~ 기념 사업회, 신진호 ~, 죽당 ~, 집필가 ~, 천기백 ~, 최영옥 ~, 최해월 ~, 탁 ~

선생님 중학교 ~

선서문 입단 ~

선선 ~ 하다, ~ 히 수긍 한다

선수 ~ 단을 파견 한다, ~ 생활을 마감 한다; 권투 ~, 문전 쇄도 하는 이용재 ~, 수훈 ~, 스모 ~, 씨름 ~ 같다, 최우수 ~, 최하위 ~, 코치 겸 ~, 코칭스태프와 ~, 트레이너 겸 ~

선수권 세계 아마 바둑 ~ 대회, 세계 축구 ~, 세계 탁구 ~ 대회, 실업 축구 ~ 대회 정상, 축구 ~ 대회

선순위 ~ 저당, ~ 저당권

선술집 ~ 더부살이

선심 ~ 을 베푼다, ~ 을 쓴다; 여당의 ~

선심성 ~ 공약, ~ 정책

선약 ~ 이 있다

선양 국위를 ~ 한다, 국위 ~, 실천 ~회, □을/를 ~ 한다

선어개 ~ 류

선언 공산 당 ~, 독립 ~ 식, 민주 구국 ~, 불가침 ~, 세계 인권 ~, 양심 ~ 한다, □을/를 ~ 한다, 탁치 반대 ~ 식, 폭탄 ~을 한다, 핵 부재 ~, 호헌 ~

선언문 ~ 을 낭독 한다; 전향 ~

선언식 ~ 을 거행 한다

선연 ~ 하게 떠 오른다

선열 순국 ~

선염 ~ 가공 공정

선왕댕이 ~ 언덕

선용 여가 ~, □을/를 ~ 한다

선원 단학 ~

선의 ~ 의 거짓 말, ~ 의 임차인 및 담보 권자, ~ 의 피해자

선인 ~ 의 경구; 불령 ~, 행수 ~

선인장 ~ 의 가시

선임 변호인 ~, 변호인을 ~ 한다, 변호인의 ~, 사외 이사 ~, □을/를 ~ 한다

선임 ~ 연구 위원, ~ 연구원, ~ 하사

선임권 변호인 ~

선입 ~ 선출

선장 외항선 ~, 해적 ~

선적 ~ 서류, ~ 통지

선전 ~ 포고; □에 ~ 포고 한다

선전 ~ 한다

선전 ~ 과 선동, ~ 교양실, ~ 문구, ~ 선동 부; 연합 ~ 부, □을/를 ~ 한다, 흑색 ~과 비방

선전물 ~ 살포 사건; 흑 색 ~ 살포

선전비 광고 ~

선전술 광고 ~

선전원 ~ 노릇 한다

선점 □을/를 ~ 한다

선정 경영 기관 ~, 농어민 후계자 ~, 민방 사업자 ~, 복표 사업자 ~, 상업 주의나 ~ 주의, □을/를 ~ 한다

선제 ~ 결승 골, ~ 골, ~ 공격 독트린, ~ 사격, ~ 포격; 북한 군의 ~ 공격

선조 ~ 대 대로; 우리 ~

선종 ~ 과 교종, ~ 의 승려; 교종과 ~

선진 ~ 7 개국, ~ 경제국, ~ 공업 국가군, ~ 공업국, ~ 과 후진, ~ 구민 모범 구민, ~ 금융 기법, ~ 산업국, ~ 자본 주의 나라, ~ 조국 창조

선진국 ~ 과 후진국

선창 ~ 마당

선처 ~ 를 호소 한다

선천성 ~ 기형, ~ 면역 결핍증, ~ 심장 질환

선천적 ~ 으로, ~ 인

선출 부위원장으로 ~ 한다, □을/를 ~ 한다, 의장으로 ~ 된다, 이사회에서 ~ 된다

선출 선입 ~

선취 ~ 골

선취점 적시타로 ~을 올린다

선택 ~ 및 배열, ~ 의 폭을 넓힌다, ~ 이나 배열; 뉴 커리어 ~ 지원, 올 바른 ~, □을/를 ~ 한다, 일생 일 대의 ~, 전공 ~, 취사 ~ 한다

선택법 피부 타입 별 클렌저 ~

선팅 짙게 ~ 한다

선포 □과/와의 전쟁을 ~ 한다, 비상 사태가 ~ 된다, 비상 사태를 ~ 한다, 비상 사태 ~, □에 계엄 령을 ~ 한다, □을/를 ~ 한다

선풍 검거 ~, 선글라스 ~

선풍기 ~ 를 튼다; 덜덜거리는 ~

선풍적 ~ 인 인기, ~ 인기

선하 ~ 증권

선하다[선해] 모습이 눈에 ~, 아직도 눈에 ~, 지금도 눈에 ~

선하다[선해] 본래 ~

선행 ~ 된다; 설비 투자 ~ 지표, 실존이 본질에 ~ 한다

선현 ~ 의 가르침

선호 ~ 도와 애호도; 남아 ~ 사상, □을/를 ~ 한다

선홍 ~ 빛

선회 □으로/로 ~ 한다, □을/를 ~ 한다

선후 ~ 관계

선후진국 ~ 간

섣달 ~ 그믐 날, ~ 그믐 밤, ~ 그믐께

섣불리 ~ 덤빈다

설 ~ 과 추석, ~ 날 아침, ~ 명절 날, ~ 쇤다, ~ 연휴, ~ 을 쇤다; 민속 씨름 ~ 날 장사 대회, 추석과 ~ 날

설 ~ 이 구구하다; □과/와 염문 ~이 있다, 군장 사회 ~, 낙성 계약 ~, 노동 가치 ~, 도참 ~, 윤회 ~, 음양 오행 ~, 자금 악화 ~, 조기 개각 ~, 지동 ~, 천동 ~, 출마 ~이 나 돈다, 풍수 지리 ~, 항공 사 통폐합 ~, 화폐 개혁 ~, 화폐 교환 ~

설계 ~ 도면; □을/를 ~ 한다

설계사 고능률 ~

설교 ~ 한다

설기떡 찐 ~

설다[선 설] 선 잠에서 깨어 난다, 선 하품을 한다; 낯 설고 물 ~, 낯 설지만은 않다, 낯 설지 않다, 낯이 ~, 눈에 ~

설득 □을/를 ~ 한다

설득력 ~ 있다

설랜다 □에 가슴이 ~

설렁설렁 ~ 불어 온다

설렁탕 ~ 집

설레방 ~ 깐다, ~ 을 깐다

설레설레 고개를 ~ 젓는다, 고개를 ~ 흔든다, 머리를 ~ 흔든다

설렌다 가슴이 ~, 뒤 ~

설립 ~ 된다; 공장 ~ 승인, □을/를 ~ 한다, 회사 ~

설멍 ~ 하다

설명 ~ 과 논증, ~ 도 없이 내 팽개 친다, ~ 변량; □에 대한 ~, 유기체적 ~, □을/를 ~ 한다, □을/를 소상히 ~ 한다, 투자 유치 ~회

설문 ~ 에 응한다, ~ 조사; 강의 ~ 제

설법 ~ 한다; 사십구 년 ~

설복 □을/를 ~ 시킨다

설비 ~ 투자 감소, ~ 투자 선행 지표, ~ 투자 증가; 나프타 분해 ~, 냉난방 ~

설사 ~ 가 멎는다; 변비나 ~

설설 ~ 긴다, ~ 끓는다

설왕설래 ~ 가 한창이다

설욕 ~ 한다

설인 ~ 신경

설정 근저당 ~, □을/를 ~ 한다, 저당권 ~자, 질권 ~

설주 중간 ~

설치 ~ 된다; 고위 공직자 비리 조사처 ~, □에 흡음재를 ~ 한다, □을/를 ~ 한

ㅅ

다, 이산 가족 면회소 ~, 파이프 오르간 ~, 학교 부지 내 가스 정압기 ~

설친다 밤 잠을 ~, 새벽 잠을 ~

설킨다 얽키고 ~, 얽히고 설킨

설탕 ~ 과 프림, ~ 시럽과 샐러드유, ~ 이나 꿀; 꿀이나 ~, 커피에 ~을 탄다

설파 □을/를 ~ 한다

설하 ~ 신경

설한다[설해] 법문을 ~, □을/를 ~

설해목 ~ 넘어진다

설형 ~ 문자

설화 ~ 나 유물, ~ 변이; 아기 장수 ~, 혼교 ~

섧다 설움과 한, 설움이 복받친다, 설움이 북받친다

섬 나락 닷 ~, 만 ~, 열 닷 ~ 닷 말

섬 ~ 나라 도적 떼, ~ 나라 말씨, ~ 마을, ~ 하나 전체; 열 ~ 현상

섬광 ~ 처럼 스친다

섬긴다 신으로 ~, □을/를 ~, 지아비를 ~

섬뜩 ~ 하다

섬멸 □을/를 ~ 한다

섬모체 ~ 척수 반사

섬벅거린다 눈을 ~, □을/를 ~

섬세 ~ 하다

섬약 ~ 하다

섬유 ~ 탈취제; 감각 신경 ~, 부교감 신경 ~, 속 ~ 막, 식이 ~ 음료, 아라미드 ~, 합성 ~

섬찍 가슴이 ~하다

섬찍 ~ 하다

섬찟 ~ 하다

섬칫 □에도 ~ 한다

섭렵 관광지를 ~ 한다, □을/를 두루 ~ 한다, □을/를 ~ 한다

섭리 자연의 ~

섭섭 ~ 한 마음에서; □을/를 ~해 한다, □이/가 ~하다

섭씨 ~ 10 도, ~ 나 화씨, ~ 삼천 도

섭외 ~ 담당자, ~ 한다; 연사 ~

섭취 ~ 권장량; 과다 ~, 과량 ~, 알콜 ~, 영양 ~, □을/를 ~ 한다, 최대 산소 ~량, 칼로리를 ~ 한다, 칼슘 ~량, 하루 칼로리 ~량

성 --을/ㄹ ~ 싶지 않다

성 ~ 개방 풍조, ~ 관계를 갖는다, ~ 모럴, ~ 별 노동 분업, ~ 별 분업, ~ 별 분업, ~ 병 감염, ~ 불평등, ~ 생활 만족도, ~ 역할 고정 관념, ~ 전환 수술, ~ 전환자의 호적, ~ 차별이나 인종 차별, ~ 폭력 상담소, ~ 폭력 특별 법 제정, ~ 폭행 당한다, ~ 폭행 한다; 나이나 ~ 별, 부부 간의 ~ 생활, 양성애자나 ~ 전환자, 연예인 ~ 상납, 일본 군 ~ 노예, 직장 내 ~ 희롱, 청소년 ~ 매매, 혼외 ~ 관계, 혼전 ~ 경험

성 ~ 난 사자, ~ 난 파도; 버럭 ~ 낸다

성 ~ 문지기 군인, ~ 벽으로 둘러 싸인다, ~ 터에서 출토 된다; 테뫼 식 산 ~, 토축 ~, 판축 ~ 벽

성 ~ 을 간다

성가시다 성가시게 군다

성간 ~ 물질

성격 강한 ~, 괴팍한 ~, 생산 지향형 ~, 준정부적 ~

성경 ~ 공부, ~ 말씀에, ~ 읽기; 신약 ~, 자이나 교의 ~

성공 ~ 의 3 대 요소, ~ 확률이 높다; 동점 골을 ~ 시킨다, □에 ~ 한다, 착수금과 ~ 보수, 착수금과 ~ 사례비, 큰 ~ 을 거둔다

성공리 ~ 에

성공적 □을/를 ~으로 마친다, □을/를 ~으로 치른다

성공학 중소 기업인 ~

성과 ~ 에 따른 급여; 소기의 ~를 거둔다

성교 ~ 중절

성금 ~ 기탁자, ~ 모금 방송, ~ 을 모은다; 불우 이웃 돕기 ~, 이웃 돕기 ~ 모금

성급 ~ 하다

성기 ~ 노출

성기다 성긴 눈발

성깔 ~ 깨나 부린다, ~ 깨나 사납다, ~ 깨나 있다

성냥 ~ 불을 긋는다, ~ 을 긋는다, ~ 팔이 소녀

성녀 ~ 와 마녀

성년 ~ 혼숙

성당 ~ 건립, ~ 과 박물관, ~ 에 다닌다, ~ 의 주임 신부, ~ 주임 신부, ~ 한 귀퉁이; 고딕 ~, 교회나 ~, 로마네스크 ~, 미술관과 ~

성대 태평 ~

성대 ~ 하게 열린다; □을/를 ~하게 개최 한다, □을/를 ~하게 치른다

성령 ~ 쇄신

성립 ~ 된다, ~ 한다; 남북국의 ~, 내셔널리즘의 ~

성립기 중세 ~

성명 ~ 삼 자; 관등 ~

성명 ~ 을 낸다, ~ 을 발표 한다; 공동 ~

성모 ~ 승천

성미 ~ 고약하다

성보 ~ 문화재, ~ 전시관

성분 발효 ~ 함유, 사포닌 ~, 수용성 ~, 유기 인계 ~, 출신 ~, 코직산 ~, 향미 ~, 혈액 응고 ~

성분비 일정 ~의 법칙

성불 ~ 한다

성비 ~ 불균형

성사 고해 ~, 비애의 ~

성사 ~ 된다, ~ 시킨다

성서 구약 ~, 신약 ~

성선 ~ 자극 호르몬

성성 백발이 ~하다, 흰 머리가 ~하다

성쇠 ~ 를 가늠 한다; 흥망 ~

성숙 ~ 한다

성시 문전 ~를 이룬다

성실 ~ 납부자, ~ 하고 근면하다; 신고 ~ 도

성심 ~ 성의, ~ 성의껏

성악 ~ 과 기악, ~ 을 전공 한다

성악가 ~ 나 악기 연주자; 작곡가와 ~, 정상 급 ~

성어 고사 ~ 사전, 서양 고사 ~

성욕 ~ 감퇴 주사까지 맞는다, ~ 감퇴 주사를 맞힌다, ~ 이 떨어진다, ~ 이 왕성하다; 변태 ~

성욕자 변태 ~

성원 ~ 에 보답 한다, ~ 에 힘 입어; 열화와 같은 ~

성은 ~ 을 입는다, ~ 이 망극하다

성읍 ~ 국가 론

성의 ~ 있게; 성심 ~

성의껏 성심 ~

성인 ~ 병 예방, ~ 병의 발병, ~ 비자 신청자, ~ 오락실 업주; 불법 ~ 오락실, 호텔 ~ 오락실

성인 ~ 과 순교자

성인기 후기 ~

성장 ~ 기반 확충, ~ 세를 구가 한다, ~ 저해 요소, ~ 한다, ~ 호르몬; 경제 ~ 률 전망치, 과대 ~ 국가

성장기 중기 ~

성적 ~ 극치감, ~ 매력, ~ 소구 광고, ~ 욕구를 충족 한다

성적 ~ 이 뒤 처진다, ~ 이 좋은 학생, ~ 일람 표, ~ 증명서, ~ 표; 고교 내신 ~, □에 ~을 매긴다, 연합 고사 ~, 우수한 ~으로 졸업 한다, 입학 시험 ~, 학생부 ~, 학업 ~

성제 사 ~와 팔 정도

성조기 ~ 모양의 바디 페인팅; 태극 기와 ~

성좌 별 또는 ~

성지 ~ 순례단, ~ 순례자, ~ 탈환; 천도교 ~

성징 1 차 ~, 일 차 ~

성찰 반성과 ~, 부단한 자기 ~

성채 ~ 풍; 영주의 ~

성책 요새지에 ~을 쌓는다

성취 비전 ~, 소원을 ~ 한다, □을/를 ~ 한다, 학업 ~도

성큼 ~ 다가온다, ~ 막아 선다, ~ ~ 걸어 간다; □에 ~ 다가선다

성탄 ~ 미사 때

성토 □을/를 ~ 한다

성패 ~ 가 좌우 된다, ~ 를 가름 한다, ~ 를 좌우 한다

성품 대쪽 같은 ~, 본디 ~

성하다[성해] 공업이 ~

성학서 고대의 ~

성행 ~ 한다

성현 ~ 을 독실히 믿는다, ~ 의 위패; 숱한 ~

성형 ~ 수술, ~ 외과

성형법 사출 ~, 압출 ~

성호 ~ 를 긋는다

성화 ~ 채화

성황 ~ 을 이룬다

성황리 ~ 에

섶 깃과 ~, 앞 ~을 끄른다

세 7 ~ 미만의 소아, 삼십삼 ~, 십칠 ~ 되던 해에

세 가파른 상승 ~, 감소 ~로 돌아 선다, 내림 ~로 돌아 선다, 달러 환율 급락 ~, 매도 ~, 매수 ~가 유입 된다, 모든 업종이 내림 ~이다, 보합 ~를 시현 한다, 산 ~가 험하다, 삼 개월 연속 감소 ~, 상승 ~로 반전 한다, 성장 ~를 구가 한다, 소폭 오름 ~, 신장 ~가 둔화 한다, 약보합 ~, 오름 ~가 둔화 한다, 증가 ~가 둔화 된다, 증가 ~가 둔화 한다, 증가 ~가 크게 둔화 한다, 증가 ~ 둔화, 증가 ~로 돌아 선다, 증가 ~의 둔화, 하락 ~로 돌아 선다, 하향 안정 ~, 회복 ~로 돌아 선다, 회복 ~를 보인다

세 단칸 월 ~방, 방 ~ 독촉, □을/를 ~ 낸다, 지하 단칸 ~방

세 ~ 가지 기초 식품군, ~ 갈래로 땋는다, ~ 끼 밥, ~ 땀 상침, ~ 번 째 경일, ~ 번 째 키커, ~ 벌 논 매기, ~ 벌 식, ~ 벌 잠 잔다, ~ 살 버릇 여든까지 간다, ~ 살 연하, ~ 살 터울, ~ 살박이, ~ 시 이십오 분, ~ 시 정각, ~ 이닝 동안, ~ 제곱 미터, ~ 제곱 센티 미터; 두 벌과 ~ 벌, 두 ~ 달 씩, 두 ~ 번, 배추 ~ 포기, 삼 시 ~ 때, 삼시 ~ 끼, 장대석 ~ 벌대, 천부인 ~ 개, 하루 ~ 끼

세 ~ 법 상 증여~ 과세, ~ 외 수입, ~ 율 구조, ~ 율 인하; 국경 통과 ~, 국채 매입 ~, 근로 소득 ~, 내국 ~와 관세, 농어촌 특별 ~, 목적 ~ 신설, 물품 ~를 면제 받는다, 물품 ~를 면제 한다, 미납부 가산 ~율, 보통 ~와 목적 ~, 부가 가치 ~ 간이 과세 제도, 부가 ~ 별도, 상속 ~를 부과 한다, 상속 ~ 및 증여 ~, 상속 ~와 증여 ~, 상속 증여 ~, 소득 ~ 과, 소득 ~를 과세 한다, 소득 ~ 법, 소비 ~ 전입금, 양담배 소비 ~, 양도 ~, 양도 소득 ~가 부과 된다, 인지 ~ 납부 실태, 일 인당 지방 ~ 담세액, 자동 차 면허 ~, 자동 차 ~, 재산 관련 ~, 재산 ~와 물품 ~, 정기 법인 ~, 종합 토지 ~, 증권 거래 ~, 증여 ~ 징수액, 증여 ~ 포탈, 지방 ~ 법 시행 령, 지방 ~ 중과세, 토지 초과 이득 ~, 통행 ~를 받는다, 특별 소비 ~, 현행 ~ 법

세가 권문 ~와 사원

세간 묵은 ~

세계 ~ 각국, ~ 개발 보고서, ~ 대공황, ~ 만방, ~ 문화 유산, ~ 아마 바둑 선수권 대회, ~ 유일의 분단국, ~ 인권 선언, ~ 자연 유산, ~ 잼버리 수련장, ~ 정상급, ~ 최강, ~ 최강국, ~ 축구 선수권, ~ 탁구 선수권 대회, ~ 태권도 연맹, ~ 표준 여권; 1 차 ~ 대전, 다보스 ~ 경제 포럼, 마르크스-레닌 주의적 ~ 상, 무전 ~ 일주, 사바 ~의 중생, 사바 ~ 남섬부 주, 삼천 대천 ~, 십방 ~, 이 차 ~ 대전, 일 차 ~ 대전, 자유 ~의 전초 기지, 한민족 ~ 지도자 대회, 화장연화 ~

세계사 ~ 편력

세계인 ~ 의 이목을 끈다

세계적 ~ 으로도 유례가 없다, ~ 인

세곡 ~ 농간, ~ 선단, ~ 운반선, ~ 의 석수

세공 귀금속 ~

세공사 보석 ~

ㅅ

세공품 은 ~

세균 ~ 에 감염 된다, ~ 이 번식 한다; 뮤탄스 ~, 바이러스나 ~

세균전 ~ 계획

세금 ~ 감면, ~ 공제 혜택, ~ 과 봉사료, ~ 납부, ~ 부과, ~ 우대 상품, ~ 우대 소액 채권, ~ 을 걷는다, ~ 을 낸다, ~ 을 추징 한다, ~ 체납, ~ 추징, ~ 탈루, ~ 포탈, ~ 한 푼 안낸다

세기 십구 ~ 중엽

세기 ~ 농민 항쟁, ~ 마지막 로맨티스트; 19 ~ 말엽, 20 ~ 전반기, 20 ~ 중엽, 20 ~ 초두, 20 ~ 초엽, 20 ~ 후반기, 기원 전 2 ~, 기원 전 5 ~, 십구 ~ 말엽, 이십 ~ 전반기, 이십 ~ 중엽, 이십 ~ 초엽

세다 센 바람; 고집이 ~, 기가 ~, 힘이 ~

세단 ~ 이나 쿠페; 검은 ~, 중형 ~

세대 기성 ~, 베이비 붐 ~, 사오정 ~, 이 ~ 통신 망, 이른 바 순종 한글 ~, 해방동이의 ~

세도 ~ 정치

세라믹 ~ 가스 터빈, ~ 여과기

세력 ~ 각축전, ~ 을 쌓는다, ~ 이 커 진다; 강대 ~, 극우 보수 ~, 급진 변혁 ~, 기득권 ~, 다층적 ~, 반체제 ~, 변혁 주체 ~, 수구 ~, 신진 귀족 ~, 재지 ~, 좌파 ~, 주요 ~ 기반, 진보 ~, 타협 주의 ~, 해양 ~ 국가, 호족 ~, 환 투기 ~

세련 ~ 미; 가장 ~ 되다

세례 ~ 를 받는다; 원폭 ~

세로 ~ 로 가른다, ~ 로 긋는다, ~ 무늬가 있다, ~ 줄 무늬; 가로 ~, 가로와 ~, 안 쪽 ~ 다발

세로토닌 ~ 의 분비, ~ 재흡수 억제제; 선택적 ~

세루 ~ 두루마기

세르비아인 크로아티아인과 ~

세립질 ~ 화강암

세모 ~ 꼴

세무 ~ 당국과 사업자, ~ 사찰, ~ 조사 통보; 국세청의 ~, 비리 ~ 공무원

세무사 공인 회계사나 ~ 자격증, 회계사나 ~

세무서 관할 ~, 일선 ~

세미나 ~ 를 개최 한다, ~ 에 참여 한다; 워크숍과 ~, 학술 ~

세밀 ~ 하다

세배 묵은 ~

세부 ~ 계획, ~ 사항, ~ 요소와 장면

세부적 ~ 으로, ~ 인

세분 ~ 한다

세비 ~ 낭비

세상 ~ 물정에 어둡다; 모권 제 ~, 백 년 뒷~, 사바 ~, 천만 년 뒷~에 전한다, 풍진 ~

세상사 ~ 의 이치

세석기 연모나 ~

세세 ~ 하다

세세생생 ~ 육도, ~ 을 두고

세소 ~ 혈관

세속 ~ 오계, ~ 을 등 진다, ~ 의 부귀 영화, ~ 잡사

세수 ~ ㅅ 물을 데운다, ~ 대야, ~ 를 한다

세습 ~ 귀족, ~ 무속; 대 대로 ~ 된다, 현대 판 ~ 질서

세습무 ~ 의 굿; 화랭이 패 ~

세시 ~ 놀이, ~ 풍속 놀이

세심 ~ 한 배려

세안 ~ 한다

세액 감면 ~, 과세 납부 ~ 조회 서비스, 산출 ~, 신고 납부 ~ 공제, 예정 신고 납부 ~, 원천 징수 ~, 임시 투자 ~ 공제, 종합 과세 납부 ~, 탈루 ~

세운다 □과/와 각을 ~, □과/와 대립 각을 ~, 기관차처럼 앞 ~, 꼿꼿이 ~, 네모 기둥을 ~, 동자 기둥을 ~, 동자주를 ~, 두리 기둥을 ~, 무공을 ~, 민흘림 두리기둥을 ~, 배흘림 두리기둥을 ~, 소후를 ~, □을/를 곧추 ~, □을/를 내 ~, □을/를 돌려 ~, □을/를 ~, □을/를 앞 ~, □을/를 앞장 ~, □을/를 추켜 ~, 일렬로 ~, 전공을 ~, 쫑긋 ~, 치켜 ~

세원 ~ 을 발굴 한다

세월 ~ 아 네월아; 엄혹한 ~, 오랜 ~

세이프가드 ~ 연장, ~ 종료; 마늘에 대한 ~를 발동 한다

세인 ~ 의 이목을 끈다, ~ 의 이목을 의식 한다

세일 ~ 동조화; 바겐 ~, 변칙 ~, 엔고 ~

세입 ~ 내 세출

세입자 ~ 대책위

세자 ~ 로 책봉 된다, ~ 로 책봉 한다, ~ 빈, ~ 책봉; 사도 ~

세자로 어로와 ~

세자빈 ~ 으로 간택 된다

세절 ~ 면

세정제 배수구 ~

세제 주방 ~, 주방용 ~, 중성 ~, 합성 ~

세제 ~ 개편 안, ~ 심의관, ~ 혜택; 소득 ~ 과, 재무 부 ~ 실장

세족 권문 ~

세차 ~ 한다

세차다 세찬 바람, 세차게 때린다, 세차게 분다, 세차게 쏟아 진다, 세차게 흔든다

세차장 ~ 정화 시설

세척 ~ 한다; 불 판 ~

세척기 식기 ~

세척법 냉온수 ~

세출 ~ 예산; 세입 내 ~

세칙 심의 ~

세침 ~ 흡인 검사

세칭 ~ 일류 대학

세타 ~ 파

세탁 돈 ~ 방지 법, 양복 ~, □을/를 ~ 한다

세탁기 냉장고나 ~, 드럼 ~, 전자동 ~

세탁소 ~ 에 맡긴다

세트 야외 오픈 ~, 오디오 ~, 응접 ~

세파 ~ 에 찌든다

세포 ~ 집합 이론; 난구 ~, 난모 ~ 단계, 내피 ~ 막, 막대 형 ~, 멜라닌 ~, 배아 줄기 ~, 상피 ~, 생식 ~, 신경절의 ~, 암 ~나 에이즈 균, 유모 ~, 전각 ~, 정모 ~, 정소 ~, 젖 샘 ~, 중간 외측 ~, 중간엽 줄기 ~, 진핵 ~, 췌장 소도 ~, 케라틴 ~, 크롬 친화 ~ 종, 혈관 내피 ~

세후 ~ 이자

섹션 카드 ~

섹스 ~를 한다, ~ 용품점 외판원; 고감도 ~

섹시 ~ 하다

섹터 비영리 ~

센다 머리가 하얗게 ~

센다 셀 수 없이 많다; 구구 셈, 속 셈 학원

센서 ~ 계측 기술자; 무동작 감지 ~, 원터치 ~

센세이셔널 ~ 하다

센세이션 ~을 일으킨다; 일대 ~

센스 알뜰 주부의 쿠킹 ~

센터 고용 안정 ~, 들 새 모임 국제 ~, 물류 ~, 백혈 병 ~ 건립, 분실물 ~, 아동 보육 ~, 아동 ~ 공부 방, 알코올 사목 ~, 애견 ~, 여대생 커리어 개발 ~, 원격 학습 ~, 이삿짐 ~, 지역 응급 의료 ~, 창업 보육 ~, 해외 입양인 ~, 휘트니스 ~

센터링 ~ 한다

센트 50 ~ 짜리 신문

센티 세 제곱 ~ 미터, 십 ~ 미터 가량, 오십 ~, 입방 ~ 미터, 직경 10 ~ 미터

센티멘탈 ~ 하다

셀 메모리 ~

셀러 금서 베스트 ~, --라는 베스트 ~, 베스트 ~ 목록

셀로판 ~ 종이

셀룰라 ~ 전화

셀프 ~ 태닝 제품

셀프서비스 ~ 방식

셈 구구 ~

셈 --는 ~이다, --은/ㄴ ~이다, --을/ㄹ ~이다

셔츠 ~와 반 바지; 긴 팔 ~, 반 팔 ~, 푸른 색 드레스 ~

셔터 ~를 누른다

셰리 ~ 와인

셰이크 딸기 ~

소 팥 ~를 넣는다

소 ~ 갈비 살 구이점, ~ 값 폭락, ~ 고기 통 조림, ~ 귀에 경 읽기, ~ 달구지 끈다, ~ 달구지를 끈다, ~ 달구지 바퀴 자국, ~ 몰이 꾼, ~ 천엽; 물 ~ 떼, 물 ~ 우리, 살 찐 젖 ~, 우황 든 ~, 젖 ~들이 노닌다, 젖 ~를 키운다, 젖 ~와 한우

소각 □을/를 ~ 한다

소각장 쓰레기 ~ 및 쓰레기 매립장 건설, 쓰레기 ~ 반대 주민 대책위

소감 수상 ~

소강 ~ 상태

소개 □을/를 ~ 한다, □의 활동 상을 ~ 한다, 자기 ~, 직업 ~ 사업자, □한테 ~ 한다, 활동상을 ~ 한다

소개 ~ 한다

소개서 자기 ~

소견 검안 ~, 뇌 파 ~, 병리적 ~, 부검 ~, 안저 ~, 좁은 ~

소곤거린다 □에다 대고 ~

소곤소곤 ~ 한다

소관 ~ 부처; 둔산 경찰서 ~ 업무

소구 ~ 한다; 성적 ~ 광고

소구리 ~ 를 만든다

소구점 광고 ~

소국 ~ 과 대국

소규모 ~ 가족, ~ 공동체, ~ 로 하는 사업, ~ 업체, ~ 학교, ~ 학원

소극장 미리내 ~

소극적 ~ 으로, ~ 인

소금 ~ 과 후춧가루, ~ 물에 흔든다, ~ 에 전다, ~ 에 절인다, ~ 으로 간을 한다, ~ 으로 간 한다, ~ 의 짠 맛, ~ 장수, ~ 한 톨, ~ 후춧가루 약간; 굵은 ~, 염장의 ~ 막, 참 기름과 깨 ~

소급 ~ 한다; 통일 신라기까지 ~ 해 올라 간다

소기 ~ 의 목적을 달성 한다, ~ 의 성과를 거둔다

소끔 한 ~ 끓어 오른다, 한 ~ 끓인다

소나기 ~ 가 퍼 붓는다, ~ 처럼 쏟아 진다

소나무 ~ 과에 딸린다, ~ 둥치, ~ 를 휘감는다, ~ 와 때죽나무, ~ 와 참 나무, ~ 한 그루; 때죽나무와 ~, 응달 쪽 ~ 숲 사이, 정이품 ~

소나타 바이올린 ~ 전곡, 피아노 ~

소낙비 난 데 없는 ~

소녀 ~ 가극단, ~ 가장 돕는다, ~ 점 쟁이; 가랑머리 ~, 사춘기 ~, 성냥 팔이 ~, 소년 ~ 가장, 진주 귀고리 ~, 천재 ~ 바이올리니스트, 한 사춘기 ~의 숨김 없는 자기 고백

소년 ~ 병 출신, ~ 소녀 가장; 말 치기 ~, 모범 ~ 단원, 해양 ~단

소농 영세 ~, 자작 ~, 하층 ~

소농민 ~ 경영

소뇌 ~ 경색증, ~ 교각부 종양, ~ 뇌 교각 종양, ~ 위축증, ~ 충부; 뇌교 ~ 변성, 올리브 뇌교 ~

소뇌로 척수 ~

소담 ~ 하다

소대 ~ 를 지휘 한다, ~ 장, ~ 진지; 모란 꽃 ~, 일 개 ~

소대원 모란 꽃 ~

소도 췌장 ~ 세포

소독 ~ 약 냄새; □을/를 ~ 한다, 젖 병 ~, 젖 병을 ~ 한다

소동 한 바탕 ~이 벌어진다

소득 ~ 과 합산 한다, ~ 보전 직불 제, ~ 불평등, ~ 세 과, ~ 세를 과세 한다, ~ 세 법, ~ 세제 과, ~ 재분배, ~ 종합 과세; 가처분 ~, 근로 ~세, 기부금 ~ 공제, 농가 ~, 농외 ~, 배당 ~, 부부 자산 ~ 합산 과세, 불로 ~, 양도 ~세가 부과 된다, 양도 ~ 중과세, □에 대한 ~ 공제, 일 인당 국민 ~, 임대 ~ 신고, 종합 ~ 신고, 표준 ~률

소등 ~ 한다

소디움 콩팥의 ~

소라 ~ 껍데기

소란 ~ 하다; 법정 ~ 행위

소란스레 ~ 들려 온다

소래기 ~ 를 지른다

소략 ~ 하다

소량 다품종 ~ 생산 시스템, 다품종 ~ 생산 체제

소령 ~ 계급장, ~ 으로 진급 한다

소로 ~ 의 굽면; 주두와 ~, 첨차와 ~

소름 ~ 이 끼친다, ~ 이 쫙 끼친다, ~ 이 쭉 끼친다; 살갗에 ~이 돋는다, 오싹 오싹 ~ 끼친다

소리 ~ 나는 대로 적는다, ~ 를 빽 지른다, ~ ~ 지른다, ~ ~ 친다; 가르릉거리는 물 ~, 가릉빈가의 노랫~, 가위 질 ~, 개울 물 ~, 거친 숨 ~, 고래고래 ~ 지른다, 고함 ~, 골골 ~, 구둣발 ~, 귀신 씨 나락 까 먹는 ~, 금속성 목 ~, 기상 나팔 ~, 꽥 꽥 ~ 지른다, 넘사 ~, 노크 ~, 다듬이 질 ~, 독경 ~, 된 ~와 거센 ~, 두 말 하면 잔 ~이다, 두런두런 말 ~가 들린다, 둥기둥 둥기둥 가야금 ~, 둥둥둥 저 북 ~, 뒷말의 첫 ~, 딴 ~를 한다, 또그닥거리는 구두 ~, 뚱딴지 같은 ~, 뛰어 가며 ~ 친다, 말 발굽 ~, 말 방울 ~, 맑디 맑은 피리 ~, 메떨어지는 ~, 목 멘 ~, 목 안엣~, 목어 ~, 목탁 ~, 무슨 귀신 씨 나락 까 먹는 ~이냐, 무슨 뚱딴지 같은 ~이니, 뭔 ~, 바스락 ~, 발 자국 ~, 발자욱 ~, 발짝 ~, 방포 ~, 뱃속에서 쪼르륵 ~가 난다, 배에서 쪼르륵 ~가 난다, 뱃고동 ~, 버럭 ~ 지른다, 벽력 같이 ~ 지른다, 볼 멘 ~를 한다, 부시럭거리는 ~, 빠드득 ~, 뽀드득 ~, 삐이걱 ~가 난다, 사잇~ 현상, 사이렌 ~, 손 풍금 ~ 들려 온다, 송아지의 울음 ~, 쇳~를 낸다, 쇠 북 ~, 신음 ~, 실로폰 ~, 심장 박동 ~, 쌕쌕 숨 ~ 낸다, 쏴아 ~, 쓴 ~를 한다, 안엣 ~, 알람 ~, 억지 ~ 헌다, 엉엉 ~ 내 운다, 여린 ~와 된 ~, 염불 ~, 왈랑왈랑 ~를 지른다, 외마디 ~, 요상한 새 ~, 우렁우렁한 목 ~, 우스갯~, 우우 ~, 울림 ~와 안울림 ~, 워낭 ~, 유리 종 ~를 낸다, □을/를 ~ 높여 외친다, 입 바른 ~, 입에 발린 ~, 자다가 봉창 두드리는 ~, 전화벨 ~, 종 ~의 여운, 지휘자의 숨 ~, 징 ~, 차임벨 ~, 천둥 ~, 철룩철룩 ~를 친다, 초 침 ~, 초인 종 ~, 총 ~의 환청, 코맹맹이 ~, 큰 ~로 웃는다, 클라리넷 ~, 클랙슨 ~, 터 다짐 ~, 판 ~ 명창, 판 ~ 완창, 풀 벌레 ~, 풀 피리 ~, □하고 혓~를 한다, 허튼 ~, 호루라기 ~, 혼잣~처럼 중얼거린다, 화염 분사기 ~, 쾌 치는 ~, 휘파람 ~, 흐느낌 ~

소망 간절히 ~ 한다

소매 연초 ~ 업자, 음식료품 종합 ~

소매 ~ 를 걷어 붙인다, ~ 를 걷어 올린다; 깡패나 ~ 치기들, 우글거리는 ~ 치기들

소매상 연초 ~

소맥 ~ 배아

소멸 ~ 된다, ~ 한다; 공소권 ~, 생성과 ~, 업장 ~

소모 영양 ~, 체력 ~

소모법 영양 ~

소문 ~ 이 왜자하다, ~ 이 파다하다, 소문이나 귀 동냥; 근거 없는 ~, --다는/라는 ~이 증권가에 파다하다, 온갖 잡스러운 ~, □으로/로 ~ 난다, 이상한 ~을 퍼뜨린다, 재력가로 ~ 난다, 투서와 ~, 항간의 ~

소박 ~ 하다

소방 빨간 ~ 차, 의용 ~ 대원

소방대 의용 ~

소변 ~ 에 당이 섞여 나온다, ~ 을 본다, ~ 이 마렵다, ~ 이나 대변

소보루 생선 ~

소복 ~ 차림; 하얗게 ~을 한 여인

소복 ~ 하다

소비 ~ 문화 및 행태, ~ 세 전입금, ~ 심리 위축, ~ 억제 운동, ~ 임치, ~ 자나 소유자, ~ 자 보호 원, ~ 자 상담실 모니터 팀, ~ 자와 생산자, ~ 자 태도 지수; 민간 ~ 지출, 생산자와 ~자, 양담배 ~세, 에너지 ~, 일 인당 쌀 ~량, 전력 ~량, 특별 ~세, 합리적 ~

소비재 ~ 업종; 내구 ~ 구입, 비내구 ~

소비지 생산지와 ~

소사 기총 ~

소산물 ~ 이다

소상 ~하다; □을/를 ~히 밝힌다, □을/를 ~히 설명 한다

소생 만물이 ~ 한다, 전실 ~, 전처 ~

소설 ~ 을 쓴다, ~ 이나 희곡, ~ 작가, ~ 작법; 공상 과학 ~, 단편 ~, 대하 ~, 무협 ~, 서사 시와 ~, 자전적 ~, 장편 ~, 추리 ~, 탐정 ~, 판 소리계 ~

소설가 시인이나 ~

소설적 ~ 으로, ~ 인

소설집 신작 ~

소소 ~ 하다

소속 모 부대 ~

소송 ~ 을 건다, ~ 을 제기 한다; 당선 무효 ~, 민사 ~ 법 상 화해, 민사 ~ 절차, 반환 청구 ~, 본안 ~, 손해 배상 ~, 손해 배상 청구 ~, 이혼 ~, 주식 반환 ~, 취소 청구 ~, 현행 형사 ~ 법

소쇄 ~ 하다

소수 ~ 민족 자치 구, ~ 의, ~ 정예

소수 ~ 점 둘 째 자리, ~ 점 아래 셋 째 또는 넷 째 자리, ~ 점 이하

소수자 ~ 탄압; 창조적 ~

소스 ~ 를 끼얹는다; 돈가스 ~, 머스터드 ~나 토마토 케첩, 버터나 마요네즈 ~, 양념 겨자 ~, 우스터 ~나 간장, 토마토 케첩 ~

소스라친다 소스라치게 놀란다, 소스라쳐 놀란다

소슬 ~ 하다

소시 ~ 적에

소식 ~ 을 전한다; 기쁜 ~, 동네 새 ~, 연예계 ~

소식통 ~ 을 인용 한다; 고위 ~, 외교 ~

소신 ~ 공양 하오리다

소실 통각 및 온도각 ~, 화재로 ~ 된다

소심 철골 ~

소심 ~ 하다

소아 ~ 결신 발작, ~ 과 전문의, ~ 과 학회, ~ 마비로 다리를 전다, ~ 마비를 앓는다, ~ 정신 과, ~ 편평족; 7 세 미만의 ~, 내과 ~ 과

소액 ~ 국공채, ~ 임차인의 우선 변제권, ~ 주주 운동, ~ 투자자; 세금 우대 ~ 채권, 십 원 미만의 ~

소야곡 애수의 ~

소연 ~ 하다

소염 비스테로이드성 ~ 진통제, 스테로이드성 ~ 진통제

소외 ~ 계층; □에서 ~ 된다, □을/를 ~ 시킨다

소요 ~ 된다, ~ 량 증명서; □을/를 ~ 한다

소용 --는다면 무슨 ~이 있니, --어/아 보아야 아무 ~ 없다, --어도/아도 아무 ~이 없다, --어야/아야 무슨 ~이 있니, --어야/아야 아무 ~이 없다, --은들 무슨 ~이 있니

소용돌이 ~ 속, ~ 에 휘말린다, ~ 친다

소원 헌법 ~ 사건

소원 ~ 을 말 한다, ~ 을 성취 한다, ~ 을 이룬다; --는 것이 ~이다, --는 ~ 을 갖고 있다, --으면/면 하는 ~

소위 ~ 월요 병, ~ 혼성 모방

소위 ~ 로 임관 한다

소유 ~ 상한 확대, ~ 와 경영의 분리, ~ 와 경영이 분리 된다, ~ 자 겸 채무자; 노예 ~자, 농지 ~ 상한, 소비자나 ~자, 신청인 ~ 부동산, --은/ㄴ 경력의 ~자, □을/를 ~ 한다, 택지 ~ 상한, 택지 초과 ~ 부담금, 토지 ~ 관계, 토지 ~ 론, 토지 ~자와 경작자, 토지 ~자 층

소유권 ~ 이전

소유주 ~ 나 경영 진, ~ 와 경영 진, ~ 와 광고주

소음 ~ 과 먼지, ~ 을 낸다, ~ 을 발생 시킨다

소이 대동 ~하다

소이 --는 ~

소인 유전적 ~

소인 ~ 이 찍힌다

소인수 ~ 분해 방법

소일 ~ 거리; □으로/로 ~ 한다

소작 ~ 겸농, ~ 쟁의; 열 마지기를 ~ 한다

소작농 ~ 으로 전락 한다; 지주와 ~

소작료 고율 ~

소장 바티칸이 ~ 한다

소장 육군 ~

소장 ~ 파 의원

소장 ~ 으로 발령이 난다; 교도 ~ 또는 구치 ~, 낚시 관광 안내 ~, 농촌 지도 ~, 영업 ~으로 발령 난다, 영업 ~이나 지점장, 파출소 ~과 동회 직원

소재 기초 ~ 업종

소재지 군청 ~, 도청 ~, 면 사무소 ~, 면 ~, 읍 ~

소절 한 ~

소제 ~ 한다

소제기 진공 ~

소조 연구실 ~, 혁명 ~ 운동

소조원 연구실 ~

소주 ~ ㅅ 잔을 기울인다, ~ 첫 잔; 막걸리나 ~, 사 홉 들이 ~ 한 병, 순곡 ~, 증류 식 ~, 희석 식 ~

소중 ~ 하다, ~ 히 간직 한다, ~ 히 여긴다; □을/를 ~하게 간직 한다

소지 녹색 운전 면허 ~자, 박사 학위 ~자, 석사 학위 ~자, 자격증 ~자

소지 말썽의 ~, 오해의 ~, 위헌 ~, --을/ㄹ ~가 다분하다

소지품 불심 검문이나 ~ 검사

소진 ~ 된다

소질 ~ 을 계발 한다; 적성과 ~, 타고 난 ~

소집 ~ 된다; 긴급 ~, 긴급히 ~ 한다, □을/를 ~ 한다, 임시 국회 ~ 요구서, 조기 전당 대회 ~

소쩍이 ~ 가 운다

소책자 --라는 ~

소청 ~ 심사 위원장

소체 바 ~

소총 ~ 난사 사건, ~ 사격을 한다, ~ 에 탄약을 장전 한다; 반 자동 ~, 카빈 ~

소추 탄핵 ~

소치 무지의 ~, 부덕의 ~

소침 의기 ~하다

소쿠리 ~ 에 건진다; 개 똥 ~

소탈 ~ 하다

소탕 ~ 작전; 강력 범죄 ~, 잔적을 ~ 한다

소통 ~ 에 지장이 있다; 영적 ~, 의사 ~ 을 원활히 한다, 정보 ~량

소파 ~ 원단; 응접 ~, 응접실 ~

소포 ~ 로 부친다

소폭 ~ 오름세, ~ 으로 내린다, ~ 하락

소품 인테리어 ~

소품종 ~ 대량 생산 체제

소풍 ~ 간다

소프트웨어 ~ 개발자, ~ 를 대여 한다, ~ 수출 규모, ~ 업계, ~ 와 하드웨어; 불법 복제 ~, 서비스로서의 ~, 양질의 ~, 컴퓨터 ~ 대여 법, 클라우드 ~, 하드웨어나 ~, 하드웨어와 ~, 한글 워드 프로세서 ~

소해정 ~ 파견

소행머리 못된 ~, 이런 ~가 어디 있나

소형 ~ 승합 차; 노란 색 ~ 버스, 초정밀 ~ 모터

소홀 □에 ~하다, □을/를 ~히 한다

소화 ~ 가 잘 된다, ~ 불량, ~ 불량증; □을/를 ~ 한다

소화기 분말 ~, 포말 ~, 할론 ~

소화기 ~ 계통, ~ 내과

소환 ~ 에 불응 한다; □을/를 ~ 한다

소회의실 구 층 ~

소후 ~ 를 세운다

소홀 ~ 하다

속 ~ 들여다 뵌다, ~ 병을 앓는다, ~ 빈 강정, ~ 상하다, ~ 섬유 막, ~ 셈 학원, ~ ~ 들이 안다, ~ 쌍 꺼풀 진다, ~ 썩인다, ~ 옷까지 벗는다, ~ 옷 노출 사고, ~ 이 더부룩하다, ~ 흙을 드러낸다; 가

ㅅ

슴 ~의 응어리, 겉과 ~, □과/와 한 통 ~이다, 괄호 ~, 귓~ 말로 속삭인다, 귓 ~을 파고 든다, 기억 ~에 오래 남는다, 꿈 ~에서, 꿈 ~을 헤맨다, 뒷골 산 ~ 토굴, 띵 ~ 광, 땅 ~에 묻는다, 반원 버스 ~, 머릿~까지 지끈지끈 아프다, 머릿~에서 구상 한다, 머릿~을 어지럽힌다, 무슨 조화 ~이냐, 박 ~ 같다, 박 ~ 밀국 낙지 탕, 밤 안개 ~, 뱃~에서 무두질을 한다, 뱃~에서 쪼르륵 소리가 난다, 벌건 ~ 흙, 벽 장 ~, 보석 함 ~, 삭풍 ~, 산 토끼 네 굴 ~, 소용돌이 ~, 수숫단 ~, 숲 ~, 슬리핑 백 ~, 악조건 ~, 어둠 ~, 어미의 탯~, 어항 ~, 요지경 ~, 우리 ~, 인조견 ~ 치마, 지빠귀 둥지 ~의 뻐꾸기, 진창 ~, 짙은 ~ 눈썹, 천엽 ~, 칠흑 ~, 콧~ 통로, 포켓 ~, 풀 덤불 ~, 한길 사람 ~, 해미 ~, 허연 ~ 살, 횟배 앓는 뱃~, 휴지 ~ 대

속가 ~ 와 승가

속개 ~ 된다

속결 속전 ~로

속기사 ~ 양성소

속내 ~ 를 털어 놓는다

속는다 속아 넘어 간다

속닥거린다 --는다고/ㄴ다고/다고/라고 ~

속단 ~ 한다

속도 ~ 감 있다; 빠른 ~로 낙하 한다, 질량과 ~, 타자 ~

속도전 전투 ~

속도학 역사 ~

속력 ~ 을 내 달린다

속물 ~ 근성

속삭인다 귓속 말로 ~, 나직이 ~, 밀어를 ~

속상 ~ 수축

속성 인구학적 ~

속성 ~ 과정, ~ 발효주

속세적 ~ 으로, ~ 인

속수 ~ 무책으로 당한다; □에 ~ 무책이다

속악 ~ 하다

속어 ~ 와 구어; 은어나 ~

속인다 속임 수; 감쪽 같이 ~, □을/를 ~

속전 ~ 속결로

속죄 ~ 양, ~ 와 참회; □한테 ~ 한다

속진 월반 ~ 제

속출 낙오자가 ~ 한다, 하한가 종목이 ~ 한다

속칭 ~ 닭 장 차

속한다[속해] 망둑어 과에 ~, 알타이 어족에 ~

속현 ~ 과 부곡

솎는다 솎아 낸다, 솎음 배추; 꽃 망울 ~, 삼진으로 ~

손 고등어 한 ~

손 ~ 금을 본다, ~ 꼽히는, ~ 끝이 가늘게 떨린다, ~ 끝이 파르르 떨린다, ~ 끝 하나 까딱 않는다, ~ 놀림, ~ 도장을 찍는다, ~ 등으로 눈 물을 닦는다, ~ 등으로 눈 물을 훔친다, ~ 등으로 문지른다, ~ 등으로 쓱 문지른다, ~ 등으로 이

마를 훔친다, ~ 때가 묻는다, ~ 때 묻는다, ~ 뜨개 용품 제작, ~ 뜨개 질 한다, ~ 목 시계를 들여다 본다, ~ 목 시계를 찬다, ~ 목을 덥석 잡는다, ~ 목 터널 증후군, ~ 목 폄 근, ~ 무좀, ~ 바닥 만 한 마당, ~ 바닥으로 탁 탁 친다, ~ 발이 차다, ~ 수건으로 안경을 닦는다, ~ 수건으로 이마를 닦는다, ~ 윗사람, ~ 으로 턱을 괸다, ~ 을 깍지 낀다, ~ 을 내 젓는다, ~ 을 맞잡는다, ~ 을 흔들어 답례 한다, ~ 잡이를 비튼다, ~ 짓 발 짓 한다, ~ 짓 한다, ~ 풍금 소리 들려 온다, ~ 풍금 중주, ~ 하나 까딱 않는다; 가슴에 ~을 얹는다, 가슴 위에 ~을 얹는다, □과/와 ~ 잡는다, 그 날을 ~ 꼽아 기다린다, 길이 조절 ~ 잡이, 노란 ~ 수건, 눈과 ~의 협응력, 도움의 ~ 길, 돌림 대와 ~ 잡이, 보는 이로 하여금 ~에 땀을 쥐게 한다, 수갑 찬 ~, 어깨에 ~을 얹는다, 억센 ~ 아귀, 오른 ~과 왼 ~, 오른 ~ 목, 오른 ~ 엄지와 검지, 오른 ~이 저리다, 오른 ~ 집게 손가락, 왼 ~ 잡이 전용, 유부녀를 ~ 댄다, 유혹의 ~ 길, □으로/로 ~ 꼽힌다, □을/를 ~ 꼽아 기다린다, □을/를 ~ 본다, □을/를 ~ 질 한다, 주머니에 ~을 찌른다, 주머니에서 ~ 수건을 꺼낸다, 첫 ~ 꼽힌다, 해물 ~ 질 하기, 휠체어의 ~ 잡이

손가락 ~ 과 발가락, ~ 이나 발가락, ~ 질 받는다, ~ 폄 근, ~ 하나 까딱 않는다; 검지 ~, 엄지 ~, 오른 손 집게 ~, 첫 ~에 꼽힌다

손금 ~ 산입, ~ 에 산입 한다

손녀 손자 ~

손님 ~ 접대; 단골 ~

손비 ~ 인정

손뼉 ~ 을 친다

손사래 ~ 를 친다; 조급히 ~ 친다

손상 ~ 된다; 양측성 대뇌 반구 ~, 장기 ~

손색 □과/와 비교 해도 ~이 없다, --어도/아도 ~이 없다, 어디 내 놓아도 ~이 없다

손수 □을/를 ~ 만든다, □을/를 ~ 이룩 한다

손실 평균 ~률

손실금 자산 평가 ~

손익 ~ 계산, ~ 계산서, ~ 분기 점 밑 돈다

손자 ~ 뻘 된다, ~ 손녀

손톱 ~ 에 물 들인다, ~ 에 봉숭아 물을 들인다, ~ 으로 긁는다, ~ 을 물어 뜯는다; □에 ~ 자국을 남긴다

손해 ~ 가 막심하다, ~ 를 배상 한다, ~ 를 본다, ~ 배상 소송, ~ 배상 청구 소송, ~ 배상액, ~ 보험 협회, ~ 보험사, ~ 사정사; 민사 상 ~ 배상 청구, 백만 원의 ~ 배상 청구, □에 ~ 배상을 한다, □에게 ~ 배상을 청구 한다, □으로/로 ~ 배상을 청구 한다, 일억 원의 ~ 배상

솔 ~ 방울과 조개 탄, ~ 방울처럼 굴러 다닌다, ~ 밭 사이 사이

솔가 ~ 한다

솔거 ~ 노비

솔깃 귀가 ~하다

솔로 ~ 1 집; 좌월 ~ 홈 런을 터뜨린다

솔루션 인터넷 보안 ~, 홈 네트워크 ~

솔새 상모 ~

솔선 ~ 수범 한다, ~ 한다

솔직 ~ 담백, ~ 하다, ~ 히 고백 한다, ~ 히 말 한다; □을/를 ~하게 털어 놓는다

솔찮다 --는 재미도 ~

솜 ~ 동복; 목화 ~ 반출항, 무명 ~ 옷, 백토와 ~, 화장 ~, 화학 ~ 이불

솜씨 ~ 가 서툴다, ~ 가 있다, ~ 가 좋다; 글 ~, 천재적 ~

솟군다 몸을 ~, □을/를 ~

솟는다 솟아 날 구멍, 솟은 종루, 솟을 합장과 대공, 솟을 합장으로 문다, 솟을 대문 간채, 솟을 삼문 형식; 높다랗게 ~, 대공과 솟을 합장, 봉긋 솟아 오른다, 삐죽이 ~, 새록새록 솟아 난다, 샘 ~, 우뚝우뚝 ~, □이/가 불끈 솟아 오른다, 쭈뼛 ~, 하늘이 무너져도 솟아 날 구멍이 있다, 해야 솟아라

솟대 ~ 기둥

송가 환희의 ~

송고 ~ 한다; 기사 ~

송골송골 ~ 맺힌다

송곳 ~ 같은 아이언샷, ~ 같은 지적, ~ 같은 통찰, ~ 으로 찌른다; 날카로운 ~ 니

송구 이 루로 ~ 한다

송글송글 ~ 땀 방울 맺힌다; □이/가 ~ 맺힌다

송금 ~ 기록, ~ 영수증, ~ 한다; 증여성 ~, 타행환 ~

송기 ~ 떡, ~ 송편

송년 ~ 법회, ~ 음악회

송달 □을/를 ~ 한다, 특급 ~

송두리 ~ 째 흔든다

송부 검사에게 ~ 한다, 기록의 ~, □에 ~ 한다, □을/를 ~ 한다

송사리 ~ 떼

송송 ~ 썬 실 파; 구멍이 ~ 뚫린다

송신 ~ 자와 수신자

송아지 ~ 의 울음 소리

송알송알 ~ 맺힌다

송어 ~ 회

송연 모골이 ~하다

송유 ~ 관 건설

송이 노란 장미 한 ~, 스물 세 ~, 연 꽃 한 ~, 장미 꽃 한 ~

송장 ~ 과 주문서; 상업 ~ 사본

송전 ~ 선로, ~ 철 탑; 이만 볼트 ~ 탑

송진 ~ 냄새

송치 ~ 된다; 검찰로 ~ 한다, □으로/로 ~ 한다

송편 ~ 과 토란 국; 빚은 ~, 송기 ~, 햇 곡식으로 ~을 빚는다

송풍 ~ 장치

송화 ~ 가루

송환 ~ 된다; 유해의 추가 ~, 장기수 ~

솥 ~ 뚜껑에 올라 앉는다; 곤드레 돌 ~ 밥, 닷 말 지기 ~, 돌 ~ 비빔 밥, 무쇠 ~, 보온 밥 ~, 압력 밥 ~, 전기 밥 ~, 한 ~ 밥을 먹는다, 흑 철 ~

쇄골 ~하 동맥

쇄골와 ~나 흉추

쇄국 ~을 단행 한다, ~ 정책 하, ~ 체제 하

쇄도 문전 ~ 하는 이용재 선수, 요청이 ~ 한다, 홈에 ~ 한다

쇄락 ~하다

쇄신 ~ 의지, ~ 파 의원; 국정 ~, 성령 ~

쇠 ~ ㅅ 소리를 낸다, ~ ㅅ 조각과 구슬, ~ 고기 국 물 맛, ~ 고기 장 조림, ~ 귀에 경 읽기, ~ 나막신, ~ 똥 망태, ~ 막대, ~ 말뚝, ~ 방울 눈, ~ 북 소리, ~ 뿔도 단 김에 뺀다, ~ 사슬에 묶인다, ~ 상놈, ~ 이까리 꾼, ~ 좆 몽둥이, ~ 주걱, ~ 죽 여물을 꾹꾹 뒤진다, ~ 죽을 끓인다, ~ 창 밖, ~ 창살, ~ 파이프; 간 ~ 고기, 굵은 ~ 창 살, 놋 ~ 재 떨이, 방아 ~를 당긴다, 방아 ~ 점 주사 요법, 수용체 방아 ~ 영역, 화학 수용체 방아 ~

쇠고랑 ~을 찬다

쇠락 ~한다

쇠스랑 ~이나 낫

쇠시리 ~ 대패, ~ 로 음각 한다; □을/를 ~ 한다

쇠약 극도로 ~하다, 신경 ~ 증세, 안면 근 ~, 안면근 ~, 원위부 근 ~

쇠잔 ~하다

쇠전 ~ 꾼

쇠진 ~한다

쇠퇴 ~ 일로에 있다; 권위 주의의 ~, 사조가 ~ 한다

쇠퇴기 ~에 접어 든다

쇤다 개 보름 쇠듯, 구정 ~, 명절 ~, 보름 ~, 설 ~, 설을 ~, □을/를 ~, 추석 ~

쇳덩어리 실리콘과 ~

쇼 --라는 뉴스 ~, 주간 뉴스 ~, 창업 로드 ~, 토크 ~ 진행자, 프라임 타임 뉴스 ~, 호화 버라이어티 ~

쇼단 ~이 해체 된다

쇼부 ~ 친다

쇼비니즘 ~과 엄숙 주의

쇼윈도우 깔끔한 ~

쇼크 1970 년대 오일 ~, 이 차 오일 ~

쇼킹 ~하다

쇼핑 ~탐험; 유사 홈 ~ 업체, 홈 ~ 채널

쇼핑몰 온라인 ~, 인터넷 ~ 업체, 인터넷 ~이나 텔레마케팅 업체

쇽 ~ 상태

숍 입식 커피 ~, 호텔 커피 ~

숏커트 ~ 머리

수 걷잡을 ~ 없다, 경악을 금할 ~ 없다, 그 무엇과도 바꿀 ~ 없다, 꼭이 그렇다고는 할 ~ 없다, 당최 종잡을 ~ 없다, 뗄래야 뗄 ~ 없다, --라 아니할 ~ 없다, 묵과 할 ~ 없다, 범접 할 ~ 없다, 별 ~ 없다, 빼 놓을 ~ 없다, 상도의 상 있을 ~ 없다, 셀 ~ 없이 많다, 실소를 금할 ~ 없다, 양립 할 ~ 없다, 어쩔 ~ 없다, --을/ㄹ ~ 없다, --을/ㄹ ~ 있다, --을/ㄹ ~밖에 없다, 이루 다 말 할 ~ 없다, 이루 말 할 ~ 없다, 좌시 할 ~ 없다, 지척을 분간 할 ~ 없다, 찾아 볼 ~ 없다, 헤아릴 ~ 없다, 형언 할 ~ 없다

수 금박이나 ~, 밤 하늘을 ~ 놓는다, □을/를 ~ 놓는다

수 속임 ~, 자충 ~를 둔다

수 암 나무와 ~ 나무, 암 놈과 ~놈, 암 놈과 ~ 놈, 암 ~ 동형

수 ~ 많은 대학인, ~ 많은 사진 복사본, ~ 많은 서점, ~ 산정, ~ 식과 기호, ~ 없이 많다; 가변 주파 ~, 공채 기 ~ 제도, 과반 ~의 찬성, 과반 ~ 의석, 교사 일 인당 학생 ~, 근속 연 ~, 다운로드 횟~, 돗~ 없는 안경, 등록 수강 학점 ~, 말 ~가 적어 진다, 반 ~ 이상, 반찬 가짓~, 발신 건 ~, 발행 부 ~, 발행 판 ~, 분쟁 처리 건 ~, 불교자 ~, 사육 두 ~, 상당 ~, 서식 개체 ~, 세곡의 석 ~, 수신기 보급 대 ~, 순위 항목 ~, 심박동 ~, 알콜돗~, 영공 통과횟~, 원내 과반 ~, 유효 투표 ~, 인용 면 ~, 자동 차 보유 대 ~, 재적 과반 ~, 주파 ~ 대역, 주파 ~ 분할 다중화 방식, 취업자 ~, 특허 출원 건 ~, 파견 업체 ~, 피부양자 ~, 학급당 인원 ~, 학급당 학생 ~, 한 자릿~, 현재 근속 년 ~

수 ~ 백 미터, ~ 십 개, ~ 십 명, ~ 십 번, ~ 십억 광년

수가 의료 보험 ~ 및 진찰료, 의료 ~, 의보 ~ 인상, 포괄 ~ 제

수감 교도소에 ~ 된다, 구치소에 ~ 된다, □에 ~ 한다

수갑 ~ 찬 손

수강 ~ 신청; 등록 ~ 학점 수, □을/를 ~ 한다, 학기당 등록 ~ 학점

수거 분리 ~ 용기, 분리 ~ 함, 신문지 ~ 운동, 쓰레기 분리 ~, 쓰레기 ~, 오물을 ~ 한다, □을/를 ~ 한다, 재활용품 ~ 운동, 재활용품을 ~ 한다, 폐건전지 ~ 함, 폐비닐 ~, 폐윤활유 ~ 통, 폐휴지 ~

수거물 읜전 ~

수거장 분리 ~

수건 ~ 넉 장; 노란 손 ~, 삼팔주 ~, 손 ~으로 안경을 닦는다, 손 ~으로 이마를 닦는다, 주머니에서 손 ~을 꺼낸다

수경 ~ 화초

수계 ~ 의존도

수고 ~ 한다

수공 ~ 위협

수공업 ~ 과 상업; 가내 ~, 공장 제 ~, 관영 ~, 관청 ~

수교 ~ 10 주년, ~ 교섭

수구 ~ 세력; 깃 길이와 ~

수구 ~ 와 진동; 진동과 ~

수군 ~ 절도사, ~ 통제사; 도의 ~

수군수군 ~ 한다

수굿 ~ 하다

수권 ~ 정당

수그린다 □을/를 ~, 푹 ~

수근 단요 측 ~ 신근, 요 측 ~ 굴근, 장요 측 ~ 신근, 척 측 ~ 굴근, 척 측 ~ 신근

수근댄다 저희들 끼리 ~

수금 ~ 한다

수급 ~ 불균형, ~ 에 차질을 빚는다; 외환 ~ 기준, 외환 ~ 사정, 인력 ~, 자가 ~

수급자 기초 생활 보장 ~

수긍 선선히 ~ 한다

수기 잡지 책 ~ 란

수납 ~ 장, ~ 포인트; 당비 ~, 물품 대금 ~ 업체, □을/를 ~ 한다, 자금 이체 및 ~ 업무

수납장 금융 기관 ~ 장표

수녀 신부와 ~

수녀원 수도원과 ~, 수도원이나 ~

수뇌부 육군 ~

수능 ~ 의 변별력; 2015 학년도 ~, 내신과 ~

수다 ~ 도 떤다, ~ 떤다, ~ 쟁이 아줌마

수단 ~ 과 방법을 가리지 않는다; 대중교통 ~

수당 시간 외 ~, 실업 ~, 육성회 ~, 잔업 ~, 정근 ~, 초과 근무 ~, 특근 ~

수더분 ~ 하다

수도 ~ ㅅ 물 바이러스 파동, ~ ㅅ 물 불소, ~ 관이 언다, ~ 꼭지를 잠근다, ~ 꼭지를 튼다, ~ 및 건설업

수도 ~ 경비사

수도원 ~ 과 수녀원, ~ 이나 수녀원; 주홍 색 ~ 옷

수동 ~ 사식기

수두룩 ~ 하다

수두증 급성 ~

수라 점심 ~, 조석 ~

수라장 ~ 이 된다

수락 □을/를 ~ 한다, 총리 직 ~, 핵 사찰 ~, 흔쾌히 ~ 한다

수레 ~ 제조공; 군고구마 ~, 상등 ~

수려 ~ 하다

수력 ~ 발전 댐, ~ 발전소

수련관 청소년 ~

수련원 청소년 ~

수련장 세계 잼버리 ~

수렴 ~ 화장수; □을/를 ~ 한다

수렵 ~ 과 채집, ~ 채집 생활, ~ 채집인, ~ 채취

수렵무 ~ 나 전쟁무, ~ 를 춘다

수령 만기에 보험금을 ~ 한다

수령 ~ 의 탐학

수령관 ~ 을 확립 한다; 확고한 ~

수령증 카드 ~

수록 ~ 된다; 도록에 ~ 한다, □을/를 ~ 한다, 음반 ~ 곡

수뢰 ~ 사건

수료 박사 과정 ~, 연수 원을 ~ 한다, □을/를 ~ 한다

수류탄 ~ 투척, ~ 파편

수륙 ~ 분포, ~ 양용 장갑 차

수리 무상 보증 ~ 기간, □을/를 ~ 한다, 집 ~ 용품, 해체 ~

수리 사표가 ~ 된다, 사표를 ~ 한다

수리 ~ 탐구 영역

수리비 차량 ~

수리점 농기계 ~

수리청 ~ 을 신설 한다

수리취 ~ 절편

수림 낙엽성 광엽 ~ 지대

수립 단독 정부 ~, 대한민국 정부가 ~ 된다, 외교 관계 ~, □을/를 ~ 한다

ㅅ

수막 ~ 자극 징후, ~ 징후, ~ 혈관, ~ 혈관성 매독

수막염 ~ 이나 지주막 하 출혈, ~ 혹은 지주막 하 출혈; 결핵성 ~, 세균성 ~, 진균성 ~

수매 ~ 에 응한다; 수매가와 ~량, □을/를 ~ 한다, 전량 ~, 추곡 ~

수매가 ~ 와 수매량; 정부 ~, 추곡 ~

수면 공유 ~ 매립

수면 ~ 다원 검사법, ~ 마비와 입면 환각, ~ 무호흡증, ~ 박탈, ~ 보행증, ~ 시작 불면증, ~ 클리닉; 발작성 ~, 서파 ~, 신속 안구 운동 ~, 야간 ~ 양상, 얕은 ~

수면제 ~ 를 탄다

수명 ~ 의 연장, ~ 이 연장 된다; 저장 ~, 제품 ~ 주기, 평균 ~

수모 ~ 를 감수 한다; --는 ~를 당한다

수목 ~ 이 울창하다

수몰 ~ 된다, ~ 지구

수문 댐의 ~

수박 ~ 겉 핥기, ~ 과 참외, ~ 이나 참외; 씨 없는 ~, 참외와 ~

수반 자치 정부 ~, 최고 행정 ~

수반 ~ 된다; 고도 기술 ~ 사업, □을/를 ~ 한다

수발 문서 ~, 서신 ~

수발 미음 ~, 병 ~, □을/를 ~ 한다

수방 ~ 사령관

수배 ~ 령을 내린다; 공문서 위조 혐의로 ~ 한다, □을/를 ~ 한다, 지명 ~자

수배범 현상 ~

수범 솔선 ~ 한다

수법 추리적 ~, 탕 치기 ~

수변 수상 · ~ 공간

수본 삼천 리 ~

수북 ~ 하다, ~ 히 쌓인다

수북이 □에 ~ 쌓인다

수분 ~ 의 증발, ~ 크림, ~ 함량; 유분과 ~

수불 ~ 대장

수비 ~ 조직력, ~ 형 허리수; 국경 ~ 대원, 맨투맨 ~, 밀집 ~, 번트 ~, 빗장 ~, 철벽 ~

수비대 공화국 ~ 병력, 국경 ~, 정예 공화국 ~

수사 ~ 기밀 누설, ~ 무마 청탁, ~ 의뢰, ~ 진을 교체 한다; 경찰청 특수 ~ 과, 계엄사 합동 ~ 본부, 대검 과학 ~ 과, 대검 ~ 기획관, 대검 중앙 ~ 부, 대검찰청 중앙 ~ 부, 대공 ~단, 병무 비리 ~, 병역 비리 ~, 비리 의혹을 ~ 중이다, 잠입 ~, 초동 ~, 탐문 ~

수사 ~ 와 기교

수사국 연방 ~

수사대 경찰청 사이버 ~, 기동 ~, 사이버 범죄 ~, 조폭 ~

수사처 비리 ~

수사학 ~ 과 시학

수산 ~ 가공품, ~ 발효 기술, ~ 발효 식품, ~ 업 협동 조합, ~ 자원; 국회 농림 해양 ~ 위원회, 농림 ~ 부 장관, 농림 ~ 업, 농림 해양 ~ 부

수산물 ~ 가공업; 농림 ~

수산성 농림 ~

수산품 농림 ~

수산화 ~ 이온; 염산과 ~ 나트륨 수용액

수상 ~ · 수변 공간

수상 ~ 돌기

수상 ~ 소감; 노벨 문학 상을 ~ 한다, 노벨 물리학 상 ~자, 노벨 상 ~자, 노벨 평화 상 ~자, 대통령 상을 ~ 한다, 문학 상 ~자, 문학 상 ~ 작품, 문학 상 ~ 작품집, 여우 주연 상을 ~ 한다, □을/를 ~ 한다

수상 ~ 에 취임 한다

수상 ~ 하다, ~ 히 여긴다

수상기 텔레비전 ~

수상작 그랑프리 ~, 문학 상 ~이다

수색 가택 ~, 실종자 ~ 작업, 압수 ~ 영장, □을/를 ~ 한다

수생 ~ 식물

수서 분담 ~

수서 앙서와 ~

수석 ~ 교사 제, ~ 부총무, ~ 비서관 실, ~ 비서관 회의, ~ 으로 졸업 한다, ~ 이코노미스트, ~ 입학자; 경제 ~ 비서관, 공보 ~ 보좌관, 정무 ~, 청와대 외교 안보 ~, 총리실 공보 ~, 학부 ~ 졸업자

수석실 ~ 행정관; 공보 ~, 민정 ~, 총무 ~

수선 ~ 구분법

수선공 구두 ~

수선점 구두 ~

수설 횡설 ~ 한다

수성 ~ 페인트; 금성과 ~

수성수성 ~ 한다

수성암 변질 ~ 류

수세 ~ 상납, ~ 폐지 운동

수세 ~ 식 변소, ~ 식 화장실

수세 ~ 에 몰린다

수세미 ~ 로 닦는다, ~ 즙; 식품용 ~

수소 ~ 와 산소, ~ 원자 질량, ~ 저장 합금, ~ 차; 염화 ~와 암모니아, 이온이나 탄산 ~, 칼슘 이온이나 탄산 ~ 이온

수소문 백방으로 ~ 한다

수속 이혼 ~, 입원 ~, 출국 ~을 밟는다

수송 ~ 장비, ~ 지원분; 구호품 ~, 물자 ~, □을/를 ~ 한다, 활어 ~

수송기 중형 ~, 초음속 ~

수송선 포로 ~ 탈취

수수 금전의 ~, 금품 ~, 뇌물 ~ 죄, 뇌물 ~ 혐의, 리베이트 ~ 혐의, 수임료 과다 ~, 억대 금품 ~ 혐의, □을/를 ~ 한다

수수 ~ 1 말, ~ ㅅ 단 속, ~ 떡 요기, ~ 밭; 덧술로 ~를 쓴다, 사탕 ~ 농장

수수 ~ 하다

수수깡 ~ 과 짚 풀, ~ 과 짚북데기, ~ 이나 짚 풀, ~ 인형, ~ 처럼 약하다

수수료 위탁 ~율 인하, 이체 ~, 중개 ~, 중도 해지 ~, 환전 ~

수수방관 ~ 한다

수수수 ~ 떨어진다

수순 ~ 을 밟는다; 정확한 ~

수술 암술과 ~

수술 ~ 대 위, ~ 을 받는다, ~ 을 한다; 개복 ~, 맹장 ~, 뼛조각 제거 ~, 성 전환 ~, 성형 ~, 쌍 꺼풀 ~, 외과 ~, 외과적 ~, 인공 임신 중절 ~, 전방 경추 융합 ~, 정관 ~, 제왕 절개 ~, 종양 제거 ~, 지방 흡입 ~, 처녀 막 재생 ~, 탈장 ~, 포경 ~

수술비 ~ 가 모자란다, ~ 랑 입원비

수습 ~ 교사 제; 옷 매무시를 ~ 한다, □을/를 ~ 한다

수시 ~ 모집 원서 접수, ~ 입출금 식 예금, ~ 적성 검사; 시장 금리부 ~ 입출식 예금, 이 학기 ~ 모집

수식 연화두 형 ~, 체언을 ~ 한다

수신 ~ 제가 치국 평천하

수신 ~ 증가액, ~ 차단; 송신자와 ~자

수신기 ~ 보급 대 수; 위성 방송 ~

수신호 ~ 를 보낸다

수심 ~ 이 얕다

수심 ~ 이 어린다

수압 ~ 시험

수액 ~ 공급

수업 ~ 시수, ~ 지도 안; 1 부 제 ~, 강의 식 ~, 보결 ~, 보충 ~, 창작 론 ~, 특활 ~

수업료 입학금과 ~

수업비 과외 ~, 보충 ~

수여 ~ 된다; 맹원증을 ~ 받는다, 맹원증을 ~ 한다, □에게 훈포장을 ~ 한다, □을/를 ~ 한다, 임명장 ~ 식, 임명장을 ~ 한다, 학위를 ~ 한다, 학위 ~ 식, 훈장 ~, 훈장을 ~ 한다

수연 ~ 면

수염 ~ 에 치찟는다; 카이젤 ~, 텁석부리 ~

수영 ~ 강습, ~ 반 편성, ~ 볼링 축구 테니스, ~ 을 한다

수영 ~ 의 군총

수영복 ~ 을 입는다, ~ 차림; 비키니 ~, 시스루 ~

수요 ~ 와 공급; 공급자와 ~자, 반도체 ~량, 원유 ~량, 중복 및 대체 ~

수요액 최종 ~

수용 독거 ~자, 독거실에 ~ 된다, 독거실에 ~ 한다, 미결 ~자, □을/를 ~ 한다, 최대 ~ 인원

수용 ~ 된다, ~ 자 주권 론, ~ 자 참여 방안; 무비판적으로 ~ 한다, □을/를 ~ 한다, 특검 제 ~

수용기 압박 ~

수용성 ~ 성분, ~ 질소

수용소 ~ 로 끌려 간다; 나병 ~

수용액 ~ 추출법; 염산과 수산화 나트륨 ~, 질산 은 ~

수용체 ~ 방아 쇠 영역; 아드레날린성 ~, 아세틸코린 ~, 통각 ~, 화학 ~ 방아쇠

수월 한결 ~하다

수월성 ~ 추구

수위 만조 ~, 위험 ~에 육박 한다, 테러 경보 ~

수유 모유 ~율, 인공 ~

수유부 ~의 금기 음식

수유실 ~을 제공 한다

수은 ~ 건전지, ~ 등 불 빛, ~ 중독, ~ 증기

수음 ~을 한다

수의 푸른 ~

수의 ~ 계약, ~ 대로

수의학 ~ 과

수익 ~ 증권 펀드; 단기 공사채형 ~ 증권, 장기 공사채 형 ~ 증권, 평균 복합 ~, 회사채 유통 ~률

수익금 ~ 전액; 외환 운용 ~

수익성 ~ 악화

수익자 ~ 부담 원칙; 수탁자 회계와 ~ 회계, 신탁 결산 일과 ~ 결산 일

수인 동굴의 ~

수인 ~ 번호

수인성 ~ 전염 병

수임 □을/를 ~ 한다

수임료 ~ 과다 수수, ~ 투명화; 과다 ~

수입 ~ 경기 확산 지수, ~ 금지 조처, ~ 선 다변화 품목, ~ 유발 계수, ~ 확대; 긴급 ~ 제한

수입 ~ 및 고용; 세 외 ~, 연지급 ~, 월 ~ 천오백, 화물 운임 ~

수입상 □을/를 ~에게 인도 한다

수입처 ~ 다변화 시책, ~ 다변화 품목

수입품 백화점 ~ 코너

수자원 ~ 국장

수작 도둑 놈 ~, 어림도 없는 ~, --으려/려는 ~, 허튼 ~

수장 ~ 사회 단계; 사법부의 ~

수재 배임 ~, 알선 ~ 및 조세 포탈, 알선 ~ 혐의

수전 산전 ~ 다 겪는다

수절 ~ 과 개절; 평생을 ~ 한다

수정 난자가 ~ 한다, 인공 ~, 체외 ~

수정 ~ 같이 맑다

수정 ~ 제의서, ~ 주의 사관; 덧칠과 ~, □을/를 ~ 한다

수정과 곶감 ~

수정란 ~이 착상 한다; 복제 ~

수정사 인공 ~

수제 ~ 초컬릿

수조지 국가 ~

수족 ~ 냉증, ~ 처럼 부린다

수종 점액 ~

수주 ~ 잔량; 고속 전철 차량 ~, 관급 공사 ~, 지난 해 조선 ~ 실적, 해외 건설 ~

수준 ~ 이하; 나노 미터 ~, 생활 ~의 향상, 생활 ~ 향상, 순응 ~ 이론, 연중 최저 ~, 전년 동월 ~, 현 ~ 유지

수줍다 수줍은 미소, 수줍은 포즈

수중 ~ 릉

수증기 포화 ~

수지 열 가소성 ~, 폴리스티렌 ~, 합성 ~

수지 ~ 맞는 장사, ~ 타산; 경상 ~ 적자 비율, 경상 ~ 적자 폭, 경상 ~ 흑자 지속, 무역 ~ 적자, 무역 외 ~, 연간 경상 ~

ㅅ

수지 ~ 침 강좌, ~ 침과 지압, ~ 침으로 치료 한다, ~ 침 초급

수지부모 신체 발부 ~

수직 ~ 계열회, ~ 이착륙 제드기, ~ 점프, ~ 활주로

수직적 ~ 으로, ~ 인

수질 ~ 과 대기, ~ 오염; 담수호의 ~, 부신 ~, 상수도 ~ 감시, 음용수 ~ 기준

수집 □을/를 ~ 한다, 자료 ~, 재활용품 ~ 운동, 재활용품을 ~ 한다, 폐건전지 ~ 함, 폐자원 ~, 폐품 ~, 폐휴지 ~

수집력 정보 ~

수집상 산지 ~

수채 ~ 물 감

수척 ~ 하다

수첩 교무 ~, 전화 번호 ~, 취재 ~

수청 ~ 든다; 살 ~을 든다

수초 금 붕어와 ~

수축 ~ 모르타르; 간대성 ~, 골반 ~, 모공 ~, 속상 ~, 이두근 ~, 자궁의 ~, 팽창과 ~, 혈관 ~

수축기 ~ 혈압

수출 ~ 과 내수, ~ 대금 채권 매입 업무, ~ 및 내수, ~ 호조; 내수와 ~, 대미 ~, 대일 ~, 무기 ~ 통제 법, 소프트웨어 ~ 규모, 연불 ~, 이천만 달러 어치를 ~ 한다, 천 달러 어치를 ~ 한다

수출국 석유 ~ 기구

수출입 ~ 승인

수출품 국산 ~

수취 조세 ~

수취인 ~ 지정 자금 이체

수취증 입찰 자용 ~

수치 체지방 ~

수치스럽다[수치스러워 수치스러운] □을/를 수치스러워 한다, □이/가 ~

수칙 안전 ~

수컷 ~ 과 암컷; 공작 새 ~, 물 자라 ~, 암컷과 ~, 으뜸 ~

수탁 ~ 자 회계와 수익자 회계; 명의 ~ 자

수탁고 기업 금전 신탁 ~

수탈 ~ 의 과다

수탉 ~ 똥 구멍처럼 비쭉거린다

수태 ~ 한다

수퍼우먼 ~ 의 허상, ~ 이라는 허상, ~ 콤플렉스

수평 밑 면은 ~ 면이다

수포 ~ 로 돌아 간다

수표 ~ 를 발행 한다, ~ 에 배서 한다; 당좌 ~, 부정 ~ 단속 법, 십 만 원 짜리 자기 앞 ~, 십만 원권 자기 앞 ~, 여행자 ~, 자점 발행 자기 앞 ~, 정액 자기 앞 ~, 타행 발행 일반 자기 앞 ~, 현금과 ~

수풀 ~ 을 헤친다; 우거진 ~

수프 칙피 ~

수필 ~ 과 에세이; 기행 ~, 기행적 ~, 수상적 ~, 주옥 같은 ~

수하 행수 ~

수학 ~ 능력 시험; 동문 ~ 한다

수학 ~ 과 물리학, ~ 이나 물리학, ~ 학원; 국제 ~ 올림피아드, 현대 추상 ~

수학자 천재 ~

수학적 ~ 연역, ~ 으로, ~ 인, ~ 취급, ~ 툴

수해 ~ 를 입는다, ~ 방지 대책, ~ 방지 실무 협의회, ~ 복구 작업, ~ 복구 현장, ~ 복구비

수행 과제 ~, 국정 ~ 능력, □을/를 ~ 한다, 직무 ~, 직책 ~자, 차질 없이 ~ 된다

수행 ~ 의 증표, ~ 자의 본분; 참 ~자, 출가 ~자

수험 ~ 번호, ~ 지도서

수혈 ~ 식 석곽, ~ 식 석곽분

수형 ~ 인명 표, ~ 인명부, ~ 자의 접견

수형인 ~ 의 본적지

수호 ~ 조약, ~ 통상 조약; □을/를 ~ 한다

수화기 ~ 를 내동댕이 친다, ~ 를 내려놓는다, ~ 에서 흘러 나온다

수확 ~ 량; 예상 ~량 상향 조정, □을/를 ~ 한다

수확기 ~ 를 앞 둔다

수훈 ~ 선수

수훈자 무공 ~로 등록 된다

숙고 ~ 한다

숙녀 신사 ~ 여러 분, 어엿한 ~

숙달 ~ 된다

숙련 ~ 된다

숙명 ~ 의 라이벌

숙박 ~ 시설, ~ 업소로 신고 한다

숙박비 ~ 를 최대한 아낀다

숙박지 첫 ~

숙성 ~ 시킨다, ~ 식 고추 장

숙소 여행자 ~

숙어 ~ 사전; 한자 ~

숙연 ~ 하다

숙의 ~ 한다

숙인다 고개를 ~, 머리를 숙여 사죄 한다, □을/를 ~, □을/를 푹 ~

숙정 ~ 작업

숙제 풀어야 할 ~

숙제물 책 가방과 ~

숙지 □을/를 ~ 한다

숙직 밤 샘 ~

숙직실 주재소 ~

숙청 □을/를 ~ 한다

숙환 ~ 으로 별세 한다

순 등나무 새 ~, 새 ~ 새 싹, 새 ~이 돋는다

순간 ~ 노출기; --는 ~

순결 ~ 무구하다, ~ 을 서약 한다, ~ 하다; 혼전 ~, 혼전에 ~을 지킨다

순경 신참 ~, 지서 ~

순곡 ~ 소주

순곡주 ~ 류

순교 ~ 한다; 성인과 ~자

순국 ~ 선열, ~ 위령 비, ~ 한다

순금 ~ 메달

순기능 ~ 과 역기능

순대 ~ 국 집, ~ 볶음, ~ 와 족발; 동태 ~

ㅅ

순두부 ~ 백반

순례 도보 ~, 성지 ~단, 성지 ~자, □을/를 ~ 한다, 전국 ~ 스케이트 대회

순매도 □을/를 ~ 한다, 일억 원 어치를 ~ 한다

순매수 ~ 주식 종목; 개인 ~, 기관 ~, 연속 ~, 외국인 ~, □을/를 ~ 한다, 주식 ~ 규모

순박 ~ 하다

순발력 재치와 ~

순방 □을/를 ~ 한다

순배 한 ~

순번 ~ 의장국

순사 ~ 와 헌병; 왜놈 ~

순산 □을/를 ~ 한다

순수 ~ 보장형, ~ 서정 주의, ~ 자율 신경 부전증, ~ 하다

순식간 ~ 에

순연 ~ 된다; □을/를 ~ 한다

순연 ~ 하다

순외채 ~ 관리

순위 ~ 항목 수; 국내 총생산의 ~, 도급 ~, 드래프트 1 ~, 최우선 ~, 투자 우선 ~

순응 ~ 수준 이론; □에 ~ 한다

순이익 2007 년 당기 ~, 당기 ~ 증가율, 매출액과 ~, 매출액 ~률, 분기 당기 ~

순전 ~ 한

순정 ~ 만화, ~ 을 바친다

순정 ~ 부품, ~ 하다

순조롭다[순조로와 순조로운] 순조롭게 진행 된다

순종 고분고분 ~ 한다, □에 ~ 한다

순종 이른 비 ~ 한글 세대

순증가 감동의 ~량

순직 ~ 한다

순진 ~ 무구하다, ~ 하다

순찰 ~ 지구대; 방범 ~ 차

순찰대 방범 ~

순치 ~ 된다

순탄 ~ 하다

순하다[순해] 순한 술, 순하디~

순항 ~ 미사일; 고속 ~

순화 국어 ~ 운동, □을/를 ~ 한다, 정서를 ~ 한다

순환 ~ 논법, ~ 주기; 고르게 ~ 한다, 서울 외곽 ~ 고속 도로, 혈액 ~이 원활하다, 혈액 ~ 장애

순환기 ~ 계통

순회 ~ 공연단, ~ 문고; □을/를 ~ 한다

순후 ~ 하다

숟가락 밥 상에 ~ 하나 더 얹는다, 젓가락과 ~

숟갈 한 ~ 퍼 먹는다

술 마늘 2 작은 ~, 빵 가루 5 큰 ~, 첫 ~에 배 부르랴, 케첩 3 큰 ~, 한 ~ 더 뜬다

술 ~ 고래, ~ 내가 물컥 물컥 난다, ~ 도갓집, ~ 두 방구리, ~ 밥과 누룩, ~ 배가 따로 있다, ~ 버릇이 나쁘다, ~ 상을 뒤 엎는다, ~ 상을 차린다, ~ 안주 회,

~ 에 만취 한다, ~ 에 찌든다, ~ 이나 퍼 마신다, ~ 자리가 무르익는다, ~ 잔, ~ 주전자, ~ 주정을 부린다, ~ 집과 다방, ~ 집과 음식점, ~ 추렴을 한다, ~ 타령만 일 삼는다, ~ 항아리; 다방과 ~ 집, 다방이나 ~ 집, 독한 ~, 밑 ~ 과정, 새 ~은 새 부대에 담아야, 순한 ~, 야자 열매 ~, 잔에 ~을 채운다, 해장 ~, 휘장친 ~ 국 집

술래 알 까기 ~ 잡기

술렁댄다 술렁대기 시작 한다

술수 권모 ~

술술 ~ 풀린다

술어 주어와 ~

술회 □을/를 ~ 한다

숨 ~ 가쁘다, ~ 돌릴 겨를도 없다, ~ 막힌 채, ~ 막힐 듯 아름답다, ~ 막히는 접전, ~ 을 들이쉰다, ~ 을 헉헉댄다, ~ 을 헐떡인다, ~ 찬다, ~ 통을 조인다, ~ 통을 죈다, ~ 통을 틔운다, ~ 통이 트인다; 가쁜 ~을 몰아 쉰다, 거친 ~ 소리, 교통 사고로 ~ 진다, 긴 ~을 내 쉰다, 꺽꺽 ~ 넘어 간다, 목 ~ 걸듯이 해 치운다, 목 ~까지 건다, 목 ~을 부지 한다, 목 ~을 초개처럼 던진다, 목 ~을 초개처럼 버린다, 목 ~이 경각에 달려 있다, 목 ~이 경각에 달렸다, 목을 매 ~ 진다, 쌕쌕 ~ 소리 낸다, 안도의 ~을 내 쉰다, 어깻~을 쉰다, □에 목 ~ 건다, □을/를 목 ~ 바친다, 지휘자의 ~ 소리, 치여 ~ 진다, 한결 ~ 쉬기 편하다

숨긴다 뒤에 몸을 ~, □을/를 ~, 진실을 ~, 한 사춘기 소녀의 숨김 없는 자기 고백

숨는다 숨어 있다, 숨은 주역; 부엌 방에 ~, □으로/로 숨어 든다

숫돌 ~ 에 간다

숫자 문자나 ~

숭고 ~ 하다

숭덩숭덩 ~ 썬다

숭배 남근 ~, 돼지 ~자, 물신 ~, 물신적 ~, 우상 ~, □을/를 ~ 한다, 자연 ~, 정령 ~, 조상 ~, 하느님 ~

숭상 □을/를 ~ 한다

숭숭 □이/가 ~ 뚫린다

숭악 ~ 하다

숭앙 □을/를 ~ 한다

숭앙심 ~ 을 갖는다

숭유 ~ 억불 정책

숯 ~ 검댕, ~ 불 갈비, ~ 불 구이, ~ 불 막창, ~ 불에 굽는다

숱하다[숱해] 숱한 성현, 숱한 우여곡절

숲 ~ 속, ~ 으로 둘러싸인다, ~ 조성 시범 학교; 나무 가지와 풀 ~, 뒤곁 대 ~, 백양 나무 ~, 법당 뒤 산죽 ~, 아카시아 ~, 응달 쪽 소나무 ~ 사이, 전나무 ~, 포플러 나무 ~, 해송 ~, 해장죽 ~

쉬쉬 ~ 한다

쉰 ~ 을 바라 본다

쉰다 가쁜 숨을 몰아 ~, 긴 숨을 내 ~, 긴 한숨을 내 ~, 깊은 한숨을 내 ~, 안도의 숨을 내 ~, 안도의 한숨을 내 ~, 어깻숨을 ~, □을/를 내 ~, □을/를 몰아 ~, □을/를 포옥 내 ~, □을/를 폭 내 ~, 짧은 한숨을 내 ~, 푸욱 내 ~, 한결 숨 쉬기 편하다, 한숨만 ~, 한숨을 폭 ~, 한

ㅅ

숨을 푸욱 ~, 한숨을 푹 푹 내 ~, 한숨을 후 내 ~

쉰다 쉼 없이 부침 한다; 노숙자 쉼 터, 노숙인 쉼 터, 잠시도 쉬지 않고, 청소년 쉼 터, 편히 ~, 푹 ~, 하루 쯤 더 ~

쉽다[쉬워 쉬운] --기 ~

슈팅 왼 발 ~, 중거리 ~

슈퍼 값 싼 ~, 백화점과 ~

슈퍼마켓 백화점과 ~, 백화점이나 ~

슛 머리 받기 ~, 시즌 최다 ~, 오른 발 ~, 오른 발 중거리 ~, 왼 발 ~, 왼 발 중거리 ~, 헤딩 ~

스님 망나니 ~, 주지 ~

스르르 ~ 감긴다, ~ 녹는다

스리 ~ 꾼 대장

스릴 ~ 과 서스펜스, ~ 만점이다

스릴러 ~ 영화

스마트 ~ 하다

스모 ~ 선수

스모그 광화학 ~

스무 ~ 걸음 쯤, ~ 살 감성

스무디 키위 ~

스물스물 ~ 긴다

스민다 스며 있다; 뱃속으로 ~, 습기가 스며 든다, □에 ~, □으로/로 스며 들어 온다, 짙게 ~

스산 ~ 하다

스스로 ~ 돕는자를 돕는다

스승 ~ 과 제자

스와프 통화 ~

스왑 통화 금리 ~

스웨터 ~ 앞 자락; 베이지 색 ~, 분홍 ~

스위치 ~ 를 끈다, ~ 를 킨다; 전등 ~, 형광 등 ~

스윙 연습 ~

스친다 스칠락 말락, 스치며 지나친다, 스쳐 간다, 스쳐 지나간다; 귓불을 ~, 냄새가 물큰 ~, 사르르 ~, 생각이 뇌리를 ~, 섬광처럼 ~, □을/를 ~, 주마등 처럼 ~

스카우트 ~ 제의; 걸 ~ 연맹

스커트 ~ 자락; 타이트 ~, 플레어 ~

스케이트 인라인 ~ 동호회, 전국 순례 ~ 대회

스케이트장 롤러 ~

스케이팅 피겨 ~

스케줄 ~ 이 빡빡하다

스케치 ~ 패드; □을/를 ~ 한다

스코어링 ~ 방식

스콜 ~ 이 쏟아 진다

스콜라 ~ 신학, ~ 철학, ~ 학풍

스쿨 매너 ~, 미션 ~, 차밍 ~

스크랩 □을/를 ~ 한다

스크럼 ~ 을 짠다

스크레이퍼 평형 ~

스크린 ~ 의 배열; 스테이터스 ~ 상, 와이드 ~

스키복 ~ 과 스키모

스타 ~ 로 발 돋움 한다, ~ 집착증; 뉴 미디어 ~ 선발 대회, 신예 ~, 에로 ~, 톱 ~ 인생 극장

스타덤 ~ 에 오른다

스타일 품위와 ~

스타터 발효 ~

스태프 코칭 ~ 인선, 코칭 ~ 진

스탠더드 글로벌 ~

스탬프 ~ 가 찍힌다; 출국 ~, 출입국 ~

스테로이드 ~ 연고; 국소 ~

스테이크 ~ 전문점

스테이터스 ~ 스크린 상

스테인레스 ~ 강철, ~ 식기

스텐 ~ 통

스텐실 갈색 ~

스텝 ~ 기후

스토리 ~ 가 탄탄하다; 휴먼 ~

스토브 전기 ~를 껴 안는다

스톡 ~ 옵션 공시, ~ 옵션 관련; 현행 ~ 옵션 제도

스트라이커 간판 ~

스트레스 ~ 와 피로, ~ 해소, ~ 해소법; 외상 후 ~ 장애, 피로와 ~

스트레칭 ~ 운동, ~ 체조

스트리트 월 ~ 저널

스티렌 ~ 수지, ~ 을 중합 한다

스티롤 발포 ~

스파게티 ~ 도 함께 시킨다

스팸 ~ 메일 차단, ~ 퇴치

스페이드 ~ 의 여왕

스펙트럼 이념적 ~

스펠링 ~ 하나 틀린다

스포츠 ~ 레저 부, ~ 암벽 등반, ~ 용품, ~ 유틸리티 차량, ~ 음료, ~ 중계 아나운서, ~ 패션 시계; 만능 ~ 맨

스포트라이트 ~ 를 받는다

스프링 ~ 철사

스피디 ~ 하다

스피커 고성능 ~

슥슥 머리를 ~ 긁는다, □을/를 ~ 긁는다

슨다[슬고 슬어] 곰팡이가 ~, 녹 ~, 녹이 ~, 좀이 ~

슬금슬금 ~ 뒷걸음 친다

슬기 ~ ~ 사람; 네안데르탈 ~ 사람, 네안델탈 ~ 사람

슬라이더 바깥 쪽 ~

슬라이딩 ~ 한다

슬라이스 ~ 치즈

슬럼프 ~ 에 빠진다

슬레이트 ~ 지붕, ~ 집 지붕

슬로 ~ 모션으로

슬로건 --라는 ~

슬롯 ~ 머신 업자

슬리핑 ~ 백 속

슬상 ~ 신경절

슬슬 ~ 구슬린다

슬쩍 ~ 눙친다, ~ 떠 본다

슬프다[슬퍼] 슬픈 표정, 슬프디~ , 슬프면 슬픈 대로; 기뻐 하고 슬프어 한다, □을/를 슬프어 한다, □이/가 ~

슬픔 ~ 에 겹다; 기쁨이나 ~, 분노와 ~

슬피 으악새 ~ 우니

슬하 편모 ~

슴벅거린다 눈을 ~, □을/를 ~

습격 무기고를 ~ 한다, □을/를 ~ 한다, 지서를 ~ 한다

습곡 ~ 산맥

습관 ~ 도 엿본다, ~ 이 몸에 밴다; 아잇적 ~ 대로 먹는다

습기 ~ 가 스며 든다, ~ 를 머금는다

습도 기온과 ~, 상대 ~, 온도와 ~

습득 외국어 ~, □을/를 ~ 한다

습성 --는 ~

습식 ~ 분쇄

습작 ~ 노트

습지 ~ 보호 구역

습지대 강 가나 ~

습합 무 불 ~, 신 불 ~

승 금쪽 같은 1 ~, 오 ~ 일 무, 오 ~ 일 패, 월드컵 첫 ~

승가 속가와 ~

승가대 지방 ~

승강구 ~ 의 맨 아랫계단; 객차 ~ 계단

승강이 ~ 를 벌인다

승강장 택시 ~

승객 ~ 과 승무원; 27 명의 ~을 태운다

승검초 ~ 가루

승격 시 ~, □으로/로 ~ 된다, 총영사관 ~

승계 대권 ~, □을/를 ~ 한다

승공 ~ 사상 앙양 기간

승과 ~ 에 급제 한다

승급 ~ 동결; 호봉 ~

승기 ~ 를 잡는다

승낙 □을/를 ~ 한다, 쾌히 ~ 한다, 흔쾌히 ~ 한다

승려 ~ 가 입산 한다; 선종의 ~, 파한 ~

승리 ~ 를 자축 한다; 금쪽 같은 ~, 사회 주의 완전 ~, □을/를 쳐 부수고 ~ 한다

승마 올림픽 ~ 경기장

승무 이 인 ~ 제

승무원 ~ 과 기내식, ~ 칸; 승객과 ~, 헬기 보조 ~

승방 법당과 ~

승복 □에 ~ 한다

승부 ~ 를 겨룬다, ~ 를 원점으로 되돌린다, ~ 에 쐐기를 박는다; 단기전 ~, 박빙의 ~, 진검 ~, 체인지업으로 ~ 한다, 한 판 ~

승산 ~ 이 없다

승선 □에 ~ 한다

승소 ~ 판결 한다; 본안 ~, □에서 원고 ~ 판결을 한다, 원고 ~ 판결, 원고 일부 ~ 판결, 항소심에서 ~ 한다

승승장구 ~ 한다

승인 공장 설립 ~, 기채 ~, 수출입 ~, 연합국의 ~, □을/를 ~ 한다, 지침 안이 ~ 된다

승자 ~ 와 패자

승전가 ~ 를 부른다

승진 ~ 한다

승차 무임 ~, □에 무임 ~ 한다

승차권 ~ 요금, ~ 카드 예약; 고속 버스 ~ 카드 예약 서비스

승차장 역 건물과 ~

승천 ~ 한다; 성모 ~

승패 ~를 가름 한다

승하 ~ 한다

승한다[승해] 흰 자위 ~

승합 ~ 차량; 소형 ~ 차, 칠 인승 ~ 차

승화 ~ 된다, ~ 시킨다; □으로/로 ~ 한다

시 공복 ~ 혈당, 공복 ~ 혈당치, 발작 ~ 뇌파, 한 날 한 ~, 한 ~ 바삐

시 ~ · 군 · 구, ~ 군 구, ~ 도 지부장, ~ 승격; 각 ~ 도 교육청

시 ~ 낭독회, ~ 낭송 콩쿠르, ~ 낭송회, ~ 낭송가, ~ 서 화, ~ 에 곡을 붙인다; 서사 ~와 소설, 서울 특별 ~, 서정 ~의 본령, 유기체적 ~, 자유 ~와 산문 ~, 주옥 같은 ~, 특별 ~와 직할 ~, 풍자 ~

시 ~ 침과 분 침; 25 일 0 ~를 기해, 두 ~ 정각, 삼 ~ 세 때, 세 ~ 이십오 분, 세 ~ 정각, 아홉 ~, 열두 ~, 열한 ~

시가 ~ 감정서, ~ 총액 비중, ~ 총액 상위 종목; 국세청 기준 ~, 내무부 ~ 표준액, 상장 주식 ~ 총액, 아파트 기준 ~, 채권 ~ 평가, 취득 당시 과세 ~ 표준액

시가전 ~ 을 벌인다

시각 사망 추정 ~

시각 ~ 디자인 과, ~ 및 청각 변별력, ~ 신경 교차, ~ 인식 불능증, ~ 청각 신체 동작; 곱지 않은 ~

시각적 ~ 으로, ~ 인

시간 ~ 외 수당, ~ 을 여유로이 보낸다, ~ 을 허비 한다, ~ 이 촉박하다, ~ 제 가정부; 공강 ~, 근로 ~ 단축에 따른 임금 감액, 금쪽 같은 ~, 노동 ~ 단축, --느라 ~ 가는 줄 모른다, --는 데 ~ 이 오래 걸린다, 두 ~ 만에, 두 ~ 정도, 맞춤한 ~, 스물 네 ~, 열 역학적 ~, 열차 ~ 표, 영업 ~ 단축, 영업 ~ 오전, 이십사 ~, 점심 ~, 종례 ~, 주요 시청 ~ 대, 체크아웃 ~, 퉁근 ~, 퉁금 ~, 통행 금지 ~, 특활 ~, 폐점 ~, 표준 ~, 프라임 ~ 대, 한 ~ 쯤, 홈 룸 ~, 황금 ~ 대, 휴게 ~

시간적 ~ 으로, ~ 인 여유

시계 ~ 바늘, ~ 태엽; 금 ~ 줄, 벽에 걸린 괘종 ~, 생체 ~, 손 목 ~를 들여다 본다, 손 목 ~를 찬다, 스포츠 패션 ~

시골 ~ 집 토담

시공 ~ 사와 감리단, ~ 의 종점

시국 ~ 사범

시궁 ~ 냄새, ~ 썩는다

시금털털 ~ 하다

시급 마련이 ~하다, 민생고를 ~히 해결한다, 향상이 ~하다

시기 ~ 하고 질투 한다

시기 ~ 와 맞물린다, ~ 적절하다; 실용화 ~, 원천 징수 ~, 파종 ~

시꺼멓다 시꺼먼 기차

시끄럽다[시끄러워 시끄러운] 시끄럽고 지저분하다

시끌 ~ ~ 하다

시끌버끌 ~ 하다

시끌벅적 ~ 하다

시끌법석 ~ 하다

시나리오 ~ 의 지문, ~ 작성법; 최악의 ~

시난고난 ~ 앓는다

시내 ~ 개봉관, ~ 대형 서점, ~ 모처, ~ 중심가, ~ 한복판

시너지 ~ 효과

시네 ~ 록 나이트

시녀 권력의 ~

시누이 ~ 올케 끼리; 시어머니와 ~

시뉘 ~ 올케 끼리

시늉 --는 ~을 한다, --으라는 ~, 쥐어박는 ~

시니어 ~ 급 전문의

시니컬 ~ 하다

시다 미싱사와 ~

시다 신 물이 난다, 신 물이 올라 온다, 신 포도, 시고 떫다

시단 ~ 에 등단 한다; 우리 ~

시달 □을/를 ~ 한다

시달린다 가렴주구에 ~, 격무에 ~, 불면증에 ~, 악몽에 ~, 이중고에 ~, 후유증에 ~

시달림 ~ 을 받는다

시대 ~ 통일 전선; 계몽 주의 ~, 고유가 ~, 남북국 ~ 론, 남북국 ~, 냉전 이후 ~, 다매체 다채널 ~, 대량 생산 ~, 말법 ~, 무한 경쟁 ~, 문민 ~, 복합 오염 ~, 빙하 ~, 서부 개척 ~, 석기 ~ 유물, 석기 ~ 유적, 선사 ~, 식량 부족 ~, 신석기 ~, 아르케익 ~, 엄혹한 ~, 원삼국 ~, 원시 토기 ~, 전국 ~, 전성 ~, 중기 구석기 ~, 중석기 ~, 지질 ~, 청동기 ~ 유적, 초기 철기 ~, 춘추 ~, 탈냉전 ~, 토기 문하 ~, 후삼국 ~, 후천 개벽 ~

시대사 ~ 지배력

시대인 석기 ~

시댁 ~ 식구, ~ 어른; 친정과 ~, 친정이나 ~

시덥다[시더워 시더운] 시덥지 않다

시도 □을/를 ~ 한다

시동 ~ 을 건다, ~ 을 끈다, ~ 을 켠다

시동생 막내 ~

시들 ~ 해 진다

시디 휴대용 ~ 플레이어

시래기 ~ 국, ~ 죽

시럽 설탕 ~과 샐러드유, 오렌지 ~

시렁 ~ 위 상자

시련 ~ 이 닥친다; 역경과 ~

시루 ~ 에 안친다, ~ 에 찐다; 거피 팥고물 ~ 떡, 콩 나물 ~

시류 ~ 에 편승 한다

시름 한 ~ 놓는다

시름시름 □으로/로 ~ 앓는다

시리다 시리도록 맑다, 시리도록 차다, 시리도록 푸르다; 눈 꼴 ~, 오소리 궁뎅이가 ~

시리즈 난장이 ~, 명사 ~, 새 미니 ~

시리즈물 특집 ~

시립 ~ 교향악단과~ 합창단, ~ 국악 관현악단, ~ 음악원

시마이 □을/를 ~ 한다

시멘트 ~ 1 포, ~ 로 바른다, ~ 바닥, ~ 와 자갈, ~ 차 운전사, ~ 포대; 벌크 ~, 철근과 ~

시무룩 ~ 해 진다

시뮬레이션 비행 ~ 게임

시민 ~ 대상 교육자, ~ 불복종 운동, ~ 사회 단체, ~ 중계실, ~ 토론단; 개혁 ~ 연대, 노숙자 대책 종교 ~, 민주 언론 운동 ~, 선량한 ~, 지구 촌 ~ 학교, 직업 ~ 운동가, 총선 ~ 연대

시민증 명예 ~

시방 사방 팔방 ~

시범 ~ 단지 아파트; 숲 조성 ~ 학교, 태권도 ~단

시봉 □을/를 ~ 한다

시부모 ~ 봉양

시비 ~ 를 건다, ~ 에 휘말린다, ~ 와 곡직; 군 부재자 투표 부정 ~, 대판 ~를 붙는다, 특혜 ~, 표절 ~, 헐값 매각 ~

시뻘겋다 시뻘겋게 단다, 시뻘겋게 상기된다; 얼굴이 시뻘개 진다

시뿌옇다 시뿌옇게 살 찐다

시사 □을/를 간접적으로 ~ 한다, □을/를 ~ 한다

시사 ~ 연구 반, ~ 주간지

시사회 초연 ~

시상 ~ 하부

시상로 외측 척수 ~

시샘 □을/를 ~ 한다

시선 ~ 과 마주친다; 곱지 않은 ~, 싸늘한 ~, □에게 ~이 옮겨 간다, 의혹에 찬 ~

시설 ~ 건립비, ~ 기준 령, ~ 보호 구역, ~ 원예, ~ 좋은 아이스링크; 간접 자본 ~, 공공 ~ 용지, 공해 방지 ~, 군용 ~ 교외 이전, 근린 주거 단위 상업 ~, 미결 구금 ~, 미신고 ~, 민방위 대피 ~, 방우 ~, 배수 펌프 ~, 세차장 정화 ~, 숙박 ~, 아동 보육 ~, 안전 ~ 미비, 우라늄 농축 ~, 위락 ~, 입지 지원 ~, 자동화 ~, 주간 보호 ~, 탁아 ~, 탈황 ~, 편의 ~, 폐기물 관리 ~, 폐수 처리 ~, 혐오 ~ 입지 반대

시설물 영구 ~, 위해 ~

시세 ~ 조종, ~ 차익

시소 ~ 게임; □과/와 ~ 게임을 벌인다

시속 ~ 백오십 킬로

시수 수업 ~

시술 시험 관 아기 ~, 전방 경추 융합 ~

시술소 안마 ~

시스루 ~ 수영복

시스템 ~ 공학 연구소; 고등 교육 ~, 다품종 소량 생산 ~, 무인 경비 ~, 사설 전화 교환 ~, 원격 하이터치 교육 ~, 이동 전화 망 ~ 마비, 자기 증식 ~, 장애 관리 ~, 전산화 ~, 홈 트레이딩 ~, 화상 강의 ~, 화상 회의 ~

시시 ~ 하다

시시껄렁 ~ 한

시시덕거린다 주거니 받거니 ~

시시절절 ~ 하다

시시콜콜 ~ 하다, ~ 히 캐어 묻는다

시식 요리 ~회, □을/를 ~ 한다

시신 ~ 의 부란, ~ 이 안치 된다

시신경 ~ 교차

시아빠 시엄마 ~

시안 대기 질 개선 특별 법 ~, 유선 방송 법 ~

시앙 ~ 제사

시야 ~ 가 가린다, ~ 결손, ~ 의 노이즈, ~ 장애석

시약 자가 임신 진단 ~

시어머니 ~ 를 요양원에 맡긴다, ~ 와 며느리, ~ 와 시누이

시어미 사흘 굶은 ~ 상

시엄마 ~ 시아빠

시연 □을/를 ~ 한다

시영 ~ 아파트

시외 ~ 버스 정류장, ~ 버스 터미널, ~ 빠스, ~ 전화

시울 뱃전 ~

시원 ~ ~ 하다, ~ 찮은 에어컨; 대접이 ~ 찮다, 벌이가 ~ 찮다, --어도/아도 ~ 찮을 판국

시월 음력 ~

시위 ~ 군중, ~ 대열, ~ 를 진압 한다, ~ 진압; 가두 ~, 과격 ~, 만세 ~, 집회와 ~

시유 ~ 도기

시음 □을/를 ~ 한다

시의 ~ 적절하다

시인 ~ 이나 소설가; 방랑 ~, 상징 파 ~, 여류 ~, 음유 ~, 형이상학 파 ~

시일 빠른 ~ 내로, 빠른 ~ 안에, 조속한 ~ 내에, 최단 ~ 내

시작 ~ 된다, ~ 종이 울린다; 수면 ~ 불면증, 술렁대기 ~ 한다, □을/를 ~ 한다, 임기 ~

시장 ~ 개척단, ~ 금리부 수시 입출 식 예금, ~ 선도자, ~ 이자율, ~ 점유, ~ 지배욕, ~ 평균 환율; 공개 ~ 조작, 나스닥 ~, 농수산물 ~, 선물 환 ~, 외환 ~, 자금 ~ 경색, 장외 거래 ~, 장외 ~, 전통 ~, 준중형 차 ~, 직거래 ~, 천연 조미료 ~, 청과 ~, 청평화 ~, 코스닥 ~

시장국 신흥 ~

시적 ~ 으로, ~ 인

시전 ~ 상권

시절 대학교 ~ 오래도록 사귀었다, 야당 총재 ~, 어린 ~로 되돌아간다, 유년 ~, 자유 분망의 ~, 중학교 ~, 처녀 ~, 청년 ~, 초년병 ~, 학창 ~

시점 신검 부표 파기 ~

시점 일 인칭 ~, 전지적 ~

시접 ~ 장식 식탁 보

시정 무역 역조 ~, □을/를 ~ 한다, 폐단을 ~ 한다

시제 동사의 ~

시조 ~ 묘 제사, ~ 묘제

시조 ~ 와 민요

시조모 ~ 제사

시중 ~ 드는 값

시중 ~ 실세 금리, ~ 에 나돈다, ~ 에 유통 된다, ~ 에 유통 시킨다

시즌 ~ 최다 도루, ~ 최다 숫, ~ 최다 완봉승, ~ 최다 탈삼진, ~ 최다 홈 런 신기록; 올 ~ 처음

시집 ~살이, ~ 온 며느리, ~ 장가; □을/를 ~ 보낸다, 후처로 ~ 간다

시집 ~ 출판 기념회

시차 ~ 적응

시찰 ~ 통; 북 쪽 경제 ~단, □을/를 ~ 한다

시책 수입처 다변화 ~

시척지근 ~ 하다

시천주 원위대강 ~ 조화정 영세불망 만사지

시청 ~ 앞 광장

시청 ~률 경쟁, ~ 률 조사, ~ 자 봉사국; 개인 ~률 측정기, 독자나 ~자, □을/를 ~ 한다, 주요 ~ 시간 대

시청각 ~ 기자재, ~ 저작물

시청료 ~ 납부 거부, ~ 징수; 입장료나 ~

시체 ~ 가 부패 한다, ~ 나 다름 없다, ~ 를 매장 한다, ~ 안치소; 십삼 구의 ~

시추 석유 ~

시추봉 ~ 이 달려 있다; 움직이는 ~

시취 □을/를 ~ 한다

시치미 ~ ㄹ 뗀다, ~ 뗀다, ~ 뚝 뗀다, ~ 를 뗀다, ~ 를 뚝 뗀다

시친다 시침 핀을 꽂는다

시침 ~ 뗀다, ~ 을 뚝 뗀다

시커멓다 시커먼 뭉치, 시커멓게 그을린다, 시커멓게 썩는다

시큰 콧날이 ~하다, 코 끝이 ~하다

시큰거린다 코 허리가 ~

시큰둥 ~ 하다

시큼 ~ 하다; 식초처럼 ~

시킨다 가중 ~, 강제로 퇴원 ~, 격리 ~, 격상 ~, 격하 ~, 결부 ~, 결승 포를 명중 ~, 경감 ~, 고양 ~, 고취 ~, 곡물을 발효 ~, 골을 명중 ~, 골을 작렬 ~, 관철 ~, 군대를 주둔 ~, 궤멸 ~, 논란을 종식 ~, 단종 ~, 단축 ~, 독자를 긴장 ~, 동점 골을 성공 ~, 떨리는 가슴을 진정 ~, 똘똘이 목욕 ~, 발족 ~, 배가 ~, 법 안을 통과 ~, 병력을 주둔 ~, 복속 ~, 부각 ~, 분단을 고착 ~, 분비를 촉진 ~, 상기 ~, 성사 ~, 소음을 발생 ~, 숙성 ~, 승화 ~, 시중에 유통 ~, 안락사 ~, 알을 품어 부화 ~, 약화 ~, 연상 ~, 연속 결승 포를 작렬 ~, 오해를 불식 ~, 온존 ~, 위상 정립 ~, □으로/로 강제 이주 ~, □을/를 □으로/로 이동 ~, □을/를 격침 ~, □을/를 고정 ~, □을/를 병발 ~, □을/를 불식 ~, □을/를 설복 ~, □을/를 소외 ~, □을/를 조기 퇴직 ~, □을/를 지연 ~, □을/를 퇴출 ~, □을/를 해방 ~, 이목을 집중 ~, 작동 ~, 접맥 ~, 접목 ~, 젖 산 발효 ~, 조건을 만족 ~, 주의를 환기 ~, 주입 ~, 즉살을 ~, 증진 ~, 증폭 ~, 진작 ~, 진전 ~, 천지를 진동 ~, 충족 ~, 취역 ~, 하옥 ~, 하일라이트 ~, 향상 ~, 환치 ~, 희석 ~

시킨다 스파게티도 함께 ~, □을/를 ~

시트 ~ 가 깔린다; 유아용 카 ~, 접착 ~, 침대 ~

시티 ~ 오브 조이

시판 ~ 된다, ~ 이유식; □을/를 ~ 한다

시퍼렇다 시퍼렇게 날이 선다, 시퍼렇게 멍 든다, 시퍼렇게 멍이 든다, 시퍼렇게 언다

시하 계모 ~

시학 몽상의 ~, 수사학과 ~

시한 ~ 만료; 만료 ~, 실명 전환 마감 ~, 철군 ~, 철수 ~, 최후 통첩 ~

시한부 ~ 인생, ~ 종말 론

시할머니 ~ 의~

시합 권투 ~, 만두 먹기 ~, 제기 차기 ~, 탁구 ~

시해 국모 ~의 원수

시행 ~ 규칙 개정 안, ~ 된다, ~ 령을 개정 한다, ~ 착오; 공정 거래 법 ~ 령, 동법 ~ 령, 부동산 실명 법 ~ 일, 사업 ~자, 약사 법 ~ 규칙, 외환 관리 법 ~ 령, □을/를 ~ 한다, 임대차 보호 법 ~, 지방세 법 ~ 령

시험 ~ 관 아기 시술, ~ 관에서 배양 한다, ~ 선발 인원; 경영학 기말 고사 ~ 문제, 기능사 자격 ~, 기말 고사 ~, 기말 ~, 미사일 ~ 발사, 선물 중개인 자격 ~, 수능 ~, 수압 ~, 수학 능력 ~, 운전 면허 ~, 입학 ~ 성적, 자격 ~에 응시 한다, 자격 ~에 합격 한다, 조주사 ~ 위원, 진급 ~, 토익 ~, 통전 ~, 필기 ~, 학기 말 ~

시험실 화공 ~

시험원 기술 ~, 의사 국가 ~

시험장 면접 ~, 면허 ~, 산채 ~, 원예 ~, 축산 ~

시험지 ~ 도난; 십 육 절지 ~

시현 보합세를 ~ 한다, 약세를 ~ 한다, □을/를 ~ 한다, 흑자를 ~ 한다

시혜 ~ 를 베푼다

시효 ~ 만료; 공소 ~ 기간

식 가구 ~ 기단, 가구 ~ 석축, 강의 ~ 수업, 개량 ~ 된 장 제조, 객관 ~ 답안지, 객관 ~ 문항, 객관 ~ 택일, 계단 ~ 피라미드, 고정 ~ 텐트, 공포 ~ 구조, 구형 기계 ~ 엔진, 궁정 ~ 사랑, 그룹 토의 ~ 면접, 그리스 ~ 불교, 기계 ~ 계산기, 기계 ~ 타자기, 낭독 ~ 식사, 다포 ~ 건축, 다포 ~ 출목 익공, 단계 ~ 구성, 단탑 ~ 가람, 당화 ~ 고추 장, 독일 ~ 흡수 통일, 두 벌 ~ 자판, 릴레이 ~ 전달, 마이크로프로세서와 전자 ~ 계산기, 만기 일시 지급 ~, 맨투맨 ~, 목조 가구 ~, 무탑 ~ 가람, 문어 발 ~ 기업 확장, 문제 제기 ~ 학습, 미국 ~ 사고, 미국 ~ 신교, 베트남 ~ 전쟁 통일, 복도 ~ 아파트, 북방 ~과 남방 ~, 북방 ~ 지석묘, 사발 ~ 온더락주, 삼 금당 일 탑 ~ 가람, 삼 금당 일 탑 ~ 배치, 상향 ~ 공천, 상향 ~ 절충 제, 서양 ~ 테이블 매너, 세 벌 ~, 수능 ~ 평가, 수세 ~ 변소, 수세 ~ 화장실, 수시 입출금 ~ 예금, 수혈 ~ 석곽, 수혈 ~ 석곽분, 숙성 ~ 고추장, 시장 금리부 수시 입출 ~ 예금, 싸르트르 ~으로 말 하면, 아프리카 ~ 새우 샐러드, 연설 ~ 식사, 영어 ~ 발음, 울며 겨자 먹기 ~, 월 이자 지급 ~, 의자 ~ 생활, 이 탑 ~ 가람, 이동 ~ 장벽, 익공 ~ 공포, 익공 ~ 구조, 일 금당 쌍 탑 ~ 가람 배치, 일 금당 일 탑 ~ 가람 배치, 일 탑 삼 금당 ~ 가람 배치, 일 탑 일

금당 ~ 가람 배치, 일본 ~ 이 층 집, 자동 개폐 ~, 자동 ~ 장난 감, 재래 ~ 군비 감축 문제, 재래 ~ 된 장, 재래 ~ 무기, 적립 ~ 목적 신탁, 전기 집진 ~, 정당 명부 ~ 비례 대표 제, 조립 ~ 주택, 조립 ~ 컴퓨터, 조선 ~ 기와 집, 조적 ~ 구조, 좌식과 의자 ~, 주관 ~ 문제, 주심 포 ~ 건축, 주입 ~ 교육, 중국 ~ 사회 주의, 중앙 집중 ~, 증류 ~ 소주, 출목 다포 ~ 공포, 테뫼 ~ 산 성, 통장 ~ 대출, 하앙 ~ 구조, 하향 ~ 절충 제, 할리우드 ~ 액션, 향찰 ~ 표기, 헤파 필터 ~, 현대 ~ 양옥, 호텔 ~ 아파트, 회전 ~ 배소기, 회전 ~ 유리 문, 횡혈 ~ 석실, 횡혈 ~ 석실분, 희석 ~ 소주

식 개교 ~을 가진다, 개막 ~과 개막전, 결승전 및 폐막 ~, 결혼 ~을 올린다, 결혼 ~ 피로연, 국기 강하 ~, 국기 하강 ~, 기공 ~ 법회, 대통령 취임 ~, 독립 선언 ~, 돌 기념 ~, 비리 근절 운동 본부 발대 ~, 신식 혼인 ~, 신혼 ~을 한다, 십 주기 추모 ~, 십 주년 기념 ~, 야구장 기공 ~ 참가, 약혼 ~을 올린다, 영농 발대 ~, 임명장 수여 ~, 장학금 전달 ~, 정년 퇴임 ~, 졸업 ~, 지구 당 현판 ~, 창립 기념 ~, 탁치 반대 선언 ~, 표석 제막 ~, 학위 수여 ~, 협정 조인 ~, 후원 조인 ~

식 문자 ~의 변환, 수 ~과 기호

식견 □에 ~이 있다

식경 한 ~

식구 시댁 ~, 처가 ~, 큰 댁 ~

식기 ~ 건조기, ~ 세척기; 스테인레스 ~

식는다 식은 감자, 식은 땀, 식은 밥, 식은 죽 먹기다; 등골에 식은 땀이 흐른다, 싸늘히 식어 버린다

식단 ~ 조절; 채식 ~

식당 ~ 평가 표; 구내 ~, 부페 ~, 뷔페 ~, 주방과 ~

식대 헌 ~ 위

식도락 ~ 보헤미안

식량 ~ 과 물품, ~ 농업 기구, ~ 배급량, ~ 부족 시대, ~ 에 보탠다, ~ 의 자급 자족, ~ 임시 정지 증명서, ~ 자급도, ~ 자급률, ~ 증산; 식물성 ~

식목 ~ 행사

식물 ~ 인간 상태; 관엽 ~, 구근 ~, 구황 ~, 국화 과 ~, 난 과 ~, 목본 ~, 벼 과 ~, 수생 ~, 음지 ~, 자생 ~과 귀화 ~, 자생 ~ 원, 지피 ~, 콩 과 ~, 특산 ~

식물성 ~ 기름, ~ 식량

식물원 열대 ~

식민 ~ 사관에 입각 해서, ~ 사학 론, ~ 주의 역사학, ~ 지배 청산, ~ 지배 하, ~ 통치 하; □을/를 ~ 지배하에 둔다, 일제 ~

식민지 ~ 로 강점 한다, ~ 로 전락 한다, ~ 와 본국, ~ 쟁탈 전쟁, ~ 종속국, ~ 치하, ~ 통치 하; 본국과 ~ 간

식민지기 ~ 를 통해

식반 ~ 운반대

식별 두 지점 ~감, □을/를 ~ 한다

식별감 촉각 ~

식부 ~ 면적

식사 값 싸게 ~ 한다, 동석 ~, 저녁 ~

ㅅ

식사 낭독 식 ~, 연설 식 ~

식상 □에 ~하다

식생 상층 ~, 하층 ~

식성 플랑크톤 ~ 어류, 흡인 ~ 어류

식수 ~ 댐; 지하수를 ~로 이용 한다

식염 ~ 농도, ~ 의 농도, ~ 첨가량

식염수 생리 ~

식욕 ~ 감퇴, ~ 부진, ~ 을 돋군다, ~ 이 왕성하다

식용유 버터와 ~, 팬에 ~를 두른다, 팬에 ~를 붓는다

식육 ~ 목

식음 ~ 을 전폐 한다

식읍 토지 또는 ~

식의동원 ~ 사상

식이 ~ 섬유 음료; 네 가지 ~ 요법

식자기 사진 ~

식장 퇴임 ~

식중 ~ 음주

식중독 ~ 증세

식초 ~ 처럼 시큼

식충 ~ 목

식탁 시접 장식 ~ 보

식품 ~ 보존제, ~ 영양학 과, ~ 위생 법, ~ 의약국, ~ 의약청, ~ 의약품 안전청, ~ 재료학, ~ 접객 업소; 고단백 ~, 구황 ~, 농산물과 ~, 수산 발효 ~, 실습용 ~, 알칼리성 ~, 영양 보충 ~, 유산균 발효 ~, 유전자 변형 ~, 유전자 재조작 ~, 유전자 조작 ~, 육류 ~, 인스턴트 ~, 조미 ~, 콩 가공 ~

식품군 세 가지 기초 ~

식해 가자미 ~, 생선 ~

식혜 동태 ~, 북어와 ~

식후경 금강산도 ~이다

식힌다 끓여 ~, 끓여서 ~, 무더위를 ~, 상온에서 천천히 ~, □을/를 ~, 차게 ~

신 ~ 끼, ~ 들린 붓, ~ 병 치료 차, ~ 어미의 겉시, ~ 으로 섬긴다; 목각 ~ 상, 호국 ~, 황천후토 ~

신 ~ 바람이 난다, ~ 풀이를 한다

신 ~ 발 장; 검정 고무 ~, 고무 ~ 거꾸로 신는다, 고무 ~ 한 켤레, 꺼먹 고무 ~, 꽃 ~을 신는다, 짚 ~ 감발, 짚 ~ 나물 꽃

신 ~ 불 습합

신간 ~ 서적

신검 ~ 부표 파기 시점

신격화 ~ 한다

신경 ~ 근 신경절 신경원, ~ 근 접합부, ~ 망 컴퓨터, ~ 병성 통증, ~ 뿌리, ~ 섬유성 농축체, ~ 쇠약 증세, ~ 안정제, ~ 얼기, ~ 에 거슬린다, ~ 외과 전문의, ~ 을 곤두세운다, ~ 임펄스, ~ 전달 물질, ~ 정신 과, ~ 핵에 도달 한다, ~ 회로 망; 감각 ~ 섬유, 경수 ~ 분지, 경추 ~, 경피적 전기 ~ 자극, 고색 ~, 고실 끈 ~, 구심성 ~, 궁둥 ~, 뇌 교각 ~ 핵, 뇌 ~ 마비, 다발 ~ 병증, 도르래 ~, 돌림 ~, 말초 ~ 병증, 말초성 전정 ~ 병증, 미주 ~, 부교감 ~ 섬유, 부차적 ~, 삼 차 ~ 핵, 상악 ~ 분지, 설인 ~, 설하 ~, 순수 자율 ~ 부전증, 시각 ~ 교차, 신경절 전 ~, 신경절 후 ~, □에 ~ 쓸 겨

를이 없다, □에 ~을 쓴다, 와우 ~ 핵, 외향 ~ 마비, 외향 ~ 핵, 요골 ~, 운동 ~, 전정 ~ 핵, 정중 ~, 좌골 ~, 중추 ~, 척골 ~, 척수로 ~ 핵, 천추체 ~, 청각 ~, 타액선 ~ 핵, 하악 ~ 분지, 혀 밑 ~, 활차 ~ 핵, 회귀 후두 ~, 후외 측 ~ 핵

신경계 다발 ~ 위축증

신경로 ~ 침범

신경염 전정 ~

신경원 신경 근 신경절 ~, 알파 운동 ~, 천추 ~, 피질 ~

신경절 ~ 의 세포, ~ 전 신경, ~ 후 교감, ~ 후 신경; 경추 ~, 교감성 ~, 모양체 ~, 상부 흉추 ~, 슬상 ~, 신경 근 ~ 신경원, 접형 구개 ~

신경증 보상성 ~, 심장 ~

신경질 ~ 난다, ~ 낸다, ~ 을 낸다, ~ 이 난다

신경질적 ~ 인 반응을 보인다

신경총 내장 ~, 복강 ~ 차단

신경통 모양체 ~, 삼 차 ~

신고 ~ 납부 세액 공제, ~ 보상금 제, ~ 성실 도; 공직자 재산 ~, 법정 ~ 기한 경과 후, 부동산 양도 ~ 확인서, 부부 합산 ~자, 부재자 ~ 인명부, 숙박 업소로 ~ 한다, 예정 ~ 납부 세액, □을/를 ~ 한다, 임대 소득 ~, 자진 ~, 전출 ~, 종합 소득 ~

신고서 ~를 제출 한다; 유가 증권 ~, 출국 ~, 혼인 ~

신교 미국 식 ~

신규 ~ 등록 종목, ~ 채용자

신근 ~ 족저; 단요 측 수근 ~, 엄지 ~, 장요 측 수근 ~, 척 측 수근 ~

신기 ~ 하다

신기록 시즌 최다 홈 런 ~

신기료 ~ 장수

신기루 ~ 의 전설

신긴다 □을/를 ~

신년 ~ 음악회; 음력 ~ 연휴월

신는다 고무 신 거꾸로 ~, 꽃 신을 ~, 꿰어 ~, 나막신을 ~, 농구화를 ~, 단화를 ~, 등산화를 ~, 샌들을 ~, 양말을 ~, 운동화를 ~, □을/를 ~, 장화를 ~, 짝짝이로 ~, 하이힐을 ~

신당 ~ 론, ~ 을 창당 한다, ~ 창당

신도 불교 ~, 중앙 ~회

신들메 ~를 고쳐 맨다

신라인 ~ 의 후예; 옛 ~

신랄 ~ 한 비난, ~ 히 비판 한다; □을/를 ~하게 풍자 한다

신랑 ~ 과 신부; 새 ~, 예비 ~ 신부

신령 ~ 하다; 기화 ~, 내유 ~ 외유 기화

신록 ~ 으로 물 든다, ~ 의 계절

신뢰 ~ 도 계수, ~ 도와 타당도, ~ 와 존경; □을/를 ~ 한다

신망 ~ 이 두텁다

신명 이 내 ~ 좋을시구

신묘 ~ 하다

신문 공판 기일 전 증인 ~, 피의자 ~ 조서

신문 ~ 가판대, ~ 및 신문인, ~ 발행비, ~ 방송학 과, ~ 배달원, ~ 사 편집국, ~

사회 면, ~ 용지대, ~ 윤리 강령, ~ 윤리 실천 요강, ~ 편집인 협회; 50 센트짜리 ~, 격주간 교민 ~, 구두 닦이나 ~ 팔이, 내일 아침 ~, 방송 사나 ~ 사, 석간 ~, 영자 ~, 일간 ~, 일요 판 ~, 조간 ~, 타블로이드 ~

신문고 현대 판 ~

신문인 신문 및 ~

신문지 ~ 로 싼다, ~ 수거 운동, ~ 수거용, ~ 에 싼다; 헌 ~

신민 황국 ~으로서 충성 한다

신발 ~ 한 짝; 가방 및 ~

신변 ~ 잡기

신병 ~ 인도

신병 ~ 인수증, ~ 훈련소

신봉 □을/를 ~ 한다

신부 ~ 감, ~ 값 문화; 신랑과 ~, 예비 신랑 ~

신부 ~ 와 수녀; 성당의 주임 ~, 성당 주임 ~

신부전증 만성 ~

신분 당선자 ~, 비천한 ~, 양인 ~, 현대 판 ~ 사회

신분증 ~ 지참

신비 ~ 감의 체험, ~ 하다

신비적 ~ 체험 주의

신사 ~ 숙녀 여러 분, ~ 유람 단; 점잖은 ~, 하이칼라 ~

신사 ~ 참배

신사복 기성 ~

신산 ~ 하다

신상 ~ 명세, ~ 정보 보호; 학생 ~ 일람표

신생 ~ 독립국, ~ 팀 우선 지명 케이스, ~ 팀 창단

신생아 ~ 태지

신석기 ~ 시대

신선 ~ 한 공기

신설 고위 공직자 비리 조사처 ~, 목적세 ~, 수리청을 ~ 한다, □을/를 ~ 한다

신성 ~ 불가침, ~ 하다

신세 ~ 고친다, ~ 를 한탄 한다, ~ 조진다; 약소 국가 ~, 피정복민 ~

신세대 ~ 문화

신속 ~ 비자 발급, ~ 안구 운동 수면, ~ 하다

신수설 언어 ~, 왕권 ~

신식 ~ 요리, ~ 혼인 식

신신당부 □한테 ~ 한다

신안 실용 ~ 등록, 실용 ~ 특허

신앙 ~ 의례실; 모태 ~, 미륵 ~, 비정통 ~, 우리 무속 ~, 종교 또는 토속 ~, 주술적 ~, 토착 ~, 토템 ~ 체계

신앙자 미륵 ~들

신약 ~ 성경, ~ 성서

신역 ~ 이나 요역

신연방 ~ 조약

신예 ~ 스타

신용 ~ 경색, ~ 공여 기관, ~ 관리 기금, ~ 등급 상향 조정, ~ 리스크 계량, ~ 리스크 계량화, ~ 보증 대상, ~ 불량자, ~ 없다, ~ 을 쌓는다, ~ 을 잃는다, ~ 카

드로 결제 한다, ~ 카드 불량자, ~ 카드 사, ~ 카드 사용 한도, ~ 카드 사용액, ~ 카드 업무, ~ 카드 연체 대금, ~ 카드 정보, ~ 카드 현금 서비스, ~ 평가 회사; 가계 부문 ~, 가계 ~ 잔액, 가계 ~ 통계, 국가 ~ 등급, 기술 ~ 보증 제도, 상호 ~ 금고, □에 대한 ~ 공여, 주택 금융 ~ 보증서, 통화 ~ 정책

신용장 ~ 개설, ~ 거래; 연지급 ~

신원 ~ 미상, ~ 조회, ~ 증명원

신위 ~ 앞에 받든다; 학생 부군 ~

신음 ~ 소리; 부상으로 ~ 한다, 학정에 ~ 한다

신의 ~ 를 저버린다

신이 ~ 하다

신인 ~ 가수, ~ 드래프트, ~ 문학 상, ~ 탤런트

신인도 대외 ~

신임 ~ 과 배려, ~ 이 두텁다; 크나큰 ~

신입 ~ 사원 공채, ~ 사원 교육, ~ 사원 연수, ~ 사원 채용

신입생 ~ 교육, ~ 모집, ~ 오리엔테이션, ~ 정원

신자 나이롱 ~, 독실한 기독교 ~, 불교 ~, 천주 교 ~, 카톨릭 ~

신작 ~ 가곡, ~ 소설집, ~ 에니메이션

신장 ~ 개업 한다

신장 ~ 과 방광, ~ 기증자, ~ 병을 앓는다, ~ 이식

신장 ~ 세가 둔화 한다

신접 ~ 난다, ~ 살림

신정 ~ 연휴

신조어 --라는 ~

신종 ~ 뇌물 전달법, ~ 적립 신탁, ~ 중개업

신주 ~ 단지 모시듯

신주 ~ 를 제청 한다, ~ 인수권부 사채

신중 ~에 ~을 기한다, ~ 하다, ~ 히 검토 한다, ~ 히 고려 한다

신진 ~ 귀족 세력, ~ 귀족 출신, ~ 사대부, ~ 사인 층

신진대사 ~ 가 촉진 된다

신짝 헌 ~처럼 내 버린다

신참 ~ 비구, ~ 순경

신청 ~ 을 각하 한다; IMF에 구제 금융을 ~ 한다, 성인 비자 ~자, 수강 ~, □으로/로 구속 영장을 ~ 한다, □을/를 ~ 한다, 재정 ~ 범위, 재정 이의 ~, 점검 ~, 주식 취득 ~, 참가 ~, 참여 ~, 파산 ~, 효력 정지 가처분 ~

신청금 입주 ~

신청서 ~ 를 접수 한다; 가입 ~ 사본, 면담 ~ 용지, 월차 ~, 참가 ~, 해지 ~

신청인 ~ 소유 부동산, ~ 의 보증

신체 ~ 발부 수지부모, ~ 접촉; 시각 청각 ~ 동작, 외교관 ~ 불가침

신축 골반의 ~

신축적 ~ 으로, ~ 인

신춘 ~ 문예에 당선 된다, ~ 문예에 응모 한다

신탁 ~ 결산 일과 수익자 결산 일, ~ 계정, ~ 보수율, ~ 업 법, ~ 제도 개편, ~

통치 반대, ~ 통치 안; 가계 금전 ~, 개인 연금 ~, 근로자 우대 ~, 기업 금전 ~ 수탁고, 녹색 환경 ~ 통장, 명의 ~ 약정, 명의 ~자, 신종 적립 ~, □을/를 ~ 통치한다, 적립 식 목적 ~, 적립 ~ 및 투자 ~, 타익 ~, 퇴직 ~ 및 개인 연금, 투신사 퇴직 ~, 특정 금전 ~, 합동 운용 ~

신토불이 ~ 증후군

신통 ~ 하지 않다; 별루 신통치 않다

신통술 ~ 이 있다

신파 ~ 조

신하 ~는 ~ 다와야 한다; 왕자나 ~, 왕자와 ~

신학 ~ 대학원 졸업; 기독교 ~, 스콜라 ~

신학교 야간 ~

신행 ~ 단체, ~ 일치, ~ 활동

신행 ~ 선물; 당일 ~

신호 ~ 대기 선, ~ 를 보낸다, ~ 음, ~ 증폭; 붉은 ~ 등, 아날로그 ~, 조난 ~, 직진 ~

신혼 ~ 부부, ~ 식을 한다, ~ 여행을 다녀 온다, ~ 여행지, ~ 첫 날 밤

신화 ~ 나 전설; 건국 ~, 힌두 ~

신효 ~ 하다

신흥 ~ 공업 도시, ~ 공업국, ~ 부르주아, ~ 사대부, ~ 시장국

싣는다[실어 실은] 기차에 몸을 ~, 버스에 몸을 ~, □에 힘을 ~, □을/를 실어 나른다, 짐을 가득 실은 리어카, 짐을 실어 나른다, 퍼 ~

실 백 ~을 분양 한다

실 수석 비서관 ~, 의전 비서관 ~

실 ~ 과 바늘, ~ 눈을 뜬다, ~ 따개, ~ 로 꿰맨다, ~ 을 잣는다, ~ 파 1 줌, ~ 파 채; 바늘과 ~, 송송 썬 ~ 파, 엉킨 ~ 타래, 청홍 고추 ~ 채, 털 ~로 짠다, 흰자 위에 ~ 핏줄이 있다

실 ~ 보다 득이 많다, ~ 보다 득이 크다; 득보다 ~이 많다

실각 ~ 한다

실감 ~ 난다; □을/를 ~ 한다

실갱이 ~ 를 한다

실거래 ~ 가격

실거래가 ~ 상환 제; 의약품 ~ 상환

실거래가액 아파트 ~

실거주 ~ 의무

실권 ~ 을 장악 한다

실권리자 부동산 ~ 명의 등기

실기 교련 ~ 대회, 덕성 ~

실낱 ~ 같은 희망; --는다는/ㄴ다는/다는/라는 ~ 같은 기대

실내 ~ 라돈 농도, ~ 장식, ~ 장식가, ~ 체육관

실력 ~ 양성 운동, ~ 이 는다; 발군의 ~

실력자 막후 ~

실례 이만 ~ 한다, 초면에 ~이지만

실로폰 ~ 소리

실록 왕조 ~

실루엣 옷의 ~

실룩거린다 □을/를 ~

실룩실룩 ~ 한다

실리 명분과 ~

실리콘 ~ 과 쇳덩어리

실린다 □에 ~, 응급실로 실려 간다, 콩트가 ~

실마리 해답의 ~

실망 ~ 과 좌절; □에 ~ 한다, 좌절과 ~

실명 ~ 등기 의무, ~ 전환 마감 시한, ~ 전환 한다, ~ 제 발표, ~ 제 실시, ~ 제 이전, ~ 제 이후, ~ 제 준비; 계좌의 ~, 금융 ~ 제, 부동산 ~ 법 시행 일

실무 ~ 대표 접촉, ~ 에 종사 한다, ~ 자 워크숍, ~ 작업 반, ~ 접촉 일정, ~ 책임자, ~ 추진단; 수해 방지 ~ 협의회

실무자 ~ 나 회원; 외화 자금 ~ 워크숍

실물 ~ 모의 실험, ~ 크기로 리얼하다

실버 ~ 이야기 지도사 과정, ~ 타운 곁

실비 ~ 요양

실색 아연 ~ 한다

실선 굵은 ~

실성 ~ 한다

실세 시중 ~ 금리, 여권 ~

실소 ~ 를 금할 수 없다, ~ 를 금하지 못한다

실속 비싸고 ~ 없다

실수 ~ 나 방심, ~ 나 오류, ~ 나 잘못, ~ 를 저지른다, ~ 한다; 애교성 ~, 잔 ~

실습 ~ 재료비, ~ 한다; 교생 ~, 실험 ~ 기자재, 어학 ~

실시 ~ 준비단; 실명 제 ~, □을/를 ~ 한다

실신 ~ 한다; 심장성 ~, 혈관 미주 신경성 ~

실실 ~ 웃는다

실업 ~ 축구 선수권 대회 정상, ~ 축구 연맹; 봄 철 ~ 연맹전 우승 팀

실업 ~ 과 범죄, ~ 률, ~ 수당; 청년 ~

실업계 ~ 고교, ~ 고등 학교, ~ 학교, ~ 학생

실업고 ~ 출신자

실업인 가톨릭 ~회

실업자 ~ 로 전락 한다

실없다 실없는 농담

실연 ~ 한다

실오라기 ~ 하나 걸치지 않는다

실용 ~ 신안 등록, ~ 신안 특허

실용적 ~ 으로, ~ 인

실의 ~ 에 빠진다, ~ 와 좌절, ~ 의 나날; 좌절과 ~

실인증 안면 ~

실장 경영 기획 ~, 경호 ~, 국무 조정 ~, 기조 ~, 기획 조정 ~, 농림부 기획 관리 ~, 대학 정책 ~, 문화 부 종무 ~, 비서 ~ 경질, 재무 부 세제 ~, 조정 평가 ~, 종합 기획 ~, 총리실 공보 ~

실재 ~ 한다

실적 ~ 배당 상품, ~ 이 저조하다; 상반기 ~, 상반기 영업 ~, 지난 해 조선 수주 ~

실전 ~ 배치

실점 ~ 으로 막는다, ~ 한다; 오 안타 1 ~

ㅅ

실정 ~ 법을 위반 한다; --는 ~이다

실제 ~ 로

실조 영양 ~

실족 ~ 한다

실존 ~ 이 본질에 선행 한다

실종 ~ 된다, ~ 자 수색 작업

실증 ~ 사학, ~ 주의 역사 학자, ~ 주의 역사가, ~ 주의 역사학; □을/를 ~ 한다

실증적 ~ 으로, ~ 인

실지 ~ 거래 가액, ~ 거래가액으로

실지 ~ 회복

실직 ~ 노숙자 대책, ~ 한다

실질 뇌 ~ 내 출혈, 영장 ~ 심사

실질적 ~ 으로, ~ 인

실쭉 ~ 한다

실천 ~ 선양회; 몸소 ~ 한다, 신문 윤리 ~ 요강, □을/를 ~ 한다, 인도 주의 ~ 의사 협의회, 자유 ~ 문인 협의회

실체적 ~ 으로, ~ 인

실추 ~ 된다; 기업 이미지 ~, 명예 ~

실측 마운드를 ~ 한다, □을/를 ~ 한다

실컨 ~ 두들긴다

실탄 ~ 사격 훈련; 두 발의 ~

실태 ~ 조사; 부동산 보유 ~, 인지세 납부 ~

실토 □을/를 ~ 한다

실팍 ~ 하다

실패 □에 ~ 한다, 히트 앤드 런 ~

실패담 ~ 을 거울 삼는다

실학 ~ 사상, ~ 산방, ~ 파

실학기 ~ 문인

실행 □을/를 ~ 한다

실행기 대리 ~

실험 ~ 금지 조약, ~ 실습 기자재; 고폭 ~, 미사일 발사 ~, 배아 복제 ~, 생체 ~, 실물 모의 ~, 중거리 미사일 최종 ~, 풍동 ~, 핵 ~ 금지

실험실 동위 원소 생산 ~, 원자로와 방사 화학 ~

실험적 ~ 으로, ~ 인

실현 ~ 된다; 비즈니스 중심 국가 ~, □을/를 ~ 한다, 자기 ~의 욕구, 해방과 자아 ~

실형 ~ 을 선고 받는다, ~ 을 선고 한다

실화 ~ 를 영화로 만든다

실황 ~ 중계 방송; 경연 ~, 방한 ~

실효 ~ 를 거둔다

싫다 싫건 좋건; --기 ~, □을/를 싫어 한다, □이/가 ~

싫증 ~ 이 난다; □에 ~을 낸다

심 뱃~ 좋다

심 휴지 ~

심각 ~ 하다

심경 반야 ~

심계 ~ 항진

심근 ~ 경색; 협심증이나 ~ 경색증

심금 □의 ~을 울린다

심급 ~ 제도

심기 ~ 가 불편하다, ~ 를 건드린다, ~ 를 불편하게 한다, ~ 일전 한다

심난 ~ 하다

심는다 가로수로 ~, 고추 묘 ~, 왕골을 ~, □을/를 ~, 캐어다 ~, 콩 심은 데 콩 나고 팥 심은 데 팥 난다

심대 ~ 하다

심도 ~ 있다

심드렁 ~ 하다

심란 ~ 하다

심려 ~ 를 끼친다

심리 ~ 상담사 국가 자격증 제도, ~ 테스트; 소비 ~ 위축, 인플레 기대 ~

심리학 게슈탈트 ~, 심층 ~, 행동 주의 ~

심문 ~ 조서; 대질 ~, □을/를 ~ 한다, 증인 ~

심박 ~ 정지

심박동 ~ 수

심박출 ~ 량

심보 구두쇠 ~, 도둑 놈 ~, 도둑 ~

심부 ~ 건반사, ~ 정맥

심부전증 울혈성 ~

심사 ~ 독회, ~ 에서 탈락 한다, ~ 위원단, ~ 위원 명단, ~ 의뢰; 구속 적부 ~ 청구, 논문 ~, 법안 ~ 소위, 소청 ~ 위원장, 영장 실질 ~, 예비 ~, 입국 ~대, 진급 ~

심사본 ~ 제출

심사숙고 ~ 한다

심상 심상치 않다, ~ 하지 않다

심신 ~ 을 단련 한다

심심 ~ 찮게 구경 한다, ~ 찮게 등장 한다, ~ 풀이 땅콩, ~ 해 한다

심야 ~ 만화 방, ~ 의 탈주; 쌍 칼 ~ 극장, 유흥 업소 ~ 영업

심약 ~ 하다

심오 ~ 하다

심원 ~ 한다

심원 ~ 하다

심음 태아 ~ 검사

심의 ~ 세칙, ~ 회의~ ; 국어 ~회, 새 해 예산 안 ~, 위원회의 ~를 거친다, 저작권 ~, 지면 ~회, 최저 임금 ~

심의관 세제 ~, 총리실 외교 안보 ~

심의권 예산 ~

심장 ~ 과 폐, ~ 박동 소리, ~ 박출량, ~ 병으로 쓰러진다, ~ 신경증, ~ 을 도려내는 아픔, ~ 의 고동, ~ 의 박동, ~ 의 판막, ~ 이 벌떡거린다, ~ 판막증, ~ 하다; 선천성 ~ 질환

심정 동병 상련의 ~

심정적 ~ 으로, ~ 인

심증 ~ 을 굳힌다

심지 ~ 가 굳다; 등잔의 ~, 쌍 ~를 돋운다

심질 ~ 을 얻는다

심질환사 허혈성 ~

심취 □에 ~ 한다

심층 ~ 면접 대상자, ~ 심리학, ~ 어법, ~ 취재

심층수 해양 ~

심층적 ~ 으로, ~ 인

심통 ~ 을 부린다

심판 ~ 과 투수, ~ 을 본다, ~ 판징에 항의 한다; 바둑 ~, 야구 ~, 축구 ~

심판 ~ 의 날; 부양료 청구 ~, 부패 정권 ~, 위헌 ~ 제청, 즉결 ~에 넘긴다

심판기 전기 ~

심폐 ~ 기능, ~ 지구력

심포지엄 ~ 을 개최 한다

심플 ~ 하다

심하다[심해] 심하게 을러 댄다; 타박이 ~

심학 육왕 ~

심해저 ~ 광물 자원, ~ 탐사 작업

심혈 □에 ~을 기울인다

심호흡 ~ 을 한다

심화 ~ 된다; 종속이 ~ 한다

십방 ~ 세계

십분 ~ 발휘 한다, ~ 활용 한다

십상 당하기 ~이다

십이지장 위 궤양과 ~ 궤양, 위 궤양이나 ~ 궤양

십자가 ~ 를 짊어진다, ~ 목 걸이, ~ 에 못 박힌다

십진 ~ 분류법

싯귀 한문 ~

싱겁다[싱거워 싱거운] 싱겁게시리

싱그럽다[싱그러워 싱그러운] 햇살처럼 ~

싱글 감 색 ~

싱글 ~ 벙글 웃는다, ~ ~ 웃는다

싱긋 ~ 웃는다

싱긋이 ~ 웃는다

싱숭생숭 ~ 하다

싱싱 ~ 하다; 뒤척이는 ~한 활어

싱크 ~ 대 배수 관, ~ 대와 침대; 타일과 ~대

싶다 아차 ~, 엇 뜨거워라 ~, --을/ㄹ 성 싶지 않다

싶다 --고만 ~, --고 싶은 생각은 추호도 없다, --고 싶은 충동에 사로잡힌다

싸가지 ~ 없다

싸구려 ~ 안대, ~ 여인숙

싸늘 ~ 한 반응, ~ 한 시선, ~ 히 식어 버린다; 입 가에 ~한 미소를 짓는다

싸다 싸게 구매 한다; 값 싼 노동력, 값 싼 슈퍼, 값 싸게 식사 한다, 값 싸고 질 좋다

싸라기 금 ~ 참외

싸리 ~ 꽃, ~ 덤불

싸운다 맞서 ~, 오누이 끼리 ~, 용감히 ~

싸움 고래 ~에 새우 등 터진다, 몸 ~ 일보 직전

싸이코 ~ 드라마

싸이트 포르노 ~

싸인다 싸여 있다; 강보에 ~, 긴장에 ~, 베일에 ~, 성 벽으로 둘러 ~, 안개에 ~, □에 둘러 ~, □으로/로 둘러 ~

싸지른다[싸질러] □을/를 ~

싸하다[싸해] 싸하게 맵다

싹 ~쓸어 버린다, ~쓸이 한다; □이/가 ~가신다, 핏기가 ~가신다

싹 ~이 튼다; 맹아가 ~튼다, 새 순 새 ~, 새 ~을 틔운다, 새 ~이 돋아 난다, 새 ~이 움 튼다, □을/를 ~틔운다

싹둑 □을/를 ~자른다

싹뚝 ~자른다, ~잘린다

싹싹 ~빈다; □을/를 ~비빈다

싹싹 ~하다

싼다 빌빌 ~, 얼다가 오줌 싸니, 오줌을 싸 재낀다, □을/를 싸 재낀다

싼다 싸 잡아 비난 한다, 싸 짊어진다; 랩으로 단단히 ~, 랩으로 ~, 머리를 싸 매고 사생 결단 한다, 보자기로 ~, 보자기에 ~, 비단 보로 ~, 빙 둘러 ~, 신문지로 ~, 신문지에 ~, □을/를 둘러 ~, □을/를 싸고 돈다, □을/를 싸 맨다, □을/를 싸 안는다, □을/를 싸 잡는다, □을/를 싸 쥔다, 코를 싸 쥔다, 타월에 ~, 한목에 싸 잡는다, 헝겊으로 ~

쌀 ~가게 주인, ~가루에 섞는다, ~계란 빵, ~또는 보리, ~뜨물, ~지게미, ~집 아저씨, ~한 가마니, ~한 톨; 닷마지기 ~농사, 떡 ~농사, 밀 ~밥, 밤가루와 ~가루, 산지 ~값, 연간 ~생산량, 유전자 조작 ~, 일 인당 ~소비량, 캘리포니아산 카로스 ~, 캘리포니아산 칼로스 ~

쌀쌀 날씨가 ~하다

쌀쌀맞다 쌀쌀맞은 태도

쌈 상치 ~

쌈지 괴춤에서 ~를 꺼낸다

쌉싸름 달콤 ~하다

쌉쌀 ~한 맛; 달콤 ~하다

쌍 거위 한 ~, 부부 한 ~, 상염색체 22 ~, 한 ~의 염색체

쌍 ~권총, ~꺼풀 수술, ~방향 원격 강의, ~심지를 돋운다, ~칼 심야 극장; □과/와 ~벽을 이룬다, 속 ~꺼풀 진다, 외눈 ~꺼풀, 은제 ~가락지, 일 금당 ~탑 식 가람 배치, 희비의 ~곡선

쌍글 ~하다

쌍놈 개 ~

쌍두 ~독수리

쌍둥이 ~남자 애, ~빌딩 사이; 샴 ~자매, 이란성 ~, 일 란성 ~

쌍무 ~협정

쌍방 ~군사 당국자, ~폭행, ~합의

쌍생아 일란성 ~

쌍수 정혜 ~

쌓기 막돌 허튼 층 ~기단, 막돌 허튼 층 ~의 기단

쌓는다 --어/아 ~

쌓는다 쌓은 죄 값; 명분을 ~, 벽을 ~, 세력을 ~, 신용을 ~, 요새지에 성책을 ~, □으로/로 둘러 ~, □을/를 ~, 차곡 차곡 ~, 초석을 ~, 친분을 ~, 허튼 층 쌓기 기단, 허튼 층 쌓기의 기단

쌓인다 쌓이고~; 그리움만 쌓이네, 무더기로 ~, 뽀얗게 ~, 산 같이 ~, 산더미 같이 ~, 산더미처럼 ~, 수북히 ~, □에 수북이 ~, □에 켜켜이 먼지가 ~, 차곡 차곡 ~, 첩첩이 ~, 층층이 ~, 켜켜이 먼지 ~, 켜켜이 ~

쌔근쌔근 ~ 잠 잔다

쌔다 쌔고 쌘

쌕 ~ 웃는다

쌕쌕 ~ 숨 소리 낸다

쌩 ~ 하다

쌩긋 ~ 웃는다

쌩쌩 ~ 분다

썅놈 이 ~의 새끼

써늘 ~ 하다

써클 ~ 룸; 지하 ~

썩 ~ 내키지 않는다

썩 ~ 물러 간다, ~ 비켜 난다

썩는다 썩고 병 든다, 썩는 냄새가 진동한다, 썩는 포장지, 썩어 문드러진다, 썩어도 준치다, 썩은 동아줄; 시궁 ~, 시커멓게 ~, 악취를 풍기며 ~, 짚 방석처럼 ~, 홍어 애 썩듯이 ~

썩썩 □을/를 ~ 비비 친다

썩인다 골 머리를 ~, 골치를 ~, 속 ~, □을/를 ~

썩힌다 □을/를 ~

썬다[썰고 썰어] 썬 토마토; 굵게 채 ~, 길이로 ~, 나박나박 ~, 네모 지게 ~, 동글게 ~, 송송 썬 실 파, 숭덩숭덩 ~, 얇게 저며 ~, 어슷 ~, □으로/로 채 ~, 이 굵기로 ~, 잘게 썬 양파, 채로 ~, 콩 알 굵기로 ~

썰렁 ~ 하다

썰매 외날 ~

썰물 ~ 처럼 빠져 나간다; 밀물과 ~, 밀물 ~

쎄트 여행용 화장품 ~

쎈터 분식 ~, 용역 ~

쎈티 백칠십 ~ 미터

쏘다닌다 귀신처럼 ~, 빌빌 ~, □을/를 ~

쏘옥 ~ 팬다; 보조개가 ~ 패인다

쏘인다 벌에 ~, 벌한테 ~, 전갈에게 ~

쏙 □을/를 ~ 빼 닮는다, 혀를 ~ 내 민다

쏙쏙 ~ 파 먹는다

쏜다 가스 총을 ~, 날카롭게 쏘아 본다, 대포를 ~, □을/를 쏘아 본다, □을/를 원망스레 쏘아 본다, □을/를 향해 총을 ~, 차갑게 쏘아 붙인다, 총 알 두 발을 ~, 총으로 ~, 최루 탄을 ~, 톡 쏘아 붙인다, 퉁명스럽게 쏘아 붙인다, 한 방 ~, 활 잘 ~

쏟는다 쏟아 붓는다; 거침 없이 내 ~, 꽐꽐 쏟아 진다, 땀이 비 오듯 쏟아 진다, 물 밀듯이 쏟아 진다, 물이 콸콸 쏟아 진다, 세차게 쏟아 진다, 소나기처럼 쏟아 진다, 스콜이 쏟아 진다, 안반에 ~, 억수 같이 쏟아 진다, 억수로 쏟아 진다, 우박처럼 쏟아 진다, 우후죽순처럼 쏟아 진다, □을/를 내 ~, □을/를 ~, 좌르르 쏟아 진다, 펑펑 쏟아 진다, 폭포수처럼 쏟아 진다

쏠린다 쏠림 현상, 쏠리고 몰린다; □에 관심이 ~, 한 쪽으로 ~

쏠쏠 ~ 한 재미를 본다; --는 재미가 ~ 하다

쏴 ~ 한다

쏴아 ~ 소리

쐐기 승부에 ~를 박는다

쐰다 쐬러 나온다; 바깥 바람 ~, 바깥 바람을 ~, 바람이나 ~, 바람 좀 쐬어야지, □을/를 ~

쏘 새 마을 ~단

쑤군쑤군 ~ 한다

쑤세미 짚 ~

쑤신다 뼈 마디가 ~, 좀이 ~

쑤신다 쑤셔 박는다; 벌 집을 ~, 이빨을 ~, 허리가 ~

쑥 ~ 개피 떡, ~ 과 마늘, ~ 대 밭이 된다, ~ 된 장 국, ~ 밭이 된다, ~ 한 다발; 냉이나 ~

쑥 ~ 기어 든다, ~ 내 민다; 한 모금 ~ 빤다

쑥구리 ~ 단자

쑥쑥 ~ 자란다

쑨다 쑤어 나눈다; 메주를 ~, □을/를 ~, 팥 죽을 ~, 피 죽 ~

쓰다[써] 쓴 맛 단 맛 다 본다, 쓴 소리를 한다, 쓴 웃음을 짓는다, 쓴 입 맛, 쓰고 맵다; 맵고 ~, 입 맛이 ~, 화독 냄새와 쓴 맛

쓰다듬는다 □을/를 ~

쓰러뜨린다 □을/를 ~

쓰러진다 쓰러지듯 눕는다; 과로로 ~, 심장 병으로 ~, 중풍으로 ~, 픽 픽 ~

쓰레기 ~ 더미, ~ 로 더럽힌다, ~ 발생량, ~ 분리 수거, ~ 분리 수거용 봉투, ~ 소각장 및~ 매립장 건설, ~ 소각장 반대 주민 대책위, ~ 수거, ~ 와 오물, ~ 적환장, ~ 종량 제, ~ 처리장, ~ 하치장; 가연성 ~, 수도권 ~ 매립장, 오물과 ~, 음식물 ~, 해양 ~

쓰리다 쓰리고 아프다

쓰윽 ~ 둘러 본다

쓰인다 가황 촉진제로 ~, 사육제 때 ~

쓰인다 --다고/라고 쓰여 있다

쓰잘 ~ 데 없다

쓱 ~ 닦는다, ~ 훑어 본다; 손 등으로 ~ 문지른다

쓱쓱 억새 풀에다 ~ 닦는다, □을/를 ~ 문지른다

쓴다[써] 고깔 모자를 ~, 꾹 눌러 ~, 누명을 ~, 도리우찌를 ~, 바가지 ~, 사각모 ~, 선글라스를 ~, 안전모를 ~, 양산을 ~, 우그려 ~, 우산을 ~, □을/를 덮어 ~, □을/를 둘러 ~, □을/를 뒤집어 ~, □을/를 ~, 인두겁을 ~, 푹 눌러 ~, 함빡 뒤집어 ~

쓴다[써] 묘를 ~, 산소를 ~

쓴다[써] 쓰기 언어 상실증, 써 내려 간다; 붓 가는 대로 ~, 소설을 ~, 알뜰 가계부 ~, □으로/로 풀어 ~, □을/를 써 낸다, 일기를 ~, 전말서를 ~, 창조적 글 쓰기, 편지를 ~, 학술 논저 글 쓰기, 휘갈겨 ~

쓴다[써] 쓸 데 없다, 쓸 데 없는 참견, 쓸 모 있다; 공대 말을 ~, 깍듯이 경어를 ~, --느라 애 ~, --는다고/ㄴ다고/다고/라고 생떼를 ~, 덧술로 수수를 ~, --려고 안간 힘을 ~, --려고 애 ~, 무진 애를 ~, 무진 애 ~, 선심을 ~, 아무짝에도 쓸 모 없다, 안간 힘을 ~, 애 써 담담한 척 한다, 얻다 써 먹나, 엄격히

경어를 ~, □에 신경 쓸 겨를이 없다, □에 신경을 ~, □에 힘 ~, □을/를 ~, 존댓말을 ~, 존대 말을 ~, 존대어를 ~, 지방어를 ~, 폭력을 ~, 힘깨나 ~

쓴다[쓸고 쓸어] 가슴을 쓸어 내린다, 낙엽을 ~, 머리카락을 쓸어 올린다, 싹 쓸어 버린다, □을/를 쓸어 내린다, □을/를 쓸어 안는다, 하염없이 쓸어 내린다

쓸개 코브라 ~와 웅담

쓸린다 파도에 ~, 휘말려 ~

쓸쓸 ~ 하다, ~ 히 웃는다

쓸이 싹 ~ 한다

씀씀이 ~ 가 헤프다

씁쓰레 ~ 하다

씁쓰름 ~ 하다

씁쓸 ~ 히 웃는다; 입 맛이 ~하다

씌운다 갓을 ~, 굴레가 씌워 진다, 누명을 ~, 덮개를 ~, 뒤집어 ~, 랩을 ~, 멍에를 ~, 빵 떡 모자처럼 ~, □에 거적을 ~, 올가미를 ~, □을/를 덮어 ~, □을/를 ~, 커버를 ~

씨 모 ~, 임미연 ~, 정연 ~, 제수 ~

씨 ~ 나락 까 먹는다, ~ 를 발라 낸다, ~ 없는 수박; 귀신 ~ 나락 까 먹는 소리, 뒷구멍으로 호박 ~ 깐다, 목화의 ~, 무슨 귀신 ~ 나락 까 먹는 소리냐, 민들레 꽃 ~, 살구 ~, 삼 ~ 뿌린다, 인공 ~ 감자, 팥 ~, 풀과 ~, 해바라기 ~

씨니컬 ~ 하다

씨름 ~ 선수 같다, ~ 위원회 사무총장, ~ 의 달인; 민속 ~ 단체전, 민속 ~ 대회, 민속 ~ 설 날 장사 대회, 민속 ~ 위원회, 민속 ~ 팀, 민속 ~ 협회, 샅바 ~, 아마 ~, 천재 ~ 꾼, 천하 장사 ~ 대회

씨앗 양파 ~ 채종

씨익 ~ 웃는나

씨족 ~ 의 토템, ~ 이나 부족; 모계 ~

씨줄 ~ 과 날줄; 날줄과 ~

씨티 ~ 투어 버스

씩 두 세 달 ~, 반 반 ~ 섞인다, 약간 ~ 변화 한다, 일 주일에 한 두 번 ~, 잠깐 잠깐 ~, 절반 ~ 투자 한다, 쬐금 ~ 쬐금 ~ 아낀다, 한 끼 ~ 굶는다, 한 두 단 ~

씩 ~ 웃는다

씩씩 ~ 하다

씰룩거린다 □을/를 ~

씹는다 씹어 먹는다, 씹어 삼킨다; 껌을 질겅질겅 ~, 어적어적 ~, 우물우물 씹은 약 풀, 우적우적 ~, □을/를 잘근잘근 ~, □을/를 질겅질겅 ~, □을/를 질근질근 ~

씹힌다 사각사각 잘 ~

씻긴다 □을/를 비누로 ~

씻는다 씻어서 불린다; 깨끗이 ~, 눈 씻고 찾아 보아도 없다, 문질러 ~, □을/를 ~, 태지를 ~

씽긋 ~ 웃는다

아 거울 ~ 거울 ~, 세월 ~ 네월 ~, 이 년 ~, 이 놈 ~, 이 눔 ~, 이 맹꽁 ~, 이 상년 ~, 호랑 ~

아가리 ~ 를 벌린다

아가씨 거봉 ~ 선발 대회, 동백 ~, 또순이 ~, 연쇄점 ~

아가페 에로스와 ~

아교 ~ 입자

아군 ~ 과 적군, ~ 함정

아궁이 ~ 부엌간; 부뚜막과 ~, 연탄 보일러 ~, 연탄 ~

아귀 억센 손 ~

아급 급성 혹은 ~

아기 ~ 고추 나무, ~ 장수 설화, ~ 진달래 꽃; 맞춤 ~, 시험 관 ~ 시술, 진달래 ~ 꽃망울

아기자기 ~ 하다

아까 ~ 말씀 드렸듯이

아깝다[아까와 아까운] 버리자니 ~, □을/를 아까와 한다, □이/가 ~

아낀다 숙박비를 최대한 ~, □을/를 ~, 쬐금 씩 쬐금 씩 ~

아낌 ~ 없는 갈채, ~ 없는 박수

아나운서 ~ 와 해설자; 모 ~, 모 여자 ~, 스포츠 중계 ~

아낙 ~ 네; 여염집 ~

아날로그 ~ 방식, ~ 신호

아노미 ~ 현상

아늑 ~ 하다

아니 □을/를 ~ 부끄린다

아니다 아닌 밤 중에 홍두깨, 아니외다 그려; □ 뿐만 ~, 계제가 ~, 고생이 이만저만이 ~, 그 이상도 그 이하도 ~, 그 이상도 이하도 ~, --는다고/ㄴ다고/다고/라고 해도 과언이 ~, 능사가 ~, □만이 능사가 ~, 별 거 ~, 별 것 ~, 별 게 ~, 보통내기가 ~, 본의 아니게, □에 다름 ~, □에 비하면 아무 것도 ~, 여간 강심장이 ~, 예삿일이 ~, --으려니까/려니까 여간 힘 든 게 ~, --을/ㄹ 뿐 아니라, □이/가 ~, 제 정신이 ~, 죽기 아니면 살기로, 한 둘이 ~

아니한다[아니해] --라 아니할 수 없다

아니한다[아니해] --지 ~

아닐린 ~ 염료

아담 ~ 하다

아대 정강이에 ~를 착용 한다

아동 ~ 교육서, ~ 권리 협약, ~ 명부, ~ 문학가, ~ 발달 백서, ~ 보육 센터, ~ 보육 시설, ~ 보호소, ~ 센터 공부 방, ~ 청소년 공연, ~ 학대; 결식 ~, 취학 ~, 취학 전 ~

아둔 ~ 하다

아득 ~ ~ 하다, ~ 히 내려다 보인다, ~ 히 멀다

아득바득 ~ 한다

아들 ~ 병역 비리, ~ 삼 형제; 금쪽 같은 ~, 목수의 ~ 요셉, 첫 ~을 낳는다

아뜩 앞이 ~하다

아라미드 ~ 섬유

아라베스크 ~ 문양

아랑곳 ~ 하지 않는다

아래 ~ ㅅ 계단 위, ~ ㅅ 돌 빼어서 윗돌 괸다, ~ ㅅ 입술을 깨문다, ~ 꼬리 덮깃, ~ 위를 훑어 본다, ~ 층; 땡볕 ~, 뙤약볕 ~, 미명 ~, 바지 ~단, 방천 둑 ~, □보다 두 살 ~이다, 삼 년 ~, 소수점 ~ 셋 째 또는 넷 째 자리, 승강구의 맨 ~계단, 윗니와 ~니, 위 ~로 오르내

린다, 위 ~로 훑어 본다, 위 ~로 흔들린다, 정자 나무 ~, 형광 등 불 빛 ~

아랫목 안 방 ~

아련 ~ 하나, ~ 히 떠 오른다

아령칙 ~ 하다

아로새긴다 아로새겨 진다

아뢴다 삼가 ~, 의정부에서 ~

아르곤 ~ 연구소

아르케익 ~ 시대

아른거린다 □에 ~

아름 한 ~ 안는다

아름답다[아름다와 아름다운] 숨 막힐 듯 ~

아름드리 ~ 나무, ~ 느티나무, ~ 회화 나무

아리다 아리는 기억

아리송 ~ 하다

아리아 오페라 ~

아릿 ~ 하다

아마 ~ 바둑 팬, ~ 씨름; 세계 ~ 바둑 선수권 대회

아마추어 ~ 로켓 협회, ~ 애호가

아메리슘 ~ 의 비율

아몬드 ~ 향

아무 ~ 짝에도 못쓴다, ~ 짝에도 쓸 모 없다, ~ 탈 없이; --든 ~ 상관이 없다, --어/아 보아야 ~ 소용 없다, --어도/아도 ~ 소용이 없다, --어야/아야 ~ 소용이 없다, □에 비하면 ~ 것도 아니다, □하고 ~ 상관도 없다

아무 ~ 에게도 방해 받지 않는다

아무렇다 아무렇게나, 아무러면 어떠니

아무리 ~ 강조 해도 지나치지 않다

아문 ~ 둔전

아문다[아물고 아물어] 상처가 ~, 상처를 ~

아미노태 ~ 질소 함량; 질소 및 ~

아밀로스 ~ 함량

아방궁 ~ 의 선녀

아버님 ~ 전 상서

아버지 늬 네 ~, 큰 어머니 큰 ~

아부 ~ 아첨; □한테 ~ 한다

아부지 ~ 랑 할아부지랑 할머니; 느그 ~

아비 ~ 와 어미; 택이 ~

아빠 아찌 ~

아빠트 영구 임대 ~

아사리 ~ 판 같다

아세틸코린 ~ 수용체

아쉬움 --는 ~

아쉽다[아쉬워 아쉬운] 못내 아쉬워 한다, □을/를 아쉬워 한다, 작별을 아쉬워 한다, 좀 아쉬운 감이 있다

아스라 ~ 하다

아스키 확장 ~ 코드

아스팔트 ~ 로 포장 한다, ~ 포장 도로

아슬아슬 ~ 하다

아슬아슬 ~ 한 승부

아슴 ~ ~ 하다

아시아드 ~ 주경기장

아시안 ~ 게임 조직위

아양 ~을 떤다

아역 ~ 배우

아연 ~ 실색 한다, ~ 하다, ~ 활기를 띤다

아열대 열대와 ~

아옹다옹 ~ 한다

아우러진다 끝 없이 서로 ~

아우른다[아울러] □을/를 ~

아우트라인 ~ 작성

아웃 구 회 말 투 ~, 삼진 ~, 테이크 ~ 커피 가게, 테이크 ~ 커피 전문점

아웃소싱 ~ 한다

아웅 눈 가리고 ~ 한다

아웅다웅 ~ 한다

아이 ~ ㅅ 적 습관 대로 먹는다, ~를 낳는다, ~를 밴다, ~를 키운다; 서당 ~, 여식 ~

아이디 ~와 패스워드

아이디어 참신한 ~

아이라인 ~과 아이섀도

아이러니칼 ~ 하다

아이러니컬 ~ 하다

아이러닉 ~ 하다

아이보리 ~ 색

아이섀도 아이라인과 ~, 연보라 색 ~

아이스링크 ~와 체육관; 시설 좋은 ~

아이스크림 명물 ~, 초콜릿 ~

아이언샷 송곳 같은 ~

아이피 ~ 추적

아작아작 ~ 깨문다

아장아장 ~ 걷는다

아재 용균 ~

아저씨 달수 ~, 만구 ~, 사진사 ~, 상민이 ~, 성훈 ~, 쌀 집 ~, 아터 ~, 오푼돌이 ~, 중달이 ~, 짱구 ~, 키다리 ~

아전인수 ~ 격으로

아제아제 ~ 바라제

아젠다 ~로 부각 된다; 주요 ~

아주 ~ 가시 돋친다, ~ 먹음직하다, ~ 알짜배기다, ~ 예쁘장스럽다

아주머니 옆 방 ~, 초로의 ~, 하숙 집 주인 ~

아줌마 수다 쟁이 ~, 파출부 ~, 흑 과부 ~

아지랑이 ~가 핀다

아지머님 큰 댁 ~

아직 ~도 눈에 선하다

아집 편견과 ~

아찌 ~ 아빠

아찔 ~ ~ 하다, ~ 한 현기증을 느낀다

아차 ~ 싶다, ~ 한다

아첨 아부 ~, □한테 ~ 한다

아침 ~ 나절, ~ 밥을 먹는다, ~이 밝는다, ~이 선명하다, ~ 점호, ~ 직원회, ~ 최저 기온; 내일 ~ 신문, 낼 ~, 설 날 ~, 이른 ~, 이틀날 ~, 지평 선 너머 ~ 노을, 하루 ~에 물 거품이 된다

아카데미 ~ 각본 상, ~ 남우 주연; 왕립 과학 ~

아카데믹 ~ 하다

아카시아 ~ 꽃 냄새, ~ 꽃 잎, ~ 꽃 향내, ~ 숲, ~ 향내

아크 페널티 ~

아크릴 ~ 간판; 흰 색 ~ 물 감

아트 국제 디지털 ~ 페스티벌, 도록이나 ~ 포스터

아티스트 비디오 ~, 팝 ~

아파트 ~ 경비인, ~ 기준 시가, ~ 나 연립, ~ 단지, ~ 모델 하우스, ~ 실거래 가액; 가변형 ~, 고층 ~, 대로변 ~, 미분양 ~, 복도 식 ~, 삼십 평 짜리 ~, 시범 단지 ~, 시영 ~, 영구 임대 ~, 저층 ~, 중산 층 ~, 초고층 주상 복합 ~, 호텔 식 ~

아편 ~ 밀매, ~ 생산지, ~ 중독자

아포토시스 ~ 과정

아프다[아파] 아프다는 핑계; 골치 ~, 머릿살 ~, 머릿속까지 지끈지끈 ~, 쓰리고 ~, 오비듯이 ~

아픔 가슴을 도려 내는 ~, 간장을 도려 내는 ~, 뼈를 깎는 ~, 살을 도려 내는 ~, 심장을 도려 내는 ~

아호 ~ 를 딴다

아황산 ~ 가스

악 ~ 에 받친다

악곡 노래 또는 ~

악귀 ~ 를 쫓는다

악기 ~ 를 연주 한다; 건반 ~, 금관 ~, 목관 ~, 성악가나 ~ 연주자

악기점 ~ 주인

악다구니 ~ 를 퍼 붓는다

악다문다[악다물고 악다물어] □을/를 ~, 이를 ~

악덕 ~ 건축 업자, ~ 기업주, ~ 상인

악독 ~ 하다

악랄 ~ 하다

악례 ~ 를 남긴다

악마 ~ 를 불러 낸다; 붉은 ~

악명 ~ 높다, ~ 을 떨친다

악몽 ~ 에 시달린다

악문다[악물고 악물어] □을/를 ~, 이를 ~

악물린다 이가 ~

악법 반환경 ~

악사 궁정 ~

악살 ~ 을 먹인다

악성 ~ 궤양, ~ 루머, ~ 유언비어, ~ 종양

악송구 삼 루 ~, 삼 루에 ~ 한다, 이 루에 ~ 한다

악수 ~ 를 둔다; 장고 끝의 ~

악수 ~ 를 청한다; □과/와 ~를 한다, 굳은 ~

악순환 ~ 의 고리, ~ 이 거듭 된다; --는 ~, 보복의 ~, 빈곤의 ~, 인과적 ~

악어 ~ 가죽 무늬

악영향 □에 ~을 미친다

악용 ~ 된다; □을/를 ~ 한다

악의 ~ 로 한 말, ~ 를 품는다, ~ 없이, ~ 에 찬

악재 ~ 가 겹친다; 미국발 ~

악전고투 ~ 한다

악조건 ~ 딛고, ~ 속, ~ 에도 불구하고, ~ 을 극복 한다; 기상 ~

악질 ~ 모리배

악취 ~ 가 진동 한다, ~ 를 풍기며 썩는다

악취미 --는 ~

악행 ~ 을 저지른다

악화 ~ 일로를 걷는다, ~ 일로에 있다; 극도로 ~ 된다, 수익성 ~, 자금 ~ 설, 채산성 ~

악화 ~ 가 양화를 구축 한다

안 개정 령 ~, 개정 법률 ~, 개정 ~을 입법 한다, 개혁 관련 법 ~, 결의 ~이 통과 된다, 경실련의 조정 ~, 경실련 조정 ~, 교육 개혁 종합 구상 ~, 교육 공무원 임용 령 개정 ~, 국회 법 개정 ~, 긴급 조치 법 개정 ~, 내년도 예산 ~, 민법 개정 ~, 발췌 개헌 ~, 법 ~을 통과 시킨다, 법무 부 장관 해임 건의 ~ 처리, 변호사 법 개정 ~, 분쟁 조정 법 ~, 새해 예산 ~ 심의, 세제 개편 ~, 수업 지도 ~, 시행 규칙 개정 ~, 신탁 통치 ~, 안보리 결의 ~, 연방 제 ~, 연방 제 통일 ~, 예보채 차환 발행 동의 ~, 오 개년 계획 ~, 유가 증권 상장 규정 개정 ~, 육 개 항 결의 ~, 임명 동의 ~을 부결 한다, 임명 동의 ~이 부결 된다, 잠정 합의 ~, 장관 해임 건의 ~, 적화 통일 ~, 지침 ~이 승인 된다, 직권 중재 ~, 채무 재조정 ~, 체제 유지 통일 ~, 추경 예산 ~, 포괄적 평화 ~, 학교 생활 규정 예시 ~, 한글 맞춤법 통일 ~, 해임 ~ 처리, 회계 연도 국방 예산 ~

안 ~ 감과 겉 감, ~ 동네 사람, ~ 마당 해바라기, ~ 방과 건넌 방, ~ 방 아랫목, ~ 엣 소리, ~ 쪽 세로 다발, ~ 채와 사랑 채; 가옥의 ~ 채, 괄호 ~, 그대 품 ~, 둥우리 ~, 목 ~엣소리, 목 ~으로 삼킨다, 빠른 시일 ~에, 사랑 채와 ~ 채, 새 장 ~, 양복 ~ 주머니, 우물 ~ 개구리, 울 ~ 전산 망, □을/를 입 ~에 털어 넣는다, 이 녁 ~, 입 ~이 텁텁하다, 잠바 ~ 주머니, 재킷 ~ 주머니, 점퍼 ~ 주머니, 집 ~ 정돈, 집 ~ 청소, 팔이 ~으로 굽는다, 품 ~에 안긴다

안가린다 찬 밥 더운 밥 ~

안간 --려고 ~ 힘을 쓴다

안간다 안간 힘을 쓴다

안개 ~ 가 걷힌다, ~ 꽃 다발, ~ 낀다, ~ 에 싸인다, ~ 처럼 피어 오른다; 구름과 ~, 밤 ~ 속, 뿌연 ~, 짙은 ~

안경 ~ 테; 금 테 ~, 대모 테 ~, 돗수 없는 ~, 돋보기 ~, 두꺼운 ~, 렌즈의 ~, 무테 ~, 밤 색 뿔 테 ~, 백통 테 ~, 손수건으로 ~을 닦는다, 엑스레이 ~, 은테 ~을 낀다

안고프다[안고파] 배 ~

안과 ~ 전문의

안구 ~ 외근, ~ 외전, ~ 적출, ~ 진탕, ~ 진탕증; 수직성 ~ 운동, 신속 ~ 운동 수면

안근 ~ 마비성; 핵 간 ~ 마비

안긴다 그의 품에 ~, 품 안에 ~

안긴다 □을/를 안겨 준다

안난다 털어서 먼지 안나는 사람 없다

안남는다 살 날이 얼마 안남았다

안남미 ~ 밥

안내 ~ 책자; 낚시 관광 ~ 소장, 낚시 꾼 ~ 관광선, 낚시 ~ 관광선, 서점 ~ 직원, □을/를 ~ 한다, □이/가 적힌 ~ 판, 통역 겸 ~자

안내견 맹인 ~

안내문 ~ 을 발송 한다

안내선 낚시 관광 ~

안내소 낚시 관광 ~, 탐방객 ~

안내양 버스 ~

안낸다 세금 한 푼 ~

안녕 ~ 하다, ~ 히 간다, ~ 히 계십시오, ~ 히 주무십시오

안는다 감싸 ~, 꼬옥 껴 ~, 보듬어 ~, 부둥켜 안고 울음을 터뜨린다, 으스러지게 ~, □을/를 끌어 ~, □을/를 번쩍 안아 든다, □을/를 부둥켜 ~, □을/를 싸 ~, □을/를 쓸어 ~, □을/를 ~, □을/를 와락 끌어 ~, □의 다리 통을 끌어 ~, 전기 스토브를 껴 ~, 품에 ~, 한 아름 ~

안다[알고 알아] 알아 주는 남녀 평등 주의자; 개 떡 같이 말 해도 찰떡 같이 알아 듣는다, 낌새를 알아 차린다, 네 분수를 알아라, 말 귀를 알아 듣는다, 말 귀를 알아 먹는다, 번연히 ~, 속 속 들이 ~, 어련히 알아서 하 겠느냐, --은/ㄴ 줄 ~, --을/ㄹ 줄 ~, --을/ㄹ 줄을 ~, □을/를 금방 알아 챈다, □을/를 뻔히 ~, □을/를 알아 낸다, □을/를 알아 본다, □을/를 알아 차린다, □을/를 알아 챈다, □을/를 천직으로 ~, 이름만 대면 ~, 익히 알고 있다, 참된 알, 한 눈에 알아 본다

안달 ~ 복달 한다; --어/아 ~이다, □에 ~ 한다

안대 ~를 한다; 싸구려 ~, 차광 ~

안도 ~ 의 숨을 내 쉰다, ~ 의 한숨을 내 쉰다, ~ 한다

안된다 --대서/는대서야 말이 ~, 이러면 ~

안둔다 가만 ~

안든다[안들고 안들어] 돈 안드는 선거

안들인다 힘 ~

안락 ~ 의자와 걸상, ~ 하다

안락사 ~ 시킨다, ~ 의 도덕성 논쟁, ~ 한다; 반자의적 ~

안료 회 벽에 ~를 칠 한다, 회벽에 ~를 바른다, 흑 색 ~

안마 ~ 시술소

안마른다[안말라] 이마에 피도 안마른 놈

안면 ~ 근 쇠약, ~ 근 연축, ~ 근육, ~ 몰수, ~ 실인증; 말초성 ~, 중추성 ~ 마비

안면근 ~ 쇠약

안무 ~ 연습, ~ 한다

안묻는다 티껍지 ~

안민 보국 ~

안반 ~ 에 쏟는다

안배 □을/를 ~ 한다

안보 ~ 담당 보좌관, ~ 태세, ~ 통일 특보, ~ 협의 회의; 국토 ~ 부 장관, 대통령 외교 ~ 수석, 백악관 국가 ~ 보좌관, 연례 ~ 협의회, 외교 ~ 통일, 외교 ~ 팀,

지역 ~ 포럼, 청와대 외교 ~ 수석, 총리실 외교 ~ 심의관, 총재 외교 ~ 특보

안본다 거들떠도 ~

안부 ~ 가 궁금하다, ~ 를 묻는다, ~ 를 전한다

안상 ~ 을 조각 한다

안수 ~ 기도, ~ 해 준다; 목사 ~를 받는다, □에 ~ 한다

안식일 유태교의 ~

안심 적이 ~ 한다

안온 ~ 하다

안온다 잠 안오는 밤

안울린다 울림 소리와 안울림 소리

안위 일신의 ~

안이 ~ 하다

안일 ~ 하다; 무사 ~ 주의

안장 국립 묘지에 ~ 된다, 묘지에 ~ 한다

안재운다 잠 ~

안저 ~ 검사, ~ 소견

안전 ~ 벨트 사인, ~ 보위 부, ~ 보장 이사회 상임 이사국, ~ 보장 회의, ~ 사고, ~ 선 밖, ~ 수칙, ~ 시설 미비, ~ 장치, ~ 제일 주의를 취한다, ~ 지대로 대피 한다, ~ 하다, ~ 협정 서명; 교통 ~ 관리자, 국가 ~ 기획 부, 사회 ~ 망 확충, 산업 ~ 보건 법 위반, 원자력 ~ 기술원, 핵 ~ 협정

안전국 국가 ~

안전모 ~ 를 쓴다

안전청 식품 의약품 ~

안절부절 ~ 못한다, ~ 한다

안정 고용 ~ 센터, 증시 ~ 기금, 직업 ~ 법, 통화 ~ 증권, 하향 ~세, 한반도의 평화와 ~

안정적 ~ 으로, ~ 인

안정제 신경 ~

안존 ~ 하다

안좋다 안좋은 말을 퍼뜨린다; 여론이 ~

안주 기득권에 ~ 한다

안주 생맥주와 햄 샐러드 ~, 술 ~ 회, 초간단 ~, 초단간 ~ 요리

안중 ~ 에도 없다

안짝 삼십 ~

안착 □에 ~ 한다

안채 ~ 로 드나든다

안출 □을/를 ~ 한다

안치 사리 함이 ~ 된다, 시신이 ~ 된다, □에 ~ 한다, 위패를 ~ 한다

안치소 시체 ~

안친다 안치는 떡, 안쳐서 찐다; 시루에 ~

안타 빗맞은 ~, 오 ~ 1 실점, 오 ~ 무실점, 우전 ~, 이 루수 앞 내야 ~, 이 ~ 무실점, 일 회 좌전 ~, 일 회 중전 ~, 칠 타수 2 ~, 칠 타수 5 ~

안타깝다[안타까와 안타까운] 안타깝기 그지없다; □을/를 안타까와 한다, □이/가 ~

안태 ~ 고향

안팎 사방 백 리 ~

안한다[안해] 눈썹 한 번 까딱 ~

앉는다 앉으나 서나; 가슴이 철렁 내려 ~, 길 거리로 나 ~, 길 거리에 나 ~, 꿇어 앉아 빈다, 끼리끼리 둘러 ~, 단정히 꿇어 ~, 단정히 ~, 털컥 내려 ~, 털컹 내려 ~, 마주 ~, 바늘 방석에 ~, 벙벙히 ~, 벤치에 ~, 비스듬히 기대어 ~, 빗더미에 올라 ~, 뻥 둘러 ~, 사뿐히 내려 ~, 상좌에 ~, 솥 뚜껑에 올라 ~, 앞 자리에 ~, □에 기대어 ~, □에 꿇어 ~, □에 눌러 ~, □에 늘어 ~, □에 둘러 ~, □에 들어 ~, □에 빙 둘러 ~, □에 쪼그리고 ~, □에 쭈그리고 ~, □에 퍼질러 ~, 오도카니 앉아 있다, 옴팍 들어 ~, 옹기종기 둘러 ~, 웅크리고 ~, □이/가 철렁 내려 ~, 전세로 내려 ~, 좌담석에 ~, 주질러 ~, 죽치고 ~, 책 상 다리를 하고 ~, 청승맞게 쪼글띠리구 ~, 측실로 들어 ~, 쿵 하고 내려 ~, 퍼대고 ~, 퍼더버리고 ~, 폭삭 내려 ~, 휙 돌아 ~, 흔들의자에 ~

앉은뱅이 ~ 여자, ~ 책 상 하나

앉힌다 □에 꿇어 ~, □에 ~, 주질러 ~

않는다 개미 한 마리도 얼씬거리지 ~, 거들떠 보지도 ~, 겉으로 내색 하지 ~, 괘념 하지 ~, 구애 받지 ~, 굴하지 ~, 그닥 기억 나지 ~, 끊이지 ~, 눈 하나 깜짝 ~, 눈썹 하나 까딱 ~, --는다지/ㄴ다지 않니, 달가워 하지 ~, □도 서슴지 ~, 두려워 ~, --라니 당치도 ~, --라지 않니, 먹혀 들지 ~, 물 불 가리지 ~, 미동도 하지 ~, 믿기지 ~, 바위처럼 꿈쩍 ~, 밤 낮 가리지 ~, 불끈거리지 ~, 선뜻 내키지 ~, 손 끝 하나 까딱 ~, 손 하나 까딱 ~, 손가락 하나 까딱 ~, 수단과 방법을 가리지 ~, 실오라기 하나 걸치지 ~, 썩 내키지 ~, 아랑곳 하지 ~, 아무에게도 방해 받지 ~, □에 거리끼지 ~, □에서 한 치도 벗어 나지 ~, 예기치 않은, 욕심에 차지 ~, □을/를 개의치 ~, □을/를 서슴지 ~, □을/를 통하지 ~, 입도 뻥긋 ~, 잠시도 쉬지 않고, --지 않고는 못배긴다, 채 가시지 않았다, 탐탁히 여기지 ~, 한 발짝도 물러 서지 ~

않다 가당하지 ~, 거처가 일정치 ~, 곱지 않은 시각, 곱지 않은 시선, □과/와 결코 무관하지 ~, 그닥 비싸지 ~, 남 부럽지 ~, 낮 설지만은 ~, 낮 설지 ~, 녹록하지 ~, 달갑지 ~, 당치도 ~, 대수롭지 ~, 마뜩하지 ~, 만만하지 ~, 못하지 ~, 반론도 만만치 ~, 범상하지 ~, 별로 탐탁지 ~, 별루 신통치 ~, □보다 그리 대단치 ~, 석연하지 ~, 시덥지 ~, 신통하지 ~, 심상치 ~, 심상하지 ~, 아무리 강조 해도 지나치지 ~, 얇지도 두껍지도 ~, 얼토당토 ~, 여의치 ~, 영 마뜩치 ~, 예사롭지 ~, --을/ㄹ 성 싶지 ~, --지만은 ~, 탐탁하지 ~, 허렁허렁하지 ~

알 ~ 거지가 된다, ~ 까기 술래 잡기, ~ 대가리 그림자, ~ 약, ~ 을 품어 부화시킨다, ~ 찬 결실, ~ 토란 같다; 깨 ~ 같은 글씨로, 깨 ~ 같이 적는다, 깨 ~ 같이 적힌다, 꿩 먹고 ~ 먹는다, 도토리 ~, 모래 ~처럼 흩어 진다, 밀감 한 ~, 밤 ~ 굵기, 밥 ~ 같은 구더기, 백 촉 짜리 ~ 전구, 벼 ~, 삼십 촉 짜리 ~ 전구, 유리 ~ 유희, 철갑 상어 ~, 총 ~ 두 발을 쏜다, 총 ~이 빗발 친다, 콩 ~ 굵기로 썬다, 호두 ~, 황금 ~을 낳는 거위

알갱이 탄소 ~

알곡 오십 톤의 ~

알딸딸 ~ 하다

알뜰 ~ 가계부 쓴다, ~ 도서 교환, ~ 주부의 쿠킹 센스, ~ 하다, ~ 히 캔다

알라리 ~ 꼴라리

알람 ~ 소리

알랑방구 ~ 를 뀐다

알량 ~ 한

알레고리 상징이나 ~

알레르기 ~ 비염, ~ 질환; 환절기 질환 ~

알록달록 ~ 하다, ~ 헌 헝겊

알루미늄 ~ 야구 방망이, ~ 중독

알린다 널리 ~, □으로/로 알려 진다, □을/를 만방에 ~, □을/를 전세계에 ~

알맞다 □에 ~

알미늄 ~ 그릇이나 플라스틱 그릇

알선 ~ 수재 및 조세 포탈, ~ 수재 혐의, ~ 한다; 취업 ~

알싸 ~ 하다

알쏭달쏭 ~ 하다

알알 ~ 하다

알음알음 ~ 으로

알자 ~ 가 초헌관을 인도 한다, ~ 가 헌관을 인도 한다

알짜배기 ~ 미술관; 아주 ~이다

알츠하이머 ~ 병, ~ 형 치매

알칼리 ~ 금속

알코올 ~ 램프, ~ 사목 센터, ~ 중독과 약물 중독, ~ 중독 환자, ~ 중독자, ~ 중독증, ~ 추출법; 급성 ~ 중독, 만성 ~ 중독, 약물이나 ~, 혈중 ~ 농도

알콜 ~ 돗수, ~ 도수, ~ 섭취, ~ 중독, ~ 중독자, ~ 중독증

알콩달콩 ~ 한다

알파 ~ 운동 신경원, ~ 율동; 플러스 ~

알파벳 ~ 대소 문자

알현 □을/를 ~ 한다

앓는다 앓는 뱃속; 골 머리를 ~, 골치를 ~, 냉가슴을 ~, 몸살을 ~, 백혈병을 ~, 벙어리 냉가슴 앓듯, 분열증을 ~, 소아마비를 ~, 속 병을 ~, 시난고난 ~, 신장병을 ~, 열 병을 ~, □으로/로 시름시름 ~, --으면서/면서 끙끙 ~, □을/를 ~, 이하선염을 ~, 중병을 ~, 피부 병을 ~, 혼자 끙끙 ~, 횟배 앓는 뱃속

앓이 벙어리 냉가슴 ~

암 ~ 나무와 숫나무, ~ 놈과 숫놈, ~ 놈과 수 놈, ~ 수 동형

암 ~ 말

암 ~ 세포나 에이즈 균, ~ 치료제, ~ 투병; 소세포성 폐 ~, 유전성 대장 ~, 자궁 ~, 췌장 ~, 폐 ~ 발생률, 피부 ~

암갈색 ~ 액체, ~ 잠바

암굴 토굴이나 ~

암기 ~ 위주; 통 째로 ~ 한다

암달러상 ~ 이 들러붙는다

암담 ~ 하다

암만 ~ 해도

암매장 ~ 한다

암모니아 ~ 혈증; 볏짚 ~ 처리, 염화 수소와 ~, 질산 ~

ㅇ

암묵리 ~ 에

암반 생토 ~, 천연의 ~

암벽 ~ 등반 대회; 스포츠 ~ 등반

암색 ~ 줄 무늬

암석 탄산염 ~

암소 누렁 ~

암송 □을/를 ~ 한다

암술 ~ 과 수술

암시 □을/를 ~ 한다

암암리 ~ 에

암영 불길한 ~

암울 ~ 하다

암장 ~ 한다

암중 ~ 모색 한다

암초 ~ 에 부딪힌다

암컷 ~ 과 수컷; 수컷과 ~, 포유류 ~

암탉 토종 ~

암퇘지 새끼 ~

암행 ~ 어사

암호 ~를 해독 한다, ~ 해독; 민수용 ~

압날 □을/를 ~ 한다

압도 ~ 한다

압도적 ~ 다수, ~ 우세, ~ 으로, ~ 인

압력 ~ 밥 솥; 강한 ~, 물가 상승 ~

압류 ~ 한다

압박 ~ 수용기, ~ 한다; □에 ~을 가한다, 척수 ~이나 마미 증후군, 척수 ~이나 마비

압봉 ~ 이나 은박지

압살 □을/를 ~ 한다

압송 ~ 된다; 국내로 ~ 한다, □으로/로 ~ 한다

압수 ~ 나 정간 처분, ~ 물품, ~ 수색 영장, ~ 한다

압인문 ~ 토기

압제 권위와 ~

압착 ~ 경사도

압축 ~ 분사기, ~ 한다; 피스톤이 ~ 된다

압축기 캔 ~

압출 ~ 면, ~ 성형법

앗긴다 뺏고 빼 ~, □을/를 빼 ~

앗는다 359 명의 목숨을 앗아 간다, 빼앗듯이 받는다, □을/를 빼 ~, □을/를 앗아 간다

앗이 품 ~나 두레

앙 ~ 한다

앙감질 ~ 걸음

앙관 ~ 부찰

앙금 ~ 케이크; 고구마 ~, 팥 ~

앙금 ~ 이 남는다, ~ 이 사라진다

앙다문다[앙다물고 앙다물어] □을/를 ~, 이빨을 ~

앙등 물가 ~

앙바틈 ~ 하다

앙상 뼈만 ~하다

앙상블 하프 ~

앙서 ~와 수서; 날카로운 ~

앙심 ~을 품는다

앙양 사기를 ~ 한다, 사기 ~, 승공 사상 ~ 기간, □을/를 ~ 한다

앙요 ~류

앙케이트 ~ 조사

앙큼 ~하다

앞 ~ 날이 창창하다, ~ 다퉈, ~ 만 보고 걷는다, ~ 문과 뒷문, ~ 산, ~ 서거니 뒤 서거니 한다, ~ 섶을 끄른다, ~ 을 튼다, ~ 이 아뜩하다, ~ 자리에 앉는다, ~ 잡이 노릇, ~ 좌석, ~ 줄 옆 줄 맞춘다, ~ 집 담벼락, ~ 집 뒷집, ~ 치마를 두른다, ~ 팔 뼈; 기관차처럼 ~ 세운다, 눈 ~에 어른거린다, 눈 ~에서 어른거린다, 눈 ~이 캄캄하다, 대웅전 ~ 마당, 런닝 샤쓰 ~ 가슴을 움킨다, 매표구 ~, 맨 ~ 자리, 맨 ~ 줄, 몇 걸음 ~ 선다, 방일을 ~ 둔다, 수확기를 ~ 둔다, 스웨터 ~ 자락, 시청 ~ 광장, 신위 ~에 받든다, 십 만 원 짜리 자기 ~ 수표, 십만 원권 자기 ~ 수표, 어른 ~에서 방자히 군다, □에 ~ 선다, □을/를 ~ 둔다, □을/를 ~ 세운다, □을/를 ~ 지른다, 이루수 ~ 내야 안타, 자점 발행 자기 ~ 수표, 저만큼 ~ 쪽, 전두엽 ~ 겉질, 전중대원 ~에서, 정액 자기 ~ 수표, 지옥 문 ~, 쪽문 ~, 철물 전 ~, 코 ~에 닥친다, 타행 발행 일반 자기 ~ 수표, 탑승구 ~, 한 발 ~ 선다, 한 치 ~도 내어다 보지 못한다, 한 치 ~을 내어다 보지 못한다, 한미전을 ~ 둔다, 환전소 ~

앞장 ~을 선다; □에 ~ 선다, □을/를 ~ 세운다, 행렬을 ~ 선다

애 고 놈의 계집 ~, 쌍둥이 남자 ~

애 ~ 간장을 태운다, ~ 간장이 녹는다, ~ 달아 한다, ~ 써 담담한 척 한다; --느라 ~ 쓴다, --려고 ~ 쓴다, 무진 ~를 쓴다, 무진 ~ 먹는다, 무진 ~ 쓴다, 홍어 ~ 썩듯이 썩는다

애걸 ~ 복걸 한다, ~ 한다

애견 ~ 센터, ~ 전용 생수

애고 ~ ~

애교성 ~ 실수

애국 ~ 계몽 운동, ~ 애민 한다, ~ 애족 교육, ~ 애족 사업, ~ 조회; 열혈 반공 ~ 청년

애국미 ~ 헌납 운동

애국심 ~을 고취 한다

애국자연 ~ 한다

애국장 건국 훈장 ~

애꿎다 애꿎은 담배만 피운다

애낀다 □을/를 ~

애달캐달 ~ 한다

애도 ~의 뜻을 표한다, ~ 인파; 진심으로 ~ 한다

애독 ~자 엽서; □을/를 ~ 한다

애드호크러시 ~ 조직

애련 ~ 하다

애로 ~ 및 건의 사항, ~ 사항; 중소 기업의 ~

애매 ~ 모호하다, ~ 하다

애무 ~ 한다

애민 애국 ~ 한다

애벌 ~ 빨래

애비 ~ 에미; 에미 ~, 장물 ~, 중신 ~

애사 경사나 ~

애석 ~ 히다, ~ 히 여긴다

애소 ~ 한다

애송 ~ 한다

애수 ~ 의 소야곡

애완 ~ 동물 산업 종주국

애용 ~ 된다; 국산품 ~, 국산품을 ~ 한다, 우리 농산물 ~

애원 살려 달라고 ~ 한다

애음 □을/를 ~ 한다

애인 ~ 을 구한다, ~ 이 생긴다, ~ 하고 도망 친다; 옛 ~

애잔 향기 같이 ~하다

애재 오호 ~이라

애절 ~ 하다

애정 ~ 운, ~ 을 갖고, ~ 행각; 우리 말에 대한 ~, 진한 ~ 표현

애조 ~ 띤다

애족 애국 ~ 교육, 애국 ~ 사업

애지중지 □을/를 ~ 한다

애착심 □에 대한 ~

애창 ~ 된다

애청 ~ 자 여러 분, ~ 한다

애통 ~ 하다

애틋 ~ 하다

애호 ~ 도를 유지 한다, ~ 한다; 상표 ~ 도, 선호도와 ~도, 평화 ~

애호가 아마추어 ~

액 ~ 젓

액면 ~ 가액, ~ 그 대로 믿는다, ~ 그 대로 받아 들인다; □을/를 ~ 대로 믿는다, □을/를 ~ 대로 받아 들인다

액면가 ~ 로

액상 ~ 과당, ~ 크림

액세스 ~ 한다

액셀러레이터 ~ 를 밟는다

액션 ~ 영화; 할리우드 식 ~

액자 정사각 형 ~, 직사각형 ~, 코르크 판 ~

액젓 멸치 ~

액정 ~ 화면; 박막 ~ 표시 장치

액체 ~ 육젓, ~ 질소 탱크, ~ 파라핀; 암갈색 ~

액화 ~ 석유 가스

앤드 히트 ~ 런 사인, 히트 ~ 런 실패

앨범 제 삼 집 ~

앰비벌런트 ~ 하다

앰프 ~ 나 턴테이블

앰플 독 약 ~을 깨문다

앱 택시 ~

앵글 철제 ~

앵두 ~ 나무; 구슬 같은 ~, 빨간 ~

앵무새 ~ 처럼 되풀이 한다

앵벌이 구라 ~

앵커 여성 ~

야 꼬마 ~ 꼬마 ~, 새 ~ 새 ~ 파랑 새 ~, 여우 ~ 여우 ~, 해 ~ 솟아라

야 여와 ~

야 --대서/는대서 ~ 말이 안된다, 그 거 ~ 모르지, 이유 ~ 어떻든

야 ~ 인마, ~ 임마; 임마 ~

야간 ~ 보초, ~ 수면 양상, ~ 신학교, ~ 작업, ~ 초계 비행; 철야 또는 ~

야경증 ~ 및 몽유 병

야광 ~ 연두색

야구 ~ 경기 관람, ~ 심판, ~ 의 적응기, ~ 중계 방송, ~ 클리닉; 리틀 ~ 대회 개최, 봉황대기 고교 ~, 알루미늄 ~ 방망이, 프로 ~ 게임, 학교 ~ 부

야구장 ~ 기공 식 참가; 리틀 ~

야권 ~ 각파

야금야금 ~ 먹는다

야기 ~ 된다; □을/를 ~ 한다

야단 ~ 법석; --는다고/ㄴ다고/다고/라고 저 ~이다, □한테 ~ 맞는다, 호되게 ~을 친다, 호되게 ~ 친다

야단법석 --느라고 ~이다

야당 ~ 총재 시절, ~ 측 참관인, ~ 측 토론자; 여당과 ~

야들야들 ~ 하다

야릇 괴상 ~하다, 이상 ~한

야마 ~ 가 돈다

야만 ~ 과 욕망; 광기와 ~, 문명과 ~

야바위 ~ 노름; 팽이 ~

야박 ~ 하다

야반 ~ 도주 한다

야밤 ~ 에

야비 ~ 하다

야산 ~ 잡종지; 문중의 ~

야생 ~ 동물 보호, ~ 조류

야생화 ~ 탐사

야소 여대 ~ 정국

야속 ~ 하다

야수 미녀와 ~

야심만만 ~ 하다

야아옹 ~ ~

야앙 ~ ~

야외 ~ 공연장, ~ 녹화, ~ 바베큐, ~ 오픈 세트, ~ 취사, ~ 특설 무대

야유 ~ 한다

야음 ~ 을 틈 탄다

야자 ~ 열매 술; 한 그루의 ~ 나무

야전 ~ 병원, ~ 침대

야지랑 ~ 을 편다

야채 ~ 가게, ~ 샐러드, ~ 와 과일; 과일이나 ~

야트막 ~ 하다

야학 검정 고시 ~

야합 ~ 한다; 밀실 ~

약 전방 ~ 이백 메타

약 ~ 방의 감초, ~ 병, ~ 을 먹는다, ~ 을 복용 한다, ~ 을 조제 한다; 가짜 ~ 장수, 건재 ~ 방, 경구용 피임 ~, 독 ~ 앰플을 깨문다, 만 병 통치 ~, 백 ~이 무

ㅇ

효다, 병 주고 ~ 준다, 사후 피임 ~, 사후 ~ 방문, 소독 ~ 냄새, 알 ~, 우물우물 씹은 ~ 풀, 특효 ~, 항간질 ~

약간 ~ 노르스름하다, ~ 빈정거리는 이투로, ~ 씩 변화 한다; 소금 후춧가루 ~, 증류수 ~

약관 ~ 대출, ~ 에 동의 한다; 거래 기본 ~, 서비스 이용 ~

약국 ~ 휴업

약다 약아 빠진 놈

약도 ~ 를 그린다; 주소와 ~

약동 ~ 한다

약력 ~ 결합 상수, ~ 과 전자기력

약리 ~ 유전체학, ~ 작용

약물 ~ 과 혼합 한다, ~ 복용, ~ 오남용 방지, ~ 요법, ~ 을 복용 한다, ~ 이나 알코올, ~ 투여; 마약성 ~, 알코올 중독과 ~ 중독, 항고혈압 ~, 항정신 병 ~, 항코린성 ~, 향정신성 ~

약보합 ~ 세

약사 ~ 법 개정, ~ 법 시행 규칙, ~ 법 재개정, ~ 와 한의사, ~ 의 한약; 개정 ~ 법, 무면허 ~ 행위, 의사 또는 ~, 한의사와 ~, 한의사회와 ~회

약선 ~ 요리 여행

약세 ~ 를 시현 한다, ~ 종목; 달러 ~, 달러화 ~, 엔 ~

약소 ~ 국가 신세, ~ 민족, ~ 하다

약속 ~ 을 지킨다, ~ 한다; 사과 및 재발 방지 ~, 사과와 재발 방지 ~, 사재 출연 ~, 저녁 ~, 철석 같이 ~을 믿는다

약수 ~ 를 긷는다

약술 □을/를 ~ 한다

약식 ~ 기소 한다, ~ 명령, ~ 부호, ~ 재판, ~ 주석

약여 ~ 하다

약용 ~ 가향 곡주

약육강식 ~ 의, ~ 이나 도태

약자 ~ 에게 불리하다, ~ 의 권익, ~ 의 이익을 대변 한다, ~ 의 편에 선다; 강자와 ~, 사회적 ~나 결핍자

약재 ~ 나 가향 재료

약점 ~ 을 진단 한다, ~ 을 찌른다, ~ 잡힌다; 강점과 ~, 치명적 ~

약정 ~ 을 체결 한다; 당좌 대월 거래 ~, 당좌 대월 거래 추가 ~, 대월 ~, 명의 신탁 ~, 인증 업무 협력 ~, 추가 ~ 체결

약정서 당좌 대월 거래 ~, 당좌 대월 거래 추가 ~, 대출 거래 ~

약제비 ~ 청구

약조 ~ 한다, ~ 헌다

약주 상용 ~

약지 중지와 ~

약진 ~ 한다; 각개 ~

약질 ~ 로 만든다

약초 ~ 를 캔다; 한방 ~

약탈 ~ 과 방화, ~ 당한다, ~ 을 일 삼는다, ~ 한다; 원시적 ~, 자원 ~

약품 화공 ~

약하다[약해] 약한 배흘림, 약하디~ ; 기가 ~, 돈에 ~, 몸이 ~, 비위가 ~, 수수깡처럼 ~, 열에 ~, 정에 ~

약혼 ~ 반지나 결혼 반지, ~ 식을 올린다, ~ 피로연, ~ 한다

약화 ~ 된다, ~ 시킨다

약효 ~ 동등성

얄라리 얄라성 ~

얄라성 ~ 얄라리

얄얄 ~ 하다

얄팍 ~ 하다

얇다 얇게 저며 썬다, 얇은 막, 얇은 잠옷, 얇은 판, 얇지도 두껍지도 않다; 눈까풀 ~, 두께가 ~, 면도 날 같이 ~, 버터를 얇게 바른다

얌전 ~ 하다

얌체 ~ 족속

얍삽 ~ 하다

양 음과 ~

양 ~ 곱창, ~ 이 적다, ~ 치기의 오두막집; 속죄 ~, 희생 ~

양 ~ 군의 분할, ~ 군이 분할 된다, ~ 끝단, ~ 날의 칼, ~ 다리를 걸친다, ~ 당총무, ~ 당제, ~ 문 형 냉장고, ~ 쪽 볼때기, ~ 측의 입장, ~ 측간, ~ 편 넣기; 동전의 ~ 면, 등식의 ~ 변, 물심 ~ 면으로, 용 마루 ~ 끝, 임병 ~ 난, 임병 ~ 란, 찬반 ~ 론이 팽팽히 맞선다

양계 ~ 농가

양계인 전국 ~

양계장 ~ 의 닭

양곡 ~ 관리 법, ~ 관리 특별 회계, ~ 유통 위원회, ~ 자급

양과자 도넛과 ~

양광 초겨울의 ~

양국 ~ 간 교역

양궁 국제 ~ 연맹

양기 태양의 ~

양념 ~ 겨자 소스, ~ 을 버무린다, ~ 의 궁합, ~ 이 잘 된다; 갖은 ~, 불 고기 ~, 장산적 ~, 조림 ~, 후추로 ~ 한다

양놈 ~ 하고 산다

양능 양지 ~

양담배 ~ 소비세

양대 ~ 노총, ~ 산맥, ~ 열강

양도 ~ 가액, ~ 담보 사실 기재 의무, ~ 세, ~ 소득세가 부과 된다, ~ 소득 중과세; 부동산 ~ 신고 확인서, 위탁자에게 ~ 한다, 주식 ~ 차익

양란 병자 ~

양로원 ~ 위문

양론 ~ 이 있다

양립 ~ 할 수 없다

양말 ~ 대님, ~ 두 켤레, ~ 을 꿰맨다, ~ 을 신는다; 덧신 ~

양민 ~ 학살 사건

양반 ~ 과 상놈, ~ 행티; 집 사람과 바깥 ~

양병 십 만 ~

양보 ~ 구문, ~ 부사 절, ~ 없는 접전을 펼친다; 대폭 ~ 한다, 백 보를 ~ 해서, □에게 ~ 한다, 한 치의 ~도 없다

양복 ~ 과 넥타이, ~ 바지 허릿단, ~ 세탁, ~ 안 주머니, ~ 웃저고리, ~ 을 다려 입는다, ~ 을 맞춰 입는다, ~ 을 뽑

ㅇ

아 입는다, ~ 쟁이, ~ 한 벌; 감 색 ~, 곤색 ~ 조끼, 헌 ~ 바지

양복점 ~ 견습공, ~ 재단사

양분 □으로/로 ~ 된다

양비 양시 ~ 론

양산 램 ~ 기술, 램 ~, □을/를 ~ 한다

양산 ~ 을 쓴다; 장식용 ~

양상 야간 수면 ~

양생 ~ 도인 체조

양서 ~ 류, ~ 파충 류

양성 교원 ~ 기관, 도제 ~, 실력 ~ 운동, □을/를 ~ 한다, 인력 ~ 사업, 인재를 ~ 한다, 인재 ~, 전문 인력을 ~ 한다, 후학을 ~ 한다

양성 ~ 체위성 현기증; 존심 ~, 지속성 ~ 기압법

양성소 속기사 ~

양성애자 ~ 나 성 전환자

양성자 ~ 가속기 사업, ~ 나 중성자, ~ 붕괴, ~ 와 중성자; 중성자와 ~

양속 미풍 ~을 해친다

양수 ~ 발전소

양순 ~ 하다

양시 ~ 양비 론

양식 김 ~이나 미역 ~, 진주를 ~ 한다

양식 일용 할 ~을 준다

양식 ~ 진주; 가치관과 생활 ~, 기하학적 ~, 생활 ~ 변형 운동, 이 익공 ~, 초익공 ~

양식장 가두리 ~, 새우 ~, 석화 ~

양심 ~ 선언 한다, ~ 에 가책을 느낀다, ~ 에 따른 병역 거부자, ~ 의 가책; 일말의 ~

양심껏 ~ 산다

양심수 ~ 석방

양심적 ~ 병역 거부자, ~ 으로, ~ 인

양안 ~ 단서, ~ 복시

양양 의기 ~하다, 전도 ~하다

양여금 ~ 증액; 지방 교육 ~, 지방 ~

양옥 단층 ~, 이 층 ~ 집, 현대 식 ~

양용 수륙 ~ 장갑 차

양위 ~ 한다

양육 가사와 ~, 남편 내조와 자녀 ~, 자녀를 ~ 한다, 출산과 ~

양육기 자녀 ~

양육비 ~ 와 교육비; 자녀 ~

양은 ~ 그릇, ~ 냄비, ~ 대야

양인 ~ 농민 층, ~ 신분

양자 ~ 역학

양자 ~ 택일

양자 ~ 를 맞아 들인다

양잠 목축과 ~

양재기 비빔 밥 ~

양적 ~ · 질적, ~ 인 팽창; 질적 · ~

양전 ~ 지계 사업; 충효 ~의 길

양전기 ~ 를 띤다

양전자 ~ 방출 전산화 단층 촬영술, ~ 탄

양절 ~ 체제

양조 ~ 곡주

양조장 ~ 의 양철, ~ 헛간

양주 국산 ~, 맥주와 ~

양지 ~ 바른 언덕, ~ 양능, ~ 와 음지; 그리운 ~

양질 ~ 의 단백질, ~ 의 소프트웨어

양차 ~ 대전

양철 ~ 거북, ~ 대야, ~ 물 받이, ~ 지붕; 양조장의 ~

양측 ~ 박공 면, ~ 합각; 맞배 지붕의 ~ 박공

양측성 ~ 대뇌 반구 병변, ~ 대뇌 반구 손상

양치 ~ 질 기능, ~ 질을 한다, ~ 질 한다

양친 ~ 께서 구존 하신다, ~ 부모 모신다

양탄자 ~ 가 깔린다

양티나무 ~ 꽃

양파 ~ 껍질을 벗긴다, ~ 씨앗 채종, ~ 즙, ~ 채종 농사; 잘게 썬 ~

양학 ~ 과 국학; 국학과 ~

양해 ~ 각서, ~ 를 구한다; □을/를 ~ 한다

양호 ~ 하다

양화 악화가 ~를 구축 한다

얕다 얕은 수면; 수심이 ~

얕잡는다 □을/를 얕잡아 본다

얘기 ~ 가 곁 길로 샌다, ~ 가 곁 길로 흐른다, ~ 가 나온 김에, ~ 꽃을 피운다, ~ 한다; 뭔 ~이니, 언젯적 ~이니

얘빈다 얼굴이 ~

어 ~ 흥

어가 농가 및 ~

어개 ~ 류

어거리 돈을 ~로 번다

어골 태선 ~

어골문 태선 ~ 토기

어구 ~ 상회; 길상 ~

어귀 강 ~의 삼각주, 골목 ~, 십 자 길 ~

어그러뜨린다 □을/를 ~

어금니 ~ 를 꽉 깨문다, ~ 를 지그시 깨문다, ~ 를 힘 준다

어긋난다 맞춤법에 ~, 예의에 ~

어긋맞다 어긋맞게 난다

어기여차 ~ 배 띄워라

어기적어기적 ~ 따라 나선다

어긴다 어김 없이; 국법을 ~, □을/를 ~, 지침을 ~

어깨 ~ ㅅ 숨을 쉰다, ~ 너머로, ~ 동무를 한다, ~ 띠를 두른다, ~ 를 기울인다, ~ 를 으쓱 한다, ~ 에 머리를 기댄다, ~ 에 손을 얹는다, ~ 의 근육통, ~ 쭉지, ~ 춤을 춘다; 가방을 ~에 멘다, □과/와 ~를 나란히 한다, 굽은 ~, 뒷목과 ~, 왼 쪽 ~ 부분, 흠칠 ~를 움츠린다

어눌 ~ 하다

어느 ~ 새, ~ 하세월에

어두침침 ~ 하다

어두컴컴 ~ 하다

어둑 ~ ~ 땅 거미, ~ ~ 해 진다; 사방이 ~하다

ㅇ

어둑발 ~이 내린다

어둑신 ~하다

어둠침침 ~하다

어둠컴컴 ~하다

어둡다[어두워 어두운] 어두운 색, 어둠 속, 어둠이 짙게 깔린다, 어두워서 지척을 분간 하지 못한다; 길 눈이 ~, 세상 물정에 ~, 칠흑 같은 어둠, 칠흑 같이 ~

어드바이스 화장법 ~

어디 ~내 놓아도 손색이 없다; 이런 소행머리가 ~ 있나

어떡한다[어떡해] 어떡하나 걱정이다; --으면/면 어떡하니, --은/ㄴ 걸 어떡하니, 좋은 걸 어떡해, 좋은걸 ~

어떡헌다 어떡헐려구, 어떡허누

어떻다 어떻게든; 아무러면 어떠니, 이유야 어떻든

어련 ~하랴, ~히 알아서 하 겠느냐

어렴풋 ~하다

어렴풋이 ~나마 깨닫는다

어렵다[어려워 어려운] 어려움에 직면 한다; 극히 ~, 비난을 면하기 ~, □을/를 어려워 한다, □이/가 ~

어로 ~저지 선, ~채집, ~한계 선; 공동 ~구역, 불법 ~

어로 ~와 세자로

어루만진다 □을/를 ~

어류 ~가 서식 한다, ~의 서식; 플랑크톤 식성 ~, 흡인 식성 ~

어른 ~앞에서 방자히 군다; 대주 ~, 시댁 ~, 커서 ~이 된다

어른거린다 그림자가 ~, 눈 앞에 ~, 눈앞에서 ~

어른다[얼러] 어르고 달랜다

어른어른거린다 □의 얼굴이 ~

어름 ~ ~ 한다

어리다 어린 시절로 되돌아간다, 어린 이대공원; 나이가 ~, 새파랗게 ~

어리둥절 ~하다; 둘러 보면서 ~해 한다

어리벙벙 ~하다

어리뻥뻥 ~하다

어리석다 어리석과저, 어리석은 바보, 어리석은 짓; --는 어리석음을 범한다

어리숙 ~하다

어린다 물기가 ~, 수심이 ~, 우정 ~, 장난기 ~, 치기 어린, 피 땀 ~, 피 어린 역사의 산물, 호기심 어린

어림 ~도 없는 수작, ~반 푼 어치도 없다

어림짐작 ~한다

어릿어릿 ~한다

어마어마 ~하다

어머니 큰 ~ 큰 아버지

어멈 억척 ~

어멍이 느그 ~

어묵 ~국 물, ~꼬치

어문 ~저작물

어문학 ~과

어물쩍 ~넘어 간다

어물쩡 ~ 넘어 간다

어미 관형사형 ~

어미 ~ 의 탯속; 신 ~의 결시, 아비와 ~

어민 ~ 의 증언

어버이 ~ 를 멸한다

어법 심층 ~

어벙 ~ 하다

어부 납북 ~

어부지리 ~ 를 얻는다

어불성설 --대서야 ~이다

어사 암행 ~

어색 ~ 하다

어선 꽃 게 잡이 ~, 원양 ~, 저인망 ~

어셈블리 ~ 프로그래밍 언어

어수룩 ~ 하다

어수선 ~ 하다

어스름 ~ 녘; 저녁 ~

어슬렁 ~ ~

어슴푸레 ~ 날이 밝는다, ~ 하다

어슷 ~ 썬다, ~ ~ 하다

어시스트 1 골 1 ~, 1 골 3 ~, 골을 ~ 한다

어안 ~ 렌즈

어안 ~ 이 벙벙하다

어어이 ~ ~

어업 ~ 의 중심지, ~ 통제; 농림 ~, 연근해 ~, 원양 ~ 기지

어여삐 ~ 여긴다

어엿 ~ 한 사내 대장부, ~ 한 사장 님, ~ 한 숙녀

어영부영 ~ 한다

어와호 넘차 ~

어용 ~ 문학인

어우러진다 갈라 지고 ~, 비비며 ~, 한 데 ~

어울린다 한 데 ~

어웅 ~ 하다

어음 ~ 교환 차액 결제, ~ 교환소, ~ 꺾기, ~ 박치기, ~ 을 부도 낸다, ~ 을 할인 한다; 박치기 ~ 쪼갠다, 백만 파운드 ~, 백만 파운드 짜리 ~, 부도 ~ 저가 매수 청탁, 분기 중 ~ 부도율, 삼 개월 짜리 ~, 상업 ~ 할인, 천 냥 짜리 ~, 표지 ~

어이 ~ 가 없다, ~ 없어 한다

어인 ~ 연유로, ~ 일이니

어적어적 ~ 씹는다

어전 ~ 회의

어정어정 ~ 걷는다

어정쩡 ~ 한 처신

어제 ~ 와 그제, ~ 와 오늘

어족 같은 ~의 언어들, 로맨스 ~, 알타이 ~에 속한다

어족 오호츠크해 ~ 자원 보호

어중간 ~ 하다

어중이 ~ 떠중이들

어지간 ~ 하다

어지러이 ~ 널린다, ~ 흩어 진다

ㅇ

어지럽다[어지러워 어지러운] 어지러울 정도로 비비 꼬인다, 어지럽게 널린다

어지럽힌다 머릿속을 ~, □을/를 ~

어지른다[어질러] 어질러 진다

어질 ~ ~ 하다

어쩐다 어쩔 수 없다, 어쩌고 저쩌고 한다, 어쩌구 저쩌구, 어쩌끄나, 어쩌다 큰 맘 먹는다; -- 았/었다나 어쨌다나

어찌 ~ 된 영문인지, ~ ~ 한다, ~ 할 바를 모른다, ~ 하랴

어찔어찔 ~ 하다

어처구니 ~ 가 없다, ~ 없다

어체 ~ 원형

어촌 ~ 계 가입비, ~ 계장

어치 백 달러 ~, 어림 반 푼 ~도 없다, 억 원 ~, 이천만 달러 ~를 수출 한다, 일억 원 ~를 순매도 한다, 천 달러 ~를 수출 한다, 천 원 ~

어태커 오른 쪽 사이드 ~

어투 ~ 와 표정; 약간 빈정거리는 ~로

어패 ~ 류

어폐 ~ 가 있다

어필 □에게 ~ 한다

어학 ~ 실습, ~ 연수비, ~ 전공자, ~ 특기자 전형

어학원 ~ 통역 대학원 준비 반; 헤럴드 ~

어항 ~ 속

어허 ~ 낭패로고

어화 ~ 넘차

어획 원양 ~

어휘 ~ 구사력

억누른다[억눌러] □을/를 ~

억대 ~ 금품 수수 혐의

억류 ~ 된다; □에 ~ 한다, □을/를 ~ 한다

억만금 ~ 을 준다

억불 숭유 ~ 정책

억새 ~ 나 대, ~ 풀에다 쓱쓱 닦는다; 참 ~ 밭, 참 ~ 빛깔

억세다 억센 손 아귀

억수 ~ 같이 쏟아 진다, ~ 로 쏟아 진다, ~ 로 퍼 붓는다; 비가 ~ 같이 퍼 붓는다

억압 ~ 과 착취, ~ 의 침전물; □을/를 ~ 한다

억압적 ~ 역승화

억울 --니 무척 ~하다, □을/를 ~해 한다, □이/가 ~하다

억장 ~ 이 무너진다

억제 경제력 집중 ~, 과소비 ~, 부동산 투기 ~, 소비 ~ 운동, □을/를 ~ 한다, 투기 ~ 대책

억제제 면역 ~, 세로토닌 재흡수 ~, 증식 ~

억제책 부동산 투기 ~

억지 ~ 로 떠 맡긴다, ~ 소리 헌다

억척 ~ 모성, ~ 어멈

억측 구구한 ~, 온갖 ~이 난무 한다

억탈 가산을 ~ 한다, □을/를 ~ 한다

억하심정 무슨 ~으로

언 ~놈

언급 ~한다

언니 ~와 형부; 새 ~

언다[얼고 얼어] 얼어 붙은 강 물; 꽁꽁 얼어 붙는다, 꽝꽝 얼어 붙는다, 동태처럼 푸덩푸덩 ~, 수도 관이 ~, 시퍼렇게 ~, 용액의 어는 점, 추위에 ~

언덕 가파른 ~ 길, 경사 진 ~, 기댈 ~, 바람 맞이 ~, 비빌 ~, 비탈 진 ~, 선왕댕이 ~, 양지 바른 ~

언덕배기 ~ 오두막 집

언도 ~받는다; 사형 ~, □을/를 ~ 한다

언뜻 ~ 본다, ~ ~ 비친다

언론 ~ 민주화 운동, ~ 사나 언론인, ~ 사 사주, ~ 사와 언론인, ~ 사의 경영 진, ~ 사의 사주, ~ 사주나 경영 진, ~의 여론 형성 기능, ~ 중재위; 민주 ~ 운동 시민, 일제 하 ~

언론관 자유 주의적 ~

언론인 ~ 협회 윤리 강령; 언론 사나 ~, 언론 사와 ~, 일선 ~

언명 ~한다

언문 ~ 철자법

언성 ~을 높인다

언어 ~ 구사력, ~ 벽 돌장, ~ 신수설; 같은 어족의 ~들, 고차 ~와 대상 ~, 말 하기 ~ 상실증, 사무용 ~, 쓰기 ~ 상실증, 어셈블리 프로그래밍 ~

언어적 ~으로, ~ 인

언어학 ~ 전공; 대조 ~, 역사 비교 ~

언제 ~ ㅅ 적 얘기이니, ~ 그랬냐는 듯, ~나 관광객으로 북적거린다; 마음만 먹으면 ~이든지

언짢다 언짢은 기색; 몹시 ~, □을/를 언짢아 한다, □이/가 ~

언행 ~ 일치

얹는다 가슴에 손을 ~, 가슴 위에 손을 ~, 밥 상에 숟가락 하나 더 ~, 어깨에 손을 ~, □에 ~, □을/를 ~, 휘핑크림을 ~

얹힌다 외갓집에 얹혀 산다, 윗벽 선반에 ~

얻 ~ 다 대고, ~ 다 써 먹나, ~ 다가 오줌 싸니

얻는다 공짜로 ~, 된통 얻어 맞는다, 뒤통수를 얻어 맞는다, 뒤통수를 호되게 얻어 맞는다, 따귀를 얻어 맞는다, 뺨을 얻어 맞는다, 심질을 ~, 어부지리를 ~, □에서 힌트를 ~, □을/를 얻어 먹는다, 전셋방 ~, 직장을 ~

얼개 대충의 ~

얼결 ~에

얼굴 ~빛이 창백하다, ~색이 누렇다, ~에 화색이 돈다, ~에 희색이 돈다, ~을 내 민다, ~을 붉힌다, ~을 일그러뜨린다, ~을 잔뜩 찌푸린다, ~을 찌그린다, ~을 찡그린다, ~이 발개 진다, ~이 벌겋게 달아 오른다, ~이 붉어 진다, ~이 빨개 진다, ~이 새빨개 진다, ~이 새하얗게 질린다, ~이 시뻘개 진다, ~이 애빈다, ~이 울그락불그락 한다, ~이 하얗게 질린다, ~이 화끈거린다, ~ 인식 불능증, ~ 표정; 까무잡잡한 ~, 동그스름한 ~, 동글납작한 ~, 멀

끔한 ~, 번질대는 ~, 역삼각형의 ~, □의 ~이 어른어른거린다, 해사한 ~

얼근 ~ 하다, ~ 히 취한다

얼금얼금 ~ 하나

얼기 신경 ~

얼기설기 ~ 꼬인다; □으로/로 ~ 엮는다

얼떨결 ~ 에

얼떨떨 ~ 하다

얼레 ~ 에 감긴다

얼레발 ~ 을 친다

얼룩 ~ 점박이; □으로/로 ~ 진다

얼룩덜룩 ~ 하다

얼른다[얼러] □을/를 ~

얼린다 냉동실에 ~

얼마 ~ 만큼, ~ 전; 살 날이 ~ 안남았다

얼밋얼밋 ~ 미끄러져 간다

얼버무린다 적당히 ~

얼싸안는다 얼싸안고 기뻐 한다; --으며/며 서로 ~

얼씨구나 ~ 한다

얼씬거린다 개미 한 마리도 얼씬거리지 않는다

얼얼 ~ 하다

얼음 ~ 찜 질, ~ 처럼 차다, ~ 처럼 차갑다

얼음장 ~ 처럼 차갑다

얼쩍 ~ 하다

얼큰 ~ 히 취한다; 육개장처럼 ~하다

얼킨다 얼키고 설킨다

얼터너티브 ~ 록

얼턱덜턱 ~ 하다

얼토당토 ~ 않다

얼핏 ~ 보아

얽는다 얽어 짠다; □을/를 얽어 맨다, 철저히 서로를 ~

얽매인다 관습에 ~, 서열에 ~

얽힌다 얽히고 설킨; 거미 줄처럼 ~, 난마처럼 ~, 뒤 ~, □에 ~, 이해 관계가 ~

엄격 ~ 하다, ~ 히 경어를 쓴다

엄금 ~ 한다; 잡인 ~

엄니 ~ 랑

엄단 ~ 한다

엄두 ~ 조차 내지 못한다; 감히 ~도 못낸다, 기어 올라 갈 ~, □은/는 ~도 못낸다, --을/ㄹ ~를 낸다

엄마 민가협 ~, 병국 ~, 울 ~

엄밀 ~ 하다, ~ 히 따진다, ~ 히 말 하면

엄벌 ~ 에 처한다

엄브렐러 ~ 펀드

엄선 □을/를 ~ 한다

엄수 □을/를 ~ 한다

엄숙 ~ 하다; 비장감과 ~, 쇼비니즘과 ~ 주의

엄습 ~ 한다

엄엄 ~ 하다

엄연 ~ 한 범죄 행위, ~ 한 사실, ~ 한 테러, ~ 한 한국 땅

엄정 ~ 중립, ~ 한 법 집행

엄존 ~ 한다

엄중 ~ 문책 한다, ~ 하다, ~ 히 항의 한다

엄지 ~ 손가락, ~ 신근, ~ 외전 근; 오른 손 ~와 검지

엄채 ~ 류

엄청 ~ 난 새 떼

엄폐 ~ 한다

엄폐호 ~ 방벽

엄포 ~ 를 놓는다

엄하다[엄해] 엄하게 꾸짖는다, 엄하게 다스린다

엄호 ~ 사격; □을/를 ~ 한다

엄혹 ~ 한 세월, ~ 한 시대, ~ 한 현실

엄히 ~ 다스린다

업 ~ 이 지중하다; 각연초 제조 ~, 고리 대금 ~, 광업 및 농축수산 ~, 국내 조선 ~, 농림 수산 ~, 다단계 판매 ~, 대부 ~의 등록, 등산복 제조 전문 ~, 멀티미디어 제작 전문 ~, 문필을 ~으로 한다, 보석 재생 ~, 보험 ~에 종사 한다, 부동산 개발 ~, 부동산 ~이나 대형 관광 ~, 부동산 중개 ~, 산업 자본의 은행 ~, 샌드 페이퍼와 연마석 제조 ~, 생보 ~ 참여, 서비스 ~에 종사 한다, 수도 및 건설 ~, 수산 ~ 협동 조합, 수산물 가공 ~, 신종 중개 ~, 신탁 ~ 법, 영상 음향 및 통신 장비 ~, 우편 배달 ~, 은행 ~과 증권 ~, 은행 ~ 참여, 을류 무역 ~, 음식 ~ 중앙회, 의류 하청 ~, 자동 차 정비 ~, 자동 차 제조 ~, 자동 차 판매 ~, 자전거 대여 ~, 전기 가스 ~, 전자 출판 ~, 정보 기기 ~, 정보 제공 ~, 정보 처리 ~, 증권 ~ 협회, 첨단 청소 용역 ~, 청량 음료 제조 ~

업계 동종 ~, 보험 ~, 생보 ~, 석유 화학 ~, 소프트웨어 ~, 음반 ~, 자동 차 ~, 청량 음료 제조 ~, 카지노 ~

업는다 들쳐 ~, □을/를 ~, 젖 먹이를 ~, 후광을 ~

업무 ~ 방해 죄, ~ 복귀 명령 제, ~ 상 과실 치상, ~ 상 배임 혐의, ~ 상 비밀 누설; 계열 사 간 ~, □과/와 ~ 협약을 맺는다, 둔산 경찰서 소관 ~, 수출 대금 채권 매입 ~, 신용 카드 ~, 여수신 ~, 인증 ~ 협력 약정, 자금 이체 및 수납 ~

업소 공중 위생 ~, 부동산 중개 ~, 숙박 ~로 신고 한다, 식품 접객 ~, 유흥 ~ 심야 영업, 유흥 ~에 취업 한다, 윤락 ~, 직영 ~, 차량 정비 ~, 카지노 ~, 퇴폐 향락 ~

업수이 □을/를 ~ 여긴다

업신여긴다 □을/를 ~

업연 ~ 집단

업자 각연초 제조 ~, 고리 대금 ~, 목축 ~, 부동산 중개 ~, 사채 ~, 석탄 판매 ~, 슬롯 머신 ~, 악덕 건축 ~, 연초 소매 ~, 자동 차 제조 ~, 중고 차 매매 ~, 중소 상공 ~

업장 ~ 소멸

업적 ~ 과 덕망; 선구적 ~

업종 ~ 과 업태, ~ 별 단체; 기초 소재 ~, 모든 ~이 내림세다, 소비재 ~, 조립 가공 ~, 주력 ~

ㅇ

업주 성인 오락실 ~, 윤락 ~, 자영 ~, 펜션 ~

업체 가족 운영 ~ 종사자, 광공 ~, 물품 대금 수납 ~, 소규모 ~, 유사 홈 쇼핑 ~, 이동 통신 ~, 인터넷 경매 ~, 인터넷 쇼핑몰 ~, 인터넷 쇼핑몰이나 텔레마케팅 ~, 자동 차 제조 ~, 전산 사식기 ~, 정보 통신 ~, 제휴 ~, 파견 ~ 수, 하도급 ~, 하청 ~

업태 업종과 ~

업힌다 등에 ~

없다 가격 결정권이 ~, 가차 ~, 감쪽 같이 없어 진다, 거침 없는 상상력, 걷잡을 수 ~, 격의 ~, 경악을 금할 수 ~, --고 싶은 생각은 추호도 ~, 공소권 ~, □과/와 비교 해도 손색이 ~, 그 무엇과도 바꿀 수 ~, 근거 없는 소문, --기 그지 ~, --기 짝이 ~, --기 한량 ~, 꼭이 그렇다고는 할 수 ~, 끝 없는 권태, 끝 없는 벌 판, 끝 없는 사막, 끝 없는 연민, 끝 없는 지평 선, 난 데 없는 소낙비, 날개 없는 추락, 눈 씻고 찾아 보아도 ~, 눈 코 뜰 새 ~, --느라 여념이 ~, 닳아 없어 진다, 당최 종잡을 수 ~, 더 말 할 나위가 ~, 더 할 나위 ~, 돗수 없는 안경, 도리가 ~, 동기 간이나 진배 ~, 두 말 할 것 ~, 두 말 할 나위도 ~, 뒷탈이 ~, --든 아무 상관이 ~, 뗄래야 뗄 수 ~, --라 아니할 수 ~, 마땅한 대안이 ~, 면목이 ~, 명분이 ~, 묵과 할 수 ~, 물 샐 틈 없는 경비 망, 방송사 상 유례 ~, 버르장머리 ~, 범접 할 수 ~, 별 문제가 ~, 별 볼 일 ~, 별 수 ~, 별 일 ~, 별 탈 ~, 별고 ~, 별로 ~, 보잘 것 ~, 볼품이 ~, 부성애조차 ~, 빈 틈 없는 구성, 빈 틈이 ~, 비싸고 실속 ~, 빼 놓을 수 ~, 사람 위에 사람 ~, 상도의 상 있을 수 ~, 생명에는 지장이 ~, 세계적으로도 유례가 ~, 숨 돌릴 겨를도 ~, 승산이 ~, 시체나 다름 ~, 신용 ~, 실소를 금할 수 ~, 싸가지 ~, 쓸 데 ~, 쓸 데 없는 참견, 쓰잘데 ~, 씨 없는 수박, 아낌 없는 갈채, 아낌 없는 박수, 아무 짝에도 쓸 모 ~, 안중에도 ~, 양립 할 수 ~, 양보 없는 접전을 펼친다, --어/아 보아야 아무 소용 ~, --어도/아도 손색이 ~, --어도/아도 아무 소용이 ~, --어도/아도 여한이 ~, 어디 내 놓아도 손색이 ~, 어림도 없는 수작, 어림 반 푼 어치도 ~, --어야/아야 아무 소용이 ~, 어이가 ~, 어이 없어 한다, 어쩔 수 ~, 어처구니가 ~, 어처구니 ~, □에는 의심의 여지가 ~, □에는 틀림이 ~, □에 다시 ~, □에 신경 쓸 겨를이 ~, □에 여념이 ~, □에 틀림 ~, 염치 ~, 온 데 간 데 ~, 운이 ~, 원체 말 주변이 ~, 융통성 ~, □은/는 두 말 할 나위가 ~, □은/는 의심 할 여지가 ~, --을/ㄹ 겨를이 ~, --을/ㄹ 리 ~, --을/ㄹ 수 ~, --을/ㄹ 여지가 ~, --을/ㄹ 턱이 ~, --을/ㄹ 수밖에 ~, --을/ㄹ 필요가 ~, --음/ㅁ은 의심의 여지가 ~, □이나/나 다름 ~, □이나/나 진배 ~, 이루 다 말 할 수 ~, 이루 말 할 수 ~, 인사 한 마디 ~, 인정 사정 볼 것 ~, 인정머리 ~, 일고의 가치도 ~, 일면식도 ~, 재간이 ~, 재미 ~, 재수 ~, 정처 ~, 좌시 할 수 ~, 주변머리 ~, 중단 없는 영생, 지척을 분간 할 수 ~, 창녀나 진배 ~, 찾아 볼 수 ~, 철딱서니 ~, 체신머리 ~, 촛점 ~, 터무니 없는 말, 터무니 없는 망상, 터무니 없는 이야기, 터무니 없는 주장, 털어서 먼지 안나는 사람 ~, 토옹 말이 ~, 틀림 ~, 표정의 변화가 ~, 품수 ~, 핏기 ~, □하고 아무 상관도 ~, 하잘것 없는 풀 벌레, 한 사춘기 소녀의 숨김 없는 자기 고백, 한 치의 양보도 ~, 한 치의 오차도 ~, 한 푼도 ~, 헤아릴 수 ~, 형언 할 수 ~, 화장기 ~, 흠 잡을 데 ~

없앤다 □을/를 ~

없이 간단 ~ 변화 한다, 거리낌 ~ 말 한다, 거부감 ~ 받아 들인다, 거침 ~ 내쏟는다, --고 자시고 할 것 ~, □과/와 관계 ~, 구김 살 ~ 자란다, 군살 ~ 갸름하다, 기약 ~ 기다린다, 기탄 ~ 말씀한다, 깔축 ~ 짓밟힌다, 꾸밈 ~ 토로 한다, 끝 ~ 서로 아우러진다, 끝 ~ 중음천도 한다, 끝 ~ 펼쳐 진다, 누가 먼저 이랄 것 ~, 눈 코 뜰 새 ~ 바쁘다, 대중 ~ 짖는다, 더할 나위 ~, 더 할 나위 ~ 좋다, 두 말 할 나위 ~, 두서 ~ 지껄인다, 땅 한 뙈기 ~ 살아 간다, 말 ~ 미소 짓는다, 면허증 ~ 운전 한다, 미련 ~ 떠난다, 미련 ~ 버린다, 미련 ~ 사표를 낸다, 미련 ~ 훌쩍 떠난다, 발 디딜 틈 ~, 버릇 ~ 군다, 변함 ~, 별 볼 일 ~, 별 생각 ~, 빈 틈 ~ 짜인다, 사정 ~ 내리찍는다, 설명도 ~ 내 팽개 친다, 셀 수 ~ 많다, 수 ~ 많다, 쉼 ~ 부침 한다, 아무 탈 ~, 악의 ~, 어김 ~, 여지 ~ 쳐 부순다, 예외 ~, 온 데 간 데 ~ 사라져 버린다, --을/ㄹ 나위 ~, □을/를 득점 ~ 끝 낸다, □을/를 유감 ~ 발휘 한다, □을/를 유감 ~ 보인다, 의사와는 상관 ~, 의지와 상관 ~, 이유 ~ 삐진 여자 친구, 입장료도 턱 ~ 비싸다, 정신 ~ 퍼 먹는다, 정처 ~ 길을 걷는다, 정처 ~ 떠 돌아 다닌다, 정처 ~ 헤맨다, 차질 ~ 수행 된다, 차질 ~ 진행 한다, 철 ~ 군다, 철 ~ 반긴다, 턱 ~ 모자란다, 턱 ~ 부족하다, 틀림 ~ 맞는 추리, 티 ~ 맑다, 평상시와 다름 ~, 평소와 다름 ~, 허물 ~ 지낸다, 형편 ~ 구겨 진다, 형편 ~ 깨어 진다, 휴강 ~ 강의 한다, 힘 ~ 늘어뜨린다, 힘 ~ 터덜터덜 걷는다

엇 ~ 뜨거워라 싶다

엇갈린다 명암이 ~, 찬반이 ~, 희비가 ~

엇길 ~로 나간다

엇비슷 ~ 하다

엉거시 ~ 과

엉거주춤 ~ 일어 선다

엉겅퀴 가시 덤불과 ~

엉군다 □을/를 ~

엉금엉금 ~ 기어 간다

엉긴다 엉겨 붙는다

엉덩 ~ 방아를 찧는다, ~ 춤을 춘다

엉덩이 ~ 밑까지 훌렁 벗어 진다

엉뚱 꽤나 ~하다

엉성 ~ 하다

엉엉 ~ 소리 내 운다, ~ 운다

엉치 ~ 뼈

엉큰다[엉클고 엉클어] 한 데 엉클어 진다

엉큼 ~ 하다

엉킨다 엉킨 실 타래; 뒤 ~

엎는다 엎어 지면 코 닿는다, 엎어서 묻는다; 갈아 ~, 술 상을 뒤 ~, □에 엎어

진다, 예상을 뒤 ~, □을/를 뒤 ~, □을/를 뒤집어 ~, □을/를 ~, 카 엎어 진다

엎드러진다 엎드러지면 코 닿을 곳

엎드린다 엎드려 뻗친다, 엎드러 재운다, 엎드려 절 받는다; 꿇어 ~, 넙죽 ~, □에 납작 ~, □에 ~

엎딘다 □에 ~

엎지른다[엎질러] 엎질러 진 물; □을/를 ~

엎치락 ~ 뒤치락 한다

엎친다 엎친 데 덮친 격으로, 엎친 데 덮친 격이다

에 □을/를 창고 ~ 보관 한다

에 □~ 가깝다, □~ 가로 놓인다, □~ 가로 막힌다, □~ 가려 진다, □~ 가리운다, □~ 가세 한다, □~ 가슴이 설렌다, □~ 가열 한다, □~ 간섭 한다, □~ 간여 한다, □~ 갈음 한다, □~ 감격 한다, □~ 감겨 든다, □~ 감사 한다, □~ 감싸인다, □~ 감읍 한다, □~ 감응 한다, □~ 감탄 한다, □~ 값 한다, □~ 개재 한다, □~ 개종 한다, □~ 거둥 한다, □~ 거리끼지 않는다, □~ 거적을 씌운다, □~ 거주 한다, □~ 거처 한다, □~ 거한다, □~ 걸리적거린다, □~ 걸친다, □~ 게시 한다, □~ 게재 한다, □~ 격분 한다, □~ 견준다, □~ 결장 한다, □~ 결함이 있다, □~ 겨워 한다, □~ 경결 한다, □~ 경의를 표한다, □~ 경종을 울린다, □~ 계류 된다, □~ 계류 한다, □~ 계신다, □~ 계엄 령을 선포 한다, □~ 골몰 한다, □~ 골인 한다, □~ 공감 한다, □~ 공헌 한다, □~ 과잉 적응 한다, □~ 관심이 쏠린다, □~ 관심이 있다, □~ 관여 한다, □~ 관통상을 입는다, □~ 관한 임시 조치 법, □~ 관한 토론집, □~ 관한 특별 조치법, □~ 관해, □~ 굴러 다닌다, □~ 구애 된다, □~ 구애 받는다, □~ 구애 한다, □~ 국한 된다, □~ 국한 한다, □~ 군림 한다, □~ 굴복 한다, □~ 굴종 한다, □~ 굴한다, □~ 궁둥 방아를 찧는다, □~ 귀착 한다, □~ 귀화 한다, □~ 극력 반대 한다, □~ 근거 한다, □~ 근무 한다, □~ 근접 한다, □~ 금박을 한다, □~ 급급하다, □~ 급제동 한다, □~ 급파 한다, □~ 기거 한다, □~ 기고 한다, □~ 기꺼이 응한다, □~ 기대를 건다, □~ 기대어 선다, □~ 기대어 앉는다, □~ 기부 한다, □~ 기숙 한다, □~ 기식 한다, □~ 기여 한다, □~ 기인 한다, □~ 기증 한다, □~ 기탁 한다, □~ 기항 한다, □~ 길 든다, □~ 길 들인다, □~ 깃들인다, □~ 깔린다, □~ 꽁꽁 묶인다, □~ 꿇어 앉는다, □~ 꿇어 앉힌다, □~ 꿰인다, □~ 끌린다, □~ 껴 든다, □~ 나 뒹군다, □~ 나 서기를 꺼린다, □~ 나동그라진다, □~ 나선다, □~ 낙방 한다, □~ 낙선 한다, □~ 난입 한다, □~ 날인 한다, □~ 납작 엎드린다, □~ 납품 한다, □~ 내 걸린다, □~ 내 맡긴다, □~ 내 몰린다, □~ 내동댕이 친다, □~ 내리 꽂힌다, □~ 내왕 한다, □~ 내재 한다, □~ 내접 한다, □~ 널어 놓는다, □~ 널브러진다, □~ 노출 한다, □~ 녹아 든다, □~ 논급 한다, □~ 놀러 간다, □~ 놓아 둔다, □~ 눌러 앉는다, □~ 누인다, □~ 눈 뜬다, □~ 눕힌다, □~ 는 의심의 여지가 없다, □~ 는 틀림이

없다, □~ 늘어 앉는다, □~ 능동적으로 대응 한다, □~ 능동적으로 대처 한다, □~ 능수능란하다, □~ 능통하다, □~ 능하다, □~ 다녀 온다, □~ 다름 아니다, □~ 다시 없다, □~ 단역으로 출연 한다, □~ 달라붙는다, □~ 달통 한다, □~ 담는다, □~ 담근다, □~ 담긴다, □~ 답 한다, □~ 답례 한다, □~ 답변 한다, □~ 당도 한다, □~ 당면 한다, □~ 당혹 한다, □~ 당황 한다, □~ 닿는다, □~ 대꾸 한다, □~ 대답 한다, □~ 대롱대롱 매 달린다, □~ 대서특필 한다, □~ 대시 한다, □~ 대응 한다, □~ 대적 한다, □~ 대처 한다, □~ 대한 책임, □~ 대한 감탄, □~ 대한 검토, □~ 대한 결론, □~ 대한 경례, □~ 대한 관심도, □~ 대한 극기심, □~ 대한 논술, □~ 대한 대책, □~ 대한 부러움, □~ 대한 분 풀이로, □~ 대한 분석, □~ 대한 불신감, □~ 대한 생각, □~ 대한 설명, □~ 대한 소득 공제, □~ 대한 신용 공여, □~ 대한 애착심, □~ 대한 임명 동의, □~ 대한 점유비, □~ 대한 조사, □~ 대한 증오심, □~ 대한 지원, □~ 대한 진상 규명, □~ 대한 친화 도, □~ 대한 편견, □~ 대한 편애, □~ 대한 평가, □~ 대한 해답, □~ 대한 회의, □~ 대해 구속 영장을 청구 한다, □~ 대해 박식하다, □~ 대해 빠삭하다, □~ 대해 유감을 표명 한다, □~ 대해 정통하다, □~ 대해서, □~ 대항 한다, □~ 더욱 박차를 가한다, □~ 던져 둔다, □~ 덮인다, □~ 도 섬칫 한다, □~ 도 조예가 깊다, □~ 도가 튼다, □~ 도가 트인다, □~ 도래 한다, □~ 도사리고 있다, □~ 도열 한다, □~ 도읍을 정한다, □~ 도임 한다, □~ 도전 한다, □~ 도전장을 내 민다, □~ 도착 한다, □~ 도취 한다, □~ 도통 한다, □~ 돌진 한다, □~ 동감 한다, □~ 동기를 부여 한다, □~ 동댕이 친다, □~ 동조 한다, □~ 동참 한다, □~ 둘러 싸인다, □~ 둘러 앉는다, □~ 둔감하다, □~ 둥둥 떠 다닌다, □~ 뒤 떨어진다, □~ 드러눕는다, □~ 득달 한다, □~ 득죄 한다, □~ 들어 박힌다, □~ 들어 선다, □~ 들어 앉는다, □~ 들어 온다, □~ 들러붙는다, □~ 들른다, □~ 들이붓는다, □~ 등장 한다, □~ 따른다, □~ 딱 들어 맞는다, □~ 딸린 바닷물 고기, □~ 딸린 여러 해 살이 풀, □~ 딸린 한 해 살이 풀, □~ 떡 버틴다, □~ 똥 칠 한다, □~ 떠 밀린다, □~ 띵긴다, □~ 만 정신이 팔린다, □~ 만연 한다, □~ 만전을 기한다, □~ 말 달린다, □~ 망명 한다, □~ 맞선다, □~ 매료 된다, □~ 매몰 된다, □~ 매복 한다, □~ 매인다, □~ 매진 한다, □~ 머무른다, □~ 머문다, □~ 먹 칠을 한다, □~ 먹 칠 한다, □~ 면해 있다, □~ 모인다, □~ 목 숨 건다, □~ 몰두 한다, □~ 몰려 든다, □~ 몰입 한다, □~ 못이긴다, □~ 못지않다, □~ 무임 승차 한다, □~ 문호를 개방 한다, □~ 물 든다, □~ 물 집이 생긴다, □~ 미달 한다, □~ 미련이 있다, □~ 민감하다, □~ 밀린다, □~ 밀집 한다, □~ 밉보인다, □~ 바짝 다가앉는다, □~ 박힌다, □~ 반기를 든다, □~ 반대 한다, □~ 반발 한다, □~ 반응 한다, □~ 반해, □~ 반한다, □~ 반항 한다, □~ 받힌다, □~ 발 맞춘다, □~ 발 벗고 나선다, □~ 방울 진다, □~ 방점을 찍는다, □~ 방해가 된다, □~ 배속 된다, □~ 배인다, □~ 배치 된다, □~ 배치 된다, □~ 버금 간다, □~ 벌렁 나자빠진다, □~ 벌렁 드러눕는다, □~ 벌벌 떤다, □~ 보탬이 된다, □~ 복종 한다, □~ 부대 한다, □~ 부딪는다, □~ 부응 한다, □~ 부임 한다, □~ 부착 한다, □~ 부친다, □~ 부화뇌동 한다, □~ 분 칠을 한다, □~ 분 칠 한다, □~ 분승 한다, □~ 불 붙는다, □~ 불을 낸다, □~ 불과하다, □~ 불시착 한다, □~ 불참 한다, □~ 붙어 먹는다, □~ 붙어 산다, □~ 붙들린다, □~ 붙박는다, □~ 붙박혀 있다, □~ 붙잡힌다, □~ 비견 해서, □~ 비긴다, □~ 비유 된다, □~ 비유 한다, □~ 비춘다, □~ 비치 한다, □~ 비친다, □~ 비하면 아무 것도 아니다, □~ 비해 더 비싸다, □~ 빌붙는다, □~ 빗댄다, □~ 빙 둘러 앉는다, □~ 빠삭하다, □~ 빠져 든다, □~ 뿌듯해 한다, □~ 뿌리 내린다, □~ 뿌리 박는다, □~ 뿔 난다, □~ 사신으로 간다, □~ 사운을 건다, □~ 사활을 건다, □~ 산재 한다, □~ 상륙 한다, □~ 상응 한다, □~ 상주 한다, □~ 새 바람을 일으킨다, □~ 새겨진다, □~ 새긴다, □~ 생명을 불어 넣는다, □~ 석고대죄 한다, □~ 선전 포고 한다, □~ 성공 한다, □~ 성적을 매긴다, □~ 성큼 다가선다, □~ 소홀하다, □~ 속수 무책이다, □~ 손톱 자국을 남긴다, □~ 손해 배상을 한다, □~ 송부 한다, □~ 수감 한다, □~ 수북이 쌓인다, □~ 순응 한다, □~ 순종 한다, □~ 스민다, □~ 승복 한다, □~ 승선 한다, □~ 식견이 있다, □~ 식상하다, □~ 신경 쓸 겨를이 없다, □~ 신경을 쓴다, □~ 실린다, □~ 실망 한다, □~ 실패 한다, □~ 싫증을 낸다, □~ 심취 한다, □~ 심혈을 기울인다, □~ 십 이 지상을 조각 한다, □~ 아른거린다, □~ 악영향을 미친다, □~ 안달 한다, □~ 안수 한다, □~ 안착 한다, □~ 안치 한다, □~ 앉힌다, □~ 알맞다, □~ 압박을 가한다, □~ 앞 선다, □~ 앞장 선다, □~ 억류 한다, □~ 얹는다, □~ 얽힌다, □~ 엎어진다, □~ 엎드린다, □~ 엎딘다, □~ 여념이 없다, □~ 역점을 둔다, □~ 역행 한다, □~ 연연 한다, □~ 연재 한다, □~ 연한다, □~ 열을 올린다, □~ 열심이다, □~ 열중 한다, □~ 염증을 느낀다, □~ 영합 한다, □~ 영향을 끼친다, □~ 영향을 미친다, □~ 예속 된다, □~ 예치 한다, □~ 예탁 한다, □~ 올라 선다, □~ 올려 놓는다, □~ 웅크린다, □~ 완패 한다, □~ 용해 된다, □~ 웃거름을 준다, □~ 우거 한다, □~ 우겨 넣는다, □~ 운집 한다, □~ 웅크린다, □~ 위배 된다, □~ 위배 한다, □~ 위치 한다, □~ 유숙 한다, □~ 유연하게 대처 한다, □~ 유용하다, □~ 유의 한다, □~ 유입 된다, □~ 은거 한다, □~ 은신 한다, □~ 응답 한다, □~ 응어리 진다, □~ 응찰 한다, □~ 의탁 한다, □~ 의한다, □~ 이골이 난다, □~ 이바지 한다, □~ 익숙하다, □~ 일가견이 있다, □~ 일대 파란이 인다, □~ 일임 한다, □~ 일조 한다, □~ 임어 한다, □~ 입각 한, □~ 입교 한다, □~ 입단 한다, □~ 입당 한다, □~ 입사 한다, □~ 입산 한다, □~ 입상 한다, □~

입선 한다, □~ 입성 한다, □~ 입소 한다, □~ 입점 한다, □~ 입주 한다, □~ 입후보 한다, □~ 잇는다, □~ 잇닿는다, □~ 잇댄다, □~ 잇대인다, □~ 자답 한다, □~ 자리 잡고 있다, □~ 자원 입대 한다, □~ 자진 출두 한다, □~ 잔류 한다, □~ 잠겨 있다, □~ 잠복 한다, □~ 잠입 한다, □~ 재갈을 물린다, □~ 재학 한다, □~ 저항 한다, □~ 적응 된다, □~ 적응 한다, □~ 적합하다, □~ 전념 한다, □~ 전력 투구 한다, □~ 절병통을 놓는다, □~ 접목 한다, □~ 정비례 한다, □~ 정좌 한다, □~ 정진 한다, □~ 정차 한다, □~ 정착 한다, □~ 제동을 건다, □~ 제재를 가한다, □~ 제재를 내린다, □~ 제출 한다, □~ 조예가 깊다, □~ 조응 한다, □~ 존현 한다, □~ 종속 된다, □~ 종지부를 찍는다, □~ 좌정 한다, □~ 좍 퍼진다, □~ 주둔 한다, □~ 주력 한다, □~ 주안점을 둔다, □~ 주저앉는다, □~ 준한다, □~ 중건 한다, □~ 중점을 둔다, □~ 쥐인다, □~ 지대한 공헌을 한다, □~ 지대한 영향을 끼친다, □~ 지레 겁을 먹는다, □~ 지원 한다, □~ 지질린다, □~ 진력 한다, □~ 진열 한다, □~ 진입 한다, □~ 진학 한다, □~ 질질 끌린다, □~ 집어 넣는다, □~ 집결 한다, □~ 집중 한다, □~ 집착 한다, □~ 집행 유예를 선고 한다, □~ 짓눌린다, □~ 쩍쩍 달라붙는다, □~ 쩐다, □~ 쪼그리고 앉는다, □~ 쪼들린다, □~ 쭈그리고 앉는다, □~ 찌들린다, □~ 차인다, □~ 차질이 생긴다, □~ 차질이 있다, □~ 착 달라붙는다, □~ 착륙 한다, □~ 착안 한다, □~ 찬동 한다, □~ 찰싹 달라붙는다, □~ 참가 한다, □~ 참례 한다, □~ 참예 한다, □~ 채인다, □~ 책임을 전가 한다, □~ 척척이다, □~ 첫 발을 내 디딘다, □~ 첫 발을 내 딛는다, □~ 체류 한다, □~ 초점을 맞춘다, □~ 총력을 기울인다, □~ 축 늘어진다, □~ 출강 한다, □~ 출두 한다, □~ 출연 한다, □~ 출자 한다, □~ 출현 한다, □~ 취직 한다, □~ 쳐 넣는다, □~ 쳐 박는다, □~ 쳐 박힌다, □~ 치명적이다, □~ 치명타를 입힌다, □~ 치우친다, □~ 치중한다, □~ 침 칠을 한다, □~ 침 칠 한다, □~ 침윤 된다, □~ 침윤 한다, □~ 침잠 한다, □~ 침투 한다, □~ 켜켜이 먼지가 쌓인다, □~ 쾌척 한다, □~ 탄복 한다, □~ 탐닉 한다, □~ 탑재 한다, □~ 털버덕 주저앉는다, □~ 통달한다, □~ 투고 한다, □~ 투신 한다, □~ 투영 한다, □~ 투철하다, □~ 특효가 있다, □~ 특효다, □~ 틀림 없다, □~ 파 묻는다, □~ 파 묻힌다, □~ 파견 한다, □~ 파다하게 퍼진다, □~ 패한다, □~ 퍼질러 앉는다, □~ 펄썩 주저앉는다, □~ 페인트 칠을 한다, □~ 편입 된다, □~ 편입 한다, □~ 편중 된다, □~ 푹 파 묻힌다, □~ 풀썩 주저앉는다, □~ 필요하다, □~ 필적 한다, □~ 하염없이 탐닉 한다, □~ 한들거린다, □~ 한정 한다, □~ 한한다, □~ 합당하다, □~ 합류 한다, □~ 합치 한다, □~ 해롭다, □~ 해악을 끼친다, □~ 현혹 된다, □~ 혈안이 된다, □~ 혹한다, □~ 홀딱 반한다, □~ 환장 한다, □~ 환호 한다, □~ 회부 된다, □~ 효과가 있다, □~ 휘감긴다, □~ 휘둘린다, □~ 흡음재를 설치 한다, □~ 흩어 진다, □~ 힘 쓴다, □~ 힘을 싣는다, □~ 힘 입은 바 크다; 17 위 ~ 랭크 된다, 20 위 ~ 랭크 된다, 39 위도 선 상 ~ 있다, 50 대 ~ 호발 한다, IMF ~ 구제 금융을 신청 한다, □ 덕분 ~, □ 일로 ~ 있다, 가난 ~ 찌든다, 가렴주구 ~ 시달린다, 가뭄 ~ 콩 나듯, 가뭄 ~ 콩 나듯이, 가방을 어깨 ~ 멘다, 가슴 ~ 못을 박는다, 가슴 ~ 손을 얹는다, 가슴 위 ~ 손을 얹는다, 가시 ~ 찔린다, 가위 ~ 눌린다, 감격 ~ 겹다, 감금 죄 ~ 해당 한다, 감회 ~ 젖는다, 갑판 위 ~ 붙박힌다, 강보 ~ 싸인다, 강판 ~ 간다, 개 똥 밭 ~ 구른다, 개 발 ~ 다갈, 개골창 ~ 처박는다, 개발 ~ 박차를 가한다, 개중 ~, 거래소 ~ 상장 한다, 건축사 ~ 빚 난다, 검정 ~ 합격 한다, 검토 ~ 착수 한다, 겁 ~ 질린다, 격무 ~ 시달린다, 결론 ~ 도달 한다, 계약서 ~ 사인 한다, 계약서 ~ 서명 한다, 계좌 ~ 입금 한다, --고 싶은 충동 ~ 사로잡힌다, --고 자시고 간 ~, 고국 ~ 계신 동포 여러 분, 고래 싸움 ~ 새우 등 터진다, 고문헌 ~ 기술 되어 있다, 고시 ~ 합격 한다, 고양이 목 ~ 방울 단다, 고향 ~ 대한 그리움, 고환 ~ 탈장이 있다, 곡우 ~ 가문다, 곤경 ~ 처한다, 골방 ~ 처박힌다, 골방 ~ 틀어박힌다, 골수 ~ 사무친다, 곰방 담뱃대 ~ 엽초를 넣는다, 공모 ~ 당선 된다, 공모 ~ 당선 한다, 공소장 ~ 기재 된다, 공소장 ~ 기재 한다, 공포감 ~ 사로잡힌다, 공포 ~ 질린다, 공항 ~ 마중 나간다, 공항 ~ 마중 나온다, 공해 ~ 찌든다, □과/와 불가분의 관계 ~ 있다, 관습 ~ 얽매인다, 교도소 ~ 수감 된다, 교직 ~ 몸 담는다, 구사 운동 ~ 참여 한다, 구설 ~ 오른다, 구설수 ~ 오른다, 구직난 ~ 허덕인다, 구천 ~ 사무친다, 구치소 ~ 수감 된다, 국립 묘지 ~ 안장 된다, 국수 틀 ~ 넣는다, 국화 과 ~ 딸린다, 군사 당국 ~ 건의 한다, 궁지 ~ 몰아 넣는다, 궁지 ~ 몰린다, 권력 ~ 대한 견제, 귓가 ~ 맴 돈다, 귀 ~ 거슬린다, 귀 ~ 못이 박히게 듣는다, 귀 ~ 이어폰을 꽂는다, 귀신 ~ 홀린다, 귀양 길 ~ 오른다, 규정 ~ 따라, 그 거 땜 ~, 그 자리 ~ 털썩 주저앉는다, 그의 품 ~ 안긴다, 그물 ~ 걸려 든다, 극 ~ 달한다, 극도 ~ 달한다, 극형 ~ 처한다, 근교 ~ 자리 잡는다, 근로 시간 단축 ~ 따른 임금 감액, 급류 ~ 휩쓸린다, --기 때문 ~, --기 ~만 급급하다, --기 전 ~, --기 직전 ~, 기대 ~ 못미친다, 기대 ~ 찬물을 끼얹는다, 기대감 ~ 부푼다, 기득권 ~ 안주 한다, 기로 ~ 선다, 기름 때 ~ 전다, 기름 ~ 갠다, 기름 ~ 지진다, 기름 ~ 튀긴다, 기본 ~ 충실하다, 기세 ~ 눌린다, 기아 선 상 ~ 있다, 기아 ~ 허덕인다, 기억 속 ~ 오래 남는다, 기왕 내친 김 ~, 기차 ~ 몸을 싣는다, 긴장 ~ 싸인다, 길 거리 ~ 나 앉는다, 길 바닥 ~ 나앉는다, 김치 ~ 젓갈을 넣는다, 꼬리 ~ 꼬리를 문다, 꼬치 ~ 뀐다, 꾐 ~ 빠진다, 꿀 ~ 재운다, 꿀 ~ 졸인다, 꿀풀과 ~ 딸린다, 끈 ~ 뀐다, 나중 ~, 나찌즘 ~ 정면으로 맞선다, 낙하산 ~ 매달린다, 난관 ~ 봉착 한다, 난관 ~ 부닥친다, 난리 통 ~, 난봉꾼 ~ 호색한, 난처한 입장 ~ 처한다, 내사 ~ 착수 한다, 내킨 김 ~, 냉동실 ~ 얼린다, 노을 ~ 물든다, 논제 ~ 내포 되어 있다, 농간 ~

넘어 간다, 농간 ~ 놀아 난다, 농약 ~ 찌든다, 농업 ~ 종사 한다, 농작물 ~ 중금속이 있다, 뇌리 ~ 생생하다, 누차 ~ 걸쳐, 눈 가 ~ 이슬이 맺힌다, 눈 앞 ~ 어른거린다, 눈 ~ 눈 물이 고인다, 눈 ~ 눈 물이 핑 돈다, 눈 ~ 뜨인다, 눈 ~ 띈다, 눈 ~ 밟힌다, 눈 ~ 불을 켠다, 눈 ~ 설다, 눈 ~ 익다, 눈 ~ 화등잔을 켠다, --는 김 ~, --는 바람 ~, --는 판국 ~, --는 풍조 ~ 휩쓸린다, --는다는/ㄴ다는 강박 관념 ~ 사로잡힌다, 늘 회사 일 ~ 쫓긴다, --다는/라는 소문이 증권가 ~ 파다하다, 다음 번 ~, 다음 칸 ~ 탄다, 단 칼 ~, 단칼 ~ 내리찍는다, 단칼 ~ 자른다, 담장이 ~ 열린다, 당기위 ~ 회부 한다, 대로변 ~ 있다, 대선 ~ 출마 한다, 대책 마련 ~ 부심 한다, 덫 ~ 찡긴다, 도깨비 ~ 홀린다, 도록 ~ 수록 한다, 도움 ~ 힘 입는다, 도전 ~ 직면 한다, 도탄 ~ 빠진다, 독거실 ~ 수용 된다, 독거실 ~ 수용 한다, 독재 ~ 항거 한다, 독촉 ~ 쫓긴다, 돈 ~ 약하다, 돌아 와요 부산항 ~, 동남부 ~ 분포 한다, 동렬 ~ 놓는다, 동시 ~, 돼지 목 ~ 진주 목 걸이, 두 시간 만 ~, 뒤 ~ 몸을 숨긴다, 들쇠 ~ 매 단다, 등 ~ 업힌다, 등골 ~ 식은 땀이 흐른다, 땅 바닥 ~ 넘어진다, 땅 속 ~ 묻는다, 땅 ~ 발을 디딘다, --라는 미명 하 ~, --라는 제목 하 ~, --라는 제하 ~, 라디에이터 ~ 걸터앉는다, 라디에이터 ~ 에어가 찬다, 런다운 ~ 걸린다, 리셉션 ~ 참석 한다, 마늘밭 ~ 웃거름 준다, 마늘 ~ 대한 세이프가드를 발동 한다, 마루 턱 ~ 걸터앉는다, 마른 하늘 ~ 날벼락을 맞는다, 마르크스 주의 ~ 입각 한다, 마음먹기 ~ 달린다, 만기 ~ 보험금을 수령 한다, 만기 ~ 원금을 돌려 받는다, 만면 ~ 미소를 띤다, 만면 ~ 웃음을 띤다, 만방 ~ 과시 한다, 만약의 사태 ~ 대비 한다, 만일의 사태 ~ 대비 한다, 말이 나온 김 ~, 말등 ~ 탄다, 맛파람 ~ 게 눈 감추듯, 망둑어 과 ~ 속한다, 망막 ~ 맺힌다, 망설임 끝 ~, 맞춤법 ~ 어긋난다, 매너리즘 ~ 빠진다, 매사 ~ 꼼꼼하다, 매사 ~ 자신감이 있다, 맨땅 ~ 헤딩 한다, 맷돌 ~ 간다, 머리 ~ 인다, 메스플라스크 ~ 넣는다, 명상 ~ 잠긴다, 명성 ~ 걸맞다, 모기 ~ 물린다, 모순 ~ 의한 증명, 모습이 눈 ~ 선하다, 목 구멍 ~ 풀 칠 한다, 목 숨이 경각 ~ 달려 있다, 목 숨이 경각 ~ 달렸다, 목 안 ~소리, 묘지 ~ 안장 한다, 무게 ~ 눌린다, 무과 ~ 급제 한다, 무기력증 ~ 빠진다, 무심 결 ~, 무엇 ~인가 홀린 듯, 묵상 ~ 잠긴다, 문과 ~ 급제 한다, 문단 ~ 데뷔 한다, 문단 ~ 등단 한다, 문묘 ~ 배향 한다, 문지방 ~ 걸터앉는다, 물 결 ~ 휩쓸린다, 물기 ~ 젖는다, 물망 ~ 오른다, 물정 ~ 밝다, 뭣 땜 ~, 미더덕 과 ~ 딸린, 미성년자 ~ 대한 담배 판매, 미증 ~ 그친다, 민간 ~ 이양 한다, 민주 주의가 위기 ~ 처한다, 믿는 도끼 ~ 발 등 찍힌다, 밑 빠진 독 ~ 물 붓기, 바늘 방석 ~ 앉는다, 바늘 ~ 꿴다, 바닥 ~ 무릎을 꿇는다, 바람 ~ 나부낀다, 바이러스 ~ 감염 된다, 발 등 ~ 떨어진 불을 끈다, 발 등 ~ 불이 떨어진다, 발전 ~ 크게 이바지 한다, 밥 상 ~ 숟가락 하나 더 얹는다, 방 구석 ~ 틀어 박힌다, 배꼽 ~ 탈장이 생긴다, 배려 ~ 보답 한다, 백일 하 ~ 드러난다, 뱀 ~ 물린다, 버스 ~ 몸을 싣는다, 번갯불 ~ 콩 구워 먹는다, 번철 ~ 기름을 두른다, 벌 ~ 쏘인다, 벌금 형 ~ 처한다, 벌레 ~ 먹힌다, 법 ~ 저촉 된다, 베일 ~ 싸인다, 벤치 ~ 앉는다, 벼 과 ~ 딸린다, 벼랑 끝 ~ 몰린다, 벽 ~ 걸린 괘종 시계, 벽 ~ 등을 기댄다, 변방 ~ 우짖는다, 병 ~ 걸린다, 병석 ~ 눕는다, 볕 ~ 그은다, 보는 이로 하여금 손 ~ 땀을 쥐게 한다, 보선 ~ 출마 한다, 보자기 ~ 싼다, 보험업 ~ 종사 한다, 복 매운 탕 ~ 미나리, 복권 ~ 당첨 된다, 볼 ~ 눈물 방울이 맺힌다, 볼 ~ 뽀뽀 한다, 볼 따구니 ~ 생채기를 낸다, 부사장 ~ 취임 한다, 부엌 방 ~ 숨는다, 부지불식간 ~, 분 ~ 넘친다, 분위기 ~ 찬 물을 끼얹는다, 불 길 ~ 휩싸인다, 불 ~ 그슬린다, 불 ~ 덴다, 불 ~ 데인다, 불교 ~ 귀의 한다, 불면증 ~ 시달린다, 불황 ~ 허덕인다, 붐 ~ 편승 한다, 빗길 ~ 미끄러진다, 비리 ~ 연루 된다, 비밀리 ~, 비위 ~ 거슬린다, 빈곤 ~ 허덕인다, 빙판 길 ~ 미끄러진다, 빚더미 ~ 올라 앉는다, 빠른 시일 안 ~, 뺑소니 차 ~ 치인다, 뼈 ~ 금이 간다, 뼈 ~ 사무친다, 사당 ~ 참배 한다, 사람들 입 ~ 오르내린다, 사람들 틈 ~ 끼인다, 사람 위 ~ 사람 없다, 사로청 ~ 가맹 한다, 사명감 ~ 불 탄다, 사묘 ~ 주향 한다, 사색 ~ 잠긴다, 사양 길 ~ 접어 든다, 사전 ~ 막는다, 사택 ~ 가져 간다, 사형 ~ 처한다, 사회 과학사 ~ 빛 나는 대작, 산림 ~ 서식 한다, 산소 ~ 상 돌을 놓는다, 산야 ~ 지천으로 깔려 있다, 산 입 ~ 거미 줄 치랴, 살아 생전 ~, 살갗 ~ 소름이 돋는다, 삼 관왕 ~ 오른다, 삼 루 ~ 악송구 한다, 삼 호실 ~ 투숙 한다, 삼매경 ~ 빠진다, 삽시간 ~, 상담 ~ 응한다, 상승 일로 ~ 있다, 상업 ~ 종사 한다, 상위 ~ 랭크 된다, 상좌 ~ 앉는다, 새 술은 새 부대 ~ 담아야, 새 장 ~ 갇힌다, 생각 ~ 생각을 거듭 한다, 생명 ~는 지장이 없다, 생업 ~ 종사 한다, 서가 ~ 꽂힌다, 서로 간 ~, 서비스업 ~ 종사 한다, 서열 ~ 얽매인다, 석사 과정 ~ 재학 중이다, 선거전이 막바지 ~ 이르르자, 선머리 ~ 선다, 선방 ~ 막힌다, 선봉 ~ 선다, 설문 ~ 응한다, 성경 말씀 ~, 성공리 ~, 성과 ~ 따른 급여, 성당 ~ 다닌다, 성원 ~ 보답 한다, 성원 ~ 힘 입어, 성황리 ~, 세균 ~ 감염 된다, 세미나 ~ 참여 한다, 세상 물정 ~ 어둡다, 세탁소 ~ 맡긴다, 세파 ~ 찌든다, 소 귀 ~ 경 읽기, 소금 물 ~ 흔든다, 소금 ~ 전다, 소금 ~ 절인다, 소나무 과 ~ 딸린다, 소변 ~ 당이 섞여 나온다, 소시 적 ~, 소용돌이 ~ 휘말린다, 소총 ~ 탄약을 장전 한다, 소쿠리 ~ 건진다, 소통 ~ 지장이 있다, 소환 ~ 불응 한다, 손금 ~ 산입 한다, 손톱 ~ 물 들인다, 손톱 ~ 봉숭아 물을 들인다, 솥 뚜껑 ~ 올라 앉는다, 쇠 귀 ~ 경 읽기, 쇠 뿔도 단 김 ~ 뺀다, 쇠 사슬 ~ 묶인다, 쇠퇴 일로 ~ 있다, 쇠퇴기 ~ 접어 든다, 수급 ~ 차질을 빚는다, 수매 ~ 응한다, 수상 ~ 취임 한다, 수세 ~ 몰린다, 수염 ~ 치찢는다, 수표 ~ 배서 한다, 순식간 ~, 술 ~ 만취 한다, 술 ~ 찌든다, 숫돌 ~ 간다, 숯 불 ~ 굽는다, 스타덤 ~ 오른다, 슬럼프 ~ 빠진다, 슬픔 ~ 겹다, 습관이 몸 ~ 밴다, 승과 ~ 급제 한다, 승부 ~ 쐐기를 박는다, 승용 차 ~ 치인다, 시 ~ 곡을 붙인다, 시단 ~ 등단 한다, 시루 ~ 안친다, 시루 ~ 찐다, 시류 ~ 편승 한다, 시비 ~ 휘말린다, 시어머니를 요양원 ~ 맡긴다, 시중 ~ 나돈다, 시중 ~ 유통 된다, 시중 ~ 유통 시킨다, 식량 ~ 보탠다, 식민 사관 ~ 입각해서, 신경 ~ 거슬린다, 신경 핵 ~ 도달한다, 신문지 ~ 싼다, 신위 앞 ~ 받든다, 신중 ~ 신중을 기한다, 신춘 문예 ~ 당선 된다, 신춘 문예 ~ 응모 한다, 실무 ~ 종사 한다, 실의 ~ 빠진다, 실존이 본질 ~ 선행 한다, 심판 판정 ~ 항의 한다, 십 년 만 ~, 십 오 위 ~ 랭크 된다, 십 진법 ~ 의거 한다, 십자가 ~ 못 박힌다, 십칠 세 되던 해 ~, 쌀 가루 ~ 섞는다, 아닌 밤 중 ~ 홍두깨, 아무 짝 ~도 못쓴다, 아무 짝 ~도 쓸 모 없다, 아직도 눈 ~ 선하다, 악 ~ 받친다, 악몽 ~ 시달린다, 악의 ~ 찬, 악조건 ~도 불구하고, 악화 일로 ~ 있다, 안개 ~ 싸인다, 안반 ~ 쏟는다, 안중 ~도 없다, 알타이 어족 ~ 속한다, 암묵리 ~, 암암리 ~, 암초 ~ 부딪힌다, -- 았/었기 ~ 망정이지, 앞 자리 ~ 앉는다, 야밤 ~, 약관 ~ 동의 한다, 약자의 편 ~ 선다, 양심 ~ 가책을 느낀다, 양심 ~ 따른 병역 거부자, 애기가 나온 김 ~, 어깨 ~ 머리를 기댄다, 어깨 ~ 손을 얹는다, 어느 하세월 ~, 어려움 ~ 직면 한다, 얼결 ~, 얼굴 ~ 화색이 돈다, 얼굴 ~ 희색이 돈다, 얼떨결 ~, 얼레 ~ 감긴다, 엄벌 ~ 처한다, 에어백 ~ 충돌 한다, 에이즈 ~ 감염 된다, 여드레 만 ~, 역경 ~ 처한다, 역사 의식 ~ 호소 한다, 연고를 환부 ~ 바른다, 연행 ~ 항의 한다, 열 살 되던 해 ~, 열 ~ 들뜬다, 열 ~ 약하다, 열기 ~ 휩싸인다, 열풍 ~ 휩싸인다, 영향력 하 ~ 놓인다, 옆구리 ~ 꿰어 찬다, 예감 ~ 사로잡힌다, 예배 ~ 참석 한다, 예의 ~ 어긋난다, 옛 날 옛 적 ~ 훠이 훠이, 오랏줄 ~ 묶인다, 오랫만 ~, 오래간 만 ~, 오르가슴 ~ 도달 한다, 오미자 국 ~ 녹두 녹말, 올림픽 ~ 출전 한다, 옹배기 ~ 푼다, 외갓집 ~ 얹혀 산다, 요새지 ~ 성책을 쌓는다, 욕심 ~ 차지 않는다, 우리말 ~ 대한 애정, 우물 가 앵두 나무 ~ 조롱조롱 열린다, 우여곡절 끝 ~, 운동 ~ 몸 바친다, 윗벽 선반 ~ 얹힌다, 위난 ~ 처한다, 위덕 ~ 감복 한다, 위세 ~ 눌린다, 위험 수위 ~ 육박 한다, 유흥 업소 ~ 취업 한다, □으로/로 검찰 ~ 고발 한다, --은/ㄴ 김 ~, 은연 중 ~, 은혜 ~ 보답 한다, □을/를 □ ~ 가둔다, □을/를 □ ~ 유용 한다, □을/를 □ ~ 장착 한다, □을/를 □ ~ 적용 한다, □을/를 교수 형 ~ 처한다, □을/를 국가 ~ 헌납 한다, □을/를 끓는 물 ~ 데친다, □을/를 만방 ~ 떨친다, □을/를 만방 ~ 알린다, □을/를 목전 ~ 둔다, □을/를 미연 ~ 방지 한다, □을/를 비밀리 ~ 만난다, □을/를 사회 ~ 환원 한다, □을/를 식민 지배하 ~ 둔다, □을/를 염두 ~ 둔다, □을/를 일거 ~ 무너뜨린다, □을/를 입 밖 ~ 낸다, □을/를 입 안 ~ 털어 넣는다, □을/를 장당 백 원 ~ 산다, □을/를 전세계 ~ 알린다, □을/를 차 ~ 태운다, □을/를 탁자 위 ~ 내려 놓는다, □을/를 한 칼 ~ 벤다, □을/를 함정 ~ 빠뜨린다, --음/ㅁ ~도 불구하고, 음악 ~ 맞춰 춤 춘다, □의 반열 ~ 오른다, □의 호조 ~ 힘 입어, 의사 지시 하 ~, 의혹 ~ 찬 시선, 이 담 ~ 커서, 이 담 ~, 이 참 ~, 이 루 ~ 악송구 한다, 이권 ~ 개입 한다, 이런 인식 하 ~, 이마 ~ 맺힌 땀, 이마 ~ 피도 안마른 놈, 이사 철 ~ 맞춘다, 이슬 ~ 젖는다, 이십 달러 ~ 빌린다, 이야기가 나온 김 ~, 이어폰을 귀 ~ 꽂는다, 이중고 ~ 시달린다, 인구 ~ 회자 된다, 인기리 ~ 방영 된다, 인장 ~ 조각 한다, 인터넷 ~ 접속 한다, 인터뷰 ~ 응한다, 인파 ~ 휩쓸린다, 일 주일 ~ 한 두 번 씩, 일 회 ~ 한해 연임 한다, 일 회 ~ 한해 연장 한다, 일거 ~ 해결 한다, 일선 ~ 복귀 한다, 일언지하 ~ 거절 한다, 일제 ~ 항거 한다, 임종 ~ 다다른다, 입 가 ~ 미소가 번진다, 입 가 ~ 미소를 띤다, 입 가 ~ 싸늘한 미소를 짓는다, 입 가 ~ 잔잔한 미소를 짓는다, 입 가 ~ 흘린다, 입 방아 ~ 오른다, 입 ~ 게 거품을 문다, 입 ~ 발린 말, 입 ~ 발린 소리, 입 ~ 침이 마르도록 칭찬 한다, 입 ~ 풀 칠을 한다, 입술 ~ 침을 바른다, 자격 시험 ~ 응시 한다, 자격 시험 ~ 합격 한다, 자궁 ~ 이식 한다, 자궁 ~ 착상 한다, 자금난 ~ 봉착 한다, 자문 ~ 응한다, 자율 ~ 맡긴다, 잔 ~ 술을 채운다, 잠결 ~, 장난 ~ 놀아 난다, 장단 ~ 춤 춘다, 장부 ~ 기재 한다, 장부 ~ 올린다, 장삼 ~ 가사를 두른다, 재 떨이 ~ 비벼 끈다, 재 떨이 ~ 재를 떤다, 재산을 사회 ~ 환원 한다, 재판 ~ 회부 한다, 쟁반 ~ 받친다, 적자 ~ 허덕인다, 전 ~사람, 전문 직 ~ 종사한다, 전시회 ~ 출품 한다, 전신 ~ 붉은 반 점이 생긴다, 절구 ~ 찧는다, 절반 ~ 도 못미친다, 절찬리 ~, 접견석 상 ~ 배석 한다, 정 ~ 약하다, 정강이 ~ 아대를 착용 한다, 정계 ~ 입문 한다, 정부 조직 법 ~ 규정 되어 있다, 정신 병원 ~ 입원 한다, 정신대 ~ 끌려 간다, 정적 ~ 휩싸인다, 제 멋 ~ 겹다, 제 자리 ~ 갖다 놓는다, 제 풀 ~ 지친다, 제곱 ~ 반비례 한다, 제곱 ~ 비례 한다, 조건 ~ 맞는다, 조건 ~ 부합 한나, 소서 ~ 기재 한다, 조속한 시일 내 ~, 졸음 ~ 겹다, 졸리움 ~ 눌린다, 졸지 ~ 비명 횡사 한다, 종당 ~, 종반 ~ 접어 든다, 좌담석 ~ 앉는다, 죄 의식 ~ 사로잡힌다, 주머니 ~ 손을 찌른다, 주지육림 ~ 빠진다, 준결승전 ~ 진출 한다, 줄줄이 포승줄 ~ 묶인다, 중도 ~ 포기 한다, 쥐 구멍 ~도 볕 들 날이 있다, 즉결 심판 ~ 넘긴다, 증권 거래소 ~ 상장 된다, 증언대 ~ 선다, 지금도 눈 ~ 선하다, 지천 ~ 널린다, 지팡이 ~ 몸을 의지 한다, 지하철 ~ 올라 탄다, 진영 ~ 가담 한다, 질투심 ~ 사로잡힌다, 집 구석 ~ 처박힌다, 집 ~ 비가 샌다, 징계위 ~ 회부 한다, 징역 ~ 처한다, 찬 물 ~ 헹궈 물기를 뺀다, 차변 ~ 기입 한다, 차입 ~ 의존 한다, 차제 ~, 창살 ~ 맨다, 창졸 간 ~, 창포 물 ~ 머리 감는다, 책 갈피 ~ 끼운다, 책 꽂이 ~ 꽂힌다, 책보를 허리 ~ 찬다, 책장 ~ 꽂힌다, 천만 년 뒷세상 ~ 전한다, 천만 원 이하의 벌금 ~ 처한다, 천지 ~ 널려 있다, 첫 손가락 ~ 꼽힌다, 첫 술 ~ 배 부르랴, 청문회 ~ 출석 한다, 청약서 ~ 사인 한다, 체 ~ 거른다, 체 ~ 받친다, 체 ~ 밭친다, 체 ~ 친다, 체모 ~ 똥 칠을 한다, 체전 ~ 출전 한다, 초 읽기 ~ 들어 간다, 초면 ~ 실례이지만, 초야 ~ 묻힌다, 초장 ~ 질린다, 초청 ~ 응한다, 촬영 ~ 임한다, 최고조 ~ 달한다, 최소한 ~ 그친다, 추어탕 ~ 산초를 넣는다, 추위 ~ 언다, 축구 ~ 열광 한다, 침 ~ 찔린다, 칼 ~ 베인다, 칼 ~ 찔린다, 캔버스 ~ 유채, 커피 ~ 설탕을 탄다, 콧등 ~ 주름이 진다, 코가 땅 ~ 닿도록 절을 한다, 코 앞 ~ 닥친다, 크레인 ~ 매 달아서, 타성 ~ 젖는다, 타월 ~ 싼다, 타의 ~ 의해, 태초 ~ 말씀이 있었다, 태풍 ~ 올라 탄다, 태풍 ~ 휩쓸린다, 툇마루 ~ 걸터앉는다, 파도 ~ 쓸린다, 파산 ~ 직면 한다, 파업 ~ 돌입 한다, 파탄 ~ 이르른다, 판결 ~ 불복 한다, 팬 ~ 버터를 두른다, 팬 ~ 식용유를 두른다, 팬 ~ 식용유를 붓는다, 페이스 ~ 말려 든다, 평교사회 ~ 가입 한다, 평원 ~ 해 뜬다, 포승 ~ 묶인다, 표적 ~ 명중 한다, 풀 밭 ~ 털썩 주저앉는다, 풀 카운트 접전 끝 ~, 품 안 ~ 안긴다, 품 ~ 안는다, 프라이팬 ~ 기름을 두른다, 피 ~ 굶주린다, 피 ~ 물든다, 피곤 ~ 전다, 하나 하나 ~ 치밀하다, 하루아침 ~ 물 거품이 된다, 학정 ~ 신음 한다, 한 곳 ~ 고정 된다, 한 눈 ~ 내려다 본다, 한 눈 ~ 내려다 보인다, 한 눈 ~ 알아 본다, 한 집 ~ 산다, 한강 물 ~ 뛰어 든다, 한국학 과 ~ 입학 한다, 한달음 ~ 달려 간다, 한라 장사 ~ 등극 한다, 한목 ~ 싸 잡는다, 한밤 중 ~, 한참 동안 생각 ~ 잠긴다, 함정 ~ 빠진다, 합의 ~ 이른다, 합의 점 ~ 도달 한다, 합의서 ~ 서명 한다, 항간 ~ 떠 돈다, 항구 ~ 정박 한다, 해 질 녘 ~, 햇볕 ~ 그을린다, 햇볕 ~ 쪼인다, 행복감 ~ 젖는다, 행복 ~ 겹다, 허리 ~ 꽂은 총, 허영 ~ 들뜬다, 헌법 ~ 보장 된다, 현실 ~ 직면 한다, 협살 ~ 걸린다, 협정 ~ 조인한다, 형식 ~ 그친다, 호기심 ~ 이끌린다, 호사가들의 입 ~ 오르내린다, 호텔 ~ 여장을 푼다, 혼란 ~ 빠뜨린다, 혼수상태 ~ 빠진다, 혼전 ~ 순결을 지킨다, 홈 ~ 쇄도 한다, 홈 통 ~ 매 달린다, 홧김 ~, 화병 ~ 꽂는다, 화염 ~ 휩싸인다, 화형 ~ 처한다, 확대 일로 ~ 있다, 확산 일로 ~ 있다, 확장 일로 ~ 있다, 활기 ~ 넘친다, 회 벽 ~ 안료를 칠 한다, 회벽 ~ 안료를 바른다, 회의 ~ 참석 한다, 회장 ~ 취임 한다, 회칙 ~ 따라, 후원회 ~ 가입 한다, 후유증 ~ 시달린다, 훈련소 ~ 입대 한다, 훤칠한 키 ~, 흉기 ~ 찔린다, 흔들의자 ~ 앉는다, 흥 ~ 겹다, 흰자위 ~ 실 핏줄이 있다

에게 □~ 꿈과 희망을 준다, □~ 대피 령을 내린다, □~ 들킨다, □~ 떠 넘긴다, □~ 떠 맡긴다, □~ 망신을 당한다, □~ 몹쓸 짓을 한다, □~ 무기 징역을 선고 한다, □~ 부촉 한다, □~ 부축을 받는다, □~ 불리한 증언, □~ 불만이 있다, □~ 빚 독촉을 한다, □~ 사형 선고를 한다, □~ 사후 통보 한다, □~ 손해 배상을 청구 한다, □~ 시선이 옮겨 간다, □~ 양보 한다, □~ 어필 한다, □~ 연행 된다, □~ 원한을 품는다, □~ 원한이 맺힌다, □~ 원한이 있다, □~ 유리하다, □~ 인계 한다, □~ 일임 한다, □~ 잡아 먹힌다, □~ 절실히 요청 된다, □~ 정조대를 채운다, □~ 조금 딱딱하게 대한다, □~ 질질 끌려 간다, □~ 체포 령을 내린다, □~ 친밀감을 느낀다, □~ 홀딱 반한다, □~ 훈포장을 수여 한다, □~ 훈포장을 전수 한다; 가이사의 것은 가이사 ~ 바쳐라, 강자 ~ 불리하다, 강자 ~ 유리하다, 검사 ~ 송부 한다, 공중 ~ 대여 한다, 구성원 ~ 배분 한다, 나찌 ~ 끌려 간다,

남 ~ 폐를 끼친다, 농민 ~ 분급 한다, 독 거미 ~ 물린다, 민간 ~ 이양 한다, 뱀 ~ 물린다, 삼신 할머니 ~ 빈다, 아무 ~도 방해 받지 않는다, 약자 ~ 불리하다, 위임인 ~ 귀속 된다, 위탁자 ~ 양도 한다, □을/를 수입상 ~ 인도 한다, 전갈 ~ 쏘인다, 특정인 ~ 편중 된다, 후손 ~ 물려 준다

에그 ~ 독종, ~ ~ 귀찮다

에끼 ~ 무정한 놈, ~ 이 년

에나리 ~ 넘는다

에나멜 ~ 구두, ~ 페인트

에너지 ~ 다소비, ~ 소비, ~ 자원, ~ 절약 기술; 재생 ~, 질량과 ~, 태양 복사 ~, 활성화 ~

에니메이션 신작 ~

에다 □~ 대고 소곤거린다; 거꾸로 개울 물 ~ 처박는다, 상추 나물 ~ 고추 장 된 장, 서까래 ~ 비끄러맨다, 억새 풀 ~ 쓱쓱 닦는다, 음 ~ 가사를 붙인다, 출처를 굳이 각주 란 ~ 밝힌다

에다가 요기 ~

에라 ~ 모르겠다

에로 ~ 비디오, ~ 스타, ~ 영화

에로스 ~ 와 아가페

에로틱 ~ 하다

에메랄드 ~ 불상, ~ 빛, ~ 색 여름 정장

에미 ~ 애비; 애비 ~

에볼라 에이즈와 ~ 출혈열

에산 ~ 책정

에서 □~ □을/를 제한다, □~ 경숙 한다, □~ 과감히 탈피 한다, □~ 기권 한다, □~ 기인 한다, □~ 낙오 한다, □~ 놓여난다, □~ 뛰어 내린다, □~ 박사 학위를 취득 한다, □~ 발췌 한다, □~ 번역 출간 한다, □~ 불이 온다, □~ 비롯 된다, □~ 사임 한다, □~ 소외 된다, □~ 우러난다, □~ 원고 승소 판결을 한다, □~ 원고 패소 판결을 한다, □~ 유래 된다, □~ 유래 한다, □~ 잔뼈가 굵는다, □~ 정년 퇴임 한다, □~ 제일 간다, □~ 차출 된다, □~ 차출 한다, □~ 채화 한다, □~ 축출 한다, □~ 출발 한다, □~ 출토 한다, □~ 탈피 한다, □~ 파생 한다, □~ 풀려 난다, □~ 한 치도 벗어 나지 않는다, □~ 헤어나지 못한다, □~ 헤어나온다, □~ 힌트를 얻는다; 개천 ~ 용 난다, 검출기 ~ 포착 된다, 계곡 ~ 발원 한다, 공식 석상 ~, 공직 ~ 물러 난다, 공직 ~ 추방 한다, 관직 ~ 물러 난다, 괴춤 ~ 비수를 꺼낸다, 괴춤 ~ 쌈지를 꺼낸다, 궤도 ~ 이탈 한다, 귓가 ~ 맴 돈다, 기아 선 상 ~ 고통 받는다, 기아 선 상 ~ 허덕인다, 기아 선 상 ~ 헤맨다, 긴 겨울 잠 ~ 깨어 난다, 꿈 속 ~, 꿈 ~ 깨어 난다, 남부 ~ 월동 한다, 냇가 ~ 낚시 한다, 눈 앞 ~ 어른거린다, 눈 길과 빙판 길 ~의 운전, 늦여름 ~ 초가을까지, 동면 ~ 깨어 난다, 등 허리 ~ 땀이 난다, 마굿간 ~ 낳는다, 마취 ~ 깨어 난다, 머릿속 ~ 구상 한다, 머리 끝 ~ 발 끝까지, 모든 공직 ~ 사퇴 한다, 무 ~ 유를 창출 한다, 문 턱 ~ 좌절 한다, 뱃속 ~ 무두질을 한다, 뱃속 ~ 쪼르륵 소리가 난다, 배 ~ 쪼르륵 소리가 난다, 백주 대로 ~, 벼슬 ~ 물러 난다, 삼 회전 ~ 나가 떨어진다, 상온 ~ 천천히 식힌다, 선 잠 ~ 깨어 난

다, 섭섭한 마음 ~, 성 터 ~ 출토 된다, 수화기 ~ 흘러 나온다, 슈퍼 ~ 유명하다, 시험 관 ~ 배양 한다, 심사 ~ 탈락 한다, 어른 앞 ~ 방자히 군다, 예선 ~ 탈락 한다, 온 몸 ~ 기운이 빠진다, 올림픽 ~ 금메달을 딴다, 왕위 ~ 쫓겨 난다, 요람 ~ 무덤까지, 욕실 ~ 샤워 한다, 워키토키 ~ 흘러 나온다, 원수는 외나무 다리 ~ 만난다, 윗목 구석 ~ 퍼드러진다, 음악원 ~ 바이올린을 배운다, 의정부 ~ 아뢴다, 이과 ~ 문과로 옮긴다, 이름 ~ 따 온다, 이사회 ~ 선출 된다, 일각 ~ 거론 된다, 일본 군 ~ 탈출 한다, 입 ~ 단 내 난다, 입 ~ 입으로 전한다, 자연 ~ 채취 한다, 자판기 ~ 커피를 뺀다, 잠 ~ 깨운다, 잡지 ~ 오린다, 전역 ~ 번식 한다, 전중대원 앞 ~, 절벽 ~ 추락 한다, 종로 ~ 뺨 맞고 한강 ~ 눈 흘긴다, 주머니 ~ 동전을 꺼낸다, 주머니 ~ 손 수건을 꺼낸다, 주유소 ~ 휘발유를 넣는다, 주자 만루 ~ 등판 한다, 중간 ~ 가로 챈다, 중학교 ~ 교편을 잡는다, 지근 ~ 보좌 한다, 진심 ~ 우러나온다, 콤플렉스 ~ 벗어 난다, 콩쿠르 ~ 우승 한다, 콩쿠르 ~ 입상 한다, 피난 길 ~ 폭격을 당한다, 한라 ~ 백두까지, 항소심 ~ 승소 한다, 항소심 ~ 유죄 판결을 받는다, 항소심 ~ 징역 형을 선고 받는다, 현관 ~ 거실까지, 현역 ~ 은퇴 한다, 호주머니 ~ 담뱃갑을 꺼낸다

에서부터 중원 ~ 강까지, 천장 ~ 난다

에세이 수필과 ~

에센스 보습 ~

에스트로겐 ~ 분비

에스프레소 ~ 커피

에쎈셜 ~ 하다

에어 라디에이터에 ~가 찬다

에어리어 골 ~ 정면

에어백 ~ 에 충돌 한다

에어컨 시원 찮은 ~

에워싼다 □을/를 ~

에이스 ~ 포커

에이즈 ~ 감염자, ~ 바이러스, ~ 보균자, ~ 에 감염 된다, ~ 와 에볼라 출혈열, ~ 치료제, ~ 퇴치; 암 세포나 ~ 균

에이커 만 ~, 천 ~의 땅

에콜로지 ~ 풍

에탄올 소독용 ~

엑세쿠탄스 호모 ~

엑스레이 ~ 안경

엑스포 ~ 대회장

엔 ~ 약세, ~ 통화권, ~ 환율; 육만 ~

엔간 ~ 하다

엔고 ~ 세일

엔다 살을 ~, □을/를 ~

엔드 해피 ~

엔딩 해피 ~

엔젤 ~ 클럽, ~ 투자자

엔지니어 컴퓨터 ~

엔지니어링 ~ 사업 부

엔진 ~ 을 장착 한다, ~ 을 탑재 한다, ~ 조립 부; 4 기통 ~, 6 기통 ~, 가스 터빈 ~, 구형 기계 식 ~, 제트 ~

엔터 ~ 키

엔터테이너 만능 ~

ㅇ

엔화 ~ 강세, ~ 환율

엘넬넬 ~ 상사두야

엘리뇨 ~ 와 라나냐

엘리베이터 ~ 가 멎는다, ~ 나 계단, ~ 를 탄다, ~ 와 기름 보일러; 계단이나 ~

엘피지 ~ 부탄

엠메 ~ ~

엠병 ~ 헌다

엠티 ~ 를 간다

엣 안 ~ 소리

엣 ~ 춥다

여 관리실 ~ 직원, 막내 ~ 동생, 빨치산 ~ 대장

여 자매 형제 ~, 주 ~

여 ~ 보아란 듯이

여 ~ 와 야

여가 ~ 선용

여각 ~ 이나 객주

여간 ~ 강심장이 아니다; --으려니까/려니까 ~ 힘 든 게 아니다

여간 ~ 해서는

여객 ~ 항로 개설

여객기 ~ 격추 행위, ~ 폭파; 국내 선 ~

여객선 ~ 운항; 연안 ~

여건 제반 ~

여고 ~ 동창

여공 방적 ~

여과기 세라믹 ~

여과제 미생물 접촉 ~

여관 ~ 과 대중 탕, ~ 과 여인숙, ~ 집 이부자리; 장 급 ~

여구 미사 ~

여군 ~ 사관 후보, ~ 사관 후보생; 제대 ~

여권 ~ 을 발급 받는다, ~ 을 제시 한다, ~ 자동 인식 장치; 공무 ~, 세계 표준 ~

여급 까페의 ~

여기 ~ 다녀 간다, ~ 저기서 터진다

여긴다 가볍게 ~, 가상히 ~, 감사히 ~, 고맙게 ~, 귀중히 ~, 귀히 ~, 긍휼히 ~, 불쌍히 여기소서, 소중히 ~, 수상히 ~, 애석히 ~, 어여삐 ~, □을/를 궁금히 ~, □을/를 못마땅히 ~, □을/를 불쌍히 ~, □을/를 업수이 ~, □을/를 중히 ~, □을/를 천직으로 ~, 이상히 ~, 존중히 ~, 중요하게 ~, 측은히 ~, 탐탁히 여기지 않는다, 흡족히 ~

여긴다 □을/를 눈 여겨 본다

여념 --느라 ~이 없다, □에 ~이 없다

여느 ~ 때 같으면

여단 ~ 사령부; 공수 ~, 동부 ~, 육군 고사포 병 ~

여닫는다 □을/를 ~

여당 ~ 과 야당, ~ 의 선심; 집권 ~

여대 ~ 야소 정국

여대생 ~ 커리어 개발 센터

여드레 ~ 만에; 이 월 스무 ~

여러 ~ 가지 일 처리, ~ 겹으로 접는다, ~ 모로, ~ 분의 건투를 빈다, ~ 잡생각, ~ 층위; 고국에 계신 동포 ~ 분, 면민

~ 분, 신사 숙녀 ~ 분, 애청자 ~ 분, □에 딸린 ~ 해 살이 풀

여럿 ~ 이서

여로 □으로/로의 긴 ~

여론 ~ 몰이, ~ 의 역풍, ~ 의 향방, ~ 이 안좋다, ~ 주도자 역할, ~ 형성자 역할; 언론의 ~ 형성 기능, 파병 반대 ~

여류 ~ 명사, ~ 바이올리니스트, ~ 시인, ~ 작가, ~ 최강

여름 ~ · 가을 · 겨울, ~ 방학, ~ 하 자 돌림, ~ 한 철, ~ 한낮, ~ 휴가 철; 무더운 ~ 날, 무더운 ~ 철, 봄 · ~ · 가을, 에메랄드 색 ~ 정장, 흔한 ~ 새

여름치 은어와 ~

여리다 여린 소리와 된 소리, 여린 풀 잎, 여리디~

여명 기대 ~

여물 쇠 죽 ~을 꾹꾹 뒤진다

여민다 꼭 꼭 ~, 옷 깃을 ~, □을/를 ~

여반장 ~ 으로 해 치운다

여법 ~ 하다

여부 --는지의 ~, 사법 처리 ~, 주차 ~, 진위 ~

여북 ~ 하면

여비 남존 ~ 사상

여비 ~ 80 원

여사원 고졸 ~

여선생 새침뜨기 ~

여성 ~ 개발 원, ~ 민우회, ~ 법조인, ~ 앵커, ~ 잡지, ~ 질환, ~ 차별 철폐, ~ 출입 금지, ~ 편력, ~ 해방 론자, ~ 행동 강령; 가임 ~, 강간 피해 ~, 구국 ~ 봉사단, 기독 ~ 상담소, 기혼 ~, 매춘 ~, 미혼 ~, 사무 직 ~ 노동자, 생태 ~ 주의, 이민 ~ 노동자 보호회, 중산 층 ~, 헌정사 상 첫 ~ 총리

여성관 유교적 ~

여성사 ~ 전시관

여성성 ~ 과 남성성

여성적 ~ 으로, ~ 인

여세 ~를 몬다

여소야대 ~ 의 정국

여수신 ~ 업무

여식 ~ 아이

여신 ~ 관리 부, ~ 전문 금융업 법; 자유의 ~ 상

여실 ~ 하다, ~ 히 드러낸다, ~ 히 보인다

여아 ~ 취학률

여야 ~ 가 합의 한다, ~ 를 막론 하고, ~ 를 불문 하고

여열 ~ 을 이용 한다

여염집 ~ 아낙

여왕 ~ 전하; 스페이드의 ~

여왕봉 ~ 과 미망인

여우 ~ 같은 마누라, ~ 같은 여자, ~ 야 ~ 야, ~ 와 토끼

여우 ~ 주연 상을 수상 한다; 아카데미 ~ 주연 상, 칸 영화제 ~ 주연 상

여운 ~ 을 남긴다; 종 소리의 ~

여윈다 바싹 ~

여유 ~ 를 부린다; 시간적인 ~

여유로이 머무르면서 ~ 보낸다, 시간을 ~ 보낸다

여유만만 ~ 하다

여유작작 ~ 하다

여의 ~ 치 않다, ~ 하다

여윈다 부친을 ~, □을/를 ~

여인 농염한 ~, 하얗게 소복을 한 ~

여인숙 싸구려 ~, 여관과 ~

여일 ~ 하다

여자 ~ 레슬러, ~ 상업 고등 학교, ~ 팔자는 뒤웅박 팔자다; 모 ~ 아나운서, 앉은뱅이 ~, 여우 같은 ~, 요보호 ~, 이유 없이 삐진 ~ 친구, 주인 집 ~

여장 호텔에 ~을 푼다

여장군 천하 대장군과 지하 ~

여전 버릇은 ~하다

여점원 백화점의 ~

여주인 하숙 집 ~

여지 ~ 없이 쳐 부순다; 논란의 ~, 변명의 ~, □에는 의심의 ~가 없다, □은/는 의심 할 ~가 없다, --을/ㄹ ~가 없다, --음/ㅁ은 의심의 ~가 없다, 의문의 ~, 재론의 ~

여쭌다 여쭤 본다; 긴히 ~, □께 ~

여차 위 ~

여차 ~ 하면

여차여차 ~ 해서

여촌야도 ~ 현상

여치 ~ 의 더듬이

여탈 생사 ~

여틈 ~ 하다

여파 □ ~로, 교전의 ~로

여하 이유 ~를 막론 하고

여한 --어도/아도 ~이 없다

여행 ~ 의 첫 기착지, ~ 자 수표, ~ 자 숙소; 당일 치기 ~, 신혼 ~을 다녀 온다, 약선 요리 ~, 이틀 째 ~, 졸업 ~, 항공 ~, 해외 ~ 경품 추첨, 해외 ~ 사업 본부

여행비 졸업 ~

여행지 신혼 ~

역 보좌 ~, 햄릿 ~을 한다

역 ~ 건물과 승차장, ~ 구내, ~ 까지 마중 나온다; 지하철 ~

역경 ~ 과 시련, ~ 에 처한다, ~ 을 딛고 일어선다

역기능 순기능과 ~

역대 ~ 급 미모, ~ 급 오심, ~ 급 흥행, ~ 동장, ~ 우승국, ~ 장사 샅바 맞대결, ~ 제왕, ~ 최고액

역도 ~ 경기장

역량 직무 ~, 핵심 ~ 경영

역력 --은/ㄴ 기색이 ~하다

역로 ~ 행정

역류 ~ 한다

역마살 ~ 이 낀다

역발상 개선 혹은 ~

역법 간지와 ~, 천문 ~

역부족 ~ 이다

역사 ~ 비교 언어학, ~ 속도학, ~ 연구부, ~ 의식에 호소 한다, ~ 주의 역사가, ~ 주의 역사학; 반 만 년 ~, 실증

주의 ~ 학자, 유구한 ~, 인류 고금 동서의 ~ 전체, 피 어린 ~의 산물

역사가 실증 주의 ~, 역사 주의 ~, 인문주의 ~, 후세의 ~

역사학 민족 주의 ~, 분단 극복 ~, 식민주의 ~, 실증 주의 ~, 역사 주의 ~

역산 ~ 한다

역삼각형 ~ 의 얼굴

역상 ~ 관계

역설 ~ 한다

역설적 ~ 으로, ~ 인

역성 ~ 혁명

역성 ~ 을 든다

역수출 ~ 한다

역술 ~ 책을 넘긴다

역승화 억압적 ~

역시 ~ 꾼이다

역연 풍채가 ~하다

역외 ~ 탈세, ~ 펀드

역이용 □을/를 ~ 한다

역임 □을/를 ~ 한다

역작용 달갑잖은 ~

역전 ~ 의 명수, ~ 의 발 판

역전승 ~ 을 거둔다; □으로/로 ~ 한다

역전패 ~ 한다

역점 ~ 사업 분야; □에 ~을 둔다

역정 인생 ~

역정 ~ 이 돋는다; 버럭 ~을 낸다

역조 ~ 현상; 무역 ~ 시정

역참 ~ 제 채용

역풍 ~ 을 맞는다; 여론의 ~

역학 양자 ~, 유체 ~, 천문학과 ~

역할 ~ 을 맡는다, ~ 을 한다; 감시자 ~, 견인 차 ~, 기여자 ~, 본연의 ~, 성 ~ 고정 관념, 여론 주도자 ~, 여론 형성자 ~

역행 □에 ~ 한다

역효과 오히려 ~가 난다, 오히려 ~를 낸다

엮는다 엮은 이엉; □으로/로 얼기설기 ~, □을/를 ~

연 근속 ~ 수

연 ~ 강수량, ~ 월차, ~ 평균 강수량, ~ 평균 기온, ~ 평균 증가율

연 ~ 꽃의 호수, ~ 꽃 한 송이; 네모 난 ~ 못, 붉은 색 ~ 꽃 무늬

연 ~ 사흘

연 ~ 을 날린다; 당가리 ~

연간 ~ 경상 수지, ~ 매출액, ~ 쌀 생산량

연거푸 ~ 몇 잔을 마신다, ~ 쥐어 박는다; 빰다귀를 ~ 후려 갈긴다

연결 ~ 지점, ~ 한다; 거미 줄처럼 ~ 된다, 서로 밀접하게 ~ 된다

연결어 인과성 ~

연계 ~ 된다, ~ 콜; □과/와 ~ 한다

연고 가족 주의와 ~ 주의

연고 ~ 를 환부에 바른다; 스테로이드 ~

연관 밀접히 ~ 된다, 산업 ~

연구 ~ 개발, ~ 개발력, ~ 개발비; 고려사 ~, 극 예술 ~회, 대외 관계사 ~, 도

서 ~회, 매출액 대비 ~ 개발비 비율, 매출액 대비 ~ 개발비 지출, 발해사 ~자, 보건 사회 ~ 원, 보건 환경 ~ 원, 선임 ~ 위원, 세러퓨틱스 ~ 진, 시사 ~ 반, 역사 ~ 부, 최근 ~ 동향, 학제 간 ~, 형사 정책 ~ 원

연구가 꽃 꽂이 ~, 요리 ~

연구관 ~ 겸직

연구력 대학원 ~ 제고

연구비 ~ 카드 제; 연방 정부 ~, 저술 ~

연구사 ~ 검토; 학예 ~

연구사적 ~ 으로, ~ 인

연구소 가계 경제 ~, 계면 공학 ~, 무강 ~, 미쓰비시 화성 생명 ~, 부설 ~, 시스템 공학 ~, 아르곤 ~, 영장류 ~, 원자력 ~, 의과학 ~, 임목 육종 ~, 장애우 권익 문제 ~, 축산 기술 ~

연구실 ~ 소조, ~ 소조원; 교재 ~, 동지 혁명 력사 ~, 학과 또는 ~

연구원 선임 ~, 학예 ~

연극 ~ 영화학 과; 가극 및 ~

연극원 ~ 교수

연극제 국제 ~

연극학 ~ 과

연근 ~ 전과, ~ 정과

연근해 ~ 어업

연금 가택 ~

연금 ~ 관리 공단, ~ 기금, ~ 생활자; 개인 ~ 신탁, 공무원 ~ 법, 사학 ~, 퇴직 신탁 및 개인 ~, 퇴직 ~, 확정 금리형 개인 ~ 저축

연금술 ~ 과 마술; 마술과 ~

연기 ~ 만 풀풀 날린다; 길게 ~를 내 뿜는다, 매케한 ~, 졸업 ~, 피어 오르는 ~

연기 ~ 자와 조연출자, ~ 파 배우; 닮은 꼴 ~자, 대어 급 ~자, 선 머슴 ~

연내 ~ 타결

연노랑 ~ 색

연다[열고 열어] 덧창을 ~, 말 문을 ~, 문을 열어 젖뜨린다, 서랍을 ~, □을/를 열어 젖뜨린다, □을/를 열어 젖힌다, □을/를 왈칵 열어 젖힌다, 잇달아 ~, 잇따라 ~, 파티를 ~, 포 문을 ~, 활짝 열어 젖힌다

연대 건립 ~ 미상, 국사 책 ~ 표, 생몰 ~, 탄소 ~ 측정, 탄소 ~ 측정법

연대 포 병 ~

연대 ~ 보증인; 개혁 시민 ~, 네트워크로 ~ 한다, 총선 시민 ~

연도 당해 ~, 예상 ~, 제작 ~, 차기 회계 ~, 회계 ~ 국방 예산 안

연도순 ~ 으로 배열 한다, ~ 으로 정리 한다; □을/를 ~으로 정리

연동 위장 관 ~ 운동 항진제

연두 ~ 교서 연설

연두색 ~ 가운, ~ 사각 접시; 야광 ~

연등 ~ 대법회

연락 ~ 한다; 비상 ~ 망

연락관 ~ 접촉; 책임 ~

연령 호발 ~

연례 ~ 보고서, ~ 안보 협의회

연로 ~ 하다

연료 ~ 전지, ~ 첨가제; 경수로 핵 ~, 고체 ~, 사용 후 핵 ~, 화석 ~

연루 비리에 ~ 된다

연륙 ~ 현상

연립 ~ 방정식, ~ 정부 구성; 귀족 ~ 체제

연립 ~ 주택 단지; 아파트나 ~

연마 □을/를 ~ 한다

연마기 초정밀 ~

연마석 샌드 페이퍼와 ~ 제조업, 페이퍼와 ~

연만 ~ 하시

연말 ~ 연시, ~ 정산; 올 ~

연맹 ~ 왕국; 걸 스카우트 ~, 국제 양궁 ~, 국제 ~, 국제 축구 ~, 세계 태권도 ~, 실업 축구 ~

연맹전 ~ 우승, ~ 첫 날; 봄 철 실업 ~ 우승 팀, 봄 철 중고 ~, 추계 대학 ~, 추계 중고 ~

연면 ~ 하다, ~ 히 이어 져 온다

연명 □으로/로 ~ 한다, 초근목피로 ~ 한다

연모 ~ 나 세석기; 뼈 ~

연민 끝 없는 ~

연발 감탄사를 ~ 한다, □을/를 ~ 한다

연방 ~ 고등 법원, ~ 대법원, ~ 수사국, ~ 저작권 법, ~ 정부 연구비, ~ 제 안, ~ 제 통일 안, ~ 준비 은행, ~ 준비 제도, ~ 지방 법원, ~ 하원, ~ 항공국; 과도적 ~ 제, 제 3 ~, 제 5 ~, 제 9 ~

연배 저 분 ~

연보 통계 ~

연보라 ~ 빛, ~ 색 아이섀도

연봉 계약금과 ~

연불 ~ 금융, ~ 수출

연사 ~ 섭외, ~ 의 강연, ~ 초청

연산 사 칙 ~

연상 ~ 시킨다; □을/를 ~ 한다

연석 상임 고문 ~ 회의, 지구 당 위원장 ~ 회의

연설 ~ 식 식사; 기조 ~, 서두가 긴 ~, 연두 교서 ~, 일장 ~, 정당 ~회, 찬조 ~, 합동 ~회

연소 가스를 ~ 한다

연소자 ~ 관람 가

연속 ~ 결승 포를 작렬 시킨다, ~ 과 단절, ~ 무패, ~ 상한가, ~ 선 상, ~ 순매수, ~ 해서 줄 방귀를 뀐다; 삼 개월 ~ 감소세, 일 일 ~ 극, 주 말 ~ 극

연쇄 ~ 도산, ~ 방화 사건, ~ 부도, ~ 살인, ~ 살인범

연쇄점 ~ 아가씨

연수 ~ 공동증; 뇌교 및 ~

연수 ~ 원을 수료 한다; 박사 후 ~ 과정, 법무 ~ 원, 사법 ~ 원, 사원들의 해외 ~, 신입 사원 ~

연수비 어학 ~

연수실 멀티미디어 교원 ~

연습 ~ 스윙; 안무 ~, 예행 ~, 타자 ~

연습장 골프 ~

연시 연말 ~

ㅇ

연안 ~ 부두, ~ 여객선, ~ 의 간척지, ~ 의 모래 밭

연안국 ~ 공관

연애 ~ 지상 주의자, ~ 편지 배달부; 동성 ~자

연약 ~ 하다

연어 ~ 가죽; 훈제 ~

연역 수학적 ~

연역법 귀납법과 ~

연연 □에 ~ 한다

연예 ~ 기획 사, ~ 담당 기자, ~ 매니지먼트, ~ 오락 프로그램, ~ 정보 프로그램, ~ 협회 회원증

연예계 ~ 기자, ~ 소식, ~ 진출

연예인 ~ 누드집, ~ 성 상납, ~ 축구단; 닮은 꼴 ~, 도를 넘은 ~ 막말, 이미테이션 ~

연유 ~ 한다; 어인 ~로

연율 ~ 기준; 전월 대비 ~

연일 ~ 상한가, ~ 음주 가무

연임 일 회에 한해 ~ 한다, 행장 ~

연잇는다[연이어 연이은] 연이은 부도

연잎 ~ 을 띄운다

연작 자화상 ~들

연장 ~ 선 상; 단기 외채의 만기 ~, 대출 만기 일 ~, 만기 ~ 외채, 세이프가드 ~, 수명의 ~, 수명이 ~ 된다, 일 회에 한해 ~ 한다

연재 ~ 된다; □에 ~ 한다

연접 ~ 한다, ~ 후 전위; 단일 ~ 반사

연좌 ~ 농성

연주 바이올린을 ~ 한다, 밴드의 ~, 성악가나 악기 ~자, 악기를 ~ 한다, 전곡을 ~ 한다, 첼로 ~, 트럼펫 ~ 곡, 트럼펫 ~자, 플룻 ~자, 피아노 ~

연주장 ~ 로비

연중 ~ 무휴, ~ 최고치, ~ 최저 수준, ~ 최저치를 경신 한다

연지 ~ 와 곤지

연지급 ~ 수입, ~ 신용장

연체 ~ 이자; 신용 카드 ~ 대금

연초 ~ 경작, ~ 를 경작 한다, ~ 소매 업자, ~ 소매상, ~ 제조업, ~ 주산지; 중국산 ~

연축 안면 근 ~, 영아 ~

연출 ~ 자 커플, ~ 한다

연탄 ~ 보일러 아궁이, ~ 아궁이, ~ 화덕

연통 ~ 한다

연파 □을/를 ~ 한다

연풍 살가운 ~

연필 ~ 과 종이, ~ 깎이 칼, ~ 두 자루; 공책과 ~, 공책이나 ~, 몽당 ~, 빨간 색 ~

연하 네 살 ~, 세 살 ~

연하 ~ 곤란

연하다[연해] 연한 갈색, 연한 색

연하장 카드나 ~

연한 내구 ~

연한다[연해] □에 ~

연합 ~ 고사 성적, ~ 군의 북진, ~ 선전부, ~ 컨소시엄; 경제인 ~회, 고입 ~

고사, 국제 ~ 군, 반제국 주의 ~, 부활절 ~ 예배, 외신 종합 ~, 택시 운송 사업 조합 ~회, 호족 ~ 정권

연합국 ~ 의 승인, ~ 의 전승

연행 ~ 에 항의 한다, ~ 한다; 강제 ~, □에게 ~ 된다

연호 이름을 ~ 한다

연호 ~ 를 광무라 한다; 국호와 ~, 서력 ~

연화 ~ 복합 주두

연화두 ~ 형 수식

연회 ~ 를 베푼다

연휴 구정 ~, 새 해 ~, 설 ~, 신정 ~, 추석 ~

연휴월 음력 신년 ~

열 맨 뒷~, 사 ~ 종대, 이 ~ 횡대

열 ~ 가소성 분자 복합체, ~ 가소성 수지, ~ 교환기, ~ 띤 응원, ~ 띤 응원전, ~ 량 구성비, ~ 병을 앓는다, ~ 병합 발전, ~ 복사 선, ~ 분해 한다, ~ 섬 현상, ~ 에 들뜬다, ~ 에 약하다, ~ 역학적 시간, ~ 전도율; 댕기 ~ 병, □에 ~ 을 올린다, 에볼라 출혈 ~, 칼로리의 ~ 량, 태양 ~ 발전, 태양 ~ 온수기, 평균 ~량 공급량

열 ~ 길 물, ~ 나흘 날, ~ 네 살, ~ 다섯 롤, ~ 닷 섬 닷 말, ~ 마지기를 소작 한다, ~ 명 남짓하다, ~ 배 커진다, ~ 살 되던 해에, ~ 일 제쳐 놓고; 논 ~ 마지기, 와당문의 ~ 폭 병풍, 일 년 ~ 두 달, 정월 ~ 나흘, 하나부터 ~까지

열강 양대 ~, 제국 주의 ~

열거 ~ 한다

열광 ~ 의 도가니; 축구에 ~ 한다

열광적 ~ 인 응원

열기 ~ 가 달아 오른다, ~ 에 휩싸인다

열대 ~ 몬순, ~ 식물원, ~ 와 아열대, ~ 우림 기후, ~ 지방

열대성 ~ 과일, ~ 저기압

열대어 관상용 ~

열도 ~ 남부

열독 ~ 한다; 도서 ~

열등 ~ 콤플렉스, ~ 하다

열람 □을/를 ~ 한다, 표의 ~

열렬 ~ 하다, ~ 히 입 맞춘다; □을/를 ~ 히 응원 한다

열린다 담장이에 ~, 우물 가 앵두 나무에 조롱조롱 ~

열린다 열려라 참 깨; □ 주최로 ~, 바스스 ~, 성대하게 ~

열림 ~ 버튼

열망 ~ 의 모태, ~ 한다

열매 금단의 ~, 등나무의 꼬투리 ~, 빨간 라비냐 ~, 야자 ~ 술, 피스타치오 ~

열변 ~ 을 토한다

열석 ~ 한다

열성 ~ 경련; 상염색체 ~ 유전

열쇠 ~ 걸이, ~ 꾸러미; 곳간 ~

열심 □에 ~이다

열심히 ~ 땀 흘린다

열악 ~ 하다

열연 ~ 한다

열열 ~ 하다

열의 ~ 가 대단하다

열정 ~ 페이

열중 □에 ~ 한나

열차 ~ 시간 표, ~ 와 충돌 한다, ~ 운전법, ~ 후부 감시 장치; 교외 선 ~, 급행 ~, 남 행 ~, 완행 ~를 탄다, 차세대 자기 부상 ~, 통근 ~, 특급 ~, 포항 행 ~, 협궤 ~, 화물 ~

열차관 자기 부상 ~

열창 □을/를 ~ 한다

열친다 □을/를 ~

열패 우승 ~

열풍 ~ 에 휩싸인다; 금연 ~, 닷컴 ~

열혈 ~ 반공 애국 청년, ~ 활동가

열화 ~ 같다, ~ 와 같은 성원

열흘 ~ 남짓; 석 달 ~

엷다 엷은 갈색, 엷은 막, 엷은 미소, 엷은 청록 색, 엷은 황색

염 존경의 ~, 통석의 ~, 혈관 ~

염기 게놈의 ~, 억 개 ~, 유전자 ~ 서열, 휘발성 ~ 질소

염기성 ~ 을 띤다

염두 □을/를 ~에 둔다

염려 ~ 한다; 도둑 맞을 ~, 충고와 ~

염려증 건강 ~

염료 아닐린 ~, 천연 ~

염류 영양 ~

염문 □과/와 ~ 설이 있다

염부 ~ 로 달려 간다

염불 ~ 소리, ~ 한다; 공 ~이 된다, 구슬픈 ~, 목탁과 ~

염산 ~ 과 수산화 나트륨 수용액, ~ 과 펩신; 묽은 ~

염색체 상동 ~, 한 쌍의 ~

염소 ~ 처리법; 뇌척수액 ~량

염소 ~ 의 뿔

염업 ~ 조합

염원 ~ 한다

염의 ~ 를 품는다; 삭발 ~ 한다

염장 ~ 무우, ~ 발효, ~ 의 소금 막

염증 □에 ~을 느낀다

염출 ~ 한다

염치 ~ 없다

염탐 ~ 한다

염화 ~ 불화 탄소, ~ 비닐, ~ 수소와 암모니아

염화시중 ~ 의 미소

엽기적 ~ 으로, ~ 인

엽록체 ~ 와 미토콘드리아

엽색 희대의 ~ 행각

엽서 ~ 가 그려 진다, ~ 를 보낸다; 애독자 ~

엽차 ~ 로 입술을 축인다

엽초 곰방 담뱃대에 ~를 넣는다

엿 ~ 기름 가루, ~ 장사를 한다, ~ 장수의 가위; 보리 ~ 기름

엿듣는다[엿들어 엿들은] □을/를 ~

엿본다 습관도 ~, □을/를 ~, 호시탐탐 기회를 ~

옛새 ~ 동안

영 ~ 딴 판이다, ~ 마뜩치 않다, ~ 찜찜하다; --기가 ~ 면구스럽다

영가 흑인 ~

영감 박희완 ~, 좌상 ~, 혹부리 ~, 힌트나 ~

영계 ~ 탐사

영공 ~ 을 지킨다, ~ 통과횟수

영관 ~ 급 장교

영광 ~ 의 잔재; 상처 뿐인 ~

영구 ~ 동토 층, ~ 미제, ~ 불변, ~ 시설물, ~ 임대 아빠트, ~ 임대 아파트, ~ 임대 주택, ~ 하다

영농 ~ 발대 식, ~ 후계자; 복합 ~, 적자 ~, 조합장과 ~ 회장

영도 위대한 ~자, 유일적 ~ 체제

영동법 전기 ~

영락 ~ 한다

영롱 오색 ~, 오색이 ~하다

영리 ~ 결사체, ~ 단체, ~ 섹터

영리 ~ 한 처신

영면 ~ 한다

영문 ~ 둔전

영문 ~ 이력서, ~ 첫 자; 대학 ~ 과

영문 ~ 을 모른다; 어찌 된 ~인지

영문학 ~ 과, ~ 석사 학위, ~ 을 전공 한다

영민 ~ 하다

영사부 대사관 ~ 건물

영산홍 진달래와 ~

영상 ~ 가요 반주기, ~ 음향 및 통신 장비업, ~ 자료관, ~ 자료원, ~ 투사기; 노출이 큰 ~, 삼 차원 입체 ~, 자기 공명 ~ 장치, 적외선 체열 ~

영상관 복합 ~

영상물 ~ 등급 위원회

영상법 자기 공명 ~

영생 중단 없는 ~, 중단 있는 ~

영선 ~ 계원, ~ 계장

영선계 ~ 계장, ~ 기사; 교육청 ~

영성적 ~ 으로, ~ 인

영세 ~ 소농, ~ 하다

영세불망 원위대강 시천주 조화정 ~ 만사지

영솔 □을/를 ~ 한다

영수증 송금 ~, 원천 징수 ~을 교부 한다, 징수 ~

영시 현대 ~

영아 ~ 살해, ~ 연축

영악 ~ 하다

영양 ~ 공급량, ~ 공급원, ~ 과잉으로, ~ 보충 식품, ~ 섭취, ~ 소모, ~ 소모법, ~ 실조, ~ 염류; 한국인 ~ 권장량

영양적 ~ 으로, ~ 인

영양제 효모 ~

영양학 식품 ~ 과

영어 ~ 교육 과, ~ 를 유창하게 구사 한다, ~ 식 발음, ~ 작문, ~ 학원

영업 ~ 관리자, ~ 사원, ~ 소장으로 발령 난다, ~ 소장이나 지점장, ~ 시간 단축,

~ 시간 오전, ~ 재개; 본점 ~ 부, 상반기 ~ 실적, 유흥 업소 심야 ~

영업소 ~ 나 지점; 부동산 중개 ~

영역 공론 ~, 논제로섬 게임의 ~, 부곡제 ~, 수리 탐구 ~, 수용체 방아 쇠 ~, 직능 ~, 탐구 Ⅱ ~

영원 ~ 불멸 한다, ~ 불변, ~ 하다; 무한과 ~

영위 생을 ~ 한다, □을/를 ~ 한다

영유아 ~ 보육 법

영입 ~ 한다

영자 ~ 신문

영장 ~ 발부, ~ 실질 심사, ~ 을 기각 한다, ~ 을 발부 한다; 만물의 ~, 사전 구속 ~이 발부 된다, 사전 ~ 주의, 압수 수색 ~, □에 대해 구속 ~을 청구 한다, □으로/로 구속 ~을 신청 한다, □으로/로 구속 ~을 청구 한다, 체포 ~을 발부 받는다

영장류 ~ 연구소

영재 ~ 교육, ~ 유아 원

영접 교황을 ~ 한다, □을/를 ~ 한다

영좌 황금의 ~

영주 ~가 착취 한다, ~ 의 성채; 봉건 ~

영차 영치기 ~

영창 군단 ~, 헌병대 ~

영채 ~ 가 돈다

영천수 ~ 흐르는 물

영치기 ~ 영차

영토 해상 ~ 분쟁

영특 ~ 하다

영하 ~ 1 도, ~ 12 도, ~ 40 도, ~ 의 날씨

영합 □에 ~ 한다

영해 ~ 를 침범 한다, ~ 침범

영향 □에 ~을 끼친다, □에 ~을 미친다, □에 지대한 ~을 끼친다, □의 ~으로, 지대한 ~, 환경 ~ 평가서

영향력 ~ 하에 놓인다

영험 ~ 하다

영호남 ~ 교류

영혼 ~ 불멸, ~ 의 구원자; 육체와 ~

영화 부귀 ~를 누린다, 부귀와 ~, 세속의 부귀 ~

영화 ~ 감독, ~ 감상회, ~ 관람, ~ 상영관, ~ 제작자, ~ 촬영; 공상 과학 ~, 공포 ~, 멜로 ~, 무성 ~, 무술 ~ 배우, 스릴러 ~, 실화를 ~로 만든다, 액션 ~, 에로 ~, 장편 ~, 제한 상영 등급 ~, 조폭 ~, 주 말 특선 ~, 직배 ~, 페미니스트 ~ 이론가, 포르노 ~를 찍는다, 호러 ~

영화제 ~ 그랑프리; 국제 판타스틱 ~, 칸 ~ 여우 주연 상

영화학 연극 ~ 과

옅다 옅게 탈색 한다, 옅은 화장

옆 ~ 눈으로, ~ 면의 도어 록, ~ 방 아주머니, ~ 선 박는다; 길 ~ 둔덕, 길 ~ 풀밭, 부두 ~ 백사장, 앞 줄 ~ 줄 맞춘다

옆구리 ~ 가 결린다, ~ 를 꾹 찌른다, ~ 를 쿡 찌른다, ~ 에 꿰어 찬다

예 ~ 를 든다; 비근한 ~로

예감 ~ 에 사로잡힌다, ~ 한다

예거 ~ 된다

예견 ~ 된다, ~ 한다

예고 □을/를 ~ 한다, □을/를 입법 ~ 한다, 입법 ~

예금 ~ 계좌, ~ 과 적금, ~ 담보 대출, ~ 부분 보장, ~ 유치인, ~ 이자, ~ 인출 사태, ~ 자 보호 법, ~ 자 보호 상품, ~ 자 보호 제도, ~ 잔액; 가계 우대 정기 ~, 당좌 ~, 수시 입출금 식 ~, 시장 금리부 수시 입출 식 ~, 양도성 ~ 증서, 요구불 ~ 회전율, 자유 저축 ~, 저축성 ~, 주택 청약 ~ 가입자, 현금과 ~, 휴면 ~ 찾는다

예금주 휴면 계좌 ~

예기 예기치 않은

예능 ~ 보유자

예능계 ~ 대학, ~ 입시

예단 ~ 한다

예독 □을/를 ~ 한다

예리 ~ 하다

예매 항공권 ~

예민 감수성 ~, 감수성이 ~하다

예방 ~ 의학, ~ 주사, ~ 한다; B 형 간염 ~ 백신, 사고 ~, 산 불 ~, 산사태 ~, 성인 병 ~, 울병 ~, 전염 병 ~ 접종, 천연두 ~ 접종, 홍수 ~

예배 ~ 에 참석 한다; 부활절 연합 ~, 부활절 ~

예보 ~ 가 맞다; 기상 ~, 기상청 ~, 일기 ~, 허리케인 ~

예보관 일기 ~

예보채 ~ 차환 동의, ~ 차환 발행 동의안

예불 새벽 ~

예불기 자동 ~

예비 ~ 검속, ~ 군 훈련 통지서, ~ 군 훈련장 입구, ~ 신랑 신부, ~ 심사, ~ 창업자; 전력 ~율

예비역 ~ 공군, ~ 대령, ~ 장성; 상근 ~

예비적 ~ 으로, ~ 인

예쁘다[예뻐] 예쁘게 탈색 한다; □을/를 예쁘게 단장 한다

예쁘장 ~ 하다

예쁘장스럽다[예쁘장스러워 예쁘장스러운] 아주 ~

예쁘장스레 ~ 생긴, ~ 생겼다

예사 ~ ㅅ 일이 아니다; --기 ~이다

예사롭다[예사로와 예사로운] 예사롭지 않다

예산 ~ 심의권; 내년도 ~ 안, 내년도 ~ 편성, 새 해 ~ 안 심의, 세출 ~, 추경 ~ 안, 회계 연도 국방 ~ 안

예산처 기획 ~ 장관

예상 ~ 된다, ~ 보다 까다롭다, ~ 수확량 상향 조정, ~ 연도, ~ 은 빗나간다, ~ 을 뒤 엎는다; 내 ~이 빗나간다, 올해 ~ 매출액, □으로/로 ~ 한다

예선 ~ 에서 탈락 한다, ~ 을 무사히 통과 한다, ~ 탈락

예속 □에 ~ 된다

예술 ~ 을 위한~ , ~ 의 전당 콘서트 홀, ~ 지상 주의; 극 ~ 연구회, 다양한 ~ 사조를 넘나든다, 불 나비 ~단, 세기말적 ~ 사조의 흔적

예술가 ~ 촌

예술인 문화 ~

예술제 공연 ~

예술학 ~ 과

예스 ~ 화법

예습 ~ 복습; 복습과 ~

예시 ~ 한다; 학교 생활 규정 ~ 안

예시문 갈등 ~

예약 고속 버스 승차권 카드 ~ 서비스, 승차권 카드 ~, 전공 ~ 제, 펜션을 ~ 한다

예언 ~ 변인, ~ 타당도, ~ 한다

예열 □으로/로 ~ 한다

예외 ~ 없이; 극소수의 ~

예외적 극히 ~인

예우 극진히 ~ 한다, 유공자 ~, 전관 ~ 제한

예의 ~ 바르다, ~ 범절, ~ 에 어긋난다

예의 ~ 주시; □을/를 ~ 주시 한다

예인 ~ 도중 침몰, ~ 된다

예입 ~ 은행

예정 ~ 신고 납부 세액, ~ 일보다 늦다, ~ 표; 공개 ~ 기업, 부장 진급 ~자, 입주 ~자, 출산 ~ 일, 택지 개발 ~

예정지 핵 폐기장 ~

예조 ~ 판서

예증 ~ 한다

예찬 ~ 한다; 모더니즘 ~자, 청춘 ~

예체능 ~ 및 인문

예측 ~ 불허다, ~ 한다

예치 □에 ~ 한다

예치금 공모 주 청약 ~, 종금 사 ~

예탁 ~ 된다; □에 ~ 한다, 주식 ~ 증서

예탁금 고객 ~

예파 극파 및 ~

예펜 ~ 네

예편 대위로 ~ 한다

예하 ~ 부대

예행 ~ 연습

옘병 급살 ~이나 맞는다

옛 ~ 날 간 날, ~ 날로 거슬러 올라 간다, ~ 날 번성기, ~ 날~ 적에 훠이 훠이, ~ 날을 회상 한다, ~ 신라인, ~ 애인, ~ 정, ~ 총독부 청사

오가피 ~ 지네 탕; 토종 ~

오각 ~ 별

오간다 고성이 ~, 물 밀듯이 ~, 분주히 ~

오갈 ~ 든다

오계 세속 ~

오그라뜨린다 □을/를 ~

오그라붙는다 오그라붙은 붕알

오그린다 □을/를 ~

오글오글 ~ 모인다

오금 ~ 이 저리다

오남용 약물 ~ 방지, 의약품 ~률

오냐 ~ ~ 한다

오누이 ~ 끼리 싸운다

오뉴월 ~ 땡볕

오늘 ~ 그리고 내일, ~ 내일 한다; 어제와 ~

오답 ~ 노트나 요약집

오더 위장 ~

오뎅 ~ 국 물

오도 견성 ~ 한다

오도 □을/를 ~ 한다

오도방정 ~ 을 떤다

오도카니 ~ 앉아 있다

오돌오돌 ~ 떤다

오동통 ~ 하다

오두막 양 치기의 ~ 집, 언덕배기 ~ 집

오들오들 ~ 떤다

오디언스 미디어의 ~

오디오 ~ 나 비디오, ~ 세트; 일본산 ~ 카세트

오똑 코가 ~하다

오뚝 ~ 하다

오라 ~ ㅅ 줄에 묶인다

오라기 한 ~

오라비 친정 ~

오락 연예 ~ 프로그램, 인터액티브 미디어 ~, 저질 ~ 프로그램

오락광 전자 ~

오락비 문화 ~

오락성 ~ 추구

오락실 불법 성인 ~, 성인 ~ 업주, 호텔 성인 ~

오랑캐 ~ 를 물리친다

오래 ~ ㅅ 만에, ~ ~ 산다, ~ ~ 편찮으시다, ~ 전; 기억 속에 ~ 남는다, --는 데 시간이 ~ 걸린다, --은/ㄴ 지 ~이다, --은/ㄴ 지 이미 ~이다

오래간 ~ 만에

오래도록 대학교 시절 ~ 사귀었다

오랜 ~ 세월, ~ 전통

오량 일 고주 ~ 가구

오렌지 ~ 껍질, ~ 시럽, ~ 주스, ~ 즙

오렌지색 ~ 립스틱

오롯 ~ 하다

오류 ~ 정정 부호; 실수나 ~, 인식 ~

오륜 삼강 ~

오르가슴 ~ 에 도달 한다

오르간 파이프 ~ 설치

오르내린다 디딤 판 ~, 사람들 입에 ~, 삼십 도를 ~, 위 아래로 ~, 호사가들의 입에 ~

오르르 ~ 떤다

오르막 ~ 비탈

오른 ~ 뇌와 왼 뇌, ~ 발 강슛, ~ 발 슛, ~ 발 인사이드 킥, ~ 발 중거리 슛, ~ 손과 왼 손, ~ 손 목, ~ 손 엄지와 검지, ~ 손이 저리다, ~ 손 집게 손가락, ~ 쪽 늑골, ~ 쪽 발 목 부상, ~ 쪽 사이드 어태커, ~ 편으로 꺾는다; 복부 ~ 쪽 윗부분, 왼 쪽과 ~ 쪽

오른다[올라] 계단을 뛰어 ~, 계단을 밟고 올라 간다, 비탈 길을 올라 간다, 비탈 길을 올라 온다, 사다리를 올라 간다, 탑승대를 ~

오른다[올라] 오를 대로 올랐다, 오름세가 둔화 한다, 오르락 내리락 한다; 가슴까지 차 ~, 구설에 ~, 구설수에 ~, 귀

양 길에 ~, 기어 올라 갈 엄두, 껑충 껑충 뛰어 ~, 납 독이 ~, 두둥실 떠 ~, 딛고 올라 선다, 뜨겁게 달아 ~, 목 구멍까지 올라 온다, 물망에 ~, 뭉게뭉게 피어 ~, 발갛게 달아 ~, 벅차 ~, 벌겋게 타 ~, 봉긋 솟아 ~, 부글부글 끓어 ~, 불 꽃이 타 ~, 불 꽃처럼 타 ~, 빚더미에 올라 앉는다, 빨갛게 부어 ~, 삼 관왕에 ~, 새빨갛게 달아 ~, 선연하게 떠 ~, 소폭 오름세, 솥 뚜껑에 올라 앉는다, 스타덤에 ~, 신 물이 올라 온다, 아련히 떠 ~, 안개처럼 피어 ~, 얼굴이 벌겋게 달아 ~, □에 올라 선다, 열기가 달아 ~, 옛 날로 거슬러 올라 간다, --으러/러 기어 올라 간다, □으로/로 뛰어 ~, □으로/로 올라 선다, □의 반열에 ~, □이/가 모락모락 피어 ~, □이/가 불끈 솟아 ~, 이글이글 타 ~, 입 방아에 ~, 지글지글 끓어 ~, 지하철에 올라 탄다, 치밀어 ~, 큰 폭으로 ~, 타 오르는 불길, 타 오르는 불 꽃, 태풍에 올라 탄다, 톱니 바퀴로 ~, 통일 신라기까지 소급해 올라 간다, 퉁퉁 부어 ~, 펄쩍 펄쩍 뛰어 ~, 피어 오르는 연기, 한 소끔 끓어 ~, 화끈 화끈 달아 ~, 활활 불 타 ~, 활활 타 ~, 홧홧 달아 ~, 횃불이 타 ~, 후끈 후끈 달아 ~

오리 탐관 ~

오리 ~ 발을 내 민다, ~ 와 닭, ~ 털 이불, ~ 털 잠바, ~ 털 점퍼, ~ 털 파카; 로스 구이 ~ 고기, 물 ~나 청둥 ~, 미운 ~ 새끼, 유황 ~, 청둥 ~ 떼, 훈제 ~

오리엔테이션 신입생 ~

오린다 □을/를 가위로 ~, □을/를 오려 붙인다, 잡지에서 ~

오만 ~ 방자하다, ~ 불손하다, ~ 하다

오매육 ~ 을 잘게 찧는다, ~ 한 근

오메 ~ 귀신

오메 ~ 몰라라우

오메가 ~ 3 지방 산

오목 ~ 렌즈, ~ 하다

오묘 ~ 하다

오물 ~ 과 쓰레기, ~ 을 수거 한다, ~ 퍼낸다; 쓰레기와 ~

오물거린다 □을/를 ~

오므라든다[오므라들고 오므라들어] 오므라든 발가락

오므린다 □을/를 ~

오미자 ~ 국에 녹두 녹말

오밀조밀 ~ 하다

오바로꾸 ~ 기술자

오발 망발과 ~, 총기 ~ 사고

오버 ~ 한다

오버랩 ~ 된다

오부 ~ 학당

오붓 ~ 하다

오브 시티 ~ 조이

오븐 ~ 온도; 그릴이나 ~ 토스터

오빈다 오비듯이 아프다; 가슴이 ~

오빠 막내 딸과 작은 ~

오사리 ~ 참 멸치

오살 ~ 을 한다

오색 ~ 무지개, ~ 영롱, ~ 이 영롱하다, ~ 이 찬란하다, ~ 폭죽

오성 상상력과 ~

오소리 ~ 궁뎅이가 시리다, ~ 농장

오손도손 ~ 산다

오수 ~ 처리장

오수혈 맥의 ~

오슬오슬 ~ 춥다, ~ 한기가 느껴 진다

오심 역대 급 ~

오싹 ~ 끼친다, ~ ~ 소름 끼친다; 등골이 ~하다

오악 ~ 병풍; 일월 ~

오열 ~ 한다; 사분 ~ 된다

오염 ~ 물질 배출량, ~ 방지제, ~ 원인자 부담 원칙, ~ 유발 부담금; 대기 ~, 미세 먼지 ~도, 복합 ~ 시대, 생태계 ~, 수질 ~, 이산화 질소 ~도, 자동 차가 내뿜는 ~, 페놀 ~

오용 ~ 된다; 남용과 ~

오의 다도의 ~

오이 ~ 피클

오인 ~ 사격; 간첩으로 ~ 한다, □으로/로 ~ 한다

오일 1970 년대 ~ 쇼크, 올리브 ~, 이 차 ~ 쇼크

오입 ~ 장이, ~ 쟁이

오자 ~ 나 탈자; 탈자나 ~

오자미 ~ 를 한다

오장 ~ 육부

오쟁이 ~ 를 지운다

오전 ~ 내내; 영업 시간 ~, 한산한 일 요일 ~

오존 ~ 주의보 발령, ~ 처리법, ~ 층 파괴

오종종 ~ 하다

오죽 ~ 하면

오죽이나 ~ 좋으면

오줌 ~ 눈다, ~ 을 갈긴다, ~ 을 깔긴다, ~ 을 눈다, ~ 을 싸 재낀다, ~ 을 지린다, ~ 이 마렵다; 개 ~ 나무, 똥 ~ 못 가린다, 업다가 ~ 싸니

오지 ~ 장수

오지 ~ 탐험; 산간 ~

오지그릇 질그릇과 ~

오지랖 ~ 넓다, ~ 이 넓다

오징어 ~ 회

오차 표집 ~ 및 비표집 ~, 한 치의 ~도 없다

오찬 ~ 간담회

오케스트라 ~ 단 단장, ~ 를 지휘 한다, ~ 의 지휘자, ~ 지휘자; 필하모닉 ~

오케이 --으면/면 만사 ~이다

오토리스 ~ 상품

오토바이 ~ 전문 털이

오페라 ~ 극장, ~ 단을 육성 한다, ~ 부파, ~ 아리아, ~ 진흥회, ~ 페스티벌; 국립 ~단, 발레나 ~, 발레단과 ~단

오폐수 ~ 방류; 생활 ~

오프닝 ~ 멘트

오프라인 온라인과 ~

오픈 야외 ~ 세트

오피니언 ~ 면; 20 일자 ~ 면

오피스텔 원룸 ~, 주거형 ~

오해 ~ 를 불식 시킨다, ~ 를 푼다, ~ 와 진실, ~ 와 편견, ~ 의 소지, ~ 한다

오행 음양 ~ 사상, 음양 ~ 설

오호 ~ 애재라, ~ 통재라

오후 ~ 느즈막하게, ~ 느지막하게; 한 여름 ~

오히려 ~ 역효과가 난다, ~ 역효과를 낸다

옥 ~ 가락지, ~ 색 저고리, ~ 색 치마 저고리, ~ 색 한복, ~ 의 티

옥 ~ 바라지를 한다, ~ 살이를 한다

옥개 ~ 받침, ~ 상면, ~ 지붕 면; 탑신과 ~

옥개석 ~ 받침 돌, ~ 상면, ~ 을 받친다, ~ 의 처마; 탑신과 ~, 탑신석과 ~

옥고 ~ 를 치른다

옥사 ~ 한다

옥석 ~ 을 가린다

옥쇄 ~ 를 각오 한다; 1 억 국민 전원 ~

옥수수 감자와 ~, 밀과 ~, 콩과 ~

옥신각신 ~ 한다

옥양목 ~ 처럼 흰 빛

옥외 ~ 전광판, ~ 집회

옥죈다 □을/를 ~

옥중 ~ 출마

옥타브 한 ~

옥탑 ~ 방

온 ~ 누리, ~ 몸에서 기운이 빠진다, ~ 몸으로 진 땀이 흐른다, ~ 몸을 와들와들 떤다, ~ 삭신, ~ 힘을 기울인다

온갖 ~ 기화 요초가 만발 한다, ~ 방법을 다 동원 한다, ~ 억측이 난무 한다, ~ 잡동사니, ~ 잡스러운 생각, ~ 잡스러운 소문, ~ 잡스러운 음담 패설

온건 ~ 좌 파, ~ 하다

온난화 ~ 한다; 지구 ~

온다 맹맹해 ~, 밝아 ~, 소란스레 들려 ~, --어/아 ~

온다 온 데 간 데 없다, 온 데 간 데 없이 사라져 버린다, 오도 가도 못한다, 오락 가락 노닌다, 오락 가락 한다; 가슴이 저며 ~, 건넌 방으로 건너 ~, 고지서가 날아 ~, 껍신껍신 떠 내려 ~, 꽃 향내가 날아 ~, 날아 와 박힌다, 느즈막히 오는 것, 늑대 떼처럼 몰려 ~, 다달이 보내 ~, 다연발 최루 탄이 날아 ~, 닥쳐 ~, 데릴러 ~, 돌아 와요 부산항에, 되가져 ~, 땀이 비 오듯 쏟아 진다, 땅 거미가 몰려 ~, 떼거리로 몰려 ~, 뚜벅뚜벅 걸어 ~, 떠 내려 ~, 마중 나 ~, 모퉁이를 돌아 ~, 목 구멍까지 올라 ~, 밀려 오고 밀려 간다, 밤 바람이 서늘 서늘 불어 ~, 부사 구가 ~, 비탈 길을 올라 ~, 살랑살랑 불어 ~, 선들바람이 불어 ~, 설렁설렁 불어 ~, 손 풍금 소리 들려 온다, 신 물이 올라 ~, 시집 온 며느리, 신혼 여행을 다녀 ~, □에 다녀 ~, □에 들어 ~, □에서 불어 ~, 연면히 이어 져 ~, 외길을 걸어 온, 우담바라 꽃 비 ~, 우르르 몰려 ~, 워디 쯤 오 실라나, --으러 ~, □으로/로 기어 들어 ~, □으로/로 끌려 ~, □으로/로 되돌아 ~, □으로/로 스며 들어 ~, □으로/로 옮아 ~, □을/를 가져 ~, □을/를 걸어 ~, □을/를 넘어 ~, □을/를 데려 ~, □을/를 떠나 ~, □을/를 몰아 ~, □을/를 보내 ~, □을/를 불러 ~, 이름에서 따 ~, 이리로 ~,

이리 ~, 이리 좀 오너라, 전깃불도 들어 ~, 졸음이 몰려 ~, 졸졸 따라 ~, 찬 바람이 불어 ~, 창 턱을 넘어 ~, 터벅터벅 걸어 ~, 파도가 밀려 ~, 포만감이 밀려 ~, 헐레벌떡 달려 ~, 헐레벌떡 뛰어 ~, 호박이 넝쿨 째 굴러 들어 ~

온당 ~ 하다

온대 ~ 지방

온도 ~ 와 습도; 오븐 ~, 임계 ~, 자동 ~ 조절기, 체감 ~

온도각 통각 및 ~ 상실, 통각 및 ~ 소실

온라인 ~ 과 오프라인, ~ 구좌, ~ 데이터베이스, ~ 마켓플레이스, ~ 망, ~ 쇼핑몰; 수능 ~ 모의 고사

온상 ~ 이 된다; 비리의 ~, 진드기의 ~

온수 ~ 세척법; 냉수 혹은 ~

온수기 태양 열 ~

온순 ~ 한 표정

온실 ~ 가스 배출량, ~ 의 화초, ~ 효과

온오 ~ 하다

온유 ~ 하다

온전 ~ 하다, ~ 히 보존 한다

온존 ~ 시킨다, ~ 한다

온천원 ~ 보호 지구

온통 ~ 피 투성이

온화 기후가 ~하다

온후 ~ 하다

올 ~ 가을 유행, ~ 상반기 동안, ~ 시즌 처음, ~ 연말, ~ 하반기, ~ 해 본예산, ~ 해 예상 매출액

올 ~ 들어

올 ~ 바른 선택, ~ 바른 자세; 털 끝 한 ~, 한 ~ 한 ~

올가미 ~ 를 씌운다

올록볼록 ~ 하다

올리브 ~ 갈색, ~ 뇌교 소뇌, ~ 오일, ~ 재배

올린다 가래를 끌어 ~, 개가를 ~, 결혼식을 ~, 공을 차 ~, 머리카락을 쓸어 ~, 물을 자아 ~, 벨트를 채어 ~, 부수입을 ~, 소매를 걷어 ~, 약혼 식을 ~, □에 열을 ~, □에 올려 놓는다, □을/를 걷어 ~, □을/를 떠 ~, □을/를 불러 ~, □을/를 빨아 ~, □을/를 올려 놓는다, □을/를 올려다 본다, □을/를 자아 ~, □을/를 차 ~, □을/를 채어 ~, 장부에 ~, 적시타로 선취점을 ~, 핏대를 ~, 한 잔 쳐 ~

올림 반 ~ 한다

올림피아드 국제 수학 ~

올망졸망 ~ 하다

올백 ~ 으로 넘긴다

올챙이 ~ 적 생각

올케 시누이 ~ 끼리, 시뉘 ~ 끼리

옮긴다 대처로 ~, □에게 시선이 옮겨 간다, □으로/로 옮겨 간다, 이과에서 문과로 ~

옮는다 옮아 붙는다; □으로/로 옮아 간다, □으로/로 옮아 온다

옳다 옳거니, 옳고 그름을 판단 한다, 옳다구나, 옳든 그르든, 옳으냐 그르냐를 떠나서, 옳은지 그른지; 전적으로 ~

옴 재수 ~ 붙는다

옴팍 ~ 들어 앉는다

옴팡 ~ 하다

옵서버 ~ 자격

옵셋 ~ 인쇄

옵션 개별 주식 ~, 스톡 ~ 공시, 스톡 ~ 관련, 현행 스톡 ~ 제도

옷 ~ 가게가 몰려 있다, ~ 고름으로 눈물을 닦는다, ~ 깃을 여민다, ~ 매무새가 단정하다, ~ 매무새를 가다듬는다, ~ 매무새를 고친다, ~ 매무시를 수습한다, ~ 본 도안, ~ 을 갈아 입는다, ~ 의 실루엣, ~ 장이나 이불 장, ~ 한 벌; 간이 ~ 걸이, 갓과 ~, 검은 비 ~, 긴 팔 ~, 내리닫이 겉 ~, 멜빵 바지 ~ 본, 무명 솜 ~, 무명 ~을 입는다, 비단 ~을 입는다, 비키니 ~ 장, 새 ~으로 갈아 입는다, 속 ~까지 벗는다, 속 ~ 노출 사고, 얇은 잠 ~, 잠 ~ 바람, 주홍 색 수도원 ~, 침대와 ~ 장, 털 ~을 입는다, 튀김 ~, 헌 ~ 리폼, 흐트러진 ~ 매무새, 흰 ~

옷가지 헌 ~

옹기 ~ 장이, ~ 쟁이 할아버지

옹기종기 ~ 둘러 앉는다, ~ 모인다

옹달샘 ~ 가

옹립 □을/를 □으로/로 ~ 한다

옹배기 ~ 에 푼다

옹색 ~ 하다

옹송그린다 □을/를 ~

옹알이 ~ 를 한다

옹위 □을/를 ~ 한다

옹이 관솔 ~를 딴다

옹졸 ~ 하다

옹주 공주나 ~

옹크린다 □에 ~

옹호 권익 ~, □을/를 ~ 한다

와 가로 ~ 세로, 가문비나무 ~ 전나무, 가사 ~ 양육, 가수 ~ 합창단, 가족 주의 ~ 연고 주의, 가해자 ~ 피해자, 간지 ~ 역법, 감시 ~ 규제, 감자 ~ 옥수수, 강자 ~ 약자, 개 ~ 고양이, 개인 주의 ~ 공동체 주의, 개체 ~ 전체, 개체 ~ 집단, 거래소 ~ 코스닥, 거북이 ~ 토끼, 건계 ~ 우계, 건설 과 ~ 도시 과, 검사자 ~ 피검자, 검지 ~ 중지 사이, 겨드랑이 ~ 사타구니, 견제 ~ 균형, 경루 ~ 종루, 경루지 ~ 종루지, 경비 ~ 관리자, 경쟁자 ~ 도전자, 경찰서 ~ 파출소, 계모 ~ 의붓 딸, 계모 ~ 의붓 자매, 고기 ~ 계란, 고뇌 ~ 고통, 고대 ~ 중세, 고소 ~ 고발, 고속 도로 ~ 국도, 고용자 ~ 피고용자, 고적대 ~ 농악대, 고전 파 ~ 낭만 파, 고차 언어 ~ 대상 언어, 곡괭이 ~ 망치, 공급자 ~ 수요자, 공포 ~ 경악, 공허 ~ 허무, 공화 주의 ~ 민족 자결 주의, 과거 ~ 현재 ~ 미래, 과대 평가 ~ 과소 평가, 과자 ~ 사탕, 과학자 ~ 기술자, 광기 ~ 야만, 교조 주의 ~ 형식 주의, 구더기 ~ 불 개미들, 구릉 지대 ~ 평지, 구매자 ~ 판매자, 구타 ~ 가혹 행위, 국내 ~ 국외, 국방 부 ~ 합참, 국제 기구 ~ 국제 법, 국호 ~ 연호, 군수 ~ 면장, 권문 세가 ~ 사원, 권위 ~ 압제, 귀뚜라미 ~ 꼽등이, 극우 파 ~ 보수 파, 극좌 ~ 극우, 금 붕어 ~ 수초, 긍지 ~ 자부심, 기독교 ~ 천주교, 기미 ~ 주근깨, 기아 ~ 빈곤, 기자 ~ 취재원이 유착

한다, 기타 ~ 콘트라베이스, 기회 주의 ~ 편의 주의, 기후 ~ 토양, 기후 ~ 풍토, 김치 ~ 고추 장, 김치 ~ 깍두기, 깃 길이 ~ 수구, 깃 넓이 ~ 동정, 나무 가지 ~ 풀 숲, 나이프 ~ 포크, 난자 ~ 정자, 날고기 ~ 구운 고기, 남부 ~ 북부, 남편 내조 ~ 자녀 양육, 내국세 ~ 관세, 내수 ~ 수출, 냉소 ~ 혐오, 냉해 ~ 병충해, 넓이 ~ 높이, 노고 ~ 희생, 노랑 저고리 ~ 분홍 치마, 농후 사료 ~ 조사료, 높이 ~ 넓이, 뇌 ~ 척수, --는 용기 ~ 지혜, 달리기 ~ 걷기, 당주 ~ 제관, 대지 ~ 잡종지, 대체 조제 ~ 임의 조제, 도교 ~ 불교, 도스 ~ 윈도우, 도요새 ~ 물 떼 새, 독서 ~ 사색, 돌림 대 ~ 손 잡이, 동 사무소 ~ 구청, 동무 ~ 서무, 동백 나무 ~ 유두화 나무, 동요 ~ 동시, 동재 ~ 서재, 된 소리 ~ 거센 소리, 두레 ~ 굿, 두레 ~ 황두, 뒷머리 ~ 뒷목, 때 ~ 장소를 가린다, 때죽나무 ~ 소나무, 뚱뚱이 ~ 홀쭉이, 마이크로프로세서 ~ 전자 식 계산기, 매미 ~ 개미, 맥주 ~ 양주, 머루 ~ 다래, 메줏가루 ~ 고춧가루, 명도 ~ 색치, 명조 ~ 고딕, 모래 ~ 자갈, 모체 ~ 태아, 모회사 ~ 자회사, 묘사 ~ 서사, 무 ~ 배추, 무기 ~ 탄약, 무대 ~ 객석, 문과 ~ 이과, 문학사 ~ 철학사, 미녀 ~ 야수, 미모 ~ 교양, 미세 먼지 ~ 질소 산화물, 미소 ~ 친절, 미싱사 ~ 시다, 민간 단체 ~ 지식인, 밀도 ~ 비중, 바닥재 ~ 벽지, 바로크 ~ 로코코, 박수 ~ 환호, 박수 ~ 환호성, 밤 가루 ~ 쌀 가루, 방부제 ~ 살충제, 배 ~ 항구, 배추 ~ 무, 백토 ~ 솜, 버너 ~ 코펠, 버터 ~ 식용유, 번개 ~ 천둥, 법무 부 ~ 검찰, 벼 ~ 보리, 병사 ~ 매춘부, 병사 ~ 장교, 보 머리 ~ 결구, 보도 ~ 논평, 보도 ~ 평론, 보리 ~ 밀, 보통세 ~ 목적세, 본류 ~ 지류, 부귀 ~ 영화, 부르주아 ~ 귀족, 부르주아 ~ 프롤레타리아, 부자 ~ 빈자, 부패 ~ 무능, 북어 ~ 식혜, 분교 ~ 본교, 분노 ~ 슬픔, 불교 ~ 노장 사상, 불교 ~ 도교, 브래지어 ~ 팬티, 비교 ~ 대조, 비단 벌레 ~ 바구미, 비료 ~ 농약, 빙하기 ~ 간빙기, 뼈 ~ 살, 사 성제 ~ 팔 정도, 사과 ~ 귤, 사과 ~ 관련자 문책, 사과 ~ 재발 방지 약속, 사과 ~ 책임자 문책, 사랑 채 ~ 안 채, 사주 ~ 경영 진, 사치 ~ 낭비, 사치 ~ 방탕, 사치 ~ 향락, 사치 ~ 허영, 산업화 ~ 도시화, 산화 ~ 환원, 상례 ~ 제례, 상류 ~ 중류, 상속세 ~ 증여세, 상압 건조기 ~ 진공 건조기, 상의 ~ 하의, 색조 ~ 구도, 색채 ~ 필치, 샌드 페이퍼 ~ 연마석 제조업, 생기 ~ 활력, 생맥주 ~ 햄 샐러드 안주, 생산자 ~ 소비자, 생산지 ~ 소비지, 서사 시 ~ 소설, 석유 ~ 가스, 석유 ~ 천연 가스, 석조 ~ 전축, 선호도 ~ 애호도, 성녀 ~ 마녀, 세부 요소 ~ 장면, 소나무 ~ 때죽나무, 소나무 ~ 참 나무, 소비자 ~ 생산자, 소유 ~ 경영의 분리, 소유 ~ 경영이 분리 된다, 소유주 ~ 경영 진, 소유주 ~ 광고주, 소프트웨어 ~ 하드웨어, 속가 ~ 승가, 속어 ~ 구어, 속죄 ~ 참회, 송신자 ~ 수신자, 수구 ~ 진동, 수매가 ~ 수매량, 수면 마비 ~ 입면 환각, 수사 ~ 기교, 수소 ~ 산소, 수요 ~ 공급, 수탁자 회계 ~ 수익자 회계, 순대 ~ 족발, 순사 ~ 헌병, 스트레스 ~ 피로, 승자 ~ 패자, 시공 사 ~ 감리단, 시멘트 ~ 자갈, 시비 ~ 곡직, 시어머니 ~ 며느리,

ㅇ

시어머니 ~ 시누이, 시조 ~ 민요, 식민지 ~ 본국, 신뢰도 ~ 타당도, 신뢰 ~ 존경, 신부 ~ 수녀, 실의 ~ 좌절, 싱크대 ~ 침대, 쓰레기 ~ 오물, 아나운서 ~ 해설자, 아비 ~ 어미, 아이디 ~ 패스워드, 아이스링크 ~ 체육관, 안 채 ~ 사랑 채, 안락 의자 ~ 걸상, 암 나무 ~ 숫나무, 앙서 ~ 수서, 야채 ~ 과일, 약사 ~ 한의사, 양성자 ~ 중성자, 양육비 ~ 교육비, 양지 ~ 음지, 어로 ~ 세자로, 어제 ~ 그제, 어제 ~ 오늘, 어투 ~ 표정, 언니 ~ 형부, 언론 사 ~ 언론인, 에로스 ~ 아가페, 에이즈 ~ 에볼라 출혈열, 엘리뇨 ~ 라나냐, 엘리베이터 ~ 기름 보일러, 여 ~ 야, 여린 소리 ~ 된 소리, 여우 ~ 토끼, 연기자 ~ 조연출자, 연지 ~ 곤지, 열대 ~ 아열대, 염화 수소 ~ 암모니아, 엽록체 ~ 미토콘드리아, 오른 뇌 ~ 왼 뇌, 오른 손 엄지 ~ 검지, 오리 ~ 닭, 오해 ~ 진실, 오해 ~ 편견, 온도 ~ 습도, 왕당 파 ~ 반왕당 파, 왕자 ~ 공주, 왕자 ~ 신하, 외래어 ~ 외국어, 용두 ~ 잡상, 우기 ~ 건기, 울림 소리 ~ 안울림 소리, 원거리 대공 방어 ~ 대함전, 원자로 ~ 방사 화학 실험실, 원점수 ~ 변환 점수, 원점수 ~ 변환 표준 점수, 윗니 ~ 아랫니, 위트 ~ 유우머, 위트 ~ 패러독스, 유교 ~ 도교, 유머 ~ 위트, 유수지 ~ 배수 펌프, 유태교 ~ 회교, 육체 ~ 영혼, 은어 ~ 여름치, 음주 ~ 흡연, 의류 ~ 침구, 의리 ~ 명분, 의리 ~ 인정, 의리 ~ 절개, 이끼 ~ 탄 가루, 인센티브 ~ 자극, 인수 ~ 합병, 인화 ~ 단결, 일반 과세자 ~ 간이 과세자, 임야 ~ 대지, 자본가 ~ 노동자, 자아 ~ 타자, 자연 주의 ~ 리얼리즘, 자연 주의 ~ 모더니즘, 자유 시 ~ 산문 시, 자치 ~ 분권, 작곡가 ~ 성악가, 작사 ~ 작곡, 장물 취득 죄 ~ 장물 처분 죄, 재경부 ~ 금감위, 재산세 ~ 물품세, 재치 ~ 순발력, 재화 ~ 서비스, 재화 ~ 용역, 저고리 ~ 치마, 전근대 ~ 근대, 전화 번호 ~ 주소, 정복자 ~ 피정복자, 정자 ~ 난자, 젖 소 ~ 한우, 조제 분유 ~ 이유식, 조제 ~ 투약, 조제 ~ 판매, 종량세 ~ 종가세, 종루 ~ 종탑, 좌 ~ 우, 주간 포 ~ 주상 포, 주두 ~ 소로, 주두 ~ 첨차, 주상 포 ~ 주간 포, 주소 ~ 약도, 주소 ~ 전화 번호, 주어 ~ 서술어, 주어 ~ 술어, 주체 ~ 객체, 준플레이오프 ~ 플레이오프, 중기 ~ 후기, 중성자 ~ 양성자, 중일 전쟁기 ~ 태평양 전쟁기, 중지 ~ 약지, 증오 ~ 분노, 지배 ~ 종속, 지적도 ~ 등기부 등본, 지주 ~ 소작농, 지주 ~ 전호, 지킬 박사 ~ 하이드, 지폐 ~ 주화, 직계 ~ 방계, 진달래 ~ 개나리, 진달래 ~ 영산홍, 진료 ~ 조제, 진정서 ~ 호소문, 진짜 ~ 가짜, 집회 ~ 시위, 참외 ~ 수박, 창 대 ~ 창 촉, 책자 ~ 지도, 천대 ~ 멸시, 천지 ~ 만물, 첨차 ~ 소로, 초등 학교 ~ 중학교, 초조 ~ 불안, 총회 ~ 이사회, 추위 ~ 굶주림, 추위 ~ 더위의 차, 추위 ~ 배 고픔, 추체로 ~ 추체외로, 충고 ~ 염려, 취미 ~ 일 거리, 취재 ~ 보도, 치마 ~ 저고리, 침대 ~ 옷 장, 코브라 쓸개 ~ 웅담, 코칭스태프 ~ 선수, 쿼크 ~ 글루온, 타제 석기 ~ 마제 석기, 태극 기 ~ 성조기, 토끼 ~ 거북이, 토지 소유자 ~ 경작자, 톱니 바퀴 ~ 나사, 통 나무 ~ 판자, 툇마루 ~ 협실, 퇴 ~ 협실, 투서 ~ 소문, 특별 시 ~ 직할 시, 티셔츠 ~ 반 바지, 파출소 ~ 동사무소, 판사 ~ 검사, 팔꿈치 ~ 무릎, 패배 ~ 치욕, 페이퍼 ~ 연마석, 포크 ~ 나이프, 포태 ~ 출산, 품위 ~ 스타일, 풍자 ~ 해학, 플루트 ~ 하프, 피로 ~ 권태, 피로 ~ 스트레스, 피아노 ~ 바이올린, 피자 ~ 맥주, 피자 ~ 콜라, 피해자 ~ 가해자, 하드웨어 ~ 소프트웨어, 하프 ~ 플루트, 학부모 ~ 교사, 학비 ~ 생활비, 한국화 ~ 서양화, 한반도의 평화 ~ 안정, 한의사 ~ 약사, 한의사회 ~ 보사부, 한의사회 ~ 약사회, 한자 ~ 한글, 합각 마루 ~ 추녀 마루, 해부 ~ 분석, 햄버거 ~ 콜라, 행정부 ~ 의회, 현미 ~ 율무, 현실 주의 ~ 이상 주의, 형용사 ~ 부사, 호랑이 ~ 곰, 호랑이 ~ 사자, 홍수 ~ 가뭄, 화독 냄새 ~ 쓴 맛, 화해 ~ 단결, 화해 ~ 불가침 및 교류, 화해 ~ 전진, 환희 ~ 감격, 회비 ~ 기부금, 회유 ~ 협박, 회화 ~ 조각, 효 ~ 충, 후두 ~ 종양, 후두부 ~ 목, 후보자 ~ 유권자, 휘발유 ~ 등유, 히피 ~ 마약

와 변호사 ~ 상의 한다, 시기 ~ 맞물린다, 열차 ~ 충돌 한다, 열화 ~ 같은 성원, 우레 ~ 같다, 의사 ~는 상관 없이, 의지 ~ 상관 없이, 장래 ~ 직결 된다, 제국 주의 ~ 투쟁 한다, 커피 ~ 곁 들인다, 평상시 ~ 다름 없이, 평소 ~ 다름 없이, 홀어머니 ~ 산다

와그르르 ~ 웃음 보가 터진다, ~ 웃음 보를 터뜨린다

와글와글 ~ 들끓는다, ~ 떠든다, ~ 복작복작 한다

와당 ~ 의 꽃 무늬

와당문 ~ 의 열 폭 병풍

와들와들 ~ 떨린다; 온 몸을 ~ 떤다, □을/를 ~ 떤다

와락 ~ 달려 든다; □을/를 ~ 끌어 안는다

와르르 ~ 무너진다

와르르르 ~ 한다

와르릉 ~ ~

와사비 ~ 간장

와악 ~ 울음을 터뜨린다

와와 ~ 피어 난다

와우 ~ 신경 핵

와이 ~ 2 케이

와이드 ~ 스크린

와이셔츠 반 팔 ~

와인 셰리 ~

와전 ~ 된다

와중 당쟁의 ~

와트 만 킬로 ~ 급

와해 ~ 된다; 통합의 ~

왁자 ~ 하다

왁자지껄 ~ 떠든다, ~ 한다

완간 ~ 된다; □을/를 ~ 한다

완강 ~ 하다, ~ 히 부인 한다

완결 ~ 된다; □을/를 ~ 한다

완고 ~ 하다

완곡 ~ 하다, ~ 히 타이른다

완공 ~ 된다; □을/를 ~ 한다

완납 분양 대금 ~

완두콩 ~ 공주; 익힌 ~

완롱 ~ 거리

완료 ~ 된다; □을/를 ~ 한다

완만 ~ 한 경사를 갖는다, ~ 한 곡선을 그린다; 경사가 ~하다

완미 ~ 고루

완벽 ~ 하다

완봉승 시즌 최다 ~

완비 ~ 된다; □을/를 ~ 한다

완상 □을/를 ~ 한다

완서 운동 ~

완성 ~ 된다; □을/를 ~ 한다

완수 □을/를 ~ 한다, 임무를 ~ 한다

완숙 ~ 하다

완역 □을/를 ~ 한다

완연 병색이 ~하다, --은/ㄴ 기색이 ~ 하다

완장 붉은 ~

완전 ~ 국민 경선, ~ 무결하다, ~ 무장, ~ 자동 운전, ~ 하다; 사회 주의 ~ 승리

완주 □을/를 ~ 한다, 풀 코스를 ~ 한다

완창 판 소리 ~

완충 ~ 지대; 유가 ~ 준비금, 인산 ~ 용액

완치 ~ 된다

완쾌 ~ 된다

완패 □에 ~ 한다, □한테 ~ 한다

완하제 경구 ~

완행 ~ 버스, ~ 열차를 탄다

완화 경제력 집중 ~, 규제 ~, 긴장 상태 ~, □을/를 ~ 한다, 주름 ~

왈가왈부 --는다고/ㄴ다고/다고/라고 ~ 한다, 뭐라고 ~ 한다

왈랑왈랑 ~ 소리를 지른다

왈자 ~ 패거리

왈칵 ~ 떼민다, ~ 떠 민다, ~ 울화가 치민다; □을/를 ~ 열어 젖힌다

왕 ~ 릉 관리소, ~ 모래나 톱 밥; 도움 ~ 타이틀, 득점 ~ 등극, 망국 ~, 상고대 ~, 용 ~ 굿의 기능

왕가 ~ 의 계곡

왕골 ~ 을 심는다

왕국 상고대 ~, 연맹 ~

왕권 ~ 신수설

왕년 ~ 의 명앵커

왕당 ~ 파와 반왕당 파

왕대포 ~ 집

왕도 ~ 정치

왕래 ~ 가 잦아 진다; □을/를 ~ 한다

왕림 ~ 한다

왕립 ~ 과학 아카데미, ~ 음악원, ~ 지리 학회, ~ 학회

왕복 ~ 2 차선, ~ 4 차선, ~ 8 차선, ~ 교통비, ~ 기차 표, ~ 항공권; □을/를 ~ 한다

왕복선 우주 ~

왕비 ~ 의 정침, ~ 의 침전

왕생 ~ 을 빈다, ~ 한다; 극락 ~

왕성 성욕이 ~하다, 식욕이 ~하다, 원기 ~, 혈기 ~하다

왕세자 ~ 로 책봉 된다, ~ 빈 내정

왕손 ~ 공자

왕실 ~ 과 귀족

왕위 ~ 계승자, ~ 계승권, ~ 를 찬탈 한다, ~ 에서 쫓겨 난다, ~ 쟁탈전, ~ 찬탈

왕자 ~ 나 신하, ~ 와 공주, ~ 와 신하

왕정 ~ 복고, ~ 을 무너뜨린다; 절대 ~

왕조 ~ 멸망기, ~ 실록

왕족 ~ 과 귀족

왕진 ~ 가방, ~ 을 나간다, ~ 을 다닌다; 무료 ~

왕초 장안의 ~

왜 ~ 이냐 하면; 울긴 ~ 울어, 이 거 ~ 이러슈, 정말 ~ 이러니

왜곡 ~ 된다, ~ 의 그물; □을/를 ~ 한다

왜구 ~ 의 침입

왜군 ~ 의 침입

왜놈 ~ 순사

왜란 ~ 과 호란; 임진 ~ 때 불 탄다, 임진 ~ 때 전소, 임진 ~으로 불 탄다, 임진 ~으로 전소 한다

왜색 ~ 문화

왜성 백 색 ~

왜소 몸 집이 ~하다

왜자 소문이 ~하다

왜정 ~ 때

왝왝 ~ 토한다

왱왱 ~ 운다

외 경막 ~ 공간, 두개 ~ 원인, 무역 ~ 수지, 세 ~ 수입, 시간 ~ 수당, 정원 ~ 특별 전형, 질 ~ 사정, 질 ~ 사정법

외 ~ 1 출목, ~ 2 출목, ~ 3 출목, ~ 일 출목

외가 ~ ㅅ 집에 얹혀 산다

외간 ~ 남자

외거 ~ 노비

외견 ~ 상

외계 ~ 생명체

외과 ~ 레지던트, ~ 수술, ~ 의사; 성형 ~, 신경 ~ 전문의

외곽 ~ 방어 망; 서울 ~ 순환 고속 도로

외교 ~ 공관, ~ 관계 수립, ~ 부 대변인, ~ 부 부부장, ~ 부 통상 교섭 본부 장5, ~ 소식통, ~ 안보 통일, ~ 안보 팀, ~ 통상 부 장관; 대통령 ~ 안보 수석, 주한 ~ 사절 단장, 청병 ~, 청와대 ~ 안보 수석, 총리실 ~ 안보 심의관, 총재 ~ 안보 특보

외교관 ~ 신체 불가침

외교적 ~ 으로, ~ 인 제스쳐

외교학 ~ 과; 정치 ~

외국 ~ 도입 브랜드, ~ 유명 상표

외국어 ~ 나 외래어, ~ 를 배운다, ~ 습득, ~ 학원 한문 강사; 외래어와 ~

외국인 ~ 밀집 지역, ~ 순매수; 내국인과 ~, 불법 체류 ~

외국제 ~ 상품

외국환 ~ 관리 규정, ~ 은행, ~ 평형 기금 채권

ㅇ

외군 ~ 철수

외근 안구 ~

외길 ~ 을 걸어 온

외나무 ~ 다리; 원수는 ~ 다리에서 만난다

외날 ~ 썰매

외눈 ~ 쌍 꺼풀

외따로 ~ 떨어진다

외딴 ~ 산 골짜기; 산 골 ~ 집

외떨어진다 외떨어져 있다

외람되다 외람되지만

외래 ~ 문화, ~ 접수 창구, ~ 풍토 병

외래어 ~ 와 외국어, ~ 표기법; 외국어나 ~

외로 ~ 튼다; 고개를를 ~ 꼰다, □을/를 ~ 꼰다

외롭다[외로와 외로운] 외롭과 그립, 외로와 한다

외마디 ~ 비명, ~ 소리

외면 내면과 ~

외면 □을/를 ~ 한다

외모 ~ 가 빼어나다, ~ 지상 주의, ~ 콤플렉스

외목도리 ~ 를 받친다

외무 ~ 부 아주 국장, ~ 장관 회담, ~ 장관 회동, ~ 장관 회의, ~ 차관

외무상 ~ 의 참석

외무성 ~ 국장 급 회담

외벽 건물 ~

외부 ~ 괄략근, ~ 유입자; 건조물의 ~

외부인 ~ 의 출입; 관광객과 ~

외부적 ~ 으로, ~ 인

외산 ~ 담배

외상 ~ 달아 둔다, ~ 매입금, ~ 매출금, ~ 으로

외상 ~ 후 스트레스 장애, ~ 후 현훈; 두부 ~

외생 ~ 변수

외식 ~ 산업 경영자

외신 ~ 기자 회견, ~ 종합 연합

외아들 ~ 의 홀시어머니

외압 ~ 의혹

외야 ~ 플라이로 잡아 낸다

외양간 ~ 추녀

외연 ~ 과 내포

외운다 □을/를 달달 ~

외유 관광성 ~, 뇌물 ~

외유 내유 신령 ~ 기화

외유 ~ 내강 형

외이도 ~ 관

외인 ~ 용병, ~ 출입 금지 구역

외자 ~ 도입, ~ 를 유치 한다, ~ 유치

외장 ~ 하드 디스크

외적 ~ 을 물리친다, ~ 의 침략, ~ 의 침입, ~ 이 침입 한다

외전 안구 ~, 엄지 ~ 근

외제 ~ 장수, ~ 학용품

외종 ~ 사 촌

외주 ~ 제작

외지다 외진 곳

외착 ~ 난다

외채 ~ 관리 방식, ~ 의 만기, ~ 조기 상환, ~ 협상 타결; 단기 ~의 만기 연장, 만기 연장 ~

외출 ~ 목도리, ~ 한다

외출복 ~ 으로 갈아 입는다, ~ 차림

외측 ~ 뇌교 피개, ~ 뇌실, ~ 세포성 척주, ~ 척수 시상로; 중간 ~ 세포

외친다 목청껏 ~, 미친 듯이 ~, □을/를 소리 높여 ~, □을/를 ~

외톨이 ~ 가 된다

외투 ~ 깃, ~ 자락

외튼다[외틀고 외틀어] 몸을 ~, □을/를 ~

외판원 섹스 용품점 ~

외항선 ~ 선장

외향 ~ 신경 마비, ~ 신경 핵

외화 ~ 가득률, ~ 를 벌어 들인다, ~ 밀반출, ~ 부채의 원화 환산, ~ 자금 실무자 워크숍, ~ 획득용; 변동 금리부 ~ 채권

외환 ~ 관리 법 시행 령, ~ 관리 법 위반, ~ 딜러, ~ 보유고, ~ 보유액, ~ 수급 기준, ~ 수급 사정, ~ 시장, ~ 운용 수익금, ~ 위기

왼 ~ 귀 걸이, ~ 발 강슛, ~ 발 슈팅, ~ 발 슛, ~ 발 중거리 슛, ~ 새끼를 꼰다, ~ 손 잡이 전용, ~ 쪽과 오른 쪽, ~ 쪽 무릎 인대 파열, ~ 쪽 어깨 부분, ~ 쪽 코너 킥, ~ 팔 목, ~ 편으로 꺾는다; 네트 ~ 쪽 상단, 오른 뇌와 ~ 뇌, 오른 손과 ~ 손, 휘익 ~ 편으로 구부러진다

왼다 □을/를 달달 ~, □을/를 ~, 줄줄 ~

요 이불과 ~, 자석 ~

요 ~ 간나희 새끼, ~ 근래, ~ 모양~ 꼴

요 ~ 다음 공일, ~ 만한

요 ~ 측 수근 굴근, ~ 측 수근 신근

요강 신문 윤리 실천 ~

요거트 저지방 ~

요건 상해 죄의 구성 ~

요격 ~ 미사일; □을/를 ~ 한다, 탄도 탄 ~

요골 ~ 동맥, ~ 신경; 상완 ~ 근

요구 ~ 사항; 생물 화학적 산소 ~량, 생물학적 산소 ~량, 생화학적 산소 ~량, □을/를 ~ 한다, 임의 동행 ~, 절실히 ~ 한다, 탈당 ~, 화학적 산소 ~량

요구르트 ~ 병

요구불 ~ 예금 회전율

요구서 임시 국회 소집 ~, 출석 ~, 폐기 ~

요금 ~ 과로 문의 한다, ~ 미납, ~ 인상, ~ 조회, ~ 환산 표; 공공 ~의 할인, 당월 ~, 도시 가스 ~, 미납 ~, 상하수도 ~, 승차권 ~, 이발 ~, 전력량 ~, 주차 ~, 휴대 전화 ~

요금소 ~ 구간

요기 ~ 를 한다; 눈 ~로, 수수 떡 ~

요기 ~ 에다가

요긴 ~ 하다

요꼬 ~ 공장

요당 ~ 검사

요란 ~ 을 떤다, ~ 하게 울린다; 전화 벨이 ~히 울린다

요란스레 ~ 우짖는다, ~ 짖는다

요람 ~ 에서 무덤까지

요량 --을/ㄹ ~JKB

요령 ~ 을 익힌다; 응급 처치 ~

요리 ~ 깐다, ~ 조리 빠진다; □을/를 ~ 조리 피한다

요리 ~ 시식회, ~ 연구가, ~ 재료, ~ 전문점; 신식 ~, 약선 ~ 여행, 중화 ~, 즉석 ~, 천엽 ~, 초단간 안주 ~, 튀김 ~

요리사 재단사나 ~

요리점 해물 ~

요망 ~ 된다

요물 ~ 계약, ~ 계약성

요법 내복약 ~, 네 가지 식이 ~, 대증 ~, 방사선 ~, 방아 쇠 점 주사 ~, 벌 독 ~, 벌 침 ~, 비약물 ~, 생약이나 민간 ~, 전기 침 ~, 척추 교정 ~, 추나 ~, 칵테일 ~

요보호 ~ 여자

요사채 ~ 한 동; 절 집 ~

요상 ~ 한 새 소리

요새 브라보 ~, 아파치 ~, 천혜의 ~

요새지 ~ 에 성책을 쌓는다

요소 발전 저해 ~, 성공의 3 대 ~, 성장 저해 ~, 세부 ~와 장면

요술 ~ 방망이

요식 ~ 행위

요약 ~ 된다; □을/를 ~ 한다

요약집 오답 노트나 ~

요양 ~ 급여 기관, ~ 급여 비용, ~ 급여 일수 산정, ~ 병원; 실비 ~

요양원 결핵 ~, 노인 ~, 시어머니를 ~에 맡긴다

요역 신역이나 ~

요염 ~ 하다

요요 ~ 하다

요원 보안 ~, 보안사 ~, 정보 부 ~, 정예 ~

요원 ~ 의 불 길

요원 ~ 하다

요율 경력 ~

요인 ~ 배제법; 감표 ~, 유전적 ~

요일 금 ~의 일몰, 매월 둘 째 주 월 ~, 매주 목 ~, 매주 일 ~ 휴무, 매주 토 ~ 저녁, 목 ~ 3 교시, 일 ~은 휴무다, 일 ~ 휴무 교통 편, 토 ~과 일 ~, 토 ~ 단일장, 토 ~이나 일 ~, 토 ~ 자유 복장, 한산한 일 ~ 오전, 화 ~ 파리 행 비행기

요절 ~ 복통, ~ 한다; □을/를 ~ 낸다

요정 사탕 ~

요주의 ~ 인물

요지 교통의 ~

요지경 ~ 속

요직 ~ 을 두루 거친다

요청 ~ 이 빗발 친다, ~ 이 쇄도 한다; □에게 절실히 ~ 된다, □을/를 ~ 한다

요청서 ~ 를 발송 한다; 입찰 참여 ~, 제의 ~

요초 온갖 기화 ~가 만발 한다

요추 ~ 5 번, ~ 골 사이의 추간 부위, ~ 분절, ~ 천자

요충지 교통의 ~

요한다[요해] □을/를 ~

요해 □을/를 ~ 한다

요행 ~ 을 낚는다

욕 □을/를 ~ 보인다, □을/를 ~ 한다

욕구 변화 추구 ~, 성적 ~를 충족 한다, 자기 실현의 ~

욕되다 □을/를 욕되게 한다

욕망 세속적 ~, 야만과 ~

욕설 ~ 과 폭언, ~ 을 퍼 붓는다

욕실 ~ 에서 샤워 한다

욕심 ~ 에 차지 않는다, ~ 은 금물이다, ~ 을 낸다

욕지거리 ~ 를 퍼 붓는다; 냅다 ~ 한다

욕탕 이색 ~

용 ~ 꿈 꾼다, ~ 꿈을 꾼다, ~ 마루 양 끝, ~ 빼는 재주가 있다, ~ 왕 굿의 기능; 개천에서 ~ 난다, 미꾸라지가 ~ 된다, 지붕의 ~ 마루, 처마 선과 ~ 마루

용감 ~ 무쌍하다, ~ 하다, ~ 히 싸운다

용공 ~ 분자, ~ 으로 몬다; 좌경 ~

용구 등산 ~

용기 분리 수거 ~, 컵 라면 ~, 퇴비화 ~

용기 ~ 백 배 한다; --는 ~와 지혜, 불굴의 ~

용납 ~ 된다; □을/를 ~ 한다

용단 ~ 을 내린다; --는 ~

용도 ~ 변경; □으로/로 ~ 변경을 한다, □으로/로 ~ 변경 한다

용돈 ~ 기입장 기록, ~ 이 궁하다

용두 ~ 와 잡상

용두사미 ~ 격

용량 저수 ~, 저장 ~

용렬 ~ 하다

용매 ~ 추출

용맹 ~ 을 떨친다, ~ 정진 한다, ~ 하다; 불퇴전의 ~

용모 ~ 단정하다, ~ 준수하다

용무 급한 ~

용문 ~ 을 직금으로 넣는다

용변 ~ 을 본다

용병 외인 ~

용사 참전 ~

용서 ~ 를 구한다, ~ 를 빈다; 너그러이 ~ 한다, □을/를 ~ 한다

용솟음 ~ 친다

용수 농업 ~

용수철 ~ 처럼 튄다

용식 석회암 ~ 지형

용암 ~ 대지

용액 ~ 의 어는 점; 메틸셀룰로스 ~, 산 ~ 추출법, 인산 완충 ~, 저장 ~, 질산은 ~, 콜로이드 ~, 페놀프탈레인 ~, 포화 ~

용약 ~ 한다

용어 법률 ~, 전문 ~

용어집 학술 ~

용언 규칙 ~, 보조 ~

용역 ~ 쎈터; 물품 및 ~, 재화나 ~, 재화와 ~, 첨단 청소 ~업

용역비 토지 ~

용용 ~ 죽겠지

용의 ~ 가 있다, ~ 를 표명 한다

용의선 ~ 상

용의자 ~ 로 지목 된다; 살인 ~, 절도 ~

용의주도 ~ 하다

용이 ~ 하다

용인 ~ 된다; □을/를 ~ 한다

용적 ~ 률 제한; 방광 ~

용접 ~ 기능사

용제 유기 ~

용지 면담 신청서 ~, 미기입 ~, 부재자 투표 ~

용지 ~ 보상비; 공공 시설 ~

용지대 신문 ~

용출 ~ 된다

용틀임 ~ 한다

용품 미아 방지 ~, 생활 ~, 손 뜨개 ~ 제작, 스포츠 ~, 유아 ~, 일 회 ~ 사용 규제, 집 수리 ~, 취사 ~, 캠핑 ~

용품점 섹스 ~ 외판원

용하다[용해] 용한 점 장이, 용한 점 쟁이

용해 □에 ~ 된다

우 상놈 ~ 새끼, 이 놈 ~ 개 새끼

우 ~ ㅅ 통을 벗어 젖힌다, ~ ㅅ 통을 훌렁 벗는다; 마늘 밭에 ~거름 준다, 양복 ~저고리, □에 ~거름을 준다

우 ~ 별채, ~ 파, ~ 회전 한다; 우향 ~, 좌와 ~, 좌 청룡 ~ 백호

우 ~ 한다

우 ~ 를 범한다

우거 □에 ~ 한다

우거진다 우거진 수풀, 우거진 치덩굴 잎사귀; 유두화 나무가 ~, 잡목이 ~, 잡초가 ~

우계 건계와 ~

우굴우굴 ~ 한다

우그린다 우그려 쓴다; □을/를 ~

우글거린다 우글거리는 소매 치기들

우글우글 ~ 한다

우기 ~ 와 건기

우긴다 --는다고/ㄴ다고/다고/라고 끝까지 ~, --는다고/ㄴ다고/다고/라고 ~, 막무가내로 ~, 부득부득 ~, □에 우겨 넣는다

우담바라 ~ 꽃 비 온다

우대 ~ 금리; 가계 ~ 정기 예금, 근로자 ~ 신탁, 근로자 ~ 저축, 기술 ~ 보증, 세금 ~ 상품, 세금 ~ 소액 채권, □을/를 ~ 한다

우동 ~ 전문점

우두망찰 ~ 하다

우두커니 ~ 서 있다

우둔 ~ 하다

우둘두둘 ~ 하다

우뚝 ~ 선다, ~ 솟는다

우뚝우뚝 ~ 선다, ~ 솟는다

우뚝이 ~ 선다

우라늄 ~ 과 플루토늄, ~ 농축 공장, ~ 농축 시설; 고농축 ~

우락부락 ~ 하다

우람 ~ 하다

우량 ~ 건설 사

우량아 ~ 선발 대회

우러나온다 진심에서 ~

우러난다 마음으로부터 ~, □에서 ~, 향이 ~

우러른다 우러르어 받든다; □을/를 우러르어 본다

우렁우렁 ~ 한 목 소리

우레 ~ 와 같다

우려 --느냐는/냐는 ~가 나온다, --을/ㄹ ~가 있다, □을/를 ~ 한다, --을지/ㄹ지 ~ 된다, --을지/ㄹ지 ~ 한다, 증거 인멸의 ~가 있다

우롱 □을/를 ~ 한다

우르르 ~ 몰려 나온다, ~ 몰려 다닌다, ~ 몰려 든다, ~ 몰려 온다; □으로/로 ~ 몰려 간다

우리 ~ 가요사, ~ 강산 푸르다, ~ 겨레, ~ 고속정 편대, ~ 근·현대사, ~ 나라, ~ 농산물 애용, ~ 님, ~ 독립 운동사, ~ 말에 대한 애정, ~ 무속 신앙, ~ 밀 국수점, ~ 밀 누룩, ~ 밀 살리기 운동, ~ 삼 남매, ~ 선조, ~ 시단, ~ 일행, ~ 집 멍멍이, ~ 해군 고속정

우리 ~ 속; 동물원의 ~, 돼지 ~, 물 소 ~

우린다 □을/를 우려 낸다, 이 년 우려 먹는다

우림 열대 ~ 기후

우매 ~ 하다

우먼 원더 ~, 커리어 ~이나 부잣집 딸

우묵 ~ 하다

우물 ~ 가 앵두 나무에 조롱조롱 열린다, ~ 고누 판, ~ 마루를 깐다, ~ 안 개구리, ~ 천장을 가설 한다

우물거린다 □을/를 ~

우물우물 ~ 씹은 약 풀

우물쭈물 ~ 그냥 일어 난다, ~ 한다

우민 ~ 정책

우박 ~ 처럼 쏟아 진다

우방국 ~ 원수

우백질 ~ 편마암

우범 ~ 지대, ~ 지역

우빈다 우벼 낸다; □을/를 ~

우산 ~ 분실 방지 대책, ~ 을 쓴다; 하늘 색 ~, 핵 ~ 보호, 헌 ~ 트리

우상 ~ 숭배; 동굴의 ~

우선 ~ 협상 대상국 지정, ~ 협상 대상자; 보행자 ~, 소액 임차인의 ~ 변제권, 신생 팀 ~ 지명 케이스, 준고령자를 ~ 채용 한다, 중공업 ~ 주의, 투자 ~ 순위

우성 대뇌 반구 ~, 상염색체 ~ 유전

우세 ~ 를 유지 한다; --는다는/ㄴ다는/다는/라는 관측이 ~하다, 압도적 ~

우송 ~ 된다, ~ 한다

우수 ~ 한 성적으로 졸업 한다; 화장품 부문 ~ 상

우수수 ~ 떨어진다

우스개 ~ ㅅ 소리

우스꽝스럽다[우스꽝스러워 우스꽝스러운] 우스꽝스럽게

우스터 ~ 소스나 간장

우승 ~ 열패, ~ 의 향방, ~ 이 확정 된다, ~ 컵의 향방, ~ 후보국; 단체전 ~, 대통령 배 대회 ~, 봄 철 실업 연맹전 ~ 팀, 연맹전 ~, □을/를 제치고 ~ 한다, 전반기 ~, 코리안 리그 전기 리그 ~, 콩쿠르에서 ~ 한다

우승국 역대 ~

우심 ~ 하다

우아 ~ 하다

우악스럽다[우악스러워 우악스러운] 우악스럽게

우애 동기 간의 ~, 형제 간의 ~

우여곡절 ~ 끝에; 숱한 ~

우연 ~ 과 필연, ~ 하다

우완 ~ 투수

우왕좌왕 ~ 한다

우우 ~ 몰려 간다, ~ 소리

우울 ~ 하다

우울증 ~ 삽화, ~ 이나 조울증; 산후 ~

우월 ~ 하다; 남성 ~ 주의, 남성 ~ 주의자

우위 ~ 를 점한다; 정치사 ~

우유 ~ ㅅ 가루 같다, ~ 병 마개, ~ 투입구, ~ 팩; 데운 ~, 무균질 ~, 저지방 ~

우유부단 ~ 하다

우육 ~ 면

우의 ~ 를 돈독히 한다

우익 ~ 전선; 좌익과 ~

우적우적 ~ 씹는다

우전 ~ 안타, ~ 적시타

우정 ~ 나누기 헌혈, ~ 어린다, ~ 을 돈독히 한다

우주 ~ 공학, ~ 배경 복사 선, ~ 법계, ~ 비행사, ~ 삼라 만상, ~ 상수 항, ~ 왕복선, ~ 의 삼라 만상, ~ 탄생 점, ~ 탐험관; 무변 광대한 ~, 초극미 ~

우주국 항공 ~

우주석 ~ 과 면석

우주선 유인 ~

우중충 ~ 하다

우직 ~ 하다

우진각 겹 처마 ~ 지붕, 중층 ~, 홑처마 ~ 지붕

우짖는다 까마귀 떼처럼 ~, 노고지리 ~, 늑대 떼처럼 ~, 변방에 ~, 요란스레 ~

우쭐 ~ 해 진다

우체국 ~ 사서함

우측 ~ 대뇌 반구 병변 환자

우클라드 노예제 ~

우툴두툴 ~ 하다

우파 중도 ~

우편 ~ 배달업, ~ 배달부, ~ 집배원; □을/를 ~으로 보낸다, 전자 ~, 직접 ~ 또는 가두 배포

우표 ~ 넉 장

우향 ~ 우

우호 ~를 돈독히 한다, ~ 친선, ~ 협력 조약; 선린 ~

우황 ~든 소

우회 ~한다

우후죽순 ~처럼 생겨 난다, ~처럼 쏟아 진다

욱 ~한다

욱신욱신 ~한다

운 ~을 뗀다, ~을 맞춘다

운 ~이 나쁘다, ~이 없다, ~이 좋다; 애정 ~

운구 ~행렬

운다[울고 울어] 울고 불고 난리다, 울고 불고 한다, 울긴 왜 울어, 울기도 많이 ~, 울며 겨자 먹기 식; 꺼이꺼이 울어 댄다, 새벽 닭이 ~, 소쩍이가 ~, 엉엉 소리 내 ~, 엉엉 ~, 왱왱 ~, 으악새 슬피 우니, 징징 ~, 하염없이 ~, 홰를 치며 ~, 훌쩍훌쩍 ~

운동 ~거리 조절 이상, ~ 신경, ~에 몸 바친다, ~ 완서, ~ 종판; 3 대 혁명 붉은 기 쟁취 ~, 가현 ~, 공산 당 재건 ~, 공화 주의 ~, 구명 ~, 구사 ~에 참여 한다, 국권 회복 ~, 국민 ~ 본부, 국어 순화 ~, 국채 보상 ~, --기 범국민 ~, 길항 ~ 반복 불능증, 낙선 ~, 노·농 조합 ~, 노농 조합 ~, 독립 ~ 지 혈사, 등가 속도 ~, 등속 ~, 등속 원 ~, 등속 직선 ~, 레지스탕스 ~, 마인드 향상 ~, 만민 공동회 ~, 무도성 무정위 ~, 물산 장려 ~, 미술 ~ 총서, 민권 ~, 민족 통일 전선 ~, 민주 언론 ~ 시민, 반공해 ~, 반봉건 ~, 반체제 ~, 부등속 타원 ~, 불매 ~, 비리 근절 ~ 본부 발대 식, 삼일 ~, 새 마을 ~ 중앙 협의회, 생협 ~, 생활 양식 변형 ~, 소비 억제 ~, 소액 주주 ~, 수세 폐지 ~, 수직성 안구 ~, 스트레칭 ~, 스트로보스코프 ~, 시민 불복종 ~, 시온 주의 ~, 신문지 수거 ~, 신속 안구 ~ 수면, 실력 양성 ~, 알파 ~ 신경원, 애국 계몽 ~, 애국미 헌납 ~, 언론 민주화 ~, 우리 밀 살리기 ~, 위장 관 연동 ~ 항진제, 위장 관 ~, 유산소 ~, 유일 당 ~, 자강 ~, 장기 기증 ~, 재활용품 수거 ~, 재활용품 수집 ~, 조륙 ~, 좌우 합작 ~, 직선 관성 ~, 진자 ~, 차티스트 ~, 천리마 ~, 천리마 작업 반 ~, 투사체 ~, 팔 ~, 포물선 ~, 피스톤 ~, 항조 ~, 혁명 소조 ~, 협동화 ~, 회내 ~, 회외 ~

운동가 독립 ~, 직업 시민 ~

운동관 민족 해방 ~

운동기 계몽 ~

운동복 ~을 입는다, ~ 차림

운동사 공산 주의 ~, 우리 독립 ~, 해방 ~

운동원 선거 ~

운동장 공설 ~

운동증 무도성 무정위 ~

운동화 ~끈, ~를 신는다, ~ 한 짝, ~ 한 켤레

운두 ~가 낮다

운명 짓궂은 ~

운명체 공동 ~

운반 ~한다; 무기 ~ 법, 식반 ~대

운반선 냉동 ~, 세곡 ~

운송 ~ 하역 노조; 서울 택시 ~ 사업 조합, 택시 ~ 사업 조합 연합회, 화물 ~

운수 ~ 대통

운수 ~ 장비; 항공 ~ 산업, 해륙 ~ 조합, 화물 자동 차 ~ 사업 법

운신 ~ 의 폭

운영 ~ 체제, ~ 한다; 가족 ~ 업체 종사자, 사이트 ~자, 통화 정책 ~, 학교 별 ~ 교부금, 회사 ~

운영비 ~ 로 충당 한다, ~ 를 절감 한다

운용 외환 ~ 수익금, 자산 ~, 조달 및 ~, 투신 ~ 사 사장, 합동 ~ 신탁

운용액 자금 ~, 자산 ~

운운 ~ 한다

운위 ~ 된다; □을/를 ~ 한다

운율 민요의 ~

운임 화물 ~ 수입

운자 ~ 를 뗀다

운전 ~ 교습소, ~ 대를 잡는다, ~ 면허 시험, ~ 면허 정지, ~ 면허 취소 또는 정지 처분, ~ 면허 취소 처분, ~ 면허 행정 처분, ~ 면허증 갱신; 개인 택시 ~자, 국제 ~ 면허증, 녹색 ~ 면허 소지자, 눈길과 빙판 길에서의 ~, 면허증 없이 ~ 한다, 보복 ~, 완전 자동 ~, 음주 ~, 자가용 ~자, 초보 ~자

운전법 열차 ~

운전사 시멘트 차 ~, 택시 ~, 트레일러 ~

운집 □에 ~ 한다, 인파가 ~ 한다

운치 ~ 있다

운하 ~ 를 넘나든다, ~ 를 뚫는다

운항 여객선 ~, 항공 ~

운행 ~ 한다

울 ~ 안 전산 망

울 ~ 엄마

울걱질 ~ 한다

울군다 울궈 낸다; □을/를 ~

울그락불그락 얼굴이 ~ 한다

울긋불긋 ~ 하다

울렁거린다 가슴이 ~

울린다 변죽만 ~, 빵빵 경적을 ~, □에 경종을 ~, □을/를 쩌렁쩌렁 ~, □의 심금을 ~

울린다 울림 소리와 안울림 소리, 울려 퍼진다; 경보 음이 ~, 메아리가 되어 ~, 시작 종이 ~, 요란하게 ~, 전화 벨이 요란히 ~, 전화 벨이 ~, 쩌렁쩌렁 ~, 쩡쩡 ~, 차임벨이 ~, 쿵 쿵 ~, 쿵쾅 쿵쾅 ~, 팡파르가 ~, 호각이 ~, 휘슬이 ~

울병 ~ 예방, ~ 환자

울부짖는다 짐승처럼 ~

울분 ~ 과 분노

울상 ~ 을 짓는다, ~ 이 된다

울울 가슴이 ~하다

울음 ~ 바다가 된다, ~ 보를 터뜨린다, ~ 부터 터뜨린다, ~ 을 그친다, ~ 을 터트린다; 목 ~ 섞인다, 부둥켜 안고 ~을 터뜨린다, 송아지의 ~ 소리, 와악 ~을 터뜨린다

울적 ~ 하다

울창 수목이 ~하다

울컥 ~ 내 밀친다, ~ 치민다

울타리 탱자 나무 ~

울퉁불퉁 ~ 하다

울트라 ~ 맨

울화 ~ 통이 치민다, ~ 통이 터진다; 왈칵 ~가 치민다

움 ~ 의 깊이; 벽 장 ~

움 ~ 이 돋는다, ~ 이 튼다; 새 싹이 ~ 튼다

움막 ~ 집; 조산 ~

움씰거린다 □을/를 ~

움직거린다 □을/를 ~

움직인다 움직이는 광고 탑, 움직이는 시추봉; 곰실곰실 ~, 일사불란하게 ~, 조용 조용히 ~

움직임 학사 징계 부활 ~

움찔 ~ 한다

움츠린다 □을/를 ~, 잔뜩 ~, 흠칠 어깨를 ~

움큼 한 ~

움킨다 꽉 움켜 쥔다, 런닝 샤쓰 앞 가슴을 ~, □을/를 움켜 잡는다, □을/를 움켜 쥔다

움푹 ~ 들어 간다, ~ 팬다, ~ 패인다

웃는다 까르르 ~, 까르륵 ~, 깔깔 껄껄 호호 ~, 깔깔깔 ~, 껄껄 ~, 껄껄껄 ~, 낄낄 ~, 너털웃음을 ~, 능글능글 ~, 방그레 ~, 방긋 방긋 ~, 방긋이 ~, 배시시 ~, 벙글 벙글 ~, 비시시 ~, 빙그레 ~, 빙긋 빙긋 ~, 빙긋이 ~, 살풋 ~, 생글 생글 ~, 생긋 ~, 서글서글 ~, 실실 ~, 싱글 벙글 ~, 싱글 싱글 ~, 싱긋 ~, 싱긋이 ~, 썍 ~, 쌩긋 ~, 쓸쓸히 ~, 씁쓸히 ~, 씨익 ~, 씩 ~, 씽긋 ~, 큰 소리로 ~, 키득키득 ~, 키들키들 ~, 킥킥 ~, 킬킬 ~, 피식 피식 ~, 피익 ~, 픽 픽 ~, 해죽해죽 ~, 허허 ~, 헤벌쭉 ~, 홈빡홈빡 웃으면서 좋아 한다, 흐 ~, 히물히물 ~, 히잉 ~, 히죽 히죽 ~, 히죽이 ~, 히쭉 ~, 히히 ~

웃도리 노란 ~

웃돈다[웃돌고 웃돌아] 30 도를 웃도는 무더위, 삼십 도를 ~, □을/를 ~

웃음 ~ 거리가 된다, ~ 꽃이 핀다, ~ 바다가 된다; 만면에 ~을 띤다, 쓴 ~을 짓는다, 와그르르 ~ 보가 터진다, 와그르르 ~ 보를 터뜨린다, 코 ~을 친다, 함박 ~, 해맑은 ~, 흥 하고 코 ~ 친다

웅거 ~ 한다

웅건 ~ 하다

웅담 가짜 ~, 코브라 쓸개와 ~

웅대 ~ 하다

웅덩이 ~ 를 판다; 흙 탕 물 ~

웅변 ~ 한다

웅얼거린다 혼잣말처럼 ~

웅얼웅얼 ~ 말 한다

웅장 ~ 하다

웅크린다 웅크리고 앉는다; □에 ~, 잔뜩 ~

웅혼 ~ 하다

워낭 ~ 소리

워드 ~ 프로세서 사용법, ~ 프로세싱; 문서 편집용 ~ 프로세서, 한글 ~ 프로세서 소프트웨어

워디 ~ 루 가나, ~ 쯤 오 실라나

워째 ~ 그래

워찌 ~ 해

워척 □을/를 ~ 헌다

워크숍 ~ 과 세미나; 실무자 ~, 외화 자금 실무자 ~

워키토키 ~ 에서 흘러 나온다

원 경제 기획 ~ 조사 통계국, 교육 개발 ~, 국립 교육 평가 ~, 국립 국악 ~ 우면당, 금융 감독 ~, 기획 ~ 재무 부 상공부, 노인 복지 ~, 놀이 방이나 탁아 ~, 대학 부설 평생 교육 ~, 디자인 개발 ~, 디자인 포장 개발 ~, 문예 진흥 ~, 법무 연수 ~, 보건 사회 연구 ~, 보건 환경 연구 ~, 부총리 겸 경제 기획 ~ 장관, 부총리 겸 통일 ~ 장관, 사법 연수 ~, 소비자 보호 ~, 여성 개발 ~, 연수 ~을 수료 한다, 영재 유아 ~, 은행 감독 ~ 분쟁 조정실, 자생 식물 ~, 재정 경제 ~ 장관, 조계종 교육 ~, 조계종 총무 ~, 증권 감독 ~, 형사 정책 연구 ~, 회계 검사 ~, 후반기 ~ 구성

원 ~ 궤도의 중심, ~ 뿔 모양; 국립 보건 ~, 동그란 ~, 등속 ~ 운동

원 ~ 달러 환율; 단돈 일 ~, 만 ~ 짜리 지폐, 백 ~ 짜리 동전, 백만 ~을 받아 가로 챈다, 백만 ~의 손해 배상 청구, 백만 ~ 이하의 과태료, 백만 ~ 이하의 벌금, 삼십만 ~ 짜리 쿠폰, 삼천 ~, 십 만 ~ 짜리 자기 앞 수표, 십 ~ 미만의 소액, 억 ~ 어치, 여비 80 ~, □을/를 장당 백 ~에 산다, 이백 ~, 이백만 ~, 이천 오백만 ~, 일억 ~ 어치를 순매도 한다, 일억 ~의 손해 배상, 천 ~ 권 지폐, 천 ~ 어치, 천 ~ 짜리 지화, 천만 ~ 이하의 벌금에 처한다, 천억 ~ 증가

원 ~ 별 말씀을

원가 ~ 절감; 제조 ~

원개부 방광 ~

원거리 ~ 대공 방어와 대함전, ~ 파견자

원격 ~ 교육, ~ 조종, ~ 진료, ~ 하이터치 교육 시스템, ~ 학습 네트워크, ~ 학습 센터; 쌍 방향 ~ 강의

원고 ~ 독촉, ~ 를 청탁 한다, ~ 뭉치, ~ 청탁, ~ 청탁서; 월간지의 ~, 육필 ~

원고 ~ 승소 판결, ~ 일부 승소 판결, ~ 패소 판결; □에서 ~ 승소 판결을 한다, □에서 ~ 패소 판결을 한다

원고지 ~ 사용법; 이백 자 ~

원구 공업 ~, 다각 면 ~

원권 십만 ~ 자기 앞 수표

원근 ~ 각처

원근법 투시 ~

원금 ~ 과 이자, ~ 보존 형 펀드, ~ 보존 형, ~ 분할 상환; 만기에 ~을 돌려 받는다

원기 ~ 왕성

원내 ~ 과반 수, ~ 교섭 단체, ~ 처방, ~ 총무단

원단 ~ 내숭, ~ 상가; 리나 ~, 소파 ~, 한복 ~, 항균 ~, 휴무 ~

원대 ~ 복귀 한다

원대 ~ 하다

원더 ~ 우먼

원동력 ~ 이 된다

원두 ~를 볶는다, ~ 커피

원래 ~ 목표치

원래 ~ 있 었던 그 대로

원로 ~ 서예가; 당 ~

원로원 국가 보위 ~ 의장, 보위 ~

원료 ~ 곡분, ~ 공급지; 전분질 ~

원룸 ~ 오피스텔

원리 부성 ~, 음양오행의 ~, 작동 ~, 회교 ~ 주의자

원리금 ~ 균등 상환, ~ 상환

원만 ~ 한 대인 관계; 대인 관계가 ~하다

원망 □을/를 ~ 한다

원망스레 □을/를 ~ 쏘아 본다

원반 ~ 던지는 사람

원본 ~ 서류

원부 등록 ~

원불교 ~ 교무

원사 주임 ~

원삼 ~ 족두리

원삼국 ~ 시대

원상 ~ 복구, ~ 복귀, ~ 회복; 해직 교사 ~ 복직

원상태 다시 ~로 돌려 놓는다

원서 ~를 반려 한다, ~를 접수 한다, ~ 제출자; 수시 모집 ~ 접수, 입당 ~, 입회 ~

원소 ~ 주기율 표; 동위 ~ 생산 실험실, 동위 ~ 추적자, 방사선 동위 ~, 방사성 동위 ~, 방사성 ~, 사 ~

원수 국가 ~ 자격

원수 ~는 외나무 다리에서 만난다, ~를 갚는다; 국모 시해의 ~, 불구대천의 ~, 우방국 ~, 철천지 ~

원숙 ~ 하다

원숭이 ~ 까까, ~ 나으리; 병정 ~, 티티 ~

원스톱 ~ 서비스

원시 ~ 공산 사회, ~ 공산 제, ~ 무문 토기, ~ 생식선, ~ 토기 문화, ~ 토기 시대, ~ 토기인

원시림 무인지경 ~

원심 ~ 법원, ~ 분리기, ~ 분리법, ~ 판결; □을/를 선고 한 ~

원안 ~ 대로

원양 ~ 어선, ~ 어업 기지, ~ 어획

원어 ~로 공연 한다

원어민 ~ 교사, ~ 보조 교사

원예 ~ 시험장, ~ 작물; 시설 ~, 화훼 ~

원외 ~ 위원장, ~ 지구 당 위원장, ~ 처방료, ~ 처방전

원용 ~ 된다; □을/를 ~ 한다

원위대강 ~ 시천주 조화정 영세불망 만사지

원위부 ~ 근 쇠약, ~ 근육

원유 ~ 수요량

원유가 ~ 상승; 국제 ~

원유회 ~를 한다

원인 ~이자 결과다; 두개 외 ~, 중추성 ~

원인자 ~ 부담; 오염 ~ 부담 원칙

원자 ~ 번호, ~ 탄 투하, ~ 탄 폭발, ~ 폭탄; 산소 ~, 수소 ~ 질량

원자력 ~ 발전소, ~ 안전 기술원, ~ 연구소, ~ 정책관; 국제 ~ 기구

원자로 ~ 와 방사 화학 실험실; 차세대 ~

원자재 ~ 가격 상승, ~ 가격 하락; 국제 ~, 수출용 ~

원장 ~ 권한 대행으로 임명 한다, ~ 이나 총무; 공무원 교육 ~, 국가 정보 ~, 조계종 총무 ~, 증권 감독 ~, 한의원 ~

원재료 ~ 전분

원전 ~ 수거물

원점 승부를 ~으로 되돌린다

원점수 ~ 와 변환 점수, ~ 와 변환 표준 점수

원정 ~ 경기, ~ 출산; 십자군 ~

원조 ~ 물자; 무상 ~

원족 ~ 간다

원천 ~ 봉쇄, ~ 징수 내역, ~ 징수 세액, ~ 징수 시기, ~ 징수 영수증을 교부 한다, ~ 징수 의무자; □을/를 ~ 봉쇄 한다

원천적 □을/를 ~으로 봉쇄 한다

원체 ~ 다작이다, ~ 말 주변이 없다

원추 ~ 형

원충 말라리아 ~

원칙 경자 유전의 ~, 공영 개발 ~, 과실 책임 ~, 과책 ~, 대쪽 같은 ~ 주의, 발생지 처리 ~, 수익자 부담 ~, 오염 원인자 부담 ~, 육하 ~

원터치 ~ 센서

원통 ~ 히 죽는다; 분하고 ~하다

원폭 ~ 세례, ~ 투하; 한국인 ~ 피해자

원피스 ~ 자락, ~ 차림; 검은 색 터틀네 ~, 보라 색 꽃 무늬 ~, 분홍 색 ~

원한 ~ 과 증오; 사무친 ~, □에게 ~을 품는다, □에게 ~이 맺힌다, □에게 ~이 있다

원한다[원해] □을/를 ~

원형 ~ 경기장, ~ 극장, ~ 돔, ~ 정세포; 어체 ~

원호 ~ 대상자

원화 ~ 가치 상승, ~ 가치 하락, ~ 절상, ~ 절하, ~ 평가액, ~ 환율 급등, ~ 환율 상승; 부채의 ~ 환산 가액, 외화 부채의 ~ 환산

원활 □을/를 ~히 한다, 의사 소통을 ~히 한다, 혈액 순환이 ~하다

원흉 학살 ~

월 6 ~ 임시 국회, 모 ~ 모 일, 사 ~ 초파일, 시 ~ 상달, 십 이 ~, 오 ~ 민주 항쟁, 이 ~ 결산 법인, 이 ~ 말 결산 법인, 일 이 ~ 합병호, 팔 ~ 상순, 팔 ~ 정묘, 팔 ~ 중순 쯤, 팔 ~ 초순, 팔 ~ 추석, 팔 ~ 하순, 팔 ~ 한가위

월 ~ 급여, ~ 말, ~ 수입 천오백, ~ 스트리트 저널, ~ 이자 지급 식, ~ 총수입, ~ 평균 기온; 단칸 ~셋방, 이 ~ 스무 여드레, 이 ~ 초하룻날, 팔 ~ 불입액, 팔 ~ 절감량

월간 ~ 잡지

월간지 ~ 의 원고

월경 군사 분계선 ~

월경 ~ 출혈량

월급 ~ 쟁이

월남 ~ 귀순자, ~ 한다

월남전 ~ 참전

월납 ~ 보험료

월동 ~ 준비; 남부에서 ~ 한다

월드컵 ~ 개막 일, ~ 결승전 및 폐막 행사, ~ 경기장, ~ 본선, ~ 유치 위원회, ~ 준결승전, ~ 첫 승, ~ 출전국

월등 ~ 하다, ~ 히 높다

월랑 동서 ~

월례 ~ 고사, ~ 발표회

월반 ~ 속진 제

월부 ~ 로 산다

월북 ~ 자의 이산 가족, ~ 한다; 단신 ~

월색 ~ 만 고요히

월선 ~ 조업, ~ 한다

월식 일식과 ~

월액 표준 보수 ~

월요 소위 ~ 병

월차 ~ 신청서, ~ 휴가; 반 ~, 연 ~

웨딩 ~ 드레스, ~ 이벤트

웨이타 ~ 보조

웬 ~ 날벼락, ~ 놈, ~ 일이니, ~ 잔 말

웬간 ~ 하면, ~ 해서는

웬만 ~ 하면

웬수 ~ 갚는다; 이 ~ 덩어리

웬통 ~ 허다

웹 ~ 마스터, ~ 브라우저, ~ 사이트

웹툰 ~ 작가

위 17 ~에 랭크 된다, 20 ~에 랭크 된다, 십 오 ~에 랭크 된다

위 ~ ㅅ 글, ~ ㅅ 니와 아랫니, ~ ㅅ 몸 일으키기, ~ ㅅ 물 맑다, ~ ㅅ 물이 맑아야, ~ ㅅ 벽 선반에 얹힌다, ~ ㅅ 선의 지시, ~ 아래로 오르내린다, ~ 아래로 훑어 본다, ~ 아래로 흔들린다, ~ 층, ~ 팔 두 갈래 근; 가슴 ~에 손을 얹는다, 갑판 ~에 붙박힌다, 기단 ~, 기암 절벽 ~, 기판 ~, 널평상 ~, 눈확 ~, 댓돌 ~, 도마 ~, 마루 ~벽, 맨 ~줄, 맨 ~칸, 맨땅 ~, 몸 ~면, 반석 ~, □보다 다섯 살 ~이다, 복부 오른 쪽 ~부분, 사람 ~에 사람 없다, 삿자리 ~, 선반 ~, 손 ~사람, 수술대 ~, 시렁 ~ 상자, 아랫계단 ~, 아랫돌 빼어서 ~돌 괸다, 아래 ~를 훑어 본다, □을/를 탁자 ~에 내려 놓는다, 장식 장 ~, 지대석 ~, 책 상 ~, 천 길 벼랑 ~, 축대 ~, 탁자 ~, 판넬 ~, 헌 식대 ~, 횃대 ~, 훨씬 ~길

위 ~ 궤양과 십이지장 궤양, ~ 궤양이나 십이지장 궤양, ~ 궤양 치료제, ~ 내시경, ~ 산 과다, ~ 산 과다증

위 ~ 여차

위계 가부장적 ~ 질서

위관 ~ 급 장교

위급 ~ 하다

위기 ~ 관리 능력; 공멸의 ~감, 멸종 ~, 민주 주의가 ~에 처한다, 외환 ~, 정체성 ~

위난 ~ 에 처한다

위대 ~ 한 영도자

위덕 ~ 에 감복 한다

ㅇ

위도 39 ~ 선 상에 있다

위독 ~ 하다

위락 ~ 시설

위력 달러의 ~

위령 ~ 패; 순국 ~ 비

위로 ~ 한다

위로금 명퇴 ~

위로연 전승 ~

위문 ~ 음악단; 양로원 ~, 장병 ~

위문품 ~ 대금

위반 계엄 법 ~, 교통 법규를 ~ 한다, 교통 법규 ~자, 규정 ~, 긴급 조치 ~, 남녀 고용 평등 법 ~, 도로 교통 법 ~자 벌점, 독점 금지 법 ~, 면허증 휴대 의무 ~, 반공 법 ~ 혐의, 법률 ~, 변호사 법 ~, 보안 법 ~자, 산림 법 ~, 산업 안전 보건 법 ~, 선거 법 ~ 사건, 선거 법 ~ 혐의, 실정 법을 ~ 한다, 외환 관리 법 ~, 정면으로 ~ 한다, 정자법 ~ 혐의로 구속 한다, 정전 협정 ~, 주의 의무 ~, 집시 법 ~, 출입국 관리 법 ~, 통금 ~자, 통신 비밀 보호 법 ~ 혐의, 특정 범죄 가중 처벌 법 ~

위배 □에 ~ 된다, □에 ~ 한다, 정면으로 ~ 한다

위법 행정청의 ~

위병 ~ 초소

위산 ~ 의 분비

위상 ~ 기하, ~ 정립 시킨다; 다기능 ~ 배열 레이더

위생 ~ 검열; 공중 ~ 관리 법, 공중 ~ 업소, 식품 ~ 법

위성 ~ 방송 수신기, ~ 통신용 모뎀 칩, ~ 항법 장치; 극 궤도 ~, 인공 ~ 보유국, 일곱 번 째 ~ 보유국, 정지 궤도 ~, 첩보 ~, 초고속 ~, 통신 방송 ~

위세 ~ 를 떨친다, ~ 에 눌린다

위시 □을/를 ~ 한, □을/를 ~ 해, □을/를 ~ 해서

위안 천 ~

위안부 일본 군 ~ 문제, 종군 ~

위액 ~ 분비

위양 권한 ~

위업 주체 사상화 ~

위염 만성 ~

위용 ~ 을 과시 한다

위원 ~ 으로 위촉 한다, ~ 장 직 사퇴, ~ 회의 심의를 거친다; 1 차 미소 공동 ~ 회, 건국 준비 ~회, 과기정통 ~장, 교섭 ~, 교원 징계 재심 ~회, 국무 ~, 국무 총리실 산하 청소년 보호 ~회, 국방 ~장, 국사 편찬 ~회, 국회 농림 해양 수산 ~ 회, 국회 보건 사회 ~회, 금통 ~, 기부 재산 처리 ~회, 노사정 ~회, 논설 ~, 논평 ~, 당무 ~, 대표 최고 ~, 문교 체육 ~회, 문화재 전문 ~, 민속 씨름 ~회, 박람회 조직 ~회, 보건 복지 ~회, 보선 특대 ~장, 부패 방지 ~회, 분과 ~장, 분과 ~회, 상 벌 ~회, 상임 ~장 배분, 상임 집행 ~장, 선임 연구 ~, 소청 심사 ~장, 심사 ~단, 심사 ~ 명단, 씨름 ~회 사무 총장, 양곡 유통 ~회, 영상물 등급 ~회, 원외 ~장, 원외 지구 당 ~장, 월드컵 유치 ~회, 의문사 진상 규명 ~회, 인사 청문 특위 ~장, 임명 직 ~, 자문 ~단, 정

치국 상무 ~회 ~, 조주사 시험 ~, 중립 국 감독 ~회 회의실, 중앙의 농업 ~회, 지구 당 ~장 연석 회의, 지구 당 ~장이다, 진상 조사 ~회, 차별 철폐 ~회, 최고 인민 회의 상임 ~회, 최저 임금 ~회, 협회 기술 ~, 환경 노동 ~장

위임 ~ 한다

위임인 ~ 에게 귀속 된다

위장 ~ 관 연동 운동 항진제, ~ 관 운동

위장 ~ 분산 주식, ~ 분산 한다, ~ 오더, ~ 전입 의혹, ~ 전입 한다, ~ 취업자; 비장과 ~, 일본인으로 ~ 한다, 주식 ~ 분산

위장법 황언 ~

위장염 급성 ~

위정 ~ 척사 사상; 척사 ~ 논리

위조 ~ 지폐; 공문서 ~ 혐의로 수배 한다, 극장 표를 ~ 한다, 사문서 ~, 카드 ~단, 학력 ~

위주 암기 ~, 입시 ~ 교육

위중 병환이 ~하다

위촉 ~ 된다; 위원으로 ~ 한다

위축 ~ 된다; 극도로 ~ 한다, 근 ~, 소비 심리 ~

위축증 다발 신경계 ~, 소뇌 ~

위치 □에 ~ 한다, 지정학적 ~

위치각 진동각 및 ~

위탁 ~ 경영 기관, ~ 수수료율 인하, ~ 자에게 양도 한다

위태롭다[위태로와 위태로운] □을/를 위태롭게 한다

위태위태 ~ 하다

위트 ~ 와 유우머, ~ 와 패러독스; 유머와 ~

위패 ~ 를 봉안 한다, ~ 를 안치 한다; 성현의 ~

위풍 ~ 당당하다

위한다[위해] --기 위한, --기 위해, 예술을 위한 예술, □을/를 위한, □을/를 위해 동분서주 한다, □을/를 위해서

위해 ~ 를 가한다, ~ 시설물

위헌 ~ 소지, ~ 심판 제청

위험 ~ 수위에 육박 한다, ~ 천만하다, ~ 하다; 고혈압 ~도, 확전 ~ 론

위협 수공 ~, 흉기로 ~ 한다

윗목 ~ 구석에서 퍼드러진다

윙 ~ 한다

윙크 ~ 를 한다; 살짝 ~ 한다

유 무에서 ~를 창출 한다

유가 ~ 완충 준비금; 급격한 ~ 상승

유가 ~ 증권 상장 규정 개정 안, ~ 증권 신고서

유가족 유공자 및 ~

유감 ~ 표명; --어서/아서 ~이다, □에 대해 ~을 표명 한다, □을/를 ~ 없이 발휘 한다, □을/를 ~ 없이 보인다

유격 ~ 대원, ~ 전술

유격대 항일 ~

유골 부왕의 ~

유공 ~ 류

유공자 ~ 및 유가족, ~ 예우; 국가 ~, 독립 ~

ㅇ

유과 ~ 한과

유관 ~ 기관

유괴 □을/를 ~ 한다

유괴범 ~ 검거

유교 ~ 와 도교, ~ 자본 주의 론

유구 ~ 한 역사

유권 ~ 해석

유권자 후보자와 ~

유급 선거 일 ~ 휴가 쟁취

유기 직무 ~

유기 ~ 농법, ~ 농산물 직거래, ~ 농산품, ~ 용제, ~ 인계 성분; 무농약 ~ 농산물, 휘발성 ~ 화합물

유기 ~ 정학

유기물 ~ 을 분해 한다

유기적 ~ 으로, ~ 인, ~ 일부

유기질 ~ 비료 공장

유난스레 ~ 파래 진다

유년 ~ 시절, ~ 의 뜰

유년기 ~ 체험

유념 ~ 해야 한다; 각별히 ~ 한다, □을/를 ~ 한다

유능 ~ 하다

유니버설 ~ 발레단

유니버스 미스 ~ 대회

유니크 ~ 하다

유니폼 ~ 을 입는다; 곤색 ~, 파란 색 ~

유달리 ~ 돈독하다, ~ 비싼 입장료

유대인 ~ 정착 촌

유덕 ~ 하다

유도 ~ 기전력, ~ 전동기; □을/를 ~ 한다, 전자기 ~, 중거리 탄도 ~ 탄, 지대공 ~ 탄, 지대함 ~ 탄, 탄도 탄 방어 ~ 탄, 파업 ~ 의혹

유도제 배란 ~

유도화 ~ 의 꽃 잎

유독 ~ 가스

유동 산학연 간 인력 ~

유동성 ~ 부족, ~ 사정, ~ 지원

유두 ~ 부종

유두화 ~ 나무가 우거진다; 동백 나무와 ~ 나무

유들유들 ~ 하다

유람 ~ 한다; 신사 ~ 단

유람선 ~ 이 정박 한다

유랑 ~ 한다

유래 □에서 ~ 된다, □에서 ~ 한다

유럽인 ~ 의 생활상; 중세 ~

유레일 ~ 패스를 가지고

유려 ~ 하다

유력 ~ 경제지; 당선이 ~하다, 재지가 ~ 하다, 재지 ~ 층

유례 방송사 상 ~ 없다, 세계적으로도 ~ 가 없다

유로 만 ~

유료 ~ 주차장

유리 □에게 ~하다

유리 ~ 개걸 한다, ~ 걸식 한다

유리 ~ 문을 밀친다, ~ 알 유희, ~ 종 소리를 낸다, ~ 창 너머, ~ 파편; ㄷ 자

형 ~ 관, 강자에게 ~하다, 방탄 ~ 문, 창 ~ 너머, 통 ~ 창, 회전 식 ~ 문

유리기 ~ 산소

유리체 ~ 밑

유린 인권 ~ 사례, 인권을 ~ 한다

유망 ~ 직종 리스트, ~ 하다

유망민 ~ 이 된다

유머 ~ 와 위트

유머러스 ~ 하다

유머집 정치 풍자 ~

유명 ~ 무실하다; 슈퍼에서 ~하다, 외국 ~ 상표, □을/를 ~ 무실하게 만든다

유모 ~ 세포, ~ 의 젖

유목 ~ 물품, ~ 민족

유물 ~ 과 유적, ~ 사관, ~ 이 출토 된다; 석기 시대 ~, 설화나 ~, 이교도의 ~, 청동기 ~

유밀과 ~ 류

유발 ~ 전위; 부가 가치 ~ 계수, 생산 ~ 계수, 수입 ~ 계수, 오염 ~ 부담금, □을/를 ~ 한다, 체성 감각 ~

유발액 부가 가치 ~, 생산 ~

유배 ~ 된다

유병 ~ 률

유보 □을/를 ~ 한다

유복 ~ 하다

유부 ~ 초 밥

유부남 ~ 과 처녀

유부녀 ~ 를 손 댄다

유분 ~ 과 수분

유분수 --어도/아도 ~이지

유불도 ~ 합일

유사 ~ 다류, ~ 점과 차이 점, ~ 점이나 차이 점, ~ 진료율, ~ 진료 행위, ~ 홈 쇼핑 업체; □과/와 ~하다, 구제역 ~ 증세

유산 문화 ~ 답사, 문화 ~으로 지정 된다, 문화 ~으로 지정 한다, 물려 받은 ~, 세계 문화 ~, 세계 자연 ~

유산균 ~ 발효 식품, ~ 발효 채소; 혼성 발효 ~

유산소 ~ 운동

유상 ~ 증자 권고

유색 ~ 인종

유서 ~ 깊다

유서 ~ 대필 사건; 자필 ~

유선 ~ 방송 망, ~ 방송 법 시안; 종합 ~ 방송 법

유성 ~ 생식, ~ 펜

유세 후보 지원 ~

유세전 주 말 ~

유세포 ~ 조직

유소년 ~ 축구

유수 ~ 한; 국내 ~ 콘도미니엄

유수지 ~ 와 배수 펌프

유숙 □에 ~ 한다

유순 ~ 하다

유스 ~ 호스텔

유식 ~ 하다

유신 ~ 헌법 철폐

ㅇ

유실 ~ 된다; 광물 찌꺼기 ~ 방지 공사, 모래 ~ 방지 공사, 토사 ~ 방지 공사, 토양 ~ 방지 공사

유심히 ~ 관찰 한다, ~ 살핀다

유아 ~ 용품; 영재 ~ 원

유아독존 천상 천하 ~

유약 ~ 하다

유양 ~ 돌기

유언 ~ 불실행, ~ 을 전한다

유언비어 ~ 가 난무 한다, ~ 를 퍼뜨린다, ~ 유포; 악성 ~

유역 ~ 내 행정; 중류 ~, 하류 ~, 하천 ~

유연 ~ 하다, ~ 화장수, ~ 히 대응 한다; □에 ~하게 대처 한다

유연탄 중국산 ~

유영 ~ 한다

유예 개방 ~ 론, 기소 ~ 처분, 선고 ~, □에 집행 ~를 선고 한다, 지불 ~, 집행 ~가 선고 된다, 집행 ~로 풀려 난다, 집행 ~ 판결

유용 공금 ~, □에 ~하다, 횡령 및 ~ 된다

유용 □을/를 □에 ~ 한다

유용성 공리적 ~

유우머 위트와 ~

유월 ~ 그믐, ~ 그믐께

유유 ~ 상종, ~ 자적 한다, ~ 하다, ~ 히 떠 다닌다

유의 ~ 해야 한다; □에 ~ 한다

유의미 ~ 한 차이; 통계적으로 ~하다

유의어 ~ 사전

유익 ~ 하다

유인 □을/를 ~ 한다

유인 ~ 우주선

유인물 한 장 짜리 ~

유일 ~ 당 운동, ~ 사상 체계, ~ 사상 체제, ~ 하다; 민족 ~ 당, 세계 ~의 분단국

유일무이 ~ 하다

유임 ~ 된다

유입 ~ 과 유출; 대거 ~ 된다, 매수세가 ~ 된다, 서 남해로 ~ 된다, □에 ~ 된다, 외부 ~자, 증시로 ~ 된다, 핫 머니 ~

유자 ~ 차

유작 ~ 사진전

유장 ~ 하다

유적 구석기 ~, 모루 ~, 석기 시대 ~, 유물과 ~, 청동기 시대 ~, 청동기 ~

유전 경자 ~의 원칙

유전 ~ 개발

유전 ~ 공학, ~ 인자, ~ 형질; 상염색체 열성 ~, 상염색체 우성 ~

유전 ~ 무죄 무전 유죄

유전자 ~ 감식, ~ 변형 농산물, ~ 변형 농작물, ~ 변형 미생물, ~ 변형 식품, ~ 변형 작물, ~ 염기 서열, ~ 재조작 식품, ~ 재조합, ~ 적중술, ~ 조작 기술, ~ 조작 농산물, ~ 조작 식품, ~ 조작 쌀, ~ 조작 콩; 미토콘드리아 ~, 이기적 ~, 표식 ~

유전적 ~ 소인, ~ 요인, ~ 으로, ~ 인

유전체학 비교 ~, 약리 ~

유절 ~ 가곡

유족 ~ 하다

유죄 ~ 가 확정 된다, ~ 판결; 유전 무죄 무전 ~, 항소심에서 ~ 판결을 받는다

유지 균형 ~, 명맥을 ~ 한다, 비밀 ~ 의무, 애호도를 ~ 한다, 우세를 ~ 한다, □을/를 ~ 한다, □을/를 지속적으로 ~ 한다, 체제 ~ 통일 안, 치안 ~ 법, 현 수준 ~

유지비 품위 ~

유착 권언 ~의 폐습, 기자와 취재원이 ~ 한다, 정경 ~과 부정 부패

유찰 ~ 된다

유창 ~ 한 영어로; 영어를 ~하게 구사 한다

유채 ~ 꽃 밭; 캔버스에 ~

유청소년 ~ 축구 교류

유체 ~ 역학, ~ 의 흐름, ~ 이탈

유추 ~ 논법; □을/를 ~ 한다

유출 명부가 ~ 된다, 명부 ~, 방사능 ~ 사고, 유입과 ~, 췌액의 ~ 장해, 페놀 ~

유출입 자금 ~

유치 관광객 ~, 노역장 ~, 민자 ~, 외자를 ~ 한다, 외자 ~, 월드컵 ~ 위원회, □을/를 ~ 한다, 투자 ~ 설명회, 핵 폐기장 ~

유치 ~ 찬란하다, ~ 하다

유치원 초등 학교 병설 ~

유치원비 ~ 낸다

유치인 예금 ~

유치장 ~ 근무자

유친 부자 ~

유쾌 ~ 의 정서, ~ 하다

유탄 ~ 을 맞는다

유태교 ~ 와 회교, ~ 의 안식일

유태인 ~ 의 모략, ~ 자치 주, ~ 학살; 회교도나 ~

유택 ~ 이 명택이다

유턴 ~ 지점

유통 ~ 기한; 간접 ~ 경로, 시중에 ~ 된다, 시중에 ~ 시킨다, 양곡 ~ 위원회, 회사채 ~ 수익률

유틸리티 스포츠 ~ 차량

유폐 ~ 된다

유포 ~ 된다; 널리 ~ 한다, 유언비어 ~, □을/를 ~ 한다

유학 불법 체류 ~

유학생 ~ 학우회

유한 ~ 하다

유해 ~ 11 구, ~ 가 봉환 된다, ~ 봉환, ~ 의 추가 송환; 전사자 ~ 발굴

유해 ~ 산소, ~ 색소, ~ 전자 파; 부패 미생물이나 ~ 미생물, 조미료 ~ 론

유행 ~ 처럼 번진다, ~ 한다; 올 가을 ~

유행가 ~ 가사

유행성 ~ 각결막염, ~ 감기

유행어 ~ 나 은어

유혈 ~ 낭자, ~ 봉기, ~ 사태, ~ 이 낭자하다, ~ 폭동

유형 동기화 ~, 활동가 ~

유형 ~ 고정 자산

유혹 ~ 의 손 길; □을/를 ~ 한다

ㅇ

유화 ~ 제스처

유황 ~ 오리

유효 ~ 적절하다, ~ 투표 수, ~ 하다; 자격증 ~ 기간 제

유훈 ~ 통치

유휴 ~ 상품권, ~ 인력

유흥 ~ 업소 심야 영업, ~ 업소에 취업한다, ~ 음식점, ~ 접대비, ~ 주점

유희 유리 알 ~

육갑 병신 ~ 한다

육개장 ~ 처럼 얼큰하다

육군 ~ , 해군 , 공군, ~ 고사포 병 여단, ~ 대위, ~ 모 부대, ~ 본부, ~ 소장, ~ 수뇌부, ~ 이 등 병, ~ 중령, ~ 참모 총장

육도 ~ 를 윤회 한다, ~ 윤회; 세세생생 ~

육두품 ~ 출신

육류 ~ 식품; 생선이나 ~

육림 ~ 사업; 조림 및 ~

육박 위험 수위에 ~ 한다

육보시 ~ 를 한다

육부 오장 ~

육상 ~ 자위대, ~ 트랙

육성 ~ 회 수당, ~ 회 찬조금; 산업 ~ 법, 오페라단을 ~ 한다, □을/를 ~ 한다, 전업농 ~ 대상자, 청소년 지도 ~회

육수 ~ 3 컵, ~ 를 붓는다

육실 □을/를 ~ 한다

육아 ~ 일기, ~ 휴직; 임신 · 출산 · ~, 출산과 ~

육영 ~ 사업

육왕 ~ 심학

육젓 액체 ~

육조 ~ 거리

육종 □을/를 ~ 한다, 임목 ~ 연구소

육중 ~ 하다

육질 ~ 사료, ~ 이 단단하다

육체 ~ 미, ~ 와 영혼

육체적 ~ 으로, ~ 인, ~ 피로

육추 ~ 기간

육탄 ~ 공세, ~ 방어

육통 삼명 ~

육필 ~ 원고

육하 ~ 원칙

육허기 ~ 나 채운다

윤 반들반들 ~이 난다, 반짝 반짝 ~이 난다

윤곽 대체적인 ~, 류트의 ~, 배경과 ~

윤년법 새로운 ~

윤락 ~ 업소, ~ 업주, ~ 행위 등 방지 법

윤리 ~ 강목; 공직자 ~ 법, 신문 ~ 강령, 신문 ~ 실천 요강, 언론인 협회 ~ 강령, 의원 ~ 강령, 직업 ~ 강령, 청교도 ~

윤리관 ~ 의 확립, ~ 이 확립 된다; 인간 존중의 ~

윤색 ~ 된다

윤택 ~ 하다

윤활유 ~ 수거 통

윤회 ~ 설; 육도를 ~ 한다, 육도 ~

율 객석 점유 ~, 교수 확보 ~, 국산화 ~, 내부 지분 ~, 농산 가공품의 관세 ~, 당기 순이익 증가 ~, 득표 ~ 51.6 퍼센트, 등록금 의존 ~, 매매 회전 ~, 모유 수유 ~, 미납부 가산세 ~, 부가 가치 ~, 분기 중 어음 부도 ~, 세 ~ 구조, 세 ~ 인하, 시장 이자 ~, 신탁 보수 ~, 연 평균 증가 ~, 열 전도 ~, 요구불 예금 회전 ~, 원소 주기 ~ 표, 위탁 수수료 ~ 인하, 유사 진료 ~, 이환 ~, 전력 예비 ~, 점유 ~ 확대, 정당 득표 ~, 정당 지지 ~, 좌석 회전 ~, 지급 준비 ~, 최적 가수 ~, 최종 덤핑 마진 ~, 투표 ~과 득표 ~, 평균 ~ 클라비어 곡집, 평균 투표 ~, 표시 이자 ~

율동 알파 ~

율령 ~ 반포

율무 ~ 가루; 현미와 ~

융기문 ~ 토기

융단 ~ 폭격

융대 내측 ~

융성 ~ 한다; 국운 ~

융숭 ~ 하다, ~ 히 대접 한다

융자 생업 자금 ~, 저리 ~, 전액 무이자 ~, 주택 ~ 상환금, 학자금 ~

융통성 ~ 없다

융합 □을/를 ~ 한다, 전방 경추 ~ 수술, 전방 경추 ~ 시술

융합로 핵 ~

융해 ~ 된다

융화 ~ 된다

윷짝 ~ 가르듯이

으깬다 으깬 두부

으늑 ~ 하다

으등그러진다 으등그러지는 하늘

으뜸 ~ 가는 도덕, ~ 수컷, ~ 음으로 한다, ~ 화음; 단연 ~이다

으로/로 □~ 가져 간다, □~ 간 한다, □~ 간주 된다, □~ 갈아 입는다, □~ 강제 이주 시킨다, □~ 개작 한다, □~ 개종 한다, □~ 개칭 한다, □~ 거듭난다, □~ 거론 된다, □~ 건너 간다, □~ 검찰에 고발 한다, □~ 격상 된다, □~ 격상 한다, □~ 격하 한다, □~ 결구 한다, □~ 고꾸라진다, □~ 구속 영장을 신청 한다, □~ 구속 영장을 청구 한다, □~ 귀결 된다, □~ 귀결 한다, □~ 귀착 된다, □~ 귀착 한다, □~ 급부상 한다, □~ 기어 들어 온다, □~ 기울어 진다, □~ 까딱거린다, □~ 꺾어 진다, □~ 꼬꾸라진다, □~ 꼽힌다, □~ 끌려 온다, □~ 나뉜다, □~ 낙인 찍는다, □~ 낙인 찍힌다, □~ 낙착 한다, □~ 내 돌린다, □~ 내 몬다, □~ 내 몰린다, □~ 내 밀린다, □~ 내려 선다, □~ 내리닫는다, □~ 내부 방침을 정한다, □~ 다가간다, □~ 달려 간다, □~ 대별 된다, □~ 대별 한다, □~ 덮인다, □~ 돌아 간다, □~ 돌아 든다, □~ 돌려 놓는다, □~ 돌변 한다, □~ 되감긴다, □~ 되돌아 간다, □~ 되돌아 온다, □~ 둘러 막는다, □~ 둘러 싸인다, □~ 둘러 쌓는다, □~ 둔갑 한다, □~ 뒤 덮인다, □~ 때운다, □~ 똘똘 뭉친다, □~ 뛰어 나간다, □~ 뛰어 든다, □~ 뛰어 오른다, □~ 뛰쳐 나간다, □~ 말미암아, □~ 맞아 들인다, □~

몰아 간다, □~ 몰아 넣는다, □~ 몰아 붙인다, □~ 몰려 간다, □~ 못 박는다, □~ 물러 선다, □~ 미뤄 보건대, □~ 밀려 난다, □~ 밀쳐 놓는다, □~ 밀항 한다, □~ 바꾼다, □~ 바뀐다, □~ 바싹 다가선다, □~ 바싹 다가앉는다, □~ 바짝 다가앉는다, □~ 박사 학위를 딴다, □~ 반전 된다, □~ 발 돋움 한다, □~ 발령 난다, □~ 발령 낸다, □~ 벌렁 나가 떨어진다, □~ 벌렁 나자빠진다, □~ 벌렁 드러눕는다, □~ 변모 한다, □~ 변신 한다, □~ 변한다, □~ 보직 변경을 한다, □~ 부적합하다, □~ 북새 통이다, □~ 북서진 한다, □~ 북적인다, □~ 불구속 기소 된다, □~ 불구속 기소 한다, □~ 불리운다, □~ 붐빈다, □~ 비켜 난다, □~ 비켜 선다, □~ 비화 한다, □~ 빠끔히 내어다 보인다, □~ 빨려 든다, □~ 빽빽이 들어 찬다, □~ 뿌적뿌적 밀어 낸다, □~ 삼는다, □~ 상징 된다, □~ 선회 한다, □~ 소문 난다, □~ 소일 한다, □~ 손 꼽힌다, □~ 손해 배상을 청구 한다, □~ 송치 한다, □~ 숨어 든다, □~ 스며 들어 온다, □~ 승격 된다, □~ 승화 한다, □~ 시름시름 앓는다, □~ 알려 진다, □~ 압송 한다, □~ 양분 된다, □~ 얼기설기 엮는다, □~ 얼룩 진다, □~ 역전승 한다, □~ 연명 한다, □~ 예상 한다, □~ 예열 한다, □~ 올라 선다, □~ 오인 한다, □~ 옮아 간다, □~ 옮아 온다, □~ 옮겨 간다, □~ 용도 변경을 한다, □~ 용도 변경 한다, □~ 우르르 몰려 간다, □~ 응사 한다, □~ 의긴 여로, □~ 의 이행기, □~ 이관 한다, □~ 이동 한다, □~ 익반죽 한다, □~ 인한, □~ 인해, □~ 일관 한다, □~ 임관 한다, □~ 이어 진다, □~ 자리 매김 된다, □~ 자리 매김 한다, □~ 작심 한다, □~ 진뜩 짓힌나, □~ 잠정 집계 된다, □~ 장사진이다, □~ 재직 한다, □~ 재편 된다, □~ 전락 한다, □~ 전출 간다, □~ 전출 된다, □~ 전출 한다, □~ 전학 한다, □~ 점철 된다, □~ 접어 든다, □~ 정평 난다, □~ 정평이 난다, □~ 제한 한다, □~ 조금 경도 되었다, □~ 조직화 된다, □~ 조직화 한다, □~ 죽 늘어 선다, □~ 중무장 한다, □~ 지목 한다, □~ 지정 된다, □~ 지정 한다, □~ 직행 한다, □~ 집계 된다, □~ 착각 한다, □~ 채 썬다, □~ 책봉 된다, □~ 책봉 한다, □~ 초만원이다, □~ 초치 한다, □~ 최종 판명 된다, □~ 추대 한다, □~ 추산 된다, □~ 추산 한다, □~ 추앙 한다, □~ 추정 된다, □~ 추정 한다, □~ 축 늘어진다, □~ 충당 한다, □~ 치닫는다, □~ 치부 한다, □~ 쿡 쿡 찌른다, □~ 탈 바꿈 한다, □~ 툭 툭 건드린다, □~ 퉁겨 진다, □~ 특징 짓는다, □~ 틈입 한다, □~ 판명 된다, □~ 편곡 한다, □~ 푹 고꾸라진다, □~ 풀어 쓴다, □~ 풀이 된다, □~ 풀이 한다, □~ 피신 한다, □~ 하여금, □~ 화한다, □~ 환산 된다, □~ 환산 한다, □~ 환생 한다, □~ 환어 한다, □~ 환원 된다, □~ 회송 한다, □~ 회항 한다, □~ 후송 한다, □~ 흘러 든다, □~ 흠뻑 젖는다; □을/를 □ ~ 간주 한다, □을/를 □ ~ 옹립 한다, □을/를 □ ~ 이동 시킨다

으로 간장 ~ 간을 한다, 간접적 ~, 간첩 ~ 오인 한다, 감상적 ~, 감성적 ~, 갑석 ~ 마무리 한다, 강국 ~ 부상 한다, 강권적 ~, 강대국 ~ 행세 한다, 개발 도상국 ~ 분류 된다, 개발 도상국 ~ 분류 한다, 개별적 ~, 개복청 ~ 퇴청 한다, 개인적 ~, 객관적 ~, 객체적 ~, 거시적 ~, 건넌 방 ~ 건너 온다, 건성 ~ 대꾸 한다, 건성 ~ 대답 한다, 걸작 ~ 꼽힌다, 겉 ~ 내색 하지 않는다, 결정적 ~, 경제적 ~, 경품 ~ 내 건다, 경험적 ~, 곁 ~ 다가앉는다, 계급적 ~, 계기적 ~, 계통적 ~, 계획적 ~, 고온 ~ 굽는다, 고전 주의적 ~, 곡선 ~ 휜다, 곡획작명법 ~ 풀이 한다, 공간적 ~, 공격적 ~, 공동체적 ~, 공식적 ~, 공약 ~ 내 건다, 공업적 ~, 과도기적 ~, 관능적 ~, 관료적 ~, 관중석 ~ 돌진 한다, 구체적 ~, 국가적 ~, 국립 공원 ~ 지정 된다, 국립 공원 ~ 지정 한다, 국면 ~ 접어 든다, 국제적 ~, 군사적 ~, 궁극적 ~, 규칙적 ~, 금 빛 ~ 빛 난다, 긍정적 ~, 기금 ~ 적립 된다, 기금 ~ 적립 한다, 기능적 ~, 기본적 ~, 기부금 ~ 충당 한다, 기술적 ~, 꼬박 뜬 눈 ~ 새운다, 나들목 ~ 들어 간다, 나찌즘에 정면 ~ 맞선다, 낙관적 ~, 남남서 방향 ~ 달린다, 남북 ~ 길게 뻗는다, 남성적 ~, 남향 ~ 배치 된다, 남향 ~ 배치 한다, 노골적 ~, 노년 층을 대상 ~, 농담 반 진담 반 ~, 농담 ~ 받아 넘긴다, 느릿한 동작 ~, 능률적 ~, 다면적 ~, 다원적 ~, 다차원적 ~, 단신 ~, 단행본 ~ 출간 된다, 단행본 ~ 출간 한다, 대내적 ~, 대대적 ~ 벌인다, 대립적 ~, 대조적 ~, 대표적 ~, 도덕적 ~, 도매 금 ~, 독신 ~ 지낸다, 독자적 ~, 동시적 ~, 동점 ~ 경기가 끝 난다, 두 동강 ~ 부러뜨린다, 두레박 ~ 물을 긷는다, 뒷구멍 ~ 호박 씨 깐다, 뒷전 ~ 물러 난다, 뒷전 ~ 밀려 난다, 땀 ~ 번들거린다, 땀 ~ 범벅이 된다, 땀 ~ 흠뻑 젖는다, 땀 ~ 흥건, 뜬 눈 ~ 밤을 새운다, 랩 ~ 단단히 싼다, 랩 ~ 싼다, 리모컨 ~ 채널을 바꾼다, 매력적 ~, 맨머릿바람 ~, 모순적 ~, 모욕적 ~, 목 안 ~ 삼킨다, 목젖 ~ 콧길을 막는다, 무급 ~ 일 한다, 무력 ~ 침공 한다, 무릎 걸음 ~, 무비판적 ~ 수용 한다, 무슨 억하심정 ~, 문필을업 ~ 한다, 문학적 ~, 문화 유산 ~ 지정 된다, 문화 유산 ~ 지정 한다, 문화적 ~, 물심양 면 ~, 물적 ~, 민간 ~ 이양 한다, 반혁명 ~ 낙인 된다, 반혁명 ~ 낙인 찍는다, 반혁명 ~ 낙인 찍힌다, 밤 새 뜬 눈 ~ 지새운다, 방사상 ~ 뻗어 나간다, 배타적 ~ 독점 한다, 백방 ~ 노력 한다, 백방 ~ 수소문 한다, 뱃속 ~ 스민다, 법무관 ~ 근무 한다, 보석 ~ 석방 된다, 복합적 ~ 작용 한다, 본격적 ~, 본능적 ~, 본질적 ~, 봉당 ~ 내려 선다, 부분적 ~, 부상 ~ 결장 한다, 부상 ~ 신음 한다, 부속품 ~ 전락 한다, 부위원장 ~ 선출 한다, 부장 ~ 발령 난다, 부정적 ~, 부회장 ~ 재직 한다, 북안 ~ 흘러 든다, 분석적 ~, 분파적 ~, 불법적 ~, 붉은 색 ~ 물 든다, 비단 ~ 휘감는다, 비싼 값 ~ 팔린다, 비판적 ~, 사무적 ~, 사방 ~ 흩어 진다, 사실 주의적 ~, 사환 ~ 채용 된다, 사환 ~ 채용 한다, 사회 병리학적 ~, 산발적 ~, 산술적 ~, 산야에 지천 ~ 깔려 있다, 삼진 ~ 솎는다, 상식적 ~, 상투적 ~, 새 옷 ~ 갈아 입는다, 새우젓 ~ 간을 한다, 생리학적 ~, 생전 처음

~, 선천적 ~, 성 벽 ~ 둘러 싸인다, 세계적 ~도 유례가 없다, 세부적 ~, 세자빈 ~ 간택 된다, 소극적 ~, 소금 ~ 간을 한다, 소금 ~ 간 한나, 소령 ~ 진급 한다, 소설적 ~, 소작농 ~ 전락 한다, 소장 ~ 발령이 난다, 소폭 ~ 내린다, 속세적 ~, 속수 무책 ~ 당한다, 손 등 ~ 눈물을 닦는다, 손 등 ~ 눈 물을 훔친다, 손 등 ~ 문지른다, 손 등 ~ 쓱 문지른다, 손 등 ~ 이마를 훔친다, 손 바닥 ~ 탁탁 친다, 손 수건 ~ 안경을 닦는다, 손수건 ~ 이마를 닦는다, 손 ~ 턱을 괸다, 손톱 ~ 긁는다, 숏을 합장 ~ 문다, 송곳 ~ 찌른다, 수석 ~ 졸업 한다, 수지 침 ~ 치료 한다, 수직적 ~, 수학적 ~, 숙환 ~ 별세 한다, 숲 ~ 둘러싸인다, 슬로 모션 ~, 승부를 원점 ~ 되돌린다, 시각적 ~, 시간적 ~, 신 ~ 섬긴다, 신록 ~ 물 든다, 신축적 ~, 실용적 ~, 실점 ~ 막는다, 실증적 ~, 실지 거래가액 ~, 실질적 ~, 실체적 ~, 실험적 ~, 심장 병 ~ 쓰러진다, 심정적 ~, 심층적 ~, 싸르트르 식 ~ 말 하면, 아전인수 격 ~, 안정적 ~, 알음알음 ~, 압도적 ~, 양심적 ~, 언어적 ~, 언제나 관광객 ~ 북적거린다, 엎친 데 덮친 격 ~, □에 능동적 ~ 대응 한다, □에 능동적 ~ 대처 한다, □에 단역 ~ 출연 한다, □에 사신 ~ 간다, 여러 겹 ~ 접는다, 여반장 ~ 해 치운다, 여성적 ~, 역설적 ~, 연구사적 ~, 연도순 ~ 배열 한다, 연도순 ~ 정리 한다, 엽기적 ~, 영성적 ~, 영양 과잉 ~, 영양적 ~, 영업 소장 ~ 발령 난다, 옆 눈 ~, 예비적 ~, 오 대 영 ~ 대파 한다, 오른 편 ~ 꺾는다, 온 몸 ~ 진 땀이 흐른다, 올백 ~ 넘긴다, 옷 고름 ~ 눈 물을 닦는다, 외교적 ~, 외부적 ~, 외상 ~, 외출복 ~ 갈아 입는다, 왼 편 ~ 꺾는다, 용공 ~ 몬다, 용문을 직금 ~ 넣는다, 우수한 성적 ~ 졸업 한다, 원장 권한 대행 ~ 임명 한다, 위원 ~ 위촉 한다, 유기적 ~, 유전적 ~, 육체적 ~, 으뜸 음 ~ 한다, □을/를 간접적 ~ 시사 한다, □을/를 근본적 ~ 개혁 한다, □을/를 기점 ~, □을/를 날것 ~ 먹는다, □을/를 노골적 ~ 드러낸다, □을/를 단적 ~ 보여 준다, □을/를 돈 ~ 환산 하면, □을/를 명목 ~, □을/를 바탕 ~, □을/를 배타적 ~ 지배 한다, □을/를 사문 난적 ~ 몬다, □을/를 사신 ~ 파견 한다, □을/를 성공적 ~ 마친다, □을/를 성공적 ~ 치른다, □을/를 연도순 ~ 정리, □을/를 우편 ~ 보낸다, □을/를 원천적 ~ 봉쇄 한다, □을/를 주업 ~ 한다, □을/를 중심 ~, □을/를 중심 축 ~ 해, □을/를 지속적 ~ 유지 한다, □을/를 진심 ~ 축하드린다, □을/를 천직 ~ 생각 한다, □을/를 천직 ~ 안다, □을/를 천직 ~ 여긴다, □을/를 체계적 ~ 정리 한다, □을/를 최우선 ~ 한다, 음성적 ~, □의 영향 ~, 의도적 ~, 의미적 ~, 의식적 ~, 의욕적 ~, 의장 ~ 선출 된다, 이 익공 ~ 결구 한다, 이구동성 ~ 질문 한다, 이기적 ~, 이념적 ~, 이론적 ~, 이슬람 ~ 개종 한다, 이중 삼중 ~, 이타적 ~, 인간적 ~, 일반적 ~, 일방 통행적 ~, 일방적 ~, 일본인 ~ 위장 한다, 일상적 ~, 일시적 ~, 일원적 ~, 임진 왜란 ~ 불 탄다, 임진 왜란 ~ 전소 한다, 입에서 입 ~ 전한다, 자기 반성적 ~, 자발적 ~, 자생적 ~, 자연 발생적 ~ 생겨 난다, 자의 반 타의 반 ~, 자진 가락 ~ 넘어 간다,

자천 타천 ~, 자치적 ~, 잠재적 ~, 장기적 ~, 장원 ~ 합격 한다, 저돌적 ~, 적극적 ~, 전격적 ~, 전근대적 ~, 전략적 ~, 전적 ~ 공감 한다, 전적 ~ 동감 한다, 전적 ~ 동의 한다, 전적 ~ 옳다, 전적 ~ 의존 한다, 전적 ~ 찬동 한다, 전적 ~ 찬성 한다, 전적 ~ 책임 진다, 전체적 ~, 전형적 ~, 절대적 ~, 정면 ~ 대항 한다, 정면 ~ 도전 한다, 정면 ~ 부닥뜨린다, 정면 ~ 부닥친다, 정면 ~ 위반 한다, 정면 ~ 위배 한다, 정상 ~ 돌려 놓는다, 정상적 ~, 정성 ~ 보살핀다, 정식 ~, 정식 종목 ~ 채택 된다, 정치적 ~, 제도적 ~, 종교적 ~, 종합적 ~, 주걱 ~ 젓는다, 주검 ~ 발견 된다, 주마간산 격 ~, 주먹 ~ 때린다, 주체적 ~, 중기적 ~, 중령 ~ 전역 한다, 중풍 ~ 눕는다, 중풍 ~ 쓰러진다, 즉흥적 ~, 증인 ~ 출석 한다, 지극 정성 ~, 지배적 ~, 지속적 ~, 지점장 ~ 부임 한다, 지천 ~ 깔린다, 지천 ~ 널린다, 직각 ~, 직선적 ~, 진보적 ~, 진심 ~ 감사 한다, 진심 ~ 기뻐한다, 진심 ~ 바란다, 진심 ~ 사과 한다, 진심 ~ 애도 한다, 진심 ~ 축하 한다, 진심 ~ 환영 한다, 집어 입 ~ 가져 간다, 집단적 ~, 집약적 ~, 집중적 ~, 찹쌀 고두밥 ~ 덧술을 담는다, 창의적 ~, 창조적 ~, 채찍 ~ 후려 친다, 철학적 ~, 체인지업 ~ 삼진을 잡는다, 체인지업 ~ 승부 한다, 초심 ~ 돌아 간다, 총 ~ 쏜다, 총각 ~ 늙는다, 총괄적 ~, 최대한 ~ 발휘 한다, 최소한 ~, 최종적 ~, 충격적 ~, 치마 폭 ~ 눈 물을 훔친다, 치명적 ~, 큰 폭 ~ 오른다, 큰 폭 ~ 줄어 든다, 타율적 ~, 탈법적 ~, 턱 밑 ~ 들이민다, 통계적 ~ 유의미하다, 통속적 ~, 파격적 ~, 파괴적 ~, 파상적 ~, 팔이 안 ~ 굽는다, 펜 ~ 밑 줄을 친다, 편파적 ~, 폭발적 ~, 표준적 ~, 풍문 ~ 듣는다, 풍토적 ~, 플랫폼 ~ 내려 선다, 필사적 ~, 필연적 ~, 학병 ~ 끌려 간다, 한 마음 ~ 뭉친다, 한 쪽 ~ 쏠린다, 할인 된 가격 ~, 함성 ~ 뒤덮인다, 합리 주의적 ~, 합리적 ~, 합의금 명목 ~, 항구 불변적 ~, 핵심적 ~, 햇곡 ~ 빚는다, 햇곡식 ~ 송편을 빚는다, 행각 ~ 둘러싼다, 행랑 ~ 둘러싼다, 헝겊 ~ 싼다, 현미경 ~ 들여다 본다, 현실적 ~, 혈연적 ~, 형이상학적 ~, 호의적 ~, 혼란 ~ 몰아 넣는다, 환상적 ~, 회랑 ~ 둘러싼다, 획기적 ~ 개선 한다, 효과적 ~, 효율적 ~, 후광 ~ 말미암아, 휘익 왼 편 ~ 구부러진다, 휴양원 ~ 되돌아온다

으로부터 국민 ~ 고립 된다, 마음 ~ 우러난다

으로서 황국 신민 ~ 충성 한다

으로써 --음/ㅁ ~, 충 ~ 효를 현창 한다

으르릉 ~ 쾅

으른 ~ 덜

으른다[을러] --는다고/ㄴ다고/다고/라고 을러 댄다, 심하게 을러 댄다, --으라고 을러 댄다, --자고 을러 댄다

으름장 ~을 놓는다

으름짱 ~을 놓는다

으리으리 ~하다

으스 ~하다

으스러진다 으스러지게 안는다; 뼈가 ~

으스름 ~하다

으스스 ~ 하다

으슥 ~ 하다

으슬으슬 ~ 춥다

으시시 ~ 하다

으쓱 ~ 치켜올린다; 어깨를 ~ 한다

으쓱거린다 □을/를 ~

으악새 ~ 슬피 우니

으흠 ~ 한다

은/는 □~ 고사하고, □~ 당연한 이치다, □~ 두 말 할 나위가 없다, □~ 물론이고, □~ 불문가지다, □~ 엄두도 못낸다, □~ 의심 할 여지가 없다, □~ 자명한 이치다, □~ 정한 이치다, □~ 차치하고라도

은 가이사의 것 ~ 가이사에게 바쳐라, --고 싶은 생각 ~ 추호도 없다, 낯 설지만 ~ 않다, 밑 면 ~ 수평 면이다, 버릇 ~ 여전하다, 버릴 것 ~ 버린다, 새 술 ~ 새 부대에 담아야, 예상 ~ 빗나간다, 욕심 ~ 금물이다, --음/ㅁ ~ 의심의 여지가 없다, 인명 ~ 재천이다, 일 요일 ~ 휴무다, 초록 ~ 동색이다, 충신 ~ 불사이군 한다, 한계 효용 ~ 체감 한다

은 ~ 가락지, ~ 빛 날개, ~ 빛 비늘, ~ 사시 나무, ~ 세공품, ~ 쟁반, ~ 촛대, ~ 테 안경을 낀다; 금과 ~, 질산 ~ 수용액, 질산 ~ 용액

은거 □에 ~ 한다

은근 ~ 하다, ~ 히 부아가 치민다

은금 ~ 보화

은닉 □을/를 ~ 한다

은닉법 서류 ~

은둔 ~ 생활, ~ 한다

은멸 ~ 된다

은미 ~ 하다

은밀 ~ 하다

은박 ~ 금속편, ~ 판지

은박지 압봉이나 ~

은사 신유 ~

은성 ~ 하다

은신 □에 ~ 한다

은어 ~ 낚시, ~ 와 여름치, ~ 잡이

은어 ~ 나 속어; 유행어나 ~

은연 ~ 중에

은은 ~ 하다

은인자중 ~ 한다

은제 ~ 쌍 가락지

은총 하나님의 ~

은퇴 ~ 장사; 정계를 ~ 한다, 정계 ~, 현역에서 ~ 한다

은폐 묵살 또는 ~, 병역 비리 ~ 의혹, 비리 ~ 대책, □을/를 ~ 한다

은하 ~ 나 별; 별이나 ~, 은하수 ~

은하수 ~ 은하

은행 ~ 감독 원 분쟁 조정실, ~ 과 차주사, ~ 단자, ~ 업과 증권업, ~ 업 참여, ~ 지점장, ~ 현금 지급기; 산업 자본의 ~업, 연방 준비 ~, 예입 ~, 외국환 ~, 전 동화 ~장, 주거래 ~, 채권 ~단, 추심 ~, 추심 의뢰 ~, 학점 ~ 제

은행권 ~ 발행고, ~ 증발

은혜 ~에 보답 한다

은휘 ~한다

을/를 □~ □에 가둔다, □~ □에 유용 한다, □~ □에 장착 한다, □~ □에 적용 한다, □~ □으로/로 간주 한다, □~ □으로/로 옹립 한다, □~ □으로/로 이동 시킨다, □~ 가감 한다, □~ 가결 한다, □~ 가공 한다, □~ 가꾼다, □~ 가눈다, □~ 가늠 한다, □~ 가다듬는다, □~ 가동 한다, □~ 가득 메운다, □~ 가라앉힌다, □~ 가로 막는다, □~ 가로 지른다, □~ 가로 챈다, □~ 가름 한다, □~ 갈라 낸다, □~ 갈라 놓는다, □~ 가르친다, □~ 가려 낸다, □~ 가린다, □~ 가리킨다, □~ 가만 둔다, □~ 가미 한다, □~ 가불 한다, □~ 가압류 한다, □~ 가위로 오린다, □~ 가위로 자른다, □~ 가장 한다, □~ 가정 한다, □~ 가중 한다, □~ 가져 온다, □~ 가져다 준다, □~ 가탁 한다, □~ 가한다, □~ 가히 짐작 할 만하다, □~ 각색 한다, □~ 각오 한다, □~ 간과 한다, □~ 간구 한다, □~ 간드랑거린다, □~ 간수 한다, □~ 간신히 이긴다, □~ 간접적으로 시사 한다, □~ 간지럽힌다, □~ 간직 한다, □~ 간질인다, □~ 간청 한다, □~ 간추린다, □~ 간파 한다, □~ 간행 한다, □~ 간호 한다, □~ 갈아 입는다, □~ 갈아 입힌다, □~ 갈아 준다, □~ 갈아 탄다, □~ 간다, □~ 갈가리 찢는다, □~ 갈구 한다, □~ 갈긴다, □~ 갈기갈기 찢는다, □~ 갈망 한다, □~ 갈무리 한다, □~ 갈음 한다, □~ 갈취 한다, □~ 갈파 한다, □~ 갉아 먹는다, □~ 감아 쥔다, □~ 감금 한다, □~ 감내 한다, □~ 감당 한다, □~ 감득 한다, □~ 감별 한다, □~ 감상 한다, □~ 감수 한다, □~ 감시 한다, □~ 감싼다, □~ 감안 한다, □~ 감제 한다, □~ 감지 한다, □~ 감춘다, □~ 감한다, □~ 감행 한다, □~ 강구 한다, □~ 강도 높게 비판 한다, □~ 강등 한다, □~ 강매 한다, □~ 강열 한다, □~ 강요 받는다, □~ 강요 한다, □~ 강의 하는 교수, □~ 강조 한다, □~ 강타 한다, □~ 강탈 당한다, □~ 강탈 한다, □~ 강하게 뛴다, □~ 강행 한다, □~ 강화 한다, □~ 갖는다, □~ 갖춘다, □~ 갚는다, □~ 개간 한다, □~ 개관 한다, □~ 개괄 한다, □~ 개략 한다, □~ 개발 한다, □~ 개봉 한다, □~ 개사 한다, □~ 개선 한다, □~ 개설 한다, □~ 개수 한다, □~ 개시 한다, □~ 개원 한다, □~ 개의치 않는다, □~ 개작 한다, □~ 개장 한다, □~ 개점 한다, □~ 개조 한다, □~ 개진 한다, □~ 개창 한다, □~ 개척 한다, □~ 개최 한다, □~ 개축 한다, □~ 개칭 한다, □~ 개킨다, □~ 개탄 한다, □~ 갱신 한다, □~ 갸우뚱거린다, □~ 갸웃거린다, □~ 갹출 한다, □~ 거꾸러뜨린다, □~ 거느린다, □~ 거닌다, □~ 거둬 들인다, □~ 거든다, □~ 거듭 한다, □~ 거론 한다, □~ 거머잡는다, □~ 거머쥔다, □~ 거명 한다, □~ 거부 한다, □~ 거북해 한다, □~ 거스른다, □~ 거역 한다, □~ 거울 삼는다, □~ 거절 한다, □~ 거친다, □~ 거행 한다, □~ 걱정 한다, □~ 건너 뛴다, □~ 건너 본다, □~ 건너다 본다, □~ 건네어 받는다, □~ 건네어 준다, □~ 건드린다, □~ 건립 한다, □~ 건사 한다, □~ 건의 한다, □~ 건진다, □~ 걸어 온다, □~ 걷어 붙인다, □~ 걷어 올린다, □~ 걷어 친다, □~ 걷어 치운다, □~ 걸고 넘어진다, □~ 검색 한다, □~ 검속 한다, □~ 검증 한다, □~ 검출 한다, □~ 검토 한다, □~ 겁낸다, □~ 겁간 한다, □~ 겁탈 한다, □~ 게시 한다, □~ 게양 한다, □~ 게을리 한다, □~ 게재 한다, □~ 겨냥 한다, □~ 겨눈다, □~ 겨룬다, □~ 격려 한다, □~ 격멸 한다, □~ 격찬 한다, □~ 격침 시킨다, □~ 격침 한다, □~ 격퇴 한다, □~ 격파 한다, □~ 격한다 한다, □~ 겪는다, □~ 견인 한다, □~ 견제 한다, □~ 견지 한다, □~ 견학 한다, □~ 결당 한다, □~ 결성 한다, □~ 결심 한다, □~ 결여 한다, □~ 결의 한다, □~ 결정 짓는다, □~ 결정 한다, □~ 결집 한다, □~ 결핍 한다, □~ 결 한다, □~ 결행 한다, □~ 겸비 한다, □~ 겸임 한다, □~ 겸직 한다, □~ 겸 한다, □~ 경감 한다, □~ 경계 한다, □~ 경고 한다, □~ 경멸 한다, □~ 경시 한다, □~ 경신 한다, □~ 경애 한다, □~ 경외 한다, □~ 경원 한다, □~ 경유 한다, □~ 경작 한다, □~ 경축 한다, □~ 경하 한다, □~ 경험 한다, □~ 곁 들인다, □~ 계기로, □~ 계도 한다, □~ 계발 한다, □~ 계산 한다, □~ 계상 한다, □~ 계속 한다, □~ 계승 한다, □~ 고려 한다, □~ 골라 낸다, □~ 고민 한다, □~ 고발 한다, □~ 고백 한다, □~ 고사 한다, □~ 고소 한다, □~ 고수 한다, □~ 고안 한다, □~ 고용 한다, □~ 고장 낸다, □~ 고정 시킨다, □~ 고집 한다, □~ 고찰 한다, □~ 고창 한다, □~ 고취 한다, □~ 고친다, □~ 고한다, □~ 곡해 한다, □~ 곤두세우고 있다, □~ 곧추 세운다, □~ 골린다, □~ 골자로 한다, □~ 골탕 먹인다, □~ 곯린다, □~ 곱씹는다, □~ 곱한다, □~ 공개 한다, □~ 공격 한다, □~ 공경 한다, □~ 공고히 한다, □~ 공급 한다, □~ 공동화 한다, □~ 공략 한다, □~ 공론화 한다, □~ 공모 한다, □~ 공모 한다, □~ 공박 한다, □~ 공부 한다, □~ 공양 한다, □~ 공유 한다, □~ 공탁 한다, □~ 공표 한다, □~ 과소 평가 한다, □~ 과시 한다, □~ 과신 한다, □~ 과장 또는 감살 한다, □~ 관람 한다, □~ 관류 한다, □~ 관망 한다, □~ 관장 한다, □~ 관전 한다, □~ 관찰 한다, □~ 관철 한다, □~ 관통 한다, □~ 괄세 한다, □~ 괄시 한다, □~ 괘씸해 한다, □~ 괴롭힌다, □~ 교란 한다, □~ 교묘하게 이용 한다, □~ 교부 한다, □~ 교사 한다, □~ 교살 한다, □~ 교수 형에 처한다, □~ 교정 한다, □~ 교체 한다, □~ 교화 한다, □~ 교환 한다, □~ 구가 한다, □~ 구걸 한다, □~ 구경 한다, □~ 구긴다, □~ 구독 한다, □~ 구매 한다, □~ 구박 한다, □~ 구별 한다, □~ 구부린다, □~ 구분 한다, □~ 구비 한다, □~ 구사 한다, □~ 구상 한다, □~ 구성 한다, □~ 구안 한다, □~ 구원 한다, □~ 구입 한다, □~ 구제 한다, □~ 구처 한다, □~ 구축 한다, □~ 구축 한다, □~ 구출 한다, □~ 구타 한다, □~ 구한다, □~ 구현 한다, □~ 국가에 헌납 한다, □~ 굳힌다, □~ 굴린다, □~ 굶긴다, □~ 굽어 본다, □~ 굽힌다, □~ 궁구 한다, □~ 궁금해 한다, □~ 궁금히 여긴다, □~ 권고 한다, □~ 권유 한다, □~ 권장 한다, □~ 권한다, □~ 궤멸 한다, □~ 귀 담아 듣는다, □~ 귀여워 한다, □~ 규명 한다, □~ 규정 한다, □~ 규탄 한다, □~ 규합 한다, □~ 그러모은다, □~ 그르친다, □~ 그린다, □~ 그리워 한다, □~ 그저 거닌다, □~ 극대화 한다, □~ 극복 한다, □~ 극찬 한다, □~ 근본적으로 개혁 한다, □~ 근절 한다, □~ 글썽인다, □~ 긁어 낸다, □~ 긁어 모은다, □~ 긁적거린다, □~ 긁적인다, □~ 금기시 한다, □~ 금방 알아 챈다, □~ 금압 한다, □~ 금지 한다, □~ 금한다, □~ 급습 한다, □~ 급조 한다, □~ 급파 한다, □~ 긋는다, □~ 기 죽인다, □~ 기각 한다, □~ 기고 한다, □~ 기념 한다, □~ 기다린다, □~ 기대 한다, □~ 기도 한다, □~ 기록 한다, □~ 기롱 한다, □~ 기른다, □~ 기린다, □~ 기망 한다, □~ 기부한다, □~ 기뻐 한다, □~ 기안 한다, □~ 기약 한다, □~ 기억 한다, □~ 기용 한다, □~ 기웃거린다, □~ 기원 한다, □~ 기입 한다, □~ 기재 한다, □~ 기점으로, □~ 기정 사실화 한다, □~ 기증 한다, □~ 기치로 내건다, □~ 기탁 한다, □~ 기특해 한다, □~ 기피 한다, □~ 긷는다, □~ 까 뒤집는다, □~ 까 뭉갠다, □~ 까 본다, □~ 깍지 낀다, □~ 깎는다, □~ 깍지 낀다, □~ 깐다, □~ 깔긴다, □~ 깜박거린다, □~ 깜박인다, □~ 깜빡거린다, □~ 깨어 부순다, □~ 깨닫는다, □~ 깨뜨린다, □~ 깨문다, □~ 깨운다, □~ 깨우친다, □~ 깨트린다, □~ 꺼낸다, □~ 꺼뜨린다, □~ 꺼린다, □~ 꺾는다, □~ 껌벅거린다, □~ 껌벅인다, □~ 껌뻑거린다, □~ 껌뻑인다, □~ 껴안는다, □~ 껴입는다, □~ 꼰다, □~ 꼬나든다, □~ 꼬나문다, □~ 꼬드긴다, □~ 꼬박 새운다, □~ 꼬신다, □~ 꼴깍 삼킨다, □~ 꼴딱 삼킨다, □~ 꼼지락 한다, □~ 꼽는다, □~ 꽁꽁 묶는다, □~ 꽂는다, □~ 꽃 피운다, □~ 쾅 닫는다, □~ 꾄다, □~ 꾀한다, □~ 꾼다, □~ 꾸린다, □~ 꾸짖는다, □~ 꾹 다문다, □~ 꾹 찌른다, □~ 꿀꺽 삼킨다, □~ 꿇는다, □~ 꿇린다, □~ 꿈 꾼다, □~ 꿈벅거린다, □~ 꿈벅인다, □~ 꿰어 뚫는다, □~ 꿰어 찬다, □~ 꿰뚫어 본다, □~ 꿰멘다, □~ 끈다, □~ 끄른다, □~ 끄먹거린다, □~ 끄집어 낸다, □~ 끊는다, □~ 끌어 낸다, □~ 끌어 내린다, □~ 끌어 당긴다, □~ 끌어 들인다, □~ 끌어 모은다, □~ 끌어 안는다, □~ 끌른다, □~ 끓는 물에 데친다, □~ 끓인다, □~ 끔벅거린다, □~ 끔뻑끔뻑 한다, □~ 끝 낸다, □~ 끝 마친다, □~ 끝장 낸다, □~ 낀다, □~ 끼얹는다, □~ 끼친다, □~ 나꿔챈다, □~ 나눈다, □~ 나른다, □~ 나열 한다, □~ 나타낸다, □~ 낙관 한다, □~ 낚아 챈다, □~ 난사 한다, □~ 난타 한다, □~ 날것으로 먹는다, □~ 날름거린다, □~ 날린다, □~ 날조 한다, □~ 남긴다, □~ 남발 한다, □~ 남용 한다, □~ 납득 한다, □~ 납부 한다, □~ 납입 한다, □~ 납치 한다, □~ 납품 한다, □~ 낫워 준다, □~ 낭독 한다, □~ 낭비 한다, □~ 낭송 한다, □~ 낮춘다,

ㅇ

□~ 낳는다, □~ 내 간다, □~ 내 건다, □~ 내 놓는다, □~ 내 두른다, □~ 내 드린다, □~ 내 디딘다, □~ 내 딛는다, □~ 내 맡긴다, □~ 내 벅는다, □~ 내 민다, □~ 내 뱉는다, □~ 내 본다, □~ 내 보인다, □~ 내 비친다, □~ 내 뻗친다, □~ 내 뽑는다, □~ 내 뿜는다, □~ 내 세운다, □~ 내 쉰다, □~ 내 쏟는다, □~ 내 젓는다, □~ 내 준다, □~ 내 지른다, □~ 내어다 본다, □~ 내려뜨린다, □~ 내려 놓는다, □~ 내려 친다, □~ 내려다 본다, □~ 내리깐다, □~ 내리누른다, □~ 내리친다, □~ 내색 한다, □~ 내포 한다, □~ 낼름거린다, □~ 넌다, □~ 넓힌다, □~ 넘어 선다, □~ 넘어 온다, □~ 넘겨받는다, □~ 넘겨다 본다, □~ 넘나든다, □~ 넘본다, □~ 노골적으로 드러낸다, □~ 노려 본다, □~ 노크 한다, □~ 노획 한다, □~ 녹인다, □~ 논박한다, □~ 논의 한다, □~ 논파 한다, □~ 논한다, □~ 놀린다, □~ 농락 한다, □~ 높인다, □~ 놓아 간다, □~ 놓아 준다, □~ 놓친다, □~ 누그러뜨린다, □~ 누른다, □~ 누린다, □~ 누빈다, □~ 누설 한다, □~ 누인다, □~ 눅인다, □~ 눈 여겨 본다, □~ 눈치 챈다, □~ 뉜다, □~ 느낀다, □~ 늘어 놓는다, □~ 늘린다, □~ 늘인다, □~ 능가 한다, □~ 능멸 한다, □~ 늦춘다, □~ 다독거린다, □~ 다독인다, □~ 다룬다, □~ 다른 데로 돌린다, □~ 다문다, □~ 다스린다, □~ 다신다, □~ 다운로드 한다, □~ 다잡는다, □~ 다진다, □~ 다짐 한다, □~ 닦는다, □~ 닦달 한다, □~ 단념 한다, □~ 단련 한다, □~ 단속 한다, □~ 단적으로 보여 준다, □~ 단죄 한다, □~ 단축 한다, □~ 단행 한다, □~ 닫는다, □~ 단다, □~ 달달 볶는다, □~ 달달 왼다, □~ 달달 외운다, □~ 달랜다, □~ 달리 한다, □~ 달성 한다, □~ 달싹거린다, □~ 달싹인다, □~ 닮는다, □~ 담는다, □~ 담근다, □~ 담금질 한다, □~ 담당 한다, □~ 담보 한다, □~ 담지 한다, □~ 답사 한다, □~ 답습 한다, □~ 당부 한다, □~ 당한다, □~ 대어 본다, □~ 대견해 한다, □~ 대독 한다, □~ 대동 한다, □~ 대변 한다, □~ 대별 한다, □~ 대서특필 한다, □~ 대여 한다, □~ 대절 한다, □~ 대접 한다, □~ 대체 한다, □~ 대파 한다, □~ 대피 한다, □~ 대필 한다, □~ 대행한다, □~ 댕긴다, □~ 더 좋아 한다, □~ 더듬는다, □~ 더듬거린다, □~ 더럽힌다, □~ 더한다, □~ 던진다, □~ 던다, □~ 덥썩 잡는다, □~ 덧보탠다, □~ 덧씌운다, □~ 덧입힌다, □~ 덩실덩실 춘다, □~ 덮어 쓴다, □~ 덮어씌운다, □~ 덮친다, □~ 데리고, □~ 데려 간다, □~ 데려 온다, □~ 데운다, □~ 도닥거린다, □~ 도둑 맞는다, □~ 도려 낸다, □~ 도맡는다, □~ 도모 한다, □~ 도배 한다, □~ 도스른다, □~ 도야 한다, □~ 도외시 한다, □~ 도용 한다, □~ 도입 한다, □~ 도출 한다, □~ 도해 한다, □~ 독려 한다, □~ 독식 한다, □~ 독실히 믿는다, □~ 독전 한다, □~ 독점 한다, □~ 독차지 한다, □~ 독촉 한다, □~ 독파 한다, □~ 돈으로 환산 하면, □~ 돋군다, □~ 돋운다, □~ 돌아 본다, □~ 돌아다 본

다, □~ 돌려 받는다, □~ 돌려 세운다, □~ 돌본다, □~ 돌이킨다, □~ 돌친다, □~ 돌파 한다, □~ 도와 준다, □~ 동결 한다, □~ 동경 한다, □~ 동동 구른다, □~ 동동거린다, □~ 동반 한다, □~ 동봉 한다, □~ 동부인 한다, □~ 동원 한다, □~ 동일시 한다, □~ 동정 한다, □~ 되갚는다, □~ 되돌아 본다, □~ 되돌린다, □~ 되받는다, □~ 되밟는다, □~ 되살린다, □~ 되새긴다, □~ 되쏜다, □~ 되짚는다, □~ 되찾는다, □~ 되풀이 한다, □~ 둔다, □~ 두둔 한다, □~ 두드린다, □~ 두들겨 팬다, □~ 두려워 한다, □~ 두루 섭렵 한다, □~ 둘러 놓는다, □~ 둘러 맨다, □~ 둘러 멘다, □~ 둘러 본다, □~ 둘러 싼다, □~ 둘러 쓴다, □~ 둘러 친다, □~ 두리번거린다, □~ 뒷받침 한다, □~ 뒤 덮는다, □~ 뒤로 한다, □~ 뒤 바꾼다, □~ 뒤 엎는다, □~ 뒤 쫓는다, □~ 뒤 튼다, □~ 뒤 흔든다, □~ 뒤적거린다, □~ 뒤적인다, □~ 뒤진다, □~ 뒤집어 쓴다, □~ 뒤집어 엎는다, □~ 뒤챈다, □~ 뒤척거린다, □~ 뒤척인다, □~ 뒤친다, □~ 드날린다, □~ 드높인다, □~ 드러낸다, □~ 드리운다, □~ 득점 없이 끝 낸다, □~ 듣는다, □~ 들어 낸다, □~ 들어 준다, □~ 들락거린다, □~ 들려 준다, □~ 들먹거린다, □~ 들먹인다, □~ 들썩거린다, □~ 들썩인다, □~ 들쑤신다, □~ 들여 놓는다, □~ 들여다 본다, □~ 들이댄다, □~ 들이마신다, □~ 들이민다, □~ 들이박는다, □~ 들이받는다, □~ 들이쉰다, □~ 들이킨다, □~ 들춰 낸다, □~ 들친다, □~ 등 진다, □~ 등분 한다, □~ 등사 한다, □~ 등용 한다, □~ 등한시 한다, □~ 디딘다, □~ 디민다, □~ 닫는다, □~ 따 낸다, □~ 따 돌린다, □~ 따라 간다, □~ 따라 나선다, □~ 따라 잡는다, □~ 따진다, □~ 딱딱 벌린다, □~ 땋는다, □~ 땐다, □~ 때려 눕힌다, □~ 때려 치운다, □~ 때운다, □~ 떠나 보낸다, □~ 떠나 온다, □~ 떡 벌린다, □~ 떤다, □~ 떨어 낸다, □~ 떨군다, □~ 떨어뜨린다, □~ 떨친다, □~ 떼어 먹는다, □~ 떼민다, □~ 떼인다, □~ 뚜드린다, □~ 뚫는다, □~ 뛰어 넘는다, □~ 뛰운다, □~ 뛰쳐 나간다, □~ 뛰쳐 나온다, □~ 떠 낸다, □~ 떠 넘긴다, □~ 떠 맡는다, □~ 떠 먹는다, □~ 떠 멘다, □~ 떠 민다, □~ 떠 받는다, □~ 떠 받친다, □~ 떠 본다, □~ 떠 올린다, □~ 떠다 민다, □~ 뜯어 고친다, □~ 뜯어 낸다, □~ 뜯어 먹는다, □~ 뜻한다, □~ 띄운다, □~ 띤다, □~ 료해 한다, □~ 리드 한다, □~ 리메이크 한다, □~ 리시브 한다, □~ 마감 한다, □~ 마다 한다, □~ 마련 한다, □~ 마무리 한다, □~ 마사지 한다, □~ 마쇄 한다, □~ 마스터 한다, □~ 마신다, □~ 마주 한다, □~ 마친다, □~ 마킹 한다, □~ 막아 낸다, □~ 막아 선다, □~ 막론 하고, □~ 만끽 한다, □~ 만난다, □~ 만든다, □~ 만류 한다, □~ 만방에 떨친다, □~ 만방에 알린다, □~ 만진다, □~ 만지작거린다, □~ 만회 한다, □~ 말살 한다, □~ 맛 본다, □~ 맛사지 한다, □~ 망가뜨린다, □~ 망각 한다, □~ 망라 한다, □~ 망실 한다, □~ 망친다, □~ 맞아 들인다, □~ 맞

ㅇ

겨눈다, □~ 맞댄다, □~ 맞든다, □~ 맞바라 본다, □~ 맞받아 친다, □~ 맞부빈다, □~ 맞붙힌다, □~ 맞세운다, □~ 맞이 한다, □~ 맞잡는다, □~ 맞춘다, □~ 맞힌다, □~ 맡아 본다, □~ 맡긴다, □~ 매 단다, □~ 매각 한다, □~ 매개 한다, □~ 매거 한다, □~ 매긴다, □~ 매도 한다, □~ 매립 한다, □~ 매만진다, □~ 매설 한다, □~ 매수 한다, □~ 매입 한다, □~ 매집 한다, □~ 맴 돈다, □~ 맹공 한다, □~ 맹비난 한다, □~ 맹세 한다, □~ 맹신 한다, □~ 맹종 한다, □~ 맺는다, □~ 머금는다, □~ 먹인다, □~ 멀리 한다, □~ 멈춘다, □~ 멘다, □~ 메꾼다, □~ 메운다, □~ 멸시 한다, □~ 명기 한다, □~ 명념 한다, □~ 명명 한다, □~ 명목으로, □~ 명시 한다, □~ 명심 한다, □~ 명한다, □~ 명확하게 구분 한다, □~ 모각 한다, □~ 모델링 한다, □~ 모독 한다, □~ 모둔다, □~ 몰라 준다, □~ 모면 한다, □~ 모방 한다, □~ 모살 한다, □~ 모색 한다, □~ 모신다, □~ 모아 들인다, □~ 모의 한다, □~ 모작 한다, □~ 모집 한다, □~ 모함 한다, □~ 목 숨 바친다, □~ 목격 한다, □~ 목도 한다, □~ 목전에 둔다, □~ 목표로 삼는다, □~ 몰아 낸다, □~ 몰아 쉰다, □~ 몰아 온다, □~ 몰아 준다, □~ 몰각 한다, □~ 몰살 한다, □~ 몰수 한다, □~ 못 박는다, □~ 못마땅히 여긴다, □~ 못살게 군다, □~ 묘사 한다, □~ 묘파 한다, □~ 무고 한다, □~ 무너뜨린다, □~ 무릅쓴다, □~ 무마 한다, □~ 무서워 한다, □~ 무시 한다, □~ 무안해 한다, □~ 무찌른다, □~ 무참하게 짓밟는다, □~ 묵과 한다, □~ 묵살 한다, □~ 묵인 한다, □~ 문의 한다, □~ 문지른다, □~ 문책 한다, □~ 문초 한다, □~ 물어 뜯는다, □~ 물려 받는다, □~ 물리친다, □~ 물색 한다, □~ 물씬 풍긴다, □~ 미끄러뜨린다, □~ 미끼로, □~ 미안해 한다, □~ 미연에 방지 한다, □~ 미행 한다, □~ 민망해 한다, □~ 밀어 낸다, □~ 밀어 젖힌다, □~ 밀고 한다, □~ 밀봉 한다, □~ 밀조 한다, □~ 밀친다, □~ 미워 한다, □~ 밑 돈다, □~ 바꿔 치기 한다, □~ 바라 본다, □~ 바라다 본다, □~ 바로 잡는다, □~ 바른다, □~ 발라 낸다, □~ 바친다, □~ 바탕으로, □~ 박는다, □~ 박대 한다, □~ 박멸 한다, □~ 박박 문지른다, □~ 박탈 당한다, □~ 박탈 한다, □~ 반가워 한다, □~ 반긴다, □~ 반납 한다, □~ 반듯이 눕힌다, □~ 반려 한다, □~ 반박 한다, □~ 반복 한다, □~ 반성 한다, □~ 반송 한다, □~ 반영 한다, □~ 반입 한다, □~ 반죽 한다, □~ 반증 한다, □~ 반추 한다, □~ 반포 한다, □~ 반환 한다, □~ 받아 먹는다, □~ 받든다, □~ 받친다, □~ 발간 한다, □~ 발견 한다, □~ 발고 한다, □~ 발굴 한다, □~ 발급 받는다, □~ 발급 한다, □~ 발매 한다, □~ 발명 한다, □~ 발부 한다, □~ 발사 한다, □~ 발산 한다, □~ 발설 한다, □~ 발송 한다, □~ 발음 한다, □~ 발의 한다, □~ 발주 한다, □~ 발췌 한다, □~ 발칵 뒤집는다, □~ 발탁 한다, □~ 발표 한다, □~ 발한다, □~ 발행 한다, □~ 발휘 한다, □~ 밝혀 낸다, □~ 밟는다, □~ 방관 한다, □~ 방기 한다, □~ 방류 한다, □~ 방문 한다, □~ 방불 케 한다, □~ 방어 한다, □~ 방영 한다, □~ 방임 한다, □~ 방조 한다, □~ 방증 한다, □~ 방지 한다, □~ 방출 한다, □~ 방치 한다, □~ 방해 한다, □~ 배격 한다, □~ 배달 한다, □~ 배려 한다, □~ 배반 한다, □~ 배부 한다, □~ 배분 한다, □~ 배설 한다, □~ 배신 한다, □~ 배알 한다, □~ 배양 한다, □~ 배열 한다, □~ 배운다, □~ 배웅 한다, □~ 배정 한다, □~ 배제 한다, □~ 배종 한다, □~ 배척 한다, □~ 배출 한다, □~ 배치 한다, □~ 배타적으로 지배 한다, □~ 배태 한다, □~ 배포 한다, □~ 배합 한다, □~ 배향 한다, □~ 배회 한다, □~ 배후 조종 한다, □~ 백안시 한다, □~ 뱉는다, □~ 버르적거린다, □~ 버린다, □~ 벅벅 긁는다, □~ 벅벅 문지른다, □~ 번뜩인다, □~ 번복 한다, □~ 번역 한다, □~ 번쩍 안아 든다, □~ 벌어 들인다, □~ 벌 준다, □~ 벌름거린다, □~ 벌린다, □~ 벌벌 떤다, □~ 벌인다, □~ 벌채 한다, □~ 벌충 한다, □~ 벌컥 벌컥 들이킨다, □~ 범접 한다, □~ 범한다, □~ 벗 삼는다, □~ 벗어 던진다, □~ 벗어 붙인다, □~ 벗어 젖힌다, □~ 벗긴다, □~ 벤다, □~ 베인다, □~ 베푼다, □~ 변개 한다, □~ 변경 한다, □~ 변상 한다, □~ 변통 한다, □~ 변호 한다, □~ 병과 한다, □~ 병발 시킨다, □~ 병용 한다, □~ 병치 한다, □~ 병합 한다, □~ 병행 한다, □~ 본다, □~ 보강 한다, □~ 보고 한다, □~ 보관 한다, □~ 보내 온다, □~ 보도 한다, □~ 보듬는다, □~ 보류 한다, □~ 보살핀다, □~ 보완 한다, □~ 보우 한다, □~ 보위 한다, □~ 보유 한다, □~ 보여 준다, □~ 보이코트 한다, □~ 보장 한다, □~ 보전 한다, □~ 보존 한다, □~ 보좌 한다, □~ 보충 한다, □~ 보탠다, □~ 보필 한다, □~ 보한다, □~ 보호 한다, □~ 복구 한다, □~ 복사 한다, □~ 복습 한다, □~ 복용 한다, □~ 복원 한다, □~ 본 뜬다, □~ 본 받는다, □~ 볼라치면, □~ 봉쇄 한다, □~ 봉안 한다, □~ 봉양 한다, □~ 봉인 한다, □~ 봉합 한다, □~ 봉행 한다, □~ 부결 한다, □~ 부과 한다, □~ 부끄러워 한다, □~ 부담 한다, □~ 부도 낸다, □~ 부둥켜 안는다, □~ 부들부들 떤다, □~ 부러뜨린다, □~ 부러워 한다, □~ 불러 낸다, □~ 불러 들인다, □~ 불러 온다, □~ 불러 올린다, □~ 불러 일으킨다, □~ 부르댄다, □~ 부르쥔다, □~ 부르짖는다, □~ 부린다, □~ 부빈다, □~ 부순다, □~ 부양 한다, □~ 부여 한다, □~ 부여안는다, □~ 부여잡는다, □~ 부인 한다, □~ 부정 한다, □~ 부착 한다, □~ 부추긴다, □~ 부축 한다, □~ 부탁 한다, □~ 북돋아 준다, □~ 북돋운다, □~ 분간 한다, □~ 분급 한다, □~ 분담 한다, □~ 분류 한다, □~ 분만 한다, □~ 분별 한다, □~ 분사 한다, □~ 분석 한다, □~ 분쇄 한다, □~ 분실 한다, □~ 분점 한다, □~ 분출 한다, □~ 분해 한다, □~ 불 사른다, □~ 불 태운다, □~ 불어 넣는다, □~ 불구속 기소 한다, □~ 불구속 입건 한다, □~ 불끈 쥔다, □~ 불문 한다, □~ 불사 한다, □~ 불식 시킨다, □~ 불식 한다, □~

불쌍히 여긴다, □~ 불입 한다, □~ 불허 한다, □~ 붉힌다, □~ 붙든다, □~ 붙안는다, □~ 붙인다, □~ 붙잡는다, □~ 비교 한다, □~ 비껴 간다, □~ 비난 한다, □~ 비누로 씻긴다, □~ 비롯한, □~ 비롯 해, □~ 비롯 해서, □~ 비밀리에 만난다, □~ 비방 한다, □~ 비비 꼰다, □~ 비비 친다, □~ 비빈다, □~ 비운다, □~ 비죽거린다, □~ 비죽인다, □~ 비집고, □~ 비쭉인다, □~ 비축 한다, □~ 비치 한다, □~ 비튼다, □~ 비판 한다, □~ 비하 한다, □~ 빈다, □~ 빌린다, □~ 빌미로, □~ 빗는다, □~ 빗긴다, □~ 빗댄, □~ 빗대어, □~ 빗대어서, □~ 빙자 한, □~ 빙자 해서, □~ 빚어 낸다, □~ 빚 낸다, □~ 빠뜨린다, □~ 빠져 나온다, □~ 빨아 낸다, □~ 빨아 들인다, □~ 빨아 먹는다, □~ 빨아 올린다, □~ 빼 낸다, □~ 빼 놓는다, □~ 빼 닮는다, □~ 빼 돌린다, □~ 빼 든다, □~ 빼 먹는다, □~ 빼 문다, □~ 빼 앗는다, □~ 빼 앗긴다, □~ 빼 친다, □~ 뺏는다, □~ 뺏긴다, □~ 빼금거린다, □~ 뻔히 안다, □~ 뻗친다, □~ 뻘뻘 흘린다, □~ 뼈저리게 깨닫는다, □~ 뼈 저리게 느낀다, □~ 뽐 낸다, □~ 뽑아 낸다, □~ 뿌린다, □~ 뿌리채 뽑는다, □~ 뿌리친다, □~ 뿜어 낸다, □~ 삔다, □~ 삐죽거린다, □~ 삐죽인다, □~ 삐쭉거린다, □~ 사고 판다, □~ 사아 들인다, □~ 사랑 한다, □~ 사로잡는다, □~ 사른다, □~ 사려 문다, □~ 사모 한다, □~ 사문 난적으로 몬다, □~ 사살 한다, □~ 사수 한다, □~ 사숙 한다, □~ 사신으로 파견 한다, □~ 사양 한다, □~ 사용 한다, □~ 사육 한다, □~ 사칭 한다, □~ 사회에 환원 한다, □~ 삭감 한다, □~ 삭인다, □~ 삭제 한다, □~ 삭탈 한다, □~ 산입 한다, □~ 산정 한다, □~ 산출 한다, □~ 살 찌운다, □~ 살래살래 젓는다, □~ 살린다, □~ 살포 한다, □~ 살펴 본다, □~ 살해 한다, □~ 삼가 한다, □~ 삼간다, □~ 삼분 한다, □~ 삼킨다, □~ 삽입 한다, □~ 상기 한다, □~ 상납 한다, □~ 상론 한다, □~ 상비 한다, □~ 상상 한다, □~ 상설 전시 한다, □~ 상쇄 한다, □~ 상술 한다, □~ 상신 한다, □~ 상실 한다, □~ 상연 한다, □~ 상영 한다, □~ 상의 한다, □~ 상정 한다, □~ 상징 한다, □~ 상회 한다, □~ 샅샅이 뒤진다, □~ 새긴다, □~ 새운다, □~ 색출 한다, □~ 생략 한다, □~ 생성 한다, □~ 생육 한다, □~ 생중계 한다, □~ 생포 한다, □~ 서성거린다, □~ 서성인다, □~ 서술 한다, □~ 서슴지 않는다, □~ 석권 한다, □~ 석방 한다, □~ 섞는다, □~ 선 보인다, □~ 선고 한 원심, □~ 선납 한다, □~ 선도 한다, □~ 선동 한다, □~ 선망 한다, □~ 선물로 받는다, □~ 선물로 준다, □~ 선발 한다, □~ 선별 한다, □~ 선사 한다, □~ 선양 한다, □~ 선언 한다, □~ 선용 한다, □~ 선임 한다, □~ 선전 한다, □~ 선점 한다, □~ 선정 한다, □~ 선출 한다, □~ 선택 한다, □~ 선포 한다, □~ 선호 한다, □~ 선회 한다, □~ 설계 한다, □~ 설득 한다, □~ 설립 한다, □~ 설명 한다, □~ 설복 시킨다, □~ 설정 한다, □~ 설치 한다, □~ 설파 한다, □~ 설한다, □~ 섬긴다, □~ 섬멸 한다, □~ 섬벅거린다, □~ 섭렵 한다, □~ 섭섭해 한다, □~ 섭취 한다, □~ 성공적으로 마친다, □~ 성공적으로 치른다, □~ 성대하게 개최 한다, □~ 성대하게 치른다, □~ 성취 한다, □~ 성토 한다, □~ 세 낸다, □~ 세운다, □~ 세탁 한다, □~ 소각 한다, □~ 소개 한다, □~ 소독 한다, □~ 소리 높여 외친다, □~ 소상히 밝힌다, □~ 소상히 설명 한다, □~ 소외 시킨다, □~ 소요 한다, □~ 소유 한다, □~ 소중하게 간직 한다, □~ 소집 한다, □~ 소홀히 한다, □~ 소화 한다, □~ 소환 한다, □~ 속인다, □~ 손 꼽아 기다린다, □~ 손본다, □~ 손 질 한다, □~ 손수 만든다, □~ 손수 이룩 한다, □~ 솔직하게 털어 놓는다, □~ 솟군다, □~ 송달 한다, □~ 송부 한다, □~ 쉰다, □~ 쇠시리 한다, □~ 수 놓는다, □~ 수강 한다, □~ 수거 한다, □~ 수그린다, □~ 수납 한다, □~ 수락 한다, □~ 수렴 한다, □~ 수록 한다, □~ 수료 한다, □~ 수리 한다, □~ 수립 한다, □~ 수매 한다, □~ 수반 한다, □~ 수발 한다, □~ 수배 한다, □~ 수상 한다, □~ 수색 한다, □~ 수송 한다, □~ 수수 한다, □~ 수습 한다, □~ 수여 한다, □~ 수용 한다, □~ 수용 한다, □~ 수임 한다, □~ 수입상에게 인도 한다, □~ 수정 한다, □~ 수집 한다, □~ 수치스러워 한다, □~ 수행 한다, □~ 수호 한다, □~ 수확 한다, □~ 숙인다, □~ 숙지 한다, □~ 숙청 한다, □~ 순례 한다, □~ 순매도 한다, □~ 순매수 한다, □~ 순방 한다, □~ 순산 한다, □~ 순연 한다, □~ 순화 한다, □~ 순회 한다, □~ 술회 한다, □~ 숨긴다, □~ 숭배 한다, □~ 숭상 한다, □~ 숭앙 한다, □~ 스친다, □~ 스케치 한다, □~ 스크랩 한다, □~ 슥슥 긁는다, □~ 슬프어 한다, □~ 슴벅거린다, □~ 습격 한다, □~ 습득 한다, □~ 승계 한다, □~ 승낙 한다, □~ 승인 한다, □~ 시달 한다, □~ 시도 한다, □~ 시마이 한다, □~ 시봉 한다, □~ 시사 한다, □~ 시샘 한다, □~ 시식 한다, □~ 시연 한다, □~ 시음 한다, □~ 시작 한다, □~ 시정 한다, □~ 시집 보낸다, □~ 시찰 한다, □~ 시청 한다, □~ 시취 한다, □~ 시킨다, □~ 시판 한다, □~ 시행 한다, □~ 시현 한다, □~ 식민 지배하에 둔다, □~ 식별 한다, □~ 식힌다, □~ 신는다, □~ 신고 한다, □~ 신긴다, □~ 신랄하게 풍자 한다, □~ 신뢰 한다, □~ 신봉 한다, □~ 신설 한다, □~ 신청 한다, □~ 신탁 통치 한다, □~ 실어 나른다, □~ 실감 한다, □~ 실룩거린다, □~ 실시 한다, □~ 실증 한다, □~ 실천 한다, □~ 실측 한다, □~ 실토 한다, □~ 실행 한다, □~ 실현 한다, □~ 싫어 한다, □~ 심는다, □~ 심문 한다, □~ 싸고 돈다, □~ 싸맨다, □~ 싸 안는다, □~ 싸 잡는다, □~ 싸 쥔다, □~ 싸 재낀다, □~ 싸지른다, □~ 싹 틔운다, □~ 싹둑 자른다, □~ 싹싹 비빈다, □~ 쌓는다, □~ 썩썩 비비 친다, □~ 썩인다, □~ 썩힌다, □~ 쏘아 본다, □~ 쏘다닌다, □~ 쏙 빼 닮는다, □~ 쏟는다, □~ 쐰다, □~ 쑨다, □~ 쓴다, □~ 쓴다, □~ 써낸다, □~ 쓰다듬는다, □~ 쓰러뜨린다, □~ 쓱쓱 문지른다, □~ 쓸어 내린다, □~ 쓸어 안는다, □~ 씌운다, □~ 씰룩거린다, □~ 씻는다, □~ 아까와 한다, □~ 아낀다, □~ 아니 부끄린다, □~ 아쉬워 한다, □~ 아우른나, □~ 악다문다, □~ 악문다, □~ 악용 한다, □~ 안는다, □~ 안겨 준다, □~ 안내 한다, □~ 안배 한다, □~ 안출 한다, □~ 안타까와 한다, □~ 알아 낸다, □~ 알아 본다, □~ 알아 차린다, □~ 알아 챈다, □~ 알현 한다, □~ 앓는다, □~ 암송 한다, □~ 암시 한다, □~ 압날 한다, □~ 압살 한다, □~ 앗아 간다, □~ 앙다문다, □~ 앙양 한다, □~ 앞 둔다, □~ 앞 세운다, □~ 앞 지른다, □~ 앞장 세운다, □~ 애낀다, □~ 애독 한다, □~ 애음 한다, □~ 애지중지 한다, □~ 액면 대로 믿는다, □~ 액면 대로 받아 들인다, □~ 야기 한다, □~ 약술 한다, □~ 양산 한다, □~ 양성 한다, □~ 양해 한다, □~ 얕잡아 본다, □~ 어그러뜨린다, □~ 어긴다, □~ 어려워 한다, □~ 어루만진다, □~ 어지럽힌다, □~ 억누른다, □~ 억류 한다, □~ 억압 한다, □~ 억울해 한다, □~ 억제 한다, □~ 억탈 한다, □~ 언도 한다, □~ 언짢아 한다, □~ 얹는다, □~ 얻어 먹는다, □~ 얼른다, □~ 얽어 맨다, □~ 엄선 한다, □~ 엄수 한다, □~ 엄호 한다, □~ 업는다, □~ 업수이 여긴다, □~ 업신여긴다, □~ 없앤다, □~ 엉군다, □~ 엎는다, □~ 엎지른다, □~ 엔다, □~ 에워싼다, □~ 여닫는다, □~ 여민다, □~ 여윈다, □~ 역이용 한다, □~ 역임 한다, □~ 엮는다, □~ 연도순으로 정리, □~ 연마 한다, □~ 연발 한다, □~ 연상 한다, □~ 연파 한다, □~ 열어 젖뜨린다, □~ 열어 젖힌다, □~ 열람 한다, □~ 열렬히 응원 한다, □~ 열창 한다, □~ 열친다, □~ 염두에 둔다, □~ 엿듣는다, □~ 엿본다, □~ 영솔 한다, □~ 영위 한다, □~ 영접 한다, □~ 예고 한다, □~ 예독 한다, □~ 예쁘게 단장 한다, □~ 예의 주시 한다, □~ 오그라뜨린다, □~ 오그린다, □~ 오도 한다, □~ 오려 붙인다, □~ 오물거린다, □~ 오므린다, □~ 옥죈다, □~ 올려 놓는다, □~ 올려다 본다, □~ 옹송그린다, □~ 옹위 한다, □~ 옹호 한다, □~ 와들와들 편다, □~ 와락 끌어 안는다, □~ 완간 한다, □~ 완결 한다, □~ 완공 한다, □~ 완료 한다, □~ 완비 한다, □~ 완상 한다, □~ 완성 한다, □~ 완수 한다, □~ 완역 한다, □~ 완주 한다, □~ 완화 한다, □~ 왈칵 열어 젖힌다, □~ 왕래 한다, □~ 왕복 한다, □~ 왜곡 한다, □~ 윈다, □~ 외로 꼰다, □~ 외면 한다, □~ 외친다, □~ 외튼다, □~ 요격 한다, □~ 요구 한다, □~ 요리 조리 피한다, □~ 요약 한다, □~ 요절 낸다, □~ 요청 한다, □~ 요한다, □~ 요해 한다, □~ 욕 보인다, □~ 욕 한다, □~ 욕되게 한다, □~ 용납 한다, □~ 용서 한다, □~ 용인 한다, □~ 우그린다, □~ 우대 한다, □~ 우러르어 본다, □~ 우려 한다, □~ 우롱 한다, □~ 우려 낸다, □~ 우물거린다, □~ 우빈다, □~ 우편으로 보낸다, □~ 운위 한다, □~ 울군다, □~ 움씰거린다, □~ 움직거린다, □~ 움츠린다, □~ 움켜 잡는다, □~ 움켜 쥔다, □~ 웃돈다, □~ 워척 헌다, □~ 원망 한다, □~ 원망스레 쏘아 본다, □~ 원용 한다, □~ 원천 봉쇄 한다, □~ 원천적으로 봉쇄 한다, □~ 원한다, □~ 원활히 한다, □~ 위시 한, □~ 위시 해, □~ 위시 해서, □~ 위태롭게 한다, □~ 위한, □~ 위해 동분서주 한다, □~ 위해서, □~ 유감 없이 발휘 한다, □~ 유감 없이 보인다, □~ 유괴 한다, □~ 유념 한다, □~ 유도 한다, □~ 유명 무실하게 만든다, □~ 유발 한다, □~ 유보 한다, □~ 유인 한다, □~ 유지 한다, □~ 유추 한다, □~ 유치 한다, □~ 유포 한다, □~ 유혹 한다, □~ 육성 한다, □~ 육실 한다, □~ 육종 한다, □~ 융합 한다, □~ 으쓱거린다, □~ 은닉 한다, □~ 은폐 한다, □~ 읊는다, □~ 음미 한다, □~ 응시 한다, □~ 의뢰 한다, □~ 의심 한다, □~ 인다, □~ 이긴다, □~ 이끈다, □~ 이룬다, □~ 이룩 한다, □~ 이수 한다, □~ 이용 한다, □~ 이전 한다, □~ 이해 한다, □~ 익힌다, □~ 인가 한다, □~ 인도 한다, □~ 인도 한다, □~ 인상 한다, □~ 인식 한다, □~ 인용 한다, □~ 인정 받는다, □~ 인정 한다, □~ 인출 한다, □~ 일 삼는다, □~ 일거에 무너뜨린다, □~ 일군다, □~ 일그러뜨린다, □~ 일그린다, □~ 일깨운다, □~ 일목요연하게 보인다, □~ 일목요연하게 정리 한다, □~ 일목요연하게 표현 한다, □~ 일소 한다, □~ 일으킨다, □~ 일축 한다, □~ 읽는다, □~ 잃어 버린다, □~ 임명 한다, □~ 입 밖에 낸다, □~ 입 안에 털어 넣는다, □~ 입는다, □~ 입감 한다, □~ 입건 한다, □~ 입금 한다, □~ 입력 한다, □~ 입법 예고 한다, □~ 입수 한다, □~ 입안 한다, □~ 입양 한다, □~ 입증 한다, □~ 입힌다, □~ 이어 받는다, □~ 잉태 한다, □~ 잊는다, □~ 자각 한다, □~ 자극 한다, □~ 자랑 삼는다, □~ 자랑 한다, □~ 자랑스러워 한다, □~ 자백 받는다, □~ 자백 한다, □~ 자인 한다, □~ 자임 한다, □~ 자제 한다, □~ 자처 한다, □~ 자청 한다, □~ 자초 한다, □~ 자축 한다, □~ 자칭 한다, □~ 자행 한다, □~ 작곡 한다, □~ 작성 한다, □~ 잘근잘근 씹는다, □~ 잠 재운다, □~ 잠근다, □~ 잠시라도 잊는다, □~ 잠식 한다, □~ 잡아 간다, □~ 잡아 끈다, □~ 잡아 낸다, □~ 잡아 당긴다, □~ 잡아 먹는다, □~ 잡아 챈다, □~ 잡아 탄다, □~ 자아 낸다, □~ 자아 올린다, □~ 장당 백 원에 산다, □~ 장려 한다, □~ 장만 한다, □~ 장복 한다, □~ 장식 한다, □~ 장악 한다, □~ 장황하게 늘어 놓는다, □~ 잰다, □~ 재개 한다, □~ 재건 한다, □~ 재구 한다, □~ 재론 한다, □~ 재배 한다, □~ 재부팅 한다, □~ 재연 한다, □~ 재촉 한다, □~ 재충전 한다, □~ 재편 한다, □~ 재현 한다, □~ 재활용 한다, □~ 쟁취 한다, □~ 저버린다, □~ 저술 한다, □~ 저장 한다, □~ 저주 한다, □~ 저지 한다, □~ 저지른다, □~ 저질른다, □~ 저해 한다, □~ 적는다, □~ 적나라하게 노출 한다, □~ 적나라하게 보여 준다, □~ 적대시 한다, □~ 적립 한다, □~ 적발 한다, □~ 적시 한다, □~ 적신다, □~ 적재 한다, □~ 적절하게 조절 한다, □~ 적출 한다, □~ 전가 한다, □~ 전개 한다, □~ 전공 한다, □~ 전담 한다, □~ 전매 한다, □~ 전별 한다, □~ 전사 한다, □~ 전세계에 알린다, □~ 전송 한다, □~ 전송 한다, □~ 전수 한다, □~ 전재 한다, □~ 전전 한다, □~ 전제 한다, □~ 진폐 한다, □~ 전후 한다, □~ 절감 한다, □~ 절레절레 젓는다, □~ 절룩인다, □~ 절름거린다, □~ 절절이 깨닫는다, □~ 절제 한다, □~ 점 친다, □~ 점거 한다, □~ 점검 한다, □~ 점령 한다, □~ 점유 한다, □~ 점한다, □~ 접한다, □~ 젓는다, □~ 정돈 한다, □~ 정렬 한다, □~ 정벌 한다, □~ 정정 한다, □~ 정제 한다, □~ 정한다, □~ 제거 한다, □~ 제고 한다, □~ 제공 한다, □~ 제시 한다, □~ 제압 한다, □~ 제어 한다, □~ 제외 한다, □~ 제창 한다, □~ 제창 한다, □~ 제출 한다, □~ 제치고 우승 한다, □~ 제패 한다, □~ 조각 한다, □~ 조금이라도 던다, □~ 조기 퇴직 시킨다, □~ 조련 한다, □~ 졸라 맨다, □~ 조인다, □~ 조장 한다, □~ 조절 한다, □~ 조출 한다, □~ 존중 한다, □~ 졸업 한다, □~ 졸인다, □~ 졸졸 따라 다닌다, □~ 좀 먹는다, □~ 좁힌다, □~ 종결 짓는다, □~ 종식 한다, □~ 종용 한다, □~ 종횡무진 누빈다, □~ 좇는다, □~ 좋아 한다, □~ 좌지우지 한다, □~ 죈다, □~ 죄악시 한다, □~ 주고받는다, □~ 주도 한다, □~ 주름 잡는다, □~ 주무른다, □~ 주문 한다, □~ 주물거린다, □~ 주물럭거린다, □~ 주선 한다, □~ 주시 한다, □~ 주억거린다, □~ 주업으로 한다, □~ 주원료로 한다, □~ 주입 한다, □~ 주저앉힌다, □~ 주창 한다, □~ 주특기로 한다, □~ 죽 훑는다, □~ 죽인다, □~ 준수 한다, □~ 줄인다, □~ 줍는다, □~ 중단 한다, □~ 중시 한다, □~ 중심으로, □~ 중심 축으로 해, □~ 중요시 한다, □~ 중지 한다, □~ 중퇴 한다, □~ 중합 한다, □~ 중히 여긴다, □~ 쥐어 뜯는다, □~ 쥐어 박는다, □~ 쥐어 짠다, □~ 쥐락펴락 한다, □~ 즉각 철회 한다, □~ 즐긴다, □~ 증명 한다, □~ 증설 한다, □~ 증언 할 증인, □~ 증정 한다, □~ 증진 한다, □~ 진다, □~ 지그시 깨문다, □~ 지닌다, □~ 지레 넘겨다 본다, □~ 질러 간다, □~ 지릅뜬다, □~ 지불 한다, □~ 지새운다, □~ 지속적으로 유지 한다, □~ 지양 한다, □~ 지연 시킨다, □~ 지운다, □~ 지운다, □~ 지원 한다, □~ 지적 한다, □~ 지지 한다, □~ 지진다, □~ 지참 한다, □~ 지칭 한다, □~ 지켜 본다, □~ 지탱 한다, □~ 지핀다, □~ 직감 한다, □~ 직시 한다, □~ 진두 지휘 한다, □~ 진심으로 축하 드린다, □~ 진행 한다, □~ 질겅질겅 씹는다, □~ 질근질근 씹는다, □~ 질금거린다, □~ 질끈 감는다, □~ 질벅거린다, □~ 질타 한다, □~ 짊어진다, □~ 집어 낸다, □~ 집어 던진다, □~ 집어 먹는다, □~ 집어 삼킨다, □~ 집어 탄다, □~ 집대성 한다, □~ 집적집적 한다, □~ 지어 낸다, □~ 짓누른다, □~ 짓밟는다, □~ 짓찢는다, □~ 짓찧는다, □~ 징계 한다, □~ 짚는다, □~ 짜 낸다, □~ 짝 벌린다, □~ 째려 본다, □~ 쩌렁쩌렁 울린다, □~ 쩍 벌린다, □~ 쩍쩍 다신다, □~ 쩝쩝 다신다, □~ 쫀다, □~ 쪼갠다, □~ 쪼인다, □~ 쫑그린다, □~ 쫑긋거린다, □~ 쫓는다,

□~ 쬔다, □~ 쭉 훑어 본다, □~ 찌그린다, □~ 찔러 준다, □~ 찌푸린다, □~ 찍는다, □~ 찔끔거린다, □~ 찔벅거린다, □~ 찡그린다, □~ 찡긋 한다, □~ 찡긋거린다, □~ 찢는다, □~ 찧는다, □~ 차에 태운다, □~ 차 올린다, □~ 차감 한다, □~ 차단 한다, □~ 차려 입는다, □~ 차용 한다, □~ 차지 한다, □~ 착복 한다, □~ 찬양 한다, □~ 찬찬히 뜯어 본다, □~ 참는다, □~ 참고 한다, □~ 참작 한다, □~ 창간 한다, □~ 창고에 보관 한다, □~ 창도 한다, □~ 창시 한다, □~ 창안 한다, □~ 창출 한다, □~ 찾아 간다, □~ 찾아 낸다, □~ 찾아 다닌다, □~ 찾아 든다, □~ 찾아 본다, □~ 찾아 뵙는다, □~ 채어 올린다, □~ 채운다, □~ 채운다, □~ 채택 한다, □~ 챙긴다, □~ 처바른다, □~ 처박는다, □~ 처벌 한다, □~ 처지른다, □~ 천명 한다, □~ 천직으로 생각 한다, □~ 천직으로 안다, □~ 천직으로 여긴다, □~ 철철 흘린다, □~ 철회 한다, □~ 첨가 한다, □~ 첨벙거린다, □~ 첨부 한다, □~ 청구 한다, □~ 청취 한다, □~ 청한다, □~ 체결 한다, □~ 체계적으로 정리 한다, □~ 체득 한다, □~ 초과 한다, □~ 초극 한다, □~ 초래 한다, □~ 초연 한다, □~ 초월 한다, □~ 초조하게 기다린다, □~ 초청 한다, □~ 초치 한다, □~ 초토화 한다, □~ 촉구 한다, □~ 촉발 한다, □~ 촉진 한다, □~ 촉촉히 적신다, □~ 총괄 한다, □~ 총동원 한다, □~ 총지휘 한다, □~ 총칭 한다, □~ 촬영 한다, □~ 최소화 한다, □~ 최우선으로 한다, □~ 추구 한다, □~ 추동 한다, □~ 추렴 한다, □~ 추린다, □~ 추방 한다, □~ 추서 한다, □~ 추스른다, □~ 추월 한다, □~ 추인 한다, □~ 추적 한다, □~ 추종 한다, □~ 추진 한다, □~ 추징 한다, □~ 추출 한다, □~ 추켜 세운다, □~ 축 늘어뜨린다, □~ 축 낸다, □~ 축소 한다, □~ 축적 한다, □~ 축조 한다, □~ 출국 금지 조처 한다, □~ 출국 금지 한다, □~ 출토 한다, □~ 출판 한다, □~ 충전 한다, □~ 충족 한다, □~ 취득 한다, □~ 취소 한다, □~ 취한다, □~ 취합 한다, □~ 측정 한다, □~ 층하 한다, □~ 쳐 든다, □~ 쳐 부수고 승리 한다, □~ 쳐다 본다, □~ 치뜬다, □~ 치룬다, □~ 치른다, □~ 치운다, □~ 치켜든다, □~ 치켜뜬다, □~ 치켜올린다, □~ 칠 한다, □~ 침해 한다, □~ 칭칭 감는다, □~ 캐어 낸다, □~ 켠다, □~ 콘트롤 한다, □~ 쾅 닫는다, □~ 쾌척 한다, □~ 쿡 찌른다, □~ 쿡 쿡 찌른다, □~ 키운다, □~ 탄다, □~ 타 낸다, □~ 타개 한다, □~ 타도 한다, □~ 타파 한다, □~ 탁 탁 턴다, □~ 탁자 위에 내려 놓는다, □~ 탄압 한다, □~ 탄탄히 짊어진다, □~ 탈당 한다, □~ 탈취 한다, □~ 탐 낸다, □~ 탐독 한다, □~ 탐색 한다, □~ 탐한다, □~ 탑재 한다, □~ 탓 한다, □~ 탕진 한다, □~ 탕탕 두들긴다, □~ 태운다, □~ 태질 친다, □~ 택한다, □~ 터득 한다, □~ 터뜨린다, □~ 털어 놓는다, □~ 텅 비운다, □~ 토닥거린다, □~ 토닥인다, □~ 토대로, □~ 토로 한다, □~ 토한다, □~ 통감 한다, □~ 통과 한다, □~ 통괄 한다, □~ 통보 한다, □~ 통

솔 한다, □~ 통어 한다, □~ 통칭 한다, □~ 통틀어 일컫는다, □~ 통틀어서, □~ 통한 자금 조달, □~ 통해, □~ 통해서, □~ 통하지 않는다, □~ 동할 한다, □~ 퇴출 시킨다, □~ 투자 한다, □~ 퉤 뱉는다, □~ 퉤 퉤 뱉는다, □~ 튀긴다, □~ 터 놓는다, □~ 트래버스 한다, □~ 틀어 막는다, □~ 틀어 잡는다, □~ 틀어 쥔다, □~ 틈 탄, □~ 틈타서, □~ 틔운다, □~ 파고 든다, □~ 파 낸다, □~ 파 먹는다, □~ 파 묻는다, □~ 파 헤친다, □~ 파견 한다, □~ 파괴 한다, □~ 파기 한다, □~ 파닥인다, □~ 파르르 떤다, □~ 파손 한다, □~ 판독 한다, □~ 판매 한다, □~ 판별 한다, □~ 팔아 넘긴다, □~ 퍼덕인다, □~ 펴 낸다, □~ 편 든다, □~ 펼친다, □~ 폄하 한다, □~ 평정 한다, □~ 평준화 한다, □~ 포갠다, □~ 포기 한다, □~ 포옥 내 쉰다, □~ 포용 한다, □~ 포위 한다, □~ 포착 한다, □~ 포함 한다, □~ 폭 내 쉰다, □~ 폭로 한다, □~ 표명 한다, □~ 표방 한다, □~ 표시 한다, □~ 표한다, □~ 표현 한다, □~ 퍼 낸다, □~ 퍼 마신다, □~ 퍼 붓는다, □~ 푸들거린다, □~ 푹 숙인다, □~ 풀어 놓는다, □~ 풀어 헤친다, □~ 풀어뜨린다, □~ 품는다, □~ 풍긴다, □~ 풍미 한다, □~ 피력 한다, □~ 피운다, □~ 피한다, □~ 필두로 한, □~ 필두로 해, □~ 필두로 해서, □~ 필요로 한다, □~ 해 낸다, □~ 해 먹는다, □~ 해 본다, □~ 하달 한다, □~ 하사 한다, □~ 하직 한다, □~ 하회 한다, □~ 학대 한다, □~ 학수고대 한다, □~ 한 입 벤다, □~ 한 칼에 벤다, □~ 할딱거린다, □~ 할애 한다, □~ 할퀸다, □~ 핥아 먹는다, □~ 함락 한다, □~ 함양 한다, □~ 함유 한다, □~ 함정에 빠뜨린다, □~ 합친다, □~ 합한다, □~ 해명 한다, □~ 해몽 한다, □~ 해방 시킨다, □~ 해소 한다, □~ 해임 한다, □~ 해제 한다, □~ 해친다, □~ 해한다, □~ 향유 한다, □~ 향해 총을 쏜다, □~ 허문다, □~ 허물어뜨린다, □~ 허비 한다, □~ 허송 한다, □~ 허용 한다, □~ 허한다, □~ 헉헉댄다, □~ 헌다, □~ 헐떡거린다, □~ 헐떡인다, □~ 헐뜯는다, □~ 헛디딘다, □~ 헤맨다, □~ 헤아린다, □~ 헤집고 다닌다, □~ 헤친다, □~ 혁파 한다, □~ 현혹 한다, □~ 형사 처벌 한다, □~ 호가 한다, □~ 호궤 한다, □~ 호도 한다, □~ 호린다, □~ 호소 한다, □~ 호위 한다, □~ 호종 한다, □~ 혹사 한다, □~ 혼 낸다, □~ 훌짝거린다, □~ 홀짝인다, □~ 홉뜬다, □~ 확보 한다, □~ 확인 한다, □~ 환영 한다, □~ 활보 한다, □~ 활성화 한다, □~ 황당해 한다, □~ 회상 한다, □~ 회피 한다, □~ 획득 한다, □~ 획책 한다, □~ 횡단 한다, □~ 횡령 한다, □~ 후려 갈긴다, □~ 후려 친다, □~ 후빈다, □~ 후후 분다, □~ 훌러덩 벗는다, □~ 훌쩍 뛰어 넘는다, □~ 훌훌 벗어 던진다, □~ 훑어 본다, □~ 훔쳐 낸다, □~ 훔쳐 먹는다, □~ 훔쳐 본다, □~ 휘 둘러 본다, □~ 휘어 잡는다, □~ 휘감는다, □~ 휘더듬는다, □~ 휘돈다, □~ 휘동 한다, □~ 휘두른다, □~ 휘젓는다, □~ 휩싼다, □~ 휩쓴다, □~ 흉 본다, □~ 흉내 낸다, □~ 흐뜨린다, □~ 흐린다, □~ 흐트린다, □~ 흔든다, □~ 흘겨 본다, □~ 흘깃거린다, □~ 흘끔거린다, □~ 흘려 듣는다, □~ 흡뜬다, □~ 흡수 한다, □~ 흥건히 적신다, □~ 흥얼거린다, □~ 흩뜨린다, □~ 희구 한다, □~ 희롱 한다, □~ 희망 한다, □~ 희사 한다, □~ 희석 한다; □에서 □ ~ 제한다

을 27 명의 승객 ~ 태운다, 359 명의 목숨 ~ 앗아 간다, IMF에 구제 금융 ~ 신청 한다, 가능성 ~ 타진 한다, 가래 침 ~ 뱉는다, 가방 ~ 어깨에 멘다, 가쁜 숨 ~ 몰아 쉰다, 가산 ~ 억탈 한다, 가산 ~ 탕진 한다, 가속 페달 ~ 밟는다, 가스 총 ~ 쏜다, 가슴에 못 ~ 박는다, 가슴에 손 ~ 얹는다, 가슴 위에 손 ~ 얹는다, 가슴 ~ 도려 내는 아픔, 가슴 ~ 쓸어 내린다, 각계 각층 ~ 망라 한다, 각광 ~ 받는다, 각축전 ~ 벌인다, 간장으로 간 ~ 한다, 간장 ~ 도려 내는 아픔, 간담 ~ 서늘하게 한다, 간지럼 ~ 태운다, 간판 ~ 내 건다, 갈꽃 ~ 휜다, 갈등 ~ 부추긴다, 감명 ~ 받는다, 감상 ~ 피력 한다, 감정 ~ 해소 한다, 감탄 ~ 금하지 못한다, 갓 끈 ~ 끊긴다, 갓 ~ 씌운다, 강변 ~ 거닌다, 강약 ~ 조절 한다, 개각 ~ 단행 한다, 개교 식 ~ 가진다, 개막전 ~ 관람 한다, 개정 안 ~ 입법 한다, 개탄 ~ 금하지 못한다, 개편 ~ 단행 한다, 갯벌 ~ 매립 한다, 거드름 ~ 피운다, 건물 ~ 통 째로 빌린다, 건반 ~ 두드린다, 겁 ~ 집어 먹는다, 겨울 잠 ~ 잔다, 겨울 잠 ~ 재운다, 견문 ~ 넓힌다, 결실 ~ 맺는다, 결의문 ~ 채택 한다, 결판 ~ 낸다, 결혼 식 ~ 올린다, 경계 선 ~ 넘나든다, 경계심 ~ 늦춘다, 경비정 ~ 격침 한다, 경악 ~ 금할 수 없다, 경악 ~ 금하지 못한다, 경쟁력 ~ 강화 한다, 경전 ~ 풀이 한다, 경찰복 ~ 입는다, 경험담 ~ 들려 준다, 계급장 ~ 단다, 계단 ~ 뛰어 오른다, 계단 ~ 밟고 올라 간다, 계약 ~ 해지 한다, 계엄 령 ~ 발동 한다, 계자 난간 ~ 두른다, 고립 ~ 자초 한다, 고문단 ~ 파견 한다, 고생 ~ 사서 한다, 고통 ~ 호소 한다, 고함 ~ 꽥 지른다, 고함 ~ 빽 지른다, 곡물 ~ 발효 시킨다, 곡식 ~ 거둬 들인다, 곡식 ~ 빻는다, 곤봉 ~ 휘두른다, 곤욕 ~ 치른다, 골 ~ 명중 시킨다, 골 ~ 어시스트 한다, 골 ~ 작렬 시킨다, 골절상 ~ 입는다, 곱게 눈 ~ 흘긴다, 곳곳 ~ 누빈다, 공 ~ 던진다, 공 ~ 차 올린다, 공 ~ 친다, 공 ~ 들인다, 공대 말 ~ 쓴다, 공동의 목적 ~ 달성 한다, 공력 ~ 들인다, 공무원증 ~ 제시 한다, 공문 ~ 발송 한다, 공방 ~ 벌인다, 공백 ~ 메운다, 공연 ~ 한다, 공적 ~ 기린다, 공항 ~ 이륙 한다, □과/와 각 ~ 세운다, □과/와 깊은 관련 ~ 맺는다, □과/와 대립 각 ~ 세운다, □과/와 시소 게임 ~ 벌인다, □과/와 쌍벽 ~ 이룬다, □과/와 업무 협약 ~ 맺는다, □과/와의 전쟁 ~ 선포 한다, □과/와 주례 회동 ~ 한다, 과감한 베팅 ~ 한다, 과징금 ~ 부과 한다, 관광선 ~ 몬다, 관솔 ~ 딴다, 관심 ~ 기울인다, 관용 ~ 베푼다, 광물 ~ 캔다, 광복 70 주년 ~ 기해, 괴물 ~ 퇴치 한다, 괴성 ~ 지른다, 괴소문 ~ 퍼뜨린다, 교향곡 ~ 작곡 한다, 교황 ~ 영접 한다, 구둣끈 ~ 맨다, 구두 끈 ~ 맨다, 구슬 땀 ~ 흘린다, 구실 ~ 한다, 구천 ~ 떠 돈다, 국록

~ 먹는다, 국민 정신 ~ 바로 잡는다, 국방 ~ 튼튼히 한다, 국법 ~ 어긴다, 국산품 ~ 애용 한다, 국제 핵 사찰 ~ 받아들인다, 국철 ~ 탄다, 군부 대신 ~ 지낸다, 군불 ~ 지핀다, 군침 ~ 삼킨다, 굳게 입 ~ 다문다, 굴뚝 ~ 청소 한다, 궂은 일 ~ 도맡아 한다, 궤변 ~ 늘어 놓는다, 귓속 ~ 파고 든다, 귀에 이어폰 ~ 꽂는다, 귀여움 ~ 독차지 한다, 귀여움 ~ 받는다, 귀청 ~ 찢는다, 귓불 ~ 스친다, 그 날 ~ 손 꼽아 기다린다, 그늘 ~ 드리운다, 그립 ~ 참는다, 그을음 ~ 입힌다, 금 상 ~ 받는다, 급물살 ~ 탄다, --기로 마음 ~ 굳힌다, 기강 ~ 바로 잡는다, 기겁 ~ 한다, 기대에 찬 물 ~ 끼얹는다, 기득권 ~ 갖는다, 기득권 ~ 내려 놓는다, 기득권 ~ 버린다, 기밀 ~ 누설 한다, 기선 ~ 제압 한다, 기아 선 상 ~ 헤맨다, 기온 ~ 되찾는다, 기차에 몸 ~ 싣는다, 길 ~ 따른다, 긴 숨 ~ 내 쉰다, 긴 한숨 ~ 내 쉰다, 길일 ~ 택한다, 김 ~ 맨다, 김치에 젓갈 ~ 넣는다, 깊은 한숨 ~ 내 쉰다, 껌 ~ 질겅질겅 씹는다, 꼬장 ~ 부린다, 꼬장 ~ 죽인다, 꽃다발 ~ 증정 한다, 꽃 신 ~ 신는다, 꽃 ~ 꺾어 바친다, 꽃망울 ~ 터뜨린다, 꿀 ~ 탄다, 꿈 속 ~ 헤맨다, 나날 ~ 보낸다, 나막신 ~ 신는다, 낙맥 ~ 한다, 낙엽 ~ 쓴다, 난국 ~ 타개 한다, 난상 토론 ~ 벌인다, 난색 ~ 표한다, 난항 ~ 겪는다, 낮 잠 ~ 늘어 지게 잔다, 내 부탁 ~ 들어 준다, 내숭 ~ 떤다, 내실 ~ 기한다, 내전 ~ 종식 한다, 냉가슴 ~ 앓는다, 냉정 ~ 되찾는다, 너울너울 춤 ~ 춘다, 너털웃음 ~ 웃는다, 네 모 기둥 ~ 세운다, 노년 층 ~ 대상으로, 노란 색 ~ 띤다, 노력 ~ 경주 한다, 노릇 ~ 한다, 노망 ~ 한다, 노벨 문학 상 ~ 수상 한다, 노벨 물리하 상 ~ 받는다, 노벨 생리 의학 상 ~ 받는다, 노벨 의학 상 ~ 받는다, 노익장 ~ 과시 한다, 노출 ~ 꺼린다, 논란 ~ 잠 재운다, 논란 ~ 종식 시킨다, 논점 ~ 이탈 한다, 놀라움 ~ 금한다, 농간 ~ 부린다, 농약 ~ 뿌린다, 농탕 ~ 친다, 뇌물 ~ 받은 혐의, 누룩 ~ 빚는다, 누명 ~ 쓴다, 누명 ~ 씌운다, 눈 길 ~ 끈다, 눈 독 ~ 들인다, 눈 물 ~ 글썽거린다, 눈 물 ~ 글썽인다, 눈 물 ~ 질금거린다, 눈 물 ~ 찔끔거린다, 눈 살 ~ 잔뜩 찌푸린다, 눈 살 ~ 찌푸린다, 눈에 불 ~ 켠다, 눈에 화등잔 ~ 켠다, 눈 ~ 감는다, 눈 ~ 깜박거린다, 눈 ~ 깜박인다, 눈 ~ 껌벅인다, 눈 ~ 껌뻑인다, 눈 ~ 꿈벅거린다, 눈 ~ 끄먹거린다, 눈 ~ 끔뻑끔뻑 한다, 눈 ~ 내리깐다, 눈 ~ 동그랗게 치뜬다, 눈 ~ 똥그랗게 뜬다, 눈 ~ 번히 뜨고, 눈 ~ 부라린다, 눈 ~ 부릅뜬다, 눈 ~ 섬벅거린다, 눈 ~ 슴벅거린다, 눈 ~ 지릅뜬다, 눈 ~ 질끈 감는다, 눈 ~ 찡긋 한다, 눈 ~ 커다랗게 치뜬다, 눈 ~ 홉뜬다, 눈 ~ 휘둥그레 뜬다, 눈총 ~ 받는다, 눈시울 ~ 붉힌다, 눈시울 ~ 적신다, 눈쌀 ~ 찌푸린다, 눈썹 ~ 치켜올린다, --느라 진 땀 ~ 흘린다, 늑장 ~ 부린다, --는 기염 ~ 토한다, --는 데 주안점 ~ 둔다, --는 소원 ~ 갖고 있다, --는 시늉 ~ 한다, --는 어리석음 ~ 범한다, --는다는/ㄴ다는 데 인식 ~ 같이 한다, --는다는/ㄴ다는/다는/라는 것 ~ 눈치 챈다, --는다는/ㄴ다는/다는/라는 입장 ~ 보인다, 늘어지게 낮 잠 ~ 잔다, 늦더위가 기승 ~ 부린

다, 늦잠 ~ 잔다, --다가 날벼락 ~ 맞는다, 다음 ~ 기약 한다, 다이알 ~ 돌린다, 다이얼 ~ 돌린다, 단안 ~ 내린다, 달 구경 ~ 한다, 단 잠 ~ 깨운다, 달음질 ~ 친다, 담뱃불 ~ 댕긴다, 담임 ~ 맡는다, 담즙 산 ~ 흡착 한다, 답 ~ 틀린다, 당직 ~ 선다, 닻 ~ 내린다, 대공포 공격 ~ 받는다, 대금 ~ 결제 한다, 대금 ~ 납부 한다, 대단원의 막 ~ 내린다, 대륙 ~ 횡단 한다, 대응책 ~ 강구 한다, 대종 ~ 이룬다, 대통령 상 ~ 수상 한다, 덧창 ~ 연다, 덩실덩실 춤 ~ 춘다, 도발 ~ 감행 한다, 도시 전역 ~ 헤집는다, 도시락 ~ 지참 한다, 독 약 앰플 ~ 깨문다, 독 ~ 빨아 낸다, 독립 생활 ~ 한다, 독설 ~ 퍼 붓는다, 돈 ~ 어거리로 번다, 돌 계단 ~ 딛는다, 돌 난간 ~ 두른다, 돌 ~ 놓아 간다, 돌풍 ~ 일으킨다, 돕 ~ 청한다, 동맹 ~ 맺는다, 동서 고금 ~ 막론 하고, 동서양 ~ 막론 하고, 동선 ~ 길게 만든다, 동선 ~ 길게 뽑는다, 동선 ~ 길게 한다, 동선 ~ 파악 한다, 동자 기둥 ~ 세운다, 동전 ~ 모은다, 동점 골 ~ 성공 시킨다, 두 주먹 ~ 불끈 쥔다, 두각 ~ 나타낸다, 두건 ~ 두른다, 두레박으로 물 ~ 긷는다, 두리 기둥 ~ 세운다, 뒷말 ~ 흐린다, 뒷북 ~ 친다, 뒷짐 ~ 진다, 뒤에 몸 ~ 숨긴다, 득남 ~ 빈다, 등 ~ 떠밀린다, 등 ~ 떼민다, 등 ~ 떼밀린다, 등락 ~ 거듭 한다, 등잔 불 ~ 끈다, 딴 전 ~ 피운다, 딴 청 ~ 부린다, 딴죽 ~ 건다, 땀 ~ 빨빨 흘린다, 땀 ~ 뻘뻘 흘린다, 땅에 발 ~ 디딘다, 땅 ~ 파 먹는다, 떨리는 가슴 ~ 진정 시킨다, 떨리는 가슴 ~ 진정 한다, 떼 돈 ~ 번다, 또박또박 말 ~ 한다, 똥 ~ 찔꼼 눈다, 뜬 눈으로 밤 ~ 새운다, 뜨개 질 ~ 한다, 뜰 ~ 가로 지른다, 뜸 ~ 들인다, --라면 사족 ~ 못쓴다, 라이터로 불 ~ 붙인다, 랩 ~ 씌운다, 런닝 샤쓰 앞 가슴 ~ 움킨다, 레슝 ~ 깐다, --려고 안간 힘 ~ 쓴다, 로션 ~ 바른다, 리듬감과 음률 감각 ~ 익힌다, 리모컨으로 채널 ~ 바꾼다, 링거 주삿줄 ~ 드리운다, 마른 하늘에 날벼락 ~ 맞는다, 마른 침 ~ 삼킨다, 마음 ~ 고쳐 먹는다, 마음 ~ 다잡는다, 마중 물 ~ 붓는다, 막일 ~ 한다, 막춤 ~ 춘다, 만기에 보험금 ~ 수령 한다, 만기에 원금 ~ 돌려 받는다, 만면에 웃음 ~ 띤다, 만복감 ~ 느낀다, 만수 무강 ~ 축원 한다, 많은 지면 ~ 할애 한다, 말 끝 ~ 흐린다, 말 문 ~ 연다, 말 ~ 전한다, 말 ~ 튼다, 말 한 마디로 천 냥 빚 ~ 갚는다, 말뚝 ~ 박는다, 맞불 ~ 놓는다, 맞선 ~ 본다, 매력 ~ 발산 한다, 매연 ~ 내 뿜는다, 매입금 ~ 처리 한다, 맥 ~ 못춘다, 맴 ~ 돈다, 매운 탕 ~ 끓인다, 맹원증 ~ 수여 받는다, 맹원증 ~ 수여 한다, 머릿속 ~ 어지럽힌다, 머리 통 ~ 쥐어 박는다, 머리카락 ~ 쓸어 올린다, 머리카락 ~ 쥐어 뜯는다, 머큐로크롬 ~ 바른다, 먹 ~ 간다, 메가폰 ~ 잡는다, 멱살 ~ 잡는다, 멱살 ~ 잡힌다, 멱살 ~ 틀어 쥔다, 면박 ~ 준다, 면허증 ~ 돌려 받는다, 명령 ~ 하달 한다, 명맥 ~ 유지 한다, 명복 ~ 빈다, 명분 ~ 쌓는다, 명성 ~ 드날린다, 모욕감 ~ 느낀다, 모친 상 ~ 당한다, 목 숨 ~ 부지 한다, 목 숨 ~ 초개처럼 던진다, 목 숨 ~ 초개처럼 버린다, 목 ~ 매 숨 진다, 목 ~ 축인다, 목발 ~ 짚는다, 목젖으로 쿳길 ~ 막는다, 목청 ~ 가다듬는다, 목청 ~ 돋군다, 목청 ~ 돋운다, 목탁 ~ 두드린다, 몰방 ~ 친다, 몸 ~ 뒤챈다, 몸 ~ 뒤척인다, 몸 ~ 뒤친다, 몸 ~ 뒤튼다, 몸 ~ 비비 꼰다, 몸 ~ 빼친다, 몸 ~ 사린다, 몸 ~ 솟군다, 몸 ~ 외튼다, 몸살 ~ 앓는다, 못된 짓 ~ 한다, 묘사문 ~ 읽는다, 무공 ~ 세운다, 무더위가 기승 ~ 부린다, 무료함 ~ 달랜다, 무릎 ~ 꿇린다, 무명옷 ~ 입는다, 무서운 꿈 ~ 꾼다, 무술 ~ 익힌다, 묵비권 ~ 행사 한다, 문 ~ 닫는다, 문 ~ 열어 젖뜨린다, 문필 ~업으로 한다, 물 감 ~ 칠 한다, 물 ~ 자아 올린다, 미간 ~ 찌푸린다, 미끄럼 ~ 탄다, 미사일 ~ 발사 한다, 미풍 양속 ~ 해친다, 미행 ~ 따 돌린다, 민박 ~ 권한다, 민박 ~ 한다, 민족 의식 ~ 고취 한다, 민흘림 두리기둥 ~ 세운다, 밀 밭 ~ 밟는다, 밀매음 ~ 한다, 밑 줄 ~ 긋는다, 바깥 바람 ~ 쐰다, 바깥 ~ 내어다 본다, 바닥에 무릎 ~ 꿇는다, 바둑 ~ 둔다, 바이올린 ~ 연주 한다, 바이올린 ~ 킨다, 바지 춤 ~ 깐다, 바지락 ~ 캔다, 박사 과정 ~ 밟는다, 반경 ~ 넓힌다, 반공 ~ 국시로 삼는다, 반란 ~ 진압 한다, 반색 ~ 한다, 반칙 ~ 범한다, 반환 점 ~ 돌아 선다, 발 등에 떨어진 불 ~ 끈다, 발 등 ~ 찍힌다, 발 목 ~ 삔다, 발 목 ~ 잡힌다, 발 뺌 ~ 한다, 발 ~ 전다, 발 ~ 헛디딘다, 발 판 ~ 마련 한다, 발 품 ~ 판다, 밤 ~ 지샌다, 밤 ~ 지새운다, 밤 이슬 ~ 맞는다, 밤 잠 ~ 설친다, 밤 하늘 ~ 수 놓는다, 방 문 ~ 걸어 잠근다, 방어 진 ~ 구축 한다, 방일 ~ 앞 둔다, 뱃속에서 무두질 ~ 한다, 배꼽 춤 ~ 춘다, 배낭 ~ 탄탄히 맨다, 배내똥 ~ 다 배설 한다, 배수 진 ~ 친다, 배흘림 두리기둥 ~ 세운다, 백 년 가약 ~ 맺는다, 백 년 해로의 가약 ~ 맺는다, 백 실 ~ 분양 한다, 백만 원 ~ 받아 가로 챈다, 백지장 ~ 맞든다, 백혈병 ~ 앓는다, 버럭 버럭 고함 ~ 지른다, 버럭 버럭 고함 ~ 친다, 버럭 역정 ~ 낸다, 버스에 몸 ~ 싣는다, 버튼 ~ 누른다, 번철에 기름 ~ 두른다, 벌 집 ~ 쑤신다, 벌금 ~ 부과 한다, 벌린 입 ~ 다문다, 벌어진 입 ~ 다문다, 법 안 ~ 통과 시킨다, 법문 ~ 설한다, 법석 ~ 떤다, 법학 ~ 전공 한다, 베갯잇 ~ 적신다, 벼룩의 간 ~ 빼 먹는다, 벽 선 ~ 따른다, 벽에 등 ~ 기댄다, 벽 ~ 쌓는다, 벽 ~ 튼다, 벽 ~ 허문다, 변호인 ~ 선임 한다, 변호인의 조력 ~ 받는다, 변화감 ~ 준다, 별 짓 ~ 다 한다, 별 점 ~ 본다, 병 ~ 키운다, 병력 ~ 주둔 시킨다, 병실 ~ 뛰쳐 나간다, 병역 ~ 기피 한다, 보는 이로 하여금 손에 땀 ~ 쥐게 한다, 복음 ~ 전파 한다, 본분 ~ 지킨다, 봉변 ~ 당한다, 봉쇄 망 ~ 뚫는다, 부끄럼 ~ 탄다, 부담금 ~ 납부 한다, 부둥켜 안고 울음 ~ 터뜨린다, 부름 ~ 받는다, 부상 ~ 입는다, 부수입 ~ 올린다, 부정 ~ 탄다, 부친 ~ 여읜다, 북새 통 ~ 이룬다, 북새 판 ~ 이룬다, 북풍 한설 ~ 막는다, 분 ~ 삭인다, 분 통 ~ 터뜨린다, 분단 ~ 고착 시킨다, 분발 ~ 촉구 한다, 분열증 ~ 앓는다, 분위기에 찬 물 ~ 끼얹는다, 분헌관 ~ 인도 한다, 불 꽃 ~ 튀긴다, 불 똥 ~ 튀긴다, 불 ~ 보듯 뻔하다, 불 ~ 지른다, 불문학 ~ 전공 한다, 불야성 ~ 이룬다, 비난 ~ 면하기 어렵다, 비누칠 ~ 한다, 비늘 ~ 반짝인다, 비단 옷 ~ 입는다, 비리 의혹 ~ 수사 중이다, 비명 ~ 지른다, 비방 ~ 일 삼는다, 비법 ~ 전수 한다, 비상 벨 ~ 누른다, 비중 ~ 측정 한다, 비지 땀 ~ 흘린다, 비탈 길 ~ 올라 간다, 비탈 길 ~ 올라 온다, 빈곤 ~ 자초 한다, 빈대 떡 ~ 부친다, 빈축 ~ 산다, 빗금 ~ 긋는다, 빗천장 ~ 가설 한다, 빛 ~ 발한다, 빵빵 경적 ~ 울린다, 뺨 ~ 얻어 맞는다, 뺨 ~ 후려 갈긴다, 뺨 ~ 후려 친다, 사경 ~ 헤맨다, 사람들 틈 ~ 비집고 들어 간다, 사력 ~ 다 한다, 사방 ~ 두리번거린다, 사신 ~ 접견 한다, 사신 ~ 접대 한다, 사약 ~ 받는다, 사업 ~ 접는다, 사절 ~ 파견 한다, 사제 서품 ~ 받는다, 사회 구원관 ~ 가진다, 산 나물 ~ 캔다, 산소에 상 돌 ~ 놓는다, 산수갑산 ~ 가도, 살 수청 ~ 든다, 살 ~ 도려 내는 아픔, 살 ~ 엔다, 살 ~ 찌운다, 살생 ~ 금한다, 살포액 ~ 만든다, 삼 겹 살 ~ 굽는다, 삼삼오오 짝 ~ 짓는다, 삿대질 ~ 한다, 상금 ~ 내 건다, 상향 등 ~ 킨다, 새 싹 ~ 틔운다, 새김 질 ~ 한다, 새벽 밥 ~ 짓는다, 새벽잠 ~ 설친다, 새알심 ~ 비빈다, 새우 잠 ~ 잔다, 새우 젓으로 간 ~ 한다, 샌들 ~ 신는다, 샘 물 ~ 긷는다, 샘플 ~ 제출 한다, 생 ~ 마감 한다, 생 ~ 산다, 생 ~ 영위 한다, 생각에 생각 ~ 거듭 한다, 생명과 재산 ~ 보호 한다, 생명 ~ 구한다, 생색 ~ 낸다, 생일 ~ 축하 한다, 생침 ~ 삼킨다, 샴페인 ~ 터뜨린다, 서둘러 총살 형 ~ 집행 한다, 서랍 ~ 연다, 서로 맞술 ~ 마신다, 서른 ~ 바라 보는 나이, 서열 ~ 매긴다, 서열 ~ 중시 한다, 서한 ~ 발송 한다, 석사 과정 ~ 이수 한다, 석탄 ~ 캐어 낸다, 선명 노선 ~ 걷는다, 선수단 ~ 파견 한다, 선수 생활 ~ 마감 한다, 선심 ~ 베푼다, 선심 ~ 쓴다, 선언문 ~ 낭독 한다, 선언식 ~ 거행 한다, 선택의 폭 ~ 넓힌다, 선 하품 ~ 한다, 설 ~ 쇤다, 설레방 ~ 깐다, 성 ~ 간다, 성금 ~ 모은다, 성냥 불 ~ 긋는다, 성냥 ~ 긋는다, 성명 ~ 낸다, 성명 ~ 발표 한다, 성악 ~ 전공 한다, 성은 ~ 입는다, 성현 ~ 독실히 믿는다, 성황 ~ 이룬다, 세계인의 이목 ~ 끈다, 세금 ~ 걷는다, 세금 ~ 낸다, 세금 ~ 추징 한다, 세력 ~ 쌓는다, 세세생생 ~ 두고, 세속 ~ 등 진다, 세숫물 ~ 데운다, 세원 ~ 발굴 한다, 세인의 이목 ~ 끈다, 세인의 이목 ~ 의식 한다, 센세이션 ~ 일으킨다, 소금으로 간 ~ 한다, 소기의 목적 ~ 달성 한다, 소변 ~ 본다, 소설 ~ 쓴다, 소송 ~ 건다, 소송 ~ 제기 한다, 소식 ~ 전한다, 소식통 ~ 인용 한다, 소원 ~ 말 한다, 소원 ~ 성취 한다, 소원 ~ 이룬다, 소음 ~ 낸다, 소음 ~ 발생 시킨다, 소줏잔 ~ 기울인다, 소질 ~ 계발 한다, 소총 사격 ~ 한다, 소총에 탄약 ~ 장전 한다, 속 병 ~ 앓는다, 속 흙 ~ 드러낸다, 속력 ~ 내 달린다, 손 금 ~ 본다, 손 도장 ~ 찍는다, 손 등으로 눈 물 ~ 닦는다, 손 등으로 눈 물 ~ 훔친다, 손 목 ~ 덥석 잡는다, 손 수건으로 안경 ~ 닦는다, 손으로 턱 ~ 괸다, 손 ~ 깍지 낀다, 손 ~ 내 젓는다, 손 ~ 맞잡는다, 손 ~ 흔들어 답례 한다, 손뼉 ~ 친다, 손톱에 봉숭아 물 ~ 들인다, 손톱 ~ 물어 뜯는다, 쇄국 ~ 단행 한다, 쇠 죽 여물 ~ 꾹꾹 뒤진다, 쇠 죽 ~ 끓인다, 쇠고랑 ~ 찬다, 수급에 차질 ~ 빚는다, 수단과 방법 ~ 가리지 않는다, 수령관 ~ 확립 한다, 수리청 ~ 신설 한다, 수배 령 ~ 내린다, 수사 진 ~ 교체 한다, 수순 ~ 밟는다, 수술 ~ 받는다, 수술 ~ 한다, 수영 ~ 한다, 수영복 ~ 입는다, 수유실 ~ 제공 한다, 수음 ~ 한다, 수풀 ~ 헤친다, 순결 ~ 서약 한다, 순정 ~ 바친다, 술 상 ~ 뒤 엎는다, 술 상 ~ 차린다, 술 주정 ~ 부린다, 술 추렴 ~ 한다, 숨 ~ 들이쉰다, 숨 ~ 헉헉댄다, 숨 ~ 헐떡인다, 숨통 ~ 조인다, 숨 통 ~ 죈다, 숨 통 ~ 틔운다, 숭앙심 ~ 갖는다, 쉰 ~ 바라 본다, 스크럼 ~ 짠다, 스티렌 ~ 중합 한다, 시에 곡 ~ 붙인다, 시가전 ~ 벌인다, 시간 ~ 여유로이 보낸다, 시간 ~ 허비 한다, 시달림 ~ 받는다, 시동 ~ 건다, 시동 ~ 끈다, 시동 ~ 켠다, 시침 핀 ~ 꽂는다, 시침 ~ 뚝 뗀다, 시행 령 ~ 개정 한다, 식욕 ~ 돋군다, 식음 ~ 전폐 한다, 신경 ~ 곤두세운다, 신경질 ~ 낸다, 신경질적인 반응 ~ 보인다, 신당 ~ 창당 한다, 신용 ~ 쌓는다, 신용 ~ 잃는다, 신장 병 ~ 앓는다, 신중에 신중 ~ 기한다, 신청 ~ 각하 한다, 신혼 식 ~ 한다, 신혼 여행 ~ 다녀 온다, 실 눈 ~ 뜬다, 실 ~ 잣는다, 실권 ~ 장악 한다, 실정 법 ~ 위반 한다, 실패담 ~ 거울 삼는다, 실형 ~ 선고 받는다, 실형 ~ 선고 한다, 심신 ~ 단련 한다, 심장 ~ 도려 내는 아픔, 심증 ~ 굳힌다, 심질 ~ 얻는다, 심통 ~ 부린다, 심판 ~ 본다, 심포지엄 ~ 개최 한다, 심호흡 ~ 한다, 쓴 웃음 ~ 짓는다, 아랫입술 ~ 깨문다, 아양 ~ 떤다, 아찔한 현기증 ~ 느낀다, 아침 밥 ~ 먹는다, 악명 ~ 떨친다, 악살 ~ 먹인다, 악조건 ~ 극복 한다, 악행 ~ 저지른다, 안간 힘 ~ 쓴다, 안내문 ~ 발송 한다, 안도의 숨 ~ 내 쉰다, 안도의 한숨 ~ 내 쉰다, 안상 ~ 조각 한다, 안좋은 말 ~ 퍼뜨린다, 알 ~ 품어 부화 시킨다, 알자가 초헌관 ~ 인도 한다, 알자가 헌관 ~ 인도 한다, 앙심 ~ 품는다, 앞 섶 ~ 끄른다, 앞 ~ 튼다, 앞장 ~ 선다, 애 간장 ~ 태운다, 애국심 ~ 고취 한다, 애도의 뜻 ~ 표한다, 애인 ~ 구한다, 애정 ~ 갖고, 야음 ~ 틈 탄다, 야지랑 ~ 떤다, 약 ~ 먹는다, 약 ~ 복용 한다, 약물 ~ 복용 한다, 약속 ~ 지킨다, 약자의 이익 ~ 대변 한다, 약점 ~ 진단 한다, 약점 ~ 찌른다, 약정 ~ 체결 한다, 약탈 ~ 일 삼는다, 약혼 식 ~ 올린다, 양념 ~ 버무린다, 양말 ~ 꿰맨다, 양말 ~ 신는다, 양보 없는 접전 ~ 펼친다, 양복 ~ 다려 입는다, 양복 ~ 맞춰 입는다, 양복 ~ 뽑아 입는다, 양산 ~ 쓴다, 양심에 가책 ~ 느낀다, 양치 질 ~ 한다, 양파 껍질 ~ 벗긴다, 얘기꽃 ~ 피운다, 어깻숨 ~ 쉰다, 어깨에 손 ~ 얹는다, 어깨 춤 ~ 춘다, 어두워서 지척 ~ 분간 하지 못한다, 어음 ~ 부도 낸다, 어음 ~ 할인 한다, 억만금 ~ 준다, 언성 ~ 높인다, 얼굴 ~ 내 민다, 얼굴 ~ 붉힌다, 얼굴 ~ 일그러뜨린다, 얼굴 ~ 잔뜩 찌푸린다, 얼굴 ~ 찌그린다, 얼굴 ~ 찡그린다, 얼레발 ~ 친다, 엉덩 춤 ~ 춘다, □에 거적 ~ 씌운다, □에 경종 ~ 울린다, □에 계엄 령 ~ 선포 한다, □에 관통상 ~ 입는다, □에 금박 ~ 한다, □에 대해 구속 영장 ~ 청구 한다, □에 대해 유감 ~ 표명 한다, □에 도읍 ~ 정한다, □에 도전장 ~ 내 민다, □에 만전 ~ 기한다, □에 먹 칠 ~ 한다, □에 방점 ~ 찍는다, □에 분 칠 ~ 한다, □에 불 ~ 낸다, □에 사운 ~ 건다, □에 사활 ~ 건다, □에 새 바람 ~ 일으킨다, □에 생명 ~ 불어 넣는다, □에 성적 ~

매긴다, □에 손톱 자국 ~ 남긴다, □에 손해 배상 ~ 한다, □에 신경 ~ 쓴다, □에 싫증 ~ 낸다, □에 심혈 ~ 기울인다, □에 십 이 지상 ~ 조각 한다, □에 악영향 ~ 미친다, □에 압박 ~ 가한다, □에 역점 ~ 둔다, □에 열 ~ 올린다, □에 염증 ~ 느낀다, □에 영향 ~ 끼친다, □에 영향 ~ 미친다, □에 웃거름 ~ 준다, □에 재갈 ~ 물린다, □에 절병통 ~ 놓는다, □에 제동 ~ 건다, □에 주안점 ~ 둔다, □에 중점 ~ 둔다, □에 지대한 공헌 ~ 한다, □에 지대한 영향 ~ 끼친다, □에 지레 겁 ~ 먹는다, □에 책임 ~ 전가 한다, □에 첫 발 ~ 내 디딘다, □에 첫 발 ~ 내 딛는다, □에 초점 ~ 맞춘다, □에 총력 ~ 기울인다, □에 침 칠 ~ 한다, □에 페인트 칠 ~ 한다, □에 해악 ~ 끼친다, □에 힘 ~ 싣는다, □에게 꿈과 희망 ~ 준다, □에게 대피령 ~ 내린다, □에게 망신 ~ 당한다, □에게 몹쓸 짓 ~ 한다, □에게 무기 징역 ~ 선고 한다, □에게 부축 ~ 받는다, □에게 빚 독촉 ~ 한다, □에게 손해 배상 ~ 청구 한다, □에게 원한 ~ 품는다, □에게 체포 령 ~ 내린다, □에게 친밀감 ~ 느낀다, □에게 훈포장 ~ 수여 한다, □에게 훈포장 ~ 전수 한다, □에서 원고 승소 판결 ~ 한다, □에서 원고 패소 판결 ~ 한다, 엔진 ~ 장착 한다, 엔진 ~ 탑재 한다, 여권 ~ 발급 받는다, 여권 ~ 제시 한다, 여열 ~ 이용 한다, 여우 주연 상 ~ 수상 한다, 여운 ~ 남긴다, 역경 ~ 딛고 일어선다, 역성 ~ 든다, 역술 책 ~ 넘긴다, 역전승 ~ 거둔다, 역풍 ~ 맞는다, 역할 ~ 맡는다, 역할 ~ 한다, 연 ~ 날린다, 연거푸 몇 잔 ~ 마신다, 연수원 ~ 수료 한다, 연잎 ~ 띄운다, 열 병 ~ 앓는다, 열변 ~ 토한다, 염기성 ~ 띤다, 엽차로 입술 ~ 축인다, 영공 ~ 지킨다, 영문 ~ 모른다, 영문학 ~ 전공 한다, 영장 ~ 기각 한다, 영장 ~ 발부 한다, 예상 ~ 뒤 엎는다, 예선 ~ 무사히 통과 한다, 예술 ~ 위한 예술, 옛 날 ~ 회상 한다, 오도방정 ~ 떤다, 오리 발 ~ 내 민다, 오만 상 ~ 찌푸린다, 오매육 ~ 잘게 찧는다, 오물 ~ 수거 한다, 오살 ~ 한다, 오줌 ~ 갈긴다, 오줌 ~ 깔긴다, 오줌 ~ 눈다, 오줌 ~ 싸 재낀다, 오줌 ~ 지린다, 오페라단 ~ 육성 한다, 옥개석 ~ 받친다, 옥석 ~ 가린다, 온 몸 ~ 와들와들 떤다, 온 힘 ~ 기울인다, 온갖 방법 ~ 다 동원 한다, 올림픽에서 금메달 ~ 딴다, 옳고 그름 ~ 판단 한다, 옷 고름으로 눈 물 ~ 닦는다, 옷 깃 ~ 여민다, 옷 ~ 갈아 입는다, 와악 울음 ~ 터뜨린다, 완만한 곡선 ~ 그린다, 왕골 ~ 심는다, 왕생 ~ 빈다, 왕정 ~ 무너뜨린다, 왕진 ~ 나간다, 왕진 ~ 다닌다, 외길 ~ 걸어 온, 외적 ~ 물리친다, 요란 ~ 떤다, 요령 ~ 익힌다, 요새지에 성책 ~ 쌓는다, 요직 ~ 두루 거친다, 요행 ~ 낚는다, 욕설 ~ 퍼 붓는다, 욕심 ~ 낸다, 용 꿈 ~ 꾼다, 용단 ~ 내린다, 용맹 ~ 떨친다, 용문 ~ 직금으로 넣는다, 용변 ~ 본다, 웃통 ~ 벗어 젖힌다, 웃통 ~ 훌렁 벗는다, 우물 천장 ~ 가설 한다, 우산 ~ 쓴다, 우정 ~ 돈독히 한다, 운 ~ 뗀다, 운 ~ 맞춘다, 운동복 ~ 입는다, 울상 ~ 짓는다, 울음 ~ 그친다, 울음 ~ 터트린다, 원 별 말씀 ~, 원천 징수 영수증 ~ 교부 한다, 위용 ~ 과시 한다, 유기물 ~ 분해 한다, 유니폼 ~ 입는다, 유리 문 ~

밀친다, 유언 ~ 전한다, 유탄 ~ 맞는다, □으로/로 구속 영장 ~ 신청 한다, □으로/로 구속 영장 ~ 청구 한다, □으로/로 내부 방침 ~ 정한다, □으로/로 보식 변경 ~ 한다, □으로/로 손해 배상 ~ 청구 한다, □으로/로 용도 변경 ~ 한다, 으름장 ~ 놓는다, 으름짱 ~ 놓는다, --으며/며 발 ~ 동동 구른다, --으면서/면서 발 ~ 동동 구른다, 은 테 안경 ~ 낀다, --을/ㄹ 줄 ~ 안다, □을/를 향해 총 ~ 쏜다, --음/ㅁ ~ 눈치 챈다, --음/ㅁ ~ 절절이 깨닫는다, 음악원에서 바이올린 ~ 배운다, 응낙 ~ 한다, 응원전 ~ 펼친다, □의 다리 통 ~ 끌어 안는다, □의 덕 ~ 본다, □의 말 ~ 인용 한다, □의 발 목 ~ 잡는다, □의 법통 ~ 계승 한다, □의 법통 ~ 잇는다, □의 생장력 ~ 상징 한다, □의 심금 ~ 울린다, □의 이름 ~ 본 떠, □의 전철 ~ 밟는다, □의 환심 ~ 산다, □의 활동 상 ~ 소개 한다, 의관 ~ 정제 한다, 의사 소통 ~ 원활히 한다, 의욕 ~ 북돋운다, 의향 ~ 타진 한다, 이 곳 저 곳 ~ 기웃거린다, 이견 ~ 좁힌다, 이름 값 ~ 한다, 이름 ~ 연호 한다, 이맛살 ~ 찌푸린다, 이목 ~ 집중 시킨다, 이별 ~ 고한다, 이불 ~ 갠다, 이빨 ~ 쑤신다, 이빨 ~ 앙다문다, 이상한 소문 ~ 퍼뜨린다, 이상 ~ 추구 한다, 이성 ~ 잃는다, 이승 ~ 하직 한다, 이야기 꽃 ~ 피운다, 이어폰 ~ 귀에 꽂는다, 이하선염 ~ 앓는다, 이합집산 ~ 거듭 한다, 인공 ~ 가한다, 인공 호흡 ~ 한다, 인권 ~ 유린 한다, 인기 상 ~ 받는다, 인두겁 ~ 쓴다, 인생관 ~ 체득 한다, 인정전 ~ 찔러준다, 인준 ~ 부결 한다, 인질 극 ~ 벌인다, 일기장 ~ 훔쳐 본다, 일숙직 ~ 한다, 일용 할 양식 ~ 준다, 일익 ~ 담당 한다, 일침 ~ 가한다, 일확천금 ~ 노린다, 임명 동의 안 ~ 부결 한다, 임명장 ~ 받는다, 임명장 ~ 수여 한다, 입 막음 ~ 한다, 입 맛 ~ 다신다, 입 맛 ~ 쩍쩍 다신다, 입 맛 ~ 쩝쩝 다신다, 입에 게 거품 ~ 문다, 입에 풀 칠 ~ 한다, 입 ~ 굳게 다문다, 입 ~ 빼금거린다, 입 ~ 삐죽 내민다, 입 ~ 삐죽거린다, 입 ~ 삐죽이 내민다, 입 ~ 삐쭉 내 민다, 입 ~ 삐쭉거린다, 입 ~ 크게 벌린다, 입 ~ 틀어 막는다, 입 ~ 헤 벌린다, 입술에 침 ~ 바른다, 입술 ~ 달싹인다, 입술 ~ 삐쭉 내민다, 입정 ~ 놀린다, 자격증 ~ 취득 한다, 자료집 ~ 발간 한다, 자리 바꿈 ~ 한다, 자매 결연 ~ 맺는다, 자선 ~ 베푼다, 자연광 ~ 이용 한다, 자정 ~ 기해, 자퇴원 ~ 낸다, 자판 ~ 두드린다, 작목반 ~ 만든다, 작문 ~ 한다, 작물 ~ 재배 한다, 작별 ~ 고한다, 작별 ~ 아쉬워 한다, 잔에 술 ~ 채운다, 잔금 ~ 치른다, 잔적 ~ 소탕 한다, 잔 기침 ~ 한다, 잠 ~ 잘 못잔다, 잡상 ~ 늘어 놓는다, 장광설 ~ 늘어 놓는다, 장난 감 ~ 갖고 논다, 장달음 ~ 놓는다, 장사진 ~ 이룬다, 장작 불 ~ 지핀다, 장족의 발전 ~ 한다, 장탄식 ~ 한다, 재력 ~ 과시 한다, 재물 ~ 탐 낸다, 재산 ~ 불린다, 재산 ~ 사회에 환원 한다, 재심 ~ 청구 한다, 재앙 ~ 면한다, 재판 ~ 청구 한다, 재활용품 ~ 수거 한다, 재활용품 ~ 수집 한다, 잼 ~ 바른다, 쟁 ~ 친다, 적시타로 선취점 ~ 올린다, 전곡 ~ 연주 한다, 전공 ~ 세운다, 전력 ~ 다한다, 전면 ~ 응시 한다, 전문 인력 ~ 양성 한다, 전복력 ~

가진다, 전역 ~ 헤집고 다닌다, 전열 ~ 가다듬는다, 전열 ~ 정비 한다, 전원 ~ 킨다, 전일제 파출부 일 ~ 한다, 전재산 ~ 탕진 한다, 전통 ~ 계승 한다, 전통 ~ 잇는다, 전화 통지문 ~ 보낸다, 전횡 ~ 일 삼는다, 절찬 ~ 받는다, 점잔 ~ 뺀다, 정곡 ~ 찌른다, 정담 ~ 나눈다, 정상 ~ 참작 한다, 정색 ~ 한다, 정욕 ~ 삼간다, 정적 ~ 깨뜨린다, 정처 없이 길 ~ 걷는다, 정치학 ~ 전공 한다, 젖 병 ~ 소독 한다, 젖 ~ 빨린다, 제 거품 ~ 문다, 제복 ~ 입는다, 조건 ~ 만족 시킨다, 조건 ~ 충족 한다, 조난 ~ 당한다, 조상덕 ~ 본다, 조정관 ~ 임명 한다, 조종간 ~ 잡는다, 조화 점 ~ 찾는다, 족적 ~ 남긴다, 존댓말 ~ 쓴다, 존대 말 ~ 쓴다, 졸린 눈 ~ 비빈다, 종말 ~ 고한다, 종신형 ~ 선고 한다, 종언 ~ 고한다, 종적 ~ 감춘다, 종종걸음 ~ 친다, 종주먹 ~ 댄다, 종탑 ~ 거느린다, 좌우익 ~ 막론 하고, 좌월 솔로 홈 런 ~ 터뜨린다, 좌절 ~ 겪는다, 죄악 ~ 범한다, 죄업 ~ 참회 한다, 주권 ~ 이양 한다, 주권 ~ 회복 한다, 주머니에 손 ~ 찌른다, 주머니에서 동전 ~ 꺼낸다, 주머니에서 손 수건 ~ 꺼낸다, 주먹 ~ 부르댄다, 주먹 ~ 부르쥔다, 주삿줄 ~ 드리운 채, 주삿줄 ~ 드리운다, 주종 ~ 이룬다, 주차장 ~ 방불 케 한다, 죽을 힘 ~ 다 한다, 죽음관 ~ 서술 한다, 줄행랑 ~ 놓는다, 줄행랑 ~ 친다, 중경상 ~ 입는다, 중병 ~ 앓는다, 중상 ~ 입는다, 중앙 선 ~ 침범 한다, 중책 ~ 맡는다, 중학교에서 교편 ~ 잡는다, 즉살 ~ 시킨다, 지겨움 ~ 참아 낸다, 지척 ~ 분간 할 수 없다, 지축 ~ 뒤흔든다, 지침 ~ 따른다, 지침 ~ 어긴다, 지침 ~ 준다, 지팡이에 몸 ~ 의지 한다, 지평 선 ~ 헤집는다, 직 ~ 사임 한다, 직장 ~ 얻는다, 진맥 ~ 짚는다, 진실 ~ 밝힌다, 진실 ~ 숨긴다, 진찰 ~ 받는다, 진찰 ~ 한다, 질겁 ~ 한다, 질병 ~ 퇴치 한다, 짐 ~ 가득 실은 리어카, 짐 ~ 실어 나른다, 집 뒤짐 ~ 한다, 집단 생활 ~ 한다, 집행 ~ 종료 한다, 징역 형 ~ 선고 한다, 짜증 ~ 낸다, 짧은 한숨 ~ 내 쉰다, 짬 ~ 낸다, 쪽 ~ 찐다, 찬 물 ~ 끼얹은 듯 조용하다, 차입금 ~ 갚는다, 차질 ~ 빚어 낸다, 찰밥 ~ 짓는다, 찹쌀 고두밥으로 뎟술 ~ 담는다, 창 밖 ~ 내어다 본다, 창 턱 ~ 넘어 온다, 창공 ~ 난다, 창발성 ~ 발휘 한다, 책 ~ 펼친다, 책임량 ~ 지운다, 책임 ~ 다한다, 처방전 ~ 발급 한다, 처벌 ~ 내린다, 처벌 ~ 면한다, 천명 ~ 거역 한다, 천명 ~ 받든다, 천벌 ~ 받는다, 천장 돌 ~ 받친다, 철둑 길 ~ 걷는다, 철석 같이 약속 ~ 믿는다, 철쭉 꽃 ~ 꺾는다, 첨병 ~ 자임 한다, 첫 발 ~ 내디딘다, 첫 발 ~ 내딛는다, 첫 발 ~ 디딘다, 첫 선 ~ 보인다, 첫 아들 ~ 낳는다, 청춘 ~ 불 사른다, 체모에 똥 칠 ~ 한다, 체언 ~ 수식 한다, 체인지업으로 삼진 ~ 잡는다, 체증 ~ 빚는다, 체크아웃 ~ 한다, 체포 영장 ~ 발부 받는다, 초 칠 ~ 한다, 초상 ~ 치른다, 초석 ~ 놓는다, 초석 ~ 다진다, 초석 ~ 쌓는다, 초인 종 ~ 누른다, 촉각 ~ 곤두세운다, 총 알 두 발 ~ 쏜다, 총격 ~ 가한다, 총살 형 ~ 집행 당한다, 총상 ~ 입는다, 최루 탄 ~ 쏜다, 최선 ~ 다한다, 추석 명절 ~ 기해, 출고증 ~ 교부 한다, 출국 수속 ~ 밟는다, 출장 ~ 간다, 충격 ~ 받는다, 충성

~ 맹세 한다, 치마 폭으로 눈 물 ~ 훔친다, 치명상 ~ 입는다, 친목 ~ 다진다, 친분 ~ 돈독히 한다, 친분 ~ 쌓는다, 친선 ~ 도모 한다, 친절 ~ 베푼다, 칠갑 ~ 한다, 침 ~ 꼴깍 삼킨다, 침 ~ 꿀꺽 삼킨다, 침 ~ 찍 뱉는다, 침 ~ 퉤 뱉는다, 침 ~ 퉤 퉤 뱉는다, 칼 잠 ~ 잔다, 캐비닛 ~ 부순다, 커텐 ~ 젖힌다, 커피에 설탕 ~ 탄다, 코가 땅에 닿도록 절 ~ 한다, 코 웃음 ~ 친다, 쿠데타로 정권 ~ 잡는다, 큰 기쁨 ~ 선사 한다, 큰 기침 ~ 한다, 큰 성공 ~ 거둔다, 큰 차질 ~ 빚는다, 타의 추종 ~ 불허 한다, 탈 것 ~ 탄다, 타격 ~ 입는다, 타박상 ~ 입는다, 타이틀 ~ 거머쥔다, 타협 점 ~ 찾는다, 탁아실 ~ 만든다, 탄성 ~ 지른다, 탈상 ~ 한다, 태연 ~ 가장 한다, 태엽 ~ 감는다, 터널 ~ 뚫는다, 터번 ~ 두른다, 턱 ~ 고인다, 턱 ~ 까분다, 털 옷 ~ 입는다, 토광 ~ 판다, 통 ~ 기울인다, 통문 ~ 발문 한다, 통밥 ~ 굴린다, 통사정 ~ 한다, 통성명 ~ 한다, 통행증 ~ 발급 한다, 퇴적 ~ 거듭 한다, 트럭 ~ 몬다, 트집 ~ 잡는다, 특별 법 ~ 제정 한다, 티켓 ~ 거머쥔다, 파문 ~ 일으킨다, 파열음 ~ 낸다, 팔 목 ~ 잡아 끈다, 팔 ~ 걷어 붙인다, 팔작 지붕 ~ 이룬다, 팔짱 ~ 낀다, 팥 고물 ~ 묻힌다, 팥 죽 ~ 쑨다, 패악 ~ 저지른다, 팬 ~ 달군다, 팬시점 ~ 겸한다, 페달 ~ 힘 차게 밟는다, 펜으로 밑 줄 ~ 친다, 펜션 ~ 빌린다, 펜션 ~ 예약 한다, 편액 ~ 건다, 편액 ~ 뗀다, 평난간 ~ 두른다, 평생 ~ 수절 한다, 평온 ~ 되찾는다, 폐단 ~ 시정 한다, 포 문 ~ 연다, 포교당 ~ 개설 한다, 포달 ~ 떤다, 포물선 ~ 그린다, 폭력 ~ 쓴다, 폭죽 ~ 터뜨린다, 폭탄 선언 ~ 한다, 표적 ~ 맞힌다, 표정 ~ 짓는다, 표준 ~ 정한다, 표찰 ~ 부착 한다, 푸념 ~ 늘어 놓는다, 풀죽풀죽 죽 ~ 끓인다, 풍광 ~ 즐긴다, 풍년 ~ 빈다, 풍월 ~ 읊는다, 풍판 ~ 단다, 풍흉 ~ 점 친다, 프라이팬에 기름 ~ 두른다, 플루토늄 ~ 추출 한다, 피난 길에서 폭격 ~ 당한다, 피부 병 ~ 앓는다, 피켓 ~ 든다, 핀잔 ~ 준다, □ 하구 활극 ~ 벌인다, 하룻밤 ~ 묵는다, 하숙 ~ 친다, 하숙 ~ 한다, 하얗게 소복 ~ 한 여인, 하이힐 ~ 신는다, 하품 ~ 늘어 지게 한다, 학점 ~ 취득 한다, 한 곳 ~ 판다, 한 눈 ~ 판다, 한 번 발 ~ 들여 놓는다, 한 솥 밥 ~ 먹는다, 한 치 앞 ~ 내어다 보지 못한다, 한글 ~ 반포 한다, 한글 ~ 창제 한다, 한길 ~ 건너 간다, 한미전 ~ 앞 둔다, 한복 ~ 차려 입는다, 한숨 ~ 폭 쉰다, 한숨 ~ 푸욱 쉰다, 한숨 ~ 푹 푹 내 쉰다, 한숨 ~ 후 내 쉰다, 한약 ~ 달인다, 한약 ~ 조제 한다, □한테 □ ~ 전가 한다, □한테 □ ~ 전달 한다, □한테 절 ~ 한다, □한테 큰 절 ~ 한다, 합장 ~ 한다, 항소심에서 유죄 판결 ~ 받는다, 항소심에서 징역 형 ~ 선고 받는다, 해물상 ~ 한다, 해방감 ~ 만끽 한다, 해수욕장 ~ 메운 피서객, 해찰 ~ 한다, 해트트릭 ~ 기록 한다, 햄릿 역 ~ 한다, 햇곡식으로 송편 ~ 빚는다, 햇볕 ~ 쪼인다, 햇볕 ~ 쬔다, 행렬 ~ 앞장 선다, 행복감 ~ 부풀린다, 행복 ~ 누린다, 향 ~ 사른다, 향방 ~ 가늠 한다, 향방 ~ 결정 한다, 허방 ~ 밟는다, 허상 ~ 좇는다, 헛소문 ~ 퍼뜨린다, 헤드 뱅잉 ~ 한다, 헤살 ~ 놓는다, 헤엄 ~ 친다, 현금 ~ 인출 한다, 혈액 ~ 채취 한

다, 협약 ~ 체결 한다, 협정 ~ 체결 한다, 혜택 ~ 누린다, 호각 ~ 분다, 호되게 꾸지람 ~ 한다, 호되게 야단 ~ 친다, 호들갑 ~ 떤다, 호주머니에서 담뱃갑 ~ 꺼낸다, 호텔에 여장 ~ 푼다, 호통 ~ 친다, 호평 ~ 받는다, 호황 ~ 누린다, 혼분식 ~ 한다, 혼신의 힘 ~ 다 한다, 혼전에 순결 ~ 지킨다, 홈 ~ 판다, 화상 ~ 입는다, 화전 ~ 일군다, 화촉 ~ 밝힌다, 화평 ~ 맹세 한다, 환담 ~ 나눈다, 환어음 ~ 발행 한다, 환자복 ~ 입는다, 환호성 ~ 내 지른다, 환호성 ~ 지른다, 활동상 ~ 소개 한다, 활력 ~ 불어 넣는다, 황금 알 ~ 나는 거위, 황제국 ~ 표방 한다, 회갈색 ~ 띤다, 회갑연 ~ 베푼다, 회색 ~ 띤다, 획 ~ 긋는다, 효용 ~ 극대화 한다, 후광 ~ 업는다, 후방 ~ 교란 한다, 후보 직 ~ 사퇴 한다, 후일 ~ 기약 한다, 후일 ~ 도모 한다, 후학 ~ 양성 한다, 훈장 ~ 수여 한다, 휘갑 ~ 친다, 휘장 ~ 제친다, 휘파람 ~ 분다, 휘핑크림 ~ 얹는다, 흉 ~ 본다, 흉금 ~ 터놓는다, 흉중 ~ 헤아린다, 흥 ~ 돋군다, 흥 ~ 돋운다

을류 ~ 무역업

을축 갑자 ~

읊는다 □을/를 ~, 좔좔 ~, 풍월을 ~

음 ~ 과 양, ~ 에다 가사를 붙인다, ~ 이온 방출; 경보 ~이 울린다, 마찰 ~이 들린다, 묵직한 배기 ~, 불협화 ~, 신호 ~, 으뜸 ~으로 한다, 진동 ~, 파열 ~을 낸다, 협착 ~

음각 ~ 된다; 쇠시리로 ~ 한다

음담 온갖 잡스러운 ~ 패설

음덕 조상의 ~

음독 ~ 자살

음란 ~ 비디오, ~ 폭력물, ~ 하다

음량 ~ 표시기

음력 ~ 간지, ~ 시월, ~ 신년 연휴월, ~ 정월 보름, ~ 정월 초하루

음렬 ~ 기법

음료 스포츠 ~, 식이 섬유 ~, 알칼리성 이온 ~, 정력 보강 ~, 청량 ~ 제조업, 청량 ~ 제조 업계, 초콜릿 ~, 탄산 ~

음료수 빵이나 ~, 플라스틱 ~ 병

음률 ~ 감각 익힌다; 리듬감과 ~ 감각을 익힌다

음모 ~를 꾸민다; 내란 ~

음미 □을/를 ~ 한다

음반 ~ 수록 곡, ~ 업계, ~ 이나 비디오, ~ 직배 사

음보격 2 ~

음분 ~ 한다

음산 ~ 하다

음상 음색과 ~

음색 ~ 과 음상

음성 ~ 인식 기술, ~ 전사

음성적 ~ 으로, ~ 인

음속 ~ 비행기, ~ 수송기

음습 ~ 하다

음식 ~ 업 중앙회, ~ 이 변한다, ~ 이 상한다, ~ 찌꺼기; 궁중 ~, 기름 기 있는 ~, 다이어트 ~, 무점포 ~ 택배 전문점, 수유부의 금기 ~, 한국 ~

음식료품 ~ 및 담배, ~ 종합 소매

ㅇ

음식물 ~ 사료화, ~ 생쓰레기 퇴비, ~ 쓰레기, ~ 찌꺼기

음식점 ~ 의 찬모, ~ 이 번창 한다; 다국적 체인 ~, 부점포 ~, 술 집과 ~, 유흥 ~

음악 ~ 감상실, ~ 에 맞춰 춤 춘다; 대중 ~ 평론가, 송년 ~회, 신년 ~회, 위문 ~단, 재즈 ~

음악원 ~ 에서 바이올린을 배운다; 시립 ~, 왕립 ~

음양 ~ 오행 사상, ~ 오행 설

음양오행 ~ 의 원리

음영 ~ 이 드리운다; 짙은 ~

음용 ~ 된다, ~ 한다

음용수 ~ 수질 기준

음운 ~ 규칙, ~ 법칙, ~ 체계

음울 ~ 하다

음유 ~ 시인

음이온 ~ 방출 기능

음전 ~ 하다

음절 한글 ~

음정 ~ 과 박자

음주 ~ 와 흡연, ~ 운전; 미성년자 ~, 식중 ~, 연일 ~ 가무

음지 ~ 식물; 양지와 ~

음차 ~ 표기

음침 ~ 하다

음탕 ~ 하다

음파 ~ 검사법, ~ 탐지기

음해 ~ 한다

음향 ~ 기기, ~ 이 되울린다; 삼 차원 입체 ~, 영상 ~ 및 통신 장비업, 조명과 ~

음험 ~ 하다

음흉 ~ 하다

읍 ~ 소재지

읍권 ~ 장악

읍소 ~ 작전, ~ 한다

응결 물 방울로 ~ 된다

응고 ~ 된다; 혈액 ~ 성분, 혈액 ~ 증세

응고술 레이저 광 ~

응급 ~ 의료 법, ~ 처치 요령, ~ 처치법, ~ 환자; 지역 ~ 의료 센터

응급실 ~ 로 실려 간다; 병원 ~

응낙 ~ 을 한다, ~ 한다

응달 ~ 쪽 소나무 숲 사이

응답 답한 ~자, □에 ~ 한다, 자동 ~ 서비스, 자동 ~ 장치, 자동 ~ 전화기, 질의 ~

응답기 자동 ~

응대 ~ 한다

응락 쾌히 ~ 한다

응모 신춘 문예에 ~ 한다

응변 임기 ~

응보 인과 ~

응분 ~ 의 조치, ~ 의 처벌

응사 □으로/로 ~ 한다

응수 ~ 한다

응시 자격 시험에 ~ 한다

응시 □을/를 ~ 한다, 전면을 ~ 한다, 하방 ~

응어리 가슴 속의 ~, □에 ~ 진다

응용 ~ 한다, ~ 화학 부; 문화 ~자

응원 ~ 단의 인공 기; 길 거리 ~, 열 띤 ~, 열광적인 ~, □을/를 열렬히 ~ 한다, 파도 타기 ~

응원전 ~ 을 펼친다; 열 띤 ~

응전 ~ 한다

응전력 현실 ~

응접 ~ 세트, ~ 소파

응접실 ~ 소파

응집 ~ 된다

응징 ~ 한다

응찰 단독 ~, □에 ~ 한다

응축 ~ 한다; 집결 ~ 된다

응큼 ~ 하다

응한다[응해] 상담에 ~, 설문에 ~, 수매에 ~, □에 기꺼이 ~, 인터뷰에 ~, 자문에 ~, 초청에 ~, 쾌히 ~

의 인과 ~

의 □~ 걸음걸이를 흉내 낸다, □~ 고민이 불끈거린다, □~ 다리 통을 끌어 안는다, □~ 덕을 본다, □~ 말을 인용한다, □~ 반열에 오른다, □~ 발 목을 잡는다, □~ 법통을 계승 한다, □~ 법통을 잇는다, □~ 빌미만 제공 한다, □~ 상징 체계를 창조 한다, □~ 생장력을 상징 한다, □~ 심금을 울린다, □~ 얼굴이 어른어른거린다, □~ 영향으로, □~ 이름을 본 떠, □~ 전철을 밟는다, □~ 특징, □~ 한계를 넘는다, □~ 호조에 힘 입어, □~ 환심을 산다, □~ 활동 상을 소개 한다; 27 명 ~ 승객을 태운다, 2대 1 ~ 비율로 첨가, 3 단 ~ 돌 계단, 3 단 ~ 석계, 359 명 ~ 목숨을 앗아 간다, 7 세 미만 ~ 소아, 가릉빈가 ~ 노랫소리, 가수 ~ 매니저, 가슴 속 ~ 응어리, 가야금 병창 ~ 인간 문화재, 가옥 ~ 안 채, 가이사 ~ 것은 가이사에게 바쳐라, 각 뿔 ~ 꼭지 점, 각 ~ 이등분 선, 각고 ~ 노력, 간만 ~ 차, 감동 ~ 순증가량, 감사원 ~ 감사, 감식 ~ 처분, 강 어귀 ~ 삼각주, 강대국 ~ 흥망, 강신무 ~ 굿, 같은 어족 ~ 언어들, 개 놈 ~ 새끼, 개미 ~ 행렬, 개벽 ~ 조짐, 개성 ~ 향취, 개전 ~ 정, 거구 ~ 남자, 거문고 ~ 달인, 거액 ~ 뒷돈, 거액 ~ 헌금, 건기 ~ 막바지, 건조물 ~ 외부, 검은 색 ~ 브라운 관, 게놈 ~ 염기, 경실련 ~ 조정 안, 경자 유전 ~ 원칙, 경제 ~ 복구기, 계약 ~ 견적서, 계좌 ~ 실명, 고 놈 ~ 계집 애, 고대 ~ 성학서, 고무 ~ 가황 촉진제, 고부 간 ~ 갈등, 고속정 ~ 조타실, 고을 ~ 관장, 고전 중 ~ 고전이다, 곤복 ~ 상의, 골반 ~ 신축, 골육 ~ 정, 공공 선 ~ 증대, 공공 요금 ~ 할인, 공동 ~ 목적을 달성 한다, 공멸 ~ 위기감, 공소 ~ 제기, 공안 부장 ~ 발언, 공원 ~ 벤치, 공전 ~ 히트, 공직자들 ~ 재산액, 공해 ~ 주범, □과/와 불가분 ~ 관계에 있다, □과/와 ~ 자매 결연, □과/와 ~ 전쟁을 선포 한다, □과/와 ~ 혼교, 과반 수 ~ 찬성, 과부 ~ 개가, 과부 ~ 재혼, 관광 ~ 비수기, 관람객 ~ 발 걸음, 관중 ~ 함성, 광란 ~ 밤, 광선 ~ 파장, 괴기 ~ 결합, 교전 ~ 여파로, 교통 ~ 요지, 교통 ~ 요충지, 교회당 ~ 첨탑, 구국 ~ 일념, 구민 ~ 단합, 국내 총생산 ~ 순위, 국모 시해 ~ 원수, 국방 ~ 의무,

국세청 ~ 세무, 국수 ~ 조직감, 국전 ~ 특선, 국토 ~ 방방 곡곡, 굴지 ~ 재벌, 궂중 패 ~ 뜬쇠, 궁성 ~ 정문, 권력 ~ 시녀, 권인 유착 ~ 폐습, 권위 주의 ~ 쇠퇴, 권한 ~ 형평, 규모 ~ 경제, 그 ~ 품에 안긴다, 극소수 ~ 예외, 극치 ~ 경지, 근대로 ~ 이행기, 금 요일 ~ 일몰, 금단 ~ 열매, 금발 ~ 미녀, 금전 ~ 수수, 기관 ~ 도덕적 해이, 기록 ~ 송부, 기업 이윤 ~ 사회 환원, 기왕 ~, 기체 ~ 분자, 길 가 ~ 코스모스, 길 거리 ~ 포스터, 김치 ~ 부재료, 김치 ~ 주재료, 까마귀 ~ 보금자리, 까페 ~ 여급, 꿀 ~ 발견지, 나찌즘 ~ 잔악성, 낙태 ~ 허용, 남녀 ~ 생물학적 차이, 남북국 ~ 성립, 남용 ~ 방지, 남인 ~ 거두, 남행 ~ 기차, 내각 ~ 합, 내셔널리즘 ~ 성립, 내출혈 ~ 계절, 넋 ~ 구원자, 네 편 ~ 사중주, 네트 ~ 높이, 년월일 ~ 등록, 노년 층 ~ 질환, 녹원 ~ 천사, 논란 ~ 여지, 논제로섬 게임 ~ 영역, 농사 ~ 풍흉, 농산 가공품 ~ 관세율, 뇌 동맥 ~ 경화, 뇌 ~ 추출물, 누님 ~ 초상, 누하주 ~ 높이, 눈과 손 ~ 협응력, 눈 길과 빙판 길에서 ~ 운전, 뉴턴 ~ 중력 법칙, --는 절호 ~ 기회다, --는지 ~ 여부, 다국적군 ~ 공습, 다도 ~ 오의, 다량 ~ 이끼, 단기 외채 ~ 만기 연장, 단말마 ~ 비명, 달러 ~ 위력, 담수호 ~ 수질, 답변서 ~ 제출, 당뇨병 ~ 컨트롤, 당대 ~ 명문장가, 당대 제일 ~ 가문, 당쟁 ~ 와중, 대강 ~ 줄거리, 대나무 ~ 피리, 대단원 ~ 막을 내린다, 대리모 ~ 자궁, 대리석 ~ 질감, 대문 ~ 빗장, 대부업 ~ 등록, 대왕 ~ 능실, 대작 ~ 복원, 대전 ~ 종결, 대전 ~ 패전, 대전 ~ 패전국, 대책 ~ 일환, 대충 ~ 얼개, 대통령 ~ 방일, 대학 ~ 정치학 조교수, 댐 ~ 수문, 덧술 ~ 횟수, 덮개돌 ~ 장축, 도 ~ 수군, 도끼 ~ 머릿돌, 도둑 ~ 접주, 도약 ~ 발 판, 도움 ~ 손 길, 돌 고래 떼 ~ 폐사, 동·서양 ~ 사고, 동경 ~ 대상, 동굴 ~ 수인, 동굴 ~ 우상, 동기 간 ~ 우애, 동물원 ~ 우리, 동병 상련 ~ 심정, 동사 ~ 시제, 동서 무역 ~ 중개지, 동전 ~ 양 면, 두발 ~ 실탄, 두 발 ~ 총성, 둘 째 날 ~ 일정, 뒷말 ~ 첫 소리, 들판 ~ 풀 잎, 등·초본 ~ 교부, 등나무 ~ 꼬투리, 등나무 ~ 꼬투리 열매, 등식 ~ 양 변, 등잔 ~ 심지, 떠돌이 별 ~ 궤도, --라는 제하 ~, 라디오 ~ 파, 렌즈 ~ 안경, 로만카톨릭 ~ 면모, 류트 ~ 윤곽, 리스크 ~ 계량, 마법 ~ 지팡이, 마술 ~ 램프, 마을 ~ 금칙, 막돌 허튼 층 쌓기 ~ 기단, 만고 불변 ~ 진리다, 만기 ~ 가계, 만다라화 ~ 꽃향기, 만물 ~ 영장, 만물 ~ 이치, 만반 ~ 준비, 만약 ~ 사태에 대비 한다, 만일 ~ 사태에 대비 한다, 말세 ~ 환난, 말씽 ~ 소지, 망막 ~ 바깥 쪽, 맞배 지붕 ~ 양측 박공, 맥 ~ 오수혈, 맹금 ~ 붉은 눈, 메사 ~ 흙 무덤, 멜라토닌 ~ 분비, 명예 ~ 전당, 명의 ~ 공문, 몇 몇 ~, 모발 ~ 멜라닌, 목격자 ~ 증언, 목수 ~ 아들 요셉, 목장 ~ 결투, 목화 ~ 씨, 몰아 ~ 경지, 몽상 ~ 시학, 무관 ~ 제왕이다, 무당 ~ 작두 춤, 무덤 ~ 내력, 무소불위 ~ 권력, 무솔리니 ~ 파시스트 정권, 무아 ~ 경지, 무어 ~ 법칙, 무지 ~ 소치, 문자 식 ~ 변환, 문중 ~ 야산, 문학 ~ 이식사, 물신 ~ 폭력, 물자 ~ 이입, 물체 ~ 낙하, 뭇 사람 ~ 입 질, 미담 ~ 주인공, 미디어 ~ 오디언스, 미래 ~

먹거리, 미사일 ~ 레이더, 미생물 ~ 번식, 미생물 ~ 생육, 미생물 ~ 생장, 미식가들 ~ 구미를 당긴다, 미완 ~ 장편, 미증유 ~, 미지 ~, 민법 상 ~ 가족, 민요 곡 풍 ~ 방아 타령, 민요 ~ 운율, 민족 상잔 ~ 비극, 민족 정신 ~ 고취, 민주 주의 ~ 퇴보, 밀리그램 ~ 카페인, 바게트 ~ 껍데기, 바지 ~ 허리 띠, 박물관 ~ 눈요기, 박빙 ~ 승부, 반 박자 ~ 못갖춘 마디, 반동 ~ 반동, 반전 ~ 변곡점, 반지 ~ 제왕, 발군 ~ 실력, 발원지까지 ~ 직선 거리, 발전소 ~ 방사능, 밤 나무 ~ 생육, 밥 ~ 감촉, 밥 ~ 찰기, 방송가 ~ 화제, 배 ~ 마스트, 배설 ~ 쾌감, 배수 ~ 진, 백 년 해로 ~ 가약을 맺는다, 백만 원 ~ 손해 배상 청구, 백만 원 이하 ~ 과태료, 백만 원 이하 ~ 벌금, 백조 ~ 호수, 백화점 ~ 여점원, 밴드 ~ 연주, 번식지 ~ 남 쪽, 법무관 ~ 증언, 벤허 ~ 마차 경주, 벼 ~ 조생종, 벼룩 ~ 간을 빼 먹는다, 변명 ~ 여지, 변성 ~ 질환, 변호인 ~ 선임, 변호인 ~ 접견, 변호인 ~ 조력을 받는다, 변호인 ~ 출석, 별감 ~ 마님, 별장 ~ 폐허, 병변 ~ 국소, 병역 ~ 의무, 보복 ~ 악순환, 보살 ~ 명호, 보험자 ~ 구성원, 복선 ~ 장치, 복음 ~ 색채, 복지비 ~ 삭감, 본문 ~ 목차, 본연 ~ 모습, 본연 ~ 역할, 본연 ~ 임무, 부 의식 ~ 회복, 부담 ~ 형평, 부덕 ~ 소치, 부부 간 ~ 성 생활, 부엌 ~ 부뚜막, 부왕 ~ 결단, 부왕 ~ 유골, 부작위 ~ 인간 관계, 부채 ~ 원화 환산 가액, 북두칠성 ~ 국자, 북한 군 ~ 선제 공격, 분구 ~ 봉토, 불구대천 ~ 원수, 불굴 ~ 용기, 불굴 ~ 의지, 불굴 ~ 투지, 불귀 ~ 객이 된다, 불의 ~ 교통 사고, 불의 ~ 사고, 불의 ~ 일격, 불치 ~ 병, 불퇴전 ~ 각오, 불퇴전 ~ 결의, 불퇴전 ~ 경지, 불퇴전 ~ 용맹, 불편 ~ 강도, 불혹 ~ 나이, 불후 ~ 명작, 불후 ~ 명저, 블랙홀 ~ 지평 면, 비 ~ 감촉, 비난 ~ 화살, 비둘기 ~ 떼, 비리 ~ 온상, 비애 ~ 성사, 비평 ~ 해부, 비행기 ~ 착륙, 빈곤 ~ 악순환, 빙산 ~ 일각이다, 사각형 ~ 빌딩, 사건 ~ 전말, 사격 ~ 명수, 사고 ~ 전환, 사단 ~ 법무관, 사돈 ~ 팔 촌, 사람 ~ 명예를 훼손 한다, 사랑 ~ 묘약, 사랑 ~ 밀어, 사랑 ~ 증표, 사막 ~ 화원, 사바 세계 ~ 중생, 사법부 ~ 수장, 사원들 ~ 해외 연수, 사이코드라마 ~ 매력, 사정 ~ 칼날, 사진 작가 ~ 조수, 사찰 ~ 경내, 사찰지 ~ 본전, 사태 ~ 평화적 해결, 산 골 ~ 폐광 촌, 산성 ~ 사질 토양, 산악 지대 ~ 풍취, 산업 구조 ~ 고도화, 산업 자본 ~ 은행업, 산자 ~ 조직감, 삶 ~ 지혜, 삼성가 ~ 장남, 삼정 ~ 문란, 삼제공 ~ 살미첨차, 상무 ~ 졸개, 상상 ~ 나래, 상상 ~ 날개를 편다, 상상 ~ 날개를 펼친다, 상소 ~ 취하, 상소 ~ 포기, 상점 ~ 점원, 상해 죄 ~ 구성 요건, 새 발 ~ 피다, 색즉시공 공즉시색 ~ 도리, 생각 ~ 곬, 생명 ~ 출산자, 생사 ~ 기로, 생식기 ~ 발육, 생활 수준 ~ 향상, 샹놈 ~ 새끼, 서비스로서 ~ 소프트웨어, 서양 ~ 문법학, 서정 시 ~ 본령, 선 ~ 분획, 선고 ~ 효력, 선단 ~ 행수, 선망 ~ 대상, 선법 ~ 전래, 선의 ~ 거짓 말, 선의 ~ 임차인 및 담보권자, 선의 ~ 피해자, 선인 ~ 경구, 선인장 ~ 가시, 선종 ~ 승려, 선택 ~ 폭을 넓힌다, 선현 ~ 가르침, 성 전환자 ~ 호적, 성공 ~ 3 대 요소, 성당 ~ 주임 신부, 성인 병

~ 발병, 성조기 모양 ~ 바디 페인팅, 성현 ~ 위패, 세계 유일 ~ 분단국, 세계인 ~ 이목을 끈다, 세곡 ~ 석 수, 세기말적 예술 사조 ~ 흔적, 세로토닌 ~ 분비, 세상사 ~ 이치, 세속 ~ 부귀 영화, 세습무 ~ 굿, 세월호 ~ 인양, 세인 ~ 이목을 끈다, 세인 ~ 이목을 의식 한다, 소금 ~ 짠 맛, 소기 ~ 목적을 달성 한다, 소기 ~ 성과를 거둔다, 소로 ~ 굽면, 소수 ~, 소액 임차인 ~ 우선 변제권, 소유와 경영 ~ 분리, 송아지 ~ 울음 소리, 수능 ~ 변별력, 수령 ~ 탐학, 수명 ~ 연장, 수분 ~ 증발, 수영 ~ 군총, 수유부 ~ 금기 음식, 수탈 ~ 과다, 수퍼우먼 ~ 허상, 수행 ~ 증표, 수행자 ~ 본분, 수형자 ~ 접견, 수형인 ~ 본적지, 숙명 ~ 라이벌, 스너프 필름 ~ 주인공, 스크린 ~ 배열, 스페이드 ~ 여왕, 승강구 ~ 맨 아랫계단, 시공 ~ 종점, 시나리오 ~ 지문, 시신 ~ 부란, 시야 ~ 노이즈, 시할머니 ~ 시할머니, 시향 ~ 팝스 콘서트, 식량 ~ 자급 자족, 식염 ~ 농도, 신 어미 ~ 결시, 신경절 ~ 세포, 신기루 ~ 전설, 신라인 ~ 후예, 신록 ~ 계절, 신비감 ~ 체험, 신청인 ~ 보증, 실의 ~ 나날, 심야 ~ 탈주, 심의회 ~ 심의, 심장 ~ 고동, 심장 ~ 박동, 심장 ~ 판막, 심판 ~ 날, 십 원 미만 ~ 소액, 십 킬로 미터 ~ 갯벌, 십삼 구 ~ 시체, 씨름 ~ 달인, 씨족 ~ 토템, 아드리아 해 ~ 일몰, 아메리슘 ~ 비율, 아방궁 ~ 선녀, 악순환 ~ 고리, 안도 ~ 숨을 내 쉰다, 안도 ~ 한숨을 내 쉰다, 안락사 ~ 도덕성 논쟁, 안보리 ~ 제재, 알뜰 주부 ~ 쿠킹 센스, 애도 ~ 뜻을 표한다, 애수 ~ 소야곡, 야구 ~ 적응기, 약 방 ~ 감초, 약사 ~ 한약, 약육강식 ~, 약자 ~ 권익, 약자 ~ 이익을 대변 한다, 약자 ~ 편에 선다, 양 군 ~ 분할, 양 날 ~ 칼, 양 측 ~ 입장, 양 치기 ~ 오누막 집, 양계장 ~ 닭, 양념 ~ 궁합, 양심 ~ 가책, 양조장 ~ 양철, 양질 ~ 단백질, 양질 ~ 소프트웨어, 어깨 ~ 근육통, 어류 ~ 서식, 어미 ~ 탯속, 어민 ~ 증언, 어업 ~ 중심지, 억압 ~ 침전물, 언론 사 ~ 경영 진, 언론 사 ~ 사주, 언론 ~ 여론 형성 기능, □에는 의심 ~ 여지가 없다, 여당 ~ 선심, 여러분 ~ 건투를 빈다, 여론 ~ 역풍, 여론 ~ 향방, 여소야대 ~ 정국, 여치 ~ 더듬이, 여행 ~ 첫 기착지, 역삼각형 ~ 얼굴, 역전 ~ 명수, 역전 ~ 발 판, 연 꽃 ~ 호수, 연사 ~ 강연, 연안 ~ 간척지, 연안 ~ 모래 밭, 연합 군 ~ 북진, 연합국 ~ 승인, 연합국 ~ 전승, 열광 ~ 도가니, 열망 ~ 모태, 염소 ~ 뿔, 염장 ~ 소금 막, 염화시중 ~ 미소, 엿 장수 ~ 가위, 영광 ~ 잔재, 영주 ~ 성채, 영하 ~ 날씨, 영혼 ~ 구원자, 옆 면 ~ 도어 록, 예술 ~ 전당 콘서트 홀, 오백 석 ~ 객석, 오십 톤 ~ 알곡, 오십 톤 ~ 조강, 오케스트라 ~ 지휘자, 오해 ~ 소지, 옥 ~ 티, 옥개석 ~ 처마, 온실 ~ 화초, 올림픽 ~ 중계권료, 옷 ~ 실루엣, 와당 ~ 꽃 무늬, 와당문 ~ 열 폭 병풍, 왕가 ~ 계곡, 왕년 ~ 명앵커, 왕비 ~ 정침, 왕비 ~ 침전, 왜곡 ~ 그물, 왜구 ~ 침입, 왜군 ~ 침입, 외무상 ~ 참석, 외부인 ~ 출입, 외아들 ~ 홀시어머니, 외적 ~ 침략, 외적 ~ 침입, 외채 ~ 만기, 외화 부채 ~ 원화 환산, 요원 ~ 불 길, 요추 골 사이 ~ 추간부위, 용 왕 굿 ~ 기능, 용액 ~ 어는 점, 우승 ~ 향방, 우승 컵 ~ 향방, 우주 ~

삼라 만상, 운신 ~ 폭, 움 ~ 깊이, 원 궤도 ~ 중심, 월간지 ~ 원고, 월북자 ~ 이산 가족, 윗선 ~ 지시, 위산 ~ 분비, 위원회 ~ 심의를 거친다, 유년 ~ 뜰, 유도화 ~ 꽃 잎, 유럽인 ~ 생활상, 유모 ~ 젖, 유엔 군 ~ 참전, 유체 ~ 흐름, 유쾌 ~ 정서, 유태교 ~ 안식일, 유태인 ~ 모략, 유해 ~ 추가 송환, 유혹 ~ 손 길, 육십 ~ 고갯마루, 윤리관 ~ 확립, --으라는/자는 구호 ~ 현수막, □으로/로 ~ 긴 여로, □으로/로 ~ 이행기, --은/ㄴ 경력 ~ 소유자, --음/ㅁ은 의심 ~ 여지가 없다, 음식점 ~ 찬모, 음양오행 ~ 원리, 응분 ~ 조치, 응분 ~ 처벌, 응원단 ~ 인공 기, 의료재 ~ 공리, 의료재 ~ 분배, 의리 ~ 사나이, 의문 ~ 여지, 의사들 ~ 집단 폐업, 의상 ~ 색상, 의욕 ~ 감퇴, 의태어 등 ~ 첩어, 이 놈 ~ 집 구석, 이 썅놈 ~ 새끼, 이교도 ~ 유물, 이마 ~ 땀, 이만 톤 ~ 폐수, 이분 ~ 일, 이사장 ~ 친인척, 이산화 탄소 ~ 방출, 이유서 ~ 제출, 이윤 ~ 극대화, 이학 ~ 비조, 인간 존중 ~ 윤리관, 인과 ~ 고리, 인류 고금 동서 ~ 역사 전체, 인생 ~ 황혼기, 인쇄술 ~ 발명, 일 년 이상 ~ 징역이나 금고, 일고 ~ 가치도 없다, 일기 ~ 한 구절, 일련 ~, 일말 ~ 기대, 일말 ~ 부끄러움, 일말 ~ 양심, 일말 ~ 진리, 일말 ~ 책임감, 일본 군 ~ 항복, 일생 ~ 동반자, 일생 일 대 ~ 결정, 일생 일 대 ~ 선택, 일신 ~ 안위, 일억 원 ~ 손해 배상, 일정 성분비 ~ 법칙, 일종 ~, 임대 계약 ~ 견적서 발급, 잣대 ~ 눈 금, 자국사 ~ 입장, 자국어 ~ 자부심, 자궁 ~ 수축, 자기 실현 ~ 욕구, 자연 ~ 섭리, 자원 ~ 효율적 배분, 자유 분망 ~ 시절, 자유 세계 ~ 전초 기지, 자유 ~ 여신 상, 자이나 교 ~ 성경, 작물 ~ 재배, 잔재 ~ 청산, 잔칫날 ~ 청첩장, 장고 끝 ~ 악수, 장고 ~ 명수, 장방형 ~ 평면, 장안 ~ 왕초, 장안 ~ 화제, 장족 ~ 발전을 한다, 재론 ~ 여지, 재원 ~ 출처, 저 마다 ~, 저간 ~ 사정, 저술업 ~ 독창, 저승 ~ 사자, 저작권자 ~ 허락, 저작물 ~ 복제물, 전무 ~ 사퇴, 전문가 ~ 조언, 전문가 ~ 추천, 전문의 ~ 진찰, 전분 ~ 노화, 전분 ~ 점도, 전분 ~ 호화, 전쟁 ~ 참화, 전치 2 주 ~ 상처를 입힌다, 전투기 ~ 기종, 전환 ~ 모색기, 절망 ~ 구렁텅이, 절호 ~ 기회, 절호 ~ 찬스, 젊음 ~ 뒤안 길, 정당 ~ 과두, 정력 ~ 낭비, 정맥 ~ 판막, 정원 ~ 잔디, 정전 ~ 정문, 정체 불명 ~, 정체불명 ~ 괴한, 정치국 ~ 중앙위, 제 삼 집 ~ 타이틀, 제국 주의 ~ 파쇼, 제복 ~ 절름발이, 조각 ~ 정수, 조상 ~ 음덕, 조선군 ~ 출병, 조약 ~ 체결, 존경 ~ 염, 종 소리 ~ 여운, 좌석 ~ 등받이, 죄 ~ 경중, 죄인 ~ 후손, 주 말 ~ 명화, 주변인 ~ 길, 주부들 ~ 부업 거리, 죽 ~ 장막, 중공 군 ~ 참전, 중공업 ~ 파업, 중국 ~ 과학과 문명, 중소 기업 ~ 애로, 중앙 ~ 농업 위원회, 중이 ~ 등자, 중전 ~ 정침, 쥐 ~ 정소, 증가세 ~ 둔화, 증가 일로 ~, 증거 ~ 증명력, 증거 인멸 ~ 우려가 있다, 증인 ~ 증언, 지붕 ~ 용 마루, 지빠귀 둥지 속 ~ 뻐꾸기, 지석 묘 ~ 덮개 돌, 지석 ~ 후면, 지폐 ~ 도안, 지휘자 ~ 숨 소리, 진동자 ~ 진동수, 진드기 ~ 온상, 질타 ~ 대상, 짧디 짧은 북 반구 ~ 해, 차관보 ~ 방북, 참회 ~ 눈 물, 창고 ~ 곡식, 창작 ~ 고통, 책임 보험료 ~ 할증, 천 에이커 ~ 땅, 천국 ~ 나그네, 천만 ~ 말씀이다, 천만 달러 ~ 흑자를 기록 한다, 천만 원 이하 ~ 벌금에 처한다, 천애 ~ 고아, 천연 ~ 암반, 천장 ~ 형광 등, 천정 전체 ~ 색조, 천하 ~ 게으름뱅이, 천혜 ~ 경관, 천혜 ~ 요새, 천혜 ~ 자연 환경, 철 ~ 장막, 철학과 ~ 과장, 첨차 ~ 밑 면, 청운 ~ 꿈, 청춘 ~ 덫, 체계 ~ 기능적 결함, 체열 ~ 방산, 초겨울 ~ 양광, 초동 ~ 접낫, 초로 ~ 아주머니, 초미 ~ 관심사, 초발심자 ~ 마음, 초유 ~ 사태, 초청장 ~ 명의, 총 소리 ~ 환청, 최상 ~ 컨디션, 최악 ~ 사고, 최악 ~ 시나리오, 최악 ~ 참사, 최후 ~ 결전, 최후 ~ 만찬, 최후 ~ 보루, 최후 ~ 일전, 최후 ~ 진용, 추위와 더위 ~ 차, 출목 ~ 다포식, 충동 ~ 분출, 충효 양전 ~ 길, 췌액 ~ 유출 장해, 취타대 ~ 팡파르, 치마 ~ 밑 단, 침략 군 ~ 무도한 폭행, 침체 ~ 늪, 카나리아 ~ 목숨, 카톨릭 ~ 총본산, 칼로리 ~ 열량, 커뮤니케이션 ~ 파트너, 콩팥 ~ 소디움, 클럽 ~ 부회장, 타 ~ 추종을 불허 한다, 탁주 ~ 관능, 태양 ~ 양기, 태양 ~ 주위를 돈다, 탱크 ~ 캐터필러, 토기 ~ 발명, 톱니 바퀴 ~ 톱니, 통계 ~ 편제, 통석 ~ 염, 통신사 ~ 파견, 통합 ~ 와해, 투신 사 ~ 공사채, 특단 ~ 대책, 특단 ~ 조치, 특별 법 ~ 제정, 특사 ~ 방북, 특유 ~, 파괴 ~ 주범, 파라오 ~ 저주, 판매 ~ 법리, 팔 목 ~ 맥, 팔작 지붕 ~ 겹처마, 패러다임 ~ 변화, 패러다임 ~ 전환, 패배 주의 ~ 축제, 평면 ~ 민도리 집, 폭력단 ~ 두목, 폭력배 ~ 괴수, 표 ~ 열람, 표정 ~ 변화가 없다, 표현 ~ 자유, 풀 잎 ~ 이슬, 프랑화 ~ 강세, 피 어린 역사 ~ 산물, 피검자 ~ 중지, 필견 ~ 도시, 필리핀인 ~ 혼혈인, 필살 ~ 일탄, 필생 ~, 필승 ~ 고지, 필지 ~ 졸작, 하나님 ~ 은총, 하늘 ~ 별 따기, 하오 ~ 햇살, 한 그루 ~ 사과 나무, 한 그루 ~ 야자 나무, 한 사춘기 소녀 ~ 숨김 없는 자기 고백, 한 쌍 ~ 염색체, 한 줌 ~ 먼지, 한 줌 ~ 빛, 한 줌 ~ 재, 한 치 ~ 양보도 없다, 한 치 ~ 오차도 없다, 한 켤레 ~ 구두, 한 편 ~ 사중주, 한강 ~ 중류, 한반도 ~ 평화와 안정, 한 벌대 ~ 기단, 합리 주의 ~ 산물, 항간 ~ 소문, 항공기 ~ 이착륙, 항문 괄약 근 ~ 긴장도, 해답 ~ 실마리, 해방동이 ~ 세대, 해안 선 ~ 굴곡, 행운 ~ 별 점, 행정청 ~ 위법, 허튼 층 쌓기 ~ 기단, 헌병대 ~ 분견대, 혁명 ~ 제일성, 현대사 ~ 발 자취, 현수막 ~ 구호, 현실자로서 ~ 고민, 혈액 내 ~ 칼슘량, 형극 ~ 길, 형명법술 ~ 학, 형장 ~ 이슬로 사라진다, 형제 간 ~ 우애, 형조 ~ 포리, 호사가들 ~ 입에 오르내린다, 호조 ~ 산원, 혼신 ~ 힘을 다 한다, 홀로세 ~ 공룡, 홈 그라운드 ~ 이점, 화엄종 ~ 종조, 화왕 ~ 총애, 화질 ~ 선명도, 화평 ~ 맹세, 화평 ~ 서약, 환급 가산금 ~ 이율, 환멸 ~ 낭만 주의, 환상 ~ 공중 누각, 환어음 ~ 지급인, 환희 ~ 송가, 활엽수 ~ 잎, 활자 ~ 마력, 황금 ~ 영좌, 황야 ~ 결투, 황야 ~ 무법자, 황제 ~ 특사 령, 황태자 ~ 첫 사랑, 황후 ~ 대관식, 회사 명의 ~ 배서, 회심 ~ 미소를 짓는다, 후세 ~ 역사가, 휠체어 ~ 손 잡이, 흥분 ~ 도가니, 희대 ~ 엽색 행각, 희비 ~ 쌍 곡선

의거 십 진법에 ~ 한다

의견 ~ 란 또는 독자 란, ~ 이 분분하다, ~ 조율

의결 ~ 기구화, ~ 정족수, ~ 한다; 교원 징계 ~ 제청, 국무 회의 ~, 금통위 ~

의과 ~ 대학

의과학 ~ 연구소

의관 ~ 을 정제 한다

의구 ~ 하다

의기 ~ 소침하다, ~ 양양하다, ~ 투합 한다

의남매 ~ 를 맺는다

의논 ~ 이 분분하다, ~ 한다

의도적 ~ 으로, ~ 혼입

의례 ~ 를 거행 한다; 가정 ~ 준칙, 제천 ~, 통과 ~

의례실 신앙 ~

의뢰 수사 ~, 심사 ~, □을/를 ~ 한다, 조사 ~자, 추심 ~ 은행

의료 ~ 보험 법, ~ 보험 수가 및 진찰료, ~ 보험자, ~ 보험증, ~ 분쟁 조정 법, ~ 수가, ~ 폐기물, ~ 행위료; 무면허 ~ 행위, 보건 ~ 노조, 응급 ~ 법, 지역 응급 ~ 센터, 통합 주의 ~ 보험, 한국 군 ~ 지원단

의료원 국립 ~

의료인 ~ 과 환자

의료재 ~ 의 공리, ~ 의 분배

의류 ~ 와 침구, ~ 하청업; 가죽제 ~, 모피 ~ 전문 상가, 캐주얼 ~

의리 ~ 를 저버린다, ~ 와 명분, ~ 와 인정, ~ 와 절개, ~ 의 사나이; 배청 ~ 론

의무 국방의 ~, 논증 ~, 면허증 휴대 ~ 위반, 병역의 ~, 비밀 유지 ~, 실거주 ~, 실명 등기 ~, 양도 담보 사실 기재 ~, 주의 ~ 위반

의무 ~ 부사관; 국군 ~ 사령관

의무자 납세 ~, 병역 ~, 부양 ~, 원천 징수 ~

의문 ~ 의 여지

의문사 ~ 규명위, ~ 진상 규명 위원회

의미 ~ 한다

의미심장 ~ 하다

의미적 ~ 으로, ~ 인

의법 ~ 조치 한다

의병장 해산 군인 출신 ~

의복 ~ 및 모피

의붓 계모와 ~ 딸, 계모와 ~ 자매

의사 ~ 결정권자; 국회 ~ 일정, 최고 ~ 결정 기관

의사 ~ 국가 시험원, ~ 들의 집단 폐업, ~ 또는 약사, ~ 지시 하에; 돌팔이 ~, 외과 ~, 인도 주의 실천 ~ 협의회, 정신과 ~, 치과 ~ 협회

의사 ~ 를 타진 한다, ~ 소통을 원활히 한다, ~ 와는 상관 없이

의사당 ~ 과 궁전; 국회 ~

의사록 합의 ~

의상 ~ 디자이너, ~ 의 색상, ~ 코디네이터

의석 과반 수 ~, 과반 ~

의식 대쪽 같은 공정 ~, 도덕 ~과 보편주의, 민족 ~을 고취 한다, 반봉건 ~, 부

~의 회복, 선민 ~, 세인의 이목을 ~ 한다, 역사 ~에 호소 한다, 죄 ~에 사로잡힌다, 죄업 ~, 지나친 미문 ~, 직업 ~, 특권 ~, 피해 ~, 허위 ~

의식 제천 ~

의식적 ~ 으로, ~ 인

의심 사스 ~ 환자, □에는 ~의 여지가 없다, □은/는 ~ 할 여지가 없다, □을/를 ~ 한다, --음/ㅁ은 ~의 여지가 없다

의심쩍다 의심쩍은 눈초리

의아 ~ 하다

의약 ~ 분업 계도 기간, ~ 분업 분쟁, ~ 분업 제도, ~ 분업 체계, ~ 일체 제도; 한방 ~ 분업

의약국 식품 ~

의약청 식품 ~

의약품 ~ 실거래가 상환, ~ 오남용률; 상용 처방 ~, 식품 ~ 안전청

의연 구태 ~하다

의욕 ~ 을 북돋운다, ~ 의 감퇴; 근로 ~, 근무 ~ 고취

의욕적 ~ 으로, ~ 인

의용 ~ 대원, ~ 소방 대원, ~ 소방대

의원 ~ 윤리 강령; 민정계 ~, 삼 선 이상 ~, 상원 ~, 소장 파 ~, 쇄신 파 ~, 재적 ~, 전국구 ~, 초선 ~, 하원 ~

의자 ~ 등 받이, ~ 식 생활; 안락 ~와 결상, 좌식과 ~ 식, 탁자나 ~

의장 ~ 으로 선출 된다; 교수회 ~, 국가 보위 원로원 ~, 국가 평의회 ~, 도 의회 ~ 협의회, 원로원 ~, 자문위 ~, 전 국회 ~, 정책위 ~, 합참 ~, 후반기 ~단

의장국 순번 ~

의전 ~ 비서관 실

의젓 ~ 하다

의정 ~ 하사관 출신

의정 ~ 활동

의정부 ~ 에서 아뢴다

의정원 임시 ~

의정지기 ~ 단 활동, ~ 단원

의존 ~ 도가 지나치게 높다; 등록금 ~ 율, 수계 ~도, 전적으로 ~ 한다, 차입에 ~ 한다, 차입금 ~도

의지 지팡이에 몸을 ~ 한다

의지 ~ 와 상관 없이; 강한 ~, 굳은 ~, 불굴의 ~, 쇄신 ~

의탁 ~ 노인; □에 ~ 한다

의태어 ~ 등의 첩어

의표 ~ 를 찌른다

의학 ~ 전문 대학원; 노벨 생리 ~ 상을 받는다, 노벨 ~ 상을 받는다, 생리 ~ 상, 예방 ~, 재활 ~ 과, 추나 ~회, 팔 상 ~

의한다[의해] 모순에 의한 증명, □에 ~, 타의에 의해

의향 ~ 을 타진 한다

의향서 인수 ~

의형제 ~ 맺는다

의혹 ~ 에 찬 시선, ~ 이 번진다; 개발 비리 ~, --는다는/ㄴ다는/다는/라는 ~, 병무 비리 ~, 병역 기피 ~, 병역 면제 ~, 병역 비리 은폐 ~, 병역 비리 ~, 부동산 투기 ~, 비리 ~을 수사 중이다, 사

업 로비 ~, 외압 ~, 위장 전입 ~, 파업 유도 ~, 학력 허위 기재 ~

의회 광역 ~ 선거, 도 ~ 의장 협의회, 제헌 ~, 행정부와 ~

이/가 □~ 괘씸하다, □~ 궁금하다, □~ 그립다, □~ 기쁘다, □~ 기특하다, □~ 꺼림칙하다, □~ 넘는다, □~ 대견하다, □~ 되어 간다, □~ 되지 못한다, □~ 두렵다, □~ 무섭다, □~ 무안하다, □~ 미안하다, □~ 민망하다, □~ 반갑다, □~ 부끄럽다, □~ 부럽다, □~ 섭섭하다, □~ 수치스럽다, □~ 슬프다, □~ 싫다, □~ 아깝다, □~ 아니다, □~ 안타깝다, □~ 억울하다, □~ 언짢다, □~ 자랑스럽다, □~ 좋다, □~ 황당하다

이/가 □~ 모락모락 피어 오른다, □~ 물씬 풍긴다, □~ 바르르 떨린다, □~ 바작바작 타 들어 간다, □~ 불끈 솟아 오른다, □~ 살랑살랑 분다, □~ 송글송글 맺힌다, □~ 숭숭 뚫린다, □~ 싹 가신다, □~ 어렵다, □~ 적힌 안내 판, □~ 적힌 피켓, □~ 철렁 내려 앉는다, □~ 탐 난다, □~ 파르르 떨린다, □~ 한창이다, □~ 훤히 밝는다

이 걸림 돌 ~ 된다, 고생이 이만저만 ~ 아니다, 곤죽 ~ 된다, 공 염불 ~ 된다, 귀감 ~ 된다, 꼴찌가 일 등 ~ 된다, 놀림 감 ~ 된다, --는 데 조금이라도 도움 ~ 된다, --는다고/ㄴ다고/다고/라고 해도 과언 ~ 아니다, 도화선 ~ 된다, 뒤 범벅 ~ 된다, 뒤죽박죽 ~ 된다, 득 ~ 된다, 말 벗 ~ 된다, 무용지물 ~ 된다, 밑 거름 ~ 된다, 반주검 ~ 된다, 불귀의 객 ~ 된다, 새 사람 ~ 된다, 수라장 ~ 된다, 쑥 대 밭 ~ 된다, 쑥 밭 ~ 된다, □에 보탬 ~ 된다, □에 혈안 ~ 된다, 여간 강심장 ~ 아니다, 예삿일 ~ 아니다, 온상 ~ 된다, 울상 ~ 된다, 원동력 ~ 된다, 유망민 ~ 된다, 인사불성 ~ 된다, 잡탕 ~ 된다, 제 정신 ~ 아니다, 주동 ~ 된다, 주축 ~ 된다, 죽 ~ 되든 밥 ~ 되든, 초 죽음 ~ 된다, 커서 어른 ~ 된다, 폐인 ~ 된다, 피 범벅 ~ 된다, 하루 아침에 물 거품 ~ 된다, 한 둘 ~ 아니다, 희생물 ~ 된다

이 버림 받은 ~, 보는 ~로 하여금 손에 땀을 쥐게 한다

이 어린 ~ 대공원, 젊은 ~

이 --대서/는대서야 말 ~ 안된다, 가격 결정권 ~ 없다, 가능성 ~ 희박하다, 가슴 ~ 두근거린다, 가슴 ~ 두근두근 한다, 가슴 ~ 뜨끔하다, 가슴 ~ 뭉클하다, 가슴 ~ 미어진다, 가슴 ~ 선뜩하다, 가슴 ~ 설렌다, 가슴 ~ 섬찍하다, 가슴 ~ 오빈다, 가슴 ~ 울렁거린다, 가슴 ~ 울울하다, 가슴 ~ 저며 온다, 가슴 ~ 철렁 내려 앉는다, 가슴 ~ 콩닥거린다, 가슴 ~ 콩닥콩닥 뛴다, 가슴 ~ 휑 뚫린다, 가족력 ~ 있다, 간 ~ 두 근 반 서 근 반 한다, 간 ~ 크다, 간간히 눈발 ~ 날린다, 간담 ~ 서늘하다, 간판 ~ 내 걸린다, 갈등 ~ 생긴다, 감수성 ~ 예민하다, 값 ~ 똥 금이다, 강 물 ~ 붇는다, 개성 ~ 강한 캐릭터, 거품 ~ 꺼진다, 거품 ~ 낀다, 걱정 ~ 태산 같다, 걱정 ~ 태산이다, 검거 령 ~ 내려 진다, 검댕 ~ 묻는다, 겁 ~ 더럭 난다, 결딴 ~ 난다, 결의 안 ~ 통과 된다, 경결 ~ 생긴다, 경보 음 ~ 울린다, 경찰력 ~ 투입 된다, 계엄 령 ~

내려 진다, 고생 ~ 이만저만이 아니다, 고성 ~ 오간다, 고장 ~ 난다, 고집 ~ 세다, 고환에 탈장 ~ 있다, 골 병 ~ 든다, 공 돈 ~ 생긴다, 공업 ~ 성하다, □과/와 비교 해도 손색 ~ 없다, □과/와 염문 설 ~ 있다, 교분 ~ 자별하다, 교통 ~ 혼잡하다, 교황 ~ 미사를 집전 한다, 구관 ~ 명관이다, 구멍 ~ 송송 뚫린다, 구변 ~ 좋다, 구소련 ~ 붕괴 된다, 구슬 ~ 서 말이라도 꿰어야 보배다, 국 물 ~ 담백하다, 국론 ~ 분열 된다, 굽면 ~ 곡면이다, 굽면 ~ 사면이다, 귀에 못 ~ 박히게 듣는다, 귀신 ~ 곡 할 노릇이다, 균열 ~ 간다, 극 중 비중 ~ 높다, 근성 ~ 있다, 금고 형 ~ 구형 된다, --기 짝 ~ 없다, 기골 ~ 장대하다, 기분 ~ 처진다, 기온 ~ 급강하 한다, 기자와 취재원 ~ 유착 한다, 긴장감 ~ 감돈다, 길 눈 ~ 어둡다, 김 ~ 모락모락 난다, 김 ~ 무럭무럭 난다, 깃발 ~ 나부낀다, 깃털 ~ 돋아 난다, 까무룩 잠 ~ 든다, 꿈보다 해몽 ~ 낫다, 낙엽 ~ 뒹군다, 낙엽 ~ 떨어진다, 낙인 ~ 찍힌다, 날인 ~ 찍힌다, 납 독 ~ 오른다, 낯 ~ 뜨거워진다, 낯 ~ 설다, 낯 ~ 익다, 내 예상 ~ 빗나간다, 내음 ~ 풍긴다, 노을 ~ 붉다, 노출 ~ 큰 영상, 녹 ~ 슨다, 논란 ~ 인다, 놀 ~ 잦아든다, 농작물에 중금속 ~ 있다, 누렇게 색 ~ 바랜다, 눈 가에 이슬 ~ 맺힌다, 눈 물 ~ 그렁하다, 눈 물 ~ 그렁거린다, 눈 물 ~ 그렁그렁하다, 눈 물 ~ 글썽 글썽 한다, 눈 물 ~ 글썽 한다, 눈 물 ~ 글썽거린다, 눈 물 ~ 메마르다, 눈 살 ~ 찌푸린다, 눈 앞 ~ 캄캄하다, 눈에 눈 물 ~ 고인다, 눈에 눈 물 ~ 핑 돈다, 눈 ~ 동그래 진다, 눈 ~ 둥그래 진다, 눈 ~ 똥그래 진다, 눈 ~ 먼다, 눈 ~ 번쩍 뜨인다, 눈 ~ 부시다, 눈 ~ 화등잔 만하다, 눈 ~ 휘둥그래 진다, 눈 ~ 덮인다, 눈발 ~ 날린다, 눈빌 ~ 흩날린다, 눈시울 ~ 덥다, 눈시울 ~ 뜨거워진다, 눈시울 ~ 붉어 진다, 눈시울 ~ 젖는다, --느라 여념 ~ 없다, --는 것 ~ 고작이다, --는 것 ~ 급선무다, --는 것 ~ 상책이다, --는 것 ~ 인지상정이다, --는 것 ~ 통례다, --는 것 ~ 소원이다, --는데 시간 ~ 오래 걸린다, --는다는/ㄴ다는/다는/라는 것 ~ 중론이다, --는다는/ㄴ다는/다는/라는 관측 ~ 돈다, --는다는/ㄴ다는/다는/라는 관측 ~ 우세하다, --는다는/ㄴ다는/다는/라는 관측 ~ 확산 된다, --는다는/ㄴ다는/다는/라는 정황 ~ 드러난다, --는다면 무슨 소용 ~ 있니, 늦게 배운 도둑 ~ 밤 새는 줄 모른다, --다는/라는 소문 ~ 증권가에 파다하다, 다연발 최루 탄 ~ 날아 온다, 닭 살 ~ 돋는다, 당선 ~ 유력하다, 대접 ~ 시원 찮다, 더럭 겁 ~ 난다, 도둑 ~ 제 발 저리다더니, 도장 ~ 찍힌다, 동 ~ 튼다, 두뇌 회전 ~ 빠르다, 뒷말 ~ 무성하다, 뒷맛 ~ 개운하다, 뒷탈 ~ 없다, 득보다 실 ~ 많다, --든 아무 상관 ~ 없다, 들통 ~ 난다, 등 허리에서 땀 ~ 난다, 등골에 식은 땀 ~ 흐른다, 등골 ~ 오싹하다, 땀 방울 ~ 맺힌다, 땀으로 범벅 ~ 된다, 땀 ~ 비 오듯 쏟아 진다, 땀 ~ 뻘뻘 난다, 똥 끝 ~ 탄다, --려는 데 그 목적 ~ 있다, 마땅한 대안 ~ 없다, 마련 ~ 시급하다, 마음 ~ 굴뚝 같다, 마음 ~ 변한다, 마찰 음 ~ 들린다, □만 ~ 능사가 아니다, 만감 ~ 교차 한다, 만물 ~ 소생 한다, 만인 ~ 평등하다, 말 구멍 ~ 막힌다, 말 문 ~ 트인다, 말 ~ 나온 김에, 말 ~ 잘 통한다, 매력 ~ 넘친다, 매력 ~ 있다, 매사에 자신감 ~ 있다, 맥 ~ 탁 풀린다, 머리 끝 ~ 쭈뼛 한다, 머리 털 ~ 곤두선다, 머리칼 ~ 헝클어 진다, 먼 동 ~ 튼다, 면목 ~ 없다, 명맥 ~ 끊긴다, 명분 ~ 없다, 명성 ~ 자자하다, 명암 ~ 엇갈린다, 모 난 돌 ~ 정 맞는다, 모골 ~ 송연하다, 모든 업종 ~ 내림세다, 모습 ~ 눈에 선하다, 목 구멍 ~ 포도청이다, 목 숨 ~ 경각에 달려 있다, 목 숨 ~ 경각에 달렸다, 목 ~ 메인다, 몸 ~ 가뿐하다, 몸 ~ 약하다, 몸 집 ~ 왜소하다, 못 ~ 박힌다, 무궁화 꽃 ~ 피었다, 무소식 ~ 희소식이다, 물결 ~ 출렁인다, 물 ~ 콸콸 쏟아 진다, 물증 ~ 확보 된다, 민심 ~ 흉흉하다, 미운 털 ~ 박힌다, 바람 ~ 잦아든다, 바티칸 ~ 소장 한다, 박살 ~ 난다, 반들반들 윤 ~ 난다, 반짝 반짝 윤 ~ 난다, 발 길 ~ 뜸하다, 발 등에 불 ~ 떨어진다, 발 바닥 ~ 간질거린다, 밤 바람 ~ 서늘 서늘 불어 온다, 밤 ~ 이슥하다, 밥 ~ 질다, 배보다 배꼽 ~ 크다, 배 탈 ~ 난다, 배꼽에 탈장 ~ 생긴다, 배알 ~ 뒤틀린다, 배짱 ~ 두둑하다, 백 약 ~ 무효다, 백골 ~ 진토 된다, 백문 ~ 불여일견이다, 백발 ~ 성성하다, 밸 ~ 꼴린다, 번갯불 ~ 번쩍 한다, 법 ~ 제정 된다, 벚꽃 ~ 만발 한다, 베일 ~ 벗겨 진다, 벼락 ~ 친다, 변덕 ~ 죽 끓듯 한다, 별 빛 ~ 드문 드문 깜빡인다, 병 균 ~ 침입 한다, 병색 ~ 완연하다, 병환 ~ 위중하다, 보복 ~ 두렵다, 본말 ~ 전도 된다, 본성 ~ 착하다, 볼에 눈 물 방울 ~ 맺힌다, 볼품 ~ 없다, 분 통 ~ 터진다, 분쟁 ~ 벌어진다, 분쟁 ~ 인다, 불 길 ~ 치솟는다, 불 꽃 ~ 타 오른다, 불 똥 ~ 튄다, 불 ~ 난다, 빗발 ~ 뿌린다, 빗방울 ~ 후둑후둑 떨어진다, 비 바람 ~ 몰아 친다, 비바람 ~ 휘몰아 친다, 빈 틈 ~ 없다, 비난 ~ 빗발 친다, 비밀 ~ 누설 된다, 비용 ~ 적게 든다, 뼈에 금 ~ 간다, 사람들 ~ 박신거린다, 사랑 ~ 뭐길래, 사리함 ~ 안치 된다, 사방 ~ 어둑하다, 사상 ~ 불온하다, 사전 구속 영장 ~ 발부 된다, 사형 ~ 집행 된다, 산산 조각 ~ 난다, 살 결 ~ 희다, 살 ~ 찐다, 살 ~ 피둥피둥 찐다, 살 날 ~ 얼마 안남았다, 살갗에 소름 ~ 돋는다, 살갗 ~ 푸르뎅뎅하다, 삼 면 ~ 바다다, 상전 ~ 벽해가 된다, 상품권 법 ~ 폐지 된다, 새 순 ~ 돋는다, 새 싹 ~ 돋아 난다, 새 싹 ~ 움튼다, 새 잎 ~ 돋아 난다, 새끼 줄 ~ 꼬인다, 새벽 닭 ~ 운다, 샘 ~ 깊은 물, 생각 ~ 뇌리를 스친다, 생년월일 ~ 더 빠르다, 생명에는 지장 ~ 없다, 서광 ~ 비친다, 서러움 ~ 복받친다, 서슬 ~ 퍼렇다, 서슬 ~ 푸르다, 석양 ~ 내리쪼인다, 선거전 ~ 막바지에 이르르자, 선들바람 ~ 불어 온다, 선약 ~ 있다, 설 ~ 구구하다, 설움 ~ 복받친다, 설움 ~ 북받친다, 성공 확률 ~ 높다, 성욕 ~ 떨어진다, 성욕 ~ 왕성하다, 성은 ~ 망극하다, 성적 ~ 뒤 처진다, 성적 ~ 좋은 학생, 세균 ~ 번식 한다, 세력 ~ 커 진다, 소름 ~ 끼친다, 소름 ~ 쫙 끼친다, 소름 ~ 쭉 끼친다, 소문 ~ 왜자하다, 소문 ~ 파다하다, 소변에 당 ~ 섞여 나온다, 소변 ~ 마렵다, 소유와 경영 ~ 분리 된다, 소인 ~ 찍힌다, 소장으로 발령 ~ 난다, 소통에 지장 ~ 있다, 속 ~ 더부룩하다, 손 끝 ~

가늘게 떨린다, 손 끝 ~ 파르르 떨린다, 손 발 ~ 차다, 쇼단 ~ 해체 된다, 수도관 ~ 언다, 수명 ~ 연장 된다, 수목 ~ 울창하다, 수심 ~ 얕나, 수심 ~ 어린다, 수정란 ~ 착상 한다, 술 버릇 ~ 나쁘다, 숨 통 ~ 트인다, 스케줄 ~ 빡빡하다, 스콜 ~ 쏟아 진다, 습관 ~ 몸에 밴다, 승산 ~ 없다, 신 물 ~ 난다, 신 물 ~ 올라 온다, 시간 ~ 촉박하다, 시련 ~ 닥친다, 시신 ~ 안치 된다, 시작 종 ~ 울린다, 시추봉 ~ 달려 있다, 시퍼렇게 날 ~ 선다, 시퍼렇게 멍 ~ 든다, 식욕 ~ 왕성하다, 신 바람 ~ 난다, 신경질 ~ 난다, 신망 ~ 두텁다, 신임 ~ 두텁다, 신통술 ~ 있다, 실보다 득 ~ 많다, 실보다 득 ~ 크다, 실력 ~ 는다, 실적 ~ 저조하다, 실존 ~ 본질에 선행 한다, 싫증 ~ 난다, 심장 ~ 벌떡거린다, 싹 ~ 튼다, 아침 ~ 밝는다, 아침 ~ 선명하다, 악순환 ~ 거듭 된다, 암달러상 ~ 들러붙는다, 앙금 ~ 남는다, 앙금 ~ 사라진다, 앞 날 ~ 창창하다, 앞 ~ 아뜩하다, 애 간장 ~ 녹는다, 애인 ~ 생긴다, 양 군 ~ 분할 된다, 양 ~ 적다, 양념 ~ 잘 된다, 양론 ~ 있다, --어도/아도 손색 ~ 없다, --어도/아도 아무 소용 ~ 없다, --어도/아도 여한 ~ 없다, 어둑발 ~ 내린다, 어둠 ~ 짙게 깔린다, 어디 내 놓아도 손색 ~ 없다, 어슴푸레 날 ~ 밝는다, 어안 ~ 벙벙하다, --어야/아야 무슨 소용 ~ 있니, --어야/아야 아무 소용 ~ 없다, --어야/아야 직성 ~ 풀린다, 억장 ~ 무너진다, 얼굴 빛 ~ 창백하다, 얼굴 색 ~ 누렇다, 얼굴에 화색 ~ 돈다, 얼굴에 희색 ~ 돈다, 얼굴 ~ 발개 진다, 얼굴 ~ 벌겋게 달아 오른다, 얼굴 ~ 붉어 진다, 얼굴 ~ 빨개 진다, 얼굴 ~ 새빨개 진다, 얼굴 ~ 새하얗게 질린다, 얼굴 ~ 시뻘개 진다, 얼굴 ~ 애빈다, 얼굴 ~ 울그락불그락 한다, 얼굴 ~ 하얗게 질린다, 얼굴 ~ 화끈거린다, 업 ~ 지중하다, □에 가슴 ~ 설랜다, □에 결함 ~ 있다, □에 관심 ~ 쏠린다, □에 관심 ~ 있다, □에는 틀림 ~ 없다, □에만 정신 ~ 팔린다, □에 물 집 ~ 생긴다, □에 미련 ~ 있다, □에 식견 ~ 있다, □에 신경 쓸 겨를 ~ 없다, □에 여념 ~ 없다, □에 이골 ~ 난다, □에 일가견 ~ 있다, □에 일대 파란 ~ 인다, □에 차질 ~ 생긴다, □에 차질 ~ 있다, □에게 불만 ~ 있다, □에게 시선 ~ 옮겨 간다, □에게 원한 ~ 맺힌다, □에게 원한 ~ 있다, 여론 ~ 안좋다, 역마살 ~ 낀다, 역정 ~ 돋는다, 오금 ~ 저리다, 오른 손 ~ 저리다, 오색 ~ 영롱하다, 오색 ~ 찬란하다, 오줌 ~ 마렵다, 오지랖 ~ 넓다, 온 몸에서 기운 ~ 빠진다, 온 몸으로 진 땀 ~ 흐른다, 온갖 억측 ~ 난무 한다, 외적 ~ 침입 한다, 요청 ~ 빗발 친다, 요청 ~ 쇄도 한다, 용돈 ~ 궁하다, 우승 ~ 확정 된다, 운 ~ 나쁘다, 운 ~ 없다, 운 ~ 좋다, 울화 통 ~ 치민다, 울화 통 ~ 터진다, 움 ~ 돋는다, 움 ~ 튼다, 웃음 꽃 ~ 핀다, 원체 말 주변 ~ 없다, 윗물 ~ 맑아야, 유람선 ~ 정박 한다, 유물 ~ 출토 된다, 유택 ~ 명택이다, 유혈 ~ 낭자하다, 육질 ~ 단단하다, 윤리관 ~ 확립 된다, □으로/로 정평 ~ 난다, --은/ㄴ 것 ~ 화근이다, --은/ㄴ 기색 ~ 역력하다, --은/ㄴ 기색 ~ 완연하다, --은/ㄴ 적 ~ 있다, --은들 무슨 소용 ~ 있니, --을/ㄹ 것 ~ 뻔하다, --을/ㄹ 겨를 ~ 없다,

--을/ㄹ 조짐 ~ 농후하다, --을/ㄹ 턱 ~ 없다, 음식 ~ 변한다, 음식 ~ 상한다, 음식점 ~ 번창 한다, 음영 ~ 드리운다, 음향 ~ 되울린다, □의 고민 ~ 불끈거린다, □의 얼굴 ~ 어른어른거린다, 의견 ~ 분분하다, 의논 ~ 분분하다, 의혹 ~ 번진다, 이산화 황 ~ 검출 된다, 이점 ~ 있다, 이태백 ~ 놀던 달, 인공 ~ 가해 진다, 인상 ~ 좋다, 인상 ~ 험악하다, 인심 ~ 흉흉하다, 인적 ~ 뜸하다, 인준 ~ 거부 된다, 인준 ~ 부결 된다, 일 처리들 ~ 무척 번거롭다, 일조량 ~ 많다, 임명 동의 안 ~ 부결 된다, 입 맛 ~ 당긴다, 입 맛 ~ 쓰다, 입 맛 ~ 씁쓸하다, 입안 ~ 텁텁하다, 입에 침 ~ 마르도록 칭찬 한다, 입 ~ 마르도록 칭찬 한다, 입술 ~ 파르르 떨린다, 자금 줄 ~ 말라 붙는다, 자정 ~ 지나도록, 자존심 ~ 상한다, 작은 구멍 ~ 뚫린다, 잡목 ~ 우거진다, 재간 ~ 없다, 재산 ~ 붇는다, 재주는 곰 ~ 부리고, 전반전 ~ 끝 난다, 전신에 붉은 반 점 ~ 생긴다, 전쟁 ~ 난다, 전통 ~ 선다, 전화 벨 ~ 요란히 울린다, 전화 벨 ~ 울린다, 정 ~ 많다, 정평 ~ 나 있다, 정학 ~ 풀린다, 젖 소들 ~ 노닌다, 젖 ~ 말랑 말랑하다, 제국 ~ 멸망한다, 조약 ~ 체결 된다, 조타실 ~ 명중 된다, 졸음 ~ 몰려 온다, 좀 아쉬운 감 ~ 있다, 좀 ~ 슨다, 좀 ~ 쑤신다, 종속 ~ 심화 한다, 주객 ~ 전도 된다, 주관 ~ 확고하다, 주눅 ~ 든다, 주문 ~ 폭주 한다, 준비물 ~ 필요하다, 중국 인민 지원군 ~ 참전 한다, 쥐 구멍에도 볕 들 날 ~ 있다, 증상 ~ 호전 된다, 지상전 ~ 개시 된다, 지진 ~ 난다, 지침 안 ~ 승인 된다, 직인 ~ 찍힌다, 진력 ~ 난다, 진출 ~ 활발하다, 질금질금 눈 물 ~ 흐른다, 질병 ~ 치유 된다, 집행 ~ 면제 된다, 짚이는 곳 ~ 있다, 짜증 ~ 난다, 찬 바람 ~ 불어 온다, 차임벨 ~ 울린다, 차질 ~ 빚어 진다, 찬반 양 론 ~ 팽팽히 맞선다, 찬반 ~ 엇갈린다, 참 꽃 ~ 핀다, 책임량 ~ 지워 진다, 천안통 ~ 트인다, 철자법 ~ 틀린다, 첫 닭 ~ 홰 친다, 체력 ~ 국력이다, 체면 ~ 깎인다, 체포 령 ~ 내린다, 초점 ~ 맞춰 진다, 총 알 ~ 빗발 친다, 최루 탄 ~ 난무 한다, 출마 설 ~ 나 돈다, 출마설 ~ 나돈다, 출입 ~ 잦다, 출장 ~ 잦다, 친분 ~ 두텁다, 침 ~ 꼴깍 넘어 간다, 칭송 ~ 자자하다, 칭찬 ~ 자자하다, 콧날 ~ 시큰하다, 콧등에 주름 ~ 진다, 코 끝 ~ 시큰하다, 코 끝 ~ 찡하다, 콧구멍 ~ 벌룽거린다, 콩 나물 ~ 익는다, 큰 일 ~ 난다, 타박 ~ 심하다, 타산 ~ 맞는다, 태초에 말씀 ~ 있었다, 털 ~ 밀생 한다, 토옹 말 ~ 없다, 토질 ~ 사질이다, 통행 ~ 통제 된다, 특칙 ~ 인정 된다, 파란 불 ~ 켜 진다, 파장 ~ 커 진다, 파장 ~ 확산 한다, 팔 ~ 안으로 굽는다, 패색 ~ 짙다, 포만감 ~ 밀려 온다, 폭력 ~ 난무 한다, 폭약 ~ 장전 된다, 품행 ~ 단정하다, 풍년 ~ 든다, 플롯 ~ 탄탄하다, 피 고름 ~ 찔꺽거리도록 두들긴다, 피골 ~ 상접 한다, 피스톤 ~ 압축 된다, 하늘 ~ 무너져도 솟아 날 구멍 ~ 있다, 하한가 종목 ~ 속출 한다, 한 구석 ~ 허전하다, 한 바탕 소동 ~ 벌어진다, 한 ~ 서린 가사, 한국 전쟁 ~ 발발 한다, 한글 ~ 창제 된다, 함박 눈 ~ 펑펑 내린다, 함유량 ~ 표시 된다, 햇볕 ~ 쨍쨍 쬔다, 햇볕 ~ 따사롭다, 햇살 ~ 따갑다, 행방 ~ 묘연하다,

행색 ~ 초라하다, 행적 ~ 묘연하다, 향 ~ 우러난다, 향상 ~ 시급하다, 혈액 순환 ~ 원활하다, 호각 ~ 울린다, 호르몬 ~ 검출 된다, 호박 ~ 닝굴 쌔 굴러 들어 온다, 호흡 ~ 가빠 진다, 혼선 ~ 빚어 진다, 혼쭐 ~ 난다, 홍수 ~ 난다, 화산 ~ 폭발 한다, 화석 ~ 출토 된다, 환율 ~ 급락 한다, 활력 ~ 넘친다, 횃불 ~ 타 오른다, 효성 ~ 지극하다, 후드득 빗방울 ~ 떨어진다, 후산 ~ 늦는다, 후생 ~ 가외다, 휘슬 ~ 울린다, 휴직 ~ 허용된다, 흉년 ~ 든다, 흥 ~ 난다, 희색 ~ 만면하다, 흰자위에 실 핏줄 ~ 있다, 힘 ~ 세다, 힘 줄 ~ 돋는다

이 ~ ㅅ 새로 뿌적뿌적 밀어 낸다, ~ 가 악물린다, ~ 를 바드득 간다, ~ 를 악다문다, ~ 를 악문다; 뽀드득 뽀드득 ~ 를 간다

이 ~ 개 같은 년, ~ 거 왜 이러슈, ~ 거 정말 죄송 합니다, ~ 골목 저 골목, ~ 곳 저 곳을 기웃거린다, ~ 구석 저 구석, ~ 굵기로 썬다, ~ 궁리 저 궁리, ~ 날 입때, ~ 내 신명 좋을시구, ~ 녘 안, ~ 년아, ~ 년 저 년, ~ 놈아, ~ 놈우 개 새끼, ~ 놈의 집 구석, ~ 눈치 저 눈치, ~ 눔아, ~ 달 말께, ~ 달 중순, ~ 담에 커서, ~ 담에, ~ 대로, ~ 따위 글 나부랭이, ~ 만하다, ~ 맹꽁아, ~ 모양~ 꼴이다, ~ 번 주 초, ~ 번 특감, ~ 상년아, ~ 썅놈의 새끼, ~ 웬수 덩어리, ~ 절 저 절, ~ 집 저 집 기웃거린다, ~ 쯤 되면, ~ 참에, ~ 핑계 저 핑계로; 에끼 ~ 년, 이르면 ~ 달 말

이 ~ 잡듯이 뒤진다

이간 ~ 질 한다

이견 ~ 을 좁힌다; 부처 간 ~

이골 □에 ~이 난다

이공 ~ 계열

이공계 ~ 대학, ~ 대학원, ~ 분야, ~ 출신

이공학 ~ 분야

이과 ~ 계통, ~ 에서 문과로 옮긴다; 문과와 ~

이관 ~ 된다, ~ 편제; □으로/로 ~ 한다

이교도 ~ 의 유물, ~ 탄압

이구동성 ~ 으로 질문 한다

이권 ~ 에 개입 한다, ~ 청탁, ~ 침탈; 각종 ~

이글거린다 이글거리는 태양

이글이글 ~ 타 오른다

이기 ~ 이원

이기 ~ 주의가 팽배 해 있다; 자사 ~ 주의, 지역 ~ 주의자, 집단 ~ 주의

이기적 ~ 유전자, ~ 으로, ~ 인

이긴다 이기거나 비긴다; □을/를 간신히 ~, □을/를 ~

이까리 쇠 ~ 꾼

이끈다[이끌고 이끌어] □을/를 ~

이끌린다 호기심에 ~

이끼 ~ 낀다, ~ 류, ~ 와 탄 가루; 다량의 ~

이나/나 □~ 다름 없다, □~ 진배 없다

이나 간 ~ 콩팥, 간섭 ~ 통제, 거실 ~ 침실, 거짓 말 ~ 감언이설, 결혼 ~ 출산, 경영 진 ~ 간부, 계단 ~ 엘리베이터, 고궁 ~ 문화재, 고혈압 ~ 당뇨병, 고환 ~

난소, 공책 ~ 연필, 과일 ~ 야채, 과즙 ~ 벌 꿀, 교장 ~ 교감, 그릴 ~ 오븐 토스터, 금력 ~ 권력, 금박 ~ 수, 금품 ~ 향응 또는 뇌물, 기쁨 ~ 슬픔, 기침 ~ 재채기, 김 양식 ~ 미역 양식, 꿀 벌 ~ 개미, 꿀 ~ 설탕, 낮 ~ 밤, 낱말 ~ 문장, 내일 ~ 모레, 논 ~ 밭, 놀이 방 ~ 탁아원, 늦가을 ~ 겨울, 다방 ~ 술 집, 단점 ~ 결점, 대립 ~ 마찰, 도록 ~ 아트 포스터, 도록 ~ 화집, 두려움 ~ 경외감, 등산 ~ 낚시, 맛 ~ 향, 매출 ~ 이익, 명예 훼손 ~ 사생활 침해, 모듈 ~ 서브루틴, 백화점 ~ 슈퍼마켓, 백화점 ~ 할인점, 벌 ~ 거미, 범칙금 ~ 과태료, 별 ~ 은하, 병원 ~ 보건소, 병원 ~ 호스피스, 부동산업 ~ 대형 관광업, 부부 간 ~ 부자 간, 부패 미생물 ~ 유해 미생물, 불심 검문 ~ 소지품 검사, 불치 병 ~ 난치 병, 빵 ~ 음료수, 뿔 ~ 뼈, 사단 ~ 칠정, 사탕 ~ 과자, 상설전 ~ 기획전, 상속 ~ 증여, 상징 ~ 알레고리, 생선 ~ 육류, 생약 ~ 민간 요법, 서점 ~ 도서관, 선택 ~ 배열, 설탕 ~ 꿀, 성 차별 ~ 인종 차별, 세단 ~ 쿠페, 소변 ~ 대변, 소설 ~ 희곡, 손가락 ~ 발가락, 쇠스랑 ~ 낫, 수도원 ~ 수녀원, 수막염 ~ 지주막하 출혈, 수박 ~ 참외, 수수깡 ~ 짚 풀, 수학 ~ 물리학, 시인 ~ 소설가, 신역 ~ 요역, 씨족 ~ 부족, 알미늄 그릇 ~ 플라스틱 그릇, 압봉 ~ 은박지, 약물 ~ 알코올, 약육강식 ~ 도태, 여각 ~ 객주, 영업 소장 ~ 지점장, 옷 장 ~ 이불 장, 우울증 ~ 조울증, 원장 ~ 총무, 위 궤양 ~ 십이지장 궤양, 유사 점 ~ 차이 점, 음반 ~ 비디오, 의협 ~ 병협, 이온 ~ 탄산 수소, 이웃 ~ 친척, 인생관 ~ 가치관, 인터넷 쇼핑몰 ~ 텔레마케팅 업체, 일 년 이상의 징역 ~ 금고, 자서전 ~ 회고록, 자주 색 ~ 남색, 잔칫집 ~ 초상 집, 적개심 ~ 반항심, 정당 ~ 후보자, 정자 핵 ~ 난자 핵, 주 말 ~ 휴일, 지퍼백 ~ 비닐, 징역 ~ 금고, 찹쌀 ~ 멥쌀, 척수 압박 ~ 마미 증후군, 척수 압박 ~ 마비, 천 ~ 종이, 천식 ~ 비염, 천안 ~ 혜안, 총장 ~ 교수, 친정 ~ 시댁, 칼슘 이온 ~ 탄산 수소 이온, 커리어 우먼 ~ 부잣집 딸, 타협 ~ 조정, 토 요일 ~ 일 요일, 토굴 ~ 암굴, 튀김 ~ 핫도그, 파우더 룸 ~ 드레스 룸, 퍼스널 커뮤니케이션 ~ 매스 커뮤니케이션, 프로토콜 ~ 인터페이스, 피고인 ~ 변호인, 학연 ~ 지연, 행복 ~ 불행, 헌법 ~ 법률, 혈당량 ~ 지방 함유량, 협심증 ~ 심근 경색증, 흙 그릇 ~ 사기 그릇

이나 곱절 ~ 더, 동기 간 ~ 진배 없다, 십 마일 ~ 떨어진, 십 마일 ~ 떨어져 있다

이나 굿 ~ 보고 떡 ~ 먹는다, 급살 염병 ~ 맞는다, 바람 ~ 쐰다, 본전 ~ 뽑는다, 술 ~ 퍼 마신다, 잘못 ~ 저지른다, 춤 ~ 춘다

이나마 다소간 ~, 미력 ~

이남 북방 한계 선 ~, 삼팔 도 선 ~, 중부 ~, 휴전 선 ~

이념 동서 ~ 전쟁

이념적 ~ 스펙트럼, ~ 으로, ~ 인

이농 ~ 한다

이뇨 ~ 작용

이닝 세 ~ 동안

이다 --대서야 어불성설 ~, □ 덕분 ~, □인지 뭐인지 하는, □이외다그려, □

일색 ~, □ 투성이 ~, 갈수록 태산 ~, 가관 ~, 가급적이면, 각양 각색 ~, 간접적인, 감감 무소식 ~, 감상적인, 감성적인, 감사라는 절, 값이 똥 금 ~, 강권적인, 같은 값이면 다홍치마 ~, 개 팔자가 상팔자 ~, 개별적인, 개인적인, 객관적인, 객체적인, 거시적인, 걱정이 태산 ~, 결정적인, 경제적인, 경험적인, 계급적인, 계기적인, 계통적인, 계획적인, 고도로 전문적인, 고전 주의적인, 고전 중의 고전 ~, 공간적인, 공격적 ~, 공공연한 비밀 ~, 공동체적인, 공식적인, 공업적인, □과/와 가까운 사이 ~, □과/와 거의 동의어 ~, □과/와 동갑 ~, □과/와 동격 ~, □과/와 동렬 ~, □과/와 동창 ~, □과/와 딴 판 ~, □과/와 정반대 ~, □과/와 한 통 속 ~, □과/와 한 패 ~, 과도기적인, 과문한 탓 ~, 관능적인, 관료적인, 구관이 명관 ~, 구슬이 서 말이라도 꿰어야 보배 ~, 구제 불능 ~, 구체적인, 국 물이라도 좀 마셔라, 국가적인, 국제적인, 군사적인, 굽면이 곡면 ~, 굽면이 사면 ~, 굽이굽이 산 길 ~, 궁극적인, 궤도가 타원형 ~, 귀신이 곡 할 노릇 ~, 규칙적인, 극히 예외적인, 긁어 부스럼 ~, 금강산도 식후경 ~, 금시 초문 ~, 긍정적인, --기 때문 ~, --기 마련 ~, --기 예사 ~, --기 일쑤 ~, 기가 찰 노릇 ~, 기능적인, 기본적인, 기술적인, 꼴불견 ~, 꿀 먹은 벙어리 ~, 꿈인가 생시인가, 낙관적인, 난리 법석 ~, 난생 처음 ~, 날벼락 ~, 남산이라는 산, 남성적인, 내 코가 석 자 ~, 내 탓이오, 노골적인, 누가 먼저이랄 것 없이, 누가 뭐래도, 누워서 떡 먹기 ~, --느냐 말 ~, --느라고 야단법석 ~, --는 것이 고작 ~, --는 것이 급선무 ~, --는 것이 상책 ~, --는 것이 인지상정 ~, --는 것이 통례 ~, --는 것이 소원 ~, --는 데 조금이라도 도움이 된다, --는 모양 ~, --는 셈 ~, --는 실정 ~, --는 절호의 기회 ~, --는 판국 ~, --는다고/ㄴ다고/다고/라고 저 야단 ~, --는다는/ㄴ다는/다는/라는 것이 중론 ~, --는단/ㄴ단 말 ~, --는단/ㄴ단/단 말 ~, 능금이며 제석 자두, 능률적인, 다면적인, 다원적인, 다차원적인, 단연 으뜸 ~, 당하기 십상 ~, 대내적인, 대대적인, 대립적인, 대조적인, 대체적인 윤곽, 대표적인, --더냔 말 ~, --더란 말 ~, □도 가지 가지 ~, □도 마찬가지 ~, 도덕적인 딜레머, 독자적인, 동시적인, 두 말 하면 잔 소리 ~, --든 무슨 상관이니, 따 놓은 당상 ~, 딱 질색 ~, --려던 참 ~, 마음만 먹으면 언제든지, 만고 불변의 진리 ~, 말짱 헛것 ~, 말짱 헛일 ~, 매력적인, 모든 업종이 내림세 ~, 모순적인, 모욕적인, 목 구멍이 포도청 ~, 못견딜 지경 ~, 무관의 제왕 ~, 무소식이 희소식 ~, 무슨 귀신 씨 나락 까 먹는 소리냐, 무슨 뚱딴지 같은 소리니, 무슨 조화 속이냐, 무어이니 무어이니 해도, 무엇에인가 홀린 듯, 문학 상 수상작 ~, 문학적인, 문화적인, 물론 ~, 물적인, 뭐라고 왈가왈부 한다, 뭔 얘기이니, 밑 면은 수평 면 ~, 밑 져야 본전 ~, 밤이고 낮이고, 배타적인, 백 약이 무효 ~, 백문이 불여일견 ~, 번역자인 김수행, □보다 다섯 살 위 ~, □보다 두 살 아래 ~, 본격적인, 본능적인, 본질적인, 봉건적인 분봉, 부분적인, 부정적인, 분석적인, 분파적인, 불감청이언정 고소원 ~,

불법적인, 불행인지 다행인지, 불행 중 다행 ~, 비리 의혹을 수사 중 ~, 비판적인, 빙산의 일각 ~, 빛 좋은 개 살구 ~, 사귈수록 진국 ~, 사랑이 뭐길래, 사무적인, 사법사 상 처음 ~, 사실 무근 ~, 사실 주의적인, 사전적인 정의, 사회 병리학적인 문제, 산발적인, 산술적인, 삼면이 바다 ~, 상식적인, 상처 뿐인 영광, 상투적인, 새 발의 피 ~, 생리학적인, 석사 과정에 재학 중 ~, 선천적인, 선풍적인 인기, 설왕설래가 한창 ~, 세계적인, 세부적인, 소극적인, 소산물 ~, 소설적인, 속세적인, 수직적인, 수퍼우먼이라는 허상, 수학적인, 스릴 만점 ~, 시각적인, 시간적인 여유, 식은 죽 먹기 ~, 신경질적인 반응을 보인다, 신축적인, 실용적인, 실증적인, 실질적인, 실체적인, 실험적인, 심정적인, 심층적인, 썩어도 준치 ~, 아주 알짜배기 ~, 안정적인, 압도적인, -- 았/었기에 망정이지, -- 았/었대지 뭐니, 양심적인, 양적인 팽창, --어/아 안달 ~, --어도/아도 유분수지, 어떡하나 걱정 ~, --어서/아서 걱정 ~, --어서/아서 다행 ~, --어서/아서 유감 ~, --어야/아야 제 맛 ~, 어인 일이니, 어찌 된 영문인지, 어허 낭패로고, 언어적인, 언젯적 얘기이니, 엎친 데 덮친 격 ~, □에 속수 무책 ~, □에 열심 ~, □에 척척 ~, □에 치명적 ~, □에 특효 ~, 여성적인, 여자 팔자는 뒤웅박 팔자 ~, 역부족 ~, 역설적인, 역시 꾼 ~, 연구사적인, 연호를 광무라 한다, 열광적인 응원, 엽기적인, 영 딴 판 ~, 영성적인, 영양적인, 예비적인, 예측 불허 ~, 오십 보 백 보 ~, 오호 애재라, 오호 통재라, 왜냐 하면, 외교적인 제스처, 외부적인, 욕심은 금물 ~, 울고 불고 난리 ~, 원인이자 결과 ~, 원체 다작 ~, 웬 일이니, 유기적인, 유전적인, 유택이 명택 ~, 육체적인, --으란 말 ~, □으로/로 북새 통 ~, □으로/로 장사진 ~, □으로/로 초만원 ~, --으면/면 만사 오케이 ~, --으면/면 말짱 꽝 ~, --으면/면 백전백승 ~, --으면/면 헛수고 ~, --은/ㄴ 것이 화근 ~, --은/ㄴ 모양 ~, --은/ㄴ 셈 ~, --은/ㄴ 지 오래 ~, --은/ㄴ 지 이미 오래 ~, □은/는 당연한 이치 ~, □은/는 물론이고, □은/는 불문가지 ~, □은/는 자명한 이치 ~, □은/는 정한 이치 ~, --을/ㄹ 따름 ~, --을/ㄹ 모양 ~, --을/ㄹ 셈 ~, --을/ㄹ 작정 ~, --을/ㄹ 터 ~, --을/ㄹ 전망 ~, □을/를 잠시라도 잊는다, □을/를 조금이라도 던다, --을지는 미지수 ~, 음성적인, 의미적인, 의식적인, 의욕적인, 이 모양 이 꼴 ~, □이/가 한창 ~, 이기적인, 이념적인, 이론적인, 이상적인, 이성적인, 이왕이면 다홍치마, 이타적인, 인간적인, 인명은 재천 ~, 일 요일은 휴무 ~, 일반적인, 일방 통행적인, 일방적인 승부, 일상적인, 일석 이조 ~, 일시적인, 일원적인, 입지전적인 인물, 자기 반성적인, 자발적인, 자생적인, 자의이든 타의이든, 자치적인, 작자 미상 ~, 잠재적인, 장기적인, 저돌적 ~, 적극적인, 적반하장도 유분수지, 전격적인, 전근대적인, 전략적인, 전체적인, 전폭적인 지지, 전형적인, 절대적인, 정기적인 모임, 정말 ~, 정상적인, 정치적인, 제 격 ~, 제각기 중구난방 ~, 제도적인 장치, 종교적인, 종합적인, 죄 도둑 놈 ~, 주체적인, 중기적인, 즉흥적인, 지구 당 위원장 ~, 지극 정성 ~, 지당하 신 말씀 ~, 지배적인, 지성이면 감천 ~, 지속적인, 직선적인, 진보적인, 집단적인, 십약적인, 집중적인, 창의적인, 창조적인, 처음이자 마지막 ~, 천만 다행 ~, 천만의 말씀 ~, 철학적인, 체력이 국력 ~, 초록은 동색 ~, 초면에 실례이지만, 초보적인 단계, 총괄적인, 최종적인, 충격적인, 치명적인, 타율적인, 탈법적인, 토질이 사질 ~, 통속적인, 파격적인, 파괴적인, 파상적인, 편파적인 판정, 폭발적인, 표준적인, 풍토적인, 피상적인 관찰, 필사적인, 필연적인, 합리 주의적인, 합리적인, 항구 불변적인, 항다반사 ~, 항해 중인 선박, 핵심적인, 현실적인, 혈연적인, 형이상학적인, 호의적인, 환상적인, 환장 할 노릇 ~, 획기적인, 효과적인, 효율적인, 후생이 가외 ~

이데올로기 반공 ~, 현모양처 ~

이동 ~ 방송 차, ~ 식 장벽, ~ 전화 망 시스템 마비, ~ 통신 업체, ~ 표적; □으로/로 ~ 한다, □을/를 □으로/로 ~ 시킨다, 장거리 ~, 평행 ~

이두근 ~ 반사, ~ 수축; 상완 ~

이득 부당 ~, 토지 초과 ~세

이듬 ~ 해

이등변 ~ 삼각 형

이등분 ~ 한다; 각의 ~ 선

이따가 며칠 ~

이란성 ~ 쌍둥이

이랑 갈고리 ~, 모 ~

이랑 삼촌 ~ 고모랑, 할머니랑 삼촌 ~ 고모

이래 개교 ~ 처음, 고대 ~ 중세, 기상대 관측 ~, 르네쌍스 ~, 창사 ~

이러쿵 ~ 지러쿵

이런 ~ 제기

이런다 이러나 저러나, 이러니 저러니 한다, 이러면 안된다, 이래라 저래라 간섭한다, 이래라 저래라 한다; 이 거 왜 이러슈, 정말 왜 이러니

이렇다 이런 날벼락, 이런 소행머리가 어디 있나, 이런 인식 하에, 이런 저런 환상, 이래 뵈어도

이력서 국문 ~, 영문 ~

이론 계량 경영 ~, 마르크스 주의 문학 ~, 머지 ~, 세포 집합 ~, 순응 수준 ~, 정보 ~, 중위 투표자 ~, 초팽창 ~, 최소주의 문법 ~, 카오스 ~, 타원 곡선 ~, 탈구조 주의 ~, 통일 장 ~, 특수 상대성 ~

이론가 페미니스트 영화 ~

이론서 문학 ~

이론적 ~ 으로, ~ 인

이루 ~ 다 말 할 수 없다, ~ 말 할 수 없다

이룩 □을/를 손수 ~ 한다, □을/를 ~ 한다

이룬다 □과/와 쌍 벽을 ~, □과/와 좋은 대조를 ~, --는 쾌거를 ~, 대종을 ~, 문전 성시를 ~, 북새 통을 ~, 북새 판을 ~, 불야성을 ~, 성황을 ~, 소원을 ~, □을/를 ~, 인산인해를 ~, 장사진을 ~, 주종을 ~, 팔작 지붕을 ~

이륙 공항을 ~ 한다, 비행기가 ~ 한다

이르다[일러] 이른 새벽, 이른 아침, 이르면 이 달 말

이르른다 선거전이 막바지에 이르르자, 파탄에 ~

이른다 합의에 ~

이른다[일러] 이른 바 순종 한글 세대, 일러 바친다

이름 ~ 값을 한다, ~ 과 주민 등록 번호, ~ 댄다, ~ 만 대면 안다, ~ 못대기증, ~ 에서 따 온다, ~ 을 연호 한다; 극 중 ~, □의 ~을 본 떠, 편의 상 붙인 ~

이리 ~ 기웃 저리 기웃, ~ 뒤척 저리 뒤척, ~ 뛰고 저리 뛴다, ~ 로 온다, ~ 몰리고 저리 몰린다, ~ 밀리고 저리 밀린다, ~ 온다, ~ 좀 오너라

이마 ~ ㅅ 살을 찌푸린다, ~ 를 찌푸린다, ~ 를 찡그린다, ~ 에 맺힌 땀, ~ 에 피도 안마른 놈, ~ 의 땀; 손 등으로 ~ 를 훔친다, 손 수건으로 ~를 닦는다

이만 ~ 물러 간다, ~ 실례 한다

이만저만 고생이 ~이 아니다

이맘 내일 ~ 때 쯤, 작년 ~ 때

이메일 ~ 주소; 결혼 기념 일 축하 ~

이목 ~ 을 집중 시킨다; 세계인의 ~을 끈다, 세인의 ~을 끈다, 세인의 ~을 의식 한다

이물질 벌레나 ~

이미 --은/ㄴ 지 ~ 오래다

이미지 고품질 ~, 기업 ~ 실추, 최고급 ~

이미테이션 ~ 연예인

이민 ~ 30 주년, ~ 여성 노동자 보호회; 중국인 ~자

이민족 ~ 지배형

이바지 발전에 크게 ~ 한다, □에 ~ 한다

이반 민심 ~

이발 ~ 요금

이벤트 웨딩 ~

이변 기상 ~

이별 ~ 을 고한다; 고토 ~

이복 ~ 남매

이부자리 여관 집 ~

이불 ~ 과 요, ~ 로 감싼다, ~ 을 갠다, ~ 홑청; 오리 털 ~, 옷 장이나 ~ 장, 카시미롱 ~, 화학 솜 ~

이브 크리스마스 ~

이빨 ~ 과 발톱, ~ 로 물어 뜯는다, ~ 을 쑤신다, ~ 을 앙다문다

이사 ~ ㅅ 짐 센터, ~ 철에 맞춘다

이사 ~ 로 재직 한다, ~ 장의 친인척, ~ 회에서 선출 된다, ~ 회 회의록; 사외 ~ 선임, 사외 ~ 제, 안전 보장 ~회 상임 이사국, 재단 ~장, 주식 회사 대표 ~, 총회와 ~회

이사국 ~ 증원; 안보리 상임 ~, 안보리 ~, 안전 보장 이사회 상임 ~

이삭 벼 ~, 보리 ~

이산 ~ 가족 면회소 설치, ~ 가족 방문단 교환 사업, ~ 가족 상봉 정례화, ~ 가족 재회, ~ 가족 찾기 생방송; 월북자의 ~ 가족, 이 차 ~ 가족 방문단, 이 차 ~ 가족 상봉, 일 차 ~ 가족 방문단, 일천 만 ~ 가족, 추석 ~ 가족 상봉, 현대판 ~ 가족

이산화 ~ 질소 오염도, ~ 탄소 배출량

ㅇ

이상 그 ~도 그 이하도 아니다, 그 ~도 이하도 아니다, 반 수 ~, 삼 선 ~ 의원, 삼백 평 ~ 택지, 오백 메가 바이트 ~, 일 년 ~의 징역이나 금고, 입선 ~ 작품, 중산 층 ~, 칠 인승 ~ 다인승

이상 ~ 감각증, ~ 기후, ~ 야릇한, ~ 한 소문을 퍼뜨린다, ~ 히 여긴다; 신경학적 ~, 운동 거리 조절 ~, 정신 ~자

이상 ~을 추구 한다, ~ 주의자; 현실 주의와 ~ 주의

이상무 근무 중 ~

이상적 ~ 인

이상증 일 차성 근 긴장 ~

이색 ~ 욕탕

이서 넷 ~, 둘 ~, 몇 ~, 셋 ~, 여럿 ~

이석 ~ 기관

이설 철도 ~ 공사

이성 ~ 과 감성, ~ 을 잃는다; 심미적 ~

이성적 ~ 인

이송 ~ 된다, ~ 한다; 환송 또는 ~ 받는다

이수 박사 과정 ~, 석사 과정을 ~ 한다, □을/를 ~ 한다, 전공 ~ 학점

이스라엘제 ~ 무기 도입

이슥 밤이 ~하다

이슬 ~ 에 젖는다; 눈 가에 ~이 맺힌다, 밤 ~을 맞는다, 찬 ~, 풀 잎의 ~, 형장의 ~로 사라진다

이슬람 ~ 시아 파, ~ 으로 개종 한다; 시아 파 ~

이승 ~ 과 저승, ~ 을 하직 한다; 저승과 ~

이식 ~ 문화 론; 골수 ~, 신장 ~, 자궁에 ~ 한다, 치아 자가 ~

이식사 문학의 ~

이식술 두부 모발 ~

이야기 ~ 가 나온 김에, ~ 꽃을 피운다, ~ 한 토막; □과/와 ~ 한다, 실버 ~ 지도사 과정, 터무니 없는 ~

이야기체 ~ 로 기술 한다

이양 ~ 추진위; 민간에 ~ 한다, 민간에게 ~ 한다, 민간으로 ~ 한다, 민정 ~, 주권을 ~ 한다

이어폰 ~ 을 귀에 꽂는다; 귀에 ~을 꽂는다

이업종 ~ 간

이엉 밀 짚 ~, 볏짚 ~, 엮은 ~

이역 ~ 만 리 타국

이영양증 근 긴장성 ~, 근 ~, 이염성 백질 ~

이온 ~ 이나 탄산 수소; 수산화 ~, 알칼리성 ~ 음료, 음 ~ 방출, 칼슘 ~이나 탄산 수소 ~, 탄산 ~

이완 ~ 된다

이완기 ~ 혈압

이완제 근 ~

이왕 ~ 이면 다홍치마

이용 ~ 자 보호 법; 겸자 ~ 분만, 국토 ~ 계획, 금융 ~자, 기재대를 ~ 한다, 남북 공유 하천 공동 ~, 서비스 ~ 약관, 여열을 ~ 한다, □을/를 교묘하게 ~ 한다, □을/를 ~ 한다, 자료실 ~자, 자연광을 ~ 한다, 자전거 ~자 협회, 지하수를 식수로 ~ 한다

이용권 공항 ~, 무료 ~, 자유 ~ 지참자

이용실 자료 ~

이용액 해외 ~ 할부 전환 제

이웃 ~ 간, ~ 돕기 성금 모금, ~ 사 촌, ~ 이나 친척; 불우 ~ 돕기 성금

이원 ~ 론, ~ 집정부 제; 이기 ~

이유 ~ 야 어떻든, ~ 없이 삐진 여자 친구, ~ 여하를 막론 하고; 존재 ~

이유서 ~ 또는 답변서, ~ 의 제출; 상고 ~, 항소 ~

이유식 시판 ~, 조제 분유와 ~

이윤 ~ 의 극대화, ~ 추구욕; 기업 ~의 사회 환원

이율 만기 ~, 보너스 ~, 중도 해지 ~, 환급 가산금의 ~

이율 ~ 배반

이윽 ~ 한 눈 빛, ~ 히 바라 본다

이의 ~ 를 제기 한다; 재정 ~ 신청

이익 ~ 즉 공익, ~ 집단; 매출이나 ~, 매출액 경상 ~률, 사채 상환 ~, 약자의 ~을 대변 한다, 자기 자본 ~, 회원 ~ 추구 단체

이입 감정 ~, 물자의 ~

이자 ~ 할부; 달러 ~, 세후 ~, 시장 ~율, 연체 ~, 예금 ~, 원금과 ~, 월 ~ 지급식, 표시 ~율, 환곡 ~

이적 ~ 단체, ~ 표현물 제작

이전 군용 시설 교외 ~, 소유권 ~, □을/를 ~ 한다

이전 실명 제 ~

이점 ~ 이 있다; --는 ~, 홈 그라운드의 ~

이제 ~ 나 저제나

이제공 ~ 과 삼제공

이조 --는 일석 ~, 일석 ~이다

이조 ~ 참판, ~ 판서

이종 ~ 사 촌

이주 ~ 한다; 강제 ~ 당한다, 강제 ~ 된다, 미등록 ~, □으로/로 강제 ~ 시킨다, 집단 ~

이중 ~ 국적자, ~ 나선 구조, ~ 삼중으로, ~ 인격, ~ 잣대

이중고 ~ 에 시달린다; --는 ~

이직 ~ 한다

이질 아메바성 ~

이집트인 고대 ~

이착륙 수직 ~ 제트기, 항공기의 ~

이첩 ~ 된다, ~ 한다

이체 ~ 수수료; 급여 ~ 서비스, 수취인 지정 자금 ~, 자금 ~ 및 수납 업무, 자동 ~, 전자 자금 ~, 타행 간 계좌 ~ 서비스

이촌향도 ~ 현상

이치 만물의 ~, 세상사의 ~, □은/는 당연한 ~이다, □은/는 자명한 ~이다, □은/는 정한 ~이다

이코노미스트 수석 ~

이코노미쿠스 호모 ~

이타적 ~ 으로, ~ 인

이탈 궤도를 ~ 한다, 궤도에서 ~ 한다, 근무지 ~, 논점을 ~ 한다, 대오를 ~ 한다, 유체 ~, 항로를 ~ 한다

이튿날 ~ 도 그~ 도, ~ 밤, ~ 아침

이틀 ~ 째 여행, ~ 째 일정; 하루나 ~ 쯤, 하루 ~

이파리 고란초 ~, 포도 나무 ~

이하 그 이상도 그 ~도 아니다, 그 이상도 ~도 아니다, 기대치 ~, 백만 원 ~의 과태료, 백만 원 ~의 벌금, 생산가 ~, 소수 점 ~, 수준 ~, 중산 층 ~, 중졸 ~, 천만 원 ~의 벌금에 처한다

이하선염 ~ 을 앓는다

이학 ~ 의 비조

이한 ~ 한다

이합 ~ 집산을 거듭 한다

이해 □을/를 ~ 한다

이해 ~ 관계가 얽힌다

이행 ~ 한다; 노사정위 합의 사항 ~

이행기 근대로의 ~, □으로/로의 ~

이형 ~ 배우자

이혼 ~ 사유, ~ 소송, ~ 수속, ~ 한다; 협의 ~, 황혼 ~

이환 ~ 율

이후 냉전 ~ 시대, 도이머이 ~, 실명 제 ~, 통일 신라기 ~

익공 ~ 식 공포, ~ 식 구조; 다포 식 출목 ~, 이 ~ 양식, 이 ~으로 결구 한다

익는다 익은 산 딸기; 누렇게 ~, 발갛게 ~, 잘 익은 과일, 콩 나물이 ~

익다 낯이 ~, 눈에 ~

익모초 ~ 즙

익반죽 □으로/로 ~ 한다

익사 ~ 사고, ~ 한다

익숙 ~ 해 진다; □에 ~하다

익헌 동 ~, 시 ~

익히 ~ 알고 있다

익힌다 익힌 당근, 익힌 완두콩; 리듬감과 음률 감각을 ~, 무술을 ~, 요령을 ~, □을/를 ~, 음률 감각 ~

인 도합 사 ~, 사 오 ~, 오 ~ 조 밴드, 이 ~ 승무 제, 일 ~ 가구

인 ~ 과 의

인가 □을/를 ~ 한다, 화의 ~ 청탁

인간 ~ 게놈 프로젝트, ~ 도크, ~ 배아 복제, ~ 존중의 윤리관; 가야금 병창의 ~ 문화재, 남북 ~ 띠 잇기, 부작위의 ~ 관계, 식물 ~ 상태, 활자형 ~

인간적 ~ 으로, ~ 인

인간학 생물학적 ~

인감 ~ 증명서

인건비 ~ 경상비, ~ 절감

인격 ~ 도야, ~ 파탄자; 이중 ~

인격권 저작 ~

인계 □에게 ~ 한다, 인수 ~ 한다

인공 ~ 감미료, ~ 강우, ~ 수유, ~ 수정, ~ 수정사, ~ 씨 감자, ~ 위성 보유국, ~ 을 가한다, ~ 이 가해 진다, ~ 임신 중절 수술, ~ 자궁, ~ 장기, ~ 장기술, ~ 조미료, ~ 지능, ~ 호수, ~ 호흡을 한다

인과 ~ 관계를 밝힌다, ~ 응보, ~ 의 고리; 다차원 ~ 망

인과성 ~ 사건, ~ 연결어

인구 ~ 밀도, ~ 밀집 지역, ~ 조사, ~ 희박 지역; 가구 및 ~ 추이, 수도권 ~

인구 ~에 회자 된다

인권 ~ 단체, ~ 보호, ~ 유린 사례, ~을 유린 한다, ~ 존중, ~ 침해 사례; 세계 ~ 선언, 장애인 ~

인근 ~ 경찰 관서; 산단 ~

인기 ~도 조사, ~를 끈다, ~ 상을 받는다; 선풍적인 ~, 선풍적 ~

인기리 ~에 방영 된다

인내 ~ 한다

인내심 복종심과 ~

인다 이고 진다, 이고 진다, 여 나른다; 광주리를 ~, 머리에 ~, 물동이를 ~, 바구니를 ~, □을/를 ~

인다[일고 일어] 일고 있다; 거세게 ~, 꽈리가 일도록 찧는다, 논란이 ~, --라면 자다가도 벌떡 일어 난다, 발딱 일어 난다, 발딱 일어 선다, 벌떡 벌떡 일어 난다, 벌떡 일어 선다, 벌컥 일어 난다, 부스스 일어 난다, 부시시 일어 난다, 분연히 일어 선다, 분쟁이 ~, 엉거주춤 일어 선다, □에 일대 파란이 ~, 우물쭈물 그냥 일어 난다, 일제히 들고 일어 난다, 풀썩 풀썩 일어 난다

인대 십 자 ~, 왼 쪽 무릎 ~ 파열

인도 바른 길로 ~ 한다, 분헌관을 ~ 한다, 알자가 초헌관을 ~ 한다, 알자가 헌관을 ~ 한다, □을/를 ~ 한다

인도 신병 ~, □을/를 수입상에게 ~ 한다, □을/를 ~ 한다

인도 ~주의 실천 의사 협의회

인두 경돌 ~ 근

인두 ~로 지진다

인두겁 ~을 쓴다

인디언 ~ 추장

인라인 ~ 스케이트 동호회

인력 만유 ~

인력 ~ 감축, ~ 개발 부, ~ 부족률, ~ 수급, ~ 양성 사업; 산학연 간 ~ 유동, 유휴 ~, 전담 ~, 전문 ~을 양성 한다

인력난 자재난과 ~

인류 ~ 고금 동서의 역사 전체, ~ 문명사

인류학 고고 ~ 과, 구미 ~

인륜 천륜과 ~

인마 야 ~

인맥 ~ 관리; 폭 넓은 ~

인멸 도주나 증거 ~, 도주 및 증거 ~, 증거 ~의 우려가 있다

인명 수형 ~ 표

인명 ~ 경시 풍조, ~은 재천이다, ~ 피해

인명부 부재자 신고 ~, 수형 ~

인문 ~ 과학, ~ 사회 계열, ~ 사회 과학자, ~ 주의 역사가; 예체능 및 ~

인문계 ~ 고교, ~ 고등 학교

인물 ~ 됨과 치적; 극 중 ~, 기라성 같은 ~들, 등장 ~, 요주의 ~, 입지전적인 ~, 작중 ~, 주동 ~

인민 ~ 대회, ~ 무력 부 정찰국, ~ 민주주의 제도, ~ 보건 법, ~ 전선 론, ~ 주

ㅇ

권 주의, ~ 해방 군; 국군과 ~ 군, 민주 주의 ~ 공화국 창건, 북한 최고 ~ 회의, 중국 ~ 지원 군이 참전 한다, 중화 ~ 공화국, 최고 ~ 회의 상임 위원회

인부 골재 채취 ~, 공사 판 ~

인사 반체제 ~, 법조계 ~, 일부 몰지각한 ~, 장성 급 ~, 정˙ 재계 ~, 지도 급 ~

인사 ~ 고과, ~ 적체, ~ 청문 특위 위원장; 공무원 ~ 기록, 국회 ~ 청문 특위, 기업 ~ 담당자, 서리 ~ 청문회, 저명 ~, 차관 급 ~, 총리 서리 ~ 청문 특위, 총리 ~ 청문 특위

인사 ~ 또는 맺음 말, ~ 치레, ~ 한 마디 없다; 공손히 ~ 한다, 꾸벅 ~ 한다, 작별 ~

인사불성 ~ 이 된다

인사이드 오른 발 ~ 킥

인사처 사단 ~

인산 ~ 완충 용액; 질소나 ~

인산인해 ~ 를 이룬다

인삼 ~ 정과, ~ 즙, ~ 찻집, ~ 차나 꿀, ~ 추출액; 사슴 뿔과 ~

인상 고속 도로 통행료 ~, 금리 ~ 조치, 등록금 ~률, 요금 ~, □을/를 ~ 한다, 의보 수가 ~, 추곡 매입가 ~, 푸근한 ~

인상 ~ 이 좋다, ~ 이 험악하다, ~ 파 화가

인색 ~ 하다

인생 ~ 만사 새옹지마, ~ 역정, ~ 의 황혼기, ~ 행로; 시한부 ~, 자기 ~ 길, 장미 빛 ~, 톱 스타 ~ 극장, 한 많은 ~

인생관 ~ 을 체득 한다, ~ 이나 가치관

인생담 즐거운 ~

인선 코칭 스태프 ~, 하위 당직 ~, 후임 ~, 후임 총리 ~

인성 ~ 과 물성, ~ 물성 동이 논변

인센티브 ~ 상여금, ~ 와 자극

인솔 ~ 한다

인쇄 ~ 출력; 상온 각인 ~ 공정, 옵셋 ~, 프린터로 ~ 한다, 활판 ~

인쇄소 ~ 직공

인쇄술 ~ 의 발명

인수 ~ 및 합병, ~ 와 합병, ~ 의향서, ~ 인계 한다, ~ 한다, ~ 합병; 합병과 ~

인수권부 신주 ~ 사채

인수증 신병 ~

인슐린 ~ 분비

인스턴트 ~ 라면, ~ 식품, ~ 커피

인스트루먼털 ~ 하다

인승 일 ~

인식 ~ 오류; --는다는/ㄴ다는 데 ~을 같이 한다, 색채 ~ 불능증, 시각 ~ 불능증, 얼굴 ~ 불능증, 여권 자동 ~ 장치, □을/를 ~ 한다, 음성 ~ 기술, 이런 ~ 하에, 지문 ~, 질병 ~ 불능증, 패턴 ~

인신 ~ 구속, ~ 매매

인심 ~ 이 흉흉하다; 후한 ~

인양 ~ 작업; 고속정 ~ 작업 현장, 세월호의 ~

인어 ~ 공주

인연 묘한 ~

인왕 ~ 상

인용 ~ 면 수; 소식통을 ~ 한다, □을/를 ~ 한다, □의 말을 ~ 한다

인우 ~ 보증서

인원 ~ 감축; 시험 선발 ~, 최대 수용 ~, 편입학 모집 ~, 학급당 ~ 수

인자 유전 ~

인자 제 2 ~

인자 ~ 하다

인장 ~ 에 조각 한다

인재 ~ 등용, ~ 를 등용 한다, ~ 를 양성 한다, ~ 발굴, ~ 양성, ~ 파견 회사; 지도적 ~

인적 ~ · 물적, ~ 자원; 교육 ~ 자원 부

인적 ~ 이 뜸하다

인접 ~ 한다

인정 공로를 ~ 받는다, 사증 발급 ~, 손비 ~, □을/를 ~ 받는다, □을/를 ~ 한다, 최소 전공 ~ 학점, 최소 전공 ~ 학점제, 특칙이 ~ 된다

인정 ~ 사정 볼 것 없다; 의리와 ~

인정머리 ~ 없다

인정전 ~ 을 찔러준다

인조견 ~ 속 치마

인종 ~ 차별 정책; 성 차별이나 ~ 차별, 유색 ~, 혼혈 ~

인준 ~ 을 부결 한다, ~ 이 거부 된다, ~ 이 부결 된다; 총리 ~ 부결

인중 ~ 선

인증 ~ 샷, ~ 업무 협력 약정; 미백 기능성 ~ 화장품, 케이 ~, 품질 ~

인지 ~ 과학, ~ 한다; 상표 ~도, 입체 ~

인지 ~ 세 납부 실태

인지상정 --는 것이 ~이다

인질 ~ 구출, ~ 극을 벌인다

인책 지도 부 ~

인척 ~ 관계

인출 예금 ~ 사태, □을/를 ~ 한다, 현금을 ~ 한다

인출기 현금 ~

인치 3 피트 8 ~

인칭 ~ 대명사; 일 ~ 관찰자 서술 관점, 일 ~ 서술, 일 ~ 시점, 일 ~ 주인공

인터넷 ~ 경매 업체, ~ 마비 사태, ~ 보안 솔루션, ~ 쇼핑몰 업체, ~ 쇼핑몰이나 텔레마케팅 업체, ~ 에 접속 한다, ~ 포털 사이트, ~ 프로토콜; 무선 ~ 서비스, 사물 ~, 초고속 ~

인터뷰 ~ 에 응한다

인터액티브 ~ 미디어 오락

인터페이스 사용자 ~, 프로토콜이나 ~

인턴 ~ 사원 제; 무급 ~, 청년 ~ 제

인테리어 ~ 소품; 고품격 ~

인파 ~ 가 몰린다, ~ 가 운집 한다, ~ 에 휩쓸린다; 애도 ~, 피서 ~, 행락 ~

인품 덕망과 ~

인프라 ~ 가 구축 된다, ~ 구축

인플레 ~ 기대 심리

인하 ~ 한다; 금리 ~, 분양가 ~ 권고, 세율 ~, 위탁 수수료율 ~, 지급률 ~, 특소세 ~ 조치, 특소세 ~ 혜택

인한다[인해] □으로/로 인한, □으로/로 인해

인해 ~ 전술

인형 곰 ~, 마그네틱 ~, 목각 ~, 밀랍 ~, 수수깡 ~, 호두 까기 ~

인화 ~ 단결, ~ 와 단결

인화지 ~ 출력기

일 25 ~ 0 시를 기해, 결혼 기념 ~ 축하 이메일, 대출 만기 ~ 연장, 대회 폐막 ~, 면제 처분 ~, 모 월 모 ~, 부동산 실명 법 시행 ~, 상속 개시 ~, 상환 마감 ~, 선거 ~ 공고, 선거 ~ 유급 휴가 쟁취, 신탁 결산 ~과 수익자 결산 ~, 십 주년 기념 ~, 예정 ~보다 늦다, 월드컵 개막 ~, 일 ~ 파출부, 집행 종료 ~, 창군 기념 ~, 출산 예정 ~, 출상 전 ~, 합격자 발표 ~

일 백 ~ 기도, 삼 박 사 ~, 삼백 육십오 ~, 오 ~ 동안 푹 퍼지른다, 오 ~ 장, 이 박 삼 ~, 이삼 ~, 일 ~ 계획 표, 일 ~ 변동 제한 폭, 일 ~ 연속 극, 일 ~ 일식, 일 ~ 점검, 일 ~ 찻집

일 ~ 자리 창출, ~ 처리들이 무척 번거롭다; 궂은 ~을 도맡아 한다, 급한 볼 ~, 기 맥힐 ~, 늘 회사 ~에 쫓긴다, 두레 논 ~, 들 ~, 막일 꾼 ~, 무급으로 ~ 한다, 묵묵히 ~ 한다, 밤 새도록 ~ 한다, 별 볼 ~ 없다, 별 볼 ~ 없이, 별 ~도 다 많다, 별 ~ 없다, 불측한 ~, 비방을 ~ 삼는다, 삯 ~도 한다, 술 타령만 ~ 삼는다, 약탈을 ~ 삼는다, 어인 ~이니, 여러 가지 ~ 처리, 열 ~ 제쳐 놓고, 예삿~이 아니다, 웬 ~이니, □을/를 ~ 삼는다, 전일제 파출부 ~을 한다, 전횡을 ~ 삼는다, 정말 큰 ~ 날 뻔 했다, 취미와 ~ 거리, 큰 ~ 난다, 큰 ~이 난다, 하마터면 큰 ~ 날 뻔 했다

일가 ~ 일신, ~ 친척

일가견 □에 ~이 있다

일각 ~ 에서 거론 된다; 당내 ~, 빙산의 ~이다

일간 ~ 신문

일갈 ~ 한다

일거 ~ 에 해결 한다; □을/를 ~에 무너뜨린다

일거수 ~ 일투족

일거양득 --는 ~

일격 ~ 필살; 불의의 ~

일고 ~ 의 가치도 없다

일곱 ~ 번 째 위성 보유국

일과성 ~ 허혈 발작

일관 ~ 된다; 모르쇠로 ~ 한다, □으로/로 ~ 한다, 초지 ~ 한다

일괄 ~ 사직서, ~ 사퇴, ~ 타결

일광 ~ 화상

일군다 □을/를 ~, 화전을 ~

일그러뜨린다 얼굴을 ~, □을/를 ~

일그러진다 흉하게 ~

일그린다 □을/를 ~

일기 ~ 예보, ~ 예보관

일기 ~ 를 쓴다, ~ 의 한 구절; 육아 ~, 투병 ~

일기장 ~ 을 훔쳐 본다

일깨운다 일깨워 준다; □을/를 ~

일남중 ~ 고도

일념 구국의 ~, --는다는/ㄴ다는/다는/라는 ~

일단락 ~ 된다, ~ 짓는다

일당 막일 꾼 ~

일당 ~ 독재

일대 수도권 ~, 텍사스 촌 ~

일대 ~ 변혁, ~ 센세이션, ~ 전환 점, ~ 파란; □에 ~ 파란이 인다

일란성 ~ 쌍생아

일람 성적 ~ 표, 학생 신상 ~ 표

일련 ~ 의

일렬 ~ 로 늘어 선다, ~ 로 세운다, ~ 로 줄 선다

일로 □ ~에 있다, 상승 ~에 있다, 쇠퇴 ~에 있다, 악화 ~를 걷는다, 악화 ~에 있다, 증가 ~의, 확대 ~에 있다, 확산 ~에 있다, 확장 ~에 있다

일류 ~ 대학 출신; 세칭 ~ 대학

일류대 ~ 출신

일리 □도 ~가 있다

일말 ~ 의 기대, ~ 의 부끄러움, ~ 의 양심, ~ 의 진리, ~ 의 책임감

일망타진 ~ 한다

일맥 □과/와 ~ 상통 한다

일면식 ~ 도 없다

일모작 ~ 저습답; 나락 ~

일목요연 □을/를 ~하게 보인다, □을/를 ~하게 정리 한다, □을/를 ~하게 표현 한다

일몰 ~ 광경; 금 요일의 ~, 아드리아 해의 ~

일민 ~ 주의

일반 ~ 과세자와 간이 과세자, ~ 직 공무원, ~ 회계국; 가계 ~ 자금, 관세 무역 ~ 협정, 타행 발행 ~ 자기 앞 수표

일반적 ~ 으로, ~ 인

일방 ~ 통행, ~ 통행적으로, ~ 통행적인

일방적 ~ 으로, ~ 인 승부, ~ 찬미

일변도 강경 ~

일별 ~ 한다

일병 ~ 계급장

일본인 ~ 부녀 관광객, ~ 으로 위장 한다, ~ 행방 불명자

일부 ~ 다처제, ~ 일처제

일부 ~ 또는 전부, ~ 몰지각한 인사; 기업주 ~ 부담, 원고 ~ 승소 판결, 유기적 ~

일사불란 ~ 하게 움직인다

일상 ~ 점검; 평범한 ~

일상적 ~ 으로, ~ 인

일색 □ ~이다

일생 ~ 의 동반자, ~ 일 대의 결정, ~ 일 대의 선택

일석 ~ 이조다, ~ 점호; --는 ~ 이조

일선 ~ 군병, ~ 방송인, ~ 세무서, ~ 언론인, ~ 에 복귀 한다

일성 취임 ~

일세 ~ 를 풍미 한다

일소 □을/를 ~ 한다

일수 담천 ~, 미결 구금 ~, 요양 급여 ~ 산정, 청천 ~

일숙직 ~ 을 한다

일시 ~ 반등, ~ 중단, ~ 혼절

일시 ~ 중지; 만기 ~ 지급 식

일시적 ~ 으로, ~ 인

일식 ~ 돈가스점

일식 ~ 과 월식; 개기 ~, 부분 ~, 일 일 ~

일신 면모를 ~ 한다

일신 ~ 의 안위; 일가 ~

일쑤 --기 ~이다

일어선다 역경을 딛고 ~

일언지하 ~ 에 거절 한다

일엽편주 ~ 통통선

일요 ~ 특집, ~ 판 신문

일용 ~ 직 노동자, ~ 할 양식을 준다; 임시 직과 ~ 직 근로자

일원적 ~ 으로, ~ 인

일원화 창구를 ~ 한다

일월 ~ 오악

일으킨다 돌풍을 ~, 물의를 ~, 밴드웨건 효과를 ~, 보얗게 ~, 센세이션을 ~, □에 새 바람을 ~, 윗몸 일으키기, □을/를 불러 ~, □을/를 ~, 파문을 ~

일익 ~ 을 담당 한다

일임 □에 ~ 한다, □에게 ~ 한다

일자 20 ~ 오피니언 면, 제조 ~

일자 근원적 ~

일장 ~ 연설, ~ 훈시

일장기 ~ 말소 사건

일전 심기 ~ 한다

일전 최후의 ~

일정 국회 의사 ~, 둘 째 날의 ~, 실무 접촉 ~, 이틀 째 ~, 행사 ~

일정 ~ 량, ~ 성분비의 법칙, ~ 하다; 거처가 일정치 않다

일제 ~ 강점, ~ 강점기, ~ 식민, ~ 에 항거 한다, ~ 잔재, ~ 치하, ~ 침략기, ~ 하 언론

일제히 ~ 들고 일어 난다

일조 --는 데 ~ 한다, □에 ~ 한다

일조 ~ 량이 많다

일종 ~ 의

일주 무전 세계 ~

일중 ~ 변동

일즉다 ~ 다즉일

일지 항해 ~

일천 ~ 하다

일체 동귀 ~, 물아 ~, 삼위 ~, 의약 ~ 제도, 천인 ~

일체 ~ 함구 한다

일축 □을/를 ~ 한다

일치 ~ 단결 한다; □과/와 ~ 한다, □과/와 정확히 ~ 한다, 교선 ~, 만장 ~로, 병농 ~, 신행 ~, 언행 ~

일침 ~ 을 가한다

일컫는다[일컬어 일컬은] 일컬어 진다; □을/를 통틀어 ~, 통틀어 일컫는 말

일탄 필살의 ~

일탈 ~과 전횡, ~한다; 범죄 및 ~행위

일투족 일거수 ~

일파 남 동생 ~

일필 ~ ~

일행 우리 ~

일확천금 ~을 노린다

일환 대책의 ~

일희일비 ~한다

읽는다 읽기 자료; 묘사문을 ~, 성경 읽기, 소 귀에 경 읽기, 쇠 귀에 경 읽기, □을/를 ~, 초 읽기에 들어 간다

잃는다 신용을 ~, □을/를 잃어 버린다, 이성을 ~

임·부점장 ~경영

임계 ~온도, ~전류 밀도

임관 소위로 ~한다, □으로/로 ~한다

임금 ~과 급료, ~보조 및 복리 후생; 근로 시간 단축에 따른 ~감액, 노조 전임자 ~지급, 법정 최저 ~, 상용 직 중위 ~, 총액 ~제, 최저 ~심의, 최저 ~위원회, 최저 ~제, 최저 ~제도, 택시 ~협상

임기 ~응변

임기 ~가 만료 된다, ~개시, ~를 마친다, ~만료, ~말 국정, ~시작; 잔여 ~

임대 ~계약의 견적서 발급, ~보증금, ~소득 신고; 공공 ~주택, 영구 ~아빠트, 영구 ~아파트, 영구 ~주택

임대료 조세 및 ~감면

임대점 레코드 ~

임대차 ~계약서, ~보호 법 시행; 상가 건물 ~보호 법, 상가 ~계약, 상가 ~보호 법, 주택 ~보호

임마 ~야; 야 ~

임면 조합장 ~

임명 ~동의 안을 부결 한다, ~동의 안이 부결 된다, ~된다, ~직 위원; □에 대한 ~동의, 원장 권한 대행으로 ~한다, □을/를 ~한다, 조정관을 ~한다, 총리 ~동의, 특보로 ~한다

임명장 ~수여 식, ~을 받는다, ~을 수여 한다

임목 ~육종 연구소

임무 ~를 완수 한다; 본연의 ~, 척후 ~

임박 ~하다

임사 ~체험

임산부 ~전용, ~지정석; 페놀 피해 ~모임

임상 ~병리사, ~진료 지침

임석 ~한다

임시 ~거주증, ~거처, ~공휴일, ~국회 소집 요구서, ~의정원, ~정부, ~주주 총회, ~직과 일용 직 근로자, ~투자 세액 공제; 6 월 ~국회, 식량 ~정지 증명서, □에 관한 ~조치 법

임신 ~·출산·육아, ~과 낙태, ~과 출산, ~중독증, ~초기; 인공 ~중절 수술, 자가 ~진단 시약, 자궁외 ~

임야 ~와 대지

임어 □에 ~한다

임용 교원 ~, 교육 공무원 ~령 개정 안, 사선 ~

임원 ~ 부속실; 고위 직 ~, 주주 및 ~

임의 ~ 동행 된다, ~ 동행 요구, ~ 동행 형식, ~ 비급여, ~ 조제 금지; 대체 조제와 ~ 조제, 불법 ~ 조제

임자 논 ~

임종 ~ 에 다다른다

임직원 ~ 명의

임차 ~ 보증금

임차인 선의의 ~ 및 담보권자, 소액 ~의 우선 변제권

임치 소비 ~

임펄스 신경 ~, 통증 ~

임한다[임해] 임하소서; 촬영에 ~

입 이 날 ~ 때

입 ~ 가에 미소가 번진다, ~ 가에 미소를 띤다, ~ 가에 싸늘한 미소를 짓는다, ~ 가에 잔잔한 미소를 짓는다, ~ 가에 흘린다, ~ 도 뻥긋 않는다, ~ 막음을 한다, ~ 맛만 다신다, ~ 맛을 다신다, ~ 맛을 쩍쩍 다신다, ~ 맛을 쩝쩝 다신다, ~ 맛이 당긴다, ~ 맛이 쓰다, ~ 맛이 씁쓸하다, ~ 바른 소리, ~ 방아를 찧는다, ~ 방아에 오른다, ~ 방아 찧는다, ~ 버릇처럼 늘 말 한다, ~ 버릇처럼 말씀 하신다, ~ 안이 텁텁하다, ~ 에 게 거품을 문다, ~ 에 발린 말, ~ 에 발린 소리, ~ 에 침이 마르도록 칭찬 한다, ~ 에 풀 칠을 한다, ~ 에서 단 내 난다, ~ 에서~ 으로 전한다, ~ 을 굳게 다문다, ~ 을 빼금거린다, ~ 을 삐죽 내 민다, ~ 을 삐죽거린다, ~ 을 삐죽이 내 민다, ~ 을 삐쭉 내 민다, ~ 을 삐쭉거린다, ~ 을 크게 벌린다, ~ 을 틀어 막는다, ~ 을 헤 벌린다, ~ 이 마르도록 칭찬 한다, ~ 좀 다문다; 굳게 ~을 다문다, 눈 , 코 , ~, 뭇 사람의 ~ 질, 벌린 ~을 다문다, 벌어진 ~을 다문다, 사람들 ~에 오르내린다, 산 ~에 거미 줄 치랴, 쓴 ~ 맛, 열렬히 ~ 맞춘다, □을/를 ~ 밖에 낸다, □을/를 ~ 안에 털어 넣는다, □을/를 한 ~ 벤다, 집어 ~으로 가져 간다, 한 쪽 ~ 꼬리, 허연 ~ 김, 호사가들의 ~에 오르내린다

입각 마르크스 주의에 ~ 한다, 식민 사관에 ~ 해서, □에 ~ 한

입감 ~ 된다; □을/를 ~ 한다

입건 ~ 된다; 불구속 ~, □을/를 불구속 ~ 한다, □을/를 ~ 한다

입경 ~ 한다

입관 ~ 한다

입교 □에 ~ 한다

입구 건물 ~, 등산로 ~, 예비 군 훈련장 ~, 지하도 ~, 터널 ~

입국 ~ 비자 발급, ~ 사증 발급 창구, ~ 심사대, ~ 한다; 까다로운 ~

입궐 ~ 한다

입귀 ~ 가 처진다

입금 ~ 계좌, ~ 된다; 계좌에 ~ 한다, □을/를 ~ 한다, 후 ~ 표

입는다 겹겹이 껴 ~, 경찰복을 ~, 곤색 잠바를 ~, 골절상을 ~, 곱게 차려 ~, 도움에 힘 ~, 무명 옷을 ~, 바지를 ~, 부상을 ~, 비단 옷을 ~, 새 옷으로 갈아 ~, 성원에 힘 입어, 성은을 ~, 수영복을 ~, 수해를 ~, 양복을 다려 ~, 양복을 맞춰 ~, 양복을 뽑아 ~, □에 관통상을 ~, □에 힘 입은 바 크다, 옷을 갈아 ~, 외

출복으로 갈아 ~, 운동복을 ~, 유니폼을 ~, □으로/로 갈아 ~, □을/를 갈아 ~, □을/를 ~, □을/를 차려 ~, □의 호조에 힘 입어, 잘 차려 ~, 재해를 ~, 제복을 ~, 조끼를 ~, 중경상을 ~, 중상을 ~, 첩리를 ~, 총상을 ~, 치명상을 ~, 타격을 ~, 타박상을 ~, 털 옷을 ~, 팬티를 ~, 팬티만 ~, 피해를 ~, 한복을 차려 ~, 화상을 ~, 환자복을 ~

입단 ~ 대회, ~ 이 년차; 프로 바둑 기사로 ~ 한다

입단 ~ 선서문, ~ 테스트; □에 ~ 한다

입당 ~ 원서; □에 ~ 한다

입대 군 ~, □에 자원 ~ 한다, 자원 ~ 한다, 훈련소에 ~ 한다

입력 ~ 된다, ~ 장치; □을/를 ~ 한다

입면 수면 마비와 ~ 환각

입문 정계에 ~ 한다

입문서 철학 ~

입방 ~ 센티 미터

입법 ~ 예고, ~ 청원; 개정 안을 ~ 한다, 개혁 ~, 부패 청산 ~, □을/를 ~ 예고 한다

입북 ~ 한다

입사 ~ 지원서; □에 ~ 한다

입산 승려가 ~ 한다, □에 ~ 한다

입상 석불 ~

입상 □에 ~ 한다, 콩쿠르에서 ~ 한다

입선 ~ 이상 작품; □에 ~ 한다

입성 □에 ~ 한다

입소 □에 ~ 한다

입수 --는다는/ㄴ다는/다는/라는 정보를 ~ 한다, □을/를 ~ 한다, 첩보를 ~ 한다

입술 ~ 과 혀, ~ 에 침을 바른다, ~ 을 달싹인다, ~ 을 삐쭉 내 민다, ~ 이 파르르 떨린다; 아랫~을 깨문다, 엽차로 ~을 축인다

입시 ~ 문제지 도난 사건, ~ 위주 교육, ~ 전문 학원; 2014 학년도 전문대 ~, 대학 ~, 대학원 ~ 반, 예능계 ~, 전기대 ~, 체능계 ~, 통역 대학원 ~, 후기대 ~ 문제지

입시장 대학 ~

입식 ~ 부엌 만든다, ~ 커피 숍

입신 ~ 출세 주의, ~ 출세 주의자, ~ 한다

입안 □을/를 ~ 한다, 정책 ~자

입양 ~ 된다, ~ 홍보회; 고아 ~, □을/를 ~ 한다

입양아 ~ 출신

입양인 해외 ~ 센터

입영 ~ 날짜; 정식 ~ 통지, 현역 ~

입욕 ~ 금지

입원 ~ 급여금, ~ 수속, ~ 환자; 정신 병원에 ~ 한다

입원비 수술비랑 ~

입자 ~ 가속기; 아교 ~, 콜로이드 ~, 하전 ~

입잔 ~ 한 잔

입장 ~ 차이를 확인 한다; 난처한 ~에 처한다, --는다는/ㄴ다는/다는/라는 ~을 보인다, 양 측의 ~, 자국사의 ~

입장권 ~ 판매 대행 사; 잔여 ~

입장료 ~ 나 시청료, ~ 도 턱 없이 비싸다; 국립 공원 ~, 유달리 비싼 ~

입적 ~ 한다

입전 ~ 행랑; 종가 ~

입점 □에 ~ 한다

입정 ~ 을 놀린다

입주 ~ 가정 교사, ~ 신청금, ~ 예정자; □에 ~ 한다

입주금 ~ 마련

입증 ~ 된다; □을/를 ~ 한다

입지 ~ 지원 시설; 혐오 시설 ~ 반대

입지전적 ~ 인 인물

입찰 ~ 물건 명세서, ~ 법정, ~ 보증금, ~ 사무국, ~ 자용 수취증, ~ 참여 요청서, ~ 표 기재대; 고속 철도 ~, 공개 경쟁 ~, 채권 ~ 제

입체 ~ 인지; 삼 차원 ~ 영상, 삼 차원 ~ 음향, 삼 차원 ~ 지도

입촌 ~ 거부

입춘대길 ~ 건양다경

입출 시장 금리부 수시 ~ 식 예금

입출국 ~ 고무 도장

입출금 수시 ~ 식 예금

입출금기 현금 자동 ~

입출력 ~ 장치; 데이터 ~

입학 ~ 시험 성적, ~ 적격자 선발 기준; 대학 ~ 적격자 선발, 수석 ~자, 특례 ~, 한국학 과에 ~ 한다

입학금 ~ 과 수업료

입항 ~ 한다

입행 ~ 한다

입헌 ~ 군주 제, ~ 군주국

입회 변호인 ~

입회 ~ 불허, ~ 원서, ~ 한다

입후보 선거 ~자, □에 ~ 한다

입힌다 그을음을 ~, 먹이고 ~, □에 치명타를 ~, □을/를 갈아 ~, □을/를 ~, 전치 2 주의 상처를 ~

잇는다[이어 이은] 이어 지는 능선부, 이음 부분; 끝 말 잇기 놀이, 남북 인간 띠 잇기, 대를 ~, 면면히 이어 진다, □에 ~, 연면히 이어 져 온다, □으로/로 이어 진다, □을/를 이어 받는다, □의 법통을 ~, 전통을 ~

잇단다[잇달고 잇달아] 잇달아 연다

잇닿는다 □에 ~

잇대인다 □에 ~

잇댄다 □에 ~

잇따른다 잇따른 부도, 잇따른 분신, 잇따라 불거진다, 잇따라 연다

있는다 가만 ~, 가만히 ~

있다 39 위도 선 상에 ~, □ 일로에 ~, 가족력이 ~, 고환에 탈장이 ~, 공신력 ~, □과/와 거리가 ~, □과/와 관계가 ~, □과/와 관계 ~, □과/와 불가분의 관계에 ~, □과/와 염문 설이 ~, 과단성 ~, 근성이 ~, 기름 기 있는 음식, 기아 선 상에 ~, 기품 ~, 끈기 ~, 너무 멋 ~, 노망 기가 ~, 농작물에 중금속이 ~, --는다면 무슨 소용이 있니, 대로변에 ~, 덕망 ~, □도 일리가 ~, 돈푼깨나 ~, --려는 데 그 목적이 ~, 맛 있게 굵어

먹는다, 맛 있는 불 고기, 매력이 ~, 매력 ~, 매사에 자신감이 ~, 맵시 ~, 면분 ~, 명망 ~, 무지 무지 재미 ~, 박력 ~, 박진감 ~, 보람 ~, 본때 ~, 분별 있게 처신 한다, 붙임성 ~, 상도의 상 있을 수 없다, 상승 일로에 ~, 생동감 ~, 선약이 ~, 설득력 ~, 성깔깨나 ~, 성의 있게, 세로 무늬가 ~, 소통에 지장이 ~, 속도감 ~, 솜씨가 ~, 쇠퇴 일로에 ~, 술배가 따로 ~, 신통술이 ~, 심도 ~, 쓸 모 ~, 악화 일로에 ~, 양론이 ~, --어야/아야 무슨 소용이 있니, 어폐가 ~, □에 결함이 ~, □에 관심이 ~, □에 미련이 ~, □에 식견이 ~, □에 일가견이 ~, □에 차질이 ~, □에 특효가 ~, □에 효과가 ~, □에게 불만이 ~, □에게 원한이 ~, 용 빼는 재주가 ~, 용의가 ~, 운치 ~, 원래 있 었던 그 대로, --은/ㄴ 바 ~, --은/ㄴ 적이 ~, --은들 무슨 소용이 있니, --을/ㄹ 수 ~, --을/ㄹ 우려가 ~, --을/ㄹ 필요가 ~, 이런 소행머리가 어디 있나, 이점이 ~, 재치 있게 받아 넘긴다, 적반하장도 분수가 있어야지, 절도 있는 동작, 정말 멋 ~, 족보 있는 혈통, 좀 아쉬운 감이 ~, 중단 있는 영생, 쥐 구멍에도 볕 들 날이 ~, 증거 인멸의 우려가 ~, 지멸 ~, 집 집마다 ~, 짚이는 곳이 ~, 짜임새 ~, 참을성 ~, 천지에 널려 ~, 태열 기가 ~, 태초에 말씀이 있었다, 포용력 ~, 품위 ~, 하늘이 무너져도 솟아 날 구멍이 ~, 현실감 ~, 확대 일로에 ~, 확산 일로에 ~, 확장 일로에 ~, 흰자위에 실 핏줄이 ~

있다 가로 놓여 ~, 각오가 되어 ~, 간드랑거리고 ~, 갇혀 ~, 고문헌에 기술 되어 ~, 그려 져 ~, 깃들어 ~, 꽂혀 ~, 꽉 차 ~, 너부러져 ~, 널려 ~, 널부러져 ~, 널브러져 ~, 논제에 내포 되어 ~, 눌러 붙어 ~, 누워 ~, --는 소원을 갖고 ~, 늘어 붙어 ~, 늘어 서 ~, --다고/라고 쓰여 ~, 다닥다닥 붙어 ~, 담겨 ~, 덮여 ~, 도열 해 ~, 되어 가고 ~, 둘려 ~, 들어 차 ~, 떠 받치고 ~, 멀쩡히 살아 ~, 모닥모닥 피어 ~, 목 숨이 경각에 달려 ~, 몸 담고 ~, 미완성 상태로 남아 ~, 배회 하고 ~, 벗어 나 ~, 부심 하고 ~, 산야에 지천으로 깔려 ~, 상존 하고 ~, 서려 ~, 숨어 ~, 스며 ~, 시추봉이 달려 ~, 십 마일이나 떨어져 ~, 싸여 ~, --어/아 ~, □에 도사리고 ~, □에 면해 ~, □에 붙박혀 ~, □에 자리 잡고 ~, □에 잠겨 ~, 오도카니 앉아 ~, 옷 가게가 몰려 ~, 외떨어져 ~, 우두커니 서 ~, □을/를 곤두세우고 ~, 이기 주의가 팽배 해 ~, 익히 알고 ~, 일고 ~, 잠겨 ~, 적혀 ~, 점하고 ~, 정박 해 ~, 정부 조직 법에 규정 되어 ~, 정평이 나 ~, 주시 하고 ~, 지싯지싯 붙어 ~, 진열 되어 ~, 처박혀 ~, 텅 텅 비어 ~, 투닥거리고 ~, 품겨 ~, 함초롬히 피어 ~, 혼생 하고 ~

있이 ~ 산다

잉어 ~ 낚시 꾼, ~ 를 낚는다; 비단 ~ 찜

잉여 ~ 냉동 배아, ~ 농산물, ~ 생산물

잉태 □을/를 ~ 한다

잊는다 까맣게 잊어 버린다, 깜박 ~, 깜빡 ~, □을/를 ~, □을/를 잠시라도 ~

잊힌다 잊혀 진다

잎 ~ 과 줄기, ~ 도열 병; 가둑 ~, 네 ~ 클로버, 녹차나 감 ~ 차, 당귀 ~ 가루,

들판의 풀 ~, 맥아 ~ 눈, 바늘 ~ 나무, 베고니아 꽃 ~, 봉숭아 꽃 ~, 붉나무 단풍 ~, 새 ~이 돋아 난다, 아카시아 꽃 ~, 여린 풀 ~, 유도화의 꽃 ~, 피초 ~, 풀 ~의 이슬, 한 ~ 두 ~, 한 ~ 한 ~, 활엽수의 ~, 황록 색 ~

잎사귀 떡갈 나무 ~, 우거진 치덩굴 ~, 치덩굴 ~가 누렇다, 플라타너스 ~

잎새 초록 ~, 플라타너스 ~

자 □ ~ 돌림, ㄱ ~ 형 구들, ㄷ ~ 형 유리 관, ㄷ ~ 형 평면, # ~ 형 중문간채, 갈 짓~ 걸음, 균 ~ 돌림, 기역 ~, 낫 놓고 기역 ~도 모른다, 십 ~ 길 어귀, 십 ~ 인대, 십 ~ 포화, 여름 하 ~ 돌림, 영문 첫 ~, 일 ~ 바지 단 줄인다, 정 ~ 살 창호, 큰 대 ~

자 가석방 ~, 가족 운영 업체 종사 ~, 가해 ~와 피해자, 감시 ~ 역할, 강제 징용 ~, 개인 택시 운전 ~, 거래 상대 ~, 건강 혹사 ~, 검사 ~와 피검자, 검사 측 토론 ~, 경비와 관리 ~, 경쟁 ~와 도전 ~, 고득점 ~, 고액 거래 ~ 명단, 고용 ~와 피고용자, 고위 관계 ~, 고위 정책 결정 ~, 고입 탈락 ~, 공급 ~와 수요 ~, 공모 ~, 공연 기획 ~, 공천 탈락 ~, 교통 법규 위반 ~, 교통 안전 관리 ~, 구매 ~와 판매 ~, 구속 ~ 석방, 구직 희망 ~, 국내 학위 취득 ~, 군 부재 ~ 투표 부정 시비, 근로 ~ 우대 신탁, 근로 ~ 우대 저축, 금융 이용 ~, 기상 관측 ~, 기소 중지 ~, 기업 인사 담당 ~, 기업 최고 경영 ~, 기여 ~ 역할, 낙오 ~가 속출 한다, 남북 ~ 문제, 넋의 구원 ~, 노벨 물리학 상 수상 ~, 노벨 상 수상 ~, 노벨 평화 상 수상 ~, 노숙 ~ 대책 종교 시민, 노숙 ~ 쉼 터, 노예 소유 ~, 녹색 운전 면허 소지 ~, 농어촌 지도 ~ 반, 능동적 관찰 ~, 닮은 꼴 연기 ~, 담보 제공 ~, 답한 응납 ~, 당선 ~ 신분, 대기 ~ 명부, 대리 행사 ~, 대어 급 연기 ~, 대주주 겸 최고 경영 ~, 도로 교통 법 위반 ~ 벌점, 독거 수용 ~, 독신 생활 ~, 독자나 시청 ~, 동성 연애 ~, 동시 접속 ~, 동업 ~, 동위 원소 추적 ~, 돼지 숭배 ~, 돼지 혐오 ~, 또래 상담 ~, 마약 밀매 ~, 명의 수탁 ~, 명의 신탁 ~, 모더니즘 예찬 ~, 모형 제작 ~, 목격 ~의 증언, 문학 상 수상 ~, 문화 응용 ~, 미결 구금 ~, 미결 수용 ~, 민방 사업 ~ 선정, 민족 반역 ~, 밀입국 ~, 박사 학위 소지 ~, 박사 학위 취득 ~, 반민족 행위 ~, 발해사 연구 ~, 방북 ~ 명단, 배출 ~ 책임, 번역 ~인 김수행, 변호인 측 토론 ~, 병역 기피 ~, 보선 출마 ~, 보안 법 위반 ~, 보행 ~ 우선, 복표 사업 ~ 선정, 본선 진출 ~, 봉급 생활 ~, 봉사 ~를 모집 한다, 부랑 근로 ~, 부랑 ~ 취체, 부부 합산 신고 ~, 부장 진급 예정 ~, 부재 ~ 신고 인명부, 부재 ~ 투표 용지, 부재 ~ 투표 함, 불법 체류 ~, 불이행 ~, 사과와 관련 ~ 문책, 사망 ~ 명단, 사무 직 여성 노동 ~, 사업 시행 ~, 사용 ~ 인터페이스, 사이트 운영 ~, 사회 통합 ~, 사회 ~, 사회적 배제 ~, 사회적 약자나 결핍 ~, 상임 지휘 ~, 새마을 지도 ~, 생명의 출산 ~, 생산 ~ 물가 지수 편제, 생산 ~와 소비 ~, 서술 ~ 또는 화자, 석사 학위 소지 ~, 석유 탐사 ~, 선거 입후보 ~, 선도 ~로 부상 한다, 섭외 담당 ~, 성 전환 ~의 호적, 성금 기탁 ~, 성실 납부 ~, 성악가나 악기 연주 ~, 성인 비자 신청 ~, 성인과 순교 ~, 성지 순례 ~, 세무 당국과 사업 ~, 소비 ~나 소유 ~, 소비 ~ 보호 원, 소비 ~ 상담실 모니터 팀, 소비 ~와 생산 ~, 소비 ~ 태도 지수, 소액 투자 ~, 소유 ~ 겸 채무 ~, 소프트웨어 개발 ~, 송신 ~와 수신 ~, 수석 입학 ~, 수용 ~ 주권 론, 수용 ~ 참여 방안, 수탁 ~ 회계와 수익자 회계, 수행 ~의 본분, 수형 ~의 접견, 스스로 돕는 ~를 돕는다, 시민 대상 교육 ~, 시장 선도 ~, 시청 ~ 봉사국, 신규 채용 ~, 신장 기증 ~, 실무 ~ 워크숍, 실종 ~ 수색 작업, 실직 노숙 ~ 대책, 아나운서와 해설 ~, 애독 ~ 엽서, 애청 ~ 여러 분, 야당 측 토론 ~, 양성애자나 성 전환 ~, 양심에 따른 병역 거부 ~, 양심적 병역 거부 ~, 어학 전공 ~, 에이즈 감염 ~, 엔젤 투자 ~, 여론 주도 ~ 역할, 여론 형성 ~ 역할, 여행 ~ 수표, 여행 ~ 숙소, 연금 생활 ~, 연기 ~와 조연출 ~, 연출 ~ 커플, 영업 관리 ~, 영혼의 구원 ~, 영화 제작 ~, 예금 ~ 보호법, 예금 ~ 보호 상품, 예금 ~ 보호 제도, 예능 보유 ~, 예비 창업 ~, 오케스트라의 지휘 ~, 오케스트라 지휘 ~, 왕위 계승 ~, 외부 유입 ~, 외식 산업 경영 ~, 원거리 파견 ~, 원서 제출 ~, 월남 귀순 ~, 월북 ~의 이산 가족, 위대한 영도 ~, 위장 취업 ~, 위탁 ~에게 양도 한다, 유치장 근무 ~, --은/ㄴ 경력의 소유 ~, 이 차 추가 합격 ~ 발표, 이민 여성 노동 ~ 보호회, 이용 ~ 보호 법, 일인칭 관찰 ~ 서술 관점, 일 차 규정 ~, 일반 과세 ~와 간이 과세 ~, 일본인 행방 불명 ~, 일생의 동반 ~, 일용 직 노동 ~, 임시 직과 일용 직 근로 ~, 입주 예정 ~, 자가용 운전 ~, 자격증 소지 ~, 자료실 이용 ~, 자본가와 노동 ~, 자영 사업 ~, 자원 봉사 ~, 자유 이용권 지참 ~, 자전거 이용 ~ 협회, 장기 근속 ~, 재형 저축 가입 ~, 저당권 설정 ~, 전문 직 종사 ~, 전사 ~ 유해 발굴, 전송 망 사업 ~, 전시 기획 ~, 정규 직 노동 ~, 정기 구독 ~, 정복 ~와 피정복 ~, 정부 측 토론 ~, 정신 이상 ~, 정책 입안 ~, 정책 제안 ~, 정치인 부정 축재 ~, 제보 ~, 조사 의뢰 ~, 조수석 동승 ~, 종교 개혁 ~, 주동 ~, 주문 ~ 상표 부착 생산, 주제 발표 ~, 주택 청약 예금 가입 ~, 중국인 이민 ~, 중요 무형 문화재 기능 보유 ~, 중위 투표 ~ 이론, 지명 수배 ~, 지휘 ~의 숨 소리, 직무 공유 ~, 직업 소개 사업 ~, 직접 생산 ~, 직책 수행 ~, 진리 탐구 ~, 진폐 근로 ~, 찬성 측 토론 ~, 참 수행 ~, 참가 ~를 모집 한다, 참사 희생 ~, 창시 ~, 채권 매입 ~, 청약 저축 가입 ~, 청취 ~, 초보 운전 ~, 총리 지명 ~, 총포술 종사 ~, 최고 득점 ~, 최대 출자 ~, 최연소 합격 ~, 최종 대부 ~ 기능, 최초 규정 ~, 최초 목격 ~, 출가 수행 ~, 출국 금지 ~, 취업 ~ 수, 친애 하는 지도 ~ 동지, 탈북 ~ 난민 촌, 토지 소유 ~와 경작 ~, 토지 소유 ~ 층, 토크 쇼 진행 ~, 통금 위반 ~, 통역 겸 안내 ~, 통장 거래 ~, 투표 ~ 조사, 트럼펫 연주 ~, 패러다임 전환 ~, 패배 ~, 플룻 연주 ~, 피해자와 가해 ~, 학부 수석 졸업 ~, 학살 ~ 처벌, 학습 ~ 사전, 한민족 세계 지도 ~ 대회, 합격 ~ 발표 일, 항일 빨치산 참가 ~, 해고 ~ 복직, 환자 및 보호 ~

자 내 코가 석 ~이다

자 성명 삼 ~, 이백 ~ 원고지

자 ~ ㅅ 대로 잰다, ~ ㅅ 대의 눈 금, ~ 로 잰 듯; 이중 ~대

자가 ~ 당착, ~ 당착적, ~ 수급, ~ 수급용, ~ 임신 진단 시약, ~ 학습; 치아 ~ 이식

자각 □을/를 ~ 한다

자갈 ~ 과 모래, ~ 투성이; 모래와 ~, 시멘트와 ~

자강 ~ 운동

자개 ~ 무늬, ~ 장농

자격 ~ 시험에 응시 한다, ~ 시험에 합격 한다, ~ 조건; 국가 원수 ~, 기능사 ~ 시험, 선물 중개인 ~ 시험, 옵서버 ~, 피조사자 ~, 피청구인 ~, 피항고인 ~

자격증 ~ 소지자, ~ 유효 기간 제, ~ 을 취득 한다, ~ 취득; 공인 회계사나 세무사 ~, 상담사 국가 ~, 심리 상담사 국가 ~ 제도, 중의사 ~, 청소년 상담사 국가 ~ 제도

자결 ~ 한다; 공화 주의와 민족 ~ 주의

자경 ~ 농지

자고저 ~ 장단

자구 ~ 노력

자국 군화 발 ~, 긁힌 ~, 발 ~ 소리, 소달구지 바퀴 ~, □에 손톱 ~을 남긴다, 주사 바늘 ~

자국사 ~ 의 입장

자국어 ~ 의 자부심

자궁 ~ 경부, ~ 과 난소, ~ 내막, ~ 내벽, ~ 암, ~ 에 이식 한다, ~ 에 착상 한다, ~ 의 수축; 대리모의 ~, 인공 ~

자궁외 ~ 임신

자그마 ~ 한

자그맣다 자그만 도서실

자극 경피적 전기 신경 ~, 구심성 ~, 성선 ~ 호르몬, 수막 ~ 징후, □을/를 ~ 한다, 인센티브와 ~

자극법 광 ~

자극제 ~ 가 된다

자글자글 ~ 한다

자금 ~ 시장 경색, ~ 악화 설, ~ 운용액, ~ 유출입, ~ 이체 및 수납 업무, ~ 조달액, ~ 조달원, ~ 줄이 말라 붙는다, ~ 출처; 가계 일반 ~, 공공 ~ 관리 기본법, 군 ~ 모집, 농지 구입 ~, 생업 ~ 융자, 선거 법과 정치 ~ 법, 수취인 지정 ~ 이체, 외화 ~ 실무자 워크숍, □을/를 통한 ~ 조달, 전자 ~ 이체, 정치 ~

자금난 ~ 에 봉착 한다

자급 ~ 자족 한다, ~ 한다; 식량의 ~ 자족, 식량 ~도, 식량 ~률, 양곡 ~

자기 ~ 계발, ~ 만족, ~ 반성적으로, ~ 반성적인, ~ 소개, ~ 소개서, ~ 실현의 욕구, ~ 인생 길, ~ 자랑, ~ 자본 비율, ~ 자본 이익, ~ 존중감, ~ 주관, ~ 중심적, ~ 증식 데이터 베이스, ~ 증식 시스템, ~ 증식 칩; --는다는/ㄴ다는/다는/라는 ~ 비하, 부단한 ~ 성찰, 십 만 원 짜리 ~ 앞 수표, 십만 원권 ~ 앞 수표, 자점 발행 ~ 앞 수표, 정액 ~ 앞 수

표, 타행 발행 일반 ~ 앞 수표, 한 사춘기 소녀의 숨김 없는 ~ 고백

자기 ~ 공명 영상 장치, ~ 공명 영상법, ~ 부상 열차관, ~ 코어 메모리; 북 ~ 극과 남 ~ 극, 차세대 ~ 부상 열차, 핵 ~ 공명

자네 ~ 망모

자녀 ~ 를 양육 한다, ~ 양육기, ~ 양육비; 남편 내조와 ~ 양육, 주재원 ~

자답 □에 ~ 한다, 자문 ~ 한다

자대 ~ 배치

자동 ~ 개폐 식, ~ 변속기 장착, ~ 보충, ~ 복제 기기, ~ 식 장난 감, ~ 예불기, ~ 온도 조절기, ~ 응답 서비스, ~ 응답 장치, ~ 응답 전화기, ~ 응답기, ~ 이체, ~ 제어, ~ 차가 내 뿜는 오염, ~ 차 공업 사, ~ 차 디자이너, ~ 차 면허세, ~ 차 배기 가스, ~ 차 보유 대 수, ~ 차 사고, ~ 차세, ~ 차 업계, ~ 차 전용 경주장, ~ 차 정비업, ~ 차 제조업, ~ 차 제조 업자, ~ 차 제조 업체, ~ 차 판매업, ~ 출납기, ~ 통풍기, ~ 판매기, ~ 필터링, ~ 항법 장치; 반 ~ 소총, 여권 ~ 인식 장치, 완전 ~ 운전, 현금 ~ 입출금기, 현금 ~ 지급기, 화물 ~ 차 운수 사업 법

자두 ~ 나무 두 그루; 능금이며 제석 ~

자라 물 ~ 수컷

자락 도포 ~, 두루마기 ~, 스웨터 앞 ~, 스커트 ~, 외투 ~, 원피스 ~, 장삼 ~, 철릭 ~, 한 ~

자란다 구김 살 없이 ~, 무럭무럭 자라난다, 무성히 ~, 쑥쑥 ~

자랑 ~ 삼아 떠든다; □을/를 ~ 삼는다, □을/를 ~ 한다, 자기 ~, 힘 ~

자랑스럽다[자랑스러워 자랑스러운] □을/를 자랑스러워 한다, □이/가 ~

자력 ~ 갱생, ~ 회생

자료 ~ 공표전, ~ 구조, ~ 수집, ~ 이용실, ~ 절취, ~ 제시 형; □ 관련 ~, 고고학적 ~, 국정 감사 ~, 글 틀과 ~, 읽기 ~, 참고 ~

자료관 영상 ~

자료실 ~ 이용자; 공개 ~

자료원 영상 ~

자료전 답사 사진 ~

자료집 ~ 을 발간 한다

자루 곡괭이 ~, 대 걸레 ~, 몽당 빗~, 빗 ~ 몽당이, 삽 ~가 껍신껍신 뜬다, 칼 ~ 를 쥔다

자루 꾸어다 놓은 보릿~, 푸대 ~

자루 볼펜 한 ~, 붓 한 ~, 연필 두 ~, 촛불 한 ~, 칼 한 ~

자르르 ~ 흐른다

자른다[잘라] 잘라 낸다, 잘라 버린다; 단칼에 ~, 싹뚝 ~, □을/를 가위로 ~, □을/를 싹둑 ~, 칼로 ~

자리 ~ 를 박찬다, ~ 바꿈을 한다, ~ 바꿈 한다, ~ 보전 한다; 1 호 집 ~, 그 ~ 에 털썩 주저앉는다, 근교에 ~ 잡는다, 꿈 ~가 사납다, 맨 앞 ~, 못~ 하나, 번호 끝 ~, 상가가 ~ 잡는다, 소수 점 둘째 ~, 소수 점 아래 셋 째 또는 넷 째 ~, 술 ~가 무르익는다, 앞 ~에 앉는다, □에 ~ 잡고 있다, □으로/로 ~ 매김 된다, □으로/로 ~ 매김 한다, 일 ~ 창출,

ㅈ

잠 ~, 전갈 ~, 제 ~ 뛰기를 한다, 제 ~ 에 갖다 놓는다, 한 ~수, 화덕 ~

자립 재정 ~

자만 ~ 한다

자매 ~ 간, ~ 결연을 맺는다, ~ 형제여; 계모와 의붓 ~, □과/와의 ~ 결연, 샴 쌍둥이 ~, 천만 ~ 형제, 형제 ~

자맥질 ~ 한다

자멸 ~ 한다

자명 ~ 하다; □은/는 ~한 이치다

자모 한글 ~

자못 --ㄹ지 ~ 궁금하다

자문 ~ 에 응한다, ~ 위원단, ~ 자답 한다; 법률 ~단, 직속 ~ 기구

자물쇠 ~ 로 잠긴다

자민족 ~ 중심 주의

자반 고등어 ~, 콩 ~

자발성 ~ 과 창의성

자발적 ~ 결사체, ~ 으로, ~ 인, ~ 참여

자백 □을/를 ~ 받는다, □을/를 ~ 한다

자별 교분이 ~하다

자본 간접 ~ 시설, 간접 ~ 투자, 간접 ~ 확충, 산업 ~의 은행업, 선진 ~ 주의 나라, 유교 ~ 주의 론, 자기 ~ 비율, 자기 ~ 이익, 초국적 ~, 화교 ~

자본가 ~ 와 노동자; 매판 ~, 지주나 ~

자본금 납입 ~

자부 --는다고/ㄴ다고/다고/라고 ~ 한다

자부심 ~ 과 긍지, ~ 과 책임감; 긍지와 ~, 자국어의 ~

자비 ~ 를 베푼다

자사 ~ 이기 주의, ~ 주 매입, ~ 주 취득

자산 ~ 관리 공사, ~ 운용, ~ 운용액, ~ 평가 손실금; 무형 ~, 부부 ~ 소득 합산 과세, 유형 고정 ~

자살 ~ 충동, ~ 폭탄 공격, ~ 폭탄 테러, ~ 한다; 분신 ~, 음독 ~, 투신 ~, 할복 ~

자상 ~ 하다

자색 ~ 과 홍색

자생 ~ 식물과 귀화 식물, ~ 식물 원, ~ 춘란, ~ 한다

자생적 ~ 으로, ~ 인

자서 ~ 날인 한다

자서전 ~ 이나 회고록

자석 ~ 요; 전도 ~, 초전도 ~

자선 ~ 사업가, ~ 을 베푼다

자성 ~ 한다

자세 ~ 하다, ~ 히 뜯어 본다, ~ 히 본다; 기마 ~, 올 바른 ~, 차려 ~, 차렷 ~, 편안한 ~

자손 ~ 대 대로 물린다, ~ 만 대

자수 ~ 한다

자수성가 ~ 한다

자숙 ~ 한다

자스민 ~ 차

자식 금쪽 같은 ~, 망할 ~, 배 다른 ~

자신 매사에 ~감이 있다

자신다 --고 자시고 간에, --고 자시고 할 것 없이

자신만만 ~ 하다

자실 망연 ~ 한다

자심 ~ 하다

자아 ~ 매몰, ~ 와 타자; 해방과 ~ 실현

자알 ~ 한다

자애 자중 ~ 한다

자연 ~ 건강법, ~ 녹지 보전, ~ 농원, ~ 발생적으로 생겨 난다, ~ 생명관, ~ 숭배, ~ 에서 채취 한다, ~ 의 섭리, ~ 재해 대책 법, ~ 주의와 리얼리즘, ~ 주의와 모더니즘, ~ 주의 희곡, ~ 치유력, ~ 학습 탐방로, ~ 휴식지, ~ 휴양림; 사실 주의 내지 ~ 주의, 세계 ~ 유산, 천혜의 ~ 환경

자연관 마술적 ~, 성서적 ~, 합리 주의적 ~

자연광 ~ 을 이용 한다

자연스럽다[자연스러워 자연스러운] 자연스럽게 클로우즈업 된다

자연식 ~ 주의자

자영 ~ 사업자, ~ 업주

자오선 ~ 중심 축

자외선 ~ 차단 지수, ~ 차단 크림, ~ 차단용 크림, ~ 차단제

자욱 ~ 하다; 핏~

자욱자욱 ~ 밟힌다

자울자울 ~ 존다

자웅 ~ 동주로, ~ 동체, ~ 배우자

자원 ~ 개발, ~ 약탈, ~ 의 효율적 배분; 관광 ~, 교육 인적 ~ 부, 동력 ~ 부, 마케팅 ~, 부존 ~, 산업 ~ 부, 상공 ~ 부, 수산 ~, 심해저 광물 ~, □에 ~ 입대 한다, 에너지 ~, 오호츠크해 어족 ~ 보호, 인적 ~, 재생 ~, 지하 ~, 천연 ~, 해양 ~

자원 ~ 봉사자, ~ 입대 한다

자원력 경영 ~

자원학 산림 ~ 과

자위 ~ 단원, ~ 한다; 흰 ~ 승한다

자유 ~ · 평등 · 박애, ~ 기고가, ~ 방임 주의, ~ 분망의 시절, ~ 분방하다, ~ 세계의 전초 기지, ~ 시와 산문 시, ~ 실천 문인 협의회, ~ 의 여신 상, ~ 이용권 지참자, ~ 자재로 구사 한다, ~ 저축 예금, ~ 주의적 언론관, ~ 총연맹, ~ 혼 또는 탈신 혼; 경제 ~ 구역, 토 요일 ~ 복장, 표현의 ~

자유국 ~ 68 개국; 부분 ~

자율 ~ 에 맡긴다, ~ 통제 메커니즘; 순수 ~ 신경 부전증

자율성 ~ 과 독립성

자음 ~ 과 모음; 초성 ~ 활용, 한글 초성 ~

자의 ~ 반 타의 반으로, ~ 이든 타의이든

자의적 ~ 안락사

자인 □을/를 ~ 한다

자임 □을/를 ~ 한다, 첨병을 ~ 한다

자자 명성이 ~하다, 칭송이 ~하다, 칭찬이 ~하다

자작 ~ 소농

자잘 ~ 하다

자재 건축 ~

자재 자유 ~로 구사 한다

자재난 ~ 과 인력난

자적 유유 ~ 한다

자전거 ~ 대여업, ~ 도로, ~ 보관소, ~ 이용자 협회, ~ 전용 도로, ~ 진흥 협회; 네 발 ~, 산악 ~

자전거포 ~ 대리점

자점 ~ 발행 자기 앞 수표

자정 ~ 을 기해, ~ 이 지나도록

자제 매도를 ~ 한다, □을/를 ~ 한다

자조 ~ 섞인

자족 식량의 자급 ~, 자급 ~ 한다

자존심 ~ 이 상한다; 구겨 진 ~

자주 ~ ㅅ 빛 등나무 꽃, ~ 색 고름, ~ 색 꽃 봉오리, ~ 색이나 남색, ~ 색 재킷

자주 ~ 국방력

자중 ~ 자애 한다, ~ 한다

자지 말 ~

자지러진다 자지러지게 짖는다

자진 ~ 가락으로 넘어 간다

자진 ~ 반납, ~ 사퇴, ~ 신고, ~ 철거, ~ 퇴사, ~ 폐간, ~ 해서; □에 ~ 출두 한다

자질구레 ~ 한

자책 ~ 한다

자처 □을/를 ~ 한다

자천 ~ 타천으로

자청 간담회를 ~ 한다, □을/를 ~ 한다

자체 ~ 상표 부착, ~ 청백전

자초 고립을 ~ 한다, 빈곤을 ~ 한다, □을/를 ~ 한다

자축 승리를 ~ 한다, □을/를 ~ 한다

자충 ~ 수를 둔다

자취 감쪽 같이 ~를 감춘다, 발 ~를 더듬는다, 현대사의 발 ~

자취 ~ 한다; 산 동네 ~ 방

자치 ~ 경찰 제, ~ 단체, ~ 단체장 선거, ~ 와 분권, ~ 정부 수반, ~ 정부 총리, ~ 제 선거, ~ 주 관할; 광역 지방 ~, 교육 개혁과 교육 ~, 소수 민족 ~ 구, 유태인 ~ 주

자치적 ~ 으로, ~ 인

자치체 지역 ~

자칫 ~ 하다가는, ~ 하면

자칭 ~ 미술사가, ~ 바람둥이, ~ 정통 맑스 주의자, ~ 타칭; --는다고/ㄴ다고/다고/라고 ~ 한다, □을/를 ~ 한다

자타 ~ 가 공인 한다

자탄 ~ 한다

자태 농염한 ~

자퇴 ~ 한다

자퇴원 ~ 을 낸다

자투리 ~ 천

자판 ~ 을 두드린다; 두 벌 식 ~, 쿼티 ~

자판기 ~ 에서 커피를 뺀다, ~ 커피

자평 --는다고/ㄴ다고/다고/라고 ~ 한다

자포 대수 ~

자포자기 ~ 한다

자폭 ~ 공격; 동반 ~

자필 ~ 사인, ~ 유서

자해 ~ 공갈단

자행 ~ 된다; □을/를 ~ 한다

자형 고운 ~

자화상 ~ 연작들

자회사 모회사와 ~, 예보 ~

작 삼 부 ~ 다큐멘터리

작가 다큐멘터리 사진 ~, 사진 ~의 조수, 소설 ~, 여류 ~, 웹툰 ~, 재북 ~, 전업 ~, 전지적 ~, 종군 ~단

작고 ~ 한다

작곡 교향곡을 ~ 한다, □을/를 ~ 한다, 작사와 ~, 작사 ~ 한다, 칸타타를 ~ 한다

작곡가 ~ 와 성악가

작년 ~ 이맘 때, ~ 한 해

작다 작은 구멍이 뚫린다; 마늘 2 작은 술, 막내 딸과 작은 오빠, 크건 작건

작달막 키가 ~하다

작당 ~ 한다

작대기 지게 ~

작동 ~ 시킨다, ~ 원리; 탐사기가 ~ 한다

작두 ~ 를 탄다; 무당의 ~ 춤

작렬 골을 ~ 시킨다, 연속 결승 포를 ~ 시킨다

작목 ~ 반을 만든다

작문 ~ 교과서, ~ 을 한다; 국어 ~, 영어 ~

작물 ~ 을 재배 한다, ~ 의 재배; 사료 ~, 원예 ~, 유전자 변형 ~, 주곡 ~, 특용 ~, 환금 ~

작반 □과/와 ~ 한다

작법 소설 ~

작별 ~ 을 고한다, ~ 을 아쉬워 한다, ~ 인사

작사 ~ 와 작곡, ~ 작곡 한다

작성 개요 ~, 논문 ~, 아우트라인 ~, □을/를 ~ 한다

작성법 시나리오 ~

작심 □으로/로 ~ 한다

작약 ~ 꽃

작업 ~ 중단; 고속정 인양 ~ 현장, 능역 보수 ~, 밴딩 ~, 수해 복구 ~, 숙정 ~, 실무 ~ 반, 실종자 수색 ~, 심해저 탐사 ~, 야간 ~, 인양 ~, 전처리 ~, 천리마 ~ 반 운동, 하역 ~

작업복 풀 색 ~ 차림

작열 ~ 하는 태양

작용 ~ 과 반작용; 복합적으로 ~ 한다, 상호 ~, 약리 ~, 이뇨 ~, 조골 ~, 콜레스테롤 강하 ~과 항산화 ~, 파골 ~, 풍화 ~, 해열 ~

작위 ~ 의 인간 관계

작자 ~ 미상이다

작작 거짓 말 좀 ~ 해라

작전 ~ 상 후퇴, ~ 준비 태세, ~ 참모; 구출 ~, 대태러 ~, 반란 진압 ~, 상륙 ~, 소탕 ~, 읍소 ~, 진입 ~, 토벌 ~, 특공 ~, 합참 ~ 부장

작정 ~ 한다; --을/ㄹ ~이다

작중 ~ 인물, ~ 화자

작품 기념 비적 ~, 문학 상 수상 ~, 입선 이상 ~, 주옥 같은 ~, 최우수 ~

ㅈ

작품집 문학 상 수상 ~

작헌례 ~ 를 거행 한다, ~ 를 드린다

잔 ~ 에 술을 채운다; 빈 ~, 소주 ~을 기울인다, 소주 첫 ~, 술 ~, 연거푸 몇 ~을 마신다, 입잔 한 ~, 질그릇 찻~, 커피 두 ~, 커피 한 ~, 한 ~ 먹세그려, 한 ~ 쳐 올린다, 한 ~ 한다, 한 ~ 홀짝거린다

잔고 ~ 조회

잔금 ~ 미지급, ~ 을 치른다, ~ 지급

잔다 자나 깨나, 자다가 봉창 두드리는 소리; 겨울 잠을 ~, 곤하게 ~, 곤히 ~, 곤히 잠 ~, 낮 잠을 늘어 지게 ~, 늘어 지게 낮 잠을 ~, 늦잠을 ~, --라면 자다가도 벌떡 일어 난다, 새우 잠을 ~, 세 벌 잠 ~, 쌔근쌔근 잠 ~, 잠 자는 공주, 졸리면 ~, 칼 잠을 ~, 코 골며 ~, 쿨쿨 잠 ~, 한 잠 푹 자거라

잔디 방천 둑 ~ 밭, 정원의 ~, 파아란 ~

잔뜩 ~ 움츠린다, ~ 웅크린다; 눈 살을 ~ 찌푸린다, 얼굴을 ~ 찌푸린다, □으로/로 ~ 젖힌다

잔량 수주 ~

잔류 ~ 교민; □에 ~ 한다

잔솔밭 저 건너 ~

잔악 ~ 하다

잔액 가계 신용 ~, 대출금 ~, 예금 ~

잔업 ~ 과 특근, ~ 수당

잔여 ~ 물량, ~ 병력, ~ 임기, ~ 입장권; 지하철 ~ 구간

잔인 ~ 무도하다, ~ 하다

잔잔 ~ 하다; 입 가에 ~한 미소를 짓는다

잔재 ~ 를 청산 한다, ~ 의 청산, ~ 청산; 영광의 ~, 일제 ~

잔적 ~ 을 소탕 한다

잔존 ~ 한다

잔치 ~ ㅅ 날의 청첩장, ~ ㅅ 집이나 초상 집; 동네 ~를 한다, 생일 ~, 재롱 ~, 칠순 ~, 회갑 ~

잔학 ~ 하다

잔혹 ~ 하다

잘 ~ 닦인다, ~ 못된다, ~ 익은 과일, ~ 차려 입는다; 말이 ~ 통한다, 사각사각 ~ 씹힌다, 소화가 ~ 된다, 양념이 ~ 된다, 잠을 ~ 못잔다, 활 ~ 쏜다

잘근잘근 ~ 깨문다; □을/를 ~ 씹는다

잘다[잔 잘] 잔 기침을 한다, 잔 말 말고, 잔 말 말아라, 잔 물 결처럼 가늘다, 잔 병 치레, 잔 실수, 잘게 다진다, 잘게 부서진다, 잘게 부순다, 잘게 썬 양파, 잘게 저민다, 잘게 쪼갠다, 잘게 찢는다; 두 말 하면 잔 소리다, 볶음용 잔 멸치, □에서 잔 뼈가 굵는다, 오매육을 잘게 찧는다, 웬 잔 말, 콧잔 등

잘록 허리가 ~하다

잘룩 ~ 하다

잘린다 댕강 ~, 상투를 ~, 싹뚝 ~, 토막 토막 ~

잘못 ~ 이나 저지른다; 실수나 ~

잘잘 ~ 끓는다

잠 ~ 못이루는 밤, ~ 버릇, ~ 안오는 밤, ~ 안재운다, ~ 에서 깨운다, ~ 옷 바람, ~ 을 잘 못잔다, ~ 자는 공주, ~ 자리; 겨울 ~을 잔다, 겨울 ~을 재운다, 곤히

~ 든다, 곤히 ~ 잔다, 긴 겨울 ~에서 깨어 난다, 까무룩 ~이 든다, 깜박 ~ 든다, 깜빡 ~ 든다, 낮 ~을 늘어 지게 잔다, 논란을 ~ 재운다, 늘어지게 낮 ~을 잔다, 단 ~을 깨운다, 달디단 낮 ~, 밤 ~을 설친다, 새벽 ~을 설친다, 새우 ~을 잔다, 선 ~에서 깨어 난다, 세 벌 ~ 잔다, 쌔근쌔근 ~ 잔다, 얇은 ~ 옷, □을/를 ~ 재운다, 칼 ~을 잔다, 쿨쿨 ~ 잔다, 편안히 ~ 든다, 한 ~ 푹 자거라

잠결 ~ 에

잠근다[잠가] 구찌 ~, 단추를 ~, 방 문을 걸어 ~, 수도 꼭지를 ~, □을/를 ~

잠긴다 굳게 ~, 명상에 ~, 묵상에 ~, 사색에 ~, □에 잠겨 있다, 한참 동안 생각에 ~

잠긴다 잠겨 있다; 자물쇠로 ~

잠깐 ~ ~ 씩

잠바 ~ 안 주머니, ~ 한 귀퉁이, ~ 호주머니; 곤색 ~를 입는다, 곤색 ~ 주머니, 곤색 ~ 차림, 암갈색 ~, 오리 털 ~

잠뱅이 베 ~

잠복 □에 ~ 한다

잠수 ~ 한다, ~ 함

잠수정 ~ 침투; 무인 ~

잠수함 ~ 헬기; 핵 ~

잠시 ~ 도 쉬지 않고; □을/를 ~라도 잊는다

잠식 ~ 당한다; □을/를 ~ 한다

잠입 ~ 수사; □에 ~ 한다

잠자리 ~ 랑 풍뎅이; 고추 ~

잠잠 ~ 해 진다; 한 동안 ~하다

잠재적 ~ 으로, ~ 인

잠적 지하로 ~ 한다

잠정 ~ 반덤핑 관세, ~ 집계, ~ 합의안; □으로/로 ~ 집계 된다

잡 ~ 노마드족

잡거 ~ 구역

잡곡 ~ 밥, ~ 현미 밥 상

잡귀 ~ 를 쫓는다, ~ 잡신

잡기 신변 ~

잡는다 잡아 끄는 매력, 잡아다 족친다, 잡아다가 족친다; 갈피를 ~, □과/와 손 ~, 국민 정신을 바로 ~, 근교에 자리 ~, 기강을 바로 ~, --는다고/ㄴ다고/다고/라고 딱 잡아 뗀다, --는다고/ㄴ다고/다고/라고 잡아 뗀다, 말 고삐를 ~, 머리채를 휘어 ~, 메가폰을 ~, 멱살을 ~, 박쥐한테 잡아 먹힌다, 반디를 ~, 빈대 잡으려다 초가 삼간 다 태운다, 사사건건 트집 ~, 상가가 자리 ~, 손 목을 덥석 ~, 승기를 ~, 싸 잡아 비난 한다, 알 까기 술래 잡기, □에 자리 잡고 있다, □에게 잡아 먹힌다, 외야 플라이로 잡아 낸다, 운전 대를 ~, □을/를 덥썩 ~, □을/를 따라 ~, □을/를 바로 ~, □을/를 싸 ~, □을/를 움켜 ~, □을/를 잡아 간다, □을/를 잡아 끈다, □을/를 잡아 낸다, □을/를 잡아 당긴다, □을/를 잡아 먹는다, □을/를 잡아 챈다, □을/를 잡아 탄다, □을/를 주름 ~, □을/를 틀어 ~, □을/를 휘어 ~, □의 발목을 ~, 이 잡듯이 뒤진다, 조종간을 ~, 중학교에서 교편을 ~, 체인지업으로 삼진을 ~, 쿠데타로 정권을 ~, 택시를 잡아 탄다, 트집을 ~, 팔 목을 잡아 끈다,

ㅈ

폼만 ~, 한목에 싸 ~, 할마씨마저 잡아 먹는다, 황소 개구리 잡기 경연, 흠 잡을 데 없다

잡다 ~ 하다

잡도리 ~ 한다

잡동사니 온갖 ~

잡목 ~ 덤불, ~ 이 우거진다

잡사 세속 ~

잡상 ~ 을 늘어 놓는다; 용두와 ~

잡색 논다니 ~

잡생각 여러 ~

잡수 ~ 통

잡순다 진지 ~

잡스럽다[잡스러워 잡스러운] 온갖 잡스러운 생각, 온갖 잡스러운 소문, 온갖 잡스러운 음담 패설

잡신 잡귀 ~

잡이 길이 조절 손 ~, 꽃 게 ~ 어선, 돌림 대와 손 ~, 물 고기 ~ 그물 상자, 손 ~를 비튼다, 앞 ~ 노릇, 왼 손 ~ 전용, 은어 ~, 조기 ~, 참치 ~, 특급 골 ~, 휠체어의 손 ~

잡인 ~ 엄금

잡종 ~ 교배

잡종지 대지와 ~, 야산 ~

잡지 ~ 구독, ~ 에서 오린다, ~ 책 수기란; 격주간 ~, 여성 ~, 월간 ~, 패션 ~

잡척 ~ 층

잡초 ~ 가 무성하다, ~ 가 우거진다; 광엽 ~

잡탕 ~ 밥, ~ 이 된다

잡힌다 덜미가 ~, 덜미를 ~, 머리채를 ~, 멱살을 ~, 바로 ~, 발 목을 ~, 약점 ~, 저당 ~

잣 ~ 가루를 묻힌다, ~ 한 되

잣는다[자아 자은] 물을 자아 올린다, 실을 ~, □을/를 자아 낸다, □을/를 자아 올린다

장5 외교 부 통상 교섭 본부 ~

장 간 ~ , 된 ~ , 고추 ~, 간 ~과 된 ~, 간 ~ 단지, 간 ~으로 간을 한다, 간 ~ 종지, 개량 식 된 ~ 제조, 김치와 고추 ~, 담뿍 ~, 당화 식 고추 ~, 된 ~ 뚝배기, 된 ~ 찌개, 뒤곁 ~ 독대, 멸치 ~ 국, 보리 밥과 된 ~, 상추 나물에다 고추 ~ 된 ~, 쇠 고기 ~ 조림, 숙성 식 고추 ~, 쑥 된 ~ 국, 와사비 간 ~, 우스터 소스나 간 ~, 재래 식 된 ~, 한식 간 ~

장 간 ~을 도려 내는 아픔, 애 간 ~을 태운다, 애 간 ~이 녹는다

장 갑판 ~, 검사 ~ 급, 과기정통 위원 ~, 국방 위원 ~, 군단 보안 부대 ~, 군사 정전위 비서 ~, 기관 ~ 회식, 납세 지원 국 ~, 당 서기 ~ 직 사임, 대검 중수 부 ~, 대검찰청 형사 부 부 ~ 검사, 무기 사찰단 ~, 문과 대학 ~, 문화재 관리 국 ~, 법무 부 검찰 국 ~, 보병 중대 ~, 보선 특대 위원 ~, 분과 위원 ~, 상임 위원 ~ 배분, 상임 집행 위원 ~, 소대 ~, 소청 심사 위원 ~, 수자원 국 ~, 시 도 지부 ~, 시경 국 ~, 영업 소장이나 지점 ~, 외무 부 아주 국 ~, 외무성 국 ~ 급 회담, 원외 위원 ~, 원외 지구 당 위원 ~, 위원 ~ 직 사퇴, 은행 지점 ~, 이사

~의 친인척, 인사 청문 특위 위원 ~, 재단 이사 ~, 재외 공관 ~ 회의, 전 동화 은행 ~, 전 병무 청 ~, 전 안기부 ~, 전 한국 방송 공사 ~, 정부 투자 기관 ~, 지구 당 사무 국 ~, 지구 당 위원 ~ 연석 회의, 지구 당 위원 ~이다, 지역 기초 단체 ~, 지점 ~으로 부임 한다, 총무부 ~, 치안 본부 ~, 통상 관계 국 ~, 통상 교섭 본부 ~, 통상 진흥 국 ~, 통일부 교류 협력 국 ~, 편수 국 ~, 학생 과 ~, 한방 병원 ~, 합참 전략 본부 ~, 해외 조사 팀 ~, 환경 노동 위원 ~

장 벽 ~ 서랍, 벽 ~ 속, 벽 ~ 움, 부엌 찬 ~, 비키니 옷 ~, 새 ~ 안, 새 ~에 갇힌다, 서랍 ~, 속칭 닭 ~ 차, 수납 ~, 신발 ~, 옷 ~이나 이불 ~, 장식 ~ 위, 침대와 옷 ~

장 빨랫비누 한 ~, 수건 넉 ~, 우표 넉 ~, 종이 넉 ~, 차 표 넉 ~, 한 ~ 짜리 유인물, 한 ~ 한 ~ 넘긴다

장 아나바다 ~ 날, 오 일 ~, 통일 ~ 이론

장 ~ 급 여관

장 ~ 중 한 때; 1 막 3 ~, 1 부 24 ~

장가 ~ 간다, ~ 들일 때; 새 ~를 든다, 시집 ~

장갑 미군 ~ 차, 수륙 양용 ~ 차

장갑 ~ 한 짝; 가죽 ~, 골프 ~, 벙어리 ~, 비닐 ~

장거리 ~ 비행, ~ 이동, ~ 통근, ~ 통신, ~ 통학, ~ 폭격기

장고 ~ 끝의 악수, ~ 의 명수

장관 ~ 해임 건의 안; 경제 ~ 간담회, 관방 ~, 국무 ~, 국방 ~ 표창, 국방 ~ 회담, 국토 안보 부 ~, 기획 예산처 ~, 내무 ~ 직, 내무부 ~, 농림 수산 부 ~, 문공부 ~, 문교 부 ~ 상, 문화 관광 부 ~, 법무 부 ~ 해임 건의 안 처리, 법무 ~, 부총리 겸 경제 기획 원 ~, 부총리 겸 통일 원 ~, 사로부 ~ 님, 외교 통상 부 ~, 외무 ~ 회담, 외무 ~ 회동, 외무 ~ 회의, 재경부 ~, 재경원 ~, 재정 경제 원 ~, 정무 1 ~, 통일 부 ~ 주재

장광설 ~ 을 늘어 놓는다

장교 ~ 부인회; 군의관과 간호 ~, 병사와 ~, 영관 급 ~, 위관 급 ~, 일본 군 ~ 출신, 장군 급 ~, 장성 급 ~

장구 물 ~도 친다, 북 치고 ~ 친다

장구 보호 ~ 착용

장구 ~ 하다

장군 ~ 급 장교, ~ 멍군

장기 ~ 공사채 형 수익 증권, ~ 근속자, ~ 복역수, ~ 저리, ~ 주택 마련 저축; 저온 ~ 발효

장기 ~ 기증 운동, ~ 손상; 복강 내 ~, 이식용 ~, 인공 ~

장기수 ~ 송환; 미전향 ~, 비전향 ~

장기술 인공 ~

장기적 ~ 으로, ~ 인

장끼 ~ 한 마리

장난 ~ 감을 갖고 논다, ~ 기, ~ 에 놀아난다, ~ 친다; 자동 식 ~ 감, 짓궂은 ~

장난기 ~ 섞인다, ~ 어린다

장남 ~ 과 차남; 삼성가의 ~

장년 ~ 층

ㅈ

장농 자개 ~

장님 눈 뜬 ~

장다리 ~ 는 한 철

장단 ~ 에 춤 춘다; 굿거리 ~, 자고저 ~

장단기 ~ 금리

장달음 ~ 을 놓는다

장닭 토종 ~

장담 ~ 컨대; --는다고/ㄴ다고/다고/라고 호언 ~ 한다

장대 기골이 ~하다

장대석 ~ 갑석, ~ 기단, ~ 세 벌대, ~ 한 벌대

장도막 한 ~

장딴지 ~ 근육

장래 ~ 가 밝다, ~ 가 촉망 된다, ~ 계획, ~ 와 직결 된다, ~ 희망; 머지않은 ~

장려 물산 ~ 운동, 분식 ~ 정책, □을/를 ~ 한다, 출산 ~

장렬 ~ 하다, ~ 히 전사 한다

장례 ~ 행렬

장로 ~ 교단, ~ 비구; 기독교 ~회

장마 ~ ㅅ 비, ~ 가 갠다, ~ 전선

장막 ~ 처럼 드리운다; 죽의 ~, 철의 ~

장만 □을/를 ~ 한다

장면 --는 ~, 세부 요소와 ~

장모 장인 ~

장묘 ~ 사업소

장물 ~ 애비, ~ 취득 죄와~ 처분 죄, ~ 취득 혐의

장미 ~ 꽃 다발, ~ 꽃 한 송이, ~ 빛 미래, ~ 빛 인생, ~ 빛 청사진; 노란 ~ 한 송이, 붉은 ~ 꽃

장방형 ~ 의 평면, ~ 토광, ~ 평면

장벽 관세 및 비관세 ~, 이동 식 ~, 진입 ~

장병 ~ 위문; 국군 ~, 해군 ~

장복 □을/를 ~ 한다

장부 ~ 에 기재 한다, ~ 에 올린다; 비밀 ~, 회계 ~

장비 ~ 탓 한다; 구호 ~, 기가 급 통신 ~, 기계 및 ~, 사업장 및 ~, 수송 ~, 영상 음향 및 통신 ~업, 운수 ~, 촬영 ~

장비업 통신 ~

장사 밑 지는 ~, 수지 맞는 ~, 엿 ~를 한다

장사 ~ 급 결승; 대학 부 ~ 급, 민속 씨름 설 날 ~ 대회, 백두 ~, 역대 ~ 샅바 맞대결, 은퇴 ~, 천하 ~ 씨름 대회, 한라 ~에 등극 한다

장사진 ~ 을 이룬다; □으로/로 ~이다

장산적 ~ 양념

장삼 ~ 에 가사를 두른다, ~ 자락

장생 ~ 불사 한다; 불로 ~

장서 도서관 ~량

장석 석영과 ~

장성 ~ 급 인사, ~ 급 장교, ~ 급 회담; 예비역 ~, 퇴역 ~

장세 향후 ~, 활황 ~

장소 때와 ~를 가린다, 집결 ~

장수 가짜 약 ~, 광우리 ~, 도부 ~, 두부 ~, 땔 나무 ~, 새우 젓 ~, 생선 ~, 소금 ~, 신기료 ~, 엿 ~의 가위, 오지 ~, 외제 ~, 황화 ~

장수 무병 ~

장수 아기 ~ 설화

장시간 ~ 보온

장식 ~ 장 위; 대미를 ~ 한다, 시접 ~ 식탁 보, 실내 ~, □을/를 ~ 한다

장식가 실내 ~

장신 ~ 공격수; 육 척 ~

장아찌 마늘 ~, 매실 ~

장악 실권을 ~ 한다, □을/를 ~ 한다, 읍권 ~, 헤게모니를 ~ 한다

장악력 국정 ~

장안 ~ 의 왕초, ~ 의 화제

장애 ~ 관리 시스템; 감기 후 후각 ~, 구음 ~, 기억력 ~, 뇌 혈관 ~, 면역 기능 ~, 보행 ~, 신경학적 ~, 외상 후 스트레스 ~, 지남력 ~, 청각 ~, 충동 ~, 판단 ~, 평형 감각 ~, 혈액 순환 ~, 후유 ~

장애물 가로 막는 ~

장애석 시야 ~

장애우 ~ 권익 문제 연구소

장애인 ~ 복지 체육회, ~ 인권, ~ 콜 택시; 정신 지체 ~, 중증 ~, 청각 ~

장애자 청각 ~

장엄 ~ 하다

장여 ~ 를 받친다

장염 ~ 바이러스, ~ 증세

장외 ~ 거래 시장, ~ 시장

장요 ~ 측 수근 신근

장원 ~ 급제, ~ 으로 합격 한다

장의 ~ 행렬

장이 간판 ~, 대장 ~, 땜 ~, 석수 ~, 석회 구이 ~, 오입 ~, 옹기 ~, 용한 점 ~

장인 ~ 장모

장인 ~ 정신

장작 ~ 30 개비, ~ 구이, ~ 더미, ~ 불을 지핀다, ~ 팬다

장전 소총에 탄약을 ~ 한다, 폭약이 ~ 된다

장점 ~ 과 단점

장정 청년들과 ~들

장조 G 플랫 ~

장족 ~ 의 발전을 한다

장중 ~ 하다

장착 ~ 된다; 엔진을 ~ 한다, □을/를 □에 ~ 한다, 자동 변속기 ~

장천 구만 리 ~, 사시 ~ 논다

장축 ~ 방향; 덮개돌의 ~

장치 경보 ~, 교좌 ~, 기폭 ~, 동력 전달 ~, 박막 액정 표시 ~, 보조 기억 ~, 복선의 ~, 송풍 ~, 안전 ~, 여권 자동 인식 ~, 열차 후부 감시 ~, 위성 항법 ~, 입력 ~, 입출력 ~, 자기 공명 영상 ~, 자동 응답 ~, 자동 항법 ~, 전기 집진 ~, 제도적인 ~, 제동 ~, 제어 ~, 조명 ~, 주기억 ~, 중앙 처리 ~, 텔레텍스 단말 ~, 현가 ~

장쾌 ~ 하다

장탄 ~ 한다

ㅈ

장탄식 ~ 을 한다

장판 비닐 ~

장편 ~ 소설, ~ 영화; 미완의 ~

장표 금융 기관 수납장 ~

장학 ~ 재단; 교우 ~회

장학금 ~ 전달 식, ~ 지급; 전액 ~, 향토 ~

장해 갱년기 ~, 뇌 혈관 ~, 전자 파 ~ 방지, 전자 파 ~ 방지용, 조절 ~, 진폐 ~, 췌액의 유출 ~, 판막 ~

장화 ~ 를 신는다; 고무 ~

장황 ~ 하다; □을/를 ~하게 늘어 놓는다

잦다 잦은 기침, 잦은 파업; 왕래가 잦아 진다, 출입이 ~, 출장이 ~

잦아든다[잦아들고 잦아들어] 까무룩이 ~, 놀이 ~, 바람이 ~, 비가 ~

재 ~ ㅅ 더미가 된다, ~ ㅅ 물 비누, ~ 떨이에 비벼 끈다, ~ 떨이에~ 를 떤다; 놋 쇠 ~ 떨이, 놋 ~ 떨이, 차내 ~ 떨이, 한 줌의 ~

재가 ~ 불자

재간 ~ 이 없다

재갈 □에 ~을 물린다

재개 ~ 된다; 국교 ~, 국교 정상화 교섭 ~, 영업 ~, □을/를 ~ 한다

재개정 약사 법 ~

재건 공산 당 ~ 운동, □을/를 ~ 한다

재건조장 담배 ~

재경부 ~ 와 금감위, ~ 장관

재경선 대통령 후보 ~

재경원 ~ 장관

재계 ~ 서열

재계약 ~ 한다

재고 ~ 누증, ~ 떨이, ~ 처리

재공개 재산 ~

재구 □을/를 ~ 한다

재귀 ~ 대명사

재기 ~ 발랄

재기 ~ 불능

재낀다 --어/아 ~, 오줌을 싸 ~, □을/를 싸 ~

재다 잰 걸음

재단 ~ 법인, ~ 이사장; 국립 과학 ~, 사학 ~, 장학 ~, 한국 국제 교류 ~

재단사 ~ 나 요리사; 양복점 ~

재독 ~ 한인

재래 ~ 식 군비 감축 문제, ~ 식 된 장, ~ 식 무기

재량 학교장 ~

재력 ~ 을 과시 한다

재력가 ~ 로 소문 난다

재론 ~ 의 여지; □을/를 ~ 한다

재롱 ~ 잔치; 귀여운 ~

재료 볶음 밥 ~, 약재나 가향 ~, 요리 ~, 초전도 ~

재료비 실습 ~

재료학 식품 ~

재무 ~ 부 세제 실장; 결합 ~ 제표, 기획 원 ~ 부 상공 부

재물 ~ 을 탐 낸다

재미 ~ 교포

재미 ~ 로, ~ 를 느낀다, ~ 없다; --는 ~가 쏠쏠하다, --는 ~도 솔찮다, 무지무지 ~ 있다, 쏠쏠한 ~를 본다

재민 주권 ~

재발 ~ 방지 노력, ~ 방지 대책, ~ 한다; 사과 및 ~ 방지 약속, 사과와 ~ 방지 약속

재방 ~ 비율

재배 과일 ~, 멀칭 ~, 무우를 ~ 한다, 반촉성 ~, 비닐 하우스 ~, 상추를 ~ 한다, 올리브 ~, □을/를 ~ 한다, 작물을 ~ 한다, 작물의 ~

재벌 ~ 총수; 굴지의 ~, 정치 권력과 ~

재봉 공업용 ~ 틀

재부팅 □을/를 ~ 한다

재북 ~ 작가

재분배 소득 ~

재사 젊은 ~

재산 ~ 공개, ~ 관련세, ~ 보전 처분 결정, ~ 세와 물품세, ~ 을 불린다, ~ 을 사회에 환원 한다, ~ 이 붇는다, ~ 재공개, ~ 증식; 공직자 ~ 등록, 공직자 ~ 신고, 귀속 ~ 불하, 기본 ~과 교지, 기부 ~ 처리 위원회, 물려 받은 ~, 부정 축재 환수 ~, 사유 ~ 제도, 생명과 ~을 보호 한다, 수익용 ~, 지적 ~

재산액 공직자들의 ~

재생 ~ 불량성 빈혈, ~ 에너지, ~ 자원, ~ 조형관, ~ 화장지 및 빨래 비누; 보석 ~업, 처녀 막 ~ 수술

재수 ~ 없다, ~ 옴 붙는다

재수 ~ 한다, ~ 학원

재신임 지도부 ~

재심 ~ 을 청구 한다, ~ 청구, ~ 판정; 교원 징계 ~ 위원회, 형량 ~

재앙 ~ 을 면한다

재야 ~ 법조, ~ 법조계, ~ 사림

재연 ~ 된다; □을/를 ~ 한다

재외 ~ 공관장 회의, ~ 국민, ~ 동포

재운다 겨울 잠을 ~, 꿀에 ~, 논란을 잠 ~, 먹여 주고 재워 준다, 엎드려 ~, □을/를 잠 ~

재원 ~ 의 출처, ~ 조달 방안, ~ 조사국

재인 높은 ~도

재일 ~ 거류 민단, ~ 교포, ~ 동포 사회, ~ 한국인; 북송 ~ 동포

재임 ~ 한다

재임용 교수 ~

재적 ~ 과반 수, ~ 의원

재정 ~ 경제 부, ~ 경제 원 장관, ~ 자립, ~ 충당 방법, ~ 투융자 특별 회계, ~ 파탄; 교육 ~ 확충, 지방 교육 ~ 교부금, 지방 ~ 법, 지역 의보 ~, 통화 및 ~ 긴축

재정 ~ 신청 범위, ~ 이의 신청

재정적 ~ · 행정적

재조 ~ 경력, ~ 법조인

재조작 유전자 ~ 식품

재조정 채무 ~ 안

재조합 유전자 ~

재주 ~ 가 뛰어난다, ~ 는 곰이 부리고; 용 빼는 ~가 있다

재중 ~ 동포

재즈 ~ 뮤지션, ~ 음악, ~ 풍, ~ 피아노

재지 ~ 사족, ~ 세력

재지 ~ 가 유력하다, ~ 유력 층

재직 부회장으로 ~ 한다, 상무로 ~ 한다, □으로/로 ~ 한다, 이사로 ~ 한다

재질 부드러운 ~, 포장 ~

재채기 ~ 를 한다; 기침이나 ~

재천 인명은 ~이다

재촉 □을/를 ~ 한다

재충전 □을/를 ~ 한다

재치 ~ 문답, ~ 와 순발력, ~ 있게 받아 넘긴다; 번뜩이는 ~

재킷 ~ 과 바지, ~ 안 주머니; 가죽 ~, 자주 색 ~

재탕 ~ 삼 탕

재택 ~ 근무, ~ 학습

재판 ~ 에 회부 한다, ~ 을 청구 한다; 국민 참여 ~, 궐석 ~, 민사 ~, 약식 ~, 전범 ~, 정식 ~, 즉결 ~, 헌법 재판소 전원 ~ 부, 헌재 전원 ~ 부, 형사 ~ 관할

재판관 마녀 ~

재판소 --라는 헌법 ~, 헌법 ~ 결정, 헌법 ~ 법, 헌법 ~ 전원 재판 부

재편 □으로/로 ~ 된다, □을/를 ~ 한다, 정계 ~, 조직 ~

재핑 ~ 한다

재학 ~ 증명서; 대학원 ~, 석사 과정에 ~ 중이다, □에 ~ 한다

재해 ~ 구호금, ~ 를 입는다; 군청 ~ 대책 반, 산업 ~, 자연 ~ 대책 법, 환경 ~

재향 ~ 군인회

재현 □을/를 ~ 한다

재혼 ~ 한다; 과부의 ~

재화 ~ 나 용역, ~ 와 서비스, ~ 와 용역; 글로벌 공공 ~

재활 ~ 의학 과, ~ 치료

재활용 □을/를 ~ 한다, 폐건전지 ~, 폐윤활유 ~

재활용품 ~ 수거 운동, ~ 수집 운동, ~ 을 수거 한다, ~ 을 수집 한다

재회 □과/와 ~ 한다, 이산 가족 ~

재흡수 세로토닌 ~ 억제제

잰다 도토리 키 재기, □을/를 ~, 잣대로 ~, 자로 잰 듯, 치수를 ~

잼 ~ 과 치즈, ~ 을 바른다; 딸기 ~

잽이 뚜룩 ~, 버나 ~

쟁 ~ 을 친다

쟁반 ~ 에 받친다; 놋 ~, 은 ~

쟁의 노동 ~, 소작 ~

쟁이 겁 ~, 고집 ~, 바보 멍청이 게으름 ~, 소녀 점 ~, 수다 ~ 아줌마, 양복 ~, 오입 ~, 옹기 ~ 할아버지, 용한 점 ~, 월급 ~, 풍각 ~

쟁인다 쟁여 놓는다; 담뱃가루를 ~

쟁쟁 ~ 하다

쟁취 3 대 혁명 붉은 기 ~ 운동, 선거 일 유급 휴가 ~, □을/를 ~ 한다

쟁탈 식민지 ~ 전쟁

쟁탈전 왕위 ~, 헤게모니 ~

저 ~ 건너 잔솔밭, ~ 만큼 앞 쪽, ~ 분 연배, ~ 쪽 끝 문; --는다고/ㄴ다고/다

고/라고 ~ 야단이다, 둥둥둥 ~ 북 소리, 문 ~ 편, 이 골목 ~ 골목, 이 곳 ~ 곳을 기웃거린다, 이 구석 ~ 구석, 이 궁리 ~ 궁리, 이 년 ~ 년, 이 눈치 ~ 눈치, 이 절 ~ 절, 이 집 ~ 집 기웃거린다, 이 핑계 ~ 핑계로, 하늘 ~ 편, 홀 ~ 편

저 ~ 마다의, ~ 만하다

저가 부도 어음 ~ 매수 청탁

저간 ~ 의 사정

저개발 ~ 국가

저격 ~ 사건

저고리 ~ 고름, ~ 와 치마, ~ 한 닢; 노랑 ~와 분홍 치마, 당코 깃 ~, 명주 바지 ~, 삼회장 ~, 색동 ~, 양복 웃~, 옥 색 ~, 옥 색 치마 ~, 치마와 ~, 치마 ~ 감

저공해 ~ 비누

저금 ~ 한다; 돼지 ~ 통

저급 ~ 강재, ~ 청주, ~ 하다

저기 ~ 뒷마을; 여기 ~서 터진다

저기압 열대성 ~

저나트륨 ~ 혈증

저널 월 스트리트 ~

저널리즘 공공 ~ 론자, 로봇 ~

저녁 ~ 나절, ~ 밥, ~ 식사, ~ 약속, ~ 어스름, ~ 찬 거리, ~ 하늘; 매주 토 요일 ~

저당 ~ 잡힌다; 선순위 ~

저당권 ~ 설정자; 선순위 ~

저돌적 ~ 으로, ~ 이다

저러 ~ 하다

저러쿵 이러쿵 ~

저런다 이러나 저러나, 이러니 저러니 한다, 이래라 저래라 간섭 한다, 이래라 저래라 한다

저렇다 이런 저런 환상

저렴 ~ 한 가격

저리 ~ 비켜라; 이리 기웃 ~ 기웃, 이리 뒤척 ~ 뒤척, 이리 뛰고 ~ 뛴다, 이리 몰리고 ~ 몰린다, 이리 밀리고 ~ 밀린다

저리 ~ 융자; 장기 ~

저리다 다리가 ~, 도둑이 제 발 저리다더니, 뼈 저리게 겪는다, 오금이 ~, 오른 손이 ~, □을/를 뼈 저리게 깨닫는다, □을/를 뼈 저리게 느낀다

저릿 ~ ~ 하다

저명 ~ 인사, ~ 하다

저문다[저물고 저물어] 해가 ~, 해 저물 녘

저민다 저민 고추; 가슴이 저며 온다, 얇게 저며 썬다, 잘게 ~

저밀도 ~ 폴리에틸렌

저버린다 신의를 ~, □을/를 ~, 의리를 ~

저변 ~ 확대

저부 뇌 ~

저서 ~ 나 논문; 논문과 ~

저소득 ~ 국가, ~ 층

저속 ~ 하다

저수 ~ 용량

저술 ~ 연구비; □을/를 ~ 한다

저술업 ~ 의 독창

저습 ~ 하다

저습답 일모작 ~

저승 ~과 이승, ~ 구경, ~ 사자, ~의 사자; 이승과 ~

저신뢰 ~ 사회

저어 ~ 한다

저열 ~ 하다

저온 ~ 살균 한다, ~ 살균법, ~ 장기 발효

저울 ~ 질 한다

저유소 ~ 건설 사업

저육 ~ 한 덩어리

저으기 ~ 당황하다

저인망 ~ 어선; 기선 ~

저자 ~나 출판 사, ~나 필자

저작 ~ 인격권; 이 차적 ~

저작권 ~ 등록, ~ 보호, ~ 사용료, ~ 심의, ~ 침해, ~ 표시, ~ 협회; 연방 ~ 법

저작권자 ~의 허락

저작물 ~의 복제물; 시청각 ~, 어문 ~, 편집 ~

저장 ~ 수명, ~ 용량, ~ 용액; 가스 ~ 탱크, 수소 ~ 합금, □을/를 ~ 한다, 주유소 지하 ~ 탱크

저장소 ~나 펌프; 석탄 ~, 화학 폐기물 ~

저제 이제나 ~나

저조 실적이 ~하다

저주 □을/를 ~ 한다, 파라오의 ~

저주파 ~ 전류

저지 어로 ~ 선, □을/를 ~ 한다

저지른다[저질러] 범죄를 ~, 실수를 ~, 악행을 ~, □을/를 ~, 잘못이나 ~, 패악을 ~

저지방 ~ 가공유, ~ 요거트, ~ 우유

저질 ~ 오락 프로그램

저질른다[저질러] □을/를 ~

저쩐다 저쩌구 한다; 어쩌고 저쩌고 한다, 어쩌구 저쩌구

저채 침장 ~ 류

저체온 ~ 증상

저촉 법에 ~ 된다

저축 ~ 한다; 근로자 우대 ~, 변동 금리형 ~, 자유 ~ 예금, 장기 주택 마련 ~, 재형 ~ 가입자, 청약 ~ 가입자, 확정 금리형 개인 연금 ~, 확정 금리형 ~

저축성 ~ 보험, ~ 예금

저층 ~ 아파트

저칼슘 ~ 혈증

저하 ~ 된다; 질적 ~

저하증 갑상선 기능 ~

저항 ~ 정신; 수동적 ~, □에 ~ 한다

저항증 변속 ~

저해 발전 ~ 요소, 성장 ~ 요소, □을/를 ~ 한다

저혈압 ~ 상태; 기립성 ~

저혈압증 두개 내 ~

저희들 ~ 끼리 수근댄다

적 소시 ~에, 아잇~ 습관 대로 먹는다, 언젯~ 애기이니, 옛 날 옛 ~에 훠이 훠이, 올챙이 ~ 생각, --은/ㄴ ~이 있다

적 ~과 동지

적 ~ 과 흑

적개심 ~ 이나 반항심

적격성 공직 ~ 테스트

적격자 대학 입학 ~ 선발, 입학 ~ 선발 기준

적국 가상 ~

적군 아군과 ~

적극적 ~ 으로, ~ 인

적금 ~ 계약액, ~ 통장; 예금과 ~, 정기 ~

적기 가상 ~

적나라 ~ 하다; □을/를 ~하게 노출 한다, □을/를 ~하게 보여 준다

적는다 깨 알 같이 ~, 받아 ~, 본음 대로 ~, 소리 나는 대로 ~, □을/를 ~

적다 많건 적건, 말 수가 적어 진다, 비용이 적게 든다, 양이 ~

적당 ~ 하다, ~ 히 얼버무린다

적대 대남 ~ 행위, 불신과 ~감

적대시 □을/를 ~ 한다

적도 ~ 부근, ~ 해류

적령기 결혼 ~

적립 ~ 식 목적 신탁, ~ 신탁 및 투자 신탁, ~ 포인트; 기금으로 ~ 된다, 기금으로 ~ 한다, 대손 충당금 ~, 신종 ~ 신탁, □을/를 ~ 한다, 포인트 ~ 카드

적막 ~ 하다

적반하장 ~ 도 분수가 있어야지, ~ 도 유분수지

적발 ~ 된다; □을/를 ~ 한다

적법 ~ 하다

적부 구속 ~ 심사 청구

적분 미분과 ~

적분학 미분 ~

적삼 ~ 등 줄기; 모시 ~, 해어진 삼베 ~

적색 ~ 거성, ~ 선

적석총 방단 계단형 ~

적선 ~ 한다

적성 ~ 과 소질; 수시 ~ 검사

적소 적재 ~

적시 □을/를 ~ 한다

적시타 ~ 로 선취점을 올린다; 우전 ~, 좌전 ~

적신다 눈시울을 ~, 베갯잇을 ~, □을/를 ~, □을/를 촉촉히 ~, □을/를 흥건히 ~, 질펀히 ~, 축축히 ~

적신호 ~ 가 켜다

적십자 ~ 회담

적외선 ~ 감지기, ~ 체열 검사, ~ 체열 영상, ~ 체열 진단, ~ 체열 촬영

적용 ~ 된다; 가중치 ~, □을/를 □에 ~ 한다

적응 시차 ~, □에 과잉 ~ 한다, □에 ~ 된다, □에 ~ 한다

적응기 ~ 를 거친다; 야구의 ~

적이 ~ 안심 한다

적자 ~ 누계, ~ 에 허덕인다, ~ 영농; 경상 수지 ~ 비율, 경상 수지 ~ 폭, 무역 수지 ~, 무역 ~, 양특 ~, 천만 달러 ~

적재 ~ 적소

적재 ~ 중량; □을/를 ~ 한다, 화물 ~

ㅈ

적적 ~한 삼 등 차

적절 ~ 하지 못한 처신, ~ 히 평가 절하 한다; 시기 ~하다, 시의 ~하다, 유효 ~ 하다, □을/를 ~하게 조절 한다

적정 중화 ~

적정 ~ 진료; 난이도가 ~하다

적조 ~ 현상

적중 ~ 한다

적중술 유전자 ~

적체 ~ 현상; 인사 ~, 전학 ~, 출고 ~, 화물 ~

적출 안구 ~, □을/를 ~ 한다

적하 ~ 발작

적합 □에 ~하다

적혈구 겸상 ~ 빈혈증

적화 ~ 통일 안

적확 ~ 하다

적환장 쓰레기 ~

적힌다 적혀 있다; 깨 알 같이 ~, □이/가 적힌 안내 판, □이/가 적힌 피켓

전 뒷~으로 물러 난다, 뒷~으로 밀려 난다, 딴 ~을 피운다, 철물 ~ 앞

전 오 ~, 오십 ~ 짜리

전 해물 ~과 보리 국수

전 ~ 검찰 총장, ~ 국세청 차장, ~ 국회 부의장, ~ 국회 의장, ~ 대법관, ~ 동화 은행장, ~ 병무 청장, ~ 보안사 정보 처장, ~ 안기부장, ~ 엣사람, ~ 중앙 정보 부장, ~ 치안감, ~ 한국 방송 공사 장; 공판 기일 ~ 증인 신문, 공표 ~ 매매, --기 ~에, --기 하루 ~ 날, 기원 ~ 10000 년, 기원 ~ 2 세기, 기원 ~ 5 세기, 기원 ~ 5000 년, 며칠 ~, 삼 년 ~ 쯤, 수 년 ~, 신경절 ~ 신경, 아버님 ~ 상서, 얼마 ~, 오래 ~, 제소 ~ 화해, 출상 ~ 일, 취학 ~ 아동, 해 뜨기 ~

전가 □에 책임을 ~ 한다, □을/를 ~ 한다, □한테 □을 ~ 한다

전각 맞배 집 ~

전각 ~ 세포

전갈 ~ 에게 쏘인다, ~ 자리

전개 ~ 된다; □을/를 ~ 한다, 활발히 ~ 한다

전게 ~ 졸고

전격 ~ 경질, ~ 발탁, ~ 보직 해임

전격적 ~ 으로, ~ 인

전경 ~ 골 근

전경 ~ 과 배경

전경 ~ 과 백골단

전고점 ~ 돌파

전곡 ~ 을 연주 한다; 바이올린 소나타 ~, 피아노 협주 곡 ~

전골 궁중 ~, 만두 ~, 버섯 ~, 불 고기 ~

전공 ~ 과목, ~ 선택, ~ 예약 제, ~ 이수 학점, ~ 평점, ~ 필수; 물리학 ~, 법학을 ~ 한다, 부전공 및 복수 ~ 제, 불문학을 ~ 한다, 서양화를 ~ 한다, 성악을 ~ 한다, 어학 ~자, 언어학 ~, 영문학을 ~ 한다, □을/를 ~ 한다, 정치학을 ~ 한다, 최소 ~ 인정 학점, 최소 ~ 인정 학점제

전공 ~ 을 세운다

전공의 ~ 처우 개선

전과 연근 ~

전과목 대학 ~ 평점 평균

전관 ~ 예우 제한

전광판 옥외 ~

전교 ~ 석차

전구 백 촉 짜리 알 ~, 백열 ~, 삼 파장 ~, 삼십 촉 짜리 알 ~, 트리용 ~

전구간 일 호선 ~

전국 ~ 각지, ~ 농민회 총연맹, ~ 방방곡곡, ~ 순례 스케이트 대회, ~ 양계인, ~ 체전, ~ 최다 득표, ~ 택시 노련, ~ 패트롤; 경찰 청장 기 ~ 대회, 금 배 ~ 고교 축구 대회

전국구 ~ 공천 헌금, ~ 의원

전극 접형골 ~

전근 ~ 내신

전근대 ~ 와 근대

전근대적 ~ 으로, ~ 인

전기 ~ ㅅ 불도 들어 온다, ~ 가 나간다, ~ 가스업, ~ 고문과 물 고문, ~ 면도기, ~ 밥 솥, ~ 보수원, ~ 스토브를 껴 안는다, ~ 심판기, ~ 영동법, ~ 전자 기기, ~ 절연성, ~ 집진 식, ~ 집진 장치, ~ 집진기, ~ 침 요법, ~ 통신 공사; 경피적 ~ 신경 자극

전기 ~ 구석기; 코리안 리그 ~ 리그 우승

전기대 ~ 입시

전나무 ~ 둥치, ~ 삭정가지, ~ 숲; 가문비나무와 ~

전년 ~ 동기 대비, ~ 동월 대비 상승률, ~ 동월 수준, ~ 말 대비

전념 □에 ~ 한다

전능 전지 ~하다

전다[절고 절어] 기름 때에 ~, 땟국 ~, 소금에 ~, 피곤에 ~

전다[절고 절어] 발을 ~, 소아 마비로 다리를 ~, 절뚝절뚝 ~

전달 ~ 된다; 동력 ~ 장치, 릴레이 식 ~, 신경 ~ 물질, 신경액성 ~ 물질, 장학금 ~ 식, □한테 □을 ~ 한다

전달법 신종 뇌물 ~

전담 ~ 인력; □을/를 ~ 한다

전당 명예의 ~, 예술의 ~ 콘서트 홀

전당 ~ 대회; 조기 ~ 대회 소집

전당포 ~ 노파

전대 ~ 차관, ~ 회장

전도 본말이 ~ 된다, 본말 ~, 주객이 ~ 된다, 주객 ~

전도 ~ 양양하다

전도 ~ 자석; 방실 ~ 차단, 열 ~율

전도성 ~ 농증

전동 ~ 칫솔; 후행 ~ 차

전동기 유도 ~

전두엽 ~ 간질, ~ 병변, ~ 앞 겉질, ~ 피질

전등 ~ 사용료, ~ 스위치; 삼십 촉 ~

전락 객체로 ~ 한다, 부속품으로 ~ 한다, 소작농으로 ~ 한다, 식민지로 ~ 한다, 실업자로 ~ 한다, □으로/로 ~ 한다, 지푸라기로 ~ 한다

전람 미술 ~회

ㅈ

전래 ~ 동요, ~ 동화, ~ 동화집, ~ 된다; 선법의 ~

전략 ~ 경영력, ~ 무기 감축 협정, ~ 방위 구상; 마케팅 ~, 밀기 ~, 카이젠 ~, 합참 ~ 본부장

전략적 ~ 으로, ~ 인

전량 ~ 수매

전력 ~ 증강 사업

전력 ~ 량 요금, ~ 소비량, ~ 예비율

전력 ~ 을 다한다, ~ 질주; □에 ~ 투구 한다, 전심 ~

전류 고압 ~, 고주파 ~, 임계 ~ 밀도, 저주파 ~

전립선 ~ 비대증

전말 사건의 ~

전말서 ~ 를 쓴다

전망 ~ 불투명; --을/ㄹ ~이다

전망치 경제 성장률 ~

전매 미등기 ~, □을/를 ~ 한다

전매 ~ 특허

전면 ~ 지상전 개시; 그린 벨트 ~ 해제 무효화

전면 ~ 을 응시 한다

전멸 ~ 한다

전모 ~ 를 정확히 파악 한다

전무 ~ 의 사퇴, ~ 하다

전무후무 ~ 하다

전문 ~ 경영인, ~ 법학 대학원, ~ 용어, ~ 인력을 양성 한다, ~ 직에 종사 한다, ~ 직 종사자, ~ 판매점, ~ 하사; 뉴스 ~ 채널, 등산복 제조 ~업, 멀티미디어 제작 ~업, 모피 의류 ~ 상가, 문화재 ~ 위원, 법학 ~ 대학원, 상용 차 ~ 메이커, 여신 ~ 금융업 법, 오토바이 ~ 털이, 의학 ~ 대학원, 입시 ~ 학원, 텔레마케팅 ~ 회사

전문가 ~ 의 조언, ~ 의 추천; 문화재 강탈 ~, 페이로드 ~

전문대 2014 학년도 ~ 입시

전문의 ~ 의 진찰; 비뇨기 과 ~, 산부인과 ~, 소아 과 ~, 시니어 급 ~, 신경 외과 ~, 안과 ~, 정신 과 ~, 피부 과 ~

전문적 고도로 ~인

전문점 무점포 음식 택배 ~, 스테이크 ~, 요리 ~, 우동 ~, 조개 구이 ~, 초 밥 ~, 케밥 ~, 테이크 아웃 커피 ~

전반기 ~ 국방위, ~ 반환 점, ~ 우승; 20 세기 ~, 이십 세기 ~

전반전 ~ 이 끝 난다

전방 ~ 경추 융합 수술, ~ 경추 융합 시술, ~ 공격수, ~ 약 이백 메타

전배 ~ 를 거행 한다

전범 ~ 재판

전법 ~ 포교 한다

전별 □을/를 ~ 한다

전복 차량 ~ 사고

전복 ~ 죽; 떡과 ~, 해삼과 ~, 해삼 ~

전복력 ~ 을 가진다

전봇대 길 가 ~

전부 일부 또는 ~

전분 ~ 분해 효소, ~ 의 노화, ~ 의 점도, ~ 의 호화; 고구마 ~, 녹두 ~, 원재료 ~

전분질 ~ 가수 분해 효소, ~ 원료; 찹쌀 ~

전사 태극 ~

전사 □을/를 ~ 한다, 음성 ~

전사 ~ 자 유해 발굴; 장렬히 ~ 한다

전산 ~ 개론, ~ 사식기 업체; 울 안 ~ 망

전산업 ~ 평균

전산화 ~ 단층 촬영, ~ 시스템; 양전자 방출 ~ 단층 촬영술

전선 대일 ~ 통일 동맹, 민족 통일 ~ 운동, 시대 통일 ~, 인민 ~ 론, 좌우익 ~, 좌우익 통일 ~ 정당, 좌익 ~, 통일 민주주의 ~, 협동 ~

전선 장마 ~, 한랭 ~

전설 신기루의 ~, 신화나 ~

전성 ~ 시대

전세 ~ ㅅ 돈 뺀다, ~ ㅅ 방 얻는다, ~ 놓는다, ~ 대란, ~ 로 내려 앉는다, ~ 보증금; 반 ~

전세계 □을/를 ~에 알린다

전소 ~ 된다; 임진 왜란 때 ~, 임진 왜란으로 ~ 한다

전속 ~ 계약금, ~ 모델, ~ 미용사

전송 피각 ~, 현령 ~

전송 ~ 망 사업자, ~ 포트; □을/를 ~ 한다, 케이블 티브이용 ~ 망

전송 ~ 제어 프로토콜; □을/를 ~ 한다

전수 비법을 ~ 한다, □에게 훈포장을 ~ 한다, □을/를 ~ 한다

전술 유격 ~, 인해 ~

전술 ~ 한다

전승 ~ 기념 탑, ~ 위로연, ~ 축하연; 연합국의 ~

전승 ~ 된다; 구비 ~

전시 ~ 기획자, ~ 된다, ~ 회에 출품 한다, ~ 회 초대장; 상설 ~ 구역, □을/를 상설 ~ 한다, 특별 ~

전시 ~ 동원 령

전시관 대형 상설 ~, 독립 기념관 ~, 성보 ~, 여성사 ~

전시장 ~ 한 구석

전신 ~ 거울, ~ 누드, ~ 마비, ~ 마사지, ~ 마취, ~ 에 붉은 반 점이 생긴다; 특발성 ~ 발작

전신성 ~ 긴장, ~ 홍반성 낭창

전신주 콘크리트 ~

전실 주실과 ~

전실 ~ 소생

전심 ~ 전력

전액 ~ 무이자 융자, ~ 삭감, ~ 장학금, ~ 출자, ~ 환불; 수익금 ~, 중도금 ~

전야 부활절 ~, 폭풍 ~

전야제 ~ 행사

전업 ~ 강사, ~ 작가, ~ 주부

전업농 ~ 육성 대상자

전역 대위로 ~ 한다, 만기 ~

전역 ~ 미사일 방어 망 구축, ~ 에서 번식 한다, ~ 을 헤집고 다닌다; 도시 ~ 을 헤집는다, 중령으로 ~ 한다

전열 ~ 을 가다듬는다, ~ 을 정비 한다

전염 ~ 된다, ~ 병 예방 접종, ~ 병 창궐; 수인성 ~ 병

ㅈ

전엽 뇌하수체 ~

전용 ~ 구장, ~ 면적, ~ 회선; 애견 ~ 생수, 왼 손 잡이 ~, 임산부 ~, 자동 차 ~ 경주장, 자전거 ~ 도로, 주부 ~ 도서관, 중·고령자 ~, 한글 ~

전용기 비즈니스 ~

전우 해병 ~회

전원 ~ 교향곡, ~ 주택지

전원 ~ 을 킨다, ~ 합의체; 1 차 ~ 회의, 1 억 국민 ~ 옥쇄, 선발 타자 ~ 탈삼진 기록, 타자 ~ 탈삼진, 헌법 재판소 ~ 재판 부, 헌재 ~ 재판 부

전월 ~ 대비 연율

전위 연접 후 ~, 유발 ~

전이 ~ 된다

전인 ~ 교육

전일 ~ 종가

전일제 ~ 파출부 일을 한다

전임 ~ 강사

전임의 무급 ~

전임자 노조 ~ 임금 지급

전입 위장 ~ 의혹, 위장 ~ 한다

전입금 소비세 ~

전자 ~ 개표기, ~ 공업 진흥회, ~ 레인지, ~ 문서 교환, ~ 오락광, ~ 우편, ~ 자금 이체, ~ 출판업, ~ 출판학, ~ 파 장해 방지, ~ 파 장해 방지용; 마이크로프로세서와 ~ 식 계산기, 유해 ~ 파, 전기 ~ 기기, 직접 ~ 상거래

전자기 ~ 복사, ~ 유도

전자기력 약력과 ~

전자동 ~ 세탁기; 최첨단 ~

전작 ~ 도록 발간

전장 ~ 중반 한 배

전재 □을/를 ~ 한다

전재산 ~ 을 탕진 한다

전쟁 ~ 미망인, ~ 의 참화, ~ 이 난다, ~ 터로 내 몬다; 갑오 농민 ~, □과/와의 ~을 선포 한다, 동서 이념 ~, 베트남 식 ~ 통일, 식민지 쟁탈 ~, 십자군 ~, 조국 해방 ~, 청일 ~, 한국 ~이 발발 한다

전쟁기 중일 ~와 태평양 ~, 침략 ~

전쟁무 수렵무나 ~

전적 ~ 으로 공감 한다, ~ 으로 동감 한다, ~ 으로 동의 한다, ~ 으로 옳다, ~ 으로 의존 한다, ~ 으로 찬동 한다, ~ 으로 찬성 한다, ~ 으로 책임 진다

전전 □을/를 ~ 한다

전전긍긍 ~ 한다

전정 ~ 및 체성, ~ 신경 핵, ~ 신경염; 내측 ~, 말초성 ~ 신경 병증, 말초성 ~ 질환

전제 □을/를 ~ 한다

전제 ~ 군주

전조 ~ 를 동반 한다

전주 ~ 곡과 푸가

전중대원 ~ 앞에서

전지 ~ 끼우개; 연료 ~

전지 ~ 전능하다

전직 ~ 대통령

전진 ~ 기지, ~ 한다; 화해와 ~

전차 ~ ㅅ 길, ~ 종점

전처 ~ 소생

전처리 ~ 과정, ~ 작업, ~ 프로그램

전천개 ~ 부위

전철 ~ 선로; 1 호 선 ~, 고속 ~ 사업, 고속 ~ 차량 수주, □의 ~을 밟는다

전체 ~ 관람 가, ~ 주의 접근법, ~ 지원액; 개체와 ~, 섬 하나 ~, 인류 고금 동서의 역사 ~, 천정 ~의 색조

전체적 ~ 으로, ~ 인

전초 자유 세계의 ~ 기지

전축 석조와 ~

전출 ~ 신고; □으로/로 ~ 간다, □으로/로 ~ 된다, □으로/로 ~ 한다

전측두엽 ~ 절제술

전층 ~ 낚시

전치 ~ 2 주의 상처를 입힌다

전통 ~ 가옥, ~ 료칸, ~ 문화, ~ 시장, ~을 계승 한다, ~ 을 잇는다, ~ 이 선다; 불문법 ~, 오랜 ~, 유태-기독교적 특수 ~

전통문 대남 ~

전통주 ~ 제법

전투 ~ 비행단, ~ 비행 단장, ~ 속도전, ~ 함; 각개 ~, 모 내기 ~, 이지스 ~ 체계

전투기 ~ 의 기종, ~ 조종사; 차기 ~, 차세대 ~ 기종, 차세대 ~ 사업, 차세대 초음속 ~

전투력 ~ 배가

전투복 ~ 차림

전파 ~ 된다; 복음을 ~ 한다

전파 ~ 조종관

전폐 식음을 ~ 한다, □을/를 ~ 한다

전폭 광목 ~

전폭적 ~ 인 지지

전하 여왕 ~

전학 ~ 서류, ~ 적체, ~ 증명서; □으로/로 ~ 한다

전한다[전해] 말을 ~, 소식을 ~, 안부를 ~, 유언을 ~, 입에서 입으로 ~, 천만 년 뒷세상에 ~

전핵 ~ 주입법

전향 ~ 선언문, ~ 장기수, ~ 좌익수

전혀 ~ 눈치 채지 못한다

전형 ~ 과 면접; 어학 특기자 ~, 정원 외 특별 ~

전형적 ~ 으로, ~ 인

전호 지주와 ~

전화 ~ 교환대, ~ 교환원, ~ 나 팩스, ~ 문자 메시지, ~ 번호 수첩, ~ 번호와 주소, ~ 벨 소리, ~ 벨이 요란히 울린다, ~ 벨이 울린다, ~ 통지문을 보낸다, ~ 한 통; 공중 ~ 박스, 공중 ~ 카드, 무선 공중 ~ 부스, 사설 ~ 교환 시스템, 셀룰라 ~, 시외 ~, 이동 ~ 망 시스템 마비, 주소와 ~ 번호, 직통 ~, 휴대 ~ 결제, 휴대 ~ 요금, 휴무 문의 ~

전화기 무선 ~, 자동 응답 ~, 휴대 ~, 휴대용 ~

전환 ~ 의 모색기; 공수가 ~ 된다, 도입선 ~, 사고의 ~, 성 ~ 수술, 성 ~자의 호적, 실명 ~ 마감 시한, 실명 ~ 한다, 양성애자나 성 ~자, 일대 ~ 점, 패러다

임의 ~, 패러다임 ~자, 해외 이용액 할부 ~ 제, 해외 ~ 사채, 형질 ~ 기술, 형질 ~ 동물

전횡 ~ 을 일 삼는다; 일탈과 ~

전후 □을/를 ~ 한다

전후 ~ 경제 부흥, ~ 민간인 학살, ~ 복구

절 꾸벅 ~ 한다, 엎드려 ~ 받는다, 코가 땅에 닿도록 ~을 한다, □한테 ~을 한다, □한테 큰 ~을 한다

절 명사 ~, 양보 부사 ~, 종속 ~

절 ~ 집 요사채, ~ 터를 발굴 한다; 갑사라는 ~, 이 ~ 저 ~

절감 경비 ~, 비용 ~, 생산비를 ~ 한다, 운영비를 ~ 한다, 원가 ~, □을/를 ~ 한다, 인건비 ~, 팔 월 ~량

절개 의리와 ~

절개 제왕 ~ 수술

절개술 뇌량 ~

절구 칠언 ~

절구 ~ 공이, ~ 에 찧는다

절규 ~ 한다

절그럭 ~ 한다

절기 ~ 가 뒤틀린다

절단 사지가 ~ 된다

절대 ~ 값, ~ 왕정, ~ 절명

절대적 ~ 으로, ~ 인

절도 ~ 용의자, ~ 죄, ~ 혐의

절도 ~ 있는 동작

절도사 수군 ~

절뚝절뚝 ~ 전다

절래절래 고개를 ~ 흔든다

절레절레 고게를 ~ 짓는다, 고개를 ~ 흔든다, □을/를 ~ 젓는다

절룩인다 다리를 ~, □을/를 ~

절름거린다 다리를 ~, □을/를 ~

절름발이 제복의 ~

절망 ~ 의 구렁텅이

절멸 ~ 한다

절명 절대 ~

절묘 ~ 하다

절박 ~ 하다

절반 ~ 씩 투자 한다, ~ 에도 못미친다

절벽 ~ 에서 추락 한다; 기암 ~ 위, 바위 ~

절병통 □에 ~을 놓는다

절삭 ~ 공구

절상 ~ 된다; 원화 ~

절실 ~ 하다, ~ 히 느낀다, ~ 히 요구 한다; □에게 ~히 요청 된다

절약 ~ 한다; 근검 ~과 검소 청빈, 근면과 ~, 에너지 ~ 기술

절연 ~ 된다

절용 ~ 한다

절인다 소금에 ~

절임 채소 ~

절절 ~ 끓는다

절절 ~ 하다, ~ 히 느낀다

절절이 ~ 깨닫게 한다; □을/를 ~ 깨닫는다, --음/ㅁ을 ~ 깨닫는다

절제 ~ 된다; □을/를 ~ 한다

절제술 뇌량 ~, 대뇌 반구 ~, 전측두엽 ~, 편도 해마 ~

절주 ~ 캠페인

절지 십 육 ~ 시험지

절지 ~ 동물

절차 ~를 밟는다; 간이 공판 ~, 민사 소송 ~, 민원 처리 ~, 부도 통지 취소 ~, 점검 ~

절찬 ~ 을 받는다

절찬리 ~ 에

절충 ~ 한다; 상향 식 ~ 제, 하향 식 ~ 제

절취 자료 ~

절치부심 ~ 한다

절친 ~ 한 친구

절토 ~ 한다

절통 ~ 하다

절판 ~ 된다

절편 수리취 ~

절하 원화 ~, 적절히 평가 ~ 한다, 평가 ~

절호 ~ 의 기회, ~ 의 찬스; --는 ~의 기회다

젊다 젊은 이, 젊은 재사, 젊음의 뒤안길; 새파랗게 ~

점 각 뿔의 꼭지 ~, 공통 ~과 차이 ~, --는다는/ㄴ다는/다는/라는 ~, 반환 ~을 돌아 선다, 방아 쇠 ~ 주사 요법, 분기 ~ 취락, 소수 ~ 둘 째 자리, 소수 ~ 아래 셋 째 또는 넷 째 자리, 소수 ~ 이하, 손익 분기 ~ 밑 돈다, 영 ~ 칠 평, 용액의 어는 ~, 우주 탄생 ~, 유사 ~과 차이 ~, 유사 ~이나 차이 ~, 일대 전환 ~, 전반기 반환 ~, 전신에 붉은 반 ~이 생긴다, 조화 ~을 찾는다, 타협 ~을 찾는다, 합의 ~에 도달 한다, 흑 색 ~ 문양

점 백 ~ 만점, 영 ~, 이십 ~ 만점, 중월 1 ~ 홈 런, 토플 550 ~, 평점 7 ~

점 별 ~을 본다, 소녀 ~ 쟁이, 용한 ~ 장이, 용한 ~ 쟁이, □을/를 ~ 친다, 컴퓨터 별 ~, 풍흉을 ~ 친다, 행운의 별 ~

점거 ~ 농성 한다; □을/를 ~ 한다

점검 ~ 신청, ~ 절차; 무상 차량 ~ 서비스, □을/를 ~ 한다, 일 일 ~, 일상 ~, 정기 ~

점도 전분의 ~

점령 ~ 군 사령관, ~ 군 사령부; 고지를 ~ 한다, 분할 ~, □을/를 ~ 한다

점보 ~ 항공기

점수 낙제 ~, 백분위 ~, 원점수와 변환 ~, 원점수와 변환 표준 ~, 최하 ~, 토익 ~, 토플 ~, 후한 ~

점수 돈오 ~

점심 ~ 수라, ~ 시간, ~ 특선 메뉴, ~ 한 끼

점안 ~ 한다

점액 ~ 수종

점용 ~ 허가

점원 상점의 ~

점유 ~ 면적, ~ 율 확대; 객석 ~율, 시장 ~, □을/를 ~ 한다

점유비 □에 대한 ~

ㅈ

점잔 ~ 을 뺀다

점잖다 점잖게 나무란다, 점잖은 신사, 점잖을 뺀다

점점이 ~ 흩어 진다

점증 ~ 한다

점지 ~ 한다

점철 □으로/로 ~ 된다

점토 ~ 나 규조토, ~ 판; 적갈 색 ~, 황색 ~

점퍼 ~ 안 주머니; 가죽 ~, 무스탕 ~, 오리 털 ~

점포 ~ 망; 대로변 ~, 산매 ~, 세븐일레븐 ~, 프랜차이즈 ~

점프 ~ 를 한다; 수직 ~

점한다[점해] 점하고 있다; 다수를 ~, 우위를 ~, □을/를 ~

점호 ~ 번호, ~ 준비 끝; 아침 ~, 일석 ~, 취침 ~

접객 식품 ~ 업소

접견 ~ 교통권; 변호인의 ~, 변호인 ~, 사신을 ~ 한다, 수형자의 ~

접견권 변호인 ~

접견석 ~ 상에 배석 한다

접경 ~ 지대, ~ 지역; □과/와 ~ 한다

접근 ~ 한다

접근법 내재적 ~, 전체 주의 ~

접낫 초동의 ~

접는다 국면으로 접어 든다, 꼬깃꼬깃 ~, 사양 길에 접어 든다, 사업을 ~, 산 길로 접어 든다, 색 종이 접기 교실, 쇠퇴기에 접어 든다, 여러 겹으로 ~, □으로/로 접어 든다, 종반에 접어 든다

접대 사신을 ~ 한다, 손님 ~

접대부 ~ 를 고용 한다

접대비 기부 ~, 유흥 ~

접맥 ~ 시킨다

접목 ~ 시킨다; □에 ~ 한다

접속 동시 ~자, 분할 다중 ~, 인터넷에 ~ 한다

접수 ~ 된다; 수시 모집 원서 ~, 신청서를 ~ 한다, 외래 ~ 창구, 원서를 ~ 한다

접시 보쌈 ~, 사기 ~, 연두색 사각 ~, 일회용 ~

접전 숨 막히는 ~, 양보 없는 ~을 펼친다, 풀 카운트 ~ 끝에

접종 전염 병 예방 ~, 천연두 예방 ~

접주 도둑의 ~

접착 ~ 시트

접착제 ~ 로 붙인다

접촉 □과/와 ~ 한다, 미생물 ~ 여과제, 신체 ~, 실무 대표 ~, 실무 ~ 일정, 연락관 ~, 최고위 급 ~

접한다[접해] □을/를 ~

접합부 신경 근 ~

접형 ~ 구개 동맥, ~ 구개 신경절

접형골 ~ 전극

젓 멸치 ~ 국, 새우 ~ 국 물, 새우 ~으로 간을 한다, 새우 ~ 장수, 액 ~

젓가락 ~ 과 숟가락; 대 나무 ~

젓갈 김치에 ~을 넣는다

젓는다[저어 저은] 거품기로 ~, 고개를 가로 ~, 고개를 내 ~, 고개를 설레설레 ~, 고개를 절레절레 ~, 고개를 ~, 노를 ~, 노 ~, 손을 내 ~, □을/를 내 ~, □을/를 살래살래 ~, □을/를 절레절레 ~, □을/를 ~, 주걱으로 ~, 휘휘 내 ~, 휘휘 ~

정 10 ~ 2 단보

정 화승총 1 ~

정 ~ 칠 놈; 모 난 돌이 ~ 맞는다

정 ~ 에 약하다, ~ 이 많다; 개전의 ~, 골육의 ~, 옛 ~

정 · 재계 ~ 인사

정가 도서 ~ 제

정각 두 시 ~, 세 시 ~

정간 압수나 ~ 처분

정갈 ~ 하다

정강 ~ 정책

정강이 ~ 에 아대를 착용 한다

정객 극우 ~

정거 ~ 한다

정결 ~ 하다

정경 ~ 유착과 부정 부패

정계 ~ 개편, ~ 로비스트, ~ 를 은퇴 한다, ~ 에 입문 한다, ~ 은퇴, ~ 재편, ~ 진출

정곡 ~ 을 찌른다

정과 연근 ~, 인삼 ~

정관 ~ 수술

정관 ~ 초안

정교 ~ 하다

정국 ~ 경색; 공안 ~ 조성, 신공안 ~, 여대 야소 ~, 여소야대의 ~

정권 ~ 교체기; 광무 ~, 괴뢰 ~, 독재 ~ 하, 무솔리니의 파시스트 ~, 문민 ~, 부패 ~ 심판, 부패 ~ 청산, 쿠데타로 ~을 잡는다, 폭력 ~ 타도, 호족 연합 ~

정규 ~ 리그 들어서, ~ 직 노동자

정근 ~ 수당

정기 ~ 간행물, ~ 검진, ~ 구독자, ~ 국회 폐회, ~ 모임, ~ 법인세, ~ 적금, ~ 점검, ~ 주주 총회, ~ 주총; 가계 우대 ~ 예금, 가을 ~ 국회, 이십 차 ~ 총회

정기적 ~ 인 모임

정나미 ~ 가 떨어진다

정년 ~ 보장 교원 정수, ~ 퇴임 식, ~ 퇴직; □에서 ~ 퇴임 한다

정담 ~ 을 나눈다

정당 ~ 당원 단합 대회, ~ 득표율, ~ 명부 식 비례 대표 제, ~ 명부 제, ~ 연설회, ~ 의 과두, ~ 이나 후보자, ~ 지지율; 군소 ~, 수권 ~, 좌 파 ~, 좌우익 통일 전선 ~

정당 ~ 한 보상, ~ 한 사유

정대 공명 ~하다

정도 대여섯 걸음 ~, 두 시간 ~, 어지러울 ~로 비비 꼬인다, 오백 메가 바이트 ~, --을/ㄹ ~로 비비 꼬인다, 한 발 ~ 물러 난다

정도 사 성제와 팔 ~

정독 ~ 한다

정돈 ~ 된다; 가지런히 ~ 한다, □을/를 ~ 한다, 집 안 ~

ㅈ

정력 ~ 보강 음료, ~ 의 낭비

정련 ~ 된다

정렬 □을/를 ~ 한다

정령 ~ 숭배

정례 ~ 브리핑, ~ 회동

정례화 이산 가족 상봉 ~

정류소 버스 ~

정류장 간이 ~, 시외 버스 ~

정리 ~ 해고; 경지 ~ 사업, 연도순으로 ~ 한다, □을/를 연도순으로 ~, □을/를 일목요연하게 ~ 한다, □을/를 체계적으로 ~ 한다, 채권 ~ 기금, 토지 구획 ~ 사업

정립 ~ 된다, ~ 한다; 위상 ~ 시킨다

정말 ~ 멋 있다, ~ 왜 이러니, ~ 큰 일 날 뻔 했다; 이 거 ~ 죄송 합니다

정말 ~ 로, ~ 이다

정맥 ~ 의 판막, ~ 주사 한다, ~ 폐쇄, ~ 혈전증, ~ 환류; 심부 ~, 허파 ~

정맥동 해면 ~

정맥류 하지 ~

정면 ~ 13 간, ~ 과 측면, ~ 돌파, ~ 으로 대항 한다, ~ 으로 도전 한다, ~ 으로 부닥뜨린다, ~ 으로 부닥친다, ~ 으로 위반 한다, ~ 으로 위배 한다; 골 에어리어 ~, 나찌즘에 ~으로 맞선다

정명 ~ 사상

정모 ~ 세포

정묘 팔 월 ~

정무 ~ 1 장관, ~ 부시장, ~ 비서관, ~ 수석, ~ 특보; 고위 ~ 직, 대통령 ~ 수석

정무원 ~ 총리

정문 ~ 과 후문; 궁성의 ~, 정전의 ~

정밀 ~ 기기, ~ 소형 모터, ~ 연마기, ~ 하다

정박 ~ 해 있다; 유람선이 ~ 한다, 항구에 ~ 한다

정반대 ~ 쪽, ~ 현상; □과/와 ~이다

정방형 ~ 탑신 부, ~ 평면

정벌 □을/를 ~ 한다

정변 무인 ~

정보 ~ 검색, ~ 격차, ~ 공개 법, ~ 공개 조례, ~ 과 형사, ~ 기관, ~ 기기업, ~ 부 요원, ~ 소통량, ~ 수집력, ~ 이론, ~ 제공업, ~ 참모, ~ 처리업, ~ 처리학 과 부교수, ~ 추출, ~ 통신 기술, ~ 통신 부, ~ 통신 업체, ~ 통신관; 고용 ~ 관리소, 광대역 종합 ~ 통신 망, 국가 ~ 원장, 기업체 ~ 분석실, --는다는/ㄴ다는/다는/라는 ~를 입수 한다, 미공개 ~, 서지 ~, 신상 ~ 보호, 신용 카드 ~, 연예 ~ 프로그램, 전 보안사 ~ 처장, 전 중앙 ~ 부장, 중앙 ~ 부 보안사, 중앙 ~ 부 지하실, 초고속 ~ 통신 망

정보지 경매 ~

정복 ~ 자와 피정복자, ~ 한다

정부 ~ 각 부처, ~ 군과 반군, ~ 군과 교전 한다, ~ 기록 보존소, ~ 노임 단가, ~ 당국자, ~ 보유미 방출량, ~ 수매가, ~ 조직 법에 규정 되어 있다, ~ 종합 청사, ~ 중앙 청사, ~ 지원 학자금, ~ 청사, ~ 출연금, ~ 측 토론자, ~ 투자 기관장; 각 ~ 부처, 단독 ~ 수립, 대한민국 ~가 수립 된다, 연립 ~ 구성, 연방 ~

연구비, 임시 ~, 자치 ~ 수반, 자치 ~ 총리, 정치 권력 또는 ~, 참여 ~

정부미 ~ 포대

정분 하룻밤 ~

정비 수도권 ~, 자동 차 ~업, 전열을 ~ 한다, 직영 ~, 차량 ~ 업소

정비례 □에 ~ 한다

정사 혼외 ~

정사각 ~ 형 액자

정사각형 정삼각형과 ~

정산 ~ 한다; 연말 ~

정삼각형 ~ 과 정사각형

정상 ~ 급 성악가; 세계 ~ 급, 실업 축구 선수권 대회 ~, 이십 차 ~ 회담, 한라봉 ~

정상 ~ 으로 돌려 놓는다

정상 ~ 을 참작 한다, ~ 참작 사유

정상부 구릉 ~

정상적 ~ 으로, ~ 인

정상화 국교를 ~ 한다, 국교 ~ 교섭 재개

정색 ~ 반응

정색 ~ 과 간색

정색 ~ 을 한다

정서 ~ 를 순화 한다; 유쾌의 ~

정서법 현행 국어 ~

정선 ~ 한다

정성 ~ 으로 보살핀다; 지극 ~으로, 지극 ~이다

정성스레 앵두를 하나 하나 ~ 딴다

정세 국내외 ~

정세포 원형 ~

정소 ~ 세포; 쥐의 ~

정수 정년 보장 교원 ~

정수 조각의 ~

정수기 ~ 필터

정숙 ~ 하다

정시 ~ 모집

정식 ~ 으로, ~ 입영 통지, ~ 재판, ~ 종목으로 채택 된다; 올림픽 ~ 종목

정신 ~ 과 의사, ~ 과 전문의, ~ 못차린다, ~ 문화, ~ 바짝 차린다, ~ 박약아, ~ 병원에 입원 한다, ~ 분석 학자, ~ 분석학, ~ 분열증, ~ 없이 퍼 먹는다, ~ 이상자, ~ 지체 장애인, ~ 지체인, ~ 질환자, ~ 통제; 국민 ~을 바로 잡는다, 대쪽 같은 ~, 민족 ~의 고취, 선비 ~, 소아 ~ 과, 신경 ~ 과, □에만 ~이 팔린다, 장인 ~, 저항 ~, 제 ~이 아니다, 청산리 ~

정신대 ~ 에 끌려 간다; 근로 ~

정신력 체력과 ~

정신일도 ~ 하사불성

정압기 지역 도시 가스 ~, 학교 부지 내 가스 ~ 설치

정액 ~ 자기 앞 수표

정어리 ~ 통 조림 찌개

정언 --라는 ~ 명령

정연 질서 ~하다

정예 ~ 공화국 수비대, ~ 멤버, ~ 부대, ~ 요원; 소수 ~

ㅈ

정외과 ~ 졸, ~ 졸업

정욕 ~ 을 삼간다

정원 ~ 외 특별 전형; 신입생 ~

정원 ~ 의 잔디

정월 ~ 대보름 날, ~ 보름 날, ~ 열 나흘, ~ 첫 해일, ~ 초하룻날; 음력 ~ 보름, 음력 ~ 초하루

정위 ~ 운동증

정유 ~ 공장, ~ 회사

정의 ~ 사회 구현; 공리 주의적 ~, 사회 ~

정의 ~ 한다; 사전적인 ~, 사전적 ~

정이품 ~ 소나무

정자 ~ 나무 아래

정자 ~ 와 난자, ~ 핵이나 난자 핵; 난자와 ~

정장 말쑥한 ~ 차림, 에메랄드 색 여름 ~

정재 궁중 ~

정적 ~ 에 휩싸인다, ~ 을 깨뜨린다

정전 ~ 된다, ~ 사태

정전 ~ 협정 위반

정전 ~ 의 정문

정전기 ~ 방전

정정 ~ 보도 청구; 오류 ~ 부호, □을/를 ~ 한다

정정 ~ 하다

정정당당 ~ 하다

정제 ~ 된다; □을/를 ~ 한다, 의관을 ~ 한다

정제품 석유 ~

정조대 ~를 채운다; □에게 ~를 채운다

정족수 의결 ~

정좌 □에 ~ 한다

정주 ~ 한다; 농어촌 ~

정주권 ~ 개발

정중 ~ 신경

정중 ~ 하다, ~ 히 사과 한다

정지 ~ 궤도 위성; 거래 ~ 처분, 구속 집행 ~, 상실 또는 ~, 식량 임시 ~ 증명서, 심박 ~, 운전 면허 ~, 운전 면허 취소 또는 ~ 처분, 형 집행 ~, 효력 ~ 가처분 신청

정직 ~ 하다

정진 □에 ~ 한다, 용맹 ~ 한다

정차 □에 ~ 한다

정착 ~ 된다; 불법 ~ 촌 철거, □에 ~ 한다, 유대인 ~ 촌, 유대인 ~ 촌 철거

정찰 ~ 분대

정찰국 인민 무력 부 ~

정책 ~ 과 사무관, ~ 입안자, ~ 제안자; 고위 ~ 결정자, 남진 ~, 뉴 딜 ~, 대학 ~ 실장, 분식 장려 ~, 산아 제한 ~, 살농 ~, 선심성 ~, 쇄국 ~ 하, 숭유 억불 ~, 우민 ~, 인종 차별 ~, 정강 ~, 통화 신용 ~, 통화 ~ 운영, 평준화 ~, 폐기물 관리 ~, 합의 제 ~, 형사 ~ 연구 원

정책관 원자력 ~

정책실 교육 ~

정처 ~ 없다, ~ 없이 길을 걷는다, ~ 없이 떠 돌아 다닌다, ~ 없이 헤맨다

정체 ~ 구간, ~ 된다; 교통 ~

정체 ~ 불명의

정체불명 ~ 의 괴한

정체성 ~ 위기, ~ 혼란

정치 ~ 관계 법, ~ 권력과 재벌, ~ 권력 또는 정부, ~ 권력 면, ~ 부 기자, ~ 부패 근절, ~ 사상 학습, ~ 외교학, ~ 자금, ~ 풍자 유머집; 군력 ~, 레닌 주의 ~ 학교, 민주 개혁 ~ 모임, 선거 법과 ~ 자금 법, 세도 ~, 왕도 ~, 중앙 당 ~ 국원, 페미니스트 ~ 생태학

정치 ~ 하다

정치가 ~ 나 공무원

정치국 ~ 상무 위원회 위원, ~ 의 중앙위

정치사 ~ 우위

정치인 ~ 과 경제인, ~ 부정 축재자; 비리 ~

정치적 ~ 으로, ~ 인

정치학 ~ 석사, ~ 을 전공 한다; 국제 ~ 회, 대학의 ~ 조교수

정침 왕비의 ~, 중전의 ~

정탐 ~ 한다

정토 극락 ~, 서방 ~

정통 ~ 경제 관료, ~ 내무 관료, ~ 레게 바; □에 대해 ~하다, 자칭 ~ 맑스 주의자

정통성 ~ 론

정평 ~ 이 나 있다; □으로/로 ~ 난다, □으로/로 ~이 난다

정학 ~ 이 풀린다; 무기 ~, 유기 ~

정한다[정해] 정해 진다; □에 도읍을 ~, □으로/로 내부 방침을 ~, □은/는 정한 이치다, □을/를 ~, 표준을 ~

정호 ~ 층

정혼 ~ 한다

정화 세차장 ~ 시설

정화기 공기 ~

정확 ~ 한 수순; □과/와 ~히 일치 한다, 전모를 ~히 파악 한다

정황 --는다는/ㄴ다는/다는/라는 ~이 드러난다

젖 ~ 과 꿀, ~ 꼭지를 물린다, ~ 냄새가 난다, ~ 먹던 힘까지 다 해서, ~ 먹이를 업는다, ~ 병 소독, ~ 병을 소독 한다, ~ 비린 내 난다, ~ 산과 초 산, ~ 산 발효 시킨다, ~ 샘 세포, ~ 소들이 노닌다, ~ 소를 키운다, ~ 소와 한우, ~ 을 빨린다, ~ 이 말랑 말랑하다; 살 찐 ~ 소, 유모의 ~, 흐벅진 ~ 무덤

젖는다 젖어 축축하다, 젖은 행주; 감회에 ~, 기저귀가 ~, 눈시울이 ~, 땀으로 흠뻑 ~, 물기에 ~, □으로/로 흠뻑 ~, 이슬에 ~, 촉촉히 ~, 축축이 ~, 타성에 ~, 행복감에 ~, 홍건히 ~

젖뜨린다 문을 열어 ~, □을/를 열어 ~

젖힌다 고개를 뒤로 ~, 웃통을 벗어 ~, □으로/로 잔뜩 ~, □을/를 밀어 ~, □을/를 벗어 ~, □을/를 열어 ~, □을/를 왈칵 열어 ~, 커텐을 ~, 활짝 열어 ~

제 ~ 109 조, ~ 2 인자, ~ 2 화, ~ 3 연방, ~ 5 연방, ~ 9 연방, ~ 삼 지구 당, ~ 삼 집 앨범, ~ 삼 집의 타이틀, ~ 일; 부칙 ~ 이 조

제 ~ 거품을 문다, ~ 격이다, ~ 까짓 것, ~ 대로 땀 흘린다, ~ 멋에 겹다, ~ 자리 뛰기를 한다, ~ 자리에 갖다 놓는다,

ㅈ

~ 정신이 아니다, ~ 풀에 지친다; 도둑이 ~ 발 저리다더니

제가 수신 ~ 치국 평천하

제각기 ~ 중구난방이다

제거 기뢰 ~, 뼛조각 ~ 수술, □을/를 ~ 한다, 종양 ~ 수술, 지뢰 ~

제고 경쟁력 ~, 대학원 연구력 ~, □을/를 ~ 한다

제곱 ~ 에 반비례 한다, ~ 에 비례 한다, ~ 킬로 미터; 세 ~ 미터, 세 ~ 센티 미터

제공 경품류 ~, 담보 ~자, 망명처를 ~ 한다, 무료로 ~ 한다, 보증 또는 담보 ~, 수유실을 ~ 한다, □을/를 ~ 한다, □의 빌미만 ~ 한다, 정보 ~업

제과 ~ 제빵, ~ 회사

제관 ~ 과 대축; 당주와 ~

제국 ~ 이 멸망 한다, ~ 주의가 패망 한다, ~ 주의 열강, ~ 주의와 투쟁 한다, ~ 주의의 파쇼

제군 동지 동포 ~

제균 ~ 공정

제기 이런 ~

제기 ~ 된다; 공소의 ~, 문제 ~ 식 학습, 상소 ~ 기간, 소송을 ~ 한다, 이의를 ~ 한다

제기 ~ 차기 시합

제낀다 --어/아 ~

제대 ~ 군인, ~ 여군; 군대를 ~ 한다, 만기 ~

제도 가처분 ~, 공 병 보증금 ~, 공채 기수 ~, 국선 변호인 ~, 기말 고사 ~, 기술 신용 보증 ~, 대체 조제 ~, 도제 ~, 부가 가치세 간이 과세 ~, 부세 ~, 분쟁 조정 ~, 사유 재산 ~, 수조권적 토지 ~, 신탁 ~ 개편, 심급 ~, 심리 상담사 국가 자격증 ~, 연방 준비 ~, 예금자 보호 ~, 의약 분업 ~, 의약 일체 ~, 인민 민주 주의 ~, 조세 지원 ~, 종신 고용 ~, 청소년 상담사 국가 자격증 ~, 최저 임금 ~, 평준화 ~, 한약사 ~, 현행 스톡 옵션 ~

제도적 ~ 으로, ~ 인 장치

제동 ~ 장치; □에 ~을 건다

제례 상례와 ~

제막 ~ 한다; 표석 ~ 식

제명 ~ 중징계, ~ 한다

제목 --라는 ~ 하에

제물 ~ 로 바친다, ~ 진설

제반 ~ 여건

제발 ~ 고정 하십시오

제법 전통주 ~

제보 ~ 자, ~ 한다

제복 ~ 을 입는다, ~ 의 절름발이; 굴건 ~, 푸른 ~

제빵 제과 ~

제사 ~ ㅅ 날도 모른다, ~ 지낸다; 시앙 ~, 시조 묘 ~, 시조모 ~, 증조모 님 ~날

제소 ~ 전 화해, ~ 한다

제수 ~ 씨

제수 ~ 를 진설 한다

제스처 유화 ~

제스쳐 외교적인 ~

제시 공무원증을 ~ 한다, 여권을 ~ 한다, □을/를 ~ 한다, 자료 ~ 형

제식 ~ 교련; 교련 ~ 훈련

제안 ~ 한다; 정책 ~자

제압 기선을 ~ 한다, 기선 ~, □을/를 ~ 한다

제약 다국적 ~ 사

제어 ~ 장치; 배타 ~, □을/를 ~ 한다, 자동 ~, 전송 ~ 프로토콜

제왕 ~ 절개 수술; 무관의 ~이다, 반지의 ~, 역대 ~

제외 □을/를 ~ 한다

제육 ~ 덮밥, ~ 볶음, ~ 볼 반죽

제의 ~ 요청서; 건배를 ~ 한다, 스카우트 ~

제의서 수정 ~

제일 당대 ~의 가문, 안전 ~ 주의를 취한다, □에서 ~ 간다, 천하 ~

제일성 혁명의 ~

제자 ~ 백가; 스승과 ~, 십 대 ~

제작 ~ 발표회, ~ 연도, ~ 한다; 멀티미디어 ~ 전문업, 모형 ~자, 손 뜨개 용품 ~, 영화 ~자, 외주 ~, 이적 표현물 ~

제작소 모형 ~

제재 ~ 가 가해 진다; 안보리의 ~, □에 ~를 가한다, □에 ~를 내린다, 행정법적 ~

제적부 ~ 등본

제정 법이 ~ 된다, 성 폭력 특별 법 ~, 특별 법을 ~ 한다, 특별 법의 ~, 호로 ~, 회칙 ~

제제 생약 ~, 항문용 ~, 혈액 ~

제조 ~ 공정도, ~ 내역서, ~ 원가, ~ 일자, ~ 품목 허가; 각연초 ~ 공장, 각연초 ~업, 각연초 ~ 업자, 개량 식 된 장 ~, 등산복 ~ 전문업, 샌드 페이퍼와 연마석 ~업, 자동 차 ~업, 자동 차 ~ 업자, 자동 차 ~ 업체, 청량 음료 ~업, 청량 음료 ~ 업계

제조공 수레 ~

제조법 ~ 및 투척법; 누룩 ~

제지 ~ 한다

제창 □을/를 ~ 한다

제창 □을/를 ~ 한다, 혼성 ~

제척 ~ 사유

제천 ~ 의례, ~ 의식

제청 교원 징계 의결 ~, 신주를 ~ 한다, 위헌 심판 ~

제초제 ~ 내성

제출 ~ 기한, ~ 서류; 답변서의 ~, 사퇴서를 ~ 한다, 샘플을 ~ 한다, 신고서를 ~ 한다, 심사본 ~, □에 ~ 한다, 원서 ~자, □을/를 ~ 한다, 이유서의 ~

제친다 만사 제쳐 놓고, 열 일 제쳐 놓고, □을/를 제치고 우승 한다, 휘장을 ~

제트 ~ 기류, ~ 엔진

제트기 수직 이착륙 ~

제패 □을/를 ~ 한다

제표 결합 재무 ~

제품 ~ 개발 과, ~ 별 매출 비중, ~ 수명 주기; 가전 ~ 회사, 낙농 ~, 부가 가치 ~, 석유 석탄 ~, 석유 화학 ~, 석유류

ㅈ

~, 셀프 태닝 ~, 조립 가공 ~, 조립 금속 ~, 첨단 기술 ~

제하 --라는 ~에, --라는 ~의

제한 ~ 된다, ~ 상영 등급 영화, ~ 상영관; 가격 ~ 폭까지, 개발 ~ 구역, 긴급 수입 ~, 산아 ~ 반대, 산아 ~ 정책, 용적률 ~, □으로/로 ~ 한다, 일 일 변동 ~ 폭, 전관 예우 ~, 출자 총액 ~

제한다[제해] □에서 □을/를 ~

제헌 ~ 의회

제혁 ~ 공장

제후 봉건 ~

제휴 ~ 업체; □과/와 기술 ~를 한다

조 부칙 제 이 ~, 수퍼 301 ~, 슈퍼 301 ~, 옥사 ~, 제 109 ~, 홍범 14 ~

조 신파 ~

조 ~를 짠다, ~ 모임; 오 인 ~ 밴드

조가리 레이스 한 ~ 쯤, 한 ~

조가비 ~ 껍데기

조각 ~ ~ 부서진다; 뼛~ 제거 수술, 산산 ~이 난다, 쇳~과 구슬, 크레이프 ~, 퍼즐 ~, 한 ~ 뜬 구름

조각 ~의 정수; 안상을 ~ 한다, □에 십이 지상을 ~ 한다, □을/를 ~ 한다, 인장에 ~ 한다, 회화나 ~, 회화와 ~

조간 ~ 신문

조감 ~ 한다

조강 ~ 생산량; 오십 톤의 ~

조개 ~ 구이 전문점, ~ 껍데기, ~ 껍질, ~ 탄 난로; 모듬 ~, 물 고기나 ~, 솔 방울과 ~ 탄

조건 ~ 만남, ~ 반사, ~ 에 맞는다, ~ 에 부합 한다, ~ 을 만족 시킨다, ~ 을 충족 한다; 근로 ~, 대출 ~, 자격 ~, 침출 ~, 필수 ~, 필요 ~, 필요 충분 ~

조건부 ~ 증명, ~ 차관, ~ 확률; 환매 ~ 국공채 매매, 환매 ~ 채권

조골 ~ 작용

조교수 대학의 정치학 ~

조국 ~ 광복회, ~ 통일, ~ 해방 전쟁; 선진 ~ 창조

조그마 ~ 한

조그만 ~ 하다

조그맣다 조그만 통 나무 배 한 척

조근성 ~ 광태

조금 --는 데 ~이라도 도움이 된다, □에게 ~ 딱딱하게 대한다, □으로/로 ~ 경도 되었다, □을/를 ~이라도 던다

조급 ~ 하다, ~ 히 손사래 친다

조기 ~ 개각 설, ~ 단종, ~ 선대위 출범, ~ 전당 대회 소집, ~ 축구회, ~ 퇴직; 외채 ~ 상환, □을/를 ~ 퇴직 시킨다

조기 ~ 구이, ~ 잡이, ~ 찜

조깅 ~ 멤버

조끼 ~를 입는다, ~ 주머니; 곤색 양복 ~, 구명 ~나 튜브, 패딩 ~

조난 ~ 신호, ~ 을 당한다

조달 ~ 및 운용, ~ 한다; 군량미 ~, □을/를 통한 자금 ~, 재원 ~ 방안

조달액 자금 ~

조달원 자금 ~

조랭이 ~ 떡 국

조렇다 조렇게 맞춘다

조력 변호인의 ~을 받는다

조련 □을/를 ~ 한다

조례 ~ 개정; 금연 ~, 급수 ~, 정보 공개 ~, 항해 ~

조롱 ~ 한다

조롱박 ~ 모이 그릇

조롱조롱 우물 가 앵두 나무에 ~ 열린다

조류 ~ 도감 출판, ~ 독감 감염; 야생 ~

조륙 ~ 운동

조른다[졸라] 가르쳐 달라고 ~, □을/를 졸라 맨다, 허리 띠를 졸라 맨다

조리 가열 ~, 산후 ~

조리 요리 ~ 빠진다, □을/를 요리 ~ 피한다

조리기 만능 ~

조림 ~ 및 육림, ~ 사업

조림 ~ 양념; 번데기 통 ~, 복숭아 통 ~, 소 고기 통 ~, 쇠 고기 장 ~, 정어리 통 ~ 찌개, 참치 통 ~, 통 ~ 황도

조림비 대체 ~

조립 ~ 가공 업종, ~ 가공 제품, ~ 금속 제품, ~ 라인, ~ 식 주택, ~ 식 컴퓨터, ~ 한다; 부품 ~, 엔진 ~ 부

조마조마 ~ 하다

조망 ~ 한다

조명 ~ 감독, ~ 과 음향, ~ 장치, ~ 한다

조목 ~ ~ 낱낱이, ~ ~ 뜯어 본다; 한 ~

조몰락 고루 배도록 ~ ~ 주무른다

조물락 ~ ~ 무친다

조미 ~ 식품, ~ 한다

조미료 ~ 유해 론; 고급 천연 ~ 감치미, 인공 ~, 천연 ~ 시장, 핵산 ~, 향신료나 ~, 화학 ~ 경쟁기

조밀 ~ 하다

조부모 부모나 ~

조붓 ~ 하다

조사 ~ 의뢰자; 감사 또는 ~, 경제 기획원 ~ 통계국, 대질 ~, 뒷~를 한다, 마을 문고 ~, 설문 ~, 세무 ~ 통보, 시청률 ~, 실태 ~, 앙케이트 ~, □에 대한 ~, 인구 ~, 인기도 ~, 진상 ~단, 진상 ~ 위원회, 진상 ~ 특위, 철저히 ~ 한다, 출처 ~, 타당성 ~, 토지 ~ 령, 투표자 ~, 해외 ~ 팀장

조사국 국세 청 ~, 재원 ~

조사권 ~ 발동; 국정 ~

조사료 농후 사료와 ~

조사서 가정 환경 ~

조사처 고위 공직자 비리 ~ 설치, 고위 공직자 비리 ~ 신설, 비리 ~

조산 ~ 깍정이, ~ 움막

조산대 환태평양 ~

조상 ~ 대 대로, ~ 덕을 본다, ~ 숭배, ~ 의 음덕

조생종 벼의 ~

조서 ~ 에 기재 한다; 심문 ~, 피의자 신문 ~

조석 ~ 수라, ~ 진지

조선 국내 ~업, 지난 해 ~ 수주 실적

조선계 ~ 지층

ㅈ

조선군 ~ 의 출병

조선사 ~ 편수회, ~ 편찬

조선조 ~ 말기, ~ 말엽

조성 ~ 한다; 공안 정국 ~, 면학 분위기 ~, 무드가 ~ 된다, 비자금 ~, 숲 ~ 시범 학교, 테크노 파크 ~ 사업, 화학적 ~

조성비 농지 ~

조세 ~ 감면 규제 법, ~ 및 임대료 감면, ~ 부담률, ~ 수취, ~ 지원 제도, ~ 포탈 혐의, ~ 피난처, ~ 회피 지역; 알선 수재 및 ~ 포탈

조소 ~ 한다

조속 ~ 한 시일 내에

조수 사진 작가의 ~

조수 ~ 간만

조수석 ~ 동승자

조숙 ~ 하다

조신 ~ 하다

조실부모 ~ 한다

조심 ~ ~ 다리미 질 한다; 말 ~ 한다, 매사 ~ 한다, 몸 ~ 한다, 불 ~ 포스터

조아린다 머리를 ~

조악 ~ 하다

조야 ~ 하다

조약 ~ 의 체결, ~ 이 체결 된다; 불가침 ~, 비밀 ~, 상호 방위 ~, 선린 협력 ~ 체결, 수호 ~, 수호 통상 ~, 신연방 ~, 실험 금지 ~, 우호 협력 ~, 을사 보호 ~, 합방 ~, 핵 확산 금지 ~ 탈퇴

조약돌 냇가 ~

조언 ~ 한다; 전문가의 ~

조업 ~ 단축; 월선 ~

조연 아카데미 남우 ~ 상, 주연 급 ~

조연출 연기사와 ~자

조영 ~ 된다, ~ 한다

조영술 기뇌 ~, 동맥 ~, 혈관 ~

조예 □에도 ~가 깊다, □에 ~가 깊다

조용 ~ ~ 히 움직인다; 쥐 죽은 듯 ~하다, 찬 물을 끼얹은 듯 ~하다

조우 ~ 한다

조울증 우울증이나 ~

조율 ~ 한다; 의견 ~

조응 □에 ~ 한다

조이 시티 오브 ~

조인 직권 ~ 한다, 협정에 ~ 한다, 협정 ~ 식, 후원 ~ 식

조인다 꽉 ~, 숨 통을 ~, □을/를 ~

조작 공개 시장 ~, 유전자 ~ 기술, 유전자 ~ 농산물, 유전자 ~ 식품, 유전자 ~ 쌀, 유전자 ~ 콩, 주가 ~ 혐의

조잡 ~ 하다

조장 과소비 ~, □을/를 ~ 한다

조적 ~ 식 구조

조절 ~ 장해; 강약을 ~ 한다, 길이 ~ 손잡이, 식단 ~, 운동 거리 ~ 이상, □을/를 적절하게 ~ 한다, □을/를 ~ 한다

조절기 자동 온도 ~

조절제 생장 ~

조정 ~ 평가 실장; 경실련의 ~ 안, 경실련 ~ 안, 구조 ~, 국무 ~ 실장, 기획 ~ 실장, 말각 ~, 분쟁 ~ 법 안, 분쟁 ~ 제

도, 분쟁 ~ 체계, 상향 ~ 한다, 신용 등급 상향 ~, 예상 수확량 상향 ~, 의료 분쟁 ~ 법, 타협이나 ~, 하향 ~

조정관 ~ 을 임명 한다; 국무 조정실 규제 개혁 ~, 국무 조정실 총괄 ~

조정실 ~ 총괄; 국무 ~ 규제 개혁 조정관, 국무 ~ 총괄 조정관, 기획 ~, 은행 감독 원 분쟁 ~

조정치 계절 변동 ~

조제 ~ 기록부, ~ 및 투약, ~ 분유와 이유식, ~ 와 투약, ~ 와 판매; 대체 ~와 임의 ~, 대체 ~ 제도, 불법 임의 ~, 임의 ~ 금지, 진료와 ~, 초 산 ~ 마늘, 한약을 ~ 한다, 한약 ~

조제권 한약 ~ 공방, 한약 ~ 분쟁

조종 ~ 대리인; 배후 ~, 시세 ~, 원격 ~, □을/를 배후 ~ 한다, 타면 ~

조종간 ~ 을 잡는다

조종관 전파 ~

조종사 공군 ~, 전투기 ~

조주사 ~ 시험 위원

조준 ~ 사격, ~ 한다

조직 ~ 강화 특위, ~ 재편, ~ 폭력단, ~ 폭력배, ~ 혈류량; 결체 ~, 국군 ~ 법, 국수의 ~감, 박람회 ~ 위원회, 법원 ~ 법, 산자의 ~감, 수직형 ~, 수평형 ~, 애드호크러시 ~, 유세포 ~, 정부 ~ 법에 규정 되어 있다, 황두 ~

조직력 수비 ~

조직화 □으로/로 ~ 된다, □으로/로 ~ 한다

조진다 신세 ~

조짐 개벽의 ~, --을/ㄹ ~마저 보인다, --을/ㄹ ~이 농후하다

조차 부성애 ~ 없다, 엄두 ~ 내지 못한다, --을/ㄹ 기미 ~ 보인다

조찬 ~ 간담회, ~ 강연회, ~ 모임, ~ 회동

조처 가압류 ~, 보장 ~, 수입 금지 ~, □을/를 출국 금지 ~ 한다, 출국 금지 ~, 특별 감면 ~, 후속 ~

조촐 ~ 한 생일 파티

조출 □을/를 ~ 한다

조치 감면 ~, 공항 폐쇄 ~, 금리 인상 ~, 금수 ~, 긴급 ~ 법 개정 안, 긴급 ~ 위반, 농어촌 발전 특별 ~ 법, □에 관한 임시 ~ 법, □에 관한 특별 ~ 법, 응분의 ~, 의법 ~ 한다, 출국 금지 ~, 특단의 ~, 특소세 인하 ~, 합당한 ~, 호헌 ~, 후속 ~

조타실 ~ 이 명중 된다; 고속정의 ~

조퇴 ~ 한다

조폐 ~ 공사, ~ 문화관

조폭 ~ 두목, ~ 수사대, ~ 영화, ~ 코미디

조하 ~ 를 받는다

조합 가변 ~ 방식, 낱말 ~ 사전, 노·농 ~ 운동, 노농 ~ 운동, 농업 협동 ~, 농지 개량 ~, 생활 협동 ~, 서울 택시 운송 사업 ~, 수산업 협동 ~, 염업 ~, 중소 기업 협동 ~ 중앙회, 직장 의보 ~, 택시 운송 사업 ~ 연합회, 해륙 운수 ~, 혁명적 노·농 ~

조합비 농지 개량 ~

조합원 ~ 찬반 투표

조합장 ~ 과 영농 회장, ~ 임면, ~ 직선

조항 독소 ~, 동성 동본 금혼 ~, 사마리아인 ~

조혈 ~ 모세포

조형 건축 ~

조형관 재생 ~

조혼 ~ 한다

조화 ~ 점을 찾는다; 무슨 ~ 속이냐

조화법 커뮤니케이션 ~

조화정 원위대강 시천주 ~ 영세불망 만사지

조회 애국 ~

조회 ~ 대 근처; 과세 납부 세액 ~ 서비스, 기록 ~, 신원 ~, 요금 ~, 잔고 ~, 통화 내역 ~

족 마이카 ~, 창 문 ~, 캐딜락 ~

족두리 원삼 ~, 흰 ~

족발 ~ 집; 돼지 ~, 순대와 ~

족벌 ~ 경영

족보 ~ 있는 혈통

족속 얌체 ~

족저 ~ 굴곡, ~ 반사; 신근 ~

족적 ~ 을 남긴다

족족 --는 ~

족출 ~ 한다

족친다 잡아다 ~, 잡아다가 ~

족히 ~ 된다

존 T ~ 부위, U ~ 부위

존경 ~ 의 염, ~ 한다; 신뢰와 ~

존귀 ~ 하다

존다[졸고 졸아] 졸음에 겹다, 졸음이 몰려 온다; 깜박 깜박 ~, 꾸벅 꾸벅 ~, 끄덕끄덕 ~, 자울자울 ~

존대 ~ ㅅ 말을 쓴다, ~ 말을 쓴다, ~ 한다; 깍듯이 ~말 한다

존대어 ~ 를 쓴다

존립 ~ 과 번영, ~ 기반, ~ 한다

존비속 직계 ~ 명의

존속 ~ 한다

존심 ~ 양성

존재 ~ 이유, ~ 한다

존중 □을/를 ~ 한다, 인간 ~의 윤리관, 인권 ~, 자기 ~감

존중히 ~ 여긴다

존칭어 ~ 를 사용 한다

존현 ~ 공간; □에 ~ 한다

졸 법대 ~, 법정대 ~, 법학 과 ~, 정외과 ~

졸개 상무의 ~

졸고 전게 ~

졸깃 ~ 하다

졸도 ~ 한다

졸렬 ~ 하다

졸리운다 졸리움에 눌린다

졸린다 졸린 눈을 비빈다, 졸리면 잔다

졸업 ~ 식, ~ 여행, ~ 여행비, ~ 연기, ~ 증명서; 법학부를 ~ 한다, 수석으로 ~ 한다, 신학 대학원 ~, 우수한 성적으로

~ 한다, □을/를 ~ 한다, 정외과 ~, 중학교 ~ 반, 학부 수석 ~자

졸인다 꿀에 ~, □을/를 ~

졸작 필자의 ~

졸졸 ~ 따라 온다, ~ 쫓아 다닌다; □을/를 ~ 따라 다닌다

졸졸졸 ~ 흐른다

졸지 ~에 비명 횡사 한다

좀 ~ 뭐하다, ~ 아쉬운 감이 있다; 거짓말 ~ 작작 해라, 국 물이라도 ~ 마셔라, 다리 ~ 주무른다, 바람 ~ 쐬어야지, 이리 ~ 오너라, 입 ~ 다문다

좀 ~이 슨다, ~이 쑤신다; □을/를 ~ 먹는다

좁다 좁은 소견

좁다랗다 좁다란 계단

좁쌀 ~ 서 되

좁힌다 좁힘과 넓힘; □을/를 ~, 이견을 ~

종 단립 ~, 철인 3 ~, 크롬 친화 세포 ~

종 ~ 소리의 여운; 시작 ~이 울린다, 유리 ~ 소리를 낸다, 초인 ~ 소리, 초인 ~을 누른다

종가 ~ 입전; 전일 ~

종가세 종량세와 ~

종결 ~ 된다, ~ 한다; 내사 ~, 대전의 ~, □을/를 ~ 짓는다

종괴 종양성 ~

종교 ~ 개혁자, ~ 또는 토속 신앙, ~ 탄압; 노숙자 대책 ~ 시민

종교적 ~으로, ~인

종군 ~ 기자, ~ 위안부, ~ 작가단

종기 ~를 뺀다

종다리 ~가 지저귄다

종단 ~ 분규

종당 ~에

종대 ~로; 사 열 ~

종도리 ~를 받친다

종량 쓰레기 ~ 제, 지역 단위 ~ 제

종량세 ~와 종가세

종려 황금 ~ 상

종례 ~ 시간

종료 ~ 호각; 경기 ~ 휘슬, 세이프가드 ~, 집행을 ~ 한다, 집행 ~ 일, 형기 ~

종루 ~와 종탑; 경루와 ~, 솟은 ~

종루지 경루지와 ~

종말 ~을 고한다; 시한부 ~ 론, 하수 ~ 처리 사업소, 하수 ~ 처리장

종목 강세 ~, 상한가 ~, 순매수 주식 ~, 시가 총액 상위 ~, 신규 등록 ~, 약세 ~, 올림픽 정식 ~, 정식 ~으로 채택 된다, 하한가 ~이 속출 한다

종무 문화 부 ~ 실장

종반 ~에 접어 든다

종보 ~를 받친다

종사 가족 운영 업체 ~자, 농업에 ~ 한다, 보험업에 ~ 한다, 상업에 ~ 한다, 생업에 ~ 한다, 서비스업에 ~ 한다, 실무에 ~ 한다, 전문 직에 ~ 한다, 전문 직 ~자, 총포술 ~자

종속 ~ 변수, ~이 심화 한다, ~ 절; 내측 ~, □에 ~ 된다, 지배와 ~

종속국 반식민지 ~

종손 육 대 ~

종식 내전을 ~ 한다, 냉전 ~, 냉전 체제 ~, 논란을 ~ 시킨다, □을/를 ~ 한다

종신 ~ 고용 제, ~ 고용 제도, ~ 법관 제, ~ 보험, ~ 형을 선고 한다

종실 ~ 류

종양 ~ 제거 수술; 뇌실 부근 ~, 뇌하수체 ~, 두개 내 ~, 소뇌 교각부 ~, 소뇌 뇌 교각 ~, 악성 ~, 척수 공동증 혹은 척수 ~, 후두와 ~

종언 ~ 을 고한다

종영 ~ 된다

종용 □을/를 ~ 한다

종이 ~ 공예, ~ 나발, ~ 넉 장, ~ 타월, ~ 팩, ~ 포장재, ~ 학; 거름 ~, 리트머스 ~, 모 눈 ~, 색 ~ 접기 교실, 셀로판 ~, 연필과 ~, 천이나 ~

종일 ~ 불평만 투덜댄다; 하루 ~

종자 불량 ~

종잡는다 당최 종잡을 수 없다

종장 ~ 첫 구

종적 ~ 을 감춘다

종점 버스 ~, 시공의 ~, 전차 ~

종정 ~ 추대; 조계종 ~

종조 화엄종의 ~

종족 ~ 보존

종종걸음 ~ 을 친다

종주국 김치 ~, 애완 동물 산업 ~

종주먹 ~ 을 댄다

종지 간장 ~

종지부 □에 ~를 찍는다

종탑 ~ 을 서느린다; 송루와 ~

종파 ~ 창립

종판 운동 ~

종합 ~ 건축사 사무소, ~ 고속 증식로 프로그램, ~ 과세 납부 세액, ~ 관광 휴양지, ~ 기획 실장, ~ 목록 데이터 베이스, ~ 무역 상사, ~ 사령실, ~ 소득 신고, ~ 유선 방송 법, ~ 주가 지수, ~ 진단 반, ~ 토지세; 경제 ~ 대책, 광대역 ~ 정보 통신 망, 교육 개혁 ~ 구상 안, 국토 ~ 개발, 소득 ~ 과세, 송파 ~ 사회 복지관, 외신 ~ 연합, 음식료품 ~ 소매, 정부 ~ 청사

종합적 ~ 으로, ~ 인

종횡무진 ~ 활약 한다; □을/를 ~ 누빈다

좆 ~ 같다, ~ 꼴린다, ~ 나발, ~ 만한 새끼; 니 ~ 꼴리는 대루, 쇠 ~ 몽둥이, 홍어 ~

좆뱅이 ~ 친다

좇는다 □을/를 ~, 허상을 ~

좋다 좋아도 나가 떨어진다, 좋은 걸 어떡해, 좋은 환율로 환전 한다, 좋은걸 어떡한다; 값 싸고 질 ~, □과/와 좋은 대조를 이룬다, 구변이 ~, 꽤 좋은 환율, 넉살 ~, 누이 좋고 매부 ~, 더 할 나위 없이 ~, 덩치가 ~, 맘씨 ~, 뱃심 ~, 빛 좋은 개 살구다, 산 좋고 물 ~, 성적이 좋은 학생, 솜씨가 ~, 시설 좋은 아이스 링크, 싫건 좋건, 오죽이나 좋으면, 운이 ~, □을/를 더 좋아 한다, □을/를 좋아

한다, 이 내 신명 좋을시구, □이/가 ~, 인상이 ~, 풍채가 ~, 허울 ~, 홈빡홈빡 웃으면서 좋아 한다

좌 ~ 뇌, ~ 와 우, ~ 청룡 우 백호, ~ 타자, ~ 파 세력, ~ 파 정당, ~ 파 헤게모니, ~ 회전 한다; 온건 ~ 파

좌경 ~ 용공, ~ 의식화 교사

좌골 ~ 신경

좌담 특집 ~

좌담석 ~ 에 앉는다

좌르르 ~ 쏟아 진다

좌상 ~ 영감

좌석 ~ 등 받이, ~ 버스 표, ~ 벨트, ~ 의 등받이, ~ 회전율; 뒷~, 앞 ~

좌시 ~ 할 수 없다

좌식 ~ 과 의자 식, ~ 생활

좌약 글리세린 ~

좌우 ~ 대칭 균형, ~ 를 두리번거린다, ~ 측 뇌, ~ 합작 노선, ~ 합작 운동, ~ 협실; 성패가 ~ 된다, 성패를 ~ 한다

좌우익 ~ 을 막론 하고, ~ 전선, ~ 통일 전선 정당

좌월 ~ 솔로 홈 런을 터뜨린다

좌익 ~ 과 우익, ~ 전선

좌익수 비전향 ~

좌장 ~ 격

좌전 ~ 적시타; 일 회 ~ 안타

좌절 ~ 과 실망, ~ 과 실의, ~ 을 겪는다; 문 턱에서 ~ 한다, 실망과 ~, 실의와 ~

좌정 □에 ~ 한다

좌지우지 □을/를 ~ 한다

좌천 ~ 된다

좌초 ~ 된다, ~ 한다

좌충우돌 ~ 한다

좌측 ~ 대뇌 반구 두정엽, ~ 상단, ~ 후두엽

좌타 ~ 라인

좍 ~ 훑는다; □에 ~ 퍼진다

좔좔 ~ 읊는다, ~ 흐른다; 줄줄 ~

죄 ~ 도둑 놈이다

죄 ~ 의 경중, ~ 의식에 사로잡힌다, ~ 형 법정 주의; 감금 ~에 해당 한다, 강간 ~, 강도 ~, 공무 집행 방해 ~, 국가 모독 ~, 뇌물 수수 ~, 명예 훼손 ~, 무고 ~, 불법 감금 ~, 사기 ~, 살해 ~, 상해 ~의 구성 요건, 쌓은 ~ 값, 업무 방해 ~, 장물 취득 ~와 장물 처분 ~, 절도 ~, 폭행 ~

죄송 ~ 하다; 이 거 정말 ~ 합니다

죄악 ~ 을 범한다

죄악시 □을/를 ~ 한다

죄업 ~ 을 참회 한다, ~ 의식

죄인 ~ 의 후손

죈다 죄어 든다; 단단히 ~, 숨 통을 ~, □을/를 ~

주 공모 ~ 청약 예치금, 자사 ~ 매입, 자사 ~ 취득, 중소형 ~

주 사바 세계 남섬부 ~, 유태인 자치 ~, 자치 ~ 관할

주 전치 2 ~의 상처를 입힌다

주 ~ 말과 휴일, ~ 말 연속 극, ~ 말 유세전, ~ 말의 명화, ~ 말이나 휴일, ~ 말

특선 영화; 개봉 첫 ~, 다음 ~, 매월 둘째 ~ 월 요일, 이 번 ~ 초, 지난 ~ 말, 지수 관련 대형 ~

주 ~ 여

주가 ~ 가 급등 한다, ~ 가 폭등 한다, ~ 가 폭락 한다, ~ 급등, ~ 급등기, ~ 급락, ~ 를 떠받친다, ~ 조작 혐의, ~ 지수 선물, ~ 폭락; 종합 ~ 지수

주간 구강 보건 ~, 보국 ~

주간 논설 ~

주간 ~ 뉴스 쇼, ~ 부 기자

주간 ~ 보호 시설; 과도 ~ 기면증

주간 ~ 포와 주상 포, ~ 포작; 주상 포와 ~ 포

주간사 ~ 회사

주간지 시사 ~

주객 ~ 이 전도 된다, ~ 전도

주거 ~ 대책비, ~ 문제, ~ 환경, ~ 환경관; 고상 ~, 근린 ~ 단위 상업 시설

주거래 ~ 은행

주거지 동대자 ~, 집안 동대자 ~

주걱 ~ 으로 젓는다, ~ 턱; 나무 ~, 놋 ~, 밥 ~, 쇠 ~

주검 ~ 으로 발견 된다

주경기장 아시아드 ~

주곡 ~ 작물, ~ 증산 농정

주공 ~ 방향

주관 ~ 식 문제, ~ 이 확고하다; 객관과 ~, 자기 ~

주관 ~ 한다

주관식 ~ 평가 방법

주구 근린 ~

주권 ~ 국가, ~ 을 이양 한다, ~ 을 회복 한다, ~ 재민; 관세자 ~, 국민 ~, 수용자 ~ 론, 인민 ~ 주의

주근깨 기미와 ~

주기 메톤 ~, 상품 생애 ~, 순환 ~, 원소 ~율 표, 제품 수명 ~, 진동 ~

주기 서거 일 ~, 십 ~ 추모 식

주기억 ~ 장치

주꾸미 ~ 축제

주년 광복 46 ~, 광복 70 ~을 기해, 수교 10 ~, 십 ~ 기념 리셉션, 십 ~ 기념 사업, 십 ~ 기념 식, 십 ~ 기념 일, 십 ~ 기념 행사, 십 ~ 기념작, 십 ~ 기념전, 이민 30 ~, 이십 ~ 기념 공연, 이십 ~ 특별 기획전, 창간 71 ~, 창당 1 ~, 창립 1 ~, 창립 100 ~, 창립 27 ~, 취임 3 ~, 탄생 175 ~, 탄신 500 ~

주눅 ~ 든다, ~ 이 든다

주도 여론 ~자 역할, □을/를 ~ 한다

주도권 ~ 경쟁

주도면밀 ~ 하다

주동 ~ 근, ~ 이 된다, ~ 인물, ~ 자, ~ 한다

주두 ~ 와 소로, ~ 와 첨차; 연화 복합 ~

주둔 ~ 군 사령관; 군대를 ~ 시킨다, 미 ~ 군 지위 협정, 병력을 ~ 시킨다, □에 ~ 한다

주둥아리 ~ 를 함부로 놀린다

주렁주렁 ~ 매 단다, ~ 매 달린다

주력 ~ 사업, ~ 업종; □에 ~ 한다

주례 ~ 회동; □과/와 ~ 회동을 한다

주례 ~ 를 선다, ~ 선다

주례사 ~ 비평, ~ 한다

주로 --는/은/ㄴ 데 ~ 기인 한다

주루 ~ 플레이

주르르 ~ 흘러 내린다

주르륵 ~ 흘러 내린다

주름 ~ 살 투성이, ~ 완화; 미백과 ~ 개선, □을/를 ~ 잡는다, 콧등에 ~이 진다

주리 ~ 를 튼다

주린다 주린 배를 채운다

주립 ~ 대학

주마간산 ~ 격으로

주마등 ~ 처럼 스친다

주말 개봉 첫 ~

주머니 ~ 에 손을 찌른다, ~ 에서 동전을 꺼낸다, ~ 에서 손 수건을 꺼낸다; 곤색 잠바 ~, 망사 ~, 바지 ~, 양복 안 ~, 잠바 안 ~, 재킷 안 ~, 점퍼 안 ~, 조끼 ~, 청바지 뒷~

주먹 ~ 구이, ~ 다짐, ~ 도끼, ~ 으로 때린다, ~ 을 부르댄다, ~ 을 부르쥔다; 두 ~ 불끈 쥔다, 두 ~을 불끈 쥔다, 콩나물 두 ~

주목 ~ 한다; 귀추가 ~ 된다

주무 ~ 부서, ~ 부처

주무른다[주물러] 주물러 헹군다; 고루 배도록 조몰락 조몰락 ~, 다리 좀 ~, □을/를 ~

주무신다 안녕히 주무십시오

주문 ~ 이 폭주 한다, ~ 자 상표 부착 생산; 공매도 ~, □을/를 ~ 한다, 허수성 ~

주문서 송장과 ~

주물 ~ 바가지

주물거린다 □을/를 ~

주물럭거린다 □을/를 ~

주미 ~ 대사

주민 ~ 등록증; 쓰레기 소각장 반대 ~ 대책위, 이름과 ~ 등록 번호

주민증 가짜 ~

주발 ~ 뚜껑; 놋 ~

주발효 ~ 균

주방 ~ 과 식당, ~ 세제

주범 공해의 ~, 파괴의 ~

주변 원체 말 ~이 없다

주변머리 ~ 없다

주변인 ~ 의 길

주부 ~ 들의 부업 거리, ~ 전용 도서관; 알뜰 ~의 쿠킹 센스, 전업 ~

주사 ~ ㅅ 줄을 드리운 채, ~ 바늘 자국; 링거 ~줄을 드리운다, 몰핀 ~, 방아 쇠 점 ~ 요법, 성욕 감퇴 ~까지 맞는다, 성욕 감퇴 ~를 맞힌다, 예방 ~, 정맥 ~ 한다, 피하 ~

주사위 ~ 는 던져 졌다

주산지 연초 ~

주삿줄 ~ 을 드리운다

주상 초고층 ~ 복합 아파트

주상 ~ 포와 주간 포; 주간 포와 ~ 포

주석 약식 ~

ㅈ

주석 중앙 군사위 ~

주선 □을/를 ~ 한다

주소 ~의 약도, ~와 전화 번호; 이메일 ~, 전화 번호와 ~

주스 과일 ~, 라임 ~, 바나나 ~, 오렌지 ~, 키위 ~, 포도 ~

주시 ~ 하고 있다; 예의 ~, □을/를 예의 ~ 한다, □을/를 ~ 한다

주식 ~ 매각손, ~ 매각익, ~ 매수 청구, ~ 반환 소송, ~ 순매수 규모, ~ 양도 차익, ~ 예탁 증서, ~ 위장 분산, ~ 취득 신청, ~ 회사 대표 이사; 개별 ~ 옵션, 대량 ~ 취득, 몬스터 ~ 회사, 무기명 ~, 미스터리 ~ 회사, 상법 상 ~ 회사, 상장 ~ 시가 총액, 순매수 ~ 종목, 위장 분산 ~

주실 ~과 전실

주심 ~포 건축, ~포 식 건축

주안점 --는 데 ~을 둔다, □에 ~을 둔다

주어 ~를 빠뜨린다, ~를 생략 한다, ~와 서술어, ~와 술어

주억거린다 고개를 ~, □을/를 ~

주업 □을/를 ~으로 한다

주역 숨은 ~

주연 ~급 조연, ~ 배우; 아카데미 남우 ~, 아카데미 남우 ~ 상, 아카데미 여우 ~ 상, 여우 ~ 상을 수상 한다, 칸 영화제 여우 ~ 상

주옥 ~ 같은 그림, ~ 같은 글, ~ 같은 단편, ~ 같은 수필, ~ 같은 시, ~ 같은 작품

주요 ~ 개정 내용, ~ 당직자, ~ 산유국, ~ 세력 기반, ~ 시청 시간 대, ~ 아젠다, ~ 타겟, ~ 타켓, ~ 협상국

주요국 ~ 통화

주요인 --는 ~

주욱 ~ 늘어 선다

주원료 □을/를 ~로 한다

주위 태양의 ~를 돈다

주유소 ~에서 휘발유를 넣는다, ~ 지하 저장 탱크

주유엔 ~ 대사

주음 ~ 부호

주의 가족 ~와 연고 ~, 개인 ~와 공동체 ~, 경험 ~, 계몽 ~ 시대, 공산 ~ 운동사, 공화 ~와 민족 자결 ~, 공화 ~ 운동, 관료적 형식 ~, 교조 ~ 또는 반혁명, 교조 ~와 형식 ~, 군부 권위 ~, 굴라시 공산 ~, 권위 ~가 퇴조 한다, 권위 ~의 쇠퇴, 규격 기준 ~, 기회 ~와 편의 ~, 김일성 ~를 계승 한다, 남성 우월 ~, 대의 제 민주 ~, 대쪽 같은 원칙 ~, 도덕 의식과 보편 ~, 레닌 ~ 정치 학교, 리얼리즘과 고전 ~, 마르크스 ~ 문학 이론, 마르크스 ~에 입각 한다, 마르크시즘과 사회 ~, 만민 사해 ~, 맑스 ~ 과학사 학자, 무사 안일 ~, 문학적 독점 ~, 물질 만능 ~, 민족 개량 ~, 민족 ~ 사관, 민족 ~ 사학 계열, 민족 ~ 사학자, 민족 ~ 역사학, 민주 ~가 위기에 처한다, 민주 ~의 퇴보, 민주 ~ 인민 공화국 창건, 반봉건 민주 ~ 혁명, 반제 반봉건 민주 ~, 반제국 ~ 연합, 범에로스 ~, 부르주아 민주 ~ 혁명, 사실 ~ 내지 자연 ~, 사전

영장 ~, 사해 형제 ~, 사회 ~ 리얼리즘, 사회 ~ 완전 승리, 상업 ~나 선정 ~, 생태 여성 ~, 선진 자본 ~ 나라, 쇼비니즘과 엄숙 ~, 수정 ~ 사관, 순수 서정 ~, 시온 ~ 운동, 식민 ~ 역사학, 신비적 체험 ~, 신자유 ~, 실증 ~ 역사 학자, 실증 ~ 역사가, 실증 ~ 역사학, 안전 제일 ~를 취한다, 역사 ~ 역사가, 역사 ~ 역사학, 연합성 민주 ~, 예술 지상 ~, 외모 지상 ~, 유교 자본 ~ 론, 이기 ~가 팽배 해 있다, 인도 ~ 실천 의사 협의회, 인문 ~ 역사가, 인민 민주 ~ 제도, 인민 주권 ~, 일민 ~, 입신 출세 ~, 자민족 중심 ~, 자사 이기 ~, 자연 ~와 리얼리즘, 자연 ~와 모더니즘, 자연 ~ 희곡, 자유 방임 ~, 전체 ~ 접근법, 제국 ~가 패망 한다, 제국 ~ 열강, 제국 ~와 투쟁 한다, 제국 ~의 파쇼, 죄 형 법정 ~, 중공업 우선 ~, 중국 식 사회 ~, 중세 보편 ~, 중점 ~ 기법, 집단 이기 ~, 채식 ~, 초현실 ~, 최소 ~ 문법 이론, 타협 ~ 세력, 탈구조 ~ 비평, 탈구조 ~ 이론, 탈식민 ~, 통일 민주 ~ 전선, 통합 ~ 의료 보험, 패배 ~의 축제, 풀 뿌리 민주 ~, 프롤레타리아 국제 ~, 학력 중심 ~ 가치관, 합리 ~의 산물, 행동 ~ 심리학, 행정 편의 ~, 현실 ~와 이상 ~, 형식 ~를 퇴치 한다, 환멸의 낭만 ~, 후견 ~

주의 ~를 환기 시킨다, ~ 의무 위반

주의보 ~가 내려 진다; 오존 ~ 발령, 폭염 ~, 폭풍 ~, 한파 ~, 해파리 ~, 호우 ~

주의자 채식 ~

주의적 고전 ~으로, 고전 ~인, 사실 ~으로, 사실 ~인, 합리 ~으로, 합리 ~인

주인 ~ 나리, ~ 집 여자; 쌀 가게 ~, 악기점 ~, 하숙 집 ~ 아주머니

주인공 미담의 ~, 스너프 필름의 ~, 일인칭 ~

주일 일 ~에 한 두 번 씩

주임 ~ 원사; 관구 ~, 본교 교무 ~, 서무 ~, 성당의 ~ 신부, 성당 ~ 신부, 훈육 ~

주입 ~ 시킨다, ~ 식 교육; □을/를 ~ 한다, 피하 ~

주입법 전핵 ~

주자 ~ 만루에서 등판 한다; 대권 ~, 삼루 ~, 선두 ~, 후발 ~

주장 ~ 한다; --는다는/ㄴ다는/다는/라는 ~, 터무니 없는 ~

주재 ~ 한다; 통일 부 장관 ~

주재료 김치의 ~

주재소 ~를 부순다, ~ 숙직실

주재원 ~ 자녀; 상사 ~

주저 ~ 한다

주저리 ~ ~

주저앉는다 주저앉아 흐느낀다; 그 자리에 털썩 ~, 무너지듯 ~, □에 ~, □에 털버덕 ~, □에 펄썩 ~, □에 풀썩 ~, 폭삭 ~, 풀 밭에 털썩 ~

주저앉힌다 □을/를 ~

주저주저 ~ 한다

주전 ~ 공격수

주전자 백자 ~, 백철 ~, 술 ~

주점 단란 ~, 유흥 ~

주정 만성 ~ 중독, 술 ~을 부린다

주제 ~ 발표자

ㅈ

주종 ~ 을 이룬다

주주 ~ 및 임원; 과점 ~, 소액 ~ 운동, 임시 ~ 총회, 정기 ~ 총회

주중국 ~ 한국인회

주지 ~ 스님

주지 ~ 하듯이, ~ 하시다시피

주지른다[주질러] 주질러 앉는다, 주질러 앉힌다

주지육림 ~ 에 빠진다

주차 ~ 구획, ~ 금지 구역, ~ 여부, ~ 요금, ~ 한다; 상가 내 ~ 빌딩, 하차 ~

주차장 ~ 을 방불 케 한다; 건축물 부설 ~, 유료 ~, 지하 ~

주창 권익 ~, □을/를 ~ 한다

주체 ~ 사상화 위업, ~ 와 객체; 변혁 ~ 계급, 변혁 ~ 세력

주체적 ~ 으로, ~ 인

주총 정기 ~

주최 ~ 한다; □ ~로 열린다

주축 ~ 이 된다

주춤 ~ ~ 물러 선다, ~ ~ 밀려 난다, ~ 한다

주택 ~ 건설 촉진 법, ~ 금융 신용 보증서, ~ 담보 대출, ~ 융자 상환금, ~ 임대차 보호, ~ 청약 예금 가입자; 공공 임대 ~, 내 집 마련 ~ 부금, 농가 ~, 다가구 ~, 다세대 ~ 건축 허가, 단독 ~ 지역, 백만 호 ~, 백투백 ~, 연립 ~ 단지, 영구 임대 ~, 장기 ~ 마련 저축, 조립식 ~

주택가 고급 ~

주택지 전원 ~

주특기 □을/를 ~로 한다

주파 ~ 수 대역, ~ 수 분할 다중화 방식, ~ 진류; 가변 ~ 수

주파 ~ 한다

주한 ~ 미군 사령관, ~ 미군 철수, ~ 외교 사절 단장

주행 ~ 한다

주향 사묘에 ~ 한다

주형 ~ 초석

주홍 ~ 글씨, ~ 글자, ~ 색 수도원 옷

주화 기념 ~, 지폐와 ~

주효 ~ 한다

죽 □으로/로 ~ 늘어 선다, □을/를 ~ 훑는다

죽 ~ 끓는다, ~ 이 되든 밥이 되든; 깅이 ~, 단 팥 ~, 동짓날 팥 ~, 변덕이 ~ 끓듯 한다, 쇠 ~ 여물을 꾹꾹 뒤진다, 쇠 ~을 끓인다, 시래기 ~, 식은 ~ 먹기다, 전복 ~, 팥 ~ 동이, 팥 ~을 쑨다, 팥 ~ 한 그릇, 풀죽풀죽 ~을 끓인다, 피 ~ 쑨다, 호박 ~

죽 ~ 의 장막

죽는다 죽기 아니면 살기로, 죽어라고, 죽은 디끼 산다, 죽을 둥 살 둥, 죽을 판 살 판, 죽을 힘을 다 한다; 굶어 ~, 꺼뻑 ~, 너 죽고 나 죽자, --어/아 죽겠, 용용 죽겠지, 원통히 ~, 쥐 죽은 듯 조용하다, 쥐 죽은 듯이 고요하다, 지루해 죽겠

죽엽군 ~ 과 만파식적

죽음 ~ 만큼 강렬하다; 몰사 ~, 초 ~이 된다

죽음관 ~ 을 서술 한다

죽인다 굶겨 ~, 꼬장을 ~, □을/를 기 ~, □을/를 ~

죽죽 ~ 긋는다

죽지 ~ 를 편다

죽친다 죽치고 앉는다

준거 ~ 변인; --는 ~ 틀

준결승전 ~ 에 진출 한다; 월드컵 ~

준고령자 ~ 를 우선 채용 한다

준공 ~ 된다

준다 경험담을 들려 ~, 골려 ~, 귀띔 해 ~, 기저귀를 갈아 ~, □까지 바래다 ~, 날라다 ~, 내 부탁을 들어 ~, 너그럽게 보아 ~, 눈 감아 ~, 덜어 ~, 도닥여 ~, 맞장구를 쳐 ~, 먹여 주고 재워 ~, 모아 ~, 박수를 쳐 ~, 본때를 보여 ~, 비리를 묵인 해 주는 대가로, 안수 해 ~, 알아 주는 남녀 평등 주의자, --어/아 주어요 랄랄랄라, □을/를 갈아 ~, □을/를 건네어 ~, □을/를 낫워 ~, □을/를 내 ~, □을/를 놓아 ~, □을/를 단적으로 보여 ~, □을/를 도와 ~, □을/를 들어 ~, □을/를 들려 ~, □을/를 몰라 ~, □을/를 보여 ~, □을/를 북돋아 ~, □을/를 안겨 ~, □을/를 적나라하게 보여 ~, □을/를 찔러 ~, 일깨워 ~, 쥐여 ~, 쪽박 바꿔 ~, 편의를 보아 ~, 혼 내 ~

준다 주거니 받거니 시시덕거린다, 주거니 받거니 한다; 건네어 ~, 마늘 밭에 웃거름 ~, 면박을 ~, 변화감을 ~, 병 주고 약 ~, 어금니를 힘 ~, 억만금을 ~, □에 웃거름을 ~, □에게 꿈과 희망을 ~, □을/를 가져다 ~, □을/를 몰아 ~, □을/를 벌 ~, □을/를 선물로 ~, □을/를 주고 받는다, 일용 할 양식을 ~, 지침을 ~, 핀잔을 ~, □한테 □로 넘겨 ~, 후손에게 물려 ~, 힘 주어 깨문다, 힘 주어 말 한다

준다[줄고 줄어] 큰 폭으로 줄어 든다

준동 ~ 한다

준령 고산 ~

준비 ~ 한다; 건국 ~ 위원회, 만반의 ~, 실명 제 ~, 실시 ~단, 어학원 통역 대학원 ~ 반, 연방 ~ 은행, 연방 ~ 제도, 월동 ~, 작전 ~ 태세, 점호 ~ 끝, 지급 ~ 율, 출항 ~

준비금 유가 완충 ~, 지급 ~

준비물 ~ 이 필요하다

준수 공공 질서 ~, □을/를 ~ 한다

준수 용모 ~하다

준엄 ~ 하다

준열 ~ 하다

준용 ~ 된다

준우승 ~ 팀; 대회 ~

준중형 ~ 차 시장

준치 썩어도 ~이다

준칙 가정 의례 ~

준플레이오프 ~ 와 플레이오프

준한다[준해] □에 ~

준행 질서 ~

줄 --느라 시간 가는 ~ 모른다, 늦게 배운 도둑이 밤 새는 ~ 모른다, --은/ㄴ ~ 안다, --을/ㄹ ~ 안다, --을/ㄹ ~ 을 안다

줄 ~ 달음 질 친다, ~ 담배를 피운다, ~ 모 내기를 한다, ~ 무늬 모양 철광 층, ~ 무늬 블라우스, ~ 짖는다; 거미 ~처럼 얽힌다, 거미 ~처럼 연결 된다, 거미 ~처럼 퍼진다, 고무 ~ 놀이를 한다, 고무 ~ 바지, 고무 ~처럼 늘어 난다, 금시계 ~, 나란히 두 ~로 선다, 나일론 빨랫~, 링거 주삿~을 드리운다, 맨 뒷~, 맨 앞 ~, 맨 윗~, 밑 ~을 긋는다, 밑 ~ 쫙 긋는다, 산 입에 거미 ~ 치랴, 새끼 ~이 꼬인다, 세로 ~ 무늬, 암색 ~ 무늬, 앞 ~ 옆 ~ 맞춘다, 연속 해서 ~ 방귀를 뀐다, 오랏~에 묶인다, 일렬로 ~ 선다, 자금 ~이 말라 붙는다, 주삿~을 드리운 채, 줄줄이 포승 ~에 묶인다, 철사 ~, 탯~과 태반, 펜으로 밑 ~을 친다, 포승 ~, 헐렁헐렁 고무 ~, 흰자위에 실 핏 ~이 있다, 힘 ~이 돋는다

줄거리 ~ 가 탄탄하다; 대강의 ~

줄곧 ~ 쿵덕쿵덕 뛴다

줄금 한 ~

줄기 ~ 차게 계속 한다; 고구마 ~, 굵은 빗~, 배아 ~ 세포, 뿌리나 ~, 잎과 ~, 적삼 등 ~, 중간엽 ~ 세포, 한 ~ 희망

줄인다 늘이거나 ~, □을/를 ~, 일 자 바지 단 ~

줄줄 ~ 왼다, ~ 좔좔, ~ 흘러 나온다, ~ 흘러 내린다

줄줄이 ~ 늘어 선다, ~ 포승 줄에 묶인다

줄행랑 ~ 을 놓는다, ~ 을 친다

줌 실 파 1 ~, 한 ~의 먼지, 한 ~의 빛, 한 ~의 재, 흙 한 ~

줍는다[주워 주운] □을/를 ~, 폐휴지 ~

중 고전 ~의 고전이다, 극 ~ 극 형식, 극 ~ 비중이 높다, 극 ~ 이름, 극 ~ 인물, 근무 ~ 이상무, 남매 ~ 막내, 분기 ~ 이음 부도율, 불행 ~ 다행이다, 비리 의혹을 수사 ~이다, 상반기 ~ 산유량 쿼터, 생존 ~과 사후, 석사 과정에 재학 ~이다, 아닌 밤 ~에 홍두깨, 은연 ~에, 장 ~ 한 때, 한밤 ~에, 한밤 ~ 쯤, 항해 ~ 인 선박

중 ~ 과 궁주; 까까 ~ 따먹는다

중·고령자 ~ 전용

중간 ~ 계투, ~ 기착지, ~ 설주, ~ 에서 가로 챈다, ~ 외측 세포, ~ 투입률; 조림용 ~ 멸치

중간엽 ~ 줄기 세포

중간재 국산 ~

중개 ~ 수수료; 부동산 ~업, 부동산 ~ 업소, 부동산 ~ 업자, 부동산 ~ 영업소, 신종 ~업

중개사 공인 ~

중개상 사채 ~

중개인 부동산 ~, 선물 ~ 자격 시험

중개지 ~ 로 번창 한다; 동서 무역의 ~

중거리 ~ 강슛, ~ 미사일 최종 실험, ~ 슈팅, ~ 탄도 미사일, ~ 탄도 유도 탄; 오른 발 ~ 슛, 왼 발 ~ 슛

중건 ~ 된다; □에 ~ 한다

중견 ~ 건설 사, ~ 기업, ~ 기업인, ~ 탤런트

중경상 ~ 을 입는다

중계 권투 ~, 스포츠 ~ 아나운서, 실황 ~ 방송, 야구 ~ 방송

중계권료 ~ 협상; 올림픽의 ~

중계실 시민 ~

중고 봄 철 ~ 연맹전, 추계 ~ 연맹전

중고 ~ 차 매매 업자

중고교 사립 ~

중고등 ~ 학교

중고참 ~ 사무관

중공 ~ 군 및 북한 군, ~ 군의 참전

중공업 ~ 우선 주의, ~ 의 파업

중과 ~ 한다

중과세 ~ 폐지, ~ 한다; 양도 소득 ~, 지방세 ~

중구난방 제각기 ~이다

중국 ~ 식 사회 주의, ~ 인민 지원 군이 참전 한다, ~ 집 배달부, ~ 집 배달원

중국인 ~ 이민자

중금속 농작물에 ~이 있다

중기 ~ 구석기 시대, ~ 성장기, ~ 와 후기, ~ 홍적세; 홍적세 ~

중기적 ~ 으로, ~ 인

중뇌 ~ 및 뇌교 피개, ~ 상부

중다 ~ 상관 계수

중단 ~ 된다, ~ 없는 영생, ~ 있는 영생; □을/를 ~ 한다, 일시 ~, 작업 ~, 팀 스피리트 훈련 ~

중대 대전차 포 ~, 보병 ~장

중대 ~ 결심, ~ 사건, ~ 하다

중대석 팔 각 형 ~

중대형 ~ 규모

중도 ~ 에 포기 한다, ~ 우파, ~ 하차 한다, ~ 해지 수수료, ~ 해지 이율

중도금 ~ 전액

중독 게임 ~, 급성 알코올 ~, 농약 ~, 도박 ~, 만성 알코올 ~, 만성 주정 ~, 수은 ~, 알루미늄 ~, 알코올 ~과 약물 ~, 알코올 ~ 환자, 알콜 ~

중독자 아편 ~, 알코올 ~, 알콜 ~, 히피나 마약 ~

중독증 게임 ~, 알코올 ~, 알콜 ~, 임신 ~

중등 ~ 교원, ~ 교육 법

중량 적재 ~

중력 뉴턴의 ~ 법칙, 선미 ~

중령 ~ 으로 전역 한다; 공군 ~, 육군 ~, 해군 ~

중론 --는다는/ㄴ다는/다는/라는 것이 ~이다

중류 ~ 유역; 상류와 ~, 한강의 ~

중립 ~ 내각 구성; 거국 ~ 내각, 비동맹 ~, 엄정 ~

중립국 ~ 감독 위원회 회의실, ~ 감독위 회의실

중무장 □으로/로 ~ 한다

중문 드나드는 ~

중문간 ~ 행랑 채

중문간채 # 자 형 ~

중문학 ~ 과

중반 90 년 대 ~ 쯤, 전장 ~ 한 때

중반기 90 년 대 ~

중병 ~ 을 앓는다

중복 ~ 과잉 투자, ~ 된다, ~ 및 대체 수요

중부 ~ 지방

중산 ~ 층 가정, ~ 층 아파트, ~ 층 여성, ~ 층 이상, ~ 층 이하; 서민과 ~ 층

중상 ~ 모략

중상 ~ 을 입는다; 갈비 뼈가 부러지는 ~

중생 사바 세계의 ~

중석 ~ 광산

중석기 ~ 문화, ~ 시대

중성 ~ 미자 망원경, ~ 세제, ~ 지방

중성미자 ~ 를 검출 한다

중성자 ~ 별, ~ 와 양성자; 양성자나 ~, 양성자와 ~

중세 ~ 나 르네상스, ~ 보편 주의, ~ 성립기, ~ 유럽인; 고대와 ~, 고대 이래 ~

중소 ~ 규모 택지, ~ 기업의 애로, ~ 기업 진흥 공단, ~ 기업 창업 지원, ~ 기업 협동 조합 중앙회, ~ 기업인 성공학, ~ 기업인 초청 간담회, ~ 기업체 사장, ~ 기협 중앙회, ~ 도시, ~ 상공 업자, ~ 지주; 기술 집약형 ~ 기업, 지방 ~ 기업 청장

중소국 ~ 과 강대국

중수 향교 ~ 비용

중수 ~ 골절

중순 ~ 께; 내달 ~, 이 달 ~, 팔 월 ~ 쯤

중시 서열을 ~ 한다, □을/를 ~ 한다

중신 ~ 애비

중심 미국 군 ~ 유엔 군, 미작 ~, 바지 뒷 ~, 비즈니스 ~ 국가 실현, 원 궤도의 ~, □을/를 ~으로, □을/를 ~ 축으로 해, 자민족 ~ 주의, 자오선 ~ 축, 학력 ~ 주의 가치관

중심가 시내 ~

중심적 자기 ~

중심지 어업의 ~

중씰 ~ 하다

중앙 ~ 국악 관현악단, ~ 군사위 주석, ~ 당 담화, ~ 당 정치 국원, ~ 분리대, ~ 상무위, ~ 선을 침범 한다, ~ 선 침범, ~ 선관위, ~ 신도회, ~ 아시아나 남부 시베리아, ~ 의 농업 위원회, ~ 정보 부 보안사, ~ 정보 부 지하실, ~ 집권 체제, ~ 집중 식, ~ 처리 장치, ~ 총부, ~ 통제실; 국립 ~ 박물관, 농협 ~회, 대검 ~ 수사 부, 대검찰청 ~ 수사 부, 산별 ~ 교섭, 새 마을 문고 ~회, 새 마을 운동 ~ 협의회, 음식업 ~회, 전 ~ 정보 부장, 정부 ~ 청사, 중소 기업 협동 조합 ~회, 중소 기협 ~회

중앙위 정치국의 ~

중앙청 ~ 출입 기자

중언부언 ~ 한다

중얼거린다 혼잣말로 ~, 혼잣말처럼 ~, 혼잣소리처럼 ~, 혼자 말로 ~, 혼자 말처럼 ~

중얼중얼 ~ 한다

중엽 20 세기 ~, 십구 세기 ~, 이십 세기 ~

중요 ~ 무형 문화재 기능 보유자, ~ 하게 여긴다; 못지않게 ~하다

중요시 □을/를 ~ 한다

중원 ~ 에서부터 강까지

중월 ~ 1 점 홈 런

중위 ~ 투표자 이론; 상용 직 ~ 임금

중유 ~ 보일러 규제 법

중음 끝 없이 ~ 천도 한다

중의사 ~ 자격증

중의원 ~ 과 참의원, ~ 해산

중이 ~ 의 등자

중장 ~ 진급

중장기 ~ 발전 계획

중장년 ~ 층

중재 직권 ~ 안

중재원 상사 ~

중전 일 회 ~ 안타

중전 ~ 마마, ~ 의 정침

중절 성교 ~, 인공 임신 ~ 수술

중점 ~ 주의 기법; □에 ~을 둔다

중졸 ~ 이하

중주 손 풍금 ~, 현악 4 ~단

중증 ~ 근 무력증, ~ 급성 호흡기 증후군, ~ 장애인

중지 기소 ~ 결정, 기소 ~ 된다, 기소 ~ 자, 불법 감금 ~, □을/를 ~ 한다, 일시 ~

중지 ~ 와 약지; 검지와 ~ 사이, 피검자의 ~

중진 당 ~, 비주류 ~

중징계 제명 ~

중차대 ~ 하다

중창 ~ 한다

중책 ~ 을 맡는다

중첩 ~ 된다, ~ 상태; 간질 ~

중첩증 간질 ~

중추 ~ 신경

중층 ~ 낚시

중층 ~ 누각, ~ 누문, ~ 문루, ~ 불전, ~ 우진각

중탕 ~ 한다

중턱 산 ~

중퇴 □을/를 ~ 한다

중풍 ~ 으로 눕는다, ~ 으로 쓰러진다

중학 ~ 강의록

중학교 ~ 물상, ~ 선생님, ~ 시절, ~ 에서 교편을 잡는다, ~ 졸업 반; 초등 학교와 ~

중학생 ~ 때

중합 ~ 효소; 스티렌을 ~ 한다, □을/를 ~ 한다

중형 ~ 세단, ~ 수송기, ~ 승용 차, ~ 차 시장

중화 ~ 냉면, ~ 요리, ~ 인민 공화국

중화 ~ 적정

중화학 ~ 공업 부문

중후 ~ 한 멋

중히 □을/를 ~ 여긴다

쥐 ~ 구멍에도 볕 들 날이 있다, ~ 꼬랑지, ~ 꼬리 만한, ~ 의 정소, ~ 죽은 듯 조용하다, ~ 죽은 듯이 고요하다; 대장 ~

취락편락 □을/를 ~ 한다

ㅈ

쥐인다 쥐여 준다; □에 ~

쥔다 쥐어 박는 시늉; 꼬옥 ~, 꽉 움켜 ~, 냅다 쥐어 박는다, 두 주먹 불끈 ~, 두 주먹을 불끈 ~, 머리 통을 쥐어 박는다, 머리카락을 쥐어 뜯는다, 멱살을 틀어 ~, 보는 이로 하여금 손에 땀을 쥐게 한다, 연거푸 쥐어 박는다, □을/를 감아 ~, □을/를 불끈 ~, □을/를 싸 ~, □을/를 움켜 ~, □을/를 쥐어 뜯는다, □을/를 쥐어 박는다, □을/를 쥐어 짠다, □을/를 틀어 ~, 칼 자루를 ~, 코를 싸 ~, 콱 쥐어 박는다

즈린다 즈려 밟는다

즈봉 회색 ~

즉 이익 ~ 공익

즉각 □을/를 ~ 철회 한다

즉결 ~ 심판에 넘긴다, ~ 재판, ~ 처형

즉사 ~ 한다

즉살 ~ 을 시킨다

즉석 ~ 요리, ~ 춤 판

즉시 ~ 항고

즉위 ~ 한다

즉흥적 ~ 으로, ~ 인

즐겁다[즐거워 즐거운] 즐거운 인생담; 항시 즐거워 한다

즐긴다 □을/를 ~, 풍광을 ~

즐문 ~ 토기

즐비 ~ 하게 늘어 선다

즐펀 ~ 하다

즙 레몬 ~, 살구 ~, 수세미 ~, 양파 ~, 오렌지 ~, 익모초 ~, 인삼 ~, 철쭉 나무 ~, 칡 ~, 피클 ~

즙액 마늘 ~

즙장 말 똥 ~

증가 ~ 세가 듀화 된다, ~ 세가 둔회 힌다, ~ 세가 크게 둔화 한다, ~ 세 둔화, ~ 세로 돌아 선다, ~ 세의 둔화, ~ 일로의, ~ 한다; 당기 순이익 ~율, 설비 투자 ~, 연 평균 ~율, 천억 원 ~, 환산 가액 ~

증가액 수신 ~

증가증 백혈구 ~

증간 긴급 ~ 호

증감 ~ 추이

증강 군비 ~ 론자, 군사력 ~, 면역력 ~, 방위력 ~, 전력 ~ 사업

증거 ~ 의 증명력, ~ 인멸의 우려가 있다; --는다는/ㄴ다는/다는/라는 ~, 도주나 ~ 인멸, 도주 및 ~ 인멸

증거물 기록과 ~

증권 ~ 감독 원, ~ 감독 원장, ~ 거래세, ~ 거래소에 상장 된다, ~ 사 객장, ~ 사별 경쟁, ~ 상장 규정, ~ 업 협회; 단기 공사채형 수익 ~, 대용 ~ 대납, 보증 보험 ~, 선하 ~, 수익 ~ 펀드, 유가 ~ 상장 규정 개정 안, 유가 ~ 신고서, 은행업과 ~업, 장기 공사채 형 수익 ~, 통안 ~, 통화 안정 ~, 합작 ~ 사, 현행 ~ 거래 법

증권가 --다는/라는 소문이 ~에 파다하다

증기 ~ 기관 차, ~ 터빈; 수은 ~

증다증 백혈구 ~

증대 ~ 된다; 공공 선의 ~

증량 ~ 한다

증류 ~ 식 소주, ~ 한다

증류수 ~ 약간

증면 ~ 경쟁, ~ 및 판매

증명 모순에 의한 ~, □을/를 ~ 한다, 조건부 ~

증명력 증거의 ~

증명법 간접 ~

증명서 ~ 를 발급 한다; 성적 ~, 소요량 ~, 식량 임시 정지 ~, 인감 ~, 재학 ~, 전학 ~, 졸업 ~, 퇴거 ~

증명원 신원 ~

증발 ~ 한다; 수분의 ~, 은행권 ~

증보 ~ 판, ~ 한다

증빙 ~ 서류

증산 산미 ~, 식량 ~, 주곡 ~ 농정

증상 ~ 및 징후, ~ 이 호전 된다; 삽화성 ~, 신경학적 ~, 저체온 ~, 진폐 ~

증서 교통 상해 보험 ~, 양도성 예금 ~, 주식 예탁 ~, 차용 ~

증설 선거구 ~ 문제, □을/를 ~ 한다, 하상 구조물 ~

증세 고혈압 ~, 구제역 유사 ~, 사지 부전 마비 ~, 식중독 ~, 신경 쇠약 ~, 장염 ~, 혈액 응고 ~, 호흡 곤란 ~

증숙 ~ 한다

증시 ~ 로 유입 된다, ~ 부양책, ~ 안정 기금, ~ 침체

증식 ~ 억제제; 산미 ~ 계획, 자기 ~ 데이터 베이스, 자기 ~ 시스템, 자기 ~ 칩, 재산 ~

증식로 종합 고속 ~ 프로그램

증액 ~ 한다; 양여금 ~

증언 ~ 거부 및 직권 남용, ~ 대에 선다, ~ 한다; 목격자의 ~, 법무관의 ~, 어민의 ~, □에게 불리한 ~, □을/를 ~ 할 증인, 증인의 ~

증여 ~ 세 징수액, ~ 세 포탈; 변칙 상속 ~, 상속세 및 ~세, 상속세와 ~세, 상속이나 ~, 상속 ~세, 세 법 상 ~세 과세

증여성 ~ 송금

증오 ~ 와 분노; 극도로 ~ 한다, 원한과 ~

증오심 □에 대한 ~

증원 이사국 ~

증인 ~ 심문, ~ 으로 출석 한다, ~ 의 증언; 공판 기일 전 ~ 신문, □을/를 증언 할 ~

증자 무상 ~, 유상 ~ 권고

증자 ~ 건면, ~ 면

증정 꽃 다발을 ~ 한다, 꽃 다발 ~, 사은품 ~, □을/를 ~ 한다, 푸짐한 경품 ~

증조모 ~ 님 제삿날

증좌 --는다는/ㄴ다는/다는/라는 ~

증진 ~ 시킨다; □을/를 ~ 한다

증축 ~ 한다; 댐 ~

증치 ~ 된다; 구 개 동리 ~

증파 ~ 된다

증폭 ~ 된다, ~ 시킨다; 신호 ~, 푸시풀 ~

증폭기 푸시풀 ~

ㅈ

증표 사랑의 ~, 수행의 ~

증후군 건망 ~, 근막통 ~, 대장 ~, 모르가니 ~, 손 목 터널 ~, 신토불이 ~, 임상적 ~, 중동 호흡기 ~, 중증 급성 호흡기 ~, 척수 압박이나 마미 ~, 프릴리히 ~, 피크위키안 ~, 하지 초조 ~

지 독립 운동 ~ 혈사

지 사 ~ 선다, 사 ~ 택일 형 문항

지 --은/ㄴ ~ 사 십 삼 년 된다, --은/ㄴ ~ 석 달, --은/ㄴ ~ 오래다, --은/ㄴ ~ 이미 오래다

지가 공시 ~

지각 서화 ~

지각력 공간 ~

지각증 대측 ~

지검 ~ 강력 부, ~ 공안 부; 수원 ~

지게 ~ 꾼, ~ 작대기; 물 ~를 진다

지게미 쌀 ~

지겹다[지겨워 지겨운] 지겨움을 참아 낸다, 지겨워 한다

지경 못견딜 ~이다

지계 양전 ~ 사업

지고지순 ~ 하다

지구 ~ 당 개편 대회, ~ 당 사무 국장, ~ 당 위원장 연석 회의, ~ 당 위원장이다, ~ 당 현판 식; 수몰 ~, 온천원 보호 ~, 원외 ~ 당 위원장, 제 삼 ~ 당, 택지 개발 ~, 투기 과열 ~

지구 ~ 상, ~ 온난화, ~ 촌 곳곳, ~ 촌 시민 학교, ~ 표면적

지구대 순찰 ~

지구력 심폐 ~

지국 ~ 판매원

지그시 ~ 감는다; 관자놀이를 ~ 누른다, 어금니를 ~ 깨문다, □을/를 ~ 깨문다

지그재그 ~ 폭

지극 ~ 정성으로, ~ 정성이다; 효성이 ~하다

지근 ~ 에서 보좌 한다

지근지근 ~ 밟는다

지글지글 ~ 끓어 오른다

지금 ~ 도 눈에 선하다

지급 ~ 률 인하, ~ 준비율, ~ 준비금, ~ 한다; 노조 전임자 임금 ~, 만기 일시 ~ 식, 보조금 ~, 상호 ~ 보증, 월 이자 ~ 식, 잔금 ~, 장학금 ~

지급기 은행 현금 ~, 현금 자동 ~

지급액 산재 보험 ~

지급인 환어음의 ~

지긋 ~ 한; 나이 ~하다

지긋이 ~ 누른다

지긋지긋 ~ 하다

지기 닷 말 ~ 솥

지기 ~ 가 흩어 진다

지껄인다 두서 없이 ~

지끈지끈 머릿속까지 ~ 아프다

지나간다 스쳐 ~

지나치다 지나친 미문 의식; 도가 ~, 아무리 강조 해도 지나치지 않다, 의존도가 지나치게 높다

지나친다 스치며 ~

지난 ~ 하다

지난다 지난 주 말, 지난 해 조선 수주 실적, 지나 다니던 거리; 굴 다리를 ~, 넘나들면서 지나 간다, 물 밀듯 지나 간다, 자정이 지나도록, 헝크러뜨리며 지나 간다

지남력 ~ 장애

지낸다 군부 대신을 ~

지낸다 기우제를 ~

지낸다 독신으로 ~, 제사 ~, 허물 없이 ~, 환갑 진갑 다 지낸

지네 오가피 ~ 탕

지느러미 상어 ~

지능 ~ 과 창의력, ~ 로봇; 인공 ~, 창의력과 ~

지닌다 □을/를 ~

지다 기름 진 평야, 네모 지게 썬다, 후미 진 곳

지다위 ~ 한다

지단 달걀 ~, 황백 ~

지단채 달걀 ~

지당 ~ 하 신 말씀이다

지대 고산 ~, 고원 ~, 곡창 ~, 구릉 ~와 평지, 낙엽성 광엽 수림 ~, 동토 ~, 무법 ~, 비무장 ~, 산악 ~의 풍취, 삼림 ~, 안전 ~로 대피 한다, 완충 ~, 우범 ~, 접경 ~, 초원 ~, 툰드라 ~, 편서풍 ~, 평야 ~, 화강암 ~

지대 ~ 한 영향; □에 ~한 공헌을 한다, □에 ~한 영향을 끼친다

지대공 ~ 미사일, ~ 유도 탄

지대석 ~ 과 면석, ~ 위

지대함 ~ 실크웜 미사일, ~ 유도 탄

지도 ~ 급 인사, ~ 부 인책, ~ 부 총사퇴; 공산 당 ~ 부, 글 짓기 ~회, 농어촌 ~자 반, 농촌 ~ 소장, 새 마을 ~자, 수업 ~ 안, 청소년 ~ 육성회, 친애 하는 ~자 동지, 한민족 세계 ~자 대회

지도 ~ 책; 삼 차원 입체 ~, 책자와 ~

지도력 ~ 부재

지도부 ~ 재신임; 당 ~

지도비 학습 ~

지도사 방문 ~, 실버 이야기 ~ 과정

지도서 교사용 ~, 수험 ~

지도소 농촌 ~

지독 ~ 하다, ~ 히도 춥다

지동 ~ 설

지두문 ~ 토기

지랄 ~ 발광 한다

지렁이 ~ 도 밟으면 꿈틀거린다

지레 ~ 겁 먹고, ~ 병 난다, ~ 짐작 한다; □에 ~ 겁을 먹는다, □을/를 ~ 넘겨다 본다

지렝이 ~ 기어 간다

지로 ~ 고지서, ~ 대금

지뢰 ~ 제거; 대인 ~ 금지, 목함 ~

지루 ~ 해 죽겠

지류 본류와 ~

지른다[질러] 고래고래 소리 ~, 고함을 꽥 ~, 고함을 빽 ~, 괴성을 ~, 꽥 꽥 소리 ~, 뜰을 가로 ~, 버럭 버럭 고함을

~, 버럭 소리 ~, 벽력 같이 소리 ~, 불을 ~, 비명을 ~, 소래기를 ~, 소리를 빽 ~, 소리 소리 ~, 왈랑왈랑 소리를 ~, 탄성을 ~, 환호성을 내 ~, 환호성을 ~

지른다[질러] 깎아 지른 듯, □을/를 가로 ~, □을/를 내 ~, □을/를 앞 ~, □을/를 질러 간다

지름 꽃 판 ~, --는 ~ 길

지릅뜬다[지릅떠] 눈을 ~, □을/를 ~

지리 왕립 ~ 학회, 풍수 ~ 설

지리 ~ 하다

지리멸렬 ~ 하다

지린다 오줌을 ~

지망 ~ 한다; 복수 ~

지망생 화가 ~

지면 ~ 심의회; 많은 ~을 할애 한다

지멸 ~ 있다

지명 ~ 수배자; 신생 팀 우선 ~ 케이스, 차기 대권 후보 ~, 총리 서리를 ~ 한다, 총리 ~자

지모 노년기 ~

지목 배후로 ~ 된다, 배후로 ~ 한다, 용의자로 ~ 된다, □으로/로 ~ 한다

지문 시나리오의 ~

지문 ~ 날인 철폐, ~ 인식, ~ 채취

지밀 ~ 거리

지방 ~ 가공유, ~ 흡입 수술, ~ 흡입술; 불포화 ~ 산, 오메가 3 ~ 산, 중성 ~, 트랜스 ~, 혈당량이나 ~ 함유량

지방 ~ 관속, ~ 교육 양여금, ~ 교육 재정 교부금, ~ 분권, ~ 세 법 시행 령, ~ 세 중과세, ~ 승가대, ~ 양여금, ~ 재정 법, ~ 중소 기업 청장, ~ 행정지, ~ 환경 청; 527 번 ~ 도로, 광역 ~ 자치, 남부 ~, --는다는/ㄴ다는/나는/라는 ~ 법원 판결, 동북 ~, 서북 ~, 연방 ~ 법원, 열대 ~, 온대 ~, 일 인당 ~세 담세액, 중부 ~, 한대 ~

지방도 287 번 ~

지방어 ~ 를 쓴다

지방질 피하 ~

지배 ~ 와 종속; 기업 ~ 구조, 식민 ~ 청산, 식민 ~ 하, □을/를 배타적으로 ~ 한다, 향촌 ~ 질서, 호족 ~ 론

지배력 시대사 ~

지배욕 시장 ~

지배적 ~ 으로, ~ 인

지배하 □을/를 식민 ~에 둔다

지법 ~ 합의 2 부; 민사 ~, 형사 ~

지변 천재 ~

지부 ~ 부지부장; 시 도 ~장

지분 내부 ~율

지불 ~ 능력, ~ 보증, ~ 불능, ~ 유예; □을/를 ~ 한다, 페소화로 ~ 한다

지붕 ~ 의 용 마루; 겹 처마 맞배 ~, 겹 처마 우진각 ~, 겹 처마 팔작 ~, 기와 ~ 처마, 맞배 ~의 양측 박공, 슬레이트 ~, 슬레이트 집 ~, 양철 ~, 옥개 ~ 면, 초가 ~ 처마, 팔작 기와 ~, 팔작 ~을 이룬다, 팔작 ~의 겹처마, 함석 ~, 홑처마 맞배 ~, 홑처마 사 모 ~, 홑처마 우진각 ~, 홑처마 초가 ~, 홑처마 팔작 ~

지빠귀 ~ 둥지 속의 뻐꾸기

지상 연애 ~ 주의자, 예술 ~ 주의, 외모 ~ 주의

지상 □에 십 이 ~을 조각 한다

지상 ~ 군 투입, ~ 낙원, ~ 파 방송 사

지상전 ~ 이 개시 된다; 전면 ~ 개시

지새운다 밤 새 뜬 눈으로 ~, 밤을 ~, □을/를 ~

지샌다 밤을 ~

지서 ~ 를 습격 한다, ~ 순경

지석 ~ 묘의 덮개 돌, ~ 의 후면; 1 호 ~ 묘, 북방 식 ~ 묘

지성 ~ 과 미모, ~ 이면 감천이다; 집단 ~

지성사 사상사 내지 ~

지세 ~ 방위

지소 보건 ~

지속 ~ 가능한 개발, ~ 된다; 경상 수지 흑자 ~, 상당 기간 ~

지속적 ~ 으로, ~ 인; □을/를 ~으로 유지 한다

지수 ~ 관련 대형 주; 나스닥 ~, 다우존스 산업 평균 ~, 불쾌 ~, 빅맥 ~, 상장 ~ 펀드, 상품 가격 ~, 생산자 물가 ~ 편제, 소비자 태도 ~, 수입 경기 확산 ~, 자외선 차단 ~, 종합 주가 ~, 주가 ~ 선물, 코스닥 ~, 항셍 ~, 행복 ~

지순 ~ 한 사랑

지시 ~ 한다; 윗선의 ~, 의사 ~ 하에

지시문 무대 ~

지시서 추심 ~

지식 해박한 ~

지식인 민간 단체와 ~

지신 천신과 ~, 천왕과 ~

지싯지싯 ~ 붙어 있다

지아비 ~ 를 섬긴다

지압 수지 침과 ~

지양 변증법적 ~, □을/를 ~ 한다

지엄 ~ 하다

지역 ~ 기초 단체장, ~ 단위 종량 제, ~ 도시 가스 정압기, ~ 방위, ~ 안보 포럼, ~ 응급 의료 센터, ~ 의보 재정, ~ 이기 주의자, ~ 자치체, ~ 택시 노조; 공산 군 ~, 공장 밀집 ~, 단독 주택 ~, 상가 밀집 ~, 수도권 ~, 외국인 밀집 ~, 우범 ~, 인구 밀집 ~, 인구 희박 ~, 접경 ~, 조세 회피 ~, 치외 법권 ~, 페널티 ~, 평준화 ~, 폐광 ~

지역구 ~ 민원

지역민 부곡 제 ~

지연 ~ 된다; □을/를 ~ 시킨다, 항공 편 ~

지연 ~ 과 학연; 학연과 ~, 학연이나 ~, 학연 ~, 혈연과 ~

지엽 ~ 말단, ~ 말단적

지옥 ~ 문 앞; 천국과 ~, 천당과 ~

지우개 ~ 로 지운다, ~ 를 매 단다; 고무 ~

지운다 오쟁이를 ~, □을/를 ~, 책임량을 ~, 책임량이 지워 진다

지운다 □을/를 ~, 지우개로 ~

지원 납세 ~ 국장, 뉴 커리어 선택 ~, 비영리 민간 단체 ~ 법, □에 대한 ~, 유

ㅈ

동성 ~, □을/를 ~ 한다, 입지 ~ 시설, 정부 ~ 학자금, 조세 ~ 제도, 중국 인민 ~ 군이 참전 한다, 중소 기업 창업 ~, 창업 ~ 법, 출산 ~, 한국 군 의료 ~단, 후보 ~ 유세

지원 ~ 분야, ~ 학과; □에 ~ 한다

지원국 교육 ~

지원대 기술 ~

지원서 입사 ~

지원액 전체 ~

지원책 탁아 ~

지위 ~ 가 향상 된다, ~ 고하를 막론 하고; 귀속적 ~, 독점적 ~를 누린다, 미 주둔 군 ~ 협정, 준정부적 ~, 피점령국 ~

지장 생명에는 ~이 없다, 소통에 ~이 있다

지장 십 이 ~ 궤양

지저귄다 종다리가 ~

지저분 걸레짝처럼 ~, 시끄럽고 ~하다

지적 --는다는/ㄴ다는/다는/라는 ~, 송곳 같은 ~, □을/를 ~ 한다, 한결 같은 ~

지적도 ~ 와 등기부 등본

지점 골인 ~, 두 ~ 식별감, 연결 ~, 유턴 ~, 출발 ~

지점 ~ 장으로 부임 한다; 영업 소장이나 ~장, 영업소나 ~, 은행 ~장

지정 경제 특구로 ~ 된다, 경제 특구로 ~ 한다, 국립 공원으로 ~ 된다, 국립 공원으로 ~ 한다, 문화 유산으로 ~ 된다, 문화 유산으로 ~ 한다, 문화재로 ~ 된다, 문화재로 ~ 한다, 보물로 ~ 된다, 보물로 ~ 한다, 수취인 ~ 자금 이체, 우선 협상 대상국 ~, □으로/로 ~ 된다, □으로/로 ~ 한다, 천연 기념물로 ~ 한다, 핵 폐기장 ~ 고시

지정석 임산부 ~

지정학적 ~ 위치

지주 당간 ~

지주 ~ 나 자본가, ~ 와 소작농, ~ 와 전호; 중소 ~

지주막 수막염이나 ~ 하 출혈, 수막염 혹은 ~ 하 출혈

지중 업이 ~하다

지지 □을/를 ~ 한다, 전폭적인 ~, 정당 ~율

지지리 ~ 도 가난하다, ~ 도 못난, ~ 도 못났다, ~ 못난, ~ 못났다, ~ 못생긴, ~ 못생겼다

지지부진 ~ 하다

지지지지 ~ 한다

지진 ~ 규모, ~ 이 난다, ~ 측정소, ~ 피해

지진다 지지고 볶는다; 기름에 ~, □을/를 ~, 인두로 ~

지질 ~ 시대

지질린다 □에 ~

지참 도시락을 ~ 한다, 신분증 ~, □을/를 ~ 한다, 자유 이용권 ~자

지척 ~ 을 분간 할 수 없다; 어두워서 ~ 을 분간 하지 못한다

지천 ~ 꾸러기, ~ 에 널린다, ~ 으로 깔린다, ~ 으로 널린다; 산야에 ~으로 깔려 있다

지청 남부 ~, 동부 ~

지체 ~ 부자유자들; 정신 ~ 장애인

지체인 정신 ~

지축 ~ 을 뒤흔든다

지출 가계비 ~ 계획, 광고비를 ~ 한다, 광고비 ~ 규모, 군사비 ~, 매출액 대비 연구 개발비 ~, 민간 소비 ~

지층 경상계 ~, 조선계 ~, 평안계 ~

지친다 제 풀에 ~

지침 ~ 안이 승인 된다, ~ 을 따른다, ~ 을 어긴다, ~ 을 준다, ~ 초안; 병원 회계 ~, 임상 진료 ~, 행동 ~

지칭 □을/를 ~ 한다

지킨다 굳건히 ~, 본분을 ~, 약속을 ~, 영공을 ~, □을/를 지켜 본다, 혼전에 순결을 ~

지탄 ~ 받는다

지탱 □을/를 ~ 한다

지팡이 ~ 에 몸을 의지 한다; 구럭과 ~, 마법의 ~, 물푸레나무 ~

지퍼백 ~ 이나 비닐

지평 ~ 선 너머 아침 노을, ~ 선을 헤집는다; 끝 없는 ~ 선, 블랙홀의 ~ 면

지폐 ~ 와 주화, ~ 의 도안; 만 원 짜리 ~, 위조 ~, 천 원 권 ~, 태환 ~

지표 거시 경제 ~, 설비 투자 선행 ~

지푸라기 ~ 로 전락 한다

지프 흰 색 ~

지피 ~ 식물

지핀다 군불을 ~, □을/를 ~, 장작 불을 ~

지하 ~ 갱도, ~ 단칸셋방, ~ 레이더실, ~ 로 잠적 한다, ~ 써클, ~ 자원, ~ 주차장; 주유소 ~ 저장 탱크, 천하 대장군과 ~ 여장군

지하도 ~ 입구

지하수 ~ 를 식수로 이용 한다

지하실 보안대 ~, 중앙 정보 부 ~

지하철 ~ 노선, ~ 방화 참사, ~ 에 올라탄다, ~ 역, ~ 잔여 구간, ~ 직매장, ~ 환승 구간

지향 ~ 한다; 모더니티 ~

지형 ~ 과 기후; 석회암 용식 ~, 초생대 ~, 카르스트 ~

지혜 --는 용기와 ~, 삶의 ~

지화 천 원 짜리 ~

지휘 ~ 계통, ~ 자의 숨 소리; 상임 ~자, 소대를 ~ 한다, 오케스트라를 ~ 한다, 오케스트라의 ~자, 오케스트라 ~자, □을/를 진두 ~ 한다

지휘서 석방 ~

지휘소 ~ 보초

직 ~ 에서 물러 난다, ~ 을 사임 한다; 계약 ~ 교사, 고위 정무 ~, 고위 ~ 임원, 교수 ~ 사퇴, 기술 ~ 및 관리 ~, 내근 ~, 내무 장관 ~, 농업 관련 ~, 단순 노동 ~, 단순 노무 ~, 당 서기장 ~ 사임, 별정 ~ 공무원, 비정규 ~, 사무 ~ 여성 노동자, 사무 ~ 직원, 상용 ~ 중위 임금, 위원장 ~ 사퇴, 일반 ~ 공무

ㅈ

원, 일용 ~ 노동자, 임명 ~ 위원, 임시 ~과 일용 ~ 근로자, 전문 ~에 종사 한다, 전문 ~ 종사자, 정규 ~ 노동자, 총리 ~ 공백, 총리 ~ 수락, 하위 ~, 후보 ~을 사퇴 한다

직각 ~ 삼각형, ~ 으로

직감 □을/를 ~ 한다

직거래 ~ 시장; 유기 농산물 ~

직결 □과/와 ~ 된다, 생존과 ~ 된다, 장래와 ~ 된다

직경 ~ 10 센티 미터

직계 ~ 계승, ~ 와 방계, ~ 존비속 명의, ~ 친족

직공 인쇄소 ~

직관 ~ 기하; 날카로운 ~, 논리보다는 ~

직구 돌 ~

직권 ~ 남용 혐의, ~ 면직 통보서, ~ 조인 한다, ~ 중재 안; --다가 ~ 면직 된다, 증언 거부 및 ~ 남용

직금 용문을 ~으로 넣는다

직능 ~ 단체, ~ 영역, ~ 찬탈

직립 ~ 보행

직매장 지하철 ~

직면 도전에 ~ 한다, 어려움에 ~ 한다, 파산에 ~ 한다, 현실에 ~ 한다

직무 ~ 감찰, ~ 공유자, ~ 공유 제, ~ 대행 체제, ~ 수행, ~ 역량, ~ 유기, ~ 집행, ~ 평가; 경찰관 ~ 집행 법, 국무 총리 ~ 대행

직배 ~ 영화

직불 ~ 카드; 소득 보전 ~ 제, 피해 보전 ~

직사 ~ 광선

직선 ~ 제 개헌; 조합장 ~, 총장 ~

직선 ~ 과 곡선, ~ 관성 운동; 등속 ~ 운동, 발원지까지의 ~ 거리

직선적 ~ 으로, ~ 인

직성 --어야/아야 ~이 풀린다

직속 ~ 자문 기구; 대통령 ~

직송 ~ 한다; 산지 ~

직수입 ~ 한다

직시 □을/를 ~ 한다

직언 ~ 한다

직업 ~ 소개 사업자, ~ 시민 운동가, ~ 안정 법, ~ 윤리 강령, ~ 의식, ~ 훈련원

직영 ~ 업소, ~ 정비

직원 ~ 회 석상; 관리실 여 ~, 부하 ~, 사무 직 ~, 서점 안내 ~, 아침 ~회, 출계 ~, 파출소 소장과 동회 ~

직위 ~ 해제 된다, ~ 해제 한다

직인 ~ 또는 사인, ~ 이 찍힌다

직장 ~ 내 성 희롱, ~ 문화, ~ 상사, ~ 생활, ~ 을 얻는다, ~ 의보 조합

직전 --기 일 보 ~, --기 ~에, 몸 싸움 일 보 ~

직접 ~ 또는 간접, ~ 전자 상거래

직접 ~ 생산자, ~ 우편 또는 가두 배포

직조 ~ 한다

직종 ~ 변경; 유망 ~ 리스트

직진 ~ 신호, ~ 한다

직책 ~ 수행자

직통 ~ 전화

직하다[직해] --음/ㅁ ~

직할 특별 시와 ~ 시

직합작 ~ 투자

직항로 ~ 개설

직행 ~ 버스; □으로/로 ~ 한다

직후 광복 ~

진 경영 ~과 간부, 경영 ~과 편집 ~, 경영 ~이나 간부, 대통령 보좌 ~, 방어 ~을 구축 한다, 배수의 ~, 배수 ~을 친다, 보좌 ~과 사정 기관, 사주와 경영 ~, 세러퓨틱스 연구 ~, 소유주나 경영 ~, 소유주와 경영 ~, 수사 ~을 교체 한다, 언론 사의 경영 ~, 언론 사주나 경영 ~, 코칭 스태프 ~, 호화 배역 ~

진갑 환갑 ~ 다 지낸

진검 ~ 승부

진격 ~ 개시, ~ 한다

진경 벽사 ~

진경 ~ 산수화

진골 ~ 계급, ~ 귀족, ~ 출신

진공 ~ 상태, ~ 소제기, ~ 청소기; 낡은 ~, 상압 건조기와 ~ 건조기

진관 ~ 체제

진국 사귈수록 ~이다

진군 ~ 한다

진귀 ~ 한

진급 ~ 시험, ~ 심사; 부장 ~ 예정자, 소령으로 ~ 한다, 중장 ~

진기 ~ 한

진기록 --는 ~

진노 ~ 한다

진다 가뭇없어 ~, 감쪽 같이 없어 ~, 격차가 커 ~, 귀 밑까지 빨개 ~, 급속도로 가까와 ~, 나쁘아 ~, 나 ~, 눈이 동그래 ~, 눈이 둥그래 ~, 눈이 똥그래 ~, 눈이 휘둥그래 ~, 달라 ~, 닳아 없어 ~, 둥그래 ~, 뜸해 ~, 말 수가 적어 ~, 머쓱해 ~, 무뎌 ~, 벙벙해 ~, 부강해 ~, 비대해 ~, 비뚤어 ~, 삐뚤어 ~, 샛노래 ~, 세력이 커 ~, 시들해 ~, 시무룩해 ~, 어둑어둑해 ~, 얼굴이 발개 ~, 얼굴이 빨개 ~, 얼굴이 새빨개 ~, 얼굴이 시뻘개 ~, 왕래가 잦아 ~, 유난스레 파래 ~, 익숙해 ~, 잠잠해 ~, 짧아 ~, 촉박해 ~, 파장이 커 ~, 헐거워 ~, 호흡이 가빠 ~, 화끈 뜨거워 ~

진다 갈라 지고 어우러진다, 가리워 ~, 갈가리 찢어 ~, 갈갈이 찢어 ~, 갈기갈기 찢어 ~, 갈래갈래 찢어 ~, 검거 령이 내려 ~, 겹쳐 ~, 곁 들여 ~, 계엄 령이 내려 ~, 구겨 진 자존심, 구겨 질 대로 구겨 ~, 구부정 휘어 ~, 굳어 ~, 굴레가 씌워 ~, 그려 져 있다, 글귀가 새겨 ~, 기우뚱 기울어 ~, 길 들여 ~, 꼬깃꼬깃 구겨 ~, 꽐꽐 쏟아 ~, 꺼 ~, 끝 없이 펼쳐 ~, 낮 잠을 늘어 지게 잔다, 눈시울이 붉어 ~, 닦여 ~, 달궈 ~, 더럽혀 ~, 덧씌워 ~, 두 갈래로 갈라 ~, 드리워 ~, 딱 딱 끊어 ~, 땀이 비 오듯 쏟아 ~, 뚝 끊어 ~, 뚫어 지게 노려 본다, 뚫어 지게 쳐다 본다, 뚫어 져라 바라 본다, 뚫어 져라 쳐다 본다, 로고가 새겨 ~, 말라 비틀어 ~, 머리칼이 헝클어 ~, 면면히

이어 ~, 모래 알처럼 흩어 ~, 몸서리가 쳐 ~, 무르춤 해 ~, 물 밀듯이 쏟아 ~, 물이 콸콸 쏟아 ~, 뱁새가 황새 따라 가다가 가랑이 찢어 ~, 베일이 벗겨 ~, 빠개어 ~, 뿔뿔이 흩어 ~, 사방으로 흩어 ~, 산산이 흩어 ~, 세차게 쏟아 ~, 소나기처럼 쏟아 ~, 스콜이 쏟아 ~, 아로새겨 ~, --어/아 ~, 어지러이 흩어 ~, 어질러 ~, 억수 같이 쏟아 ~, 억수로 쏟아 ~, 얼굴이 붉어 ~, 엉덩이 밑까지 홀렁 벗어 ~, 엎어 지면 코 닿는다, 엎질러 진 물, □에 가려 ~, □에 엎어 ~, □에 흩어 ~, 연면히 이어 져 온다, 엽서가 그려 ~, 오슬오슬 한기가 느껴 ~, 우박처럼 쏟아 ~, 우쭐 해 ~, 우후죽순처럼 쏟아 ~, □으로/로 기울어 ~, □으로/로 꺾어 ~, □으로/로 알려 ~, □으로/로 이어 ~, □으로/로 퉁겨 ~, 인공이 가해 ~, 일컬어 ~, 이어 지는 능선부, 잊혀 ~, 점점이 흩어 ~, 정해 ~, 제재가 가해 ~, 좌르르 쏟아 ~, 주사위는 던져 졌다, 주의보가 내려 ~, 지기가 흩어 ~, 짓이겨 ~, 짜여 ~, 쫙 쫙 갈라 ~, 찢어 진 청바지, 찢어 지게 가난하다, 차질이 빚어 ~, 책임량이 지워 ~, 초점이 맞춰 ~, 추욱 늘어 ~, 치찢어 ~, 카 엎어 ~, 토막 토막 끊어 지는 단음, 퉁겨 져 나간다, 특징 지어 ~, 틀어 ~, 파란 불이 켜 ~, 펑펑 쏟아 ~, 폭포수처럼 쏟아 ~, 풀어 ~, 하품을 늘어 지게 한다, 한 데 엉클어 ~, 행해 ~, 헝클어 진 머리카락, 헝클어 진 머리칼, 형편 없이 구겨 ~, 형편 없이 깨어 ~, 혼선이 빚어 ~

진다 경사가 ~, 경사 진 언덕, 경사 진 터, 구배 진 갑석, 구석 진 곳, 멍울 ~, 비탈 진 골목 길, 비탈 진 밭, 비탈 진 언덕, 속 쌍 꺼풀 ~, □에 방울 ~, □에 응어리 ~, □으로/로 얼룩 ~, 콧등에 주름이 ~, 큰 물 ~

진다 교통 사고로 숨 ~, 낙엽 ~, 낙화 ~, 목을 매 숨 ~, 치여 숨 ~, 해 질 녘까지, 해 질 녘에, 해 질 무렵

진다 뒷짐을 ~, 뒷짐 ~, 물 지게를 ~, 빚 ~, 생계를 책임 ~, 세속을 등 ~, □을/를 등 ~, □을/를 ~, 이고 ~, 전적으로 책임 ~

진다 밑 지는 장사, 밑 져야 본전이다, 이고 ~

진단 ~ 과 처방, ~ 방사선 과; 병리학적 ~, 신경학적 ~, 약점을 ~ 한다, 자가 임신 ~ 시약, 적외선 체열 ~, 종합 ~ 반, 해부학적 ~

진단기 초음파 ~

진단서 ~ 를 발급 한다; 사망 ~

진달래 ~ 꽃 가장이, ~ 아기 꽃망울, ~ 와 개나리, ~ 와 영산홍; 아기 ~ 꽃

진담 농담 반 ~ 반으로

진도 ~ 를 나간다, ~ 를 맞춘다; 교과 ~ 표

진동 ~ 음, ~ 주기; 썩는 냄새가 ~ 한다, 악취가 ~ 한다, 천지를 ~ 시킨다

진동 ~ 과 수구; 수구와 ~

진동각 ~ 및 위치각

진동수 진동자의 ~

진동자 ~ 의 진동수

진두 □을/를 ~ 지휘 한다

진드기 ~ 의 온상; 집 먼지 ~

진득 ~ ~ 하다

진득이 ~ 견딘다

진력 □에 ~ 한다

진력 ~ 이 난다

진료 ~ 기록부, ~ 와 조제; 방문 ~, 원격 ~, 유사 ~율, 유사 ~ 행위, 임상 ~ 지침, 적정 ~, 치과 ~ 부

진료비 ~ 를 청구 한다

진리 ~ 추구, ~ 탐구자; 만고 불변의 ~ 이다, 일말의 ~

진맥 ~ 을 짚는다

진배 동기 간이나 ~ 없다, □이나/나 ~ 없다, 창녀나 ~ 없다

진법 16 ~, 십 ~에 의거 한다, 이 ~

진보 ~ 세력, ~ 진영

진보적 ~ 으로, ~ 인

진부 ~ 하다

진상 ~ 규명 특위, ~ 조사단, ~ 조사 위원회, ~ 조사 특위; 납치 사건 ~ 조사 위, □에 대한 ~ 규명, 의문사 ~ 규명 위원회

진설 제물 ~, 제수를 ~ 한다

진솔 ~ 하다

진술 ~ 거부권, ~ 한다

진술서 간이 ~

진신 ~ 사리

진실 ~ 게임, ~ 을 밝힌다, ~ 을 숨긴다; 불편한 ~, 오해와 ~

진심 ~ 에서 우러나온다, ~ 으로 감사 한다, ~ 으로 기뻐한다, ~ 으로 바란다, ~ 으로 사과 한다, ~ 으로 애도 한다, ~ 으로 축하 한다, ~ 으로 환영 한다; □을/를 ~으로 축하 드린다

진압 강경 ~, 반란을 ~ 한다, 반란 ~ 작전, 시위를 ~ 한다, 시위 ~, 폭동 ~

진언 ~ 한다

진열 ~ 되어 있다; □에 ~ 한다

진영 ~ 에 가담 한다; 범진보 ~ 경선, 범진보 ~ 단일 후보, 진보 ~

진용 비서 ~, 최후의 ~

진위 ~ 를 가린다, ~ 여부

진인 ~ 출현

진일보 ~ 한다

진입 ~ 동선, ~ 작전, ~ 장벽; 공관 무단 ~, 공관 ~, 누하 ~, □에 ~ 한다

진자 ~ 운동

진작 ~ 시킨다; 내수 ~, 사기를 ~ 한다, 사기 ~, 생기 ~

진재 ~ 때

진저리 ~ 가 난다, ~ 가 친다, ~ 를 친다; 부르르 ~ 친다

진전 ~ 된다, ~ 시킨다

진절머리 ~ 가 난다, ~ 난다

진정 떨리는 가슴을 ~ 시킨다, 떨리는 가슴을 ~ 한다

진정 ~ 한

진정서 ~ 와 호소문

진주 ~ 귀고리 소녀, ~ 를 양식 한다; 돼지 목에 ~ 목 걸이, 모조 ~, 양식 ~

진중 ~ 하다

진지 방어 ~, 소대 ~

진지 ~ 잡순다; 조석 ~

진지 ~ 하다

진진 흥미 ~하다

진짜 ~ 와 가짜

진찰 ~ 을 받는다, ~ 을 한다; 산전 ~, 전문의의 ~

진찰료 의료 보험 수가 및 ~

진창 ~ 속

진척 ~ 된다

진출 ~ 이 활발하다; 결승 ~, 본선 ~자, 연예계 ~, 정계 ~, 준결승전에 ~ 한다, 해외 ~

진탕 뇌 ~, 안구 ~

진탕증 안구 ~

진토 백골이 ~ 된다

진통제 마약성 ~, 비스테로이드성 소염 ~, 스테로이드성 소염 ~, 해열 ~

진폐 ~ 근로자, ~ 급수, ~ 법, ~ 장해, ~ 증상

진폐증 ~ 환자

진폭 ~ 변조, ~ 크기, ~ 파형

진풍경 --는 ~

진하다[진해] 진한 맛, 진한 색, 진한 애정 표현, 진한 황산

진학 대학 ~, 대학원 ~, 상급 학교 ~, □에 ~ 한다

진핵 ~ 세포

진행 ~ 과정; 순조롭게 ~ 된다, □을/를 ~ 한다, 차질 없이 ~ 한다, 착착 ~ 된다, 토크 쇼 ~자, 회의 ~

진혼 ~ 굿

진흥 공업 ~ 청, 광업 ~ 공사, 국민 체육 ~ 법, 농어촌 ~ 공사, 농촌 ~ 청, 문예 ~ 기금, 문예 ~ 원, 오페라 ~회, 자전거 ~ 협회, 전자 공업 ~회, 중소 기업 ~ 공단, 체육 ~ 공단, 통상 ~ 국장

질 가위 ~ 소리, 고자 ~ 한다, 다듬이 ~ 소리, 다듬이 ~ 한다, 도둑 ~ 한다, 도리깨 ~ 한다, 도적 ~ 당한다, 도적 ~ 한다, 돌 팔매 ~ 한다, 되새김 ~ 한다, 두어 발짝 뒷걸음 ~ 친다, 뒷걸음 ~ 한다, 땜 ~ 한다, 뜀 ~ 한다, 뜨개 ~ 감, 뜨개 ~ 바늘, 뜨개 ~을 한다, 몽둥이 찜 ~, 뭇사람의 입 ~, 바각바각 가래 ~ 한다, 박음 ~ 한다, 빗 ~ 한다, 삽 ~ 한다, 새김 ~을 한다, 손 뜨개 ~ 한다, 손가락 ~ 받는다, 양치 ~ 기능, 양치 ~을 한다, 양치 ~ 한다, 얼음 찜 ~, □을/를 손 ~ 한다, 이간 ~ 한다, 저울 ~ 한다, 조심 조심 다리미 ~ 한다, 줄 달음 ~ 친다, 찜 ~ 방, 찜 ~ 한다, 채찍 ~ 한다, 키 ~ 한다, 풀무 ~ 한다, 해물 손 ~ 하기, 행주 ~ 한다, 흘금 흘금 곁 눈 ~ 한다, 힐끔 힐끔 곁 눈 ~ 한다, 힐끗 곁 눈 ~ 한다

질 값 싸고 ~ 좋다, 대기 ~ 개선, 대기 ~ 개선 특별 법 시안, 대리석의 ~감, 대리석 ~감

질 사전 한 ~

질 ~ 외 사정, ~ 외 사정법

질겁 ~ 을 한다

질경질경 껌을 ~ 씹는다, □을/를 ~ 씹는다

질곡 신분적 ~

질권 ~ 설정

질그릇 ~ 과 오지그릇, ~ 찻잔, ~ 화분

질근질근 □을/를 ~ 씹는다

질금거린다 눈 물을 ~, □을/를 ~

질금질금 ~ 눈 물이 흐른다

질기다 질긴 칡덩굴

질끈 ~ 동여 맨다; 눈을 ~ 감는다, 눈 ~ 감는다, 머리 띠를 ~ 맨다, □을/를 ~ 감는다

질다[진 질] 진 흙 구이; --느라 진 땀을 흘린다, 밥이 ~, 뻘건 진 흙, 온 몸으로 진 땀이 흐른다

질량 ~ 과 속도, ~ 과 에너지; 수소 원자 ~

질료 형상과 ~

질린다 겁에 ~, 공포에 ~, 새파랗게 ~, 얼굴이 새하얗게 ~, 얼굴이 하얗게 ~, 초장에 ~

질문 --가라는 ~, 대정부 ~, 면담과 ~, 이구동성으로 ~ 한다

질박 ~ 하다

질벅거린다 □을/를 ~

질병 ~ 국제 분류법, ~ 을 퇴치 한다, ~ 이 치유 된다, ~ 인식 불능증

질산 ~ 암모니아, ~ 은 수용액, ~ 은 용액

질색 딱 ~이다

질서 ~ 정연하다, ~ 준행; 가부장적 위계 ~, 공공 ~ 준수, 만국 공법 ~, 생태계 ~, 향촌 지배 ~, 현대 판 세습 ~

질소 ~ 나 인산, ~ 및 아미노태, ~ 비료, ~ 산화물 측정; 미세 먼지와 ~ 산화물, 수용성 ~, 아미노태 ~ 함량, 액체 ~ 탱크, 이산화 ~ 오염도, 휘발성 염기 ~

질식 ~ 한다

질식사 ~ 한다

질의 ~ 응답; 국회 대정부 ~, 서면 ~

질의서 ~ 를 보낸다

질적 ~ · 양적, ~ 저하, ~ 향상; 양적 · ~

질주 ~ 한다; 전력 ~

질질 ~ 끈다; □에 ~ 끌린다, □에게 ~ 끌려 간다

질질질 ~ 끌려 간다

질책 ~ 한다; 따가운 ~

질척 ~ 하다

질타 ~ 의 대상; □을/를 ~ 한다

질탕 ~ 하다

질투 시기 하고 ~ 한다

질투심 ~ 에 사로잡힌다

질펀 ~ ~ 하다

질펀 ~ 하다, ~ 히 적신다

질환 감염성 ~, 갑상선 ~, 관상 동맥 ~, 내과적 ~, 내분비 ~, 노년 층의 ~, 대뇌 혈관 ~, 만성 폐쇄성 폐 ~, 말초성 전정 ~, 변성의 ~, 변성 ~, 생활 ~, 선천성 심장 ~, 신경학적 ~, 알레르기 ~, 여성 ~, 특발성 ~, 폐쇄성 폐 ~, 호흡기 ~, 환절기 ~ 알레르기

질환자 정신 ~

짊어진다 배낭 하나 ~, 십자가를 ~, 싸 ~, □을/를 ~, □을/를 탄탄히 ~

짐 ~ 을 가득 실은 리어카, ~ 을 실어 나른다, ~ 칸; 귀찮은 ~, 뒷~을 진다, 뒷 ~ 진다, 이삿~ 센터

짐승 ~ 보다 못하다, ~ 처럼 울부짖는다

ㅈ

짐작 --는지 가히 ~ 할 만하다, 미뤄 ~ 한다, -- 았/었으리라 ~도 못한다, --으리라 ~ 한다, □을/를 가히 ~ 할 만하다, 지레 ~ 한나

짐장 ~ 때

짐짓 --는다고/ㄴ다고/다고/라고 혼자 ~ 생각 한다

집 솔로 1 ~, 제 삼 ~ 앨범, 제 삼 ~의 타이틀

집 ~ 값 폭등, ~ 구석에 처박힌다, ~ 기둥 뿌리, ~ 두 채, ~ 뒤짐을 한다, ~ 먼지 진드기, ~ 사람과 바깥 양반, ~ 수리 용품, ~ 안 정돈, ~ 안 청소, ~ 에 비가 샌다, ~ ~ 마다 다닌다, ~ ~ 마다 돌아다닌다, ~ ~ 마다 있다, ~ ~ 마다; 1 호 ~ 자리, 가을 맞이 ~ 단장, 겹 ~ 구조, 겹 처마 맞배 ~, 경양식 ~, 고기 ~ 불 판, 고대광실 높은 ~, 고래 등 같은 기와 ~, 국 밥 ~, 내 ~ 마련 주택 부금, 노들목 객주 ~, 다방과 술 ~, 다방이나 술 ~, 단층 겹 처마 맞배 ~, 단층 겹 처마 팔작 ~, 단층 맞배 ~, 단층 팔작 기와 ~, 단층 팔작 ~, 두레 ~ 짓기, 뒷골목 대폿~, 말이 ~ 형성, 맞배 ~ 전각, 매운탕 ~, 몸 ~이 왜소하다, 무허가 하숙 ~, 민도리 ~ 구조, 민박 ~, 반 ~ 패, 벌 ~을 쑤신다, 부잣~ 마나님, 부잣~ 막내 딸, 부잣~ 맏며느리 감, 불 난 ~, 붉은 벽 돌 ~, 빈 ~ 털이, 산 골 외딴 ~, 산 동네 꼭대깃~, 생맥주 ~, 설렁탕 ~, 순대 국 ~, 술 도갓~, 술 ~과 다방, 술 ~과 음식점, 슬레이트 ~ 지붕, 시골 ~ 토담, 쌀 ~ 아저씨, 앞 ~ 담벼락, 앞 ~ 뒷 ~, 양 치기의 오두막 ~, 언덕배기 오두막 ~, □에 물 ~이 생긴다, 여관 ~ 이부자리, 왕대포 ~, 외갓~에 얹혀 산다, 우리 ~ 멍멍이, 움막 ~, 이 놈의 ~ 구석, 이 ~ 저 ~ 기웃거린다, 이 층 양옥 ~, 인삼 찻~, 일 일 찻~, 일본 식 이 층 ~, 잔칫~이나 초상 ~, 절 ~ 요사채, 조선 식 기와 ~, 족발 ~, 주인 ~ 여자, 중국 ~ 배달부, 중국 ~ 배달원, 짱깨 ~, 처갓 ~, 초가 삼간 ~, 초상 난 ~, 커리어 우먼이나 부잣~ 딸, 큰 ~ 형, 평면의 민도리 ~, 하숙 ~ 여주인, 하숙 ~ 주인 아주머니, 한 ~에 산다, 한정식 ~, 해장 국 ~, 호프 ~, 홑처마 맞배 기와 ~, 홑처마 팔작 기와 ~, 휘장 친 술 국 ~, 흉가 ~

집게 ~ 발; 오른 손 ~ 손가락

집결 ~ 응축 된다, ~ 장소; □에 ~ 한다

집계 ~ 한다; □으로/로 잠정 ~ 된다, □으로/로 ~ 된다, 잠정 ~

집권 ~ 여당; 중앙 ~ 체제

집권기 무신 ~, 무인 ~

집금 ~ 계좌

집기 ~ 를 부순다

집는다 집어 입으로 가져 간다, 집어 처넣는다; 겁을 집어 먹는다, □에 집어넣는다, □을/를 집어 낸다, □을/를 집어 던진다, □을/를 집어 먹는다, □을/를 집어 삼킨다, □을/를 집어 탄다

집단 ~ 생활을 한다, ~ 이기 주의, ~ 이주, ~ 지성; 개체와 ~, 업연 ~, 의사들의 ~ 폐업, 이익 ~, 초점 ~ 토론, 탈상품화 ~, 피지배 ~

집단적 ~ 으로, ~ 인

집대성 ~ 된다; □을/를 ~ 한다

집무 ~ 한다

집무실 본관 ~

집배원 우편 ~

집사자 서무 ~

집산 이합 ~을 거듭 한다

집수 ~ 구역

집약 ~ 된다

집약적 ~ 산업, ~ 으로, ~ 인

집요 ~ 하다

집작 ~ 한다

집적 ~ 회로

집적지 벤처 ~

집적집적 □을/를 ~ 한다

집전 교황이 미사를 ~ 한다

집정부 이원 ~ 제, 이원적 ~ 제

집중 ~ 된다, ~ 호우로; 경제력 ~ 억제, 경제력 ~ 완화, 국지성 ~ 호우, 수도권 ~, □에 ~ 한다, 이목을 ~ 시킨다, 중앙 ~ 식

집중적 ~ 으로, ~ 인

집진 전기 ~ 식, 전기 ~ 장치

집진기 전기 ~

집착 □에 ~ 한다, 편집광적 ~

집착증 스타 ~

집채 ~ 만하다

집청 ~ 한다

집필 ~ 계획서; 사사를 ~ 한다, 사사 편찬 ~

집필가 ~ 선생

집합 무한 ~, 세포 ~ 이론

집합체 ~ 로서 공유 한다

집행 ~ 유예가 선고 된다, ~ 유예로 풀려난다, ~ 유예 판결, ~ 을 종료 한다, ~ 이 면제 된다, ~ 종료 일; 경찰관 직무 ~ 법, 공무 ~ 방해 죄, 구속 ~ 정지, 노조 ~ 부, 사형이 ~ 된다, 사형 ~, 상임 ~ 위원장, 서둘러 총살 형을 ~ 한다, 엄정한 법 ~, □에 ~ 유예를 선고 한다, 직무 ~, 총살 형을 ~ 당한다, 형 ~ 정지

집회 ~ 와 시위; 반핵 ~, 보라매 ~, 옥외 ~, 추모 ~

짓 공연한 ~, 마귀 ~, 못된 ~을 한다, 뭔 ~, 별 ~을 다 한다, 손 ~ 발 ~ 한다, 손 ~ 한다, 어리석은 ~, □에게 몹쓸 ~을 한다

짓거리 --는 ~, 반말 ~

짓궂다 짓궂은 운명, 짓궂은 장난

짓누른다[짓눌러] □을/를 ~

짓눌린다 □에 ~

짓는다[지어 지은] 지어 낸다니; □과/와 관련 ~, 글 짓기 지도회, 도내 글 짓기 대회, 두레 집 짓기, 말 없이 미소 ~, 매듭 ~, 문체를 결정 ~, 삼삼오오 짝을 ~, 새벽 밥을 ~, 쓴 웃음을 ~, 울상을 ~, □으로/로 특징 ~, --으며/며 빙그레 미소 ~, □을/를 결정 ~, □을/를 종결 ~, □을/를 지어 낸다, 일단락 ~, 입 가에 싸늘한 미소를 ~, 입 가에 잔잔한 미소를 ~, 줄 ~, 찰밥을 ~, 특징 지어 진다, 표정을 ~, 회심의 미소를 ~

짓무른다[짓물러] 짓물러 터진다

짓밟는다 □을/를 무참하게 ~, □을/를 ~

짓밟힌다 깔축 없이 ~

짓이긴다 짓이겨 놓는다, 짓이겨 진다

짓찧는다 □을/를 ~

짓찧는다 □을/를 ~

징 ~ 한다

징 ~ 과 꽹과리, ~ 소리

징검다리 ~ 를 건넌다

징계 교원 ~ 의결 제청, 교원 ~ 재심 위원회, □을/를 ~ 한다, 학사 ~ 부활 움직임

징글 ~ 벨

징글징글 ~ 하다

징발 ~ 한다

징벌 ~ 혐의자

징병 징용 ~

징수 ~ 영수증; 국세 ~ 규모, 부과 ~, 시청료 ~, 원천 ~ 내역, 원천 ~ 세액, 원천 ~ 시기, 원천 ~ 영수증을 교부 한다, 원천 ~ 의무자, 통행료를 ~ 한다

징수액 증여세 ~, 초과 ~

징악 권선 ~

징역 ~ 또는 금고, ~ 에 처한다, ~ 이나 금고, ~ 형 또는 금고 형, ~ 형을 선고 한다; □에게 무기 ~을 선고 한다, 일 년 이상의 ~이나 금고, 항소심에서 ~ 형을 선고 받는다

징용 ~ 노무자, ~ 징병; 강제 ~자

징집 ~ 된다; 강제 ~

징징 ~ 운다

징크스 개막전 ~

징후 국소성 ~, 수막 자극 ~, 수막 ~, 신경학적 ~, 증상 및 ~

짖는다 개 ~, 까악 까악 ~, 까치가 ~, 내중 없이 ~, 멍멍 ~, 요란스레 ~, 자지러지게 ~, 컹컹 ~

짙다 짙게 선팅 한다, 짙게 스민다, 짙은 감색, 짙은 눈썹, 짙은 보랏빛, 짙은 속눈썹, 짙은 안개, 짙은 음영, 짙은 화장; 어둠이 짙게 깔린다, 패색이 ~, 호소력 ~

짚 ~ 덤불, ~ 둥우리, ~ 방석처럼 썩는다, ~ 신 감발, ~ 신 나물 꽃, ~ 쑤세미; 밀 ~ 모자, 밀 ~ 이엉, 볏~ 더미, 볏~ 암모니아 처리, 볏~ 이엉, 수수깡과 ~ 풀, 수수깡이나 ~ 풀

짚는다 땅 짚고 헤엄 친다, 목발을 ~, □을/를 ~, 진맥을 ~, 헛다리 ~

짚북데기 수수깡과 ~

짚인다 짚이는 것, 짚이는 곳이 있다

짜다 짜고 맵다, 짜디~; 맵고 ~, 소금의 짠 맛

짜리 2 단 ~ 기사, 50 센트 ~ 신문, 고 2 ~, 만 원 ~ 지폐, 반 되 ~, 백 원 ~ 동전, 백 촉 ~ 알 전구, 백만 파운드 ~ 어음, 삼 개월 ~ 어음, 삼십 촉 ~ 알 전구, 삼십 평 ~ 아파트, 삼십만 원 ~ 쿠폰, 십만 원 ~ 자기 앞 수표, 여섯 칸 ~, 오십 전 ~, 천 냥 ~ 어음, 천 원 ~ 지화, 칠백 리터 ~, 한 장 ~ 유인물

짜릿 ~ ~ 하다

짜인다 짜여 진다; 꽉 ~, 빈 틈 없이 ~

짜임새 ~ 있다

짜장면 ~ 한 그릇

짜증 ~ 난다, ~ 낸다, ~ 을 낸다, ~ 이 난다

짝 ~ 갈린다; □을/를 ~ 벌린다

짝 ~ 별 구조, ~ 사랑 한다; 구두 한 ~, --기 ~이 없다, 두 ~ 골판 문, 삼삼오오 ~을 짓는다, 신발 한 ~, 아무 ~에도 못쓴다, 아무 ~에도 쓸 모 없다, 운동화 한 ~, 장갑 한 ~

짝짝이 ~ 로 신는다

짝짝짝 ~ 박수 친다

짠다 짜고 치는 고돌이, 짜 깁기 한다, 짜 맞춘다; 베를 ~, 베 ~, 비틀어 ~, 스크럼을 ~, 엮어 ~, □을/를 쥐어 ~, □을/를 짜 낸다, 조를 ~, 찔찔 ~, 털 실로 ~

짤깍 ~ ~

짤막 ~ ~ 하다

짧다 짧디 짧은 북 반구의 해, 짧아 진다, 짧은 한숨을 내 쉰다; 머리를 짧게 깎는다

짬 ~ 을 낸다

짬뽕 ~ 국 물, ~ 그릇

짭조름 ~ 하다

짭짜름 ~ 하다

짭짤 ~ 하다

짭짭 ~ 하다

짱 대가리 ~ 박는다

짱 ~ 박는다, ~ 박힌다

짱구 ~ 머리, ~ 아저씨

짱깨 ~ 집

째 건물을 통 ~로 빌린다, 넝쿨 ~ 굴러 든다, 병 ~ 들이킨다, 뿌리 ~ 흔들린다, 통 ~로 먹는다, 통 ~로 빨아 들인다, 통 ~로 삼킨다, 통 ~로 암기 한다, 호박이 넝쿨 ~ 굴러 들어 온다

째 둘 ~ 가라면 서러워한다, 둘 ~ 가라면 서러워 한다, 둘 ~ 날의 일정, 매월 둘 ~ 주 월 요일, 사흘 ~ 되던 날, 석 달 ~, 세 번 ~ 경일, 세 번 ~ 키커, 소수 점 둘 ~ 자리, 소수 점 아래 셋 ~ 또는 넷 ~ 자리, 송두리 ~ 흔든다, 열여덟 번 ~ 그린, 이틀 ~ 여행, 이틀 ~ 일정, 일곱 번 ~ 위성 보유국, 일곱 ~ 날, 첫 번 ~ 키커

째깍 ~ ~ ~

째린다 □을/를 째려 본다

짼다 배 ~

쨀꼼 똥을 ~ 눈다

쨍 ~ 한다

쨍쨍 ~ 내리쬔다, ~ 하다; 햇볕이 ~ 쬔다

쩌렁쩌렁 ~ 울린다; □을/를 ~ 울린다

쩌릿 ~ 하다

쩍 ~ 다신다; □을/를 ~ 벌린다

쩍쩍 □에 ~ 달라붙는다, □을/를 ~ 다신다, 입 맛을 ~ 다신다

쩐다[쩔고 쩔어] □에 ~

쩔룩거린다 쩔룩거리며 뛰어 든다

쩔쩔 ~ 맨다

쩝쩝 □을/를 ~ 다신다, 입 맛을 ~ 다신다

쩡쩡 ~ 울린다

쩨쩨 ~ 하다

쪼가리 ~ ~; 비닐 ~, 판자 ~, 헝겊 ~

쪼갠다 박치기 어음 ~, □을/를 ~, 잘게 ~

쪼갠다 히쭉 ~

쪼그린다 □에 쪼그리고 앉는다

쪼글띠린다 청승맞게 쪼글띠리구 앉는다

쪼글쪼글 ~ 하다

쪼들린다 □에 ~

쪼르륵 뱃속에서 ~ 소리가 난다, 배에서 ~ 소리가 난다

쪼인다 □을/를 ~, 햇볕에 ~, 햇볕을 ~

쪼잔 ~ 하다

쪽 고지 남서 ~ 계곡, 꼬리 ~ 프로펠러, 남동 ~ 계곡, 네트 윈 ~ 상단, 동 ~과 서 ~, 동 ~ 궁장, 망막의 바깥 ~, 바깥 ~ 발가락, 바깥 ~ 슬라이더, 반도 서 ~ 해안 가, 번식지의 남 ~, 베란다 ~ 문, 복부 오른 ~ 윗부분, 북 ~ 경제 시찰단, 북 ~ 대표단, 서 남 ~, 서 북 ~ 해역, 서 ~ 14 마일, 안 ~ 세로 다발, 양 ~ 볼때기, 오른 ~ 늑골, 오른 ~ 발 목 부상, 오른 ~ 사이드 어태커, 왼 ~과 오른 ~, 왼 ~ 무릎 인대 파열, 왼 ~ 어깨 부분, 왼 ~ 코너 킥, 응달 ~ 소나무 숲 사이, 저만큼 앞 ~, 저 ~ 끝 문, 정반대 ~, 한 ~으로 쏠린다, 한 ~ 입 꼬리

쪽 이십 ~ 분량

쪽 ~ 곧다

쪽 ~을 찐다

쪽문 ~ 앞

쪽박 ~ 바꿔 준다, ~ 찬다

쪽배 ~ 경연 대회, ~ 공작소, ~ 축제

쪽쪽 ~ 빤다

쫀다 쪼아 먹힌다; □을/를 ~, 콕 콕 ~

쫀득 ~ ~ 하다

쫀쫀 ~ 하다

쫄깃 ~ ~ 하다

쫄딱 ~ 녹는다, ~ 망한다

쫄쫄 ~ 굶는다

쫄쫄 ~ 따라 다닌다

쫑그린다 귀를 ~, □을/를 ~

쫑긋 ~ 세운다

쫑긋거린다 □을/를 ~

쫓긴다 늘 회사 일에 ~, 독촉에 ~, 왕위에서 쫓겨 난다, 쫓고 ~

쫓는다 쫓고 쫓긴다, 쫓는 포수; 갈매기를 ~, □까지 쫓아 간다, 뒤를 바짝 ~, 모기를 ~, 악귀를 ~, □을/를 뒤 ~, □을/를 ~, 잡귀를 ~, 졸졸 쫓아 다닌다, 촐랑거리며 쫓아 다닌다

쫙 ~ ~ 갈라 진다; 밑 줄 ~ 긋는다, 소름이 ~ 끼친다

쬐금 ~ 씩~ 씩 아낀다

쬐인다 내리 ~

쬔다 □을/를 ~, 햇볕이 쨍쨍 ~, 햇볕을 ~

쭈그린다 □에 쭈그리고 앉는다

쭈글쭈글 ~ 하다

쭈르르 ~ 미끄러진다

쭈뼛 ~ 솟는다, ~ ~ 하다; 머리 끝이 ~ 한다

쭈욱 ~ 훑어 본다

쭉 ~ 들이켠다, ~ ~ 빵빵, ~ ~ 뻗는다; 소름이 ~ 끼친다, □을/를 ~ 훑어 본다

쭉지 어깨 ~

쯤 90 년 대 중반 ~, 내일 이맘 때 ~, 레이스 한 조가리 ~, 마흔 살 ~, 반 박자 ~ 느리다, 백 미터 ~ 떨어진다, 삼 년 전 ~, 삼 년 후 ~, 스무 걸음 ~, 오 초 ~, 워디 ~ 오 실라나, 이 ~ 되면, 팔 월 중순 ~, 하루나 이틀 ~, 하루 ~ 더 쉰다, 한 두 단원 ~, 한 시간 ~, 한가운데 ~, 한낮 ~ 된다, 한밤 중 ~

찌 공작 깃 ~

찌개 ~ 가 끓는다; 김치 ~, 동태 ~, 된장 ~, 정어리 통 조림 ~

찌그러진다 찌그러진 대문

찌그린다 얼굴을 ~, □을/를 ~

찌꺼기 광물 ~ 유실 방지 공사, 음식 ~, 음식물 ~

찌꺽 ~ 한다

찌든다[찌들고 찌들어] 찌든 때; 가난에 ~, 공해에 ~, 농약에 ~, 세파에 ~, 술에 ~

찌들린다 □에 ~

찌르르 ~ 하다

찌른다[찔러] 냄새가 코를 ~, 바늘로 ~, 송곳으로 ~, 약점을 ~, 옆구리를 꾹 ~, 옆구리를 쿡 ~, □으로/로 쿡 쿡 ~, □을/를 꾹 ~, □을/를 찔러 준다, □을/를 쿡 ~, □을/를 쿡 쿡 ~, 의표를 ~, 정곡을 ~, 주머니에 손을 ~, 콕 콕 ~, 폐부를 ~, 허를 ~, 흉기로 ~

찌릿 ~ ~ 하다

찌뿌둥 ~ 하다

찌뿌드드 ~ 하다

찌운다 살을 ~, □을/를 살 ~

찌찌 ~ ~

찌푸린다 눈 살을 잔뜩 ~, 눈 살을 ~, 눈살이 ~, 눈쌀을 ~, 미간을 ~, 얼굴을 잔뜩 ~, 오만 상을 ~, □을/를 ~, 이맛살을 ~, 이마를 ~

찍 침을 ~ 뱉는다

찍는다 마침 표를 ~, 반혁명으로 낙인 ~, 손 도장을 ~, □에 방점을 ~, □에 종지부를 ~, □으로/로 낙인 ~, □을/를 ~, 콕 ~, 포르노 영화를 ~

찍자 ~ 를 부린다

찍힌다 낙인이 ~, 날인이 ~, 도장이 ~, 마크가 ~, 믿는 도끼에 발 등 ~, 반혁명으로 낙인 ~, 발 등을 ~, 소인이 ~, 스탬프가 ~, □으로/로 낙인 ~, 직인이 ~, 활자로 ~

찐다 살이 ~, 살이 피둥피둥 ~, 살 찐 젖소, 시뿌옇게 살 ~, 포동포동 살 ~

찐다 쪽을 ~

찐다 찐 떡, 찐 빵, 찐 설기떡, 찜 갈비, 찜 질 방, 찜 질 한다, 쪄서 친다; 게 살과 찐 밤, 떡 찌고 고구마 삶는다, 뚱보 찐 빵 귀신, 모를 ~, 몽둥이 찜 질, 미더덕 찜, 민어 찜, 비단 잉어 찜, 삶거나 ~, 시루에 ~, 안쳐서 ~, 얼음 찜 질, 푹 푹 ~

찐득 ~ ~ 하다

찔꺽거린다 피 고름이 찔꺽거리도록 두들긴다

찔끔 ~ 한다

찔끔거린다 눈 물을 ~, □을/를 ~

찔러준다 인정전을 ~

찔레 ~ 덤불, ~ 덩굴

찔린다 가시에 ~, 급소를 ~, 침에 ~, 칼에 ~, 쿡 ~, 허를 ~, 흉기에 ~

찔벅거린다 □을/를 ~, 허리를 ~

찔찔 ~ 짠다

찜 조기 ~

찜찜 영 ~하다

찝질 ~ 하다

찝찔 ~ 하다

찝찝 ~ 하다

찡 코 끝이 ~하다, 코 허리가 ~하다

찡그린다 얼굴을 ~, □을/를 ~, 이마를 ~, 콧잔등이를 ~

찡긋 눈을 ~ 한다, □을/를 ~ 한다

찡긋거린다 □을/를 ~

찡긴다 덫에 ~

찢긴다 갈가리 ~, 갈기갈기 ~, 갈래갈래 ~

찢는다 찢어 진 청바지, 찢어 지게 가난하다; 갈가리 찢어 발긴다, 갈가리 찢어 진다, 갈갈이 찢어 진다, 갈기갈기 찢어 진다, 갈래갈래 찢어 진다, 귀청을 ~, 발기발기 찢어 발긴다, 뱁새가 황새 따라 가다가 가랑이 찢어 진다, 부욱 ~, 북 북 ~, □을/를 갈가리 ~, □을/를 갈기갈기 ~, □을/를 ~, 잘게 ~, 청바지를 ~

찧는다 찧고 까분다; 곱게 ~, 파리가 일도록 ~, 떡 방아를 ~, 떡 방아 ~, 보리 방아 ~, 엉덩 방아를 ~, □에 궁둥 방아를 ~, 오매육을 잘게 ~, □을/를 ~, 입 방아를 ~, 입 방아 ~, 절구에 ~, 콩콩 ~

차 1 ~ 7 개년 계획, 1 ~ 국공 합작, 1 ~ 대전, 1 ~ 미소 공동 위원회, 1 ~ 미소 공위, 1 ~ 성징, 1 ~ 세계 대전, 1 ~ 전원 회의, 대회 참가 ~, 삼 ~ 고위 급 회담, 삼 ~ 신경 핵, 삼 ~ 신경통, 신 병 치료 ~, 이 ~ 국공 합작, 이 ~ 담수어, 이 ~ 대전, 이 ~ 동시 분양, 이 ~ 벤처 붐, 이 ~ 세계 대전, 이 ~ 오일 쇼크, 이 ~ 이산 가족 방문단, 이 ~ 이산 가족 상봉, 이 ~ 추가 합격자 발표, 이십 ~ 정기 총회, 이십 ~ 정상 회담, 일 ~ 규정자, 일 ~ 담수어, 일 ~ 대전, 일 ~ 미소 공위, 일 ~ 성징, 일 ~ 세계 대전, 일 ~ 이산 가족 방문단, 일 ~ 출분

차 간만의 ~, 골 득실 ~, 근소한 표 ~로 부결 된다, 추위와 더위의 ~

차 결명자 ~, 계지 ~, 녹차나 감 잎 ~, 두충 ~, 모과 ~, 생강 ~, 유자 ~, 인삼 ~집, 인삼 ~나 꿀, 일 일 ~집, 자스민 ~, 질그릇 ~잔, 청천백석 ~, 화엽 ~

차 ~를 대절 한다, ~ 창 밖, ~ 표 넉 장; 견인 ~ 역할, 경유 ~, 고가 사다리 ~, 디젤 기관 ~, 미국제 승용 ~, 미군 장갑 ~, 반대 편 ~ 선, 밤 ~를 탄다, 방범 순찰 ~, 벤츠 승용 ~, 보안대 짚 ~, 봉고 ~, 빨간 소방 ~, 빵소니 ~에 치인다, 사 ~ 선 도로, 삼 등 ~ 칸, 삼 륜 ~, 상용 ~ 전문 메이커, 소형 승합 ~, 속칭 닭 장 ~, 수륙 양용 장갑 ~, 수소 ~, 승용 ~에 치인다, 시멘트 ~ 운전사, 아토스 승용

~, □을/를 ~에 태운다, 이 ~ 선 도로, 이동 방송 ~, 자가용 승용 ~, 자가용 ~, 자동 ~가 내 뿜는 오염, 자동 ~ 공업 사, 자동 ~ 디자이너, 자동 ~ 면허세, 자동 ~ 배기 가스, 자동 ~ 보유 대 수, 자동 ~ 사고, 자동 ~세, 자동 ~ 업계, 자동 ~ 전용 경주장, 자동 ~ 정비업, 자동 ~ 제조업, 자동 ~ 제조 업자, 자동 ~ 제조 업체, 자동 ~ 판매업, 적적한 삼 등 ~, 준중형 ~ 시장, 중고 ~ 매매 업자, 중형 승용 ~, 증기 기관 ~, 청량리 행 밤 ~, 친환경 ~, 칠 인승 승합 ~, 포텐샤 승용 ~, 하이브리드 ~, 화물 자동 ~ 운수 사업 법, 후행 전동 ~, 휘발유 ~

차감 □을/를 ~ 한다

차갑다[차가와 차가운] 차가운 눈초리로 바라 본다, 차갑게 쏘아 붙인다; 바깥 공기가 ~, 얼음처럼 ~, 얼음장처럼 ~

차경 ~ 상황; 토지를 ~ 한다, 토지 ~

차고지 ~ 확보

차곡차곡 ~ 쌓는다, ~ 쌓인다

차관 대러 경협 ~, 조건부 ~

차관 ~ 급 인사; 농림부 ~, 농수산부 ~, 외무 ~, 전대 ~

차관보 ~ 의 방북; 내무부 ~, 농림부 ~, 아태 담당 ~, 행자부 ~

차광 ~ 안대

차근차근 하나 하나 ~히

차금 사채 발행 ~

차기 ~ 구축 함, ~ 대권 후보 지명, ~ 전투기, ~ 회계 연도, ~ 회장

차남 장남과 ~

차내 ~ 재 떨이

차다 알 찬 결실, 줄기 차게 계속 한다, 페달을 힘 차게 밟는다, 희망 ~, 힘 차게 날아 간다

차다 찬 물에 헹궈 물기를 뺀다, 찬 물을 끼얹은 듯 조용하다, 찬 바람이 불어 온다, 찬 밥 더운 밥 안가린다, 찬 밥 덩이, 찬 서리, 찬 이슬, 찬 피 동물, 차게 식힌다; 기대에 찬 물을 끼얹는다, 분위기에 찬 물을 끼얹는다, 손 발이 ~, 시리도록 ~, 얼음처럼 ~

차단 ~ 기동, ~ 된다; 문자 메시지 ~, 방실 전도 ~, 방실 ~, 복강 신경총 ~, 수신 ~, 스팸 메일 ~, □을/를 ~ 한다, 자외선 ~ 지수, 자외선 ~ 크림

차단기 누전 ~, 회로 ~

차단제 자외선 ~

차도 ~ 로 내려 선다, ~ 로 뛰어 든다

차도르 검은 ~

차돌 ~ 친다

차등 ~ 배점 제

차라리 --느니 ~

차량 ~ 수리비, ~ 전복 사고, ~ 정비 업소, ~ 폭탄 테러; 고속 전철 ~ 수주, 과적 ~, 다인승 ~, 무상 ~ 점검 서비스, 스포츠 유틸리티 ~, 승합 ~, 페퍼포그 ~, 폭주 ~

차려 ~ 자세

차렷 ~ 자세

차례 한 ~ 홍역

차로 추월 ~

차르 ~ 체제

ㅊ

차린다 차려 놓은 밥 상; 곱게 차려 입는다, 낌새를 알아 ~, 술 상을 ~, □을/를 알아 ~, □을/를 차려 입는다, 잘 차려 입는다, 정신 바싹 ~, 체면 ~, 푸지게 ~, 한복을 차려 입는다

차림 곤색 잠바 ~, 교복 ~, 군복 ~, 등산복 ~, 러닝 ~, 말쑥한 정장 ~, 반 바지 ~, 사복 ~, 소복 ~, 수영복 ~, 외출복 ~, 운동복 ~, 원피스 ~, 전투복 ~, 청바지 ~, 티셔츠 ~, 패랭이 ~, 평상복 ~, 풀 색 작업복 ~, 한복 ~

차마 ~ 눈 뜨고 못본다

차명 ~ 계좌

차밍 ~ 스쿨

차변 ~ 에 기입 한다

차별 ~ 철폐 위원회, ~ 철폐 협약; 남녀 ~ 개선위, 성 ~이나 인종 ~, 여성 ~ 철폐, 인종 ~ 정책

차분 ~ 하다

차석 ~ 대사; 대표부 ~

차선 왕복 2 ~, 왕복 4 ~, 왕복 8 ~

차세대 ~ 디스플레이, ~ 원자로, ~ 자기부상 열차, ~ 전투기 기종, ~ 전투기 사업, ~ 초음속 비행기, ~ 초음속 전투기

차안 ~ 과 피안

차액 ~ 결제 불이행; 어음 교환 ~ 결제

차용 ~ 증서; □을/를 ~ 한다

차원 3 ~ 유클리드 공간, 4 ~ 유클리드 공간, n ~ 유클리드 공간, 사 ~ 유클리드 공간, 삼 ~ 입체 영상, 삼 ~ 입체 음향, 삼 ~ 입체 지도, 상시 감시 ~

차음 ~ 표기

차이 공통 점과 ~ 점, □과/와 ~가 난다, 근소한 ~, 남녀의 생물학적 ~, 유사 점과 ~ 점, 유사 점이나 ~ 점, 유의미한 ~, 입장 ~를 확인 한다, 평균 ~ 검증

차익 시세 ~, 주식 양도 ~

차인다 □에 ~

차일피일 ~ 미룬다

차임벨 ~ 소리, ~ 이 울린다

차입 ~ 에 의존 한다; 기관 및 할부 금융사 ~, 종금 사 ~

차입금 ~ 을 갚는다, ~ 의존도

차장 국세 청 ~, 사무 ~, 안기부 2 ~, 육참 ~, 전 국세청 ~

차제 ~ 에

차주 은행과 ~ 사

차지 □을/를 ~ 한다

차질 ~ 없이 수행 된다, ~ 없이 진행 한다, ~ 을 빚어 낸다, ~ 이 빚어 진다; 수급에 ~을 빚는다, □에 ~이 생긴다, □에 ~이 있다, 큰 ~을 빚는다

차질액 생산 ~

차출 □에서 ~ 된다, □에서 ~ 한다, 타 종수로 ~ 된다

차치 □은/는 ~ 하고라도

차트 레이더 ~

차환 예보채 ~ 동의, 예보채 ~ 발행 동의 안

착 ~ 가라앉는다, ~ ~ 감긴다; □에 ~ 달라붙는다

착각 □으로/로 ~ 한다

착공 ~ 한다

착륙 비행기가 ~ 한다, 비행기의 ~, □에 ~ 한다

착복 □을/를 ~ 한다

착상 수정란이 ~ 한다, 자궁에 ~ 한다

착색 ~ 된다; 치아 ~

착석 ~ 한다

착수 검토에 ~ 한다, 내사에 ~ 한다

착수금 ~ 과 성공 보수, ~ 과 성공 사례비

착시 ~ 현상, ~ 효과

착실 ~ 하다

착안 □에 ~ 한다

착오 시행 ~

착용 교복 ~, 방독면 ~, 보호 장구 ~, 복장 ~, 정강이에 아대를 ~ 한다

착잡 ~ 하다

착즙 ~ 한다

착착 ~ 갠다, ~ 진행 된다

착찹 ~ 하다

착체 백금 ~ 항암제

착취 노동 ~, 억압과 ~, 영주가 ~ 한다

착하다[착해] 착한 사마리아인, 착하디 ~; 마음씨가 ~, 본성이 ~

찬 부엌 ~ 장, 저녁 ~ 거리

찬가 막걸리 ~

찬다 가득 ~, 가슴까지 차 오른다, 기가 찰 노릇이다, 꽉 꽉 들어 ~, 꽉 차 있다, 들어 차 있다, 라디에이터에 에어가 ~, 빼곡히 들어 ~, 빽빽히 들어 ~, 숨 ~, 악의에 찬, 욕심에 차지 않는다, □으로/로 빽빽이 들어 ~, 의혹에 찬 시선

찬다 공을 차 올린다, 끌끌끌 혀를 ~, 발길로 걷어 ~, □을/를 걷어 ~, □을/를 차 올린다, 제기 차기 시합, 춧춧 혀를 ~, 혀를 끌끌 ~

찬다 손 목 시계를 ~, 쇠고랑을 ~, 수갑 찬 손, 옆구리에 꿰어 ~, □을/를 꿰어 ~, 쪽박 ~, 책보를 허리에 ~, 팔찌를 ~

찬동 □에 ~ 한다, 전적으로 ~ 한다

찬란 금 빛 ~하다, 오색이 ~하다, 유치 ~하다, 호화 ~하다, 휘황 ~하다

찬모 음식점의 ~

찬미 ~ 를 받으소서, ~ 한다; 일방적 ~

찬반 ~ 논쟁, ~ 양 론이 팽팽히 맞선다, ~ 이 엇갈린다, ~ 토론; 조합원 ~ 투표

찬사 과분한 ~, 뻔한 ~

찬성 ~ 과 반대, ~ 측 토론자, ~ 표를 던진다; 과반 수의 ~, 전적으로 ~ 한다

찬송 ~ 한다

찬스 만루 ~, 절호의 ~, 프리 킥 ~

찬양 고무 ~, □을/를 ~ 한다

찬연 ~ 히 빛 난다; 삼 색 기가 ~하다

찬조 ~ 연설, ~ 출연

찬조금 육성회 ~

찬찬 ~ 하다, ~ 히 훑어 본다; □을/를 ~ 히 뜯어 본다

찬탁 ~ 노선

찬탄 불평과 ~

찬탈 불법적 ~, 왕위를 ~ 한다, 왕위 ~, 직능 ~

찬합 칠기 ~

ㅊ

찮다 대접이 시원 ~, 만만 ~, 벌이가 시원 ~, 시원 찮은 에어컨, 심심 찮게 구경 한다, 심심 찮게 등장 한다, --어도/아도 시원 찮을 판국

찰고무 ~ 로 바닥 댄다

찰그랑 ~ ~

찰기 밥의 ~

찰나 --는 ~

찰떡 ~ 궁합; 개 떡 같이 말 해도 ~ 같이 알아 듣는다

찰밥 ~ 을 짓는다

찰싹 ~ 늘어 붙는다, ~ 때린다; □에 ~ 달라붙는다

찰흙 ~ 덩이

참 --려던 ~이다, 이 ~에

참 ~ 내; 허 ~

참 ~ 과 거짓, ~ 교육, ~ 기름과 깨 소금, ~ 꽃이 핀다, ~ 수행자, ~ 억새 밭, ~ 억새 빛깔; 꿀과 ~ 기름, 소나무와 ~ 나무, 열려라 ~ 깨, 오사리 ~ 멸치

참가 ~ 신청, ~ 신청서, ~ 자를 모집 한다; 대회 ~ 차, 야구장 기공 식 ~, □에 ~ 한다, 항일 빨치산 ~자

참가인 보조 ~

참견 ~ 한다; 괜한 ~, 쓸 데 없는 ~

참고 ~ 논저, ~ 문헌 난, ~ 문헌 목록, ~ 자료; □을/를 ~ 한다

참고서 ~ 나 문제집

참관 ~ 한다

참관인 야당 측 ~

참괴 ~ 한다

참는다 참고 견딘다; 그립을 ~, 꾸욱 ~, 꾹 ~, □을/를 ~, 지겨움을 참아 낸다, 허기를 ~

참담 ~ 한 광경

참되다 참된 광복, 참된 본체, 참된 사랑, 참된 앎

참람 ~ 하다

참례 □에 ~ 한다

참모 ~ 총장과 기무 사령관; 공군 ~ 총장, 군수 ~, 육군 ~ 총장, 작전 ~, 정보 ~, 합동 ~ 본부, 해군 ~ 총장

참배 사당에 ~ 한다, 신사 ~

참사 ~ 희생자; 대형 ~, 지하철 방화 ~, 최악의 ~

참사관 대사관 ~

참석 리셉션에 ~ 한다, 예배에 ~ 한다, 외무상의 ~, 회의에 ~ 한다

참소 ~ 한다

참수리 ~ 357 호, ~ 고속정

참신 ~ 한 발상, ~ 한 아이디어

참여 ~ 신청, ~ 정부; 구사 운동에 ~ 한다, 국민 ~ 재판, 생보업 ~, 세미나에 ~ 한다, 수용자 ~ 방안, 은행업 ~, 입찰 ~ 요청서, 자발적 ~

참예 □에 ~ 한다

참외 ~ 랑 사과랑, ~ 와 수박; 금 싸라기 ~, 수박과 ~, 수박이나 ~

참을성 ~ 있다

참의원 중의원과 ~

참작 □을/를 ~ 한다, 정상을 ~ 한다, 정상 ~ 사유

참전 ~ 군인, ~ 기념 탑, ~ 용사; 월남전 ~, 유엔 군의 ~, 중공 군의 ~, 중국 인민 지원 군이 ~ 한다, 한국전 ~

참조 ~ 가격 제

참치 ~ 잡이, ~ 통 조림

참칭 ~ 한다

참판 이조 ~

참패 ~ 한다

참호 ~ 를 판다

참혹 ~ 하다

참화 전쟁의 ~

참회 ~ 기도, ~ 의 눈 물; 속죄와 ~, 죄업을 ~ 한다

참획 ~ 한다

찹쌀 ~ 가루 반죽, ~ 경단, ~ 고두밥으로 덧술을 담는다, ~ 과 멥쌀, ~ 도병, ~ 떡, ~ 모찌, ~ 이나 멥쌀, ~ 전분질

창 구두 밑 ~

창 ~ 문 족, ~ 밖만 내어다 본다, ~ 밖을 내어다 본다, ~ 유리 너머, ~ 턱을 넘어 온다; 굵은 쇠 ~ 살, 쇠 ~ 밖, 유리 ~ 너머, 차 ~ 밖, 통 유리 ~

창 ~ 과 방패, ~ 날 같다, ~ 대와~ 촉

창간 ~ 71 주년, ~ 된다; □을/를 ~ 한다

창건 ~ 된다, ~ 한다; 민주 주의 인민 공화국 ~

창고 ~ 의 곡식; 냉장 ~, 보물 ~, □을/를 ~에 보관 한다

창공 ~ 을 난다

창구 ~ 를 일원화 한다, ~ 상담; 북방 경협 ~, 외래 접수 ~, 입국 사증 발급 ~

창군 ~ 기념 일, ~ 멤버

창궐 ~ 한다; 전염 병 ~

창녀 ~ 나 진배 없다

창단 ~ 멤버, ~ 한다; 신생 팀 ~

창당 ~ 1 주년, ~ 준비위; 신당을 ~ 한다, 신당 ~

창도 □을/를 ~ 한다

창립 ~ 1 주년, ~ 100 주년, ~ 27 주년, ~ 기념 식, ~ 된다, ~ 총회; 종파 ~

창발성 ~ 을 발휘 한다

창백 깡마르고 ~하다, 얼굴 빛이 ~하다

창법 벨칸토 ~

창부 ~ 타령

창사 ~ 이래, ~ 특집 극

창살 ~ 에 맨다; 쇠 ~

창설 ~ 된다, ~ 한다

창성 ~ 한다

창시 ~ 자; □을/를 ~ 한다

창씨 ~ 개명

창안 □을/를 ~ 한다

창업 ~ 로드 쇼, ~ 및 부업 상담, ~ 보육 사업, ~ 보육 센터, ~ 지원 법, ~ 투자 회사; 기술 ~ 보육, 예비 ~자, 중소 기업 ~ 지원

창연 고색 ~하다

창의력 ~ 과 지능; 지능과 ~

창의성 자발성과 ~

창의적 ~ 으로, ~ 인

창자 ~ 가 당긴다

창작 ~ 년월일, ~ 노트, ~ 론 수업, ~ 의 고통; 문예 ~ 과

ㅊ

창작물 지적 ~

창작집 첫 ~

창제 한글을 ~ 한다, 한글이 ~ 된다, 한글 ~

창조 선진 조국 ~, □의 상징 체계를 ~ 한다, 천지 ~

창조력 기획력 ~

창조적 ~ 글 쓰기, ~ 소수자, ~ 으로, ~ 인

창졸 ~ 간에

창창 앞 날이 ~하다

창출 고용 ~ 효과, 무에서 유를 ~ 한다, 부가 가치 ~, □을/를 ~ 한다, 일 자리 ~

창포 ~ 물에 머리 감는다, ~ 삶는다

창피 ~ 하다

창호 ~ 를 단다; 꽃 살 ~, 띠 살 ~, 빗살 ~, 정 자 살 ~

창호지 문 살 ~

찾는다 찾아 볼 수 없다; 눈 씻고 찾아 보아도 없다, 물어 물어 찾아 간다, 미아를 ~, 보물 표를 ~, 비비며 찾아 다닌다, □을/를 찾아 간다, □을/를 찾아 낸다, □을/를 찾아 다닌다, □을/를 찾아 든다, □을/를 찾아 본다, □을/를 찾아 뵙는다, 이산 가족 찾기 생방송, 조화 점을 ~, 타협 점을 ~, 탈출구를 ~, 휴면 예금 ~

채 가옥의 안 ~, 사랑 ~와 안 ~, 안 ~와 사랑 ~, 중문간 행랑 ~, 집 두 ~, 한 ~를 통채로 빌린다

채 골프 ~, 배드민턴 ~, 탁구 ~, 파리 ~

채 등심 또는 ~ 끝 살

채 병 ~로 마신다, 선 ~로, 숨 막힌 ~, --은/ㄴ ~로, 주삿줄을 드리운 ~, 풀어뜨린 ~로

채 ~ 가시지 않았다

채 ~ 로 썬다; 굵게 ~ 썬다, 실 파 ~, □으로/로 ~ 썬다, 청홍 고추 실 ~

채권 ~ 매입자, ~ 시가 평가, ~ 은행단, ~ 입찰 제, ~ 정리 기금; 기관 부실 ~ 누증, 무기명 ~, 변동 금리부 외화 ~, 변동 금리부 ~, 세금 우대 소액 ~, 수출 대금 ~ 매입 업무, 외국환 평형 기금 ~, 투기 등급 ~, 환매 조건부 ~

채근 ~ 한다

채납 기부 ~ 한다

채널 뉴스 전문 ~, 리모컨으로 ~을 바꾼다, 매스 미디어 ~, 홈 쇼핑 ~

채록 ~ 한다

채무 ~ 변제, ~ 불이행, ~ 재조정 안; 소유자 겸 ~자

채비 --을/ㄹ ~를 갖춘다, --을/ㄹ ~를 한다

채산 독립 ~

채산성 ~ 악화

채색 ~ 된다, ~ 판화, ~ 한다

채석 ~ 한다

채소 ~ 절임; 고냉지 ~, 고랭지 ~, 녹황색 ~, 담색 ~, 뿌리 ~, 유산균 발효 ~, 하우스 ~

채식 ~ 식단, ~ 주의, ~ 주의자

채용 공개 ~, 사환으로 ~ 된다, 사환으로 ~ 한다, 신규 ~자, 신입 사원 ~, 역

참 제 ~, 준고령자를 우선 ~ 한다, 특별 ~, 현장 ~

채운다 꽉 꽉 ~, 만 보를 ~, 육허기나 ~, □을/를 ~, 잔에 술을 ~, 정조대를 ~, 주린 배를 ~

채운다 □에게 정조대를 ~, □을/를 ~

채인다 □에 ~

채종 양파 씨앗 ~, 양파 ~ 농사

채집 ~ 한다; 곤충 ~, 수렵과 ~, 수렵 ~ 생활, 어로 ~

채집인 수렵 ~

채찍 ~ 과 당근, ~ 으로 후려 친다, ~ 질 한다; 당근과 ~

채취 골재를 ~ 한다, 골재 ~ 법, 골재 ~ 인부, 수렵 ~, 자연에서 ~ 한다, 지문 ~, 혈액을 ~ 한다

채취선 골재 ~ 한 척

채탄 ~ 굴, ~ 막장

채택 결의문을 ~ 한다, □을/를 ~ 한다, 정식 종목으로 ~ 된다, 합의서 ~

채택료 ~ 비리

채화 ~ 된다; 성화 ~, □에서 ~ 한다

책 ~ 가방과 숙제물, ~ 갈피에 끼운다, ~ 꽂이에 꽂힌다, ~ 두 권, ~ 몇 권, ~ 상과 걸상, ~ 상 다리를 하고 앉는다, ~ 상 서랍, ~ 상 위, ~ 을 펼친다, ~ 한 권; 국사 ~ 연대 표, 앉은뱅이 ~ 상 하나, 역술 ~을 넘긴다, 잡지 ~ 수기 란, 지도 ~, 철제 ~ 상, 헌 ~ 노점, 헌 ~ 방

책동 방해 ~

책망 ~ 한다

책무성 ~ 확립

책보 ~ 를 허리에 찬다

책봉 세자로 ~ 한다, 세자 ~, 왕세자로 ~ 된다, □으로/로 ~ 된다, □으로/로 ~ 한다, 태자로 ~ 된다, 태자로 ~ 한다

책임 ~ 량을 지운다, ~ 량이 지워 진다, ~ 못진다, ~ 보험료의 할증, ~ 연락관, ~ 을 다한다; 거증 ~, 과실 ~ 원칙, 권한 및 ~, 남측 ~ 론, 내각 ~ 제, 배상 ~, 배출자 ~, 불법 행위 ~, 생계를 ~ 진다, □에 대한 ~, □에 ~을 전가 한다, 일말의 ~감, 자부심과 ~감, 전적으로 ~ 진다, 투철한 ~감

책임자 경영 최고 ~, 사과와 ~ 문책, 사정 기관 ~, 실무 ~

책자 ~ 를 발간 한다, ~ 와 지도; 등사판 ~, 안내 ~, 홍보 ~

책장 ~ 에 꽂힌다

책정 ~ 된다, ~ 한다; 등록금 ~, 예산 ~

책정권 등록금 ~

챈다 가로 채어서 혼자 처먹는다, 낌새를 눈치 ~, --는다는/ㄴ다는/다는/라는 것을 눈치 ~, 뒷덜미를 낚아 ~, 백만 원을 받아 가로 ~, 벨트를 채어 올린다, □을/를 가로 ~, □을/를 금방 알아 ~, □을/를 낚아 ~, □을/를 눈치 ~, □을/를 알아 ~, □을/를 잡아 ~, □을/를 채어 올린다, --음/ㅁ을 눈치 ~, 전혀 눈치 채지 못한다, 중간에서 가로 ~, 홱 낚아 ~

챔피언 리그 ~ 결정전

챙 새끼 ~

챙긴다 □을/를 ~

챙피 ~ 하다

ㅊ

처 국가 보훈 ~, 환경 ~

처 ~사 촌, ~ 삼촌 벌초 한다

처가 ~ㅅ 집, ~ 살이를 한다, ~ 식구

처결 ~ 한다

처남 ~ 매부 사이

처넣는다 집어 ~

처녀 ~막 재생 수술, ~ 시절; 과년한 ~, 매표원 ~, 유부남과 ~

처녀작 ~ 논술문

처단 ~ 한다

처량 ~ 하다

처럼 가시 ~ 걸린다, 강철 ~ 단단하다, 개 ~ 번다, 거미 줄 ~ 얽힌다, 거미 줄 ~ 연결 된다, 거미 줄 ~ 퍼진다, 걸레짝 ~ 지저분, 고무 줄 ~ 늘어 난다, 구름 ~ 몰려 든다, 귀신 ~ 쏘다닌다, 기관차 ~ 앞 세운다, 까마귀 떼 ~ 우짖는다, 꿈 결 ~ 흐른다, 꿈 ~ 몽롱, 나비 ~ 난다, 난마 ~ 얽힌다, 눈 덩이 ~ 불어 난다, 늑대 떼 ~ 몰려 온다, 늑대 떼 ~ 우짖는다, 대쪽 ~ 반듯하다, 동태 ~ 푸덩푸덩 언다, 두부 ~ 도도록, 맨드라미 ~ 밋밋, 모래 알 ~ 흩어 진다, 목 숨을 초개 ~ 던진다, 목 숨을 초개 ~ 버린다, 무쇠 ~ 단단하다, 물찌똥 ~ 흘린다, 밀초 ~ 녹는다, 밀초 ~ 칠 한다, 바둑 포석 ~ 늘어 놓는다, 바람 빠진 풍선 ~, 바위 ~ 꿈쩍 않는다, 봇물 ~ 터진다, 보석 ~ 빛 난다, 불 길 ~ 번진다, 불 꽃 ~ 타 오른다, 빵 떡 모자 ~ 씌운다, 산더미 ~ 쌓인다, 섬광 ~ 스친다, 소나기 ~ 쏟아 진다, 솔 방울 ~ 굴러 다닌다, 수수깡 ~ 약하다, 수족 ~ 부린다, 수탉 똥구멍 ~ 비쭉거린다, 식초 ~ 시큼, 썰물 ~ 빠져 나간다, 안개 ~ 피어 오른다, 앵무새 ~ 되풀이 한다, 얼음 ~ 차다, 얼음 ~ 차갑다, 얼음장 ~ 차갑다, 옥양목 ~ 흰 빛, 용수철 ~ 튄다, 우박 ~ 쏟아 진다, 우후죽순 ~ 생겨 난다, 우후죽순 ~ 쏟아 진다, 유행 ~ 번진다, 육개장 ~ 얼큰하다, 입 버릇 ~ 늘 말 한다, 입 버릇 ~ 말씀 하신다, 잔 물 결 ~ 가늘다, 장막 ~ 드리운다, 주마등 ~ 스친다, 짐승 ~ 울부짖는다, 짚 방석 ~ 썩는다, 칼날 ~ 다린다, 커튼 ~ 드리운다, 퍼즐 ~ 끼워 맞춘다, 퍼즐 ~ 맞아 떨어진다, 평소 ~, 폭포수 ~ 쏟아 진다, 풍선 ~ 부푼다, 햇살 ~ 싱그럽다, 헌 신짝 ~ 내 버린다, 헌신짝 ~ 내던진다, 혜성 ~ 나타난다, 혼잣말 ~ 웅얼거린다, 혼잣말 ~ 중얼거린다, 혼잣소리 ~ 중얼거린다, 혼자 말 ~ 중얼거린다, 황제 ~ 군림 한다

처리 교통 사고 ~ 특례 법, 기부 재산 ~ 위원회, 동점자 ~, 매입금을 ~ 한다, 미끄럼 방지 ~, 민원 사무 ~, 민원 ~ 절차, 발생지 ~ 원칙, 방부 ~, 법무 부 장관 해임 건의 안 ~, 볏짚 암모니아 ~, 분쟁 ~ 건 수, 사법 ~ 여부, 여러 가지 일 ~, 일 ~들이 무척 번거롭다, 재고 ~, 정보 ~업, 중앙 ~ 장치, 폐수 ~ 시설, 폐윤활유 ~, 하수 종말 ~ 사업소, 해임 안 ~, 회계 ~ 기준, 회기 내 ~

처리법 염소 ~, 오존 ~

처리장 분뇨 ~, 쓰레기 ~, 오수 ~, 하수 종말 ~, 하수 ~, 핵 폐기물 ~ 건설

처리학 ~ 과; 정보 ~ 과 부교수

처마 ~ 밑, ~ 선과 용 마루; 겹 ~ 맞배 지붕, 겹 ~ 맞배 집, 겹 ~ 우진각 지붕,

겹 ~ 팔작 지붕, 기와 지붕 ~, 단층 겹 ~ 맞배 집, 단층 겹 ~ 팔작 집, 옥개석의 ~, 초가 지붕 ~

처먹는다 가로 채어서 혼자 ~

처바른다[처발라] □을/를 ~

처박는다 개골창에 ~, 거꾸로 개울 물에다 ~, □을/를 ~

처박힌다 처박혀 있다; 골방에 ~, 집 구석에 ~

처방 극약 ~, 상용 ~ 의약품, 원내 ~, 진단과 ~

처방료 원외 ~

처방전 ~ 을 발급 한다; 원외 ~

처벌 ~ 을 내린다, ~ 을 면한다; 경범죄 ~ 법, 반민족 행위 ~ 법, □을/를 ~ 한다, □을/를 형사 ~ 한다, 응분의 ~, 특정 범죄 가중 ~ 법 위반, 학살자 ~, 형사 ~

처분 ~ 한다; 감식의 ~, 거래 정지 ~, 과징금 부과 ~, 기소 유예 ~, 면제 ~ 일, 병역 면제 ~, 불기소 ~, 압수나 정간 ~, 운전 면허 취소 또는 정지 ~, 운전 면허 취소 ~, 운전 면허 행정 ~, 장물 취득 죄와 장물 ~ 죄, 재산 보전 ~ 결정, 폐기 ~ 된다

처분장 방사성 폐기물 ~ 부지, 방폐물 ~, 핵 폐기물 ~

처신 가벼운 ~, 경박한 ~, 경솔한 ~, 부적절한 ~, 분별 있게 ~ 한다, 어정쩡한 ~, 영리한 ~, 적절하지 못한 ~, 현명한 ~, 현명하게 ~ 한다

처얼썩 ~ ~ , ~ 척

처연 ~ 하다

처우 부당한 ~, 전공의 ~ 개선

처음 ~ 이자 마지막이다; 개교 이래 ~, 난생 ~이다, 맨 ~, 사법사 상 ~이다, 생전 ~으로, 올 시즌 ~

처자 부모 형제 ~ 권속

처장 국가 보훈 ~, 국정 홍보 ~, 사무 ~, 전 보안사 정보 ~, 정보사 3 ~

처절 ~ 하다

처지 --을/ㄹ ~가 못된다, 피지배자 ~

처지른다[처질러] □을/를 ~

처진다 기분이 ~, 성적이 뒤 ~, 입귀가 ~, 축 ~

처참 ~ 하다

처치 ~ 곤란, ~ 한다; 응급 ~ 요령

처치법 응급 ~

처한다[처해] 곤경에 ~, 난처한 입장에 ~, 민주 주의가 위기에 ~, 역경에 ~, 위난에 ~

처한다[처해] 극형에 ~, 벌금 형에 ~, 사형에 ~, 엄벌에 ~, □을/를 교수 형에 ~, 징역에 ~, 천만 원 이하의 벌금에 ~, 화형에 ~

처형 ~ 당한다, ~ 된다; 공개 ~, 즉결 ~

척 거룻배 한 ~, 경비정 2 ~, 골재 채취선 한 ~, 배 두 ~, 조그만 통 나무 배 한 ~, 초계 함 두 ~

척 애 써 담담한 ~ 한다

척 오 ~ 단신, 육 ~ 장신

척 --는/은/ㄴ ~ 한다

척 ~ 본다; 처얼썩 ~

척 ~ 측 수근 굴근, ~ 측 수근 신근

척결 부정 부패를 ~ 한다, 부정 부패 ~, 비리 ~

척골 ~ 신경

척량 ~ 한다

척박 ~ 한 환경

척사 ~ 위정 논리; 위정 ~ 사상

척수 ~ 공동증 혹은~ 종양, ~ 구멍증, ~ 소뇌로, ~ 압박이나 마미 증후군, ~ 압박이나 마비; 경부 ~, 뇌와 ~, 모양체 ~, 섬모체 ~ 반사, 아급성 연합성 ~ 변성, 외측 ~ 시상로

척수로 ~ 신경 핵; 피질 ~

척수액 뇌 ~ 당분

척수염 회백 ~, 횡단성 ~

척주 외측 세포성 ~

척척 ~ 박사; □에 ~이다

척추 ~ 교정 요법, ~ 측만증

척추염 강직성 ~

척후 ~ 임무

천 ~ 이나 종이; 단색 ~, 자투리 ~, 파스치안 ~

천거 ~ 한다

천공 ~ 카드

천구 항성 ~

천국 ~ 과 지옥, ~ 의 나그네; 태평 ~

천금 ~ 같다

천당 ~ 간다, ~ 과 지옥

천대 ~ 받는다, ~ 와 멸시

천도 고혼 ~, 끝 없이 중음 ~ 한다

천도 ~ 한다

천동 ~ 설

천둥 ~ 과 번개, ~ 번개, ~ 소리, ~ 친다; 번개와 ~

천륜 ~ 과 인륜

천리 ~ 같이 트인다

천리마 ~ 운동, ~ 작업 반 운동

천만 ~ 다행이다, ~ 부당하다, ~ 의 말씀이다; 위험 ~하다

천명 □을/를 ~ 한다

천명 ~ 민본, ~ 을 거역 한다, ~ 을 받든다

천문 ~ 기상학, ~ 역법

천문학 ~ 과 역학

천박 ~ 하다

천벌 ~ 을 받는다

천변만화 ~ 한다

천봉 ~ 한다

천부당만부당 ~ 하다

천부인 ~ 세 개

천사 ~ 같은 마음씨; 녹원의 ~

천상 ~ 천하 유아독존

천선 개과 ~

천수 ~ 를 누린다

천시 ~ 한다

천식 ~ 이나 비염; 기관지 ~

천신 ~ 과 지신

천신만고 ~ 끝

천안 ~ 이나 혜안

천안통 ~ 이 트인다

천애 ~ 고아, ~ 의 고아

천연 ~ 기념물로 지정 한다, ~ 색 텔레비전, ~ 염료, ~ 의 암반, ~ 자원, ~ 조미료 시장, ~ 첨가물; 고급 ~ 조미료 감치미, 석유와 ~ 가스, 액화 ~ 가스

천연두 ~ 예방 접종; 탄저 병 및 ~

천엽 ~ 속, ~ 요리; 소 ~

천왕 ~ 과 지신

천외 기상 ~

천의 ~ 사상

천인 ~ 공노 한다, ~ 일체, ~ 합일

천자 외상성 ~, 요추 ~

천장 ~ 과 벽 면, ~ 돌을 받친다, ~ 에서부터 난다, ~ 의 형광 등; 궁륭형 ~, 보개 ~, 우물 ~을 가설 한다, 층단 ~, 투팔 ~

천재 ~ 소녀 바이올리니스트, ~ 수학자, ~ 씨름 꾼

천재 ~ 지변

천정 ~ 전체의 색조

천정부지 ~ 로 치솟는다

천주 ~ 교 박해, ~ 교 신자, ~ 교도 탄압, ~ 교회당

천주교 기독교와 ~

천지 ~ 가 개벽 한다, ~ 개벽 한다, ~ 를 진동 시킨다, ~ 만물, ~ 에 널려 있다, ~ 와 만물, ~ 창조

천직 □을/를 ~으로 생각 한다, □을/를 ~으로 안다, □을/를 ~으로 여긴다

천진 ~ 무구하다, ~ 하다

천진난만 ~ 하다

천착 ~ 한다

천천 ~ 하다

천천히 상온에서 ~ 식힌다

천체 ~ 물리 학자, ~ 물리학

천추 ~ 분절, ~ 신경원

천추체 ~ 신경

천치 바보 ~

천하 ~ 대란, ~ 대장군과 지하 여장군, ~ 의 게으름뱅이, ~ 장사 씨름 대회, ~ 제일; 천상 ~ 유아독존

천하다[천해] 천한 계집, 천한 기생, 천하고 추하다, 천하디~

천혜 ~ 의 경관, ~ 의 요새, ~ 의 자연 환경

천황 ~ 폐하

철 ~ 든다, ~ 없이 군다, ~ 없이 반긴다

철 ~ 따라; 가을 ~ 환절기, 곡우 ~, 모내기 ~, 무더운 여름 ~, 봄 ~ 실업 연맹전 우승 팀, 봄 ~ 중고 연맹전, 여름 한 ~, 여름 휴가 ~, 이사 ~에 맞춘다, 장다리는 한 ~, 피서 ~, 황사 ~ 피부

철 ~ 밥 통, ~ 의 장막, ~ 통 같은 경계; 배때기다가 ~ 판 깐다, 송전 ~ 탑, 흑 ~ 솥

철갑 ~ 상어 알

철강 ~ 트러스트

철거 ~ 계고장, ~ 반원, ~ 한다; 불법 정착 촌 ~, 유대인 정착 촌 ~, 자진 ~, 총독부 건물 ~

철골 ~ 소심

철광 줄 무늬 모양 ~ 층

철군 ~ 시한

철근 ~ 과 시멘트

철기 초기 ~ 시대

철도 ~ 건널목, ~ 이설 공사; 경부 고속 ~, 고속 ~ 관통, 고속 ~ 입찰, 시베리아 횡단 ~, 협궤 ~

철두철미 ~ 하다

철둑 ~ 길을 걷는다, ~ 밑 굴 다리

철딱서니 ~ 없다

철렁 ~ 한다; 가슴이 ~ 내려 앉는다, □이/가 ~ 내려 앉는다

철로 ~ 폭파법

철룩철룩 ~ 소리를 친다

철릭 ~ 자락

철면피 ~ 하다

철물 ~ 전 앞

철벽 ~ 방어, ~ 수비; 은산 ~

철분 ~ 함유량

철사 ~ 줄; 가는 ~, 리본 ~, 스프링 ~

철상 ~ 한다

철석 ~ 같은 믿음, ~ 같이 믿는다, ~ 같이 약속을 믿는다

철수 ~ 시한, ~ 한다; 외군 ~, 주한 미군 ~

철시 ~ 한다

철썩 ~ 갈긴다, ~ 때린다

철썩거린다 철썩거리는 파도

철야 ~ 기도, ~ 농성, ~ 또는 야간

철인 ~ 3 종

철인 ~ 과 사상가

철자법 ~ 이 틀린다; 언문 ~

철저 ~ 하다, ~ 히 서로를 얽는다, ~ 히 조사 한다

철제 ~ 농기구, ~ 앵글, ~ 책 상

철천지 ~ 원수

철철 ~ 넘친다, ~ 흐른다; □을/를 ~ 흘린다

철커덕 ~ ~

철폐 ~ 한다; 보안 법 ~, 여성 차별 ~, 유신 헌법 ~, 지문 날인 ~, 차별 ~ 위원회, 차별 ~ 협약

철학 ~ 입문서; 개 똥 ~, 동양 ~, 서양 ~, 스콜라 ~

철학과 ~ 의 과장

철학사 문학사와 ~

철학적 ~ 으로, ~ 인

철회 □을/를 즉각 ~ 한다, □을/를 ~ 한다, 청약 ~, 탈퇴를 ~ 한다, 특사 파견 ~

첨가 2대 1의 비율로 ~, 부원료를 ~ 한다, 식염 ~량, □을/를 ~ 한다

첨가물 천연 ~

첨가제 연료 ~

첨단 ~ 기기를 활용 한다, ~ 기술 기업, ~ 기술 제품, ~ 청소 용역업, ~ 트라이포트, ~ 하이테크

첨두 ~ 부하

첨벙 ~ 뛰어 든다, ~ ~ 뛰어 간다

첨벙거린다 □을/를 ~

첨병 ~ 을 자임 한다

첨부 ~ 된다, ~ 문서, ~ 파일; □을/를 ~ 한다

첨언 ~ 한다

첨예 ~ 하게 대립 한다

첨예화 ~ 한다

첨저 ~ 토기

첨차 ~ 밑 면, ~ 와 소로, ~ 의 밑 면; 2 교두형 ~, 주두와 ~

첨탑 교회당의 ~

첩 구 ~ 반상, 오 ~ 반상, 칠 ~ 반상 구성

첩경 --는 ~

첩리 ~ 를 입는다; 답호나 ~

첩보 ~ 를 입수 한다, ~ 부대, ~ 위성

첩어 의태어 등의 ~

첩첩이 ~ 쌓인다

첫 ~ 경험, ~ 기자 회견, ~ 닭이 홰 친다, ~ 발을 내디딘다, ~ 발을 내딛는다, ~ 발을 디딘다, ~ 번 째 키커, ~ 부임지, ~ 선을 보인다, ~ 손 꼽힌다, ~ 손가락에 꼽힌다, ~ 숙박지, ~ 술에 배 부르랴, ~ 아들을 낳는다, ~ 창작집, ~ 출근; 개봉 ~ 주, 개봉 ~ 주말, 데뷔 ~ 해, 뒷말의 ~ 소리, 새 해 ~ 날, 소주 ~ 잔, 신혼 ~ 날 밤, □에 ~ 발을 내 디딘다, □에 ~ 발을 내 딛는다, 여행의 ~ 기착지, 연맹전 ~ 날, 영문 ~ 자, 월드컵 ~ 승, 정월 ~ 해일, 종장 ~ 구, 헌정사 상 ~ 여성 총리, 황태자의 ~ 사랑

청 공업 진흥 ~, 국세 ~ 조사국, 국세 ~ 차장, 농촌 진흥 ~, 전 병무 ~장, 지방 환경 ~

청 딴 ~을 부린다

청각 ~ 과민증, ~ 신경, ~ 장애, ~ 장애인, ~ 장애자; 시각 및 ~ 변별력, 시각 ~ 신체 동작, 일 차성 ~

청결 ~ 하다; 피부를 ~히 한다

청과 ~ 시장

청교도 ~ 윤리, ~ 혁명

청구 ~ 를 기각 한다; 구속 적부 심사 ~, 매수 ~ 가격, 민사 상 손해 배상 ~, 반환 ~ 소송, 백만 원의 손해 배상 ~, 부양료 ~ 심판, 손해 배상 ~ 소송, 약제비 ~, □에 대해 구속 영장을 ~ 한다, □에게 손해 배상을 ~ 한다, □으로/로 구속 영장을 ~ 한다, □으로/로 손해 배상을 ~ 한다, □을/를 ~ 한다, 재심을 ~ 한다, 재심 ~, 재판을 ~ 한다, 정정 보도 ~, 주식 매수 ~, 진료비를 ~ 한다, 취소 ~ 소송

청구서 카드 대금 ~

청군 ~ 대장

청년 ~ 들과 장정들, ~ 시절, ~ 실업, ~ 인턴 제; 기독교 ~회, 열혈 반공 애국 ~

청동기 ~ 시대 유적, ~ 유물, ~ 유적

청량 ~ 음료 제조업, ~ 음료 제조 업계, ~ 하다

청력 ~ 상실

청렴 ~ 결백하다, ~ 하다

청록 엷은 ~ 색

청룡 ~ 과 백호; 좌 ~ 우 백호

청명 ~ 하다, ~ 한식

청문 국회 인사 ~ 특위, 서리 인사 ~회, 인사 ~ 특위 위원장, 총리 서리 인사 ~ 특위, 총리 인사 ~ 특위

청문회 ~ 에 출석 한다

ㅊ

청바지 ~ 뒷주머니, ~ 를 찢는다, ~ 차림; 찢어 진 ~

청백전 자체 ~

청병 ~ 외교

청빈 근검 절약과 검소 ~

청사 공항 ~, 낭관 ~, 당상 ~, 삼군부 ~, 옛 총독부 ~, 정부 종합 ~, 정부 중앙 ~, 정부 ~

청사진 장미 빛 ~

청산 부패 정권 ~, 부패 ~ 입법, 식민 지배 ~, 잔재를 ~ 한다, 잔재의 ~, 잔재 ~

청상 ~ 과부

청소 굴뚝을 ~ 한다, 덕트 ~, 방 ~, 변소 ~ 당번, 집 안 ~, 첨단 ~ 용역업, 화장실 ~

청소기 로봇 ~, 무선 ~, 진공 ~

청소년 ~ 보호위, ~ 상담사 국가 자격증 제도, ~ 성 매매, ~ 수련관, ~ 수련원, ~ 쉼 터, ~ 지도 육성회; 국무 총리실 산하 ~ 보호 위원회, 아동 ~ 공연

청수 ~ 하다

청순 ~ 가련하다, ~ 하다

청승맞다 청승맞게 쪼글띠리구 앉는다

청신 ~ 하다

청신경 ~ 초종

청아 ~ 하다

청안 백면 ~

청약 ~ 부금, ~ 저축 가입자, ~ 철회; 공모 주 ~ 예치금, 주택 ~ 예금 가입자

청약서 ~ 에 사인 한다

청어 훈제 ~

청운 ~ 의 꿈

청원 ~ 한다; 건설위 ~, 입법 ~

청자 ~ 나 백자, ~ 상감 모란 꽃 무늬 기름 병; 고려 ~

청장 경찰 ~ 기 전국 대회, 국세 ~, 지방 중소 기업 ~

청정 ~ 하다, ~ 해역

청정기 공기 ~

청정제 구강 ~

청조 ~ 문물

청주 ~ 1 홉; 저급 ~

청천 ~ 벽력, ~ 일수

청첩장 모바일 ~, 잔칫날의 ~

청청 ~ 하다

청초 ~ 하다

청춘 ~ 예찬, ~ 을 불 사른다, ~ 의 덫; 이 팔 ~

청취 ~ 자; 라디오 ~, □을/를 ~ 한다

청탁 내사 무마 ~, 부도 어음 저가 매수 ~, 수사 무마 ~, 원고를 ~ 한다, 원고 ~, 이권 ~, 화의 인가 ~

청탁서 원고 ~

청한다[청해] 돕을 ~, 악수를 ~, □을/를 ~

청홍 ~ 고추 실 채

체 고딕 ~ 글씨, 한문 ~로 된

체 --는/은/ㄴ ~ 한다, 못들은 ~ 한다, 본 ~ 만 ~ 한다

체 ~ ㅅ 바퀴 돈다, ~ 로 거른다, ~ 바구니, ~ 에 거른다, ~ 에 받친다, ~ 에 밭

친다, ~ 에 친다; 고운 ~, 다람쥐 ~바퀴 돌듯

체감 ~ 된다, ~ 온도; 한계 효용은 ~ 한다

체결 본계약 ~, 선린 협력 조약 ~, 약정을 ~ 한다, □을/를 ~ 한다, 조약의 ~, 조약이 ~ 된다, 추가 약정 ~, 협약을 ~ 한다, 협정을 ~ 한다, 협정 ~

체계 ~ 의 기능적 결함; 분쟁 조정 ~, 유일 사상 ~, 음운 ~, □의 상징 ~를 창조한다, 의약 분업 ~, 이지스 전투 ~, 이지스 ~, 토템 신앙 ~

체계적 □을/를 ~으로 정리 한다

체급 ~ 별 대회

체납 ~ 한다; 세금 ~

체념 ~ 한다

체득 □을/를 ~ 한다, 인생관을 ~ 한다

체력 ~ 과 끈기, ~ 과 정신력, ~ 단련, ~ 단련비, ~ 소모, ~ 이 국력이다; 강한 ~

체류 ~ 기간; 불법 ~ 외국인, 불법 ~ 유학, 불법 ~자, □에 ~ 한다

체머리 ~ 를 흔든다

체면 ~ 구긴다, ~ 이 깎인다, ~ 차린다, ~ 치레

체모 ~ 에 똥 칠을 한다

체성 ~ 감각 유발, ~ 구심성; 전정 및 ~

체세포 ~ 복제

체신머리 ~ 없다

체언 ~ 을 수식 한다

체열 ~ 의 방산; 적외선 ~ 검사, 적외선 ~ 영상, 적외선 ~ 진단, 적외선 ~ 촬영

체외 ~ 로 배설 한다, ~ 수정

체육 ~ 대회, ~ 진흥 공단, ~ 특기자, ~ 훈장 맹호장; 국민 ~ 진흥 법, 문교 ~ 위원회, 문화 ~ 부, 장애인 복지 ~회

체육관 실내 ~, 아이스링크와 ~

체육복 노란 ~

체인 다국적 ~ 음식점

체인지업 ~ 으로 삼진을 잡는다, ~ 으로 승부 한다

체전 ~ 에 출전 한다; 전국 ~

체제 ~ 내화, ~ 유지 통일 안; 같은 ~, 공동납 ~, 공영 방송 ~, 공조 ~, 귀족 연립 ~, 귀족 합의 ~, 냉전 ~가 붕괴 된다, 냉전 ~ 종식, 다품종 소량 생산 ~, 막번 ~, 문벌 귀족 ~, 삼두 ~, 선대위 ~, 소품종 대량 생산 ~, 쇄국 ~ 하, 양절 ~, 운영 ~, 유일 사상 ~, 유일적 영도 ~, 중앙 집권 ~, 직무 대행 ~, 진관 ~, 차르 ~, 파쇼 ~, 후계 ~

체조 리듬 ~, 맨손 ~, 스트레칭 ~, 양생 도인 ~, 피티 ~, 활인 ~

체중 ~ 1 킬로 그램, ~ 관리; 표준 ~

체증 ~ 을 빚는다; 교통 ~, 십 년 묵은 ~

체지방 ~ 검사, ~ 률, ~ 수치

체질 ~ 감별, ~ 감별법, ~ 개선; 샤머니즘적 ~, 알레르기성 ~, 특이 ~, 팔 상 ~

체크 ~ 무늬, ~ 한다

체크아웃 ~ 시간, ~ 을 한다

체포 ~ 된다, ~ 또는 구속, ~ 령이 내린다, ~ 영장을 발부 받는다; 긴급 ~, □에게 ~ 령을 내린다

체험 ~ 활동; 몸소 ~ 한다, 병영 ~, 신비감의 ~, 신비적 ~ 주의, 유년기 ~, 임사 ~

체현 ~ 한다

체화 ~ 한다

첼로 ~ 연주, ~ 협주 곡; 바이올린 , 비올라 , ~

초 개장 ~, 금세기 ~, 내주 ~, 이 번 주 ~

초 ~ ㅅ 대 뼈 깐다, ~ ㅅ 불 한 자루, ~ 칠을 한다; 반전 평화 ~불 대행진, 은 ~대

초 ~ 밥 두 공기, ~ 밥 전문점, ~ 산 조제 마늘, ~ 죽음이 된다; 생선 ~ 밥, 유부 ~ 밥, 젖 산과 ~ 산

초 ~ 읽기에 들어 간다, ~ 침 소리; 오 ~ 가량, 오 ~ 쯤

초가 ~ 삼간 집, ~ 지붕 처마; 빈대 잡으려다 ~ 삼간 다 태운다, 홑처마 ~ 지붕

초가을 늦여름에서 ~까지

초간 ~ 하다

초간단 ~ 레시피, ~ 안주

초개 ~ 같이 버린다; 목 숨을 ~처럼 던진다, 목 숨을 ~처럼 버린다

초겨울 ~ 의 양광

초경량 ~ 비행기

초계 ~ 한다, ~ 함 두 척; 야간 ~ 비행, 해군 고속정 ~ 함, 해군 ~ 함

초고속 ~ 위성, ~ 인터넷, ~ 정보 통신 망, ~ 통신 망

초고액 ~ 상품권

초고층 ~ 빌딩, ~ 주상 복합 아파트

초과 ~ 근무 수당, ~ 징수액, ~ 하중; □을/를 ~ 한다, 택지 ~ 소유 부담금, 투지 ~ 이득세

초구 포크 볼 ~

초국적 ~ 기업, ~ 자본

초극 □을/를 ~ 한다

초극미 ~ 우주

초근목피 ~ 로 연명 한다

초급 ~ 과정, ~ 대학; 수지 침 ~

초기 ~ 철기 시대; 임신 ~

초년병 ~ 시절

초대 ~ 한다

초대소 ~ 학습실; 특각 ~

초대장 전시회 ~

초동 ~ 수사

초동 ~ 의 접낫

초두 20 세기 ~

초등 ~ 교육 과장, ~ 학교 동기 동창, ~ 학교 병설 유치원, ~ 학교 상급생, ~ 학교와 중학교, ~ 학생; 공립 ~ 학교

초라 행색이 ~하다

초라니 ~ 패

초래 □을/를 ~ 한다

초로 ~ 의 아주머니

초로기 ~ 치매

초록 국문 ~

초록 ~ 색 매니큐어, ~ 은 동색이다, ~ 잎새; 빨강 , 파랑 , ~

초롱 ~ ~ 빛 난다, ~ ~ 하다

초만원 □으로/로 ~이다

초면 ~ 에 실례이지만; 금시 ~

초목 산천 ~

초문 금시 ~이다

초미 ~ 의 관심사

초미세 ~ 캡슐

초반 2000 년 대 ~, 십 대 ~

초반기 2000 년 대 ~

초발심자 ~ 의 마음

초벌 ~ 구이, ~ 번역, ~ 번역가

초보 ~ 운전자

초보자 독해 ~

초보적 ~ 인 단계

초본 다년생 ~

초빙 ~ 교수, ~ 한다; 강사 ~, 해외 고급 과학 두뇌 ~

초사 ~ 한다

초상 ~ 난 집, ~ 을 치른다, ~ 휘장; 누님의 ~, 잔칫집이나 ~ 집

초상권 ~ 침해

초생달 ~ 모양

초생대 ~ 지형

초석 ~ 을 놓는다, ~ 을 다진다, ~ 을 쌓는다; 다듬은 ~, 막돌 ~, 주형 ~, 판형 ~

초선 ~ 의원

초성 ~ 자음 활용; 한글 ~ 자음

초소 분대 ~, 위병 ~

초순 팔 월 ~

초식 ~ 동물

초심 ~ 으로 돌아 간다

초안 논문 ~, 정관 ~, 지침 ~

초야 ~ 에 묻힌다

초연 ~ 된다, ~ 시사회; □을/를 ~ 한다

초연 ~ 하다

초엽 20 세기 ~, 금세기 ~, 이십 세기 ~

초원 ~ 지대

초월 □을/를 ~ 한다

초유 ~ 의 사태

초음속 ~ 수송기; 차세대 ~ 비행기, 차세대 ~ 전투기

초음파 ~ 검사, ~ 검사법, ~ 진단기

초익공 ~ 양식

초인 ~ 종 소리, ~ 종을 누른다

초일류 ~ 기업

초자체 ~ 출혈

초장 ~ 에 질린다

초전 ~ 박살

초전도 ~ 물질, ~ 자석, ~ 재료, ~ 현상; 고온 ~

초전도체 고온 ~

초점 ~ 이 맞춰 진다, ~ 집단 토론; □에 ~을 맞춘다

초정밀 ~ 소형 모터, ~ 연마기

초조 ~ 와 불안, ~ 하고 불안스럽다; □을/를 ~하게 기다린다, 하지 ~ 증후군

초종 청신경 ~

초중등 ~ 교육 법

초지 ~ 일관 한다

ㅊ

초창 ~ 된다

초청 ~ 에 응한다; 연사 ~, □을/를 ~ 한다, 중소 기업인 ~ 간담회, 후보 ~ 토론회

초청장 ~ 의 명의

초초 ~ 하다

초췌 ~ 한 모습, ~ 한 몰골

초치 □으로/로 ~ 한다, □을/를 ~ 한다

초컬릿 수제 ~

초콜릿 ~ 곽, ~ 아이스크림, ~ 음료

초탈 ~ 한다

초토화 ~ 된다; □을/를 ~ 한다

초파일 사 월 ~

초팽창 ~ 이론

초풍 기절 ~ 한다

초하루 상달 ~, 음력 정월 ~, 이 월 ~날, 정월 ~날

초헌관 알자가 ~을 인도 한다

초현실 ~ 주의, ~ 주의자, ~ 파

촉 간 돌 화살 ~, 새 ~, 창 대와 창 ~

촉 백 ~ 짜리 알 전구, 삼십 ~ 전등, 삼십 ~ 짜리 알 전구

촉각 ~ 미각 후각, ~ 식별감, ~ 을 곤두 세운다

촉구 분발을 ~ 한다, □을/를 ~ 한다

촉망 ~ 받는다; 장래가 ~ 된다

촉매 ~ 고정화 기술

촉박 ~ 해 진다; 시간이 ~하다

촉발 ~ 된다; □을/를 ~ 한다

촉성 ~ 한다; 반 ~ 재배

촉진 고령자 고용 ~ 법, 분비를 ~ 시킨다, 신진대사가 ~ 된다, □을/를 ~ 한다, 주택 건설 ~ 법, 통일 독립 ~회

촉진제 가황 ~로 쓰인다, 고무의 가황 ~

촉촉 ~ 하다, ~ 히 젖는다; □을/를 ~히 적신다

촌 고종 사 ~, 사 ~ 누나, 사 ~ 누이, 사 ~ 동생, 사 ~ 형, 사돈의 팔 ~, 오 ~ 당숙, 외종 사 ~, 육 ~ 동생, 이웃 사 ~, 이종 사 ~, 처 사 ~

촌 ~ 놈, ~ 사람 행색; 고급 빌라 ~, 기지 ~ 매매춘, 불법 정착 ~ 철거, 산 골의 폐광 ~, 예술가 ~, 유대인 정착 ~, 유대인 정착 ~ 철거, 지구 ~ 곳곳, 지구 ~ 시민 학교, 탈북자 난민 ~, 텍사스 ~ 일대

촌락 도시나 ~

촐랑거린다 촐랑거리며 좇아 다닌다

촘촘 ~ 하다, ~ 히 돋아 난다, ~ 히 박힌다

촛점 ~ 없다

총 ~ 부리를 겨눈다, ~ 소리의 환청, ~ 알 두 발을 쏜다, ~ 알이 빗발 친다, ~ 으로 쏜다; 가스 ~을 쏜다, 눈 ~을 받는다, 따가운 눈 ~, □을/를 향해 ~을 쏜다, 허리에 꽂은 ~

총 ~ 생산 대비

총각 ~ 미아이, ~ 으로 늙는다

총격 ~ 을 가한다

총결산 ~ 한다

총괄 국무 조정실 ~ 조정관, □을/를 ~ 한다, 조정실 ~

총괄적 ~ 으로, ~ 인

총구 ~ 를 겨눈다, ~ 를 빠져 나온다

총국 공상 ~

총기 ~ 난사 사건, ~ 류, ~ 오발 사고, ~ 판매상

총대 ~ 를 맨다, ~ 를 멘다, ~ 멘다

총독부 옛 ~ 청사, 조선 ~ 관제

총동원 ~ 된다; 국가 ~ 법, □을/를 ~ 한다

총량 배출 허용 ~ 제

총력 ~ 투쟁; □에 ~을 기울인다

총론 ~ 과 각론; 각론과 ~

총리 ~ 서리를 지명 한다, ~ 서리 인사 청문 특위, ~ 인사 청문 특위, ~ 인준 부결, ~ 임명 동의, ~ 지명자, ~ 직 공백, ~ 직 수락; 국무 ~ 서리, 국무 ~ 직무 대행, 국무 ~ 표창, 자치 정부 ~, 정무원 ~, 최연소 ~, 헌정사 상 첫 여성 ~, 후임 ~ 인선

총리실 ~ 공보 수석, ~ 공보 실장, ~ 외교 안보 심의관; 국무 ~ 산하 청소년 보호 위원회

총망라 ~ 된다, ~ 한다

총명 ~ 하다

총무 ~ 부장, ~ 수석실; 양 당 ~, 원내 ~단, 원장이나 ~, 조계종 ~ 원, 조계종 ~ 원장

총본산 카톨릭의 ~

총부 중앙 ~

총사퇴 내각 ~, 지도 부 ~

총살 ~ 당한다, ~ 형을 집행 당한다; 서둘러 ~ 형을 집행 한다

총상 ~ 을 입는다

총생산 국내 ~의 순위, 당 국내 ~, 일 인당 국내 ~

총생산액 국민 ~

총서 문학 ~, 미술 운동 ~

총서기 당 ~

총선 ~ 시민 연대

총성 두 발의 ~

총수 재벌 ~

총수입 월 ~

총애 ~ 를 받는다; 화왕의 ~

총액 ~ 대출 한도, ~ 임금 제; 상장 주식 시가 ~, 시가 ~ 비중, 시가 ~ 상위 종목, 출자 ~ 제한

총연맹 자유 ~, 전국 농민회 ~

총영사관 ~ 승격

총장 ~ 이나 교수, ~ 직선; 공군 참모 ~, 박홍 ~, 사립 대학 ~ 협의회 회장, 사무 ~, 육군 참모 ~, 육참 ~, 전 검찰 ~, 참모 ~과 기무 사령관, 해군 참모 ~

총재 ~ 가 취임 한다, ~ 권한 대행, ~ 단 회의, ~ 외교 안보 특보; 야당 ~ 시절

총점 수능 ~

총지휘 □을/를 ~ 한다

총집결 ~ 한다

총총 ~ 하다

총출동 ~ 한다

총출연 ~ 한다

총칭 □을/를 ~ 한다

총파업 메이 데이 ~

총판 중부 ~

총포 군함과 ~

총포술 ~ 종사자

총학생회 ~ 홍보 부장

총회 ~ 와 이사회; 개강 ~, 발기 ~, 이십 차 정기 ~, 임시 주주 ~, 정기 주주 ~, 창립 ~

촬영 ~ 에 임한다, ~ 장비; 영화 ~, □을/를 ~ 한다, 적외선 체열 ~, 전산화 단층 ~, 항공 사진 ~

촬영술 뇌 혈관 ~, 양전자 방출 전산화 단층 ~

촬영실 X 선 ~

촬영장 기념 사진 ~

최강 세계 ~, 여류 ~

최강국 세계 ~

최고 ~ 값 및 평균 값, ~ 권력자, ~ 득점자, ~ 의사 결정 기관, ~ 인민 회의 상임 위원회, ~ 통치권자, ~ 행정 수반; 경영 ~ 책임자, 기업 ~ 경영자, 낮 ~ 기온, 대주주 겸 ~ 경영자, 대표 ~ 위원, 북한 ~ 인민 회의

최고급 ~ 가전, ~ 이미지

최고봉 히말라야 산 ~

최고액 역대 ~

최고위 ~ 급 접촉

최고조 ~ 에 달한다

최고치 ~ 를 경신 한다; 사상 ~를 기록 한다, 연중 ~

최근 ~ 연구 동향

최근세사 한국 ~

최다 ~ 득점, ~ 홈 런; 시즌 ~ 도루, 시즌 ~ 숫, 시즌 ~ 완봉승, 시즌 ~ 탈삼진, 시즌 ~ 홈 런 신기록, 전국 ~ 득표, 한 경기 ~ 삼진, 한 경기 ~ 탈삼진

최단 ~ 거리, ~ 시일 내

최대 ~ 공약수, ~ 급무, ~ 산소 섭취량, ~ 수용 인원, ~ 출자자

최대한 ~ 으로 발휘 한다; 숙박비를 ~ 아낀다

최루 ~ 가스, ~ 탄 가스, ~ 탄과 돌멩이, ~ 탄과 화염 병, ~ 탄을 쏜다, ~ 탄이 난무 한다; 다연발 ~ 탄이 날아 온다, 화염 병과 ~ 탄

최루액 ~ 분사기

최북단 한반도 ~

최빈국 아시아 ~

최상 ~ 의 컨디션

최선 ~ 을 다한다

최소 ~ 공배수, ~ 전공 인정 학점, ~ 전공 인정 학점제, ~ 주의 문법 이론

최소한 ~ 에 그친다, ~ 으로

최신 ~ 가요, ~ 금융 기법, ~ 버전

최악 ~ 의 사고, ~ 의 시나리오, ~ 의 참사

최연소 ~ 총리, ~ 합격자

최우선 ~ 과제, ~ 목표, ~ 순위; □을/를 ~으로 한다

최우수 ~ 기업, ~ 상, ~ 선수, ~ 작품

최저 ~ 경매 가격, ~ 생계비, ~ 임금 심의, ~ 임금 위원회, ~ 임금 제, ~ 임금 제도; 법정 ~ 임금, 아침 ~ 기온, 연중 ~ 수준, 평균 값 그리고 ~ 값

최저치 연중 ~를 경신 한다

최적 ~ 가수율

최전방 ~ 공격수, ~ 부대

최종 ~ 결정, ~ 대부자 기능, ~ 덤핑 마진율, ~ 수요액; □으로/로 ~ 판명 된다, 중거리 미사일 ~ 실험

최종적 ~ 으로, ~ 인

최첨단 ~ 기술, ~ 전자동, ~ 트라이포트, ~ 학문

최초 ~ 공표 년월일, ~ 규정자, ~ 목격자, ~ 발행 년월일; 헌정 사상 ~

최하 ~ 점수

최하위 ~ 선수

최혜국 ~ 대우

최후 ~ 의 결전, ~ 의 만찬, ~ 의 보루, ~ 의 일전, ~ 의 진용, ~ 통첩 시한; 논고문 낭독과 ~ 변론

추가 ~ 약정 체결; 당좌 대월 거래 ~ 약정, 당좌 대월 거래 ~ 약정서, 유해의 ~ 송환, 이 차 ~ 합격자 발표

추간 요추 골 사이의 ~ 부위

추간판 ~ 탈출증

추격 ~ 한다

추경 ~ 예산 안

추계 ~ 대학 연맹전, ~ 중고 연맹전

추곡 ~ 매입, ~ 매입가 인상, ~ 수매, ~ 수매가

추골 ~ 동맥

추구 변화 ~ 욕구, 사익 ~, 수월성 ~, 오락성 ~, □을/를 ~ 한다, 이상을 ~ 한다, 진리 ~, 회원 이익 ~ 단체

추구욕 미식 ~, 이윤 ~

추궁 ~ 한다

추나 ~ 요법, ~ 의학회

추녀 ~ 끝, ~ 를 받친다; 외양간 ~, 합각 마루와 ~ 마루

추단 ~ 한다

추대 ~ 된다; □으로/로 ~ 한다, 종정 ~

추도 ~ 한다

추돌 ~ 사고

추동 □을/를 ~ 한다

추락 ~ 사고; 날개 없는 ~, 낭떠러지로 ~ 한다, 비행기가 ~ 한다, 절벽에서 ~ 한다

추레 ~ 하다

추렴 술 ~을 한다, □을/를 ~ 한다

추론 ~ 능력; 귀납적 ~, 연역적 ~

추리 ~ 소설; 틀림 없이 맞는 ~

추린다 □을/를 ~

추모 ~ 공원, ~ 등반, ~ 비 건립, ~ 집회, ~ 한다, ~ 행사; 십 주기 ~ 식

추방 공직에서 ~ 한다, 공해 ~, 과소비 ~ 캠페인, 국외로 ~ 된다, 국외로 ~ 한다, □을/를 ~ 한다

추산 □으로/로 ~ 된다, □으로/로 ~ 한다

추상 ~ 명사, ~ 미술; 구상과 ~, 기하학적 ~, 현대 ~ 수학

추서 □을/를 ~ 한다

추석 ~ 과 설 날, ~ 귀성객, ~ 기차 표, ~ 명절을 기해, ~ 비습, ~ 쇤다, ~ 연

ㅊ

휴, ~ 이산 가족 상봉; 설과 ~, 팔 월 ~, 풍성한 ~

추세 고유가 ~, --는 ~

추수 ~ 감사절, ~ 한다; 풍성한 ~

추스른다[추슬러] □을/를 ~

추심 ~ 은행, ~ 의뢰 은행, ~ 지시서

추악 ~ 하다

추앙 ~ 받는다; □으로/로 ~ 한다

추어탕 ~ 에 산초를 넣는다

추욱 ~ 늘어 진다, ~ 늘어뜨린다

추월 ~ 차로; □을/를 ~ 한다

추위 ~ 를 탄다, ~ 에 언다, ~ 와 굶주림, ~ 와 더위의 차, ~ 와 배 고픔; 꽃 샘 ~, 늦겨울 ~, 더위나 ~, 매서운 ~, 혹독한 ~

추이 가구 및 인구 ~, 증감 ~

추인 □을/를 ~ 한다

추잡 ~ 하다

추장 인디언 ~

추저분 ~ 하다

추적 계좌 ~, 끈질기게 ~ 한다, 동위 원소 ~자, 아이피 ~, □을/를 ~ 한다

추적거린다 추적거리고 끈끈하다

추적추적 ~ 내린다

추정 무죄로 ~ 한다, 사망 ~ 시각, 사스 ~ 환자, □으로/로 ~ 된다, □으로/로 ~ 한다

추종 □을/를 ~ 한다, 타의 ~을 불허 한다

추증 ~ 한다

추진 ~ 계획; 실무 ~단, □을/를 ~ 한다

추징 몰수 또는 ~, 세금을 ~ 한다, 세금 ~, □을/를 ~ 한다

추천 ~ 검색어, ~ 한다; 복수 ~ 제, 전문가의 ~

추첨 ~ 한다; 로또 복권 ~, 해외 여행 경품 ~

추체로 ~ 병변, ~ 와 추체외로

추체외로 추체로와 ~

추출 무작위로 ~ 한다, 무작위 ~, 용매 ~, □을/를 ~ 한다, 정보 ~, 표본 ~, 플루토늄을 ~ 한다

추출물 뇌의 ~

추출법 산 용액 ~, 수용액 ~, 알코올 ~

추출액 인삼 ~

추측 ~ 된다, ~ 한다

추킨다 □을/를 추켜 세운다

추파 ~ 를 던진다

추풍 ~ 낙엽

추하다[추해] 천하고 ~

추호 --고 싶은 생각은 ~도 없다

추후 ~ 검증

축 구두 뒤 ~, 뒤 ~ 깁는다

축 밥만 ~ 낸다, □을/를 ~ 낸다

축 □을/를 중심 ~으로 해, 자오선 중심 ~

축 ~ 처진다; □에 ~ 늘어진다, □으로/로 ~ 늘어진다, □을/를 ~ 늘어뜨린다

축간 도로 ~

축구 ~ 공, ~ 부 합숙소, ~ 선수권 대회, ~ 심판, ~ 에 열광 한다; 국제 ~ 연맹, 금 배 전국 고교 ~ 대회, 대통령 금 배

고교 ~ 대회, 미식 ~ 결승전, 세계 ~ 선수권, 수영 볼링 ~ 테니스, 실업 ~ 선수권 대회 정상, 실업 ~ 연맹, 연예인 ~단, 유소년 ~, 유청소년 ~ 교류, 조기 ~회, 프로 ~ 갑 급, 한국 ~ 대표 팀 감독

축농증 코주부나 ~

축대 ~ 붕괴 사고, ~ 위

축동 ~ 현상

축배 ~를 든다

축사 내빈 ~

축산 ~ 과학 부, ~ 기술 연구소, ~ 농가, ~ 시험장; 기업형 ~

축산가 기업 ~

축성 ~ 한다

축소 ~ 된다, ~ 모형 박물관; 대폭 ~ 한다, □을/를 ~ 한다

축수 ~ 한다

축약 ~ 된다, ~ 한다

축원 만수 무강을 ~ 한다

축인다 목을 ~, 엽차로 입술을 ~

축재 부정 ~ 환수 재산, 정치인 부정 ~자

축적 ~ 된다; 부를 ~ 한다, □을/를 ~ 한다

축제 마을 ~, 민속 ~ 환송연, 불 꽃 ~, 입장 거봉 포도 ~, 주꾸미 ~, 쪽배 ~, 패배 주의의 ~, 흥겨운 ~

축조 ~ 된다; □을/를 ~ 한다

축축 ~ 히 적신다; 젖어 ~하다

축축이 ~ 젖는다

축출 미제 ~, □에서 ~ 한다

축포 ~를 터뜨린다

축하 결혼 기념 일 ~ 이메일, 생일을 ~ 한다, □을/를 진심으로 ~ 드린다, 진심으로 ~ 한다

축하연 당선 ~, 전승 ~

춘다 --고 덩실덩실 춤 ~, 너울너울 춤을 ~, 너울너울 춤 ~, 댄스를 ~, 덩실덩실 춤을 ~, 디스코를 ~, 막춤을 ~, 무당 칼 춤 추듯이 휘두른다, 무당 칼춤 ~, 배꼽 춤을 ~, 블루스를 ~, 수렵무를 ~, 어깨 춤을 ~, 엉덩 춤을 ~, --으며/며 덩실덩실 춤 ~, □을/를 덩실덩실 ~, 음악에 맞춰 춤 ~, 장단에 춤 ~, 춤도 ~, 춤이나 ~, 트위스트를 ~, 흔들흔들 춤 ~

춘란 자생 ~

춘삼월 ~ 호시절

춘설 푸진 ~

춘추 ~ 시대

춘풍 득의 ~

출가 ~ 수행자, ~ 한다

출간 단행본으로 ~ 된다, 단행본으로 ~ 한다, □에서 번역 ~ 한다

출감 ~ 한다

출강 □에 ~ 한다

출격 ~ 한다

출계 ~ 직원

출고 ~ 적체

출고증 ~을 교부 한다

출국 ~ 금지자, ~ 금지 조처, ~ 금지 조치, ~ 수속을 밟는다, ~ 스탬프, ~ 신고서, ~ 한다; □을/를 ~ 금지 조처 한다, □을/를 ~ 금지 한다

출근 ~ 한다; 첫 ~

출금 ~ 된다

출납관 근무대 ~

출납기 자동 ~

출납부 금전 ~

출동 ~ 한다; 긴급 ~

출두 □에 자진 ~ 한다, □에 ~ 한다

출렁 ~ 한다

출렁인다 물 결이 ~

출력 ~ 장치, ~ 화면; 인쇄 ~

출력기 인화지 ~

출루 ~ 한다

출마 ~ 설이 나 돈다; 대선에 ~ 한다, 보선 ~자, 보선에 ~ 한다, 옥중 ~

출마설 ~ 이 나돈다

출목 ~ 다포 식 공포, ~ 의 다포식; 내외 3 ~, 다포 식 ~ 익공, 외 1 ~, 외 2 ~, 외 3 ~, 외 일 ~

출몰 ~ 한다

출발 ~ 지점; □에서 ~ 한다

출범 ~ 한다; 조기 선대위 ~, 행정부 ~

출병 ~ 한다; 조선군의 ~

출분 일 차 ~

출사 ~ 한다

출사표 ~ 를 던진다

출산 ~ 계획, ~ 과 양육, ~ 과 육아, ~ 예정 일, ~ 장려, ~ 지원; 결혼이나 ~, 기형아를 ~ 한다, 기형아 ~, 무뇌아 ~, 생명의 ~자, 원정 ~, 임신 · ~ · 육아, 임신과 ~, 포태와 ~

출상 ~ 전일

출석 ~ 요구서; 변호인의 ~, 증인으로 ~ 한다, 청문회에 ~ 한다

출세 ~ 가도, ~ 한다; 입신 ~ 주의, 입신 ~ 주의자

출소 ~ 한다

출시 ~ 된다, ~ 한다

출신 ~ 성분; 불문 과 ~, 소년 병 ~, 신진 귀족 ~, 육두품 ~, 의정 하사관 ~, 이공계 ~, 일류 대학 ~, 일류대 ~, 일본군 장교 ~, 입양아 ~, 진골 ~, 해산 군인 ~ 의병장

출신자 대학 ~, 실업고 ~

출역 ~ 한다

출역수 ~ 대열

출연 겹치기 ~, 사재 ~ 약속, □에 단역으로 ~ 한다, □에 ~ 한다, 찬조 ~

출연금 정부 ~

출영 공항 ~

출옥 ~ 한다

출원 특허를 ~ 한다, 특허 ~ 건 수

출입 ~ 기자단, ~ 이 잦다, ~ 통제, ~ 한다; 기방 ~, 기생 방 ~, 문 밖 ~, 보세 구역 ~, 여성 ~ 금지, 외부인의 ~, 외인 ~ 금지 구역, 중앙청 ~ 기자

출입국 ~ 관리 법 위반, ~ 관리소, ~ 스탬프; 법무 부 ~ 관리 사무소

출자 ~ 총액 제한, ~ 한도 제; 민 관 공동 ~, □에 ~ 한다, 전액 ~, 최대 ~자, 타사 ~

출장 ~ 명령서, ~ 을 간다, ~ 이 잦다; 해외 ~

출전 올림픽에 ~ 한다, 체전에 ~ 한다

출전국 월드컵 ~

출정 ~ 한다

출제 ~ 경향, ~ 한다

출중 ~ 하다

출진 ~ 한다

출처 ~ 를 굳이 각주 란에다 밝힌다, ~ 불명, ~ 조사; 일 차적 ~, 자금 ~, 재원의 ~

출출 ~ 하다

출타 ~ 한다

출토 성 터에서 ~ 된다, □에서 ~ 한다, 유물이 ~ 된다, □을/를 ~ 한다, 향로 ~ 사찰지, 화석이 ~ 된다

출퇴근 ~ 한다

출판 국어로 ~ 된다, 도서 ~, 시집 ~ 기념회, □을/를 ~ 한다, 저자나 ~ 사, 전자 ~업, 조류 도감 ~

출판학 전자 ~

출품 ~ 된다; 전시회에 ~ 한다

출하 ~ 한다; 홍수 ~

출하액 광공업 ~

출항 ~ 준비, ~ 한다; 긴급 ~

출행 ~ 한다

출현 느닷없는 ~, □에 ~ 한다, 진인 ~

출혈 뇌 실질 내 ~, 뇌 ~, 수막염이나 지주막 하 ~, 수막염 혹은 지주막 하 ~, 에볼라 ~ 열, 월경 ~량, 초자체 ~, 피하 ~

출혈성 급성 ~ 결막염

출혈열 에이즈와 에볼라 ~

출회 산지 ~

춤 ~ 도 춘다, ~ 이나 춘다; --고 덩실덩실 ~ 춘다, 너울너울 ~을 춘다, 너울너울 ~ 춘다, 덩실덩실 ~을 춘다, 무당의 작두 ~, 무당 칼 ~ 추듯이 휘두른다, 바지 ~을 깐다, 배꼽 ~을 춘다, 살 풀이 ~, 어깨 ~을 춘다, 엉덩 ~을 춘다, --으며/며 덩실덩실 ~ 춘다, 음악에 맞춰 ~ 춘다, 장단에 ~ 춘다, 즉석 ~ 판, 캉캉 ~, 흔들흔들 ~ 춘다

춥다[추워 추운] 추운 겨울 날, 춥고 배고프다; 날씨가 ~, 엣 ~, 오슬오슬 ~, 으슬으슬 ~, 지독히도 ~

충 ~ 으로써 효를 현창 한다; 효와 ~

충격 ~ 을 받는다, ~ 흡수; 강한 ~

충격적 ~ 으로, ~ 인

충고 ~ 와 염려, ~ 한다

충당 기부금으로 ~ 한다, 운영비로 ~ 한다, □으로/로 ~ 한다, 재정 ~ 방법

충당금 대손 ~ 적립

충돌 ~ 사고, ~ 테스트; □과/와 ~ 한다, 무력 ~, 에어백에 ~ 한다, 열차와 ~ 한다, 우발적 ~

충동 ~ 의 분출, ~ 장애; --고 싶은 ~에 사로잡힌다, 살인 ~, 자살 ~

충만 ~ 하다

충부 소뇌 ~

충분 ~ 하다; 필요 ~ 조건

충성 ~ 을 맹세 한다, ~ 행군 답사; 과잉 ~, 상표 ~도, 황국 신민으로서 ~ 한다

충신 ~ 은 불사이군 한다

충실 기본에 ~하다

충원 ~ 한다

ㅊ

충일 ~ 한다

충적 ~ 평야

충전 무선 ~, □을/를 ~ 한다

충전소 가스 ~

충족 ~ 시킨다; 가계비 ~도, 성적 욕구를 ~ 한다, □을/를 ~ 한다, 조건을 ~ 한다

충직 ~ 하다

충천 ~ 한다

충충 ~ 하다

충치 ~ 균, ~ 치료

충혈 벌겋게 ~ 된다, 빨갛게 ~ 된다

충효 ~ 겸전, ~ 사상, ~ 양전의 길

췌액 ~ 의 유출 장해

췌장 ~ 소도 세포, ~ 암

췌장염 급성 ~, 만성 ~, 알코올성 ~

취급 ~ 품목, ~ 한다; 거래점 ~률, 수학적 ~

취득 ~ 가액, ~ 당시 과세 시가 표준액; 구주 ~, 국내 학위 ~자, 담보로 ~ 한다, 대량 주식 ~, 박사 학위 ~자, 석사 학위를 ~ 한다, □에서 박사 학위를 ~ 한다, □을/를 ~ 한다, 자격증을 ~ 한다, 자격증 ~, 자사 주 ~, 장물 ~ 죄와 장물 처분 죄, 장물 ~ 혐의, 주식 ~ 신청, 학점을 ~ 한다, 학점 ~ 제

취락 분기 점 ~

취로 ~ 사업

취미 ~ 로, ~ 생활, ~ 와 일 거리, ~ 활동

취사 ~ 금지, ~ 도구, ~ 용품; 야외 ~

취사 ~ 선택 한다

취소 ~ 청구 소송; 면허가 ~ 된다, 부도 통지 ~ 절차, 운전 면허 ~ 또는 정지 처분, 운전 면허 ~ 처분, □을/를 ~ 한다

취약 ~ 하다

취업 ~ 알선, ~ 자 수; 위장 ~자, 유흥업소에 ~ 한다

취역 ~ 시킨다

취임 ~ 3 주년, ~ 일성; 대통령 ~ 식, 부사장에 ~ 한다, 수상에 ~ 한다, 총재가 ~ 한다, 회장에 ~ 한다

취입 ~ 한다

취재 ~ 및 보도, ~ 수첩, ~ 와 보도, ~ 한다; 심층 ~, 특별 ~단, 특별 ~ 반

취재원 ~ 과 미디어 관계; 기자와 ~이 유착 한다

취조실 검찰청 ~

취중 ~ 보행

취지 ~ 가 무색하다, ~ 를 통지 한다

취지문 발기 ~

취직 □에 ~ 한다

취체 부랑자 ~

취침 ~ 나팔, ~ 점호

취타대 ~ 의 팡파르

취탈 함거를 ~ 당한다, 함거를 ~ 한다

취하 상소를 포기 또는 ~ 한다, 상소의 ~, 포기 또는 ~

취학 ~ 아동, ~ 전 아동; 여아 ~률

취한다[취해] 거나하게 ~, 얼근히 ~, 얼큰히 ~

취한다[취해] 공동 보조를 ~, 안전 제일 주의를 ~, □을/를 ~, 포즈를 ~

취합 □을/를 ~ 한다

측 검사 ~ 토론자, 검찰 ~ 검시, 검찰 ~ 검시의, 노조 ~ 교섭, 단요 ~ 수근 신근, 동남 ~, 동북 ~, 변호인 ~ 토론자, 서 북 ~, 야당 ~ 참관인, 야당 ~ 토론자, 요 ~ 수근 굴근, 장요 ~ 수근 신근, 정부 ~ 토론자, 좌우 ~ 뇌, 찬성 ~ 토론자, 척 ~ 수근 굴근, 척 ~ 수근 신근, 후외 ~ 신경 핵

측 남 ~ 대표단, 양 ~의 입장

측간 양 ~, 협간과 ~

측기 평판 ~

측두 ~ 혈관, ~ 혈관염

측두엽 ~ 간질, ~ 절제술; 내측 ~

측량 ~ 한다; 골격 ~, 토목 ~, 평판 ~

측만증 척추 ~

측면 정면과 ~

측색 근 위축성 ~ 경화증, 위축성 ~

측실 ~로 들어 앉는다

측은 ~ 하다, ~ 히 여긴다

측정 비중을 ~ 한다, □을/를 ~ 한다, 질소 산화물 ~, 탄소 연대 ~

측정기 개인 시청률 ~

측정법 방광 내압 ~, 탄소 연대 ~

측정소 지진 ~

츱츱 ~ 하다

츳츳 ~ 혀를 찬다

층 구 ~ 대회의실, 구 ~ 소회의실, 삼 ~ 목탑, 삼 ~ 석탑 및 석등, 삼 ~ 탑신, 오 ~ 석탑, 이 ~ 계단, 이 ~ 복도, 이 ~ 서재, 이 ~ 양옥 집, 이 ~ 크리스탈 볼 룸, 일 ~ 탑신, 일본 식 이 ~ 집

층 기득권 ~, 기층 농민 ~, 노년 ~을 대상으로, 노년 ~의 질환, 노론 벌열 ~, 막돌 허튼 ~ 쌓기 기단, 막돌 허튼 ~ 쌓기의 기단, 바른 ~, 백정 ~, 부유 ~, 북평 ~, 빈농 ~, 상류 ~, 서민과 중산 ~, 신진 사인 ~, 아래 ~, 양인 농민 ~, 영구 동토 ~, 오존 ~ 파괴, 위 ~, 잡척 ~, 재지 유력 ~, 저소득 ~, 정호 ~, 줄 무늬 모양 철광 ~, 중산 ~ 가정, 중산 ~ 아파트, 중산 ~ 여성, 중산 ~ 이상, 중산 ~ 이하, 중장년 ~, 큐티클 ~, 토지 소유자 ~, 토탄 ~, 특권 ~, 평천민 ~, 허튼 ~ 쌓기 기단, 허튼 ~ 쌓기의 기단, 호부 ~

층급 ~ 받침

층단 ~ 천장

층위 여러 ~

층층대 돌 ~

층층이 ~ 쌓인다

층하 □을/를 ~ 한다

치 □에서 한 ~도 벗어 나지 않는다, 한 ~ 앞도 내어다 보지 못한다, 한 ~ 앞을 내어다 보지 못한다, 한 ~의 양보도 없다, 한 ~의 오차도 없다

치 ~가 떨린다, ~를 떤다

치과 ~ 의사 협회, ~ 진료 부; 돌팔이 ~

치국 수신 제가 ~ 평천하

치근치근 ~ 한다

치기 ~ 어린

치누크 ~ 헬기가 격추 된다

치닥거리 ~ 한다

치닫는다[치달아 치달은] □으로/로 ~

치댄다 베개를 ~

ㅊ

치덩굴 ~ 잎사귀가 누렇다; 우거진 ~ 잎사귀

치뜬다[치떠] 눈을 동그랗게 ~, 눈을 커다랗게 ~, □을/를 ~, 휘둥그렇게 ~

치렁치렁 ~ 하다

치레 겉 ~, 잔 병 ~, 체면 ~

치레 인사 ~

치료 난치 병 ~, 내과적 ~, 방사선 ~, 수지 침으로 ~ 한다, 신 병 ~ 차, 재활 ~, 충치 ~, 통원 ~, 항암 ~

치료법 생체 되먹이 ~

치료실 물리 ~

치료제 고혈압 ~, 백혈 병 ~, 빈혈 ~, 암 ~, 에이즈 ~, 위 궤양 ~, 혈우 병 ~

치룬다 □을/를 ~

치르륵 ~ 한다

치른다 곤욕을 ~, 옥고를 ~, □을/를 성공적으로 ~, □을/를 성대하게 ~, □을/를 ~, 잔금을 ~, 토너먼트를 ~

치른다[칠러] 초상을 ~

치마 ~ 와 저고리, ~ 의 밑 단, ~ 저고리 감, ~ 폭으로 눈 물을 훔친다; 검정 통 ~, 노랑 저고리와 분홍 ~, 앞 ~를 두른다, 옥 색 ~ 저고리, 인조견 속 ~, 저고리와 ~, 헐렁이 ~

치매 노인성 ~, 뇌 동맥 경화성 ~, 다발 경색성 ~, 변성적 ~, 알츠하이머 형 ~, 초로기 ~, 피질 하 ~, 피질성 ~, 혈관성 ~

치명상 ~ 을 입는다

치명적 ~ 약점, ~ 으로, ~ 인; □에 ~이다

치명타 □에 ~를 입힌다

치민다[치밀고 치밀어] 치밀어 오른다; 왈칵 울화가 ~, 울컥 ~, 울화 통이 ~, 은근히 부아가 ~

치밀 ~ 한 사고; 하나 하나에 ~하다

치받는다 쿡 쿡 ~

치받친다 화가 ~

치부 ~ 된다; □으로/로 ~ 한다

치사 과실 ~, 더럽고 ~하다, 박종철 군 고문 ~ 사건, 상해 ~ 교사, 폭행 ~

치사 ~ 하다

치산자 한정 ~

치상 업무 상 과실 ~, 폭행 ~

치솟는다 치솟는 물가; 불 길이 ~, 천정 부지로 ~

치수 ~ 관개, ~ 를 잰다

치아 ~ 발육기, ~ 자가 이식, ~ 착색; 고른 ~

치안 ~ 본부장, ~ 유지 법; 민생 ~

치안감 전 ~

치약 ~ 튜브; 미백 ~, 불소 함유 ~

치열 ~ 하다

치외 ~ 법권 지역, ~ 법권적

치욕 패배와 ~

치용 경세 ~

치우친다 □에 ~

치운다 깨끗이 ~, 말끔히 ~, 여반장으로 해 ~, □을/를 걷어 ~, □을/를 때려 ~, □을/를 ~, 후다닥 해 ~

치운다 단숨에 해 ~, 먹어 ~, 목 숨 걸듯이 해 ~, --어/아 ~

치유 상처를 ~ 한다, 질병이 ~ 된다, 한국 병 ~

치유력 자연 ~

치인다 치여 숨 진다; 뺑소니 차에 ~, 승용 차에 ~

치장 ~ 한다

치적 인물 됨과 ~

치조 ~ 농루

치졸 ~ 하다

치주 ~ 농루

치중 □에 ~ 한다

치즈 슬라이스 ~, 잼과 ~

치지 격물 ~

치찢는다 치찢어 진다; 수염에 ~

치켜든다[치켜들고 치켜들어] □을/를 ~

치켜뜬다[치켜떠] 치켜뜬 눈동자; □을/를 ~

치켜올린다 눈썹을 ~, 으쓱 ~, □을/를 ~

치킨다 치켜 뜬다, 치켜 세운다; 높이 치켜 든다, 번쩍 치켜 든다

치패 ~를 당한다

치프덤 ~ 단계

치하 노고를 ~ 한다, 식민지 ~, 일제 ~

치환 ~ 한다

치훑는다 치훑고 내리훑는다

칙 사 ~ 연산

칙사 ~ 대접

칙어 교육 ~

칙칙 ~ 하다

칙피 ~ 수프

친구 ~ 따라 강남 간다; 남자 ~, 막역한 ~, 이유 없이 삐진 여자 ~, 절친한 ~

친근 ~ 하다

친다 거세게 몰아 ~, 건반 ~, 공을 ~, 공 치는 날, 깡패나 소매 치기들, 꼬부려 쳐 든다, 끌고 달음질 ~, 낮 판때기를 쳐 든다, 농탕을 ~, 높이 쳐 든다, 높이 헹가래 ~, 눈보라가 ~, --는다손 치더라도, --는다손/ㄴ다손 치더라도, 다마 ~, 달음질을 ~, 당구를 ~, 당일 치기 여행, 동댕이를 ~, 두어 발짝 뒷걸음 질 ~, 뒷북을 ~, 등 치고 배 문지른다, 등 쳐 먹는다, 땅 짚고 헤엄 ~, 때기 ~, 땡땡이 ~, 떡메로 ~, 똑 바로 쳐다 본다, 뚜룩 ~, 뚫어 지게 쳐다 본다, 뚫어 져라 쳐다 본다, 뛰어 가며 소리 ~, 말 치기 소년, 말끄러미 쳐다 본다, 말똥말똥 쳐다 본다, 맞장구를 쳐 준다, 메아리 ~, 몰방을 ~, 몸부림 ~, 몸서리가 쳐 진다, 몸서리를 ~, 몸서리 치는, 물 결 ~, 물 장구도 ~, 박수를 쳐 준다, 배수 진을 ~, 버럭 버럭 고함을 ~, 버럭 버럭 고함 ~, 번갈아 쳐다 본다, 번개가 ~, 번쩍 쳐 든다, 벗어 나려고 발버둥 ~, 벼락이 ~, 부르르 몸서리 ~, 부르르 진저리 ~, 북 치고 장구 ~, 빗발 치는 비난, 비 바람이 몰아 ~, 비 바람이 휘몰아 ~, 비난이 빗발 ~, 빤히 쳐다 본다, 빽 빽 고함 ~, 뺑소니를 ~, 뺨을 후려 ~, 뻥땅 ~, 사고 ~, 사흘 거리로 ~, 산 입에 거미 줄 치랴, 설명도 없이 내 팽개 ~, 소리 소리 ~, 소용돌이 ~, 손 바닥으로 탁 탁 ~, 손뼉을 ~, 손사래를 ~, 쇼부 ~, 수화기를 내

ㅊ

동댕이 ~, 슬금슬금 뒷걸음 ~, 애인하고 도망 ~, 양 치기의 오두막 집, 얼레발을 ~, □에 내동댕이 ~, □에 동댕이 ~, □에 처 넣는다, □에 처 박는다, □에 쳐 박힌다, 여지 없이 쳐 부순다, 요청이 빗발 ~, 용솟음 ~, 우글거리는 소매 치기들, □을/를 내려 ~, □을/를 둘러 ~, □을/를 맞받아 ~, □을/를 바꿔치기 한다, □을/를 비비 ~, □을/를 빼 ~, □을/를 썩썩 비비 ~, □을/를 점 ~, □을/를 쳐 든다, □을/를 쳐 부수고 승리 한다, □을/를 쳐다 본다, □을/를 태질 ~, □을/를 후려 ~, 장난 ~, 쟁을 ~, 정 칠 놈, 조급히 손사래 ~, 종종걸음을 ~, 좆뱅이 ~, 줄 달음 질 ~, 줄행랑을 ~, 진저리가 ~, 진저리를 ~, 짜고 치는 고돌이, 짝짝짝 박수 ~, 쪄서 ~, 차돌 ~, 채찍으로 후려 ~, 천둥 ~, 철룩철룩 소리를 ~, 첫 닭이 홰 ~, 체에 ~, 총 알이 빗발 ~, 코 웃음을 ~, 타자 ~, 탁 하고 ~, 탁구를 ~, 탕 치기 수법, 텐트를 ~, 툭 툭 ~, 판 ~, 패대기를 ~, 팽개 치듯 내려 놓는다, 팽이 치기, 펜으로 밑 줄을 ~, 폭풍우가 몰아 ~, 풍덩 풍덩 헤엄 ~, 풍흉을 점 ~, 하숙을 ~, 하얗게 파도 ~, 한 잔 쳐 올린다, 한 탕 ~, 항의가 빗발 ~, 허우적허우적 헤엄 ~, 헤엄도 ~, 헤엄을 ~, 헤엄 쳐 건너 간다, 호되게 야단을 ~, 호되게 야단 ~, 호통을 ~, 활개를 ~, 활개 ~, 홰를 치며 운다, 홰 치는 소리, 회오리가 몰아 ~, 휘갑을 ~, 휘장 친 술 국 집, 흘금 쳐다 본다, 흘끔 흘끔 쳐다 본다, 흘끗 쳐다 본다, 흘낏 쳐다 본다, 흥 하고 코 웃음 ~, 힐끔 쳐다 본다, 힐끗 힐끗 쳐다 본다

친다 --ㄹ라 치면

친목 ~ 단체, ~ 도모, ~ 모임, ~ 을 다진다, ~ 회비

친밀 ~ 도를 높인다, ~ 하다; □에게 ~ 감을 느낀다

친분 ~ 을 돈독히 한다, ~ 을 쌓는다, ~ 이 두텁다

친선 ~ 기념 탑, ~ 대사, ~ 을 도모 한다; 우호 ~

친수 ~ 공간

친숙 ~ 하다

친애 ~ 하는 지도자 동지

친위 ~ 대원, ~ 쿠데타

친위대 나찌 ~ 병사들

친인척 ~ 비리; 이사장의 ~

친절 ~ 을 베푼다; 관광지 답게 ~하다, 미소와 ~

친정 ~ 과 시댁, ~ 오라비, ~ 이나 시댁

친족 ~ 관계; 가족 및 ~, 직계 ~

친척 이웃이나 ~, 일가 ~

친친 ~ 감는다, ~ 감긴다, ~ 동여 맨다

친필 ~ 서명

친화 □에 대한 ~ 도, 크롬 ~ 세포 종, 환경 ~

친환경 ~ 차

칠 기름 ~ 한다, 니스 ~, 매니큐어를 ~ 한다, 메니큐어를 ~ 한다, 목 구멍에 풀 ~ 한다, 물 감을 ~ 한다, 물 감 ~, 밀초처럼 ~ 한다, 비누 ~을 한다, 색 ~ 한다, □에 똥 ~ 한다, □에 먹 ~을 한다,

□에 먹 ~ 한다, □에 분 ~을 한다, □에 분 ~ 한다, □에 침 ~을 한다, □에 침 ~ 한다, □에 페인트 ~을 한다, □을/를 ~ 한다, 입에 풀 ~을 한다, 체모에 똥 ~을 한다, 초 ~을 한다, 페인트를 ~ 한다, 풀 ~ 한다, 황 ~ 한다, 황토 색 페인트 ~, 회 벽에 안료를 ~ 한다, 회 ~ 한다

칠갑 ~ 을 한다; 농약 ~, 피 ~

칠기 ~ 찬합; 나전 ~

칠면조 ~ 사육

칠보 ~ 빛깔

칠순 ~ 잔치

칠언 ~ 절구

칠정 사단이나 ~, 사단 ~ 논변

칠정론 사단 ~

칠칠 ~ 하지 못하다

칠흑 ~ 같은 밤, ~ 같은 어둠, ~ 같이 어둡다, ~ 속

칡 ~ 즙

칡덩굴 질긴 ~

침 벌 ~ 요법, 수지 ~ 강좌, 수지 ~과 지압, 수지 ~으로 치료 한다, 수지 ~ 초급, 초 ~ 소리

침 ~ 에 찔린다, ~ 을 꼴깍 삼킨다, ~ 을 꿀꺽 삼킨다, ~ 을 찍 뱉는다, ~ 을 퉤 뱉는다, ~ 을 퉤 퉤 뱉는다, ~ 이 꼴깍 넘어 간다; 가래 ~을 뱉는다, 마른 ~을 삼킨다, 시 ~과 분 ~, □에 ~ 칠을 한다, □에 ~ 칠 한다, 입에 ~이 마르도록 칭찬 한다, 입술에 ~을 바른다, 전기 ~ 요법, 퉤 퉤 ~ 뱉는다

침공 무력으로 ~ 한다

침구 의류와 ~

침노 ~ 한다

침대 ~ 맡, ~ 머리 맡, ~ 발치, ~ 시트, ~ 와 옷 장; 디스크 환자용 ~, 목조 ~, 싱크대와 ~, 야전 ~, 킹 사이즈 ~

침략 ~ 군의 무도한 폭행, ~ 전쟁기; 외적의 ~

침략기 일제 ~

침몰 ~ 한다; 고속정 ~ 해역, 예인 도중 ~

침범 ~ 된다; 대뇌 반구 ~, 북방 한계 선 ~, 신경로 ~, 영해를 ~ 한다, 영해 ~, 중앙 선을 ~ 한다, 중앙 선 ~

침소봉대 ~ 한다

침수 ~ 농경지, ~ 된다; 상습 ~ 피해

침식 ~ 평야

침실 거실이나 ~

침울 ~ 하다

침윤 □에 ~ 된다, □에 ~ 한다

침입 병 균이 ~ 한다, 왜구의 ~, 왜군의 ~, 외적의 ~, 외적이 ~ 한다

침잠 □에 ~ 한다

침장 ~ 저채 류

침전 왕비의 ~

침전물 억압의 ~

침중 ~ 하다

침착 ~ 하다

침채 ~ 류

침체 ~ 국면, ~ 된, ~ 의 늪; 경기 ~, 증시 ~

ㅊ

침출 ~ 조건

침침 ~ 하다

침탈 국권 ~, 이권 ~

침통 ~ 하다

침투 깊숙이 ~ 한다, 무장 간첩 ~ 사건, □에 ~ 한다, 잠수정 ~

침팬지 ~ 나 고릴라; 고릴라나 ~

침해 교권 ~, 명예 훼손이나 사생활 ~, □을/를 ~ 한다, 인권 ~ 사례, 저작권 ~, 초상권 ~, 학습권 ~

칩 메모리 ~, 반도체 ~, 위성 통신용 모뎀 ~, 자기 증식 ~

칩거 ~ 한다

칫솔 ~ 모, ~ 보관 라커, ~ 보관소; 전동 ~

칭송 ~ 이 자자하다, ~ 한다

칭제 ~ 북벌 론

칭찬 ~ 이 자자하다; 과분한 ~, 입에 침이 마르도록 ~ 한다, 입이 마르도록 ~ 한다

칭칭 ~ 감긴다; □을/를 ~ 감는다, 쾌지나 ~ 나네

칭한다[칭해] --라 ~

칭호 --라는 ~

카 길 거리 ~ 레이싱, 유아용 ~ 시트

카 ~ 얹어 진다

카나리아 ~ 의 목숨

카드 ~ 깡, ~ 나 연하장, ~ 대금 청구서, ~ 론, ~ 발급, ~ 섹션, ~ 수령증, ~ 위조단; 고속 버스 승차권 ~ 예약 서비스, 공중 전화 ~, 승차권 ~ 예약, 신용 ~로 결제 한다, 신용 ~ 불량자, 신용 ~ 사, 신용 ~ 사용 한도, 신용 ~ 사용액, 신용 ~ 업무, 신용 ~ 연체 대금, 신용 ~ 정보, 신용 ~ 현금 서비스, 연구비 ~ 제, 직불 ~, 천공 ~, 크레디트 ~, 크리스마스 ~, 포인트 적립 ~

카랑 ~ ~ 하다

카레 ~ 가루

카본 ~ 사본

카세트 ~ 녹음기, ~ 를 튼다; 일본산 오디오 ~

카악 ~ 뱉는다, ~ 퉤

카오스 ~ 이론

카우 ~ 보이 모자

카운트 풀 ~ 접전 끝에

카운티 ~ 보안관

카지노 ~ 본관, ~ 업계, ~ 업소, ~ 타운; 사이버 ~ 사이트

카톨릭 ~ 교, ~ 교도, ~ 교회, ~ 신자, ~ 의 총본산

카페 노천 ~

카페인 ~ 함량; 밀리그램의 ~

칵테일 ~ 요법; 과일 섞은 ~

칸 다음 ~에 탄다, 맨 윗~, 방 한 ~, 빈 ~, 삼 등 차 ~, 승무원 ~, 여섯 ~ 짜리, 짐 ~

칸다 갈라 ~, 할라 ~

칸델라 ~ 불

칸타타 ~ 를 작곡 한다

칼 ~ 로 도려 낸다, ~ 로 벤다, ~ 로 자른다, ~ 에 베인다, ~ 에 찔린다, ~ 자

루를 쥔다, ~ 잠을 잔다, ~ 한 자루; 단 ~에, 등산용 ~, 무당 ~ 춤 추듯이 휘두른다, 무딘 ~ 날, 뿌러진 ~, 쌍 ~ 심야 극장, 양 날의 ~, 연필 깎이 ~, □을/를 한 ~에 벤다

칼날 ~ 처럼 다린다; 사정의 ~

칼럼 사설과 ~, 통일 관련 ~

칼로리 ~ 를 섭취 한다, ~ 의 열량; 하루 ~ 섭취량

칼슘 ~ 섭취량, ~ 이온이나 탄산 수소 이온, ~ 함유량, ~ 혈증; 혈액 내의 ~량, 혈중 ~ 농도

칼춤 무당 ~ 춘다

칼칼 ~ 하다

캄보디아인 ~ 과 베트남인

캄캄 눈 앞이 ~하다

캅 키드 ~

캐디 골프장 ~

캐딜락 ~ 족

캐러멜 사과랑 ~

캐럴 크리스마스 ~

캐롤 크리스마스 ~

캐릭터 개성이 강한 ~

캐비닛 ~ 을 부순다

캐스터 기상 ~

캐스팅 ~ 된다

캐주얼 ~ 의류, ~ 하다

캐치 ~ 프레이즈

캐치프레이즈 --라는 ~

캐터필러 탱크의 ~

캐피털 공공 벤처 ~, 민간 벤처 ~, 해외 벤처 ~

캔 ~ 따개, ~ 맥주, ~ 압축기; 맥주 ~

캔다 캐는 광업, 캐어다 심는다, 캐어서 판다; 감자 ~, 광물을 ~, 나물 ~, --느냐고 꼬치꼬치 캐어 묻는다, 마를 ~, 무우를 ~, 바지락을 ~, 산 나물을 ~, 석탄을 캐어 낸다, 시시콜콜히 캐어 묻는다, 알뜰히 ~, 약초를 ~, □을/를 캐어 낸다, 탄 ~, 풀 뿌리를 ~

캔버스 ~ 에 유채

캔슬 ~ 한다

캠페인 과소비 추방 ~, 네거티브 ~, 절주 ~, 클린업 ~

캠프 ~ 불

캠핑 ~ 용품

캡슐 초미세 ~

커넥션 비리 ~

커다랗다 눈을 커다랗게 치뜬다

커리어 ~ 우먼이나 부잣집 딸; 뉴 ~ 선택 지원, 여대생 ~ 개발 센터

커맨드 파라미터 또는 ~

커뮤니케이션 ~ 의 파트너, ~ 조화법; 교호 간 ~, 내부 간 ~, 퍼스널 ~이나 매스 ~

커버 ~ 를 씌운다, ~ 한다

커서 ~ 가 깜빡거린다

커진다 열 배 ~

커텐 ~ 을 젖힌다

커튼 ~ 처럼 드리운다; 망사 ~

커플 새내기 ~, 연출자 ~

커피 ~ 두 잔, ~ 에 설탕을 탄다, ~ 와 곁들인다, ~ 포트, ~ 한 잔; 과립형 ~, 냉동 건조 ~, 분무 건조 ~, 에스프레소 ~, 원두 ~, 인스턴트 ~, 입식 ~ 숍, 자판기에서 ~를 뺀다, 자판기 ~, 테이크 아웃 ~ 가게, 테이크 아웃 ~ 전문점, 호텔 ~ 숍

컥컥 ~ 막힌다

컨대 장담 ~

컨디션 최상의 ~

컨설팅 ~ 회사

컨소시엄 연합 ~

컨츄리 ~ 클럽

컨테이너 ~ 선박

컨트롤 ~ 난조; 당뇨 병 ~, 당뇨병의 ~, 변화구 ~

컬러풀 ~ 하다

컬렉션 남성복 ~

컬컬 ~ 하다

컴백 ~ 한다

컴컴 ~ 하다

컴컴스레 ~ 하다

컴파일러 포트란 ~ 개발

컴팩트 ~ 디스크 형태

컴퓨터 ~ 그래픽, ~ 그래픽스, ~ 별 점, ~ 소프트웨어 대여 법, ~ 엔지니어, ~ 통신 망, ~ 프로그램 보호 법, ~ 하드 디스크; 고성능 ~, 메인 프레임 ~, 신경 망 ~, 조립 식 ~, 퍼스널 ~, 펜티엄 급 ~

컴퓨팅 클라우드 ~

컴플렉스 모성 ~

컵 ~ 라면 용기; 우승 ~의 향방, 육수 3 ~

컹컹 ~ 짖는다

케 □을/를 방불 ~ 한다, 주차장을 방불 ~ 한다

케밥 ~ 과 코르사, ~ 전문점

케어 냉증 ~

케이 ~ 인증; 와이 2 ~

케이블 ~ 티브이, ~ 티브이용 전송 망; 동축 ~, 해저 ~

케이스 신생 팀 우선 지명 ~

케이크 생일 날 ~, 생크림 ~, 앙금 ~

케익 ~ 과 맥주; 키위 ~

케첩 ~ 3 큰 술; 머스터드 소스나 토마토 ~, 토마토 ~ 소스

켕긴다 뒤가 ~

켜 한 ~

켜켜이 ~ 먼지 쌓인다, ~ 쌓인다; □에 ~ 먼지가 쌓인다

켠 가슴 한 ~, 뒷~, 마음 한 ~

켠다 기지개를 ~, 꿈틀 꿈틀 기지개 ~, 눈에 불을 ~, 눈에 화등잔을 ~, 시동을 ~, □을/를 ~, 적신호가 ~, 헛물만 ~, 환하게 ~

켤레 고무 신 한 ~, 구두 한 ~, 길목버선 두어 ~, 양말 두 ~, 예닐곱 ~, 운동화 한 ~, 한 ~의 구두

코 ~ ㅅ 날이 시큰하다, ~ ㅅ 노래를 부른다, ~ ㅅ 대를 납작하게 만든다, ~ ㅅ 등에 주름이 진다, ~ ㅅ 물 범벅, ~ ㅅ

방귀만 뀐다, ~ ㅅ 속 통로, ~ ㅅ 잔 등, ~ 가 땅에 닿도록 절을 한다, ~ 가 맹맹하다, ~ 가 오똑하다, ~ 골며 잔다, ~ 기름 바른다, ~ 까지 곤다, ~ 끝이 시큰하다, ~ 끝이 찡하다, ~ 딱지 만하다, ~ 를 곤다, ~ 를 벌름거린다, ~ 를 싸 쥔다, ~ 를 킁킁거린다, ~ 를 팽 푼다, ~ 를 훌쩍거린다, ~ 바른다, ~ 발름거린다, ~ 방귀를 뀐다, ~ 앞에 닥친다, ~ 웃음을 친다, ~ 허리가 시큰거린다, ~ 허리가 찡하다; 구두 ~, 내 ~가 석 자다, 냄새가 ~를 찌른다, 눈 , ~ , 입, 눈 ~ 뜰 새 없다, 눈 ~ 뜰 새 없이 바쁘다, 목젖으로 ~길을 막는다, 엎어 지면 ~ 닿는다, 엎드러지면 ~ 닿을 곳, --으면/면 큰 ~ 다친다, 호랑말 ~ 같다, 흥 하고 ~ 웃음 친다, 흥얼흥얼 ~노래 부른다

코너 백화점 수입품 ~, 왼 쪽 ~ 킥, 자동화 ~

코드 문자적 ~, 조합형 ~, 한글 ~, 확장 아스키 ~

코디 ~ 한다

코디네이터 의상 ~

코딩 ~ 한다

코로나 1 호 ~

코르사 케밥과 ~

코르크 ~ 마개, ~ 판 액자

코리안 ~ 리그 전기 리그 우승

코맹맹이 ~ 소리

코미디 ~ 프로; 조폭 ~

코믹 ~ 하다

코볼 포트란과 ~

코브라 ~ 쓸개와 웅담

코스 골프 ~, 풀 ~를 완주 한다

코스모스 길 가의 ~

코어 자기 ~ 메모리

코주부 ~ 나 축농증

코직산 ~ 성분, ~ 함유 미백 화장품, ~ 함유 화장품

코치 ~ 겸 선수; 타격 ~, 투수 ~

코칭 ~ 스태프 인선, ~ 스태프 진

코칭스태프 ~ 와 선수

코트 모피 ~

코펠 ~ 뚜껑; 버너와 ~

콕 ~ 찍는다, ~ ~ 쫀다, ~ ~ 찌른다

콘덴서 가변 ~

콘도미니엄 국내 유수 ~

콘서트 ~ 티켓; 시향의 팝스 ~, 예술의 전당 ~ 홀

콘센트 이백이십 볼트 ~

콘크리트 ~ 구조물, ~ 벽체, ~ 전신주, ~ 타설, ~ 호안 블록

콘테스트 후임자 ~

콘트라베이스 기타와 ~

콘트롤 □을/를 ~ 한다

콜 ~ 금리, ~ 사인; 연계 ~, 장애인 ~ 택시

콜라 피자와 ~, 햄버거와 ~

콜레스테롤 ~ 강하 작용과 항산화 작용; 혈장 ~, 혈청 ~

콜레스테롤치 혈장 ~, 혈중 ~

ㅋ

콜로이드 ~ 용액, ~ 입자

콤팩트 ~ 디스크

콤플렉스 ~ 에서 벗어 난다; 맏딸 ~, 수퍼우먼 ~, 열등 ~, 외모 ~, 지적 ~

콧구멍 ~ 이 벌룽거린다

콧노래 ~ 를 흥얼거린다

콧방귀 ~ 를 뀐다

콧잔등이 ~ 를 찡그린다

콩 ~ 가공 식품, ~ 가루를 묻힌다, ~ 가루를 혼합 한다, ~ 과 옥수수, ~ 과 식물, ~ 깻묵 밥, ~ 나물 교실, ~ 나물 국, ~ 나물 기른다, ~ 나물 다듬는다, ~ 나물 대가리, ~ 나물 두 주먹, ~ 나물 무침, ~ 나물 밥, ~ 나물 시루, ~ 나물이 익는다, ~ 밭 맨다, ~ 심은 데~ 나고 팥 심은 데 팥 난다, ~ 알 굵기로 썬다, ~ 자반; 가뭄에 ~ 나듯, 가뭄에 ~ 나듯이, 번갯불에 ~ 구워 먹는다, 볶은 ~ 가루, 유전자 조작 ~

콩닥거린다 가슴이 ~

콩닥콩닥 가슴이 ~ 뛴다

콩콩 ~ 밭은 기침, ~ 찧는다

콩쿠르 ~ 에서 우승 한다, ~ 에서 입상 한다; 국악 ~, 시 낭송 ~

콩쿨 ~ 대회; 문예 ~

콩트 ~ 가 실린다

콩팔이 ~ 새삼육

콩팥 ~ 의 소디움; 간이나 ~

콱 ~ 막힌다, ~ 쥐어 박는다, ~ ~ 밟는다

콸콸 물이 ~ 쏟아 진다

쾅 ~ 닫는다, ~ ~ 두드린다; 으르릉 ~, □을/를 ~ 닫는다

쾌감 ~ 분만 한다; 배설의 ~

쾌거 --는 ~를 달성 한다, --는 ~를 이룬다

쾌유 ~ 를 빈다

쾌재 ~ 를 부른다

쾌적 ~ 하다

쾌지나 ~ 칭칭 나네

쾌차 ~ 한다

쾌척 □에 ~ 한다, □을/를 ~ 한다

쾌청 ~ 하다

쾌활 ~ 하다

쾌히 ~ 승낙 한다, ~ 응락 한다, ~ 응한다

쾨쾨 ~ 하다

쿠데타 ~ 로 정권을 잡는다; 군사 ~, 불발 ~, 친위 ~

쿠킹 ~ 호일; 알뜰 주부의 ~ 센스

쿠페 세단이나 ~

쿠폰 삼십만 원 짜리 ~, 할인 ~

쿡 ~ 찔린다, ~ ~ 치받는다; 옆구리를 ~ 찌른다, □으로/로 ~ ~ 찌른다, □을/를 ~ 찌른다, □을/를 ~ ~ 찌른다

쿨럭 ~ ~ 기침 한다

쿨룩 ~ ~ 기침 한다; 크윽 ~

쿨쿨 ~ 잠 잔다

쿵 ~ ~ 울린다, ~ 하고 내려 앉는다

쿵덕쿵덕 줄곧 ~ 뛴다

쿵덕쿵덕거린다 마구 ~

쿵쾅 ~ ~ 울린다

쿼크 ~ 와 글루온

쿼터 ~ 제 도입; 상반기 중 산유량 ~

퀘퀘 ~ 하다

퀴퀴 ~ 한 냄새

퀼트 ~ 바느질

큐레이터십 ~ 과정

큐티클 ~ 층

크기 실물 ~로 리얼하다, 진폭 ~

크나크다[크나커] 크나큰 신임

크다[커] 큰 기쁨을 선사 한다, 큰 기침을 한다, 큰 대 자, 큰 댁 식구, 큰 댁 아지머님, 큰 마음 먹는다, 큰 물 진다, 큰 성공을 거둔다, 큰 소리로 웃는다, 큰 어머니 큰 아버지, 큰 일 난다, 큰 일이 난다, 큰 집 형, 큰 차질을 빚는다, 큰 폭으로 오른다, 큰 폭으로 줄어 든다, 크건 작건; 간이 ~, 격차가 커 진다, 노출이 큰 영상, 발전에 크게 이바지 한다, 방둥이 ~, 배보다 배꼽이 ~, 빵 가루 5 큰 술, 세력이 커 진다, 실보다 득이 ~, 어쩌다 큰 맘 먹는다, □에 힘 입은 바 ~, --으면/면 큰 코 다친다, 입을 크게 벌린다, 정말 큰 일 날 뻔 했다, 증가세가 크게 둔화 한다, 케첩 3 큰 술, 키가 ~, 파장이 커 진다, 하마터면 큰 일 날 뻔 했다, □한테 큰 절을 한다

크단하다[크단해] 크단한 것

크래커 ~ 가루

크랭크인 ~ 한다

크레디트 ~ 카드

크레이프 ~ 조각

크레인 ~ 에 매 달아서; 하역용 ~

크레졸 ~ 냄새

크로아티아인 ~ 과 세르비아인

크롬 ~ 친화 세포 종

크리넥스 ~ 통

크리스마스 ~ 이브, ~ 카드, ~ 캐럴, ~ 캐롤, ~ 트리

크리스탈 이 층 ~ 볼 룸

크리스트 ~ 교, ~ 교도

크림 미백 ~, 수분 ~, 액상 ~, 자외선 차단 ~, 자외선 차단용 ~

크윽 ~ 쿨룩

큰다[커] 커서 어른이 된다; 이 담에 커서

클라리넷 ~ 소리

클라비어 평균율 ~ 곡집

클라우드 ~ 서버, ~ 소프트웨어, ~ 컴퓨팅

클랙슨 ~ 소리

클러스터 혁신 ~

클럽 ~ 의 부회장; 골프 ~, 국제 펜 ~, 나이트 ~, 사교 ~, 엔젤 ~, 컨츄리 ~

클렌저 비누나 폼 ~, 피부 타입 별 ~ 선택법

클로버 ~ 칠; 네 잎 ~

클로우즈업 자연스럽게 ~ 된다

클로즈업 ~ 된다

클리닉 불임 ~, 비만 ~, 수면 ~, 야구 ~

클릭 더블 ~, 마우스를 ~ 한다

클린업 ~ 캠페인

큼지막 ~ 한

큼직 ~ ~ 하다

킁킁거린다 코를 ~

키 마스컨 ~를 뽑는다, 엔터 ~

키 ~ 질 한다

키 ~ 가 멀쑥하다, ~ 가 작달막하다, ~ 가 크다, ~ 가 후리후리하다; 도토리 ~ 재기, 훤칠한 ~에

키다리 ~ 구장, ~ 아저씨

키드 ~ 캅

키득키득 ~ 웃는다

키들키들 ~ 웃는다

키로 사백 오십 ~

키메라 ~ 배아

키보드 ~ 를 두드린다; 무선 ~

키스 껴안고 ~ 한다

키운다 병을 ~, 아이를 ~, □을/를 ~, 젖소를 ~, 화초를 ~

키위 ~ 스무디, ~ 주스, ~ 케익

키치 ~ 화랑

키커 세 번 째 ~, 첫 번 째 ~

키퍼 골 ~

킥 간접 프리 ~, 오른 발 인사이드 ~, 왼쪽 코너 ~, 페널티 ~, 프리 ~ 결승 골, 프리 ~ 찬스

킥킥 ~ 웃는다

킨다 기타를 ~, 바이올린을 ~

킨다 상향 등을 ~, 스위치를 ~, 전원을 ~, 파란 불이 켜 진다

킨들링 전기직 ~

킬로 만 ~ 리터 급, 만 ~ 와트 급, 만 평방 ~ 미터, 사 ~ 그램 들이, 시속 백오십 ~, 십 ~ 미터의 갯벌, 육십 ~, 제곱 ~ 미터, 체중 1 ~ 그램

킬킬 ~ 웃는다

킬트 ~ 복장

킹 ~ 사이즈 침대

타 ~ 의 추종을 불허 한다

타개 난국을 ~ 한다, 난국 ~, □을/를 ~ 한다

타개책 난국 ~

타겟 주요 ~

타격 ~ 을 입는다, ~ 코치

타격대 기동 ~

타결 ~ 된다; 연내 ~, 외채 협상 ~, 일괄 ~

타계 ~ 한다

타구 땅 볼 ~, 번트 ~

타국 이역 만 리 ~

타다닥 ~ 튄다

타당 보편 ~하다, 신뢰도와 ~도, 예언 ~도

타당성 ~ 조사

타도 독재 ~, □을/를 ~ 한다, 파쇼 ~, 폭력 정권 ~

타락 ~ 한다

타래 엉킨 실 ~

타령 각설이 ~, 군밤 ~, 민요 곡 풍의 방아 ~, 술 ~만 일 삼는다, 창부 ~, 흥 ~

타면 ~ 조종, ~ 조종형

타박 ~ 이 심하다, ~ 한다

타박상 ~ 을 입는다; 후두 부 ~

타박타박 ~ 걷는다

타법 --는 ~

타블로이드 ~ 신문, ~ 판

타사 ~ 출자; 동업 ~

타산 ~ 이 맞는다; 수지 ~

타살 ~ 가능성, ~ 된다

타선 하위 ~

타설 콘크리트 ~

타성 ~ 에 젖는다

타수 칠 ~ 2 안타, 칠 ~ 5 안타, 칠 ~ 무안타

타악 ~ 퍼포먼스

타액 ~ 분비

타액선 ~ 신경 핵

타운 베드 ~ 기능, 실버 ~ 곁, 카지노 ~, 한인 ~

타원 ~ 곡선 이론, ~ 궤도, ~ 형; 부등속 ~ 운동

타원형 궤도가 ~이다

타월 ~ 로 닦는다, ~ 에 싼다; 종이 ~

타율성 ~ 론

타율적 ~ 으로, ~ 인

타의 ~ 에 의해; 자의 반 ~ 반으로, 자의이든 ~이든

타이른다[타일러] 간곡히 ~, 완곡히 ~

타이어 ~ 펑크

타이트 ~ 스커트

타이틀 ~ 곡, ~ 롤, ~ 을 거머쥔다; 도움왕 ~, 제 삼 집의 ~

타익 ~ 신탁

타일 ~ 과 석고 보드, ~ 과 싱크대, ~ 바닥

타임 프라임 ~ 뉴스 쇼, 프라임 ~ 라이브, 하프 ~

타입 피부 ~ 별 클렌저 선택법

타자 자아와 ~

타자 ~ 속도, ~ 연습, ~ 친다

타자 ~ 전원 탈삼진; 삼 회 말 선두 ~, 선발 ~ 전원 탈삼진 기록, 좌 ~, 톱 ~ 대결

타자기 기계 식 ~

타작 ~ 마당; 보리 ~

타전 ~ 된다

타점 ~ 2 득점

타제 ~ 석기와 마제 석기, ~ 석부, ~ 석촉

타종수 ~ 로 차출 된다

타지방 ~ 사람

타진 가능성을 ~ 한다, 의사를 ~ 한다, 의향을 ~ 한다

타천 자천 ~으로

타칭 자칭 ~

타켓 주요 ~

타파 구습 ~, 미신 ~, □을/를 ~ 한다

타행 ~ 간 계좌 이체 서비스, ~ 발행 일반 자기 앞 수표

타행환 ~ 송금

타향 ~ 산천, ~ 살이; 만리 ~

타협 ~ 이나 조정, ~ 점을 찾는다, ~ 주의 세력, ~ 한다; 분별과 ~, 협상과 ~

탁 ~ 트인다, ~ 하고 친다; 맥이 ~ 풀린다, 손 바닥으로 ~ ~ 친다, □을/를 ~ ~ 턴다

탁구 ~ 대, ~ 를 친다, ~ 시합, ~ 채; 세계 ~ 선수권 대회

탁아 ~ 시설, ~ 지원책; 놀이 방이나 ~ 원

탁아실 ~ 을 만든다

탁월 ~ 하다

탁자 ~ 나 의자, ~ 위; □을/를 ~ 위에 내려 놓는다

탁주 ~ 의 관능, ~ 효모

탁치 ~ 반대 선언 식

탁하다[탁해] 공기가 ~, 색채가 ~

탄 81 미리 박격포 ~, 다연발 최루 ~이 날아 온다, 양전자 ~, 원자 ~ 투하, 원자 ~ 폭발, 중거리 탄도 유도 ~, 지대공 유도 ~, 지대함 유도 ~, 최루 ~ 가스, 최루 ~과 돌멩이, 최루 ~과 화염 병, 최루 ~을 쏜다, 최루 ~이 난무 한다, 탄도 ~ 방어 유도 ~, 탄도 ~ 요격, 화염 병과 최루 ~

탄 ~ 광 막장, ~ 더미, ~ 덩이, ~ 박스 공장, ~ 캔다; 번개 ~, 솔 방울과 조개 ~, 이끼와 ~ 가루, 조개 ~ 난로

탄다 꿀을 ~, 수면제를 ~, 커피에 설탕을 ~

탄다 더위를 ~, 때를 ~, 부끄럼을 ~, 부정을 ~, 추위를 ~

탄다 타 오르는 불 길, 타 오르는 불 꽃; 똥 끝이 ~, 벌겋게 타 들어 간다, 벌겋게 타 오른다, 불 꽃이 타 오른다, 불 꽃처럼 타 오른다, 불 타는 빙벽, 사명감에 불 ~, 석탄 백탄 ~, □이/가 바작바작 타 들어 간다, 이글이글 타 오른다, 임진 왜란 때 불 ~, 임진 왜란으로 불 ~, 활활 불 타 오른다, 활활 타 오른다, 횃불이 타 오른다

탄다 타고 난 소질; 야음을 틈 ~, □을/를 타 낸다, □을/를 틈 탄, □을/를 틈 타서, 팔자를 타고 난다

탄다 탈 것을~ ; 국철을 ~, 급물살을 ~, 다음 칸에 ~, 롤러 블레이드를 ~, 말 등에 ~, 미끄럼을 ~, 바포레토를 ~, 발 탄 강아지, 밤 차를 ~, 방콕 행 비행기를 ~, 엘리베이터를 ~, 예리코 행 버스를 ~, 완행 열차를 ~, □을/를 갈아 ~, □을/를 잡아 ~, □을/를 집어 ~, □을/를 ~, 자가용 ~, 작두를 ~, 지하철에 올라 ~, 태풍에 올라 ~, 택시를 잡아 ~, 파도 타기 응원

탄도 ~ 탄 방어 유도 탄, ~ 탄 요격; 대륙 간 ~ 미사일, 중거리 ~ 미사일, 중거리 ~ 유도 탄

탄로 ~ 난다

탄복 □에 ~ 한다

탄산 ~ 가스, ~ 음료, ~ 이온; 이온이나 ~ 수소, 칼슘 이온이나 ~ 수소 이온

탄산염 ~ 암석

탄생 ~ 175 주년, ~ 한다; 우주 ~ 점

탄성 ~ 과 박수, ~ 을 지른다; 함성과 ~

탄소 ~ 공구강, ~ 알갱이, ~ 연대 측정, ~ 연대 측정법, ~ 화합물; 방사성 ~, 염화 불화 ~, 이산화 ~ 배출량, 이산화 ~의 방출

탄식 ~ 한다

탄신 ~ 500 주년

탄실 무엇보다 ~하다

탄압 소수자 ~, □을/를 ~ 한다, 이교도 ~, 종교 ~, 천주 교도 ~

탄약 무기와 ~, 소총에 ~을 장전 한다

탄원 ~ 한다

탄탄 기본기가 ~하다, 배낭을 ~히 맨다, 스토리가 ~하다, □을/를 ~히 짊어진다, 줄거리가 ~하다, 플롯이 ~하다

탄핵 ~ 소추

탄화 ~ 된다

탈 뒷~이 없다, 배 ~이 난다, 별 ~ 없다, 아무 ~ 없이

탈 □으로/로 ~ 바꿈 한다

탈고 ~ 한다

탈구조 ~ 주의 비평, ~ 주의 이론

탈기 ~ 한다

탈냉전 ~ 시대; 남북 ~ 분위기

탈당 ~ 요구; □을/를 ~ 한다

탈락 고입 ~자, 공천 ~자, 심사에서 ~ 한다, 예선에서 ~ 한다, 예선 ~

탈력 ~ 발작

탈루 ~ 세액, ~ 한다; 세금 ~

탈법적 ~ 으로, ~ 인

탈북 ~ 자 난민 촌, ~ 한다

탈분극 ~ 현상

탈삼진 선발 타자 전원 ~ 기록, 시즌 최다 ~, 타자 전원 ~, 한 경기 최다 ~

탈상 ~ 을 한다; 삼 년 ~

탈상품화 ~ 집단

탈색 ~ 된다; 옅게 ~ 한다, 예쁘게 ~ 한다

탈세 ~ 한다, ~ 혐의; 역외 ~

탈속 ~ 한다

탈식민 ~ 사회, ~ 주의

탈신 자유 혼 또는 ~ 혼

탈영 ~ 한다

탈옥 ~ 한다

탈자 ~ 나 오자; 오자나 ~

탈장 ~ 수술; 고환에 ~이 있다, 배꼽에 ~이 생긴다

탈조 특발성 ~

탈주 ~ 한다; 심야의 ~

탈지 ~ 대두박, ~ 분유

탈진 ~ 한다

탈출 냉증 ~ 대작전, 일본 군에서 ~ 한다, 해상 ~

탈출구 ~ 를 찾는다

탈출증 뇌 ~, 추간판 ~

탈취 □을/를 ~ 한다, 포로 수송선 ~

탈취제 섬유 ~

탈탈 ~ 턴다

탈태 환골 ~ 한다

탈퇴 ~ 각서, ~ 를 번복 한다, ~ 를 철회 한다, ~ 한다; 핵 확산 금지 조약 ~

탈피 □에서 과감히 ~ 한다, □에서 ~ 한다

탈환 ~ 한다; 성지 ~

탈황 ~ 시설

탐 □을/를 ~ 낸다, □이/가 ~ 난다, 재물을 ~ 낸다

탐관 ~ 오리

탐구 ~ Ⅱ 영역, ~ 한다; 수리 ~ 영역, 진리 ~자

탐닉 □에 ~ 한다, □에 하염없이 ~ 한다

탐독 □을/를 ~ 한다

탐문 ~ 수사, ~ 한다

탐방 ~ 한다; 해외 ~

탐방객 ~ 안내소

탐방로 자연 학습 ~

탐사 ~ 및 개발; 달 ~, 미술관 ~, 석유 ~자, 심해저 ~ 작업, 야생화 ~, 영계 ~, 해저 ~, 화성 ~

탐사기 ~ 가 작동 한다; 석유 ~

탐색 □을/를 ~ 한다

탐정 ~ 소설

탐지 ~ 한다

탐지기 거짓 말 ~, 금속 ~, 음파 ~

탐탁 ~ 하지 않다, ~ 히 여기지 않는다; 별로 탐탁지 않다

탐학 수령의 ~

탐한다[탐해] □을/를 ~

탐험 ~ 한다; 남 극 ~, 쇼핑 ~, 오지 ~

탐험관 우주 ~

탑 ~ 과 금당; 공 든 ~, 금 ~ 산업 훈장, 금당과 ~, 동 ~ 산업 훈장, 동서 두 ~, 삼 금당 일 ~ 식 가람, 송전 철 ~, 움직이는 광고 ~, 이 ~ 식 가람, 이만 볼트 송전 ~, 일 금당 쌍 ~ 식 가람 배치, 일 금당 일 ~ 식 가람 배치, 일 ~ 삼 금당 식 가람 배치, 일 ~ 일 금당 식 가람 배치, 전승 기념 ~, 참전 기념 ~, 친선 기념 ~

탑승 국내 선 ~, 무료로 ~ 한다

탑승구 ~ 앞

탑승권 비행기 ~

탑승대 ~ 를 오른다

탑신 ~ 과 옥개, ~ 과 옥개석; 삼 층 ~, 일 층 ~, 정방형 ~ 부

탑신석 ~ 과 옥개석

탑재 ~ 된다; □에 ~ 한다, 엔진을 ~ 한다, □을/를 ~ 한다

탑파 목조 ~, 석조 ~

탓 과문한 ~이다, 남 ~ 한다, 내 ~이오, □을/를 ~ 한다, 장비 ~ 한다

탕 노천 목욕 ~, 목욕 ~ 때 밀이, 여관과 대중 ~, 흙 ~ 물 웅덩이

탕 매운 ~을 끓인다, 매운 ~ 집, 민어 매운 ~, 박 속 밀 국 낙지 ~, 버섯 매운 ~, 복 매운 ~에 미나리, 오가피 지네 ~

탕 재탕 삼 ~, 한 ~ 친다, 화끈하게 한 ~ 한다

탕 ~ 치기 수법, ~ ~ 두들긴다

탕감 부채를 ~ 한다, 부채 ~

탕액 ~ 편

탕진 가산을 ~ 한다, 가산 ~, □을/를 ~ 한다, 전재산을 ~ 한다

탕탕 □을/를 ~ 두들긴다

태 ~ ㅅ 줄과 태반; 어미의 ~속

태권도 ~ 도장, ~ 시범단, ~ 학원; 세계 ~ 연맹

태극 ~ 기가 휘날린다, ~ 기와 성조기, ~ 마크, ~ 전사

태닝 셀프 ~ 제품

태도 모호한 ~, 소비자 ~ 지수, 쌀쌀맞은 ~, 편집광적 ~

태동 ~ 한다

태만 ~ 하다, ~ 히 한다; 근무 ~

태반 탯줄과 ~

태선 ~ 어골, ~ 어골문 토기

태세 경계 ~, 안보 ~, --을/ㄹ ~를 갖춘다, 작전 준비 ~

태아 ~ 심음 검사, ~ 저산소증; 모체와 ~

태양 ~ 광선, ~ 둘레를 공전 한다, ~ 복사 에너지, ~ 열 발전, ~ 열 온수기, ~ 의 양기, ~ 의 주위를 돈다, ~ 흑점; 이글거리는 ~, 작열 하는 ~, 행성과 ~

태양광 ~ 발전

태양력 태음 ~

태연 ~ 을 가장 한다, ~ 하다

태연자약 ~ 하다

태열 ~ 기가 있다

태엽 ~ 을 감는다; 시계 ~

태운다 27 명의 승객을 ~, 간지럼을 ~, □을/를 차에 ~

태운다 빈대 잡으려다 초가 삼간 다 ~, 애 간장을 ~, □을/를 불 ~, □을/를 ~

태음 ~ 태양력

태자 ~ 로 책봉 된다, ~ 로 책봉 한다

태지 ~ 를 씻는다; 신생아 ~

태질 □을/를 ~ 친다

태초 ~ 에 말씀이 있었다

태평 ~ 성대, ~ 천국, ~ 하다

태풍 ~ 경로, ~ 에 올라 탄다, ~ 에 휩쓸린다, ~ 피해; 서울 발 ~

태환 ~ 지폐

택배 ~ 기사; 무점포 음식 ~ 전문점

택시 ~ 나 트럭, ~ 를 잡아 탄다, ~ 승강장, ~ 앱, ~ 운송 사업 조합 연합회, ~ 운전사, ~ 임금 협상; 개인 ~ 운전자, 서울 ~ 운송 사업 조합, 영업용 ~, 장애인 콜 ~, 전국 ~ 노련, 지역 ~ 노조, 털털이 ~

택일 ~ 한다

택일 ~ 한다; 객관 식 ~, 사 지 ~ 형 문항, 양자 ~

택지 ~ 개발 예정, ~ 개발 지구, ~ 개발지, ~ 를 분양 한다, ~ 소유 상한, ~ 초과 소유 부담금; 삼백 평 이상 ~, 중소 규모 ~

택한다[택해] 길일을 ~, □을/를 ~

탤런트 가수나 ~, 신인 ~, 중견 ~

탱크 ~의 캐터필러; 가스 저장 ~, 액체 질소 ~, 주유소 지하 저장 ~

탱탱 ~하다

터 --을/ㄹ ~이다

터 ~ㅅ 세, ~ 다짐 소리; 경사 진 ~, 노숙자 쉼 ~, 노숙인 쉼 ~, 도요지 ~, 뒷편 공 ~, 배움 ~를 만든다, 성 ~에서 출토 된다, 전쟁 ~로 내 몬다, 절 ~를 발굴 한다, 청소년 쉼 ~, 흔한 ~새

터널 ~ 을 뚫는다, ~ 입구; 손 목 ~ 증후군, 해저 ~

터덜터덜 힘 없이 ~ 걷는다

터득 □을/를 ~ 한다

터뜨린다 꽃망울을 ~, 부둥켜 안고 울음을 ~, 분 통을 ~, 샴페인을 ~, 와그르르 웃음 보를 ~, 와악 울음을 ~, 울음 보를 ~, 울음부터 ~, □을/를 ~, 좌월 솔로 홈 런을 ~, 축포를 ~, 폭소를 ~, 폭죽을 ~, 플래시를 ~

터럭 ~ 하나

터릿 ~ 선반

터무니 ~ 없는 말, ~ 없는 망상, ~ 없는 이야기, ~ 없는 주장

터미널 고속 버스 ~, 시외 버스 ~

터벅터벅 ~ 걸어 간다, ~ 걸어 온다

터번 ~을 두른다

터부룩 ~하다

터부시 ~한다

터분 ~하다

터빈 가스 ~ 엔진, 세라믹 가스 ~, 증기 ~

터수 --는 ~

터억 ~ 막힌다

터울 네 살 ~, 두 살 ~로, 세 실 ~

터주 ~ 대감

터진다 터져 나온다; 고래 싸움에 새우 등 ~, 곪아 ~, 봇물처럼 ~, 분 통이 ~, --어/아 터진, --어/아 터지었다, 여기 저기서 ~, 와그르르 웃음 보가 ~, 울화 통이 ~, 짓물러 ~

터치 바통 ~, 붓과 ~

터트린다 울음을 ~

터틀넥 검은 색 ~ 원피스

터프 ~하다

턱 마루 ~에 걸터앉는다, 못 뽑이 ~, 문 ~에서 좌절 한다, 창 ~을 넘어 온다

턱 한 ~ 낸다

턱 ~ 막힌다

턱 ~ 밑과 멱, ~ 밑으로 들이민다, ~ 을 고인다, ~ 을 까분다; 손으로 ~을 괸다, 주걱 ~

턱 ~ 없이 모자란다, ~ 없이 부족하다; --을/ㄹ ~이 없다, 입장료도 ~ 없이 비싸다

턴 ~한다

턴다[털고 털어] 털어서 먼지 안나는 사람 없다; 먼지를 ~, 사재를 ~, 속내를 털어 놓는다, □을/를 솔직하게 털어 놓는다, □을/를 입 안에 털어 넣는다, □을/를 탁 탁 ~, □을/를 털어 놓는다, 탈탈 ~, 툭 툭 ~, 툴툴 ~, 훌훌 ~

턴테이블 앰프나 ~

털 ~ 끝만치도, ~ 끝 한 올, ~ 로 덮인다, ~ 실로 짠다, ~ 옷을 입는다, ~ 이 밀생한다; 검은 머리 ~, 머리 ~이 곤두선다, 미운 ~이 박힌다, 오리 ~ 이불, 오리 ~ 잠바, 오리 ~ 점퍼, 오리 ~ 파카, 토끼 ~ 목도리, 풀 빛 ~

털린다 몽땅 ~

털버덕 □에 ~ 주저앉는다

털썩 그 자리에 ~ 주저앉는다, 풀 밭에 ~ 주저앉는다

털이 빈 집 ~, 오토바이 전문 ~

털털 ~ 하다

털털이 ~ 택시

텁석부리 ~ 수염

텁수룩 ~ 하다

텁텁 입 안이 ~하다

텅 ~ ~ 벼 있다; □을/를 ~ 비운다

테 ~ 를 두른다; 금 ~ 안경, 나이 ~, 대모 ~ 안경, 밤 색 뿔 ~ 안경, 백통 ~ 안경, 안경 ~, 은 ~ 안경을 낀다

테니스 ~ 공; 수영 볼링 축구 ~

테러 ~ 경보 수위; 엄연한 ~, 자살 폭탄 ~, 차량 폭탄 ~

테뫼 ~ 식 산 성

테스트 공직 적격성 ~, 심리 ~, 입단 ~, 충돌 ~

테이블 서양 식 ~ 매너

테이크 ~ 아웃 커피 가게, ~ 아웃 커피 전문점

테이프 녹음 ~, 녹취 ~

테트라에틸 ~ 납

텐트 ~ 를 친다; 고정 식 ~, 방수 ~

텔레마케팅 ~ 전문 회사; 인터넷 쇼핑몰이나 ~ 업체

텔레뱅킹 ~ 대금 납부 서비스

텔레비전 ~ 수상기; 고화질 ~, 천연 색 ~, 폐쇄 회로 ~, 프로젝션 ~, 피디피 ~

텔레텍스 ~ 단말 장치

토건 ~ 회사

토광 ~ 을 판다; 장방형 ~

토굴 ~ 이나 암굴; 뒷골 산 속 ~

토기 ~ 문화 시대, ~ 의 발명; 민무늬 ~, 빗살 무늬 ~, 압인문 ~, 원시 무문 ~, 원시 ~ 문화, 원시 ~ 시대, 융기문 ~, 즐문 ~, 지두문 ~, 첨저 ~, 첨저형 ~, 태선 어골문 ~, 평저 ~, 후기 무문 ~

토기인 원시 ~

토끼 ~ 나 다람쥐, ~ 와 거북이, ~ 털 목도리; 거북이와 ~, 늙은 ~, 돌 ~, 산 ~ 네 굴 속, 여우와 ~

토너먼트 ~ 를 치른다; 결승 ~

토닥거린다 □을/를 ~

토닥인다 □을/를 ~

토담 시골 집 ~

토대 □을/를 ~로

토란 송편과 ~ 국, 알 ~ 같다

토렴 ~ 한다

토로 꾸밈 없이 ~ 한다, □을/를 ~ 한다

토론 검사 측 ~자, 난상 ~을 벌인다, 모둠 별 ~, 변호인 측 ~자, 시민 ~단, 야당 측 ~자, 정부 측 ~자, 찬반 ~, 찬성

측 ~자, 초점 집단 ~, 학술 ~회, 후보 초청 ~회

토론집 □에 관한 ~

토마토 ~ 케첩 소스; 머스터드 소스나 ~ 케첩, 썬 ~

토막 ~ ~ 끊어 지는 단음, ~ ~ 잘린다; 기사 한 ~, 부처 님 가운데 ~, 이야기 한 ~

토목 ~ 공사, ~ 공학 부, ~ 측량

토민 ~ 들

토박이 ~ 말 사전

토벌 ~ 군 사령관, ~ 작전, ~ 한다; 공비 ~

토사 ~ 유실 방지 공사; 밀려 든 ~

토산물 ~ 로써 바친다

토색질 ~ 한다

토설 ~ 한다

토성분정 ~ 과 본관

토속 종교 또는 ~ 신앙

토스 ~ 한다

토스터 그릴이나 오븐 ~

토실 ~ ~ 하다

토씨 ~ 하나; 목적 격 ~

토양 ~ 유실 방지 공사; 기후와 ~, 산성의 사질 ~

토옹 ~ 말이 없다

토요 ~ 문화 광장, ~ 특집

토의 ~ 한다; 그룹 ~ 식 면접, 분임 ~

토종 ~ 국화, ~ 기행, ~ 보양식, ~ 암탉, ~ 오가피, ~ 장닭

토지 ~ 겸병, ~ 공 개념, ~ 구획 정리 사업, ~ 국유 론, ~ 또는 식읍, ~ 를 국유화 한다, ~ 를 차경 한다, ~ 및 건물, ~ 분급 방식, ~ 분급 제, ~ 사유 론, ~ 소유 관계, ~ 소유 론, ~ 소유자와 경작자, ~ 소유자 층, ~ 용역비, ~ 조사 령, ~ 차경, ~ 초과 이득세; 수조권적 ~ 제도, 종합 ~세

토질 ~ 이 사질이다

토착 ~ 신앙

토축 ~ 성

토크 ~ 쇼 진행자

토탄 ~ 층

토템 ~ 신앙 체계; 씨족의 ~

토파 ~ 한다

토픽 해외 ~ 감, 해외 ~ 란

토한다[토해] 토해 낸다; --는 기염을 ~, 열변을 ~, 왝왝 ~, □을/를 ~

톡 ~ 쏘아 붙인다, ~ ~ 튄다, ~ 튀어 나온다

톡톡 ~ 하다, ~ 히 해 낸다, ~ 히 한 몫 한다

톤 두 ~

톤 만 ~, 메가 ~ 급, 오십 ~의 알곡, 오십 ~의 조강, 이만 ~의 폐수, 천 ~ 급

톨 곡식 한 ~, 소금 한 ~, 쌀 한 ~

톨게이트 고속 도로 ~

톱 ~ 날과 도끼 날, ~ 밥 같이 거칠다; 왕 모래나 ~ 밥

톱 ~ 스타 인생 극장, ~ 타자 대결; 일면 ~ 기사

톱니 ~ 바퀴로 오른다, ~ 바퀴와 나사, ~ 바퀴의~

통 사본 2 ~, 전화 한 ~, 편지 한 ~

통 ~ 기타 가수, ~ 깨를 뿌린다, ~ 나무 동발 나무, ~ 나무와 판자, ~ 밀 가루, ~ 밀 국수, ~ 유리 창, ~ 을 기울인다, ~ 조림 황도, ~ 째로 먹는다, ~ 째로 빨아 들인다, ~ 째로 삼킨다, ~ 째로 암기 한다; 건물을 ~ 째로 빌린다, 검정 ~ 치마, □과/와 한 ~ 속이다, 난리 ~에, 돼지 저금 ~, 마술 깨스 ~, 머리 ~을 쥐어 박는다, 몸 ~ 및 사지, 번데기 ~ 조림, 보온 밥 ~, 복숭아 ~ 조림, 부탄 가스 ~, 북새 ~을 이룬다, 분 ~을 터뜨린다, 분 ~이 터진다, 빗물 홈 ~, 빈 분유 ~, 생수 ~, 소 고기 ~ 조림, 숨 ~을 조인다, 숨 ~을 쥔다, 숨 ~을 틔운다, 숨 ~이 트인다, 스텐 ~, 시찰 ~, 웃~을 벗어 젖힌다, 웃~을 훌렁 벗는다, 울화 ~이 치민다, 울화 ~이 터진다, □으로/로 북새 ~이다, □의 다리 ~을 끌어 안는다, 잡수 ~, 정어리 ~ 조림 찌개, 조그만 ~ 나무 배 한 척, 참치 ~ 조림, 철 밥 ~, 철 ~ 같은 경계, 크리넥스 ~, 폐윤활유 수거 ~, 플라스틱 물 ~, 플라스틱 ~, 홈 ~에 매 달린다, 회색 ~ 바지

통각 ~ 및 온도각 상실, ~ 및 온도각 소실, ~ 수용체

통감 □을/를 ~ 한다

통계 ~ 를 낸다, ~ 를 편제 한다, ~ 분석, ~ 연보, ~ 의 편제; 가계 신용 ~

통계국 경제 기획 원 조사 ~, 국가 ~

통계적 ~ 으로 유의미하다

통고 ~ 한다

통곡 ~ 한다

통과 ~ 의례; 결의 안이 ~ 된다, 국경 ~ 세, 날치기 ~, 법 안을 ~ 시킨다, 영공 ~횟수, 예선을 무사히 ~ 한다, □을/를 ~ 한다

통관 ~ 기준

통괄 □을/를 ~ 한다

통근 ~ 거리, ~ 버스, ~ 시간, ~ 열차, ~ 한다; 장거리 ~

통금 ~ 시간, ~ 위반자, ~ 해제

통달 □에 ~ 한다

통독 ~ 한다

통렬 ~ 하다

통례 --는 것이 ~이다

통로 비좁은 ~, 콧속 ~

통모 □과/와 ~ 한다

통문 ~ 을 발문 한다

통박 ~ 한다

통밥 ~ 을 굴린다

통방 ~ 한다

통보 결과 ~, 세무 조사 ~, □에게 사후 ~ 한다, □을/를 ~ 한다, 합격 ~

통보서 직권 면직 ~

통사정 ~ 을 한다; --는다고/ㄴ다고/다고/라고 ~ 한다

통상 ~ 관계 국장, ~ 교섭 본부장, ~ 대표부, ~ 마찰, ~ 산업 부, ~ 진흥 국장; 대미 ~ 사절단, 수호 ~ 조약, 외교 부 ~ 교섭 본부 장5, 외교 ~ 부 장관

통상관 농림수산부 농업 협력 ~

통석 ~ 의 염

통설 --는다는/ㄴ다는/다는/라는 ~

통성 ~ 기도

통성명 ~ 을 한다

통속적 ~ 으로, ~ 인

통솔 □을/를 ~ 한다

통신 ~ 규약, ~ 방송 위성, ~ 비밀 보호법 위반 혐의, ~ 장비업; 관영 ~ 사, 광대역 종합 정보 ~ 망, 근거리 ~ 망, 기가 급 ~ 장비, 영상 음향 및 ~ 장비업, 이 세대 ~ 망, 이동 ~ 업체, 장거리 ~, 전기 ~ 공사, 정보 ~ 기술, 정보 ~ 부, 정보 ~ 업체, 초고속 정보 ~ 망, 초고속 ~ 망, 컴퓨터 ~ 망, 피시 ~

통신관 정보 ~

통신문 가정 ~

통신사 ~ 의 파견

통어 □을/를 ~ 한다

통역 ~ 겸 안내자, ~ 대학원 입시; 동시 ~ 학원, 어학원 ~ 대학원 준비 반

통용 ~ 된다

통원 ~ 치료

통일 ~ 관련 민간 단체, ~ 관련 칼럼, ~ 독립 촉진회, ~ 민주 주의 전선, ~ 벼 매입가, ~ 부 교류 협력 국장, ~ 부 장관 주재, ~ 신라기까지 소급 해 올라 간다, ~ 신라기 이후, ~ 장 이론; 대일 전선 ~ 동맹, 독일 식 흡수 ~, 멸공 ~, 민족 ~ 대동 장승 굿, 민족 ~ 대축전, 민족 ~ 전선 운동, 베트남 식 전쟁 ~, 부총리 겸 ~ 원 장관, 북진 ~, 시대 ~ 전선, 안보 ~ 특보, 연방 제 ~ 안, 외교 안보 ~, 적화 ~ 안, 조국 ~, 좌우익 ~ 전선 정당, 체제 유지 ~ 안, 한글 맞춤법 ~ 안

통일관 민족 ~과 대북한관

통자 ~ 를 넣는다

통장 ~ 거래자, ~ 과 도장, ~ 식 대출; 가명 ~, 녹색 환경 신탁 ~, 적금 ~

통재 오호 ~라

통전 ~ 시험

통절 ~ 가곡, ~ 하다

통정 ~ 한다

통제 ~ 한다; 간섭이나 ~, 경제 ~ 법, 내부 ~ 메커니즘, 무기 수출 ~ 법, 미곡 ~ 법, 상호 ~ 메커니즘, 어업 ~, 자율 ~ 메커니즘, 정신 ~, 출입 ~, 통행이 ~ 된다

통제사 수군 ~

통제실 중앙 ~

통증 ~ 민감성 구조물, ~ 임펄스; 가벼운 ~, 극심한 ~, 신경 병성 ~, 우연적 ~

통지 부도 ~ 취소 절차, 생활 ~ 표, 선적 ~, 정식 입영 ~, 취지를 ~ 한다, 투표 ~ 표

통지문 전화 ~을 보낸다

통지서 공판 기일 ~, 예비 군 훈련 ~, 합격 ~

통찰 깊은 ~, 송곳 같은 ~

통채 한 채를 ~로 빌린다

통첩 최후 ~ 시한

통치 ~ 사료실; 군정 ~, 만 병 ~ 약, 식민 ~ 하, 식민지 ~ 하, 신탁 ~ 반대, 신탁 ~ 안, 유훈 ~, □을/를 신탁 ~ 한다

통치권자 최고 ~

통치배 괴뢰 ~, 봉건 관료 ~, 봉건 ~

통칭 □을/를 ~ 한다

통쾌 ~ 하다

통탄 ~ 한다

통통 ~ 튄다; 방귀 ~ 뀐다

통통 ~ 하다

통통선 일엽편주 ~

통튼다[통틀고 통틀어] 통틀어 일컫는 말; □을/를 통틀어 일컫는다, □을/를 통틀어서

통폐합 부서 ~, 사범대 ~, 학과 ~, 항공사 ~ 설

통풍기 자동 ~

통학 ~ 버스비, ~ 한다; 장거리 ~

통한다[통해] 말이 잘 ~, 식민지기를 통해, □을/를 통한 자금 조달, □을/를 통해, □을/를 통해서, □을/를 통하지 않는다

통할 □을/를 ~ 한다

통합 ~ 교과적, ~ 글 꼴, ~ 서명 파, ~ 의 와해, ~ 주의 의료 보험; 사회 ~자, 야권 ~

통행 ~ 금지 시간, ~ 량, ~ 세를 받는다, ~ 이 통제 된다; 일방 ~

통행료 ~ 를 징수 한다; 고속 도로 ~ 인상, 혼잡 ~

통행적 일방 ~으로, 일방 ~인

통행증 ~ 을 발급 한다

통화 ~ 금리 스왑, ~ 및 재정 긴축, ~ 스와프, ~ 신용 정책, ~ 안정 증권, ~ 정책 운영; 기축 ~, 본원 ~, 주요국 ~

통화 ~ 내역 조회; □과/와 ~ 한다

통회 ~ 한다

퇴 ~ ㅅ 마루에 걸터앉는다, ~ ㅅ 마루와 협실, ~ 와 협실

퇴각 ~ 명령, ~ 한다

퇴거 ~ 증명서; 강제 ~ 명령

퇴근 ~ 길, ~ 한다

퇴락 ~ 한다

퇴보 ~ 한다; 민주 주의의 ~

퇴비 생쓰레기 ~, 음식물 생쓰레기 ~

퇴사 ~ 한다; 자진 ~

퇴색 ~ 한다

퇴역 ~ 군인, ~ 장성

퇴원 ~ 한다; 강제로 ~ 시킨다

퇴임 ~ 식장; □에서 정년 ~ 한다, 정년 ~ 식

퇴장 ~ 당한다, ~ 한다; 굿막 ~

퇴적 ~ 된다, ~ 을 거듭 한다, ~ 평야

퇴정 ~ 한다

퇴조 권위 주의가 ~ 한다

퇴직 ~ 신탁 및 개인 연금, ~ 연금, ~ 한다; 명예 ~, □을/를 조기 ~ 시킨다, 정년 ~, 조기 ~, 투신 사 ~ 신탁

퇴짜 ~ 놓는다

퇴청 개복청으로 ~ 한다

퇴출 ~ 된다; 부실 기업 ~, □을/를 ~ 시킨다

퇴치 괴물을 ~ 한다, 마약 ~, 말라리아 ~, 문맹 ~, 빈곤 ~, 사스 ~, 스팸 ~, 에

이즈 ~, 질병을 ~ 한다, 형식 주의를 ~ 한다

퇴폐 ~ 향락 업소

퇴학 ~ 당한다

퇴행 심리적 ~

퇴화 ~ 된다, ~ 한다

투 단답형 문제 말 ~, 말 ~나 표정, 반말 ~로

투고 논문 ~, 독자 ~ 란, □에 ~ 한다

투과 ~ 된다, ~ 한다

투구 갑옷과 ~, 갑옷 ~, 황금 ~

투구 ~ 패턴; □에 전력 ~ 한다

투기 ~ 과열 지구, ~ 등급 채권, ~ 억제 대책; 부동산 ~ 억제, 부동산 ~ 억제책, 부동산 ~ 의혹, 해양 ~, 핵 폐기물 ~, 환 ~ 세력

투닥거린다 투닥거리고 있다

투닥투닥 ~ 뛴다

투덜댄다 종일 불평만 ~

투명 ~ 모 눈 판, ~ 방위 판; 무색 ~하다

투미 ~ 하다

투박 ~ 하다

투병 ~ 생활, ~ 일기; 암 ~

투사 ~ 한다

투사기 영상 ~

투사체 ~ 운동

투서 ~ 와 소문

투성이 □ ~이다, 땀띠 ~, 뻘 ~, 온통 피 ~, 자갈 ~, 주름 살 ~, 허점 ~

투수 ~ 코치; 내셔널리그 선발 ~, 불펜 ~, 심판과 ~, 우완 ~

투숙 삼 호실에 ~ 한다

투시 ~ 원근법, ~ 한다

투신 ~ 자살; □에 ~ 한다

투실투실 ~ 하다

투약 조제 및 ~, 조제와 ~

투어 씨티 ~ 버스

투여 ~ 경로, ~ 한다; 경구 ~, 약물 ~

투영 ~ 된다; □에 ~ 한다

투옥 ~ 된다

투융자 재정 ~ 특별 회계

투입 ~ 한다; 경찰력이 ~ 된다, 중간 ~ 률, 지상 군 ~

투입구 우유 ~

투자 ~ 내수, ~ 부적격, ~ 분석부, ~ 우선 순위, ~ 유치 설명회; 간접 자본 ~, 간접 ~ 펀드, 국민 ~ 기금 법, 대중국 ~, 무모한 ~, 묻지 말아 ~, 사교육비를 ~ 한다, 상업용 부동산 ~ 분석사, 설비 ~ 감소, 설비 ~ 선행 지표, 설비 ~ 증가, 소액 ~자, 엔젤 ~자, □을/를 ~ 한다, 임시 ~ 세액 공제, 적립 신탁 및 ~ 신탁, 절반 씩 ~ 한다, 정부 ~ 기관장, 중복 과잉 ~, 직합작 ~, 창업 ~ 회사

투자가 기관 ~

투쟁 견결히 ~ 한다, 결연히 ~ 한다, 단식 ~, 반봉건 ~, 반식민지 ~, 반종파 ~, 제국 주의와 ~ 한다, 총력 ~, 피 나는 ~, 항일 무장 ~, 항일 혁명 ~

투쟁사 항일 ~

투정 ~ 부린다; 반찬 ~

투지 불굴의 ~

투척 수류탄 ~, 폭탄 ~, 화염 병 ~

투척법 제조법 및 ~

투철 ~ 한 국가관, ~ 한 사명감, ~ 한 책임감; □에 ~하다

투팔 ~ 천장

투표 ~ 율과 득표율, ~ 자 조사, ~ 통지표; 거소 ~ 제, 결선 ~, 군 부재자 ~ 부정 시비, 무기명 비밀 ~, 무기명 ~, 부재자 ~ 용지, 부재자 ~ 함, 유효 ~ 수, 조합원 찬반 ~, 중위 ~자 이론, 평균 ~율

투피스 감 색 ~

투하 ~ 한다; 원자 탄 ~, 원폭 ~, 폭탄 ~

투합 의기 ~ 한다

투항 ~ 한다

투혼 불 꽃 ~

툭 ~ 불거진다, ~ ~ 두드린다, ~ ~ 친다, ~ ~ 턴다, ~ 튀어 나온다, ~ 트인다; 광대 뼈가 ~ 튀어 나왔, □으로/로 ~ ~ 건드린다

툰드라 ~ 지대

툴 수학적 ~

툴툴 ~ 턴다

퉁긴다 퉁겨 져 나간다; □으로/로 퉁겨진다

퉁명스럽다[퉁명스러워 퉁명스러운] 퉁명스럽게 쏘아 붙인다

퉁명스레 ~ 대꾸 한다, ~ 말 한다

퉁소 ~ 를 분다, ~ 무료 강습

퉁퉁 ~ 곪는다, ~ 부어 오른다

퉤 ~ ~ 침 뱉는다; □을/를 ~ 뱉는다, □을/를 ~ ~ 뱉는다, 침을 ~ 뱉는다, 침을 ~ ~ 뱉는다, 카악 ~

퉤악 ~ 뱉는다

튀긴다 튀긴 닭 고기, 튀김 가루, 튀김 옷, 튀김 요리, 튀김이나 핫도그, 튀겨서 건진다; 기름에 ~, 불 꽃을 ~, 불 똥을 ~, □을/를 ~, 팝콘 ~

튄다 곱절로 ~, 광대 뼈가 툭 튀어 나왔, 광대 뼈가 튀어 나온다, 불 똥이 ~, 불쑥 튀어 나온다, 용수철처럼 ~, 타다닥 ~, 톡 톡 ~, 톡 튀어 나온다, 통통 ~, 툭 튀어 나온다

튕긴다 튕겨 나간다

튜브 구멍 조끼나 ~, 치약 ~

트기 ~ 말

트라이포트 최첨단 ~

트라피즈 공중 ~

트래버스 □을/를 ~ 한다

트랙 육상 ~

트랜스지방 ~ 함량

트러블 피부 ~

트러스트 철강 ~

트럭 ~ 을 몬다; 군용 ~, 덤프 ~, 목탄 ~, 타이탄 ~, 택시나 ~, 픽업 ~, 화물 ~

트럼펫 ~ 연주 곡, ~ 연주자

트렁크 뒷~

트레이너 ~ 겸 선수

트레이닝복 ~ 하의

트레이딩 홈 ~ 시스템

트레이싱 ~ 한다

트레일러 ~ 운전사

트리 크리스마스 ~, 헌 우산 ~

트위스트 ~ 를 춘다

트인다 말 문이 ~, 물꼬가 ~, 숨 통이 ~, □에 도가 ~, 천리 같이 ~, 천안통이 ~, 탁 ~, 툭 ~, 확 ~, 훤하게 ~

트집 ~ 을 잡는다; 사사건건 ~ 잡는다

특각 ~ 초대소

특감 이 번 ~

특강 선상 ~

특검 ~ 제 도입, ~ 제 상설, ~ 제 수용

특공 ~ 작전

특구 경제 ~로 지정 된다, 경제 ~로 지정 한다

특권 ~ 의식, ~ 층; 면책 ~

특근 ~ 수당; 잔업과 ~

특급 ~ 골 잡이, ~ 배송, ~ 송달, ~ 열차, ~ 호텔

특기 ~ 한다

특기자 어학 ~ 전형, 체육 ~

특단 ~ 의 대책, ~ 의 조치

특등 ~ 사수

특례 ~ 입학; 과세 ~, 교통 사고 처리 ~ 법, 교통 사고 ~ 법, 병역 ~

특례자 과세 ~

특무 ~ 상사

특발성 ~ 간질, ~ 전신 발작, ~ 질환, ~ 탈조

특별 ~ 감면 조처, ~ 검사보 후보, ~ 법을 제정 한다, ~ 법의 제정, ~ 소비세, ~ 시와 직할 시, ~ 전시, ~ 채용, ~ 취재단, ~ 취재 반, ~ 하다; 농어촌 발전 ~ 조치 법, 농어촌 ~세, 대기 질 개선 ~ 법 시안, 보선 ~ 기구, 서울 ~ 시, 성 폭력 ~ 법 제정, 양곡 관리 ~ 회계, □에 관한 ~ 조치 법, 이십 주년 ~ 기획전, 재정 투융자 ~ 회계, 정원 외 ~ 전형

특별기 항공 ~

특보 ~ 로 임명 한다; 안보 통일 ~, 정무 ~, 총재 외교 안보 ~

특사 ~ 방북, ~ 의 방북, ~ 파견 철회; 황제의 ~ 령

특산 ~ 식물

특상 ~ 선발

특선 국전의 ~, 점심 ~ 메뉴, 주 말 ~ 영화

특설 야외 ~ 무대

특수 ~ 목적고, ~ 상대성 이론, ~ 하다; 경찰청 ~ 수사 과, 대주주나 ~ 관계인, 유태-기독교적 ~ 전통

특수대 경찰청 ~

특수성 보편성과 ~

특용 ~ 작물

특위 국회 인사 청문 ~, 반민 ~, 총리 서리 인사 청문 ~, 총리 인사 청문 ~

특유 ~ 의, ~ 하다

특이 ~ 사항, ~ 체질, ~ 하다

특전 가산점 ~

특전 ~ 사령관

특정 ~ 금전 신탁, ~ 범죄 가중 처벌 법 위반, ~ 하다

특정인 ~ 에게 편중 된다

특진 일 계급 ~ 한다

특집 ~ 시리즈물, ~ 좌담; 일요 ~, 창사 ~ 극, 토요 ~

특징 ~ 지어 진다; □으로/로 ~ 짓는다, □의 ~

특차 ~ 모집

특채 ~ 된다

특출 ~ 나다, ~ 하다

특칙 ~ 이 인정 된다

특필 ~ 한다

특허 ~ 로서 보호 한다, ~ 를 출원 한다, ~ 출원 건 수; 실용 신안 ~, 전매 ~

특혜 ~ 시비

특활 ~ 수업, ~ 시간

특효 ~ 약; □에 ~가 있다, □에 ~이다

튼다[터] 동이 ~, 동 트는 새벽, 맹아가 싹 ~, 먼 동이 ~, 새 싹이 움 ~, 싹이 ~, 움이 ~

튼다[터] 말을 ~, 물꼬를 ~, 벽을 ~, 앞을 ~, □에 도가 ~, □을/를 터 놓는다, 흉금을 터 놓는다

튼다[틀고 틀어] 틀어 막힌다; 결가부좌를 ~, 골방에 틀어 박힌다, 또아리를 ~, 또아리 ~, 똬리를 ~, 멱살을 틀어 쥔다, 방 구석에 틀어 박힌다, 비비 ~, 빠방 ~, 선풍기를 ~, 수도 꼭지를 ~, 외로 ~, □을/를 뒤 ~, □을/를 틀어 막는다, □을/를 틀어 잡는다, □을/를 틀어 쥔다, 입을 틀어 막는다, 주리를 ~, 카세트를 ~

튼실 ~ 하다

튼튼 ~ 하다; 국방을 ~히 한다

틑는다 틑어 진다

틀 공업용 재봉 ~, 국수 ~에 넣는다, 글 ~과 자료, --는 준거 ~, 방아 ~ 뭉치

틀린다 틀림 없다, 틀림 없이 맞는 추리; 답을 ~, 스펠링 하나 ~, □에는 틀림이 없다, 철자법이 ~

틀림 □에 ~ 없다

틈 ~ 나는 대로, ~ 만 나면, ~ 새를 비집는다; 물 샐 ~ 없는 경비 망, 발 디딜 ~ 없이, 빈 ~ 없는 구성, 빈 ~ 없이 짜인다, 빈 ~이 없다, 사람들 ~에 끼인다, 사람들 ~을 비집고 들어 간다, 야음을 ~ 탄다, □을/를 ~ 탄, □을/를 ~ 타서

틈입 □으로/로 ~ 한다

틔운다 새 싹을 ~, 숨 통을 ~, □을/를 싹 ~, □을/를 ~

티 ~ 없이 맑다; 불 ~ 나게 팔린다, 옥의 ~

티격태격 ~ 한다

티껍지 ~ 안묻는다

티브이 ~ 화면; 케이블 ~, 폐쇄 회로 ~

티셔츠 ~ 와 반 바지; 반 팔 ~, 흰 색 ~

티켓 ~ 다방, ~ 을 거머쥔다; 북한 행 ~, 콘서트 ~

티티 ~ 원숭이

팀 단일 ~ 구성, 민속 씨름 ~, 봄 철 실업 연맹전 우승 ~, 소비자 상담실 모니터 ~, 신생 ~ 우선 지명 케이스, 신생 ~

창단, 외교 안보 ~, 준우승 ~, 한국 축구 대표 ~ 감독, 해외 조사 ~장

팀장 거시 경제 ~

팅팅 ~ 붓는다

파 강온 ~ 간, 고전 ~ 경제학, 고전 ~와 낭만 ~, 국민 회의 ~, 극우 강경 ~, 극우 ~와 보수 ~, 당료 ~, 비당권 ~, 상징 ~ 시인, 소장 ~ 의원, 쇄신 ~ 의원, 시아 ~ 이슬람, 실학 ~, 연기 ~ 배우, 온건 좌 ~, 왕당 ~와 반왕당 ~, 우 ~, 이슬람 시아 ~, 인상 ~ 화가, 좌 ~ 세력, 좌 ~ 정당, 좌 ~ 헤게모니, 초현실 ~, 통합 서명 ~, 학구 ~, 해외 문학 ~, 형이상학 ~ 시인

파 공중 ~ 방송, 뇌 ~ 검사, 뇌 ~ 검사법, 뇌 ~ 소견, 델타 ~, 라디오의 ~, 방추 ~, 세타 ~, 유해 전자 ~, 전자 ~ 장해 방지, 전자 ~ 장해 방지용, 지상 ~ 방송 사

파 ~ 1 뿌리, ~ 김치가 된다, ~ 닭; 다진 마늘 ~, 다진 ~, 당권 ~, 송송 썬 실 ~, 실 ~ 1 줌, 실 ~ 채

파격적 ~ 으로, ~ 인

파견 ~ 근로자, ~ 업체 수; 고문단을 ~ 한다, 사절을 ~ 한다, 선수단을 ~ 한다, 소해정 ~, □에 ~ 한다, 원거리 ~자, □을/를 사신으로 ~ 한다, □을/를 ~ 한다, 인재 ~ 회사, 통신사의 ~, 특사 ~ 철회

파골 ~ 작용

파괴 ~ 된다, ~ 의 주범; 대량 ~ 무기, 생태계 ~, 오존 층 ~, □을/를 ~ 한다

파괴범 가정 ~

파괴적 ~ 으로, ~ 인

파급 ~ 된다, ~ 효과

파기 ~ 환송; 신검 부표 ~ 시점, □을/를 ~ 한다

파다 --다는/라는 소문이 증권가에 ~하다, 소문이 ~하다, □에 ~하게 퍼진다

파다닥 ~ ~

파닥인다 □을/를 ~

파도 ~ 가 밀려 온다, ~ 에 쓸린다, ~ 타기 응원; 성 난 ~, 철썩거리는 ~, 하얗게 ~ 친다

파동 보안 법 ~, 석유 ~, 수돗물 바이러스 ~

파들파들 ~ 떨린다

파라미터 ~ 또는 커맨드

파라오 ~ 의 저주

파라핀 액체 ~

파란 ~ 만장하다; □에 일대 ~이 인다, 일대 ~

파랑 빨강 , ~ , 초록, 빨강과 ~, 새야 새야 ~ 새야

파랗다 파란 불 꽃, 파란 불이 켜 진다, 파란 색 유니폼, 파란 하늘, 파랗게 질린다; 유난스레 파래 진다

파력 ~ 발전

파렴치 ~ 하다

파르께 ~ 하다

파르르 ~ ~ ; 손 끝이 ~ 떨린다, □을/를 ~ 떤다, □이/가 ~ 떨린다, 입술이 ~ 떨린다

파르스름 ~ 하다

파릇 ~ ~ 돋아 난다, ~ ~ 하다

파리 ~ 떼, ~ 채; 똥 ~

파리 ~ 하다

파마 ~ 머리

파멸 ~ 로 몰아 간다, ~ 로 몰아 넣는다

파문 ~ 을 일으킨다

파발로 간선 ~

파병 ~ 반대 여론; 자위대 해외 ~

파산 ~ 선고, ~ 신청, ~ 에 직면 한다, ~ 한다; 개인 ~

파상 ~ 공세

파상적 ~ 으로, ~ 인

파생 ~ 금융 상품, ~ 된다; □에서 ~ 한다

파손 ~ 된다; 기물 ~, □을/를 ~ 한다

파쇼 ~ 체제, ~ 체제화, ~ 타도; 제국 주의의 ~

파수 ~ 꾼

파스치안 ~ 천

파스텔 ~ 색조

파슬리 ~ 가루; 다진 ~

파시스트 무솔리니의 ~ 정권

파시즘 군국 ~

파아랗다 파아란 잔디; 환히 개어 ~

파악 동선을 ~ 한다, 분위기 ~, 상황 ~, 전모를 정확히 ~ 한다

파업 ~ 에 돌입 한다, ~ 유도 의혹; 잦은 ~, 중공업의 ~

파열 ~ 된다, ~ 음을 낸다; 구개 ~, 왼쪽 무릎 인대 ~, 회전근 ~

파우더 ~ 룸과 드레스 룸, ~ 룸이나 드레스 룸

파운드 백만 ~ 어음, 백만 ~ 짜리 어음

파운드리 반도체 ~

파운드화 ~ 를 환전 한다

파이낸싱 프로젝트 ~

파이프 ~ 오르간 설치; 쇠 ~

파인다 깊게 ~

파일 첨부 ~

파장 ~ 이 커 진다, ~ 이 확산 한다; 광선의 ~, 삼 ~ 전구

파종 ~ 시기, ~ 한다; 봄 보리 ~

파직 ~ 된다

파초 ~ 잎

파출부 ~ 아줌마; 미싱 보조나 ~, 일 일 ~, 전일제 ~ 일을 한다

파출소 ~ 소장과 동회 직원, ~ 와 동사무소; 경찰서와 ~

파충 ~ 류 샵; 양서 ~ 류

파카 빨간 ~, 오리 털 ~

파크 테크노 ~ 조성 사업

파탄 ~ 에 이르른다; 가정 ~, 재정 ~, 한 일 관계 ~, 혼인 ~

파탄자 인격 ~

파트너 커뮤니케이션의 ~

파티 ~ 를 연다; 깜짝 ~, 디너 ~, 조촐한 생일 ~

파편 수류탄 ~, 유리 ~

파피루스 ~ 를 본 뜬다

ㅍ

파한다[파해] 파한 승려; 계를 ~

파형 진폭 ~

팍팍 ~ 하다

판 □과/와 딴 ~이다, 등사 ~ 책자, 발행 ~ 수, 백 부 한정 ~, 일본 ~ 빅뱅, 일요 ~ 신문, 증보 ~, 타블로이드 ~, 현대 ~ 세습 질서, 현대 ~ 신문고, 현대 ~ 신분 사회, 현대 ~ 이산 가족

판 ~ 가름 난다, ~ 가름 한다; 5 ~ 다승제, 죽을 ~ 살 ~, 한 ~ 승부

판 ~ 소리 명창, ~ 소리 완창, ~ 소리계 소설; 고기 집 불 ~, 꽃 ~ 지름, 끝 없는 벌 ~, 너른 벌 ~, 도약의 발 ~, 동호회 게시 ~, 들 ~, 디딤 ~ 오르내린다, 바둑 ~, 발 ~을 마련 한다, 배때기다가 철 ~ 깐다, 베니어 ~, 불 ~ 세척, 얇은 ~, 역전의 발 ~, 우물 고누 ~, □이/가 적힌 안내 ~, 점토 ~, 코르크 ~ 액자, 투명 모 눈 ~, 투명 방위 ~

판 ~ 친다; 공사 ~ 막일 꾼, 공사 ~ 인부, 굿 ~ 가녘, 까꿍 놀이 ~, 노가다 ~, 북새 ~을 이룬다, 사기 도박 ~, 아사리 ~ 같다, 영 딴 ~이다, 즉석 춤 ~, 포커 ~

판결 ~에 불복 한다; 공소 기각 ~, --는다는/ㄴ다는/다는/라는 지방 법원 ~, 무죄 ~, 상고심 ~, 승소 ~ 한다, □에서 원고 승소 ~을 한다, □에서 원고 패소 ~을 한다, 원고 승소 ~, 원고 일부 승소 ~, 원고 패소 ~, 원심 ~, 유죄 ~, 집행 유예 ~, 하급심 ~, 항소심에서 유죄 ~을 받는다

판국 --는 ~에, --는 ~이다, --어도/아도 시원 찮을 ~

판금 ~ 가위

판넬 ~ 위

판다 파 놓은 함정; 구덩이를 ~, 귓속을 파고 든다, 귀를 ~, 땅을 파 먹는다, 쏙쏙 파 먹는다, □에 파 묻는다, □에 파 묻힌다, □에 푹 파 묻힌다, 웅덩이를 ~, □을/를 파고 든다, □을/를 파 낸다, □을/를 파 먹는다, □을/를 파 묻는다, □을/를 파 헤친다, 참호를 ~, 토광을 ~, 폐부 깊숙이 파고 든다, 폭 파 묻힌다, 한 곳을 ~, 홈을 ~, 후벼 ~

판다[팔고 팔아] 팔아 먹는다; 발 품을 ~, □을/를 사고 ~, □을/를 팔아 넘긴다, 캐어서 ~, 한 눈을 ~

판단 ~ 장애; 옳고 그름을 ~ 한다

판독 □을/를 ~ 한다

판독기 광학 문자 ~

판때기 낯 ~를 쳐 든다

판례 ~를 남긴다, ~를 뒤집는다; 법원 ~

판로 ~ 개척

판막 ~ 장해; 심장의 ~, 정맥의 ~

판막증 심장 ~

판매 ~의 법리; 구매자와 ~자, 균일가 ~, 다단계 ~ 방식, 다단계 ~업, 다단계 ~ 회사, 도매로 ~ 한다, 미성년자에 대한 담배 ~, 방문 ~, 불완전 ~, 석탄 ~망, 석탄 ~ 업자, □을/를 ~ 한다, 입장권 ~ 대행 사, 자동 차 ~업, 조제와 ~, 증면 및 ~

판매권 독점 ~

판매기 자동 ~

판매상 총기 ~

판매액 당일권 ~

판매원 지국 ~

판매전 할인 ~

판매점 전문 ~

판명 가짜로 ~ 된다, □으로/로 최종 ~ 된다, □으로/로 ~ 된다

판무관실 난민 고등 ~

판별 □을/를 ~ 한다

판사 ~ 와 검사; 대쪽 ~, 부장 ~, 현직 ~

판상 ~ 할석

판서 공조 ~, 병조 ~, 예조 ~, 이조 ~, 형조 ~, 호조 ~

판시 ~ 한다

판연 ~ 히 구별 된다, ~ 히 구별 한다

판이 ~ 하다

판자 ~ 걸상, ~ 쪼가리; 통 나무와 ~

판정 ~ 한다; 면제 ~, 방송 불가 ~, 부적합 ~, 심판 ~에 항의 한다, 재심 ~, 편파 ~, 편파적인 ~, 회생 불가 ~

판지 은박 ~

판촉 ~ 광고실, ~ 활동; 광고 및 ~

판축 ~ 기법, ~ 성 벽, ~ 한다

판판 ~ 하다

판화 고무 ~, 채색 ~

팔 ~ 굽혀 펴기를 한다, ~ 목을 잡아 끈다, ~ 목의 맥, ~ 베개를 한다, ~ 운동, ~ 을 걷어 붙인다, ~ 이 안으로 굽는다; 긴 ~ 셔츠, 긴 ~ 옷, 반 ~ 셔츠, 반 ~ 와이셔츠, 반 ~ 티셔츠, 앞 ~ 뼈, 왼 ~ 목, 위 ~ 두 갈래 근

팔꿈치 ~ 와 무릎; 무릎과 ~

팔딱 ~ ~ 뛰어 간다

팔린다 날개 돋친 듯 ~, 불 티 나게 ~, 비싼 값으로 ~, □에만 정신이 ~

팔매 돌 ~ 질 한다

팔방 사방 ~ 시방

팔이 구두 닦이나 신문 ~, 날 품 ~를 한다, 바느질 품 ~를 한다, 성냥 ~ 소녀

팔자 ~ 가 사납다, ~ 기박하다, ~ 를 타고 난다; 개 ~가 상팔자다, 뒤웅박 ~, 사주 ~, 여자 ~는 뒤웅박 ~이다

팔짝 ~ ~ 뛴다

팔짱 ~ 을 낀다

팔찌 ~ 를 찬다

팔팔 ~ 끓는다, ~ 끓인다

팔팔 ~ 하다

팝 ~ 아티스트

팝스 시향의 ~ 콘서트

팝콘 ~ 튀긴다

팡파르 ~ 가 울린다; 취타대의 ~

팥 ~ 고물을 묻힌다, ~ 소를 넣는다, ~ 씨, ~ 앙금, ~ 죽 동이, ~ 죽을 쑨다, ~ 죽 한 그릇; 거피 ~ 고물 시루 떡, 단 ~ 빵, 단 ~ 죽, 동짓날 ~ 죽, 콩 심은 데 콩 나고 ~ 심은 데 ~ 난다

패 계체 ~, 반 집 ~

패 곡마단 ~, □과/와 한 ~이다, 굿중 ~의 뜬쇠, 굿중 ~ 행중, 떡집 ~, 범인과

한 ~, 사당 ~ 논다니, 사물놀이 ~, 초라니 ~, 풍물 ~, 한 ~ 같다, 화랭이 ~ 세습무

패 오 승 일 ~

패 위령 ~

패가 ~ 망신 한다

패거리 굿중 ~, 깍정이 ~, 왈자 ~

패관 ~ 문학

패기만만 ~ 하다

패널 플라스마 디스플레이 ~

패대기 ~ 를 친다

패드 다이얼 ~, 스케치 ~

패딩 ~ 조끼

패랭이 ~ 차림

패러다임 ~ 의 변화, ~ 의 전환, ~ 전환자; 새로운 ~

패러독스 위트와 ~

패러디 ~ 나 모방, ~ 나 패스티쉬

패망 제국 주의가 ~ 한다

패배 ~ 와 치욕, ~ 자, ~ 주의의 축제, ~ 한다

패색 ~ 이 짙다

패설 온갖 잡스러운 음담 ~

패션 ~ 잡지; 데님 ~, 스포츠 ~ 시계

패소 ~ 한다; □에서 원고 ~ 판결을 한다, 원고 ~ 판결, 피고 ~

패스 유레일 ~를 가지고

패스워드 아이디와 ~

패스티쉬 패러디나 ~

패악 ~ 을 저지른다

패용 ~ 한다; 리본 ~

패인다 보조개가 쏘옥 ~, 움푹 ~

패자 ~ 부활전; 승자와 ~

패전 대전의 ~

패전국 대전의 ~

패주 ~ 한다

패찰 나무 ~

패치 보안 ~

패킹 고무 ~

패턴 ~ 인식; 투구 ~

패퇴 ~ 한다

패트롤 전국 ~

패한다[패해] □에 ~

팩 녹두 ~, 우유 ~, 종이 ~, 활어 ~

팩스 전화나 ~

팬 아마 바둑 ~

팬 ~ 에 버터를 두른다, ~ 에 식용유를 두른다, ~ 에 식용유를 붓는다, ~ 을 달군다

팬다 복날 개 패듯, □을/를 두들겨 ~

팬다 쏘옥 ~, 움푹 ~

팬다 장작 ~

팬시점 ~ 을 겸한다

팬티 ~ 노출, ~ 를 입는다, ~ 만 걸친다, ~ 만 입는다; 브래지어와 ~

팽 코를 ~ 푼다

팽개 ~ 치듯 내려 놓는다; 설명도 없이 내 ~ 친다

팽대 ~ 한다; 목 동맥 ~

팽대부 뇌량 ~

팽만 ~ 하다; 복부 ~

팽배 ~ 하다; 이기 주의가 ~ 해 있다

팽이 ~ 다이, ~ 버섯 부추 볶음, ~ 야바위, ~ 치기; 느타리 ~

팽창 ~ 과 수축, ~ 한다; 양적인 ~

팽팽 ~ 한 승부; 찬반 양 론이 ~히 맞선다

퍼댄다 퍼대고 앉는다

퍼더버린다 퍼더버리고 앉는다

퍼덕인다 날개를 ~, □을/를 ~

퍼드러진다 윗목 구석에서 ~

퍼뜨린다 퍼뜨리고 다닌다; 괴소문을 ~, 안좋은 말을 ~, 유언비어를 ~, 이상한 소문을 ~, 헛소문을 ~

퍼렇다 서슬이 ~, 서슬 ~

퍼레이드 히트 곡 ~

퍼머 ~ 머리

퍼석 ~ 부서진다

퍼센트 득표율 51.6 ~

퍼스널 ~ 커뮤니케이션이나 매스 커뮤니케이션, ~ 컴퓨터

퍼스트 레이디 ~ 문화

퍼즐 ~ 조각, ~ 처럼 끼워 맞춘다, ~ 처럼 맞아 떨어진다; 낱말 ~

퍼지른다[퍼질러] □에 퍼질러 앉는다, 오일 동안 푹 ~

퍼진다 거미 줄처럼 ~, 널리 ~, □에 쫙 ~, □에 파다하게 ~, 울려 ~

퍼팅 샷과 ~

퍼팅장 골프 ~

퍼포먼스 ~ 공연; 타악 ~

퍽퍽 ~ 하다

펀드 ~ 매니저; 간접 투자 ~, 보존형 ~, 상장 지수 ~, 성장형 ~, 수익 증권 ~, 엄브렐러 ~, 역외 ~, 원금 보존 형 ~, 전환형 ~, 주식형 ~, 채권형 ~

펀펀 ~ 하다

펄 ~ 바닥

펄떡 ~ ~ 뛴다

펄럭 ~ ~ ~

펄럭인다 삼 색 기가 ~

펄썩 □에 ~ 주저앉는다

펄쩍 ~ ~ 뛰어 오른다

펄펄 ~ 끓는다, ~ 난다, ~ 뛴다

펄펄 ~ 하다

펌프 배수 ~ 시설, 유수지와 배수 ~, 저장소나 ~

펍 ~ 레스토랑

펑크 ~ 낸다; 타이어 ~

펑퍼짐 ~ 하다

펑펑 ~ 쏟아 진다; 함박 눈이 ~ 내린다

페넌트 ~ 레이스

페널티 ~ 아크, ~ 지역, ~ 킥

페놀 ~ 방류, ~ 오염, ~ 유출, ~ 피해 임산부 모임

페달 ~을 힘 차게 밟는다; 가속 ~을 밟는다

ㅍ

페미니스트 ~ 영화 이론가, ~ 정치 생태학

페소화 ~ 로 지불 한다

페스티벌 국제 디지털 아트 ~, 오페라 ~

페이 열정 ~

페이로드 ~ 전문가

페이스 ~ 에 말려 든다

페이퍼 ~ 와 연마석; 샌드 ~와 연마석 제조업

페인트 ~ 를 칠 한다, ~ 분사기; 수성 ~, □에 ~ 칠을 한다, 에나멜 ~, 황토 색 ~ 칠

페인팅 성조기 모양의 바디 ~

페치카 ~ 불

페트 이 리터 ~ 병

페퍼포그 ~ 차량

펜 ~ 으로 밑 줄을 친다; 국제 ~ 클럽, 빨간 ~, 유성 ~, 형광 ~

펜션 ~ 업주, ~ 을 빌린다, ~ 을 예약 한다

펜싱 ~ 경기장

펜티엄 ~ 급 컴퓨터

펨푸 ~ 뭉치

펩신 염산과 ~

편 국내 선 항공 ~, 일 요일 휴무 교통 ~, 항공 ~ 지연

편 네 ~의 사중주, 아흔 여섯 ~, 탕액 ~, 한 ~의 사중주

편 뒷~ 공 터, 문 저 ~, 반대 ~ 차 선, 약자의 ~에 선다, 양 ~ 넣기, 오른 ~으로 꺾는다, 왼 ~으로 꺾는다, □을/를 ~ 든다, 하늘 저 ~, 한 ~ 넣기, 홀 저 ~, 활주로 건너 ~, 횡단 보도 건너 ~, 휘어 인 ~으로 구부러진다

편견 ~ 과 아집; □에 대한 ~, 오해와 ~

편곡 □으로/로 ~ 한다

편다 곧게 ~, 상상의 날개를 ~, 손 목 폄 근, 손가락 폄 근, □을/를 펴 낸다, 죽지를 ~, 팔 굽혀 펴기를 한다, 허리를 ~

편대 우리 고속정 ~

편도 ~ 나무, ~ 해마 절제술

편두통 편마비성 ~

편력 세계사 ~, 여성 ~

편리 ~ 하다

편마비 가족성 ~

편마암 우백질 ~, 호상 ~, 회색 화강 ~

편모 ~ 슬하; 편부 ~ 가정

편물 ~ 공장

편벽 ~ 되다

편부 ~ 편모 가정

편서풍 ~ 지대

편성 ~ 된다, ~ 한다; 내년도 예산 ~, 수영 반 ~

편수 ~ 국장; 조선사 ~회

편승 붐에 ~ 한다, 시류에 ~ 한다

편식 ~ 한다; 과식과 ~

편안 ~ 한 자세, ~ 히 잠 든다

편애 ~ 한다; □에 대한 ~

편액 ~ 글씨, ~ 을 건다, ~ 을 뗀다, ~ 한다

편의 ~를 보아 준다, ~상 붙인 이름, ~시설; 기회 주의와 ~주의, 행정 ~주의, 향응 또는 ~

편입 계열 사로 ~된다, 계열 사로 ~한다, 국민역 ~, □에 ~된다, □에 ~한다

편입학 ~모집 인원

편재 ~한다

편제 생산자 물가 지수 ~, 이관 ~, 통계를 ~한다, 통계의 ~

편중 □에 ~된다, 특정인에게 ~된다

편지 ~를 받는다, ~를 보낸다, ~를 쓴다, ~봉투, ~한 통; 감사 ~, 연애 ~ 배달부

편집 ~규약, ~기자 간, ~저작물; 경영진과 ~진, 교지 ~부, 다단 ~

편집국 신문 사 ~

편집실 교지 ~

편집인 신문 ~협회

편차 표준 ~

편찬 ~한다; 국사 ~위원회, 사사 ~집필, 사전 ~, 조선사 ~

편찬실 사사 ~

편찮다 오래 오래 편찮 으시다

편측 ~부전 마비

편파 ~방송 대책 특위, ~판정

편파적 ~으로, ~인 판정

편편 ~하다

편평 ~하다

편평족 소아 ~

편하다[편해] 편한 복장; 한결 숨 쉬기 ~

편향 ~된다

편협 ~한 사고

편형 ~동물

편히 ~쉰다; 몸 ~계신다

펼친다 끝 없이 펼쳐 진다, 상상의 날개를 ~, 양보 없는 접전을 ~, □을/를 ~, 응원전을 ~, 책을 ~

폄하 --는다고/ㄴ다고/다고/라고 ~한다, □을/를 ~한다

평 두 ~남짓, 삼 ~구 홉, 삼백 ~이상 택지, 삼십 ~짜리 아파트, 영 점 칠 ~

평 --는다는/ㄴ다는/다는/라는 ~, 돋보인다는 ~

평가 ~절하; 과대 ~와 과소 ~, 과대 ~한다, 국립 교육 ~원, 높이 ~한다, 수능 식 ~, 식당 ~표, 신용 ~회사, □에 대한 ~, □을/를 과소 ~한다, 자산 ~손실금, 적절히 ~절하 한다, 조정 ~실장, 주관식 ~방법, 직무 ~, 채권 시가 ~

평가법 가중치 ~, 매트릭스 ~

평가사 감정 ~

평가서 기술 ~, 환경 영향 ~

평가액 원화 ~

평강 ~하다; 부디 ~하소서

평교사 ~회 결성, ~회에 가입 한다; 일개 ~

평균 ~값 그리고 최저 값, ~거래 대금, ~복합 수익, ~손실률, ~수명, ~열량

ㅍ

공급량, ~ 율 클라비어 곡집, ~ 차이 검증, ~ 투표율; 닛케이 ~, 다우존스 산업 ~ 지수, 대학 전과목 평점 ~, 시장 ~ 환율, 연 ~ 강수량, 연 ~ 기온, 연 ~ 증가율, 월 ~ 기온, 전산업 ~, 최고 값 및 ~ 값, 호당 ~

평난간 ~ 을 두른다

평등 남녀 고용 ~ 법 위반, 만인이 ~하다, 알아 주는 남녀 ~ 주의자, 자유 · ~ · 박애

평론 보도 및 ~, 보도와 ~

평론가 대중 음악 ~, 미술 ~

평면 ~ 도형, ~ 의 민도리 집; ㄷ 자 형 ~, 장방형의 ~, 장방형 ~, 정방형 ~

평방 ~ 피트 규모; 만 ~ 마일, 만 ~ 킬로 미터, 만 ~ 피트

평범 ~ 한 일상, ~ 한 학생, ~ 하게 산다

평상복 ~ 차림

평상시 ~ 와 다름 없이

평생 ~ 동안, ~ 을 수절 한다; 대학 부설 ~ 교육 원, 칠십 ~

평소 ~ 와 다름 없이, ~ 처럼

평순 ~ 하다

평안 ~ 하다, ~ 히 한다

평안계 ~ 지층

평야 ~ 지대; 기름 진 ~, 빙적 ~, 충적 ~, 침식 ~, 퇴적 ~

평온 ~ 을 되찾는다, ~ 하다; 되찾은 ~

평원 ~ 에 해 뜬다

평의회 국가 ~ 의장

평이 ~ 하다

평저 ~ 토기

평점 ~ 7 점; 과목 별 ~, 대학 전과목 ~ 평균, 전공 ~

평정 □을/를 ~ 한다

평준화 ~ 정책, ~ 제도, ~ 지역, ~ 해제; □을/를 ~ 한다, 하향 ~

평지 ~ 가람; 구릉 지대와 ~

평천민 ~ 층

평천하 수신 제가 치국 ~

평탄 ~ 하다

평판 ~ 측기, ~ 측량

평편 ~ 하다

평평 ~ 하다, ~ 히 한다

평행 ~ 사변형, ~ 선 공리, ~ 이동, ~ 한다

평형 ~ 감각 장애, ~ 스크레이퍼; 외국환 ~ 기금 채권

평화 ~ 대행진, ~ 로드 맵, ~ 애호; 노벨 ~ 상 수상자, 반전 ~ 촛불 대행진, 포괄적 ~ 안, 한반도의 ~와 안정

평화적 사태의 ~ 해결

폐 ~ 색전증, ~ 암 발생률, ~ 탄저 균; 남에게 ~를 끼친다, 만성 폐쇄성 ~ 질환, 소세포성 ~ 암, 심장과 ~, 폐쇄성 ~ 질환

폐 ~ 를 끼친다

폐간 ~ 된다; 자진 ~

폐건전지 ~ 수거 함, ~ 수집 함, ~ 재활용

폐광 ~ 지역; 산 골의 ~ 촌

폐교 ~ 된다

폐기 ~ 요구서, ~ 처분 된다, ~ 한다

폐기물 ~ 관리 시설, ~ 관리 정책; 건설 ~, 고준위 ~, 고준위 핵 ~, 고형 ~, 대형 ~, 방사성 ~ 처분장 부지, 생활 ~, 의료 ~, 해양 ~, 핵 ~ 반입, 핵 ~ 처리장 건설, 핵 ~ 처분장, 핵 ~ 투기, 화학 ~ 저장소

폐기장 공동 핵 ~, 핵 ~ 반대, 핵 ~ 예정지, 핵 ~ 유치, 핵 ~ 지정 고시

폐단 ~ 을 시정 한다

폐렴 기관지 ~, 세균성 ~

폐막 ~ 된다; 결승전 및 ~ 식, 대회 ~ 일, 월드컵 결승전 및 ~ 행사

폐부 ~ 깊숙이 파고 든다, ~ 를 찌른다

폐비닐 ~ 발생량, ~ 수거

폐사 ~ 된다, ~ 한다; 돌 고래 떼의 ~, 바지락 ~

폐쇄 ~ 공포증, ~ 회로 텔레비전, ~ 회로 티브이, ~ 회로 화면; 공항 ~ 조치, 기도 ~, 정맥 ~

폐쇄성 만성 ~ 폐 질환

폐수 ~ 처리 시설; 이만 톤의 ~

폐습 권언 유착의 ~

폐식용유 ~ 비누

폐신문지 ~ 봉투, ~ 활용

폐업 의사들의 집단 ~

폐윤활유 ~ 수거 통, ~ 재활용, ~ 처리, ~ 회수

폐인 ~ 이 된다

폐일언 ~ 한다

폐자원 ~ 수집

폐절 ~ 된다

폐점 ~ 시간

폐지 ~ 한다; 상품권 법이 ~ 된다, 수세 ~ 운동, 중과세 ~, 호주 제 ~

폐치 ~ 분합

폐타이어 ~ 화분

폐품 ~ 수집, ~ 수집계

폐하 천황 ~, 황제 ~

폐해 ~ 가 막심하다

폐허 별장의 ~

폐회 정기 국회 ~

폐휴지 ~ 모은다, ~ 수거, ~ 수집, ~ 줍는다

포 시멘트 1 ~

포 주간 ~와 주상 ~, 주상 ~와 주간 ~, 주심 ~ 건축, 주심 ~ 식 건축

포 ~ 문을 연다, ~ 병 대대, ~ 병 연대; 결승 ~를 명중 시킨다, 대전차 ~ 중대, 릴레이 ~, 보병과 ~ 병, 연속 결승 ~를 작렬 시킨다, 홈 런 ~

포갠다 □을/를 ~

포격 선제 ~

포경 ~ 수술

포고 선전 ~, □에 선전 ~ 한다

포괄 ~ 수가 제, ~ 한다

포괄적 ~ 평화 안

포교 ~ 활동; 전법 ~ 한다

포교당 ~ 을 개설 한다; 도심 ~

ㅍ

포교원 불교 ~, 조계종 ~

포근 ~ 하다, ~ 히 감싼다, ~ 히 내리쬔다

포기 ~ 김치; 배추 세 ~, 벼 ~, 풀 한 ~

포기 ~ 또는 취하; 관할권 ~, 상소를 ~ 또는 취하 한다, 상소의 ~, □을/를 ~ 한다, 중도에 ~ 한다

포달 ~ 을 떤다

포대 비닐 비료 ~, 시멘트 ~, 정부미 ~

포도 ~ 나무 밭, ~ 나무 이파리, ~ 넝쿨, ~ 주스; 신 ~, 입장 거봉 ~ 축제

포도당 ~ 75 그램

포도청 목 구멍이 ~이다

포동포동 ~ 살 찐다, ~ 하다

포란 금계 ~

포럼 다보스 세계 경제 ~, 지역 안보 ~

포로 ~ 감시 병, ~ 수송선 탈취; 반공 ~ 상이자

포르노 ~ 감상, ~ 싸이트, ~ 영화를 찍는다

포리 형조의 ~

포만감 ~ 이 밀려 온다

포말 ~ 소화기

포맷 프로그램 ~, 하드디스크를 ~ 한다

포목 ~ 행상

포물선 ~ 운동, ~ 을 그린다

포박 ~ 된다

포복 ~ 한다

포복절도 ~ 한다

포볼 ~ 로 내 보낸다

포상 ~ 휴가

포석 바둑 ~처럼 늘어 놓는다

포섭 ~ 한다

포수 ~ 미트; 늙은 ~, 쫓는 ~

포스터 ~ 만 건다; 길 거리의 ~, 도록이나 아트 ~, 불 조심 ~

포스트 무인 ~

포스트모더니즘 모더니즘과 ~

포스트시즌 ~ 들어서

포승 ~ 에 묶인다, ~ 줄; 줄줄이 ~ 줄에 묶인다

포식 ~ 한다

포실 ~ 하다

포악 ~ 하다

포옥 □을/를 ~ 내 쉰다

포옹 ~ 한다

포용 □을/를 ~ 한다

포용력 ~ 있다

포위 ~ 된다; □을/를 ~ 한다

포유 ~ 동물 화석

포인트 ~ 적립 카드; 수납 ~, 적립 ~, 흥미로운 관전 ~

포자 ~ 부착; 곰팡이 ~

포작 주간 ~

포장 ~ 공간 비율, ~ 재질; 가열 살균 무균 ~, 과대 ~, 디자인 ~ 개발 원, 박석 ~, 살균 무균 ~ 공정, 선물 ~, 아스팔트로 ~ 한다, 아스팔트 ~ 도로

포장재 종이 ~

포장지 썩는 ~

포졸 ~ 분장

포즈 ~ 가 강렬하다, ~ 를 취한다; 수줍은 ~

포지티브 ~ 하다

포진 귀 대상 ~

포진 ~ 한다

포집 ~ 구조, ~ 막

포착 검출기에서 ~ 된다, □을/를 ~ 한다

포커 ~ 판; 에이스 ~

포켓 ~ 속; 뒷~

포크 ~ 볼 초구, ~ 와 나이프; 나이프와 ~

포탈 세금 ~, 알선 수재 및 조세 ~, 조세 ~ 혐의, 증여세 ~

포태 ~ 와 출산

포털 검색 ~, 인터넷 ~ 사이트

포토제닉 ~ 상

포트 전송 ~

포트 커피 ~

포트란 ~ 과 코볼, ~ 컴파일러 개발

포푸리 ~ 한 봉지

포플러 샛노랗던 ~

포함 ~ 된다; □을/를 ~ 한다

포화 십 자 ~

포화 ~ 상태, ~ 수증기, ~ 용액, ~ 지방산

포획 ~ 한다

포효 ~ 한다

폭 열두 ~ 병풍, 와당문의 열 ~ 병풍, 한 ~

폭 ~ 파 묻힌다; □을/를 ~ 내 쉰다, 한숨을 ~ 쉰다

폭 ~ 과 깊이를 더한다, ~ 넓은 인맥; 가격 제한 ~까지, 경상 수지 적자 ~, 선택의 ~을 넓힌다, 운신의 ~, 일 일 변동 제한 ~, 지그재그 ~, 치마 ~으로 눈 물을 훔친다, 큰 ~으로 오른다, 큰 ~으로 줄어 든다

폭거 --는 ~

폭격 융단 ~, 피난 길에서 ~을 당한다

폭격기 장거리 ~

폭군 현군과 ~

폭도 흑인 ~

폭동 ~ 진압; 유혈 ~, 흑인 ~

폭등 주가가 ~ 한다, 집 값 ~

폭락 소 값 ~, 주가가 ~ 한다, 주가 ~

폭력 ~ 단의 두목, ~ 을 쓴다, ~ 이 난무한다, ~ 정권 타도; 가정 ~, 공권력 ~ 규탄 대회, 물신의 ~, 성 ~ 상담소, 성 ~ 특별 법 제정, 조직 ~단

폭력물 음란 ~

폭력배 ~ 의 괴수; 조직 ~

폭로 □을/를 ~ 한다

폭로전 사생활 ~

폭발 원자 탄 ~, 화산이 ~ 한다, 화산 ~

폭발물 사제 ~

ㅍ

폭발적 ~ 으로, ~ 인

폭사 ~ 한다

폭삭 ~ 고꾸라진다, ~ 내려 앉는다, ~ 주저앉는다

폭소 ~ 를 터뜨린다

폭신 ~ ~ 하다

폭약 ~ 발파, ~ 이 장전 된다

폭언 욕설과 ~

폭염 ~ 주의보

폭주 ~ 차량; 주문이 ~ 한다

폭죽 ~ 을 터뜨린다; 오색 ~

폭증 ~ 한다

폭탄 ~ 선언을 한다, ~ 투척, ~ 투하; 고성능 ~, 원자 ~, 자살 ~ 공격, 자살 ~ 테러, 차량 ~ 테러

폭파 ~ 한다; 여객기 ~

폭파범 철로 ~

폭포수 ~ 처럼 쏟아 진다

폭풍 ~ 경보, ~ 전야, ~ 주의보, ~ 해일; 거센 ~

폭풍우 ~ 가 몰아 친다

폭행 ~ 과 상해, ~ 죄, ~ 치사, ~ 치상; 백주 대로 ~, 상습 ~, 성 ~ 당한다, 성 ~ 한다, 쌍방 ~, 침략 군의 무도한 ~

폰트 한글 ~

폴리 ~ 페놀계 화합물

폴리머 ~ 배터리 개발; 리튬 ~ 배터리 생산 기술

폴리백 포장용 ~

폴리스티렌 ~ 수지; 발포 ~

폴리에스테르 중국산 ~, 한국산 ~ 단섬유

폴리에틸렌 고밀도 ~, 저밀도 ~

폴짝 ~ ~ 뛴다

폼 비누나 ~ 클렌저

폼 ~ 만 잡는다; 똥 ~

표 극장 ~를 위조 한다, 근소한 ~ 차로 부결 된다, --라는 꼬리 ~, 반대 ~를 던진다, 보물 ~를 찾는다, 좌석 버스 ~, 차 ~ 넉 장, 찬성 ~를 던진다, 추석 기차 ~

표 마침 ~를 찍는다, 물음 ~랑 느낌 ~

표 ~ 의 열람; 교과 진도 ~, 국사 책 연대 ~, 대차 대조 ~, 도수 분포 ~, 독서 기록 ~, 면적 ~, 방학 계획 ~, 병적 기록 ~, 생활 통지 ~, 성적 일람 ~, 성적 ~, 수형 인명 ~, 식당 평가 ~, 열차 시간 ~, 예정 ~, 왕복 기차 ~, 요금 환산 ~, 원소 주기율 ~, 일 일 계획 ~, 입찰 ~ 기재대, 투표 통지 ~, 학생 신상 일람 ~, 행사 계획 ~, 후 입금 ~

표기 ~ 한다; 로마자 ~, 음차 ~, 차음 ~, 향찰 식 ~

표기법 로마자 ~, 외래어 ~

표독 ~ 하다

표류 ~ 한다

표류민 내부 ~

표리부동 ~ 하다

표면적 지구 ~

표명 사의를 ~ 한다, 사의 ~, □에 대해 유감을 ~ 한다, 용의를 ~ 한다, 유감 ~, □을/를 ~ 한다

표방 □을/를 ~ 한다, 황제국을 ~ 한다

표백 ~ 된다

표변 ~ 한다

표본 ~ 추출

표석 ~ 제막 식; 기념 ~

표시 ~ 이자율; 박막 액정 ~ 장치, □을/를 ~ 한다, 저작권 ~, 함유량이 ~ 된다

표시기 음량 ~

표식 ~ 유전자

표어 ~ 를 내건다

표음 ~ 문자

표적 ~ 사정, ~ 에 명중 한다, ~ 을 맞힌다; 이동 ~

표절 ~ 논란, ~ 시비, ~ 한다; 모방 또는 ~

표정 ~ 을 짓는다, ~ 의 변화가 없다; 말투나 ~, 슬픈 ~, 어투와 ~, 얼굴 ~, 온순한 ~

표제 ~ 를 내건다

표제어 사전 ~

표준 ~ 보수 월액, ~ 산업 분류, ~ 소득률, ~ 시간, ~ 을 정한다, ~ 체중, ~ 편차; 세계 ~ 여권, 원점수와 변환 ~ 점수

표준액 내무부 시가 ~, 취득 당시 과세 시가 ~

표준적 ~ 으로, ~ 인

표지 ~ 어음; 논제 ~

표집 ~ 오차 및 비표집 오차

표착 ~ 한다

표찰 ~ 을 부착 한다

표창 국무 총리 ~, 국방 장관 ~

표출 ~ 된다, ~ 한다

표표 ~ 하다

표한다[표해] 감사를 ~, 난색을 ~, 사의를 ~, 애도의 뜻을 ~, □에 경의를 ~, □을/를 ~

표행 ~ 한다

표현 ~ 방식, ~ 의 자유; 모호한 ~, □을/를 일목요연하게 ~ 한다, □을/를 ~ 한다, 진한 애정 ~

표현물 이적 ~ 제작

푸가 전주 곡과 ~

푸근 푸근 ~하다

푸근 ~ 푸근하다, ~ 한 인상

푸념 ~ 을 늘어 놓는다

푸대 ~ 자루; 밀 가루 ~

푸덩푸덩 동태처럼 ~ 언다

푸드덕 ~ 난다

푸들거린다 □을/를 ~

푸들푸들 ~ 펀다, ~ 떨린다

푸르다[풀러] 푸른 강산, 푸른 꿈 나무, 푸른 도깨비 불, 푸른 불덩이, 푸른 색 드레스 셔츠, 푸른 색 블루진, 푸른 수의, 푸른 제복, 푸른 하늘; 서슬이 ~, 시리도록 ~, 우리 강산 ~

푸르뎅뎅 살갗이 ~하다

푸르딩딩 ~ 하다

푸르르 ~ 떨린다

푸르무레 ~ 하다

푸르스레 ~ 하다

푸르스름 ~ 하다

푸르죽죽 ~ 하다

푸륵 ~ ~

푸석 ~ ~ 하다

푸시풀 ~ 증폭, ~ 증폭기

푸우 ~ 뱉는다

푸욱 ~ 내 쉰다; 한숨을 ~ 쉰다

푸지다 푸진 춘설, 푸지게 차린다

푸짐 ~ 한 경품 증정

푹 ~ 거꾸러진다, ~ 곤다, ~ 눌러 쓴다, ~ 수그린다, ~ 쉰다, ~ ~ 빠진다, ~ ~ 삶는다, ~ ~ 찐다; □에 ~ 파 묻힌다, 오 일 동안 ~ 퍼지른다, □으로/로 ~ 고꾸라진다, □을/를 ~ 숙인다, 한 잠 ~ 자거라, 한숨을 ~ ~ 내 쉰다

푹신 ~ ~ 하다

푼 돈 몇 ~, 돈 한 ~, 땡전 한 ~, 세금 한 ~ 안낸다, 어림 반 ~ 어치도 없다, 한 ~ 도 없다, 한 ~ 두 ~

푼다 퍼 싣는다; 독설을 퍼 붓는다, 분뇨를 ~, 비가 억수 같이 퍼 붓는다, 소나기가 퍼 붓는다, 술이나 퍼 마신다, 악다구니를 퍼 붓는다, 억수로 퍼 붓는다, 오물 퍼 낸다, 옹배기에 ~, 욕설을 퍼 붓는다, 욕지거리를 퍼 붓는다, □을/를 퍼 낸다, □을/를 퍼 마신다, □을/를 퍼 붓는다, 정신 없이 퍼 먹는다, 한 술갈 퍼 먹는다

푼다[풀고 풀어] 풀어 진다, 풀어야 할 숙제; 문제를 ~, 오해를 ~, □으로/로 풀어 쓴다, □을/를 풀어 놓는다, □을/를 풀어 헤친다, 코를 팽 ~, 피로를 ~, 호텔에 여장을 ~, 화를 ~, 회포를 ~

푼푼 ~ 하다

푼푼이 ~ 모은 돈

풀 목 구멍에 ~ 칠 한다, 입에 ~ 칠을 한다

풀 제 ~에 지친다, 한 ~ 꺾인다

풀 ~ 가동 한다, ~ 카운트 접전 끝에, ~ 코스를 완주 한다

풀 ~과 씨, ~ 덤불 속, ~ 밭에 털썩 주저앉는다, ~ 벌레 소리, ~ 빛 털, ~ 뿌리를 캔다, ~ 뿌리 민주 주의, ~ 색 작업복 차림, ~ 잎의 이슬, ~ 칠 한다, ~ 피리 소리, ~ 한 포기; 길 옆 ~ 밭, 나무가지와 ~ 숲, 다년생 ~, 들판의 ~ 잎, 바랭이 ~, 수수깡과 짚 ~, 수수깡이나 짚 ~, 억새 ~에다 쓱쓱 닦는다, □에 딸린 여러 해 살이 ~, □에 딸린 한 해 살이 ~, 여린 ~ 잎, 우물우물 씹은 약 ~, 이질 ~ 꽃, 하잘것 없는 ~ 벌레

풀린다 맥이 탁 ~, 술술 ~, --어야/아야 직성이 ~, □에서 풀려 난다, 정학이 ~, 집행 유예로 풀려 난다, 화가 ~

풀무 ~ 질 한다

풀썩 ~ ~ 일어 난다; □에 ~ 주저앉는다

풀어뜨린다 풀어뜨린 채로; □을/를 ~

풀이 경전을 ~ 한다, 곡획작명법으로 ~ 한다, 문제 ~, 분 ~를 한다, 살 ~ 춤, 신 ~를 한다, 심심 ~ 땅콩, □에 대한 분 ~로, □으로/로 ~ 된다, □으로/로 ~ 한다, 화 ~를 한다

풀죽풀죽 ~ 죽을 끓인다

풀풀 ~ 날린다; 먼지 ~ 날린다, 연기만 ~ 날린다

품 날 ~ 팔이를 한다, 바느질 ~ 팔이를 한다, 발 ~을 판다

품 ~ 안에 안긴다, ~ 앗이나 두레, ~ 에 안는다; 그의 ~에 안긴다, 그대 ~ 안

품귀 ~ 현상

품긴다 품겨 있다

품는다 악의를 ~, 알을 품어 부화 시킨다, 앙심을 ~, □에게 원한을 ~, 염의를 ~, □을/를 ~

품목 ~ 허가 변경; 수입 선 다변화 ~, 수입처 다변화 ~, 제조 ~ 허가, 취급 ~

품수 ~ 없다

품위 ~ 와 스타일, ~ 유지비, ~ 있다

품종 ~ 개량; 다수확 ~

품질 ~ 보증 과, ~ 인증; 관능적 ~

품행 ~ 방정, ~ 이 단정하다

풋풋 ~ 하다

풍 귀공자 ~, 레게 ~ 람바다, 로맨틱 히피 ~ 데님, 민요 곡 ~의 방아 타령, 민요 ~ 곡, 복고 ~, 성채 ~, 에콜로지 ~, 재즈 ~, 호걸 ~

풍각 ~ 쟁이

풍광 ~ 을 즐긴다; 산수 ~

풍금 손 ~ 소리 들려 온다, 손 ~ 중주

풍기 ~ 문란

풍긴다 내음이 ~, 악취를 풍기며 썩는다, □을/를 물씬 ~, □을/를 ~, □이/가 물씬 ~

풍년 ~ 을 빈다, ~ 이 든다

풍덩 ~ ~ 헤엄 친다; 냇물 한가운데 ~ 빠진다

풍뎅이 거인 ~, 사슴 ~, 잠자리랑 ~

풍동 ~ 실험

풍력 ~ 발전

풍만 ~ 하다

풍문 ~ 으로 듣는다

풍물 ~ 가락, ~ 놀이, ~ 패

풍미 90 년 대를 ~ 한다, 당대를 ~ 한다, □을/를 ~ 한다, 일세를 ~ 한다

풍부 ~ 하다, ~ 히 한다

풍상 만고 ~

풍선 ~ 처럼 부푼다; 고무 ~, 막대 ~, 말 ~, 바람 빠진 ~처럼

풍성 ~ 한 삶, ~ 한 추석, ~ 한 추수, ~ 한 한가위

풍속 도방 ~, 세시 ~ 놀이

풍수 ~ 길지, ~ 도참 사상, ~ 지리 설

풍습 농경 ~, --는 ~

풍어 ~ 를 기원 한다

풍염 ~ 하다

풍운아 한인 ~

풍월 ~ 을 읊는다; 당구 ~, 들은 ~

풍자 ~ 만화, ~ 시, ~ 와 해학; □을/를 신랄하게 ~ 한다, 정치 ~ 유머집, 해학과 ~

풍장 두레 ~

풍조 과소비 ~, --는 ~에 휩쓸린다, 사치 ~, 생명 경시 ~, 성 개방 ~, 인명 경시 ~

ㅍ

풍족 ~ 하다

풍지박산 ~ 된다

풍진 ~ 세상

풍채 ~ 가 역연하다, ~ 가 좋다

풍취 ~ 를 감각 한다; 산악 지대의 ~

풍토 기후와 ~, 외래 ~ 병

풍토적 ~ 으로, ~ 인

풍판 ~ 을 단다

풍화 ~ 작용

풍흉 ~ 을 점 친다; 농사의 ~

퓨린 ~ 단백질

프라이 계란 ~, 달걀 ~

프라이팬 ~ 에 기름을 두른다

프라임 ~ 시간 대, ~ 타임 뉴스 쇼, ~ 타임 라이브

프랑화 ~ 의 강세

프랜차이즈 ~ 점포

프레스코 ~ 벽화

프레온 ~ 가스

프레이즈 캐치 ~

프레임 메인 ~ 컴퓨터

프로 백 ~, 이십 오 ~, 이십 ~

프로 코미디 ~

프로 ~ 게이머, ~ 낚시 꾼, ~ 바둑 기사로 입단 한다, ~ 야구 게임, ~ 축구 갑급; 가을 ~ 개편

프로그래밍 어셈블리 ~ 언어

프로그램 ~ 매도 물량, ~ 포맷; 보안 ~, 불법 복제 ~, 연예 오락 ~, 연예 정보 ~, 이머전 ~ 학생, 저질 오락 ~, 전처리 ~, 종합 고속 증식로 ~, 컴퓨터 ~ 보호 법, 현행 ~ 보호 법

프로모션 ~ 대표

프로세서 문서 편집용 워드 ~, 워드 ~ 사용법, 한글 워드 ~ 소프트웨어

프로세싱 워드 ~

프로젝션 ~ 텔레비전

프로젝트 ~ 파이낸싱; 인간 게놈 ~

프로토콜 ~ 이나 인터페이스; 인터넷 ~, 전송 제어 ~

프로판 ~ 가스

프로펠러 꼬리 쪽 ~

프로포즈 ~ 한다

프롤레타리아 ~ 국제 주의, ~ 독재; 부르주아와 ~

프리 ~ 킥 결승 골, ~ 킥 찬스; 간접 ~ 킥

프리미엄 ~ 급 발효유

프리미티브 ~ 하다

프리지어 ~ 다발

프린터 ~ 고장, ~ 로 인쇄 한다; 레이저 ~

프린팅 ~ 미디어

프림 설탕과 ~

플라스마 ~ 디스플레이 패널

플라스크 삼각 ~

플라스틱 ~ 물 통, ~ 음료수 병, ~ 통; 알미늄 그릇이나 ~ 그릇

플라이 삼 루수 ~, 외야 ~로 잡아 낸다, 헤비 급과 ~ 급, 희생 ~

플라타너스 ~ 가로수, ~ 그늘, ~ 잎사귀, ~ 잎새

플랑크톤 ~ 식성 어류

플래시 ~를 터뜨린다

플래카드 ~를 내건다

플랫 G ~ 장조

플랫폼 ~으로 내려 선다

플러스 ~ 곡면, ~ 알파

플레어 ~ 스커트

플레이 병살 ~, 실책성 ~, 주루 ~

플레이어 엠피 ~, 휴대용 시디 ~

플레이오프 준플레이오프와 ~

플레이트 홈 ~

플로피 ~ 디스크

플롯 ~이 탄탄하다

플루토늄 ~ 반입, ~을 추출 한다; 우라늄과 ~

플루트 ~와 하프; 하프와 ~

플룻 ~ 연주자

피 ~ㅅ 기가 가신다, ~ㅅ 기가 싹 가신다, ~ㅅ 기 없다, ~ㅅ 대를 올린다, ~ㅅ 자욱, ~ 고름이 찔꺽거리도록 두들긴다, ~ 나는 노력, ~ 나는 투쟁, ~ 땀 어린다, ~ 땀 흘린다, ~ 범벅이 된다, ~ 비린 내 난다, ~ 어린 역사의 산물, ~에 굶주린다, ~에 물든다, ~ 칠갑, ~ 한 방울; 새 발의 ~이다, 온통 ~ 투성이, 이마에 ~도 안마른 놈, 찬 ~ 동물, 흰자위에 실 ~줄이 있다

피 ~ 죽 쑨다

피각 ~ 전송

피감 ~ 기관화; 감사 ~, 국정 감사 ~ 기관

피개 외측 뇌교 ~, 중뇌 및 뇌교 ~

피검자 ~의 중지; 검사자와 ~

피겨 ~ 스케이팅

피격 ~ 된다

피고 ~ 패소

피고용자 고용자와 ~

피고인 ~ 또는 피의자, ~이나 변호인; 피의자나 ~

피곤 ~에 전다, ~하다

피골 ~이 상접 한다

피구 보호 막 ~

피난 ~ 간다, ~ 길에서 폭격을 당한다; 긴급 ~

피난처 조세 ~

피둥피둥 ~하다; 살이 ~ 찐다

피디피 ~ 텔레비전

피라미드 ~ 상술; 계단 식 ~

피란민 ~ 생활

피랍 ~ 된다

피랍자 ~ 구출회

피력 감상을 ~ 한다, 견해를 ~ 한다, □을/를 ~ 한다

피로 ~가 누적 된다, ~를 푼다, ~와 권태, ~와 스트레스, ~ 회복제; 스트레스와 ~, 육체적 ~

피로연 결혼 식 ~, 약혼 ~

피리 ~ 독주; 대나무의 ~, 맑디 맑은 ~ 소리, 풀 ~ 소리

ㅍ

피부 ~ 과 전문의, ~ 관리, ~ 를 청결히 한다, ~ 미백, ~ 미용, ~ 배설, ~ 병을 앓는다, ~ 보습제, ~ 암, ~ 타입 별 클렌저 선택법, ~ 트러블; 건성 ~, 민감성 ~, 지성 ~, 황사 철 ~

피부양자 ~ 수

피부염 아토피성 ~, 접촉성 ~, 지루성 ~

피살 ~ 당한다, ~ 된다

피살체 ~ 로 발견 된다

피서 ~ 인파, ~ 철

피서객 동해안 ~, 해수욕장을 메운 ~

피소 ~ 된다

피스타치오 ~ 나무, ~ 열매

피스톤 ~ 운동, ~ 이 압축 된다

피습 ~ 된다, ~ 사건

피시 ~ 보급률, ~ 통신

피식 ~ ~ 웃는다

피신 □으로/로 ~ 한다

피아노 ~ 건반, ~ 소나타, ~ 연주, ~ 와 바이올린, ~ 학원, ~ 협주 곡 전곡; 재즈 ~

피안 차안과 ~

피압박 ~ 민족

피엑스 미군 ~

피용 ~ ~

피용자 ~ 보수

피운다 거드름을 ~, 담배를 뻐끔뻐끔 ~, 딴 전을 ~, 애꿎은 담배만 ~, 줄 담배를 ~

피운다 애기 꽃을 ~, □을/를 꽃 ~, □을/를 ~, 이야기 꽃을 ~

피의 ~ 사실

피의자 ~ 나 피고인, ~ 신문 조서; 피고인 또는 ~

피익 ~ 웃는다

피임 경구용 ~ 약, 사후 ~ 약

피자 ~ 와 맥주, ~ 와 콜라; 해물 ~, 화덕 ~

피점령국 ~ 지위

피정복 정복자와 ~자

피정복민 ~ 신세

피조사자 ~ 자격

피지 ~ 분비, ~ 샘

피지배 ~ 계급, ~ 계층, ~ 관계, ~ 민족, ~ 집단

피지배자 ~ 처지

피질 ~ 신경원, ~ 척수로, ~ 하 구조물, ~ 하 치매; 대뇌 ~, 부신 ~ 호르몬, 전두엽 ~, 후두엽 ~

피착취 ~ 대중

피청구인 ~ 자격

피체 ~ 당한다, ~ 된다

피켓 ~ 을 든다; □이/가 적힌 ~

피크닉 ~ 배낭

피클 ~ 즙; 오이 ~

피트 3 ~ 8 인치, 만 평방 ~, 평방 ~ 규모

피티 ~ 체조

피폐 늙고 ~하다

피하 ~ 주사, ~ 주입, ~ 지방질, ~ 출혈

피한다[피해] 피하지 못할 사정; □을/를 요리 조리 ~, □을/를 ~

피항고인 ~ 자격

피해 ~ 가 막심하다, ~ 를 입는다, ~ 보전 직불, ~ 의식; 강간 ~ 여성, 막대한 ~, 산업 ~ 구제 법, 상습 침수 ~, 인명 ~, 지진 ~, 태풍 ~, 페놀 ~ 임산부 모임

피해자 ~ 와 가해자; 가해자와 ~, 강력 사건 ~, 고엽제 ~, 선의의 ~, 한국인 원폭 ~

픽 ~ ~ 쓰러진다, ~ ~ 웃는다

픽업 ~ 트럭

핀 넥타이 ~, 시침 ~을 꽂는다

핀다 피어 오르는 연기; 곰팡이가 ~, 메밀 꽃 ~, 모닥모닥 피어 있다, 무궁화 꽃이 피었다, 무더기로 ~, 뭉게뭉게 피어 오른다, 아지랑이가 ~, 안개처럼 피어 오른다, 와와 피어 난다, 웃음 꽃이 ~, □이/가 모락모락 피어 오른다, 참 꽃이 ~, 함초롬히 피어 있다, 활짝 ~, 흐드러지게 ~

핀잔 ~ 을 준다

필 상목 두 ~, 한 ~

필견 ~ 의 도시

필기 ~ 시험

필독서 ~ 로 꼽힌다

필두 □을/를 ~로 한, □을/를 ~로 해, □을/를 ~로 해서

필드 ~ 하키 경기

필로폰 ~ 마약

필름 스너프 ~의 주인공

필리핀인 ~ 의 혼혈인

필사적 ~ 으로, ~ 인

필살 ~ 의 일탄; 일격 ~

필생 ~ 의

필수 ~ 불가결하다, ~ 조건, ~ 항목; 공통 ~ 과목, 전공 ~

필수품 생활 ~

필승 ~ 의 고지

필연 우연과 ~

필연적 ~ 으로, ~ 인

필요 ~ 불가결, ~ 조건, ~ 충분 조건; □에 ~하다, --을/ㄹ ~가 없다, --을/ㄹ ~가 있다, □을/를 ~로 한다, 준비물이 ~하다

필자 ~ 의 졸작; 저자나 ~

필적 □에 ~ 한다

필증 등급 분류 ~

필진 거물 급 ~

필치 ~ 하나 하나를 면밀히 계산 한다; 색채와 ~

필터 정수기 ~, 헤파 ~ 식

필터링 ~ 된다; 자동 ~

필하모니 ~ 관현악단

필하모닉 ~ 오케스트라

필화 ~ 사건

핍박 ~ 한다

핍진 ~ 한다

핏발 ~ 선다

핑 ~ ~ 돈다; 눈에 눈 물이 ~ 돈다

핑계 ~를 댄다; 아프다는 ~, 이 ~ 저 ~로

핑그르 ~돈다

핑그르르 ~돈다

핑매 흙~

핑크 ~그레이, ~빛, ~색

하 거미 막 ~ 공간, 경막 ~ 혈종, 독재 정권 ~, --라는 미명 ~에, --라는 제목 ~에, 백일 ~에 드러난다, 쇄골 ~ 동맥, 쇄국 정책 ~, 쇄국 체제 ~, 수막염이나 지주막 ~ 출혈, 수막염 혹은 지주막 ~ 출혈, 식민 지배 ~, 식민 통치 ~, 식민지 통치 ~, 영향력 ~에 놓인다, 의사 지시 ~에, 이런 인식 ~에, 일제 ~ 언론, 피질 ~ 구조물, 피질 ~ 치매

하강 ~ 곡선, ~ 국면, ~ 한다; 국기 ~식, 상승과 ~

하게 ~를 한다

하계 ~ 올림픽, ~ 유니버시아드

하고 □~ 너털거린다, □~ 혓소리를 한다

하고 □~ 섞는다, □~ 아무 상관도 없다; 애인 ~ 도망 친다, 양놈 ~ 산다

하고하다[하고해] 하고한 날

하곡지 ~ 관통, ~ 관통형 분지

하교 ~길, ~ 한다

하구 ~둑; 강~

하구 □~ 같이 내뺀다, □~ 활극을 벌인다

하급 ~ 고용인, ~ 무사

하급심 ~ 판결

하나님 ~의 은총

하눌 ~~ 헌다

하느님 ~께 기도 한다, ~ 맙소사, ~ 숭배

하늘 ~나라 선녀, ~색 리본, ~색 우산, ~의 별 따기, ~이 무너져도 솟아 날 구멍이 있다, ~ 저 편; 마른 ~에 날벼락을 맞는다, 밤 ~을 수 놓는다, 으등그러지는 ~, 저녁 ~, 파란 ~, 푸른 ~

하늘하늘 ~ 하다

하다[해] --ㄹ지 자못 궁금 ~, 가공할, 가긍 ~, 가느스름 ~, 가능성이 희박 ~, 가당하지 않다, 가득 ~, 가뜬 ~, 가무스름 ~, 가무잡잡 ~, 가슬가슬 ~, 가슴이 뜨끔 ~, 가슴이 뭉클 ~, 가슴이 선뜩 ~, 가슴이 섬찍 ~, 가슴이 울울 ~, 가혹 ~, 각다분 ~, 각박 ~, 각별 ~, 간간 ~, 간결 ~, 간고 ~, 간곡 ~, 간교 ~, 간단 명료 ~, 간단 ~, 간담을 서늘하게 한다, 간담이 서늘 ~, 간략 ~, 간명 ~, 간사 ~, 간소 ~, 간악 ~, 간절 ~, 간특 ~, 간편 ~, 갈대가 무성 ~, 감감 ~, 감개무량 ~, 감수성이 예민 ~, 감숭 ~, 갑갑 ~, 강건 ~, 강경 ~, 강고 ~, 강대 ~, 강력 ~, 강성 ~, 강인 ~, 강자에게 불리 ~, 강자에게 유리 ~, 강직 ~, 강철처럼 단단 ~, 강퍅 ~, 갸륵 ~, 거나하게 취한다, 거대한, 거뜬 ~, 거룩 ~, 거만 ~, 거무스레 ~, 거무스름 ~, 거무죽죽 ~, 거무튀튀 ~, 거무티티 ~, 거뭇거뭇 ~, 거분거분 ~, 거뿐 ~, 거슴츠레 ~, 거창 ~, 거칠거칠 ~, 거칫 ~, 건강 ~, 건건 ~, 건실 ~, 건장 ~, 건전 ~, 걸걸 ~, 걸직 ~, 걸쭉 ~, 걸찍 ~, 걸출 ~, 검박 ~, 검소 ~, 게슴츠레 ~, 격렬 ~, 격심 ~, 견고 ~, 견실 ~, 견조 ~, 결곡 ~,

결연 ~, 겸손 ~, 겸허 ~, 경건 ~, 경미 ~, 경박한 처신, 경비가 삼엄 ~, 경사가 완만 ~, 경솔한 처신, 경쾌 ~, 고결 ~, 고고 ~, 고귀 ~, 고단 ~, 고독 ~, 고루 ~, 고리타분 ~, 고만 고만 ~, 고매 ~, 고명 ~, 고분고분 ~, 고상 ~, 고색 창연 ~, 고소 ~, 고슬고슬 ~, 고아 ~, 고온 다습 ~, 고유 ~, 고자누룩 ~, 고적 ~, 고졸 ~, 고즈넉 ~, 고지식 ~, 곡진 ~, 곤고 ~, 곤궁 ~, 곤핍 ~, 골똘 ~, 곱상 ~, 곱슬곱슬 ~, 공고 ~, 공공연한 비밀이다, 공명 정대 ~, 공소한 논쟁, 공손 ~, 공순 ~, 공연한 걱정, 공연한 짓, 공정 ~, 공평 무사 ~, 공허 ~, 공활 ~, □과/와 결코 무관하지 않다, □과/와 근사 ~, □과/와 동등 ~, □과/와 동일 ~, □과/와 무관 ~, □과/와 밀접 ~, □과/와 비등 ~, □과/와 비슷 ~, □과/와 유사 ~, □과/와 흡사 ~, 과감한 베팅을 한다, 과격 ~, 과년한 딸, 과년한 처녀, 과다 ~, 과도 ~, 과람 ~, 과묵 ~, 과문한 탓이다, 과민 ~, 과분한 사랑, 과분한 찬사, 과분한 칭찬, 과중 ~, 관광지답게 친절 ~, 관대 ~, 괄괄 ~, 괄목 할만 ~, 광대 무변 ~, 광막 ~, 광범 ~, 광범위 ~, 광포 ~, 광폭 ~, 광활 ~, 괴괴 ~, 괴상 망측 ~, 괴상 야릇 ~, 괴상한, 괴이 ~, 괴팍한 성격, 굉대 ~, 굉장 ~, 교교한 달 빛, 교만 ~, 교묘 ~, 교분이 자별 ~, 교통이 혼잡 ~, 교활 ~, 구구한 변명, 구구한 억측, 구구한 해석, 구불구불 ~, 구수 ~, 구순 ~, 구저분 ~, 구질구질 ~, 구차한 변명, 구태 의연 ~, 국 물이 담백 ~, 군살 없이 갸름 ~, 군색 ~, 굳건 ~, 굵직 굵직 ~, 궁벽 ~, 궁색한 변명, 궁핍한 생활, 귀가 멍멍 ~, 귀가 솔깃 ~, 귀중 ~, 균일 ~, 균질 ~, 그득 ~, 그러그러 ~, 그럴싸 ~, 그로테스크 ~, 그만 그만 ~, 그윽 ~, 극도로 불안 ~, 극도로 쇠약 ~, 극렬 ~, 극명하게, 극심한 통증, 극악 무도 ~, 극악 ~, 극진 ~, 근사 ~, 근소한 차이, 근소한 표 차로 부결 된다, 근엄 ~, 근질근질 ~, 글썽 글썽 ~, 금 빛 찬란 ~, 급격한 유가 상승, 급박 ~, 급속 ~, --기에 만 급급 ~, 기고만장 ~, 기골이 장대 ~, 기괴 ~, 기구 ~, 기기묘묘 ~, 기름 ~, 기묘 ~, 기민 ~, 기발 ~, 기본에 충실 ~, 기본기가 탄탄 ~, 기상천외 ~, 기세가 등등 ~, 기세 등등 ~, 기연가미연가 ~, 기이 ~, 기회 균등 ~, 기후가 온화 ~, 긴가민가 ~, 긴밀 ~, 긴박 ~, 긴요 ~, 길쭉 ~, 깊숙한 곳, 까마득 ~, 까무잡잡한 얼굴, 까슬까슬 ~, 까칠 까칠 ~, 깍듯 ~, 깐깐 ~, 깔깔 ~, 깔끔한 디자인, 깔끔한 쇼윈도우, 깜깜 ~, 깜찍 ~, 깝깝 ~, 깡똥 ~, 깡마르고 창백 ~, 깨끗 ~, 꺼끌 꺼끌 ~, 꺼벙 ~, 꺼칠 꺼칠 ~, 껄꺼름 ~, 껄렁 ~, 껌껌 ~, 껍진껍진 ~, 껑충 ~, 께름칙 ~, 꼬깃꼬깃 ~, 꼬들꼬들 ~, 꼬부장 ~, 꼬불꼬불 ~, 꼬장 꼬장 ~, 꼬질꼬질 ~, 꼿꼿 ~, 꽤나 복잡 ~, 꽤나 엉뚱 ~, 꾀죄죄 ~, 꾸덕꾸덕 ~, 꾸득꾸득 ~, 꾸부정 ~, 꾸불꾸불 ~, 꾸적꾸적 ~, 꾸준 ~, 꼽꼽 ~, 꿋꿋 ~, 끈적끈적 ~, 끔찍 ~, 나긋 ~, 나긋나긋 ~, 나란 ~, 나른하게 까라진다, 나약 ~, 나이가 무색한 미모, 나이 지긋 ~, 나즈막 ~, 나즉 ~, 나지막 ~, 나직 나직 ~, 나태 ~, 난감 ~, 난망 ~, 난삽 ~, 난연 ~, 난이도가 적정 ~, 난잡 ~, 난처한 입장에 처한다, 난폭 ~, 난해 ~, 날렵 ~, 날

ㅎ

씨가 쌀쌀 ~, 날씬한 몸매, 남루 ~, 남성과 동등 ~, 납작 납작 ~, 낭랑 ~, 내밀한, 내심 떨떠름 ~, 냉냉 ~, 냉담 ~, 냉랭 ~, 냉엄한 현실, 냉정 ~, 냉철 ~, 냉혹 ~, 너끈 ~, 너더분 ~, 너덜 너덜 ~, 너저분 ~, 너절 ~, 넉넉 ~, 널찍 ~, 넓데데 ~, 넓적넓적 ~, 넓죽 ~, 넓직 ~, 넙적 ~, 네 모 반듯 ~, 네 모 번듯 ~, 네가티브 ~, 노곤 ~, 노련 ~, 노르께 ~, 노르끄레 ~, 노릇노릇 ~, 노리께 ~, 노쇠 ~, 노숙 ~, 노회 ~, 녹록하지 않다, 녹작지근 ~, 농염한 여인, 농염한 자태, 높직 ~, 뇌리에 생생 ~, 누르스름 ~, 누르퉁퉁 ~, 누릇누릇 ~, 누리끼리 ~, 누추 ~, 눅눅 ~, 눅신 ~, 눅진 ~, 눈 물이 그렁 ~, 눈 물이 그렁그렁 ~, 눈 앞이 캄캄 ~, 눈이 화등잔 만 ~, 뉘엿 ~, 느긋 ~, 느끼 ~, --느라 분주 ~, 느럭느럭 ~, 느릿한 동작으로, 느물 ~, 느슨 ~, 느즈막 ~, 느지막 ~, 느직 ~, --는 듯 ~, --는 재미가 쏠쏠 ~, --는다고/ㄴ다고/다고/라고 보아도 무방 ~, --는다는/ㄴ다는/다는/라는 관측이 우세 ~, --는지 가히 짐작 할 만 ~, 늘씬 ~, 늘펀 ~, 늙고 피폐 ~, 늙수구레 ~, 늙수그레한, 늠름 ~, 능글능글 ~, 능숙하게 다룬다, --니 무척 억울 ~, 다급 ~, --다는/라는 소문이 증권가에 파다 ~, 다대 ~, 다복 ~, 다사다난 ~, 다사다망 ~, 다소곳 ~, 다양한 예술 사조를 넘나든다, 다이내믹 ~, 다재 다능 ~, 다정 다감 ~, 다정 ~, 다종 다양 ~, 단란 ~, 단순 ~, 단아 ~, 단촐 ~, 단출 ~, 단호 ~, 달달 ~, 달짝한 냄새, 달짝지근 ~, 달착지근 ~, 달콤 씁싸름 ~, 달콤 씁쌀 ~, 달큼 ~, 담담 ~, 담대 ~, 담박 ~, 답답해 한다, 당돌 ~, 당선이 유력 ~, 당연 ~, 대길 ~, 대담 ~, 대동 소이 ~, 대등 ~, 대문짝 만 ~, 대범 ~, 대인 관계가 원만 ~, 대쪽처럼 반듯 ~, 더할 나위 없이, 더럽고 치사 ~, 덜큰 ~, 덥수룩 ~, 덩실 ~, 데면데면 ~, 도도 ~, 도도록 ~, 도톰 ~, 도툼 ~, 독실한 기독교 신자, 독특 ~, 돌연 ~, 동그스럼 ~, 동그스름한 얼굴, 동글 납작 ~, 동글 동글 ~, 동글납작한 얼굴, 되도록 간결하게, 되직 ~, 두루뭉술 ~, 두루뭉실 ~, 둘러 보면서 어리둥절해 한다, 두리두리 ~, 두리뭉실 ~, 두툼 ~, 둔중 ~, 둔탁 ~, 둥그스름 ~, 둥글 넓적 ~, 둥글 둥글 ~, 뒷말이 무성 ~, 뒷맛이 개운 ~, 뒤숭숭 ~, 뒤척이는 싱싱한 활어, 드라마틱 ~, 득의 만면 ~, 득의만만 ~, 득의양양 ~, 든든 ~, 들쑥날쑥 ~, 들쭉날쭉 ~, 들척지근 ~, 듬직 ~, 등골이 오싹 ~, 따끈 따끈 ~, 따끔 ~, 따듯 ~, 따뜻 ~, 따뜻무레 ~, 따분 ~, 따스 ~, 딱딱 ~, 딴딴 ~, 땅딸 ~, 땅딸막 ~, 땡글땡글 ~, 떠들썩 ~, 떳떳 ~, 또랑또랑 ~, 또렷 ~, 똑똑 ~, 똘똘 ~, 똘망똘망 ~, 똥똥 ~, 뚜렷 ~, 뚱뚱 ~, 뜨끈 뜨끈 ~, 뜨뜻 미지근 ~, 뜨뜻 ~, 뜨악 ~, 랜덤하게 번쩍인다, 로맨틱 ~, 리드미컬 ~, 리얼하게 나타난다, 마땅한 대안이 없다, 마뜩하지 않다, 마련이 시급 ~, 막강 ~, 막대한 피해, 막역한 사이, 막역한 친구, 막연 ~, 막중 ~, □만 번지르르 ~, 만만하지 않다, 만인이 평등 ~, 말끔 ~, 말쑥한 정장 차림, 말짱 ~, 말큰말큰 ~, 망망 ~, 망연 ~, 맞춤한 시간, 매끈 매끈 ~, 매끌매끌 ~, 매사에 꼼꼼 ~, 매정 ~, 매캐 ~, 매케한 연기, 매콤 ~, 맥맥 ~, 맨송맨송 ~, 맨숭맨숭 ~, 맹렬한 기세로, 맹맹해 온다, 머슬머슬 ~, 머쓱해 진다, 먹먹 ~, 멀끔한 얼굴, 멀뚱 ~, 멀찌막한 곳, 멍청 ~, 면난 ~, 면면 ~, 명랑 ~, 명명백백 ~, 명민 ~, 명백 ~, 명석 ~, 명성이 자자 ~, 명실상부한, 명약관화 ~, 명징 ~, 명철 ~, 명치가 뻐근 ~, 명쾌 ~, 명확 ~, 모골이 송연 ~, 모던 ~, 모호한 태도, 모호한 표현, 몰상식 ~, 몰염치 ~, 몰인정 ~, 몰지각 ~, 몰취미 ~, 몸이 가뿐 ~, 몸 집이 왜소 ~, 몹시 곤란 ~, 못마땅 ~, 못지않게 중요 ~, 몽글몽글 ~, 몽땅 ~, 몽롱 ~, 무고 ~, 무궁광대 ~, 무궁 무궁 ~, 무궁 무진 ~, 무기력 ~, 무능 ~, 무던 ~, 무덤덤 ~, 무뚝뚝 ~, 무력 ~, 무례 ~, 무료함을 달랜다, 무망 ~, 무명색 ~, 무모한 도발, 무모한 도전, 무모한 투자, 무미 건조 ~, 무미 ~, 무방비 ~, 무변 광대한 우주, 무병 ~, 무분별 ~, 무사 ~, 무색 투명 ~, 무쇠처럼 단단 ~, 무수한, 무시무시 ~, 무식 ~, 무심 ~, 무엄 ~, 무엇보다 탄실 ~, 무연 ~, 무익 ~, 무자각 ~, 무자비 ~, 무잡 ~, 무정 ~, 무지 무지 ~, 무지몽매 ~, 무지 ~, 무지근 ~, 무지막지 ~, 무진장 ~, 무참 ~, 무한 ~, 무해 ~, 묵묵 ~, 묵중 ~, 묵직한 배기 음, 문란 ~, 물렁 물렁 ~, 물컹 ~, 물큰 ~, 뭉근 ~, 뭉뚝 ~, 뭉클 ~, 뭉툭 ~, 미개 ~, 미거 ~, 미끈 미끈 ~, 미끌미끌 ~, 미려 ~, 미련 ~, 미묘 ~, 미미 ~, 미비 ~, 미성숙 ~, 미세 ~, 미숙 ~, 미약 ~, 미욱 ~, 미적지근 ~, 미지근한 물, 미진 ~, 미천 ~, 미흡 ~, 민감하게 반응 한다, 민심이 흉흉 ~, 민첩 ~, 민틋 ~, 밀접한 관계, 밋밋 ~, 밍근 ~, 밍밍 ~, 바람직 ~, 바삭 바삭 ~, 바지런 ~, 박복 ~, 박약 ~, 박절 ~, 박정 ~, 박학 다식 ~, 반들반들 ~, 반듯 반듯 ~, 반반 ~, 반지레 ~, 반지르르 ~, 발그레 ~, 발그스름 ~, 발칙한, 밤이 이슥 ~, 방대 ~, 방만 ~, 방약무인 ~, 방정 ~, 방종 ~, 배은 망덕 ~, 배짱이 두둑 ~, 백발이 성성 ~, 버릇은 여전 ~, 버젓 ~, 번다 ~, 번드레 ~, 번드르 ~, 번드르르 ~, 번들번들 ~, 번쇄 ~, 번잡 ~, 번지르 ~, 번화 ~, 범박 ~, 범상하지 않다, 범속 ~, 범연 ~, 범용 ~, 벙벙해 진다, 변변 ~, 변화 무쌍 ~, 볏도 가지런 ~, 병색이 완연 ~, 병약 ~, 병환이 위중 ~, 보들보들 ~, 보송보송 ~, 보슬보슬 ~, 보편 타당 ~, 복잡다기 ~, 복잡 다단 ~, 봉긋 ~, 부강해 진다, 부단한 경계, 부단한 노력, 부단한 자기 성찰, 부당한 처우, 부도덕 ~, 부득이 ~, 부듯 ~, 부디 평강하소서, 부리부리 ~, 부박 ~, 부산 ~, 부석부석 ~, 부수수 ~, 부숭부숭 ~, 부시시 ~, 부실 ~, 부얼부얼 ~, 부유 ~, 부적절한 처신, 부전부전 ~, 부정직 ~, 부지런 ~, 북실북실 ~, 분망 ~, 분명 ~, 분하고 원통 ~, 불가근 불가원 ~, 불가능 ~, 불가분 ~, 불가사의 ~, 불가피 ~, 불가해 ~, 불결 ~, 불공평 ~, 불균등 ~, 불그레 ~, 불그스레 ~, 불그스름 ~, 불그죽죽 ~, 불길한 암영, 불룩 ~, 불명료 ~, 불민 ~, 불상 ~, 불순 ~, 불쌍 ~, 불요불급 ~, 불우 ~, 불운 ~, 불초 ~, 불측한 일, 불콰 ~, 불쾌 ~, 불투명 ~, 불편한 진실, 불편부당 ~, 불평등 ~, 불합리 ~, 불행 ~, 불확실 ~, 불효 막심 ~, 비감 ~, 비겁 ~, 비굴 ~, 비근한 예로, 비난 받아 마땅 ~, 비대해 진다, 비루 ~, 비리비리

ㅎ

~, 비릿 ~, 비범 ~, 비속 ~, 비스듬 ~, 비슷 비슷 ~, 비열 ~, 비옥 ~, 비일비재 ~, 비장 ~, 비정 ~, 비참 ~, 비창 ~, 비천한 신분, 비통 ~, 비틀 ~, 빈궁 ~, 빈번 ~, 빈약 ~, 빈한 ~, 빠듯 ~, 빤빤 ~, 빳빳 ~, 빵빵 ~, 빼곡 ~, 빼빼 ~, 빽빽 ~, 뻑뻑 ~, 뻑적지근 ~, 뻔뻔 ~, 뻘쭘 ~, 뻣뻣 ~, 뼈만 앙상 ~, 뽀송뽀송 ~, 뾰로통 ~, 뾰루퉁 ~, 뾰족 뾰족 ~, 뾰죽 뾰죽 ~, 뿌루퉁 ~, 삐딱 ~, 삐뚜름 ~, 삐쭉 ~, 삐쭘 ~, 사근사근 ~, 사대육신 멀쩡 ~, 사방이 어둑 ~, 사상이 불온 ~, 사소한, 사악 ~, 사지가 멀쩡 ~, 삭막 ~, 삭연 ~, 산뜻 ~, 산만 ~, 산적 ~, 살갗이 푸르뎅뎅 ~, 살기가 등등 ~, 살기 등등 ~, 살뜰 ~, 살망 ~, 살벌 ~, 살풍경 ~, 삼 색 기가 찬연 ~, 삼삼 ~, 상긋 ~, 상냥 ~, 상당한 논쟁 거리, 상세 ~, 상이한, 상쾌 ~, 상큼 ~, 새치름 ~, 새침 ~, 새콤 달콤 ~, 새콤 ~, 색채가 농후 ~, 생게망게 ~, 생경 ~, 생계가 막막 ~, 생기 발랄 ~, 생뚱 ~, 생소 ~, 샤프 ~, 서글서글 ~, 서로 밀접하게 연결 된다, 서먹 서먹 ~, 서운 ~, 석연하지 않다, 선뜻 ~, 선량한 시민, 선선 ~, 선연하게 떠 오른다, 설이 구구 ~, 설멍 ~, 섬뜩 ~, 섬세 ~, 섬약 ~, 섬찍 ~, 섬찟 ~, 섭섭한 마음에서, 성급 ~, 성대하게 열린다, 성미 고약 ~, 성실하고 근면 ~, 성욕이 왕성 ~, 성은이 망극 ~, 세밀 ~, 세세 ~, 세심한 배려, 섹시 ~, 센세이셔널 ~, 센티멘탈 ~, 소담 ~, 소란 ~, 소략 ~, 소문이 왜자 ~, 소문이 파다 ~, 소박 ~, 소복 ~, 소상 ~, 소소 ~, 소쇄 ~, 소슬 ~, 소심 ~, 소연 ~, 소중 ~, 소탈 ~, 소홀 ~, 속이 더부룩 ~, 속악 ~, 손해가 막심 ~, 솔직 ~, 쇄락 ~, 쇠잔 ~, 쇼킹 ~, 수굿 ~, 수더분 ~, 수두룩 ~, 수려 ~, 수목이 울창 ~, 수북 ~, 수상 ~, 수수 ~, 수척 ~, 숙연 ~, 순결무구 ~, 순결 ~, 순박 ~, 순수 ~, 순연 ~, 순전한, 순정 ~, 순진 무구 ~, 순진 ~, 순탄 ~, 순후 ~, 숭고 ~, 숭악 ~, 슈퍼에서 유명 ~, 스마트 ~, 스산 ~, 스케줄이 빡빡 ~, 스토리가 탄탄 ~, 스피디 ~, 시간이 촉박 ~, 시금털털 ~, 시기 적절 ~, 시끄럽고 지저분 ~, 시끌 시끌 ~, 시끌버끌 ~, 시끌벅적 ~, 시끌법석 ~, 시니컬 ~, 시들해 진다, 시무룩해 진다, 시시 ~, 시시껄렁한, 시시절절 ~, 시시콜콜 ~, 시원 시원 ~, 시의 적절 ~, 시척지근 ~, 시큰둥 ~, 시큼 ~, 식욕이 왕성 ~, 신기 ~, 신랄한 비난, 신령 ~, 신묘 ~, 신비 ~, 신산 ~, 신선한 공기, 신성 ~, 신속 ~, 신이 ~, 신중 ~, 신통하지 않다, 신효 ~, 실물 크기로 리얼 ~, 실적이 저조 ~, 실팍 ~, 심각 ~, 심기가 불편 ~, 심기를 불편하게 한다, 심난 ~, 심대 ~, 심드렁 ~, 심란 ~, 심상하지 않다, 심심해 한다, 심약 ~, 심오 ~, 심원 ~, 심플 ~, 싱숭생숭 ~, 싱싱 ~, 싸늘한 반응, 싸늘한 시선, 싹싹 ~, 씁쌀한 맛, 쌍글 ~, 쌩 ~, 써늘 ~, 썰렁 ~, 쏠쏠한 재미를 본다, 쓸쓸 ~, 씁쓰레 ~, 씁쓰름 ~, 씨니컬 ~, 씩씩 ~, 아기자기 ~, 아늑 ~, 아담 ~, 아둔 ~, 아득 아득 ~, 아련 ~, 아령칙 ~, 아리송 ~, 아릿 ~, 아스라 ~, 아슬아슬 ~, 아슬아슬한 승부, 아슴 아슴 ~, 아연 ~, 아이러니칼 ~, 아이러니컬 ~, 아이러닉 ~, 아주 먹음직 ~, 아찔 아찔 ~, 아찔한 현기증을 느낀다, 아침이 선명 ~, 아카데믹 ~, 악독 ~, 악

랄 ~, 악조건에도 불구하고, 안녕 ~, 안락 ~, 안부가 궁금 ~, 안온 ~, 안이 ~, 안일 ~, 안전 ~, 안존 ~, 알딸딸 ~, 알뜰 ~, 알량한, 알록달록 ~, 알싸 ~, 알쏭달쏭 ~, 알알 ~, 암담 ~, 암울 ~, 앙바틈 ~, 앙큼 ~, 앞 날이 창창 ~, 앞이 아뜩 ~, 애 써 담담한 척 한다, 애련 ~, 애매 모호 ~, 애매 ~, 애석 ~, 애절 ~, 애통 ~, 애틋 ~, 앰비벌런트 ~, 야들야들 ~, 야박 ~, 야비 ~, 야속 ~, 야심만만 ~, 야트막 ~, 약간 노르스름 ~, 약소 ~, 약여 ~, 약자에게 불리 ~, 얄얄 ~, 얄팍 ~, 얌전 ~, 얍삽 ~, 양순 ~, 양호 ~, --어/아 마땅 ~, 어눌 ~, --어도/아도 무방 ~, 어두침침 ~, 어두컴컴 ~, 어둑 어둑해 진다, 어둑신 ~, 어둠침침 ~, 어둠컴컴 ~, 어련하랴, 어렴풋 ~, 어리둥절 ~, 어리벙벙 ~, 어리뻥뻥 ~, 어리숙 ~, 어마어마 ~, 어벙 ~, 어색 ~, 어수룩 ~, 어수선 ~, 어슴푸레 ~, 어슷어슷 ~, 어안이 벙벙 ~, 어엿한 사내 대장부, 어엿한 사장 님, 어엿한 숙녀, 어웅 ~, 어정쩡한 처신, 어중간 ~, 어지간 ~, 어질 어질 ~, 어찔어찔 ~, 얼굴 빛이 창백 ~, 얼근 ~, 얼금얼금 ~, 얼떨떨 ~, 얼룩덜룩 ~, 얼얼 ~, 얼쩍 ~, 얼턱덜턱 ~, 엄격 ~, 엄밀 ~, 엄숙 ~, 엄엄 ~, 엄연한 범죄 행위, 엄연한 사실, 엄연한 테러, 엄연한 한국 땅, 엄정한 법 집행, 엄중 ~, 엄혹한 세월, 엄혹한 시대, 엄혹한 현실, 업이 지중 ~, 엇비슷 ~, 엉성 ~, 엉큼 ~, □에 급급 ~, □에 능수능란 ~, □에 능통 ~, □에 대해 박식 ~, □에 대해 빠삭 ~, □에 대해 정통 ~, □에 둔감 ~, □에 민감 ~, □에 불과 ~, □에 빠삭 ~, □에 뿌듯해 한다, □에 소홀 ~, □에 식상 ~, □에 유연하게 대처한다, □에 유용 ~, □에 익숙 ~, □에 적합 ~, □에 지대한 공헌을 한다, □에 지대한 영향을 끼친다, □에 투철 ~, □에 파다하게 퍼진다, □에 필요 ~, □에 합당 ~, □에게 불리한 증언, □에게 유리 ~, □에게 조금 딱딱하게 대한다, 에끼 무정한 놈, 에로틱 ~, 에쎈셜 ~, 엔간 ~, 여간해서는, 여법 ~, 여북하면, 여실 ~, 여유만만 ~, 여유작작 ~, 여의 ~, 여일 ~, 여차하면, 여차여차해서, 여틈 ~, 연로 ~, 연만하시, 연면 ~, 연약 ~, 열명 남짓 ~, 열등 ~, 열렬 ~, 열악 ~, 열열 ~, 열의가 대단 ~, 영 찜찜 ~, 영구 ~, 영리한 처신, 영민 ~, 영세 ~, 영악 ~, 영어를 유창하게 구사 한다, 영원 ~, 영특 ~, 영험 ~, 예리 ~, 예쁘장 ~, 오동통 ~, 오뚝 ~, 오롯 ~, 오만 방자 ~, 오만 불손 ~, 오만 ~, 오목 ~, 오묘 ~, 오밀조밀 ~, 오붓 ~, 오색이 영롱 ~, 오색이 찬란 ~, 오종종 ~, 오죽하면, 오후 느즈막하게, 오후 느지막하게, 온건 ~, 온당 ~, 온순한 표정, 온오 ~, 온유 ~, 온전 ~, 온후 ~, 올록볼록 ~, 올망졸망 ~, 옴팡 ~, 옷 매무새가 단정 ~, 옹색 ~, 옹졸 ~, 왁자 ~, 완강 ~, 완고 ~, 완곡 ~, 완만한 경사를 갖는다, 완만한 곡선을 그린다, 완벽 ~, 완숙 ~, 완전 무결 ~, 완전 ~, 요 만한, 요긴 ~, 요란하게 울린다, 요상한 새 소리, 요염 ~, 요요 ~, 요원 ~, 용감 무쌍 ~, 용감 ~, 용렬 ~, 용맹 ~, 용모 단정 ~, 용모 준수 ~, 용의주도 ~, 용이 ~, 우두망찰 ~, 우둔 ~, 우둘두둘 ~, 우락부락 ~, 우람 ~, 우렁우렁한 목 소리, 우매 ~, 우묵 ~, 우수한 성적으로 졸업 한다, 우심 ~, 우아

~, 우연 ~, 우울 ~, 우월 ~, 우유부단 ~, 우중충 ~, 우직 ~, 우툴두툴 ~, 울긋불긋 ~, 울적 ~, 울퉁불퉁 ~, 웅건 ~, 웅대 ~, 웅장 ~, 웅혼 ~, 원대 ~, 원만한 대인 관계, 원숙 ~, 월등 ~, 웬간하면, 웬간해서는, 웬만하면, 위급 ~, 위대한 영도자, 위독 ~, 위태위태 ~, 위풍 당당 ~, 위험 천만 ~, 위험 ~, 유구한 역사, 유능 ~, 유니크 ~, 유달리 돈독 ~, 유덕 ~, 유들유들 ~, 유려 ~, 유망 ~, 유머러스 ~, 유명 무실 ~, 유복 ~, 유수한, 유순 ~, 유식 ~, 유약 ~, 유연 ~, 유유 ~, 유의미한 차이, 유익 ~, 유일 ~, 유일무이 ~, 유장 ~, 유족 ~, 유창한 영어로, 유치 찬란 ~, 유치 ~, 유쾌 ~, 유한 ~, 유혈이 낭자 ~, 유효 적절 ~, 유효 ~, 육개장처럼 얼큰 ~, 육중 ~, 육질이 단단 ~, 윤택 ~, 융숭 ~, 으늑 ~, □으로/로 부적합 ~, --으리라는/리라는 막연한 기대, 으리으리 ~, --으면/면 가장 무난 ~, 으스 ~, 으스름 ~, 으스스 ~, 으슥 ~, 으시시 ~, --은/ㄴ 기색이 역력 ~, --은/ㄴ 기색이 완연 ~, --은/ㄴ 듯 ~, □은/는 당연한 이치다, □은/는 자명한 이치다, 은근 ~, 은미 ~, 은밀 ~, 은성 ~, 은은 ~, --을/ㄹ 듯 ~, --을/ㄹ 리가 만무 ~, --을/ㄹ 리는 만무 ~, --을/ㄹ 리도 만무 ~, --을/ㄹ 리 만무 ~, --을/ㄹ 만 ~, --을/ㄹ 뻔 ~, --을/ㄹ 소지가 다분 ~, --을/ㄹ 조짐이 농후 ~, □을/를 가히 짐작 할 만 ~, □을/를 거북해 한다, □을/를 괘씸해 한다, □을/를 교묘하게 이용 한다, □을/를 궁금해 한다, □을/를 기특해 한다, □을/를 대견해 한다, □을/를 명확하게 구분 한다, □을/를 무안해 한다, □을/를 무참하게 짓밟는다, □을/를 미안해 한다, □을/를 민망해 한다, □을/를 섭섭해 한다, □을/를 성대하게 개최한다, □을/를 성대하게 치른다, □을/를 소중하게 간직 한다, □을/를 솔직하게 털어 놓는다, □을/를 신랄하게 풍자한다, □을/를 억울해 한다, □을/를 유명 무실하게 만든다, □을/를 일목요연하게 보인다, □을/를 일목요연하게 정리 한다, □을/를 일목요연하게 표현 한다, □을/를 장황하게 늘어 놓는다, □을/를 적나라하게 노출 한다, □을/를 적나라하게 보여 준다, □을/를 적절하게 조절 한다, □을/를 초조하게 기다린다, □을/를 황당해 한다, --음/ㅁ에도 불구하고, 음란 ~, 음산 ~, 음습 ~, 음울 ~, 음전 ~, --음직/ㅁ직 ~, 음침 ~, 음탕 ~, 음험 ~, 음흉 ~, 응큼 ~, 의견이 분분 ~, 의구 ~, 의기 소침 ~, 의기양양 ~, 의논이 분분 ~, 의미심장 ~, 의아 ~, 의젓 ~, 이 만 ~, □이/가 괘씸 ~, □이/가 궁금 ~, □이/가 기특 ~, □이/가 꺼림칙 ~, □이/가 대견 ~, □이/가 무안 ~, □이/가 미안 ~, □이/가 민망 ~, □이/가 섭섭 ~, □이/가 억울 ~, □이/가 황당 ~, 이상 야릇한, 이상한 소문을 퍼뜨린다, 이윽한 눈 빛, 익숙해 진다, 인상이 험악 ~, 인색 ~, 인스트루먼털 ~, 인심이 흉흉 ~, 인자 ~, 일부 몰지각한 인사, 일사불란하게 움직인다, 일정 ~, 일천 ~, 임박 ~, 입 가에 싸늘한 미소를 짓는다, 입 가에 잔잔한 미소를 짓는다, 입 맛이 씁쓸 ~, 입 안이 텁텁 ~, 자그마한, 자명 ~, 자상 ~, 자세 ~, 자신만만 ~, 자심 ~, 자욱 ~, 자유 분방 ~, 자잘 ~, 자질구레한, 잔악 ~, 잔

인 무도 ~, 잔인 ~, 잔잔 ~, 잔학 ~, 잔혹 ~, 잘룩 ~, 잠잠해 진다, 잡다 ~, 잡초가 무성 ~, 장구 ~, 장렬 ~, 장엄 ~, 장중 ~, 장쾌 ~, 장황 ~, 재지가 유력 ~, 쟁쟁 ~, 저 만 ~, 저급 ~, 저러 ~, 저렴한 가격, 저릿 저릿 ~, 저명 ~, 저속 ~, 저습 ~, 저열 ~, 저으기 당황 ~, 적나라 ~, 적당 ~, 적막 ~, 적법 ~, 적적한 삼 등 차, 적절하지 못한 처신, 적확 ~, 전도 양양 ~, 전무 ~, 전무후무 ~, 전지 전능 ~, 절묘 ~, 절박 ~, 절실 ~, 절친한 친구, 절통 ~, 정갈 ~, 정결 ~, 정교 ~, 정당한 보상, 정당한 사유, 정밀 ~, 정숙 ~, 정정 ~, 정정당당 ~, 정중 ~, 정치 ~, 정확한 수순, 젖이 말랑말랑 ~, 젖어 축축 ~, 조그마한, 조그만 ~, 조급 ~, 조마조마 ~, 조밀 ~, 조붓 ~, 조속한 시일 내에, 조숙 ~, 조신 ~, 조악 ~, 조야 ~, 조잡 ~, 조촐한 생일 파티, 존귀 ~, 졸깃 ~, 졸렬 ~, 좀 뭐 ~, 좆 만한 새끼, 죄송 ~, 주관이 확고 ~, 주도면밀 ~, 죽음만큼 강렬 ~, 준비물이 필요 ~, 준엄 ~, 준열 ~, 줄거리가 탄탄 ~, 중대 ~, 중씰 ~, 중요하게 여긴다, 중차대 ~, 중후한 멋, 쥐 꼬리 만한, 쥐 죽은 듯 조용 ~, 쥐 죽은 듯이 고요 ~, 즐비하게 늘어 선다, 즐편 ~, 지고지순 ~, 지긋한, 지긋지긋 ~, 지난 ~, 지당하 신 말씀이다, 지대한 영향, 지독 ~, 지루해 죽겠, 지리 ~, 지리멸렬 ~, 지속가능한 개발, 지순한 사랑, 지엄 ~, 지지리도 가난 ~, 지지부진 ~, 진귀한, 진기한, 진득 진득 ~, 진부 ~, 진솔 ~, 진정한, 진중 ~, 진지 ~, 진출이 활발 ~, 질박 ~, 질서 정연 ~, 질척 ~, 질탕 ~, 질퍽 질퍽 ~, 질편 ~, 집요 ~, 집채 만 ~, 징글징글 ~, 짜릿 짜릿 ~, 짤막 짤막 ~, 짭조름 ~, 짭짜름 ~, 짭짤 ~, 짭짭 ~, 쨍쨍 ~, 쩌릿 ~, 쩨쩨 ~, 쪼글쪼글 ~, 쪼잔 ~, 쫀득 쫀득 ~, 쫀쫀 ~, 쫄깃 쫄깃 ~, 쭈글쭈글 ~, 쭈뼛 쭈뼛 ~, 찌르르 ~, 찌릿 찌릿 ~, 찌뿌둥 ~, 찌뿌드드 ~, 찐득 찐득 ~, 찝질 ~, 찝찔 ~, 찝찝 ~, 찢어 지게 가난 ~, 찬 물을 끼얹은 듯 조용 ~, 차분 ~, 착실 ~, 착잡 ~, 착찹 ~, 찬찬 ~, 참담한 광경, 참람 ~, 참신한 발상, 참신한 아이디어, 참혹 ~, 창피 ~, 챙피 ~, 처량 ~, 처연 ~, 처절 ~, 처참 ~, 척박한 환경, 천만 부당 ~, 천박 ~, 천부당만부당 ~, 천진 무구 ~, 천진 ~, 천진난만 ~, 천천 ~, 철두철미 ~, 철면피 ~, 철저 ~, 첨예하게 대립 한다, 청결 ~, 청량 ~, 청렴 결백 ~, 청렴 ~, 청명 ~, 청수 ~, 청순 가련 ~, 청순 ~, 청신 ~, 청아 ~, 청정 ~, 청청 ~, 청초 ~, 초간 ~, 초롱 초롱 ~, 초연 ~, 초조하고 불안스럽다, 초초 ~, 초췌한 모습, 초췌한 몰골, 촉박해 진다, 촉촉 ~, 촘촘 ~, 총명 ~, 총총 ~, 추레 ~, 추악 ~, 추잡 ~, 추저분 ~, 추적거리고 끈끈 ~, 출중 ~, 출출 ~, 충만 ~, 충분 ~, 충직 ~, 충충 ~, 취약 ~, 취지가 무색 ~, 측은 ~, 츱츱 ~, 치렁치렁 ~, 치밀한 사고, 치사 ~, 치열 ~, 치졸 ~, 칙칙 ~, 친근 ~, 친밀 ~, 친숙 ~, 칠칠하지 못하다, 침략 군의 무도한 폭행, 침울 ~, 침중 ~, 침착 ~, 침통 ~, 칭송이 자자 ~, 칭찬이 자자 ~, 카랑 카랑 ~, 칼칼 ~, 캐주얼 ~, 컬러풀 ~, 컬컬 ~, 컴컴스레 ~, 콧날이 시큰 ~, 콧대를 납작하게 만든다, 코가 맹맹 ~, 코가 오똑 ~, 코 끝이 시큰 ~, 코 끝이 찡 ~, 코 딱지

ㅎ

만 ~, 코 허리가 찡 ~, 코믹 ~, 쾌적 ~, 쾌청 ~, 쾌활 ~, 쾨쾨 ~, 퀘퀘 ~, 퀴퀴한 냄새, 큼지막한, 큼직 큼직 ~, 키가 멀쑥 ~, 키가 작달막 ~, 키가 후리후리 ~, 탁월 ~, 탐탁하지 않다, 태만 ~, 태연 ~, 태연자약 ~, 태평 ~, 탱탱 ~, 터부룩 ~, 터프 ~, 턱 없이 부족 ~, 텁수룩 ~, 토실 토실 ~, 톡톡 ~, 통계적으로 유의미 ~, 통렬 ~, 통절 ~, 통쾌 ~, 통통 ~, 투미 ~, 투박 ~, 투실투실 ~, 투철한 국가관, 투철한 사명감, 투철한 책임감, 특별 ~, 특수 ~, 특유 ~, 특이 ~, 특정 ~, 특출 ~, 튼실 ~, 튼튼 ~, 파란만장 ~, 파렴치 ~, 파르께 ~, 파르스름 ~, 파릇 파릇 ~, 파리 ~, 팍팍 ~, 판이 ~, 판판 ~, 팔자 기박 ~, 팔팔 ~, 패기만만 ~, 팽만 ~, 팽배 ~, 팽팽한 승부, 퍽퍽 ~, 펀펀 ~, 펄펄 ~, 펑퍼짐 ~, 편리 ~, 편안한 자세, 편편 ~, 편평 ~, 편협한 사고, 평강 ~, 평범한 일상, 평범한 학생, 평범하게 산다, 평순 ~, 평안 ~, 평온 ~, 평이 ~, 평탄 ~, 평편 ~, 평평 ~, 폐해가 막심 ~, 포근 ~, 포동포동 ~, 포실 ~, 포악 ~, 포즈가 강렬 ~, 포지티브 ~, 폭신 폭신 ~, 표독 ~, 표리부동 ~, 표표 ~, 푸근 푸근 ~, 푸근한 인상, 푸르딩딩 ~, 푸르무레 ~, 푸르스레 ~, 푸르스름 ~, 푸르죽죽 ~, 푸석 푸석 ~, 푸짐한 경품 증정, 푹신 푹신 ~, 푼푼 ~, 품행이 단정 ~, 풋풋 ~, 풍만 ~, 풍부 ~, 풍성한 삶, 풍성한 추석, 풍성한 추수, 풍성한 한가위, 풍염 ~, 풍족 ~, 풍채가 역연 ~, 프리미티브 ~, 플롯이 탄탄 ~, 피곤 ~, 피둥피둥 ~, 피해가 막심 ~, 필수 불가결 ~, 하나 하나에 치밀 ~, 하늘하늘 ~, 한 구석이 허전 ~, 한 동안 잠잠 ~, 한가 ~, 한결 수월 ~, 한미 ~, 한산한 거리, 한산한 고속 도로, 한산한 일 요일 오전, 한심 ~, 한적 ~, 합당한 대가, 합당한 보상, 합당한 조치, 해괴 망측 ~, 해괴 ~, 해끄무레 ~, 해말쑥 ~, 해박한 지식, 해사한 얼굴, 해쓱 ~, 해이 ~, 핸섬 ~, 핸썸 ~, 핼쑥 ~, 핼쓱 ~, 행방이 묘연 ~, 행복 ~, 행색이 초라 ~, 행적이 묘연 ~, 향긋 ~, 향기 같이 애잔 ~, 향상이 시급 ~, 허구한 날, 허다 ~, 허랑방탕 ~, 허렁허렁하지 않다, 허름한, 허리가 구부정 ~, 허리가 잘록 ~, 허망 ~, 허무 ~, 허무맹랑 ~, 허수룩해 보인다, 허술 ~, 허스키 ~, 허심탄회 ~, 허약 ~, 허여멀끔 ~, 허탈 ~, 허허 ~, 허황 ~, 헌칠 ~, 헐렁헐렁 ~, 험난 ~, 험준 ~, 헛헛 ~, 혁혁 ~, 현격 ~, 현란 ~, 현명한 처신, 현명하게 처신 한다, 현묘 ~, 현숙 ~, 현저 ~, 혈기 방장 ~, 혈기 왕성 ~, 혈액 순환이 원활 ~, 협소 ~, 협애 ~, 형통 ~, 형형 ~, 호락호락 ~, 호리호리 ~, 호방 ~, 호젓 ~, 호쾌 ~, 호탕 ~, 호호탕탕 ~, 호화 찬란 ~, 혹독한 추위, 혹심 ~, 혼곤 ~, 혼륜 ~, 혼미 ~, 혼탁 ~, 홀가분 ~, 홀쭉 ~, 화급 ~, 화기애애 ~, 화끈하게 한 탕 한다, 화락 ~, 화려 ~, 화목 ~, 화사 ~, 화안 ~, 화창 ~, 확고 부동 ~, 확고한 수령관, 확연 ~, 활달 ~, 활발한 교류, 황공 ~, 황급 ~, 황당 무계 ~, 황량 ~, 황료 ~, 황막 ~, 황망 ~, 황송 ~, 황폐 ~, 황홀 ~, 횅댕그렁 ~, 효성이 지극 ~, 후끈 ~, 후덕 ~, 후덥지근 ~, 후련 ~, 후줄근 ~, 후출 ~, 후텁지근 ~, 후회가 막심 ~, 훈훈 ~, 훌륭 ~, 훌쭉 ~, 훗훗 ~, 훤출 ~, 훤칠한 키에, 훨

찐 ~, 휑뎅그렁 ~, 휑뎅그레 ~, 휘영 ~, 휘황 찬란 ~, 휘황 ~, 흉맹 ~, 흉악 ~, 흉측 ~, 흉포 ~, 흐리멍덩 ~, 흐리멍텅 ~, 흐리터분 ~, 흐릿 ~, 흐물흐물 ~, 흐뭇 ~, 흔쾌 ~, 흡족 ~, 흥건 ~, 흥미 진진 ~, 흰 머리가 성성 ~, 희귀 ~, 희끄무레 ~, 희끔 ~, 희끗 희끗 ~, 희미 ~, 희붐 ~, 희뿜하니 밝는다, 희색이 만면 ~, 희소 ~, 희한 ~

하달 ~ 된다; 명령을 ~ 한다, □을/를 ~ 한다

하도급 ~ 부조리, ~ 업체

하드 ~ 드라이브, ~ 디스크 드라이브, ~ 록; 외장 ~ 디스크, 컴퓨터 ~ 디스크

하드디스크 ~를 포맷 한다

하드웨어 ~ 나 소프트웨어, ~ 와 소프트웨어; 소프트웨어와 ~

하드코어 ~ 밴드

하락 ~ 세로 돌아 선다, ~ 한다; 달러 환율 ~, 상승 및 ~, 소폭 ~, 원자재 가격 ~, 원화 가치 ~

하락기 환율 ~

하루 ~ ㅅ 동안, ~ ㅅ 밤 묵어 간다, ~ ㅅ 밤을 묵는다, ~ ㅅ 밤 정분, ~ 나 이틀쯤, ~ 바삐, ~ 세 끼, ~ 아침에 물 거품이 된다, ~ 이틀, ~ 종일, ~ 쯤 더 쉰다, ~ 칼로리 섭취량, ~ ~ 를 살아 간다, ~ 한 끼; --기 ~ 전 날

하류 ~ 로~ 로 흘러 간다, ~ 유역

하륙 ~ 한다

하마터면 ~ 큰 일 날 뻔 했다

하문 --느냐고 ~ 한다

하반기 올 ~

하반신 ~ 마비

하방 ~ 응시

하복 상명 ~

하부 ~ 구조, ~ 맨틀; 뇌교 ~, 봉토 ~, 시상 ~

하사 선임 ~, 전문 ~

하사 □을/를 ~ 한다

하사관 의정 ~ 출신

하사불성 정신일도 ~

하산 ~ 한다

하상 ~ 구조물 증설

하선 ~ 한다

하세월 어느 ~에

하소연 ~ 한다

하수 ~ 종말 처리 사업소, ~ 종말 처리장, ~ 처리장; 생활 ~

하숙 ~ 을 친다, ~ 을 한다, ~ 집 여주인, ~ 집 주인 아주머니; 무허가 ~ 집

하순 팔 월 ~

하악 ~ 반사, ~ 신경 분지

하악골 두골과 ~

하앙 ~ 식 구조

하야 ~ 한다

하얗다 하얀 새알심, 하얀 석고, 하얗게 소복을 한 여인, 하얗게 파도 친다; 머리가 하얗게 센다, 얼굴이 하얗게 질린다

하여금 보는 이로 ~ 손에 땀을 쥐게 한다, □으로/로 ~

하역 ~ 작업; 운송 ~ 노조

ㅎ

하염없이 ~ 쓸어 내린다, ~ 운다; □에 ~ 탐닉 한다

하오 ~ 의 햇살

하옥 ~ 시킨다

하우스 ~ 채소; 게스트 ~, 고추 모상 ~, 비닐 ~ 농사, 비닐 ~ 단지, 비닐 ~ 재배, 아파트 모델 ~

하원 ~ 의원; 연방 ~

하위 ~ 계층, ~ 당직 인선, ~ 직, ~ 타선

하의 상의와 ~, 트레이닝복 ~

하이방 ~ 깐다

하이브리드 ~ 차

하이에나 동굴 ~

하이칼라 ~ 신사

하이터치 ~ 교육; 원격 ~ 교육 시스템

하이테크 첨단 ~

하이힐 ~ 샌들, ~ 을 신는다; 검은 색 ~

하일라이트 ~ 시킨다

하잘것 ~ 없는 풀 벌레

하전 ~ 입자

하중 ~ 미달; 초과 ~

하지 ~ 정맥류, ~ 초조 증후군

하직 □을/를 ~ 한다, 이승을 ~ 한다

하차 ~ 주차; 도중 ~ 한다, 중도 ~ 한다

하찮다 하찮은 미물

하천 ~ 관리청, ~ 유역; 남북 공유 ~ 공동 이용

하청 ~ 업체; 의류 ~업

하층 ~ 소농, ~ 식생

하치장 쓰레기 ~

하키 필드 ~ 경기

하품 ~ 을 늘어 지게 한다; 늘어지게 ~ 한다, 선 ~을 한다

하프 ~ 앙상블, ~ 와 플루트; 플루트와 ~

하프 ~ 타임

하한가 ~ 종목이 속출 한다

하행 중부 고속 도로 ~ 선

하향 ~ 식 절충 제, ~ 안정세, ~ 안정화, ~ 조정, ~ 평준화

하회 □을/를 ~ 한다

하회 ~ 를 기다린다

학 형명법술의 ~

학 ~ 볏; 종이 ~

학과 ~ 나 계열, ~ 또는 연구실, ~ 통폐합; 지원 ~, 학부 또는 ~

학교 ~ 밖 동아리, ~ 발전 기금, ~ 별 네이스, ~ 별 운영 교부금, ~ 부지 내 가스 정압기 설치, ~ 생활 규정 예시 안, ~ 생활 기록부, ~ 야구 부; 각급 ~, 고등 공민 ~, 고등 보통 ~, 고등 ~ 국어 교과서, 공군 사관 ~, 공립 초등 ~, 국공립 ~, 근위 ~, 레닌 주의 정치 ~, 부속 보통 ~, 사립 ~ 법 개정, 삼군 사관 ~, 상급 ~ 진학, 소규모 ~, 숲 조성 시범 ~, 실업계 고등 ~, 실업계 ~, 여자 상업 고등 ~, 인문계 고등 ~, 중고등 ~, 지구 촌 시민 ~, 초등 ~ 동기 동창, 초등 ~ 병설 유치원, 초등 ~ 상급생, 초등 ~와 중학교, 현행 사립 ~ 법

학교장 ~ 과 교사, ~ 재량

학구 ~ 파

학군 팔 ~

학급 ~ 문고, ~ 문집; 과밀 ~

학기 ~ 말 고사, ~ 말 시험; 이 ~ 수시 모집

학년도 2014 ~ 전문대 입시, 2015 ~ 대입, 2015 ~ 수능

학당 사부 ~, 오부 ~, 중부 ~

학대 모진 ~, 아동 ~, □을/를 ~ 한다

학도 ~ 호국단, ~ 호국 단장; 미술 ~

학력 ~ 검사지, ~ 위조, ~ 중심 주의 가치관, ~ 허위 기재 논란, ~ 허위 기재 의혹; 고졸 ~

학무 ~ 과장

학문 ~ 계열 단위; 최첨단 ~

학병 ~ 으로 끌려 간다

학부 ~ 또는 학과, ~ 수석 졸업자; 상급 ~

학부모 ~ 와 교사

학비 ~ 를 번다, ~ 보조금, ~ 와 생활비

학사 ~ 고시 교재, ~ 징계 부활 움직임, ~ 학위

학살 ~ 원흉, ~ 자 처벌; 대량 ~, 양민 ~ 사건, 유태인 ~, 전후 민간인 ~

학생 ~ 과장, ~ 과 장님, ~ 명감, ~ 명부, ~ 미전, ~ 부군 신위, ~ 신상 일람 표, ~ 회 간부; 고 1 ~, 교사 일 인당 ~ 수, 방송학 과 ~, 성적이 좋은 ~, 실업계 ~, 이머전 프로그램 ~, 초등 ~, 평범한 ~, 학급당 ~ 수, 현고 ~ 부군

학생부 ~ 성적

학생사 ~ 동

학수고대 □을/를 ~ 한다

학술 ~ 논문지, ~ 논저 글 쓰기, ~ 단체 협의회, ~ 대회, ~ 세미나, ~ 용어집, ~ 토론회; 한국학 국제 ~ 회의, 한국학 ~ 회의

학술원 ~ 회원

학술지 ~ 게재 논문; 등재 ~

학습 ~ 부진아, ~ 자 사전, ~ 지도비; 간부 ~회, 문제 제기 식 ~, 원격 ~ 네트워크, 원격 ~ 센터, 자가 ~, 자연 ~ 탐방로, 재택 ~, 정치 사상 ~

학습권 ~ 침해

학습실 초대소 ~

학습지 방문 ~ 교사

학업 ~ 성적, ~ 성취도

학연 ~ 과 지연, ~ 이나 지연, ~ 지연; 지연과 ~

학예 ~ 연구사, ~ 연구원

학용품 외제 ~

학우 유학생 ~회

학원 ~ 강사; 동시 통역 ~, 보습 ~, 사설 ~, 소규모 ~, 속 셈 ~, 수학 ~, 영어 ~, 외국어 ~ 한문 강사, 입시 전문 ~, 입시계 ~, 재수 ~, 태권도 ~, 피아노 ~

학원장 서예 ~

학위 ~ 를 수여 한다, ~ 수여 식; 경영학 박사 ~, 경제학 박사 ~, 공학 박사 ~, 국내 ~ 취득자, 명예 박사 ~, 박사 ~ 소지자, 박사 ~ 취득자, 석사 ~ 논문, 석사 ~를 취득 한다, 석사 ~ 소지자, □에서 박사 ~를 취득 한다, 영문학 석사 ~, □으로/로 박사 ~를 딴다, 학사 ~

학위자 박사 ~

학자 동물 행동 ~, 맑스 주의 과학사 ~, 분자 고생물 ~, 실증 주의 역사 ~, 정신 분석 ~, 천체 물리 ~

학자금 ~ 대출, ~ 융자; 정부 지원 ~

학장 공대 ~

학점 ~ 은행 제, ~ 을 취득 한다, ~ 취득 제; 등록 수강 ~ 수, 전공 이수 ~, 최소 전공 인정 ~, 학기당 등록 수강 ~

학정 ~ 에 신음 한다

학제 ~ 간 연구

학창 ~ 시절

학파 도가 ~, 상수 ~

학풍 다른 ~, 스콜라 ~

학회 소아 과 ~, 왕립 지리 ~, 왕립 ~

한 --는 ~

한 ~ 가닥, ~ 갑, ~ 걸음 두 걸음, ~ 경기 최다 삼진, ~ 경기 최다 탈삼진, ~ 곳에 고정 된다, ~ 곳을 판다, ~ 구석이 허전하다, ~ 군데로 모은다, ~ 귀퉁이로 내 밀린다, ~ 그루의 사과 나무, ~ 그루의 야자 나무, ~ 길 사람 속, ~ 꺼풀 벗긴다, ~ 꺼풀~ 꺼풀 벗어 던진다, ~ 꿰미, ~ 끼 씩 굶는다, ~ 나절 가웃, ~ 날 ~ 시, ~ 눈에 내려다 본다, ~ 눈에 내려다 보인다, ~ 눈에 알아 본다, ~ 눈을 판다, ~ 다발, ~ 다스, ~ 단면, ~ 달, ~ 댓새, ~ 데 묶는다, ~ 데 뭉친다, ~ 데 어우러진다, ~ 데 어울린다, ~ 데 엉클어 진다, ~ 도막, ~ 동안 잠잠하다, ~ 동작~ 동작, ~ 되 들이, ~ 됫박, ~ 두 단 씩, ~ 두 단원 쯤, ~ 두 번, ~ 둘이 아니다, ~ 떨기 꽃, ~ 마디~ 마디, ~ 마음으로 뭉친다, ~ 모, ~ 모금 들이킨다, ~ 모금 마신다, ~ 모금 쑥 빤다, ~ 몫 거든다, ~ 묶음, ~ 물 간다, ~ 바퀴 굴러 간다, ~ 바퀴 돈다, ~ 바탕 소동이 벌어 진다, ~ 발 뒤로 물러 선다, ~ 발 앞 선다, ~ 발 정도 물러 난다, ~ 발~ 발 내딛는다, ~ 발~ 발 다가선다, ~ 발짝도 물러 서지 않는다, ~ 발짝 뒤로 물러 선다, ~ 발짝 물러 선다, ~ 발짝~ 발짝, ~ 방 먹인다, ~ 방 쏜다, ~ 방구리, ~ 방울~ 방울, ~ 번 발을 들여 놓는다, ~ 봉, ~ 사춘기 소녀의 숨김 없는 자기 고백, ~ 소끔 끓어 오른다, ~ 소끔 끓인다, ~ 소절, ~ 솥 밥을 먹는다, ~ 순배, ~ 숟갈 퍼 먹는다, ~ 술 더 뜬다, ~ 시 바삐, ~ 시간 쯤, ~ 시름 놓는다, ~ 식경, ~ 쌍의 염색체, ~ 아름 안는다, ~ 오라기, ~ 옥타브, ~ 올~ 올, ~ 움큼, ~ 잎 두 잎, ~ 잎~ 잎, ~ 자락, ~ 자릿수, ~ 잔 먹세그려, ~ 잔 쳐 올린다, ~ 잔 한다, ~ 잔 홀짝거린다, ~ 잠 푹 자거라, ~ 장 짜리 유인물, ~ 장~ 장 넘긴다, ~ 장도막, ~ 조가리, ~ 조각 뜬 구름, ~ 조목, ~ 줄금, ~ 줄기 희망, ~ 줌의 먼지, ~ 줌의 빛, ~ 줌의 재, ~ 집에 산다, ~ 쪽으로 쏠린다, ~ 쪽 입 꼬리, ~ 차례 홍역, ~ 채를 통채로 빌린다, ~ 치 앞도 내어다 보지 못한다, ~ 치 앞을 내어다 보지 못한다, ~ 치의 양보도 없다, ~ 치의 오차도 없다, ~ 켜, ~ 켤레의 구두, ~ 탕 친다, ~ 턱 낸다, ~ 판 승부, ~ 패 같다, ~ 편의 사중주, ~ 편 넣기, ~ 폭, ~ 푼도 없다, ~ 푼 두 푼, ~ 풀 꺾인다, ~ 필, ~ 획; 가슴 ~ 귀퉁이, 가슴 ~ 켠, 개미 ~ 마리도 얼씬거리지 않는다, 거룻배 ~ 척, 거위 ~ 쌍, 고등어 ~ 손, 고무 신 ~ 켤레, 곡식 ~ 톨, 골재 채취선 ~ 척, 공책 ~ 권, □과/와 ~ 통 속이다, □과/와 ~ 패다, 과자 ~ 봉지, 구두 ~ 짝, 구두 ~ 켤레, 국수 ~ 그릇, 기름 ~ 방울, 기사 ~ 토막, 꺼풀 ~ 꺼풀, 냉수 ~ 사발, 노란 장미 ~ 송이, 노래 ~ 곡, 논 ~ 마지기, 눈 물 ~ 방울, 눈썹 ~ 번 까딱 안한다, 늙고 ~ 물 갔다, 담배 ~ 개비, 담배 ~ 보루, 대답 ~ 마디, 대추 나무 ~ 그루, 돈 ~ 푼, 동네 ~ 바퀴, 동전 ~ 닢, 딸린 ~ 해 살이, 땀 ~ 방울, 땅 ~ 뙈기 없이 살아 간다, 땅 ~ 뼘, 땡전 ~ 푼, 똥 ~ 무더기, 레이스 ~ 조가리 쯤, 마음 ~ 켠, 말 ~ 마디로 천 냥 빚을 갚는다, 면 ~ 마, 물 ~ 모금, 밀감 ~ 알, 밥 ~ 끼, 방 ~ 칸, 밭 ~ 뙈기, 범인과 ~ 패, 보안 서원 ~ 사람, 볼펜 ~ 자루, 부부 ~ 쌍, 붓 ~ 자루, 비료 ~ 부대, 빨랫비누 ~ 장, 사 홉 들이 소주 ~ 병, 사전 ~ 질, 성당 ~ 귀퉁이, 세금 ~ 푼 안낸다, 소금 ~ 톨, 소나무 ~ 그루, 신발 ~ 짝, 쌀 ~ 가마니, 쌀 ~ 톨, 쑥 ~ 다발, 양복 ~ 벌, □에 딸린 ~ 해 살이 풀, □에서 ~ 치도 벗어 나지 않는다, 여름 ~ 철, 연 꽃 ~ 송이, 오매육 ~ 근, 옷 ~ 벌, 요사채 ~ 동, 운동화 ~ 짝, 운동화 ~ 켤레, □을/를 ~ 입 벤다, □을/를 ~ 칼에 벤다, 이야기 ~ 토막, 인사 ~ 마디 없다, 일 주일에 ~ 두 번 씩, 일기의 ~ 구절, 입잔 ~ 잔, 작년 ~ 해, 잠바 ~ 귀퉁이, 잣 ~ 되, 장 중 ~ 때, 장갑 ~ 짝, 장끼 ~ 마리, 장다리는 ~ 철, 장대석 ~ 벌대, 장미 꽃 ~ 송이, 저고리 ~ 닢, 저육 ~ 덩어리, 전시장 ~ 구석, 전장 중반 ~ 때, 전화 ~ 통, 점심 ~ 끼, 조그만 통 나무 배 ~ 척, 짜장면 ~ 그릇, 촛불 ~ 자루, 칼 ~ 자루, 커피 ~ 잔, 털 끝 ~ 올, 톡톡히 ~ 몫 한다, 팥 죽 ~ 그릇, 편지 ~ 통, 포푸리 ~ 봉지, 풀 ~ 포기, 피 ~ 방울, 하루 ~ 끼, 화끈하게 ~ 탕 한다, 흙 ~ 줌

한 ~ 많은 인생, ~ 이 맺힌다, ~ 이 서린 가사; 설움과 ~

한 ~ 사날

한가 ~ 하다

한가운데 ~ 쯤; 냇물 ~ 풍덩 빠진다

한가위 ~ 만 같아라; 팔 월 ~, 풍성한 ~

한갓 ~ 되다

한결 ~ 같은 지적, ~ 같이

한결 ~ 수월하다, ~ 숨 쉬기 편하다

한계 ~ 효용은 체감 한다; 남방 ~ 선, 민통선 북방 ~ 선, 북방 ~ 선 이남, 북방 ~ 선 침범, 어로 ~ 선, □의 ~를 넘는다

한과 ~ 류; 유과 ~

한국인 ~ 군속, ~ 영양 권장량, ~ 원폭 피해자; 재일 ~, 주중국 ~회

한국전 ~ 참전

한국학 ~ 과에 입학 한다, ~ 국제 학술 회의, ~ 학술 회의

한국화 ~ 와 서양화

한글 ~ 궁체, ~ 글 꼴, ~ 맞춤법 통일 안, ~ 번역본, ~ 붓 글씨 교본, ~ 워드 프로세서 소프트웨어, ~ 을 반포 한다, ~ 을 창제 한다, ~ 음절, ~ 이 창제 된다, ~ 자모, ~ 전용, ~ 창제, ~ 초성 자음, ~ 코드, ~ 폰트; 이른 바 순종 ~ 세대, 한자와 ~

한기 오슬오슬 ~가 느껴 진다

한길 ~을 건너 간다

한껏 ~ 고조 된다

한닢 ~ 쯤 된다; 어름 ~

한다[해] --ㄹ려고 ~, --고자 ~, 나아가야 할 방향, 넘어야 할 산, 명심 해야 ~, 애 달아 ~, 유념 해야 ~, 유의 해야 ~, --으려 ~, --으려고 ~, 풀어야 할 숙제

한다[해] 할라 칸다, 하 리요, 해 내고야 만다; 50 대에 호발 ~, 90 년 대를 풍미 ~, IMF에 구제 금융을 신청 ~, --네 ~, --사 ~, --시사 ~, □인지 뭐인지 하는, 가가대소 ~, 가가호호 방문 ~, 가가호호 보급 ~, 가능성을 타진 ~, 가등기 ~, 가랑가랑 ~, 가물가물 ~, 가부좌 ~, 가산을 억탈 ~, 가산을 탕진 ~, 가상환 ~, 가석방 ~, 가스를 연소 ~, 가슴이 두근두근 ~, 가위탁 ~, 가지런히 정돈 ~, 가처분 ~, 가출 ~, 가출옥 ~, 가출원 ~, 가합 ~, 각계 각층을 망라 ~, 각별히 유념 ~, 각설 ~, 간장으로 간을 ~, 간이 두 근 반 서 근 반 ~, 간곡히 부탁 ~, 간단 없이 변화 ~, 간담을 서늘하게 ~, 간담회를 자청 ~, 간작 ~, 간절히 소망 ~, 간질간질 ~, 간첩으로 오인 ~, 갈팡질팡 ~, 감 놓아라 대추 놓아라 간섭 ~, 감금 죄에 해당 ~, 감상을 피력 ~, 감소 ~, 감옥 살이를 ~, 감정을 해소 ~, 감탄사를 연발 ~, 갑석으로 마무리 ~, 값 싸게 식사 ~, 강 건너 불 구경 ~, 강국으로 부상 ~, 강대국으로 행세 ~, 강력히 반발 ~, 강약을 조절 ~, 강제 구인 ~, 개 떡 같이 말 해도 찰떡 같이 알아 듣는다, 개가 ~, 개각을 단행 ~, 개강 ~, 개관 ~, 개교 ~, 개막전을 관람 ~, 개발 도상국으로 분류 ~, 개복청으로 퇴청 ~, 개웃 ~, 개정 안을 입법 ~, 개찰 ~, 개편을 단행 ~, 개학 ~, 객체로 진락 ~, 갯벌을 매립 ~, 거두절미 하고, 거래소에 상장 ~, 거리를 활보 ~, 거리낌 없이 말 ~, 거세게 항의 ~, 거짓 말 좀 작작 해라, 건배를 제의 ~, 건배 ~, 건성으로 대꾸 ~, 건성으로 대답 ~, 건재 ~, 검사에게 송부 ~, 검산 ~, 검시 ~, 검정에 합격 ~, 검찰로 송치 ~, 검토에 착수 ~, 겉으로 내색 하지 않는다, --게끔 ~, 게트림 ~, -- 겠노라고 다짐 ~, 격감 ~, 격노 ~, 격돌 ~, 격증 ~, 견강부회 ~, 견결히 투쟁 ~, 견고히 ~, 견성 오도 ~, 견해를 피력 ~, 결근 ~, 결론에 도달 ~, 결연히 투쟁 ~, 결의문을 채택 ~, 결항 ~, 경과 ~, 경례를 ~, 경배 ~, 경비정을 격침 ~, 경악 ~, 경쟁력을 강화 ~, 경전을 풀이 ~, 경제 특구로 지정 ~, 경청 ~, 경축사를 대독 ~, 경탄 ~, 계곡에서 발원 ~, 계약을 해지 ~, 계약서에 사인 ~, 계약서에 서명 ~, 계엄령을 발동 ~, 계열 사로 편입 ~, 계좌에 입금 ~, --고 자시고 할 것 없이, 고개를 갸우뚱 ~, 고개를 갸웃 ~, 고개를 끄덕끄덕 ~, 고개를 끄떡끄떡 ~, 고군 분투 ~, 고르게 순환 ~, 고립을 자초 ~, 고마와 ~, 고무 줄 놀이를 ~, 고문단을 파견 ~, 고분고분 순종 ~, 고생을 사서 ~, 고생 ~, 고시에 합격 ~, 고심 ~, 고이 고이 간직 ~, 고자 질 ~, 고정 불변 ~, 고정 ~, 고지를 점령 ~, 고통을 호소 ~, --고파 ~, 곡획작명법으로 풀이 ~, 곤두박질 ~, 골을 어시스트 ~, 골고루 분포 ~, 골골 ~, 골똘히 생각 ~, 골재를 채취 ~, 곰곰 생각 해 본다, 곰곰이 생

각 해 본다, 곰곰히 생각 ~, 공 놀이를 ~, 공공 선과 부합 ~, 공동의 목적을 달성 ~, 공멸 ~, 공모에 당선 ~, 공무원증을 제시 ~, 공문을 발송 ~, 공문서 위조 혐의로 수배 ~, 공소를 기각 ~, 공소장에 기재 ~, 공손히 인사 ~, 공언 ~, 공연을 ~, 공장 살이를 ~, 공존 ~, 공중에게 대여 ~, 공직에서 추방 ~, 공항을 이륙 ~, □과/와 결별 ~, □과/와 결부 ~, □과/와 결탁 ~, □과/와 결합 ~, □과/와 결혼 ~, □과/와 경합 ~, □과/와 관련 해서, □과/와 교신 ~, □과/와 교유 ~, □과/와 교접 ~, □과/와 교차 ~, □과/와 기술 제휴를 ~, □과/와 내통 ~, □과/와 단결 ~, □과/와 단교 ~, □과/와 담소 ~, □과/와 담합 ~, □과/와 대면 ~, □과/와 대비 ~, □과/와 대치 ~, □과/와 독대 ~, □과/와 동거 ~, □과/와 동석 ~, □과/와 동승 ~, □과/와 동조 ~, □과/와 동침 ~, □과/와 동행 ~, □과/와 맞대면 ~, □과/와 맞대응 ~, □과/와 면담 ~, □과/와 밀애 ~, □과/와 반비례 ~, □과/와 비교 해도 손색이 없다, □과/와 사별 ~, □과/와 사통 ~, □과/와 상종 ~, □과/와 상통 ~, □과/와 서로 맞술 ~, □과/와 서로 상통 ~, □과/와 악수를 ~, □과/와 어깨를 나란히 ~, □과/와 연계 ~, □과/와의 전쟁을 선포 ~, □과/와 이야기 ~, □과/와 일맥 상통 ~, □과/와 일치 ~, □과/와 작반 ~, □과/와 재회 ~, □과/와 접경 ~, □과/와 접촉 ~, □과/와 정확히 일치 ~, □과/와 주례 회동을 ~, □과/와 충돌 ~, □과/와 통모 ~, □과/와 통화 ~, □과/와 합병 ~, 과감한 베팅을 ~, 과대 평가 ~, 과식 ~, 과징금을 부과 ~, 과태료를 부과 ~, 관광지를 섭렵 ~, 관세를 부과 ~, 관조 ~, 관중석으로 돌진 ~, 관할 ~, 괄목 할 만하다, 광고비를 지출 ~, 광분 ~, 괘념 하지 않는다, 괴물을 퇴치 ~, 교세를 확장 ~, 교통 법규를 위반 ~, 교향곡을 작곡 ~, 교황을 영접 ~, 교황이 미사를 집전 ~, 구사 운동에 참여 ~, 구성원에게 배분 ~, 구실을 ~, 국교를 정상화 ~, 국기를 도안 ~, 국내로 압송 ~, 국내외를 막론 하고, 국립 공원으로 지정 ~, 국방을 튼튼히 ~, 국산품을 애용 ~, 국외로 망명 ~, 국외로 추방 ~, 국위를 선양 ~, 군것질 ~, 군대를 제대 ~, 군사 당국에 건의 ~, 군생 ~, 굳게 결심 ~, 굳게 다짐 ~, 굴뚝을 청소 ~, 굽신 ~, 굽실 ~, 궁리 ~, 궂은 일을 도맡아 ~, 권력과 결탁 ~, 권위 주의가 퇴조 ~, 궐기 ~, 궤를 같이 ~, 궤도를 이탈 ~, 궤도에서 이탈 ~, 귀경 ~, 귀대 ~, 귀뜸 해 준다, 귀띔 ~, 귀순 ~, 귀신이 곡 할 노릇이다, 귀애 ~, 귀여움을 독차지 ~, 귀일 ~, 귀항 ~, 귀향 ~, 귀환 ~, 그 대로 답습 ~, 그들먹 ~, 그리 ~, 극구 만류 ~, 극구 사양 ~, 극도로 경계 ~, 극도로 위축 ~, 극도로 증오 ~, 극도로 흥분 ~, 극장 표를 위조 ~, 극진히 간호 ~, 극진히 대접 ~, 극진히 예우 ~, 근신 ~, 금의환향 ~, 급감 ~, 급거 귀국 ~, 급냉 ~, 급변 ~, 급상승 ~, 급선회 ~, 급성장 ~, 급속도로 확산 ~, 급신장 ~, 급정거 ~, 급증 ~, 급팽창 ~, 기겁을 ~, 기금으로 적립 ~, 기독교로 개종 ~, 기득권에 안주 ~, 기름 칠 ~, 기밀을 누설 ~, 기부 채납 ~, 기부금으로 충당 ~, 기브스 ~, 기뻐 하고 슬프어 ~, 기선을 제압 ~, 기온이 급강하 ~,

ㅎ

기우뚱 ~, 기웃 기웃 ~, 기자와 취재원이 유착 ~, 기재대를 이용 ~, 기절 초풍 ~, 기절 ~, 기진 맥진 ~, 기진 ~, 기탄없이 말씀 ~, 기표 ~, 기형아를 출산 ~, 긴급히 소집 ~, 긴밀히 협의 ~, 긴밀히 협조 ~, 김일성 주의를 계승 ~, 깁스를 ~, 깊숙이 침투 ~, 까닥 하다가는, 까딱하면, 까악 까악 ~, 깍듯이 존댓말 ~, 껌벅껌벅 ~, 껴안고 키스 ~, 꼭이 그렇다고는 할 수 없다, 꼴 값 ~, 꽃 다발을 증정 ~, 꾸밈 없이 토로 ~, 꾸벅 인사 ~, 꾸벅 절 ~, 꾸뻑 ~, 꿀로 반죽 ~, 꿈틀 ~, 끄덕 끄덕 ~, 끈질기게 추적 ~, 끌고 달음질 ~, 끙 ~, 끝 없이 중음 천도 ~, 끽 해야, 나 몰라라 ~, 나달 나달 ~, 나직이 말 ~, 낙담 ~, 낙맥을 ~, 낙성 ~, 낙심 ~, 낙오자가 속출 ~, 낙제 ~, 낙향 ~, 난관에 봉착 ~, 난국을 타개 ~, 난도질 ~, 난립 ~, 난숙 ~, 난자가 수정 ~, 날 품 팔이를 ~, 난다 긴다 ~, 남 탓 ~, 남녀를 불문 하고, 남동 행 ~, 남류 ~, 남부에서 월동 ~, 남서향 ~, 남자로 환생 ~, 남하 ~, 남행 ~, 남향으로 배치 ~, 남향 ~, 납도리로 결구 ~, 낭떠러지로 추락 ~, 낭창낭창 ~, 냇가에서 낚시 ~, 내 명의로 등기 ~, 내노라 ~, 내로라 ~, 내사에 착수 ~, 내습 ~, 내원 ~, 내전을 종식 ~, 내한 ~, 냅다 욕지거리 ~, 냉찜질 ~, 냉철히 분석 ~, 너그러이 용서 ~, 널리 보급 ~, 널리 유포 ~, 넓다듬이를 ~, 넘석 ~, 네 멋 대로 해라, 네트워크로 연대 ~, 노고를 치하 ~, 노략질 ~, 노력을 경주 ~, 노릇을 ~, 노망을 ~, 노발대발 ~, 노벨 문학 상을 수상 ~, 노상 방뇨 ~, 노숙 ~, 노심초사 ~, 노익장을 과시 ~, 노획 한 물건, 녹음 ~, 논외로 ~, 논점을 이탈 ~, 농민에게 분급 ~, 농업에 종사 ~, 높이 평가 ~, 누누이 강조 ~, 누렇게 변색 ~, 누차 강조 ~, 눈 가리고 아웅 ~, 눈 깜박 할 사이, 눈 깜짝 할 사이, 눈 깜짝 할 새, 눈 물이 글썽 글썽 ~, 눈 물이 글썽 ~, 눈을 끔뻑끔뻑 ~, 눈을 찡긋 ~, 느글느글 ~, --느냐고 반문 ~, --느냐고 하문 ~, 느릿느릿 단주 ~, --는 데 일조 ~, --는 시늉을 ~, --는 쾌거를 달성 ~, --는/은/ㄴ 데 주로 기인 ~, --는/은/ㄴ 척 ~, --는/은/ㄴ 체 ~, --는가 ~, --는다고 ~, --는다고/ㄴ다고/라고 ~, --는다고/ㄴ다고/다고/라고 가정 ~, --는다고/ㄴ다고/다고/라고 경고 ~, --는다고/ㄴ다고/다고/라고나 할까, --는다고/ㄴ다고/다고/라고 답 ~, --는다고/ㄴ다고/다고/라고 말 ~, --는다고/ㄴ다고/다고/라고 비난 ~, --는다고/ㄴ다고/다고/라고 비판 ~, --는다고/ㄴ다고/다고/라고 왈가왈부 ~, --는다고/ㄴ다고/다고/라고 자부 ~, --는다고/ㄴ다고/다고/라고 자칭 ~, --는다고/ㄴ다고/다고/라고 자평 ~, --는다고/ㄴ다고/다고/라고 통사정 ~, --는다고/ㄴ다고/다고/라고 폄하 ~, --는다고/ㄴ다고/다고/라고 해도 과언이 아니다, --는다고/ㄴ다고/다고/라고 호언 장담 ~, --는다고/ㄴ다고/다고/라고 혹평 ~, --는다고/ㄴ다고/다고/라고 혼자 짐짓 생각 ~, --는다는/ㄴ다는 데 인식을 같이 ~, --는다는/ㄴ다는/다는/라는 정보를 입수 ~, --는다든지/ㄴ다든지 하면, --는다면서/ㄴ다면서/다면서/라면서 반가워 ~, --는지가히 짐작 할 만하다, 늘어지게 하품 ~,

다각도로 검토 ~, 다각도로 분석 ~, --다고/라고 단정 ~, --다든가 하면, 다듬이 질 ~, --다시피 ~, 다음을 기약 ~, 단명 ~, 단숨에 해 치운다, 단언 ~, 단위체로서 행동 ~, 단체 명의로 공표 ~, 단행본으로 출간 ~, 단호히 거부 ~, 단호히 거절 ~, 단호히 배격 ~, 달 구경을 ~, 달가워 하지 않는다, 달관 ~, 달러로 환산 ~, 달싹 ~, 담보로 대출 ~, 담보로 취득 ~, 담즙 산을 흡착 ~, 답답해 ~, 당기위에 회부 ~, 당대를 풍미 ~, 대 물림 ~, 대경실색 ~, 대금을 결제 ~, 대금을 납부 ~, 대륙을 횡단 ~, 대미를 장식 ~, 대선에 출마 ~, 대오를 이탈 ~, 대우를 ~, 대위로 예편 ~, 대위로 전역 ~, 대응책을 강구 ~, 대책 마련에 부심 ~, 대취 ~, 대통령 상을 수상 ~, 대폭 간소화 ~, 대폭 축소 ~, 대폭 양보 ~, 더 말 할 나위가 없다, 더 할 나위 없다, 더 할 나위 없이 좋다, --더라고 ~, 덧칠 ~, 덩달아 흥분 ~, 데모 ~, 데뷰 ~, 데이터 베이스를 검색 ~, □도 불사 ~, 도굴 ~, 도둑 질 ~, --도록 ~, 도록에 수록 ~, 도리깨 질 ~, 도망 ~, 도매로 판매 ~, 도발을 감행 ~, 도산 ~, 도시락을 지참 ~, 도약 ~, 도열 해 있다, 도적 질 ~, 도전에 직면 ~, 도중 하차 ~, 도피 ~, 독거실에 수용 ~, 독립 생활을 ~, 독재에 항거 ~, 독학 ~, 돌 팔매 질 ~, 돌실이를 ~, 동거살이를 ~, 동고동락 ~, 동남부에 분포 ~, 동네 잔치를 ~, 동문 수학 ~, 동사 ~, 동서 고금을 막론하고, 동서를 막론 하고, 동서양을 막론하고, 동선을 길게 ~, 동선을 파악 ~, 동우회를 결성 ~, 동진 ~, 되돌려 막기를 ~, 되새김 질 ~, 되생각 ~, 두 말 할 것 없다, 두 말 할 나위 없이, 두 말 할 나위도 없다, 두 말 하면 잔 소리다, 두고두고 후회 ~, 두근반서근반 ~, 둘러 보면서 어리둥절해 ~, 둘러 서서 구경 ~, 두리번 두리번 ~, 두문불출 ~, 둘 째 가라면 서러워 ~, 뒷걸음 질 ~, 뒷바라지 ~, 뒷조사를 ~, 뒤 늦게 후회 ~, 드난 ~, 드르릉 ~, 득도 ~, 득세 ~, 득실득실 ~, 득점 ~, 듣자 듣자 하니, 들락날락 ~, 들썩 들썩 ~, 등교 ~, 등락을 거듭 ~, 등록 ~, 등정 ~, 등천 ~, 등한히 ~, 따각 ~, 딴 소리를 ~, 딸꾹질 ~, 땐스 ~, 땜 질 ~, 떠억 하니, 떨리는 가슴을 진정 ~, 또박또박 말을 ~, 뜀 질 ~, 뜀박질 ~, 뜨개 질을 ~, --라느니 ~, --라야 ~, 레이더를 가동 ~, --려 ~, --려고 ~, --로구나 ~, 리셉션에 참석 ~, 마늘에 대한 세이프가드를 발동 ~, 마르크스 주의에 입각 ~, 마우스를 클릭 ~, 마운드를 실측 ~, 마음 대로 ~, 막일을 ~, 만감이 교차 ~, 만개 ~, 만기에 보험금을 수령 ~, 만물이 소생 ~, 만방에 과시 ~, 만세를 고창 ~, 만수 무강을 축원 ~, 만수받이 ~, 만약의 사태에 대비 ~, 만일의 사태에 대비 ~, 만족 ~, 많은 지면을 할애 ~, 말 조심 ~, 말하기 언어 상실증, 맘 대로 ~, 망명처를 제공 ~, 망설이다가 대답 ~, 망연 자실 ~, 매니큐어를 칠 ~, 매도를 자제 ~, 매력을 발산 ~, 매사 조심 ~, 매입금을 처리 ~, 매점 매석 ~, 맨땅에 헤딩 ~, 맹원증을 수여 ~, 머릿속에서 구상 ~, 머리 끝이 쭈뼛 ~, 머리를 숙여 사죄 ~, 머리를 싸 매고 사생 결단 ~, 머뭇머뭇 ~, 머지 ~, 멈칫 멈칫 ~, 메니큐어를 칠 ~, 메모 ~, 면대 ~, 면모를 일신 ~, 면

ㅎ

밀히 검토 ~, 면밀히 관찰 ~, 면허증 없이 운전 ~, 명령을 하달 ~, 명맥을 유지 ~, 명멸 ~, 명심 해야 한다, 명확히 ~, 모든 공직에서 사퇴 ~, 모르쇠로 일관 ~, 모험 ~, 목 구멍에 풀 칠 ~, 목 숨 걸 듯이 해 치운다, 목 숨을 부지 ~, 목례를 ~, 몰락 ~, 몰인격화 ~, 몸 조심 ~, 몸소 실천 ~, 몸소 체험 ~, 못내 아쉬워 ~, 못다 ~, 못된 짓을 ~, 못들은 체 ~, 못미더워 ~, 묘지에 안장 ~, 무에서 유를 창출 ~, 무과에 급제 ~, 무급으로 일 ~, 무기고를 습격 ~, 무단 방류 ~, 무두질 ~, 무력으로 침공 ~, 무료로 대여 ~, 무료로 배포 ~, 무료로 제공 ~, 무료로 탑승 ~, 무르춤 해 진다, 무비판적으로 수용 ~, 무어이니 무어이니 해도, 무우를 재배 ~, 무위도식 ~, 무작위로 추출 ~, 무죄로 추정 ~, 무참히 살해 ~, 묵과 할 수 없다, 묵묵히 일 ~, 묵비권을 행사 ~, 문 턱에서 좌절 ~, 문과에 급제 ~, 문단에 데뷔 ~, 문단에 등단 ~, 문묘에 배향 ~, 문전 걸식 ~, 문전 쇄도 하는 이용재 선수, 문필을업으로 ~, 문화유산으로 지정 ~, 문화재로 지정 ~, 물감을 칠 ~, 물체가 낙하 ~, 물품세를 면제 ~, 뭐라고 왈가왈부 ~, 미동도 하지 않는다, 미뤄 짐작 ~, 미분화 ~, 미사일을 발사 ~, 미적미적 ~, 민간에 이양 ~, 민간에게 이양 ~, 민간으로 이양 ~, 민감하게 반응 ~, 민감히 반응 ~, 민박을 ~, 민생고를 시급히 해결 ~, 민족 의식을 고취 ~, 밀 가루를 반죽 ~, 밀매음을 ~, 밀입국 ~, 밀착 ~, 밀초처럼 칠 ~, 밑 받침 ~, 바각바각 가래 질 ~, 바느질 품 팔이를 ~, 바른 길로 인도 ~, 바이올린을 연주 ~, 바티칸이 소장 ~, 박음 질 ~, 박두 ~, 박장대소 ~, 반 올림 ~, 반갑게 맞이 ~, 반란을 진압 ~, 반색을 ~, 반색 ~, 반신반의 ~, 반질반질 ~, 발 빼을 ~, 발 뺌 ~, 발 판을 마련 ~, 발기 ~, 발끈 ~, 발달 ~, 발름발름 ~, 발병 ~, 발생 ~, 발전에 크게 이바지 ~, 발전 ~, 발전 ~, 발족 ~, 발호 ~, 발흥 ~, 밤 늦게 귀가 ~, 밤 새도록 일 ~, 밤 놓아라 대추 놓아라 ~, 밥 하고 빨래 ~, 방랑 ~, 방심 ~, 방어 진을 구축 ~, 방청 ~, 방한 ~, 방황 ~, 뱃속에서 무두질을 ~, 뱃놀이를 ~, 배내똥을 다 배설 ~, 배려에 보답 ~, 배타적으로 독점 ~, 배회 하고 있다, 배후로 지목 ~, 백 배 사죄 ~, 백 보를 양보 해서, 백 실을 분양 ~, 백방으로 노력 ~, 백방으로 수소문 ~, 백출 ~, 뱃지를 부착 ~, 버글버글 ~, 번갈아 개최 ~, 번갯불이 번쩍 ~, 번개를 동반 ~, 번성 ~, 번안 ~, 번질번질 ~, 번쩍 번쩍 ~, 벌금을 부과 ~, 범람 ~, 범접 할 수 없다, 법규를 개정 ~, 법무관으로 근무 ~, 법학을 전공 ~, 법학부를 졸업 ~, 법회를 봉행 ~, 벚꽃이 만발 ~, 베란다를 개조 ~, 베란다를 확장 ~, 벼름 ~, 변덕이 죽 끓듯 ~, 변명 ~, 변복 ~, 변수로 고려 ~, 변심 ~, 변장 ~, 변절 ~, 변호사와 상의 ~, 변호인을 선임 ~, 별 짓을 다 ~, 병 균이 침입 ~, 병신 육갑 ~, 병역을 기피 ~, 병존 ~, 본 체 만 체 ~, 보는 이로 하여금 손에 땀을 쥐게 ~, 보로 결구 ~, 보물로 지정 ~, 보복 ~, 보선에 출마 ~, 보일러로 난방 ~, 보직 해임 ~, 보합세를 시현 ~, 보험업에 종사 ~, 보험료를 납입 ~, 복시를 호소 ~, 복역 ~, 복음을 전파 ~, 복창 ~, 복학 ~, 복합적으로 작용 ~, 볼 멘 소리를 ~, 볼에 뽀뽀 ~, 봉사자를 모집 ~, 봉사 ~, 봉적 ~, 봉직 ~, 부를 축적 ~, 부담금을 납부 ~, 부복 ~, 부부애를 돈독히 ~, 부사장에 취임 ~, 부상으로 결장 ~, 부상으로 신음 ~, 부속품으로 전락 ~, 부심 하고 있다, 부연 ~, 부원료를 첨가 ~, 부위원장으로 선출 ~, 부정 부패를 척결 ~, 부채를 탕감 ~, 부활 ~, 부회장으로 재직 ~, 북상 ~, 북진 ~, 북행 ~, 북향 ~, 분 풀이를 ~, 분가 ~, 분개 ~, 분기탱천 ~, 분발을 촉구 ~, 분발 ~, 분별 있게 처신 ~, 분사 ~, 분향 ~, 분헌관을 인도 ~, 불교에 귀의 ~, 불그락푸르락 ~, 불문 곡직 ~, 불문학을 전공 ~, 붐에 편승 ~, 비누 칠을 ~, 비등 ~, 비럭질 ~, 비리를 묵인 해 주는 대가로, 비법을 전수 ~, 비분강개 ~, 비상 사태를 선포 ~, 비자를 발급 ~, 비중을 측정 ~, 비틀 비틀 ~, 비행기가 이륙 ~, 비행기가 착륙 ~, 비행기가 추락 ~, 빈곤을 자초 ~, 빈발 ~, 빗 질 ~, 빗천장을 가설 ~, 빠른 속도로 낙하 ~, 뽀뽀를 ~, 삐끗 ~, 삐익 ~, 삑 ~, 사거 ~, 사교육비를 투자 ~, 사기 혐의로 고소 ~, 사기를 앙양 ~, 사기를 진작 ~, 사냥 ~, 사당에 참배 ~, 사돈 남 말 ~, 사람의 명예를 훼손 ~, 사력을 다 ~, 사로청에 가맹 ~, 사리를 분별 ~, 사리를 봉안 ~, 사망 ~, 사멸 ~, 사묘에 주향 ~, 사사를 집필 ~, 사상 최고치를 기록 ~, 사신을 접견 ~, 사신을 접대 ~, 사의를 표명 ~, 사절을 파견 ~, 사정 사정 ~, 사조가 쇠퇴 ~, 사주를 대리 ~, 사퇴를 결심 ~, 사퇴를 만류 ~, 사퇴서를 제출 ~, 사표를 반려 ~, 사표를 수리 ~, 사환으로 채용 ~, 삭발 염의 ~, 삭발 ~, 삯 일도 ~, 산란 ~, 산림에 서식 ~, 산보 ~, 산책 ~, 살아 생동 ~, 살려 달라고 애원 ~, 살짝 윙크 ~, 삼 루에 악송구 ~, 삼호실에 투숙 ~, 삽 질 ~, 삿대질을 ~, 삿대질 ~, 상경 ~, 상계 ~, 상고를 기각 ~, 상무로 재직 ~, 상부 상조 ~, 상소를 포기 또는 취하 ~, 상소권자가 상소 ~, 상속세를 부과 ~, 상승세로 반전 ~, 상심 ~, 상업에 종사 ~, 상존 하고 있다, 상처를 치유 ~, 상추를 재배 ~, 상한가를 기록 ~, 상향 조정 ~, 새김 질을 ~, 새우 젓으로 간을 ~, 색 칠 ~, 샐쭉 ~, 샘플을 제출 ~, 생을 마감 ~, 생을 영위 ~, 생각에 생각을 거듭 ~, 생명과 재산을 보호 ~, 생산비를 절감 ~, 생업에 종사 ~, 생일을 축하 ~, 샤워를 ~, 서거 ~, 서둘러 귀가 ~, 서둘러 봉합 ~, 서둘러 총살 형을 집행 ~, 서명 날인 ~, 서비스업에 종사 ~, 서양화를 전공 ~, 서열을 중시 ~, 서한을 발송 ~, 서행 ~, 석사 과정을 이수 ~, 석사 학위를 취득 ~, 선도자로 부상 ~, 선방 ~, 선선히 수긍 ~, 선수단을 파견 ~, 선수 생활을 마감 ~, 선언문을 낭독 ~, 선언식을 거행 ~, 선전 ~, 선전원 노릇 ~, 선처를 호소 ~, 선 하품을 ~, 설교 ~, 설법 ~, 설욕 ~, 섭외 ~, 성 폭행 ~, 성립 ~, 성명을 발표 ~, 성불 ~, 성쇠를 가늠 ~, 성숙 ~, 성악을 전공 ~, 성원에 보답 ~, 성장세를 구가 ~, 성적 욕구를 충족 ~, 성패를 가름 ~, 성패를 좌우 ~, 성행 ~, 세균이 번식 ~, 세금을 추징 ~, 세미나를 개최 ~, 세미나에 참여 ~, 세분 ~, 세수를 ~, 세안 ~, 세원을 발굴 ~, 세인의 이목을 의식 ~, 세자로 책봉 ~, 세차 ~, 세척 ~, 섹스를 ~, 센터링 ~, 소개

~, 소곤소곤 ~, 소구 ~, 소규모로 하는 사업, 소금으로 간을 ~, 소금으로 간 ~, 소급 ~, 소기의 목적을 달성 ~, 소대를 지휘 ~, 소득과 합산 ~, 소득세를 과세 ~, 소등 ~, 소령으로 진급 ~, 소멸 ~, 소송을 제기 ~, 소식통을 인용 ~, 소신 공양 하오리다, 소원을 말 ~, 소원을 성취 ~, 소위로 임관 ~, 소작농으로 전락 ~, 소제 ~, 소중히 간직 ~, 소질을 계발 ~, 소총 사격을 ~, 소총에 탄약을 장전 ~, 소프트웨어를 대여 ~, 소환에 불응 ~, 속단 ~, 손 뜨개 질 ~, 손 바닥 만 한 마당, 손을 흔들어 답례 ~, 손 짓 발 짓 ~, 손 짓 ~, 손금에 산입 ~, 손해를 배상 ~, 솔가 ~, 솔선 수범 ~, 솔선 ~, 솔직히 고백 ~, 솔직히 말 ~, 송고 ~, 송금 ~, 쇄국을 단행 ~, 쇠락 ~, 쇠시리로 음각 ~, 쇠진 ~, 수군수군 ~, 수금 ~, 수령관을 확립 ~, 수리청을 신설 ~, 수모를 감수 ~, 수사 진을 교체 ~, 수상에 취임 ~, 수석으로 졸업 ~, 수성수성 ~, 수수방관 ~, 수술을 ~, 수영을 ~, 수유실을 제공 ~, 수음을 ~, 수정란이 착상 ~, 수지 침으로 치료 ~, 수태 ~, 수표를 발행 ~, 수표에 배서 ~, 숙박 업소로 신고 ~, 숙의 ~, 숙환으로 별세 ~, 순결을 서약 ~, 순교 ~, 순국 ~, 순직 ~, 술에 만취 ~, 술 추렴을 ~, 술렁대기 시작 ~, 쉼 없이 부침 ~, 쉬쉬 ~, 스타로 발돋움 ~, 스티렌을 중합 ~, 슬라이딩 ~, 승과에 급제 ~, 승려가 입산 ~, 승리를 자축 ~, 승소 판결 ~, 승승장구 ~, 승진 ~, 승천 ~, 승패를 가름 ~, 승하 ~, 시간을 허비 ~, 시기 하고 질투 ~, 시단에 등단 ~, 시류에 편승 ~, 시위를 진압 ~, 시체가 부패 ~, 시체를 매장 ~, 시행령을 개정 ~, 시험 관에서 배양 ~, 식민사관에 입각 해서, 식민지로 강점 ~, 식민지로 전락 ~, 식음을 전폐 ~, 신 풀이를 ~, 신격화 ~, 신경 핵에 도달 ~, 신고서를 제출 ~, 신당을 창당 ~, 신랄히 비판 ~, 신세를 한탄 ~, 신용 카드로 결제 ~, 신장 개업 ~, 신장세가 둔화 ~, 신주를 제청 ~, 신중히 검토 ~, 신중히 고려 ~, 신청을 각하 ~, 신청서를 접수 ~, 신춘 문예에 응모 ~, 신하는 신하 다와야 ~, 신혼 식을 ~, 실각 ~, 실갱이를 ~, 실권을 장악 ~, 실룩실룩 ~, 실명 전환 ~, 실무에 종사 ~, 실성 ~, 실수 ~, 실습 ~, 실신 ~, 실업자로 전락 ~, 실연 ~, 실재 ~, 실점 ~, 실정 법을 위반 ~, 실족 ~, 실존이 본질에 선행 ~, 실직 ~, 실쭉 ~, 실형을 선고 ~, 심기를 불편하게 ~, 심기 일전 ~, 심사에서 탈락 ~, 심사숙고 ~, 심신을 단련 ~, 심심 찮게 구경 ~, 심심 찮게 등장 ~, 심심해 ~, 심원 ~, 심판 판정에 항의 ~, 심포지엄을 개최 ~, 심호흡을 ~, 십 진법에 의거 ~, 십분 발휘 ~, 십분 활용 ~, 싸게 구매 ~, 싸 잡아 비난 ~, 싸르트르 식으로 말 하면, 싹 쓸이 ~, 썩는 냄새가 진동 ~, 쏴 ~, 쑤군쑤군 ~, 쓴 소리를 ~, 아득바득 ~, 아랑곳 하지 않는다, 아무리 강조 해도 지나치지 않다, 아스팔트로 포장 ~, 아연 실색 ~, 아옹다옹 ~, 아웃소싱 ~, 아웅다웅 ~, 아차 ~, 악기를 연주 ~, 악의로 한 말, 악전고투 ~, 악조건을 극복 ~, 악취가 진동 ~, 악화가 양화를 구축 ~, 안내문을 발송 ~, 안달 복달 ~, 안대를 ~, 안도 ~, 안락사 ~, 안무 ~, 안상을 조각 ~, 안수 해 준다, 안전 지대로 대피 ~, 안절부절 ~, 알선 ~, 알자가 초

헌관을 인도 ~, 알자가 헌관을 인도 ~, 알콩달콩 ~, 암만 해도, 암매장 ~, 암장 ~, 암중 모색 ~, 암호를 해독 ~, 압도 ~, 압박 ~, 압수 ~, 압축 ~, 앙 ~, 앞 서거니 뒤 서거니 ~, 애 써 담담한 척 ~, 애걸 복걸 ~, 애걸 ~, 애국 애민 ~, 애국심을 고취 ~, 애국자연 ~, 애달캐달 ~, 애무 ~, 애소 ~, 애송 ~, 애청 ~, 애호도를 유지 ~, 애호 ~, 액세스 ~, 앵무새처럼 되풀이 ~, 야반 도주 ~, 야유 ~, 야합 ~, 약을 복용 ~, 약간 씩 변화 ~, 약관에 동의 ~, 약동 ~, 약물과 혼합 ~, 약물을 복용 ~, 약세를 시현 ~, 약속 ~, 약식 기소 ~, 약자의 이익을 대변 ~, 약점을 진단 ~, 약정을 체결 ~, 약조 ~, 약진 ~, 약탈 ~, 약혼 ~, 양립 할 수 없다, 양심 선언 ~, 양위 ~, 양치 질을 ~, 양치 질 ~, 양친께서 구존 하신다, 얘기 ~, 어깨 동무를 ~, 어깨를 으쓱 ~, 어두워서 지척을 분간 하지 못한다, 어련히 알아서 하 겠느냐, 어려움에 직면 ~, 어류가 서식 ~, 어름 어름 ~, 어림짐작 ~, 어릿어릿 ~, --어야/아야만 ~, --어야/아야 ~, 어영부영 ~, 어음을 할인 ~, 어이 없어 ~, 어쩌고 저쩌고 ~, 어찌 어찌 ~, 어찌 할 바를 모른다, 어찌하랴, 언급 ~, 언명 ~, 얼굴이 울그락불그락 ~, 얼싸안고 기뻐 ~, 얼씨구나 ~, 엄금 ~, 엄단 ~, 엄밀히 말 하면, 엄습 ~, 엄존 ~, 엄중 문책 ~, 엄중히 항의 ~, 엄폐 ~, 엎치락 뒤치락 ~, □에 가세 ~, □에 가열 ~, □에 간섭 ~, □에 간여 ~, □에 갈음 ~, □에 감격 ~, □에 감사 ~, □에 감읍 ~, □에 감응 ~, □에 감탄 ~, □에 값 ~, □에 개재 ~, □에 개종 ~, □에 거둥 ~, □에 거주 ~, □에 거처 ~, □에 게시 ~, □에 게재 ~, □에 격분 ~, □에 결장 ~, □에 겨워 ~, □에 경결 ~, □에 계류 ~, □에 계엄 령을 선포 ~, □에 골몰 ~, □에 골인 ~, □에 공감 ~, □에 공헌 ~, □에 과잉 적응 ~, □에 관여 ~, □에 구애 ~, □에 국한 ~, □에 군림 ~, □에 굴복 ~, □에 굴종 ~, □에 귀착 ~, □에 귀화 ~, □에 극력 반대 ~, □에 근거 ~, □에 근무 ~, □에 근접 ~, □에 금박을 ~, □에 급제동 ~, □에 급파 ~, □에 기거 ~, □에 기고 ~, □에 기부 ~, □에 기숙 ~, □에 기식 ~, □에 기여 ~, □에 기인 ~, □에 기증 ~, □에 기탁 ~, □에 기항 ~, □에 낙방 ~, □에 낙선 ~, □에 난입 ~, □에 날인 ~, □에 납품 ~, □에 내왕 ~, □에 내재 ~, □에 내접 ~, □에 노출 ~, □에 논급 ~, □에 능동적으로 대응 ~, □에 능동적으로 대처 ~, □에 단역으로 출연 ~, □에 달통 ~, □에 답 ~, □에 답례 ~, □에 답변 ~, □에 당도 ~, □에 당면 ~, □에 당혹 ~, □에 당황 ~, □에 대꾸 ~, □에 대답 ~, □에 대서특필 ~, □에 대시 ~, □에 대응 ~, □에 대적 ~, □에 대처 ~, □에 대해 구속 영장을 청구 ~, □에 대해 유감을 표명 ~, □에 대항 ~, □에도 섬칫 ~, □에 도래 ~, □에 도열 ~, □에 도임 ~, □에 도전 ~, □에 도착 ~, □에 도취 ~, □에 도통 ~, □에 돌진 ~, □에 동감 ~, □에 동기를 부여 ~, □에 동조 ~, □에 동참 ~, □에 득달 ~, □에 득죄 ~, □에 등장 ~, □에 똥 칠 ~, □에 만연 ~, □에 망명 ~, □에 매복 ~, □에 매진 ~, □에 먹 칠을 ~, □에 먹 칠 ~, □에 몰두 ~, □에 몰입 ~, □에 무임 승차 ~, □에 문호를 개방 ~, □에 미달 ~, □에 밀집 ~, □에 반대 ~, □에 반발 ~, □에 반응 ~, □에 반항 ~, □에 복종 ~, □에 부대 ~, □에 부응 ~, □에 부임 ~, □에 부착 ~, □에 부화뇌동 ~, □에 분 칠을 ~, □에 분 칠 ~, □에 분승 ~, □에 불시착 ~, □에 불참 ~, □에 비견해서, □에 비유 ~, □에 비치 ~, □에 뿌듯해 ~, □에 산재 ~, □에 상륙 ~, □에 상응 ~, □에 상주 ~, □에 석고대죄 ~, □에 선전 포고 ~, □에 성공 ~, □에 손해 배상을 ~, □에 송부 ~, □에 수감 ~, □에 순응 ~, □에 순종 ~, □에 승복 ~, □에 승선 ~, □에 실망 ~, □에 실패 ~, □에 심취 ~, □에 십 이 지상을 조각 ~, □에 안달 ~, □에 안수 ~, □에 안착 ~, □에 안치 ~, □에 억류 ~, □에 역행 ~, □에 연연 ~, □에 연재 ~, □에 열중 ~, □에 영합 ~, □에 예치 ~, □에 예탁 ~, □에 완패 ~, □에 우거 ~, □에 운집 ~, □에 위배 ~, □에 위치 ~, □에 유숙 ~, □에 유연하게 대처 ~, □에 유의 ~, □에 은거 ~, □에 은신 ~, □에 응답 ~, □에 응찰 ~, □에 의탁 ~, □에 이바지 ~, □에 일임 ~, □에 일조 ~, □에 임어 ~, □에 입각 한, □에 입교 ~, □에 입단 ~, □에 입당 ~, □에 입사 ~, □에 입산 ~, □에 입상 ~, □에 입선 ~, □에 입성 ~, □에 입소 ~, □에 입점 ~, □에 입주 ~, □에 입후보 ~, □에 자답 ~, □에 자원 입대 ~, □에 자진 출두 ~, □에 잔류 ~, □에 잠복 ~, □에 잠입 ~, □에 재학 ~, □에 저항 ~, □에 적응 ~, □에 전념 ~, □에 전력 투구 ~, □에 접목 ~, □에 정비례 ~, □에 정좌 ~, □에 정진 ~, □에 정차 ~, □에 정착 ~, □에 제출 ~, □에 조응 ~, □에 존현 ~, □에 좌정 ~, □에 주둔 ~, □에 주력 ~, □에 중건 ~, □에 지대한 공헌을 ~, □에 지원 ~, □에 진력 ~, □에 진열 ~, □에 진입 ~, □에 진학 ~, □에 집결 ~, □에 집중 ~, □에 집착 ~, □에 집행 유예를 선고 ~, □에 착륙 ~, □에 착안 ~, □에 찬동 ~, □에 참가 ~, □에 참례 ~, □에 참예 ~, □에 책임을 전가 ~, □에 체류 ~, □에 출강 ~, □에 출두 ~, □에 출연 ~, □에 출자 ~, □에 출현 ~, □에 취직 ~, □에 치중 ~, □에 침 칠을 ~, □에 침 칠 ~, □에 침윤 ~, □에 침잠 ~, □에 침투 ~, □에 쾌척 ~, □에 탄복 ~, □에 탐닉 ~, □에 탑재 ~, □에 통달 ~, □에 투고 ~, □에 투신 ~, □에 투영 ~, □에 파견 ~, □에 페인트 칠을 ~, □에 편입 ~, □에 필적 ~, □에 하염없이 탐닉 ~, □에 한정 ~, □에 합류 ~, □에 합치 ~, □에 환장 ~, □에 환호 ~, □에 흡음재를 설치 ~, □에게 몹쓸 짓을 ~, □에게 무기 징역을 선고 ~, □에게 부촉 ~, □에게 빚 독촉을 ~, □에게 사형 선고를 ~, □에게 사후 통보 ~, □에게 손해 배상을 청구 ~, □에게 양보 ~, □에게 어필 ~, □에게 인계 ~, □에게 일임 ~, □에게 훈포장을 수여 ~, □에게 훈포장을 전수 ~, □에서 경숙 ~, □에서 과감히 탈피 ~, □에서 기권 ~, □에서 기인 ~, □에서 낙오 ~, □에서 박사 학위를 취득 ~, □에서 발췌 ~, □에서 번역 출간 ~, □에서 사임 ~, □에서 원고 승소 판결을 ~, □에서 원고 패소 판결을 ~, □에서 유래 ~, □에서 정년 퇴임 ~, □에서 차출 ~, □에서 채화 ~, □에서 축출 ~, □에서 출발 ~, □에서 출토 ~, □에서 탈피 ~, □에서 파생 ~, 에어백에 충돌 ~, 엔진을 장착 ~, 엔진을 탑재 ~, 여권을 제시 ~, 여반장으로 해 치운다, 여야가 합의 ~, 여야를 막론하고, 여야를 불문 하고, 여열을 이용 ~, 여우 주연 상을 수상 ~, 역류 ~, 역사 의식에 호소 ~, 역산 ~, 역설 ~, 역수출 ~, 역전패 ~, 역할을 ~, 연결 ~, 연도순으로 배열 ~, 연도순으로 정리 ~, 연락 ~, 연속 해서 줄 방귀를 뀐다, 연수원을 수료 ~, 연유 ~, 연접 ~, 연중 최저치를 경신 ~, 연초를 경작 ~, 연출 ~, 연통 ~, 연행에 항의 ~, 연행 ~, 연호를 광무라 ~, 열 마지기를 소작 ~, 열 분해 ~, 열거 ~, 열독 ~, 열망 ~, 열석 ~, 열연 ~, 열차와 충돌 ~, 염려 ~, 염불 ~, 염원 ~, 염출 ~, 염탐 ~, 엿 장사를 ~, 영락 ~, 영면 ~, 영문학을 전공 ~, 영어를 유창하게 구사 ~, 영원 불멸 ~, 영입 ~, 영장을 기각 ~, 영장을 발부 ~, 영주가 착취 ~, 영해를 침범 ~, 옅게 탈색 ~, 예감 ~, 예견 ~, 예단 ~, 예방 ~, 예배에 참석 ~, 예쁘게 탈색 ~, 예선에서 탈락 ~, 예선을 무사히 통과 ~, 예시 ~, 예언 ~, 예증 ~, 예찬 ~, 예측 ~, 옛 날을 회상 ~, 오 대 영으로 대파 ~, 오락가락 ~, 오냐 오냐 ~, 오늘 내일 ~, 오름세가 둔화 ~, 오르락 내리락 ~, 오르가슴에 도달 ~, 오물을 수거 ~, 오버 ~, 오살을 ~, 오열 ~, 오자미를 ~, 오케스트라를 지휘 ~, 오페라단을 육성 ~, 오해 ~, 옥 바라지를 ~, 옥 살이를 ~, 옥사 ~, 옥쇄를 각오 ~, 옥신각신 ~, 온갖 기화 요초가 만발 ~, 온갖 방법을 다 동원 ~, 온갖 억측이 난무 ~, 온난화 ~, 온전히 보존 ~, 온존 ~, 올림픽에 출전 ~, 옳고 그름을 판단 ~, 옷 매무시를 수습 ~, 옹알이를 ~, 와글와글 복작복작 ~, 와르르르 ~, 왁자지껄 ~, 완강히 부인 ~, 왕림 ~, 왕생 ~, 왕위를 찬탈 ~, 왜냐 하면, 외로와 ~, 외자를 유치 ~, 외적이 침입 ~, 외출 ~, 요금 과로 문의 ~, 요기를 ~, 요절 ~, 요청이 쇄도 ~, 요청서를 발송 ~, 욕실에서 샤워 ~, 용기 백 배 ~, 용맹 정진 ~, 용약 ~, 용의를 표명 ~, 용틀임 ~, 우 ~, 우 회전 ~, 우굴우굴 ~, 우글우글 ~, 우물 천장을 가설 ~, 우물쭈물 ~, 우세를 유지 ~, 우송 ~, 우수한 성적으로 졸업 ~, 우왕좌왕 ~, 우의를 돈독히 ~, 우정을 돈독히 ~, 우쭐 해 진다, 우호를 돈독히 ~, 우회 ~, 욱 ~, 욱신욱신 ~, 운반 ~, 운영 ~, 운영비로 충당 ~, 운영비를 절감 ~, 운운 ~, 운행 ~, 울고 불고 ~, 울걱질 ~, 움찔 ~, 웅거 ~, 웅변 ~, 웅얼웅얼 말 ~, 워싱턴 발로 보도 ~, 워찌 해, 원고를 청탁 ~, 원대 복귀 ~, 원서를 반려 ~, 원서를 접수 ~, 원어로 공연 ~, 원유회를 ~, 원장 권한 대행으로 임명 ~, 원천 징수 영수증을 교부 ~, 월남 ~, 월북 ~, 월선 ~, 위덕에 감복 ~, 위로 ~, 위용을 과시 ~, 위원으로 위촉 ~, 위임 ~, 위장 분산 ~, 위장 전입 ~, 위탁자에게 양도 ~, 위패를 봉안 ~, 위패를 안치 ~, 위험 수위에 육박 ~, 윙 ~, 윙크를 ~, 유기물을 분해 ~, 유념 해야 한다, 유람 ~, 유람선이 정박 ~, 유랑 ~, 유리 개결 ~, 유리 걸식 ~, 유심히 관찰 ~, 유언비어가 난무 ~, 유연히 대응 ~, 유영 ~, 유유 자적 ~, 유의 해야 한다, 유행 ~, 유흥 업소에 취업 ~, 육도를 윤회 ~, 육보시를 ~, 융성 ~, 융숭히 대접 ~, 으뜸 음으로 ~, --으라 ~, --으라고 ~, --으려나 ~, --으려니/려니 ~, □으로/로 간 ~, □으로/로 개작 ~, □으로/로 개종 ~, □으로/로 개칭 ~, □으로/로 검찰에 고발 ~, □으로/로 격상 ~, □으로/로 격하 ~, □으로/로 결구 ~, □으로/로 구속 영장을 신청 ~, □으로/로 구속 영장을 청구 ~, □으로/로 귀결 ~, □으로/로 귀착 ~, □으로/로 급부상 ~, □으로/로 낙착 ~, □으로/로 대별 ~, □으로/로 돌변 ~, □으로/로 둔갑 ~, □으로/로 밀항 ~, □으로/로 발 돋움 ~, □으로/로 변모 ~, □으로/로 변신 ~, □으로/로 보직 변경을 ~, □으로/로 북서진 ~, □으로/로 불구속 기소 ~, □으로/로 비화 ~, □으로/로 선회 ~, □으로/로 소일 ~, □으로/로 손해 배상을 청구 ~, □으로/로 송치 ~, □으로/로 승화 ~, □으로/로 압송 ~, □으로/로 역전승 ~, □으로/로 연명 ~, □으로/로 예상 ~, □으로/로 예열 ~, □으로/로 오인 ~, □으로/로 용도 변경을 ~, □으로/로 용도 변경 ~, □으로/로 응사 ~, □으로/로 이관 ~, □으로/로 이동 ~, □으로/로 익반죽 ~, □으로/로 일관 ~, □으로/로 임관 ~, □으로/로 자리 매김 ~, □으로/로 작심 ~, □으로/로 재직 ~, □으로/로 전락 ~, □으로/로 전출 ~, □으로/로 전학 ~, □으로/로 제한 ~, □으로/로 조직화 ~, □으로/로 중무장 ~, □으로/로 지목 ~, □으로/로 지정 ~, □으로/로 직행 ~, □으로/로 착각 ~, □으로/로 책봉 ~, □으로/로 초치 ~, □으로/로 추대 ~, □으로/로 추산 ~, □으로/로 추앙 ~, □으로/로 추정 ~, □으로/로 충당 ~, □으로/로 치부 ~, □으로/로 탈 바꿈 ~, □으로/로 틈입 ~, □으로/로 편곡 ~, □으로/로 풀이 ~, □으로/로 피신 ~, □으로/로 환산 ~, □으로/로 환생 ~, □으로/로 환어 ~, □으로/로 회송 ~, □으로/로 회항 ~, □으로/로 후송 ~, --으리라 생각 ~, --으리라 짐작 ~, --으리라고 생각 ~, --으며/며 혹세무민 ~, --으면/면 하는 소원, 으흠 ~, □은/는 두 말 할 나위가 없다, □은/는 의심 할 여지가 없다, □은/는 차치 하고라도, 은둔 ~, 은인자중 ~, 은혜에 보답 ~, 은휘 ~, --을/ㄹ 뻔 ~, --을/ㄹ 채비를 ~, □을/를 □에 유용 ~, □을/를 □에 장착 ~, □을/를 □에 적용 ~, □을/를 □으로/로 간주 ~, □을/를 □으로/로 옹립 ~, □을/를 가감 ~, □을/를 가결 ~, □을/를 가공 ~, □을/를 가늠 ~, □을/를 가동 ~, □을/를 가름 ~, □을/를 가미 ~, □을/를 가불 ~, □을/를 가압류 ~, □을/를 가장 ~, □을/를 가정 ~, □을/를 가중 ~, □을/를 가탁 ~, □을/를 가히 짐작 할 만하다, □을/를 각색 ~, □을/를 각오 ~, □을/를 간과 ~, □을/를 간구 ~, □을/를 간수 ~, □을/를 간접적으로 시사 ~, □을/를 간직 ~, □을/를 간청 ~, □을/를 간파 ~, □을/를 간행 ~, □을/를 간호 ~, □을/를 갈구 ~, □을/를 갈망 ~, □을/를 갈무리 ~, □을/를 갈음 ~, □을/를 갈취 ~, □을/를 갈파 ~, □을/를 감금 ~, □을/를 감내 ~, □을/를 감당 ~, □을/를 감득 ~, □을/

를 감별 ~, □을/를 감상 ~, □을/를 감수 ~, □을/를 감시 ~, □을/를 감안 ~, □을/를 감제 ~, □을/를 감지 ~, □을/를 감행 ~, □을/를 강구 ~, □을/를 강도 높게 비판 ~, □을/를 강등 ~, □을/를 강매 ~, □을/를 강열 ~, □을/를 강요 ~, □을/를 강의 하는 교수, □을/를 강조 ~, □을/를 강타 ~, □을/를 강탈 ~, □을/를 강행 ~, □을/를 강화 ~, □을/를 개간 ~, □을/를 개관 ~, □을/를 개괄 ~, □을/를 개략 ~, □을/를 개발 ~, □을/를 개봉 ~, □을/를 개사 ~, □을/를 개선 ~, □을/를 개설 ~, □을/를 개수 ~, □을/를 개시 ~, □을/를 개원 ~, □을/를 개작 ~, □을/를 개장 ~, □을/를 개점 ~, □을/를 개조 ~, □을/를 개진 ~, □을/를 개창 ~, □을/를 개척 ~, □을/를 개최 ~, □을/를 개축 ~, □을/를 개칭 ~, □을/를 개탄 ~, □을/를 갱신 ~, □을/를 갹출 ~, □을/를 거듭 ~, □을/를 거론 ~, □을/를 거명 ~, □을/를 거부 ~, □을/를 거북해 ~, □을/를 거역 ~, □을/를 거절 ~, □을/를 거행 ~, □을/를 걱정 ~, □을/를 건립 ~, □을/를 건사 ~, □을/를 건의 ~, □을/를 검색 ~, □을/를 검속 ~, □을/를 검증 ~, □을/를 검출 ~, □을/를 검토 ~, □을/를 겁간 ~, □을/를 겁탈 ~, □을/를 게시 ~, □을/를 게양 ~, □을/를 게을리 ~, □을/를 게재 ~, □을/를 겨냥 ~, □을/를 격려 ~, □을/를 격멸 ~, □을/를 격찬 ~, □을/를 격침 ~, □을/를 격퇴 ~, □을/를 격파 ~, □을/를 격한다 ~, □을/를 견인 ~, □을/를 견제 ~, □을/를 견지 ~, □을/를 견학 ~, □을/를 결당 ~, □을/를 결성 ~, □을/를 결심 ~, □을/를 결여 ~, □을/를 결의 ~, □을/를 결정 ~, □을/를 결집 ~, □을/를 결핍 ~, □을/를 결행 ~, □을/를 겸비 ~, □을/를 겸임 ~, □을/를 겸직 ~, □을/를 경감 ~, □을/를 경계 ~, □을/를 경고 ~, □을/를 경멸 ~, □을/를 경시 ~, □을/를 경신 ~, □을/를 경애 ~, □을/를 경외 ~, □을/를 경원 ~, □을/를 경유 ~, □을/를 경작 ~, □을/를 경축 ~, □을/를 경하 ~, □을/를 경험 ~, □을/를 계도 ~, □을/를 계발 ~, □을/를 계산 ~, □을/를 계상 ~, □을/를 계속 ~, □을/를 계승 ~, □을/를 고려 ~, □을/를 고민 ~, □을/를 고발 ~, □을/를 고백 ~, □을/를 고사 ~, □을/를 고소 ~, □을/를 고수 ~, □을/를 고안 ~, □을/를 고용 ~, □을/를 고집 ~, □을/를 고찰 ~, □을/를 고창 ~, □을/를 고취 ~, □을/를 곡해 ~, □을/를 골자로 ~, □을/를 공개 ~, □을/를 공격 ~, □을/를 공경 ~, □을/를 공고히 ~, □을/를 공급 ~, □을/를 공동화 ~, □을/를 공략 ~, □을/를 공론화 ~, □을/를 공모 ~, □을/를 공모 ~, □을/를 공박 ~, □을/를 공부 ~, □을/를 공양 ~, □을/를 공유 ~, □을/를 공탁 ~, □을/를 공표 ~, □을/를 과소 평가 ~, □을/를 과시 ~, □을/를 과신 ~, □을/를 과장 또는 감살 ~, □을/를 관람 ~, □을/를 관류 ~, □을/를 관망 ~, □을/를 관장 ~, □을/를 관전 ~, □을/를 관찰 ~, □을/를 관철 ~, □을/를 관통 ~, □을/를 괄세 ~, □을/를 괄시 ~, □을/를 괘씸해 ~, □을/를 교란 ~, □을/를 교묘하게 이용 ~, □을/를 교부 ~, □을/를 교사 ~, □을/를 교살 ~, □을/를 교정 ~,

□을/를 교체 ~, □을/를 교화 ~, □을/를 교환 ~, □을/를 구가 ~, □을/를 구걸 ~, □을/를 구경 ~, □을/를 구독 ~, □을/를 구매 ~, □을/를 구박 ~, □을/를 구별 ~, □을/를 구분 ~, □을/를 구비 ~, □을/를 구사 ~, □을/를 구상 ~, □을/를 구성 ~, □을/를 구안 ~, □을/를 구원 ~, □을/를 구입 ~, □을/를 구제 ~, □을/를 구처 ~, □을/를 구축 ~, □을/를 구축 ~, □을/를 구출 ~, □을/를 구타 ~, □을/를 구현 ~, □을/를 국가에 헌납 ~, □을/를 궁구 ~, □을/를 궁금해 ~, □을/를 권고 ~, □을/를 권유 ~, □을/를 권장 ~, □을/를 궤멸 ~, □을/를 귀여워 ~, □을/를 규명 ~, □을/를 규정 ~, □을/를 규탄 ~, □을/를 규합 ~, □을/를 그리워 ~, □을/를 극대화 ~, □을/를 극복 ~, □을/를 극찬 ~, □을/를 근본적으로 개혁 ~, □을/를 근절 ~, □을/를 금기시 ~, □을/를 금압 ~, □을/를 금지 ~, □을/를 급습 ~, □을/를 급조 ~, □을/를 급파 ~, □을/를 기각 ~, □을/를 기고 ~, □을/를 기념 ~, □을/를 기대 ~, □을/를 기도 ~, □을/를 기록 ~, □을/를 기롱 ~, □을/를 기망 ~, □을/를 기부 ~, □을/를 기뻐 ~, □을/를 기안 ~, □을/를 기약 ~, □을/를 기억 ~, □을/를 기용 ~, □을/를 기원 ~, □을/를 기입 ~, □을/를 기재 ~, □을/를 기정 사실화 ~, □을/를 기증 ~, □을/를 기탁 ~, □을/를 기특해 ~, □을/를 기피 ~, □을/를 꼼지락 ~, □을/를 끔뻑끔뻑 ~, □을/를 나열 ~, □을/를 낙관 ~, □을/를 난사 ~, □을/를 난타 ~, □을/를 날조 ~, □을/를 남발 ~, □을/를 남용 ~, □을/를 납득 ~, □을/를 납부 ~, □을/를 납입 ~, □을/를 납치 ~, □을/를 납품 ~, □을/를 낭독 ~, □을/를 낭비 ~, □을/를 낭송 ~, □을/를 내색 ~, □을/를 내포 ~, □을/를 노크 ~, □을/를 노획 ~, □을/를 논박 ~, □을/를 논의 ~, □을/를 논파 ~, □을/를 농락 ~, □을/를 누설 ~, □을/를 능가 ~, □을/를 능멸 ~, □을/를 다운로드 ~, □을/를 다짐 ~, □을/를 닦달 ~, □을/를 단념 ~, □을/를 단련 ~, □을/를 단속 ~, □을/를 단죄 ~, □을/를 단축 ~, □을/를 단행 ~, □을/를 달리 ~, □을/를 달성 ~, □을/를 담금질 ~, □을/를 담당 ~, □을/를 담보 ~, □을/를 담지 ~, □을/를 답사 ~, □을/를 답습 ~, □을/를 당부 ~, □을/를 대견해 ~, □을/를 대독 ~, □을/를 대동 ~, □을/를 대변 ~, □을/를 대별 ~, □을/를 대서특필 ~, □을/를 대여 ~, □을/를 대절 ~, □을/를 대접 ~, □을/를 대체 ~, □을/를 대파 ~, □을/를 대피 ~, □을/를 대필 ~, □을/를 대행 ~, □을/를 더 좋아 ~, □을/를 도모 ~, □을/를 도배 ~, □을/를 도야 ~, □을/를 도외시 ~, □을/를 도용 ~, □을/를 도입 ~, □을/를 도출 ~, □을/를 도해 ~, □을/를 독려 ~, □을/를 독식 ~, □을/를 독전 ~, □을/를 독점 ~, □을/를 독차지 ~, □을/를 독촉 ~, □을/를 독파 ~, □을/를 돈으로 환산 하면, □을/를 돌파 ~, □을/를 동결 ~, □을/를 동경 ~, □을/를 동반 ~, □을/를 동봉 ~, □을/를 동부인 ~, □을/를 동원 ~, □을/를 동일시 ~, □을/를 동정 ~, □을/를 되풀이 ~, □을/를 두둔 ~, □을/를 두려워 ~, □을/를 두루 섭렵 ~, □을/를

뒷받침 ~, □을/를 뒤로 ~, □을/를 등분 ~, □을/를 등사 ~, □을/를 등용 ~, □을/를 등한시 ~, □을/를 료해 ~, □을/를 리드 ~, □을/를 리메이크 ~, □을/를 리시브 ~, □을/를 마감 ~, □을/를 마다 ~, □을/를 마련 ~, □을/를 마무리 ~, □을/를 마사지 ~, □을/를 마쇄 ~, □을/를 마스터 ~, □을/를 마주 ~, □을/를 마킹 ~, □을/를 막론 하고, □을/를 만끽 ~, □을/를 만류 ~, □을/를 만회 ~, □을/를 말살 ~, □을/를 맛사지 ~, □을/를 망각 ~, □을/를 망라 ~, □을/를 망실 ~, □을/를 맞이 ~, □을/를 매각 ~, □을/를 매개 ~, □을/를 매거 ~, □을/를 매도 ~, □을/를 매립 ~, □을/를 매설 ~, □을/를 매수 ~, □을/를 매입 ~, □을/를 매집 ~, □을/를 맹공 ~, □을/를 맹비난 ~, □을/를 맹세 ~, □을/를 맹신 ~, □을/를 맹종 ~, □을/를 멀리 ~, □을/를 멸시 ~, □을/를 명기 ~, □을/를 명념 ~, □을/를 명명 ~, □을/를 명시 ~, □을/를 명심 ~, □을/를 명확하게 구분 ~, □을/를 모각 ~, □을/를 모델링 ~, □을/를 모독 ~, □을/를 모면 ~, □을/를 모방 ~, □을/를 모살 ~, □을/를 모색 ~, □을/를 모의 ~, □을/를 모작 ~, □을/를 모집 ~, □을/를 모함 ~, □을/를 목격 ~, □을/를 목도 ~, □을/를 몰각 ~, □을/를 몰살 ~, □을/를 몰수 ~, □을/를 묘사 ~, □을/를 묘파 ~, □을/를 무고 ~, □을/를 무마 ~, □을/를 무서워 ~, □을/를 무시 ~, □을/를 무안해 ~, □을/를 묵과 ~, □을/를 묵살 ~, □을/를 묵인 ~, □을/를 문의 ~, □을/를 문책 ~, □을/를 문초 ~, □을/를 물색 ~, □을/를 미안해 ~, □을/를 미연에 방지 ~, □을/를 미행 ~, □을/를 민망해 ~, □을/를 밀고 ~, □을/를 밀봉 ~, □을/를 밀조 ~, □을/를 미워 ~, □을/를 바꿔치기 ~, □을/를 박대 ~, □을/를 박멸 ~, □을/를 박탈 ~, □을/를 반가워 ~, □을/를 반납 ~, □을/를 반려 ~, □을/를 반박 ~, □을/를 반복 ~, □을/를 반성 ~, □을/를 반송 ~, □을/를 반영 ~, □을/를 반입 ~, □을/를 반죽 ~, □을/를 반증 ~, □을/를 반추 ~, □을/를 반포 ~, □을/를 반환 ~, □을/를 발간 ~, □을/를 발견 ~, □을/를 발고 ~, □을/를 발굴 ~, □을/를 발급 ~, □을/를 발매 ~, □을/를 발명 ~, □을/를 발부 ~, □을/를 발사 ~, □을/를 발산 ~, □을/를 발설 ~, □을/를 발송 ~, □을/를 발음 ~, □을/를 발의 ~, □을/를 발주 ~, □을/를 발췌 ~, □을/를 발탁 ~, □을/를 발표 ~, □을/를 발행 ~, □을/를 발휘 ~, □을/를 방관 ~, □을/를 방기 ~, □을/를 방류 ~, □을/를 방문 ~, □을/를 방불 케 ~, □을/를 방어 ~, □을/를 방영 ~, □을/를 방임 ~, □을/를 방조 ~, □을/를 방증 ~, □을/를 방지 ~, □을/를 방출 ~, □을/를 방치 ~, □을/를 방해 ~, □을/를 배격 ~, □을/를 배달 ~, □을/를 배려 ~, □을/를 배반 ~, □을/를 배부 ~, □을/를 배분 ~, □을/를 배설 ~, □을/를 배신 ~, □을/를 배알 ~, □을/를 배양 ~, □을/를 배열 ~, □을/를 배웅 ~, □을/를 배정 ~, □을/를 배제 ~, □을/를 배종 ~, □을/를 배척 ~, □을/를 배출 ~, □을/를 배치 ~, □을/를 배타적으로 지배 ~, □을/를 배태 ~, □을/를 배포 ~, □을/를 배합 ~,

□을/를 배향 ~, □을/를 배회 ~, □을/를 배후 조종 ~, □을/를 백안시 ~, □을/를 번복 ~, □을/를 번역 ~, □을/를 벌채 ~, □을/를 벌충 ~, □을/를 범접 ~, □을/를 변개 ~, □을/를 변경 ~, □을/를 변상 ~, □을/를 변통 ~, □을/를 변호 ~, □을/를 병과 ~, □을/를 병용 ~, □을/를 병치 ~, □을/를 병합 ~, □을/를 병행 ~, □을/를 보강 ~, □을/를 보고 ~, □을/를 보관 ~, □을/를 보도 ~, □을/를 보류 ~, □을/를 보완 ~, □을/를 보우 ~, □을/를 보위 ~, □을/를 보유 ~, □을/를 보이코트 ~, □을/를 보장 ~, □을/를 보전 ~, □을/를 보존 ~, □을/를 보좌 ~, □을/를 보충 ~, □을/를 보필 ~, □을/를 보호 ~, □을/를 복구 ~, □을/를 복사 ~, □을/를 복습 ~, □을/를 복용 ~, □을/를 복원 ~, □을/를 봉쇄 ~, □을/를 봉안 ~, □을/를 봉양 ~, □을/를 봉인 ~, □을/를 봉합 ~, □을/를 봉행 ~, □을/를 부결 ~, □을/를 부과 ~, □을/를 부끄러워 ~, □을/를 부담 ~, □을/를 부러워 ~, □을/를 부양 ~, □을/를 부여 ~, □을/를 부인 ~, □을/를 부정 ~, □을/를 부착 ~, □을/를 부축 ~, □을/를 부탁 ~, □을/를 분간 ~, □을/를 분급 ~, □을/를 분담 ~, □을/를 분류 ~, □을/를 분만 ~, □을/를 분별 ~, □을/를 분사 ~, □을/를 분석 ~, □을/를 분쇄 ~, □을/를 분실 ~, □을/를 분점 ~, □을/를 분출 ~, □을/를 분해 ~, □을/를 불구속 기소 ~, □을/를 불구속 입건 ~, □을/를 불문 ~, □을/를 불사 ~, □을/를 불식 ~, □을/를 불입 ~, □을/를 불허 ~, □을/를 비교 ~, □을/를 비난 ~, □을/를 비롯 한, □을/를 비롯 해, □을/를 비롯 해서, □을/를 비방 ~, □을/를 비축 ~, □을/를 비치 ~, □을/를 비판 ~, □을/를 비하 ~, □을/를 빙자 한, □을/를 빙자 해서, □을/를 사랑 ~, □을/를 사모 ~, □을/를 사살 ~, □을/를 사수 ~, □을/를 사숙 ~, □을/를 사신으로 파견 ~, □을/를 사양 ~, □을/를 사용 ~, □을/를 사육 ~, □을/를 사칭 ~, □을/를 사회에 환원 ~, □을/를 삭감 ~, □을/를 삭제 ~, □을/를 삭탈 ~, □을/를 산입 ~, □을/를 산정 ~, □을/를 산출 ~, □을/를 살포 ~, □을/를 살해 ~, □을/를 삼가 ~, □을/를 삼분 ~, □을/를 삽입 ~, □을/를 상기 ~, □을/를 상납 ~, □을/를 상론 ~, □을/를 상비 ~, □을/를 상상 ~, □을/를 상설 전시 ~, □을/를 상쇄 ~, □을/를 상술 ~, □을/를 상신 ~, □을/를 상실 ~, □을/를 상연 ~, □을/를 상영 ~, □을/를 상의 ~, □을/를 상정 ~, □을/를 상징 ~, □을/를 상회 ~, □을/를 색출 ~, □을/를 생략 ~, □을/를 생성 ~, □을/를 생육 ~, □을/를 생중계 ~, □을/를 생포 ~, □을/를 서술 ~, □을/를 석권 ~, □을/를 석방 ~, □을/를 선고 한 원심, □을/를 선납 ~, □을/를 선도 ~, □을/를 선동 ~, □을/를 선망 ~, □을/를 선발 ~, □을/를 선별 ~, □을/를 선사 ~, □을/를 선양 ~, □을/를 선언 ~, □을/를 선용 ~, □을/를 선임 ~, □을/를 선전 ~, □을/를 선점 ~, □을/를 선정 ~, □을/를 선출 ~, □을/를 선택 ~, □을/를 선포 ~, □을/를 선호 ~, □을/를 선회 ~, □을/를 설계 ~, □을/를 설득 ~, □을/를 설립 ~, □을/를 설명 ~, □을/를 설정 ~, □

을/를 설치 ~, □을/를 설파 ~, □을/를 섬멸 ~, □을/를 섭렵 ~, □을/를 섭섭해 ~, □을/를 섭취 ~, □을/를 성대하게 개최 ~, □을/를 성취 ~, □을/를 성토 ~, □을/를 세탁 ~, □을/를 소각 ~, □을/를 소개 ~, □을/를 소독 ~, □을/를 소상히 설명 ~, □을/를 소요 ~, □을/를 소유 ~, □을/를 소중하게 간직 ~, □을/를 소집 ~, □을/를 소홀히 ~, □을/를 소화 ~, □을/를 소환 ~, □을/를 손 질 ~, □을/를 손수 이룩 ~, □을/를 송달 ~, □을/를 송부 ~, □을/를 쇠시리 ~, □을/를 수강 ~, □을/를 수거 ~, □을/를 수납 ~, □을/를 수락 ~, □을/를 수렴 ~, □을/를 수록 ~, □을/를 수료 ~, □을/를 수리 ~, □을/를 수립 ~, □을/를 수매 ~, □을/를 수반 ~, □을/를 수발 ~, □을/를 수배 ~, □을/를 수상 ~, □을/를 수색 ~, □을/를 수송 ~, □을/를 수수 ~, □을/를 수습 ~, □을/를 수여 ~, □을/를 수용 ~, □을/를 수용 ~, □을/를 수임 ~, □을/를 수입상에게 인도 ~, □을/를 수정 ~, □을/를 수집 ~, □을/를 수치스러워 ~, □을/를 수행 ~, □을/를 수호 ~, □을/를 수확 ~, □을/를 숙지 ~, □을/를 숙청 ~, □을/를 순례 ~, □을/를 순매도 ~, □을/를 순매수 ~, □을/를 순방 ~, □을/를 순산 ~, □을/를 순연 ~, □을/를 순화 ~, □을/를 순회 ~, □을/를 술회 ~, □을/를 숭배 ~, □을/를 숭상 ~, □을/를 숭앙 ~, □을/를 스케치 ~, □을/를 스크랩 ~, □을/를 슬퍼어 ~, □을/를 습격 ~, □을/를 습득 ~, □을/를 승계 ~, □을/를 승낙 ~, □을/를 승인 ~, □을/를 시달 ~, □을/를 시도 ~, □을/를 시마이 ~, □을/를 시봉 ~, □을/를 시사 ~, □을/를 시샘 ~, □을/를 시식 ~, □을/를 시연 ~, □을/를 시음 ~, □을/를 시작 ~, □을/를 시정 ~, □을/를 시찰 ~, □을/를 시청 ~, □을/를 시취 ~, □을/를 시판 ~, □을/를 시행 ~, □을/를 시현 ~, □을/를 식별 ~, □을/를 신고 ~, □을/를 신랄하게 풍자 ~, □을/를 신뢰 ~, □을/를 신봉 ~, □을/를 신설 ~, □을/를 신청 ~, □을/를 신탁통치 ~, □을/를 실감 ~, □을/를 실시 ~, □을/를 실증 ~, □을/를 실천 ~, □을/를 실측 ~, □을/를 실토 ~, □을/를 실행 ~, □을/를 실현 ~, □을/를 싫어 ~, □을/를 심문 ~, □을/를 아까와 ~, □을/를 아쉬워 ~, □을/를 악용 ~, □을/를 안내 ~, □을/를 안배 ~, □을/를 안출 ~, □을/를 안타까와 ~, □을/를 알현 ~, □을/를 암송 ~, □을/를 암시 ~, □을/를 압날 ~, □을/를 압살 ~, □을/를 앙양 ~, □을/를 애독 ~, □을/를 애음 ~, □을/를 애지중지 ~, □을/를 야기 ~, □을/를 약술 ~, □을/를 양산 ~, □을/를 양성 ~, □을/를 양해 ~, □을/를 어려워 ~, □을/를 억류 ~, □을/를 억압 ~, □을/를 억울해 ~, □을/를 억제 ~, □을/를 억탈 ~, □을/를 언도 ~, □을/를 언짢아 ~, □을/를 엄선 ~, □을/를 엄수 ~, □을/를 엄호 ~, □을/를 역이용 ~, □을/를 역임 ~, □을/를 연마 ~, □을/를 연발 ~, □을/를 연상 ~, □을/를 연파 ~, □을/를 열람 ~, □을/를 열렬히 응원 ~, □을/를 열창 ~, □을/를 영솔 ~, □을/를 영위 ~, □을/를 영접 ~, □을/를 예고 ~, □을/를 예독 ~, □을/를 예쁘게 단장 ~, □을/를

ㅎ

예의 주시 ~, □을/를 오도 ~, □을/를 옹위 ~, □을/를 옹호 ~, □을/를 완간 ~, □을/를 완결 ~, □을/를 완공 ~, □을/를 완료 ~, □을/를 완비 ~, □을/를 완상 ~, □을/를 완성 ~, □을/를 완수 ~, □을/를 완역 ~, □을/를 완주 ~, □을/를 완화 ~, □을/를 왕래 ~, □을/를 왕복 ~, □을/를 왜곡 ~, □을/를 외면 ~, □을/를 요격 ~, □을/를 요구 ~, □을/를 요약 ~, □을/를 요청 ~, □을/를 요해 ~, □을/를 욕 ~, □을/를 욕되게 ~, □을/를 용납 ~, □을/를 용서 ~, □을/를 용인 ~, □을/를 우대 ~, □을/를 우려 ~, □을/를 우롱 ~, □을/를 운위 ~, □을/를 원망 ~, □을/를 원용 ~, □을/를 원천 봉쇄 ~, □을/를 원천적으로 봉쇄 ~, □을/를 원활히 ~, □을/를 위시 한, □을/를 위시 해, □을/를 위시해서, □을/를 위태롭게 ~, □을/를 위해 동분서주 ~, □을/를 유감 없이 발휘 ~, □을/를 유괴 ~, □을/를 유념 ~, □을/를 유도 ~, □을/를 유발 ~, □을/를 유보 ~, □을/를 유인 ~, □을/를 유지 ~, □을/를 유추 ~, □을/를 유치 ~, □을/를 유포 ~, □을/를 유혹 ~, □을/를 육성 ~, □을/를 육실 ~, □을/를 육종 ~, □을/를 융합 ~, □을/를 은닉 ~, □을/를 은폐 ~, □을/를 음미 ~, □을/를 응시 ~, □을/를 의뢰 ~, □을/를 의심 ~, □을/를 이룩 ~, □을/를 이수 ~, □을/를 이용 ~, □을/를 이전 ~, □을/를 이해 ~, □을/를 인가 ~, □을/를 인도 ~, □을/를 인도 ~, □을/를 인상 ~, □을/를 인식 ~, □을/를 인용 ~, □을/를 인정 ~, □을/를 인출 ~, □을/를 일목요연하게 정리 ~, □을/를 일목요연하게 표현 ~, □을/를 일소 ~, □을/를 일축 ~, □을/를 임명 ~, □을/를 입감 ~, □을/를 입건 ~, □을/를 입금 ~, □을/를 입력 ~, □을/를 입법 예고 ~, □을/를 입수 ~, □을/를 입안 ~, □을/를 입양 ~, □을/를 입증 ~, □을/를 잉태 ~, □을/를 자각 ~, □을/를 자극 ~, □을/를 자랑 ~, □을/를 자랑스러워 ~, □을/를 자백 ~, □을/를 자인 ~, □을/를 자임 ~, □을/를 자제 ~, □을/를 자처 ~, □을/를 자청 ~, □을/를 자초 ~, □을/를 자축 ~, □을/를 자칭 ~, □을/를 자행 ~, □을/를 작곡 ~, □을/를 작성 ~, □을/를 잠식 ~, □을/를 장려 ~, □을/를 장만 ~, □을/를 장복 ~, □을/를 장식 ~, □을/를 장악 ~, □을/를 재개 ~, □을/를 재건 ~, □을/를 재구 ~, □을/를 재론 ~, □을/를 재배 ~, □을/를 재부팅 ~, □을/를 재연 ~, □을/를 재촉 ~, □을/를 재충전 ~, □을/를 재편 ~, □을/를 재현 ~, □을/를 재활용 ~, □을/를 쟁취 ~, □을/를 저술 ~, □을/를 저장 ~, □을/를 저주 ~, □을/를 저지 ~, □을/를 저해 ~, □을/를 적나라하게 노출 ~, □을/를 적대시 ~, □을/를 적립 ~, □을/를 적발 ~, □을/를 적시 ~, □을/를 적재 ~, □을/를 적절하게 조절 ~, □을/를 적출 ~, □을/를 전가 ~, □을/를 전개 ~, □을/를 전공 ~, □을/를 전담 ~, □을/를 전매 ~, □을/를 전별 ~, □을/를 전사 ~, □을/를 전송 ~, □을/를 전송 ~, □을/를 전수 ~, □을/를 전재 ~, □을/를 전전 ~, □을/를 전제 ~, □을/를 전폐 ~, □을/를 전후 ~, □을/를 절감 ~, □을/를 절제 ~, □을/를 점거 ~, □을/를 점검 ~, □

을/를 점령 ~, □을/를 점유 ~, □을/를 정돈 ~, □을/를 정렬 ~, □을/를 정벌 ~, □을/를 정정 ~, □을/를 정제 ~, □을/를 제거 ~, □을/를 제고 ~, □을/를 제공 ~, □을/를 제시 ~, □을/를 제압 ~, □을/를 제어 ~, □을/를 제외 ~, □을/를 제창 ~, □을/를 제창 ~, □을/를 제출 ~, □을/를 제치고 우승 ~, □을/를 제패 ~, □을/를 조각 ~, □을/를 조련 ~, □을/를 조장 ~, □을/를 조절 ~, □을/를 조출 ~, □을/를 존중 ~, □을/를 졸업 ~, □을/를 종식 ~, □을/를 종용 ~, □을/를 좋아 ~, □을/를 좌지우지 ~, □을/를 죄악시 ~, □을/를 주도 ~, □을/를 주문 ~, □을/를 주선 ~, □을/를 주시 ~, □을/를 주업으로 ~, □을/를 주원료로 ~, □을/를 주입 ~, □을/를 주창 ~, □을/를 주특기로 ~, □을/를 준수 ~, □을/를 중단 ~, □을/를 중시 ~, □을/를 중심 축으로 해, □을/를 중요시 ~, □을/를 중지 ~, □을/를 중퇴 ~, □을/를 중합 ~, □을/를 쥐락펴락 ~, □을/를 즉각 철회 ~, □을/를 증명 ~, □을/를 증설 ~, □을/를 증언 할 증인, □을/를 증정 ~, □을/를 증진 ~, □을/를 지불 ~, □을/를 지속적으로 유지 ~, □을/를 지양 ~, □을/를 지원 ~, □을/를 지적 ~, □을/를 지지 ~, □을/를 지참 ~, □을/를 지칭 ~, □을/를 지탱 ~, □을/를 직감 ~, □을/를 직시 ~, □을/를 진두 지휘 ~, □을/를 진행 ~, □을/를 질타 ~, □을/를 집대성 ~, □을/를 집적집적 ~, □을/를 징계 ~, □을/를 찡긋 ~, □을/를 차감 ~, □을/를 차단 ~, □을/를 차용 ~, □을/를 차지 ~, □을/를 착복 ~, □을/를 찬양 ~, □을/를 참고 ~, □을/를 참작 ~, □을/를 창간 ~, □을/를 창고에 보관 ~, □을/를 창도 ~, □을/를 창시 ~, □을/를 창안 ~, □을/를 창출 ~, □을/를 채택 ~, □을/를 처벌 ~, □을/를 천명 ~, □을/를 천직으로 생각 ~, □을/를 철회 ~, □을/를 첨가 ~, □을/를 첨부 ~, □을/를 청구 ~, □을/를 청취 ~, □을/를 체결 ~, □을/를 체계적으로 정리 ~, □을/를 체득 ~, □을/를 초과 ~, □을/를 초극 ~, □을/를 초래 ~, □을/를 초연 ~, □을/를 초월 ~, □을/를 초청 ~, □을/를 초치 ~, □을/를 초토화 ~, □을/를 촉구 ~, □을/를 촉발 ~, □을/를 촉진 ~, □을/를 총괄 ~, □을/를 총동원 ~, □을/를 총지휘 ~, □을/를 총칭 ~, □을/를 촬영 ~, □을/를 최소화 ~, □을/를 최우선으로 ~, □을/를 추구 ~, □을/를 추동 ~, □을/를 추렴 ~, □을/를 추방 ~, □을/를 추서 ~, □을/를 추월 ~, □을/를 추인 ~, □을/를 추적 ~, □을/를 추종 ~, □을/를 추진 ~, □을/를 추징 ~, □을/를 추출 ~, □을/를 축소 ~, □을/를 축적 ~, □을/를 축조 ~, □을/를 출국 금지 조처 ~, □을/를 출국 금지 ~, □을/를 출토 ~, □을/를 출판 ~, □을/를 충전 ~, □을/를 충족 ~, □을/를 취득 ~, □을/를 취소 ~, □을/를 취합 ~, □을/를 측정 ~, □을/를 층하 ~, □을/를 쳐 부수고 승리 ~, □을/를 칠 ~, □을/를 침해 ~, □을/를 콘트롤 ~, □을/를 쾌척 ~, □을/를 타개 ~, □을/를 타도 ~, □을/를 타파 ~, □을/를 탄압 ~, □을/를 탈당 ~, □을/를 탈취 ~, □을/를 탐독 ~, □을/를 탐색 ~, □을/를 탑재 ~, □을/를 탓

ㅎ

~, □을/를 탕진 ~, □을/를 터득 ~, □을/를 토로 ~, □을/를 통감 ~, □을/를 통과 ~, □을/를 통괄 ~, □을/를 통보 ~, □을/를 통솔 ~, □을/를 통어 ~, □을/를 통칭 ~, □을/를 통할 ~, □을/를 투자 ~, □을/를 트래버스 ~, □을/를 파견 ~, □을/를 파괴 ~, □을/를 파기 ~, □을/를 파손 ~, □을/를 판독 ~, □을/를 판매 ~, □을/를 판별 ~, □을/를 폄하 ~, □을/를 평정 ~, □을/를 평준화 ~, □을/를 포기 ~, □을/를 포용 ~, □을/를 포위 ~, □을/를 포착 ~, □을/를 포함 ~, □을/를 폭로 ~, □을/를 표명 ~, □을/를 표방 ~, □을/를 표시 ~, □을/를 표현 ~, □을/를 풍미 ~, □을/를 피력 ~, □을/를 필두로 한, □을/를 필두로 해, □을/를 필두로 해서, □을/를 필요로 ~, □을/를 해 낸다, □을/를 해 먹는다, □을/를 해 본다, □을/를 하달 ~, □을/를 하사 ~, □을/를 하직 ~, □을/를 하회 ~, □을/를 학대 ~, □을/를 학수고대 ~, □을/를 할애 ~, □을/를 함락 ~, □을/를 함양 ~, □을/를 함유 ~, □을/를 해명 ~, □을/를 해몽 ~, □을/를 해소 ~, □을/를 해임 ~, □을/를 해제 ~, □을/를 향유 ~, □을/를 허비 ~, □을/를 허송 ~, □을/를 허용 ~, □을/를 혁파 ~, □을/를 현혹 ~, □을/를 형사 처벌 ~, □을/를 호가 ~, □을/를 호궤 ~, □을/를 호도 ~, □을/를 호소 ~, □을/를 호위 ~, □을/를 호종 ~, □을/를 혹사 ~, □을/를 확보 ~, □을/를 확인 ~, □을/를 환영 ~, □을/를 활보 ~, □을/를 활성화 ~, □을/를 황당해 ~, □을/를 회상 ~, □을/를 회피 ~, □을/를 획득 ~, □을/를 획책 ~, □을/를 횡단 ~, □을/를 횡령 ~, □을/를 휘동 ~, □을/를 흡수 ~, □을/를 희구 ~, □을/를 희롱 ~, □을/를 희망 ~, □을/를 희사 ~, □을/를 희석 ~, --을까 ~, --을지/ㄹ지 우려 ~, 음분 ~, 음식점이 번창 ~, 음용 ~, 음해 ~, 읍소 ~, 응낙을 ~, 응낙 ~, 응대 ~, 응수 ~, 응용 ~, 응전 ~, 응징 ~, 응축 ~, □의 말을 인용 ~, □의 법통을 계승 ~, □의 빌미만 제공 ~, □의 상징 체계를 창조 ~, □의 생장력을 상징 ~, □의 활동 상을 소개 ~, 의결 ~, 의관을 정제 ~, 의기 투합 ~, 의논 ~, 의례를 거행 ~, 의미 ~, 의법 조치 ~, 의사를 타진 ~, 의사 소통을 원활히 ~, 의향을 타진 ~, 이 거 정말 죄송 합니다, 이 루로 송구 ~, 이 루에 악송구 ~, 이 익공으로 결구 ~, 이간질 ~, 이구동성으로 질문 ~, 이권에 개입 ~, 이기 주의가 팽배 해 있다, 이농 ~, 이등분 ~, 이러니 저러니 ~, 이래라 저래라 간섭 ~, 이래라 저래라 ~, 이루 다 말 할 수 없다, 이루 말 할 수 없다, 이름 값을 ~, 이름을 연호 ~, 이만 실례 ~, 이사로 재직 ~, 이상을 추구 ~, 이송 ~, 이슬람으로 개종 ~, 이승을 하직 ~, 이야기체로 기술 ~, 이유 여하를 막론하고, 이의를 제기 ~, 이주 ~, 이직 ~, 이천만 달러 어치를 수출 ~, 이첩 ~, 이한 ~, 이합 집산을 거듭 ~, 이행 ~, 이혼 ~, 익사 ~, 인공 호흡을 ~, 인공 기를 게양 ~, 인권을 유린 ~, 인내 ~, 인생관을 체득 ~, 인솔 ~, 인수 인계 ~, 인수 ~, 인장에 조각 ~, 인재를 등용 ~, 인재를 양성 ~, 인접 ~, 인준을 부결 ~, 인지 ~, 인터넷에 접속 ~, 인파가 운집 ~, 인하 ~, 일 개월로 단축 ~, 일 계급 특진

~, 일 회에 한해 연임 ~, 일 회에 한해 연장 ~, 일갈 ~, 일거에 해결 ~, 일망타진 ~, 일별 ~, 일본 군에서 탈출 ~, 일본인으로 위장 ~, 일선에 복귀 ~, 일세를 풍미 ~, 일숙직을 ~, 일억 원 어치를 순매도 ~, 일언지하에 거절 ~, 일용 할 양식을 준다, 일익을 담당 ~, 일제에 항거 ~, 일체 함구 ~, 일치 단결 ~, 일탈 ~, 일희일비 ~, 임명 동의 안을 부결 ~, 임명장을 수여 ~, 임무를 완수 ~, 임석 ~, 임진 왜란으로 전소 ~, 입 막음을 ~, 입 버릇처럼 늘 말 ~, 입 버릇처럼 말씀 하신다, 입에 침이 마르도록 칭찬 ~, 입에 풀 칠을 ~, 입이 마르도록 칭찬 ~, 입경 ~, 입관 ~, 입궐 ~, 입북 ~, 입신 ~, 입장 차이를 확인 ~, 입적 ~, 입항 ~, 입행 ~, 입회 ~, 자격 시험에 응시 ~, 자격 시험에 합격 ~, 자격증을 취득 ~, 자결 ~, --자고 ~, 자궁에 이식 ~, 자궁에 착상 ~, 자글자글 ~, 자금난에 봉착 ~, 자급 자족 ~, 자급 ~, 자녀를 양육 ~, 자료집을 발간 ~, 자리 바꿈을 ~, 자리 바꿈 ~, 자리 보전 ~, 자만 ~, 자맥질 ~, 자멸 ~, 자문 자답 ~, 자살 ~, 자생 ~, 자서 날인 ~, 자성 ~, 자수 ~, 자수성가 ~, 자숙 ~, 자알 ~, 자연에서 채취 ~, 자연광을 이용 ~, 자원 입대 ~, 자위 ~, 자유 자재로 구사 ~, 자중 자애 ~, 자진 해서, 자책 ~, 자취 ~, 자칫 하다가는, 자칫 하면, 자타가 공인 ~, 자탄 ~, 자퇴 ~, 자포자기 ~, 작고 ~, 작당 ~, 작문을 ~, 작물을 재배 ~, 작별을 아쉬워 ~, 작사 작곡 ~, 작열 하는 태양, 작정 ~, 작헌례를 거행 ~, 잔재를 청산 ~, 잔적을 소탕 ~, 잔존 ~, 잔 기침을 ~, 잠수 ~, 잡도리 ~, 장렬히 전사 ~, 장부에 기재 ~, 장비 탓 ~, 장생 불사 ~, 장원으로 합격 ~, 장족의 발전을 ~, 장탄 ~, 장탄식을 ~, 재계약 ~, 재력을 과시 ~, 재발 ~, 재산을 사회에 환원 ~, 재수 ~, 재심을 청구 ~, 재임 ~, 재채기를 ~, 재판에 회부 ~, 재판을 청구 ~, 재핑 ~, 재혼 ~, 재활용품을 수거 ~, 재활용품을 수집 ~, 저금 ~, 저어 ~, 저온 살균 ~, 저울 질 ~, 저쩌구 ~, 저축 ~, 적선 ~, 적이 안심 ~, 적절히 평가 절하 ~, 적중 ~, 전곡을 연주 ~, 전면을 응시 ~, 전멸 ~, 전모를 정확히 파악 ~, 전문 인력을 양성 ~, 전문 직에 종사 ~, 전배를 거행 ~, 전법 포교 ~, 전술 ~, 전시회에 출품 ~, 전역에서 번식 ~, 전열을 정비 ~, 전일제 파출부 일을 ~, 전재산을 탕진 ~, 전적으로 공감 ~, 전적으로 동감 ~, 전적으로 동의 ~, 전적으로 의존 ~, 전적으로 찬동 ~, 전적으로 찬성 ~, 전전긍긍 ~, 전조를 동반 ~, 전진 ~, 전통을 계승 ~, 절 터를 발굴 ~, 절규 ~, 절그럭 ~, 절멸 ~, 절반 씩 투자 ~, 절벽에서 추락 ~, 절실히 요구 ~, 절약 ~, 절용 ~, 절절이 깨닫게 ~, 절충 ~, 절치부심 ~, 절토 ~, 점거 농성 ~, 점안 ~, 점증 ~, 점지 ~, 점프를 ~, 접견석 상에 배석 ~, 접근 ~, 접대부를 고용 ~, 정강이에 아대를 착용 ~, 정계를 은퇴 ~, 정계에 입문 ~, 정독 ~, 정립 ~, 정말 큰 일 날 뻔 했다, 정맥 주사 ~, 정면으로 대항 ~, 정면으로 도전 ~, 정면으로 위반 ~, 정면으로 위배 ~, 정박 해 있다, 정복 ~, 정부 군과 교전 ~, 정산 ~, 정상을 참작 ~, 정색을 ~, 정서를 순화 ~, 정선 ~, 정신 병원에 입원 ~, 정의 ~, 정자법 위반 혐의로 구속

~, 정주 ~, 정중히 사과 ~, 정치학을 전공 ~, 정탐 ~, 정혼 ~, 젖 먹던 힘까지 다 해서, 젖 병을 소독 ~, 제 자리 뛰기를 ~, 제곱에 반비례 ~, 제곱에 비례 ~, 제국이 멸망 ~, 제국 주의가 패망 ~, 제국 주의와 투쟁 ~, 제막 ~, 제명 ~, 제발 고정 하십시오, 제보 ~, 제소 ~, 제수를 진설 ~, 제안 ~, 제작 ~, 제지 ~, 조감 ~, 조건에 부합 ~, 조건을 충족 ~, 조달 ~, 조롱 ~, 조립 ~, 조망 ~, 조명 ~, 조미 ~, 조서에 기재 ~, 조성 ~, 조소 ~, 조실부모 ~, 조심 조심 다리미 질 ~, 조언 ~, 조영 ~, 조우 ~, 조율 ~, 조정관을 임명 ~, 조준 ~, 조퇴 ~, 조혼 ~, 족출 ~, 존경 ~, 존대 ~, 존립 ~, 존속 ~, 존재 ~, 존칭어를 사용 ~, 졸도 ~, 졸지에 비명 횡사 ~, 종결 ~, 종속이 심화 ~, 종신 형을 선고 ~, 종횡무진 활약 ~, 좋은 환율로 환전 ~, 좌 회전 ~, 좌시 할 수 없다, 좌우익을 막론 하고, 좌초 ~, 좌충우돌 ~, 죄업을 참회 ~, 주거니 받거니 ~, 주가가 급등 ~, 주가가 폭등 ~, 주가가 폭락 ~, 주관 ~, 주권을 이양 ~, 주권을 회복 ~, 주동 ~, 주례사 ~, 주목 ~, 주문이 폭주 ~, 주시하고 있다, 주어를 생략 ~, 주자 만루에서 등판 ~, 주장 ~, 주재 ~, 주저 ~, 주저주저 ~, 주지 하듯이, 주지 하시다시피, 주차 ~, 주차장을 방불 케 ~, 주최 ~, 주춤 ~, 주파 ~, 주행 ~, 주효 ~, 죽을 힘을 다 ~, 죽음관을 서술 ~, 준결승전에 진출 ~, 준고령자를 우선 채용 ~, 준동 ~, 준비 ~, 줄 모 내기를 ~, 줄기 차게 계속 ~, 중개지로 번창 ~, 중과 ~, 중과세 ~, 중국 인민 지원 군이 참전 ~, 중도에 포기 ~, 중도 하차 ~, 중령으로 전역 ~, 중성미자를 검출 ~, 중앙 선을 침범 ~, 중언부언 ~, 중얼중얼 ~, 중창 ~, 중탕 ~, 즉사 ~, 즉위 ~, 증가세가 둔화 ~, 증가세가 크게 둔화 ~, 증가 ~, 증량 ~, 증류 ~, 증명서를 발급 ~, 증발 ~, 증보 ~, 증숙 ~, 증액 ~, 증언 ~, 증인으로 출석 ~, 증축 ~, 지겨워 ~, 지근에서 보좌 ~, 지급 ~, 지다위 ~, 지랄 발광 ~, 지레 짐작 ~, 지망 ~, 지서를 습격 ~, 지시 ~, 지위 고하를 막론 하고, 지점장으로 부임 ~, 지지지지 ~, 지척을 분간 할 수 없다, 지팡이에 몸을 의지 ~, 지푸라기로 전락 ~, 지하로 잠적 ~, 지하수를 식수로 이용 ~, 지향 ~, 직을 사임 ~, 직권 조인 ~, 직송 ~, 직수입 ~, 직언 ~, 직위 해제 ~, 직조 ~, 직진 ~, 진격 ~, 진군 ~, 진노 ~, 진단서를 발급 ~, 진료비를 청구 ~, 진술 ~, 진심으로 감사 ~, 진심으로 사과 ~, 진심으로 애도 ~, 진심으로 축하 ~, 진심으로 환영 ~, 진언 ~, 진영에 가담 ~, 진일보 ~, 진주를 양식 ~, 진찰을 ~, 질겁을 ~, 질병을 퇴치 ~, 질식 ~, 질식사 ~, 질주 ~, 질책 ~, 집 뒤짐을 ~, 집계 ~, 집단 생활을 ~, 집무 ~, 집작 ~, 집청 ~, 집합체로서 공유 ~, 집행을 종료 ~, 징 ~, 징계위에 회부 ~, 징발 ~, 징역형을 선고 ~, 짙게 선팅 ~, 짜 깁기 ~, 짝 사랑 ~, 쨍 ~, 찜 질 ~, 찌꺽 ~, 찔끔 ~, 차를 대절 ~, 차변에 기입 ~, 차입에 의존 ~, 차질 없이 진행 ~, 착공 ~, 착석 ~, 착즙 ~, 찬미 ~, 찬송 ~, 참가자를 모집 ~, 참견 ~, 참관 ~, 참괴 ~, 참소 ~, 참칭 ~, 참패 ~, 참획 ~, 창건 ~, 창구를 일원화 ~, 창궐 ~, 창단 ~, 창발성을 발휘 ~, 창설 ~, 창성 ~, 채근 ~,

채록 ~, 채색 ~, 채석 ~, 채집 ~, 채찍질 ~, 책 상 다리를 하고 앉는다, 책망 ~, 책자를 발간 ~, 책정 ~, 처 삼촌 벌초 ~, 처가 살이를 ~, 처결 ~, 처단 ~, 처방전을 발급 ~, 처치 ~, 척량 ~, 천 달러 어치를 수출 ~, 천거 ~, 천도 ~, 천만 달러의 흑자를 기록 ~, 천명을 거역 ~, 천변만화 ~, 천봉 ~, 천시 ~, 천연 기념물로 지정 ~, 천인 공노 ~, 천지가 개벽 ~, 천지 개벽 ~, 천착 ~, 철거 ~, 철렁 ~, 철상 ~, 철수 ~, 철시 ~, 철저히 조사 ~, 철폐 ~, 첨단 기기를 활용 ~, 첨병을 자임 ~, 첨언 ~, 첨예하게 대립 ~, 첨예화 ~, 첩보를 입수 ~, 청구를 기각 ~, 청문회에 출석 ~, 청약서에 사인 ~, 청원 ~, 체납 ~, 체념 ~, 체모에 똥 칠을 ~, 체언을 수식 ~, 체외로 배설 ~, 체인지업으로 승부 ~, 체전에 출전 ~, 체크 ~, 체크아웃을 ~, 체현 ~, 체화 ~, 초 칠을 ~, 초계 ~, 초근목피로 연명 ~, 초대 ~, 초빙 ~, 초지 일관 ~, 초탈 ~, 촉성 ~, 총결산 ~, 총리 서리를 지명 ~, 총망라 ~, 총재가 취임 ~, 총집결 ~, 총출동 ~, 총출연 ~, 최고치를 경신 ~, 최대한으로 발휘 ~, 최루 탄이 난무 ~, 추격 ~, 추궁 ~, 추단 ~, 추도 ~, 추모 ~, 추수 ~, 추증 ~, 추천 ~, 추첨 ~, 추측 ~, 축구에 열광 ~, 축성 ~, 축수 ~, 축약 ~, 출가 ~, 출감 ~, 출격 ~, 출고증을 교부 ~, 출국 ~, 출근 ~, 출렁 ~, 출루 ~, 출몰 ~, 출범 ~, 출병 ~, 출사 ~, 출세 ~, 출소 ~, 출시 ~, 출역 ~, 출입 ~, 출정 ~, 출제 ~, 출진 ~, 출타 ~, 출퇴근 ~, 출하 ~, 출항 ~, 출행 ~, 충으로써 효를 현창 ~, 충고 ~, 충성을 맹세 ~, 충신은 불사이군 ~, 충원 ~, 충일 ~, 충천 ~, 취급 ~, 취사 선택 ~, 취입 ~, 취재 ~, 취지를 통지 ~, 측량 ~, 치근치근 ~, 치닥거리 ~, 치르륵 ~, 치장 ~, 치환 ~, 친분을 돈독히 ~, 친선을 도모 ~, 친애 하는 지도자 동지, 칠갑을 ~, 침노 ~, 침몰 ~, 침소봉대 ~, 칩거 ~, 칭송 ~, 칸타타를 작곡 ~, 칼로리를 섭취 ~, 캔슬 ~, 커버 ~, 컴백 ~, 코가 땅에 닿도록 절을 ~, 코디 ~, 코딩 ~, 콩 가루를 혼합 ~, 콩쿠르에서 우승 ~, 콩쿠르에서 입상 ~, 쾌감 분만 ~, 쾌차 ~, 쾌히 승낙 ~, 쾌히 응락 ~, 쿨럭 쿨럭 기침 ~, 쿨룩 쿨룩 기침 ~, 쿵 하고 내려 앉는다, 큰 기쁨을 선사 ~, 큰 기침을 ~, 크랭크인 ~, 키 질 ~, 타의 추종을 불허 ~, 타계 ~, 타락 ~, 타박 ~, 타협 ~, 탁 하고 친다, 탄생 ~, 탄식 ~, 탄원 ~, 탈고 ~, 탈기 ~, 탈루 ~, 탈북 ~, 탈상을 ~, 탈세 ~, 탈속 ~, 탈영 ~, 탈옥 ~, 탈주 ~, 탈진 ~, 탈퇴를 번복 ~, 탈퇴를 철회 ~, 탈퇴 ~, 탈환 ~, 탐구 ~, 탐문 ~, 탐방 ~, 탐사기가 작동 ~, 탐지 ~, 탐험 ~, 태동 ~, 태만히 ~, 태양 둘레를 공전 ~, 태연을 가장 ~, 태자로 책봉 ~, 택일 ~, 택일 ~, 택지를 분양 ~, 터부시 ~, 턴 ~, 털이 밀생 ~, 토렴 ~, 토벌 ~, 토색질 ~, 토설 ~, 토스 ~, 토의 ~, 토지를 국유화 ~, 토지를 차경 ~, 토파 ~, 톡톡히 해 낸다, 톡톡히 한 몫 ~, 통 째로 암기 ~, 통계를 편제 ~, 통고 ~, 통곡 ~, 통근 ~, 통독 ~, 통문을 발문 ~, 통박 ~, 통방 ~, 통사정을 ~, 통성명을 ~, 통일 신라기까지 소급 해 올라 간다, 통정 ~, 통제 ~, 통탄 ~, 통학 ~, 통행료를 징수 ~, 통행증을 발급 ~, 통회 ~, 퇴각 ~, 퇴락 ~, 퇴보

~, 퇴사 ~, 퇴색 ~, 퇴원 ~, 퇴장 ~, 퇴적을 거듭 ~, 퇴정 ~, 퇴직 ~, 퇴화 ~, 투과 ~, 투사 ~, 투시 ~, 투여 ~, 투입 ~, 투하 ~, 투항 ~, 퉁명스레 대꾸 ~, 퉁명스레 말 ~, 트레이싱 ~, 특기 ~, 특별 법을 제정 ~, 특보로 임명 ~, 특허로서 보호 ~, 특허를 출원 ~, 티격태격 ~, 파산에 직면 ~, 파산 ~, 파업에 돌입 ~, 파운드화를 환전 ~, 파장이 확산 ~, 파종 ~, 판 가름 ~, 판결에 불복 ~, 판시 ~, 판연히 구별 ~, 판정 ~, 판축 ~, 팔 굽혀 펴기를 ~, 팔 베개를 ~, 패가 망신 ~, 패배 ~, 패소 ~, 패용 ~, 패주 ~, 패퇴 ~, 팽대 ~, 페소화로 지불 ~, 페인트를 칠 ~, 펜션을 예약 ~, 편성 ~, 편식 ~, 편애 ~, 편액 ~, 편재 ~, 편찬 ~, 평교사회에 가입 ~, 평생을 수절 ~, 평안히 ~, 평평히 ~, 평행 ~, 폐기 ~, 폐단을 시정 ~, 폐사 ~, 폐일언 ~, 폐지 ~, 포괄 ~, 포교당을 개설 ~, 포복 ~, 포복절도 ~, 포섭 ~, 포식 ~, 포옹 ~, 포진 ~, 포획 ~, 포효 ~, 폭력이 난무 ~, 폭사 ~, 폭증 ~, 폭탄 선언을 ~, 폭파 ~, 표기 ~, 표류 ~, 표변 ~, 표적에 명중 ~, 표절 ~, 표착 ~, 표찰을 부착 ~, 표출 ~, 표행 ~, 풀 칠 ~, 풀 가동 ~, 풀 코스를 완주 ~, 풀무 질 ~, 풍부히 ~, 풍어를 기원 ~, 풍취를 감각 ~, 프로 바둑 기사로 입단 ~, 프로포즈 ~, 프린터로 인쇄 ~, 플루토늄을 추출 ~, 피골이 상접 ~, 피부를 청결히 ~, 필치 하나 하나를 면밀히 계산 ~, 핍박 ~, 핍진 ~, 하강 ~, 하게를 ~, □하고 혓소리를 ~, 하교 ~, 하느님께 기도 ~, 하드디스크를 포맷 ~, 하락 ~, 하륙 ~, 하마터면 큰 일 날 뻔 했다, 하산 ~, 하선 ~, 하소연 ~, 하숙을 ~, 하야 ~, 하얗게 소복을 한 여인, 하품을 늘어 지게 ~, 하한가 종목이 속출 ~, 학위를 수여 ~, 학점을 취득 ~, 학정에 신음 ~, 한 잔 ~, 한계 효용은 체감 ~, 한국 전쟁이 발발 ~, 한국학과에 입학 ~, 한글을 반포 ~, 한글을 창제 ~, 한라 장사에 등극 ~, 한약을 조제 ~, □한테 □을 전가 ~, □한테 □을 전달 ~, □한테 사사 ~, □한테 소개 ~, □한테 속죄 ~, □한테 신신당부 ~, □한테 아부 ~, □한테 아첨 ~, □한테 완패 ~, □한테 절을 ~, □한테 큰 절을 ~, 할당 ~, 할복 ~, 할부로 구입 ~, 함거를 취탈 ~, 함부로 경거망동 ~, 함부로 말 ~, 함축 ~, 합력 ~, 합석 ~, 합성 ~, 합세 ~, 합심 해서, 합의 점에 도달 ~, 합의서에 서명 ~, 합장을 ~, 합장 ~, 합창 ~, 합체 ~, 항고 ~, 항구에 정박 ~, 항로를 개설 ~, 항로를 이탈 ~, 항변 ~, 항복 ~, 항생제를 복용 ~, 항소를 기각 ~, 항소심에서 승소 ~, 항시 즐거워 ~, 항전 ~, 항해 ~, 해득 ~, 해량 ~, 해로 ~, 해물 손 질 하기, 해물상을 ~, 해방감을 만끽 ~, 해부 ~, 해산 ~, 해산 ~, 해석 ~, 해약 ~, 해장 ~, 해찰을 ~, 해코지 ~, 해탈 ~, 해트트릭을 기록 ~, 햄릿 역을 ~, 행매 ~, 행세깨나 ~, 행세를 ~, 행주 질 ~, 행진 ~, 행차 ~, 향방을 가늠 ~, 향방을 결정 ~, 허락 ~, 허위로 기재 ~, 헌물 ~, 헌신 ~, 헌작 ~, 헌화 ~, 헛걸음 ~, 헛기침 ~, 헛수고 ~, 헛스윙 ~, 헤게모니를 강화 ~, 헤게모니를 장악 ~, 헤드 뱅잉을 ~, 현금을 인출 ~, 현달 ~, 현명하게 처신 ~, 현신 ~, 현실에 직면 ~, 현역에서 은퇴 ~, 현전 ~, 현존 ~, 혈액을 채취 ~, 혐오 ~,

협박 ~, 협약을 체결 ~, 협연 ~, 협정에 조인 ~, 협정을 체결 ~, 형성 ~, 형식 주의를 퇴치 ~, 형언 할 수 없다, 형용 ~, 형해화 ~, 호강 ~, 호되게 꾸지람을 ~, 호령 호령 ~, 호명 ~, 호미 벼루기를 ~, 호선 ~, 호언 ~, 호응 ~, 호의호식 ~, 호출 ~, 호투 ~, 혹시나 ~, 혼동 ~, 혼분식을 ~, 혼비백산 ~, 혼생 하고 있다, 혼신의 힘을 다 ~, 혼용 ~, 혼재 ~, 혼절 ~, 홀대 ~, 홈에 쇄도 ~, 홈빡홈빡 웃으면서 좋아 ~, 화 풀이를 ~, 화끈하게 한 탕 ~, 화답 ~, 화산이 폭발 ~, 화생 ~, 화평을 맹세 ~, 화합 ~, 확고히 ~, 확대 ~, 확신 ~, 확약 ~, 확언 ~, 확인서를 발급 ~, 확정 ~, 확증 ~, 확충 ~, 환골 탈태 ~, 환국 ~, 환궁 ~, 환담 ~, 환대 ~, 환불 ~, 환속 ~, 환송 ~, 환수 ~, 환어음을 발행 ~, 환언 ~, 환율이 급락 ~, 환장 할 노릇이다, 활동상을 소개 ~, 활발히 전개 ~, 활주 ~, 황 칠 ~, 황국 신민으로서 충성 ~, 황제처럼 군림 ~, 황제국을 표방 ~, 회 벽에 안료를 칠 ~, 회 칠 ~, 회개 ~, 회고 ~, 회귀 ~, 회비를 납부 ~, 회사채를 발행 ~, 회수 ~, 회원 사로 가입 ~, 회원 사를 보유 ~, 회유 ~, 회의에 참석 ~, 회장에 취임 ~, 회정 ~, 회향 ~, 획기적으로 개선 ~, 횡보 ~, 횡설 수설 ~, 횡재를 ~, 횡행 ~, 횡횡 ~, 효도 ~, 효용을 극대화 ~, 후다닥 해 치운다, 후방을 교란 ~, 후보 직을 사퇴 ~, 후술 ~, 후원 ~, 후원회에 가입 ~, 후유 ~, 후일을 기약 ~, 후일을 도모 ~, 후춧가루로 간 ~, 후추로 간 ~, 후추로 양념 ~, 후퇴 ~, 후학을 양성 ~, 후히 대접 ~, 훈계 ~, 훈련소에 입대 ~, 훈시를 ~, 훈장을 수여 ~, 휘청 ~, 휭 ~, 휴강 없이 강의 ~, 휴경 ~, 휴폐업 ~, 흉기로 위협 ~, 흐지부지 ~, 흑자를 시현 ~, 흔들흔들 ~, 흔쾌히 수락 ~, 흔쾌히 승낙 ~, 흘금 흘금 곁 눈 질 ~, 흘낏흘낏 ~, 흠모 ~, 흠칫 ~, 흡입 ~, 흡진 ~, 흥 하고 코 웃음 친다, 흥기 ~, 흥성 ~, 희읍 ~, 희희낙락 ~, 히사시까미 ~, 히트 ~, 힐끔 힐끔 곁 눈 질 ~, 힐끗 곁 눈 질 ~, 힐난 ~, 힐문 ~, 힐책 ~, 힘 주어 말 ~

한달음 ~ 에 달려 간다

한대 ~ 지방

한도 신용 카드 사용 ~, 외평채 발행 ~, 총액 대출 ~, 출자 ~ 제, 후불 ~

한도액 도급 ~

한들거린다 □에 ~

한랭 ~ 기후, ~ 전선, ~ 혈압 반응 검사

한량 --기 ~ 없다

한목 ~ 에 싸 잡는다

한문 ~ 강독, ~ 싯귀, ~ 체로 된; 외국어 학원 ~ 강사

한미 ~ 하다

한미전 ~ 을 앞 둔다

한민족 ~ 공동체

한반도 ~ 최북단

한밤 ~ 중에, ~ 중 쯤

한방 ~ 병원장, ~ 약초, ~ 의약 분업, ~ 협진

한벌대 ~ 기단, ~ 의 기단

한복 ~ 원단, ~ 을 차려 입는다, ~ 차림; 개량 ~, 옥 색 ~

ㅎ

한복판 가슴 ~, 길 ~, 도로 ~, 도시 ~, 도심 ~, 시내 ~

한산 ~ 한 거리, ~ 한 고속 도로, ~ 한 일요일 오전

한설 북풍 ~을 막는다

한숨 ~ 만 쉰다, ~ 을 폭 쉰다, ~ 을 푸욱 쉰다, ~ 을 푹 푹 내 쉰다, ~ 을 후 내 쉰다; 긴 ~을 내 쉰다, 깊은 ~을 내 쉰다, 안도의 ~을 내 쉰다, 짧은 ~을 내 쉰다

한식 청명 ~

한식 ~ 간장

한심 ~ 하다

한약 ~ 분쟁 해결, ~ 을 달인다, ~ 을 조제 한다, ~ 조제, ~ 조제권 공방, ~ 조제권 분쟁; 약사의 ~

한약사 ~ 제도

한여름 ~ 오후

한옥 구식 ~, 낡은 ~

한우 젖 소와 ~

한의 ~ 과 대학

한의대 ~ 본과

한의사 ~ 와 약사, ~ 회와 보사부, ~ 회와 약사회; 약사와 ~

한의원 ~ 원장

한인 ~ 타운, ~ 풍운아; 재독 ~

한자 ~ 말, ~ 병용, ~ 사전, ~ 숙어, ~ 와 한글, ~ 혼용

한적 ~ 하다

한정 ~ 근보증, ~ 근보증서, ~ 된다, ~ 치산자; 백 부 ~ 판, □에 ~ 한다

한정식 ~ 집

한직 ~ 부서

한참 ~ 동안 생각에 잠긴다

한창 ~ 때; 설왕설래가 ~이다, □이/가 ~이다

한탄 신세를 ~ 한다

한테 ~ 뭉친다

한테 □~ □로 넘겨 준다, □~ □을 전가 한다, □~ □을 전달 한다, □~ 사사 한다, □~ 소개 한다, □~ 속죄 한다, □~ 신신당부 한다, □~ 아부 한다, □~ 아첨 한다, □~ 야단 맞는다, □~ 완패 한다, □~ 절을 한다, □~ 큰 절을 한다; 개 ~ 물린다, 박쥐 ~ 잡아 먹힌다, 벌 ~ 쏘인다, 호랑이 ~ 떼다민다

한파 ~ 주의보; 고용 ~, 사정 ~

한편 --는 ~

한한다[한해] □에 ~, 일 회에 한해 연임 한다, 일 회에 한해 연장 한다

할 일 ~ 공제

할거 군웅 ~ 가운데

할당 ~ 한다; 구매권 ~, 동적 ~, 메모리 ~

할딱거린다 □을/를 ~

할마씨 ~ 마저 잡아 먹는다

할매 조왕 ~

할머니 ~ 랑 삼춘이랑 고모; 삼신 ~에게 빈다, 아부지랑 할아부지랑 ~, 할아부지랑 ~랑 삼춘

할먼 ~ 네

할멈 고지기 ~, 마귀 ~

할미 ~ 를 놀린다

할배 ~ 네 복숭아

할복 ~ 자살, ~ 한다

할부 ~ 로 구입 한다; 기관 및 ~ 금융 사 차입, 삼 개월 무이자 ~, 해외 이용액 ~ 전환 제

할석 판상 ~

할아버지 망태 ~, 옹기 쟁이 ~, 혹부리 ~

할아부지 ~ 랑 할머니랑 삼춘; 아부지랑 ~랑 할머니

할애 많은 지면을 ~ 한다, □을/를 ~ 한다

할인 ~ 된 가격으로, ~ 쿠폰, ~ 판매전, ~ 할증률, ~ 행사, ~ 혜택; 공공 요금의 ~, 상설 ~ 매장, 상업 어음 ~, 어음을 ~ 한다

할인점 백화점이나 ~

할증 책임 보험료의 ~, 할인 ~률

할퀸다 물리거나 ~, □을/를 ~

핥는다 수박 겉 핥기, □을/를 핥아 먹는다, 혀로 ~

함 당직 ~, 보석 ~ 속, 부재자 투표 ~, 분리 수거 ~, 사리 ~이 안치 된다, 초계 ~ 두 척, 폐건전지 수거 ~, 폐건전지 수집 ~, 해군 고속정 초계 ~, 해군 초계 ~

함 ~ 대~ 미사일; 구조 ~, 상륙 ~, 이지스 ~, 잠수 ~, 전투 ~, 차기 구축 ~

함거 ~ 를 취탈 당한다, ~ 를 취탈 한다

함구 일체 ~ 한다

함구증 무동성 ~

함께 스파게티도 ~ 시킨다

함대 ~ 사령관, ~ 사령부; 무적 ~를 무찌른다, 해군 2 ~

함락 ~ 된다; 도성 ~, □을/를 ~ 한다

함량 ~ 미달; 나트륨 ~, 단백질 ~, 수분 ~, 아미노태 질소 ~, 아밀로스 ~, 카페인 ~, 트랜스지방 ~

함몰 ~ 골절, ~ 된다; 후두 부 ~

함박 ~ 눈이 펑펑 내린다, ~ 웃음

함부로 ~ 경거망동 한다, ~ 말 한다; 주둥아리를 ~ 놀린다

함빡 ~ 뒤집어 쓴다

함석 ~ 대야, ~ 지붕

함성 ~ 과 탄성, ~ 으로 뒤덮인다; 관중의 ~

함수 복소수 ~ 론, 삼각 ~

함양 □을/를 ~ 한다

함유 ~ 된다, ~ 량이 표시 된다; 발효 성분 ~, 방사능 ~량, 불소 ~ 치약, 알부틴 ~, □을/를 ~ 한다, 철분 ~량, 칼슘 ~량, 코직산 ~ 미백 화장품, 코직산 ~ 화장품, 프로폴리스 ~, 혈당량이나 지방 ~량

함정 아군 ~, 해군 ~

함정 ~ 에 빠진다; □을/를 ~에 빠뜨린다, 파 놓은 ~

함지 ~ 박; 빨래 ~

함초롬 ~ 히 피어 있다

함축 ~ 한다

함포 ~ 사격; 대형 ~

합 내각의 ~

합각 ~ 마루와 추녀 마루; 양측 ~

ㅎ

합격 ~ 자 발표 일, ~ 통보, ~ 통지서; 검정에 ~ 한다, 고시에 ~ 한다, 이 차 추가 ~자 발표, 자격 시험에 ~ 한다, 장원으로 ~ 한다, 최연소 ~지

합격증 ~ 교부

합금 니켈 ~, 수소 저장 ~, 아모르퍼스 ~

합금강 구조용 ~

합당 ~ 한 대가, ~ 한 보상, ~ 한 조치; □에 ~하다

합동 ~ 군사 훈련, ~ 기자 회견, ~ 단속반, ~ 법률 사무소, ~ 분향소, ~ 연설회, ~ 운용 신탁, ~ 참모 본부; 계엄사 ~ 수사 본부, 민 관 ~ 법인, 비리 ~ 단속

합력 ~ 한다

합류 □에 ~ 한다

합리 ~ 주의의 산물, ~ 주의자, ~ 주의적으로, ~ 주의적인, ~ 주의적 자연관

합리적 ~ 사고, ~ 소비, ~ 으로, ~ 인

합방 ~ 조약; 한일 ~

합병 ~ 과 인수; □과/와 ~ 한다, 인수 및 ~, 인수와 ~, 인수 ~

합병증 당뇨 ~, 혈관 ~

합병호 일 이 월 ~

합산 부부 자산 소득 ~ 과세, 부부 ~ 신고자, 소득과 ~ 한다

합석 ~ 한다

합섬 ~ 공장

합성 ~ 사진, ~ 섬유, ~ 세제, ~ 수지, ~ 한다

합세 ~ 한다

합숙 ~ 훈련

합숙소 축구 부 ~

합심 ~ 기도, ~ 해서

합의 ~ 본다, ~ 에 이른다, ~ 의사록, ~ 점에 도달 한다, ~ 제 정책; 귀족 ~ 체제, 노사 간 ~, 노사정위 ~ 사항 이행, 민사 ~ 24 부, 쌍방 ~, 여야가 ~ 한다, 잠정 ~ 안, 지법 ~ 2 부

합의금 ~ 명목으로

합의서 ~ 교환, ~ 에 서명 한다, ~ 채택; 개정 ~, 경협 ~, 기본 ~, 불가침 ~

합의체 전원 ~

합일 유불도 ~, 천인 ~

합작 ~ 증권 사; 1 차 국공 ~, 이 차 국공 ~, 좌우 ~ 노선, 좌우 ~ 운동

합장 ~ 을 한다, ~ 한다; 대공과 솟을 ~, 솟을 ~과 대공, 솟을 ~으로 묻다

합주 기악 ~ 곡

합창 ~ 한다; 가수와 ~단, 시립 교향악단과 시립 ~단

합체 ~ 된다, ~ 한다

합치 ~ 된다; □에 ~ 한다

합친다 □을/를 ~

합한다[합해] □을/를 ~

합헌 ~ 결정

핫 ~ 머니 유입; 해외 ~ 머니

핫도그 튀김이나 ~

항 우주 상수 ~, 육 개 ~ 결의 안, 이 ~ 대립

항간 ~ 에 떠 돈다, ~ 의 소문

항간질 ~ 약

항거 독재에 ~ 한다, 일제에 ~ 한다

항고 ~ 한다; 즉시 ~

항고혈압 ~ 약물

항공 ~ 관제사, ~ 교통 관제소, ~ 레포츠, ~ 마일리지, ~ 모함, ~ 방제, ~ 사통폐합 설, ~ 사진 촬영, ~ 여행, ~ 우주국, ~ 운수 산업, ~ 운항, ~ 자위대, ~ 특별기, ~ 편 지연; 국내 선 ~ 편, 국제 선 ~ 사

항공관 미래 ~

항공국 연방 ~

항공권 ~ 예매; 국내 선 ~, 왕복 ~

항공기 ~ 의 이착륙; 점보 ~

항구 ~ 도시, ~ 에 정박 한다; 배와 ~

항구 ~ 불변적으로, ~ 불변적인

항균 ~ 도마, ~ 비누, ~ 원단

항다반사 ~ 이다

항로 ~ 를 개설 한다, ~ 를 이탈 한다; 여객 ~ 개설

항만청 해운 ~

항목 각 목적 ~, 순위 ~ 수, 필수 ~

항문 ~ 괄약 근의 긴장도

항법 위성 ~ 장치, 자동 ~ 장치

항변 ~ 한다

항복 ~ 한다; 일본 군의 ~

항산화 콜레스테롤 강하 작용과 ~ 작용

항생 ~ 물질

항생제 ~ 내성, ~ 를 복용 한다; 퀴놀론 계 ~

항성 ~ 천구

항소 ~ 를 기각 한다, ~ 법원, ~ 이유서

항소심 ~ 선고 공판, ~ 에서 승소 한다, ~ 에서 유죄 판결을 받는다, ~ 에서 징역 형을 선고 받는다

항소인 ~ 또는 변호인

항시 ~ 즐거워 한다

항아리 술 ~

항암 ~ 물질, ~ 치료, ~ 효과

항암제 백금 착체 ~

항온 ~ 동물

항우울제 삼환계 ~

항의 ~ 가 빗발 친다, ~ 서한; 거세게 ~ 한다, 심판 판정에 ~ 한다, 엄중히 ~ 한다, 연행에 ~ 한다

항이뇨 ~ 호르몬

항일 ~ 무장 투쟁, ~ 빨치산 참가자, ~ 유격대, ~ 투쟁사, ~ 혁명 투쟁

항쟁 무장 ~, 세기 농민 ~, 오 월 민주 ~

항전 ~ 결의, ~ 한다; 결사 ~

항조 ~ 운동

항진 심계 ~

항진제 위장 관 연동 운동 ~

항진증 갑상선 기능 ~

항체 ~ 가 생성 된다

항해 ~ 일지, ~ 조례, ~ 중인 선박, ~ 한다

해 아드리아 ~의 일몰

해 ~ ㅅ 볕이 쨍쨍 쬔다, ~ ㅅ 빛 가리개, ~ 가 저문다, ~ 돋이 방향, ~ 뜬다, ~

ㅎ

뜨기 전, ~ 야 솟아라, ~ 저물 녘, ~ 질 녘까지, ~ 질 녁에, ~ 질 무렵; 짧디 짧은 북 반구의 ~, 평원에 ~ 뜬다

해 ~ 마다, ~ 묵은 논쟁, ~ 묵은 달력; 데뷔 첫 ~, 딸린 한 ~ 살이, 몇 ~, 새 ~ 벽두, 새 ~ 복 많이 받아라, 새 ~ 복 많이 받으세요, 새 ~ 연휴, 새 ~ 예산 안 심의, 새 ~ 첫 날, 십칠 세 되던 ~에, □에 딸린 여러 ~ 살이 풀, □에 딸린 한 ~ 살이 풀, 열 살 되던 ~에, 올 ~ 본예산, 올 ~ 예상 매출액, 이듬 ~, 작년 한 ~, 지난 ~ 조선 수주 실적

해결 민생고를 시급히 ~ 한다, 사태의 평화적 ~, 일거에 ~ 한다, 한약 분쟁 ~

해결력 문제 ~

해경 ~ 경비정

해고 ~ 자 복직, ~ 회피 노력; 정리 ~

해괴 ~ 망측하다, ~ 하다

해군 ~ 2 함대, ~ 경비함, ~ 고속정 초계함, ~ 교전 규칙, ~ 군속, ~ 장병, ~ 중령, ~ 참모 총장, ~ 초계 함, ~ 함정; 우리 ~ 고속정, 육군 , ~ , 공군

해금 ~ 산조

해끄무레 ~ 하다

해답 ~ 의 실마리; □에 대한 ~

해당 ~ 된다; 감금 죄에 ~ 한다

해독 암호를 ~ 한다, 암호 ~

해득 ~ 한다

해량 ~ 한다

해로 ~ 한다; 백 년 ~의 가약을 맺는다

해롭다[해로와 해로운] □에 ~

해류 적도 ~

해륙 ~ 운수 조합

해마 ~ 경화증; 편도 ~ 절제술

해말쑥 ~ 하다

해맑다 해맑은 웃음

해면 ~ 정맥동

해명 □을/를 ~ 한다

해몽 꿈보다 ~이 낫다, □을/를 ~ 한다

해물 ~ 손 질 하기, ~ 요리점, ~ 전과 보리 국수, ~ 피자; 삼배초나 ~ 드레싱

해물상 ~ 을 한다

해미 ~ 속

해바라기 ~ 씨; 안 마당 ~

해박 ~ 한 지식

해발 ~ 1800 미터

해방 ~ 감을 만끽 한다, ~ 과 자아 실현, ~ 또는 변혁, ~ 운동사; 민족 ~ 운동관, 여성 ~ 론자, □을/를 ~ 시킨다, 인민 ~ 군, 조국 ~ 전쟁

해방동이 ~ 의 세대

해방절 ~ 과 노동절

해배 ~ 된다

해변 ~ 가

해병 ~ 전우회

해병대 ~ 막사

해부 ~ 병리학, ~ 와 분석, ~ 한다; 비평의 ~

해빙 ~ 무드

해사 ~ 한 얼굴

해산 ~ 구완, ~ 바라지, ~ 한다

해산 ~ 군인 출신 의병장, ~ 한다; 중의원 ~

해삼 ~ 과 전복, ~ 전복

해상 ~ 경계 선, ~ 마일, ~ 영토 분쟁, ~ 자위대, ~ 탈출

해생 ~ 동물

해석 ~ 기하, ~ 한다; 구구한 ~, 유권 ~

해설 ~ 및 감상; 아나운서와 ~자

해소 갈증 ~, 감정을 ~ 한다, 격차가 ~ 된다, 교통난 ~, 난시청 ~, 스트레스 ~, □을/를 ~ 한다

해소법 스트레스 ~

해송 ~ 숲

해수욕장 ~ 번영회, ~ 을 메운 피서객; 몽돌 ~

해쓱 ~ 하다

해악 □에 ~을 끼친다

해안 ~ 가 방책, ~ 경비대, ~ 사구, ~ 선의 굴곡; 동남 ~, 반도 서 쪽 ~ 가, 북서 ~, 서 남 ~

해약 ~ 한다

해양 ~ 경찰, ~ 목장, ~ 법 협약, ~ 세력 국가, ~ 소년단, ~ 심층수, ~ 쓰레기, ~ 자원, ~ 투기, ~ 폐기물; 국회 농림 ~ 수산 위원회, 농림 ~ 수산 부

해어진다 해어진 삼베 적삼

해역 고속정 침몰 ~, 서 북 쪽 ~, 청정 ~

해열 ~ 작용, ~ 진통제

해외 ~ 건설 수주, ~ 고급 과학 두뇌 초빙, ~ 문학 파, ~ 벤처 캐피털, ~ 여행 경품 추첨, ~ 여행 사업 본부, ~ 이용액 할부 전환 제, ~ 입양인 센터, ~ 전환 사채, ~ 조사 팀장, ~ 진출, ~ 출장, ~ 탐방, ~ 토픽 감, ~ 토픽 란, ~ 핫 머니; 사원들의 ~ 연수, 자위대 ~ 파병

해운 ~ 항만청

해이 ~ 하다; 기강 ~, 기관의 도덕적 ~

해일 정월 첫 ~, 폭풍 ~

해임 ~ 안 처리; 법무 부 장관 ~ 건의 안 처리, 보직 ~ 된다, 보직 ~ 한다, □을/를 ~ 한다, 장관 ~ 건의 안, 전격 보직 ~

해장 ~ 국 집, ~ 술, ~ 한다

해장죽 ~ 숲

해저 ~ 광구, ~ 광물 자원, ~ 광케이블, ~ 케이블, ~ 탐사, ~ 터널

해적 ~ 군단, ~ 선장; 소말리아 ~

해제 그린 벨트 전면 ~ 무효화, 무장 ~, □을/를 ~ 한다, 직위 ~ 된다, 직위 ~ 한다, 통금 ~, 평준화 ~

해조 ~ 류

해죽해죽 ~ 웃는다

해지 ~ 신청서; 계약을 ~ 한다, 중도 ~ 수수료, 중도 ~ 이율

해직 ~ 교사 복직, ~ 교사 원상 복직, ~ 된다

해찰 ~ 을 한다

해체 ~ 수리; 쇼단이 ~ 된다

해체기 봉건 ~

해친다 미풍 양속을 ~, □을/를 ~

해코지 ~ 한다

ㅎ

해탈 ~ 한다

해태 ~ 건조실

해트트릭 ~을 기록 한다

해파리 ~ 냉채, ~ 주의보

해프닝 --는 ~

해피 ~ 엔드, ~ 엔딩

해학 ~과 풍자; 풍자와 ~

해한다[해해] □을/를 ~

핵 봉선 ~

핵 ~간 안근 마비; 기저 ~ 병변, 뇌 교각 신경 ~, 삼 차 신경 ~, 신경 ~에 도달 한다, 와우 신경 ~, 외향 신경 ~, 전정 신경 ~, 정자 ~이나 난자 ~, 척수로 신경 ~, 타액선 신경 ~, 활차 신경 ~, 후외 측 신경 ~

핵 ~ 무기 개발, ~ 무기 보유국, ~ 발전소, ~ 부재 선언, ~ 비보유국, ~ 사찰 수락, ~ 실험 금지, ~ 안전 협정, ~ 우산 보호, ~ 융합로, ~ 자기 공명, ~ 잠수함, ~ 지대화, ~ 폐기물 반입, ~ 폐기물 처리장 건설, ~ 폐기물 처분장, ~ 폐기물 투기, ~ 폐기장 반대, ~ 폐기장 예정지, ~ 폐기장 유치, ~ 폐기장 지정 고시, ~ 확산 금지 조약 탈퇴; 경수로 ~ 연료, 고립로 ~, 고준위 ~ 폐기물, 공동 ~ 폐기장, 국제 ~ 사찰을 받아 들인다, 사용 후 ~ 연료

핵력 강한 ~

핵산 ~ 조미료

핵상 ~ 병변; 진행성 ~ 마비

핵심 ~ 기술, ~ 역량 경영

핵심적 ~으로, ~인

핸드 ~ 마이크

핸드백 명품 ~

핸섬 ~ 하다

핸썸 ~ 하다

핼쑥 ~ 하다

핼쓱 ~ 하다

햄 생맥주와 ~ 샐러드 안주

햄 ~ 무전사

햄버거 ~와 콜라

햄스트링 ~ 반사

햇곡 ~으로 빚는다

햇곡식 ~으로 송편을 빚는다; 햇과일과 ~

햇과일 ~과 햇곡식

햇볕 ~에 그을린다, ~에 쪼인다, ~을 쪼인다, ~을 쬔다, ~이 따사롭다; 내리쬐는 ~

햇살 ~이 따갑다, ~처럼 싱그럽다; 기울던 ~, 하오의 ~

행 남 ~ 열차, 남동 ~ 한다, 뉴욕 ~ 비행기, 모슬 ~ 기차, 방콕 ~ 비행기를 탄다, 북한 ~ 티켓, 뻬쩨르부르그 ~ 비행기, 서울 ~ 고속 버스, 서울 ~ 비행기, 예리코 ~ 버스를 탄다, 제주 ~ 배, 청량리 ~ 밤 차, 포항 ~ 열차, 화 요일 파리 ~ 비행기

행 런던 발 파리 ~

행각 ~으로 둘러싼다; 강도 ~, 도굴 ~, 뻔은 ~, 사기 ~, 애정 ~, 희대의 엽색 ~

행공 단전 ~

행군 산악 ~, 충성 ~ 답사

행궁 노정과 ~

행동 ~ 주의 심리학, ~ 지침; 단위체로서 ~ 한다, 동물 ~ 학자, 여성 ~ 강령

행동학 동물 ~

행락 ~ 인파

행랑 ~ 바깥 마당, ~ 봉노, ~ 으로 둘러싼다; 북 ~, 뻗은 ~, 입전 ~, 중문간 ~ 채

행려 ~ 병자

행렬 ~ 을 앞장 선다; 개미의 ~, 운구 ~, 장례 ~, 장의 ~

행로 인생 ~

행매 ~ 한다

행방 ~ 불명 된다, ~ 불명자, ~ 이 묘연하다; 일본인 ~ 불명자

행복 ~ 감에 젖는다, ~ 감을 부풀린다, ~ 에 겹다, ~ 을 누린다, ~ 이나 불행, ~ 지수, ~ 하다

행불 ~ 된다

행사 대리 ~자, 묵비권을 ~ 한다

행사 ~ 계획 표, ~ 일정; 개교 기념 ~, 문화제 ~, 식목 ~, 십 주년 기념 ~, 월드컵 결승전 및 폐막 ~, 전야제 ~, 추모 ~, 할인 ~

행상 객리 ~, 포목 ~

행색 ~ 이 초라하다; 촌 사람 ~

행성 ~ 과 태양

행세 ~ 가 깎인다, ~ 깨나 한다, ~ 를 한다; 강대국으로 ~ 한다

행수 ~ 로 박힌다, ~ 선인, ~ 수하; 선단의 ~

행시 ~ 13 회

행운 ~ 의 별 점

행위 구타와 가혹 ~, 대남 적대 ~, 매음 ~, 무면허 약사 ~, 무면허 의료 ~, 반민족 ~자, 반민족 ~ 처벌 법, 범법 ~, 범죄 및 일탈 ~, 법정 소란 ~, 부당 노동 ~, 불법 ~ 책임, 엄연한 범죄 ~, 여객기 격추 ~, 요식 ~, 유사 진료 ~, 윤락 ~ 등 방지 법

행위료 의료 ~

행장 ~ 연임

행적 ~ 이 묘연하다

행정 ~ 각부, ~ 관부, ~ 부지사, ~ 편의 주의; 기초 ~ 단위, 역로 ~, 운전 면허 ~ 처분, 유역 내 ~, 최고 ~ 수반

행정가 교육 ~

행정관 수석실 ~

행정부 ~ 와 의회, ~ 출범

행정적 재정적 · ~

행정지 지방 ~

행정처 법원 ~

행정청 ~ 의 위법

행정통 문화 ~

행정학 ~ 과

행주 ~ 로 닦는다, ~ 질 한다; 젖은 ~

행중 굿중 패 ~, 떠돌이 ~

행진 ~ 한다; 가두 ~, 결혼 ~ 곡, 무패 ~, 상한가 ~

행짜 ~ 를 놓는다

행차 ~ 한다

행태 소비 문화 및 ~

행티 양반 ~

행패 ~ 거조, ~ 를 부린다

행하 ~ 돈

행한다[행해] 행해 진다

행형 ~ 당국, ~ 법 대로

향 ~ 을 사른다, ~ 이 우러난다; 곡차 ~, 라일락 ~, 맛이나 ~, 멜론 ~ 비누, 바닐라 ~, 아몬드 ~

향가 십 구체 ~

향교 ~ 중수 비용

향긋 ~ 하다

향기 ~ 같이 애잔하다; 감 꽃 ~

향내 꽃 ~가 날아 온다, 아카시아 꽃 ~, 아카시아 ~

향락 사치와 ~, 퇴폐 ~ 업소

향로 ~ 출토 사찰지; 향합과 ~

향료 멜론 ~

향미 ~ 성분

향방 ~ 을 가늠 한다, ~ 을 결정 한다; 여론의 ~, 우승의 ~, 우승 컵의 ~

향상 ~ 시킨다, ~ 이 시급하다; 경기력 ~, 마인드 ~ 운동, 생활 수준의 ~, 생활 수준 ~, 지위가 ~ 된다, 질적 ~, 후생 복지 ~

향신료 ~ 나 조미료

향약 ~ 계원

향유 □을/를 ~ 한다

향응 ~ 또는 편의; 금품과 ~, 금품이나 ~ 또는 뇌물

향정신성 ~ 약물

향촌 ~ 사회, ~ 지배 질서

향취 개성의 ~

향탁 놓아둔 ~

향토 ~ 민속지, ~ 방위 군, ~ 사학자, ~ 장학금

향한다[향해] □을/를 향해 총을 쏜다

향합 ~ 과 향로

향후 ~ 장세

허 ~ 참

허 ~ 를 찌른다, ~ 를 찔린다

허가 ~ 꿀림방; 다세대 주택 건축 ~, 면허 갱신 ~, 점용 ~, 제조 품목 ~, 품목 ~ 변경

허구 ~ 한 날, ~ 허다

허기 ~ 를 때운다, ~ 를 참는다

허다 알록달록 헌 헝겊, 웬통 ~, 허구 ~

허다 ~ 하다

허덕인다 구직난에 ~, 기아 선 상에서 ~, 기아에 ~, 불황에 ~, 빈곤에 ~, 적자에 ~

허락 ~ 한다; 저작권자의 ~

허랑방탕 ~ 하다

허렁허렁 ~ 하지 않다

허름 ~ 한

허리 ~ ㅅ 단 늘인다, ~ 가 구부정하다, ~ 가 쑤신다, ~ 가 잘록하다, ~ 띠 꾸미개, ~ 띠를 끄른다, ~ 띠를 단단히 맨다, ~ 띠를 졸라 맨다, ~ 를 굽힌다, ~ 를 찔벅거린다, ~ 를 편다, ~ 에 꽂은 총; 등 ~에서 땀이 난다, 바지의 ~ 띠,

양복 바지 ~단, 책보를 ~에 찬다, 코 ~가 시큰거린다, 코 ~가 찡하다

허리수 수비 형 ~

허리케인 ~ 예보

허망 ~ 하다

허무 ~ 주의자, ~ 하다; 공허와 ~

허무맹랑 ~ 하다

허문다[허물고 허물어] 벽을 ~, □을/를 ~

허물 ~ 없이 지낸다

허물어뜨린다 □을/를 ~

허방 ~ 을 밟는다

허벅지 ~ 를 꼬집는다; 흐벅진 ~

허벌나다 허벌나게 깨진다

허비 시간을 ~ 한다, □을/를 ~ 한다

허상 ~ 을 좇는다; 수퍼우먼의 ~, 수퍼우먼이라는 ~

허송 □을/를 ~ 한다

허수룩 ~ 해 보인다

허술 ~ 하다

허스키 ~ 하다

허심탄회 ~ 하다

허약 ~ 하다

허여멀끔 ~ 하다

허영 ~ 에 들뜬다; 사치와 ~

허옇다 허연 가루, 허연 거품, 허연 속 살, 허연 입 김, 허옇게 뒤집힌다

허용 ~ 기준치; 낙태의 ~, 배출 ~ 기준, 배출 ~ 총량 제, □을/를 ~ 한다, 휴직이 ~ 된다

허우적허우적 ~ 헤엄 친다

허울 ~ 좋다

허위 ~ 과장 광고, ~ 로 기재 한다, ~ 의식; 학력 ~ 기재 논란, 학력 ~ 기재 의혹

허전 한 구석이 ~하다

허점 ~ 투성이

허청허청 ~ 걸어 간다

허탈 ~ 하다

허통스럽다[허통스러워 허통스러운] 허통스러운 논설

허튼 ~ 소리, ~ 수작, ~ 층 쌓기 기단, ~ 층 쌓기의 기단; 막돌 ~ 층 쌓기 기단, 막돌 ~ 층 쌓기의 기단

허파 ~ 동맥, ~ 정맥

허풍선이 ~ 남작

허한다[허해] □을/를 ~

허허 ~ 웃는다

허허 ~ 하다

허혈 뇌 ~ 상태, 일과성 ~ 발작

허황 ~ 되다, ~ 하다

헉헉댄다 숨을 ~, □을/를 ~

헌 ~ 식대 위, ~ 신문지, ~ 신짝처럼 내버린다, ~ 양복 바지, ~ 옷 리폼, ~ 옷가지, ~ 우산 트리, ~ 책 노점, ~ 책 방; 꿰맨 ~ 누덕

헌관 동무 ~, 서무 ~, 알자가 ~을 인도한다

헌금 거액의 ~, 전국구 공천 ~

헌납 애국미 ~ 운동, □을/를 국가에 ~ 한다

헌다 약조 ~, 억지 소리 ~, 엠병 ~, □을/를 워척 ~, 하늘 하늘 ~

헌디[헐고 헐어] □을/를 ~

헌물 ~ 한다

헌법 ~ 불합치 결정, ~ 상 권리, ~ 상 보장 된다, ~ 소원 사건, ~ 에 보장 된다, ~ 이나 법률, ~ 재판소 결정, ~ 재판소법, ~ 재판소 전원 재판 부; --라는 ~ 재판소, 유신 ~ 철폐

헌병 ~ 보조원; 순사와 ~

헌병대 ~ 영창, ~ 의 분견대

헌신 ~ 한다

헌신짝 ~ 처럼 내던진다

헌작 ~ 한다

헌장 ~ 독본; 국민 교육 ~

헌정 ~ 사상 최초

헌정사 ~ 상 첫 여성 총리

헌칠 ~ 하다

헌함 ~ 공포

헌혈 우정 나누기 ~

헌화 ~ 한다

헐값 ~ 매각 시비

헐겁다[헐거워 헐거운] 헐거워 진다

헐떡거린다 □을/를 ~

헐떡인다 숨을 ~, □을/를 ~

헐뜯는다 □을/를 ~

헐렁 ~ ~ 하다

헐렁이 ~ 치마

헐렁헐렁 ~ 고무 줄

헐레벌떡 ~ 달려 온다, ~ 뛰어 온다

헐벗는다 헐벗고 굶주린다

험난 ~ 하다

험악 인상이 ~하다

험준 ~ 하다

험하다[험해] 험한 산길; 산세가 ~

헛간 양조장 ~

헛걸음 ~ 한다

헛것 말짱 ~이다

헛기침 ~ 한다

헛다리 ~ 짚는다

헛되다 헛되고~

헛디딘다 발을 ~, □을/를 ~

헛물 ~ 만 켠다

헛소문 ~ 을 퍼뜨린다; --는다는/ㄴ다는/다는/라는 ~

헛수고 ~ 한다; --으면/면 ~이다

헛스윙 ~ 삼진, ~ 한다

헛일 말짱 ~이다

헛헛 ~ 하다

헝겊 ~ 으로 싼다, ~ 쪼가리; 알록달록 헌 ~

헝크러뜨린다 헝크러뜨리며 지나 간다

헝큰다[헝클고 헝클어] 헝클어 진 머리카락, 헝클어 진 머리칼; 머리칼이 헝클어 진다

헤 입을 ~ 벌린다

헤게모니 ~ 를 강화 한다, ~ 를 장악 한다, ~ 쟁탈전; 좌 파 ~

헤드 ~ 뱅잉을 한다

헤딩 ~ 슛; 맨땅에 ~ 한다

헤르츠 삼 ~ 극서파

헤맨다 헤매는 민생고; 기아 선 상에서 ~, 기아 선 상을 ~, 꿈 속을 ~, 사경을 ~, □을/를 ~, 정처 없이 ~

헤벌쭉 ~ 웃는다

헤브라이즘 헬레니즘과 ~

헤비 ~ 급과 플라이 급

헤살 ~ 을 놓는다

헤아린다 헤아릴 수 없다; 미뤄 ~, □을/를 ~, 흉중을 ~

헤어나온다 □에서 ~

헤어난다 □에서 헤어나지 못한다

헤어진다 만남과 헤어짐

헤엄 ~ 도 친다, ~ 을 친다, ~ 쳐 건너 간다; 땅 짚고 ~ 친다, 풍덩 풍덩 ~ 친다, 허우적허우적 ~ 친다

헤집는다 □을/를 헤집고 다닌다, 전역을 헤집고 다닌다, 지평 선을 ~

헤짚는다 도시 전역을 ~

헤친다 헤쳐 모인다; 수풀을 ~, □을/를 파 ~, □을/를 풀어 ~, □을/를 ~

헤파 ~ 필터 식

헤프다[헤퍼] 씀씀이가 ~

헬기 ~ 보조 승무원; 블랙호크 ~, 자가용 ~, 잠수함 ~, 치누크 ~가 격추 된다

헬레니즘 ~ 과 헤브라이즘, ~ 미술

헬륨 ~ 가스

헬스 ~ 클럽 회원권

헹가래 높이 ~ 친다

헹군다 헹궈 건진다; 빨래를 ~, 주물러 ~, 찬 물에 헹궈 물기를 뺀다

혀 ~ 가 꼬부라진다, ~ 꼬부라진다, ~ 로 핥는다, ~ 를 깨문다, ~ 를 끌끌 찬다, ~ 를 날름거린다, ~ 를 내두른다, ~ 를 낼름거린다, ~ 를 빼 문다, ~ 를 쏙 내민다, ~ 밑 신경; 끌끌끌 ~를 찬다, 입술과 ~, 춧춧 ~를 찬다, □하고 ~소리를 한다

혁명 ~ 사적지, ~ 소조 운동, ~ 의 제일성; 3 대 ~ 붉은 기 쟁취 운동, 갑오 농민 ~, 갑오 동학 농민 ~, 동지 ~ 력사 연구실, 몽상적 ~ 주의자, 반봉건 민주주의 ~, 부르주아 민주 주의 ~, 역성 ~, 청교도 ~, 항일 ~ 투쟁

혁명적 ~ 노·농 조합

혁신 ~ 클러스터; 국가 기술 ~

혁파 □을/를 ~ 한다

혁혁 ~ 하다

현 ~ 수준 유지

현가 ~ 장치

현격 ~ 하다

현관 ~ 에서 거실까지

현군 ~ 과 폭군

현금 ~ 과 수표, ~ 과 예금, ~ 을 인출 한다, ~ 인출기, ~ 자동 입출금기, ~ 자동 지급기; 신용 카드 ~ 서비스, 은행 ~ 지급기

현기증 아찔한 ~을 느낀다, 양성 체위성 ~

현달 ~ 한다

ㅎ

현대 ~ 식 양옥, ~ 영시, ~ 추상 수학, ~ 판 세습 질서, ~ 판 신문고, ~ 판 신분 사회, ~ 판 이산 가족; 고전 문학과 ~ 문학

현대사 ~ 의 발 자취; 근 ~ 검정 교과서

현란 ~ 하다

현령 ~ 전송

현명 ~ 한 처신, ~ 하게 처신 한다

현모양처 ~ 상, ~ 이데올로기

현묘 ~ 하다

현물 ~ 환 거래

현미 ~ 와 율무; 잡곡 ~ 밥 상

현미경 ~ 으로 들여다 본다; 광학 ~, 망원경과 ~

현상 ~ 수배범; 님비 ~, 병 목 ~, 부익부 빈익빈 ~, 빈익빈 부익부 ~, 사잇소리 ~, 생리 ~, 쏠림 ~, 아노미 ~, 여촌야도 ~, 역조 ~, 연륙 ~, 열 섬 ~, 이촌향도 ~, 적조 ~, 적체 ~, 정반대 ~, 착시 ~, 초전도 ~, 축동 ~, 탈분극 ~, 품귀 ~

현수막 ~ 의 구호; --으라는/자는 구호의 ~

현숙 ~ 하다

현신 ~ 한다

현실 ~ 감 있다, ~ 규정력, ~ 동인전, ~ 에 직면 한다, ~ 응전력, ~ 주의와 이상 주의; 가상 ~ 기술, 냉엄한 ~, 엄혹한 ~

현실자 ~ 로서의 고민

현실적 ~ 으로, ~ 인

현실화 과표 ~

현악 ~ 4 중주단, ~ 삼중주

현안 민생 ~

현역 ~ 군인, ~ 복귀, ~ 에서 은퇴 한다, ~ 입영

현장 ~ 르뽀, ~ 채용; 고속정 인양 작업 ~, 수해 복구 ~

현재 과거 , ~ , 미래, 과거와 ~와 미래, 과거 ~ 미래

현재 ~ 근속 년 수

현저 ~ 하다

현전 ~ 한다

현존 ~ 한다

현직 ~ 검찰 간부, ~ 고위 공직자, ~ 판사

현창 충으로써 효를 ~ 한다

현판 지구 당 ~ 식

현행 ~ 공정 거래 법, ~ 교육 법, ~ 국어 정서법, ~ 법 상, ~ 법규 상, ~ 사립 학교 법, ~ 세 법, ~ 스톡 옵션 제도, ~ 영국 법, ~ 증권 거래 법, ~ 프로그램 보호 법, ~ 형사 소송 법

현혹 □에 ~ 된다, □을/를 ~ 한다

현훈 삽화성 ~, 외상 후 ~, 체위성 ~, 회전성 ~

혈관 ~ 내피 세포, ~ 미주 신경성 실신, ~ 수축, ~ 염, ~ 조영술, ~ 합병증, ~ 확장제; 뇌 ~ 장애, 뇌 ~ 장해, 뇌 ~ 촬영술, 대뇌 ~ 질환, 말초 ~, 모세 ~, 세소 ~, 수막 ~, 측두 ~

혈관성 수막 ~ 매독

혈관염 측두 ~

혈기 ~ 방장하다, ~ 왕성하다

혈당 ~ 량이나 지방 함유량; 공복 시 ~

혈당치 공복 시 ~

혈류 대뇌 ~, 조직 ~량

혈맹 ~ 관계, ~ 당원

혈사 독립 운동 지 ~

혈세 국민 ~

혈안 □에 ~이 된다

혈압 ~ 강하, ~ 강하제, ~ 위험도; 수축기 ~, 이완기 ~, 한랭 ~ 반응 검사

혈액 ~ 내의 칼슘량, ~ 순환이 원활하다, ~ 순환 장애, ~ 을 채취 한다, ~ 응고 성분, ~ 응고 증세, ~ 제제

혈액학적 ~ 검사

혈연 ~ 과 지연

혈연적 ~ 으로, ~ 인

혈장 ~ 콜레스테롤, ~ 콜레스테롤치

혈전증 동맥 ~, 정맥 ~

혈족 방계 ~

혈종 경막 하 ~

혈중 ~ 알코올 농도, ~ 칼슘 농도, ~ 콜레스테롤치

혈증 고칼슘 ~, 과암모니아 ~, 저나트륨 ~, 저칼슘 ~

혈청 ~ 당분, ~ 콜레스테롤

혈통 부계 ~, 족보 있는 ~

혐오 ~ 시설 입지 반대, ~ 한다; 냉소와 ~, 돼지 ~자

혐의 공갈 미수 ~, 공문서 위조 ~로 수배 한다, 뇌물 수수 ~, 뇌물을 받은 ~, 리베이트 수수 ~, 명예 훼손 ~, 반공 법 위반 ~, 범죄 공모 ~, 사기 ~로 고소 한다, 살해 ~, 선거 법 위반 ~, 알선 수재 ~, 억대 금품 수수 ~, 업무 상 배임 ~, --은/ㄴ ~로 구속 기소 된다, 장물 취득 ~, 절도 ~, 정자법 위반 ~로 구속 한다, 조세 포탈 ~, 주가 조작 ~, 직권 남용 ~, 탈세 ~, 통신 비밀 보호 법 위반 ~, 횡령 ~

혐의자 징벌 ~

협간 ~ 과 측간

협골 ~ 근

협궤 ~ 열차, ~ 철도

협동 ~ 농장, ~ 전선; 농업 ~ 조합, 민관 ~, 산학 ~, 생활 ~ 조합, 수산업 ~ 조합, 중소 기업 ~ 조합 중앙회

협동화 ~ 운동; 농업 ~

협력 농림수산부 농업 ~ 통상관, 대 개도국 ~, 대외 ~ 기금, 산학 ~ 관련, 선린 ~ 조약 체결, 우호 ~ 조약, 인증 업무 ~ 약정, 통일 부 교류 ~ 국장

협력체 경제 ~

협박 ~ 한다; 공갈 ~, 회유와 ~

협살 ~ 에 걸린다

협상 ~ 과 타협, ~ 대상국; 다자 간 무역 ~, 무기 감축 ~, 외채 ~ 타결, 우선 ~ 대상국 지정, 우선 ~ 대상자, 중계권료 ~, 택시 임금 ~

협상국 주요 ~

협소 ~ 하다

협실 좌우 ~, 툇마루와 ~, 퇴와 ~

협심증 ~ 이나 심근 경색증

ㅎ

협애 ~ 하다

협약 ~ 가입국, ~ 을 체결 한다; □과/와 업무 ~을 맺는다, 기후 변화 ~, 아동 권리 ~, 차별 철폐 ~, 해양 법 ~

협연 ~ 한다

협응력 눈과 손의 ~

협의 ~ 이혼; 긴밀히 ~ 한다, 도 의회 의장 ~회, 방위 ~ 회비, 부처 간 ~, 사립 대학 총장 ~회 회장, 상장 사 ~회, 새마을 운동 중앙 ~회, 수해 방지 실무 ~회, 안보 ~ 회의, 연례 안보 ~회, 인도주의 실천 의사 ~회, 자유 실천 문인 ~회, 학술 단체 ~회

협정 ~ 에 조인 한다, ~ 을 체결 한다, ~ 조인 식, ~ 체결; 관세 무역 일반 ~, 미 주둔 군 지위 ~, 쌍무 ~, 안전 ~ 서명, 전략 무기 감축 ~, 정전 ~ 위반, 핵 안전 ~, 휴전 ~

협조 긴밀히 ~ 한다

협주 바이올린 ~ 곡, 첼로 ~ 곡, 피아노 ~ 곡 전곡

협진 한방 ~

협착 ~ 음; 동맥 ~

협회 ~ 기술 위원; 기생충 구제 ~, 무역 ~, 민속 씨름 ~, 생보 ~, 손해 보험 ~, 신문 편집인 ~, 아마추어 로켓 ~, 언론인 ~ 윤리 강령, 연예 ~ 회원증, 자전거 이용자 ~, 자전거 진흥 ~, 저작권 ~, 증권업 ~, 치과 의사 ~, 활공 ~

협회보 기자 ~

형 3 교두 ~, B ~ 간염 백신, B ~ 간염 보균자, B ~ 간염 예방 백신, ㄱ 자 ~ 구들, ㄷ 자 ~ 유리 관, ㄷ 자 ~ 평면, # 자 ~ 중문간채, 나선 ~, 막대 ~ 세포, 만기 ~, 사 지 택일 ~ 문항, 삼분두 ~, 수비 ~ 허리수, 알츠하이머 ~ 치매, 양 문 ~ 냉장고, 연화두 ~ 수식, 외유 내강 ~, 원금 보존 ~ 펀드, 원추 ~, 육 각 ~, 이등변 삼각 ~, 자료 제시 ~, 장기 공사채 ~ 수익 증권, 정사각 ~ 액자, 타원 ~, 팔 각 ~ 목탑지, 팔 각 ~ 중대석

형 금고 ~이 구형 된다, 벌금 ~에 처한다, 서둘러 총살 ~을 집행 한다, □을/를 교수 ~에 처한다, 종신 ~을 선고 한다, 죄 ~ 법정 주의, 징역 ~ 또는 금고 ~, 징역 ~을 선고 한다, 총살 ~을 집행 당한다, 항소심에서 징역 ~을 선고 받는다

형 ~ 집행 정지; 범서 ~, 병식이 ~, 사촌 ~, 큰 집 ~

형광 ~ 등 불 빛 아래, ~ 등 스위치, ~ 색, ~ 펜; 천장의 ~ 등

형국 --는 ~

형극 ~ 의 길

형기 ~ 종료

형량 ~ 재심

형명법술 ~ 의 학

형법 ~ 도그마틱

형부 언니와 ~

형사 ~ 재판 관할, ~ 정책 연구 원, ~ 지법, ~ 처벌; 대검찰청 ~ 부 부장 검사, 대공 과 ~, 왕 ~, □을/를 ~ 처벌 한다, 정보 과 ~, 현행 ~ 소송 법

형사부 ~ 부장

형상 ~ 과 질료

형성 ~ 된다, ~ 한다; 뇌교 망상체 ~, 말이 집 ~, 언론의 여론 ~ 기능, 여론 ~자 역할

형성기 국가 ~, 삼국 ~

형세 --는 ~

형식 ~ 에 그친다, ~ 주의를 퇴치 한다; 관료적 ~ 주의, 교조 주의와 ~ 주의, 극중 극 ~, 솟을 삼문 ~, 임의 동행 ~

형언 ~ 할 수 없다

형용 ~ 한다

형용사 ~ 와 부사

형이상학 ~ 파 시인

형이상학적 ~ 으로, ~ 인

형장 ~ 의 이슬로 사라진다

형제 ~ 간의 우애, ~ 자매; 독수리 5 ~, 부모 ~ 처자 권속, 사해 ~ 주의, 아들 삼 ~, 자매 ~여, 천만 자매 ~

형조 ~ 의 포리, ~ 판서

형질 ~ 변경, ~ 전환 기술, ~ 전환 동물; 유전 ~

형태 뭉그러진 ~, 병작형 ~, 컴팩트 디스크 ~

형통 ~ 하다

형편 ~ 없이 구겨 진다, ~ 없이 깨어 진다; --는 ~

형평 ~ 분배; 권한의 ~, 부담의 ~, 효율과 ~

형평성 ~ 논란

형해화 ~ 한다

형형 ~ 색색, ~ 하다

혜성 ~ 처럼 나타난다

혜안 천안이나 ~

혜택 ~ 을 누린다; 감면 ~, 면세 ~, 세금공제 ~, 세제 ~, 특소세 인하 ~, 할인 ~

호 ~ 별 방문; 1 ~ 선 전철, 1 ~ 지석 묘, 1 ~ 집 자리, 1 ~ 코로나, 긴급 증간 ~, 백 ~ 골, 백만 ~ 건설, 백만 ~ 주택, 참수리 357 ~, 팔십 사 ~ 환자

호가 □을/를 ~ 한다, 허수성 ~

호각 ~ 을 분다, ~ 이 울린다; 종료 ~

호강 ~ 한다

호객 ~ 꾼

호걸 ~ 풍

호국 ~ 보훈, ~ 불교, ~ 신; 학도 ~단, 학도 ~ 단장

호궤 □을/를 ~ 한다

호기심 ~ 어린, ~ 에 이끌린다

호당 ~ 평균

호도 □을/를 ~ 한다

호되다 호된 꾸중, 호되게 꾸지람을 한다, 호되게 꾸짖는다, 호되게 당한다, 호되게 매를 맞는다, 호되게 야단을 친다, 호되게 야단 친다; 뒤통수를 호되게 얻어 맞는다

호두 ~ 까기 인형, ~ 알

호들갑 ~ 을 떤다

호락호락 ~ 하다

호란 병자 ~ 때, 왜란과 ~

호랑 ~ 아

호랑말 ~ 코 같다

호랑이 ~ 나 사자, ~ 담배 먹는다, ~ 와 곰, ~ 와 사자, ~ 한테 떼다민다; 곰과 ~, 사자나 ~

호러 ~ 영화

호령 ~ ~ 한다

호로 ~ 제정

호루라기 ~ 를 분다, ~ 소리

호르몬 ~ 분비, ~ 이 검출 된다; 난소 ~, 부갑상선 ~, 부신 피질 ~, 성선 자극 ~, 성장 ~, 항이뇨 ~, 황체 ~

호리호리 ~ 하다

호린다 □을/를 ~

호명 ~ 한다

호모 ~ 렐리기오수스, ~ 비아톨, ~ 사피엔스, ~ 엑세쿠탄스, ~ 이코노미쿠스

호미 ~ 로 맨다, ~ 벼루기를 한다

호박 ~ 넝쿨, ~ 덩굴, ~ 이 넝쿨 째 굴러 들어 온다, ~ 죽; 뒷구멍으로 ~ 씨 깐다

호박소 ~ 넙떡수

호발 ~ 연령; 50 대에 ~ 한다

호방 ~ 하다

호봉 ~ 승급, ~ 승급분

호부 ~ 층

호사가 ~ 들의 입에 오르내린다

호상 ~ 편마암

호색한 난봉꾼에 ~

호선 ~ 한다; 일 ~ 전구간

호소 고통을 ~ 한다, 복시를 ~ 한다, 선처를 ~ 한다, 역사 의식에 ~ 한다, □을/를 ~ 한다

호소력 ~ 짙다

호소문 진정서와 ~

호송 ~ 교도관

호수 ~ 가 내려다 보인다, ~ 나 바나; 백조의 ~, 연 꽃의 ~, 인공 ~

호스 고무 ~

호스텔 유스 ~

호스피스 ~ 병동; 병원이나 ~

호시절 춘삼월 ~

호시탐탐 ~ 기회를 엿본다, ~ 노린다

호실 삼 ~에 투숙 한다, 십 구 ~, 천 십 구 ~

호안 콘크리트 ~ 블록

호언 ~ 한다; --는다고/ㄴ다고/다고/라고 ~ 장담 한다

호올로 ~ 된다

호우 ~ 경보, ~ 주의보; 국지성 집중 ~, 집중 ~로

호위 □을/를 ~ 한다

호응 ~ 한다

호의적 ~ 으로, ~ 인

호의호식 ~ 한다

호이 ~ ~

호일 쿠킹 ~

호적 ~ 등본, ~ 법제; 성 전환자의 ~

호전 증상이 ~ 된다

호젓 ~ 하다

호조 수출 ~, □의 ~에 힘 입어

호조 ~ 의 산원, ~ 판서

호족 ~ 세력, ~ 연합 정권, ~ 지배 론

호종 □을/를 ~ 한다

호주 ~ 제 폐지

호주머니 ~ 에서 담뱃갑을 꺼낸다; 잠바 ~

호출 ~ 부호, ~ 한다

호출기 무선 ~ 사업부

호칭 공용 ~

호쾌 ~ 하다

호탕 ~ 하다

호텔 ~ 도어 보이, ~ 성인 오락실, ~ 식 아파트, ~ 에 여장을 푼다, ~ 커피 숍; 만수르 ~, 특급 ~

호통 ~ 을 친다

호투 ~ 한다

호평 ~ 을 받는다

호프 ~ 집

호헌 ~ 선언, ~ 조치

호혜 상호 ~

호호 깔깔 껄껄 ~ 웃는다, 껄껄 ~

호호탕탕 ~ 하다

호화 ~ 배역 진, ~ 버라이어티 쇼, ~ 분묘, ~ 빌라, ~ 찬란하다; 전분의 ~

호환 ~ 기종

호황 ~ 을 누린다

호흡 ~ 곤란 증세, ~ 곤란 환자, ~ 이 가빠 진다; 급성 ~ 곤란증, 단전 ~, 인공 ~을 한다, 흉식 ~

호흡기 ~ 계통, ~ 질환; 중동 ~ 증후군, 중증 급성 ~ 증후군

호흡법 단전 ~

혹독 ~ 한 추위

혹부리 ~ 영감, ~ 할아버지

혹사 ~ 당한다; 건강 ~자, □을/를 ~ 한다

혹세무민 --으며/며 ~ 한다

혹시 ~ 나 한다

혹심 ~ 하다

혹은 개선 ~ 역발상, 급성 ~ 아급, 냉수 ~ 온수, 수막염 ~ 지주막 하 출혈, 척수 공동증 ~ 척수 종양, 회장 ~ 홍보실

혹평 --는다고/ㄴ다고/다고/라고 ~ 한다

혹한다[혹해] □에 ~

혼 ~ 내 준다; --느라구 ~ 난다, □을/를 ~ 낸다, 자유 ~ 또는 탈신 ~

혼곤 ~ 하다

혼교 ~ 설화; □과/와의 ~

혼기 ~ 를 놓친다

혼동 ~ 된다, ~ 한다

혼란 ~ 만 가중 된다, ~ 에 빠뜨린다, ~ 으로 몰아 넣는다; 정체성 ~

혼륜 ~ 하다

혼미 ~ 하다

혼분식 ~ 을 한다

혼비백산 ~ 한다

혼생 ~ 하고 있다

혼선 ~ 이 빚어 진다

혼성 ~ 발효 유산균, ~ 제창; 소위 ~ 모방

혼수 ~ 감 목록, ~ 상태에 빠진다; 간성 ~

혼수품 ~ 목록

혼숙 미성년 ~

혼식 보리 ~

혼신 ~ 의 힘을 다 한다

혼연일체 ~ 가 된다

혼외 ~ 성 관계, ~ 정사

혼용 ~ 한다; 국한문 ~, 한자 ~

혼용체 국한문 ~

혼인 ~ 서약 낭독, ~ 신고서, ~ 파탄; 신식 ~ 식

혼입 ~ 량, ~ 률; 비의도적 ~

혼자 ~ ㅅ 말로 중얼거린다, ~ ㅅ 말처럼 웅얼거린다, ~ ㅅ 말처럼 중얼거린다, ~ ㅅ 소리처럼 중얼거린다, ~ 끙끙 앓는다, ~ 말로 뇌까린다, ~ 말로 중얼거린다, ~ 말처럼 중얼거린다, ~ 부지런 떤다, ~ 서; 가로 채어서 ~ 처먹는다, --는다고/ㄴ다고/다고/라고 ~ 짐짓 생각 한다

혼잡 ~ 통행료; 교통이 ~하다, 교통 ~

혼재 ~ 된다, ~ 한다

혼전 ~ 성 경험, ~ 순결, ~ 에 순결을 지킨다

혼절 ~ 한다; 일시 ~

혼쭐 ~ 이 난다

혼탁 ~ 하다

혼합 ~ 된다; 공 사 ~ 기업, 목축 농경 ~ 경제, 약물과 ~ 한다, 콩 가루를 ~ 한다

혼혈 ~ 인종

혼혈인 필리핀인의 ~

홀 맨 ~ 뚜껑

홀 ~ 저 편; 비좁은 ~, 예술의 전당 콘서트 ~

홀가분 ~ 하다

홀대 ~ 한다

홀딱 □에 ~ 반한다, □에게 ~ 반한다

홀랑 ~ 달아난다, ~ ~ 벗긴다

홀로세 ~ 의 공룡

홀린다 귀신에 ~, 도깨비에 ~, 무엇에인가 홀린 듯

홀시어머니 ~ 노릇; 외아들의 ~

홀씨 민들레 ~

홀어머니 ~ 와 산다; 늙은 ~

홀짝거린다 맥주를 ~, □을/를 ~, 한 잔 ~

홀짝인다 □을/를 ~

홀쭉 ~ 하다

홀쭉이 뚱뚱이와 ~

홈 ~ 그라운드의 이점, ~ 네트워크 솔루션, ~ 데코, ~ 드레스 두 벌, ~ 런 포, ~ 룸 시간, ~ 멜로, ~ 쇼핑 채널, ~ 트레이딩 시스템, ~ 플레이트; 동점 ~ 런, 시즌 최다 ~ 런 신기록, 유사 ~ 쇼핑 업체, 좌월 솔로 ~ 런을 터뜨린다, 중월 1점 ~ 런, 최다 ~ 런

홈 ~ 에 쇄도 한다, ~ 을 판다, ~ 통에 매달린다; 빗물 ~ 통

홈빡홈빡 ~ 웃으면서 좋아 한다

홉 두 되 5 ~, 두 ~ 들이, 사 ~ 들이 소주 한 병, 삼 평 구 ~

홉 청주 1 ~

홉뜬다[홉따] 눈을 ~, □을/를 ~

홍두깨 아닌 밤 중에 ~

홍반성 전신성 ~ 낭창

홍범 ~ 14 조

홍보 ~ 책자; 국정 ~ 처장, 입양 ~회, 총학생회 ~ 부장

홍보성 ~ 보도

홍보실 회장 혹은 ~

홍보처 국정 ~

홍상 녹의 ~

홍색 자색과 ~

홍수 ~ 나 가뭄, ~ 예방, ~ 와 가뭄, ~ 이 난다, ~ 출하; 가뭄과 ~

홍어 ~ 애 썩듯이 썩는다, ~ 좆

홍역 한 차례 ~

홍적세 ~ 중기; 중기 ~

홍채 ~ 괄약 근

홑처마 ~ 맞배 기와 집, ~ 맞배 지붕, ~ 사 모 지붕, ~ 우진각 지붕, ~ 초가 지붕, ~ 팔작 기와 집, ~ 팔작 지붕

홑청 이불 ~

화 시 서 ~

화 제 2 ~

화 ~ ㅅ 김에, ~ 가 난다, ~ 가 치받친다, ~ 가 풀린다, ~ 낸다, ~ 를 푼다, ~ 풀이를 한다

화 ~ 를 면한다

화가 ~ 지망생; 인상 파 ~

화강 회색 ~ 편마암

화강암 ~ 지대; 세립질 ~

화공 ~ 시험실, ~ 약품

화교 ~ 자본

화구 ~ 분지; 산굼부리 ~

화근 --은/ㄴ 것이 ~이다

화급 ~ 하다

화기애애 ~ 하다

화끈 ~ 뜨거워 진다, ~ 하게 한 탕 한다, ~ ~ 달아 오른다

화끈거린다 얼굴이 ~

화냥 ~ 기

화답 ~ 한다

화덕 ~ 자리, ~ 피자; 간이 ~, 연탄 ~

화독 ~ 냄새와 쓴 맛

화들짝 ~ 놀란다

화등잔 눈에 ~을 켠다, 눈이 ~ 만하다

화락 ~ 균, ~ 하다

화랑 대관 ~, 키치 ~

화랭이 ~ 패 세습무

화려 ~ 하다; 무궁화 삼천 리 ~ 강산

화력 ~ 발전소 가동; 석탄 ~ 발전소

화로 ~ 를 껴안는다; 굽는 ~

화류계 ~ 생활

화면 ~ 가득히 넘실거린다; 액정 ~, 출력 ~, 티브이 ~, 폐쇄 회로 ~

화목 ~ 하다

화물 ~ 열차, ~ 운송, ~ 운임 수입, ~ 자동 차 운수 사업 법, ~ 적재, ~ 적체, ~ 트럭

화법 예스 ~

화병 ~ 에 꽂는다

화분 질그릇 ~, 페타이어 ~

ㅎ

화사 ~ 하다

화산 ~ 이 폭발 한다, ~ 폭발; 기생 ~

화살 간 놀 ~ 촉, 비닌의 ~

화상 ~ 강의 시스템, ~ 을 입는다, ~ 회의 시스템; 일광 ~

화색 얼굴에 ~이 돈다

화생 ~ 한다

화생방 ~ 경보

화석 ~ 연료, ~ 이 출토 된다; 포유 동물 ~

화성 ~ 탐사; 미쓰비시 ~ 생명 연구소

화승총 ~ 1 정

화씨 섭씨나 ~

화안 ~ 하다

화약 ~ 궤, ~ 냄새

화엄 ~ 사상

화엄종 ~ 의 종조

화염 ~ 방사기, ~ 병과 돌, ~ 병과 돌멩이, ~ 병과 최루 탄, ~ 병 투척, ~ 분사기 소리, ~ 에 휩싸인다; 최루 탄과 ~ 병

화엽 ~ 차

화왕 ~ 의 총애

화원 사막의 ~

화음 으뜸 ~

화의 ~ 인가 청탁

화자 서술자 또는 ~, 작중 ~

화장 ~ 기 없다, ~ 솜; 색조 ~, 옅은 ~, 짙은 ~

화장법 ~ 어드바이스

화장수 수렴 ~, 유연 ~

화장실 ~ 변기, ~ 청소, ~ 휴지; 남자용 ~, 딸린 ~, 수세 식 ~

화장지 재생 ~ 및 빨래 비누

화장품 ~ 부문 우수 상; 미백 기능성 인증 ~, 여행용 ~ 쎄트, 코직산 함유 미백 ~, 코직산 함유 ~

화재 ~ 감지기, ~ 로 소실 된다

화쟁 ~ 사상

화전 ~ 농법, ~ 을 일군다

화제 ~ ㅅ 거리가 된다; 방송가의 ~, 장안의 ~

화질 ~ 의 선명도

화집 도록이나 ~

화창 ~ 하다; 날씨는 ~

화채 띄운 ~, 복숭아 ~

화초 ~ 를 가꾼다, ~ 를 기른다, ~ 를 키운다; 베란다 ~, 수경 ~, 온실의 ~

화촉 ~ 을 밝힌다

화투 ~ 놀이

화평 ~ 을 맹세 한다, ~ 의 맹세, ~ 의 서약

화폐 ~ 개혁 설, ~ 교환 설; 구권 ~, 연결형 ~

화학 ~ 솜 이불, ~ 수용체 방아 쇠, ~ 조미료 경쟁기, ~ 폐기물 저장소; 농약과 ~ 비료, 석유 ~ 산업, 석유 ~ 업계, 석유 ~ 제품, 원자로와 방사 ~ 실험실, 응용 ~ 부

화학적 생물 ~ 산소 요구량

화한다[화해] □으로/로 ~

화합 ~ 한다

화합물 탄소 ~, 폴리 페놀계 ~, 휘발성 유기 ~

화해 ~ 무드, ~ 와 단결, ~ 와 불가침 및 교류, ~ 와 전진; 민사 소송 법 상 ~, 제소 전 ~

화형 ~ 에 처한다

화훼 ~ 단지, ~ 원예

확 ~ 트인다

확고 ~ 부동하다, ~ 한 수령관, ~ 히 한다; 주관이 ~하다

확대 ~ 된다, ~ 일로에 있다, ~ 한다; 소유 상한 ~, 수입 ~, 저변 ~, 점유율 ~

확률 성공 ~이 높다, 조건부 ~

확립 관기 ~, 기강 ~, 수령관을 ~ 한다, 윤리관의 ~, 윤리관이 ~ 된다, 책무성 ~, 후계 구도 ~

확보 교수 ~율, 물증이 ~ 된다, □을/를 ~ 한다, 차고지 ~

확산 ~ 일로에 있다; 급속도로 ~ 된다, 급속도로 ~ 한다, --는다는/ㄴ다는/다는/라는 관측이 ~ 된다, 수입 경기 ~ 지수, 파장이 ~ 한다, 핵 ~ 금지 조약 탈퇴

확신 ~ 한다

확실 ~ 하다

확약 ~ 한다

확언 ~ 한다

확연 ~ 하다, ~ 히 구별 된다

확인 □을/를 ~ 한다, 입장 차이를 ~ 한다

확인서 ~ 를 발급 한다; 부동산 양도 신고 ~

확장 ~ 아스키 코드, ~ 일로에 있다; 교세를 ~ 한다, 교세 ~, 당세 ~, 문어 발식 기업 ~, 문어 발 ~, 베란다를 ~ 한다

확장제 기관지 ~, 혈관 ~

확장증 기관지 ~

확전 ~ 위험 론

확정 ~ 금리형 개인 연금 저축, ~ 금리형 저축, ~ 한다; 우승이 ~ 된다, 유죄가 ~ 된다

확증 ~ 한다

확충 ~ 한다; 간접 자본 ~, 교육 재정 ~, 사회 안전 망 ~, 성장 기반 ~

환 백만 ~, 칠백 ~

환 ~ 리스크, ~ 투기 세력; 선물 ~ 거래, 선물 ~ 시장, 현물 ~ 거래

환각 수면 마비와 입면 ~

환각제 ~ 효력

환갑 ~ 진갑 다 지낸

환경 ~ 감시원, ~ 개선 부담금, ~ 노동 위원장, ~ 미화원, ~ 보전, ~ 보호 과, ~ 영향 평가서, ~ 재해, ~ 처, ~ 친화; 가정 ~ 조사서, 교실 ~ 꾸민다, 녹색 ~ 신탁 통장, 보건 ~ 연구 원, 주거 ~, 지방 ~ 청, 척박한 ~, 천혜의 자연 ~

환경관 주거 ~

환경비 교육 ~

환곡 ~ 이자

환골 ~ 탈태 한다

환국 ~ 한다

환궁 ~ 한다

환금 ~ 작물

환급 ~ 가산금의 이율; 관세 ~

환기 주의를 ~ 시킨다

환난 말세의 ~

환담 ~ 을 나눈다, ~ 한다

환대 ~ 한다

환류 정맥 ~

환매 ~ 조건부 국공채 매매, ~ 조건부 채권

환멸 ~ 의 낭만 주의

환부 연고를 ~에 바른다

환불 ~ 한다; 전액 ~

환산 ~ 가액 증가; 달러로 ~ 한다, 부채의 원화 ~ 가액, 외화 부채의 원화 ~, 요금 ~ 표, □으로/로 ~ 된다, □으로/로 ~ 한다, □을/를 돈으로 ~ 하면

환상 ~ 의 공중 누각; 이런 저런 ~

환상적 ~ 으로, ~ 인

환생 남자로 ~ 한다, □으로/로 ~ 한다

환속 ~ 한다

환송 ~ 또는 이송 받는다, ~ 한다; 파기 ~

환송연 민속 축제 ~

환수 ~ 한다; 부정 축재 ~ 재산

환승 지하철 ~ 구간

환시리 만인 ~

환심 □의 ~을 산다

환어 □으로/로 ~ 한다

환어음 ~ 을 발행 한다, ~ 의 지급인

환언 ~ 한다

환영 □을/를 ~ 한다, 진심으로 ~ 한다

환원 기업 이윤의 사회 ~, 대출 ~ 제, 산화와 ~, □으로/로 ~ 된다, □을/를 사회에 ~ 한다, 재산을 사회에 ~ 한다, 현상학적 ~

환율 ~ 변동, ~ 이 급락 한다, ~ 하락기; 꽤 좋은 ~, 달러 ~ 급락세, 달러 ~ 하락, 변동 ~ 제, 시장 평균 ~, 엔 ~, 엔화 ~, 원 달러 ~, 원화 ~ 급등, 원화 ~ 상승, 좋은 ~로 환전 한다

환자 ~ 및 보호자; 거인증 ~, 고혈압 ~, 나병 ~, 나이롱 ~, 대인 공포증 ~, 몽유병 ~, 복시 ~, 사스 의심 ~, 사스 추정 ~, 색광증 ~, 알코올 중독 ~, 우측 대뇌 반구 병변 ~, 울병 ~, 응급 ~, 의료인과 ~, 입원 ~, 진폐증 ~, 파킨슨 병 ~, 팔십 사 호 ~, 혈우 병 ~, 호흡 곤란 ~

환자복 ~ 을 입는다

환장 ~ 할 노릇이다; □에 ~ 한다

환전 ~ 수수료; 좋은 환율로 ~ 한다, 파운드화를 ~ 한다

환전소 ~ 앞

환절기 ~ 질환 알레르기; 가을 철 ~

환정적 ~ 기능

환차손 ~ 발생

환청 총 소리의 ~

환치 ~ 시킨다

환태평양 ~ 조산대

환풍구 공기 ~

환풍기 ~ 를 뜯어 낸다

환하다[환해] 환하게 밝다, 환하게 켠다

환호 박수와 ~, □에 ~ 한다

환호성 ~ 을 내 지른다, ~ 을 지른다; 박수와 ~

환희 ~ 와 감격, ~ 의 송가

환히 ~ 개어 파아랗다

활 ~ 잘 쏜다

활개 ~ 를 벌린다, ~ 를 친다, ~ 친다

활공 ~ 협회

활극 서부 ~, □하구 ~을 벌인다

활기 ~ 를 불어 넣는다, ~ 에 넘친다; 아연 ~를 띤다

활달 ~ 하다

활동 과외 ~, 단식단 ~, 사회 봉사 ~, 신행 ~, □의 ~ 상을 소개 한다, 의정 ~, 의정지기단 ~, 체험 ~, 취미 ~, 판촉 ~, 포교 ~

활동가 ~ 유형; 상근 ~, 열혈 ~, 전위적 ~

활동상 ~ 을 소개 한다

활력 ~ 을 불어 넣는다, ~ 이 넘친다; 생기와 ~

활력소 ~ 가 된다

활발 ~ 한 교류, ~ 히 전개 한다; 진출이 ~하다

활보 거리를 ~ 한다, □을/를 ~ 한다

활성 ~ 기체; 빠른 ~도

활성제 계면 ~

활성화 ~ 대책, ~ 에너지; □을/를 ~ 한다

활약 종횡무진 ~ 한다

활어 ~ 수송, ~ 팩; 뒤척이는 싱싱한 ~

활엽 낙엽 ~ 관목, 낙엽 ~ 교목, 상록 ~ 관목

활엽수 ~ 의 잎; 낙엽 ~, 상록 ~

활엽수림 난대성 상록 ~

활용 십분 ~ 한다, 첨단 기기를 ~ 한다, 초성 자음 ~, 폐신문지 ~

활인 ~ 체조

활자 ~ 로 찍힌다, ~ 매체, ~ 의 마력; 금속 ~, 납 ~

활주 ~ 한다

활주로 ~ 건너 편; 수직 ~

활짝 ~ 열어 젖힌다, ~ 핀다

활차 ~ 신경 핵

활판 ~ 기계, ~ 인쇄

활활 ~ 불 타 오른다, ~ 타 오른다

활황 ~ 장세

홧홧 ~ 달아 오른다

황 ~ 칠 한다; 이산화 ~이 검출 된다

황공 ~ 하다

황국 ~ 신민으로서 충성 한다, ~ 신민화

황금 ~ 돔, ~ 분할, ~ 비례, ~ 비례미, ~ 색 불덩이, ~ 시간 대, ~ 알을 낳는 거위, ~ 의 영좌, ~ 종려 상, ~ 투구

황급 ~ 하다

황당 ~ 무계하다; □을/를 ~해 한다, □이/가 ~하다

황도 통 조림 ~

황두 ~ 조직; 두레와 ~

황량 ~ 하다

황록 ~ 색 잎

ㅎ

황료 ~ 하다

황막 ~ 하다

황망 ~ 하다

황백 ~ 지단

황사 ~ 철 피부

황산 묽은 ~, 진한 ~

황새 뱁새가 ~ 따라 가다가 가랑이 찢어 진다

황색 ~ 점토; 엷은 ~

황소 ~ 개구리 잡기 경연

황송 ~ 하다

황야 ~ 의 결투, ~ 의 무법자

황언 ~ 위장법

황제 ~ 의 특사 령, ~ 처럼 군림 한다, ~ 폐하

황제국 ~ 을 표방 한다

황천후토 ~ 신

황체 ~ 호르몬

황태자 ~ 의 첫 사랑

황토 ~ ㅅ 길, ~ 색 페인트 칠, ~ 흙; 뻘건 ~

황폐 ~ 하다

황혼 ~ 녘, ~ 이혼; 쪽 빛 ~

황혼기 인생의 ~

황홀 ~ 하다; 비극적 ~

황화 ~ 장수

황후 ~ 의 대관식

홰 ~ 를 치며 운다, ~ 치는 소리; 첫 닭이 ~ 친다

홰홰 ~ 돌린다

홱 ~ 낚아 챈다

횃대 ~ 서까래, ~ 위

횃불 ~ 이 타 오른다

횅댕그렁 ~ 하다

회 1 차 미소 공동 위원 ~, 가톨릭 농민 ~, 가톨릭 실업인 ~, 간담 ~를 자청 한다, 간부 학습 ~, 건국 준비 위원 ~, 검도 동호 ~, 경제 장관 간담 ~, 경제인 연합 ~, 교수 ~ 의장, 교우 장학 ~, 교원 징계 재심 위원 ~, 국무 총리실 산하 청소년 보호 위원 ~, 국민 대표 ~, 국방위 간담 ~, 국사 편찬 위원 ~, 국어 심의 ~, 국제 정치학 ~, 국회 농림 해양 수산 위원 ~, 국회 보건 사회 위원 ~, 군 농민 ~, 군인 공제 ~, 극 예술 연구 ~, 글짓기 지도 ~, 기독교 장로 ~, 기독교 청년 ~, 기부 재산 처리 위원 ~, 기자 간담 ~, 노사정 위원 ~, 농민 ~ 분회, 농협 중앙 ~, 도 의회 의장 협의 ~, 도민 ~ 후원금, 도산 안창호 선생 기념 사업 ~, 도서 연구 ~, 동창 ~, 동호 ~ 게시판, 마을 부녀 ~, 문교 체육 위원 ~, 미술 전람 ~, 민속 씨름 위원 ~, 민주 민중 민족 결합 ~, 바이올린 독주 ~, 박람회 조직 위원 ~, 방산 간담 ~, 백범 김구 선생 기념 사업 ~, 보건 복지 위원 ~, 부패 방지 위원 ~, 분과 위원 ~, 사립 대학 총장 협의 ~ 회장, 사은 ~, 상벌 위원 ~, 상장 사 협의 ~, 새 마을 문고 중앙 ~, 새 마을 운동 중앙 협의 ~, 서리 인사 청문 ~, 송년 음악 ~, 수해 방지 실무 협의 ~, 시 낭독 ~, 시 낭송 ~, 시집 출판 기념 ~, 신년 음악 ~, 실천 선양 ~, 심의 ~의 심의, 씨름 위원 ~ 사무총장, 아침 직원 ~, 안전 보장 이사

~ 상임 이사국, 양곡 유통 위원 ~, 연례 안보 협의 ~, 영공 통과 ~수, 영상물 등급 위원 ~, 영화 감상 ~, 오찬 간담 ~, 오페라 진흥 ~, 요리 시식 ~, 월드컵 유치 위원 ~, 월례 발표 ~, 위원 ~의 심의를 거친다, 유학생 학우 ~, 육성 ~ 수당, 육성 ~ 찬조금, 음식업 중앙 ~, 의문사 진상 규명 위원 ~, 이민 여성 노동자 보호 ~, 이사 ~에서 선출 된다, 이사 ~ 회의록, 인도 주의 실천 의사 협의 ~, 인라인 스케이트 동호 ~, 입양 홍보 ~, 자유 실천 문인 협의 ~, 장교 부인 ~, 장애인 복지 체육 ~, 재향 군인 ~, 전국 농민 ~ 총연맹, 전시 ~에 출품 한다, 전시 ~ 초대장, 전자 공업 진흥 ~, 정당 연설 ~, 정치국 상무 위원 ~ 위원, 제작 발표 ~, 조국 광복 ~, 조기 축구 ~, 조선사 편수 ~, 조찬 간담 ~, 조찬 강연 ~, 주중국 한국인 ~, 중립국 감독 위원 ~ 회의실, 중소 기업 협동 조합 중앙 ~, 중소 기업인 초청 간담 ~, 중소 기협 중앙 ~, 중앙 신도 ~, 중앙의 농업 위원 ~, 지면 심의 ~, 직원 ~ 석상, 진상 조사 위원 ~, 차별 철폐 위원 ~, 청소년 지도 육성 ~, 총회와 이사 ~, 최고 인민 회의 상임 위원 ~, 최저 임금 위원 ~, 추나 의학 ~, 택시 운송 사업 조합 연합 ~, 통일 독립 촉진 ~, 투자 유치 설명 ~, 평교사 ~ 결성, 평교사 ~에 가입 한다, 피랍자 구출 ~, 학생 ~ 간부, 학술 단체 협의 ~, 학술 토론 ~, 한의사 ~와 보사부, 한의사 ~와 약사 ~, 합동 연설 ~, 해병 전우 ~, 해수욕장 번영 ~, 화요 ~ 멤버, 후보 초청 토론 ~

회 고시 16 ~, 구 ~ 말 투 아웃, 사시 22 ~, 삼 ~ 말 선두 타자, 일 ~ 좌전 안타, 일 ~ 중전 안타, 행시 13 ~

회 일 ~에 한해 연임 한다, 일 ~에 한해 연장 한다

회 ~ 냉면; 민물 ~, 복어 ~, 생선 ~감, 송어 ~, 술 안주 ~, 오징어 ~, 일 ~ 용품 사용 규제

회 ~ 벽에 안료를 칠 한다, ~ 칠 한다; 다운로드 ~수

회갈색 ~ 을 띤다

회갑 ~ 잔치

회갑연 ~ 을 베푼다

회개 ~ 한다

회견 공동 기자 ~, 외신 기자 ~, 첫 기자 ~, 합동 기자 ~

회견장 기자 ~

회계 ~ 검사 원, ~ 연도 국방 예산 안, ~ 장부, ~ 처리 기준; 병원 ~ 지침, 분식 ~, 수탁자 ~와 수익자 ~, 양곡 관리 특별 ~, 재정 투융자 특별 ~, 차기 ~ 연도

회계국 일반 ~

회계사 ~ 나 세무사; 공인 ~나 세무사 자격증

회계학 ~ 과

회고 ~ 한다

회고록 자서전이나 ~

회관 ~ 대강당; 구민 ~, 군민 ~, 문예 ~

회교 ~ 원리 주의자; 유태교와 ~

회교도 ~ 나 유태인

회귀 ~ 한다, ~ 후두 신경

ㅎ

회기 ~ 내 처리

회내 ~ 운동

회담 국방 상관 ~, 남북적 ~, 당국자 간 ~, 모스크바 삼상 ~, 북남 상급 ~, 삼차 고위 급 ~, 외무 장관 ~, 외무성 국장 급 ~, 이십 차 정상 ~, 장성 급 ~, 적십자 ~

회동 □과/와 주례 ~을 한다, 외무 장관 ~, 정례 ~, 조찬 ~, 주례 ~

회랑 ~ 으로 둘러싼다; 동서 ~

회로 ~ 차단기; 국부 발진 ~, 복조 ~, 신경 ~ 망, 집적 ~, 폐쇄 ~ 텔레비전, 폐쇄 ~ 티브이, 폐쇄 ~ 화면

회백 ~ 척수염

회벽 ~ 에 안료를 바른다

회복 ~ 세로 돌아 선다, ~ 세를 보인다; 국권 ~ 운동, 동질성 ~, 부 의식의 ~, 상소권 ~, 실지 ~, 원상 ~, 주권을 ~ 한다

회복제 피로 ~

회부 당기위에 ~ 한다, 본회의 ~, □에 ~ 된다, 재판에 ~ 한다, 징계위에 ~ 한다

회비 ~ 납부, ~ 를 납부 한다, ~ 와 기부금; 방위 협의 ~, 친목 ~

회사 ~ 명의의 배서, ~ 설립, ~ 운영; 가전 제품 ~, 국영 석유 ~, 늘 ~ 일에 쫓긴다, 다단계 판매 ~, 몬스터 주식 ~, 미스터리 주식 ~, 상법 상 주식 ~, 신용 평가 ~, 인재 파견 ~, 정유 ~, 제과 ~, 주간사 ~, 주식 ~ 대표 이사, 창업 투자 ~, 컨설팅 ~, 텔레마케팅 전문 ~, 토건 ~

회사채 ~ 를 발행 한다, ~ 발행, ~ 유통 수익률

회상 옛 날을 ~ 한다, □을/를 ~ 한다

회색 ~ 을 띤다, ~ 즈봉, ~ 통 바지, ~ 화강 편마암

회생 ~ 불가 판정; 개인 ~, 자력 ~

회선 전용 ~

회송 □으로/로 ~ 한다

회수 ~ 한다; 폐윤활유 ~

회식 기관장 ~, 단체 ~, 부부 동반 ~

회식비 ~ 명목

회심 ~ 의 미소를 짓는다

회오리 ~ 가 몰아 친다

회외 ~ 운동

회원 ~ 사로 가입 한다, ~ 사를 보유 한다, ~ 이익 추구 단체; 관외 대출 ~, 부녀 ~, 실무자나 ~, 키비탄 ~, 학술원 ~

회원권 골프 ~, 골프장 ~, 헬스 클럽 ~

회원증 연예 협회 ~

회유 ~ 와 협박, ~ 한다

회의 □에 대한 ~

회의 ~ 에 참석 한다, ~ 진행; 1 차 전원 ~, 각료 ~, 고위 당정 ~, 국무 ~ 의결, 국민 ~ 파, 국제 ~가 개최 된다, 군 법 ~, 당무 ~, 당직자 ~, 북한 최고 인민 ~, 사장단 ~, 상임 고문 연석 ~, 수석 비서관 ~, 안보 협의 ~, 안전 보장 ~, 어전 ~, 외무 장관 ~, 재외 공관장 ~, 지구 당 위원장 연석 ~, 총재단 ~, 최고 인민 ~ 상임 위원회, 한국학 국제 학술 ~, 한국학 학술 ~, 화상 ~ 시스템

회의록 이사회 ~

회의소 미국 상공 ~ 회장

회의실 중립국 감독 위원회 ~, 중립국 감독위 ~

회의체 귀족 ~

회임 ~ 기간

회자 두고 두고 ~ 된다, 인구에 ~ 된다

회장 ~ 네 막내 딸, ~ 에 취임 한다, ~ 혹은 홍보실; 경단련 ~, 동창 ~단, 미국 상공 회의소 ~, 부녀 ~, 사립 대학 총장 협의회 ~, 전대 ~, 조합장과 영농 ~, 차기 ~

회전 삼 ~에서 나가 떨어진다

회전 ~ 식 배소기, ~ 식 유리 문; 두뇌 ~ 이 빠르다, 매매 ~율, 요구불 예금 ~율, 우 ~ 한다, 좌 ~ 한다, 좌석 ~율

회전근 ~ 파열

회정 ~ 한다

회초리 ~ 로 갈긴다, ~ 로 때린다

회칙 ~ 에 따라, ~ 제정; 상조 ~

회통 ~ 불교

회포 ~ 를 푼다

회피 □을/를 ~ 한다, 조세 ~ 지역, 해고 ~ 노력

회항 □으로/로 ~ 한다

회향 ~ 한다

회화 ~ 나 조각, ~ 와 조각; 바로크 ~

획 ~ 을 긋는다; 한 ~

획기적 ~ 으로 개선 한다, ~ 인

획득 부동항 ~, □을/를 ~ 한다

획정 선거구 ~

획책 □을/를 ~ 한다

횟배 ~ 앓는 뱃속

횟수 덧술의 ~

횡단 ~ 보도 건너 편, ~ 보도를 건넌다; 대륙을 ~ 한다, 무단 ~, 시베리아 ~ 철도, □을/를 ~ 한다

횡단기 대륙 ~

횡대 이 열 ~

횡령 ~ 및 유용 된다, ~ 혐의; 공금 ~, □을/를 ~ 한다

횡보 ~ 한다

횡사 졸지에 비명 ~ 한다

횡설 ~ 수설 한다

횡재 ~ 를 한다

횡행 ~ 한다

횡혈 ~ 식 석실, ~ 식 석실분

횡횡 ~ 한다

효 ~ 와 충; 충으로써 ~를 현창 한다

효과 고용 창출 ~, 넘침 ~, 밴드웨건 ~ 를 일으킨다, 보습 ~, 시너지 ~, □에 ~가 있다, 온실 ~, 착시 ~, 파급 ~, 항암 ~

효과적 ~ 으로, ~ 인

효녀 효자 ~

효도 ~ 한다

효력 ~ 정지 가처분 신청; 선고의 ~, 환각제 ~

효모 ~ 영양제; 탁주 ~

효성 ~ 이 지극하다

효소 전분 분해 ~, 전분질 가수 분해 ~, 중합 ~

ㅎ

효용 ~ 을 극대화 한다; 한계 ~은 체감 한다

효율 ~ 과 형평

효율적 ~ 으로, ~ 인; 자원의 ~ 배분

효자 ~ 효녀

후 ~ 입금 표; 감기 ~ 후각 장애, 기원 ~ 475 년, 며칠 ~, 박사 ~ 연수 과정, 방과 ~ 교실, 법정 신고 기한 경과 ~, 사용 ~ 핵 연료, 삼 년 ~ 쯤, 신경절 ~ 교감, 신경절 ~ 신경, 연접 ~ 전위, 외상 ~ 스트레스 장애, 외상 ~ 현훈

후 ~ ~ ; 한숨을 ~ 내 쉰다

후각 ~ 감퇴증, ~ 과 미각; 감기 후 ~ 장애, 미각과 ~, 촉각 미각 ~

후견 ~ 주의

후계 ~ 구도 확립, ~ 체제; 대권 ~ 구도

후계자 농어민 부채 ~, 농어민 ~ 선정, 영농 ~

후광 ~ 으로 말미암아, ~ 을 업는다

후기 ~ 구석기, ~ 무문 토기, ~ 성인기; 중기와 ~

후기대 ~ 입시 문제지

후끈 ~ 하다, ~ ~ 달아 오른다

후다닥 ~ 해 치운다

후덕 ~ 하다

후덥지근 ~ 하다

후두 ~ 부 타박상, ~ 부 함몰, ~ 와 종양; 회귀 ~ 신경

후두부 ~ 와 목

후두엽 ~ 간질, ~ 피질; 좌측 ~

후둑후둑 빗방울이 ~ 떨어진다

후둘후둘 ~ 떨린다

후드득 ~ 빗방울이 떨어진다

후들거린다 다리가 ~

후들후들 ~ 떤다, ~ 떨린다

후랫쉬 만년필 ~

후련 ~ 하다

후렴 ~ 구

후리가리 ~ 맞는다

후리후리 키가 ~하다

후린다 몽뎅이로 ~, 몽뎅이루 ~, 뺨을 후려 갈긴다, 뺨을 후려 친다, 뺨다귀를 연거푸 후려 갈긴다, □을/를 후려 갈긴다, □을/를 후려 친다, 채찍으로 후려 친다

후면 지석의 ~

후문 --는다는/ㄴ다는/다는/라는 ~, -- 았/었다는 ~, 정문과 ~

후미 ~ 진 곳

후반 ~ 44 분; 90 년 대 ~

후반기 ~ 원 구성, ~ 의장단; 20 세기 ~, 90 년 대 ~

후발 ~ 개도국, ~ 공업국, ~ 주자

후방 ~ 을 교란 한다

후배 ~ 를 마주친다

후보 ~ 기탁금, ~ 지원 유세, ~ 직을 사퇴 한다, ~ 초청 토론회; 대선 ~ 경선, 대통령 ~ 재경선, 범진보 진영 단일 ~, 여군 사관 ~, 차기 대권 ~ 지명, 특별 검사보 ~

후보국 우승 ~

후보생 여군 사관 ~

후보자 ~와 유권자; 정당이나 ~

후부 열차 ~ 감시 장치

후불 ~ 한도

후빈다 후벼 판다; □을/를 ~

후산 ~이 늦는다

후생 ~ 복지 부, ~ 복지 사업, ~ 복지 사업비, ~ 복지 향상, ~ 복지형, ~ 이 가외다; 임금 보조 및 복리 ~

후생비 복리 ~

후세 ~의 역사가

후속 ~ 조처, ~ 조치

후손 ~에게 물려 준다; 죄인의 ~

후송 ~ 된다; □으로/로 ~ 한다

후술 ~ 한다

후염 ~ 가공 공정

후예 신라인의 ~

후외 ~ 측 신경 핵

후욱 ~ 뿜는다

후원 ~ 조인 식, ~ 한다; 공식 ~ 사

후원금 도민회 ~

후원회 ~에 가입 한다

후유 ~ 장애

후유 ~ 한다

후유증 ~에 시달린다; 고엽제 ~, 사고 ~

후일 ~을 기약 한다, ~을 도모 한다

후임 ~ 인선, ~ 총리 인선

후임자 ~ 콘테스트

후작 ~ 부인

후장 ~ 들어, ~ 들어서

후줄근 ~ 하다

후진 선진과 ~

후진국 ~과~ ; 선진국과 ~

후처 ~로 시집 간다

후천 ~ 개벽 시대

후천성 ~ 기형, ~ 면역 결핍증

후추 ~ㅅ 가루로 간 한다, ~로 간 한다, ~로 양념 한다; 소금과 ~가루, 소금 ~가루 약간

후출 ~ 하다

후텁지근 ~ 하다

후퇴 ~ 한다; 작전 상 ~

후하다[후해] 후한 대접, 후한 인심, 후한 점수

후학 ~을 양성 한다

후행 ~ 전동 차

후회 ~가 막심하다; 두고 두고 ~ 한다, 뒤 늦게 ~ 한다

후후 □을/를 ~ 분다

후히 ~ 대접 한다

훅 ~ ~ 끼친다

훈계 ~ 한다

훈련 고도로 ~ 된, 고된 ~, 교도대 ~, 교련 제식 ~, 극기 ~, 민방공 ~, 실탄 사격 ~, 예비 군 ~ 통지서, 팀 스피리트 ~ 중단, 합동 군사 ~, 합숙 ~

훈련비 교육 ~

훈련소 ~에 입대 한다; 신병 ~

훈련원 직업 ~

훈련장 예비 군 ~ 입구

훈시 ~를 한다; 일장 ~

훈육 ~ 주임

훈장 ~ 수여, ~ 을 수여 한다; 가터 ~, 건국 ~ 애국장, 국민 ~, 근정 ~, 금 탑 산업 ~, 동 탑 산업 ~, 무공 ~, 문화 ~, 체육 ~ 맹호장

훈제 ~ 연어, ~ 오리, ~ 청어

훈포장 □에게 ~을 수여 한다, □에게 ~을 전수 한다

훈훈 ~ 하다

훌떡 ~ 들이마신다

훌러덩 □을/를 ~ 벗는다

훌렁 ~ 까진다; 엉덩이 밑까지 ~ 벗어 진다, 웃통을 ~ 벗는다

훌륭 ~ 하다

훌쩍 미련 없이 ~ 떠난다, □을/를 ~ 뛰어 넘는다

훌쩍거린다 코를 ~

훌쩍훌쩍 ~ 운다

훌쭉 ~ 하다

훌훌 ~ 떨친다, ~ 턴다; □을/를 ~ 벗어 던진다

훑는다 대강 훑어 본다, 샅샅이 ~, 쓱 훑어 본다, 아래 위를 훑어 본다, 위 아래로 훑어 본다, □을/를 죽 ~, □을/를 쭉 훑어 본다, □을/를 훑어 본다, 좍 ~, 쭈욱 훑어 본다, 찬찬히 훑어 본다

훔친다 훔치다가 들킨다; 감쪽 같이 ~, 몰래 훔쳐 본다, 손 등으로 눈 물을 ~, 손 등으로 이마를 ~, □을/를 훔쳐 낸다, □을/를 훔처 먹는다, □을/를 훔쳐 본다, 일기장을 훔쳐 본다, 치마 폭으로 눈 물을 ~

훗훗 ~ 하다

훠이 옛 날 옛 적에 ~ ~

훤출 ~ 하다

훤칠 ~ 한 키에

훤하다[훤해] 훤하게 트인다

훤히 ~ 꿰어 뚫는다, ~ 내려다 보인다, ~ 들여다 보인다; □이/가 ~ 밝는다

훨씬 ~ 더, ~ 윗길

훨찐 ~ 하다

훨훨 ~ 날아 간다, ~ 날아 다닌다, ~ 벗어 던진다

훵 가슴이 ~ 뚫린다

훼방 ~ 놓는다

훼손 ~ 된다; 그린 벨트 ~, 명예 ~이나 사생활 침해, 명예 ~ 죄, 명예 ~ 혐의, 사람의 명예를 ~ 한다

휑 ~ 나간다

휑뎅그렁 ~ 하다

휑뎅그레 ~ 하다

휑하다[휑해] 휑하니 벌어진다, 휑하니 빈다

휘 □을/를 ~ 둘러 본다

휘갈긴다 휘갈겨 쓴다

휘감긴다 □에 ~

휘감는다 비단으로 ~, 소나무를 ~, □을/를 ~

휘갑 ~ 을 친다

휘까닥 ~ 뒤집힌다

휘끈 ~ 돌아 본다

휘날린다 태극 기가 ~

휘더듬는다 □을/를 ~

휘돈다[휘돌고 휘돌아] □을/를 ~

휘동 □을/를 ~ 한다

휘두른다[휘둘러] 곤봉을 ~, 맹타를 ~, 무당 칼 춤 추듯이 ~, □을/를 ~, 힘껏 배트를 ~

휘둘린다 □에 ~

휘둥그렇다 휘둥그렇게 치뜬다; 눈이 휘둥그래 진다

휘둥그레 ~ 굴린다; 눈을 ~ 뜬다

휘말린다 휘말려 쓸린다; 소용돌이에 ~, 시비에 ~

휘몬다[휘몰고 휘몰아] 비 바람이 휘몰아 친다

휘발유 ~ 공장도 가격, ~ 등유, ~ 와 등유, ~ 차, ~ 특소세; 주유소에서 ~를 넣는다

휘슬 ~ 이 울린다; 경기 종료 ~

휘영 ~ 하다

휘영청 ~ 밝다

휘익 ~ 왼 편으로 구부러진다

휘장 ~ 을 제친다, ~ 친 술 국 집; 초상 ~

휘젓는다[휘저어 휘저은] □을/를 ~

휘청 ~ 한다

휘청거린다 휘청거리는 걸음

휘트니스 ~ 센터

휘파람 ~ 소리, ~ 을 분다

휘핑크림 ~ 을 얹는다

휘황 ~ 찬란하다, ~ 하다

휘휘 ~ 내 젓는다, ~ 돌아 본다, ~ 둘러 본다, ~ 젓는다

휙 ~ 내 던진다, ~ 돌아 선다, ~ 돌아 앉는다

휜다 휘어 감는다; 갈꽃을 ~, 곡선으로 ~, 구부정 휘어 진다, 궤도를 ~, 머리채를 휘어 잡는다, 상 다리가 ~, □을/를 휘어 잡는다

휠체어 ~ 의 손 잡이; 장애자용 ~

휩싸인다 불 길에 ~, 열기에 ~, 열풍에 ~, 정적에 ~, 화염에 ~

휩싼다 □을/를 ~

휩쓴다[휩쓸고 휩쓸어] □을/를 ~

휩쓸린다 급류에 ~, --는 풍조에 ~, 물결에 ~, 인파에 ~, 태풍에 ~

휭 ~ 한다

휴가 무급 ~, 산전 산후 ~, 선거 일 유급 ~ 쟁취, 여름 ~ 철, 월차 ~, 포상 ~

휴강 ~ 없이 강의 한다

휴게 ~ 시간

휴게소 고속 도로 ~

휴경 ~ 보상 제, ~ 한다

휴대 ~ 전화 결제, ~ 전화 요금, ~ 전화기; 개인 ~ 단말기, 면허증 ~ 의무 위반

휴먼 ~ 스토리

휴면 ~ 계좌 예금주, ~ 법인, ~ 예금 찾는다

휴무 ~문의 전화, ~ 원단; 매주 일 요일 ~, 일 요일은 ~이다, 일 요일 ~ 교통 편

휴식 막간 ~

휴식소 간이 ~

휴식지 자연 ~

휴양 ~ 도시

휴양림 자연 ~

휴양소 교원 ~

휴양원 ~ 으로 되돌아온다; 교사 ~

휴양지 종합 관광 ~

휴업 개점 ~ 상태, 약국 ~

휴일 주 말과 ~, 주 말이나 ~

휴전 ~ 선 부근, ~ 선 이남, ~ 협정

휴지 ~ 속 대, ~ 심; 두루마리 ~, 미용 ~, 화장실 ~

휴직 ~ 이 허용 된다; 무급 ~, 육아 ~

휴폐업 ~ 한다

휴학 동맹 ~, 병사 ~

휴학계 ~ 를 낸다

흉 ~ 을 본다; □을/를 ~ 본다

흉가 ~ 집

흉고 ~ 둘레

흉곽 ~ 및 복부

흉금 ~ 을 터 놓는다

흉기 ~ 로 위협 한다, ~ 로 찌른다, ~ 에 찔린다

흉내 ~ 내면서 놀린다; □을/를 ~ 낸다, □의 걸음걸이를 ~ 낸다

흉년 ~ 이 든다

흉맹 ~ 하다

흉식 ~ 호흡

흉악 ~ 하다

흉유돌 ~ 근

흉중 ~ 을 헤아린다

흉추 ~ 11 번, ~ 7 번; 상부 ~ 신경절, 쇄골와나 ~

흉측 ~ 하다

흉포 ~ 하다

흉하다[흉해] 흉하게 일그러진다; 보기 ~

흉흉 민심이 ~하다, 인심이 ~하다

흐 ~ 웃는다

흐느낀다 흐느낌 소리; 서럽게 ~, 주저앉아 ~, 흑흑 ~

흐드러지다 흐드러지게 핀다

흐득흐득 ~ 느낀다

흐뜨린다 □을/를 ~

흐른다[흘러] 긴장미가 흘러 넘친다, 꿈결처럼 ~, 남실남실 ~, 넘쳐 ~, 도도히 ~, 등골에 식은 땀이 ~, 북안으로 흘러 든다, 수화기에서 흘러 나온다, 얘기가 곁 길로 ~, 영천수 흐르는 물, 온 몸으로 진 땀이 ~, 워키토키에서 흘러 나온다, □으로/로 흘러 든다, 자르르 ~, 졸졸졸 ~, 좔좔 ~, 주르르 흘러 내린다, 주르륵 흘러 내린다, 줄줄 흘러 나온다, 줄줄 흘러 내린다, 질금질금 눈 물이 ~, 철철 ~, 하류로 하류로 흘러 간다

흐름 유체의 ~

흐리다 날씨가 ~

흐리멍덩 ~ 하다

흐리멍텅 ~ 하다

흐리터분 ~ 하다

흐린다 뒷말을 ~, 말 꼬리를 ~, 말 끝을 ~, □을/를 ~

흐릿 ~ 하다

흐물흐물 ~ 하다

흐뭇 ~ 하다

흐벅지다 흐벅진 젖 무덤, 흐벅진 허벅지

흐지부지 ~ 된다, ~ 한다

흐트러진다 흐트러진 옷 매무새

흐트린다 □을/를 ~

흑 ~ 과 백, ~ 과부 배척, ~ 과부 아줌마, ~ 백 사진, ~ 색 선전과 비방, ~ 색 선전물 살포, ~ 색 안료, ~ 색 점 문양, ~ 철 솥; 적과 ~

흑백 바랜 ~ 사진

흑연 ~ 가루

흑인 ~ 과 백인, ~ 민권, ~ 병사, ~ 영가, ~ 폭도, ~ 폭동

흑자 ~ 기조, ~ 를 시현 한다; 경상 수지 ~ 지속, 대미 무역 ~, 천만 달러의 ~를 기록 한다, 천만 달러 ~

흑자액 무역 ~

흑점 태양 ~

흑체 ~ 복사

흑흑 ~ 흐느낀다

흔든다[흔들고 흔들어] 흔들~ , 흔들어 깨운다; 고개를 살래살래 ~, 고개를 설레설레 ~, 고개를 절래절래 ~, 고개를 절레절레 ~, 골 네트를 ~, 머리를 설레설레 ~, 세차게 ~, 소금 물에 ~, 손을 흔들어 답례 한다, 송두리 째 ~, □을/를 뒤 ~, □을/를 ~, 체머리를 ~

흔들린다 뿌리 째 ~, 위 아래로 ~

흔들의자 ~ 에 앉는다; 등나무 ~

흔들흔들 ~ 춤 춘다, ~ 한다

흔적 ~ 과 대학생; 세기말적 예술 사조의 ~, --은/ㄴ ~

흔쾌 ~ 하다, ~ 히 수락 한다, ~ 히 승낙 한다

흔하다[흔해] 흔한 겨울 새, 흔한 나그네 새, 흔한 여름 새, 흔한 텃새, 흔하디~ , 흔해 빠진, 흔해 빠지었다

흘금 ~ 돌아 본다, ~ 바라 본다, ~ 쳐다 본다, ~ ~ 곁 눈 질 한다

흘긴다 곱게 눈을 ~, □을/를 흘겨 본다, 종로에서 뺨 맞고 한강에서 눈 ~

흘깃거린다 □을/를 ~

흘끔 ~ ~ 쳐다 본다

흘끔거린다 □을/를 ~

흘끗 ~ 쳐다 본다

흘낏 ~ 본다, ~ 쳐다 본다

흘낏흘낏 ~ 한다

흘린다 구슬 땀을 ~, 귓결로 ~, --느라 진 땀을 ~, 땀을 빨빨 ~, 땀을 뻘뻘 ~, 뚝뚝 ~, 묵묵히 땀 ~, 물찌똥처럼 ~, 비지 땀을 ~, 열심히 땀 ~, □을/를 뻘뻘

~, □을/를 철철 ~, □을/를 흘려 듣는다, 입 가에 ~, 제 대로 땀 ~, 피 땀 ~

흙 ~ 그릇이나 사기 그릇, ~ 탕 물 웅덩이, ~ 핑매, ~ 한 줌; 메사의 ~ 부덤, 벌건 속 ~, 빨건 진 ~, 속 ~을 드러낸다, 진 ~ 구이, 황토 ~

흙덩이 붉은 ~

흠 ~ 잡을 데 없다

흠 ~ ~

흠모 ~ 한다

흠뻑 땀으로 ~ 젖는다, □으로/로 ~ 젖는다

흠씬 ~ 두들긴다

흠칠 ~ 어깨를 움츠린다

흠칫 ~ 놀란다, ~ 한다

흡기 ~ 밸브

흡뜬다[흡떠] □을/를 ~

흡사 □과/와 ~하다

흡수 ~ 된다; 독일 식 ~ 통일, □을/를 ~ 한다, 충격 ~

흡연 음주와 ~

흡음재 □에 ~를 설치 한다

흡인 ~ 식성 어류; 세침 ~ 검사

흡입 ~ 한다; 본드 ~, 지방 ~ 수술

흡입술 지방 ~

흡족 ~ 하다, ~ 히 여긴다

흡진 ~ 한다

흡착 담즙 산을 ~ 한다

흥 ~ 하고 코 웃음 친다; 어 ~

흥 ~ 에 겹다, ~ 을 돋군다, ~ 을 돋운다, ~ 이 난다, ~ 타령

흥건 ~ 하다, ~ 히 고인다, ~ 히 젖는다; 땀으로 ~, □을/를 ~히 적신다

흥겹다[흥겨워 흥겨운] 흥겨운 축제

흥기 ~ 한다

흥망 ~ 성쇠; 강대국의 ~

흥미 ~ 나 가치관, ~ 진진하다

흥미롭다[흥미로와 흥미로운] 흥미로운 관전 포인트

흥분 ~ 의 도가니; 극도로 ~ 한다, 덩달아 ~ 한다

흥성 ~ 한다

흥얼거린다 □을/를 ~, 콧노래를 ~

흥얼흥얼 ~ 콧노래 부른다

흥정 방 값 ~

흥한다[흥해] 흥하고 망한다

흥행 괜찮은 ~, 역대 급 ~

흩날린다 가랑잎 ~, 눈발이 ~

흩는다 모래 알처럼 흩어 진다, 뿔뿔이 흩어 진다, 사방으로 흩어 진다, 산산이 흩어 진다, 어지러이 흩어 진다, □에 흩어 진다, 점점이 흩어 진다, 지기가 흩어 진다

흩뜨린다 □을/를 ~

희곡 소설이나 ~, 자연 주의 ~

희구 □을/를 ~ 한다

희귀 ~ 하다

희끄무레 ~ 하다

희끔 ~ 하다

희끗 ~ ~ 하다

희다 흰 떡니, 흰 머리가 성성하다, 흰 색 아크릴 물 감, 흰 색 지프, 흰 색 티셔츠, 흰 옷, 흰 자위 승한다, 흰 족두리; 검은 색과 흰 색, 검정과 흰 색, 눈 부시게 ~, 빨간 색과 흰 색, 살 결이 ~, 옥양목처럼 흰 빛

희대 ~ 의 엽색 행각

희롱 □을/를 ~ 한다, 직장 내 성 ~

희망 ~ 공모가, ~ 차다; 구직 ~자, 실낱 같은 ~, □에게 꿈과 ~을 준다, □을/를 ~ 한다, 장래 ~, 한 줄기 ~

희미 ~ 하다

희박 가능성이 ~하다, 인구 ~ 지역

희붐 ~ 하다

희비 ~ 가 엇갈린다, ~ 의 쌍 곡선

희뿜 ~ 하니 밝는다

희사 □을/를 ~ 한다

희색 ~ 이 만면하다; 얼굴에 ~이 돈다

희생 ~ 양, ~ 플라이; 노고와 ~, 참사 ~자

희생물 ~ 이 된다

희석 ~ 된다, ~ 시킨다, ~ 식 소주; □을/를 ~ 한다

희석제 도료 ~

희소 ~ 가치, ~ 하다

희소식 무소식이 ~이다

희읍 ~ 한다

희한 ~ 하다

희희낙락 ~ 한다

흰자 달걀 ~

흰자위 ~ 에 실 핏줄이 있다

히 가상 ~ 여긴다, 가지런 ~ 놓인다, 가지런 ~ 정돈 한다, 각별 ~ 유념 한다, 간곡 ~ 부탁 드린다, 간곡 ~ 부탁 한다, 간곡 ~ 타이른다, 간절 ~ 바란다, 간절 ~ 빈다, 간절 ~ 소망 한다, 감사 ~ 여긴다, 강력 ~ 반발 한다, 견결 ~ 투쟁 한다, 견고 ~ 한다, 결연 ~ 투쟁 한다, 골똘 ~ 생각 한다, 공손 ~ 인사 한다, □과/와 어깨를 나란 ~ 한다, □과/와 정확 ~ 일치 한다, 국방을 튼튼 ~ 한다, 굳건 ~ 지킨다, 궁궐 깊숙 ~ 갇힌다, 귀중 ~ 여긴다, 극진 ~ 간호 한다, 극진 ~ 대접 한다, 극진 ~ 예우 한다, 긍휼 ~ 여긴다, 긴급 ~ 소집 한다, 긴밀 ~ 협의 한다, 긴밀 ~ 협조 한다, 나란 ~ 두 줄로 선다, 냉정 ~ 따진다, 냉철 ~ 분석 한다, 느즈막 ~ 오는 것, 단단 ~ 쥔다, 단정 ~ 꿇어 앉는다, 단정 ~ 앉는다, 단호 ~ 거부 한다, 단호 ~ 거절 한다, 단호 ~ 배격 한다, 당연 ~, 도도 ~ 흐른다, 돌연 ~ 나타난다, 등한 ~ 한다, 딱딱 ~ 굳는다, 똑똑 ~ 본다, 랩으로 단단 ~ 싼다, 만만 ~ 본다, 말끔 ~ 가신다, 말끔 ~ 치운다, 망연 ~ 바라 본다, 멀뚱 ~ 서서, 멀쩡 ~ 살아 있다, 멍청 ~ 서서, 면면 ~ 이어 진다, 면밀 ~ 검토 한다, 면밀 ~ 관찰 한다, 명확 ~ 한다, 무궁 ~ 살핀다, 무성 ~ 자란다, 무수 ~ 많다, 무참 ~ 살해 한다, 묵묵 ~ 땀 흘린다, 묵묵 ~ 일 한다, 민감 ~ 반응 한다, 민생고를 시급 ~ 해결 한다, 밀접 ~ 관련 된다, 밀접 ~ 연관 된다, 배낭을 탄탄 ~ 맨다, 번연 ~ 안다, 벙벙 ~ 앉는

ㅎ

다, 부부애를 돈독 ~ 한다, 분주 ~ 오간다, 불쌍 ~ 여기소서, 비스듬 ~ 기대어 앉는다, 빼곡 ~ 들어 찬다, 빽빽 ~ 들어 찬다, 사뿐 ~ 내려 앉는다, 살뜰 ~ 보살핀다, 선선 ~ 수긍 한다, 성현을 독실 ~ 믿는다, 소중 ~ 간직 한다, 소중 ~ 여긴다, 솔직 ~ 고백 한다, 솔직 ~ 말 한다, 수북 ~ 쌓인다, 수상 ~ 여긴다, 시시콜콜 ~ 캐어 묻는다, 신랄 ~ 비판 한다, 신중 ~ 검토 한다, 신중 ~ 고려 한다, 싸늘 ~ 식어 버린다, 쓸쓸 ~ 웃는다, 씁쓸 ~ 웃는다, 아득 ~ 내려다 보인다, 아득 ~ 멀다, 아련 ~ 떠 오른다, 안녕 ~ 간다, 안녕 ~ 계십시오, 안녕 ~ 주무십시오, 알뜰 ~ 캔다, 애석 ~ 여긴다, 어련 ~ 알아서 하 겠느냐, 어른 앞에서 방자 ~ 군다, 얼근 ~ 취한다, 얼큰 ~ 취한다, 엄격 ~ 경어를 쓴다, 엄밀 ~ 따진다, 엄밀 ~ 말 하면, 엄중 ~ 항의 한다, □에게 절실 ~ 요청 된다, □에서 과감 ~ 탈피 한다, 여실 ~ 드러낸다, 여실 ~ 보인다, 연면 ~ 이어 져 온다, 열렬 ~ 입 맞춘다, 예선을 무사 ~ 통과 한다, 온전 ~ 보존 한다, 완강 ~ 부인 한다, 완곡 ~ 타이른다, 용감 ~ 싸운다, 우의를 돈독 ~ 한다, 우정을 돈독 ~ 한다, 우호를 돈독 ~ 한다, 원통 ~ 죽는다, 월등 ~ 높다, 월색만 고요 ~, 유연 ~ 대응 한다, 유유 ~ 떠 다닌다, 융숭 ~ 대접 한다, 은근 ~ 부아가 치민다, □을/를 공고 ~ 한다, □을/를 궁금 ~ 여긴다, □을/를 독실 ~ 믿는다, □을/를 못마땅 ~ 여긴다, □을/를 불쌍 ~ 여긴다, □을/를 소상 ~ 밝힌다, □을/를 소상 ~ 설명 한다, □을/를 소홀 ~ 한다, □을/를 열렬 ~ 응원 한다, □을/를 원활 ~ 한다, □을/를 찬찬 ~ 뜯어 본다, □을/를 촉촉 ~ 적신다, □을/를 탄탄 ~ 짊어진다, □을/를 흥건 ~ 적신다, 의사 소통을 원활 ~ 한다, 이상 ~ 여긴다, 이윽 ~ 바라 본다, 자세 ~ 뜯어 본다, 자세 ~ 본다, 장렬 ~ 전사 한다, 적당 ~ 얼버무린다, 적절 ~ 평가 절하 한다, 전모를 정확 ~ 파악 한다, 전화 벨이 요란 ~ 울린다, 절실 ~ 느낀다, 절실 ~ 요구 한다, 절절 ~ 느낀다, 정중 ~ 사과 한다, 조급 ~ 손사래 친다, 조용 조용 ~ 움직인다, 지독 ~도 춥다, 질펀 ~ 적신다, 찬반 양론이 팽팽 ~ 맞선다, 찬연 ~ 빛 난다, 찬찬 ~ 훑어 본다, 철저 ~ 서로를 얽는다, 철저 ~ 조사 한다, 촉촉 ~ 젖는다, 촘촘 ~ 돋아 난다, 촘촘 ~ 박힌다, 축축 ~ 적신다, 측은 ~ 여긴다, 친분을 돈독 ~ 한다, 탐탁 ~ 여기지 않는다, 태만 ~ 한다, 톡톡 ~ 해 낸다, 톡톡 ~ 한 몫 한다, 판연 ~ 구별 된다, 판연 ~ 구별 한다, 편안 ~ 잠 든다, 평안 ~ 한다, 평평 ~ 한다, 포근 ~ 감싼다, 포근 ~ 내리쬔다, 풍부 ~ 한다, 피부를 청결 ~ 한다, 필치 하나 하나를 면밀 ~ 계산 한다, 하나 하나 차근차근 ~, 함초롬 ~ 피어 있다, 허리 띠를 단단 ~ 맨다, 화면 가득 ~ 넘실거린다, 확고 ~ 한다, 확연 ~ 구별 된다, 활발 ~ 전개 한다, 흔쾌 ~ 수락 한다, 흔쾌 ~ 승낙 한다, 흡족 ~ 여긴다, 흥건 ~ 고인다, 흥건 ~ 젖는다

히물히물 ~ 웃는다

히사시까미 ~ 한다

히잉 ~ 웃는다

히죽 ~ ~ 웃는다

히죽이 ~ 웃는다

히쭉 ~ 웃는다, ~ 쪼갠다

히트 ~ 곡 퍼레이드, ~ 앤드 런 사인, ~ 앤드 런 실패, ~ 한다; 공전의 ~

히피 ~ 나 마약 중독자, ~ 와 마약; 로맨틱 ~ 풍 데님

히히 ~ 웃는다

힌트 ~ 나 영감; □에서 ~를 얻는다

힐긋 ~ 돌아 본다

힐끔 ~ 쳐다 본다, ~ ~ 곁 눈 질 한다

힐끗 ~ 곁 눈 질 한다, ~ ~ 쳐다 본다

힐난 ~ 한다

힐문 ~ 한다

힐책 ~ 한다

힘 ~ 자랑

힘 ~ 깨나 쓴다, ~ 낸다, ~ 다는 데까지, ~ 안들인다, ~ 없이 늘어뜨린다, ~ 없이 터덜터덜 걷는다, ~ 이 세다, ~ 주어 깨문다, ~ 주어 말 한다, ~ 줄이 돋는다, ~ 차게 날아 간다; --기 ~ 들다, 도움에 ~ 입는다, --려고 안간 ~을 쓴다, 성원에 ~ 입어, 안간 ~을 쓴다, 어금니를 ~ 준다, □에 ~ 쓴다, □에 ~을 싣는다, □에 ~ 입은 바 크다, 온 ~을 기울인다, --으려니까/려니까 여간 ~ 든게 아니다, □의 호조에 ~ 입어, 젖 먹던 ~까지 다 해서, 죽을 ~을 다 한다, 페달을 ~ 차게 밟는다, 혼신의 ~을 다 한다

힘껏 ~ 배트를 휘두른다

노용균

미국 오하이오주립대학(Ohio State University) 언어학 박사
충남대학교 언어학과 교수

한국어 낱말 조합 사전

韩语词搭配词典

A DICTIONARY OF KOREAN WORD COMBINATIONS

초판 1쇄 발행 _ 2016년 4월 30일

편 저 자 · 노 용 균
발 행 인 · 정 현 걸
발　　행 · 신 아 사
인　　쇄 · 토탈프로세서
주　　소 · 서울특별시 은평구 통일로 59길 4 (2층)
전　　화 · (02) 382-6411 팩 스 · (02) 382-6401
홈페이지 · www.shinasa.co.kr
E-MAIL · shinasa@daum.net
출판등록 · 1956년 1월 5일 (제 9-52호)

ISBN: 978-89-8396-936-1(11710)

정가 25,000 원